U1001384

Treasures for Scholars Worldwide

内蒙古自治区文化和旅游发展研究课题

融合的印记

铸牢中华民族共同体意识
史料汇编

〔主　编〕　何亚睿
〔副主编〕　冯丽丽　包格根　田　艳　海孟媛

GUANGXI NORMAL UNIVERSITY PRESS
广西师范大学出版社
·桂林·

融合的印记：铸牢中华民族共同体意识史料汇编
RONGHE DE YINJI：ZHULAO ZHONGHUA MINZU GONGTONGTI YISHI SHILIAO HUIBIAN

图书在版编目（CIP）数据

融合的印记 ：铸牢中华民族共同体意识史料汇编 / 何亚睿主编 ；冯丽丽等副主编. -- 桂林 ：广西师范大学出版社，2025. 5. -- ISBN 978-7-5598-8048-2

Ⅰ. C955.2

中国国家版本馆 CIP 数据核字第 20252XJ434 号

广西师范大学出版社出版发行
（广西桂林市五里店路 9 号　邮政编码：541004
网址：http://www.bbtpress.com）
出版人：黄轩庄
全国新华书店经销
北京博海升彩色印刷有限公司印刷
（北京市通州区中关村科技园通州园金桥科技产业基地环宇路 6 号　邮政编码：100076）
开本：880 mm × 1 240 mm　1/16
印张：32.75　　　字数：700 千
2025 年 5 月第 1 版　　　2025 年 5 月第 1 次印刷
定价：380.00 元

如发现印装质量问题，影响阅读，请与出版社发行部门联系调换。

主　编：何亚睿

副主编：冯丽丽　包格根　田　艳　海孟媛

编　委：魏　超　赵闻泽　王建霞　董晨阳　张　静

霍敬宇　张　旭　哈斯格日乐　布仁通拉嘎

施　轲　吴　蒙　李　岗

前　言

一部中国史，就是一部各民族交融汇聚成多元一体中华民族的历史，就是各民族共同缔造、发展、巩固统一的伟大祖国的历史。从远古时期炎黄部落的融合起始，华夏大地各个族群就在交流、碰撞与融合中彼此靠近，逐渐形成了你中有我、我中有你的多元一体格局。无论是秦汉“大一统”时代各民族的经济往来、文化交流，还是魏晋南北朝时期民族大迁徙带来的深度融合；无论是隋唐盛世各民族共创辉煌、共享繁荣，还是宋元明清历经变迁却始终维系的民族纽带，都书写着中华民族同呼吸、共命运的故事。每一页史料都是历史的见证者，它们记录着各民族跨越山川湖海、突破隔阂与差异、共谋生存发展、携手并肩前行的往昔。这些共同走过的历程，如同坚实的基石，奠定了中华民族共同体意识的深厚根基。

一、同拓疆域：山河为证的奋进足迹

自鸿蒙初辟，中华大地便迎来了各民族先民逐鹿驰骋、开疆拓土的身影。从北方无垠草原上，游牧民族驯化骏马、逐水草而居，在与恶劣自然环境的抗争中拓展生存空间；到南方崇山峻岭间，各民族先民刀耕火种、开山辟路，让荒蛮之地升起袅袅炊烟。华夏九州的每一寸疆土，都凝聚着各民族的智慧与汗水。秦汉时期，汉族军民戍边屯田，与边疆各族携手御敌、巩固边防，长城内外民族交融，共同守护家园；唐朝盛世，边疆各族归附，在西域、东北、西南等地广设都护府，各民族齐心协力拓展与经营贸易通道。驼铃声声，连通东西，让华夏文明的影响力远播海外。正是各民族世代接力，跨越高山大河，征服荒漠雪原，以无畏的勇气与坚韧的毅力，为中华民族奠定了辽阔而稳固的疆域根基。山河大地铭记着他们同甘共苦、携手奋进的开拓之功。

二、共书历史：岁月铭记的波澜长卷

沿着历史的长河溯源而上，各民族共同书写的历史长卷精彩纷呈。朝代更迭、风云变幻之际，各民族主动应变，从未缺席。少数民族政权，如北魏鲜卑族汉化改革，主动融入华夏历史发展主流，推动政治制度革新、促进文化交流融合，为中华文明发展注入新活力；元朝疆域空前辽阔，加强了国内各地区经济文化联系，多元一体格局进一步深化；清朝继承中华统绪，编纂《四库全书》，整合文化典籍，传承历史记忆。在民间，各民族百姓的生活点滴更是编织起历史的细密经纬，他们在市井街巷、田间地头交流技艺，用日常烟火演绎着民族融合的温馨故事。无论是战场上的金戈铁马，还是安居乐业的太平盛景，各民族都是历史的创造者、参与者，他们的传奇汇聚成中华民族浩浩荡荡的历史洪流，奔涌向前，永不干涸。

三、齐创文化：星河璀璨的智慧交响

中华文化宛若浩瀚星空，各民族文化便是其中熠熠生辉的星辰。在语言文字领域，汉字体系博大精深，承载着华夏核心思想与知识传承，周边少数民族则借鉴汉字创制本民族文字，如契丹文、西夏文等，这种借鉴和学习丰富了文字表达形式，为跨文化交流搭建起桥梁。在文学创作层面，汉族的古典诗词韵律优美、意境深远，少数民族的史诗、歌谣则充满奇幻想象与质朴情感，藏族《格萨尔王传》、蒙古族《江格尔》与汉族文学瑰宝交相辉映，共谱文学华章。各民族文化在交流互鉴中取长补短、融合创新，共同孕育出包容万象、绵延不绝的中华文化，这条文化星河照亮了中华民族前行的漫漫长路，滋养着每一代华夏儿女的心灵。

四、共育精神：薪火相传的磅礴力量

中华民族绵延五千余年，在砥砺奋进、互融互通中淬炼出团结统一、爱好和平、勤劳勇敢、自强不息的伟大民族精神，这精神如同火种，代代相传，是我们攻坚克难、不断进步的力量源泉，推动着中华民族巨轮破浪前行。每当面临内忧外患、艰难险阻时，中华民族精神的火炬便被各民族高高擎起，熠熠生辉。

这部史料汇编按照时间顺序系统梳理典籍文献中各民族交往交流交融的故事。通过挖掘蕴含在古籍中中华民族交往交流交融的史料，呈现各民族共同开拓我国辽阔疆域、共同书写悠久历史、共同创造灿烂文化、共同培育伟大民族精神的恢弘历史画面。

编纂此汇编，初衷源于对中华民族多元一体格局深刻内涵的探寻渴望。在时代发展的浪潮下，我们愈发认识到，只有深入挖掘历史根基，才能让民族团结之树常青。为此团队从浩如烟海的古籍中筛选甄别了大量史料。2024年，内蒙古自治区图书馆利用过往的部分研究成果策划举办了“铸牢中华民族共同体意识 蒙古文古籍展”，引发了强烈的社会反响。在搜集组织大量资料后，本书主编申报了“2024年度内蒙古自治区文化和旅游发展研究重点课题”，汇纂了本书。我们希望通过梳理真实的历史文献链接过去、现在与未来，用文字承载中华民族共同的记忆、文化、奋斗与梦想，助力各民族同胞在奋进征程上砥砺前行，永怀团结之心，共铸中华辉煌。

目 录

第一章

各民族共同开拓了我国辽阔疆域

我们辽阔的疆域是各民族共同开拓的。自古以来，我国各族先民就在中华大地上生息繁衍。从白山黑水到西南边陲，从沙漠绿洲到渤海之滨，从蒙古大漠到雪域高原，我国各族先民胼手胝足、披荆斩棘，共同开发了祖国的锦绣河山、广袤疆域，为统一多民族国家的建立和发展打下了牢固的基础。

在历史上，我国的汉、藏、傣、彝、白、布依、傈僳等民族开发了祖国的西南地区；汉、土家、苗、瑶、壮、黎等民族开发了祖国的中南地区；汉、回、维吾尔、哈萨克、柯尔克孜、东乡、土等民族开发了祖国的西北地区；汉、蒙古、满、锡伯等民族开发了祖国的东北及北方地区。中原和边疆人民你来我往、频繁互动，每个民族都为开拓中华民族的疆域做出了不可磨灭的贡献，为统一多民族国家的建立和发展打下了牢固基础，祖国的每一寸土地都凝结和铭刻着各个民族的汗水和印记。

第一节　邦畿千里 维民所止

纵观我国几千年文明史，我们辽阔的疆域是各民族共同开拓的。在中国统一多民族国家的发展过程中，传统典籍记载了大量的我国各族先民共同开拓疆域、建设统一多民族国家历史进程的史料。

史前时期，原始部落如满天星斗分布于中华大地。随着时间推移，部落间开始交流融合。居住在姬水的黄帝氏族和居住在姜水的炎帝氏族在战和交织中相互协作，形成早期华夏族群。《左传》《国语》《尚书》《逸周书》《竹书纪年》等先秦典籍中均保留着这一时期的史料。西汉时期司马迁对史前时期的史料进行了考订、分析，并到有关地区进行实地考察，撰写了比较接近历史真实情况的《五帝本纪》。

《五帝本纪》记载了黄帝经过阪泉、涿鹿两次大战，融合东夷、苗蛮部落的广大成员，并吸收多个族群的文明，最终建成一个极具包容性的伟大民族的经过。《史记·五帝本纪》(图1-1-1)："轩辕乃修德振兵，治五气，艺五种，抚万民，度四方，教熊、罴、貔、貅、貙、虎，以与炎帝战于阪泉之野。三战，然后得其志。蚩尤作乱，不用帝命，于是黄帝乃征师诸侯，与蚩尤战于涿鹿之野，遂禽杀蚩尤。"阪泉之战时，黄帝联合了许多从属部落参战。熊、罴、貔、貅、貙、虎极有可能是以上述动物为图腾的部落。

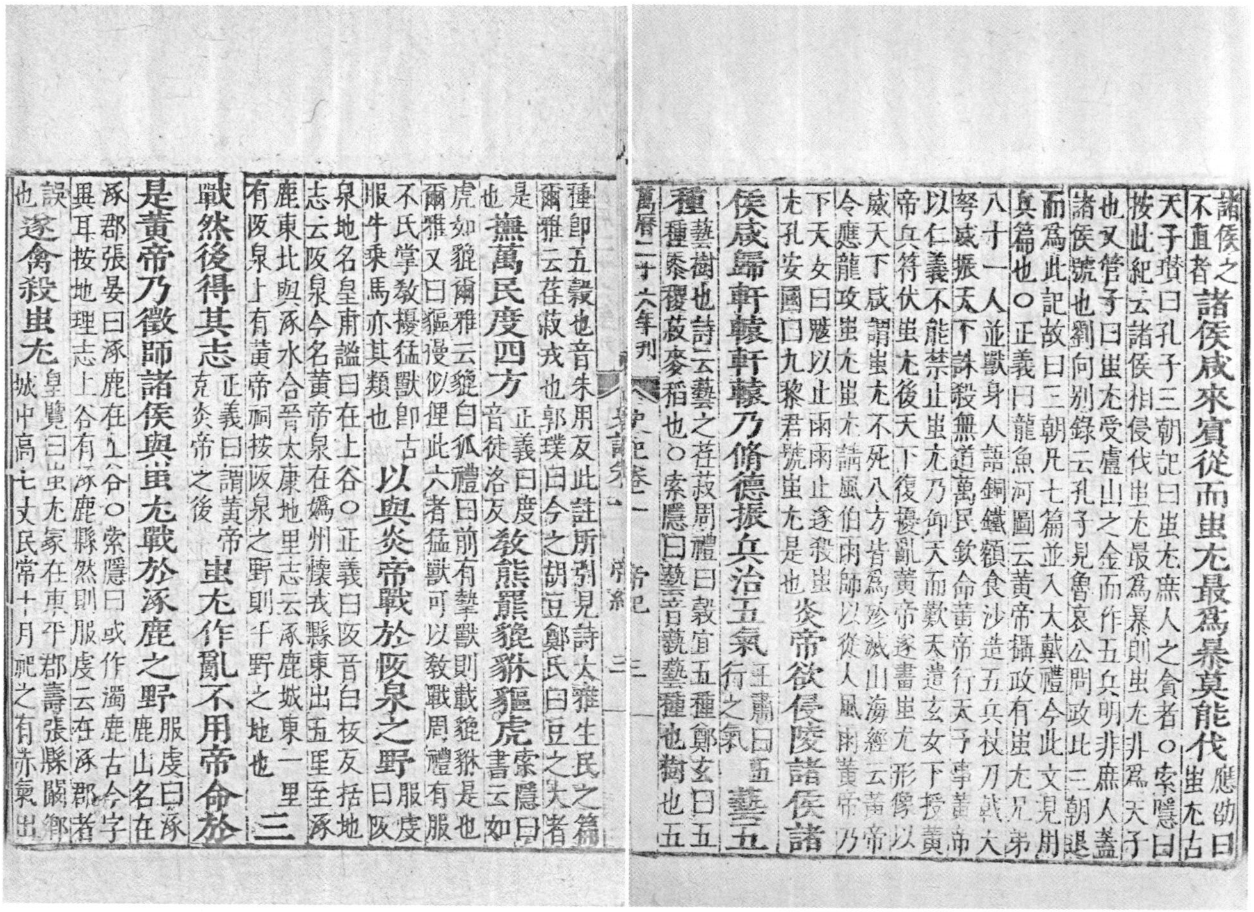

图1-1-1 《史记·五帝本纪》

阪泉之战以后，黄帝、炎帝连同分别从属于他们的一些部落结成联盟，各族群共同推动了华夏族的形成，民族融合不断进行，华夏族的地域范围也开始扩大，《太平御览》(图1-1-2)记载其疆域范围："东至于海，登丸山，及岱宗。西至崆峒，登鸡头山。南至江，登熊湘。北极荤粥，合符釜山，而邑于涿鹿之阿。"向东到达海边，登丸山；西边到崆峒，大约达到现在的河南省西部；南边到熊湘，就是后来称为熊山的河南熊耳山；北边到了现在的山西南部。

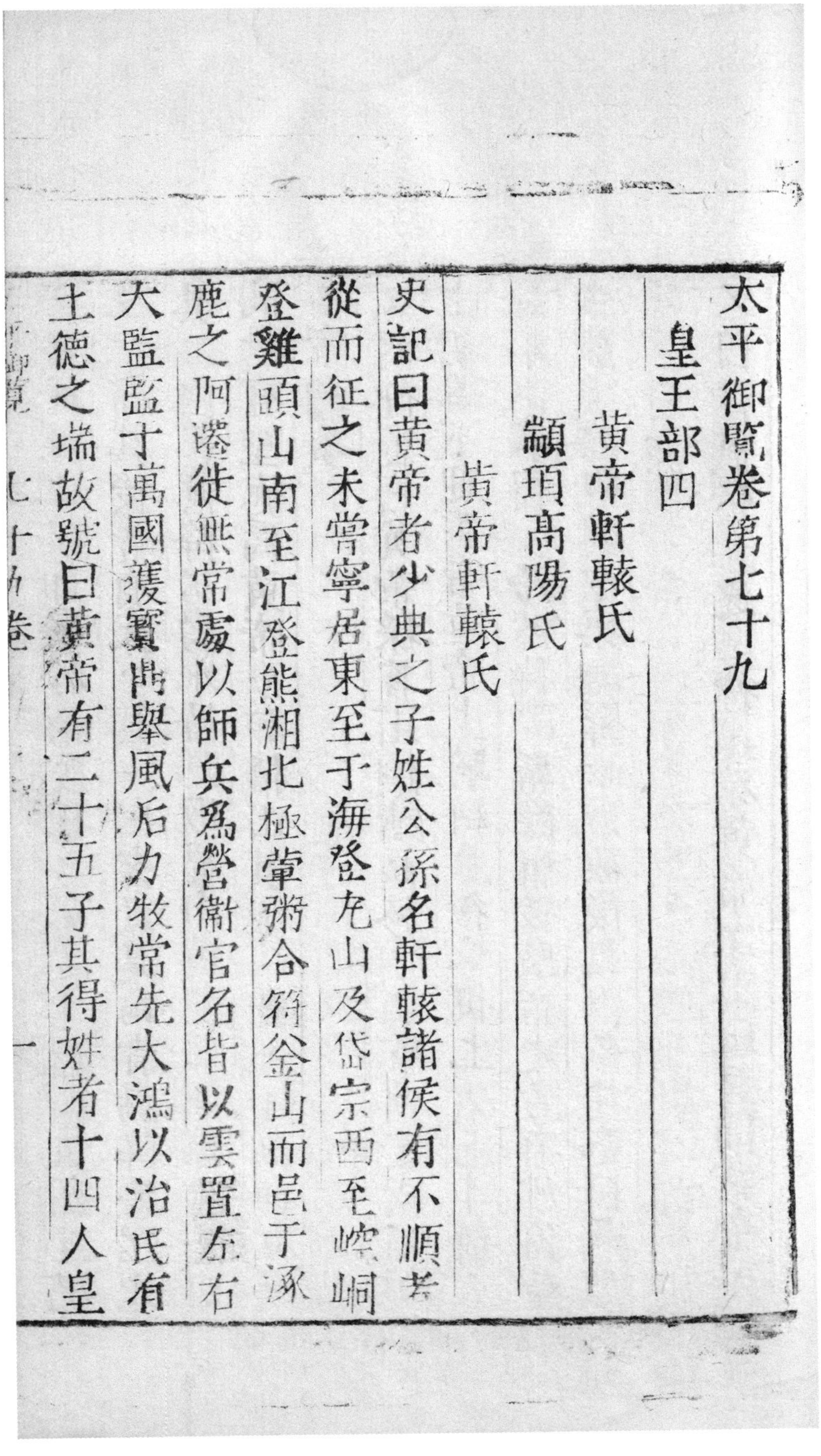
太平御覽卷第七十九
皇王部四
黄帝軒轅氏
顓頊高陽氏
黄帝軒轅氏
史記曰黄帝者少典之子姓公孫名軒轅諸侯有不順者
從而征之未嘗寧居東至于海登丸山及岱宗西至崆峒
登雞頭山南至江登熊湘北極葷粥合符釜山而邑于涿
鹿之阿遷徙無常處以師兵爲營衛官名皆以雲置左右
大監監于萬國獲寶鼎舉風后力牧常先大鴻以治民有
土德之瑞故號曰黄帝有二十五子其得姓者十四人皇
太平御覽　七十九卷　一

图 1-1-2　《太平御览》卷七十九

大禹时代，疆域进一步扩大。《禹贡》记载了两个非常重要的名词“九州”和“四海”。《尚书·禹贡》(图1-1-3)：“禹别九州，随山浚川，任土作贡。禹敷土，随山刊木，奠高山大川。”大禹划分了九州疆域，顺着山势走向开辟道路交通，斫削树木作为路标，以高山大川作为九州的分界线，把中华大地划分成冀州、青州、豫州、扬州、徐州、梁州、雍州、兖州、荆州九州（图1-1-4)，并任用九牧分区治理。大禹划分九州对后世产生深远影响，人们经常以“九州”指代中国。

《禹贡》还勾勒了大禹时代的地理疆域：“东渐于海，西被于流沙，朔南暨声教，讫于四海。”东部和东南部为汪洋大海，北部与西北部为戈壁大漠，西南部为峻岭高山。这里的“四海”不是指海洋，《尔雅》解释“四海”：“九夷八狄七戎六蛮谓之四海。”可见大禹时代的疆域是包括周围蛮荒之地在内的广大地区，不同族群在“九州”之内安居乐业，“四海”之内亲如一家。

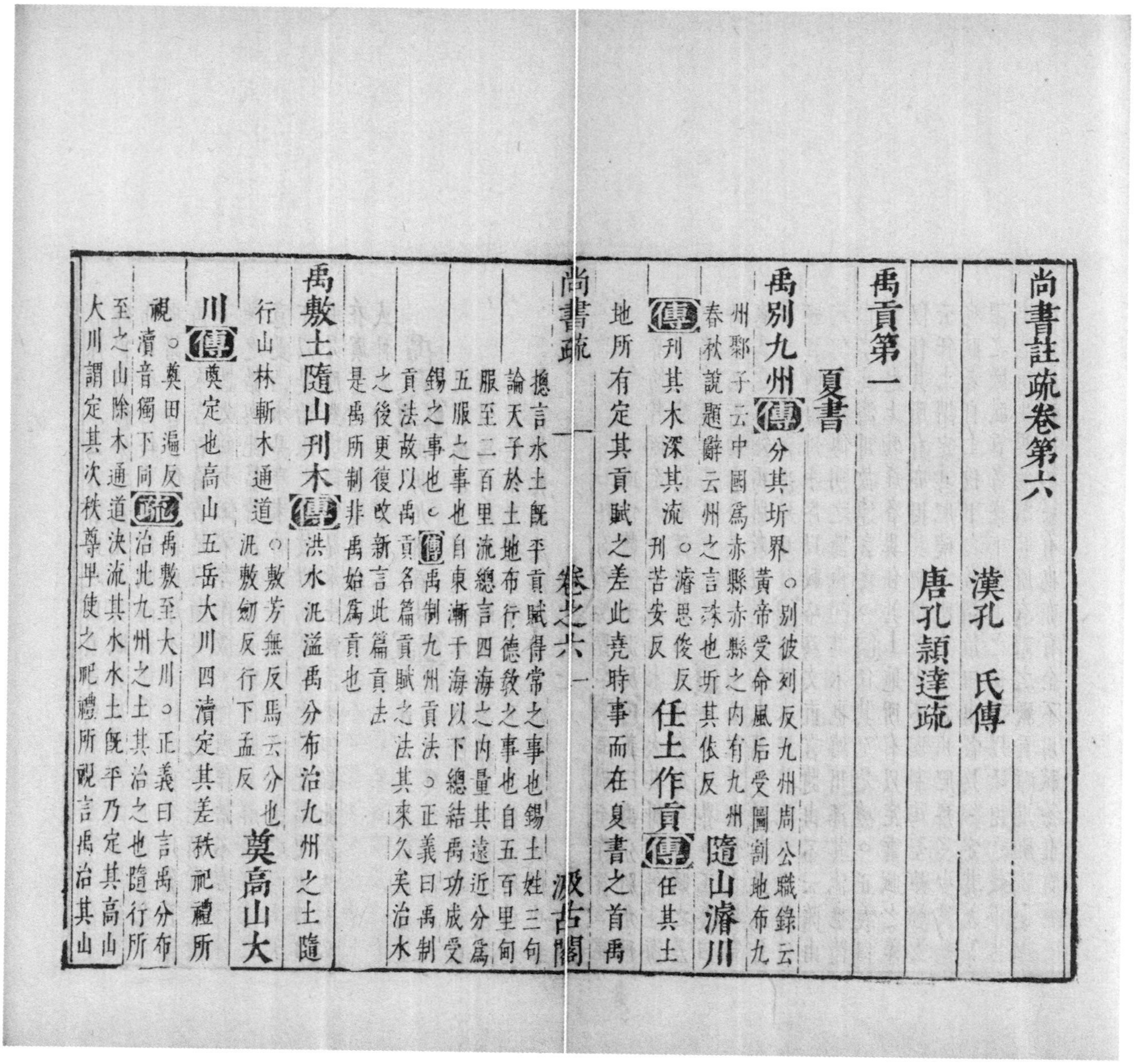
尚書註疏卷第六

漢孔　氏傳

唐孔穎達疏

禹貢第一　夏書

禹別九州傳分其圻界○別彼列反九州周公職錄云黄帝受命風后受圖割地布九州鄒子云中國爲赤縣赤縣之内有九州春秋說題辭云州之言殊也圻其依反隨山濬川傳刊其木深其流○刊苦安反濬思俊反任土作貢傳任其土地所有定其貢賦之差此堯時事而在夏書之首禹

尚書疏　卷之六　一　汲古閣

總言水土既平貢賦得常之事也錫土姓三句論天子於土地布行德教之事也自五百里甸服至二百里流總言四海之内量其遠近分爲五服之事也自東漸于海以下總結禹功成受錫之事也○傳禹制九州貢法○正義曰禹制貢法故以禹貢名篇貢賦之法其來久矣治水之後更復改新言此篇貢法是禹所制非禹始爲貢也

禹敷土隨山刊木傳洪水汎溢禹分布治九州之土隨行山林斬木通道○敷芳無反馬云分也奠高山大川傳奠定也高山五岳大川四瀆定其差秩祀禮所視○奠田遍反瀆音獨下同疏禹敷至大川○正義曰言禹分布治此九州之土其治之也隨行所至之山除木通道決流其水水土既平乃定其高山大川謂定其次秩尊卑使之祀禮所視言禹治其山

图1-1-3　《尚书注疏·禹贡第一》

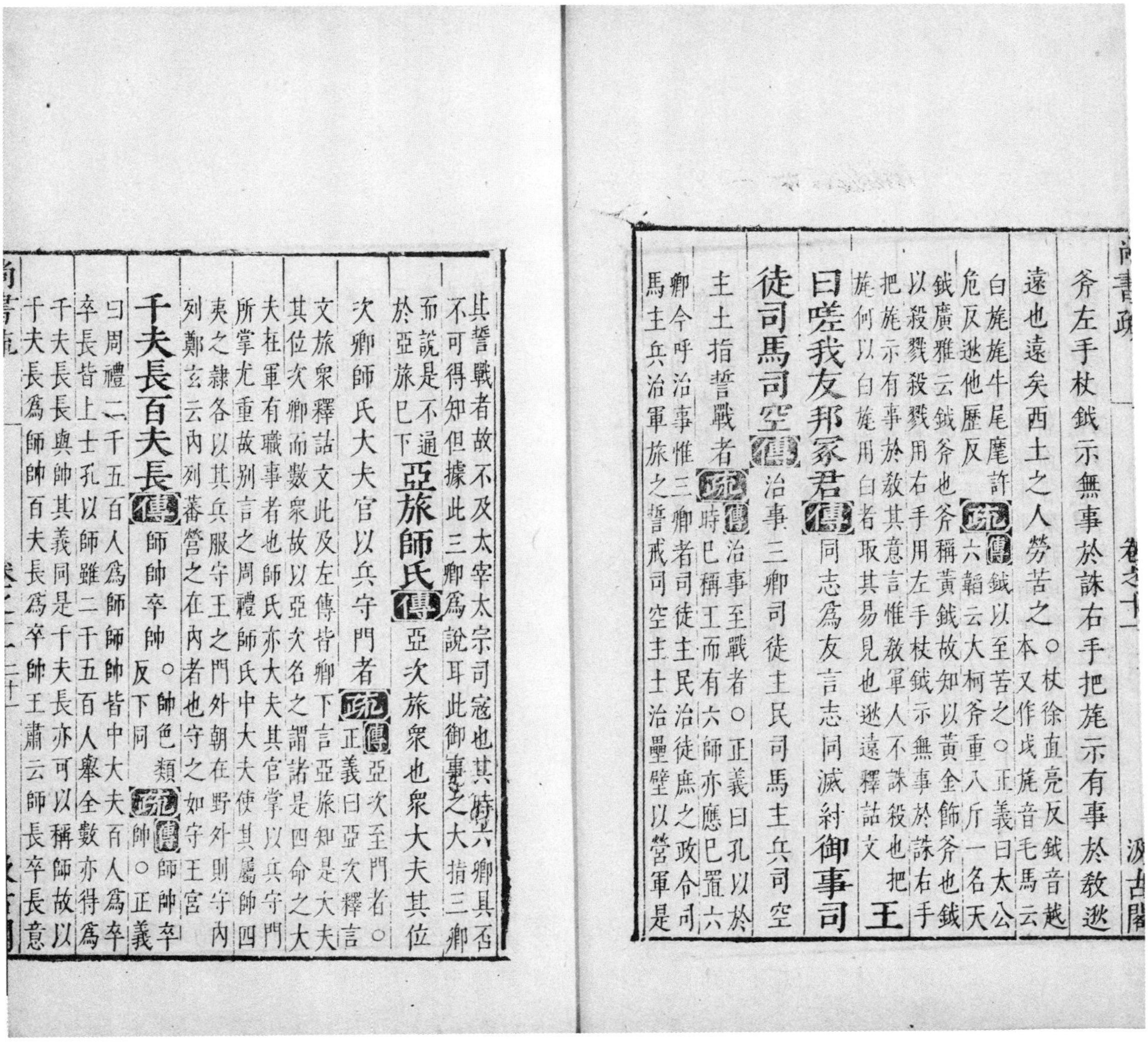
尚書疏 卷之十一 汲古閣
斧左手杖鉞示無事於誅右手把旄示有事於敎逖
遠也遠矣西土之人勞苦之〇杖徐直亮反鉞音越本又作戉旄音毛馬云
白旄旄牛尾麾許危反逖他歷反疏傳鉞以至苦之〇正義曰太公六韜云大柯斧重八斤一名天
鉞廣雅云鉞斧也斧稱黃鉞故知以黃金飾斧也鉞以殺戮殺戮用右手用左手杖鉞示無事於誅右手
把旄示有事於敎其意言惟敎軍人不誅殺也把旄何以白旄用白者取其易見也逖遠釋詁文
王曰嗟我友邦冢君傳同志爲友言志同滅紂御事司
徒司馬司空傳治事三卿司徒主民司馬主兵司空
主土指誓戰者疏傳治事至戰者〇正義曰孔以於時已稱王而有六師亦應已置六
卿令呼治事惟三卿者司徒主民治徒庶之政令司馬主兵治軍旅之誓戒司空主土治壘壁以營軍是
其誓戰者故不及太宰太宗司寇也其時六卿具否不可得知但據此三卿爲說耳此御事之大指三卿
而說是不通於亞旅已下亞旅師氏傳亞次旅衆也衆大夫其位
次卿師氏大夫官以兵守門者疏傳亞次至門者〇正義曰亞次釋言
文旅衆釋詁文此及左傳皆卿下言亞旅知是大夫其位次卿而數衆故以亞次名之謂諸是四命之大
夫在軍有職事者也師氏亦大夫其官掌以兵守門所掌尤重故別言之周禮師氏中大夫使其屬帥四
夷之隸各以其兵服守王之門外朝在野外則守內列鄭玄云內列蕃營之在內者也守之如守王宮
千夫長百夫長傳師帥卒帥〇帥色類反下同疏傳師帥卒帥〇正義
曰周禮二千五百人爲師師帥皆中大夫百人爲卒卒長皆上士孔以師雖二千五百人舉全數亦得爲
千夫長長與帥其義同是千夫長亦可以稱師故以千夫長爲師帥百夫長爲卒帥王肅云師長卒長意
尚書疏 卷之十一 二十一 汲古閣

图1-1-6（1）《尚书疏·牧誓》

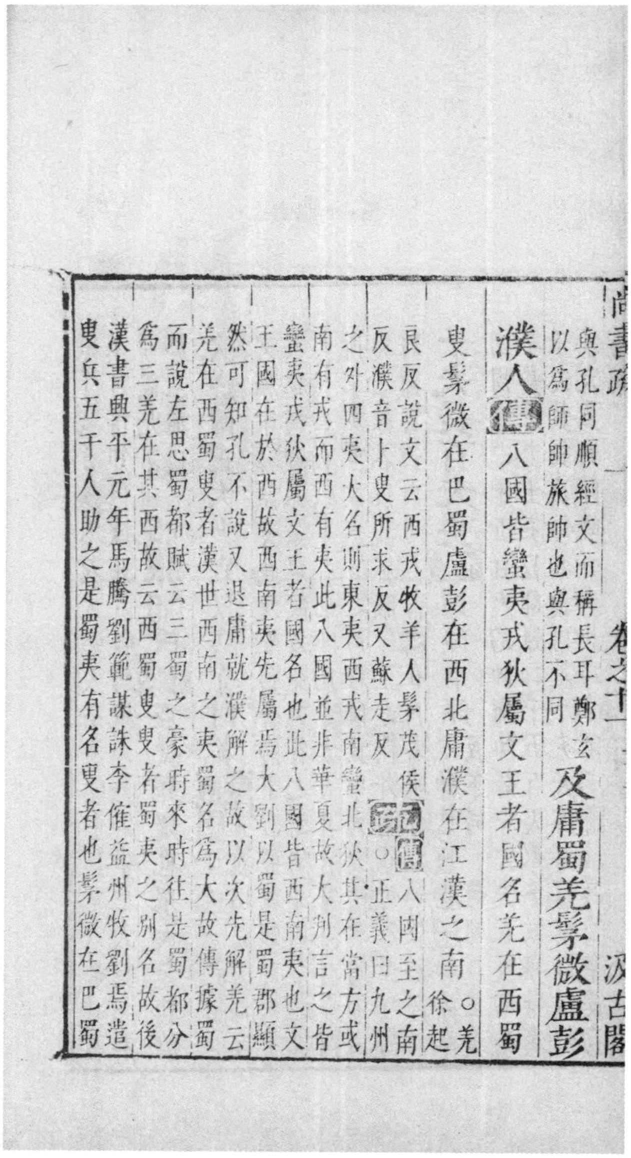

尚書疏　卷之十一　汲古閣

與孔同順經文而稱長耳鄭玄以爲師帥旅帥也與孔不同及庸蜀羌髳微盧彭

濮人【傳】八國皆蠻夷戎狄屬文王者國名羌在西蜀

叟髳微在巴蜀盧彭在西北庸濮在江漢之南○羌徐起

良反說文云西戎牧羊人髳茂侯【疏】【傳】八國至之南

反濮音卜叟所求反又蘇走反○正義曰九州

之外四夷大名則東夷西戎南蠻北狄其在當方或

南有戎而西有夷此八國並非華夏故大判言之皆

蠻夷戎狄屬文王者國名也此八國皆西南夷也文

王國在於西故西南夷先屬焉大劉以蜀是蜀郡顯

然可知孔不說又退庸就濮解之故以次先解羌云

羌在西蜀叟者漢世西南之夷蜀名爲大故傳據蜀

而說左思蜀都賦云三蜀之豪時來時往是蜀都分

爲三羌在其西故云西蜀叟叟者蜀夷之別名故後

漢書興平元年馬騰劉範謀誅李傕益州牧劉焉遣

叟兵五千人助之是蜀夷有名叟者也髳微在巴蜀

图 1–1–6（2）《尚书疏·牧誓》

周王室东迁后势力大为削弱，仅能控制洛邑周围几百里的土地。诸侯间互相兼并，各大国都想当霸主，于是出现了大国争霸的局面。春秋五霸、战国七雄中的国家本身多为周边诸侯，如越国是地处东南的诸侯国，其历史被记载在我国地方志的鼻祖《越绝书》里。

《越绝书·越地传》（图 1–1–7）记载大禹在越国封赏、巡守的事迹：“昔者，越之先君无余，乃禹之世，别封于越，以守禹冢。问天地之道，万物之纪，莫失其本。神农尝百草、水土甘苦，黄帝造衣裳，后稷产穑，制器械，人事备矣。畴粪桑麻，播种五谷，必以手足。大越海滨之民，独以乌（鸟）田，小大有差，进退有行，莫将自使，其故何也？曰：禹始也，忧民救水，到大越，上茅山，大会计，爵有德，封有功，更名茅山曰会稽。及其王也，巡狩大越，见耆老，纳诗书，审铨衡，平斗斛。”

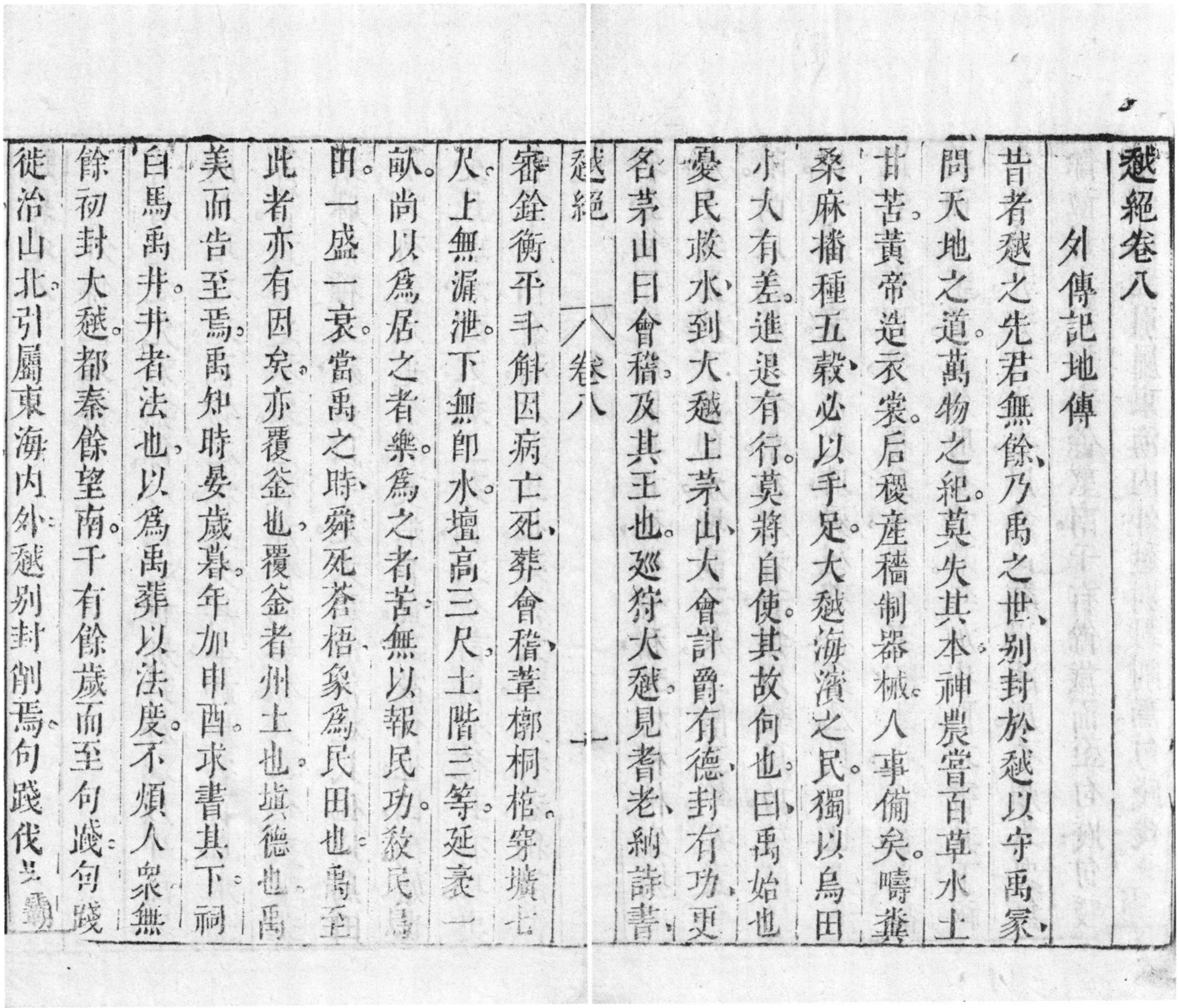
越絕卷八
外傳記地傳
昔者越之先君無餘乃禹之世別封於越以守禹冢
問天地之道萬物之紀莫失其本神農嘗百草水土
甘苦黃帝造衣裳后稷產穡制器械人事備矣疇糞
桑麻播種五穀必以手足大越海濱之民獨以鳥田
小大有差進退有行莫將自使其故何也曰禹始也
憂民救水到大越上茅山大會計爵有德封有功更
名茅山曰會稽及其王也巡狩大越見耆老納詩書
越絕 卷八 一
審銓衡平斗斛因病亡死葬會稽葦椁桐棺穿壙七
尺上無漏泄下無即水壇高三尺土階三等延袤一
畝尚以爲居之者樂爲之者苦無以報民功教民鳥
田一盛一衰當禹之時舜死蒼梧象爲民田也禹至
此者亦有因矣亦覆釜也覆釜者州土也塡德也禹
美而告至焉禹知時晏歲暮年加申酉求書其下祠
白馬禹井井者法也以爲禹葬以法度不煩人衆無
餘初封大越都秦餘望南千有餘歲而至句踐句踐
徙治山北引屬東海內外越別封削焉句踐伐吳霸

图 1–1–7 《越绝书 · 越地传》

在争霸的过程中，各国与周边部族不断融合，疆域不断变化。《汉书 · 西南夷两粤朝鲜传》（图 1–1–8）记载了楚国庄蹻开发云南的史实：“西夷君长以十数，夜郎最大；其西靡莫之属以十数，滇最大；自滇以北君长以十数，邛都最大；此皆椎结，耕田，有邑聚。其外西自桐师以东，北至叶榆，名为嶲、昆明，编发，随畜移徙，亡常处，亡君长，地方可数千里。自嶲以东北，君长以十数，徙、筰都最大；自筰以东北，君长以十数，冉駹最大。其俗或土著，或移徙，在蜀之西。自駹以东北，君长以十数，白马最大，皆氐类也。此皆巴蜀西南外蛮夷也。始楚威王时，使将军庄蹻将兵循江上，略巴、黔中以西。庄蹻者，楚庄王苗裔也。蹻至滇池，方三百里，旁平地，肥饶数千里，以兵威定属楚。欲归报，会秦击夺楚巴、黔中郡，道塞不通，因乃以其众王滇，变服，从其俗，以长之。”秦楚两国竞相扩展疆域时，楚国抢占先机将云南开发为楚地。

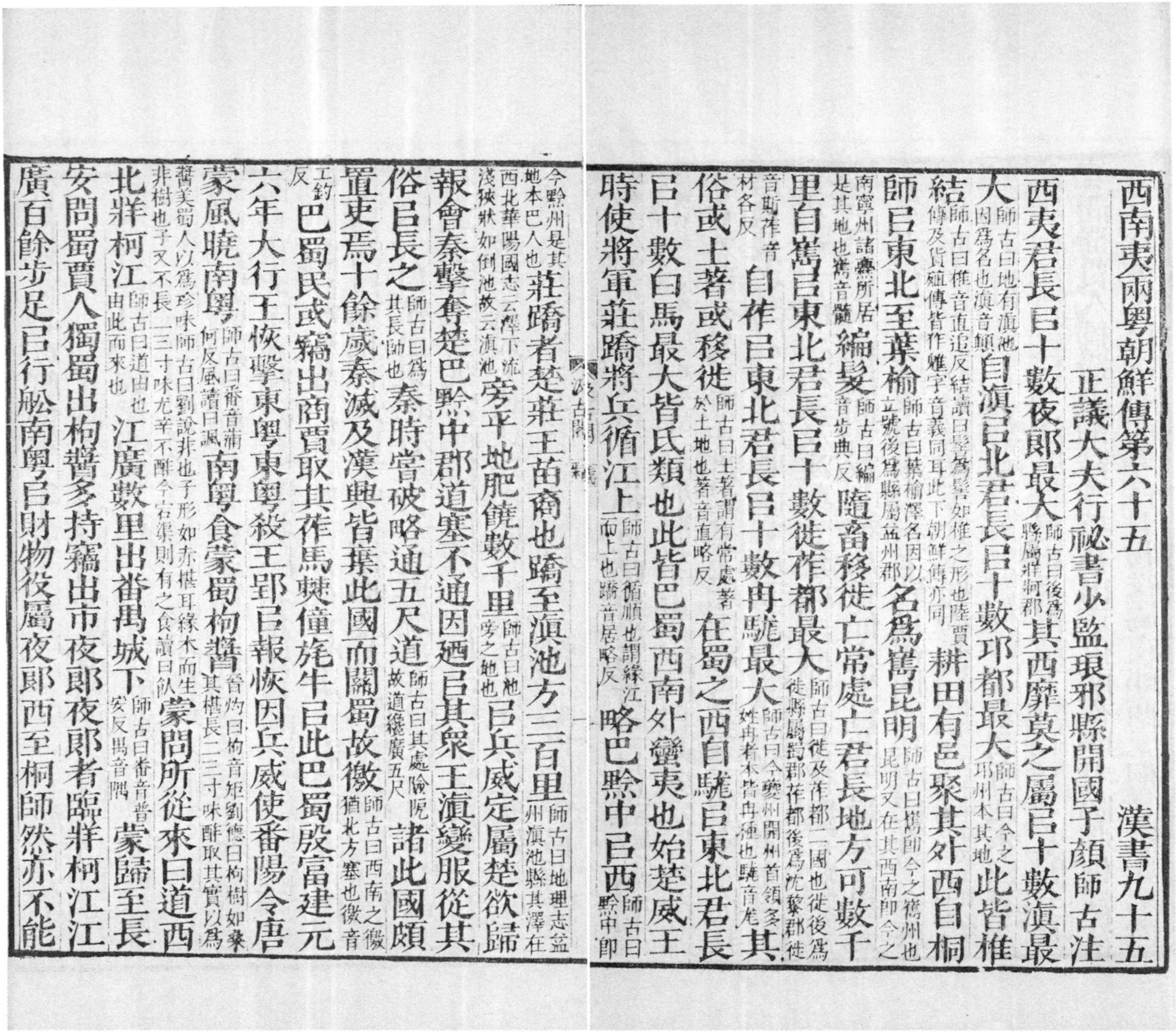

西南夷兩粵朝鮮傳第六十五　漢書九十五

正議大夫行祕書少監琅邪縣開國子顏師古注

西南夷君長以十數，夜郎最大；其西靡莫之屬以十數，滇最大；自滇以北君長以十數，邛都最大：此皆椎結，耕田，有邑聚。其外西自桐師以東，北至葉榆，名為巂、昆明，編髮，隨畜移徙，亡常處，亡君長，地方可數千里。自巂以東北，君長以十數，徙、莋都最大；自莋以東北，君長以十數，冉駹最大。其俗或土著，或移徙。在蜀之西。自駹以東北，君長以十數，白馬最大，皆氐類也。此皆巴蜀西南外蠻夷也。始楚威王時，使將軍莊蹻將兵循江上，略巴、黔中以西。莊蹻者，楚莊王苗裔也。蹻至滇池，方三百里，旁平地肥饒數千里，以兵威定屬楚。欲歸報，會秦擊奪楚巴、黔中郡，道塞不通，因乃以其眾王滇，變服，從其俗以長之。秦時嘗破，略通五尺道，諸此國頗置吏焉。十餘歲，秦滅。及漢興，皆棄此國而關蜀故徼。巴蜀民或竊出商賈，取其莋馬、僰僮、旄牛，以此巴蜀殷富。建元六年，大行王恢擊東粵，東粵殺王郢以報。恢因兵威使番陽令唐蒙風曉南粵。南粵食蒙蜀枸醬，蒙問所從來，曰道西北牂柯江，江廣數里，出番禺城下。蒙歸至長安，問蜀賈人，獨蜀出枸醬，多持竊出市夜郎。夜郎者，臨牂柯江，江廣百餘步，足以行船。南粵以財物役屬夜郎，西至桐師，然亦不能

图 1-1-8　《汉书·西南夷两粤朝鲜传》

秦汉两朝是疆域空前广大的大一统王朝，除中原王朝外，还有多个边疆政权并立，诸多族群迁徙交融，继续开拓中华民族生存发展的广阔空间。

秦朝是我国第一个统一的多民族国家，疆域空前广大，东临大海，西到陇西（今甘肃临洮南），北达内蒙古，南至南海。《史记·秦始皇本纪》（图 1-1-9）记录秦朝的疆域："地东至海暨朝鲜，西至临洮、羌中，南至北向户，北据河为塞，并阴山至辽东。"疆域已经超过了夏商周三代。琅琊台石刻铭文中也有关于秦朝疆域的描述："六合之内，皇帝之土。西涉流沙，南尽北户。东有东海，北过大夏。"

在秦朝疆域上，除中原民族以外，在周边地区还生活着包括匈奴、乌桓、鲜卑、百越、羌、氐、西南夷和西域诸族在内的很多少数民族。以岭南为例，先秦时期，岭南地区处于"越有百

輸舊事云聚天下兵器鑄銅人十二各重二十四萬斤
漢世在長樂宮門魏志董卓傳云椎破銅人十及鐘鐻
以鑄小錢關中記云董卓壞銅人餘二枚徙淸門裏魏
明帝欲將詣洛載到霸城重不可致後石季龍徙之鄴
苻堅又徙入長安而銷之英雄記云昔大
人見臨洮而銅人鑄至董卓而銅人毀也一法度衡石
丈尺車同軌書同文字地東至海暨朝鮮〔正義〕暨其記反朝音潮鮮
音仙海謂渤海南至揚蘇台等州之東海也暨及也東
北朝鮮國括地志云高麗治平壤城本漢樂浪郡王險
城卽古朝鮮也西至臨洮羌中〔正義〕洮吐高反括地志云臨洮郡卽今洮州亦古西羌之地在
京西千五百五十一里羌中從臨洮西
南芳州扶松府以西並古諸羌地也南至北嚮戶〔集解〕
吳都賦曰開北戶以向日劉逵
曰日南之北戶猶日北之南戶也北據河爲塞並陰
山至遼東〔集解〕駟案地理志西河有陰山縣〔正義〕塞先代反並白浪反謂靈夏勝等州之北黃河陰
山在朔州北塞外從河傍陰
山東至遼東築長城爲北界徙天下豪富於咸陽十二
本紀六

图 1-1-9 《史记·秦始皇本纪》

种”“各有种姓”的状态。秦朝平定岭南后，岭南地区归属中央政权，正式纳入中国版图。秦统一岭南后，推行郡县制，《史记·秦始皇本纪》(图1-1-10)载“为桂林、象郡、南海，以适遣戍”，同时修筑通往越地的道路，加强了岭南与岭北的联系，使秦朝有效统治的海疆范围延伸至南海，这对岭南的开发与经营，以及岭南地区社会经济的发展有着重要意义。

汉代是中国统一多民族国家的巩固时期。汉朝建立之后，在继承秦朝疆域的基础上，大规模

贅謂居窮有子使就其婦家爲贅壻索隱南方之人其
性陸梁故曰陸梁正義嶺南之人多處山陸其性强梁
故曰陸梁爲桂林集解韋昭曰今鬱林是也象郡集解韋昭曰今日南南海正義卽廣州南
海縣以適遣戍集解徐廣曰五十萬人守五嶺正義適音直革反戍守也廣州記云五嶺者大庾始
安臨賀揭陽桂陽輿地志云一曰臺嶺亦名塞上今
名大庾二曰騎田三曰都龐四曰萌諸五曰越嶺西
北斥逐匈奴自榆中集解徐廣曰在金城並河以東集解服虔曰並音傍傍依
也屬之陰山集解徐廣曰在五原北正義五原今勝州也以爲三十四縣城
河上爲塞又使蒙恬渡河取高闕正義山名在五原北兩山相對若闕甚高
故言高闕陶山北假中集解晉灼曰王莽傳云五原北假膏壤殖穀北假地名也索隱高闕山名
北假地名近五原正義酈元注水經云黃河逕河目縣
故城西縣在北假中北假地名按河目縣屬勝州今名
河北漢書地理志云屬五原郡築亭障以逐戎人徙謫實之初縣索隱徙有

史記卷六 本紀六

图 1-1-10　《史记·秦始皇本纪》

开边拓疆。汉武帝经略边疆，设置朔方郡，迁徙十万人于朔方；陆续设酒泉、武威、张掖、敦煌四郡，管理河西走廊地区；在南越设九郡；在东北及朝鲜半岛地区设置乐浪郡、玄菟郡、真番郡、临屯郡。汉宣帝神爵二年（前60）设立西域都护府，全面掌管西域。东汉班超经营西域，获得西域人民的拥戴，《后汉书·班超传》（图1-1-11）记载："超还至于寘，王侯以下皆号泣曰：'依汉使如父母，诚不可去。'"

勒（姑墨國王居南城去長安八千一百五十里）超守槃橐城與忠爲首尾士
吏單少拒守歲餘肅宗初即位以陳睦新沒恐超單危
不能自立下詔徵超超發還疏勒舉國憂恐其都尉黎
弇曰漢使棄我我必復爲龜茲所滅耳誠不忍見漢使
去因以刀自到超還至于窴王侯以下皆號泣曰依漢
使如父母誠不可去互抱超馬腳不得行超恐于窴終
不聽其東又欲遂本志乃更還疏勒疏勒兩城自超去
後復降龜茲而與尉頭連兵（尉頭國居尉頭谷去長安八千六百五十里南與疏
勒接衣服類烏孫也）超捕斬反者擊破尉頭殺六百餘人疏勒復
安建初三年超率疏勒康居于窴拘彌兵一萬人攻姑

图 1-1-11 《后汉书·班超传》

汉朝时期中原王朝与周边部族不断融合，疆域不断开拓。《后汉书·南蛮西南夷传》（图 1-1-12）记载东汉时期云南哀牢国归汉的故事：“二十七年，贤栗等遂率种人户二千七百七十，口万七千六百五十九，诣越嶲太守郑鸿降，求内属。光武封贤栗等为君长。自是岁来朝贡。永平十二年，哀牢王柳貌遣子率种人内属，其称邑主者七十七人，户五万一千八百九十，口五十五万三千七百一十一。”“哀牢归汉”这一历史性事件，推动了滇西地区的经济和社会发展，进一步加深了内地和边疆的联系，促进了国家的统一。

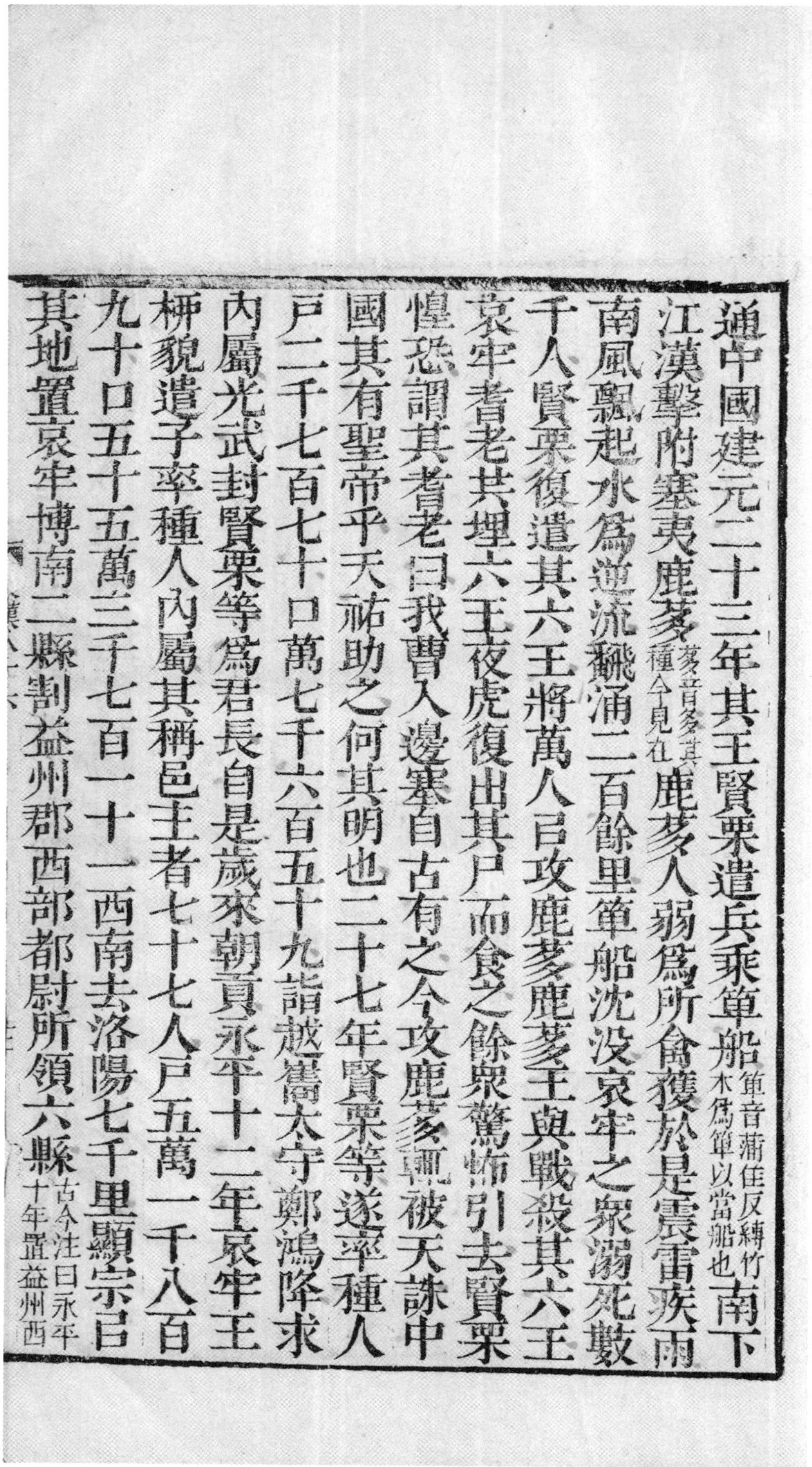

通中國建元二十三年其王賢栗遣兵乘箄船（箄音蒲佳反縛竹木爲箄以當船也）南下江漢擊附塞夷鹿茤（茤音多其種今見在）鹿茤人弱爲所禽獲於是震雷疾雨南風飄起水爲逆流翻涌二百餘里箄船沈没哀牢之衆溺死數千人賢栗復遣其六王將萬人以攻鹿茤鹿茤王與戰殺其六王哀牢耆老共埋六王夜虎復出其尸而食之餘衆驚怖引去賢栗惶恐謂其耆老曰我曹入邊塞自古有之今攻鹿茤輒被天誅中國其有聖帝乎天祐助之何其明也二十七年賢栗等遂率種人戸二千七百七十口萬七千六百五十九詣越嶲太守鄭鴻降求内屬光武封賢栗等爲君長自是歲來朝貢永平十二年哀牢王柳貌遣子率種人内屬其稱邑王者七十七人戸五萬一千八百九十口五十五萬三千七百一十一西南去洛陽七千里顯宗以其地置哀牢博南二縣割益州郡西部都尉所領六縣（古今注曰永平十年置益州西）

图 1-1-12　《后汉书·南蛮西南夷传》

魏晋南北朝时期是古代中国自秦汉以后首次出现较长时间割据对峙的时期，也是中国历史上第二次大规模、长时段的族群融合时期。三百七十年三十余个大小政权兴替，“五胡”族群大规模南下中原，中华文明实现了长城地带与中原农耕地区的一体化整合，巩固了中华民族多元一体的基本格局。

东汉末年至曹魏时期，蜀汉诸葛亮在西南经营蜀中、联合周边部族的故事家喻户晓。《三国志·蜀志·诸葛亮传》(图1–1–13)记载刘备三顾茅庐之时，诸葛亮就向刘备提出联合周边部族的建议：“将军既帝室之胄，信义著于四海，总揽英雄，思贤如渴，若跨有荆、益，保其岩阻，西和诸戎，南抚夷越，外结好孙权，内修政理；天下有变，则命一上将将荆州之军以向宛、洛，将军身率益州之众以出秦川，百姓孰敢不箪食壶浆以迎将军者乎？诚如是，则霸业可成，汉室可兴矣。”“西和诸戎，南抚夷越”就是要跟西方的少数民族建立友好关系，对南方的少数民族实行安抚政策。

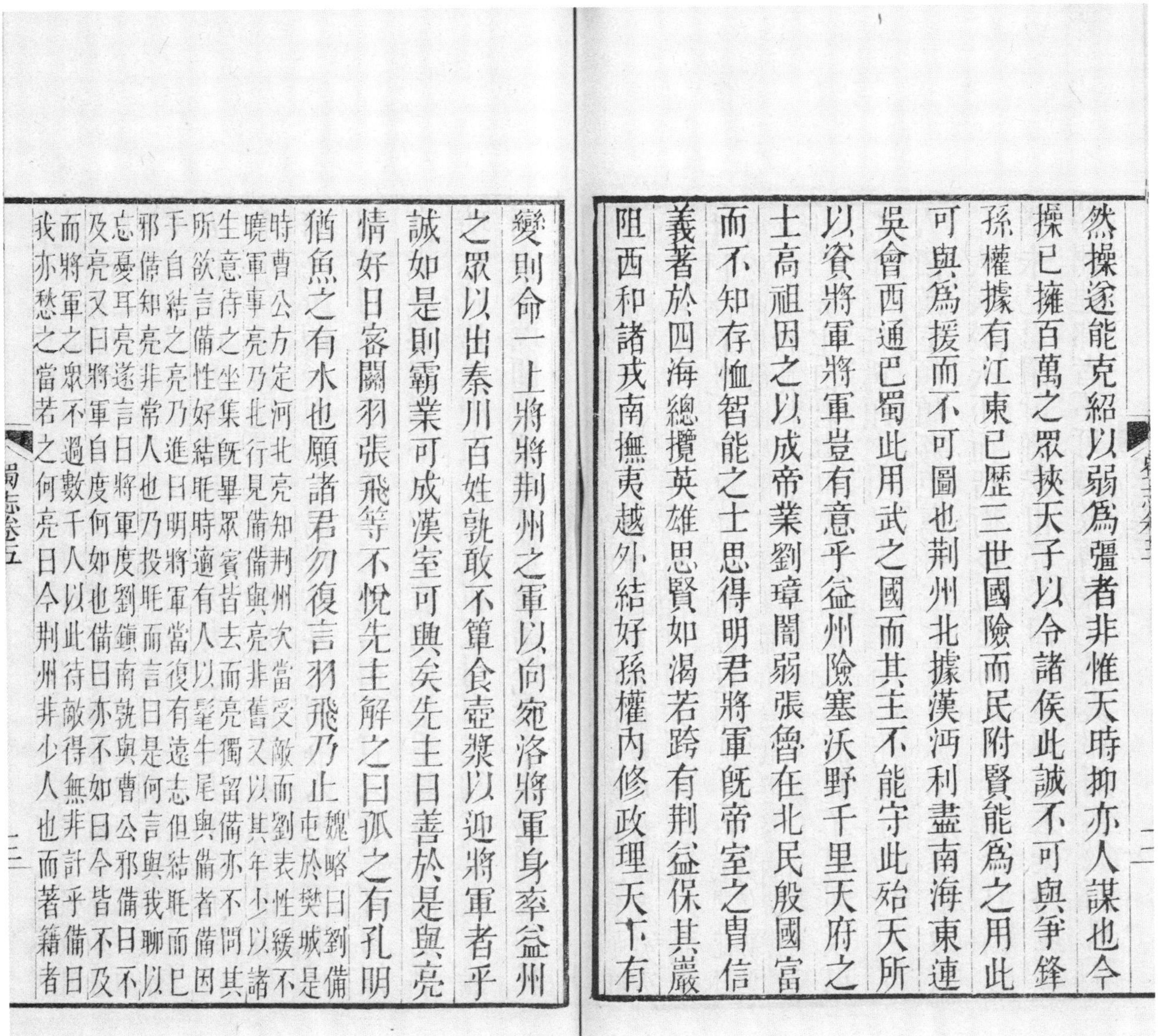
然操遂能克紹以弱為彊者非惟天時抑亦人謀也今操已擁百萬之衆挾天子以令諸侯此誠不可與爭鋒孫權據有江東已歷三世國險而民附賢能為之用此可與為援而不可圖也荊州北據漢沔利盡南海東連吳會西通巴蜀此用武之國而其主不能守此殆天所以資將軍將軍豈有意乎益州險塞沃野千里天府之土高祖因之以成帝業劉璋闇弱張魯在北民殷國富而不知存恤智能之士思得明君將軍既帝室之冑信義著於四海總攬英雄思賢如渴若跨有荊益保其巖阻西和諸戎南撫夷越外結好孫權內修政理天下有變則命一上將將荊州之軍以向宛洛將軍身率益州之衆以出秦川百姓孰敢不簞食壺漿以迎將軍者乎誠如是則霸業可成漢室可興矣先主曰善於是與亮情好日密關羽張飛等不悅先主解之曰孤之有孔明猶魚之有水也願諸君勿復言羽飛乃止

魏略曰劉備屯於樊城是時曹公方定河北亮知荊州次當受敵而劉表性緩不曉軍事亮乃北行見備備與亮非舊又以其年少以諸生意待之坐集既畢衆賓皆去而亮獨留備亦不問其所欲言備性好結毦時適有人以髦牛尾與備者備因手自結之亮乃進曰明將軍當復有遠志但結毦而已邪備知亮非常人也乃投毦而言曰是何言與我聊以忘憂耳亮遂言曰將軍度劉鎮南孰與曹公邪備曰不及亮又曰將軍自度何如也備曰亦不如曰今皆不及而將軍之衆不過數千人以此待敵得無非計乎備曰我亦愁之當若之何亮曰今荊州非少人也而著籍者

图 1–1–13 《三国志·蜀志·诸葛亮传》

孟获是三国时代云南的一个著名民族首领，诸葛亮对其七擒七纵，最终获得云南少数民族的认可。《华阳国志·南中志》(图 1–1–14)生动记载了诸葛亮七擒七纵孟获的故事：“建兴三年春，亮南征，自安上由水路入越巂……夏五月，亮渡泸，进征益州。生虏孟获，置军中，问曰：‘我军如何?’获对曰：‘恨不相知，公易胜耳。’亮以方务在北，而南中好叛乱，宜穷其诈，乃赦获使还，合军更战。凡七虏七赦。获等心服，夷汉亦思反善。亮复问获，获对曰：‘明公，天威也，边民长不为恶矣。’”

隋唐两代，中华民族经历了空前繁盛的发展阶段。隋唐王朝将疆域从农耕区扩展至游牧区，将边疆之地成功纳入中华一体的秩序，使更大范围的周边族群对中原王朝产生了向心力和认同感。这一时期，各族交往交流交融在政治上主要表现为天下共主、农牧一体、华夷一家和胡汉无差，呈现出“多族群、大一统”的特征。

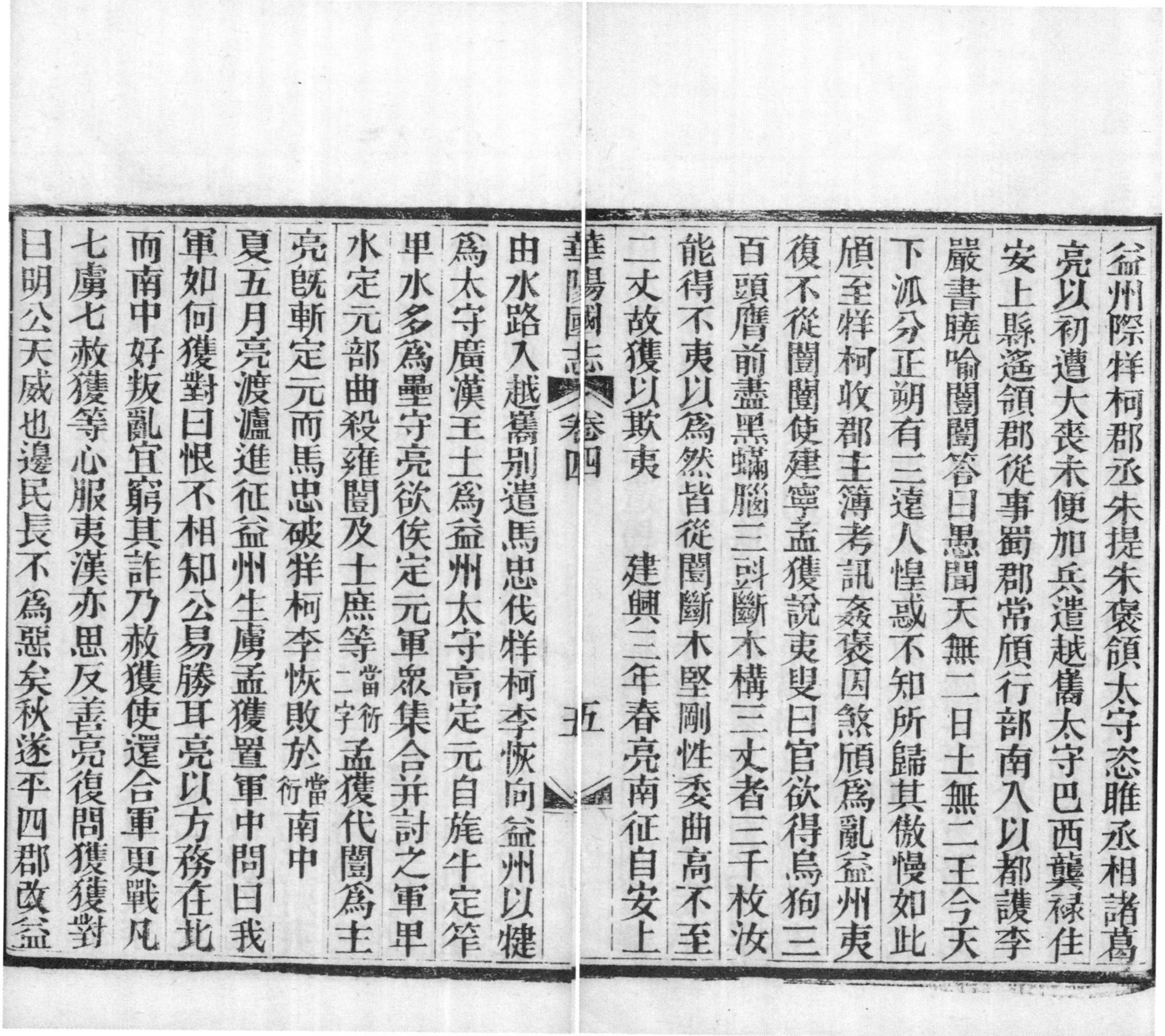
益州際牂柯郡丞朱提朱褒領太守恣睢丞相諸葛
亮以初遭大喪未便加兵遣越巂太守巴西龔祿住
安上縣遥領郡從事蜀郡常頎行部南入以都護李
嚴書曉喻闓闓答曰愚聞天無二日土無二王今天
下派分正朔有三遠人惶惑不知所歸其傲慢如此
頎至牂柯收郡主簿考訊姦褒因煞頎爲亂益州夷
復不從闓闓使建寧孟獲說夷叟曰官欲得烏狗三
百頭膺前盡黑螨腦三斗斲木構三丈者三千枚汝
能得不夷以爲然皆從闓斲木堅剛性委曲高不至
二丈故獲以欺夷　建興三年春亮南征自安上

華陽國志　卷四　五

由水路入越巂別遣馬忠伐牂柯李恢向益州以犍
爲太守廣漢王士爲益州太守高定元自旄牛定笮
卑水多爲壘守亮欲俟定元軍衆集合幷討之軍卑
水定元部曲殺雍闓及士庶等當衍二字孟獲代闓爲主
亮既斬定元而馬忠破牂柯李恢敗於當衍南中
夏五月亮渡瀘進征益州生虜孟獲置軍中問曰我
軍如何獲對曰恨不相知公易勝耳亮以方務在北
而南中好叛亂宜窮其詐乃赦獲使還合軍更戰凡
七虜七赦獲等心服夷漢亦思反善亮復問獲獲對
曰明公天威也邊民長不爲惡矣秋遂平四郡改益

图 1–1–14　《华阳国志·南中志》

隋文帝时期，突厥沙钵略可汗上表，表示愿意归附隋朝。突厥启民可汗还迎娶了隋朝的义成公主。隋炀帝杨广即位后，继续巩固与东突厥的关系。大业三年（607）隋炀帝应启民可汗之邀巡视胜州（今准格尔旗十二连城古城）、云内等地，过黄河、溯金河，与各民族首领聚会言欢，史称“金河会盟”。《资治通鉴·隋纪·炀皇帝上》（图1-1-15）记载：“八月壬午，车驾发榆林，历云中，溯金河。时天下承平，百物丰实，甲士五十余万，马十万匹，旌旗辎重，千里不绝。令宇文恺等造观风行殿，上容侍卫者数百人，离合为之，下施轮轴，倏忽推移。又作行城，周二千步，以板为干，衣之以布，饰以丹青，楼橹悉备。胡人惊以为神，每望御营，十里之外，屈膝稽颡，无敢乘马。启民奉庐帐以俟车驾。乙酉，帝幸其帐。启民奉觞上寿，跪伏恭甚，王侯以下袒割于帐前，莫敢仰视。”

隋朝虽然短暂，但隋炀帝西巡河右地区的行动是继汉代张骞、班超经略西域以来中原王朝通

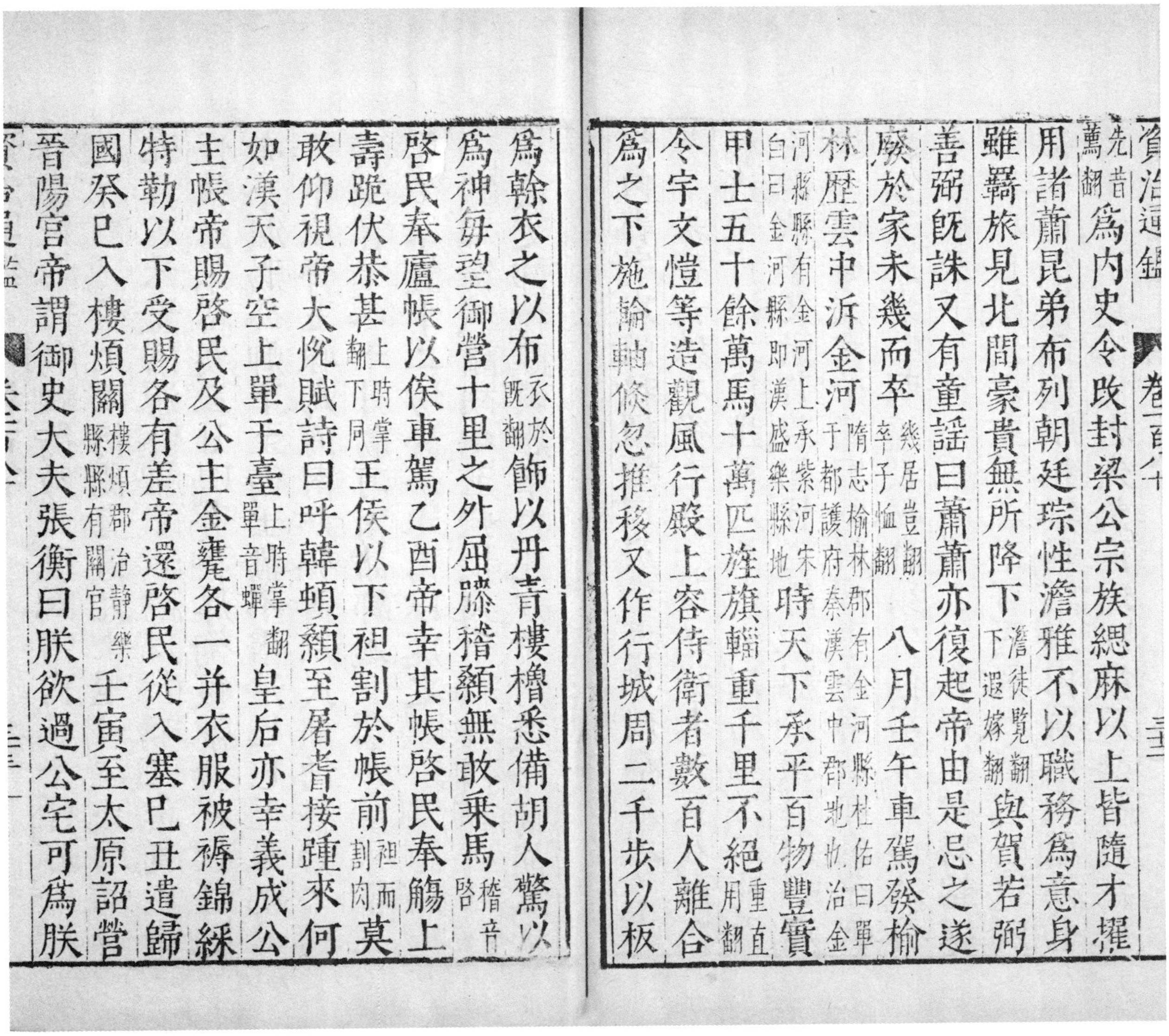
資治通鑑 卷一百八十
蕭先昔翻爲內史令改封梁公宗族緦麻以上皆隨才擢
用諸蕭昆弟布列朝廷琮性澹雅不以職務爲意身
雖羈旅見北間豪貴無所降下澹徒覽翻下遐嫁翻與賀若弼
善弼既誅又有童謠曰蕭蕭亦復起帝由是忌之遂
廢於家未幾而卒幾居豈翻卒子恤翻八月壬午車駕發榆
林歷雲中泝金河隋志榆林郡有金河縣杜佑曰單于都護府秦漢雲中郡地也治金
河縣有金河上承紫河宋白曰金河縣即漢盛樂縣地時天下承平百物豐實
甲士五十餘萬馬十萬匹旌旗輜重千里不絕重直用翻
令宇文愷等造觀風行殿上容侍衛者數百人離合
爲之下施輪軸倏忽推移又作行城周二千步以板
爲幹衣之以布衣於既翻飾以丹青樓櫓悉備胡人驚以
爲神每望御營十里之外屈膝稽顙無敢乘馬稽音啓
啓民奉廬帳以俟車駕乙酉帝幸其帳啓民奉觴上
壽跪伏恭甚上時掌翻下同王侯以下袒割於帳前袒而割肉莫
敢仰視帝大悅賦詩曰呼韓頓顙至屠耆接踵來何
如漢天子空上單于臺上時掌翻單音蟬皇后亦幸義成公
主帳帝賜啓民及公主金甕各一并衣服被褥錦綵
特勒以下受賜各有差帝還啓民從入塞己丑遣歸
國癸巳入樓煩關樓煩郡治靜樂縣縣有關官壬寅至太原詔營
晉陽宮帝謂御史大夫張衡曰朕欲過公宅可爲朕

图 1-1-15 《资治通鉴·隋纪·炀皇帝上》

西域的最重要事件，使魏晋以来中国与西域诸国的阻隔以及隋初朝贡不通的局面彻底解除。全面打通中国与西域、西亚的贸易道路，促进丝绸之路的经济贸易以及中外文化交流，为唐代的繁荣昌盛奠定了基础。《资治通鉴·隋纪·炀皇帝下》(图1-1-16)记载了这次盛况：“壬子，帝至燕支山，伯雅、吐屯设等及西域二十七国谒于道左，皆令佩金玉，被锦罽，焚香奏乐，歌舞喧噪。”

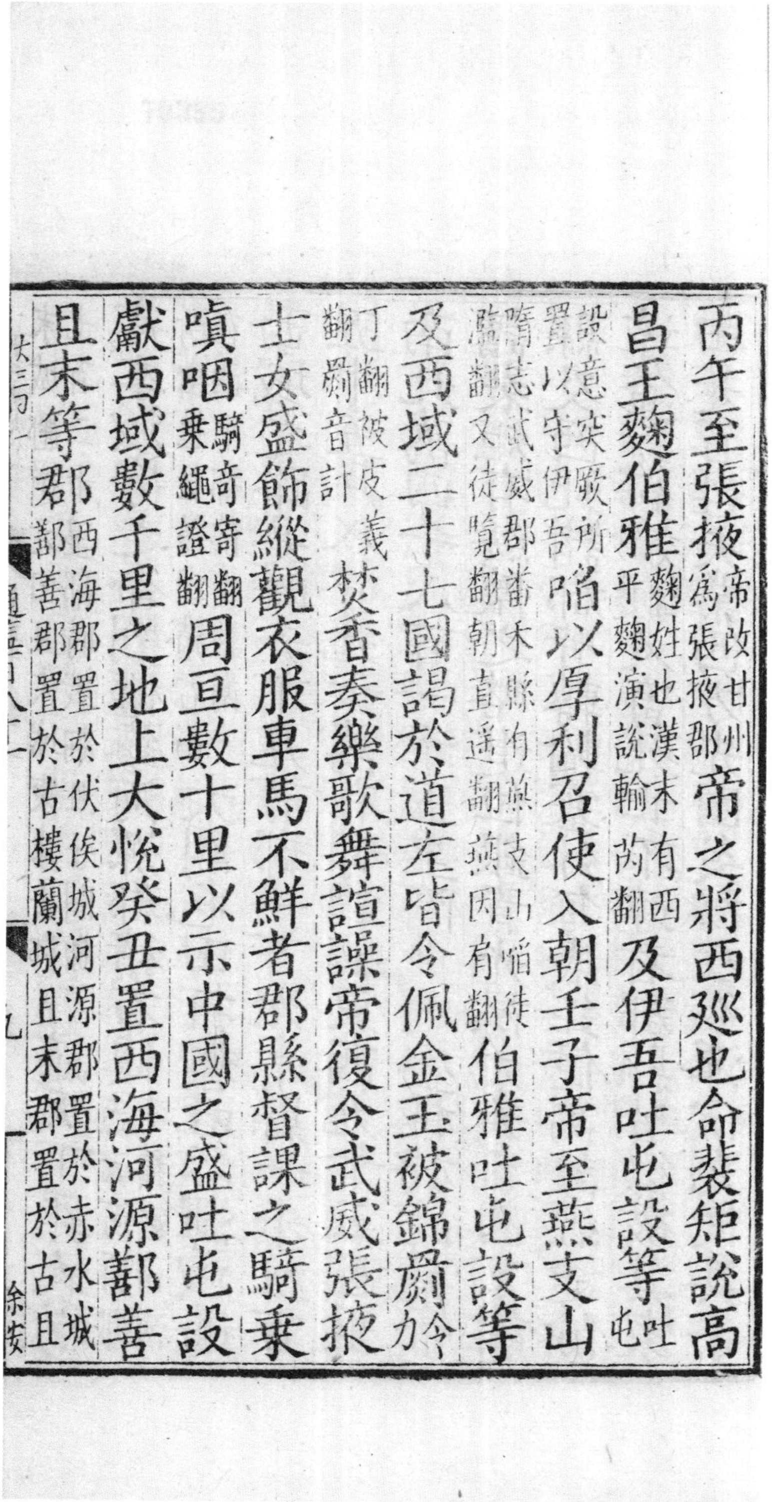

丙午至張掖帝改甘州爲張掖郡帝之將西巡也命裴矩說高昌王麴伯雅麴姓也漢末有西平麴演說輸芮翻及伊吾吐屯設等吐屯設意突厥所置以守伊吾啗以厚利召使入朝壬子帝至燕支山隋志武威郡番禾縣有燕支山啗徒濫翻又徒覽翻朝直遙翻燕因肩翻伯雅吐屯設等及西域二十七國謁於道左皆令佩金玉被錦罽令力丁翻被皮義翻罽音計焚香奏樂歌舞諠譟帝復令武威張掖士女盛飾縱觀衣服車馬不鮮者郡縣督課之騎乘嗔咽騎奇寄翻乘繩證翻周亘數十里以示中國之盛吐屯設獻西域數千里之地上大悅癸丑置西海河源鄯善且末等郡西海郡置於伏俟城河源郡置於赤水城鄯善郡置於古樓蘭城且末郡置於古且

图 1-1-16 《资治通鉴·隋纪·炀皇帝下》

《资治通鉴·隋纪·炀皇帝下》(图1–1–17)同时记载了此时隋朝疆域之盛:“是时,天下凡有郡一百九十,县一千二百五十五,户八百九十万有奇,东西九千三百里,南北万四千八百一十五里。隋氏之盛,极于此矣。”

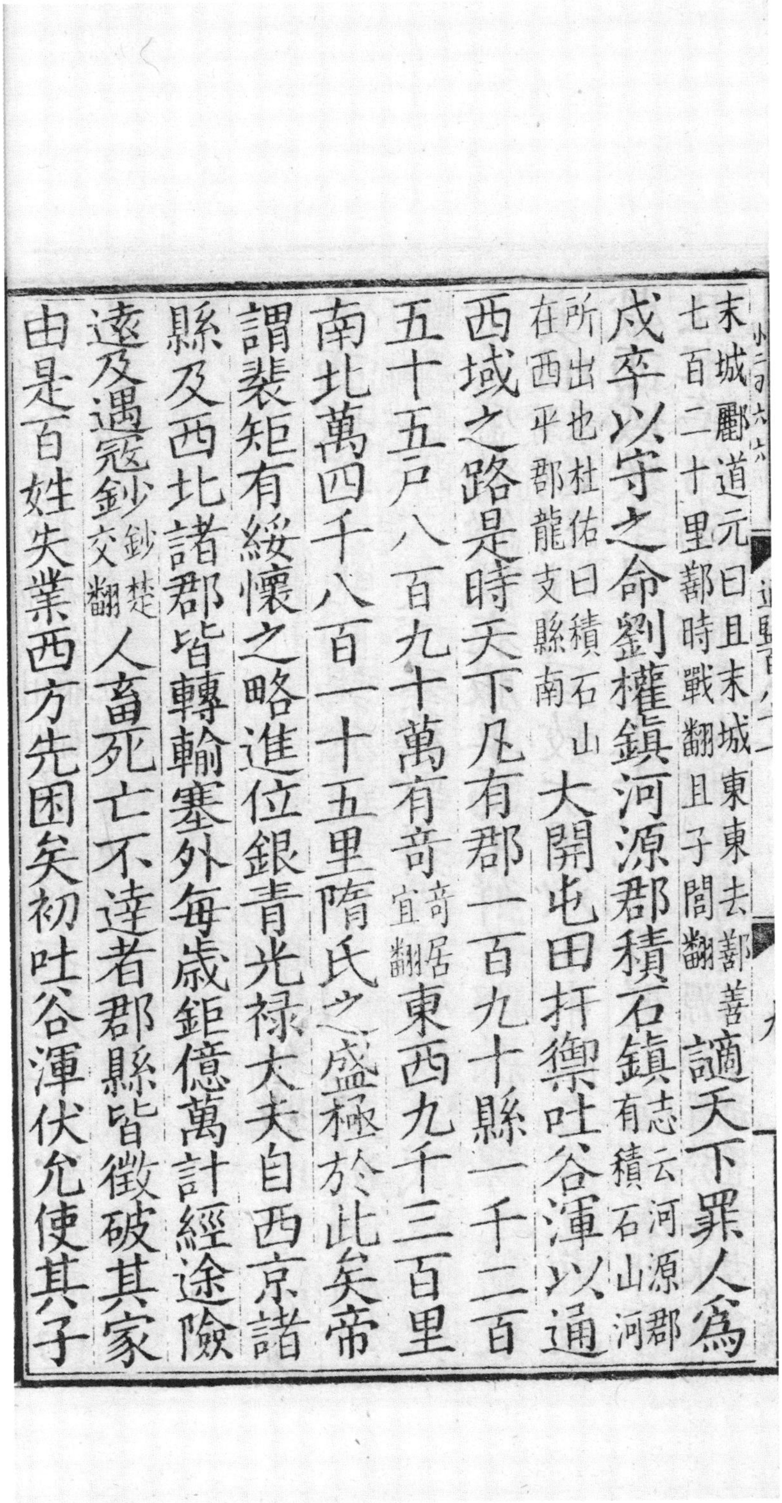
末城鄯道元曰且末城東東去鄯善七百二十里鄯時戰翻且子閭翻謫天下罪人爲
戍卒以守之命劉權鎮河源郡積石鎮志云河源郡有積石山河
所出也杜佑曰積石山在西平郡龍支縣南大開屯田扞禦吐谷渾以通
西域之路是時天下凡有郡一百九十縣一千二百
五十五戶八百九十萬有奇奇居宜翻東西九千三百里
南北萬四千八百一十五里隋氏之盛極於此矣帝
謂裴矩有綏懷之略進位銀青光祿大夫自西京諸
縣及西北諸郡皆轉輸塞外每歲鉅億萬計經途險
遠及遇寇鈔鈔楚交翻人畜死亡不達者郡縣皆徵破其家
由是百姓失業西方先困矣初吐谷渾伏允使其子

图1–1–17 《资治通鉴·隋纪·炀皇帝下》

唐朝成功塑造了“天下共主”的地位，建立了农牧结合与族群交融的大一统王朝，是族群交融共存的典范，更是中华文明包容性的典范。贞观年间是唐朝开疆拓土最为猛烈的时期，也是大获全胜的时期，依次取得了对东突厥、吐蕃、吐谷浑、高昌、焉耆、西突厥、薛延陀、高句丽、龟兹用兵的胜利，奠定了大唐江山三百年的基业。唐太宗主要还是采取以怀柔为主的羁縻政策，在边远少数民族地区设立羁縻州府，任命各族首领为都督、刺史等，以统辖本族。对于归附的少数民族首领也很信任，不少人被授以高级官职、册封爵位。因而获得了少数民族的拥戴。《新唐

而王顧所行何如爾黃帝逐蚩尤七十戰而勝其亂因致無爲九黎害德顓頊征之已克而治桀爲亂湯放之紂無道武王伐之湯武身及太平若人漸澆詭不復返朴今當爲鬼爲魅尚安得而化哉德彝不能對然心以爲不可帝納之不疑至是天下大治蠻夷君長襲衣冠帶刀宿衞東薄海南踰嶺戶闔不閉行旅不賫糧取給於道帝謂羣臣曰此徵勸我行仁義既效矣惜不令封德彝見之俄檢校侍中進爵郡公帝幸九成宮宮御舍圍川宮下僕射李靖侍中王珪繼至吏改館宮御以舍靖珪帝聞怒曰威福由是等邪何輕我宮人詔并按之

唐書卷九十七　列傳二十二　四

图 1-1-18　《新唐书·魏徵传》

书·魏徵传》(图1–1–18)记载唐太宗时期四海一家、天下升平的局面:“至是天下大治,蛮夷君长,袭衣冠,带刀宿卫。东薄海,南逾岭,户阖不闭,行旅不赍粮,取给于道。”

《元和郡县志》记载唐代强盛时期疆域的具体情况,它以行政区划十道四十七节镇为纲,分别记述各镇所属州县的地理沿革、户数、贡赋、古迹、物产、山川形势、城邑、垦田和军事设置等,比新旧《唐书》地理志所记要详尽得多,为后人留下了宝贵的地理资料。《元和郡县志》的江南道(图1–1–19)、剑南道、岭南道诸篇,所记南方的州域疆理、丘壤山川、攻守利害等都详于前人的撰述。

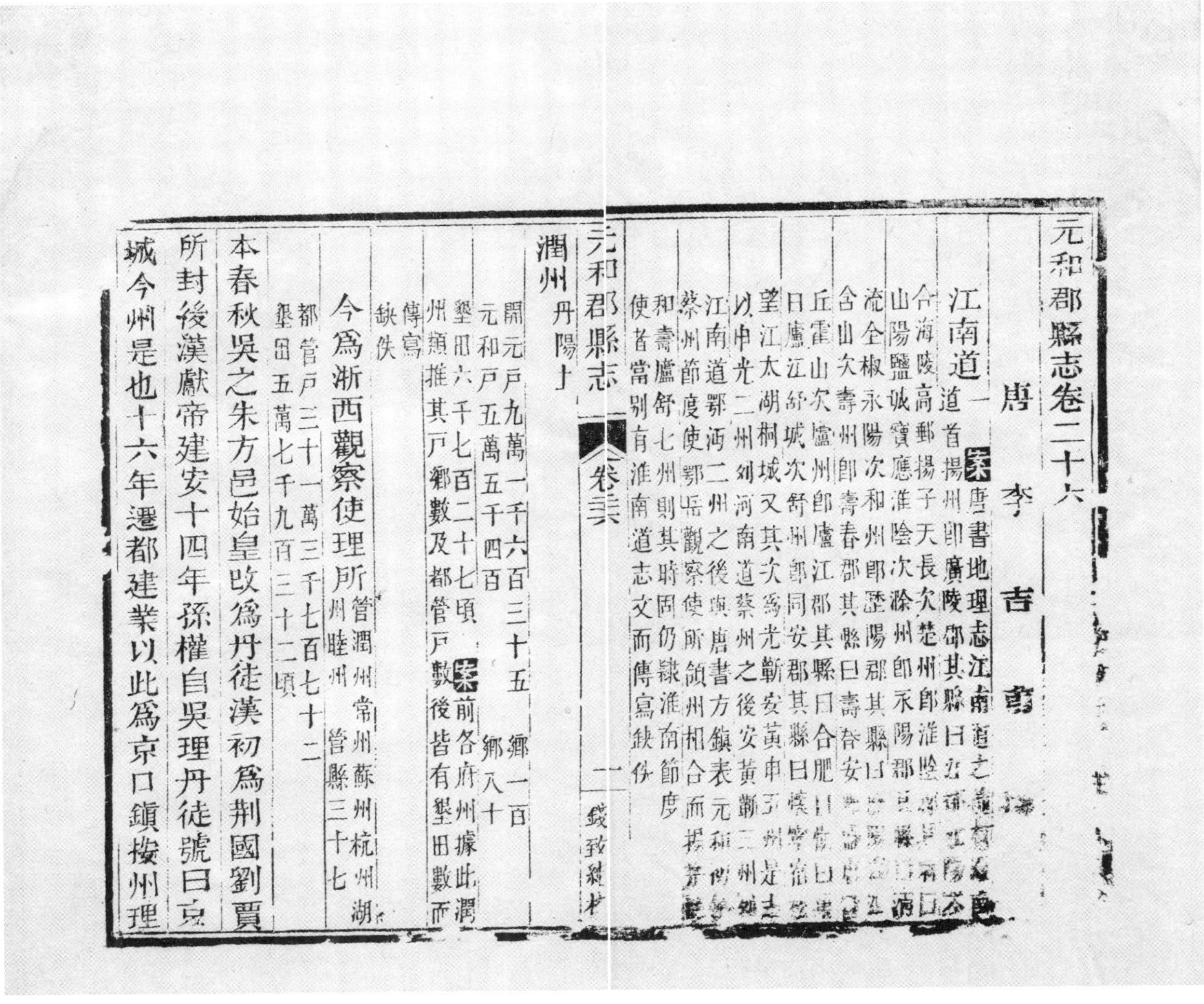
元和郡縣志卷二十六
唐 李吉甫 撰
江南道一 案唐書地理志江南道之[illegible] 道首揚州即廣陵郡其縣曰江[illegible]
合海陵高郵揚子天長次楚州即淮陰郡[illegible] 山陽鹽城寶應淮陰次滁州即永陽郡[illegible]
流全椒永陽次和州即歷陽郡其縣[illegible] 含山次壽州即壽春郡其縣曰壽春安[illegible]
丘霍山次廬州即廬江郡其縣曰合肥[illegible] 日廬江舒城次舒州即同安郡其縣曰懷[illegible]
望江太湖桐城又其次爲光蘄安黃申[illegible] 以申光二州列河南道蔡州之後安黃蘄三州[illegible]
江南道鄂沔二州之後與唐書方鎮表元和[illegible] 蔡州節度使鄂岳觀察使所領州相合而[illegible]
和壽廬舒七州則其時因仍隸淮南節度 使者當別有淮南道志文而傳寫缺佚
元和郡縣志 卷二十六 一
潤州 丹陽 上
開元戶九萬一千六百三十五 鄉一百
元和戶五萬五千四百 鄉八十
墾田六千七百二十七頃 案前各府州據此潤州類推其戶鄉數及都管戶數後皆有墾田數而傳寫缺佚
今爲浙西觀察使理所 管潤州常州蘇州杭州湖州睦州 管縣三十七
都管戶三十一萬三千七百七十二
墾田五萬七千九百三十二頃
本春秋吳之朱方邑始皇改爲丹徒漢初爲荊國劉賈
所封後漢獻帝建安十四年孫權自吳理丹徒號曰京
城今州是也十六年遷都建業以此爲京口鎮按州理

图 1–1–19 《元和郡县志·江南道》

唐太宗对少数民族采取的政策是比较成功的,促进了各民族的经济文化交流。《旧唐书·太宗本纪下》(图1–1–20)记载贞观四年(630),西北各部落首领到长安朝见,请求李世民接受“天可汗”的称号:“西北诸蕃咸请上尊号为‘天可汗’,于是降玺书册命其君长,则兼称之。”

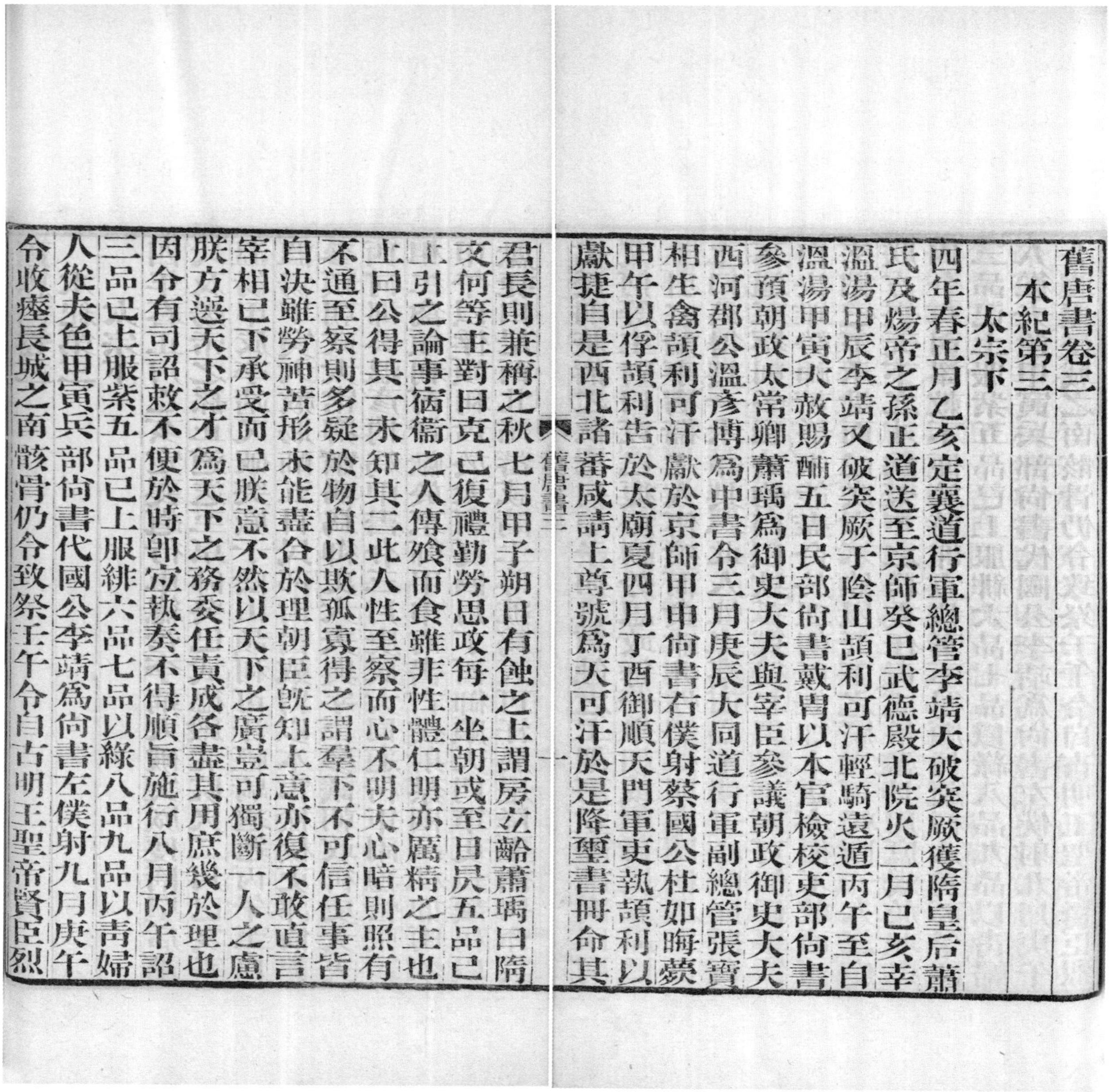

图 1-1-20　《旧唐书·太宗本纪下》

贞观二十年（646），唐太宗在灵州与北方铁勒十一姓诸部少数民族代表数千人相聚，演绎了一场空前规模的民族团结盛会——灵州盛会，《唐会要·铁勒》（图 1-1-21）："贞观二十年，既破延陀，太宗幸灵州，次泾阳顿，铁勒回鹘、拔野古、同罗、仆骨、多滥葛、思结、阿跌、契丹、奚、浑、斛萨等十一姓，各遣使朝贡，奏称：'延陀可汗不事大国，暴虐无道，不能与奴等为主人，自死败，部落鸟散，不知所之。奴等各有分地，不能逐延陀去。归命天子，愿赐哀怜，乞置汉官司养育奴等。太宗以破延陀，欲遂空漠庭，见其使至，甚悦，遣黄门侍郎褚遂良引于县厅，浮觞积胾以礼之，夜分乃已。异日，召铁勒等并入行宫，张乐以宴之，拜为郎将及昭武校尉等官。乃降玺书劳其酋长，及赍绫锦等，以将厚意。仍遣与乘舆会于灵州，并使右领军中郎将安永寿往报焉。十一月，太宗至灵州，铁勒诸部俟斤、颉利发等诸姓至灵州数千人，咸请列其地为州县，又曰：‘愿得天至尊为奴等作可汗，子孙尝为天至尊作奴，死无恨。’于是北荒悉平。”天可汗制度始于唐太宗，其后，高宗、武则天、中宗、睿宗、玄宗、肃宗、代宗都接受过天可汗的尊号。

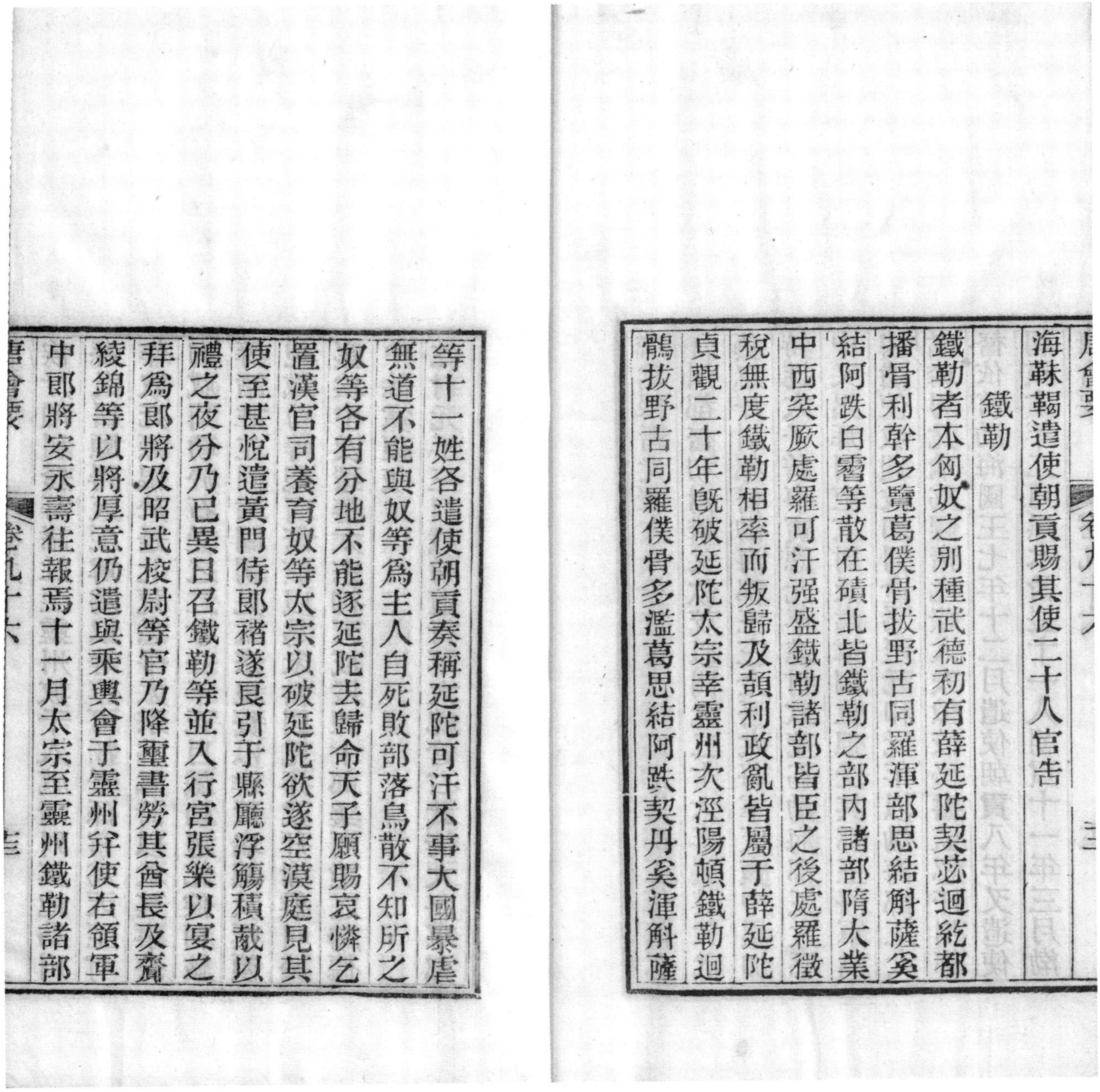
唐會要 卷九十六 三

海靺鞨遣使朝貢賜其使二十八官告

鐵勒

鐵勒者本匈奴之別種武德初有薛延陀契苾迴紇都播骨利幹多覽葛僕骨拔野古同羅渾部思結斛薩奚結阿跌白霫等散在磧北皆鐵勒之部內諸部隋太業中西突厥處羅可汗强盛鐵勒諸部皆臣之後處羅徵稅無度鐵勒相率而叛歸及頡利政亂皆屬于薛延陀貞觀二十年旣破延陀太宗幸靈州次涇陽頓鐵勒迴鶻拔野古同羅僕骨多濫葛思結阿跌契丹奚渾斛薩

等十一姓各遣使朝貢奏稱延陀可汗不事大國暴虐無道不能與奴等爲主人自死敗部落烏散不知所之奴等各有分地不能逐延陀去歸命天子願賜哀憐乞置漢官司養育奴等太宗以破延陀欲遂空漠庭見其使至甚悅遣黃門侍郎褚遂良引于縣廳浮觴積載以禮之夜分乃已異日召鐵勒等並入行宮張樂以宴之拜爲郎將及昭武校尉等官乃降璽書勞其酋長及賫綾錦等以將厚意仍遣與乘輿會于靈州幷使右領軍中郎將安永壽往報焉十一月太宗至靈州鐵勒諸部

唐會要 卷九十六 三

图 1-1-21（1）《唐会要·铁勒》

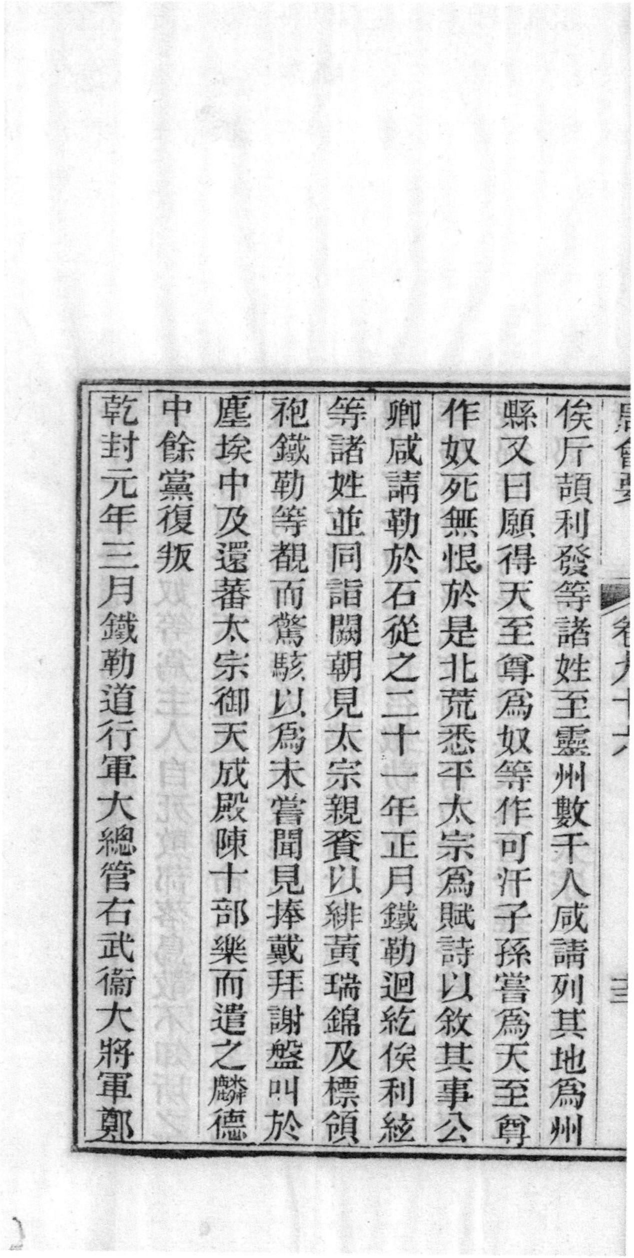
唐會要　卷九十六

俟斤頡利發等諸姓至靈州數千人咸請列其地爲州
縣又曰願得天至尊爲奴等作可汗子孫嘗爲天至尊
作奴死無恨於是北荒悉平太宗爲賦詩以敘其事公
卿咸請勒於石從之二十一年正月鐵勒迴紇俟利綫
等諸姓並同詣闕朝見太宗親賚以緋黃瑞錦及標領
袍鐵勒等覩而驚駭以爲未嘗聞見捧戴拜謝盤叫於
塵埃中及還蕃太宗御天成殿陳十部樂而遣之麟德
中餘黨復叛
乾封元年三月鐵勒道行軍大總管右武衞大將軍鄭

图1-1-21（2）《唐会要·铁勒》

辽、宋、夏、金诸政权并峙，中华大地不再出现统一的政治格局。但各政权彼此碰撞、攻伐与互动，以争夺“中国”正统为共同目标，力争将自己纳入中国古代正统王朝的历史发展脉络。辽、宋、夏、金彼此之间的关系及与各自周边族群的关系纷繁复杂，但各政权追求正统地位及和平、统一的愿望是一致的。正史、专志、宋人文集、奏稿中都记载了大量各政权间不断磨合、共筑统一版图的事迹。

北宋范仲淹曾主持抗御西夏的战争，参与处理西夏问题的诸多事务。《范文正公集》收录了北宋庆历元年（1041），为了实现和平，减轻人民苦难，范仲淹写给西夏的《答赵元昊书》（图1-1-

22）。范仲淹首先回顾了宋、夏交往的友好历史：“朝聘之使，往来如家，牛马驼羊之产，金银缯帛之货，交受其利，不可胜纪。塞垣之下，逾三十年，有耕无战，禾黍云合，甲胄尘委，养生葬死，各终天年，使蕃汉之民为尧舜之俗，此真宗皇帝之至化，亦先大王之大功也。”接着指出战争带来的巨大灾难：“二年以来，疆事纷起，耕者废耒，织者废杼，边界萧然，岂独汉民之劳弊耶！使战守之人，日夜豺虎，竞为吞噬，死伤相枕，哭泣相闻。仁人为之流涕，智士为之扼腕。”要求宋夏停战，后双方议和。

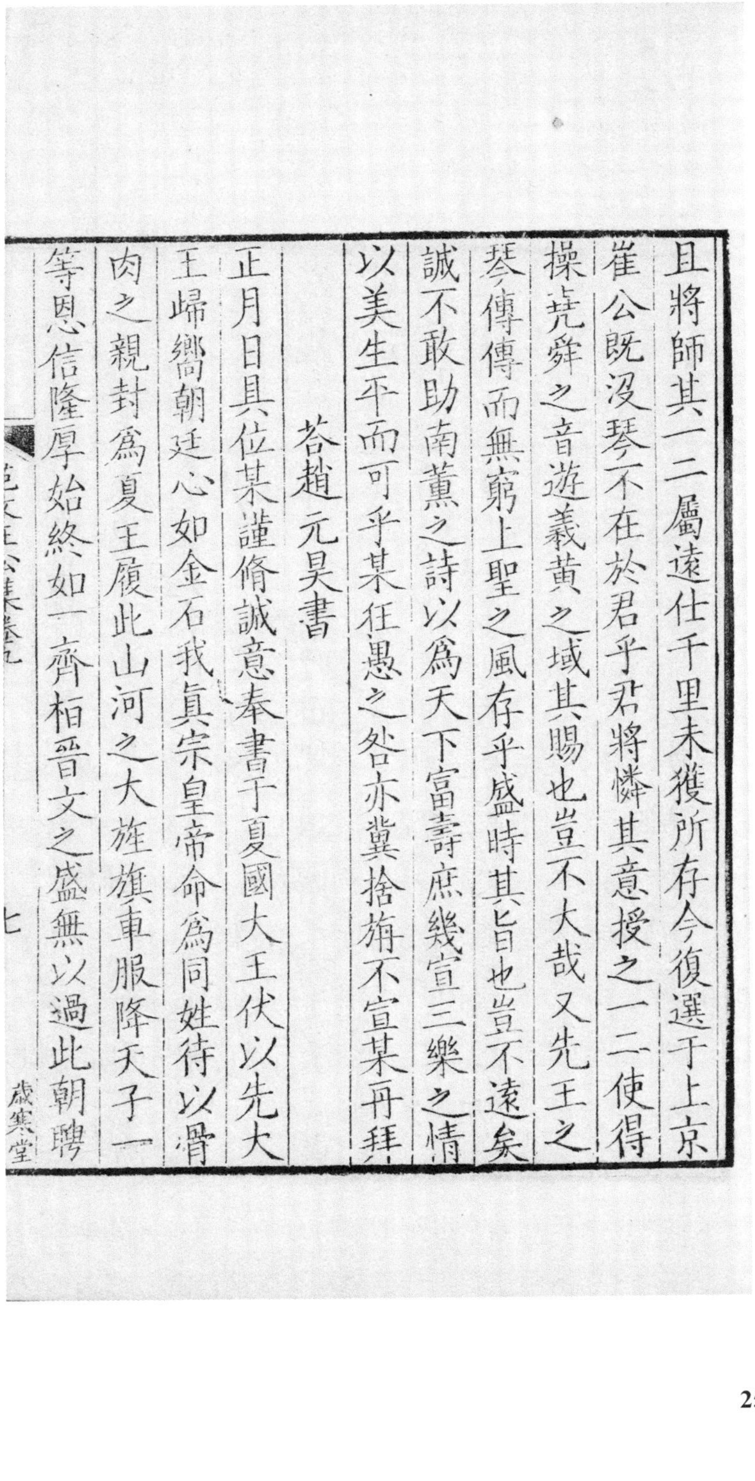
且將師其一二屬遠仕千里未獲所存今復選于上京
崔公既沒琴不在於君乎君將憐其意授之一二使得
操堯舜之音遊羲黃之域其賜也豈不大哉又先王之
琴傳傳而無窮上聖之風存乎盛時其旨也豈不遠矣
誠不敢助南薰之詩以為天下富壽庶幾宣三樂之情
以美生平而可乎某狂愚之咎亦冀捨旃不宣某再拜
答趙元昊書
正月日具位某謹脩誠意奉書于夏國大王伏以先大
王歸嚮朝廷心如金石我真宗皇帝命為同姓待以骨
肉之親封為夏王履此山河之大旌旗車服降天子一
等恩信隆厚始終如一齊桓晉文之盛無以過此朝聘
范文正公集卷九　七　歲寒堂

图1–1–22（1）《范文正公集·答赵元昊书》

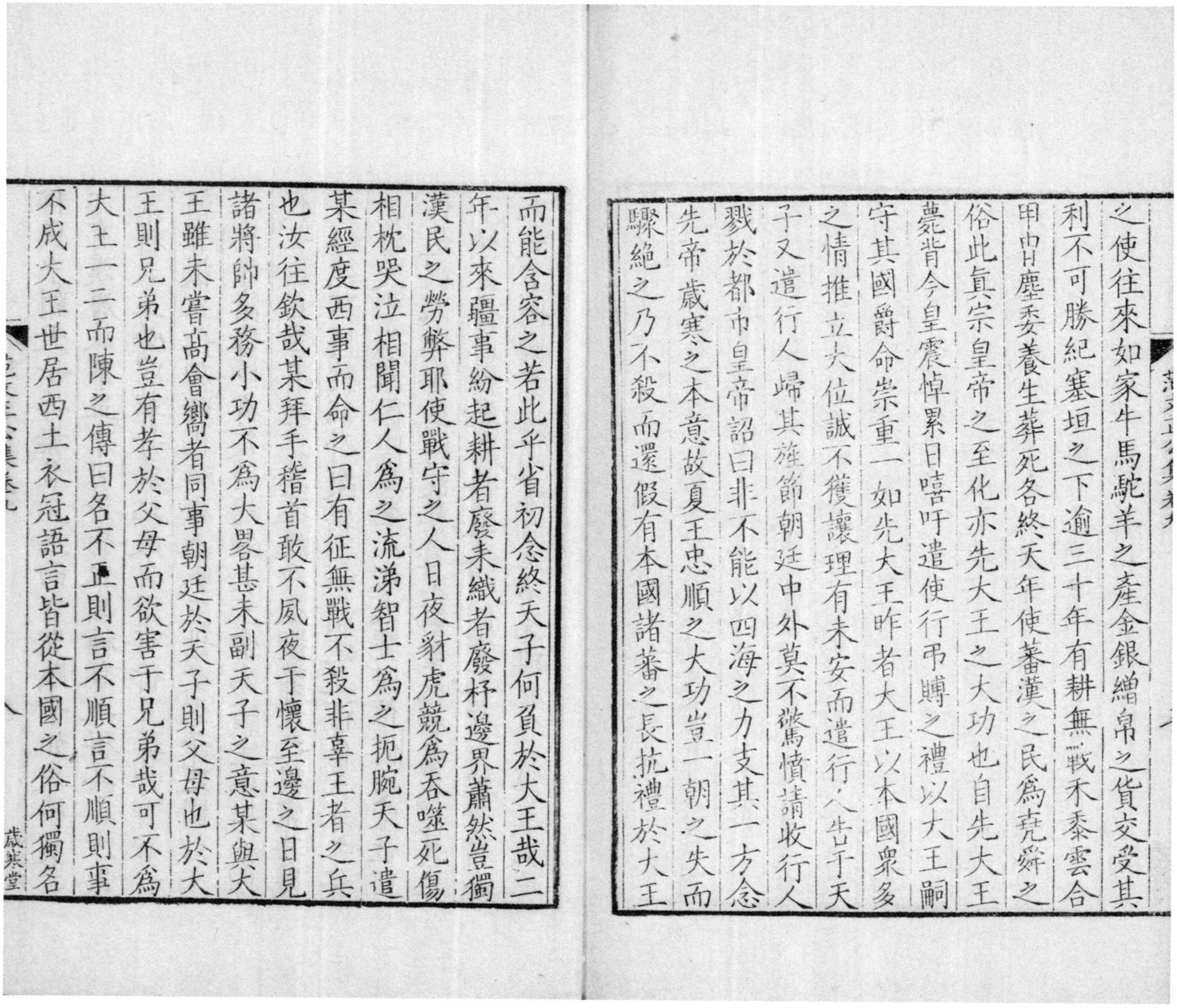

之使往來如家牛馬駝羊之產金銀繒帛之貨交受其利不可勝紀塞垣之下逾三十年有耕無戰禾黍雲合甲冑塵委養生葬死各終天年使蕃漢之民爲堯舜之俗此眞宗皇帝之至化亦先大王之大功也自先大王薨背今皇震悼累日嗟吁遣使行弔賻之禮以大王嗣守其國爵命崇重一如先大王昨者大王以本國衆多之情推立大位誠不獲讓理有未安而遣行人告于天子又遣行人歸其旌節朝廷中外莫不驚憤請收行人戮於都市皇帝詔曰非不能以四海之力支其一方念先帝歲寒之本意故夏王忠順之大功豈一朝之失而驟絕之乃不殺而還假有本國諸蕃之長抗禮於大王

而能含容之若此乎省初念終天子何負於大王哉二年以來疆事紛起耕者廢耒織者廢杼邊界蕭然豈獨漢民之勞弊耶使戰守之人日夜豺虎競爲吞噬死傷相枕哭泣相聞仁人爲之流涕智士爲之扼腕天子遣某經度西事而命之曰有征無戰不殺非辜王者之兵也汝往欽哉某拜手稽首敢不夙夜于懷至邊之日見諸將帥多務小功不爲大畧甚未副天子之意某與大王雖未嘗高會嚮者同事朝廷於天子則父母也於大王則兄弟也豈有孝於父母而欲害于兄弟哉可不爲大王一二而陳之傳曰名不正則言不順言不順則事不成大王世居西土衣冠語言皆從本國之俗何獨名

图 1-1-22（2）《范文正公集·答赵元昊书》

反映宋辽关系的重要事件当属“澶渊之盟”。澶渊之盟是北宋和辽国在经过二十五年的战争后缔结的盟约。澶渊之盟后，辽国也开始从单纯的游牧民族，向游牧与农耕相交杂的民族过渡。因这段时期的和平环境，中原和北方部落以空前的规模迁徙杂居，经济交融、文化交流、语言交汇、习俗融合。北宋文学家王安石《王临川全集·澶州》（图 1-1-23）一诗歌颂寇准在澶渊之盟中的功绩：“去都二百五十里，河流中间两城峙。南城草草不受兵，北城楼橹如边城。城中老人为予语，契丹此地经钞虏。黄屋亲乘矢石间，胡马欲踏河冰渡。天发一矢胡无酋，河冰亦破沙水流。欢盟从此至今日，丞相莱公功第一。”

元朝是中国历史上第一个由北方草原民族建立的完全统一的大一统王朝，结束了中华大地自唐末以来南北长达数个世纪的对峙分治局面。元朝疆域空前广大，一度最北至西伯利亚中部，西北至额尔齐斯河中下游，西南囊括今天的西藏、云南地区，南至南海诸岛，东南至琉球，东北至

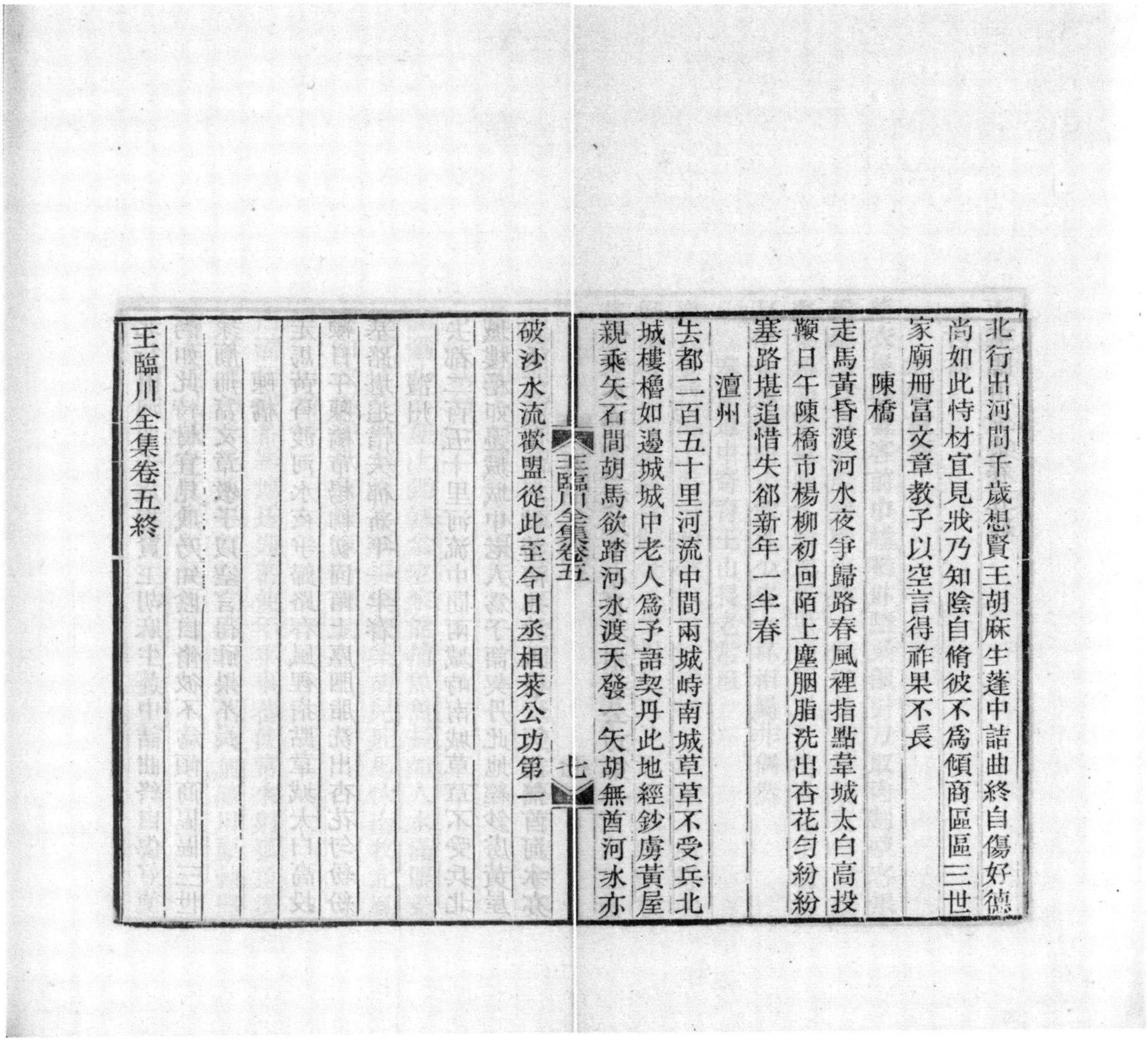
北行出河間千歲想賢王胡麻生蓬中詰曲終自傷好德
尚如此特材宜見戕乃知陰自脩彼不為傾商區區三世
家廟冊富文章教子以空言得祚果不長
陳橋
走馬黃昏渡河水夜爭歸路春風裡指點韋城太白高投
鞭日午陳橋市楊柳初回陌上塵胭脂洗出杏花勻紛紛
塞路堪追惜失卻新年一半春
澶州
去都二百五十里河流中間兩城峙南城草草不受兵北
城樓櫓如邊城城中老人為予語契丹此地經鈔虜黃屋
親乘矢石間胡馬欲踏河冰渡天發一矢胡無酋河冰亦
王臨川全集卷五　七
破沙水流欲盟從此至今日丞相萊公功第一
王臨川全集卷五終

图 1–1–23　《王临川全集·澶州》

外兴安岭北麓及今鄂霍次克海滨海地区。蒙古文古籍《蒙古源流》（图1–1–24）记载元朝开拓疆域的重要事件“凉州会盟”，标志着西藏地区正式纳入中国版图，开启了蒙藏关系史崭新的一页，成为中国历史上国家统一、民族团结的一段佳话。

明朝继承元朝大一统的政治格局，采取更为开明的族群政策，实施更加温和的治理方式，中华民族的交往交流交融进一步深化。元朝灭亡后，北元蒙古贵族与明朝长期对峙，明朝对蒙古诸部采取“威德兼施”的政治策略。明隆庆五年（1571），俺达汗与明廷和议，明朝封俺答汗为顺义王，并开放长城沿线十一处互市关口，史称“俺答封贡”，此次和议又被称为“隆庆和议”。蒙古文抄本《阿勒坦汗传》（图1–1–25）记载了在内阁大臣高拱、张居正等人的筹划下，明朝与蒙古达成了对阿勒坦汗（俺答汗）的封王、通贡和互市的协议。

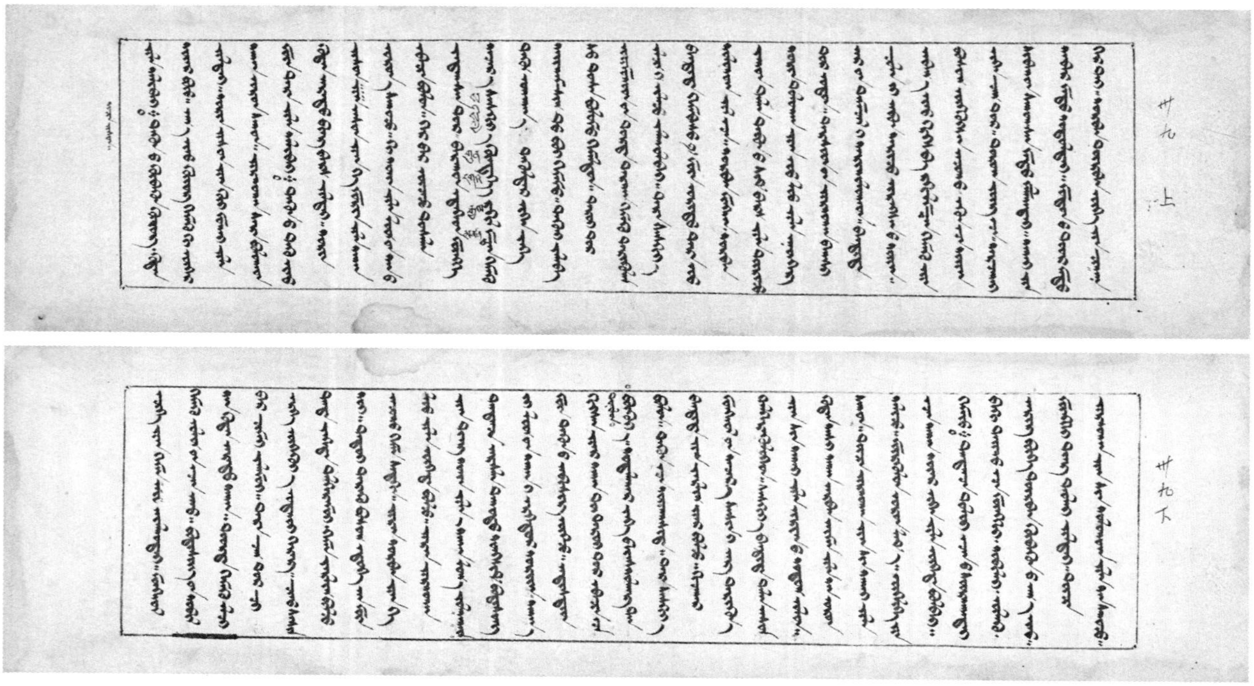

图 1-1-24　蒙古文《蒙古源流》

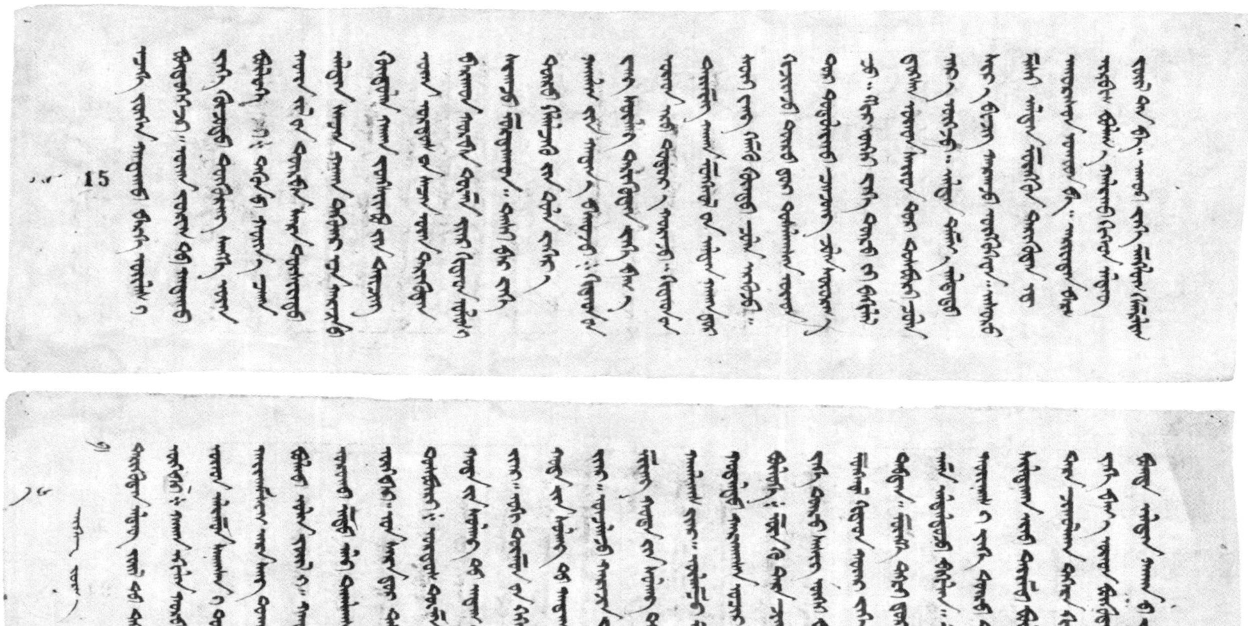

图 1-1-25　蒙古文《阿勒坦汗传》，内蒙古自治区社会科学院图书馆藏

“俺答封贡”结束了将近二十年的战争，明朝与漠南蒙古右翼各部建立了封贡互市关系，对我国统一多民族国家的巩固和经济发展具有重要意义。《明史·方逢时传》(图1–1–26)记载了万历五年(1577)方逢时所述“俺答封贡”以后的情况：“八年以来，九边生齿日繁，守备日固，田野日辟，商贾日通，边民始知有生之乐。”

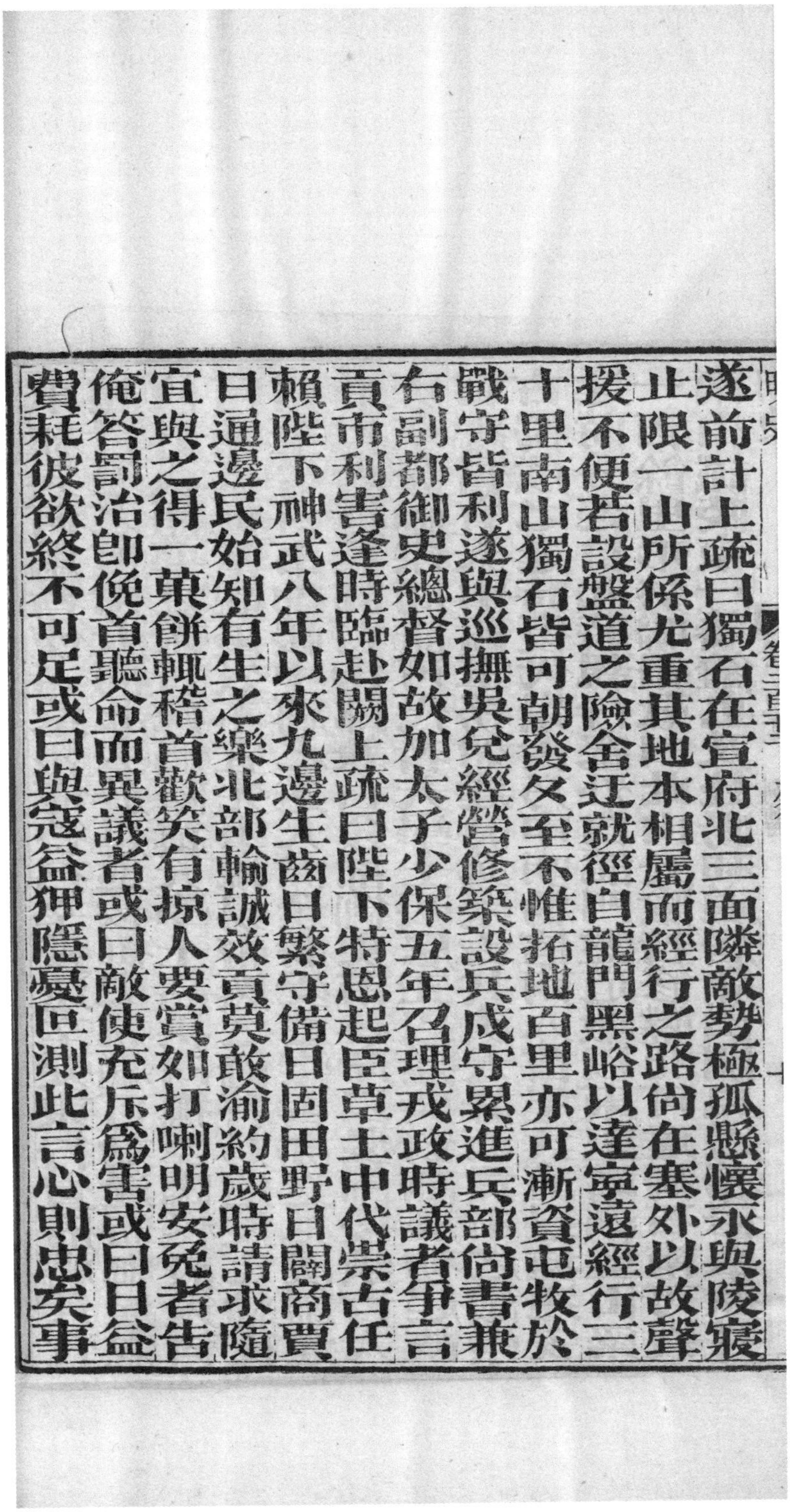
遂前計上疏曰獨石在宣府北三面隣敵勢極孤懸寢
止限一山所係尤重其地本相屬而經行之路尚在塞外以故聲
援不便若設盤道之險舍迂就徑自龍門黑峪以達寧遠經行三
十里南山獨石皆可朝發夕至不惟拓地百里亦可漸資屯牧於
戰守皆利遂與巡撫吳兌經營修築設兵戍守累進兵部尚書兼
右副都御史總督如故加太子少保五年召理戎政時議者爭言
貢市利害逢時臨赴闕上疏曰陛下特恩起臣草土中代崇古任
賴陛下神武八年以來九邊生齒日繁守備日固田野日闢商賈
日通邊民始知有生之樂北部輸誠效貢莫敢渝約歲時請求隨
宜與之得一菓餅輒稽首歡笑有掠人要賞如打喇明安兔者告
俺答罰治即俛首聽命而異議者或曰敵使充斥爲害或曰日益
費耗彼欲終不可足或曰與寇益狎隱憂叵測此言心則忠矣事

图1–1–26 《明史·方逢时传》

明末清初开拓疆域最为典型的事例莫过于郑成功收复台湾。早在三国时期，便有军民东渡台湾，在那里垦拓、经营着台湾岛。经过历朝历代的发展，台湾岛与中原之间的关系日益紧密。直到17世纪，荷兰殖民者趁明朝政府处境艰难之时，入侵台湾，台湾沦为荷兰殖民地。明朝灭亡后，明朝的残余势力在南方反抗清朝统治，其中福建沿海地区的郑成功坚持不降清，并数次发动北伐战争。1661年，为建立稳定的抗清基地，郑成功率军攻打被荷兰人占据的台湾。1662年，荷兰军投降，郑成功最终成功收复了台湾。《清史稿·郑成功传》(图1-1-27)记载了郑成功收复台湾的始末："荷兰筑城二：曰赤嵌，曰王城。其海口曰鹿耳门。荷兰人恃鹿耳门水浅不可渡，不为备。成功师至，水骤长丈余，舟大小衔尾径进，红毛人弃赤嵌走保王城。成功使谓之曰：'土地我故有，

海中島荷蘭紅毛人居之芝龍與顏思齊爲盜時嘗屯於此荷蘭築城二曰赤嵌曰王城其海口曰鹿耳門荷蘭人恃鹿耳門水淺不可渡不爲備成功師至水驟長丈餘舟大小銜尾徑進紅毛人棄赤嵌走保王城成功使謂之曰土地我故有當還我珍寶恣爾載歸圍七閱月紅毛存者僅百數十城下皆遣歸國成功乃號臺灣爲東都示將迎桂王狩焉以陳永華爲謀主制法律定職官興學校臺灣周千里土地饒沃招漳泉惠潮四府民闢草萊興屯聚令諸將移家實之水土惡皆憚行又以令嚴不敢請銅山守將郭義蔡祿入漳州降是歲聖祖即位戮芝龍及諸子世恩世蔭世默成功既得臺灣其將陳豹駐南澳而令子錦居守思明康熙元年成功聽周全斌讒遣擊豹豹舉軍入廣州降惡錦與乳媼通生子遣泰就殺錦及其母董會有訛言成功將盡殺諸將留廈門者値全斌自南澳還執而囚之擁錦用芝龍初封稱平國公舉兵拒命成功方病聞之狂怒嚙指五月朔倘據胡牀受諸將謁數日遽卒年三十九成功子十錦其長也一名經成功既卒臺灣諸將奉其幼弟世襲爲招討大將軍使於錦告喪

清史稿 列傳十一

图1-1-27 《清史稿·郑成功传》

当还我；珍宝恣尔载归。’围七阅月，红毛存者仅百数十，城下。皆遣归国。成功乃号台湾为东都，示将迎桂王狩焉。以陈永华为谋主，制法律，定职官，兴学校。台湾周千里，土地饶沃，招漳、泉、惠、潮四府民，辟草莱，兴屯聚，令诸将移家实之。”

清朝是中国历史上最后一个大一统王朝，通过削平三藩、收复台湾、勘定西北、平定西藏，以及在西南推行改土归流，基本奠定了中国现代疆域版图。清代祁韵士等人编纂的《钦定外藩蒙古回部王公表传》(图1-1-28)及国史馆、理藩院编纂的满文本、蒙古文本《钦定外藩蒙古回部王公表传》(图1-1-28、29)都记载了蒙古诸部归顺的经过，对于蒙古各旗贵族的世系和功绩，都有可靠的记载，既是清代各民族政治、思想融合的有力证明，也是研究清代蒙古和维吾尔族历史和民族关系的珍贵史料。

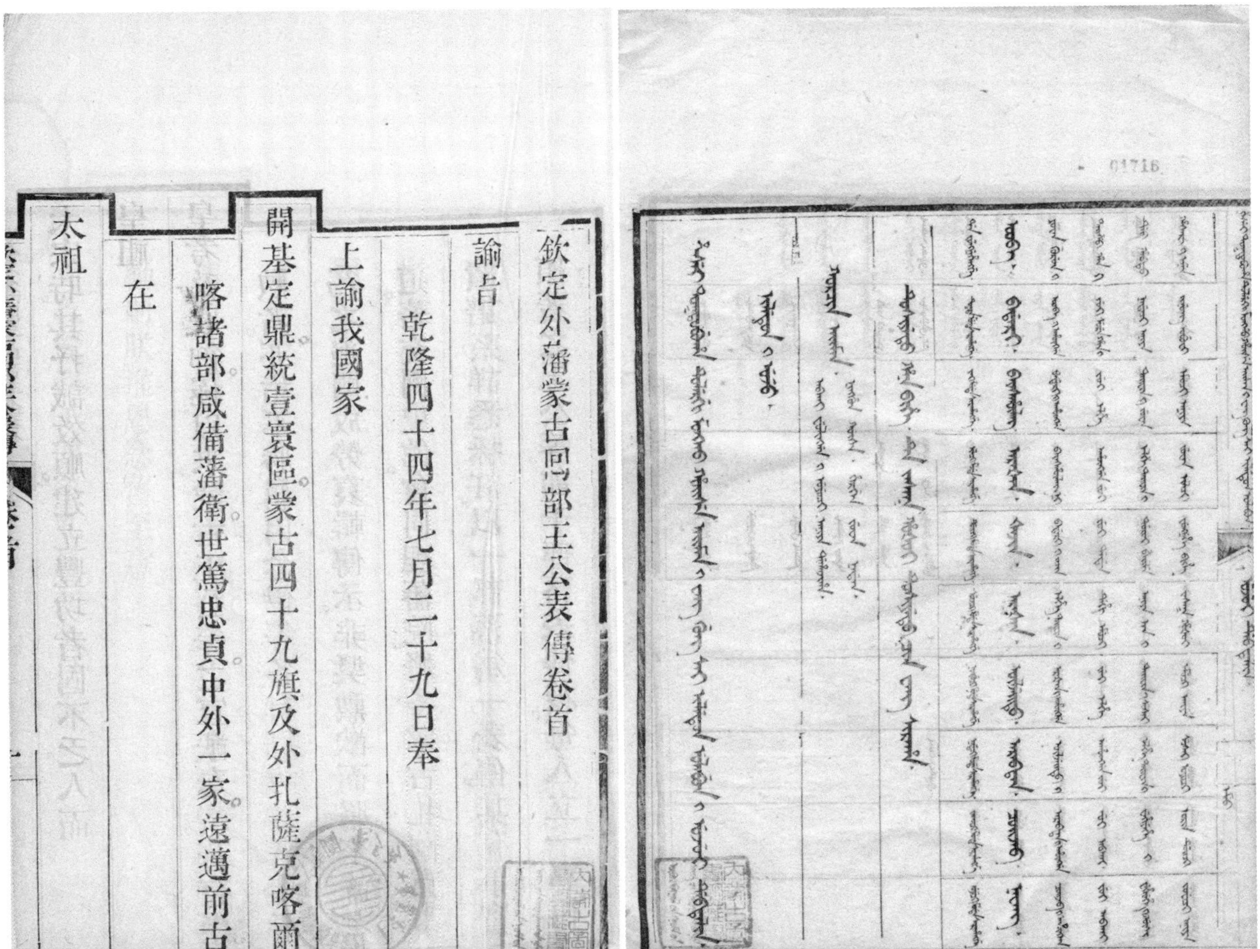
欽定外藩蒙古回部王公表傳卷首
諭旨
乾隆四十四年七月二十九日奉
上諭我國家
開基定鼎統壹寰區蒙古四十九旗及外扎薩克喀爾
喀諸部咸備藩衛世篤忠貞中外一家遠邁前古
在
太祖
22338

图 1-1-28　汉文、满文《钦定外藩蒙古回部王公表传》

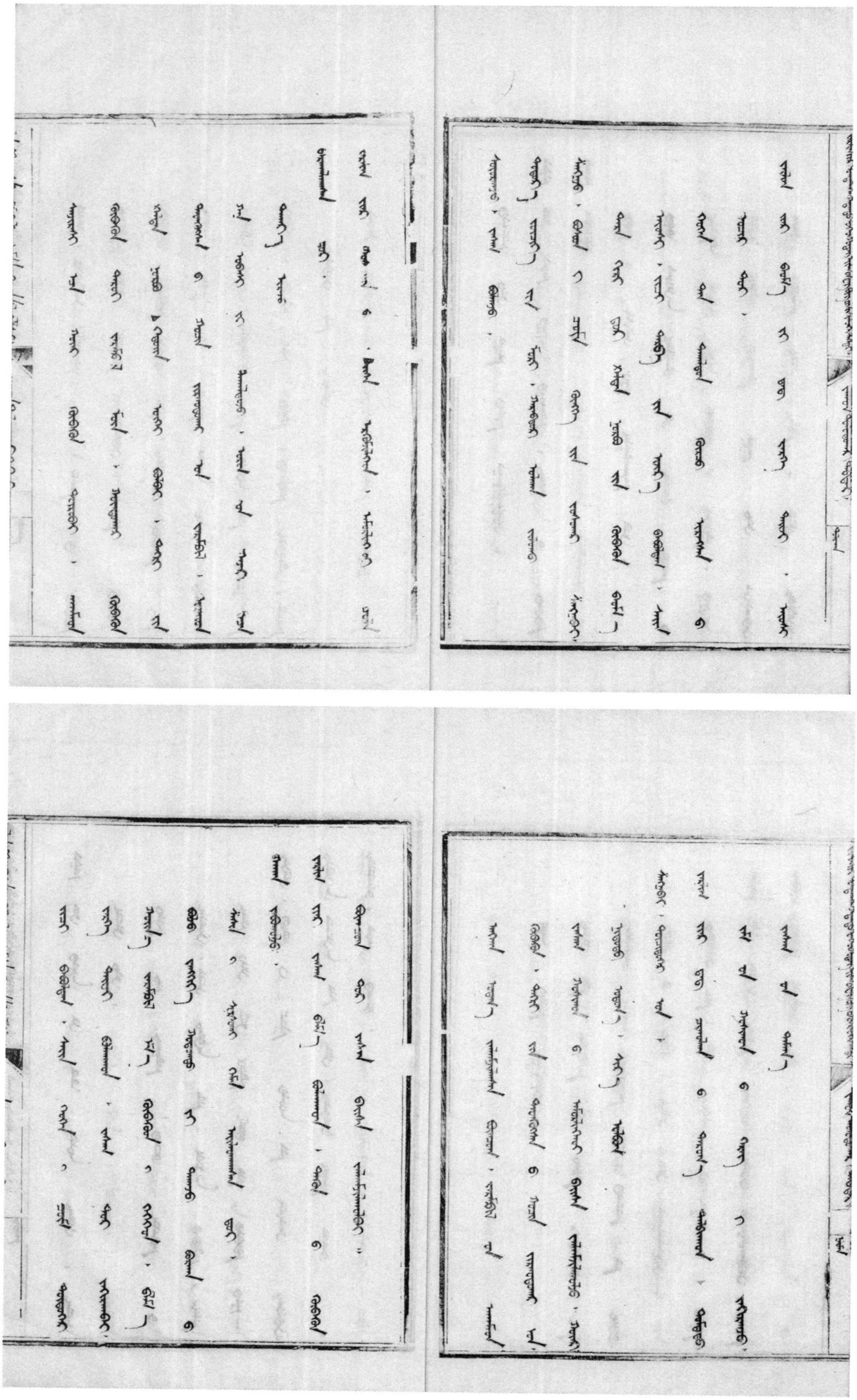

图 1-1-29　蒙古文《钦定外藩蒙古回部王公表传》

第二节 固于胶漆 坚于金石

在中华民族形成与发展的历史进程中，各民族唇齿相依、团结友爱，建立了如胶似漆、堪比金石的牢固关系。中华民族之所以能够生生不息、繁荣富强，靠的就是各民族团结友爱。

疆域的不断扩大，族群的不断增多，必然带来如何治理的问题。历朝历代政权经过不断思考和实践总结出一套行之有效的治理措施，既稳固了政权，又促进了各民族的交往交流交融，带动各民族建立起了如胶似漆的亲密关系。

一、开放包容、刚柔兼济的行政制度

大禹继划分九州后又贡献了一个行之有效的治理国家办法——五服制度，《尚书·禹贡》(图1-2-1）记载五服制度为：“五百里甸服。百里赋纳总，二百里纳铚，三百里纳秸，服四百里粟，

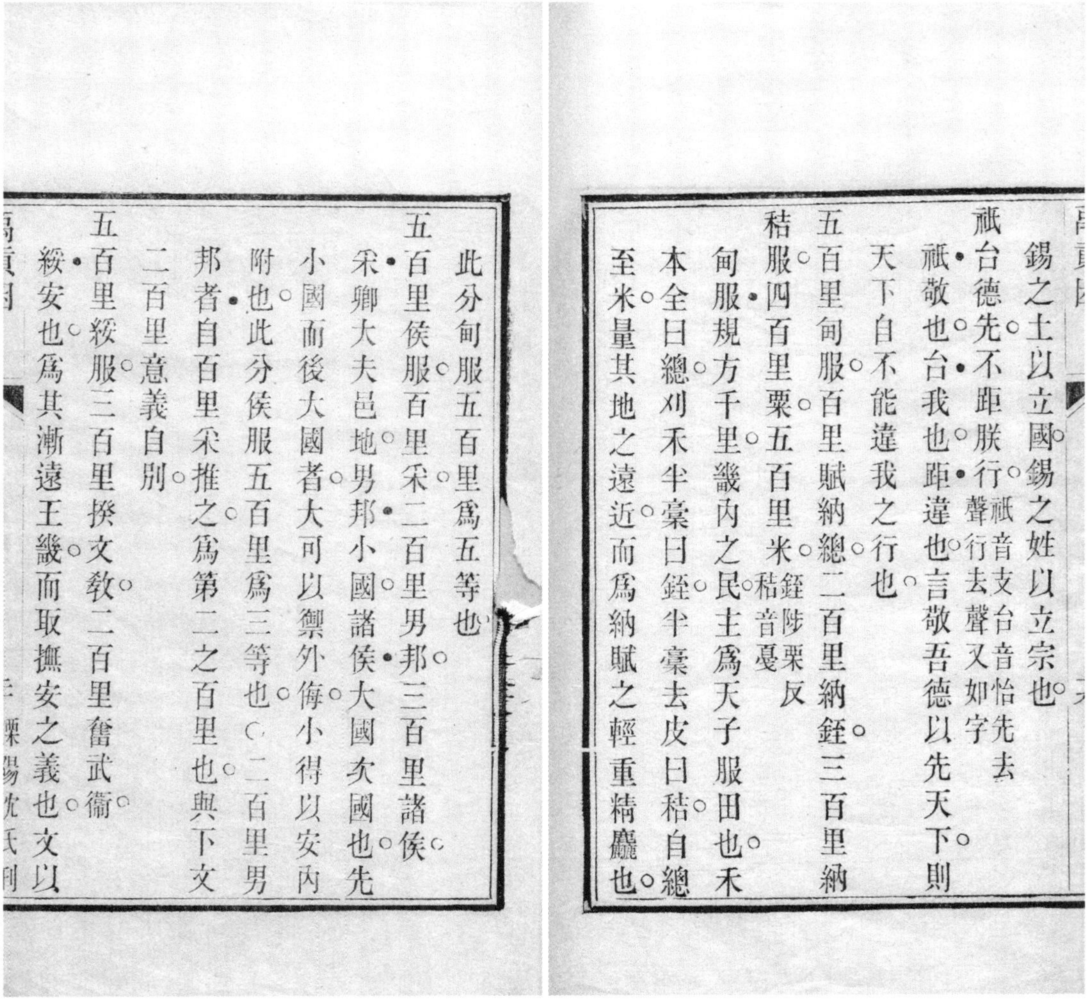
錫之土以立國。錫之姓以立宗也。
祗台德先。不距朕行。祗音支台音怡先去聲行去聲又如字
祗敬也。台我也。距違也。言敬吾德以先天下。則
天下自不能違我之行也。
五百里甸服。百里賦納總。二百里納銍。三百里納
秸服。四百里粟。五百里米。銍陟栗反秸音戛
甸服規方千里。畿內之民主為天子服田也。禾
本全曰總。刈禾半稾曰銍。半稾去皮曰秸。自總
至米。量其地之遠近。而為納賦之輕重精麤也。
此分甸服五百里為五等也。
五百里侯服。百里采。二百里男邦。三百里諸侯。
采卿大夫邑地。男邦小國。諸侯大國。次國也。先
小國而後大國者。大可以禦外侮。小得以安內
附也。此分侯服五百里為三等也。二百里男
邦者。自百里采推之為第二之百里也。與下文
二百里意義自別。
五百里綏服。三百里揆文教。二百里奮武衛。
綏安也。為其漸遠王畿。而取撫安之義也。文以

图 1-2-1（1）《尚书·禹贡》

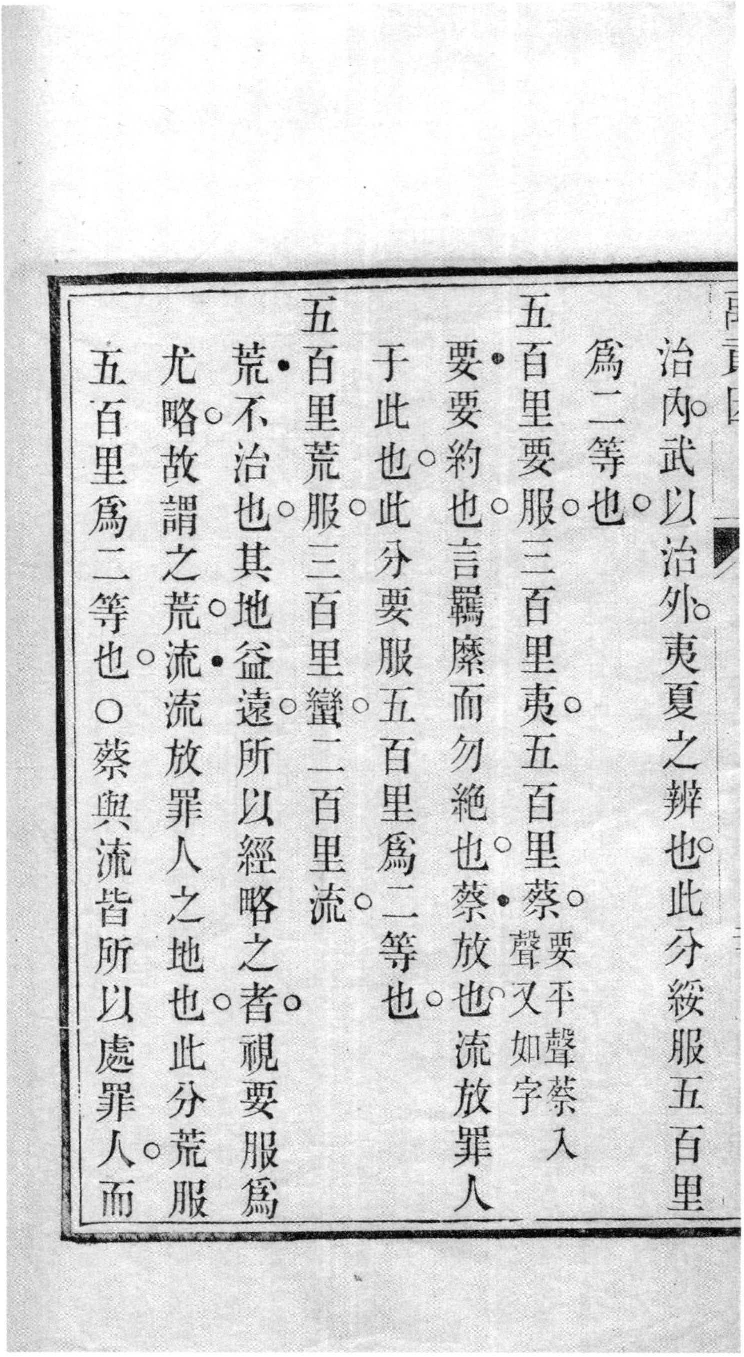
治內。武以治外。夷夏之辨也。此分綏服五百里
爲二等也。
五百里要服。三百里夷。五百里蔡。要平聲蔡入聲又如字
要。要約也。言羈縻而勿絕也。蔡。放也。流放罪人
于此也。此分要服五百里爲二等也。
五百里荒服。三百里蠻。二百里流。
荒。不治也。其地益遠。所以經略之者。視要服爲
尤略。故謂之荒。流。流放罪人之地也。此分荒服
五百里爲二等也。○蔡與流皆所以處罪人。而

图 1-2-1（2）《尚书·禹贡》

五百里米。”“五百里侯服。百里采，二百里男邦，三百里诸侯。”“五百里绥服。三百里揆文教，二百里奋武卫。”“五百里要服。三百里夷，五百里蔡。”“五百里荒服。三百里蛮，二百里流。”

五服就是五个圈，以天子之都为核心，五百里为一区域。天子直接统治的地区为甸服，环绕王畿建立起来的列国为侯服，侯服之外被征服的地区为绥服，再往外是要服，最外面则为荒服。在五服制度下，王畿之地、诸侯之国、周边部族都被纳入大一统国家的治理体系。内服外服，对应不同的管理方式和职官体系，体现出开放包容的治理理念。

周朝推行分封制，以宗法关系建立了新的社会共同体，分封的诸侯国兼具周朝地方组织和列国的双重属性，政治制度和礼法仪节均来自周朝，邦国执政大臣和军队首领由周朝任命。严密的宗法制和跨族性联姻，使封国与周朝凝聚为一个内部联系十分紧密的共同体。《国语·周语》(图1-2-2)记载："昔我先王之有天下也，规方千里，以为甸服。以供上帝山川百神之祀，以备百姓兆民之用，以待不庭不虞之患，其余以均分公、侯、伯、子、男，使各有宁宇。"

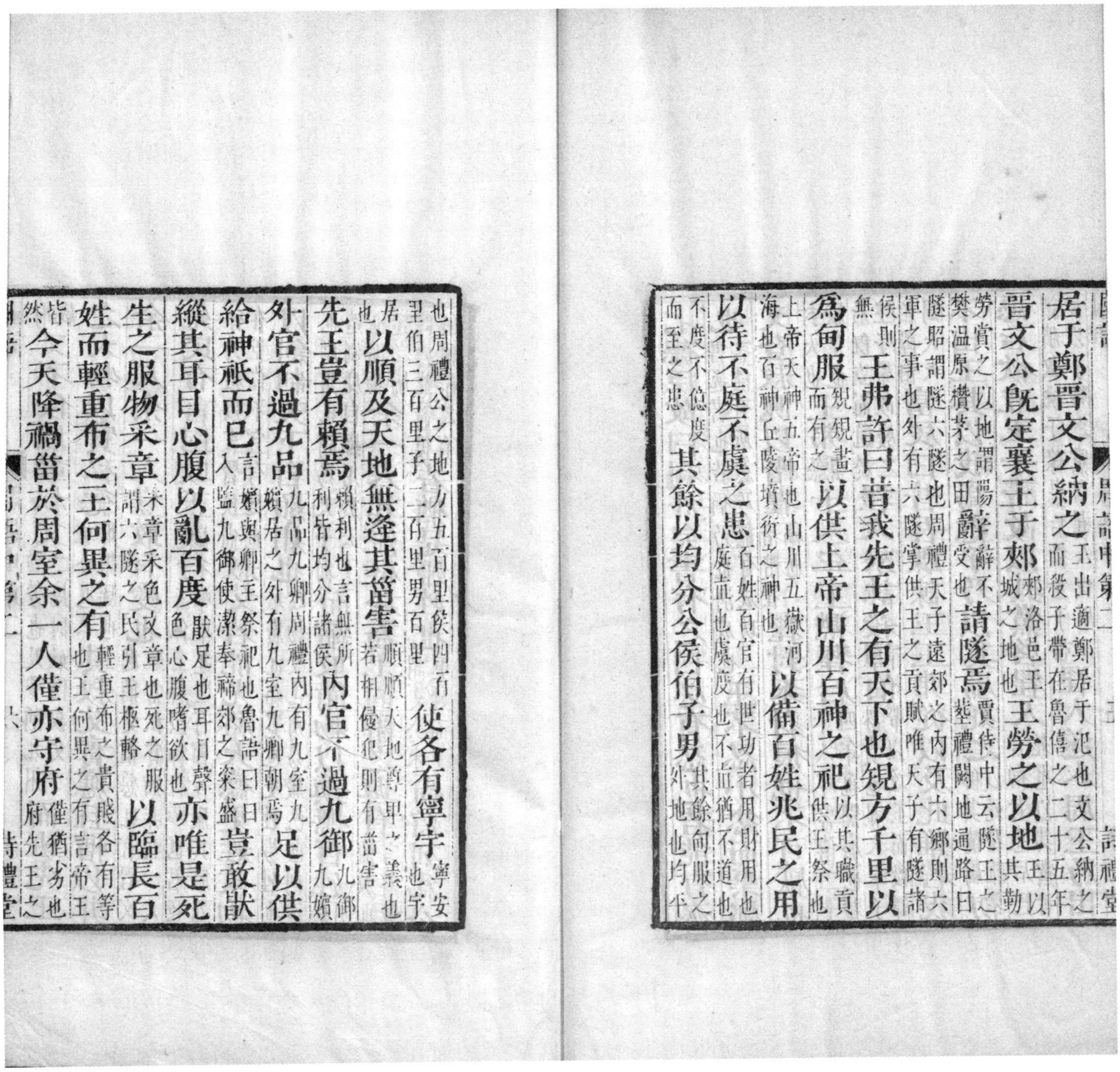

图 1-2-2　《国语·周语》

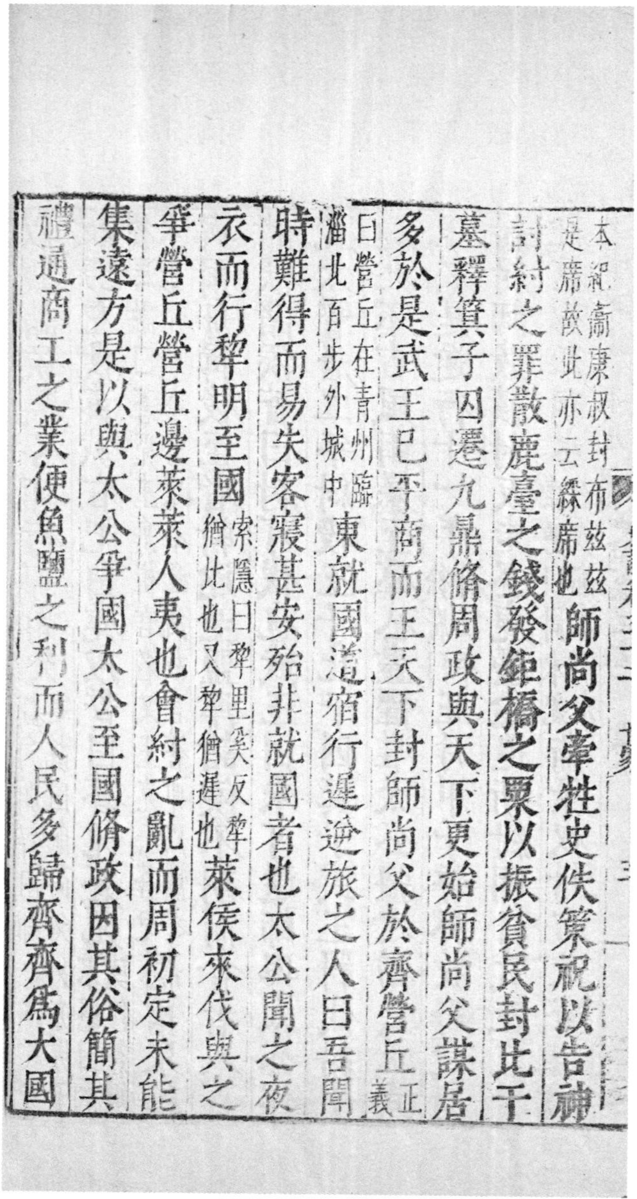

本紀齋康叔封布茲茲是席蔵此亦云縲席也師尚父牽牲史佚策祝以告神討紂之罪散鹿臺之錢發鉅橋之粟以振貧民封比干墓釋箕子囚遷九鼎脩周政與天下更始師尚父謀居多於是武王已平商而王天下封師尚父於齊營丘正義曰營丘在青州臨淄北百步外城中東就國道宿行遲逆旅之人曰吾聞時難得而易失客寢甚安殆非就國者也太公聞之夜衣而行犂明至國索隱曰犂里奚反犂猶比也又犂猶遲也萊侯來伐與之爭營丘營丘邊萊萊人夷也會紂之亂而周初定未能集遠方是以與太公爭國太公至國脩政因其俗簡其禮通商工之業便魚鹽之利而人民多歸齊齊為大國

图 1–2–3 《史记·齐太公世家》

周朝在诸侯国之内还注意因俗而治，《史记·齐太公世家》(图1–2–3)记载齐国的治理政策是“因其俗，简其礼，通商工之业、便鱼盐之利”。

秦汉王朝通过设置属邦和属国，置持节领护及行羁縻、怀柔等多种举措治理边郡，建立藩属体系，将周边匈奴、乌桓、鲜卑、羌及西域各国不同程度地纳入大一统王朝秩序。如汉景帝设立“典属国”，专门处理归顺“蛮夷”事务。武宣时期又设置安定、天水、西河、上郡、五原、张掖、金城七个属国。对于不具备设置属国和边郡条件的边疆族群，设置使匈奴中郎将、护羌校尉、护乌桓校尉。公元前60年，汉朝设立西域都护府对西域属国加强管理。《汉书·郑吉传》(图1–2–4)：“都护之置自吉始焉。上嘉其功效，乃下诏曰：‘都护西域骑都尉郑吉，拊循外蛮，宣明威信，迎

道故號都護師古曰並護南北二道故謂之都都猶大也總也都護之置自吉
始焉上嘉其功效迺下詔曰都護西域騎都尉鄭吉拊
循外蠻宣明威信師古曰禮云東夷北狄西戎南蠻然夷蠻戎狄亦四方之總稱耳故史傳

又云百蠻也迎匈奴單于從兄日逐王衆擊破車師兜訾城
師古曰訾音子移反功效茂著其封吉爲安遠侯食邑千戶吉於
是中西域而立莫府師古曰中西域者言最處諸國之中近遠均也中音竹仲反治
烏壘城鎭撫諸國誅伐懷集之漢之號令班西域矣師古
曰班布也始自張騫而成於鄭吉語在西域傳吉薨謚曰繆
侯子光嗣薨無子國除元始中錄功臣不以罪絕者封
吉曾孫永爲安遠侯
甘延壽字君況北地郁郅人也少以良家子善騎射爲
羽林投石拔距絕於等倫應劭曰投石以石投人也拔距即下超踰羽林亭樓是也
張晏曰范蠡兵法飛石重十二斤爲機發行三百步延壽有力能以手投之拔距超距也師古曰投石應說是

图 1-2-4 《汉书·郑吉传》

匈奴单于从兄日逐王众，击破车师兜訾城，功效茂著。其封吉为安远侯，食邑千户。’吉于是中西域而立莫府，治乌垒城，镇抚诸国，诛伐怀集之。汉之号令班西域矣，始自张骞而成于郑吉。”西域都护府有效地保证了西域各地经济社会的稳定和民族关系的良性发展，标志着西域各地自此成为我们伟大统一多民族国家的组成部分，成为后来历代中原王朝所效仿的范例。

隋唐时期，通过因俗而治的治理体系在边疆地区设立了都护府和羁縻州府，将突厥、回纥、契丹等纳入统一政治体内。唐朝设置顺、祐、化、长四州都督府及定襄都督府、云中都督府，管辖归顺唐朝的突厥各部；设燕然都护府，将铁勒各部纳入统一的政治体。边疆各族与中原政权联系逐渐紧密，《资治通鉴·唐纪十》（图 1-2-5）记载了一段极为融洽的宴会：“戊午，还宫，从上皇

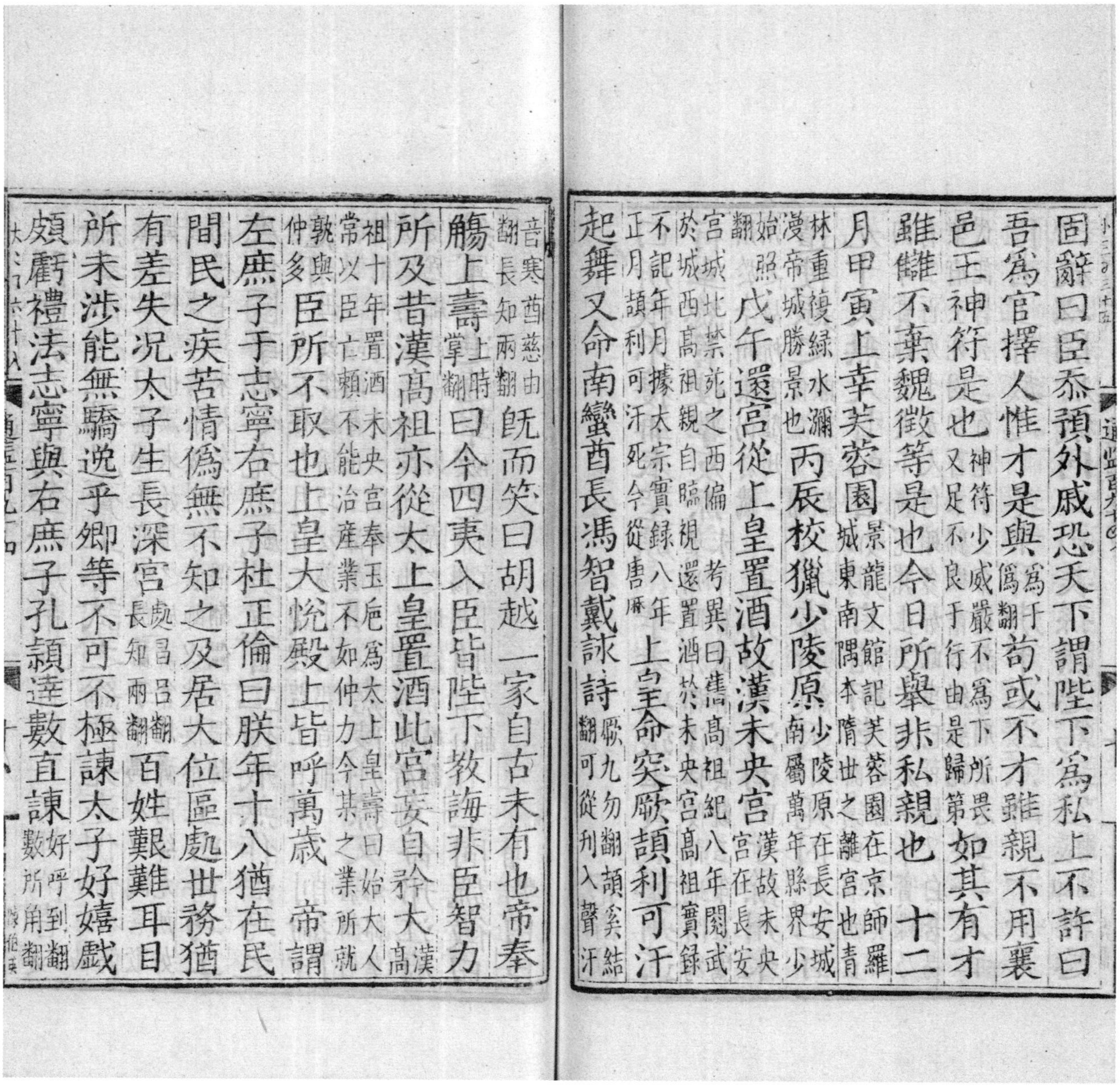

固辭曰臣忝預外戚恐天下謂陛下爲私上不許曰
吾爲官擇人惟才是與（爲于僞翻）苟或不才雖親不用襄
邑王神符是也（神符少威嚴不爲下所畏又足不良于行由是歸第）如其有才
雖讎不棄魏徵等是也今日所舉非私親也　十二
月甲寅上幸芙蓉園（景龍文館記芙蓉園在京師羅城東南隅本隋世之離宮也青
林重複綠水瀰漫帝城勝景也）丙辰校獵少陵原（少陵原在長安城南屬萬年縣界少
始照翻）戊午還宮從上皇置酒故漢未央宮（漢故未央宮在長安
宮城北禁苑之西偏　考異曰舊高祖紀八年閱武於城西高祖親自臨視還置酒於未央宮高祖實錄
不記年月據太宗實錄八年正月頡利可汗死今從唐曆）上皇命突厥頡利可汗
起舞又命南蠻酋長馮智戴詠詩（厥九勿翻頡奚結翻可從刊入聲汗
音寒酋慈由翻長知兩翻）既而笑曰胡越一家自古未有也帝奉
觴上壽（上時掌翻）曰今四夷入臣皆陛下教誨非臣智力
所及昔漢高祖亦從太上皇置酒此宮妄自矜大（漢高
祖十年置酒未央宮奉玉卮爲太上皇壽曰始大人常以臣亡賴不能治產業不如仲力今某之業所就
孰與仲多）臣所不取也上皇大悅殿上皆呼萬歲　帝謂
左庶子于志寧右庶子杜正倫曰朕年十八猶在民
間民之疾苦情僞無不知之及居大位區處世務猶
有差失況太子生長深宮（處昌呂翻長知兩翻）百姓艱難耳目
所未涉能無驕逸乎卿等不可不極諫太子好嬉戲
頗虧禮法志寧與右庶子孔穎達數直諫（好呼到翻數所角翻）

图 1-2-5　《资治通鉴·唐纪十》

置酒故汉未央宫。上皇命突厥颉利可汗起舞，又命南蛮酋长冯智戴咏诗，既而笑曰：‘胡、越一家，自古未有也！’” 唐太宗时期，在汉未央宫的宴会上，突厥可汗和南方部族的酋长献舞、献诗助兴，其乐融融，亲如一家。

辽宋夏金时期，各政权积极协调内部族群关系。辽朝疆域广阔，域内各族群交融往来密切，《辽史·萧挞凛传》(图1-2-6) 记载：“诸蕃岁贡方物充于国，自后往来若一家焉。上赐诗嘉奖，仍命林牙耶律昭作赋以述其功。”《宋史·兵志五》(图1-2-7) 记载宋朝在西北辟地河湟，增设熙河路发展经济并招募少数民族士兵：“是时，王韶拓熙河地千二百里，招附三十余万口。安石奏曰：‘今以三十万之众，渐推文法，当即变其夷俗。然韶所募勇敢士九百余人，耕田百顷，坊三十余所。蕃部既得为汉，而其俗又贱土贵货，汉人得以货与蕃部易田，蕃人得货，两得所欲，而田畴垦，货殖通，蕃汉为一，其势易以调御。请令韶如诸路，以钱借助收息，又捐百余万缗养马于蕃部，且十五其人，奖劝以武艺，使其人民富足，士马强盛，奋而使之，则所向可以有功。令蕃部初附，如洪荒之人，

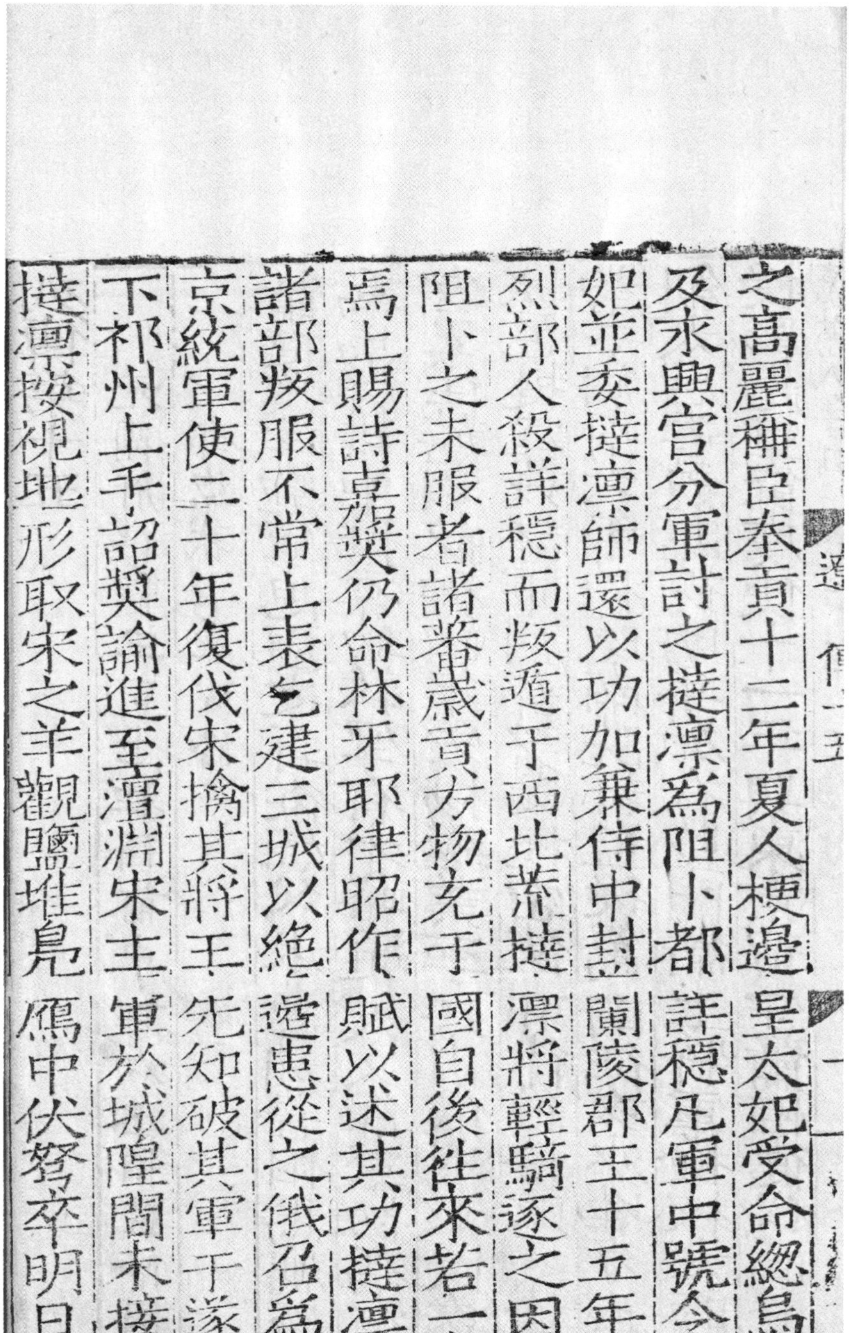
之高麗稱臣奉貢十二年夏人梗邊皇太妃受命總烏古
及永興宮分軍討之撻凜爲阻卜都詳穩凡軍中號令太
妃並委撻凜師還以功加兼侍中封蘭陵郡王十五年敵
烈部人殺詳穩而叛遁于西北荒撻凜將輕騎逐之因討
阻卜之未服者諸蕃歲貢方物充于國自後往來若一家
焉上賜詩嘉獎仍命林牙耶律昭作賦以述其功撻凜以
諸部叛服不常上表乞建三城以絕邊患從之俄召爲南
京統軍使二十年復伐宋擒其將王先知破其軍于遂城
下祁州上手詔獎諭進至澶淵宋主軍於城隍間未接戰
撻凜按視地形取宋之羊觀鹽堆鳧鴈中伏弩卒明日轊

图 1-2-6 《辽史·萧挞凛传》

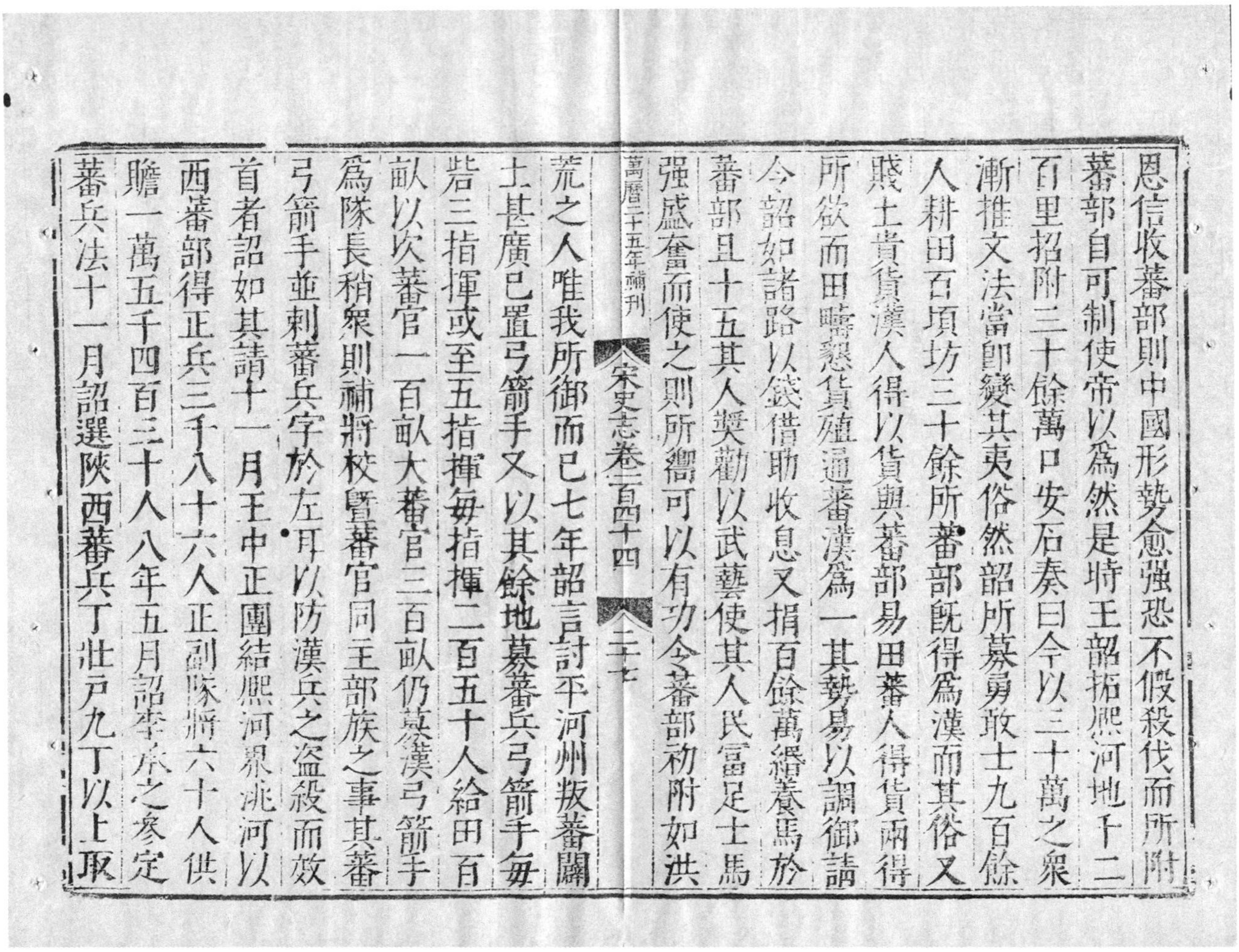
恩信收蕃部則中國形勢愈強恐不假殺伐而所附蕃部自可制使帝以爲然是時王韶拓熙河地千二百里招附三十餘萬口安石奏曰今以三十萬之衆漸推文法當即變其夷俗然韶所募勇敢士九百餘人耕田百頃坊三十餘所蕃部既得爲漢而其俗又賤土貴貨漢人得以貨與蕃部易田蕃人得貨兩得所欲而田疇墾貨殖通蕃漢爲一其勢易以調御請令韶如諸路以錢借助收息又捐百餘萬緡養馬於蕃部且十五其人獎勸以武藝使其人民富足士馬強盛奮而使之則所嚮可以有功今蕃部初附如洪

萬曆二十五年補刊　宋史志卷一百四十四　二十七

荒之人唯我所御而已七年詔言討平河州叛蕃闕土甚廣已置弓箭手又以其餘地募蕃兵弓箭手每砦三指揮或至五指揮每指揮二百五十人給田百畝以次蕃官一百畝大蕃官三百畝仍募漢弓箭手爲隊長稍衆則補將校暨蕃官同主部族之事其蕃弓箭手並刺蕃兵字於左耳以防漢兵之盜殺而效首者詔如其請十一月王中正團結熙河界洮河以西蕃部得正兵三千八十六人正副隊將六十人供贍一萬五千四百三十人八年五月詔李承之參定蕃兵法十一月詔選陝西蕃兵丁壯户九丁以上取

图 1-2-7　《宋史·兵志五》

唯我所御而已。’”西夏在不断开拓疆域的同时，促进中华文明向边疆传播。上述政策有效增进了民族之间的感情，稳步推动了所辖疆域建设，为重建大一统格局奠定了坚实的版图基础。

元朝时期重建汉唐式的中央集权体制，建立直达基层的郡县文官体制，还创造性地为大一统贡献了宣政院、行省制、土司制等制度，建立岭北行省专司治理漠北草原相关地区，建立澎湖巡检司负责治理澎湖列岛和台湾一带，在吐蕃设立一系列管理机构对其实行有效管辖，在新疆设达鲁花赤、行尚书省、行中书省等，将边疆地区纳入中央集权的有机治理之下。《元史·百官志三》(图1–2–8)记载宣政院设立经过：“宣政院，秩从一品。掌释教僧徒及吐蕃之境而隶治之。遇吐蕃有事，则为分院往镇，亦别有印。如大征伐，则会枢府议。其用人则自为选；其为选则军民通摄，僧俗并用。至元初，立总制院，而领以国师。二十五年，因唐制吐蕃来朝见于宣政殿之故，更名宣政院。置院使二员、同知二员、副使二员、参议二员、经历二员、都事四员、管勾一员、照磨一员。”

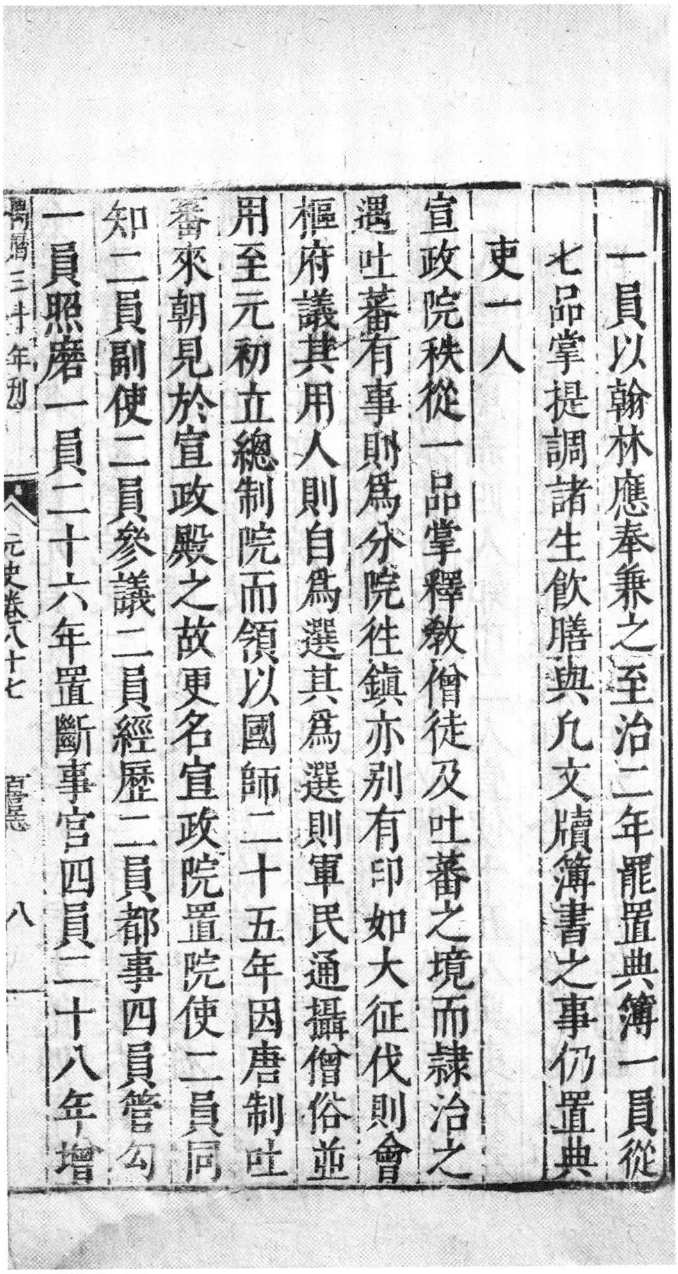
一員以翰林應奉兼之至治二年罷置典簿一員從
七品掌提調諸生飲膳與凡文牘簿書之事仍置典
吏一人
宣政院秩從一品掌釋教僧徒及吐蕃之境而隸治之
遇吐蕃有事則爲分院往鎮亦別有印如大征伐則會
樞府議其用人則自爲選其爲選則軍民通攝僧俗並
用至元初立總制院而領以國師二十五年因唐制吐
蕃來朝見於宣政殿之故更名宣政院置院使二員同
知二員副使二員參議二員經歷二員都事四員管勾
一員照磨一員二十六年置斷事官四員二十八年增
元史卷八十七　百官志　八

图 1-2-8 《元史·百官志三》

明朝时期发展元代行政大区制、土司制等大一统王朝治理制度，善用招抚等和平手段，实行因俗而治的治理理念，多族群共同治理疆域、共同抵御外侮。明朝边疆地区治理比较灵活，在西北部、东北地区设羁縻都司、卫、所，当地族群首领任职；在哈密以东，嘉峪关以西，青海湖、柴达木盆地一带建立了安定、曲先、阿端、罕东、沙州、赤斤、哈密等关西七卫，治理游牧在这里的蒙古、撒里畏兀儿等族；又在河州设立行都指挥使司，总辖河州、朵甘、乌思藏三卫的广大藏族地区。《明史》列传中新创《阉党》《流贼》《土司》三传，其中《明史·土司传》(图1-2-9) 追溯了不同朝代中原政权对西南诸族的管理制度：“西南诸蛮，有虞氏之苗，商之鬼方，西汉之夜郎、靡莫、邛、莋、僰、爨之属，皆是也。自巴、夔以东，及湖湘岭峤，盘踞数千里，种类殊别，历代以来，自相君长。原其为王朝役使，自周武王时孟津大会，而庸、蜀、羌、髳、微、卢、彭、濮诸蛮皆与焉。及楚庄跻王滇，而秦开五尺道置吏，沿及汉武，置都尉县属，仍令自保，此即土官、土吏之所始欤！迨有明踵元故事，大为恢拓，分别司、郡、州、县，额以赋役，听我驱调，而法始备矣。”由此可见，土司制度渊源于自秦汉以来的羁縻之制，它是在总结秦汉以来中原王朝

明史卷三百十　列傳第一百九十八
總裁官總理事務經筵講官少保兼太子太保保和殿大學士兼管吏部戶部尚書事加六級張廷玉等奉
勅修
土司
西南諸蠻有虞氏之苗商之鬼方西漢之夜郎靡莫邛莋僰爨之屬皆是也自巴夔以東及湖湘嶺嶠盤踞數千里種類殊別歷代以來自相君長原其爲王朝役使自周武王時孟津大會而庸蜀羌髳微盧彭濮諸蠻皆與焉及楚莊蹻王滇而秦開五尺道置吏沿及漢武置都尉縣屬仍令自保此卽土官土吏之所始歟迨有明踵元故事大爲恢拓分別司郡州縣額以賦役聽我驅調而法始備矣然其道在於羈縻彼大姓相擅世積威約而必假我爵祿寵之名號乃易爲統攝故奔走惟命然調遣日繁急而生變恃功
明史　卷三百十　列傳　一

图 1-2-9 《明史·土司传》

对边疆少数民族统治经验的基础上，以历代特别是唐、宋以来推行的羁縻政策为借鉴，进一步发展而创立的，它是历代封建中原王朝对边疆少数民族地区所施行治策的集大成之创举。

清朝疆域广大，民族众多，理藩院是清代管理少数民族事务的机构，掌内外蒙古、新疆、青海、西藏及四川地区的蒙、回、藏族等事务，初设于崇德元年（1636），原称“蒙古衙门”，三年（1638）更名理藩院，光绪三十二年（1906），改为理藩部。《定盦文集补编》（图1-2-10）记载理藩

主客司述略
我朝藩服分二類其朝貢之事有隸理藩院者有隸主客
司者其隸理藩院者蒙古五十一旂喀爾喀八十二旂以
及西藏青海西藏所屬之廓爾喀是也隸主客司者曰朝
鮮曰越南即安南曰南掌曰緬甸曰蘇祿曰暹羅曰荷蘭
曰琉球曰西洋諸國西洋諸國一曰博爾都嘉利亞一曰
意達里亞一曰博爾都噶爾一曰英吉利自朝鮮以至琉
球貢有額有期朝有期西洋諸國貢無定額無定期
朝鮮越南琉球皆有冊封之禮朝鮮以內大臣內閣滿學
士六部滿侍郎乾清門侍衛散秩大臣往琉球以內閣中
定盦文集補編 卷四 八

图1-2-10 《定盦文集补编》卷四

院职掌："我朝藩服分二类，其朝贡之事，有隶理藩院者，有隶主客司者。其隶理藩院者，蒙古五十一旗，喀尔喀八十二旗，以及西藏、青海，西藏所属之廓尔喀是也。"理藩院的设置是清代的创制，体现对民族关系的重视。

《钦定理藩院则例》是清政府治理内外蒙古和新疆、青海、西藏等少数民族及处理中俄双边关系的行政法规，内容包括通例、旗分、品秩、袭职、职守、设官、擢授、奖惩、地亩、仓储、征赋、俸银、朝觐、贡输、印信、婚礼、赐祭、旌表、优恤、军政、会盟、邮政、边禁、捐输，以及喇嘛事例、俄罗斯事例等，有蒙古文本（图1–2–11）、满文本（图1–2–12）等不同语言文字版本。

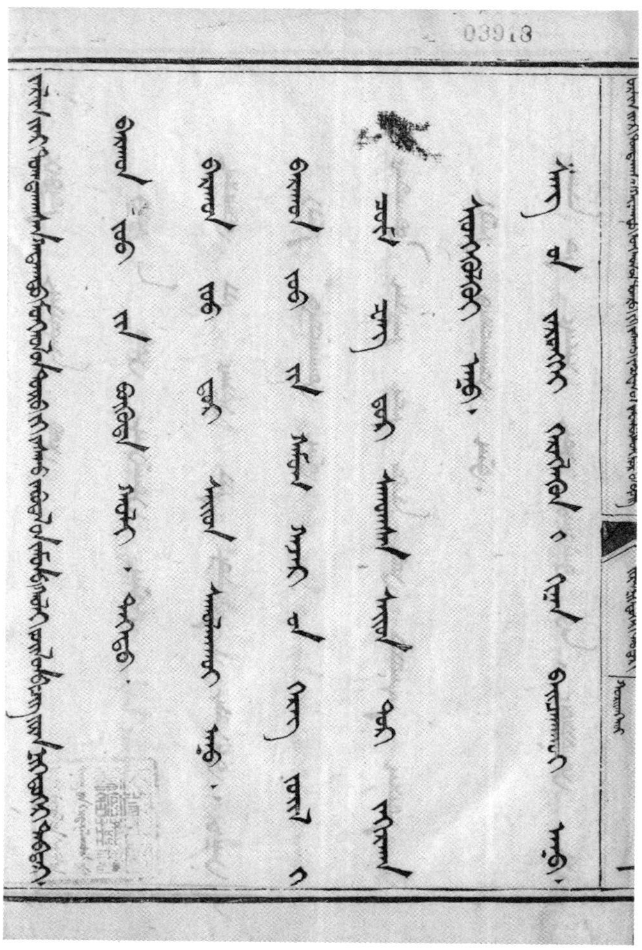

图 1–2–11　蒙古文《钦定理藩院则例》

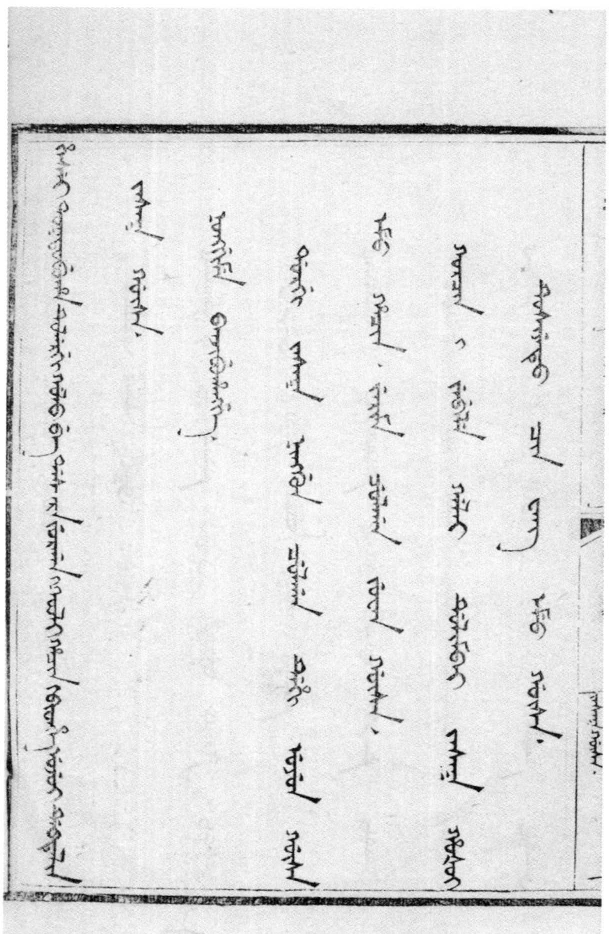

图 1–2–12　满文《钦定理藩院则例》

二、礼法结合、德法共治的治国策略

古人特别强调"德治"，但同时也把"法治"作为一种辅助手段，提倡"德主刑辅"的治国思想。这种思想成为历代统治阶级的主导思想，在长期的人治、德治、法治、礼治等思想的整合过程中，逐步形成了具有中华民族特色的德、礼、法相结合的治国模式。如《淮南子·泰族训》(图1-2-13）记载舜和周公以德治国，获得国人和周边部族的认同：“舜为天子，弹五弦之琴，歌南风之诗，而天下治。周公肴臑不收于前，钟鼓不解于悬，而四夷服。”

“德治”“礼治”是先秦儒家思想的基础，如《论语·为政》(图1-2-14）提出统治者要实行“德政”，注重“礼治”：“为政以德，譬如北辰，居其所而众星共之。”“道之以政，齐之以刑，民免而无耻；道之以德，齐之以礼，有耻且格。”统治者必须修身，实行仁政，用礼制教化人民。

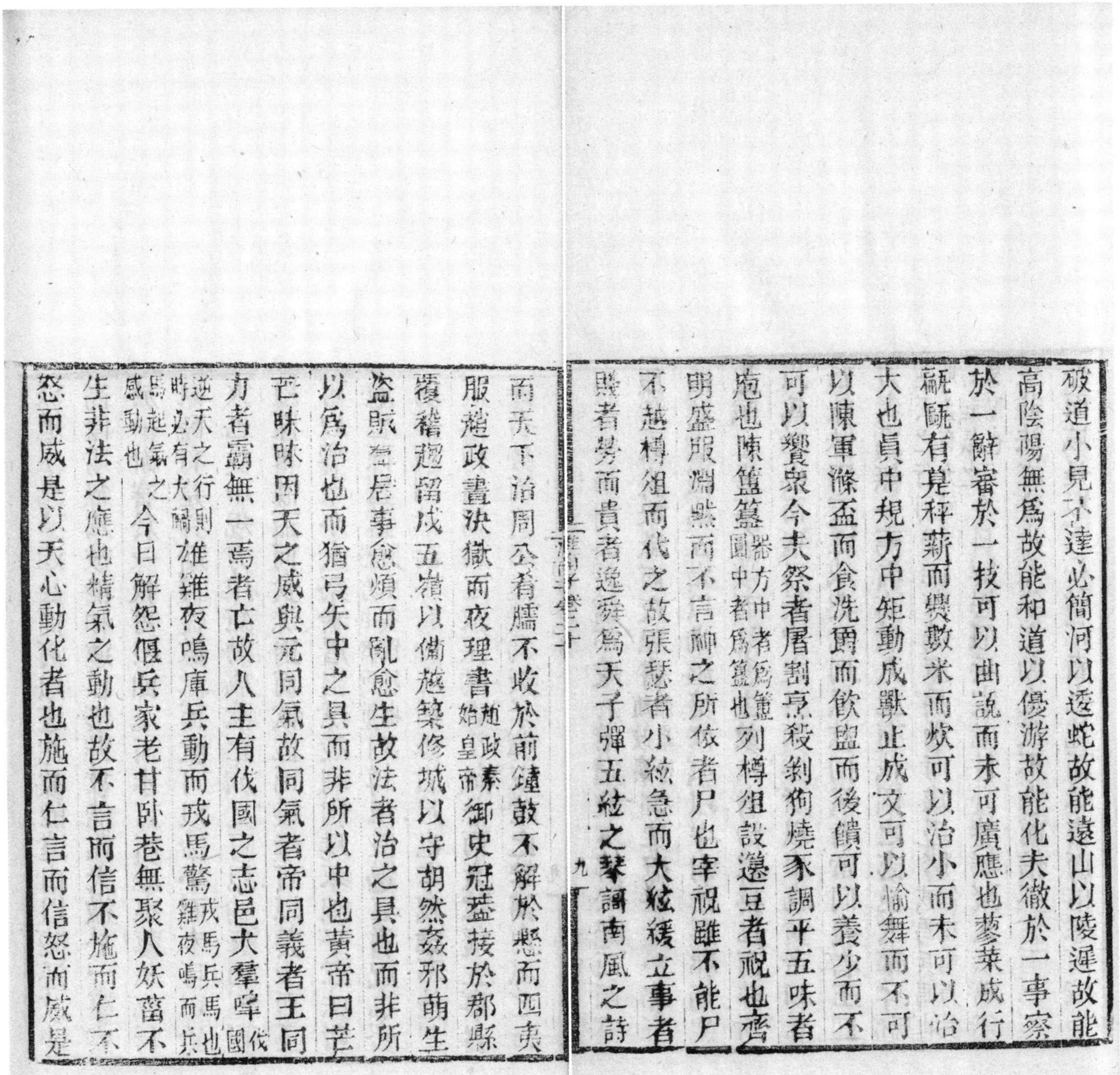
破道小見不達必簡河以透蛇故能遠山以陵遲故能
高陰陽無爲故能和道以優游故能化夫徹於一事察
於一辭審於一技可以曲說而未可廣應也蓼菜成行
甂甌有堤秤薪而爨數米而炊可以治小而未可以治
大也員中規方中矩動成獸止成文可以愉舞而不可
以陳軍滌杯而食洗爵而飲盥而後饋可以養少而不
可以饗衆今夫祭者屠割烹殺剝狗燒豕調平五味者
庖也陳簠簋器方中者爲簠圓中者爲簋也列樽俎設籩豆者祝也齊
明盛服淵默而不言神之所依者尸也宰祝雖不能尸
不越樽俎而代之故張瑟者小絃急而大絃緩立事者
賤者勞而貴者逸舜爲天子彈五絃之琴謌南風之詩

淮南子卷二十　九

而天下治周公肴臑不收於前鐘鼓不解於懸而四夷
服趙政晝決獄而夜理書趙政秦始皇帝御史冠蓋接於郡縣
覆稽趨留戍五嶺以備越築修城以守胡然姦邪萌生
盜賊羣居事愈煩而亂愈生故法者治之具也而非所
以爲治也而猶弓矢中之具而非所以中也黃帝曰芒
芒昧昧因天之威與元同氣故同氣者帝同義者王同
力者霸無一焉者亡故人主有伐國之志邑犬羣嗥伐國
逆天之行則時必有大禍雄雞夜鳴庫兵動而戎馬驚戎馬兵馬也雞夜鳴而兵馬起氣之感動也
今日解怨偃兵家老甘臥巷無聚人妖菑不
生非法之應也精氣之動也故不言而信不施而仁不
怒而威是以天心動化者也施而仁言而信怒而威是

图 1-2-13　《淮南子·泰族训》

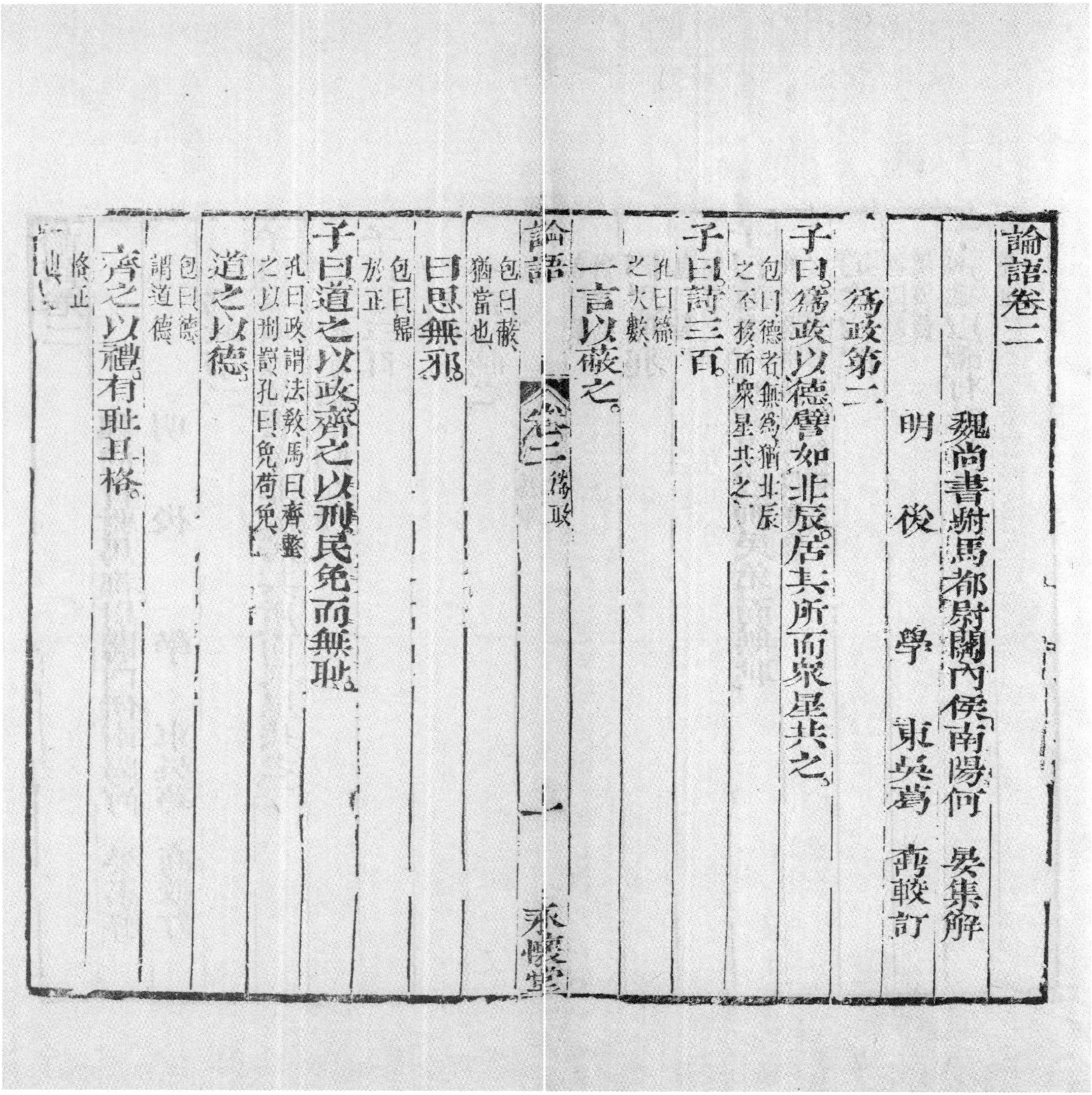
論語卷二

魏尚書駙馬都尉關內侯南陽何晏集解

明後學東吳葛甯較訂

爲政第二

子曰爲政以德譬如北辰居其所而衆星共之 包曰德者無爲猶北辰之不移而衆星共之

子曰詩三百 孔曰篇之大數

一言以蔽之 包曰蔽猶當也

論語 卷二 爲政 一 永懷堂

曰思無邪 包曰歸於正

子曰道之以政齊之以刑民免而無恥 孔曰政謂法教馬曰齊整之以刑罰孔曰免苟免

道之以德 包曰德謂道德

齊之以禮有恥且格 格正

图 1-2-14　《论语·为政》

“法治”是先秦法家思想的核心。依法治国的思想和实践在中华民族的历史传统中源远流长并不断完善，从而形成了有法必依、奉公守法、秉公执法的传统思想和传统美德。《管子·明法第四十六》(图1-2-15）提出了以法治国的思想理念：“是故先王之治国也，不淫意于法之外，不为惠于法之内也。动无非法者，所以禁过而外私也。威不两错，政不二门，以法治国，则举错而已。”

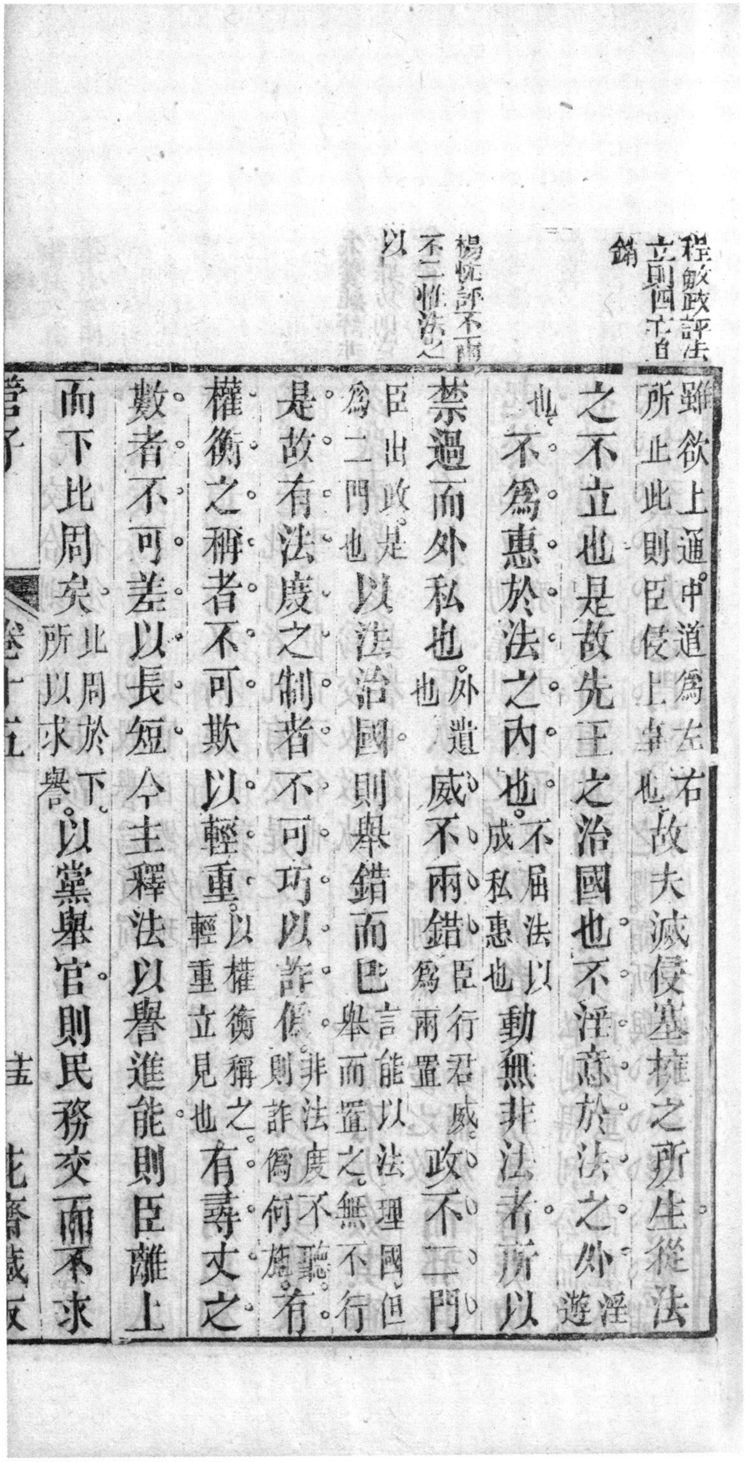

程敏政評法立則國不自錯

楊慎評不二惟法之以

雖欲上通中道爲左右故夫滅侵塞擁之所生從法所止此則臣侵上卑也

之不立也是故先王之治國也不淫意於法之外淫遊也

不爲惠於法之內也不屈法以成私惠也動無非法者所以

禁過而外私也外遺也威不兩錯臣行君威爲兩置政不二門

臣出政是爲二門也以法治國則舉錯而已言能以法理國但舉而置之無不行

是故有法度之制者不可巧以詐僞非法度不聽則詐僞何施有

權衡之稱者不可欺以輕重以權衡稱之輕重立見也有尋丈之

數者不可差以長短今主釋法以譽進能則臣離上

而下比周矣比周於下所以求譽以黨舉官則民務交而不求

管子 卷十五 花齋藏版

图 1-2-15 《管子·明法第四十六》

秦汉以后儒家法家合一，“德治”与“法治”相辅相成，“德主刑辅”的主张和理念贯穿了中国各代封建王朝，成为历朝历代施行的治国策略。《说苑·政理》(图1-2-16) 说：“治国有二机，刑、德是也。王者尚其德而布其刑，霸者刑德并凑，强国先其刑而后德。夫刑德者，化之所由兴也。德者，养善而进阙者也；刑者，惩恶而禁后者也。故德化之崇者至于赏，刑罚之甚者至于诛。

夫诛赏者，所以别贤不肖，而列有功与无功也。故诛赏不可以缪，诛赏缪则善恶乱矣。夫有功而不赏，则善不劝；有过而不诛，则恶不惧。善不劝，而能以行化乎天下者，未尝闻也。书曰：‘毕协赏罚。’此之谓也。”

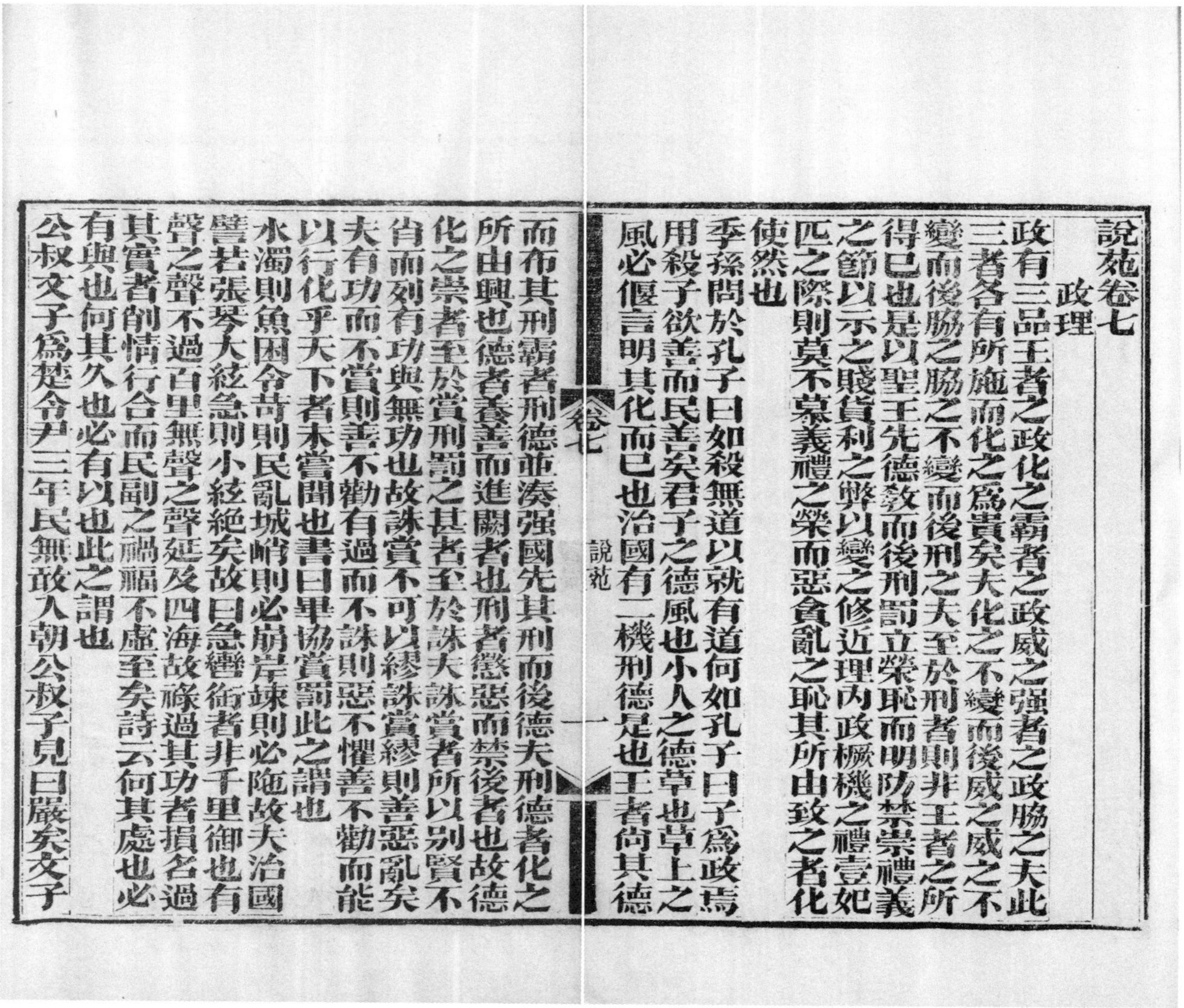
說苑卷七
政理
政有三品王者之政化之霸者之政威之强者之政脅之夫此
三者各有所施而化之爲貴矣夫化之不變而後威之威之不
變而後脅之脅之不變而後刑之夫至於刑者則非王者之所
得已也是以聖王先德教而後刑罰立榮恥而明防禁崇禮義
之節以示之賤貨利之弊以變之修近理內政橛機之禮壹妃
匹之際則莫不慕義禮之榮而惡貪亂之恥其所由致之者化
使然也
季孫問於孔子曰如殺無道以就有道何如孔子曰子爲政焉
用殺子欲善而民善矣君子之德風也小人之德草也草上之
風必偃言明其化而已也治國有二機刑德是也王者尚其德
卷七 說苑 一
而布其刑霸者刑德並湊强國先其刑而後德夫刑德者化之
所由興也德者養善而進闕者也刑者懲惡而禁後者也故德
化之崇者至於賞刑罰之甚者至於誅夫誅賞者所以別賢不
肖而列有功與無功也故誅賞不可以繆誅賞繆則善惡亂矣
夫有功而不賞則善不勸有過而不誅則惡不懼善不勸而能
以行化乎天下者未嘗聞也書曰畢協賞罰此之謂也
水濁則魚困令苛則民亂城峭則必崩岸竦則必阤故夫治國
譬若張琴大絃急則小絃絕矣故曰急轡御者非千里御也有
聲之聲不過百里無聲之聲延及四海故祿過其功者損名過
其實者削情行合而民副之禍福不虛至矣詩云何其處也必
有與也何其久也必有以也此之謂也
公叔文子爲楚令尹三年民無敢入朝公叔子見曰嚴矣文子

图 1-2-16 《说苑·政理》

在处理民族关系方面，历朝历代统治者都比较尊重不同民族的生活习俗和民族宗教信仰。秦汉时期专门制定了《蛮夷律》《属邦律》用以管理周边部族。南北朝时期，北朝政权就曾经制定适应中原先进文化的《北齐律》，《隋书·刑法志》（图 1-2-17）记载《北齐律》制定时受到汉律思想的影响：“武成即位，思存轻典。大宁元年，乃下诏曰：‘王者所用，唯在赏罚，赏贵适理，罚在得情。然理容进退，事涉疑似，盟府司勋，或有开塞之路，三尺律令，未穷画一之道。想文王之官人，念宣尼之止讼，刑赏之宜，思获其所。自今诸应赏罚，皆赏疑从重，罚疑从轻。’又以律令不成，频加催督。河清三年，尚书令、赵郡王睿等奏上齐律十二篇：一曰名例，二曰禁卫，三曰婚户，四曰擅兴，五曰违制，六曰诈伪，七曰斗讼，八曰贼盗，九曰捕断，十曰毁损，十一曰厩牧，十二曰杂。其定罪九百四十九条。又上新令四十卷，大抵采魏晋故事。”以汉律为宗并吸收了魏晋律中的新内容、新经验，是《北齐律》成功的关键。

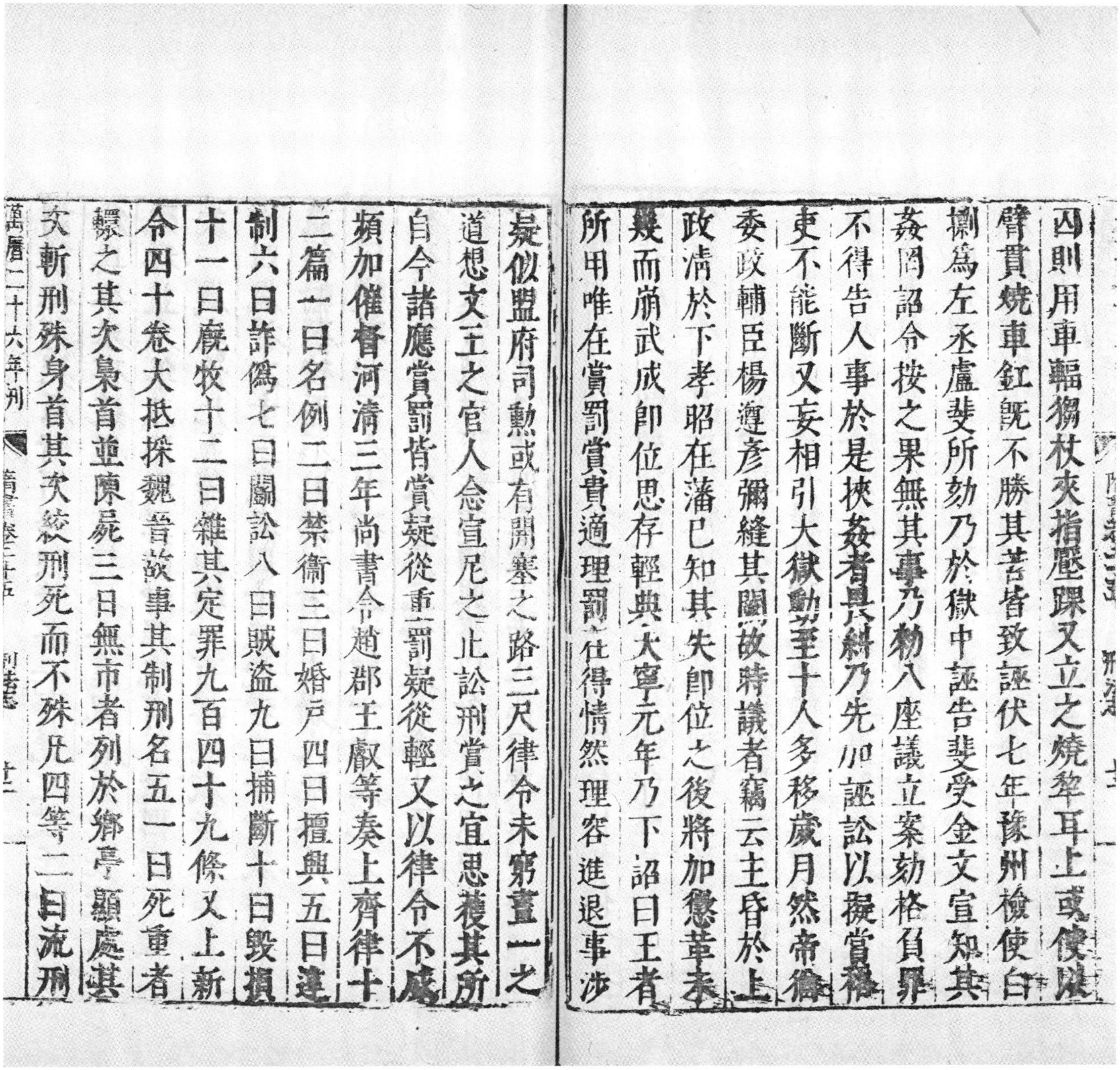
四則用車輻獨杖夾指壓踝又立之燒犁耳上或使仰
臂貫燒車釭既不勝其苦皆致誣伏七年豫州檢使白
撼為左丞盧斐所劾乃於獄中誣告斐受金文宣知其
姦罔詔令按之果無其事乃勑八座議立案劾格負罪
不得告人事於是挾姦者畏糾乃先加誣訟以擬當格
吏不能斷又妄相引大獄動至十人多移歲月然帝猶
委政輔臣楊遵彥彌縫其闕故時議者竊云主昏於上
政清於下孝昭在藩已知其失即位之後將加懲革未
幾而崩武成即位思存輕典大寧元年乃下詔曰王者
所用唯在賞罰賞貴適理罰在得情然理容進退事涉
疑似盟府司勳或有開塞之路三尺律令未窮畫一之
道想文王之官人念宣尼之止訟刑賞之宜思獲其所
自今諸應賞罰皆賞疑從重罰疑從輕又以律令不成
頻加催督河清三年尚書令趙郡王叡等奏上齊律十
二篇一曰名例二曰禁衛三曰婚戶四曰擅興五曰違
制六曰詐偽七曰鬬訟八曰賊盜九曰捕斷十曰毀損
十一曰廐牧十二曰雜其定罪九百四十九條又上新
令四十卷大抵採魏晉故事其制刑名五一曰死重者
轘之其次梟首並陳屍三日無市者列於鄉亭顯處其
次斬刑殊身首其次絞刑死而不殊凡四等二曰流刑
萬曆二十六年刊 隋書卷二十五 刑法志 十二

图 1-2-17 《隋书·刑法志》

唐朝沿袭了汉朝“德礼互补”之说，并将之推到了新的高潮，隆礼重法、德法共治的思想在唐朝基本定型。《贞观政要》（图 1-2-18）中记载：“诸州有犯十恶者，刺史不须从坐，但令明加纠访科罪，庶可肃清奸恶。愚按：夫子曰：‘道之以政，齐之以刑，民免而无耻；道之以德，齐之以礼，有耻且格。’谓政刑之不如德礼也。盖政者，为治之具；刑者，辅治之法；德礼者，出治之本，而德又礼之本也。后世之为治者，德礼有愧，教化不先，非惟德礼不能使民有耻且格，而政刑亦不能使民免而无耻矣。甚而至于罪丽于十恶，尚忍言之哉！然究厥本原，则承流宣化，坐罪宜也。而遂至于递相掩蔽，罪人斯失，反以长奸容慝，遂使丽于十恶者，乃得全身于覆载之间，而可乎哉？太宗不坐刺史，但令明加纠察，以正其罪，盖深有以知其弊而不得不然也。司牧民者，其亦于德礼政刑而知本末先后哉！”

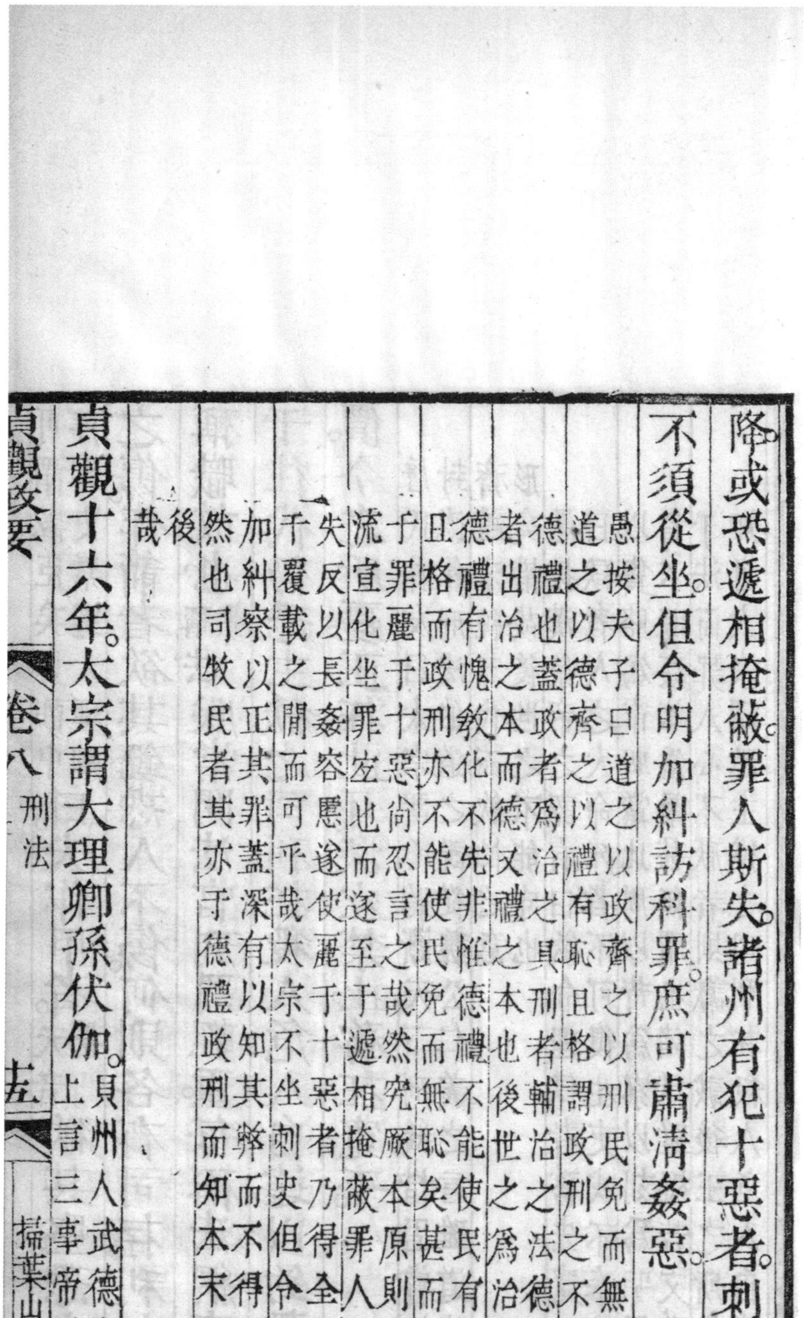
降或恐遞相掩蔽。罪人斯失。諸州有犯十惡者。刺史
不須從坐。但令明加糾訪科罪。庶可肅清姦惡。
愚按夫子曰道之以政齊之以刑民免而無恥
道之以德齊之以禮有恥且格謂政刑之不如
德禮也蓋政者爲治之具刑者輔治之法德禮
者出治之本而德又禮之本也後世之爲治者
德禮有愧教化不先非惟德禮不能使民有恥
且格而政刑亦不能使民免而無恥矣甚而至
于罪麗于十惡尚忍言之哉然究厥本原則承
流宣化坐罪宜也而遂至于遞相掩蔽罪人斯
失反以長姦容慝遂使麗于十惡者乃得全身
于覆載之間而可乎哉太宗不坐刺史但令明
加糾察以正其罪蓋深有以知其弊而不得不
然也司牧民者其亦于德禮政刑而知本末先
後
哉
貞觀十六年。太宗謂大理卿孫伏伽。貝州人武德初上言三事帝曰
貞觀政要 卷八 刑法 五 掃葉山房

图 1-2-18 《貞观政要》卷八

对待边疆族群，隋唐时期倡导华夷一家。《资治通鉴·唐纪十三》(图1-2-19)记载唐太宗以德治理周边部族：“戊午，悉弃俟利苾南度河，请处于胜、夏之间。上许之。群臣皆以为：‘陛下方远征辽左，而置突厥于河南，距京师不远，岂得不为后虑！愿留镇洛阳，遣诸将东征。’上曰：‘夷狄亦人耳，其情与中夏不殊。人主患德泽不加，不必猜忌异类。盖德泽洽则四夷可使如一家，猜忌多则骨肉不免为仇敌。’”唐太宗因此获得各民族的爱戴，被尊为“天可汗”。

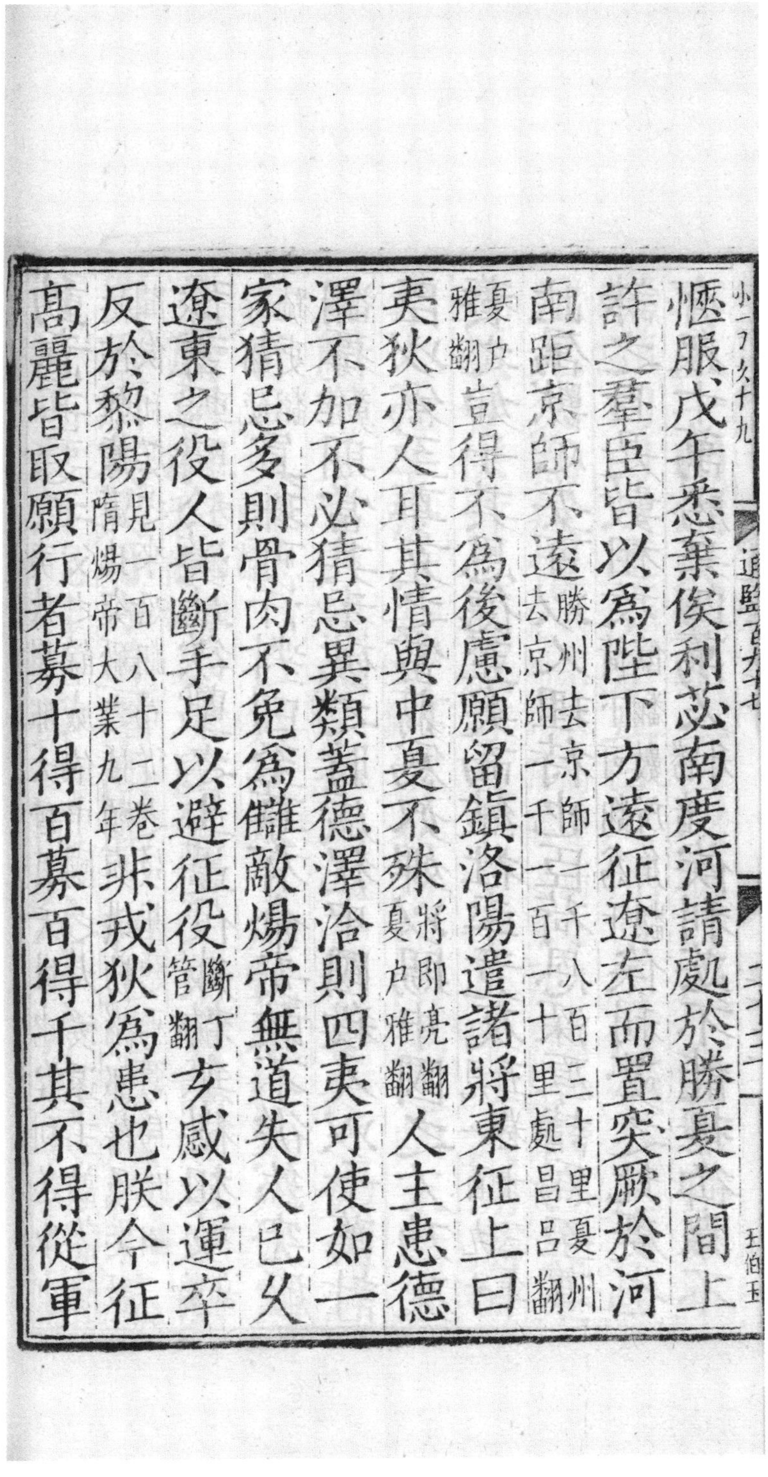

慝服戊午悉棄俟利苾南度河請處於勝夏之間上
許之羣臣皆以爲陛下方遠征遼左而置突厥於河
南距京師不遠勝州去京師一千八百三十里夏州去京師一千一百十里處昌呂翻
夏戶雅翻豈得不爲後慮願留鎮洛陽遣諸將東征上曰
夷狄亦人耳其情與中夏不殊將即亮翻夏戶雅翻人主患德
澤不加不必猜忌異類蓋德澤洽則四夷可使如一
家猜忌多則骨肉不免爲讎敵煬帝無道失人已久
遼東之役人皆斷手足以避征役斷丁管翻玄感以運卒
反於黎陽見一百八十二卷隋煬帝大業九年非戎狄爲患也朕今征
高麗皆取願行者募十得百募百得千其不得從軍

图1-2-19 《资治通鉴·唐纪十三》

在律法方面，唐朝实行民族分治的原则。《故唐律疏议》（图1–2–20）规定：“化外人相犯：诸化外人，同类自相犯者，各依本俗法；异类相犯者，以法律论。疏议曰：‘化外人，谓蕃夷之国，别立君长者，各有风俗，制法不同。其有同类自相犯者，须问本国之制，依其俗法断之。异类相犯者，若高丽之与百济相犯之类，皆以国家法律论定刑名。’”《故唐律疏议》引用了《尚书》《诗经》《礼记》等大量儒家经典，以儒家经典作为其立法的理论依据，将儒家道德规范上升为法律规范，将礼的原则精神和规范直接融入法律条文之中。这是儒家伦理法律思想的全面法律化实践，又是儒家法律思想的结晶，是古代“德治”和“法治”结合的典范。

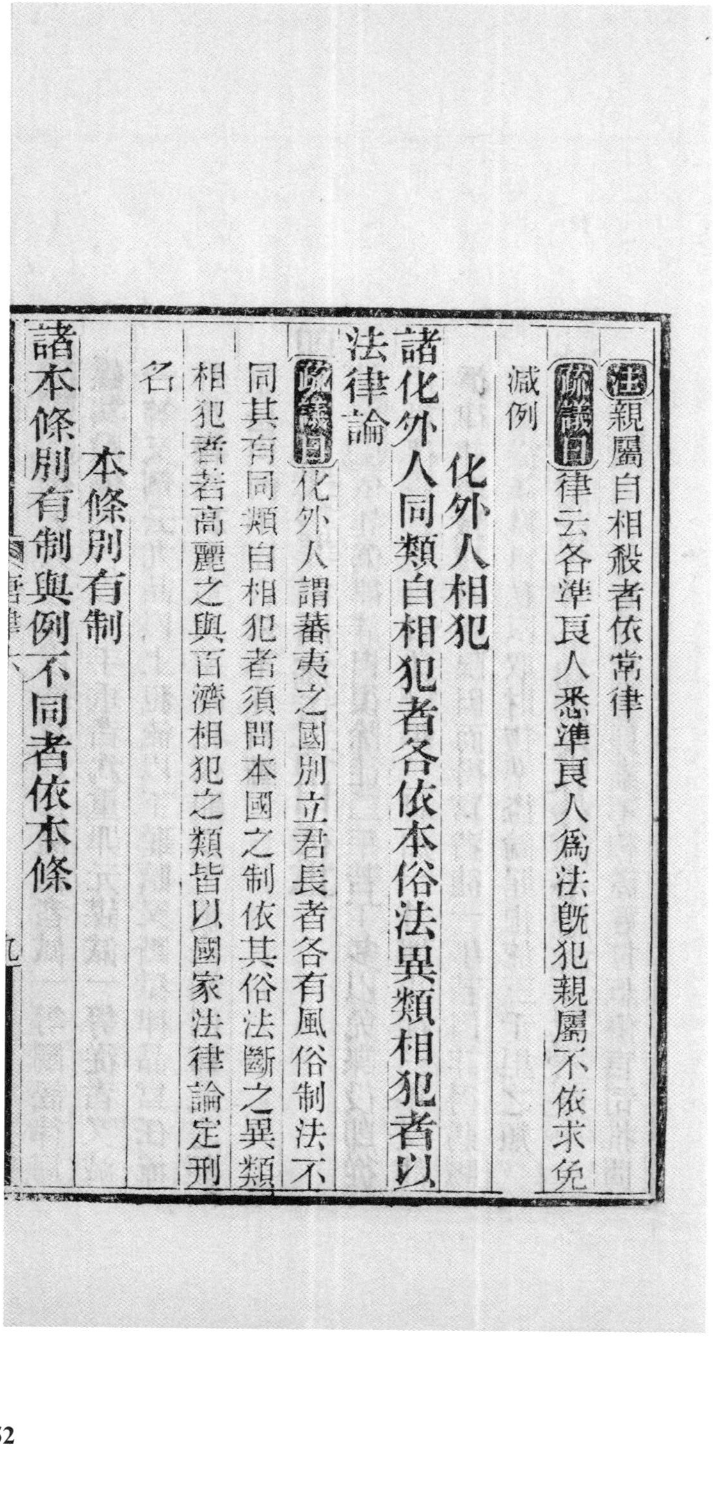
法 親屬自相殺者依常律

疏議曰 律云各準良人悉準良人爲法旣犯親屬不依求免減例

化外人相犯

諸化外人同類自相犯者各依本俗法異類相犯者以法律論

疏議曰 化外人謂蕃夷之國別立君長者各有風俗制法不同其有同類自相犯者須問本國之制依其俗法斷之異類相犯者若高麗之與百濟相犯之類皆以國家法律論定刑名

本條別有制

諸本條別有制與例不同者依本條

图1–2–20 《故唐律疏议》卷六

辽宋夏金时期，各民族政权积极学习历代中原王朝治理国家的措施，学汉法治国。在律法方面，西夏《天盛律令》中丧期礼仪来自中原；辽兴宗参照唐律修订太祖以来的法令，编定了《重熙条制》；金在建国之初施行习惯法，然而随着统治区域的不断扩展，在法制上出现辽、宋法律与金习惯法并存的局面。自太宗时期起，金开始立法改制，吸收和沿用辽及宋朝的法律，以补本朝法律过于疏漏之不足。熙宗即位后采用汉制来统一自己的法律，《金史·刑志》(图1–2–21)："至皇统间，诏诸臣以本朝旧制，兼采隋、唐之制，参辽、宋之法，类以成书，名曰《皇统制》，颁行中外。"《皇统制》是金国的第一部成文法典。此后金章宗集历代刑律条文和《宋刑统》的疏义编成《明昌律义》，泰和元年（1201）又以《唐律疏议》为蓝本，完成《泰和律义》十二篇。

具以從寬恕至皇統間詔諸臣以本朝舊制兼採隋唐之制參遼宋之法類以成書名曰皇統制頒行中外時制杖罪至百則臀背分決及海陵庶人以脊近心腹遂禁之雖主決奴婢亦論以違制又多變易舊制至正隆間者爲續降制書與皇統制並行焉然二君任情用法自有異於是者矣及世宗卽位以正隆之亂盜賊公行兵甲未息一時制旨多從時宜遂集爲軍前權宜條理大定四年尚書省奏大興民男子李十婦人楊仙哥並以亂言當斬上曰愚民不識典法有司亦未嘗丁寧誥戒豈可遽加極刑以減死論五年命有司復加刪定條

图 1–2–21 《金史·刑志》

面对空前广阔的统治疆域和众多复杂的人口，元朝统治者接受汉儒的建议，明确提出了“附会汉法”“参照唐宋之制”的指导思想，形成独具特色的元代政治制度。《陵川集·立政议》(图1–2–22）记载郝经列举了北魏、金朝学习汉法的事例，强调汉法兴国：“今皇帝陛下，统承先王，圣谟英略，恢廓正大，有一天下之势。自金源以来，纲纪礼义，文物典章，皆已坠没，其绪余土苴，万亿之能一存。若不大为振澡，与天下更始，以国朝之成法，援唐、宋之故典，参辽、金之遗制，设官分职，立政安民，成一王法，是亦因仍苟且，终于不可为，使天下后世以为无志于天下，历代纲纪典制至今而尽，前无以贻谋，后无以取法，坏天地之元气，愚生民之耳目，后世之人因以窃笑而非之，痛惜而叹惋也。昔元魏始有代地，便参用汉法。至孝文迁都洛阳，一以汉法为政，典章文物灿然与前代比隆，天下至今称为贤君。王通修元经，即与为正统，是可以为鉴也。

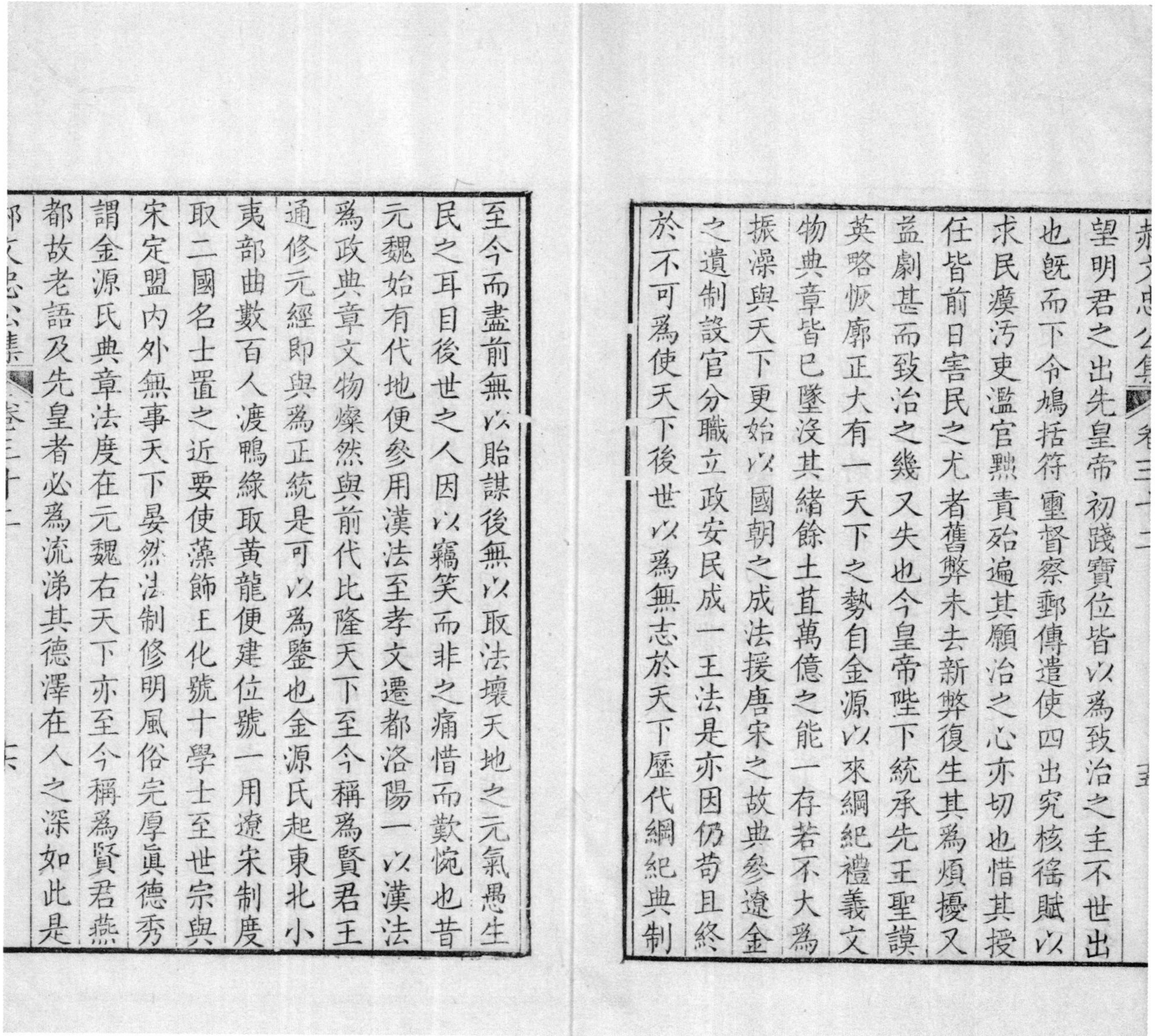
望明君之出先皇帝初踐寶位皆以爲致治之主不世出也既而下令鳩括符璽督察郵傳遣使四出究核徭賦以求民瘼汚吏濫官黜責殆遍其願治之心亦切也惜其授任皆前日害民之尤者舊弊未去新弊復生其爲煩擾又益劇甚而致治之幾又失也今皇帝陛下統承先王聖謨英略恢廓正大有一天下之勢自金源以來綱紀禮義文物典章皆已墜沒其緒餘土苴萬億之能一存若不大爲振澡與天下更始以國朝之成法援唐宋之故典參遼金之遺制設官分職立政安民成一王法是亦因仍苟且終於不可爲使天下後世以爲無志於天下歷代綱紀典制至今而盡前無以貽謀後無以取法壞天地之元氣愚生民之耳目後世之人因以竊笑而非之痛惜而歎惋也昔元魏始有代地便參用漢法至孝文遷都洛陽一以漢法爲政典章文物燦然與前代比隆天下至今稱爲賢君王通修元經即與爲正統是可以爲鑒也金源氏起東北小夷部曲數百人渡鴨綠取黃龍便建位號一用遼宋制度取二國名士置之近要使藻飾王化號十學士至世宗與宋定盟内外無事天下晏然法制修明風俗完厚眞德秀謂金源氏典章法度在元魏右天下亦至今稱爲賢君燕都故老語及先皇者必爲流涕其德澤在人之深如此是

图 1–2–22　《陵川集·立政议》

金源氏起东北小夷，部曲数百人，渡鸭绿，取黄龙，便建位号，一用辽、宋制度，取二国名士置之近要，使藻饰王化，号‘十学士’。至世宗与宋定盟，内外无事，天下晏然，法制修明，风俗完厚。真德秀谓金源氏典章法度在元魏右，天下亦至今称为贤君。燕都故老语及先皇者，必为流涕，其德泽在人之深如此。”

元英宗至治三年（1323）颁布了元代民事、行政、财政等方面的重要法规《大元通制》，蒙古文古籍《大元水晶鬘》（图1–2–23）记载了元英宗令曹伯启编纂《大元通制》的经过。

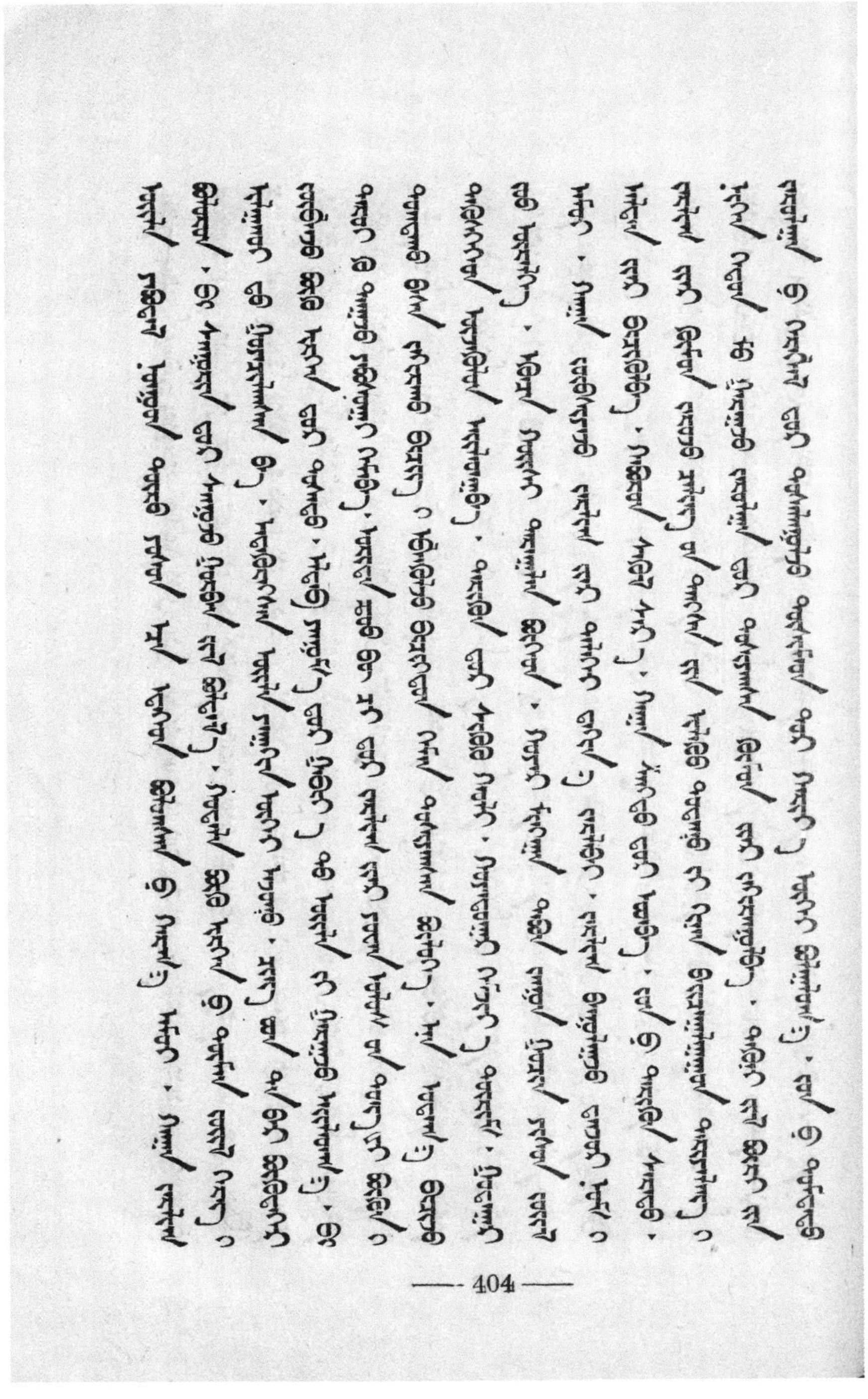

图1–2–23　蒙古文《大元水晶鬘》

《大元通制》篇目体系和条文的具体内容都沿袭了唐宋法典，也承袭了唐宋法典的基本精神。全书今已不传，现存仅明写本《通制条格》(图1-2-24)残卷。元代条格，大体上相当于唐、金两代法律体系中的令。

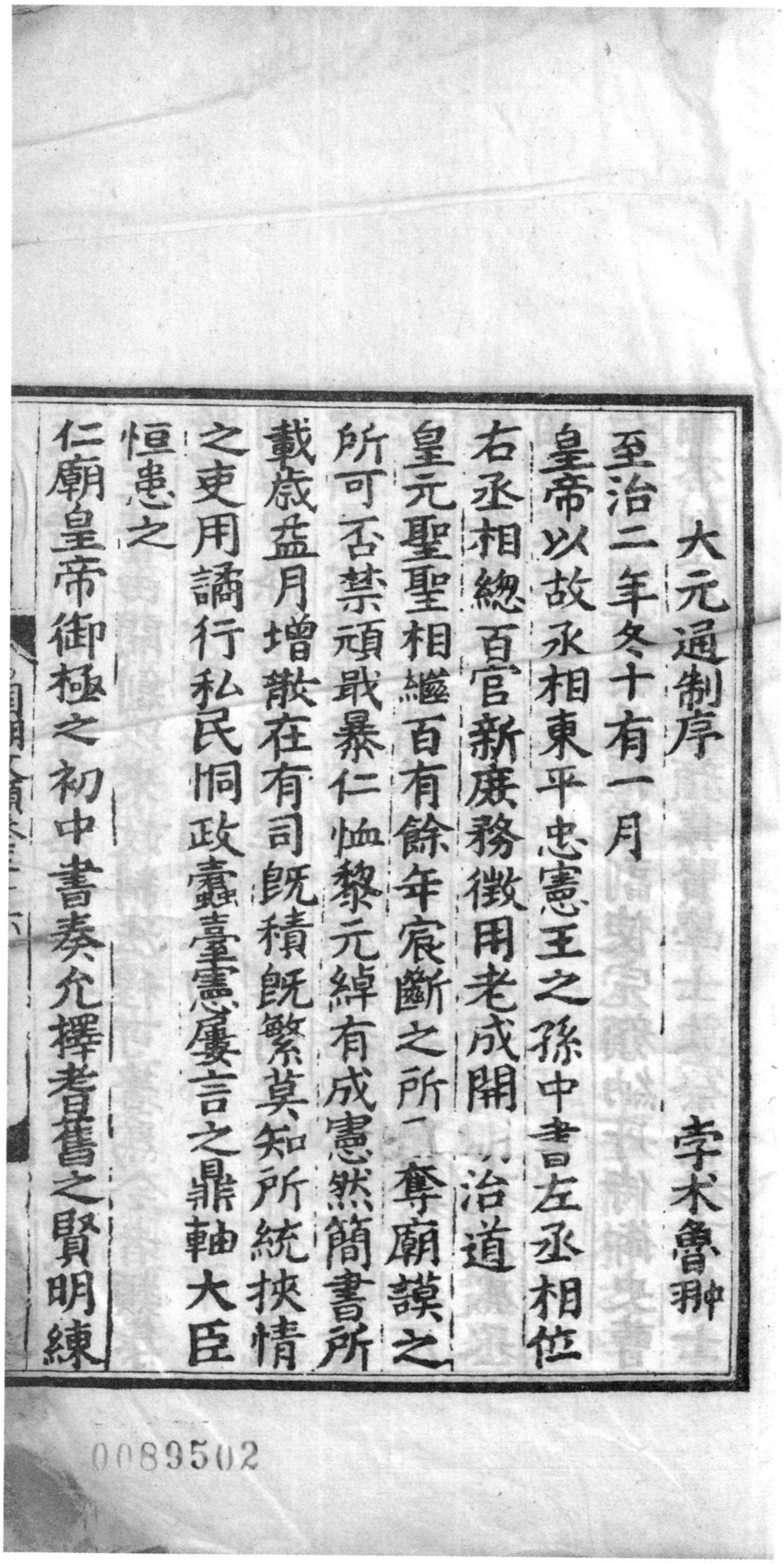
大元通制序　孛术魯翀
至治二年冬十有一月
皇帝以故丞相東平忠憲王之孫中書左丞相位
右丞相總百官新庶務徵用老成開[illegible]治道
皇元聖聖相繼百有餘年宸斷之所[illegible]奪廟謨之
所可否禁頑戢暴仁恤黎元綽有成憲然簡書所
載歲益月增散在有司既積既繁莫知所統挾情
之吏用譎行私民惘政蠹臺憲屢言之鼎軸大臣
恒患之
仁廟皇帝御極之初中書奏允擇耆舊之賢明練
0089502

图1-2-24　《通制条格》

清朝承继了“德主刑辅”的治理策略，康熙十分注重教化的作用：“朕惟至治之世，不专以法令为事，而以教化为先。其时人心醇良，风俗朴实，刑措不用，比屋可封，长治久安，茂登上理。盖法令禁于一时，而教化维于可久，若徒恃法令，而教化不先，是舍本而务末也。”作为前所未有的统一多民族国家，清朝十分注重对全国范围的法律进行调整，制订了因地制宜、因俗而治的少数民族法规，如蒙古文《蒙古律例》(图1–2–25)，汉文、满文《钦定回疆则例》(图1–2–26、27)等，而且在司法管辖方面也深入少数民族地区，使封建国家的民族立法达到了前所未有的程度。

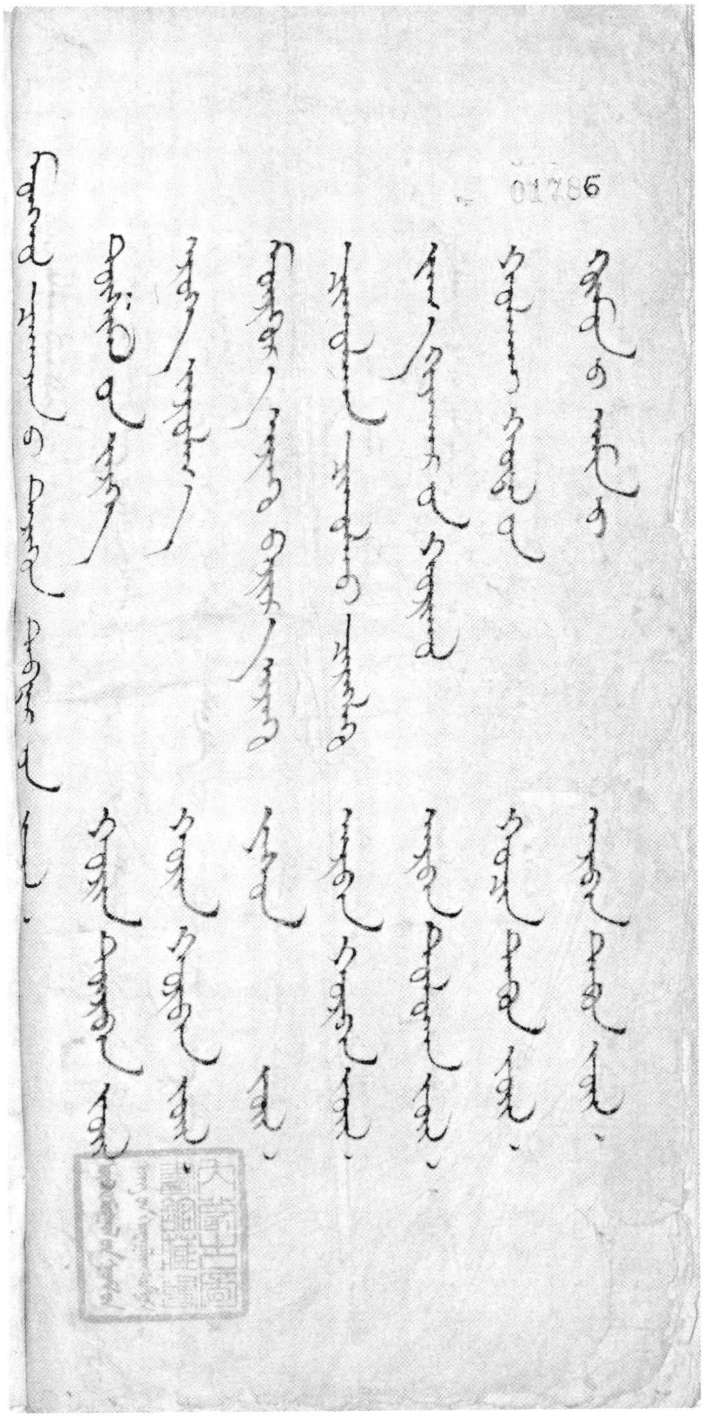

图1–2–25　蒙古文《蒙古律例》

欽定回疆則例卷一

修改

葉爾羌城及所屬各城莊額設阿奇木伯克

等官

一葉爾羌本城設三品阿奇木伯克一缺四品

伊什罕伯克一缺四品噶雜那齊伯克一缺

四品商伯克二缺五品密喇布伯克一缺五

品密圖瓦里伯克一缺五品克哷克雅拉克

伯克一缺五品拉雅哈資伯克一缺五品帕

欽定回疆則例 卷一

图 1-2-26 《钦定回疆则例》

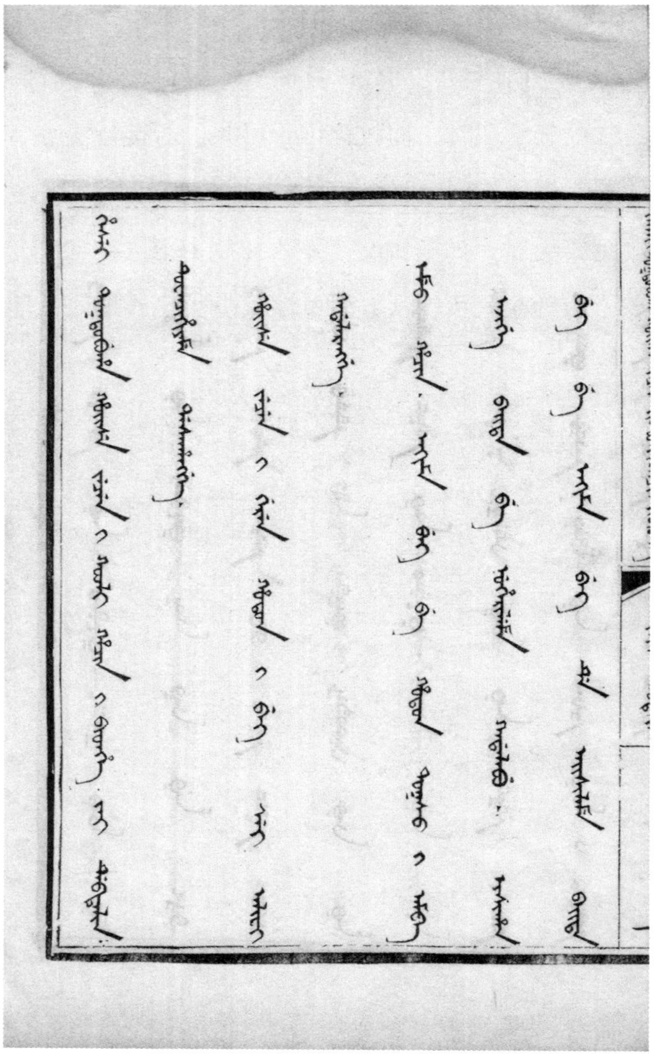

图 1-2-27 满文《钦定回疆则例》

三、远人来朝、四海一家的融合策略

朝贡制度是中国古代社会发展过程中逐渐形成的一种处理与周边少数民族政权以及国家之间关系的制度，也是中国历代王朝处理与外部世界关系的基本模式。所谓朝贡，就是藩属国或外国使臣入朝，献纳礼物。朝贡制度其实在先秦时期已经出现了，《诗经·商颂·殷武》（图1-2-28）记载：“挞彼殷武，奋伐荆楚。罙入其阻，裒荆之旅。有截其所，汤孙之绪。维女荆楚，居国南乡。昔有成汤，自彼氐羌，莫敢不来享，莫敢不来王，曰商是常。”这说明成汤时期已经出现四夷来朝的盛况。

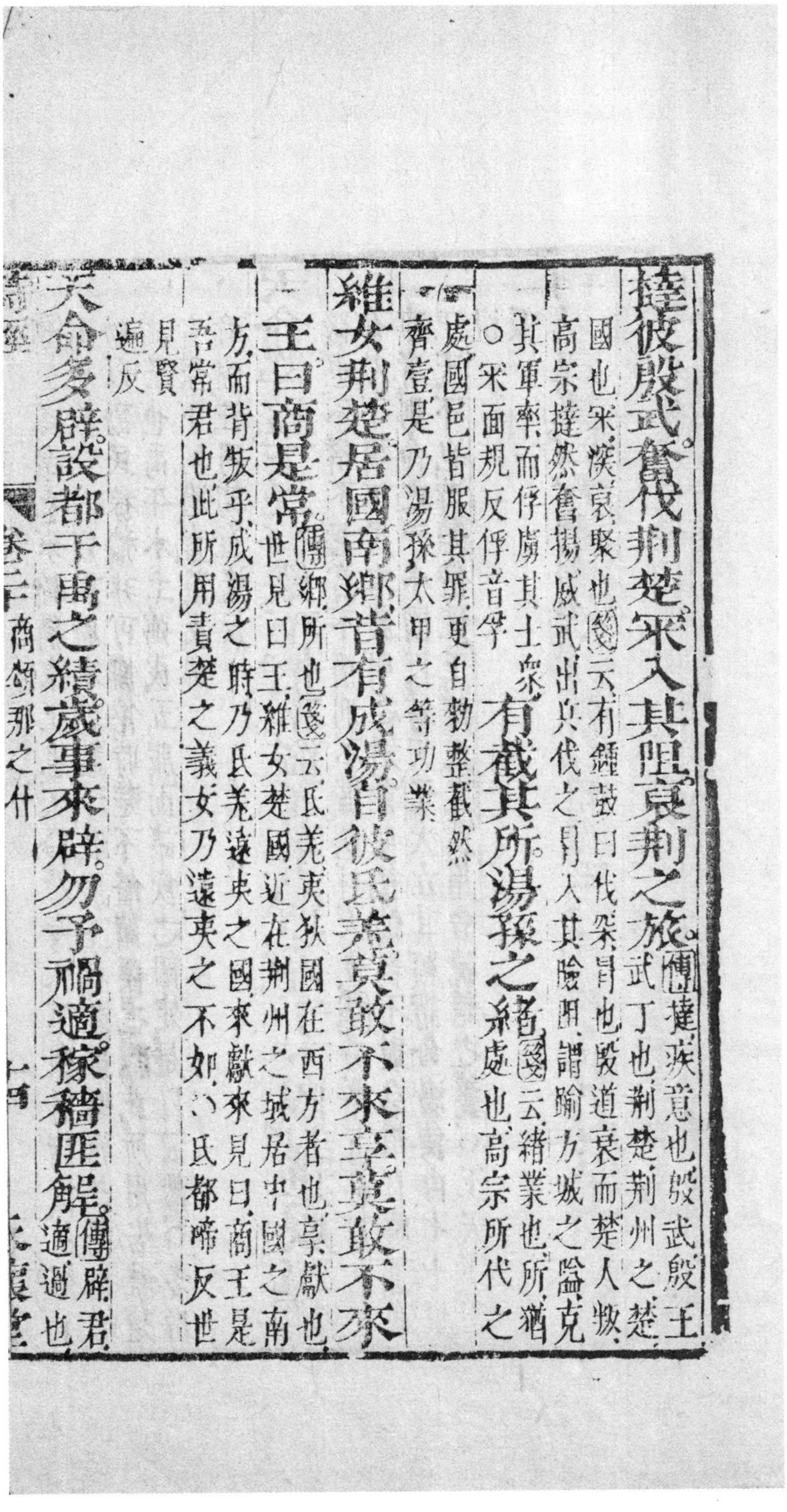
撻彼殷武，奮伐荊楚。罙入其阻，裒荊之旅。傳撻，疾意也。殷武，殷王武丁也。荊楚，荊州之楚
國也。罙，深。裒，聚也。箋云：有鍾鼓曰伐。罙，冒也。殷道衰而楚人叛，
高宗撻然奮揚威武，出兵伐之，冒入其險阻，謂踰方城之隘，克
其軍率而俘虜其士衆。有截其所，湯孫之緒。箋云：緒，業也。所，猶
○罙，面規反。俘，音孚。處也。高宗所伐之
處，國邑皆服其罪，更自勑整，截然
齊壹，是乃湯孫太甲之等功業。
維女荊楚，居國南鄉。昔有成湯，自彼氐羌，莫敢不來享，莫敢不來
王，曰商是常。傳鄉，所也。箋云：氐羌，夷狄國在西方者也。享，獻也。
世見曰王。維女楚國，近在荊州之域，居中國之南
方，而背叛乎？成湯之時，乃氐羌遠夷之國，來獻來見，曰商王是
吾常君也。此所用責楚之義，女乃遠夷之不如。○氐，都啼反。世
見，賢遍反。
天命多辟，設都于禹之績。歲事來辟，勿予禍適，稼穡匪解。傳辟，君。適，過也。
詩經 卷二十 商頌 那之什

图 1-2-28 《诗经·商颂·殷武》

周朝实行分封制，诸侯在封国内享有世袭的统治权，同时也需对周天子履行一定的义务，其中一项义务就是定期朝见天子，进献贡品。同时周边部族也可以通过朝贡行为与周王朝进行交往。《今本竹书纪年》（图1-2-29）记载："三十七年，大起九师，东至于九江，架鼋鼍以为梁。遂伐越，至于纡。荆人来贡。"荆人是"荆楚"，为周朝的周边部族，在周穆王时期归顺周朝。

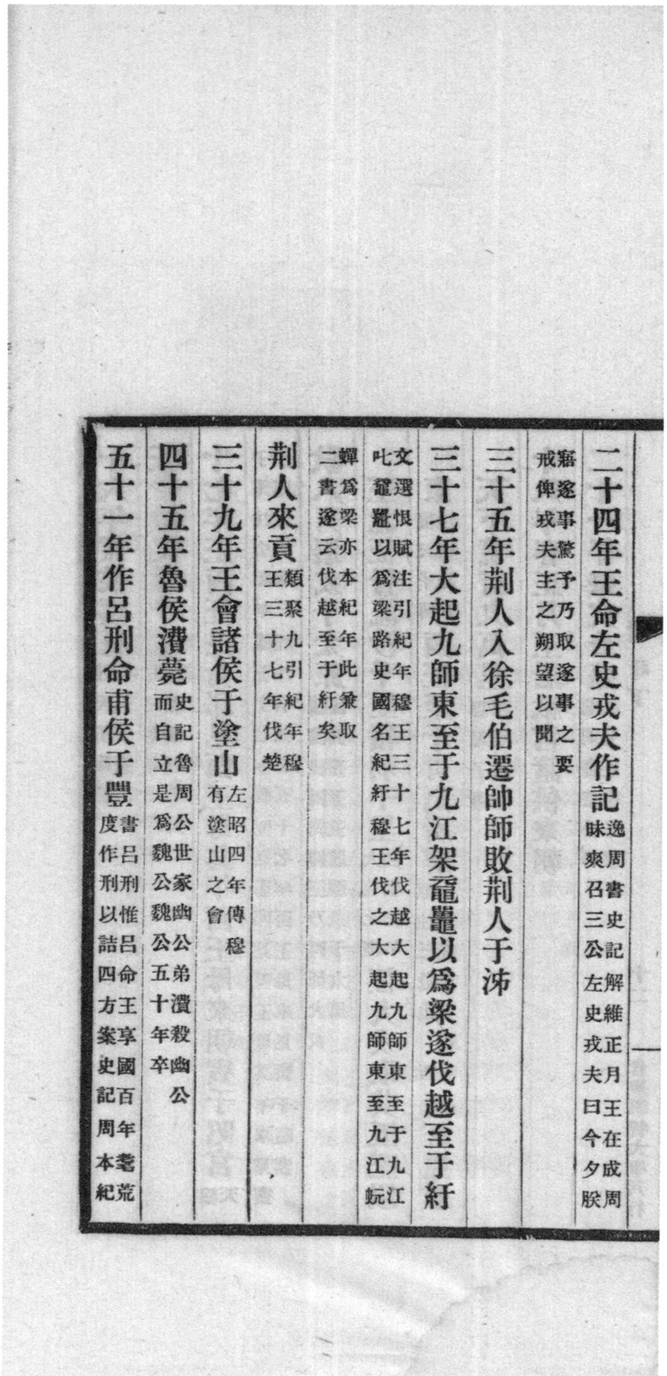

二十四年王命左史戎夫作記（逸周書史記解維正月王在成周昧爽召三公左史戎夫曰今夕朕寤遂事驚予乃取遂事之要戒俾戎夫主之朔望以聞）

三十五年荊人入徐毛伯遷帥師敗荊人于泲

三十七年大起九師東至于九江架黿鼉以爲梁遂伐越至于紆（文選恨賦注引紀年穆王三十七年伐越大起九師東至于九江叱黿鼉以爲梁路史國名紀紆穆王伐之大起九師東至九江蚖蟬爲梁亦本紀年此彙取二書遂云伐越至于紆矣）

荊人來貢（類聚九引紀年穆王三十七年伐楚）

三十九年王會諸侯于塗山（左昭四年傳穆有塗山之會）

四十五年魯侯濆薨（史記魯周公世家幽公弟濆殺幽公而自立是爲魏公魏公五十年卒）

五十一年作呂刑命甫侯于豐（書呂刑惟呂命王享國百年耄荒度作刑以詰四方案史記周本紀）

图 1-2-29　《今本竹书纪年》卷下

“朝贡”一词最早见于《汉书·叙传》(图 1-2-30)：“昭、宣乘业，都护是立，总督城郭，三十有六，修奉朝贡，各以其职。”秦汉以后，这种分封与朝贡的做法逐渐被扩大到用来处理与周边少数民族政权、国家之间的关系。朝贡制度起源于先秦，经过汉唐时期的发展，至明代臻于缜密完善，一直延续到清末，成为中国历代王朝“羁縻”四夷、“怀柔”远人的重要手段。

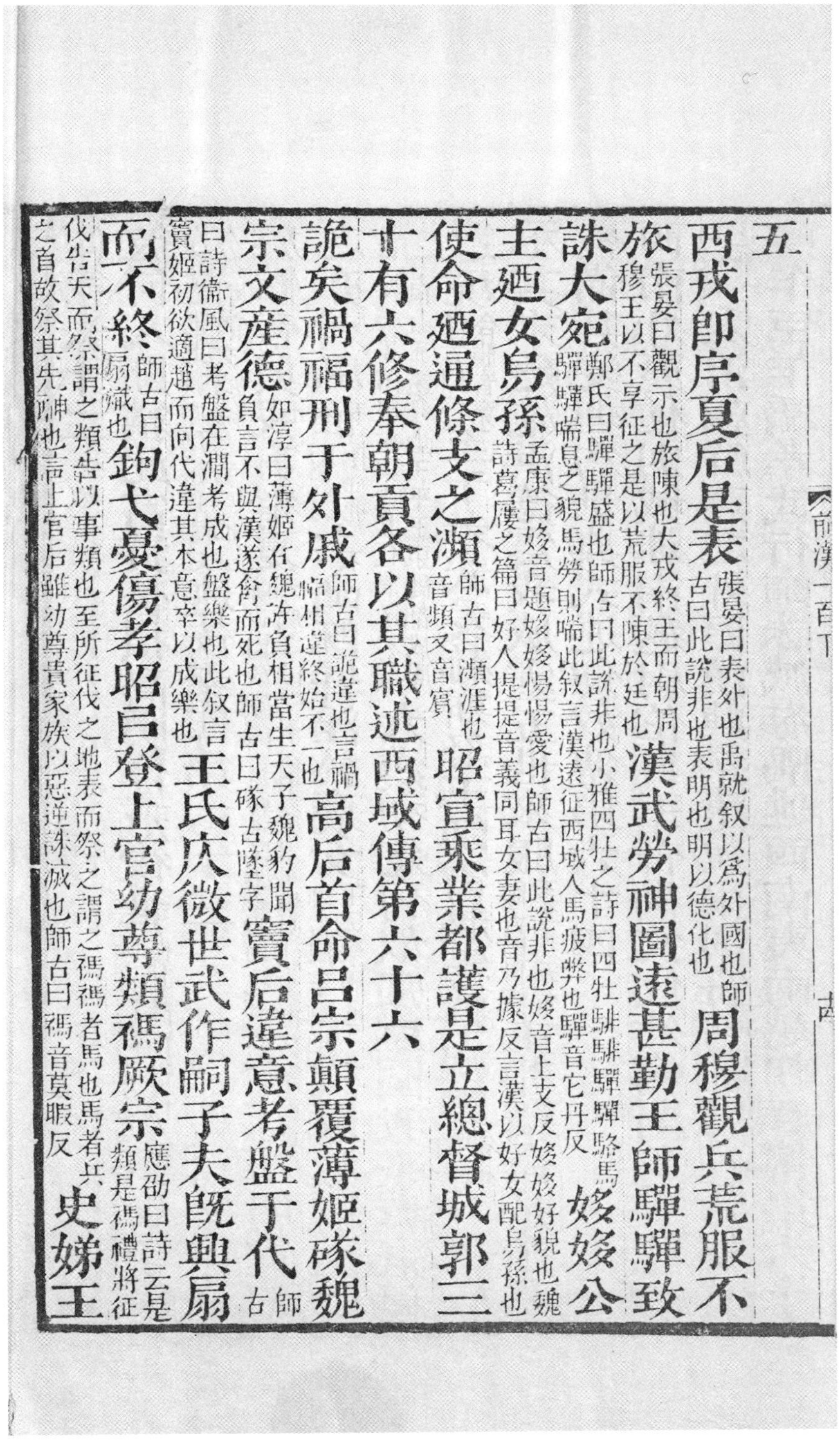
五
西戎即序夏后是表張晏曰表外也禹就叙以爲外國也師古曰此説非也表明也明以德化也周穆觀兵荒服不
旅張晏曰觀示也旅陳也大戎終王而朝周穆王以不享征之是以荒服不陳於廷也漢武勞神圖遠甚勤王師驒驒致
誅大宛鄭氏曰驒驒盛也師古曰此説非也小雅四牡之詩曰四牡騑騑驒驒駱馬驒驒喘息之貌馬勞則喘此叙言漢遠征西域人馬疲弊也驒音它丹反姼姼公
主迺女烏孫孟康曰姼音題姼姼𡟰𡟰愛也師古曰此説非也姼音上支反姼姼好貌也詩葛屨之篇曰好人提提音義同耳女妻也音乃據反言漢以好女配烏孫也
使命迺通條支之瀕師古曰瀕涯也音頻又音賓昭宣承業都護是立總督城郭三
十有六修奉朝貢各以其職述西域傳第六十六
詭矣禍福刑于外戚師古曰詭違也言禍福相違終始不一也高后首命呂宗顛覆薄姬䃴魏師古
宗文産德如淳曰薄姬在魏許負相當生天子魏豹聞負言不與漢遂衅而死也師古曰䃴古墜字竇后違意考盤于代
曰詩衞風曰考盤在澗考成也盤樂也此叙言竇姬初欲適趙而向代違其本意卒以成樂也王氏仄微世武作嗣子夫既興扇
而不終師古曰扇熾也鉤弋憂傷孝昭自登上官幼尊類禡厥宗應劭曰詩云是類是禡禮將征
伐告天而祭謂之類告以事類也至所征伐之地表而祭之謂之禡禡者馬也馬者兵之首故祭其先神也言上官后雖幼尊貴家族以惡逆誅滅也師古曰禡音莫駕反史娣王

图 1-2-30 《汉书·叙传》

“朝贡”这种政治经济上的交流方式在相当长的时期里都为不同政权所采取。《通志·四夷传三》（图 1-2-31）记载悦般向北魏朝贡：“是岁，再遣使朝贡，求与官军东西合击蠕蠕。太武嘉其意，命中外诸军戒严，以淮南王他为前锋，袭蠕蠕。仍诏有司，以其鼓舞之节，施于乐府，自后每使朝贡。”悦般其先为北匈奴部落，匈奴西迁后，留于龟兹（今新疆库车市）北者，自取名悦般。北魏太延年间悦般寻求北魏帮助，遣使朝贡。

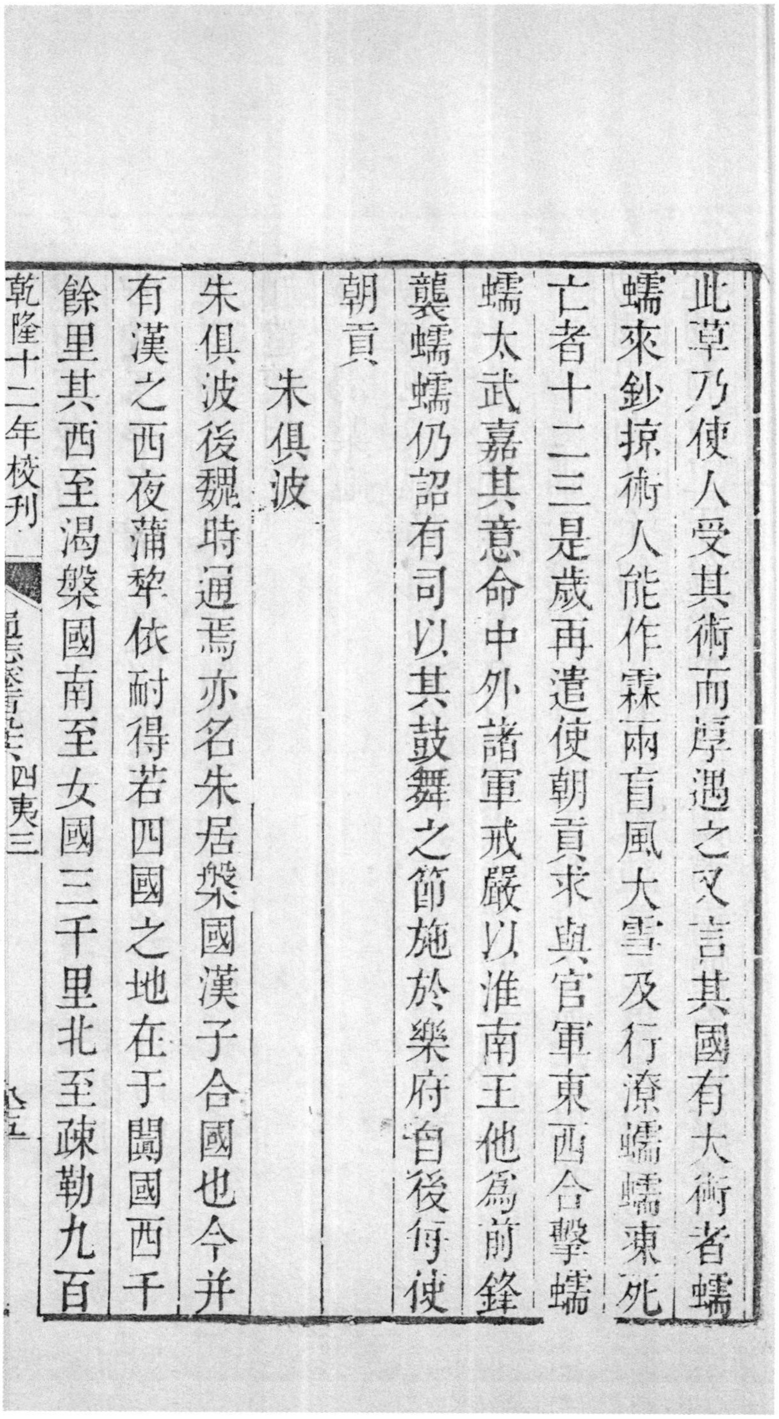

此草乃使人受其術而厚遇之又言其國有大術者蠕蠕來鈔掠術人能作霖雨盲風大雪及行潦蠕蠕凍死亡者十二三是歳再遣使朝貢求與官軍東西合擊蠕蠕太武嘉其意命中外諸軍戒嚴以淮南王他爲前鋒襲蠕蠕仍詔有司以其鼓舞之節施於樂府自後每使朝貢

朱俱波

朱俱波後魏時通焉亦名朱居槃國漢子合國也今并有漢之西夜蒲犂依耐得若四國之地在于闐國西千餘里其西至渴槃國南至女國三千里北至疎勒九百

乾隆十二年校刊

图 1-2-31 《通志·四夷传三》

朝贡的通常做法是，中国皇帝赐予周边少数民族政权的首领、国家的君主特定的封号，受封者要定期向中国皇帝朝贡，并履行相应的义务，同时接受远多于贡品的奖赏。受封的民族政权或国家被称为藩属、藩服或者藩国、属国，双方结为宗藩关系。受到册封的民族则必须承担臣子“输忠保塞”“永保藩辅”“克修藩礼”“朝贡无阙”“载怀奉国”等义务。《全唐文》(图1-2-32)记载册封回鹘首领为忠义王的制文《封回纥叶护忠义王制》：“功济艰难，义存邦国，万里绝域，一德同心，求之古今，所未闻也。回纥叶护特禀英姿，挺生奇略，言必忠信，行表温良。才为万人之敌，位列诸蕃之长。属凶丑乱常，中原未靖，以可汗有兄弟之约，与国家兴父子之军，奋其智谋，讨彼凶逆。一鼓作气，万里摧锋；二旬之间，两京克定。力拔山岳，精贯风云，蒙犯曾不辞其劳，急难无以逾其分。固可悬之日月，传诸子孙，岂惟裂土之封，誓河之赏而已矣！夫位之崇者，司空第一；名之大者，封王最高。可司空，仍封忠义王。每载送绢二万匹至朔方军，宜差使受领。”表彰其在安史之乱之中与唐廷同心同德、解危纾难的情谊。

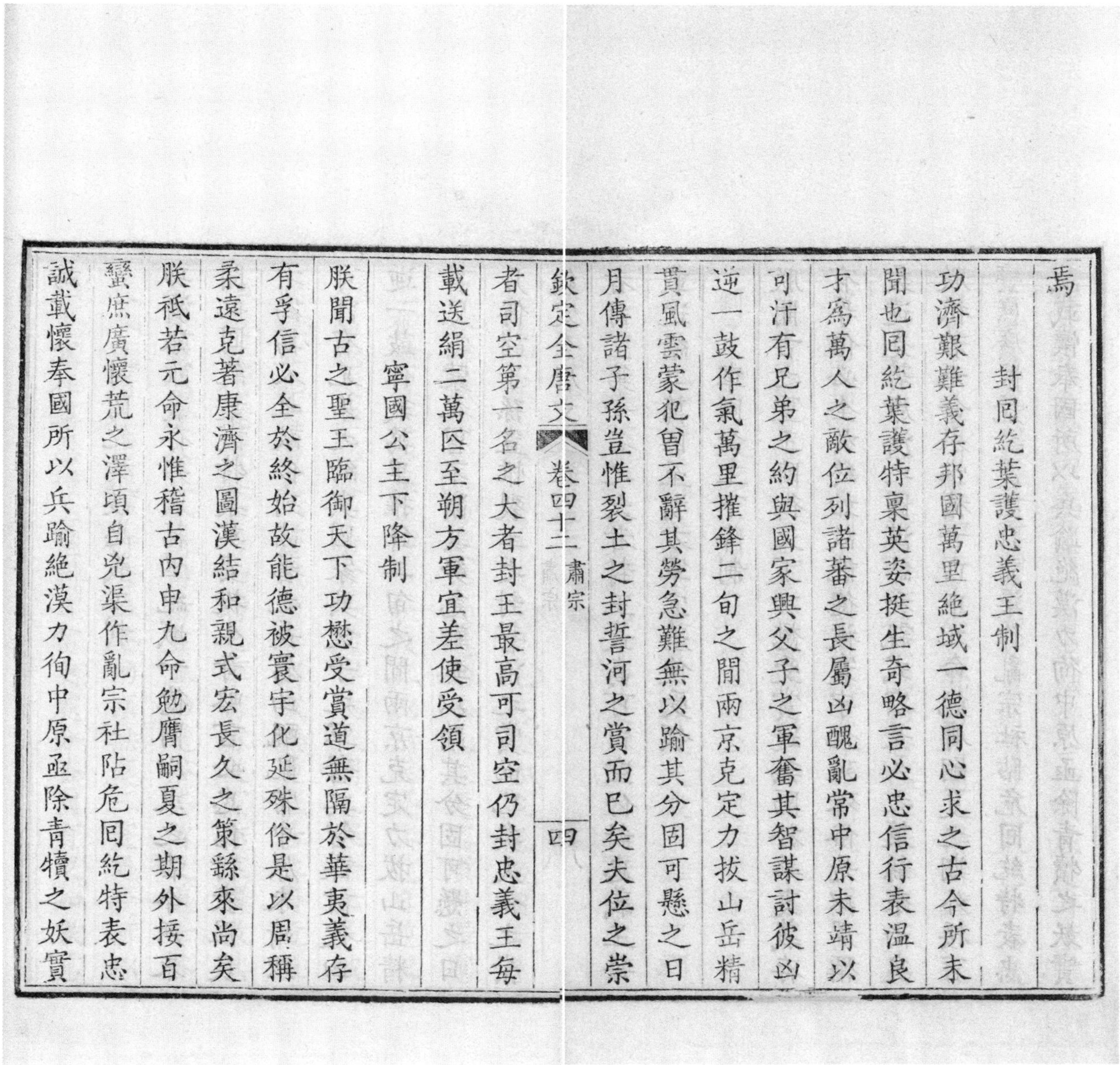
焉
封回紇葉護忠義王制
功濟艱難義存邦國萬里絕域一德同心求之古今所未
聞也回紇葉護特稟英姿挺生奇略言必忠信行表温良
才爲萬人之敵位列諸蕃之長屬凶醜亂常中原未靖以
可汗有兄弟之約與國家興父子之軍奮其智謀討彼凶
逆一鼓作氣萬里摧鋒二旬之間兩京克定力拔山岳精
貫風雲蒙犯曾不辭其勞急難無以踰其分固可懸之日
月傳諸子孫豈惟裂土之封誓河之賞而已矣夫位之崇
欽定全唐文　卷四十二　肅宗　四
者司空第一名之大者封王最高可司空仍封忠義王每
載送絹二萬匹至朔方軍宜差使受領
寧國公主下降制
朕聞古之聖王臨御天下功懋受賞道無隔於華夷義存
有孚信必全於終始故能德被寰宇化延殊俗是以周稱
柔遠克著康濟之圖漢結和親式宏長久之策緜來尚矣
朕祗若元命永惟稽古内申九命勉膺嗣夏之期外接百
蠻庶廣懷荒之澤頃自兇渠作亂宗社阽危回紇特表忠
誠載懷奉國所以兵踰絕漠力徇中原亟除青犢之妖實

图 1-2-32　《全唐文》卷四十二

由于册封具有重要政治意义，因此册封仪式备受重视。册封之事由专职机构负责，秦及汉初，由九卿中的典客负责，汉武帝时改名大鸿胪，北齐始置鸿胪寺，历代沿置。据《文献通考·职官考十》（图1-2-33）记载其沿革：“（鸿胪卿）……秦时又有典属国官，掌蛮夷降者。汉因之……魏及晋初皆有之。自东晋至于宋、齐，有事则权置兼官，毕则省。梁除大字，但曰鸿胪卿，位视尚书左丞，常导护赞拜。后魏曰大鸿胪。北齐曰鸿胪寺，有卿、少卿各一人，亦掌蕃客朝及吉凶吊祭。后周司寇有蕃部中大夫，掌诸侯朝觐之叙，有宾部中大夫，掌大宾客之仪。隋文帝开皇三年，废鸿胪寺入太常，十二年复置，领典客、司仪、崇元三署。至炀帝置少卿二人。唐龙朔二年，改鸿胪为司文，咸亨初复旧。光宅初改为司宾，神龙初复旧。卿一人，掌宾客凶仪之事，及册诸蕃。”

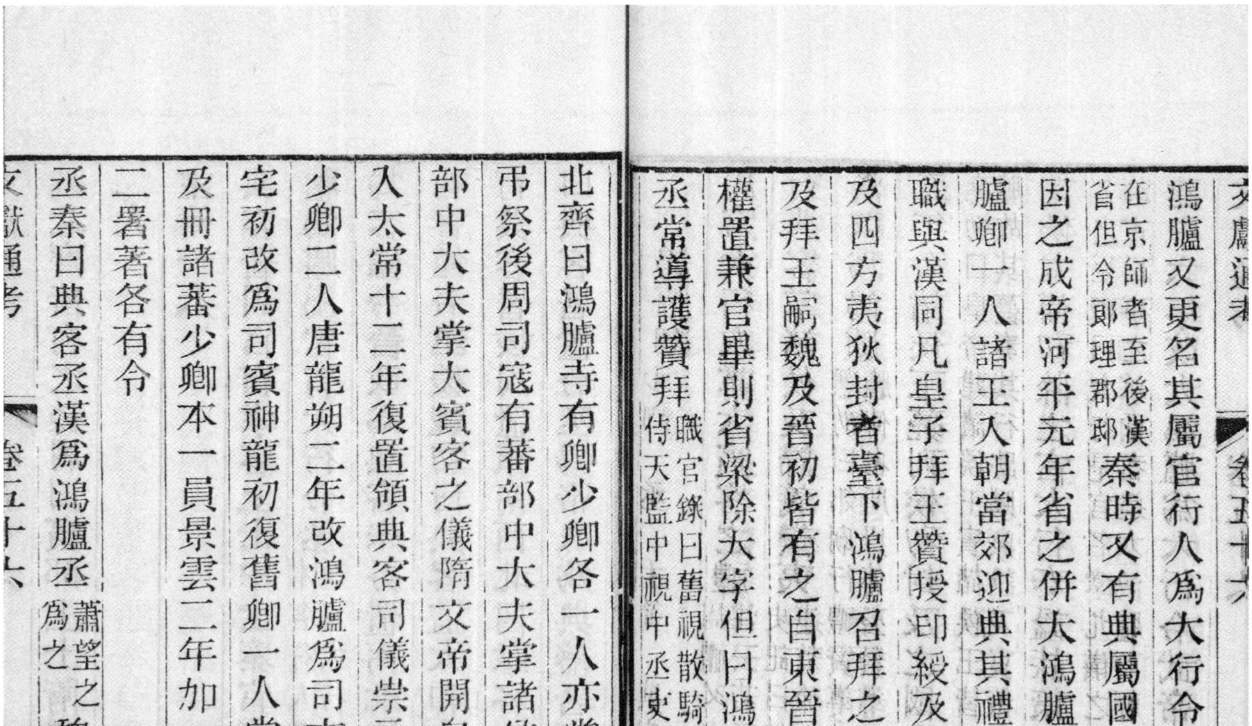
文獻通考 卷五十六
鴻臚又更名其屬官行人爲大行令其屬官又有郡邸長丞主諸郡之邸在京師者至後漢省但令郎理郡邸秦時又有典屬國官掌蠻夷降者漢因之成帝河平元年省之併大鴻臚王莽改曰典樂後漢大鴻臚卿一人諸王入朝當郊迎典其禮儀及郡國上計餘職與漢同凡皇子拜王贊授印綬及拜諸侯諸侯嗣子及四方夷狄封者臺下鴻臚召拜之王薨則使使弔之及拜王嗣魏及晉初皆有之自東晉至於宋齊有事則權置兼官畢則省梁除大字但曰鴻臚卿位視尚書左丞常導護贊拜職官錄曰舊視散騎常侍天監中視中丞吏部後魏曰大鴻臚

北齊曰鴻臚寺有卿少卿各一人亦掌蕃客朝及吉凶弔祭後周司寇有蕃部中大夫掌諸侯朝覲之敘有賓部中大夫掌大賓客之儀隋文帝開皇三年廢鴻臚寺入太常十二年復置領典客司儀崇元三署至煬帝置少卿二人唐龍朔二年改鴻臚爲司文咸亨初復舊光宅初改爲司賓神龍初復舊卿一人掌賓客凶儀之事及冊諸蕃少卿本一員景雲二年加一員領典客司儀二署著各有令
丞秦曰典客丞漢爲鴻臚丞蕭望之爲之魏晉亦然梁陳後
文獻通考 卷五十六

图 1-2-33 《文献通考·职官考十》

受册封的民族首领亦以隆重的仪式接受册封，《旧唐书·突厥列传上》(图1-2-34）记载李思摩（阿史那思摩）筑坛接受册封：“于是命礼部尚书赵郡王孝恭赍书就思摩部落，筑坛于河上以拜之，并赐之鼓纛。突厥及胡在诸州安置者，并令渡河北，还其旧部。又以左屯卫将军阿史那忠为左贤王，左武卫将军阿史那泥孰为右贤王以贰之。”册封有利于加强双方间的政治交往，进而增强边疆民族对统一多民族国家的向心力与凝聚力。

日向滋多元許冊立不可失信卽欲遣突厥渡河復其田土我策爾延陀日月在前今突厥居後後者爲小前者爲大爾在磧北突厥居磧南各守土境鎮撫部落若其踰越故相鈔掠我卽將兵各問其辠此約旣定非但有便爾身貽厥子孫長守富貴也於是命禮部尚書趙郡王孝恭齎書就思摩部落築壇於河上以拜之幷賜之鼓纛突厥及胡在諸州安置者竝令渡河北還其舊部又以左屯衛將軍阿史那忠爲左賢王左武衛將軍阿史那泥孰爲右賢王以貳之薛延陀聞太宗遣思摩渡河北慮其部落翻附磧北預蓄輕騎伺至而擊之太宗遣敕之曰擅相侵者國有常刑延陀曰至尊遣莫相侵掠敢不奉詔然突厥翻覆難信其未破前連年殺中國人動以千萬計至尊破突厥須收爲奴婢將與百姓而反養之如子結社率竟反此輩獸心不可信也臣荷恩甚深請爲至

图 1-2-34 《旧唐书·突厥列传上》

会盟周边部族，举行册封，接受朝贡，是大一统王朝扩大政治影响力的方式之一。早在西周时期，便有会盟制度。《逸周书·王会解》（图1–2–35）记载关于洛邑王城筑成以后，周成王大会天下诸侯及四夷的壮观景象：“（成周之会）……西面者，正北方。稷慎大麈。秽人……青丘狐九尾……黑齿白鹿、白马。”记载了黑齿、东越、欧人、义渠、楼烦、蜀人、东胡、山戎、般吾、屠州、禺氏、大夏、犬戎、数楚、匈奴等数十个部族的名称及其贡物。

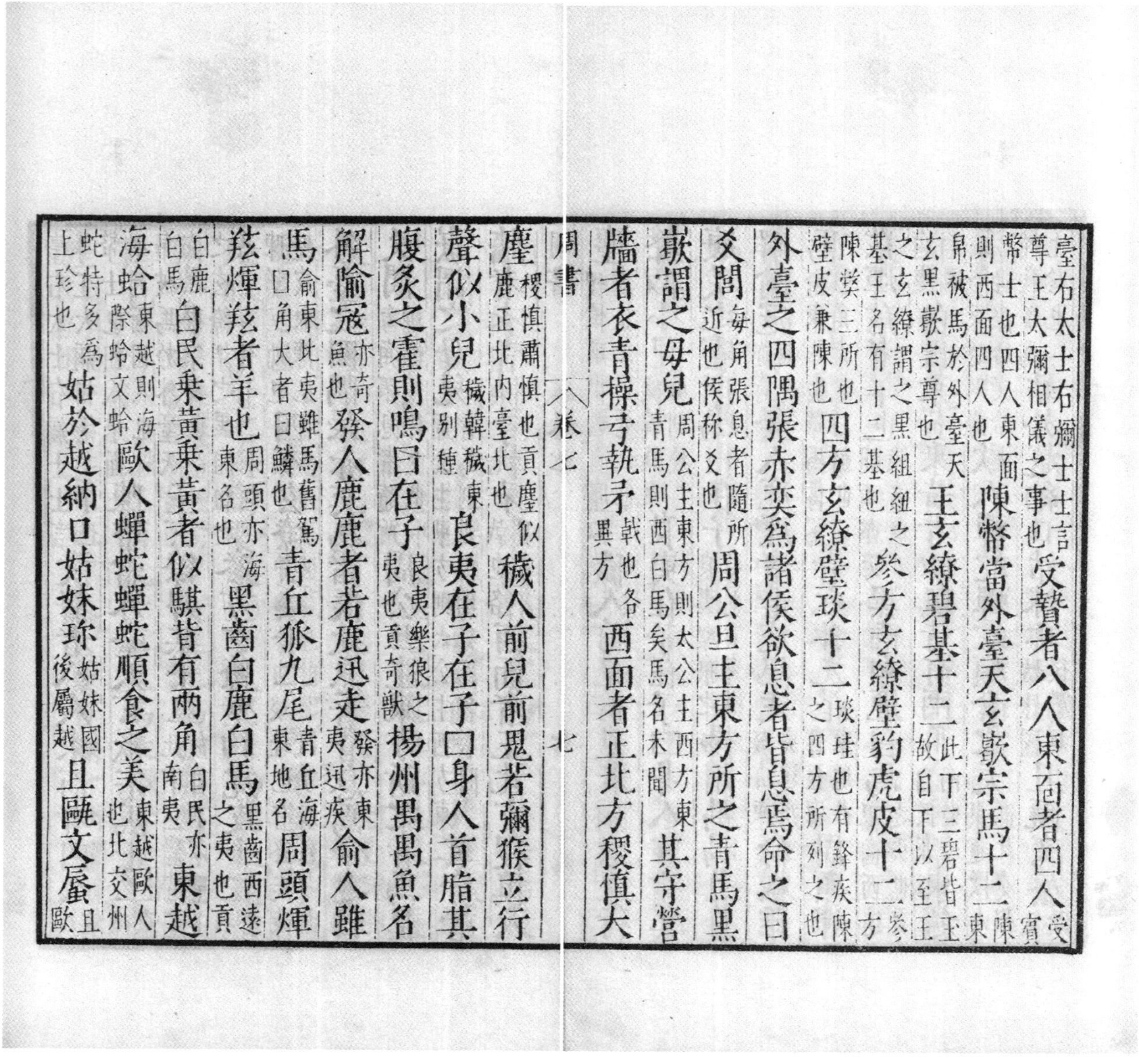
臺右太士右彌士士言尊王太彌相儀之事也受贄者八人東面者四人受賓
幣士也四人東面則西面四人也陳幣當外臺天玄獸宗馬十二陳東
帛被馬於外臺天玄黑獸宗尊也王玄繚碧基十二此下三碧皆王故自下以至王
之玄繚謂之黑組紐之基王名有十二基也參方玄繚璧豹虎皮十二參方
陳檠三所也璧皮兼陳也四方玄繚璧琰十二琰珪也有鋒疾陳之四方所列之也
外臺之四隅張赤奕爲諸侯欲息者皆息焉命之曰
爻問每角張息者隨所近也侯称爻也周公旦主東方所之青馬黑
鬣謂之母兒周公主東方則太公主西方東青馬則西白馬矣馬名未聞其守營
牆者衣青操弓執矛戟也各異方西面者正北方稷愼大
周書〈卷七〉 七
麈稷愼肅愼也貢麈似鹿正北内臺北也穢人前兒前兒若彌猴立行
聲似小兒穢韓穢東夷別種良夷在子在子口身人首脂其
腹炙之霍則鳴曰在子良夷樂浪之夷也貢奇獸揚州禺禺魚名
解隃冠亦奇魚也發人鹿鹿者若鹿迅走發亦東夷迅疾俞人雖
馬俞東北夷雖馬巂鴽口角大者曰鱗也青丘狐九尾青丘海東地名周頭煇
羝煇羝者羊也周頭亦海東名也黑齒白鹿白馬黑齒西遠之夷也貢
白鹿白馬白民乘黃乘黃者似騏背有兩角白民亦南夷東越
海蛤東越則海際蛤文蛤歐人蟬蛇蟬蛇順食之美東越歐人也北交州
蛇特多爲上珍也姑於越納口姑妹珍姑妹國後屬越且甌文蜃且歐

图1–2–35（1）《逸周书·王会解》

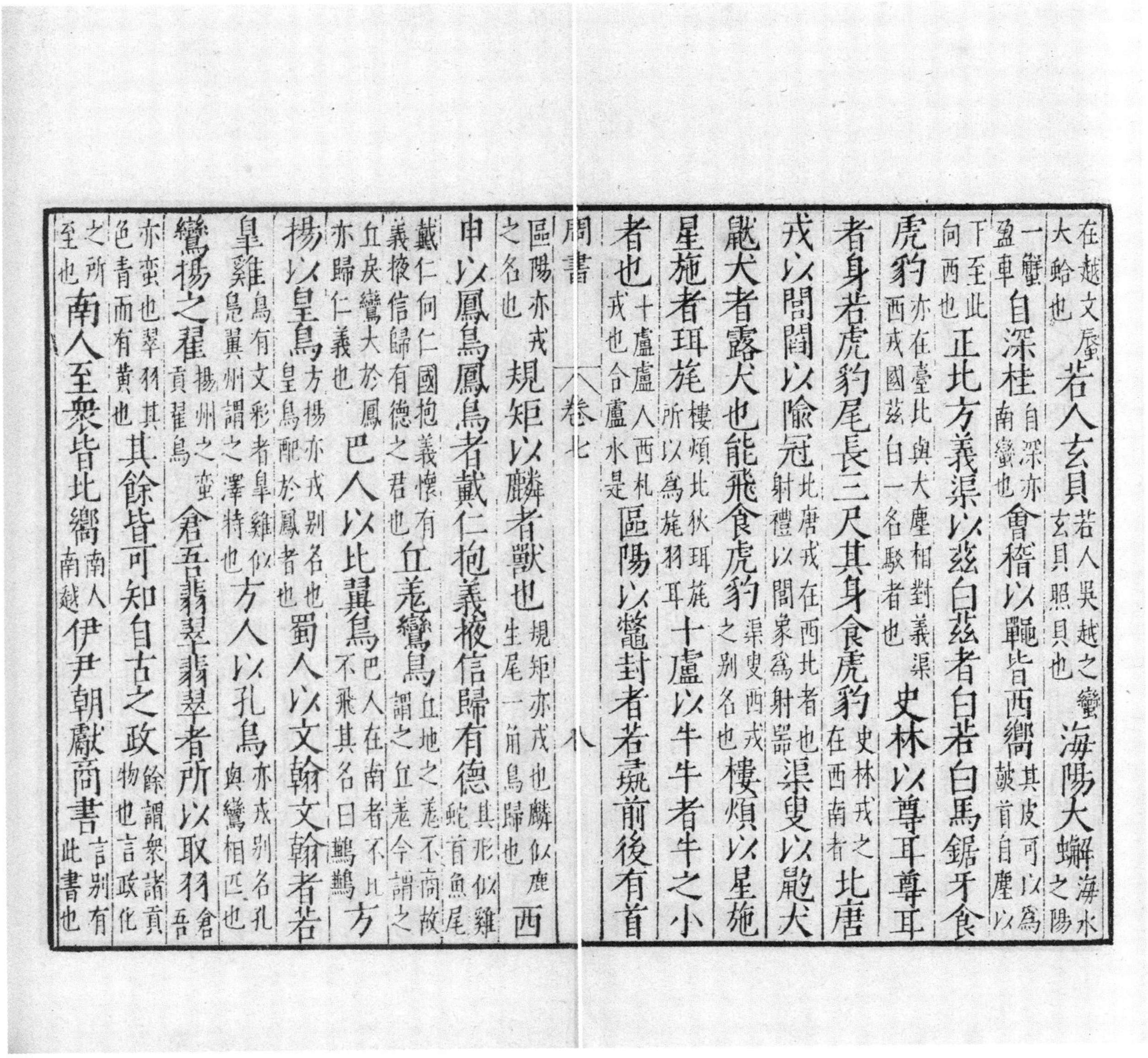

在越文蜃大蛤也若人玄貝若人吳越之蠻玄貝照貝也海陽大蠏海水之陽
一蠻盈車自深桂自深亦南蠻也會稽以鼉皆西嚮其皮可以為鼓首自塵以
下至此向西也正北方義渠以茲白茲者白若白馬鋸牙食
虎豹亦在臺北與大塵相對義渠西戎國茲白一名駮者也史林以尊耳尊耳
者身若虎豹尾長三尺其身食虎豹史林戎之在西南者北唐
戎以閭閭以隃冠北唐戎在西北者也射禮以閭象爲射器渠叟以𪊲犬
𪊲犬者露犬也能飛食虎豹渠叟西戎之別名也樓煩以星施
星施者珥旄樓煩北狄珥旄所以爲旄羽耳十盧以牛牛者牛之小
者也十盧盧人西札戎也合盧水是區陽以鼈封鼈封者若彘前後有首
周書 卷七 八
區陽亦戎之名也規矩以麟麟者獸也規矩亦戎也麟似鹿生尾一角鳥歸也西
申以鳳鳥鳳鳥者戴仁抱義掖信歸有德其形似雞蛇首魚尾
戴仁向仁國抱義懷有義掖信歸有德之君也丘羌鸞鳥丘地之羌不商故謂之丘羌今謂之
丘戾鸞大於鳳亦歸仁義也巴人以比翼鳥巴人在南者不比不飛其名曰鶼鶼方
揚以皇鳥方揚亦戎別名也皇鳥配於鳳者也蜀人以文翰文翰者若
皋雞鳥有文彩者皋雞似鳧翼州謂之澤特也方人以孔鳥亦戎別名孔與鸞相匹也
鸞揚之翟揚州之蠻貢翟鳥倉吾翡翠翡翠者所以取羽倉吾
亦蠻也翠羽其色青而有黃也其餘皆可知自古之政餘謂衆諸貢物也言政化
之所至也南人至衆皆北嚮南人南越伊尹朝獻商書言別有此書也

图 1-2-35（2）《逸周书·王会解》

除前文所列灵州盛会、澶渊之盟、凉州会盟之外，历朝历代比较典型的不同政权、族群会盟封赏的例子还有清朝的“多伦会盟”。康熙二十九年（1690），乌兰布通之战后，准噶尔部遭受重创。长期受噶尔丹势力侵扰的喀尔喀蒙古前来归附清朝，康熙帝对喀尔喀蒙古归附采取了不计前嫌、仁慈宽和的态度。康熙三十年（1691）五月初三日，康熙帝对土谢图汗等人进行颁赏和封爵，保留喀尔喀三部首领的汗号，取消蒙古贵族原来的济农、诺颜的名号，按满洲贵族的封号，各赐以亲王、郡王、贝勒、贝子、镇国公、辅国公的爵位。其行政体系也如内蒙古四十九旗一样，实行札萨克（旗长）制。“照四十九旗编为旗队，给地安插。”此次会盟，调和了喀尔喀内部的纷争，明确了喀尔喀蒙古与清朝之间的政治关系，实现了将喀尔喀蒙古置于清政府管辖下的政治目标。《亲征平定朔漠方略》（图 1-2-36）记载了五月初三日会盟典礼的盛大的场面：“次日，土谢图汗、扎萨克图汗之弟策旺扎卜车臣汗、折卜尊丹巴库图克图众诸颜、台吉、寨桑等齐集。上御行宫前黄幄升座，喀尔喀汗、诺颜、台吉等率众前进，行三跪九叩礼，按次序坐，奏乐演剧，众技毕陈，大设筵宴。其喀尔喀汗、诺颜、大台吉等俱令近御座前，上亲赐酒。其余台吉等皆令侍卫等于坐处送酒。丁亥，以宥土谢图汗罪，封扎萨克图汗之弟，晓谕众喀尔喀。”充分体现了严格的君臣之礼。

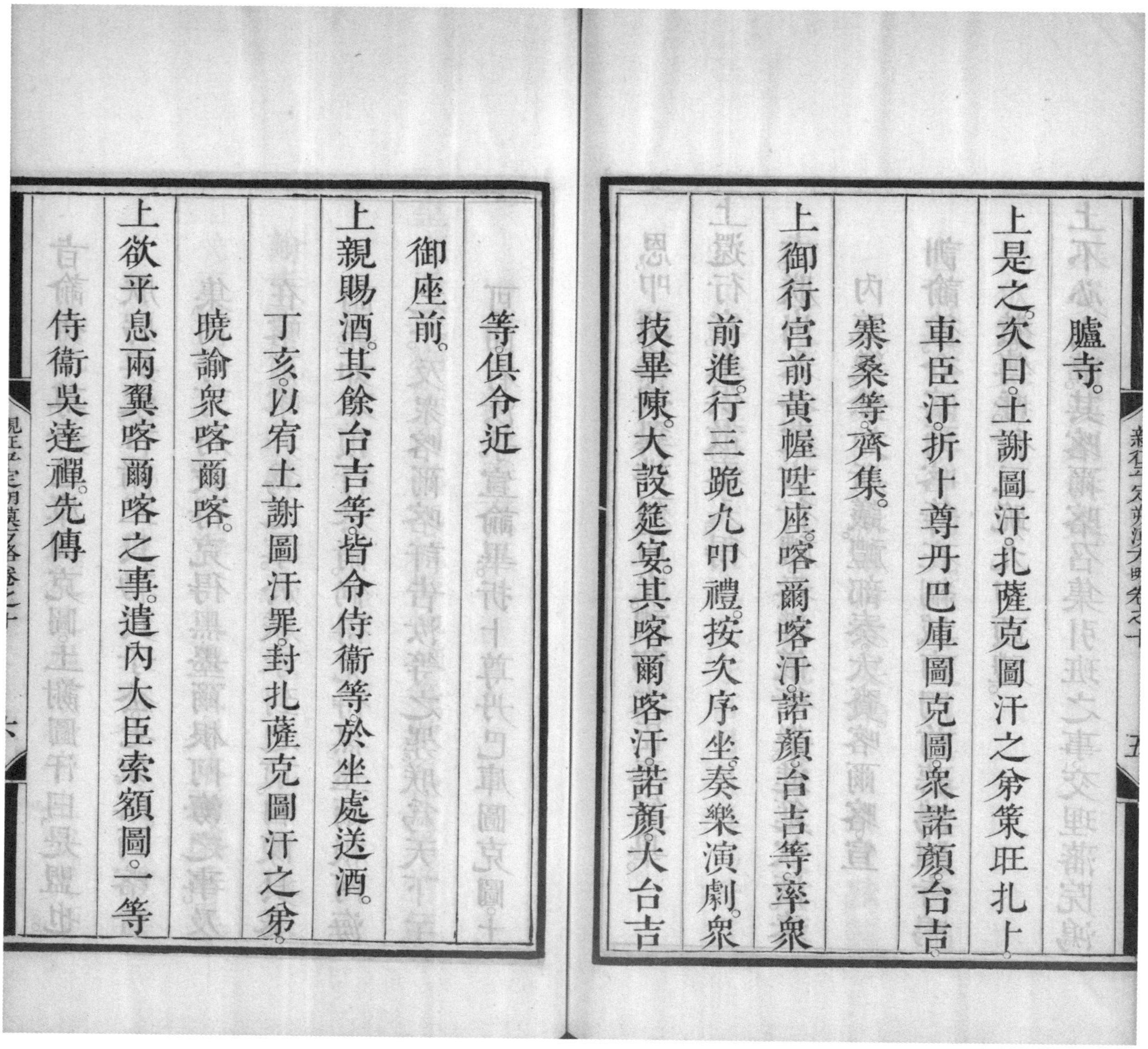
臚寺。
上是之。次日。土謝圖汗。扎薩克圖汗之弟策旺扎卜
車臣汗。折卜尊丹巴庫圖克圖。眾諾顏。台吉
塞桑等齊集。
上御行宮前黃幄陞座。喀爾喀汗。諾顏。台吉等。率眾
前進。行三跪九叩禮。按次序坐。奏樂演劇。眾
技畢陳。大設筵宴。其喀爾喀汗。諾顏。大台吉
等俱令近
御座前。
上親賜酒。其餘台吉等皆令侍衛等於坐處送酒。
丁亥。以宥土謝圖汗罪。封扎薩克圖汗之弟。
曉諭眾喀爾喀。
上欲平息兩翼喀爾喀之事。遣內大臣索額圖。一等
侍衛吳達禪。先傳

图 1-2-36 《亲征平定朔漠方略》

第二章

各民族共同书写了我国悠久历史

中国自古以来就是一个多民族国家。先秦时期，华夏与蛮夷戎狄不仅在居地上，而且在血缘上就是你中有我、我中有你的。秦汉以来的中国历史，无论汉族还是大大小小的少数民族都有不间断的族际互动，都为中华民族的发展进步做出了自己的贡献。匈奴、鲜卑、羯、氐、羌、藏、突厥、回鹘、白、彝、契丹、党项、女真、蒙古、满等民族还建立过一些地方乃至全国性的政权，以其民族文化和智慧，在中国统一多民族国家形成和发展的历史舞台上扮演过重要的角色，共同书写了中华民族光辉的历史篇章。

中华大地上古往今来生活着众多民族，各民族都有悠久的历史。有的记载在汉文史籍中，有的记载在本民族文献中，如藏族《白史》《西藏史大纲》《格萨尔王传》，回鹘族《乌古斯可汗的传说》，柯尔克孜族《玛纳斯》，蒙古族《江格尔》，赫哲族《伊玛堪》。虽产生于不同时代，但都是中华民族历史文学宝库中的精品之作。

第一节　和衷共济 四海一家

中华民族是中华大地各类人群浸润数千年中华文明，经历长期交往交流交融，在共同缔造统一多民族国家历史进程中形成的、具有中华民族共同体认同的人民共同体。在这一民族实体里，各族同胞已结成相互依存、统一而不可分割的整体。各族同胞尽管具有不同的民族称谓，但首先是中华民族的一员，共享着最重要的中华民族身份认同。

中国历史上，既有漫长的统一时期，也有时间不短的分裂时期。统一时期，族群大融合不断走向深化；分裂时期族群大融合也从未停止，甚至范围更广。每一次分裂后的重新统一，总能在更广的范围上进行更深的融合。古代各族群通过通婚、经贸、宗教、战争、自愿性或强制性人口迁徙等方式，逐步形成“大杂居、小聚居、交错居住”的人口分布格局。在这样的背景下族群间交往交流交融频繁、深入，各民族和衷共济、亲如一家。

一、人口迁徙交融

历史上，中央政权出于国土开发、稳定边疆、民族融合等目的，主动组织人口进行大规模迁移，以达到协调发展的目的。移民类型往往包括政治移民、经济移民、军事移民等，在解决人口分布不均、经济发展不平衡等问题的同时加速了各族群的融合进程。

夏商周时期，华夏与四夷迁徙互动、文化交融。周初在分封的同时对大族进行拆分和迁徙，将夏商周许多古老的族群拆分打乱，迁至他处与当地族属混居融合，使“天下”各族群大规模混居杂处，在血缘和文化上不断融合。《左传·定公四年》(图2–1–1)记载：“昔武王克商，成王定之，

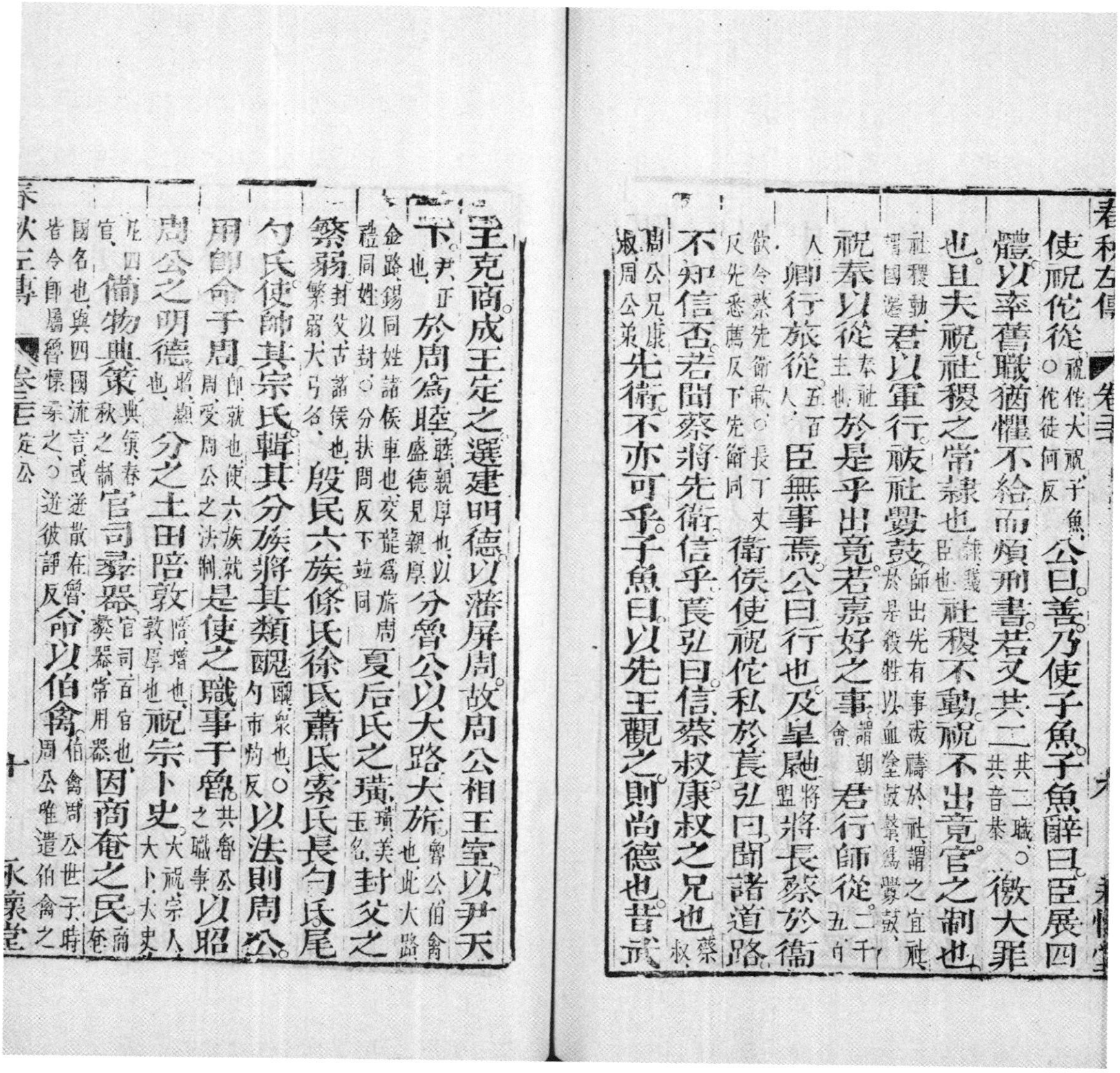
春秋左傳
使祝佗從。公曰善乃使子魚子魚辭曰臣展四體以率舊職猶懼不給而煩刑書若又共二徼大罪也且夫祝社稷之常隸也社稷不動祝不出竟官之制也君以軍行祓社釁鼓祝奉以從於是乎出竟若嘉好之事君行師從卿行旅從臣無事焉公曰行也及皋鼬將長蔡於衛衛侯使祝佗私於萇弘曰聞諸道路不知信否若聞蔡將先衛信乎萇弘曰信蔡叔康叔之兄也先衛不亦可乎子魚曰以先王觀之則尚德也昔武王克商成王定之選建明德以藩屏周故周公相王室以尹天下於周為睦分魯公以大路大旂夏后氏之璜封父之繁弱殷民六族條氏徐氏蕭氏索氏長勺氏尾勺氏使帥其宗氏輯其分族將其類醜以法則周公用即命于周是使之職事于魯以昭周公之明德分之土田陪敦祝宗卜史備物典策官司彝器因商奄之民命以伯禽

图2–1–1（1）《左传·定公四年》

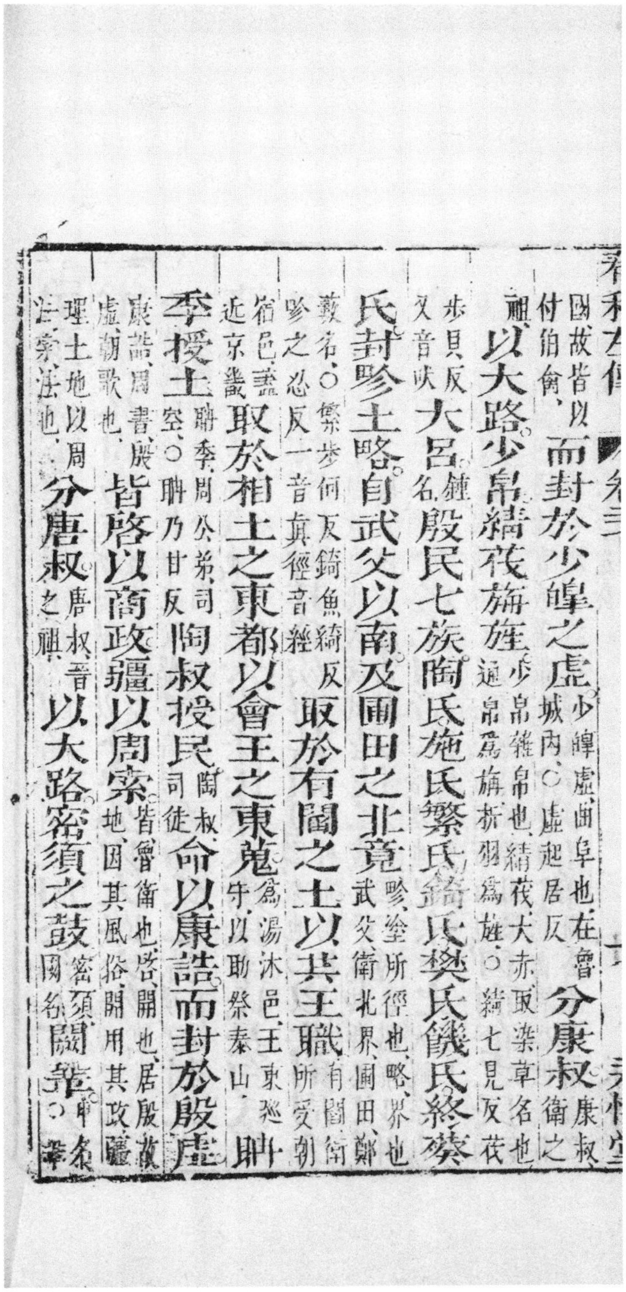

春秋左傳　卷二十七
國故皆以付伯禽而封於少皞之虛少皞虛曲阜也在魯城內○虛起居反分康叔康叔衛之
祖以大路少帛綪茷旃旌少帛雜帛也綪茷大赤取染草名也通帛爲旃析羽爲旌○綪七見反茷
步貝反又音旆大呂鍾名殷民七族陶氏施氏繁氏錡氏樊氏饑氏終葵
氏封畛土略自武父以南及圃田之北竟畛涂所徑也略界也武父衛北界圃田鄭
藪名○繁步何反錡魚綺反畛之忍反一音眞徑音經取於有閻之土以共王職有閻衛所受朝
宿邑蓋近京畿取於相土之東都以會王之東蒐爲湯沐邑王東巡守以助祭泰山聃
季授土聃季周公弟司空○聃乃甘反陶叔授民陶叔司徒命以康誥而封於殷虛
康誥周書殷虛朝歌也皆啓以商政疆以周索皆魯衛也啓開也居殷故地因其風俗開用其政疆
理土地以周法索法也分唐叔唐叔晉之祖以大路密須之鼓密須國名闕鞏甲名○鞏

图 2-1-1（2）《左传·定公四年》

选建明德，以藩屏周。故周公相王室，以尹天下，于周为睦。分鲁公以大路、大旗，夏后氏之璜，封父之繁弱，殷民六族，条氏、徐氏、萧氏、索氏、长勺氏、尾勺氏，使帅其宗氏，辑其分族，将其类丑……分康叔以大路、少帛、綪茷、旃旌、大吕，殷民七族，陶氏、施氏、繁氏、锜氏、樊氏、饥氏、终葵氏，封畛土略，自武父以南，及圃田之北竟。”分给鲁公“殷民六族”，分给康叔“殷民七族”，就是迁徙殷商原来的世家大族分散到周人统治的区域。新封的诸侯国，由周人、殷商遗民或者方国贵族与当地土著氏族构成，实现族群、人口的融合。

春秋战国时期是我国历史上第一个族群大融合的时代，西羌、北狄、苗蛮、东夷进入中原。其中北方的戎狄大规模南下，促进了戎狄与诸侯各国的大规模融合。《左传·襄公十一年》（图

2–1–2）记载晋悼公维持晋国霸业的过程中十分重视与戎狄的良好关系：“晋侯以乐之半赐魏绛，曰：‘子教寡人和诸戎狄，以正诸华。八年之中，九合诸侯，如乐之和，无所不谐。请与子乐之。’辞曰：‘夫和戎狄，国之福也。八年之中，九合诸侯，诸侯无慝，君之灵也，二三子之劳也，臣何力之有焉？抑臣愿君安其乐而思其终也。’”

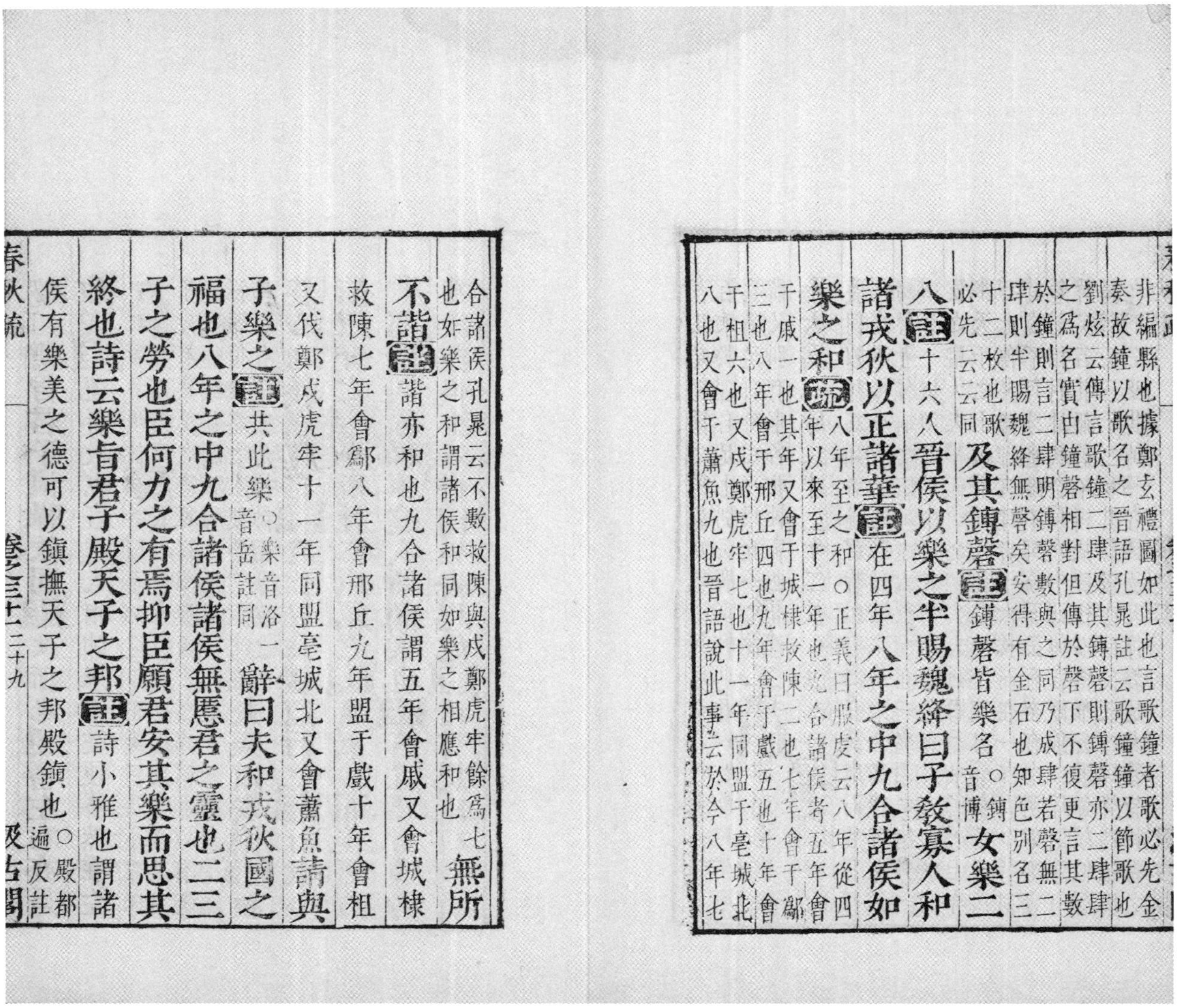
非編縣也據鄭玄禮圖如此也言歌鐘者歌必先金
奏故鐘以歌名之晉語孔晁註云歌鐘鐘以節歌也
劉炫云傳言歌鐘二肆及其鎛磬則鎛磬亦二肆肆
之爲名實由鐘磬相對但傳於磬下不復更言其數
於鐘則言二肆明鎛磬數與之同乃成肆若磬無二
肆則半賜魏絳無磬矣安得有金石也知色別名三
十二枚也歌必先云云同及其鎛磬【注】鎛磬皆樂名○鎛音博女樂二
八【注】十六人晉侯以樂之半賜魏絳曰子教寡人和
諸戎狄以正諸華【注】在四年八年之中九合諸侯如
樂之和【疏】八年至之和○正義曰服虔云八年從四年以來至十一年也九合諸侯者五年會
于戚一也其年又會于城棣救陳二也七年會于鄬
三也八年會于邢丘四也九年會于戲五也十年會
于柤六也又戍鄭虎牢七也十一年同盟于亳城北
八也又會于蕭魚九也晉語說此事云於今八年七
合諸侯孔晁云不數救陳與戍鄭虎牢餘爲七也如樂之和謂諸侯和同如樂之相應和也無所
不諧【注】諧亦和也九合諸侯謂五年會戚又會城棣
救陳七年會鄬八年會邢丘九年盟于戲十年會柤
又伐鄭戍虎牢十一年同盟亳城北又會蕭魚請與
子樂之【注】共此樂○樂音洛一音岳註同辭曰夫和戎狄國之
福也八年之中九合諸侯諸侯無慝君之靈也二三
子之勞也臣何力之有焉抑臣願君安其樂而思其
終也詩云樂旨君子殿天子之邦【注】詩小雅也謂諸
侯有樂美之德可以鎮撫天子之邦殿鎮也○殿都遍反註
春秋疏 卷三十一 二十九 汲古閣

图 2–1–2 《左传·襄公十一年》

秦汉建立并巩固了中央集权制度体系，依托郡县制设置道、属国、都护府等以治理周边拥有不同生产生活方式的族群，匈奴、西域诸族、乌桓、鲜卑、羌、百越、西南夷的大部或部分进入大一统体系。《华阳国志·蜀志》(图 2–1–3）记载秦朝统一之前，为加强对六国故地的控制，实行“出其人”的政策：“然秦惠文、始皇克定六国，辄徙其豪侠于蜀，资我丰土，家有盐铁之利，户专山川之材，居给人足，以富相尚。”

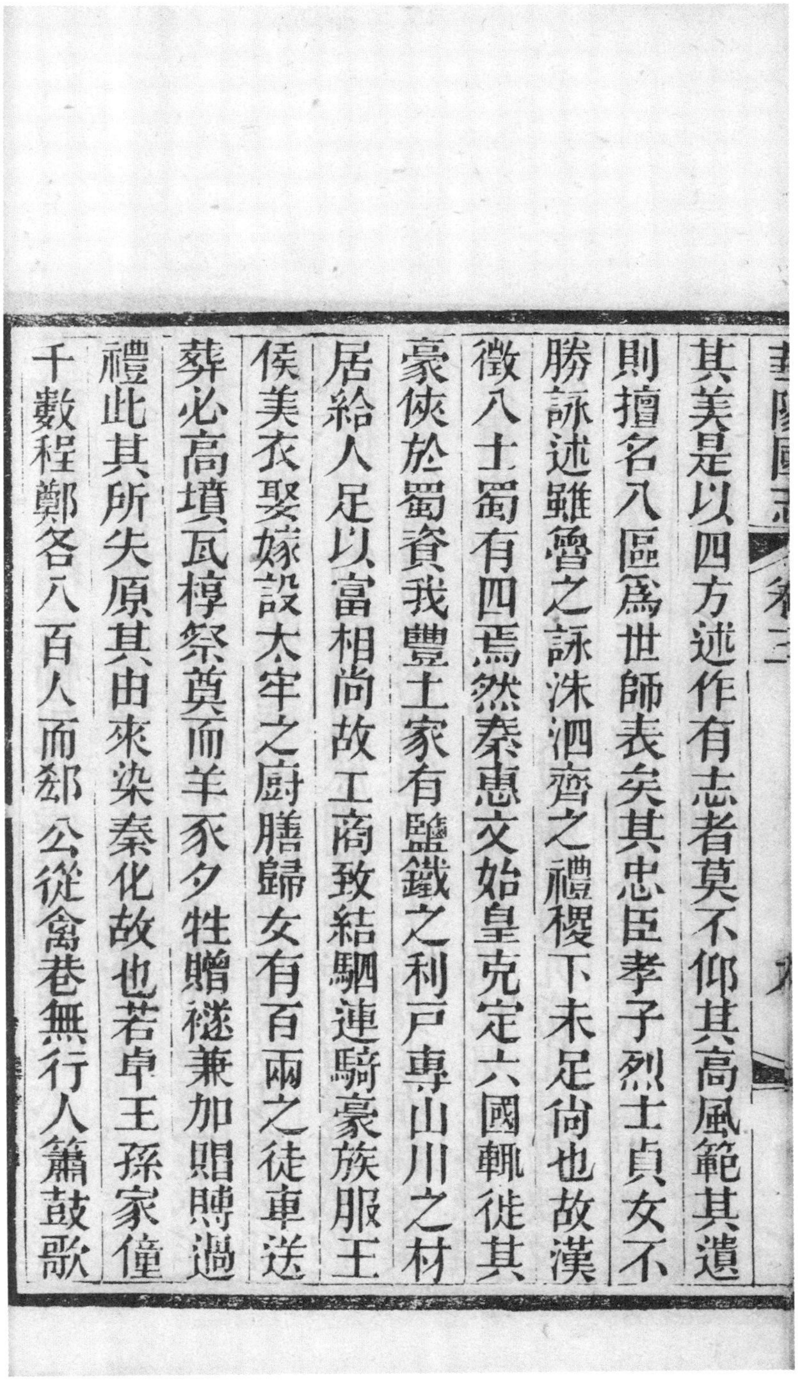
其美是以四方述作有志者莫不仰其高風範其遺
則擅名八區爲世師表矣其忠臣孝子烈士貞女不
勝詠述雖魯之詠洙泗齊之禮稷下未足尚也故漢
徵八士蜀有四焉然秦惠文始皇克定六國輒徙其
豪俠於蜀資我豐土家有鹽鐵之利戶專山川之材
居給人足以富相尚故工商致結駟連騎豪族服王
侯美衣娶嫁設太牢之廚膳歸女有百兩之徒車送
葬必高墳瓦槨祭奠而羊豕夕牲贈禭兼加賵賻過
禮此其所失原其由來染秦化故也若卓王孫家僮
千數程鄭各八百人而郄公從禽巷無行人簫鼓歌

图 2-1-3 《华阳国志·蜀志》

《史记·秦始皇本纪》(图2-1-4)记载秦始皇多次移民:“徙天下富豪于咸阳十二万户”“徙黔首三万户琅琊台下”“徙三万家丽邑,五万家云阳”。在北方,蒙恬收复“河南地”,迁人戍守边地。在南方,秦朝迁徙五十万人戍守岭南,与越人杂居。秦始皇三十六年(前211)又向河套至阴山一带迁徙三万户,频繁的迁徙,将中原地区的先进文化和管理制度带到了边疆地区,加强了各地区、各族群的融合。

輔舊事云聚天下兵器鑄銅人十二各重二十四萬斤漢世在長樂宮門魏志董卓傳云椎破銅人十及鐘鐻以鑄小錢關中記云董卓壞銅人餘二枚徙清門裏魏明帝欲將詣洛載到霸城重不可致後石季龍徙之鄴苻堅又徙入長安而銷之英雄記云昔大人見臨洮而銅人鑄至董卓而銅人毀也一法度衡石丈尺車同軌書同文字地東至海暨朝鮮〔正義〕暨其記反朝音潮鮮音仙海謂渤海南至揚蘇台等州之東海也暨及也東北朝鮮國括地志云高麗治平壤城本漢樂浪郡王險城即古朝鮮也西至臨洮羌中〔正義〕洮吐高反括地志云臨洮郡即今洮州亦古西羌之地在京西千五百五十一里羌中從臨洮西南芳州扶松府以西並古諸羌地也南至北嚮戶〔集解〕駰案吳都賦曰開北戶以向日劉逵曰日南之北戶猶日北之南戶也北據河爲塞並陰山至遼東〔集解〕駰案地理志西河有陰山縣〔正義〕塞先代反並白浪反謂靈夏勝等州之北黃河陰山在朔州北塞外從河傍陰山東至遼東築長城爲北界徙天下豪富於咸陽十二

史記卷六　本紀六　十三

萬戶諸廟及章臺上林皆在渭南秦每破諸侯寫放其宮室作之咸陽北阪上〔集解〕徐廣曰在長安西北漢武時別名渭城〔正義〕今咸陽縣北阪上南臨渭自雍門〔集解〕徐廣曰在高陵縣〔正義〕今岐州雍縣東以東至涇渭殿屋複道周閣相屬〔正義〕複音福屬之欲反廟記云北至九嵕甘泉南至長楊五柞東至河西至汧渭之交東西八百里離宮別館相望屬也木衣綈繡土被朱紫宮人不徙窮年忘歸猶不能遍也所得諸侯美人鐘鼓以充入之〔正義〕三輔舊事云始皇表河以爲秦東門表汧以爲秦西門表中外殿觀百四十五後宮列女萬餘人氣上衝于天二十七年始皇巡隴西〔正義〕隴西今隴右北地〔正義〕今寧州也出雞頭山〔正義〕括地志云雞頭山在成州上祿縣東北二十里在京西南九百六十里酈元云蓋大隴山異名也後漢書隗囂傳云王莽塞雞頭即此也按原州高縣西百里亦有笄頭山在京西北八百里黃帝雞山之所過

图 2-1-4（1）《史记·秦始皇本纪》

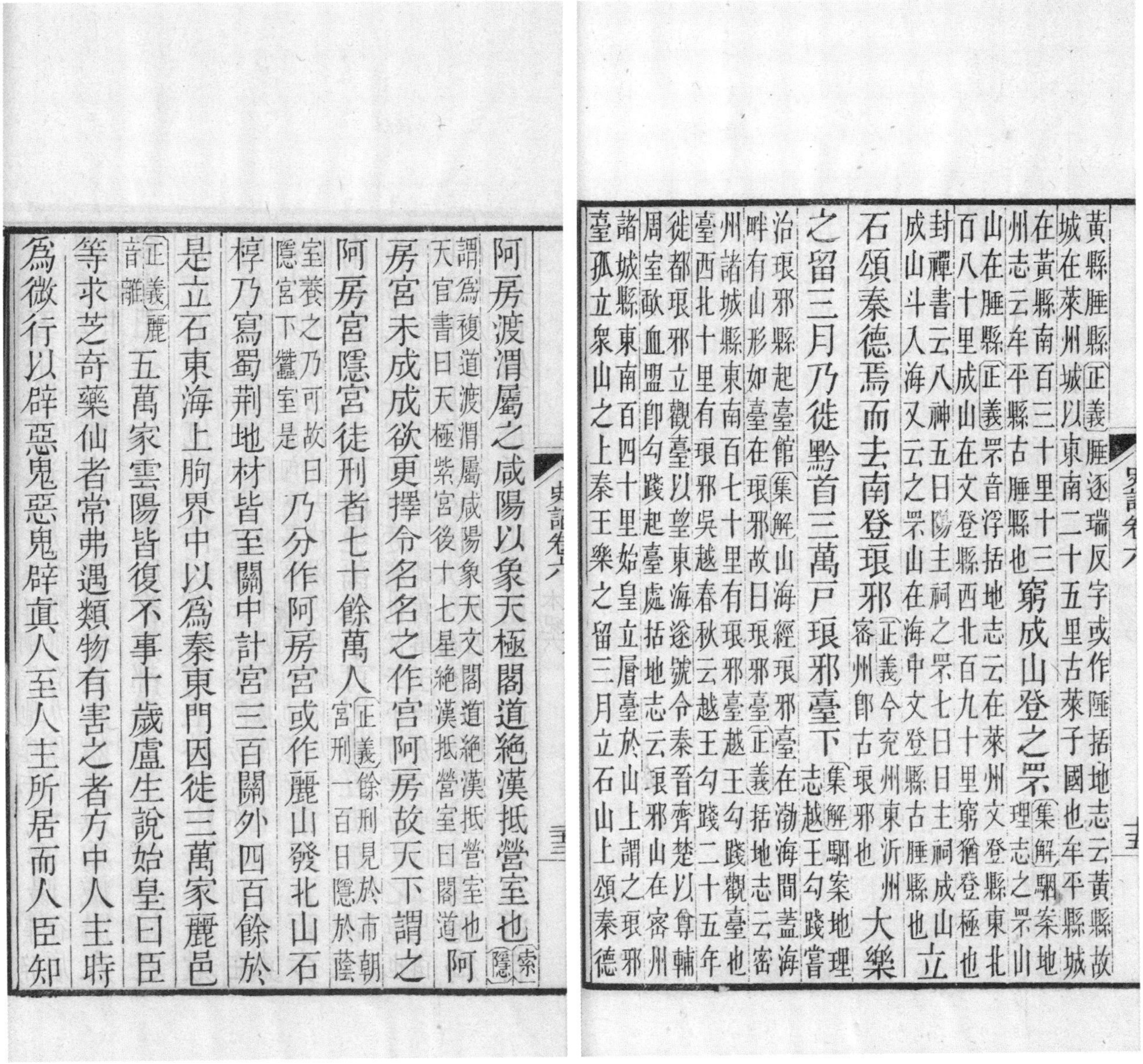

黃縣腄縣〔正義〕腄逐瑞反字或作陲括地志云黃縣故
城在萊州城以東南二十五里古萊子國也牟平縣城
在黃縣南百三十里十三窮成山登之罘〔集解〕駰案地
州志云牟平縣古腄縣也理志之罘山
山在腄縣〔正義〕罘音浮括地志云在萊州文登縣東北
百八十里成山在文登縣西北百九十里窮猶登極也
封禪書云八神五曰陽主祠之罘七曰日主祠成山
成山斗入海又云之罘山在海中文登縣古腄縣也立
石頌秦德焉而去南登琅邪〔正義〕今兗州東沂州大樂
密州即古琅邪也
之留三月乃徙黔首三萬戶琅邪臺下〔集解〕駰案地理
志越王勾踐嘗
治琅邪縣起臺館〔集解〕山海經琅邪臺在渤海間蓋海
畔有山形如臺在琅邪故曰琅邪臺〔正義〕括地志云密
州諸城縣東南百七十里有琅邪臺越王勾踐觀臺也
臺西北十里有琅邪吳越春秋云越王勾踐二十五年
徙都琅邪立觀臺以望東海遂號令秦晉齊楚以尊輔
周室歃血盟即勾踐起臺處括地志云琅邪山在密州
諸城縣東南百四十里始皇立層臺於山上謂之琅邪
臺孤立眾山之上秦王樂之留三月立石山上頌秦德

阿房渡渭屬之咸陽以象天極閣道絕漢抵營室也〔索隱〕
謂為複道渡渭屬咸陽象天文閣道絕漢抵營室也阿
天官書曰天極紫宮後十七星絕漢抵營室曰閣道
房宮未成成欲更擇令名名之作宮阿房故天下謂之
阿房宮隱宮徒刑者七十餘萬人〔正義〕餘刑見於市朝
宮刑一百日隱於蔭
室養之乃可故曰乃分作阿房宮或作麗山發北山石
隱宮下蠶室是
槨乃寫蜀荊地材皆至關中計宮三百關外四百餘於
是立石東海上朐界中以為秦東門因徙三萬家麗邑
〔正義〕麗音離五萬家雲陽皆復不事十歲盧生說始皇曰臣
等求芝奇藥仙者常弗遇類物有害之者方中人主時
為微行以辟惡鬼惡鬼辟真人至人主所居而人臣知

图2-1-4（2）《史记·秦始皇本纪》

汉初将六国旧贵族迁往关中，前后迁十万人至汉中。汉武帝时期设置朔方郡，迁徙十万人于朔方，后调发六十万人移入上郡、朔方、西河等地；将东瓯和闽越人迁往江淮；元狩二年（前121）设酒泉郡，复移民实之。光武帝建武十一年（35）羌人归顺，迁入天水、陇西、扶风三地。明帝永平元年（58）迁羌人入三辅。和帝永元十三年（101）迁羌人往汉阳、安定、陇西等地。东汉南匈奴、乌桓内附，光武帝将南匈奴安置在五原、朔方、云中、定襄、雁门等地；迁乌桓人于上谷、渔阳、右北平、辽东等郡，设置乌桓校尉管理，推动中原各地区之间、中原与边疆之间人口的大规模流动。《资治通鉴·汉纪十》（图2-1-5）记载朔方郡设立及移民的经过：“立朔方郡，使苏建兴十余万人筑朔方城。复缮故秦时蒙恬所为塞，因河为固，转漕甚远，自山东咸被其劳，费数十百巨万，府库并虚。汉亦弃上谷之斗辟县造阳地以予胡。三月，乙亥晦，日有食之。夏募民

偃計立朔方郡使蘇建興十餘萬人築朔方城括地志夏州朔方縣北什賁故城按是蘇建築什賁之號蓋出蕃語也宋白曰漢朔方郡治三封縣今長澤縣有三封故城什賁故城今爲德靜縣治復繕故秦時蒙恬所爲塞因河爲固轉漕甚遠自山東咸被其勞被皮義翻費數十百鉅萬府庫並虛漢亦棄上谷之斗辟縣造陽地以予胡孟康曰縣斗辟曲近胡師古曰斗絕也縣之斗曲入匈奴界者其中造陽地也杜佑曰造陽在今媯川郡之北

辟讀曰僻予讀曰與三月乙亥晦日有食之　夏募民徙朔方十萬口　主父偃說上曰茂陵初立初立於建元二年天下豪傑并兼之家亂衆之民皆可徙茂陵內實京師外銷姦猾此所謂不誅而害除上從之徙郡國豪傑及訾三百萬以上于茂陵訾與貲同軹人郭解班志軹縣屬河內郡音止關東大俠也亦在徙中衛將軍爲言郭解家貧不中徙爲于僞翻言其貧不當在見徙之數中竹仲翻上曰解布衣權至使將軍爲言師古曰將軍爲之言是爲其所使也此其家不貧卒徙解家卒子恤翻解平生睚眦殺人甚衆師古曰睚音厓舉眼也眦即皆字謂目厓也言舉眼相忤者即殺之也一說睚五懈翻眦士懈翻睚眦瞋目貌二說並通上聞之下吏捕

图 2-1-5　《资治通鉴 · 汉纪十》

徙朔方十万口。”

魏晋南北朝时期，中原汉人南下、北迁、西迁，北方胡人南下中原。五胡十六国政权实行官方移民达五十余次，促成边疆与腹地人群双向迁徙，形成多族杂居局面。《晋书 · 刘曜载记》（图 2–1–6）记载刘曜收复匈奴权渠部及迁徙人口的经过：“子远进师至其壁下，权渠率众来距，五战败之。权渠恐，将降，其子伊余大言于众曰：‘往刘曜自来，犹无若我何，况此偏师而欲降之！’率劲卒五万，晨压垒门。左右劝战，子远曰：‘吾闻伊余之勇，当今无敌，士马之强，复非其匹。又其父新败，怒气甚盛。且西戎剽劲，锋锐不可拟也。不如缓之，使气竭而击之。’乃坚壁不战。伊余有骄色。子远候其无备，夜誓众蓐食。晨大风雾，子远曰：‘天赞我也。’躬先士卒，扫壁而出，迟明覆之，生擒伊余，悉俘其众。权渠大惧，被发割面而降。子远启曜以权渠为征西将军、西戎公，分徙伊余兄弟及其部落二十余万口于长安。西戎之中，权渠部最强，皆禀其命而为寇暴。权渠既降，莫不归附。”

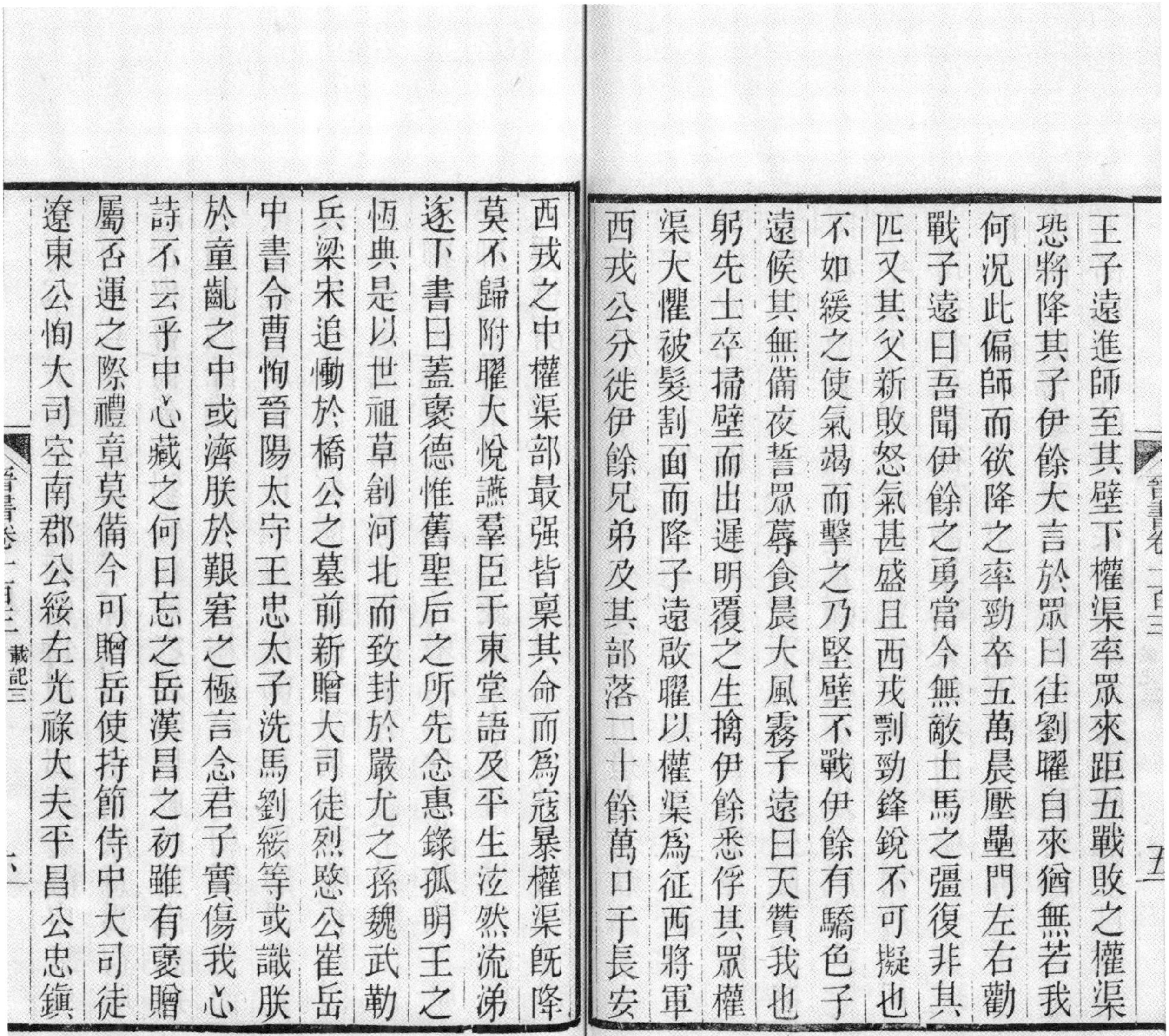
王子遠進師至其壁下權渠率衆來距五戰敗之權渠
恐將降其子伊餘大言於衆曰往劉曜自來猶無若我
何況此偏師而欲降之率勁卒五萬晨壓壘門左右勸
戰子遠曰吾聞伊餘之勇當今無敵士馬之彊復非其
匹又其父新敗怒氣甚盛且西戎剽勁鋒銳不可擬也
不如緩之使氣竭而擊之乃堅壁不戰伊餘有驕色子
遠候其無備夜誓衆蓐食晨大風霧子遠曰天贊我也
躬先士卒掃壁而出遲明覆之生擒伊餘悉俘其衆權
渠大懼被髮割面而降子遠啟曜以權渠爲征西將軍
西戎公分徙伊餘兄弟及其部落二十餘萬口于長安
西戎之中權渠部最强皆稟其命而爲寇暴權渠既降
莫不歸附曜大悅讌羣臣于東堂語及平生泫然流涕
遂下書曰蓋褒德惟舊聖后之所先念惠錄孤明王之
恆典是以世祖草創河北而致封於嚴尤之孫魏武勤
兵梁宋追慟於橋公之墓前新贈大司徒烈愍公崔岳
中書令曹恂晉陽太守王忠太子洗馬劉綏等或識朕
於童齓之中或濟朕於艱窘之極言念君子寔傷我心
詩不云乎中心藏之何日忘之岳漢昌之初雖有褒贈
屬否運之際禮章莫備今可贈岳使持節侍中大司徒
遼東公恂大司空南郡公綏左光祿大夫平昌公忠鎮

图 2-1-6　《晋书·刘曜载记》

魏晋南北朝时期拓跋鲜卑南迁中原的“融合之路”是民族大迁徙、大融合的缩影。在内蒙古鄂伦春自治旗发现的嘎仙洞石刻祝文记载了北魏太平真君四年（443）北魏皇帝拓跋焘派中书侍郎李敞来此祭祖的活动。《魏书·礼志四》（图2-1-7）也记载拓跋鲜卑南下融入中原的史实：“魏先之居幽都也，凿石为祖宗之庙于乌洛侯国西北。自后南迁，其地隔远。真君中，乌洛侯国遣使朝献，云石庙如故，民常祈请，有神验焉。其岁，遣中书侍郎李敞诣石室，告祭天地，以皇祖先妣配。

祝曰：‘天子焘谨遣敞等用骏足、一元大武敢昭告于皇天之灵。自启辟之初，祐我皇祖，于彼土田。历载亿年，聿来南迁，惟祖惟父，光宅中原。克翦凶丑，拓定四边。冲人纂业，德声弗彰。岂谓幽遐，稽首来王。具知旧庙，弗毁弗亡。悠悠之怀，希仰余光。王业之兴，起自皇祖。绵绵瓜瓞，时惟多祜。敢以丕功，配飨于天。子子孙孙，福禄永延。’敞等既祭，斩桦木立之，以置牲体而还。后所立桦木生长成林，其民益神奉之。咸谓魏国感灵祇之应也。石室南距代京可四千余里。”

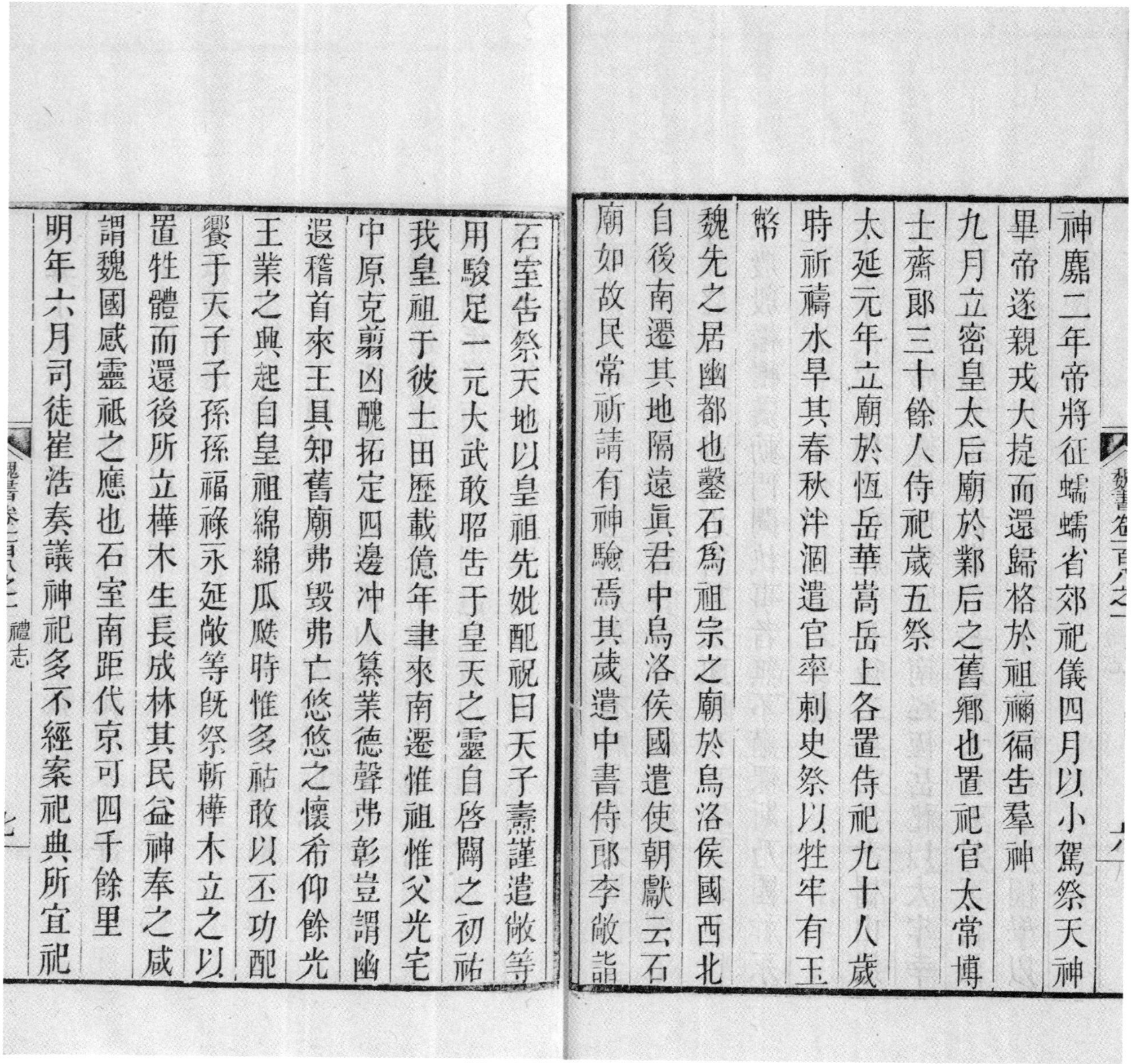
神䴥二年帝將征蠕蠕省郊祀儀四月以小駕祭天神
畢帝遂親戎大捷而還歸格於祖禰徧告羣神
九月立密皇太后廟於鄴后之舊鄉也置祀官太常博
士齋郎三十餘人侍祀歲五祭
太延元年立廟於恆岳華嵩岳上各置侍祀九十人歲
時祈禱水旱其春秋泮涸遣官率刺史祭以牲牢有玉
幣
魏先之居幽都也鑿石爲祖宗之廟於烏洛侯國西北
自後南遷其地隔遠眞君中烏洛侯國遣使朝獻云石
廟如故民常祈請有神驗焉其歲遣中書侍郎李敞詣
石室告祭天地以皇祖先妣配祝曰天子燾謹遣敞等
用駿足一元大武敢昭告于皇天之靈自啓闢之初祐
我皇祖于彼土田歷載億年聿來南遷惟祖惟父光宅
中原克翦凶醜拓定四邊冲人纂業德聲弗彰豈謂幽
遐稽首來王具知舊廟弗毁弗亡悠悠之懷希仰餘光
王業之興起自皇祖綿綿瓜瓞時惟多祜敢以丕功配
饗于天子子孫孫福祿永延敞等既祭斬樺木立之以
置牲體而還後所立樺木生長成林其民益神奉之咸
謂魏國感靈祇之應也石室南距代京可四千餘里
明年六月司徒崔浩奏議神祀多不經案祀典所宜祀

图 2-1-7 《魏书·礼志四》

前承数百年民族融合的历史传统，隋唐时期的民族政策更为宽宏大度，内迁入居少数民族可在朝廷做官，也可领兵戍守，上层贵族尤备受优待，所以自隋之后，西北周边民族内附风气有增无减。《新唐书·回鹘传》(图2–1–8)里记载唐太宗倡导各民族平等的博大胸怀:“(回纥诸酋)上言:‘天至尊为可汗,世世以奴事,死不恨。’帝剖其地为州县,北荒遂平。诸姓有来朝者,帝劳曰:‘尔来,若鼠得穴,鱼得泉,我为尔深广之。’又曰:‘我在,天下四夷有不安安之,不乐乐之,如骥尾受苍蝇,可使日千里也。’于是告功太庙,赐民三日酺。后三年,余部叛,以右领军大将军执失思力讨平之。至永徽时,延陀部亡散者悉还,高宗为置嵠弹州处安之。”

降回紇諸酋虜所遣使踵及帝行在凡數千人上言天至尊爲可汗世世以奴事死不恨帝剖其地爲州縣北荒遂平諸姓有來朝者帝勞曰爾來若鼠得穴魚得泉我爲爾深廣之又曰我在天下四夷有不安安之不樂樂之如驥尾受蒼蠅可使日千里也於是告功太廟賜民三日酺後三年餘部叛以右領軍大將軍執失思力討平之至永徽時延陀部亡散者悉還高宗爲置嵠彈州處安之

拔野古一曰拔野固或爲拔曳固漫散磧北地千里直僕骨東鄰于靺鞨帳戸六萬兵萬人地有薦草産良馬

图2–1–8 《新唐书·回鹘传》

隋唐时期鲜卑、突厥、回鹘、粟特、契丹、靺鞨、渤海、高句丽大规模内迁，广泛的族群流动、迁徙、通婚、混居，无不彰显出“四海同风”“无隔华夷”的交融新局面，《通典·食货·历代盛衰户口》(图2-1-9)记载唐贞观年间族群流动带来的人口繁盛：“大唐贞观，户不满三百万。三年，户部奏：‘中国人因塞外来归及突厥前后降附，开四夷为州县，获男女一百二十余万口。’十四年，侯君集破高昌，得三郡五县、二十二城，户八千四十六，口万七千三十一，马千三百匹。”

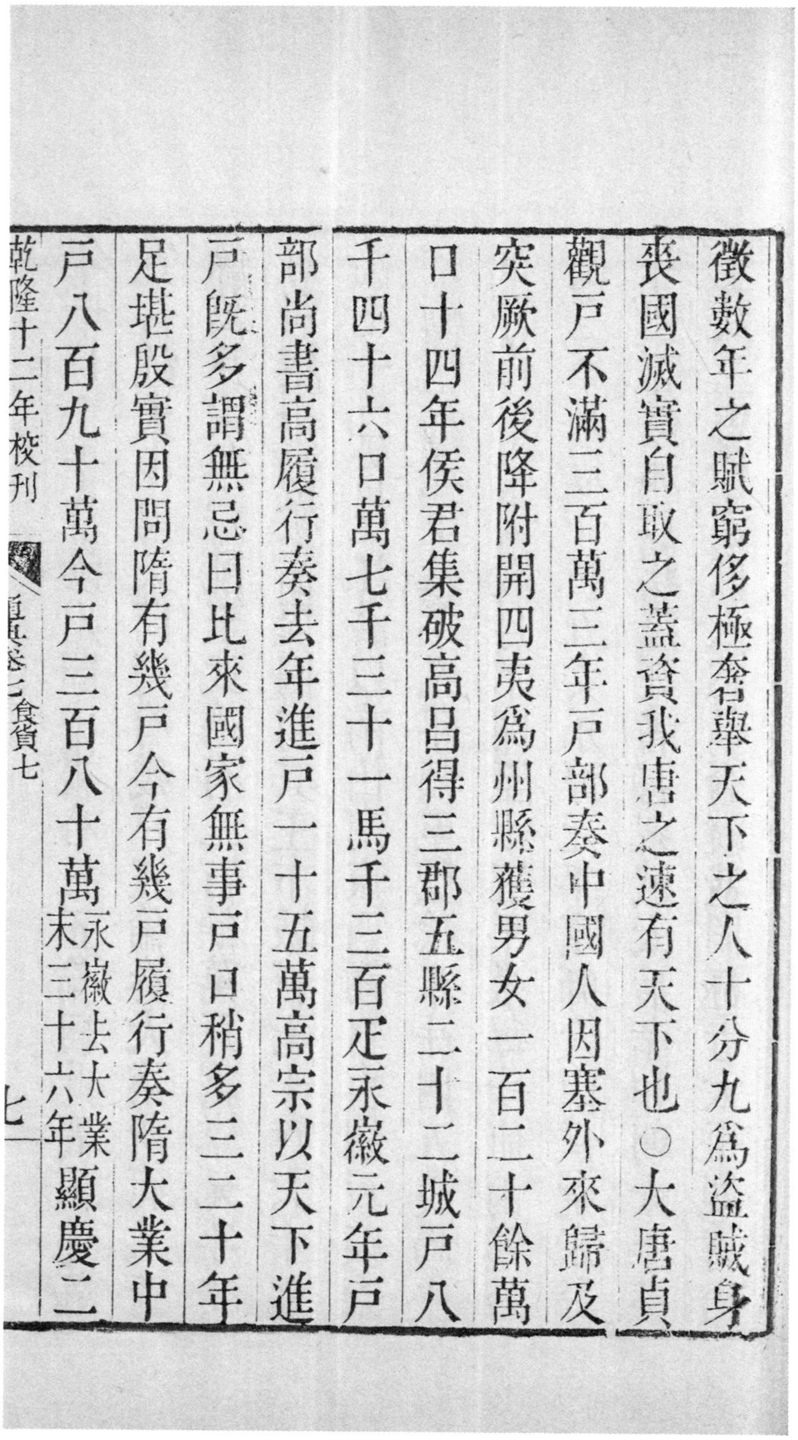
徵數年之賦窮侈極奢舉天下之人十分九爲盜賊身喪國滅實自取之蓋貪我唐之速有天下也○大唐貞觀戶不滿三百萬三年戶部奏中國人因塞外來歸及突厥前後降附開四夷爲州縣獲男女一百二十餘萬口十四年侯君集破高昌得三郡五縣二十二城戶八千四十六口萬七千三十一馬千三百疋永徽元年戶部尚書高履行奏去年進戶一十五萬高宗以天下進戶旣多謂無忌曰比來國家無事戶口稍多三二十年足堪殷實因問隋有幾戶今有幾戶履行奏隋大業中戶八百九十萬今戶三百八十萬永徽去大業末三十六年顯慶二

乾隆十二年校刊　通典卷七食貨七　七

图2-1-9　《通典·食货·历代盛衰户口》

辽宋夏金时期北方人不断南迁。辽灭渤海、得幽云十六州后，大量移民到潢河、土河流域定居，设中京安置奚人，推动多族群移民在漠北戍边与屯垦，推动各族群大迁徙和混居；西夏推动多族群共同开发河西地区，在河西走廊地区设置监军司；金朝把中原人口迁移至“金源内地”，推动多族群共同开发东北。《金史·食货志一》(图2–1–10)：“天辅五年，以境土既拓，而旧部多瘠卤，将移其民于泰州，乃遣皇弟昱及族子宗雄按视其地。昱等苴其土以进，言可种植，遂摘诸明安穆昆中民户万余，使宗人博勒和统之，屯种于泰州。博勒和旧居于按春水，至是始迁焉。其居宁江州者，遣实登、札克丹、阿尔托欢、锡勒塔干等四穆昆挈家属耕具徙于泰州，仍赐博勒和耕牛五十。六年，既定山西泽、潞诸州，以上京为内地，则移其民实之。又命耶律佛德以兵护送诸降人于浑河路，以皇弟昂监之，命从便以居……（七年）二月，尽徙六州氏族、富强工技之民于内地。”

死者除之正月二十日以實數報縣二月二十日申州
以十日內達上司無遠近皆以四月二十日到部呈省
凡漢人渤海人不得充明安穆昆戶明安穆昆之奴婢
免爲良者止隸本部爲正戶凡沒入官良人隸宮籍監
爲監戶沒入官奴婢隸太府監爲官戶當收國二年時
法制未定兵革未息貧民多依權右爲苟安多隱蔽爲
奴婢者太祖下詔曰比以歲凶民饑多附豪族因陷爲
奴隸及有犯法徵償莫辦折身爲奴或私約立限以人
對贖過期則以爲奴者並聽以兩人贖一爲良元約以
一人贖者從便天輔五年以境土旣拓而舊部多瘠鹵

金史卷四十六 食貨志

图2–1–10（1）《金史·食货志一》

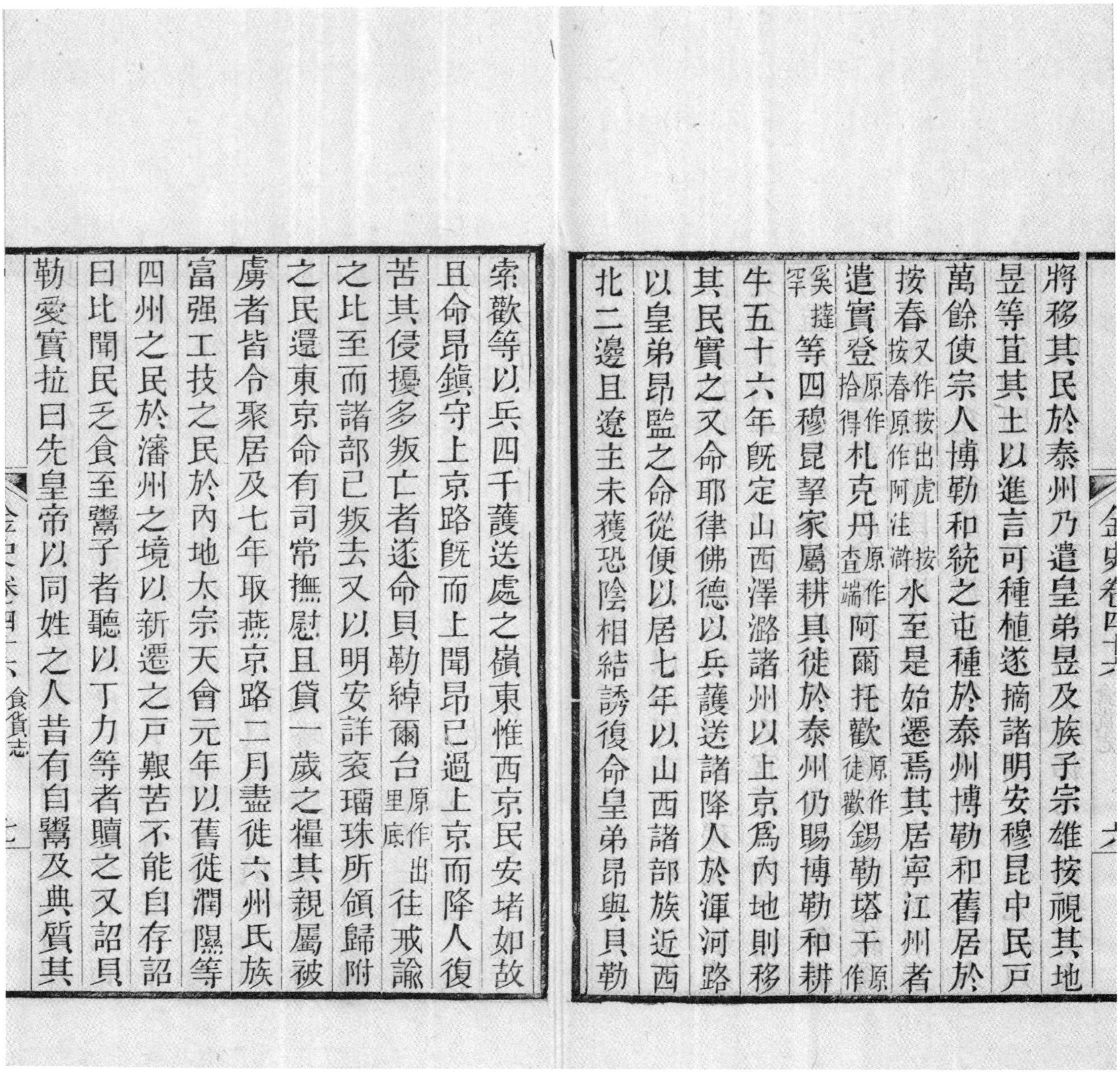

將移其民於泰州乃遣皇弟昱及族子宗雄按視其地
昱等苴其土以進言可種植遂摘諸明安穆昆中民戶
萬餘使宗人博勒和統之屯種於泰州博勒和舊居於
按春又作按出虎按按春原作阿注滸水至是始遷焉其居寧江州者
遣實登原作拾得札克丹原作查端阿爾托歡原作徒歡錫勒塔干原作
奚撻罕等四穆昆挈家屬耕具徙於泰州仍賜博勒和耕
牛五十六年既定山西澤潞諸州以上京爲內地則移
其民實之又命耶律佛德以兵護送諸降人於渾河路
以皇弟昂監之命從便以居七年以山西諸部族近西
北二邊且遼主未獲恐陰相結誘復命皇弟昂與貝勒
索歡等以兵四千護送處之嶺東惟西京民安堵如故
且命昂鎮守上京路既而上聞昂已過上京而降人復
苦其侵擾多叛亡者遂命貝勒綽爾台原作出里底往戒諭
之比至而諸部已叛去又以明安詳袞瑠珠所領歸附
之民還東京命有司常撫慰且貸一歲之糧其親屬被
虜者皆令聚居及七年取燕京路二月盡徙六州氏族
富强工技之民於內地太宗天會元年以舊徙潤隰等
四州之民於瀋州之境以新遷之戶艱苦不能自存詔
曰比聞民乏食至鬻子者聽以丁力等者贖之又詔貝
勒愛實拉曰先皇帝以同姓之人昔有自鬻及典質其

金史卷四十六 食貨志 七

图2–1–10（2）《金史·食货志一》

元代是中国历史上第一个由少数民族建立的大一统王朝，这一时期族群的融合继续深入，汉民开发边疆，色目、哈剌鲁、乞儿吉思、畏兀儿等边疆族群迁徙至中原。元朝边疆地区的屯垦工作很有成效，以甘肃行省为例，元廷从西域调入许多民族军民屯驻河西走廊。《元史·世祖本纪》（图2–1–11）记载：“以忽撒马丁为管领甘肃、陕西等处屯田等户达鲁花赤，督斡端、可失合儿工匠千五十户屯田。”忽撒马丁为回回人。督斡端、可失合儿者，多为西域回回、畏兀儿、哈剌鲁人。

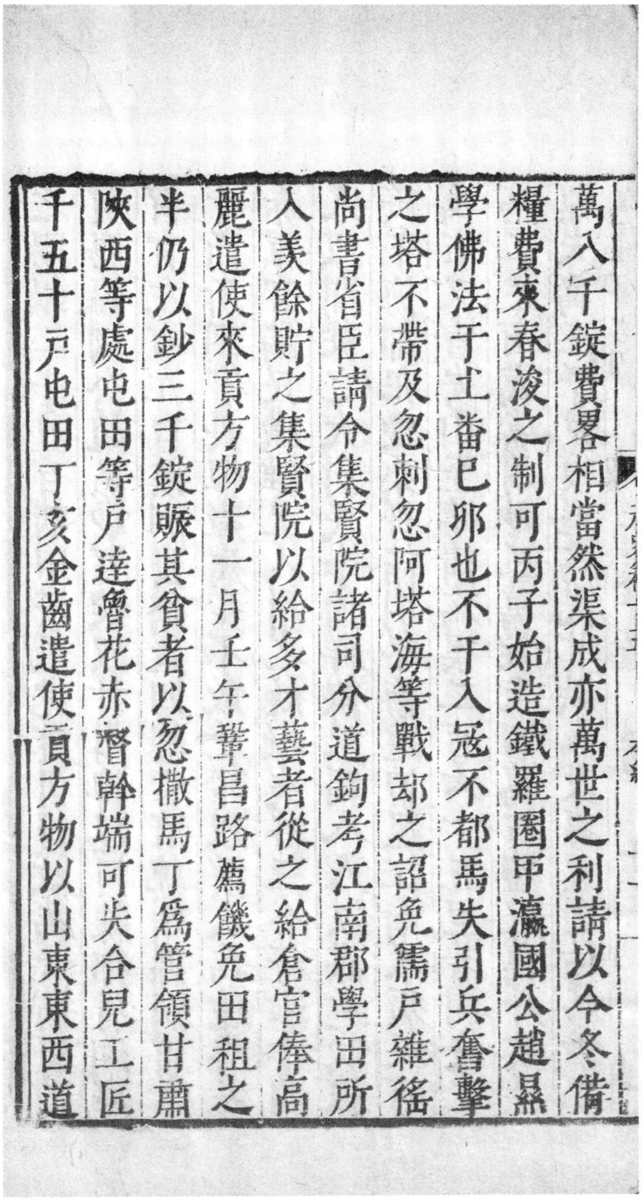
萬八千錠費畧相當然渠成亦萬世之利請以今冬備糧費來春浚之制可丙子始造鐵羅圈甲瀛國公趙㬎學佛法于土番巳卯也不干入寇不都馬失引兵奮擊之塔不帶及忽刺忽阿塔海等戰卻之詔免儒戶雜徭尚書省臣請令集賢院諸司分道鉤考江南郡學田所入羨餘貯之集賢院以給多才藝者從之給倉官俸高麗遣使來貢方物十一月壬午鞏昌路薦饑免田租之半仍以鈔三千錠賑其貧者以忽撒馬丁爲管領甘肅陝西等處屯田等戶達魯花赤督幹端可失合兒工匠千五十戶屯田丁亥金齒遣使貢方物以山東東西道

图 2-1-11 《元史·世祖本纪》

明朝采取开明的族群政策，实施更为温和的治理方式，招抚北方诸族，如女真、鞑靼、兀良哈、瓦剌、撒里畏兀儿，使中华民族的交往交流交融进一步深化。明初内地民众大量流向北方和西南边疆，《太祖高皇帝实录》（图 2-1-12）记载明洪武年间，往云南卫所迁徙军人及家属的政策："（二十年八月）乙亥，诏在京军士戍守云南，其家属俱遣诣戍所。""（二十一年三月）命兵部，凡宫人侍女有父戍守云南者，悉取回给赏，仍以其女还之。""（二十四年七月）己丑，赐云南、大理、六凉诸卫士卒妻子之在京者，白金人十两，钞十锭，仍给以官船，送往戍之所。""（二十四年十一月）复赐鞑军幼子钞锭。初，鞑军之戍云南者，诏遣其妻子与俱，其有幼子不能往者，至是令其亲属送之，各赐钞十锭。"可以看出当时大批人口涌入云南，共同开发建设云南。

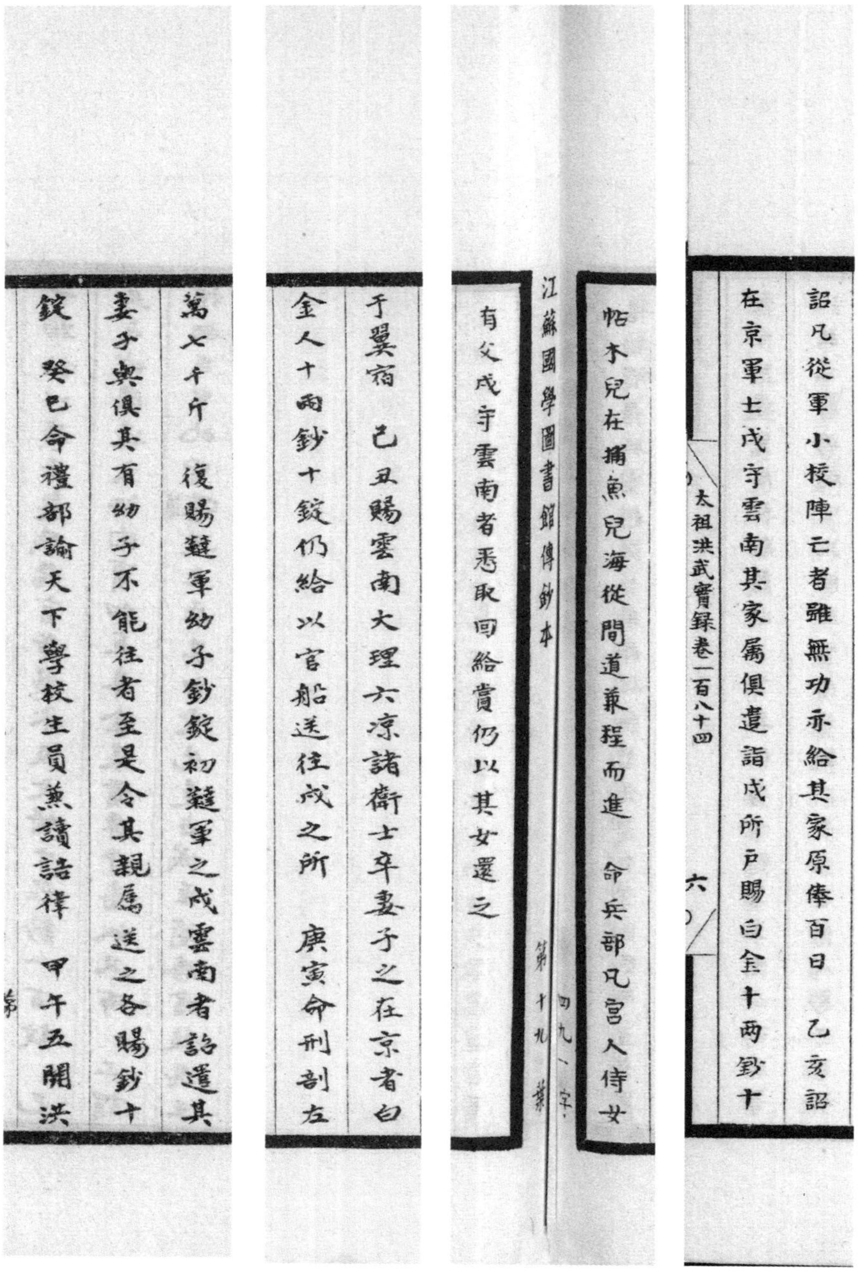

詔凡從軍小校陣亡者雖無功亦給其家原俸百日　乙亥詔
在京軍士戍守雲南其家屬俱遣詣戍所戶賜白金十兩鈔十
太祖洪武實録卷一百八十四　六

帖木兒在捕魚兒海從間道兼程而進　命兵部凡宮人侍女
有父戍守雲南者悉取回給賞仍以其女還之
江蘇國學圖書館傳鈔本　第十九冊　四九一字

于翼宿　己丑賜雲南大理六凉諸衛士卒妻子之在京者白
金人十兩鈔十錠仍給以官船送往戍之所　庚寅命刑部左

萬七千斤　復賜謫軍幼子鈔錠初謫軍之戍雲南者詔遣其
妻子與俱其有幼子不能往者至是令其親屬送之各賜鈔十
錠　癸巳命禮部諭天下學校生員兼讀誥律　甲午五開洪

图 2–1–12　《太祖高皇帝实录》卷一百八十九

清代人口的迁徙依然比较频繁，清政府在西南施行改土归流，派遣军队驻守边疆，组织大规模移民赴西北、西南、东北地区屯垦。内地民众也出现了大规模的自发的“走西口”“跑口外”“闯关东”行为，进入蒙古、东北边疆地区。《大清一统志・丽江府》（图 2–1–13）记载清雍正元年（1723），清廷在丽江地区改土归流：“雍正元年改土官，设知府，属云南省。今领州二、县一。”改土归流，废除土司统治，改以流官政治，使丽江府直接置于中央王朝的统治之下。清代还在云南的南部、西部及西北部地区移民屯田，极大地解放了生产力，改革了生产关系，调整了民族关系。

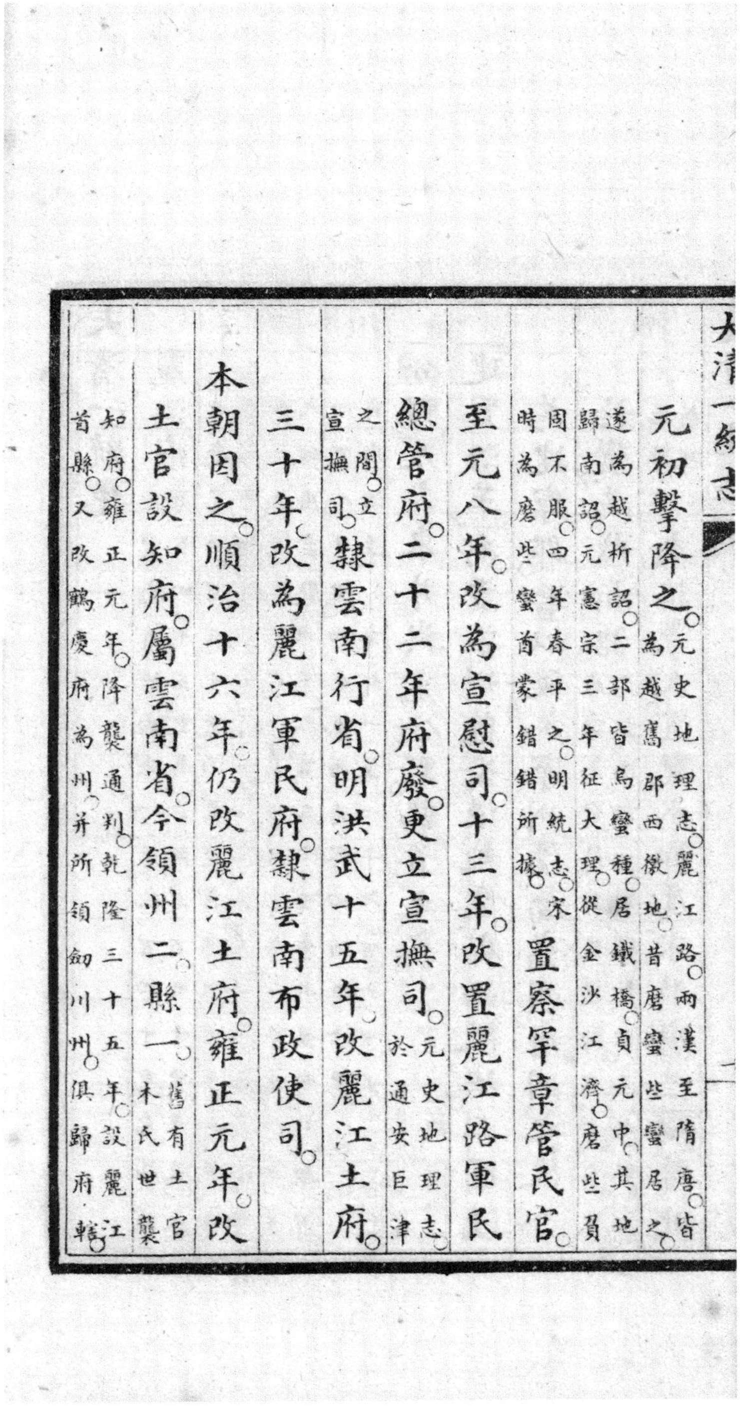

大清一統志

元初擊降之元史地理志麗江路兩漢至隋唐皆為越巂郡西徼地昔磨蠻些蠻居之遂為越析詔二部皆烏蠻種居鐵橋貞元中其地歸南詔元憲宗三年征大理從金沙江濟磨些負固不服四年春平之明統志宋時為磨些蠻首蒙錯錯所據置察罕章管民官至元八年改為宣慰司十三年改置麗江路軍民總管府二十二年府廢更立宣撫司元史地理志於通安巨津之間立宣撫司隸雲南行省明洪武十五年改麗江土府三十年改為麗江軍民府隸雲南布政使司本朝因之順治十六年仍改麗江土府雍正元年改土官設知府屬雲南省今領州二縣一舊有土官木氏世襲知府雍正元年降襲通判乾隆三十五年設麗江首縣又改鶴慶府為州并所領劍川州俱歸府轄

图 2-1-13 《大清一统志·丽江府》

二、族际通婚

各民族间的杂居、通婚是民族间密切交往的自然结果，加深了各民族之间的密切关系，使各民族之间的共同性增多，差异性逐渐减少、削弱以至于消失，从而大大加快了民族融合的步伐，有利于统一的多民族国家的巩固和发展。

据先秦文献记载，史前时期部族之间的联姻就已经十分普遍。《大戴礼记·帝系篇》（图2-1-14）记载：“黄帝居轩辕之丘，娶于西陵氏之子，谓之嫘祖氏，产青阳及昌意。青阳降居泜水，昌意降居若水。昌意娶于蜀山氏，蜀山氏之子谓之昌濮氏，产颛顼。”黄帝的正妻嫘祖被誉为“人文女祖”，祀为“先蚕”和“行神”，是西陵之女。西陵是古代部族名，黄帝和嫘祖的儿子昌意又娶了蜀山氏之女，蜀山氏为古蜀国，再一次完成部族的融合，昌意与蜀山氏之子是五帝之一的颛顼。

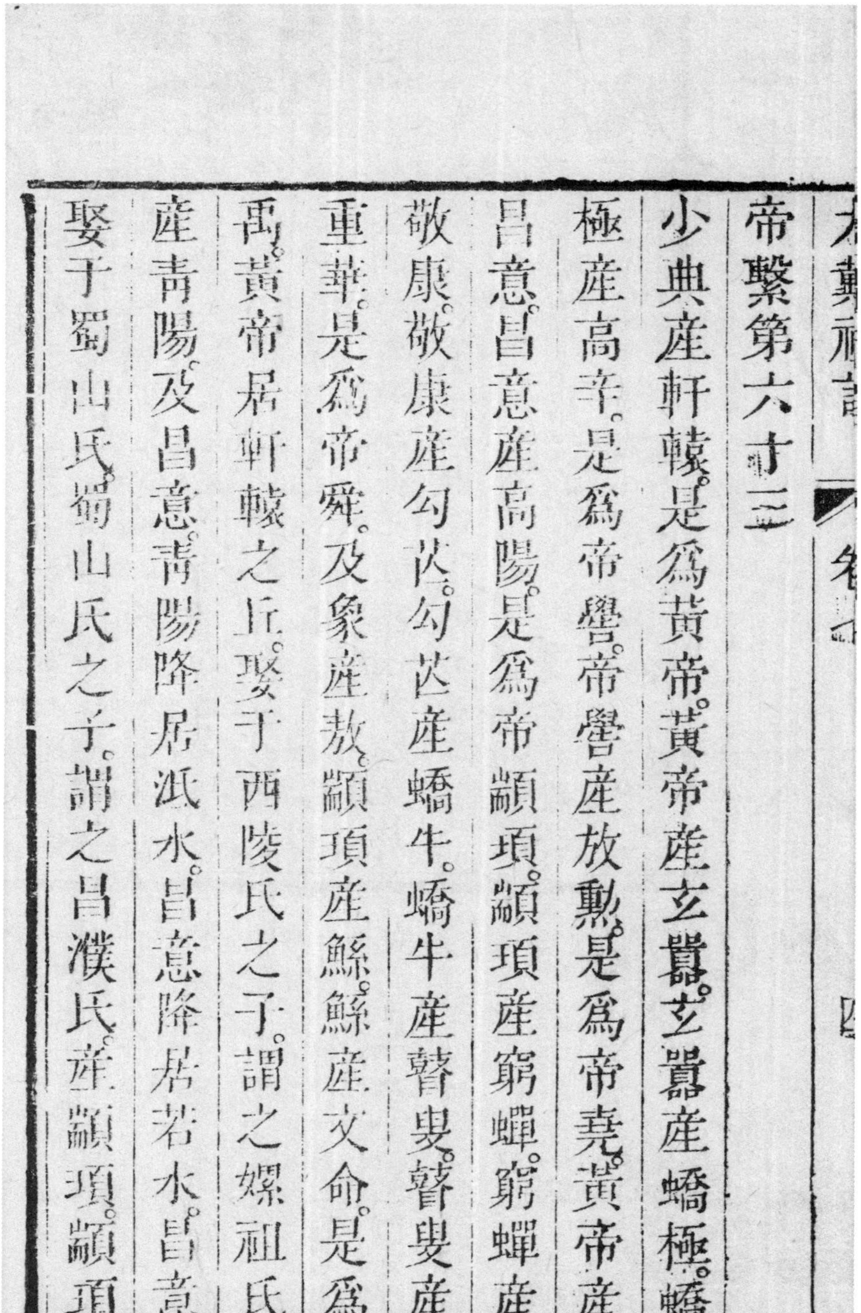
大戴禮記　卷

帝繫第六十三

少典產軒轅。是爲黃帝。黃帝產玄囂。玄囂產蟜極。蟜極產高辛。是爲帝嚳。帝嚳產放勳。是爲帝堯。黃帝產昌意。昌意產高陽。是爲帝顓頊。顓頊產窮蟬。窮蟬產敬康。敬康產勾芒。勾芒產蟜牛。蟜牛產瞽叟。瞽叟產重華。是爲帝舜。及象產敖。顓頊產鯀。鯀產文命。是爲禹。黃帝居軒轅之丘。娶于西陵氏之子。謂之嫘祖氏。產青陽及昌意。青陽降居泜水。昌意降居若水。昌意娶于蜀山氏。蜀山氏之子。謂之昌濮氏。產顓頊。顓頊

图 2-1-14　《大戴礼记·帝系篇》

周朝时，姬姓与姜姓深度融合壮大，人口迁徙带来的族群杂居情况更为普遍，族际联姻不仅表现为周王室与列国间的联姻，也表现为周王室、列国与周边部族的联姻。《古列女传》（图2-1-15）记载王季、文王、武王的母亲来自不同部族：“太姜者，王季之母，有台氏之女。太王娶以为妃，生太伯、仲雍、王季，贞顺率导，靡有过失。太王谋事迁徙，必与太姜。君子谓太姜广于德教。太任者，文王之母，挚任氏中女也。王季娶为妃。……太姒者，武王之母，禹后有莘姒氏之女，仁而明道。文王嘉之，亲迎于渭，造舟为梁。”太姜，姜姓，有台氏传说为四岳之后，这里指吕国；太任，任姓，挚国任姓之女；太姒，姒姓，有莘国之女。三位女性都来源于远古时期的邦国、部族。

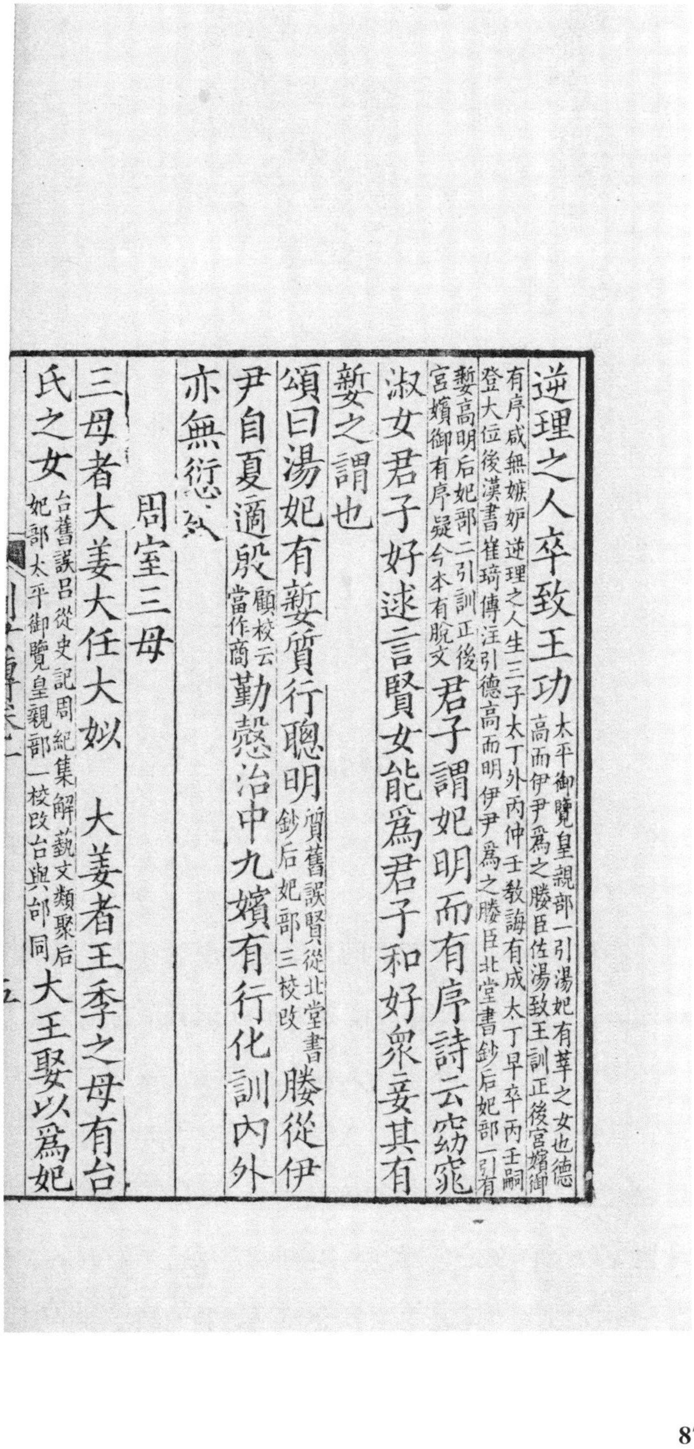

逆理之人卒致王功 太平御覽皇親部一引湯妃有莘之女也德高而伊尹爲之媵臣佐湯致王訓正後宮嬪御有序咸無嫉妒逆理之人生三子太丁外丙仲壬教誨有成太丁早卒丙壬嗣登大位後漢書崔琦傳注引德高而明伊尹爲之媵臣北堂書鈔后妃部一引有㜪高明后妃部二引訓正後宮嬪御有序疑今本有脫文 君子謂妃明而有序詩云窈窕淑女君子好逑言賢女能爲君子和好衆妾其有㜪之謂也

頌曰湯妃有㜪質行聰明 質舊誤賢從北堂書鈔后妃部三校改 媵從伊尹自夏適殷 顧校云當作商 勤慤治中九嬪有行化訓內外亦無愆尤

周室三母

三母者大姜大任大姒 大姜者王季之母有台氏之女 台舊誤呂從史記周紀集解藝文類聚后妃部太平御覽皇親部一校改台與邰同 大王娶以爲妃

图2-1-15（1）《古列女传》卷一

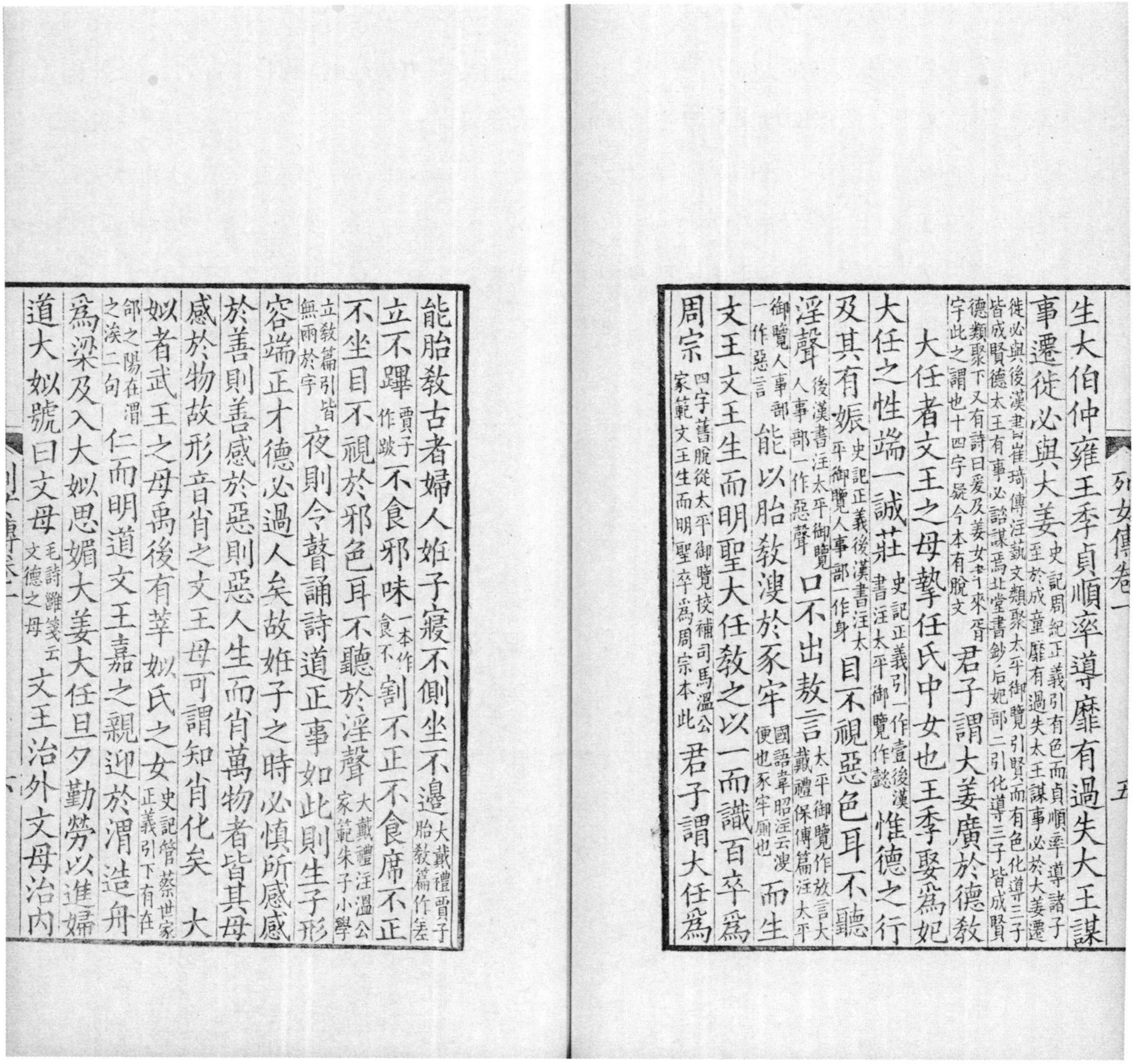
列女傳卷一　五

生大伯仲雍王季貞順率導靡有過失大王謀事遷徙必與大姜史記周紀正義引有色而貞順率導諸子至於成童靡有過失太王謀事必於大姜遷徙必與後漢書崔琦傳注藝文類聚太平御覽引賢而有色化導三子皆成賢德太王有事必諮謀焉北堂書鈔后妃部二引化導三子皆成賢德類聚下又有詩曰爰及姜女聿來胥宇此之謂也十四字疑今本有脫文君子謂大姜廣於德教

大任者文王之母摯任氏中女也王季娶為妃大任之性端一誠莊史記正義引一作壹後漢書注太平御覽作懿惟德之行及其有娠史記正義後漢書注太平御覽人事部一作身目不視惡色耳不聽淫聲後漢書注太平御覽人事部一作惡聲口不出敖言太平御覽作放言大戴禮保傅篇注太平御覽人事部一作惡言能以胎教溲於豕牢國語韋昭注云溲便也豕牢廁也而生文王文王生而明聖大任教之以一而識百卒為周宗四字舊脫從太平御覽校補司馬溫公家範文王生而明聖卒為周宗本此君子謂大任為能胎教古者婦人姙子寢不側坐不邊大戴禮賈子胎教篇作差立不蹕賈子作跛不食邪味一本作食不割不正不食席不正不坐目不視於邪色耳不聽於淫聲大戴禮注溫公家範朱子小學立教篇引皆無兩於字夜則令瞽誦詩道正事如此則生子形容端正才德必過人矣故姙子之時必慎所感感於善則善感於惡則惡人生而肖萬物者皆其母感於物故形音肖之文王母可謂知肖化矣

大姒者武王之母禹後有莘姒氏之女史記管蔡世家正義引下有在郃之陽在渭之涘二句仁而明道文王嘉之親迎於渭造舟為梁及入大姒思媚大姜大任旦夕勤勞以進婦道大姒號曰文母毛詩雝箋云文德之母文王治外文母治內

列女傳卷一

图 2-1-15（2）《古列女传》卷一

春秋战国时期各族群间血缘融合更为深入，许多重要的历史人物都诞生在跨族通婚的家庭中。《左传·庄公二十八年》（图 2-1-16）记载了晋文公重耳的母亲来自戎狄部落：“晋献公娶于贾，无子。烝于齐姜，生秦穆夫人及太子申生。又娶二女于戎，大戎狐姬生重耳，小戎子生夷吾。”重耳流亡狄地时，娶了来自狄人廧咎如”的季隗，生下二子。不仅重耳与狄人通婚，重耳的重臣赵衰也与季隗的姐姐叔隗结婚生下赵盾。晋文公即位后，将狄国的妻子和赵盾都迎回了晋国。从晋悼公至晋文公，晋国与周边部族保持了友好的关系，成为晋国不断强大的原因之一。

秦汉时期不论是上层社会还是边疆百姓，族际通婚的现象非常普遍。上层社会的联姻主要表

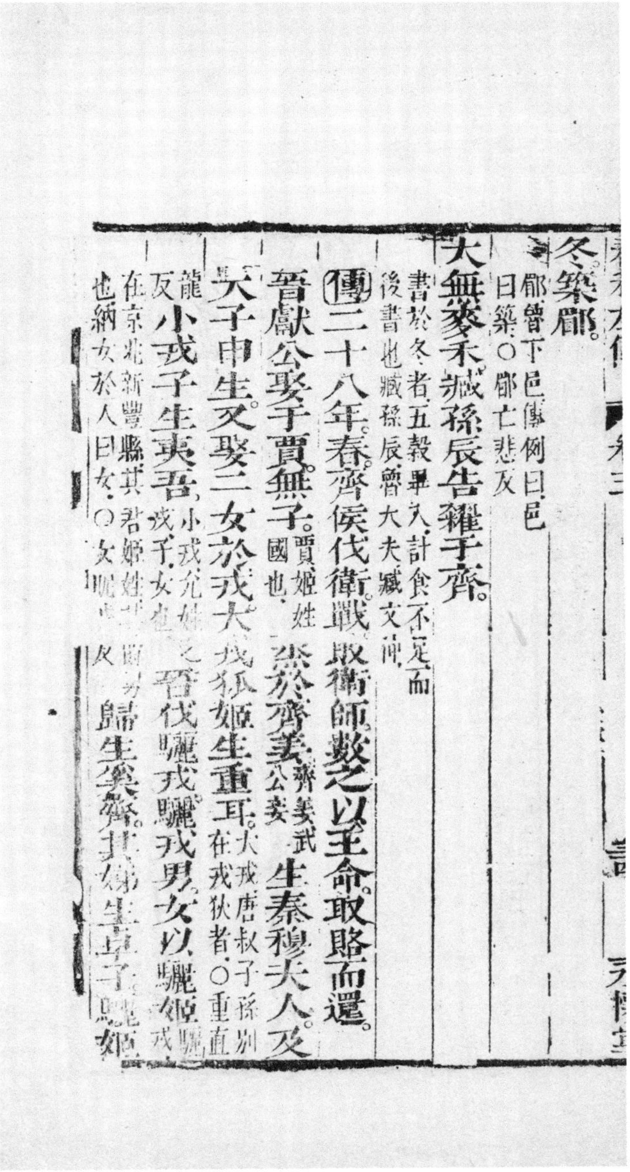
冬，築郿。郿，魯下邑。傳例曰：邑曰築。○郿，亡悲反。
大無麥禾。臧孫辰告糴于齊。書於冬者，五穀畢入，計食不足而後書也。臧孫辰，魯大夫臧文仲。
傳二十八年春，齊侯伐衛，戰，敗衛師，數之以王命，取賂而還。
晉獻公娶于賈，無子。賈，姬姓國也。烝於齊姜，齊姜，武公妾。生秦穆夫人及大子申生。又娶二女於戎，大戎狐姬生重耳，大戎，唐叔子孫別在戎狄者。○重，直龍反。小戎子生夷吾。小戎，允姓之戎，子，女也。晉伐驪戎，驪戎男女以驪姬，驪戎在京兆新豐縣，其君姬姓，其爵男也。納女於人曰女。○女，呢據反。歸，生奚齊。其娣生卓子。驪姬

图 2–1–16 《左传·庄公二十八年》

现为和亲，汉朝著名的和亲公主有细君公主、解忧公主和昭君公主。《汉书·元帝纪》(图2–1–17)记载了昭君出塞的故事:“竟宁元年春正月，匈奴呼韩邪单于来朝。诏曰:‘……呼韩邪单于不忘恩德，向慕礼义，复修朝贺之礼，愿保塞传之无穷，边垂长无兵革之事。’其改元为竟宁，赐单于待诏掖庭王樯为阏氏。”公元前33年，汉元帝将宫女王昭君嫁给呼韩邪单于作王后。昭君出塞后，汉朝与匈奴政权维持了长达半个世纪的和平局面，迎来“边城晏闭、牛马布野”的太平盛世。昭君出塞的故事家喻户晓，被创作成多种艺术形式流传民间，还被翻译成了蒙古文和满文(图2–1–18、19)等民族文字在不同民族中流传。

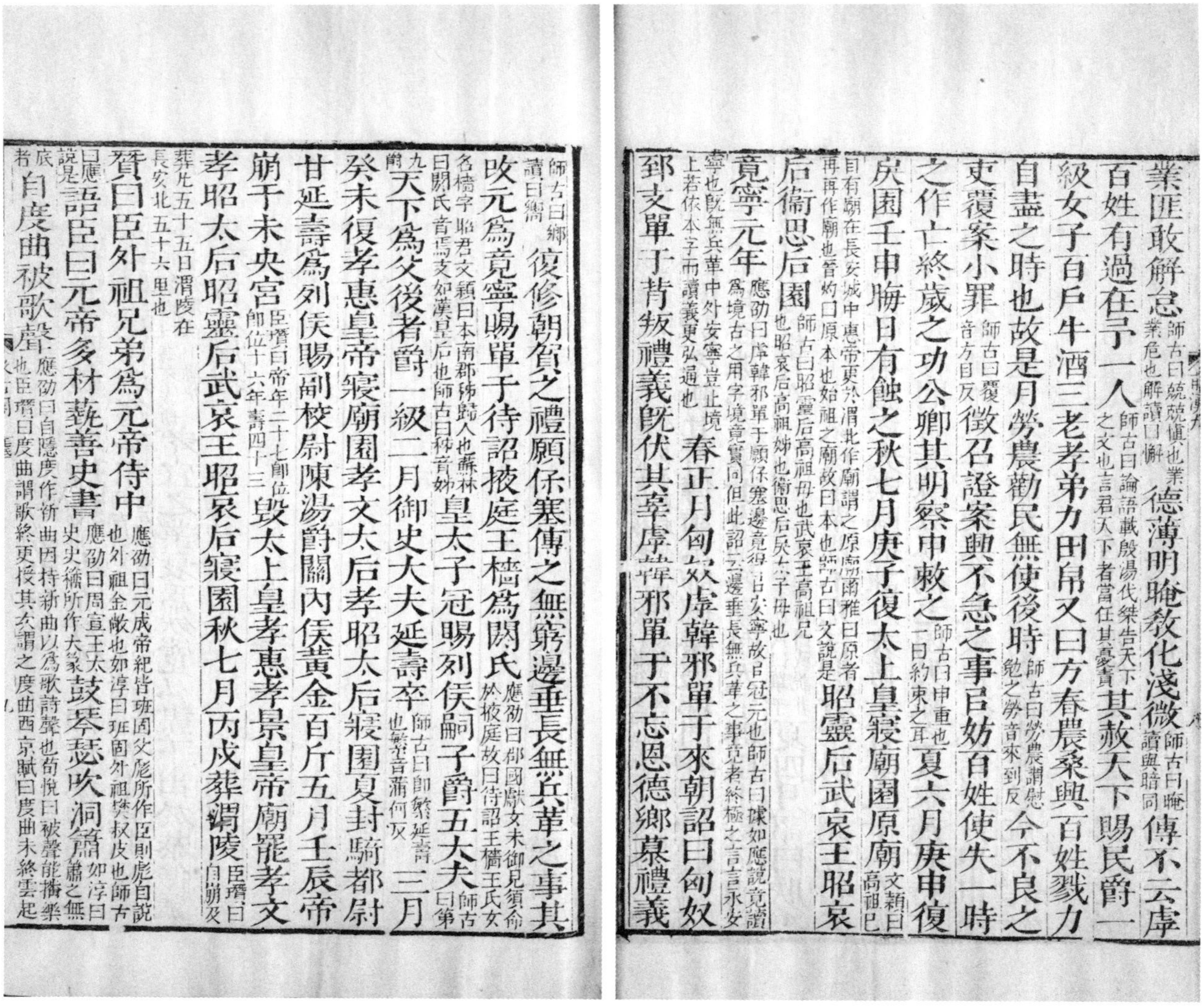

業匪敢解怠師古曰兢兢慎也業業危也解讀曰懈德薄明晻教化淺微師古曰晻讀與暗同傳不云虖百姓有過在予一人師古曰論語載殷湯代桀告天下之文也言君天下者當任其憂責其赦天下賜民爵一級女子百戶牛酒三老孝弟力田帛又曰方春農桑興百姓戮力自盡之時也故是月勞農勸民無使後時師古曰勞農謂慰勉之勞音來到反今不良之吏覆案小罪師古曰覆音方目反徵召證案興不急之事以妨百姓使失一時之作亡終歲之功公卿其明察申敕之師古曰申重也一曰約束之耳夏六月庚申復戾園壬申晦日有蝕之秋七月庚子復太上皇寢廟園原廟文穎曰高祖已自有廟在長安城中惠帝更於渭北作廟謂之原廟爾雅曰原者再再作廟也晉灼曰原本也始祖之廟故曰本也師古曰文說是昭靈后武哀王昭哀后衛思后園師古曰昭靈后高祖母也武哀王高祖兄也昭哀后高祖姊也衛思后戾太子母也竟寧元年應劭曰虖韓邪單于願保塞邊竟得以安寧故以冠元也師古曰據如應說竟讀為境古之用字境竟實同但此詔云邊垂長無兵革之事竟者終極之言言永安寧也既無兵革中外安寧豈止境上若依本字而讀義更弘通也春正月匈奴虖韓邪單于來朝詔曰匈奴郅支單于背叛禮義既伏其辜虖韓邪單于不忘恩德鄉慕禮義

師古曰鄉讀曰嚮復修朝賀之禮願保塞傳之無窮邊垂長無兵革之事其改元為竟寧賜單于待詔掖庭王檣為閼氏應劭曰郡國獻女未御見須命於掖庭故曰待詔王檣王氏女名檣字昭君文穎曰本南郡秭歸人也蘇林曰閼氏音焉支如漢皇后也師古曰秭音姊皇太子冠賜列侯嗣子爵五大夫師古曰第九爵天下為父後者爵一級二月御史大夫延壽卒師古曰即繁延壽也繁音蒲何反三月癸未復孝惠皇帝寢廟園孝文太后孝昭太后寢園夏封騎都尉甘延壽為列侯賜副校尉陳湯爵關內侯黃金百斤五月壬辰帝崩于未央宮臣瓚曰帝年二十七即位即位十六年壽四十三毀太上皇孝惠孝景皇帝廟罷孝文孝昭太后昭靈后武哀王昭哀后寢園秋七月丙戌葬渭陵臣瓚曰自崩及葬凡五十五日渭陵在長安北五十六里也贊曰臣外祖兄弟為元帝侍中應劭曰元成帝紀皆班固父彪所作臣則彪自說也外祖金敞也如淳曰班固外祖樊叔皮也師古曰應說是語臣曰元帝多材藝善史書應劭曰周宣王太史史籀所作大篆鼓琴瑟吹洞簫如淳曰簫之無底者自度曲被歌聲應劭曰自隱度作新曲因持新曲以為歌詩聲也荀悅曰被聲能播樂也臣瓚曰度曲謂歌終更授其次謂之度曲西京賦曰度曲未終雲起

图 2-1-17　《汉书·元帝纪》

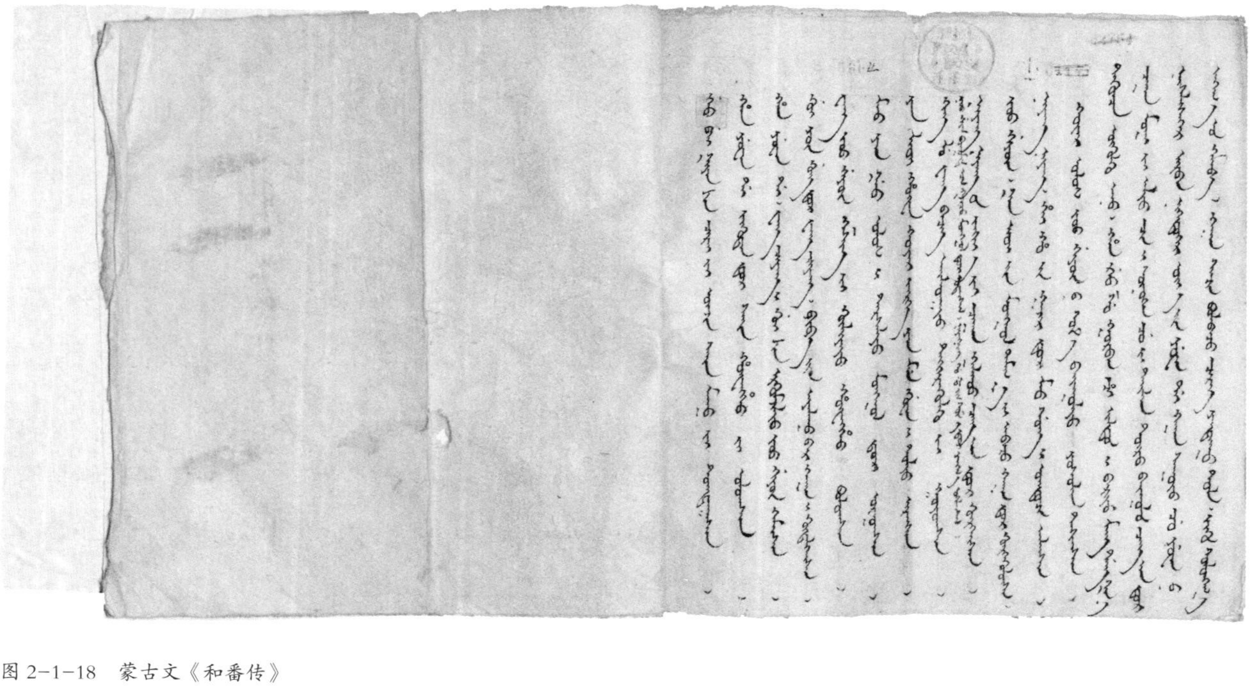

图 2-1-18　蒙古文《和番传》

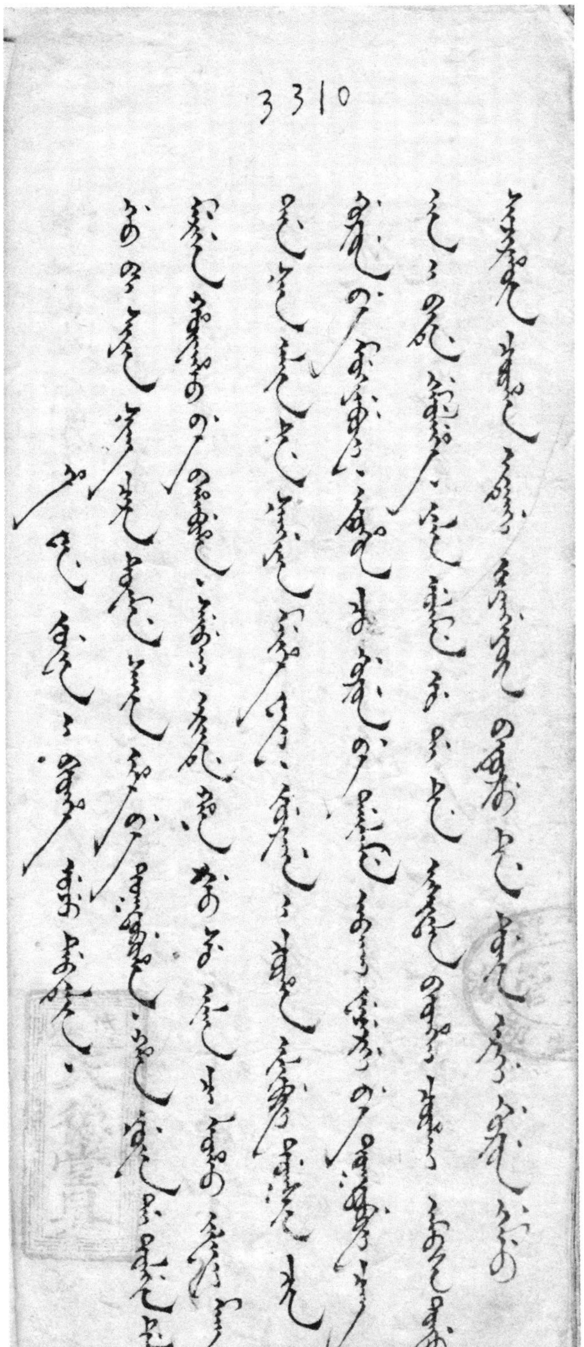

图 2–1–19　满文《和番传》

南北朝时期，族际通婚频繁深入。《魏书·咸阳王元禧传》（图2–1–20）记载北魏孝文帝对婚姻的认识："诏曰：'夫婚姻之义，曩叶攸崇，求贤择偶，绵代斯慎，故刚柔著于易经，鹊巢载于诗典，所以重夫妇之道，美尸鸠之德，作配君子，流芳后昆者也。然则婚者，合二姓之好，结他族之亲，上以事宗庙，下以继后世，必敬慎重正而后亲之。'"族际婚姻能消弭隔阂，加速融合的进程，因此他积极推行各民族间的通婚政策。

任城王隸戶爲之深爲高祖所責詔曰夫婚姻之義曩葉攸崇求賢擇偶綿代斯慎故剛柔著於易經鵲巢載于詩典所以重夫婦之道美尸鳩之德作配君子流芳後昆者也然則婚者合二姓之好結他族之親上以事宗廟下以繼後世必敬慎重正而後親之夫婦既親然後父子君臣禮義忠孝於斯備矣太祖龍飛九五始稽遠則而撥亂創業日昃不暇至於諸王娉合之儀宗室婚姻之戒或得賢淑或乖好逑自茲以後其風漸缺皆人乏窈窕族非百兩擬匹卑濫舅氏輕微違典滯俗深用爲歎以皇子茂年宜簡令正前者所納可爲妾媵將

图 2-1-20 《魏书·咸阳王元禧传》

《资治通鉴·齐纪·高宗明帝中》(图2-1-21)记载孝文帝率先垂范和汉人互通婚姻:“魏主雅重门族,以范阳卢敏、清河崔宗伯、荥阳郑羲、太原王琼四姓,衣冠所推,咸纳其女以充后宫。陇西李冲以才识见任,当朝贵重,所结姻连,莫非清望。帝亦以其女为夫人。”孝文帝还为自己的弟弟缔结了汉族姻亲关系,上行下效,民族融合从上层社会影响到下层民众。

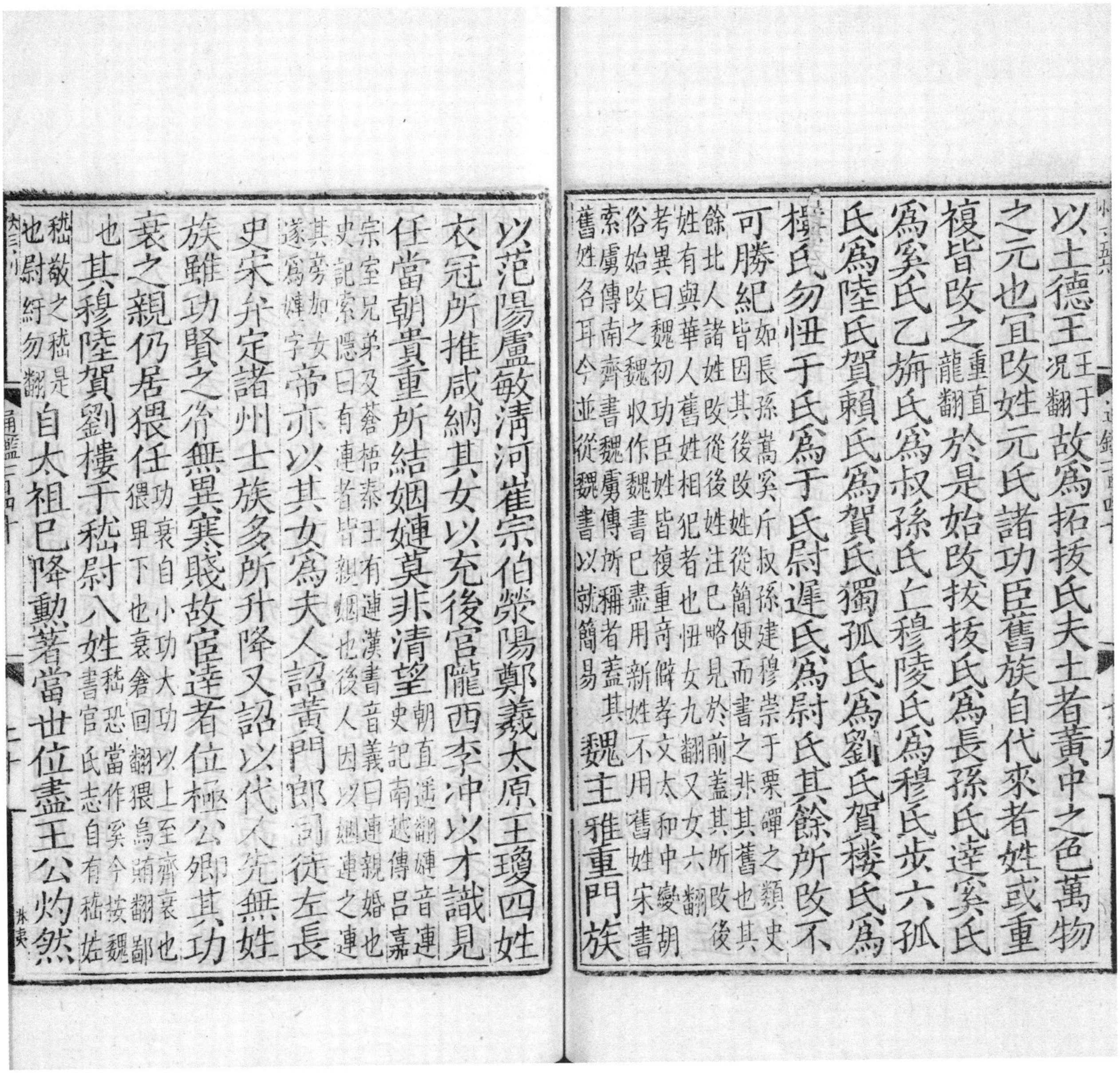

图 2-1-21　《资治通鉴·齐纪·高宗明帝中》

隋唐时期进一步加强中原地区与边疆各族的联系，我国统一的多民族国家有了进一步发展。隋唐五代上层不少人“杂有胡族血胤”，其身份构成体现着多族群的交融。唐朝时突厥、吐谷浑、吐蕃等都与唐王朝和亲。松赞干布和文成公主的结合为发展吐蕃的经济文化，加强唐朝与唐蕃的联系，做出了重大贡献。《旧唐书·吐蕃传》(图2-1-22)记载文成公主入藏事迹：“贞观十五年，太宗以文成公主妻之，令礼部尚书江夏郡王道宗主婚，持节送公主于吐蕃。弄赞率其部兵次柏海，亲迎于河源，见道宗，执子婿之礼甚恭。既而叹大国服饰礼仪之美，俯仰有愧沮之色。及与公主归国，谓所亲曰：‘我父祖未有通婚上国者，今我得尚大唐公主，为幸实多，当为公主筑一城以夸示后代。’遂筑城邑，立栋宇以居处焉。公主恶其人赭面，弄赞令国中权且罢之，自亦释毡裘，袭纨绮，渐慕华风。仍遣酋豪子弟请入国学，以习诗书，又请中国识文之人，典其表疏。”松赞干布对强盛的唐朝十分倾慕。唐贞观八年（634）他第一次派遣使者到长安与唐朝通好，后来因为种种原因未能如愿。贞观十五年（641），唐太宗把宗室女文成公主嫁给松赞干布。从文成公主入藏到松赞干布去世的十年中，吐蕃一直“以子婿礼”臣服于唐。

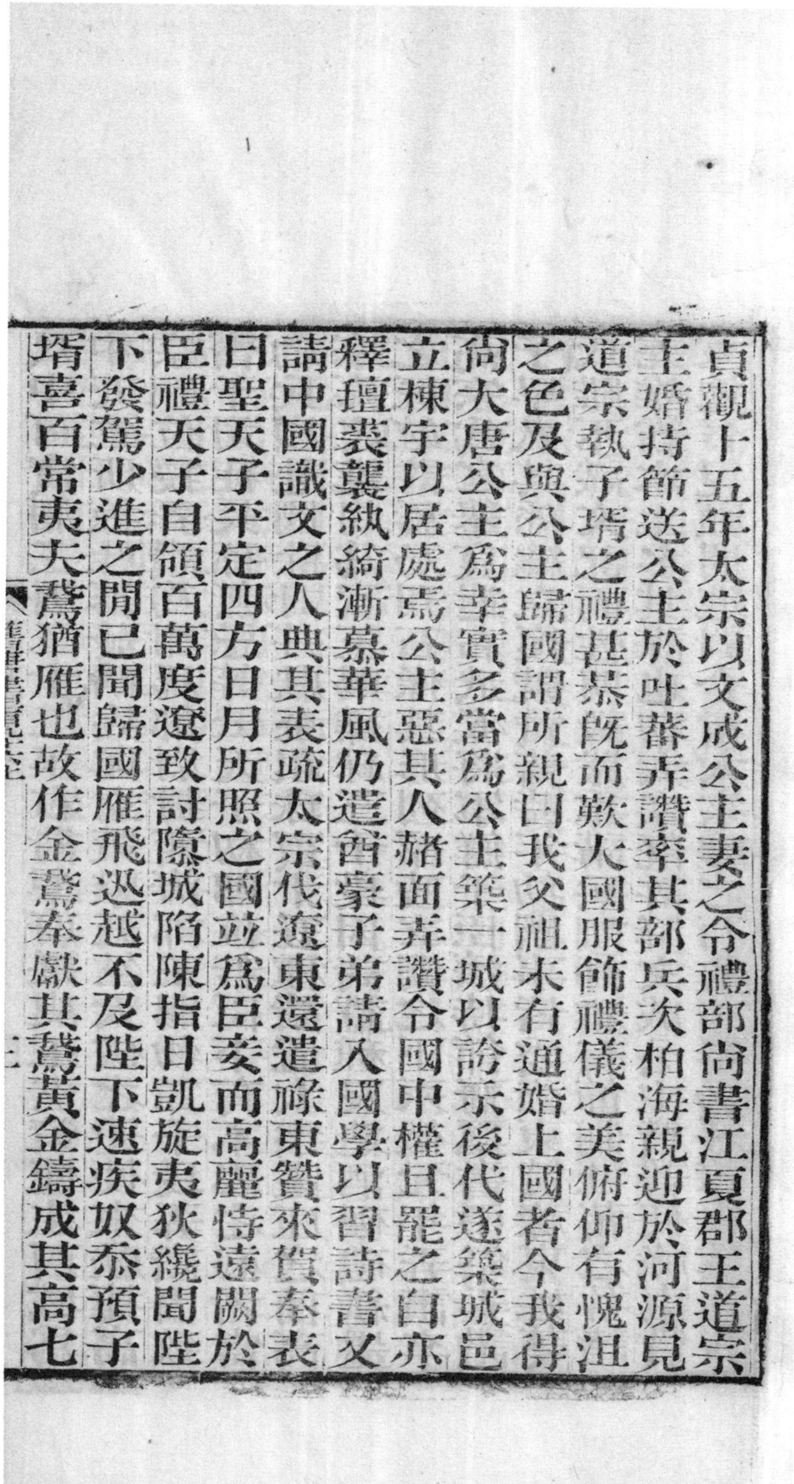

貞觀十五年太宗以文成公主妻之令禮部尚書江夏郡王道宗主婚持節送公主於吐蕃弄讚率其部兵次柏海親迎於河源見道宗執子壻之禮甚恭既而歎大國服飾禮儀之美俯仰有愧沮之色及與公主歸國謂所親曰我父祖未有通婚上國者今我得尚大唐公主為幸實多當為公主築一城以誇示後代遂築城邑立棟宇以居處焉公主惡其人赭面弄讚令國中權且罷之自亦釋氊裘襲紈綺漸慕華風仍遣酋豪子弟請入國學以習詩書又請中國識文之人典其表疏太宗伐遼東還遣祿東贊來賀奉表曰聖天子平定四方日月所照之國竝為臣妾而高麗恃遠闕於臣禮天子自領百萬度遼致討隳城陷陣指日凱旋夷狄纔聞陛下發駕少進之閒已聞歸國雁飛迅越不及陛下速疾奴忝預子壻喜百常夷夫鵞猶雁也故作金鵞奉獻其鵞黃金鑄成其高七

图 2-1-22　《旧唐书·吐蕃传》

吐蕃史书《贤者喜宴》记载，松赞干布亲自为文成公主加冕，封其为王后，并专门修筑了城邑、宫室，供文成公主居住，这就是现在布达拉宫的前身。文成公主把唐朝的诸多物产和工艺带到吐蕃，推动了吐蕃的经济文化发展和汉藏间的交流。《唐诗三百首》（图2–1–23）所收陈陶《陇西行》记载文成公主入藏后民族交融的情形：“黠虏生擒未有涯，黑山营阵识龙蛇。自从贵主和亲后，一半胡风似汉家。”文成公主去世后，唐朝再次派遣金城公主入藏，作为双方友好相处的桥梁。

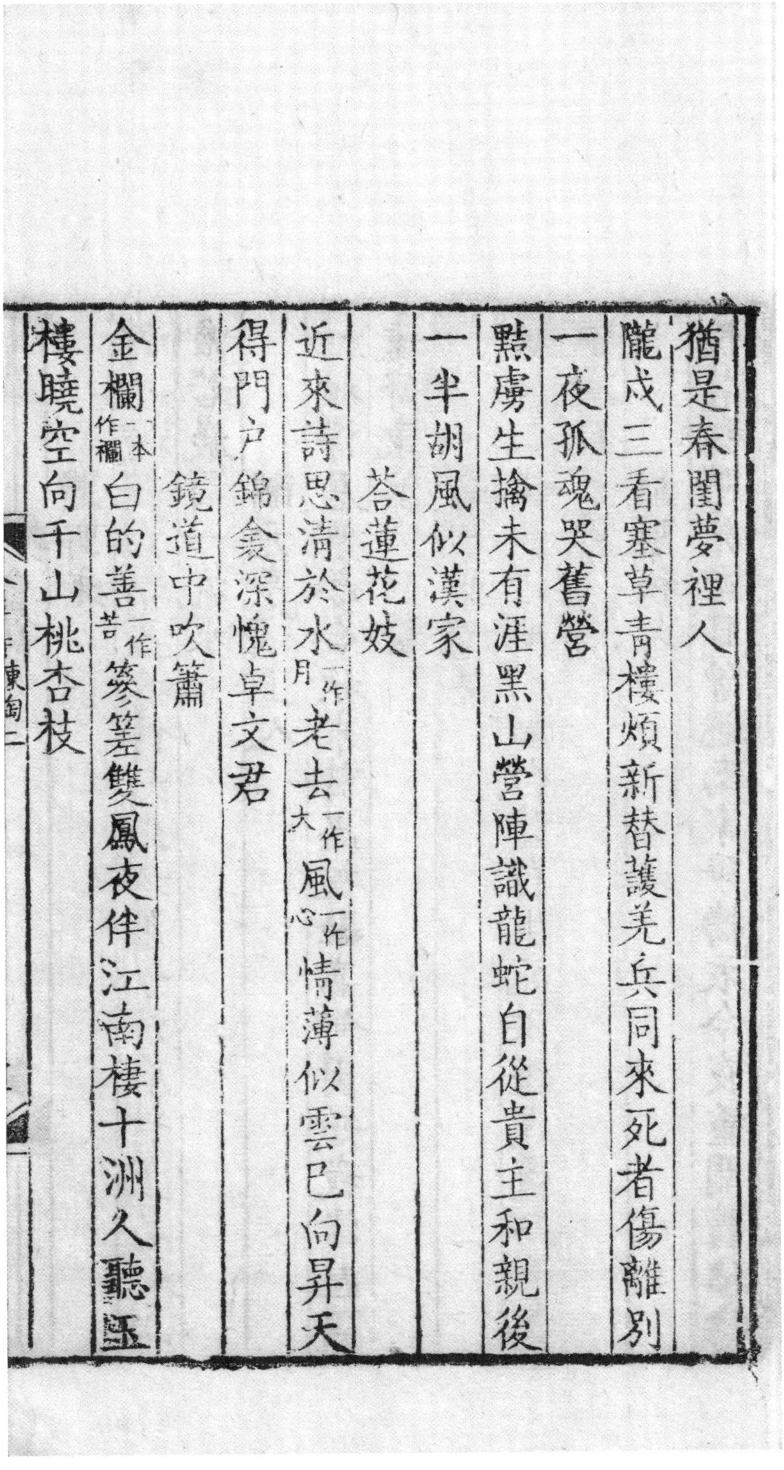
猶是春閨夢裡人
隴戍三看塞草青樓頻新替護羌兵同來死者傷離別
一夜孤魂哭舊營
黠虜生擒未有涯黑山營陣識龍蛇白從貴主和親後
一半胡風似漢家
答蓮花妓
近來詩思清於水（一作月）老去（一作大）風（一作心）情薄似雲已向昇天
得門户錦衾深愧卓文君
鏡道中吹簫
金欄（一本作欄）白的善（一作苦）篸箠雙鳳夜伴江南樓十洲人聽[illegible]
樓曉空向千山桃杏枝

图2–1–23 《唐诗三百首》

辽宋夏金时期，不仅上层贵族实行通婚，各政权也鼓励民间通婚，如辽朝与高昌回鹘、喀喇汗王朝、吐蕃通婚。辽太宗还命辽人授予汉官者，需接受汉人礼仪，与汉人通婚；女真皇族与辽宋皇室通婚；西夏与辽皇室、吐蕃贵族通婚，西夏诸帝娶汉女为妃；等等。《西夏书事》（图2-1-24）记载西夏仁宗母亲曹氏是汉族："宣和二年、夏元德二年春三月，日承气，立妃曹氏。曹氏，曩霄时把关太尉曹勉孙也。年十四入宫，性温柔贞静，动以礼法。"夏崇宗于西夏贞观五年（1105）娶辽朝成安公主，西夏元德二年（1120）立曹氏为妃，西夏大德三年（1137）崇宗又立党项权臣任得敬之女任氏为皇后，西夏皇族在族内通婚的同时还与契丹族、汉族通婚。

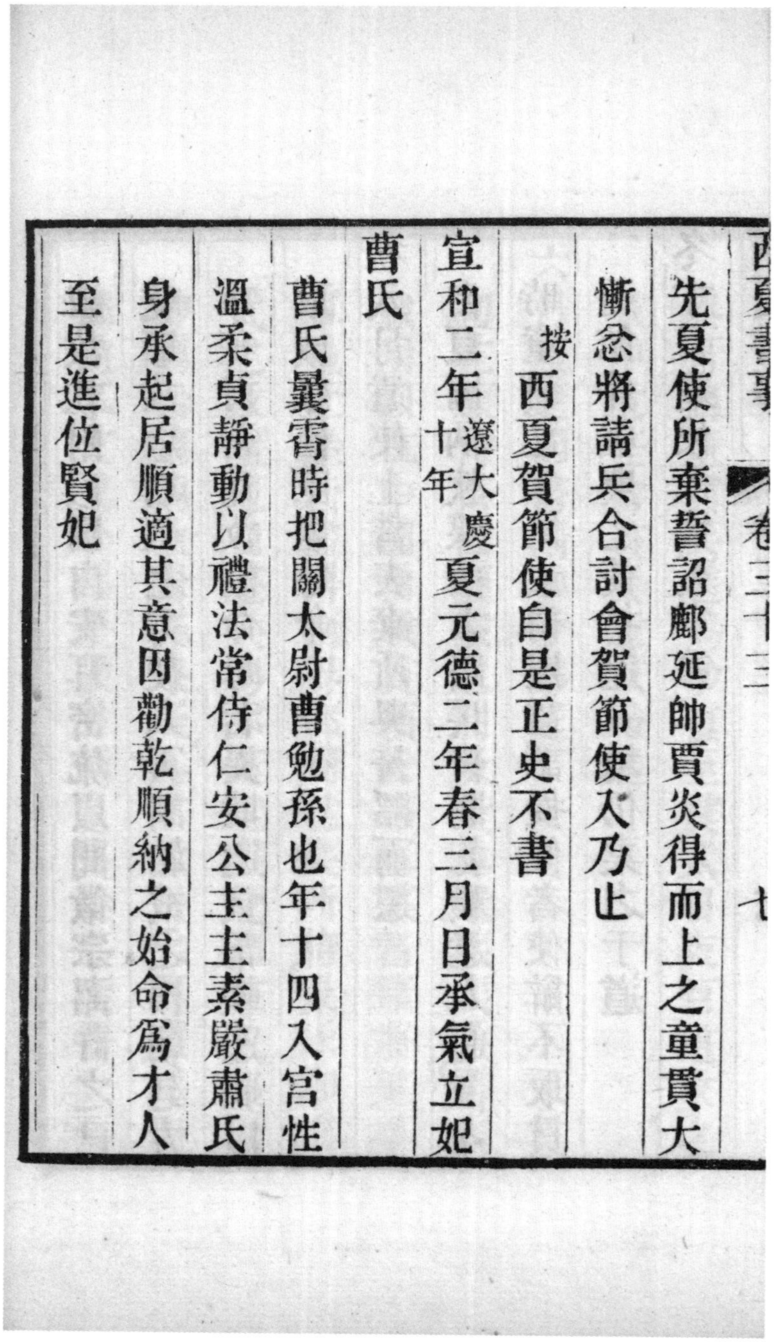
西夏書事　卷三十三　七
先夏使所棄誓詔鄜延帥賈炎得而上之童貫大
慚忿將請兵合討會賀節使入乃止
按　西夏賀節使自是正史不書
宣和二年遼大慶十年　夏元德二年春三月日承氣立妃
曹氏
曹氏曩霄時把關太尉曹勉孫也年十四入宮性
溫柔貞靜動以禮法常侍仁安公主主素嚴肅氏
身承起居順適其意因勸乾順納之始命爲才人
至是進位賢妃

图2-1-24　《西夏书事》卷三十三

元朝族群毗邻杂居，彼此往来趋于常态，族际通婚现象趋于平常。史籍记载色目各族与蒙古族、汉族之间通婚；汉族与蒙古族、契丹、女真、高丽等族之间通婚；契丹、女真、高丽等族与色目各族、蒙古族之间通婚。各族的杂居和通婚，促进了内地和边疆各地、土著与外来各族之间的民间文化交流。《维摩诘所说经》(图2–1–25)施经题记记载了元朝时期汉族和蒙古族通婚的史实：“张遵诲、夫人瓮吉剌氏、长男洪寿、次男住僧合家眷等。”张遵诲父亲名张惠，被元世祖赐名兀鲁忽讷特，官至平章政事。从施经题记看，张遵诲的妻子是蒙古族贵族，因而这部古籍是蒙汉联姻的实证之一。

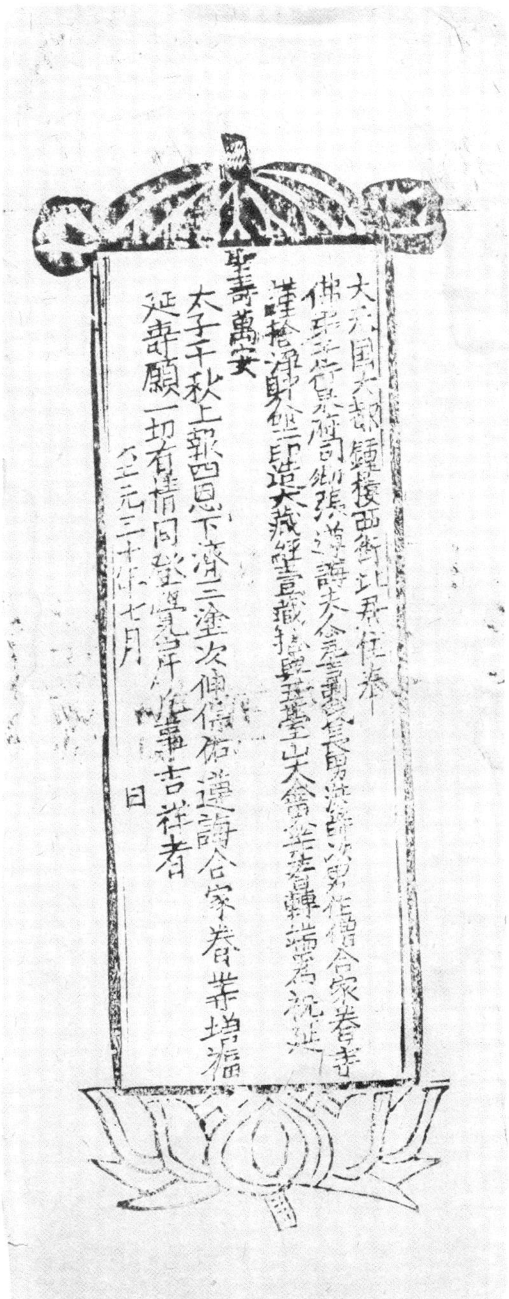

图2–1–25 《维摩诘所说经》

清朝入关以前，与蒙古的政治联姻就已经开始了。为了维持并保证统治，清王朝将满蒙联姻定为国策，清朝皇室宗亲会迎娶蒙古女子，清朝公主和宗室格格也会嫁给蒙古的王公贵族及其子弟，在满蒙三百余年的联姻活动中，出嫁到蒙古的公主、格格达四百多位。《和硕郡主封册》(图2-1-26)是清顺治十四年(1657)，封郑亲王第三女为和硕郡主的封册："奉天承运，皇帝制曰：树懿亲而作辅，国重宗盟，端内则以持身，闺严女训，式宜象服，爰锡龙章。咨尔和硕郑叔亲王第三女也，德协柔嘉，性成贞静，自设悦而致祝，无非无仪，当结缡而命辞，必敬必戒，式遵地道，增重天潢。尔和硕亲王之女，是用封郡主，锡之册文。推在室之孝心，即可彰乎妇顺，勉相夫之令德，知必庆家庥，益懋芳矩，永绥后禄。钦哉。顺治十四年春中月十五日。"崇德五年(1640)二月，清太宗将郑亲王济尔哈朗年方十一岁的第三女许聘给穆章，和硕郡主与穆章的结合维护了边疆稳定，拉近了民族感情。

图 2-1-26 《和硕郡主封册》

第二节 功以才成 业由才广

古往今来，人才都是富国之本、兴邦大计。国家事业要不断发展，就要聚天下英才而用之。我们悠久厚重的历史正是各族人才在相互学习借鉴中共同书写的。

黄帝时期唯才是举，任用人才治理国家。史籍记载黄帝时期任用的人才有风后、天老、五圣、苍龙、常先、大鸿、广成子、仓颉、祝融、后土、应龙、岐伯、隶首、伍胥、太山稽、张挥、孔甲、女娲、周昌、杜康、伶伦、张若等，许多人都来自不同的部族。《晋书·律历志》(图2-2-1)

记载：“乃使羲和占日，常仪占月，臾区占星气，伶伦造律吕，大挠造甲子，隶首作算数。容成综斯六术，考定气象，建五行，察发敛，起消息，正闰余，述而著焉，谓之《调历》。”其中的容成把各家天文气象等方面的观测资料加以综合，是黄帝作《调历》的总编纂。容成可能来自容成氏，《淮南子·本经训》（图2–2–2）记载：“昔容成氏之时，道路雁行列处，托婴儿于巢上，置余粮于亩首，虎豹可尾，虺蛇可蹍，而不知其所由然。”容成氏应该是黄帝时期对气候和节气掌握得好的其他氏族。

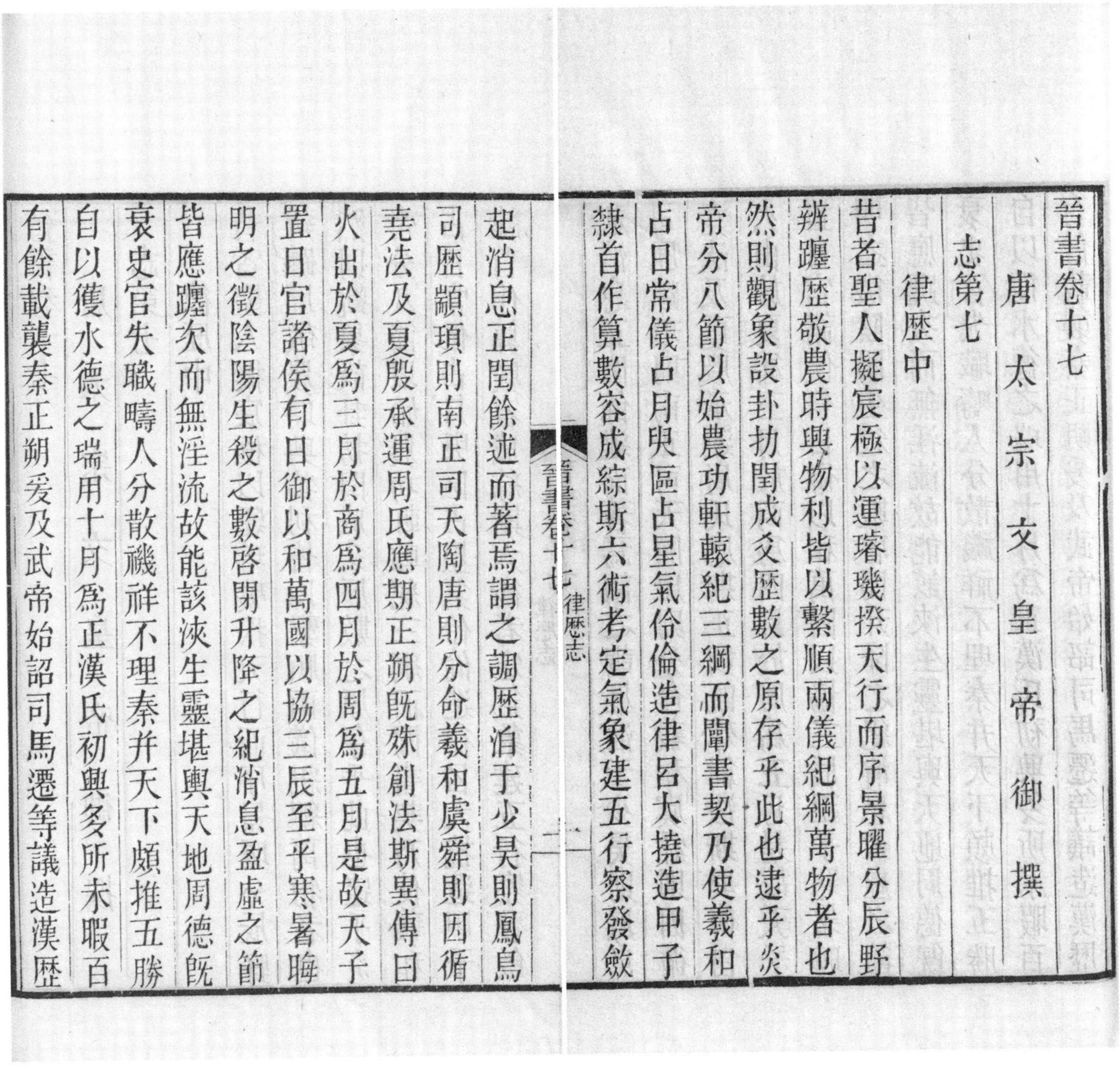
晉書卷十七
唐 太 宗 文 皇 帝 御 撰
志第七
律歷中
昔者聖人擬宸極以運璿璣揆天行而序景曜分辰野
辨躔歷敬農時興物利皆以繫順兩儀紀綱萬物者也
然則觀象設卦扐閏成爻歷數之原存乎此也逮乎炎
帝分八節以始農功軒轅紀三綱而闡書契乃使羲和
占日常儀占月臾區占星氣伶倫造律呂大撓造甲子
隸首作算數容成綜斯六術考定氣象建五行察發斂
晉書卷十七 律歷志 二
起消息正閏餘述而著焉謂之調歷洎于少昊則鳳鳥
司歷顓頊則南正司天陶唐則分命羲和虞舜則因循
堯法及夏殷承運周氏應期正朔既殊創法斯異傳曰
火出於夏爲三月於商爲四月於周爲五月是故天子
置日官諸侯有日御以和萬國以協三辰至乎寒暑晦
明之徵陰陽生殺之數啓閉升降之紀消息盈虛之節
皆應躔次而無淫流故能該浹生靈堪輿天地周德既
衰史官失職疇人分散禨祥不理秦并天下頗推五勝
自以獲水德之端用十月爲正漢氏初興多所未暇百
有餘載襲秦正朔爰及武帝始詔司馬遷等議造漢歷

图 2–2–1 《晋书·律历志》

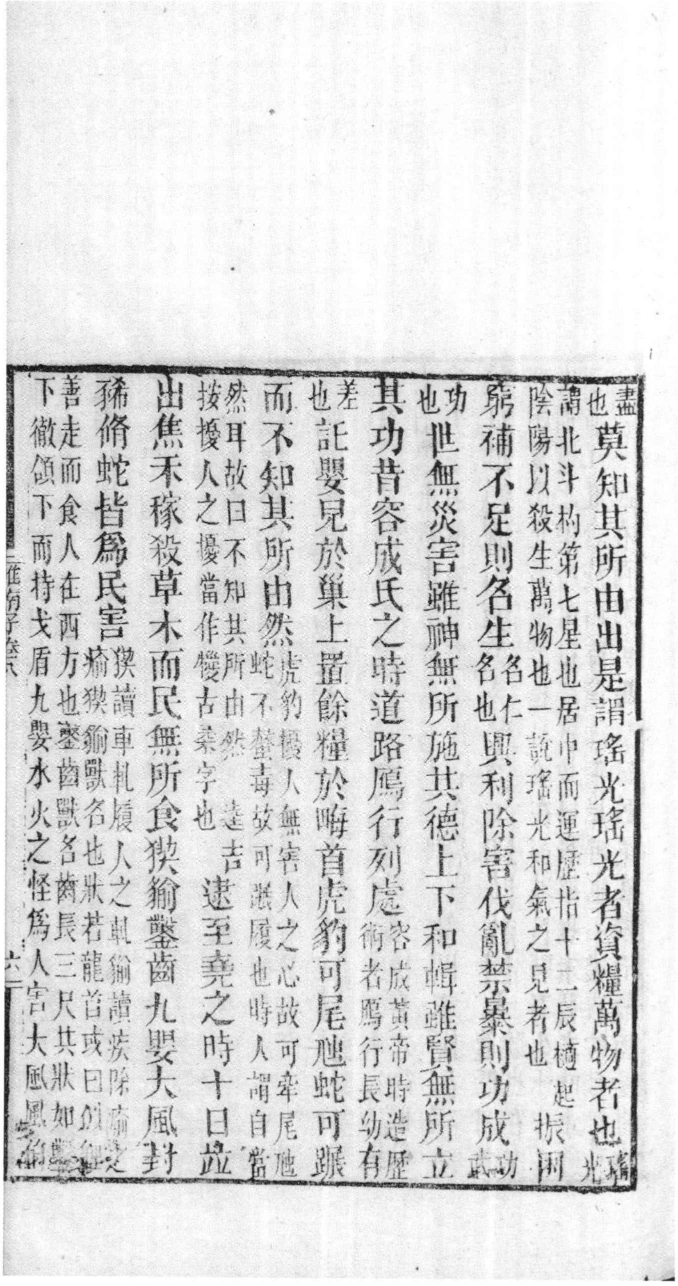

盡也莫知其所由出是謂瑤光瑤光者資糧萬物者也瑤光謂北斗杓第七星也居中而運歷指十二辰擿起陰陽以殺生萬物也一說瑤光和氣之見者也贍補不足則名生名仁名也興利除害伐亂禁暴則功成功武功也世無災害雖神無所施其德上下和輯雖賢無所立其功昔容成氏之時道路鴈行列處容成黃帝時造歷術者鴈行長幼有差也託嬰兒於巢上置餘糧於晦首虎豹可尾虺蛇可蹍而不知其所由然虎豹攫人無害人之心故可牽尾虺蛇不螫毒故可蹍履也時人謂自當然耳故曰不知其所由然接攫人之攫當作攫古桑字也逮至堯之時十日並出焦禾稼殺草木而民無所食猰貐鑿齒九嬰大風封豨脩蛇皆為民害猰讀車軋履人之軋貐讀疾除瘉之瘉猰貐獸名也狀若龍首或曰似貍善走而食人在西方也鑿齒獸名齒長三尺其狀如鑿下徹頷下而持戈盾九嬰水火之怪為人害大風風伯

淮南子卷八　六二

图 2-2-2　《淮南子·本经训》

伊尹是商初的贤相，不仅帮助商汤灭夏，还辅佐太甲施行仁政。传说伊尹曾经是成汤妻子有莘氏陪嫁来的奴隶，在与成汤的一次对话中被发掘。《吕氏春秋·本味篇》（图 2-2-3）记载伊尹以四方珍味讲治理天下的道理："汤得伊尹，祓之于庙，爝以爟火，衅以牺猳。明日，设朝而见之，说汤以至味……肉之美者：猩猩之唇，獾獾之炙，隽觾之翠，述荡之掔，旄象之约……天子不可强为，必先知道。道者止彼在己，己成而天子成，天子成则至味具。故审近所以知远也，成己所以成人也。圣王之道要矣，岂越越多业哉！"

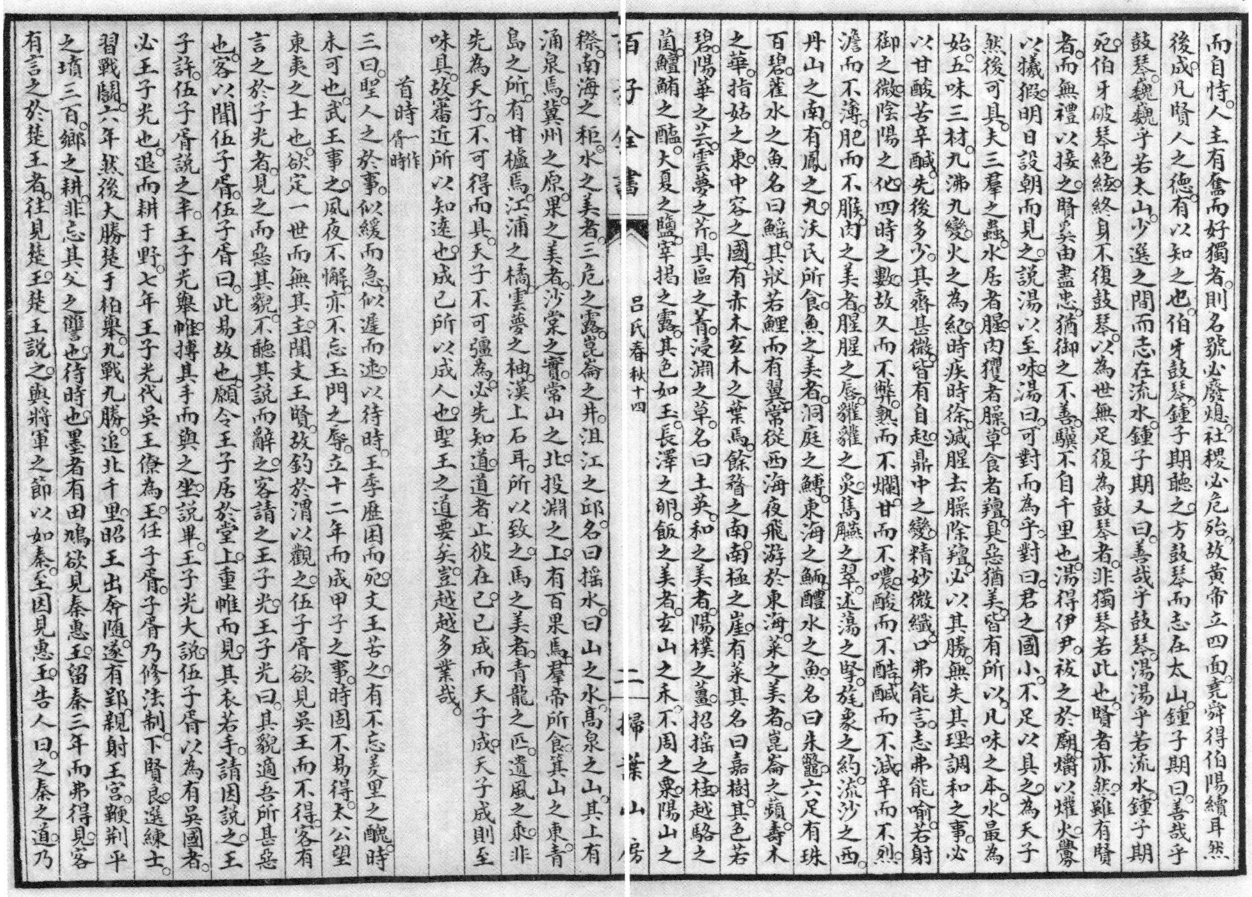
而自恃人主有奮而好獨者則名號必廢熄社稷必危殆故黃帝立四面堯舜得伯陽續耳然
後成凡賢人之德有以知之也伯牙鼓琴鍾子期聽之方鼓琴而志在太山鍾子期曰善哉乎
鼓琴巍巍乎若太山少選之間而志在流水鍾子期又曰善哉乎鼓琴湯湯乎若流水鍾子期
死伯牙破琴絶絃終身不復鼓琴以為世無足復為鼓琴者非獨琴若此也賢者亦然雖有賢
者而無禮以接之賢奚由盡忠猶御之不善驥不自千里也湯得伊尹祓之於廟爝以爟火釁
以犧猳明日設朝而見之說湯以至味湯曰可對而為乎對曰君之國小不足以具之為天子
然後可具夫三群之蟲水居者腥肉玃者臊草食者羶臭惡猶美皆有所以凡味之本水最為
始五味三材九沸九變火之為紀時疾時徐滅腥去臊除羶必以其勝無失其理調和之事必
以甘酸苦辛鹹先後多少其齊甚微皆有自起鼎中之變精妙微纖口弗能言志弗能喻若射
御之微陰陽之化四時之數故久而不弊熟而不爛甘而不噥酸而不酷鹹而不減辛而不烈
澹而不薄肥而不腠肉之美者猩猩之唇獾獾之炙雋觾之翠述蕩之掔旄象之約流沙之西
丹山之南有鳳之丸沃民所食魚之美者洞庭之鱄東海之鮞醴水之魚名曰朱鼈六足有珠
百碧雚水之魚名曰鰩其狀若鯉而有翼常從西海夜飛游於東海菜之美者崑崙之蘋壽木
之華指姑之東中容之國有赤木玄木之葉焉餘瞀之南南極之崖有菜其名曰嘉樹其色若
碧陽華之芸雲夢之芹具區之菁浸淵之草名曰土英和之美者陽樸之薑招搖之桂越駱之
菌鱣鮪之醢大夏之鹽宰揭之露其色如玉長澤之卵飯之美者玄山之禾不周之粟陽山之

百子全書　呂氏春秋十四　二　掃葉山房

穄南海之秬水之美者三危之露崑崙之井沮江之丘名曰搖水曰山之水高泉之山其上有
涌泉焉冀州之原果之美者沙棠之實常山之北投淵之上有百果焉羣帝所食箕山之東青
鳥之所有甘櫨焉江浦之橘雲夢之柚漢上石耳所以致之馬之美者青龍之匹遺風之乘非
先為天子不可得而具天子不可彊為必先知道道者止彼在己己成而天子成天子成則至
味具故審近所以知遠也成己所以成人也聖王之道要矣豈越越多業哉

首時（一作胥時）

三曰聖人之於事似緩而急似遲而速以待時王季歷困而死文王苦之有不忘羑里之醜時
未可也武王事之夙夜不懈亦不忘玉門之辱立十二年而成甲子之事時固不易得太公望
東夷之士也欲定一世而無其主聞文王賢故釣於渭以觀之伍子胥欲見吳王而不得客有
言之於子光者見之而惡其貌不聽其說而辭之客請之王子光王子光曰其貌適吾所甚惡
也客以聞伍子胥伍子胥曰此易故也願令王子居於堂上重帷而見其衣若手請因說之王
子許伍子胥說之半王子光舉帷搏其手而與之坐說畢王子光大說伍子胥以為有吳國者
必王子光也退而耕於野七年王子光代吳王僚為王任子胥子胥乃修法制下賢良選練士
習戰鬬六年然後大勝楚於柏舉九戰九勝追北千里昭王出奔隨遂有郢親射王宮鞭荊平
之墳三百鄉之耕非忘其父之讎也待時也墨者有田鳩欲見秦惠王留秦三年而弗得見客
有言之於楚王者往見楚王楚王說之與將軍之節以如秦至因見惠王告人曰之秦之道乃

图 2-2-3　《吕氏春秋·本味篇》

周文王和周武王，以周代殷、天下安宁的重要治国经验就是人才众多。《诗经·大雅·文王》（图2-2-4）说：“济济多士，文王以宁。”周文王、武王任用姜尚灭商的事例尤为典型。《史记·齐太公世家》（图2-2-5）记载文王与姜尚相遇情形以及姜尚在灭商活动中的作用：“吕尚盖尝穷困，年老矣，以渔钓奸周西伯。西伯将出猎，卜之，曰：‘所获非龙非螭，非虎非罴，所获霸王之辅。’于是周西伯猎，果遇太公于渭之阳，与语大说，曰：‘自吾先君太公曰当有圣人适周，周以兴。子真是邪？吾太公望子久矣。’故号之曰太公望。载与俱归，立为师……周西伯昌之脱羑里归，与吕尚阴谋修德以倾商政，其事多兵权与奇计，故后世之言兵及周之阴权皆宗太公为本谋。周西伯政平，及断虞芮之讼，而诗人称西伯受命曰文王。伐崇、密须、犬夷，大作丰邑。天下三分，其二归周者，太公之谋计居多。”

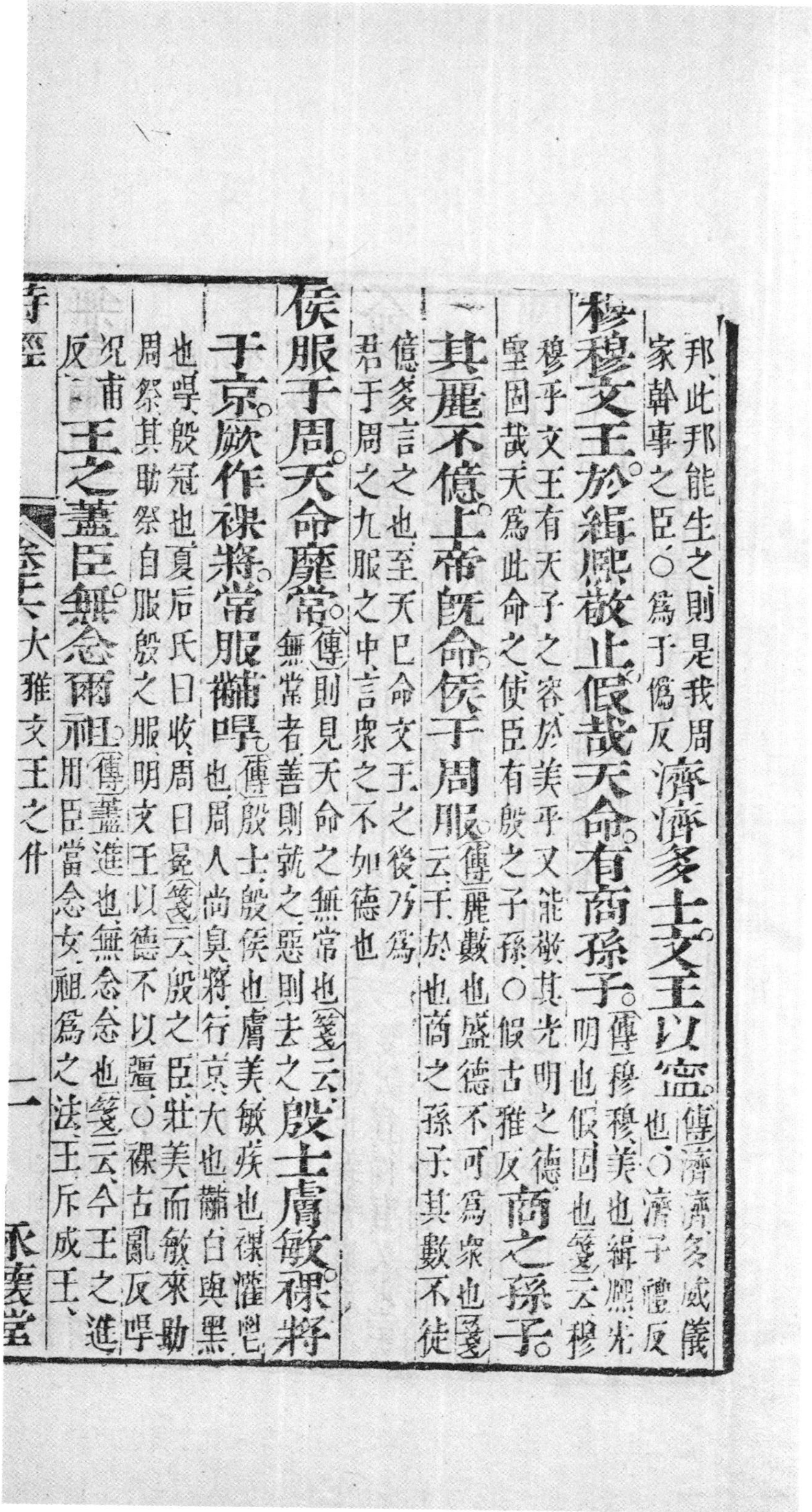
邦此邦能生之則是我周家幹事之臣○爲于僞反濟濟多士文王以寧傳濟濟多威儀也○濟子禮反
穆穆文王於緝熙敬止假哉天命有商孫子傳穆穆美也緝熙光明也假固也箋云穆穆乎文王有天子之容於美乎又能敬其光明之德堅固哉天爲此命之使臣有殷之子孫○假古雅反商之孫子
其麗不億上帝既命侯于周服傳麗數也盛德不可爲衆也箋云子於也商之孫子其數不徒億多言之也至天已命文王之後乃爲君于周之九服之中言衆之不如德也
侯服于周天命靡常傳則見天命之無常也箋云無常者善則就之惡則去之殷士膚敏祼將
于京厥作祼將常服黼冔傳殷士殷侯也膚美敏疾也祼灌鬯也周人尚臭將行京大也黼白與黑也冔殷冠也夏后氏曰收周曰冕箋云殷之臣壯美而敏來助周祭其助祭自服殷之服明文王以德不以彊○祼古亂反冔況甫反
王之藎臣無念爾祖傳藎進也無念念也箋云今王之進用臣當念女祖爲之法王斥成王
詩經　卷十六　大雅　文王之什　二　永懷堂

图 2-2-4　《诗经·大雅·文王》

史記卷三十二 一

佐禹平水土甚有功虞夏之際封於呂徐廣曰呂在南陽宛縣西或封於申姓姜氏索隱曰地理志申在南陽宛縣申伯之國呂亦在宛縣之西也夏商之時申呂或封枝庶子孫或為庶人尚其後苗裔也本姓姜氏從其封姓故曰呂尚呂尚蓋嘗窮困年老矣索隱譙周曰呂望嘗屠牛於朝歌賣飲於孟津以漁釣奸周西伯正義括地志云茲泉水源出岐州岐山縣西南凡谷呂氏春秋云太公釣於茲泉遇文王酈元云磻磎中有泉謂之茲泉泉水積水為潭即太公釣處今謂之凡谷石壁深高幽邃人跡罕及東南隅有石室蓋太公所居也水次盤石釣處即太公垂釣之所其投竿跪餌兩厀遺跡猶存是磻磎之稱也其水清泠神異北流十二里注于渭說苑云呂望年七十釣于渭渚三日三夜魚無食者望即忿脫其衣冠上有農人者古之異人謂望曰子姑復釣必細其綸芳其餌徐徐而投無令魚駭望如其言初下得鮒次得鯉刺魚腹得書書文曰呂望封於齊望知其異西伯將

出獵卜之曰所獲非龍非彲徐廣曰勑知反。索隱曰彲本亦作螭字非虎非羆所獲霸王之輔於是周西伯獵果遇太公於渭之陽與語大說曰自吾先君太公曰當有聖人適周周以興子真是邪吾太公望子久矣故號之曰太公望載與俱歸立為師或曰太公博聞嘗事紂紂無道去之游說諸侯無所遇而卒西歸周西伯或曰呂尚處士隱海濱周西伯拘羑里散宜生閎夭素知而招呂尚呂尚亦曰吾聞西伯賢又善養老盍往焉三人者為西伯求美女奇物獻之於紂以贖西伯西伯得以出反國言呂尚所以事周雖異然要之為文武師周西伯昌之脫羑里歸

萬曆二十六年刊 史記卷三十二 世家 二

图2-2-5（1）《史记·齐太公世家》

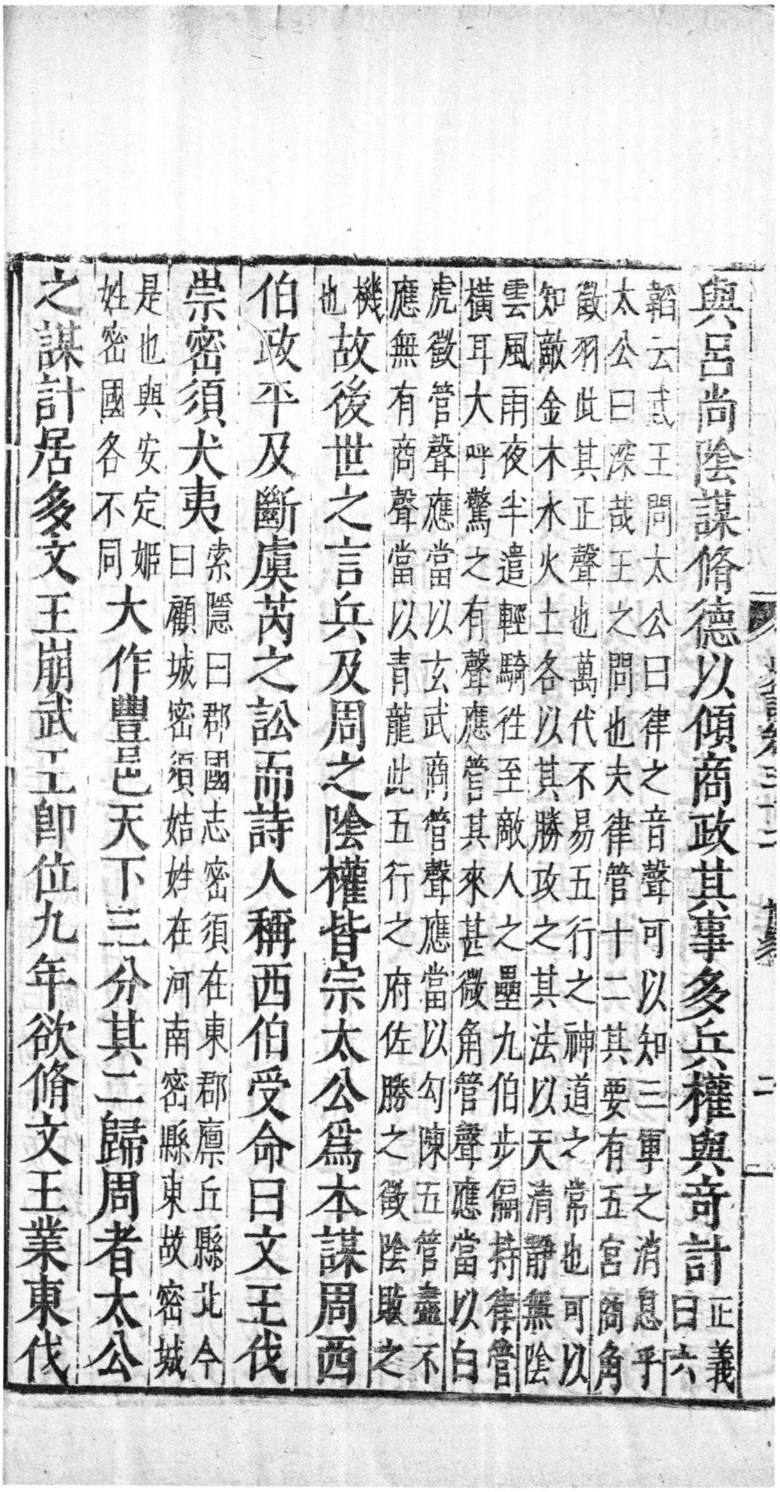

與呂尚陰謀修德以傾商政其事多兵權與奇計正義曰六韜云武王問太公曰律之音聲可以知三軍之消息乎太公曰深哉王之問也夫律管十二其要有五音宮商角徵羽此其正聲也萬代不易五行之神道之常也可以知敵金木水火土各以其勝攻之其法以天清靜無陰雲風雨夜半遣輕騎往至敵人之壘九伯步偏持律管橫耳大呼驚之有聲應管其來甚微角管聲應當以白虎徵管聲應當以玄武商管聲應當以勾陳五管盡不應無有商聲當以青龍此五行之府佐勝之徵陰敗之機也故後世之言兵及周之陰權皆宗太公為本謀周西伯政平及斷虞芮之訟而詩人稱西伯受命曰文王伐崇密須犬夷索隱曰郡國志密須在東郡廩丘縣北今曰顧城密須姞姓在河南密縣東故密城是也與安定姬姓密國各不同大作豐邑天下三分其二歸周者太公之謀計居多文王崩武王即位九年欲修文王業東伐

图2-2-5（2）《史记·齐太公世家》

春秋战国时期百家争鸣，各种人才流动频繁。各诸侯国都十分重视人才，纷纷招揽人才。典籍中记载了很多重用人才的事例，齐国更是建成“稷下学宫”招纳贤才。《史记·孟子荀卿列传》（图2-2-6）记载齐国国君给予人才很高的待遇：“自如淳于髡以下，皆命曰列大夫，为开第康庄之衢、高门大屋，尊宠之。”学者们各抒己见，讨论时政，一时间稷下学宫成了士大夫们向往的圣地。稷下学者最多的时候达千人之多，比较著名的有邹衍、淳于髡、慎到、环渊、接子、田骈、骆爽、宋荣、尹文和荀子等。这些知名学者主要来自齐国，其次来自赵、楚、宋等国，比如荀子是赵国人，宋荣是宋国人。

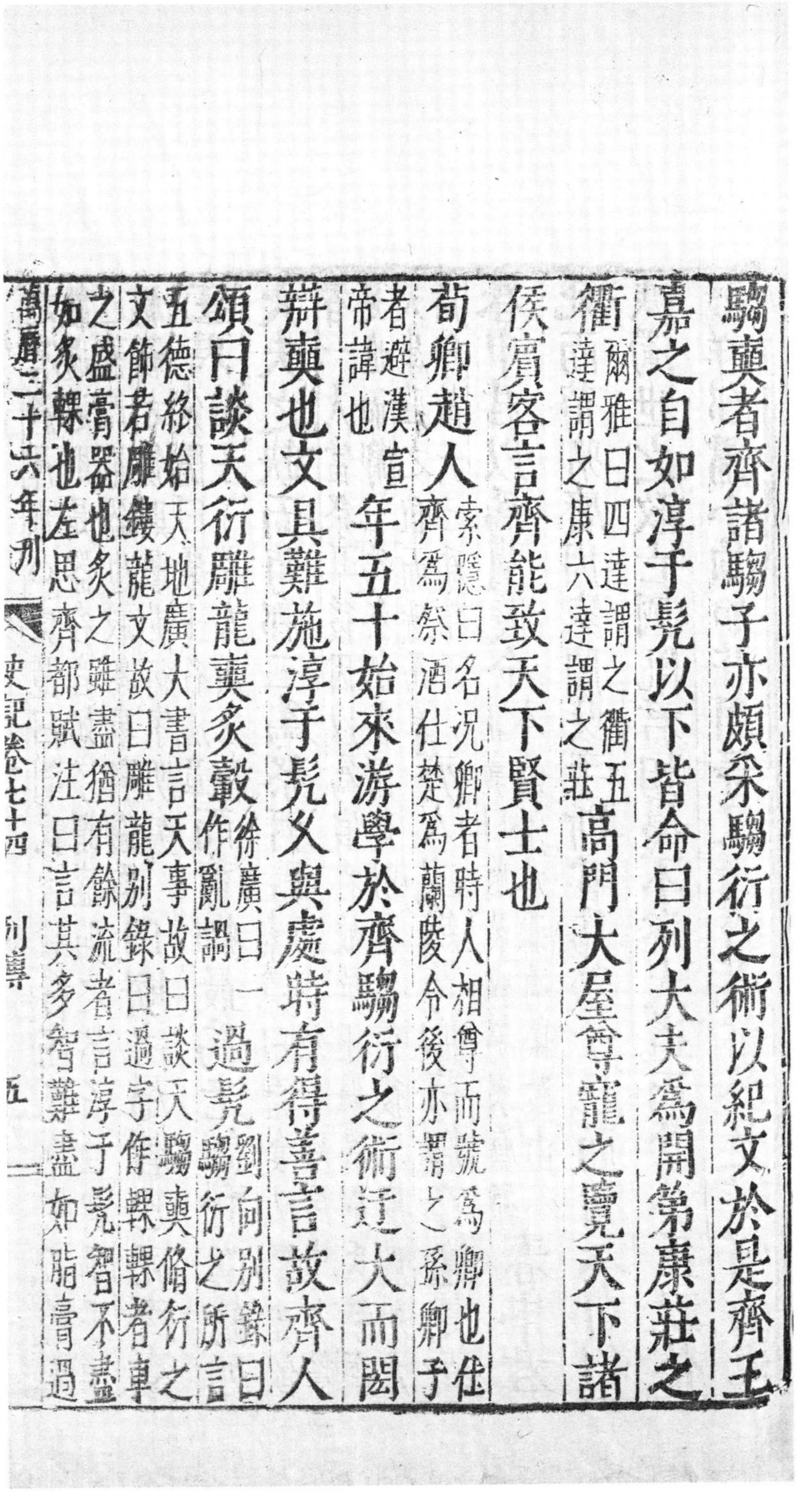
騶奭者齊諸騶子亦頗采騶衍之術以紀文於是齊王嘉之自如淳于髡以下皆命曰列大夫爲開第康莊之衢爾雅曰四達謂之衢五達謂之康六達謂之莊高門大屋尊寵之覽天下諸侯賓客言齊能致天下賢士也

荀卿趙人索隱曰名況卿者時人相尊而號爲卿也仕齊爲祭酒仕楚爲蘭陵令後亦謂之孫卿子者避漢宣帝諱也年五十始來游學於齊騶衍之術迂大而閎辯奭也文具難施淳于髡久與處時有得善言故齊人頌曰談天衍雕龍奭炙轂徐廣曰一作輠過髡劉向別錄曰騶衍之所言五德終始天地廣大書言天事故曰談天騶奭脩衍之文飾若雕鏤龍文故曰雕龍別錄曰過字作輠輠者車之盛膏器也炙之雖盡猶有餘流者言淳于髡智不盡如炙輠也左思齊都賦注曰言其多智難盡如脂膏過

萬曆二十六年刊　史記卷七十四　列傳　五

图 2-2-6 《史记·孟子荀卿列传》

“楚才晋用”这一典故也出自春秋时期。《左传·襄公二十六年》（图2–2–7）记载：“声子通使于晋，还如楚。令尹子木与之语，问晋故焉。且曰：‘晋大夫与楚孰贤？’对曰：‘晋卿不如楚，其大夫则贤，皆卿材也。如杞梓、皮革，自楚往也。虽楚有材，晋实用之。’”楚国的很多人才，因为种种原因来到晋国，得到了重用。

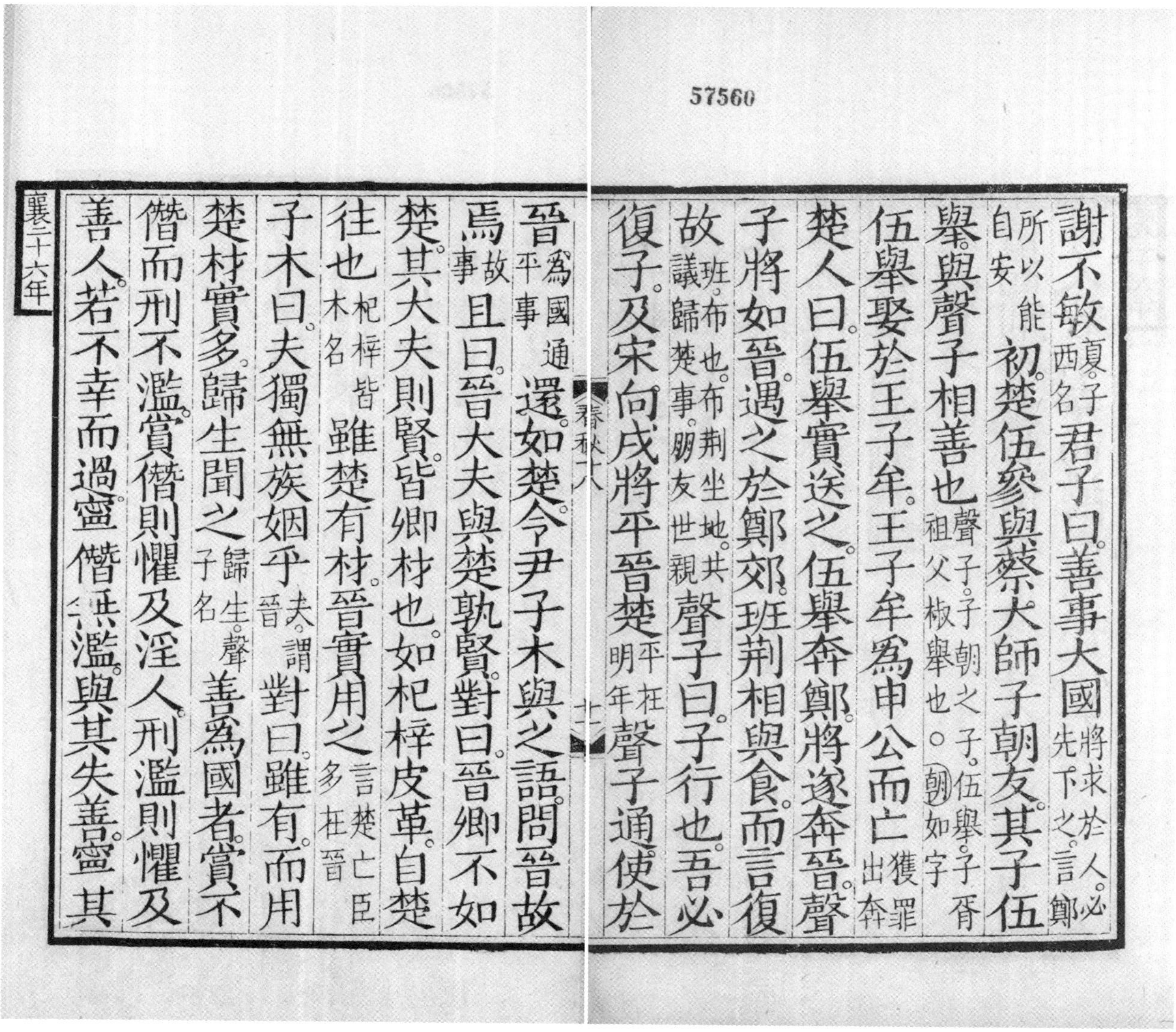
謝不敏。夏，子西名。君子曰：善事大國。將求於人，必先下之。言鄭所以能自安。初，楚伍參與蔡大師子朝友，其子伍舉與聲子相善也。聲子，子朝之子。伍舉，子胥祖父椒舉也。○朝如字。伍舉娶於王子牟。王子牟爲申公而亡，獲罪出奔。楚人曰：伍舉實送之。伍舉奔鄭，將遂奔晉。聲子將如晉，遇之於鄭郊，班荆相與食，而言復故。班，布也。布荆坐地，共議歸楚事。朋友世親。聲子曰：子行也，吾必復子。及宋向戌將平晉楚，平在明年。聲子通使於晉，爲國通平事。還如楚。令尹子木與之語，問晉故焉。故，事。且曰：晉大夫與楚孰賢？對曰：晉卿不如楚。其大夫則賢，皆卿材也。如杞梓、皮革，自楚往也。杞梓皆木名。雖楚有材，晉實用之。言楚亡臣多在晉。子木曰：夫獨無族姻乎？夫，謂晉。對曰：雖有，而用楚材實多。歸生聞之，歸生，聲子名。善爲國者，賞不僭而刑不濫。賞僭則懼及淫人，刑濫則懼及善人。若不幸而過，寧僭無濫。與其失善，寧其

襄二十六年

图2–2–7　《左传·襄公二十六年》

春秋时期，原本僻居东南一隅的弱小国家——越国，能成就一番霸业的重要原因就是越王勾践重用人才，来自楚国的范蠡和文种在吴越争霸的过程中起到了关键的作用。《史记·越王勾践世家》（图2–2–8）记载范蠡辅佐勾践灭掉吴国的事迹：“范蠡事越王勾践，既苦身戮力，与勾践深谋二十余年，竟灭吴，报会稽之耻，北渡兵于淮以临齐、晋，号令中国，以尊周室，勾践以霸，而范蠡称上将军。”

台州臨海縣是也服朝於楚後七世至閩君摇佐諸侯平秦漢高帝復以摇爲越王以奉越後東越閩君皆其後也范蠡太史公以素王妙論曰蠡南陽人列仙傳云蠡徐人○正義曰吳越春秋云蠡字少伯乃楚宛三戶人也越絶云在越爲范蠡在齊爲鴟夷子皮在陶爲朱公又云居楚曰范伯謂大夫種曰三王則三皇之苗裔也五伯乃五帝之末世也○天運曆紀千歲一至黃帝之元執辰破巳霸王之氣見於地戶伍子胥以是挾弓矢干吳王於是要大夫種入吳此時馮同相與共戒之伍子胥在自餘不能關其辭蠡曰吳越二邦同風共俗地戶之位非吳則越乃入越越王常與言盡日方退事越王勾踐既苦身戮力與勾踐深謀二十餘年竟滅吳報會稽之恥北渡兵於淮以臨齊晉號令中國以尊周室勾踐以霸而范蠡稱上將軍還反國范蠡以爲大名之下難以久居且勾踐爲人

萬曆二十六年刊　《史記卷四十一　世家

图 2-2-8　《史记·越王勾践世家》

秦汉时期多元一体的政治格局促成了官吏的广泛流动，官员选拔不受地域和族群限制。《汉书·儒林传》(图2-2-9）记载：“汉兴，言《易》自淄川田生；言《书》自济南伏生；言《诗》，于鲁则申培公，于齐则辕固生，燕则韩太傅；言《礼》，则鲁高堂生；言《春秋》，于齐则胡毋生，于赵则董仲舒。”儒家六经至汉只存五经，这五经的研究大家均来自七国故地。

图 2-2-9 《汉书·儒林传》

这一时期少数民族人才也获得重用，比如《容斋随笔》（图2-2-10）记载汉武帝慧眼识人的故事："金日磾没入宫，输黄门养马。武帝游宴见马，后宫满侧，日磾等数十人牵马过殿下，莫不窃视，至日磾，独不敢。日磾容貌甚严，马又肥好，上奇焉，即日拜为马监，后受遗辅政。日磾与上官桀皆因马而受知，武帝之取人，可谓明而不遗矣。"金日磾原为匈奴休屠国王子，后被汉武帝重用，最后与霍光一并成为托孤之臣。

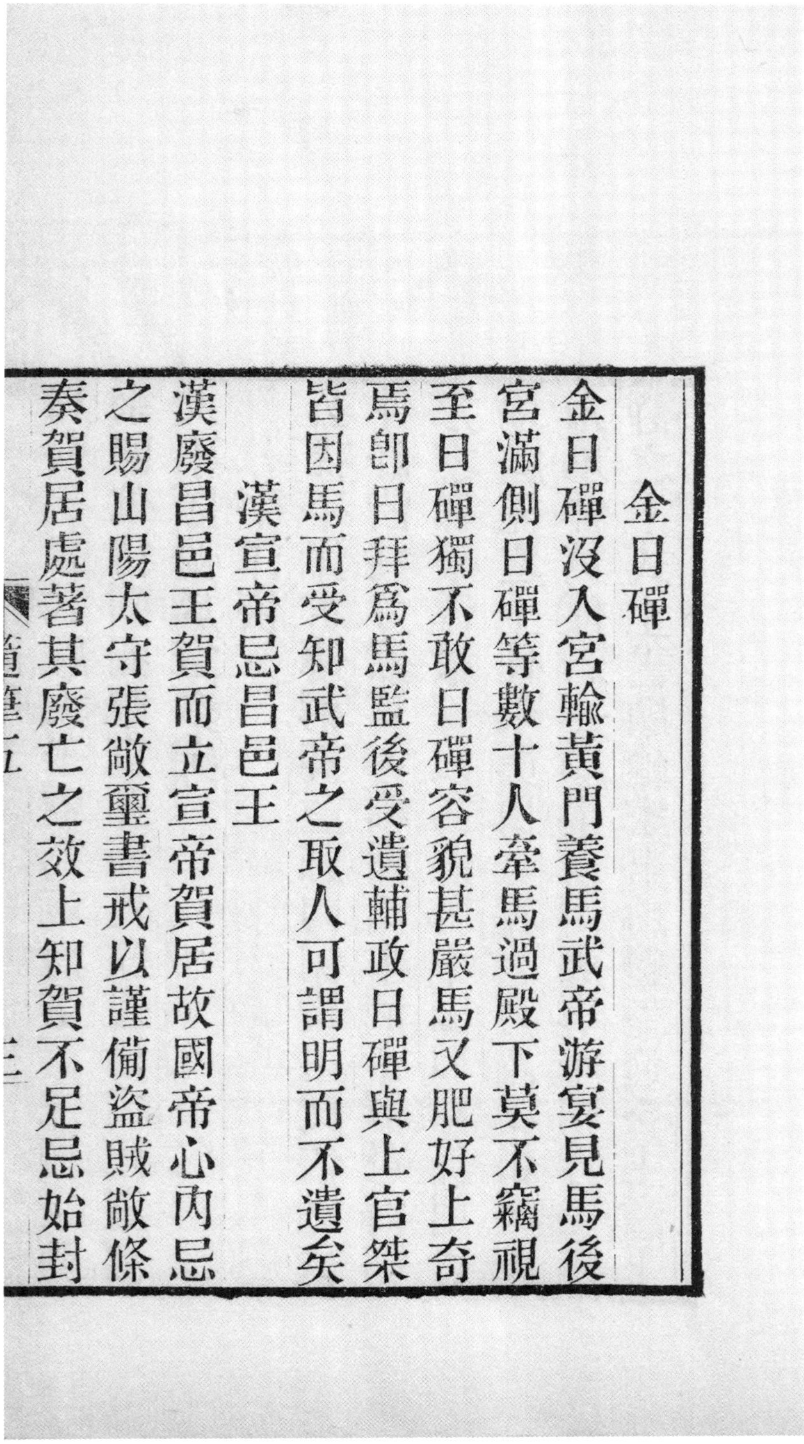

金日磾

金日磾沒入宮輸黃門養馬武帝游宴見馬後宮滿側日磾等數十人牽馬過殿下莫不竊視至日磾獨不敢日磾容貌甚嚴馬又肥好上奇焉即日拜爲馬監後受遺輔政日磾與上官桀皆因馬而受知武帝之取人可謂明而不遺矣

漢宣帝忌昌邑王

漢廢昌邑王賀而立宣帝賀居故國帝心內忌之賜山陽太守張敞璽書戒以謹備盜賊敞條奏賀居處著其廢亡之效上知賀不足忌始封

隨筆五　三

图 2-2-10　《容斋随笔》卷五

魏晋时期，为了富国强兵，创建统一大业，各政权都十分重视培养、罗致各国人才。《魏书·宋繇传》（图2-2-11）记载沮渠蒙逊和魏世祖重用宋繇的事迹："沮渠蒙逊平酒泉，于繇室得书数千卷，盐米数十斛而已。蒙逊叹曰：'孤不喜克李歆，欣得宋繇耳。'拜尚书吏部郎中，委以铨衡之任。蒙逊之将死也，以子牧犍委托之。牧犍以繇为左丞，送其妹兴平公主于京师。世祖拜繇为河西王右丞相，赐爵清水公，加安远将军。世祖并凉州，从牧犍至京师。卒，谥曰恭。"

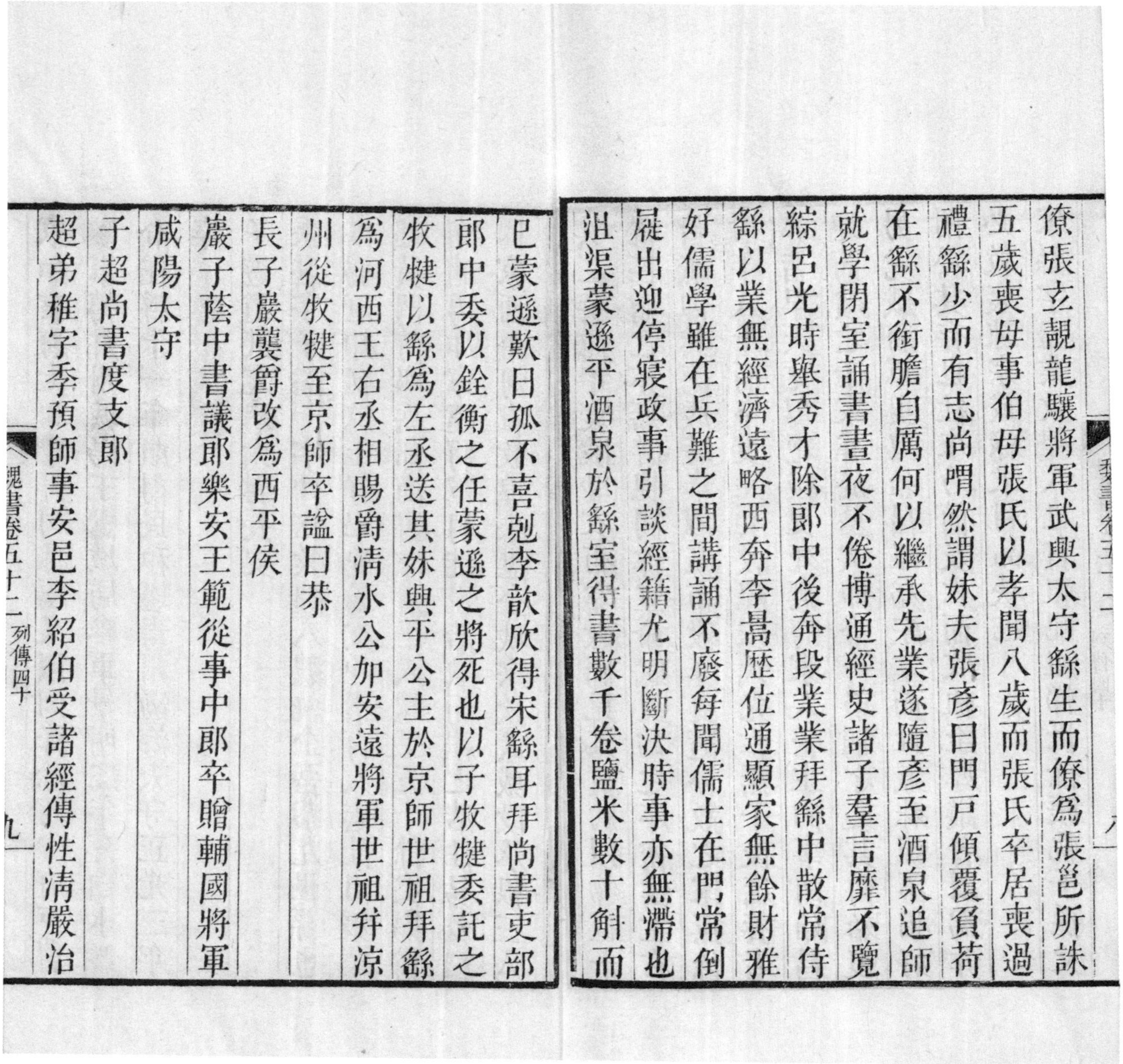

僚張玄靚龍驤將軍武興太守繇生而僚爲張邕所誅
五歲喪母事伯母張氏以孝聞八歲而張氏卒居喪過
禮繇少而有志尚喟然謂妹夫張彥曰門戶傾覆負荷
在繇不衛膽自厲何以繼承先業遂隨彥至酒泉追師
就學閉室誦書晝夜不倦博通經史諸子羣言靡不覽
綜呂光時舉秀才除郎中後奔段業業拜繇中散常侍
繇以業無經濟遠略西奔李暠歷位通顯家無餘財雅
好儒學雖在兵難之間講誦不廢每聞儒士在門常倒
屣出迎停寢政事引談經籍尤明斷決時事亦無滯也
沮渠蒙遜平酒泉於繇室得書數千卷鹽米數十斛而

已蒙遜歎曰孤不喜剋李歆欣得宋繇耳拜尚書吏部
郎中委以銓衡之任蒙遜之將死也以子牧犍委託之
牧犍以繇爲左丞送其妹興平公主於京師世祖拜繇
爲河西王右丞相賜爵清水公加安遠將軍世祖幷涼
州從牧犍至京師卒謚曰恭
長子巖襲爵改爲西平侯
巖子蔭中書議郎樂安王範從事中郎卒贈輔國將軍
咸陽太守
子超尚書度支郎
超弟穉字季預師事安邑李紹伯受諸經傳性清嚴治

魏書卷五十二 列傳四十 九

图 2-2-11 《魏书·宋繇传》

十六国时期，各少数民族政权进入中原以后，开始接受和学习汉族的先进文化，一些少数民族首领十分重视延揽人才。《晋书·姚兴载记》（图2-2-12）记载了姚兴重视人才的事例：“天水姜龛、东平淳于岐、冯翊郭高等皆耆儒硕德，经明行修，各门徒数百，教授长安，诸生自远而至者万数千人。兴每于听政之暇，引龛等于东堂，讲论道艺，错综名理。凉州胡辩，苻坚之末，东徙洛阳，讲授弟子千有余人，关中后进多赴之请业。”

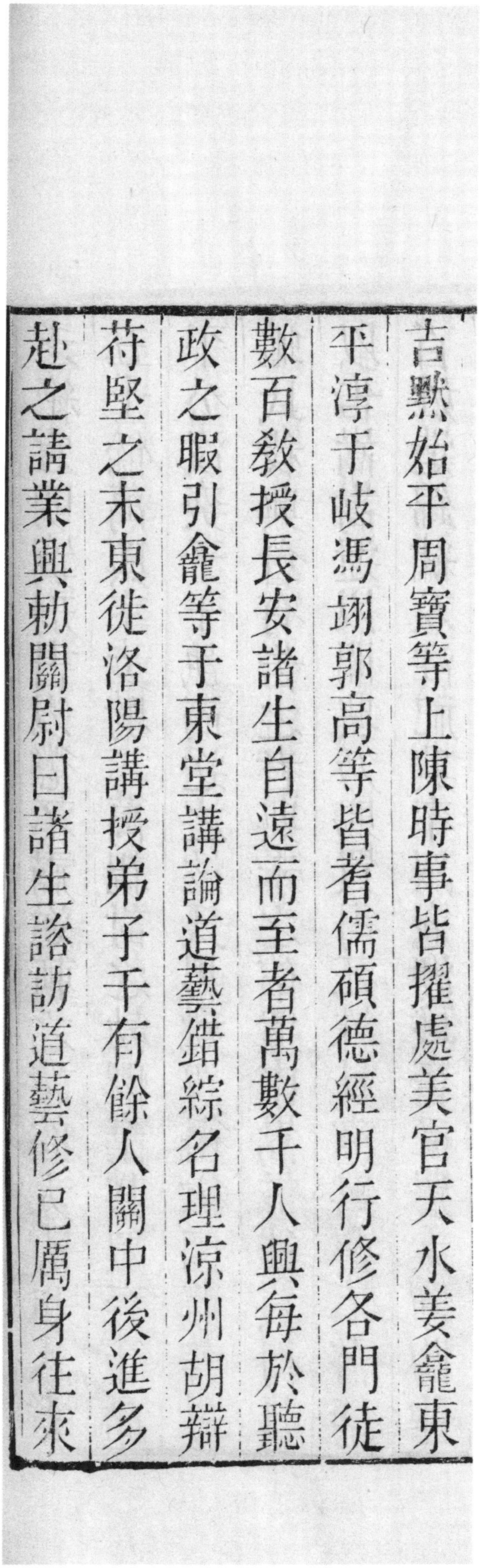
吉默始平周寶等上陳時事皆擢處美官天水姜龕東
平淳于岐馮翊郭高等皆耆儒碩德經明行修各門徒
數百教授長安諸生自遠而至者萬數千人興每於聽
政之暇引龕等于東堂講論道藝錯綜名理涼州胡辯
苻堅之末東徙洛陽講授弟子千有餘人關中後進多
赴之請業興勅關尉曰諸生諮訪道藝修已厲身往來

图 2-2-12 《晋书·姚兴载记》

隋唐时期胡汉兼用的官僚体制将天下各族的有才之士汇聚到中央政府及其下辖的各级行政军事机构，极大地丰富了大一统王朝的内在多元性，为大一统王朝的政治运行提供重要保障。《新唐书·诸夷蕃将列传》（图2–2–13）记载：“史大柰，本西突厥特勒也，与处罗可汗入隋，事炀帝。从伐辽，积劳为金紫光禄大夫……阿史那忠者，字义节，苏尼失子也。资清谨。以功擢左屯卫将军，尚宗室女定襄县主，始诏姓独著史。居父丧，哀慕过人。会立阿史那思摩为突厥可汗，以忠为左贤王。及出塞，不乐，见使者必泣，请入侍，许焉。封薛国公，擢右骁卫大将军。宿卫四十八年，无纤隙，人比之金日磾。卒，赠镇军大将军，谥曰贞，陪葬昭陵……黑齿常之，百济西部人。长七尺余，骁毅有谋略……”史大柰、阿史那忠、黑齿常之等来自其他部族的将领或开拓疆土，或守边屯田，或富民强兵，或结为姻亲，与唐朝共建大一统王朝。

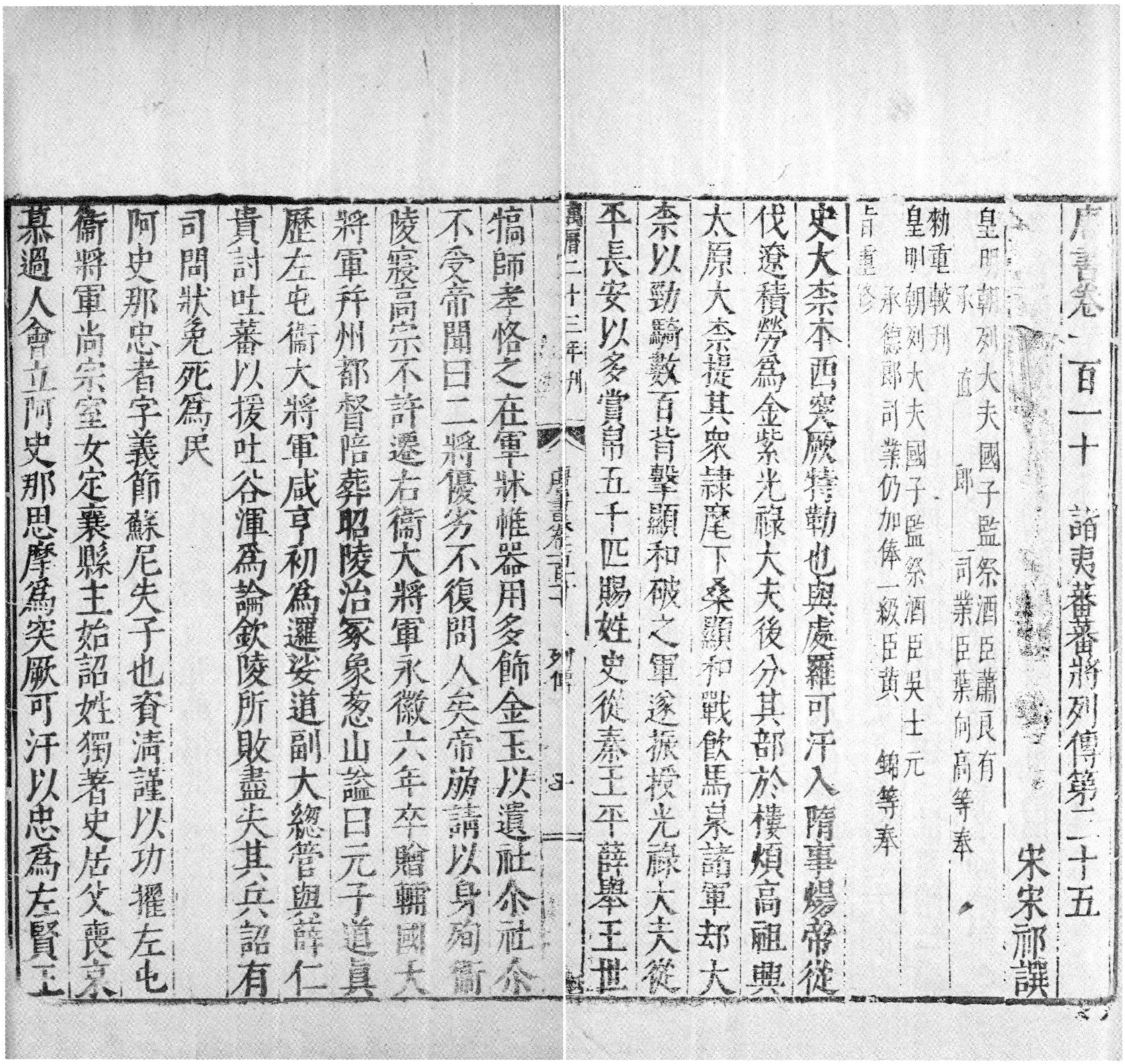
唐書卷二百一十　諸夷蕃將列傳第一百三十五　宋　宋祁　譔
皇明朝列大夫國子監祭酒臣蕭良有
承直郎司業臣葉向高等奉
勅重較刊
皇明朝列大夫國子監祭酒臣吳士元
承德郎司業仍加俸一級臣黃錦等奉
旨重修
史大柰本西突厥特勒也與處羅可汗入隋事煬帝從
伐遼積勞爲金紫光祿大夫後分其部於樓煩高祖興
太原大柰提其衆隸麾下桑顯和戰飲馬泉諸軍却大
柰以勁騎數百背擊顯和破之軍遂振授光祿大夫從
平長安以多賞帛五千匹賜姓史從秦王平薛舉王世
萬曆二十三年刊
犒師孝恪之在軍牀帷器用多飾金玉以遺社尒社尒
不受帝聞曰二將優劣不復問人矣帝崩請以身殉衞
陵寢高宗不許遷右衞大將軍永徽六年卒贈輔國大
將軍幷州都督陪葬昭陵治冢象葱山謚曰元子道眞
歷左屯衞大將軍咸亨初爲邏娑道副大總管與薛仁
貴討吐蕃以援吐谷渾爲論欽陵所敗盡失其兵詔有
司問狀免死爲民
阿史那忠者字義節蘇尼失子也資清謹以功擢左屯
衞將軍尚宗室女定襄縣主始詔姓獨著史居父喪哀
慕過人會立阿史那思摩爲突厥可汗以忠爲左賢王

图2–2–13（1）《新唐书·诸夷蕃将列传》

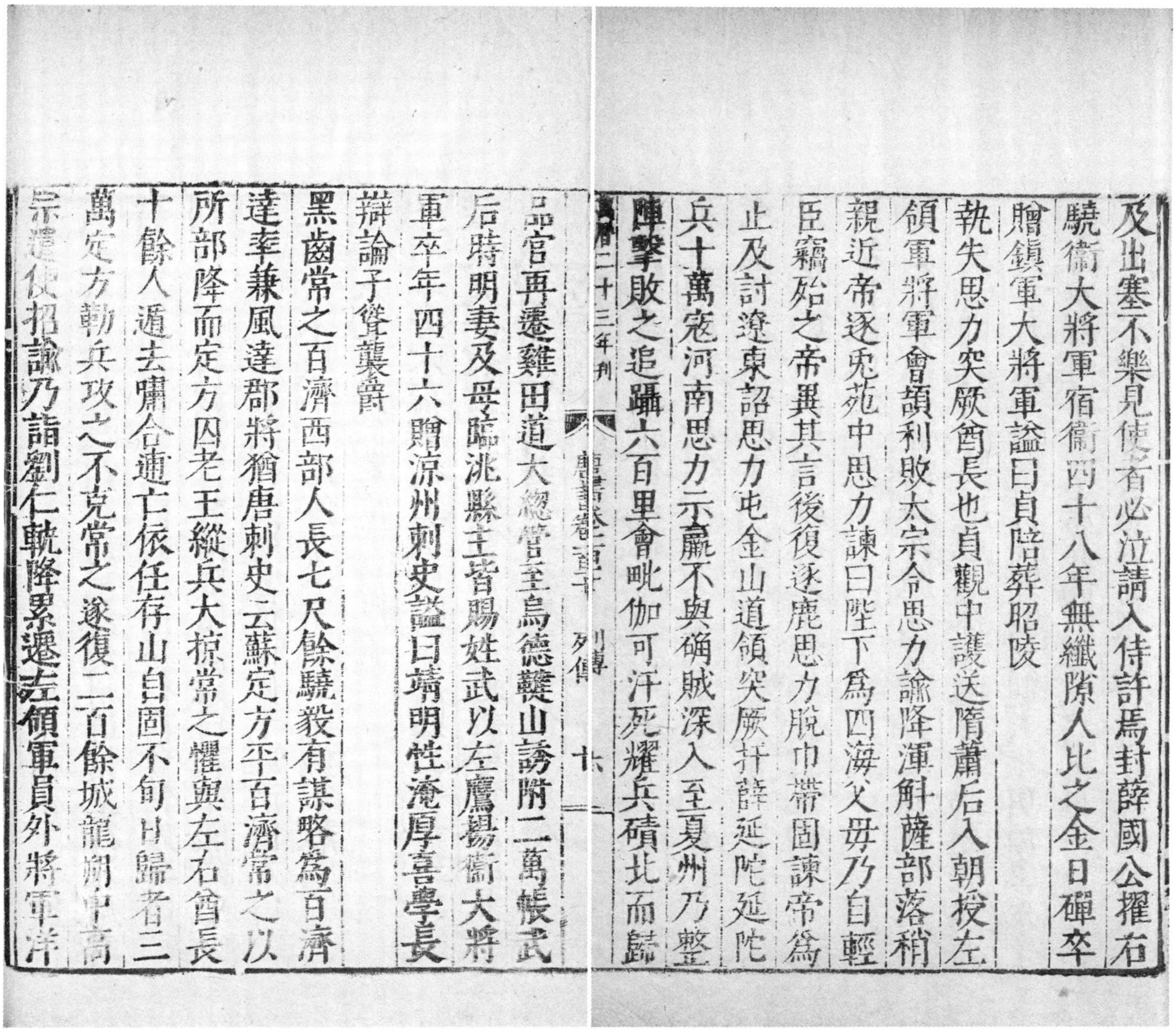
及出塞不樂見使者必泣請入侍許焉封薛國公擢右
驍衛大將軍宿衛四十八年無纖隙人比之金日磾卒
贈鎮軍大將軍謚曰貞陪葬昭陵
執失思力突厥酋長也貞觀中護送隋蕭后入朝授左
領軍將軍會頡利敗太宗令思力諭降渾斛薩部落稍
親近帝逐兎苑中思力諫曰陛下爲四海父母乃自輕
臣竊殆之帝異其言後復逐鹿思力脫巾帶固諫帝爲
止及討遼東詔思力屯金山道領突厥扞薛延陀延陀
兵十萬寇河南思力示羸不與確賊深入至夏州乃整
陣擊敗之追躡六百里會毗伽可汗死耀兵磧北而歸

嘉靖二十三年刊
唐書卷一百十 列傳 十六

品官再遷雞田道大總管至烏德鞬山誘附二萬帳武
后時明妻及母臨洮縣主皆賜姓武以左鷹揚衛大將
軍卒年四十六贈涼州刺史謚曰靖明性淹厚喜學長
辯論子聳襲爵
黑齒常之百濟西部人長七尺餘驍毅有謀略爲百濟
達率兼風達郡將猶唐刺史云蘇定方平百濟常之以
所部降而定方囚老王縱兵大掠常之懼與左右酋長
十餘人遁去嘯合逋亡依任存山自固不旬日歸者三
萬定方勒兵攻之不克常之遂復二百餘城龍朔中高
宗遣使招諭乃詣劉仁軌降累遷左領軍員外將軍洋

图 2-2-13（2）《新唐书·诸夷蕃将列传》

唐朝的统治集团里也有许多少数民族人才，比如鲜卑人长孙无忌。《旧唐书·长孙无忌传》（图 2–2–14）中唐太宗说自己得天下多赖长孙无忌的功劳：“无忌及中书令褚遂良二人受遗令辅政。太宗谓遂良曰：‘无忌尽忠于我，我有天下，多是此人力。尔辅政后，勿令谗毁之徒损害无忌。若如此者，尔则非复人臣。’”

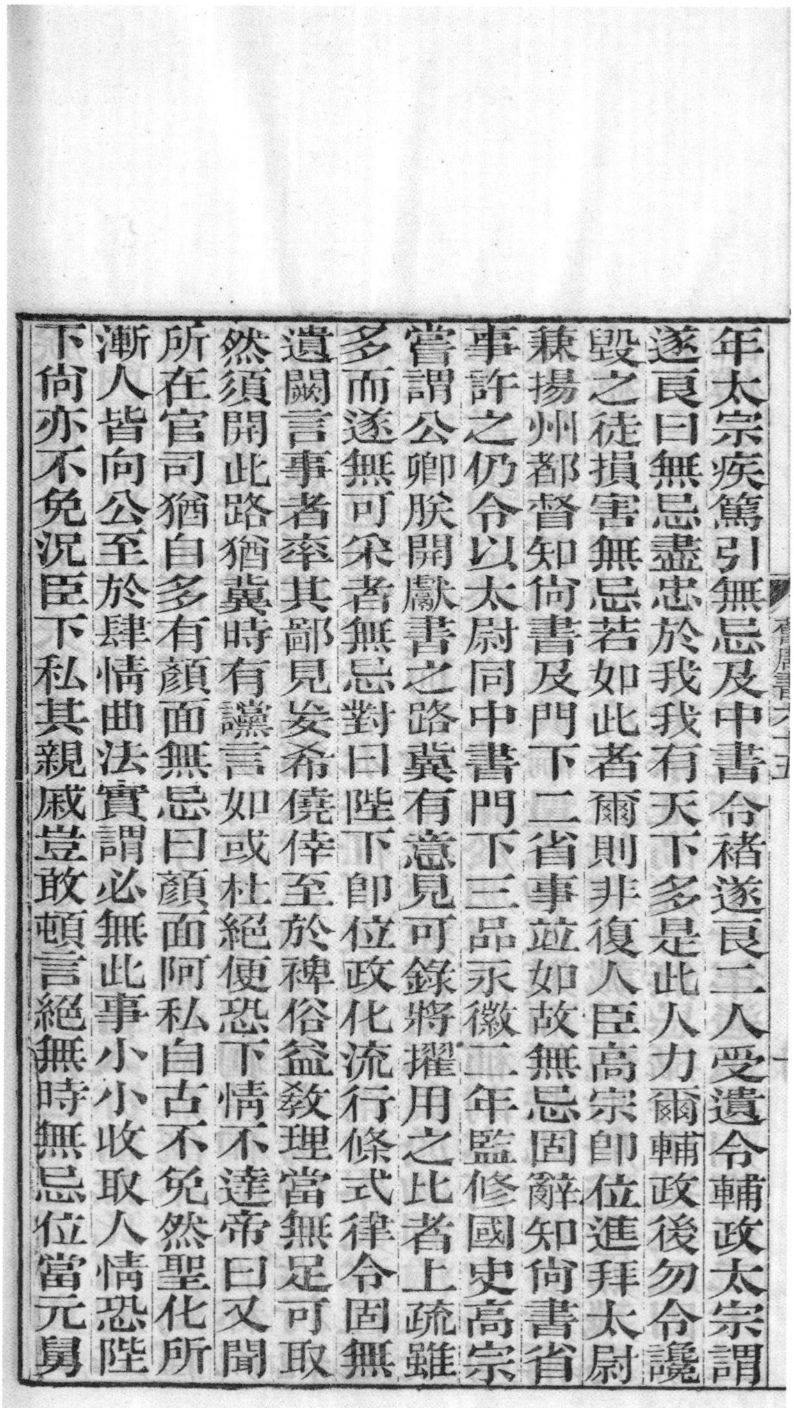
舊唐書六十五

年太宗疾篤引無忌及中書令褚遂良二人受遺令輔政太宗謂
遂良曰無忌盡忠於我我有天下多是此人力爾輔政後勿令讒
毀之徒損害無忌若如此者爾則非復人臣高宗即位進拜太尉
兼揚州都督知尚書及門下二省事並如故無忌固辭知尚書省
事許之仍令以太尉同中書門下三品永徽二年監修國史高宗
嘗謂公卿朕開獻書之路冀有意見可錄將擢用之比者上疏雖
多而遂無可采者無忌對曰陛下即位政化流行條式律令固無
遺闕言事者率其鄙見妄希僥倖至於裨俗益教理當無足可取
然須開此路猶冀時有讜言如或杜絕便恐下情不達帝曰又聞
所在官司猶自多有顏面無忌曰顏面阿私自古不免然聖化所
漸人皆向公至於肆情曲法實謂必無此事小小收取人情恐陛
下尚亦不免況臣下私其親戚豈敢頓言絕無時無忌位當元舅

图 2–2–14　《旧唐书·长孙无忌传》

辽宋夏金时期重视利用各国人才发展经济，《渤海国志长编》（图2-2-15）记载辽朝任用渤海族大公鼎的故事：“大公鼎，王裔也。先世籍辽阳率宾县。辽圣宗统和中，徙辽东豪右，因家于大定。公鼎幼庄愿，长而好学，登道宗咸雍十年进士第，调沈州观察判官。时辽东雨水伤稼，北枢密院大发濒丁河壮，以完堤防。有司承令峻急，公鼎独曰：边障甫宁，大兴役事，非利国便农之道。乃疏奏其事，朝廷从之，罢役，水亦不为灾。濒河千里，人莫不悦。改良乡令，省徭役，务农桑，建孔子庙学，部民服化，累迁兴国军节度副使。”大公鼎为官期间劝农桑、省徭役，获得百姓爱戴。

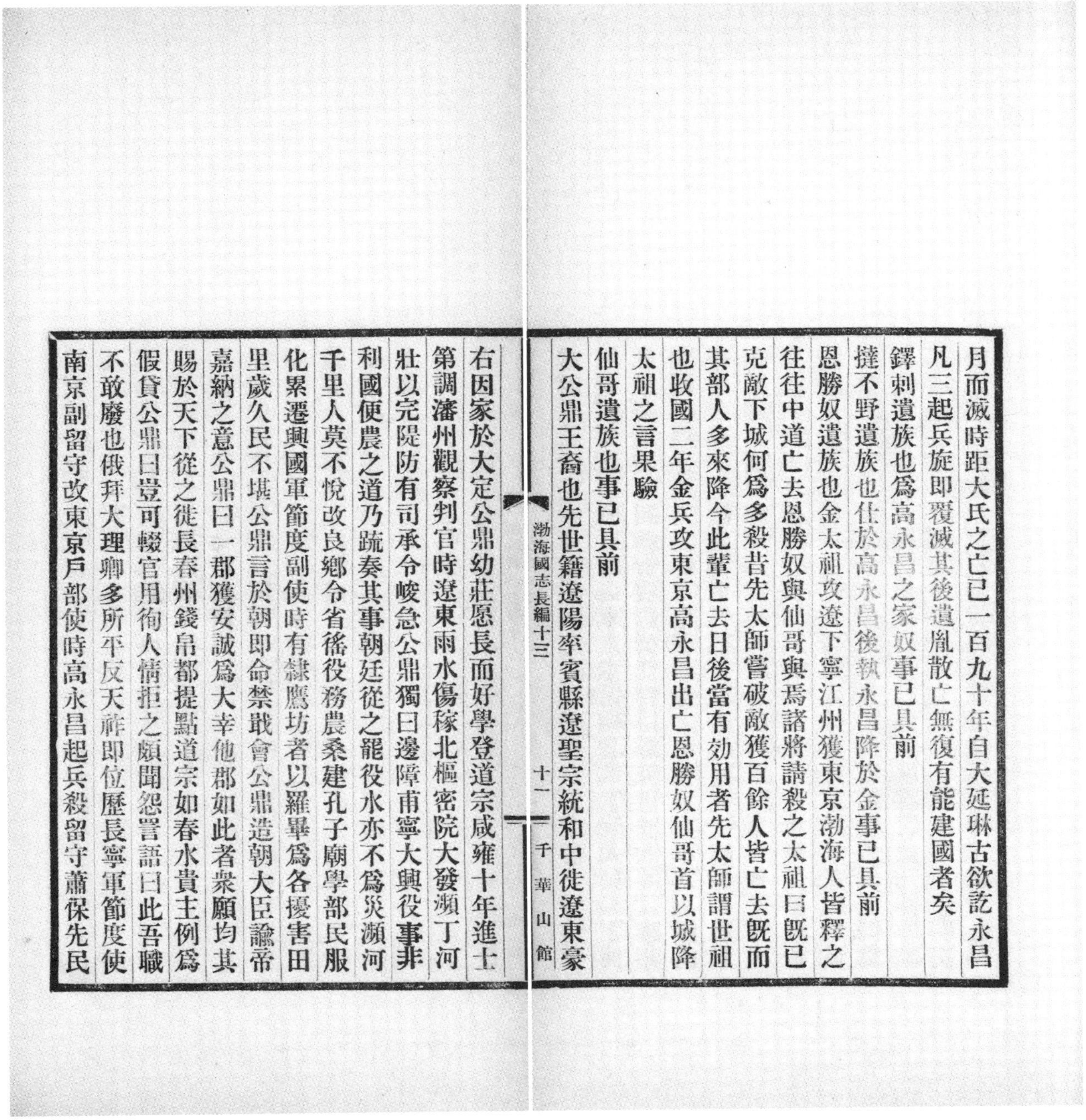
月而滅時距大氏之亡已一百九十年自大延琳古欲訖永昌
凡三起兵旋即覆滅其後遺胤散亡無復有能建國者矣
鐸剌遺族也爲高永昌之家奴事已具前
撻不野遺族也仕於高永昌後執永昌降於金事已具前
恩勝奴遺族也金太祖攻遼下寧江州獲東京渤海人皆釋之
往往中道亡去恩勝奴與仙哥與焉諸將請殺之太祖曰既已
克敵下城何爲多殺昔先太師嘗破敵獲百餘人皆亡去既而
其部人多來降今此輩亡去日後當有効用者先太師謂世祖
也收國二年金兵攻東京高永昌出亡恩勝奴仙哥首以城降
太祖之言果驗
仙哥遺族也事已具前
大公鼎王裔也先世籍遼陽率賓縣遼聖宗統和中徙遼東豪

渤海國志長編十三　十一　千華山館

右因家於大定公鼎幼莊愿長而好學登道宗咸雍十年進士
第調瀋州觀察判官時遼東雨水傷稼北樞密院大發瀕丁河
壯以完隄防有司承令峻急公鼎獨曰邊障甫寧大興役事非
利國便農之道乃疏奏其事朝廷從之罷役水亦不爲災瀕河
千里人莫不悅改良鄉令省徭役務農桑建孔子廟學部民服
化累遷興國軍節度副使時有隸鷹坊者以羅畢爲名擾害田
里歲久民不堪公鼎言於朝即命禁戢會公鼎造朝大臣諭帝
嘉納之意公鼎曰一郡獲安誠爲大幸他郡如此者衆願均其
賜於天下從之徙長春州錢帛都提點道宗如春水貴主例爲
假貸公鼎曰豈可輟官用徇人情拒之頗聞怨詈語曰此吾職
不敢廢也俄拜大理卿多所平反天祚即位歷長寧軍節度使
南京副留守改東京戶部使時高永昌起兵殺留守蕭保先民

图 2-2-15　《渤海国志长编》卷十三

元朝的人才政策也非常开放。忽必烈时代，朝廷及地方官广为招揽天下英才。忽必烈在做藩王时身边就聚集了各民族的一批有识之士。在管理漠南汉地时，忽必烈招纳了一批汉族和其他民族的知识分子，如忽必烈最赏识的心腹谋臣刘秉忠，理学大家许衡和姚枢，善于理财的阿合马、帝师八思巴等，形成了金莲川幕府。蒙古文《元史》(图2–2–16)记载：“八年，奏建国号曰大元，而以中都为大都。他如颁章服，举朝仪，给俸禄，定官制，皆自秉忠发之，为一代成宪。”忽必烈采纳刘秉忠等人的建议，取《易经》中的“大哉乾元”之义，建国号为元。

元代的苏天爵辑录元初至延佑年间四十七位大臣之碑铭、行状、家传等，裁取编纂而成《元朝名臣事略》(图2–2–17、18)。这四十七位人才中，有汉、蒙古、色目等族群，展现了各族人才积极建设大一统王朝的美好画卷。

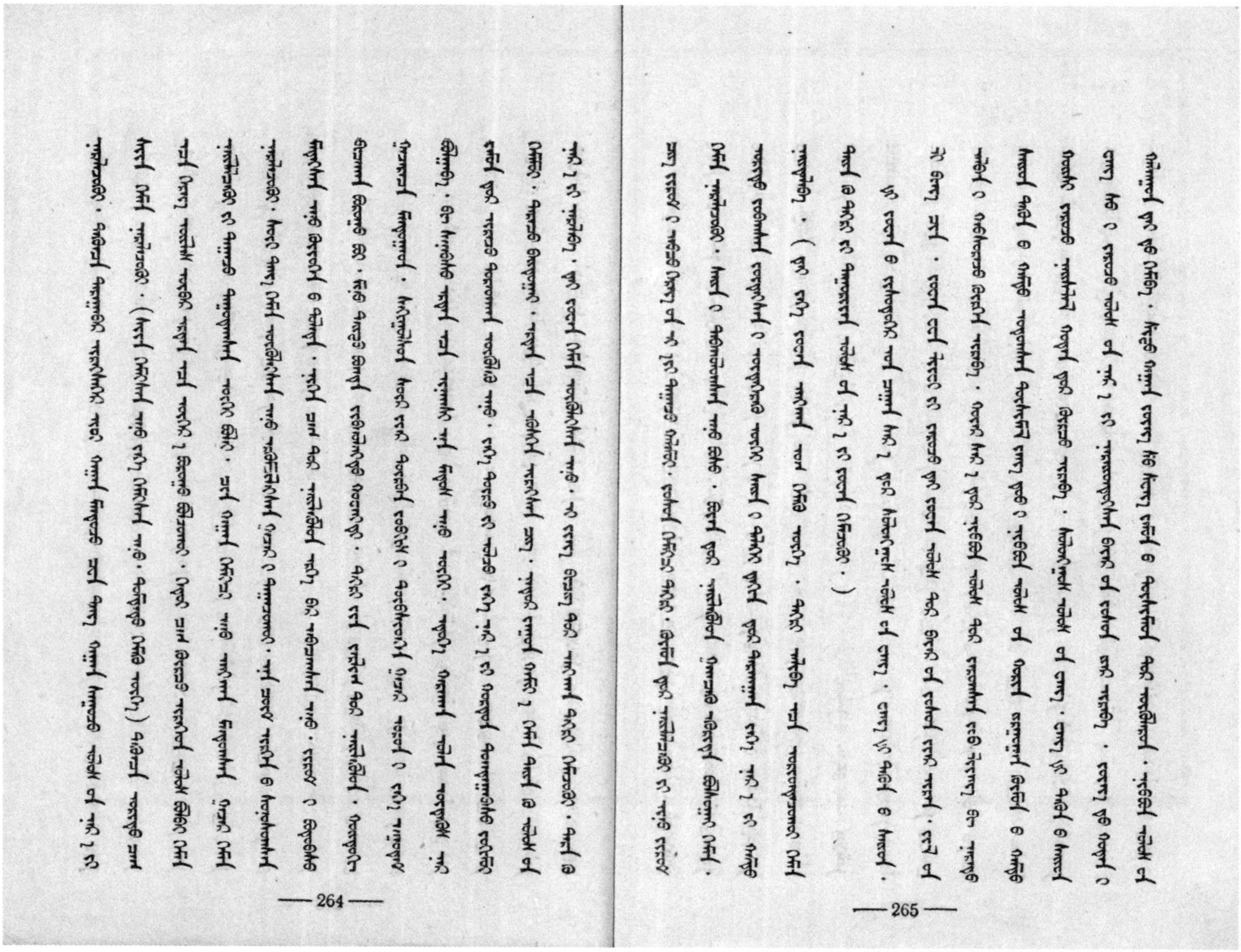

图 2–2–16　蒙古文《元史》

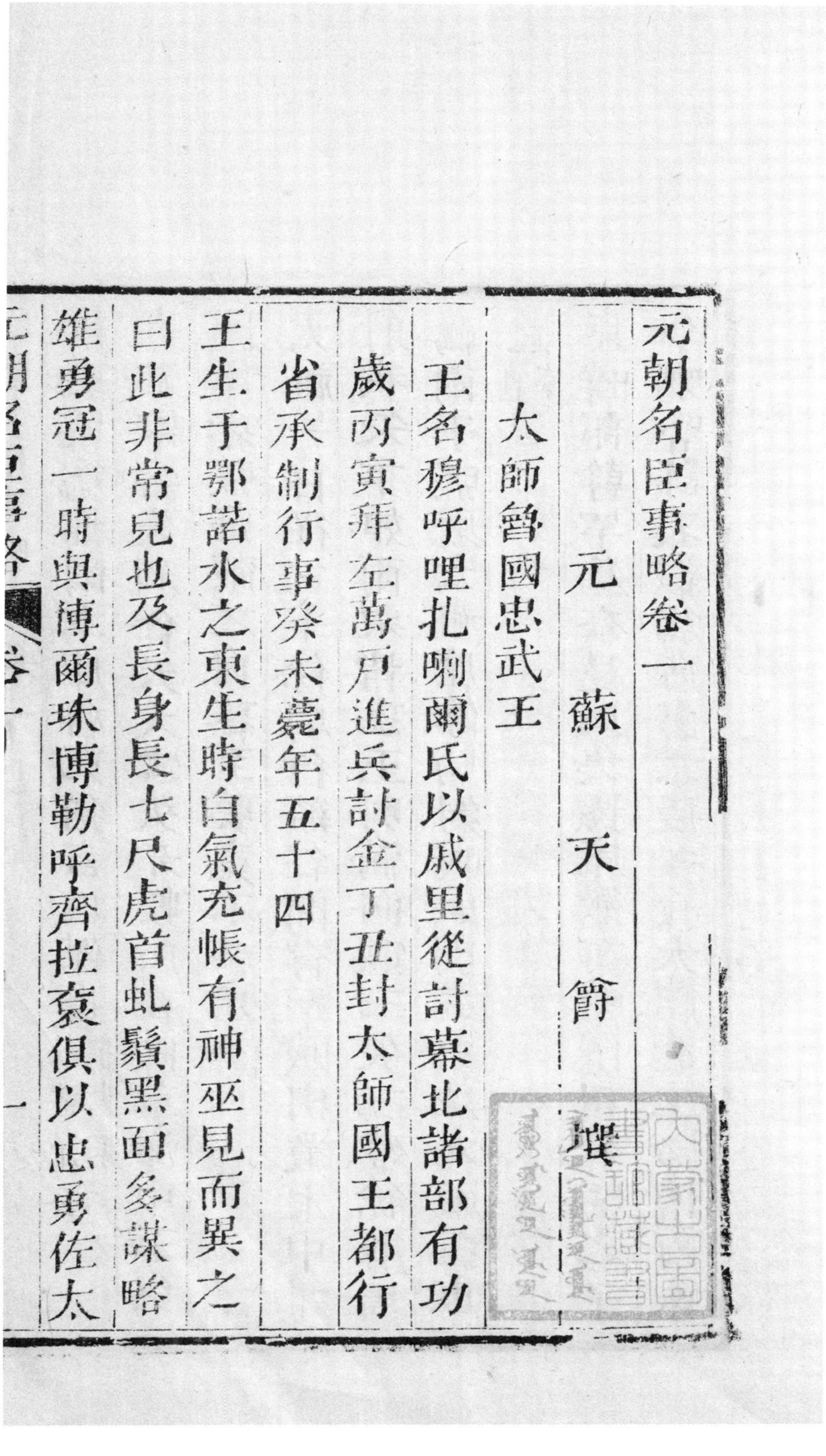
元朝名臣事略卷一
元 蘇天爵 撰
太師魯國忠武王
王名穆呼哩扎喇爾氏以戚里從討幕北諸部有功
歲丙寅拜左萬戶進兵討金丁丑封太師國王都行
省承制行事癸未薨年五十四
王生于鄂諾水之東生時白氣充帳有神巫見而異之
曰此非常兒也及長身長七尺虎首虬鬚黑面多謀略
雄勇冠一時與博爾珠博勒呼齊拉袞俱以忠勇佐太

图 2-2-17 《元朝名臣事略》卷一

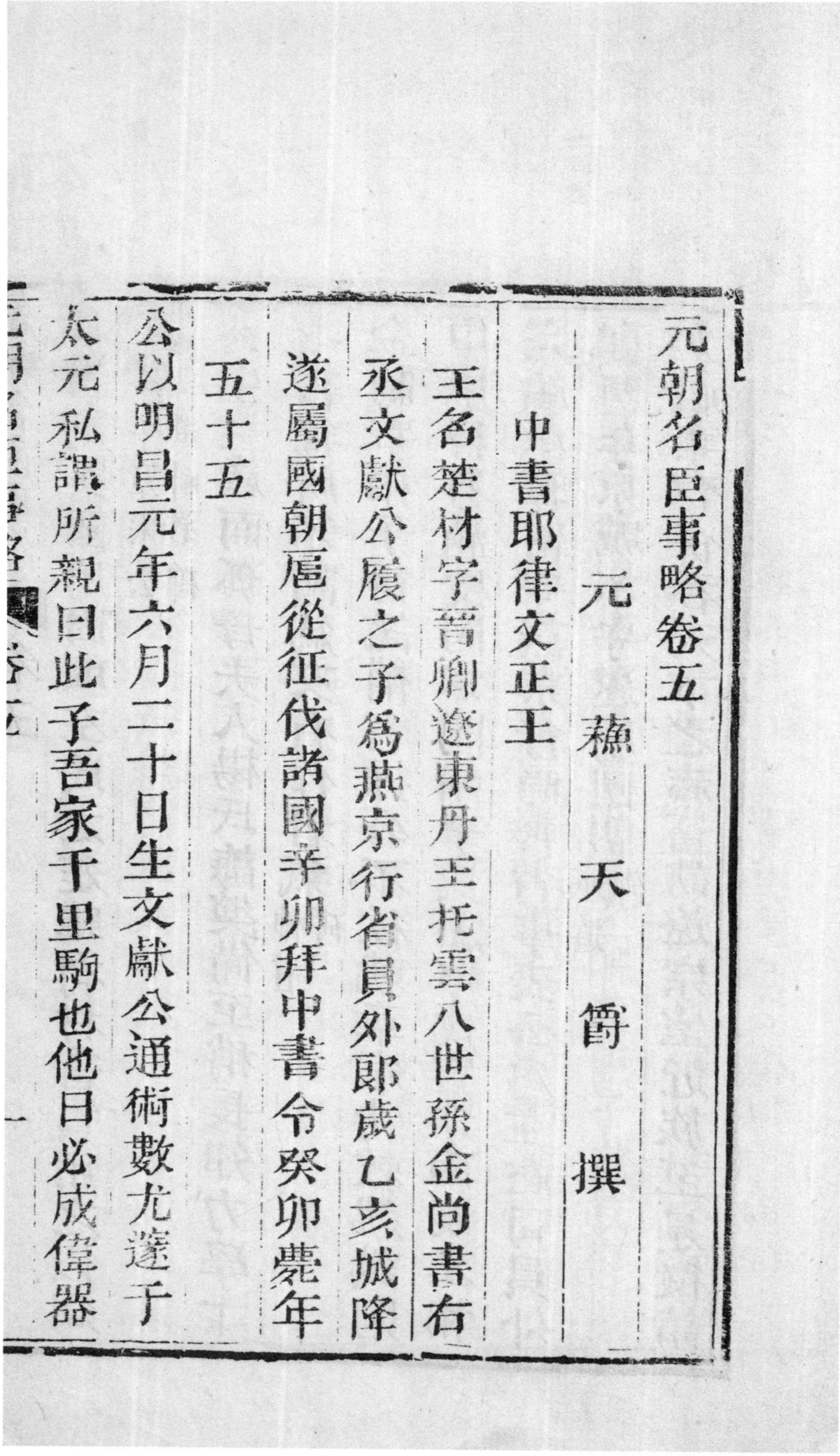
元朝名臣事略卷五

元　蘇　天　爵　撰

中書耶律文正王

王名楚材字晉卿遼東丹王托雲八世孫金尚書右丞文獻公履之子爲燕京行省員外郎歲乙亥城降遂屬國朝扈從征伐諸國辛卯拜中書令癸卯薨年五十五

公以明昌元年六月二十日生文獻公通術數尤邃于太元私謂所親曰此子吾家千里駒也他日必成偉器

元朝名臣事略　卷五　一

图 2-2-18　《元朝名臣事略》卷五

郑和七下西洋是明朝盛事。郑和是回族航海家，他率领船队先后访问了东南亚、印度半岛、阿拉伯和东非的数十个国家，促进了中国和亚非国家的友好交往。当时跟随郑和下西洋的回族学者马欢、费信等人，根据亲身见闻记载了郑和下西洋的伟大壮举，著有《瀛涯胜览》(图2-2-19)、《星槎胜览》(图2-2-20)等书，是中外交通史的重要著作。

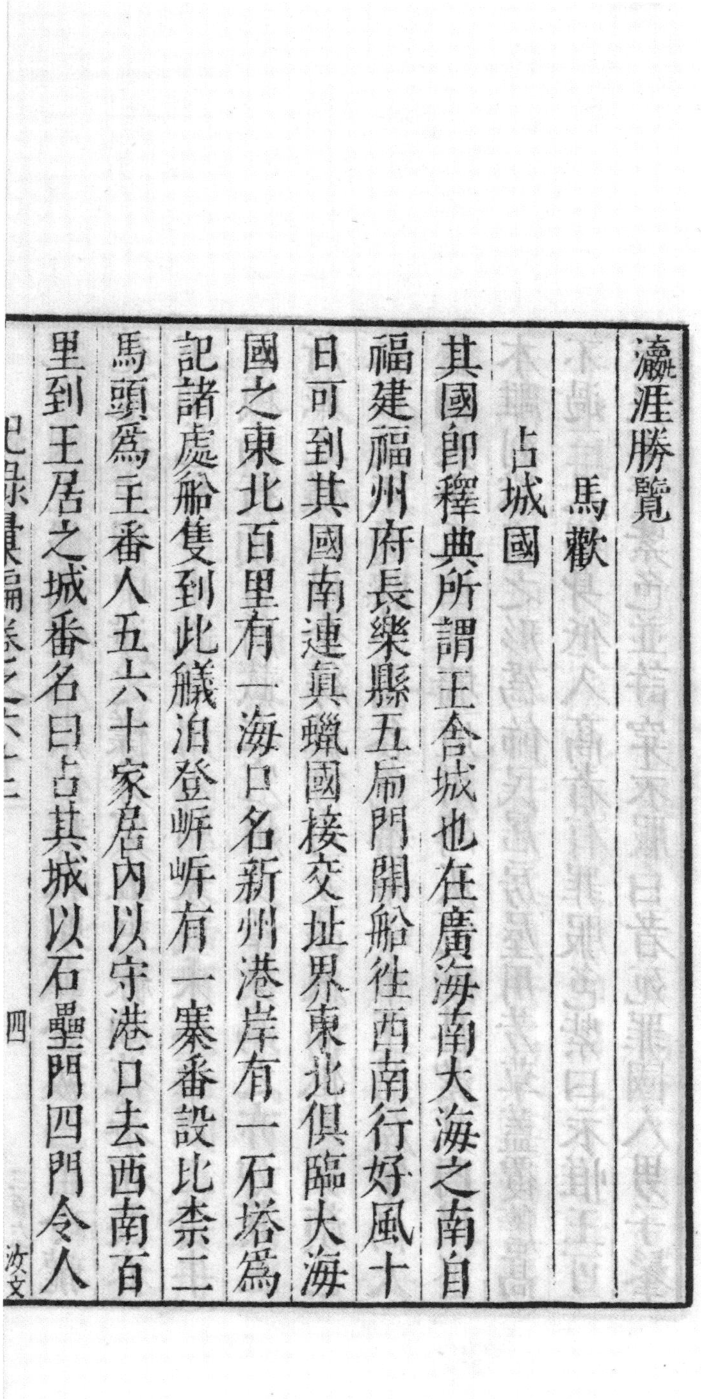
瀛涯勝覽
馬歡
占城國
其國卽釋典所謂王舍城也在廣海南大海之南自
福建福州府長樂縣五虎門開船往西南行好風十
日可到其國南連眞蠟國接交址界東北俱臨大海
國之東北百里有一海口名新州港岸有一石塔爲
記諸處船隻到此艤泊登岸岸有一寨番設比奈二
馬頭爲主番人五六十家居內以守港口去西南百
里到王居之城番名曰占其城以石壘門四門令人
紀錄彙編卷之六十二　四

图 2-2-19　《瀛涯胜览》

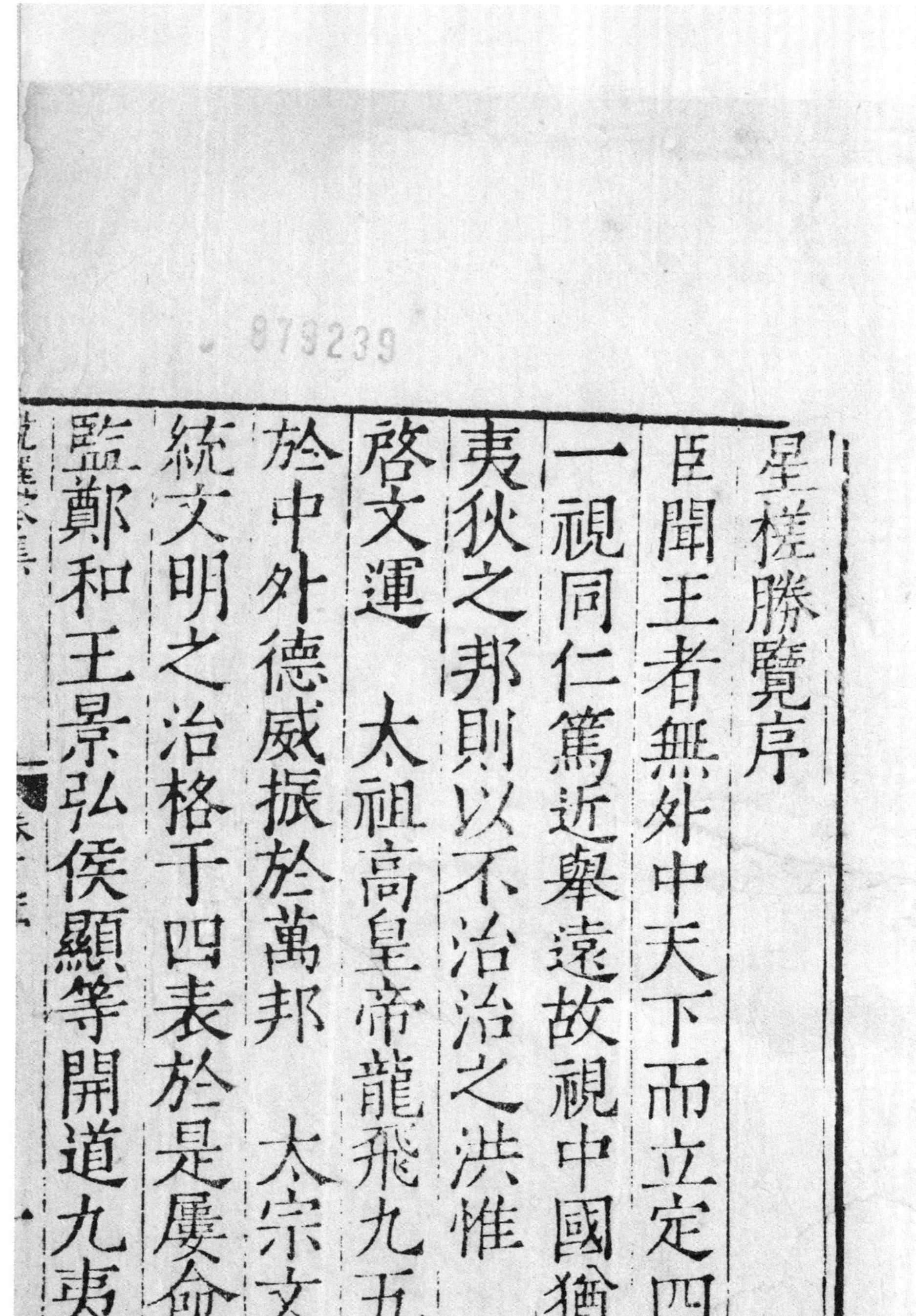

星槎勝覽序

臣聞王者無外中天下而立定四海之民一視同仁篤近舉遠故視中國猶一人而夷狄之邦則以不治治之洪惟 聖朝天啓文運 太祖高皇帝龍飛九五波澤敷於中外德威振於萬邦 太宗文皇帝繼統文明之治格于四表於是屢命正使太監鄭和王景弘侯顯等開道九夷八蠻

图 2-2-20 《星槎胜览》

《明史·秦良玉传》(图2-2-21)记载了中国历史上唯一一个凭战功封侯列爵的女将军，也是唯一载入正史将相列传而非《列女传》的土族巾帼英雄秦良玉抗击敌军的事迹：“秦良玉，忠州人，嫁石砫宣抚使马千乘……浑河血战，首功数千，实石砫、酉阳二土司功。邦屏既殁，良玉即遣使入都，制冬衣一千五百，分给残卒，而身督精兵三千抵榆关。上急公家难，下复私门仇，气甚壮。”卷末史家赞曰：“秦良玉一土舍妇人，提兵裹粮，崎岖转斗，其急公赴义有足多者。彼仗钺临戎，缩朒观望者，视此能无愧乎！”

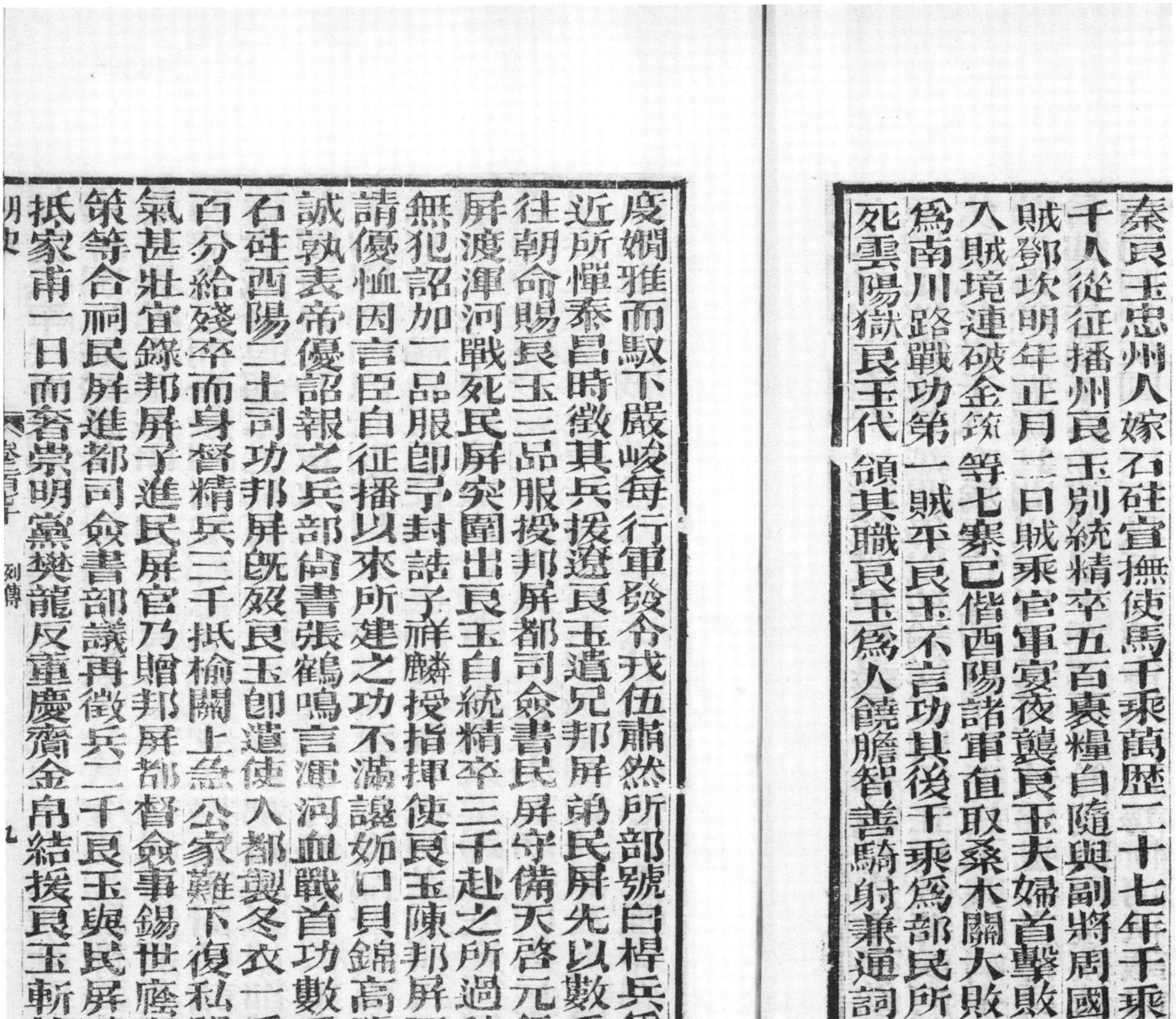

秦良玉忠州人嫁石砫宣撫使馬千乘萬曆二十七年千乘以三千人從征播州良玉別統精卒五百裹糧自隨與副將周國柱扼賊鄧坎明年正月二日賊乘官軍宴夜襲良玉夫婦首擊敗之追入賊境連破金筑等七寨已偕酉陽諸軍直取桑木關大敗賊衆爲南川路戰功第一賊平良玉不言功其後千乘爲部民所訟瘐死雲陽獄良玉代領其職良玉爲人饒膽智善騎射兼通詞翰儀

度嫻雅而馭下嚴峻每行軍發令戎伍肅然所部號白桿兵爲遠近所憚泰昌時徵其兵援遼良玉遣兄邦屏弟民屏先以數千人往朝命賜良玉三品服授邦屏都司僉書民屏守備天啓元年邦屏渡渾河戰死民屏突圍出良玉自統精卒三千赴之所過秋毫無犯詔加二品服即予封誥子祥麟授指揮使良玉陳邦屏死狀請優恤因言臣自征播以來所建之功不滿讒妬口貝錦高張忠誠孰表帝優詔報之兵部尚書張鶴鳴言渾河血戰首功數千實石砫酉陽二土司功邦屏既歿良玉即遣使入都製冬衣一千五百分給殘卒而身督精兵三千抵榆關上急公家難下復私門仇氣甚壯宜錄邦屏子進民屏官乃贈邦屏都督僉事錫世廕與陳策等合祠民屏進都司僉書部議再徵兵二千良玉與民屏馳還抵家甫一日而奢崇明黨樊龍反重慶齎金帛結援良玉斬其使

明史 卷二百七十 列傳

图2-2-21(1)《明史·秦良玉传》

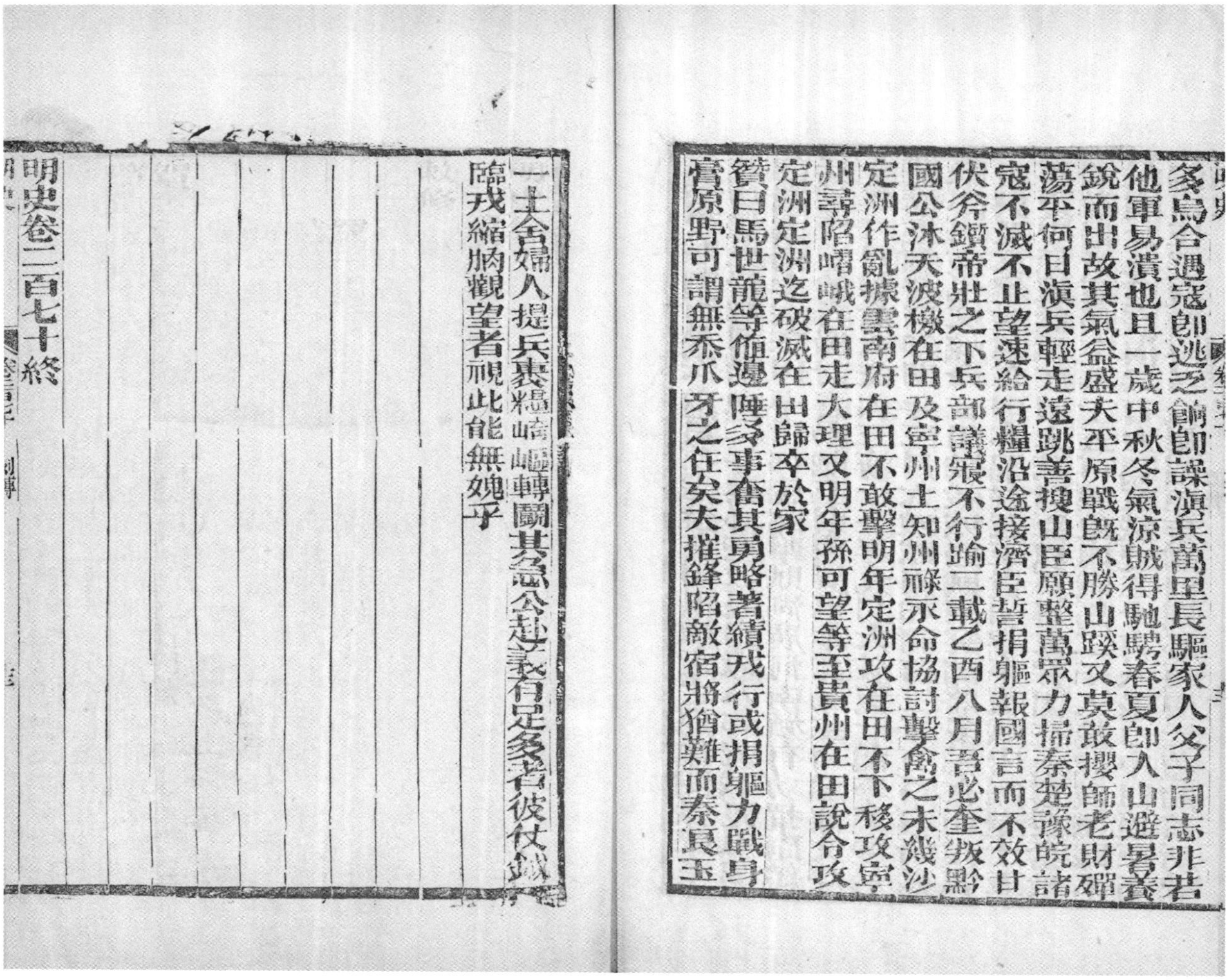
多烏合遇寇即逃乏餉即譟滇兵萬里長驅家人父子同志非若他軍易潰也且一歲中秋冬氣涼賊得馳騁春夏即入山避暑養銳而出故其氣益盛夫平原戰既不勝山蹊又莫敢攖師老財殫蕩平何日滇兵輕走遠跳善搜山臣願整萬眾力掃秦楚豫皖諸寇不滅不止望速給行糧沿途接濟臣誓捐軀報國言而不效甘伏斧鑕帝壯之下兵部議寢不行踰三載乙酉八月吾必奎叛黔國公沐天波檄在田及寧州土知州祿永命協討擊禽之未幾沙定洲作亂據雲南府在田不敢擊明年定洲攻在田不下移攻寧州尋陷嶍峨在田走大理又明年孫可望等至貴州在田說令攻定洲定洲迄破滅在田歸卒於家

贊曰馬世龍等值邊陲多事奮其勇略著績戎行或捐軀力戰身膏原野可謂無忝爪牙之任矣夫摧鋒陷敵宿將猶難而秦良玉一土舍婦人提兵裹糧崎嶇轉鬬其忠義有足多者彼仗鉞臨戎縮朒觀望者視此能無媿乎

明史卷二百七十終

图2-2-21（2）《明史·秦良玉传》

清朝人才济济，与重视人才的政策密不可分。《圣祖仁皇帝圣训》（图2-2-22）记载：“康熙三十三年，甲戌。五月癸卯。上谕大学士等曰：‘国家以用人为要，或有知其人可用而避嫌不举者，或有知其人不善，而引为党援者。自今九卿当各将所知居官贤能者，敬慎公举。’”充分发掘汉族、满族、蒙古族人才。《清史稿·梅文鼎传》（图2-2-23）记载康熙皇帝很重视精通历算的梅文鼎：“未几，圣祖西巡，问隐沦之士，光地以关中李永、河南张沐及文鼎三人对。上亦夙知永及文鼎。乙酉二月，南巡狩，光地以抚臣扈从，上问宣城处士梅文鼎焉在？光地以尚在臣署对，上曰：‘朕归时，汝与偕来，朕将面见。’四月十九日，光地与文鼎伏迎河干，越晨俱召对御舟中，从容垂问，至于移时，如是者三日。上谓光地曰：‘历象算法，朕最留心。此学今鲜知者，如文鼎真仅见也。其人亦雅士，惜乎老矣。’连日赐御书扇幅，颁赐珍馔。临辞，特赐‘绩学参微’四大字。越明年，又命其孙瑴成内廷学习。”梅文鼎病故，康熙亲自过问丧事，命江宁织造曹頫营地监葬。

蒙古文古籍《达尔罕王记事》（图2-2-24）记录科尔沁左翼中旗王、公、贝勒、贝子等袭职和授爵，以及他们为保卫国土所做出的贡献。

聖訓　卷二十三　九

年邁者甚屬勞苦自後年六旬以外大臣令其量力間二三日
一來啟奏至折本內遇緊要事朕有旨傳進爾等方來請旨若
無朕旨爾等將折本彙齊亦間二三日一來啟奏
康熙三十三年甲戌五月癸卯
上諭大學士等曰國家以用人爲要或有知其人可用而避嫌不
舉者或有知其人不善而引爲黨援者自今九卿當各將所知
居官賢能者敬慎公舉科道官職司耳目誠能於所知賢者從
公推薦不肖者立行叅劾則賢者勸而不肖者懲治道豈不美
乎可將此旨傳諭九卿科道
甲辰
上諭禮部尚書兼翰林院掌院事張英曰翰林係文學親近之臣
向因日講時時進見可以察其言語舉止近日進見稀少講官
侍班不過頃刻豈能深悉著將翰林院詹事府國子監官員每

图 2-2-22 《圣祖仁皇帝圣训》卷二十三

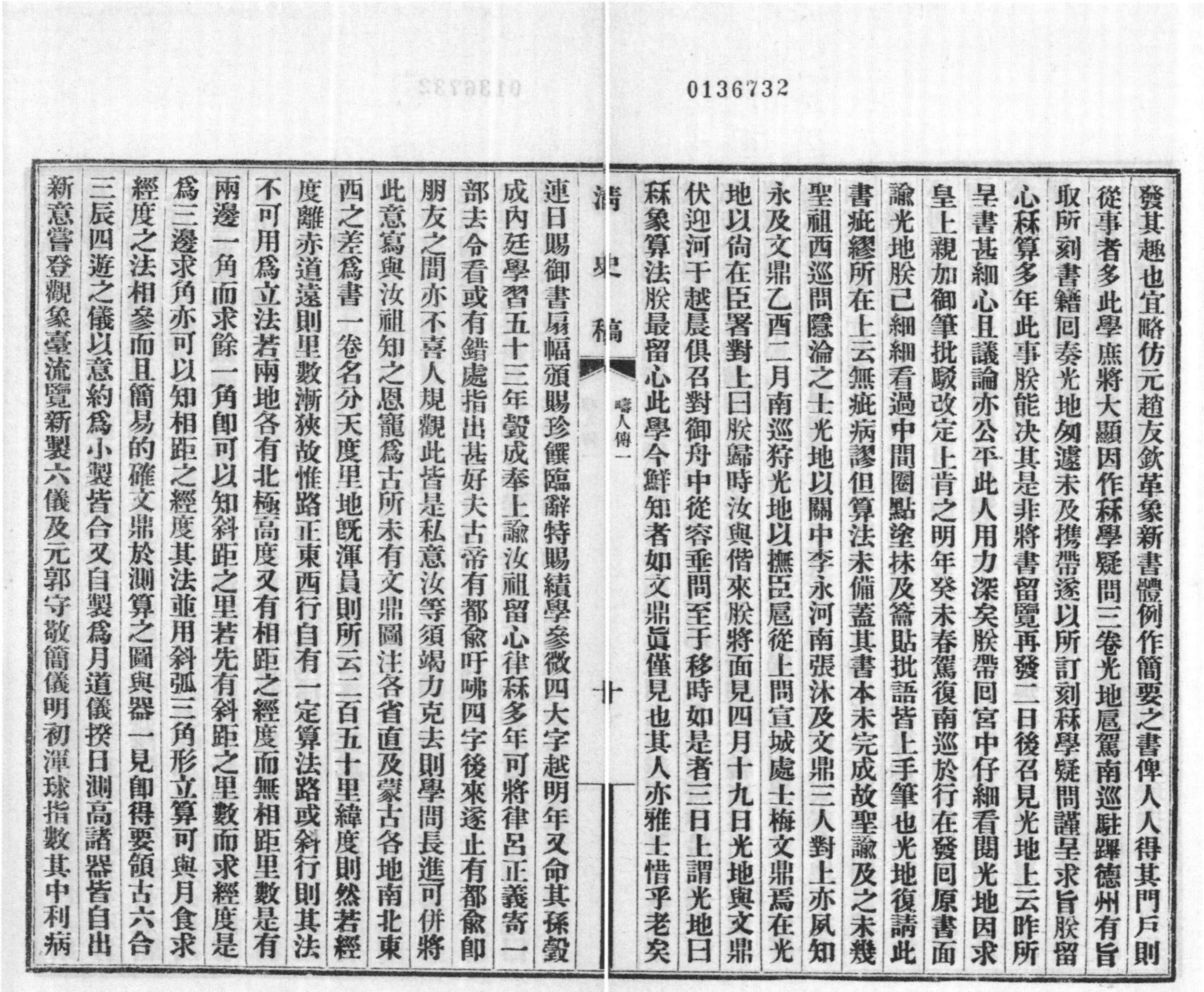
0136732

發其趣也宜略仿元趙友欽革象新書體例作簡要之書俾人人得其門戶則從事者多此學庶將大顯因作秝學疑問三卷光地扈駕南巡駐蹕德州有旨取所刻書籍回奏光地匆遽未及攜帶遂以所訂刻秝學疑問謹呈求旨朕留心秝算多年此事朕能決其是非將書留覽再發二日後召見光地上云昨所呈書甚細心且議論亦公平此人用力深矣朕帶回宮中仔細看閱光地因求
皇上親加御筆批駁改定上肯之明年癸未春駕復南巡於行在發回原書面
諭光地朕已細細看過中間圈點塗抹及簽貼批語皆上手筆也光地復請此書疵繆所在上云無疵病謬但算法未備蓋其書本未完成故聖諭及之未幾
聖祖西巡問隱淪之士光地以關中李永河南張沐及文鼎三人對上亦夙知永及文鼎乙酉二月南巡狩光地以撫臣扈從上問宣城處士梅文鼎焉在光地以尙在臣署對上曰朕歸時汝與偕來朕將面見四月十九日光地與文鼎伏迎河干越晨俱召對御舟中從容垂問至于移時如是者三日上謂光地曰秝象算法朕最留心此學今鮮知者如文鼎眞僅見也其人亦雅士惜乎老矣

清史稿　疇人傳一　廿

連日賜御書扇幅頒賜珍饌臨辭特賜績學參微四大字越明年又命其孫瑴成內廷學習五十三年瑴成奉上諭汝祖留心律秝多年可將律呂正義寄一部去令看或有錯處指出甚好夫古帝有都俞吁咈四字後來遂止有都俞卽朋友之間亦不喜人規觀此皆是私意汝等須竭力克去則學問長進可併將此意寫與汝祖知之恩寵爲古所未有文鼎圖注各省直及蒙古各地南北東西之差爲書一卷名分天度里地既渾員則所云二百五十里緯度則然若經度離赤道遠則里數漸狹故惟路正東西行自有一定算法路或斜行則其法不可用爲立法若兩地各有北極高度又有相距之經度而無相距里數是有兩邊一角而求餘一角卽可以知斜距之里若先有斜距之里數而求經度是爲三邊求角亦可以知相距之經度其法並用斜弧三角形立算可與月食求經度之法相參而且簡易的確文鼎於測算之圖與器一見卽得要領古六合三辰四遊之儀以意約爲小製皆合又自製爲月道儀揆日測高諸器皆自出新意嘗登觀象臺流覽新製六儀及元郭守敬簡儀明初渾球指數其中利病

图 2-2-23　《清史稿·梅文鼎传》

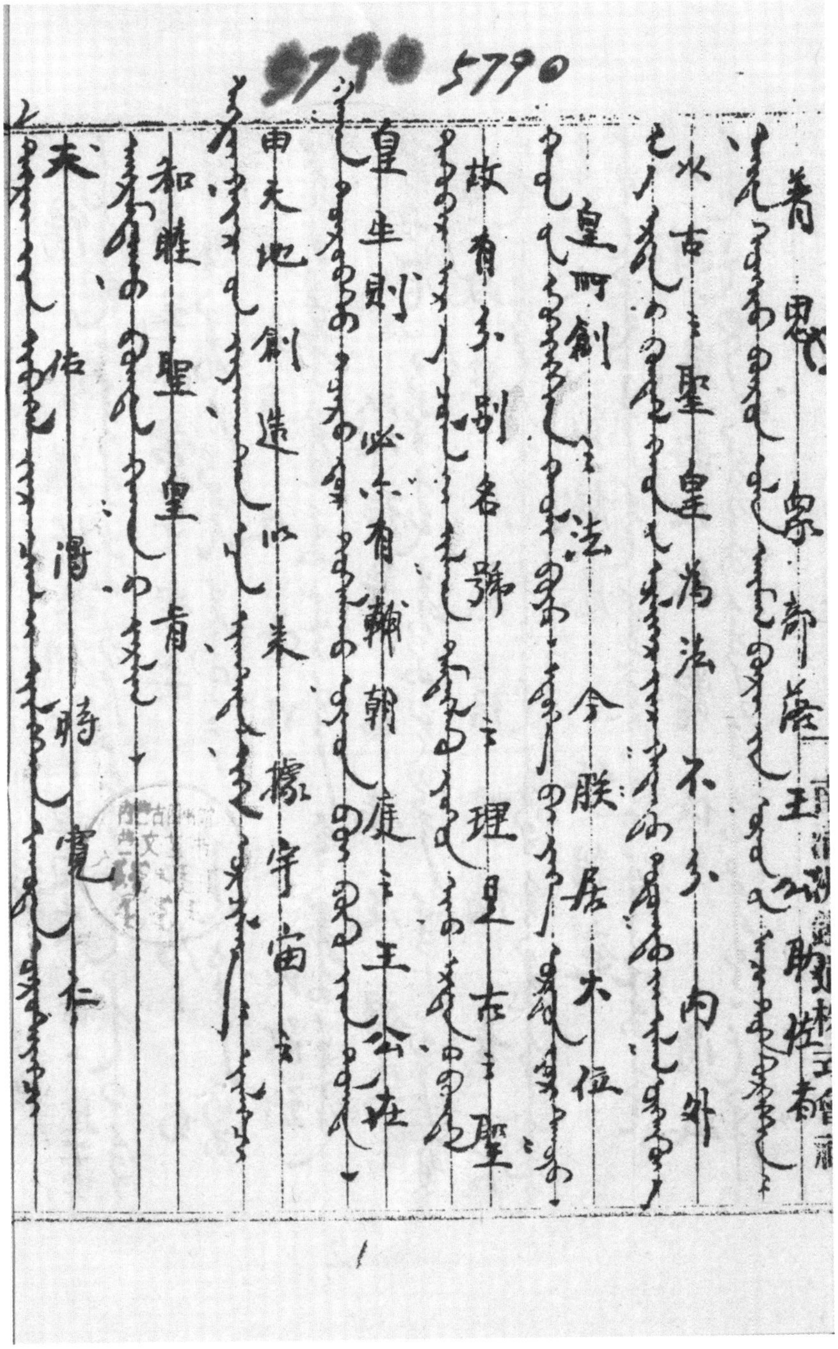

图 2-2-24　蒙古文《达尔罕王记事》

第三节　众智所为 则无不成

“以人为镜，可以明得失；以古为镜，可以知兴替。”尊重历史，研究历史，寻找历朝历代兴衰存亡的教训，学习借鉴其他政权和民族的治理经验，是中华民族的优良传统。礼乐制度、政治制度、军事制度、教育制度等都是“大一统”结构中的重要环节，被不同政权借鉴、融合、改造。

一、礼乐制度的承继

礼乐思想是中国古代政治思想的重要组成部分。中国历朝历代都十分重视用礼乐的精神内涵来治理国家。礼乐制度影响中国数千年，形成了中华民族特有的礼乐文化，因而中国也被称为“礼乐之邦”。

礼乐制度构造于周朝，《左传·文公十八年》(图2-3-1)记载周公制礼作乐：“先君周公制周礼，曰则以观德，德以处事，事以度功，功以食民。”《论语·为政》(图2-3-2)记载周朝的礼乐制度是在系统地总结前代礼仪体系、社会规范内容的基础上进一步发展、完善而形成的：“殷因于夏礼，

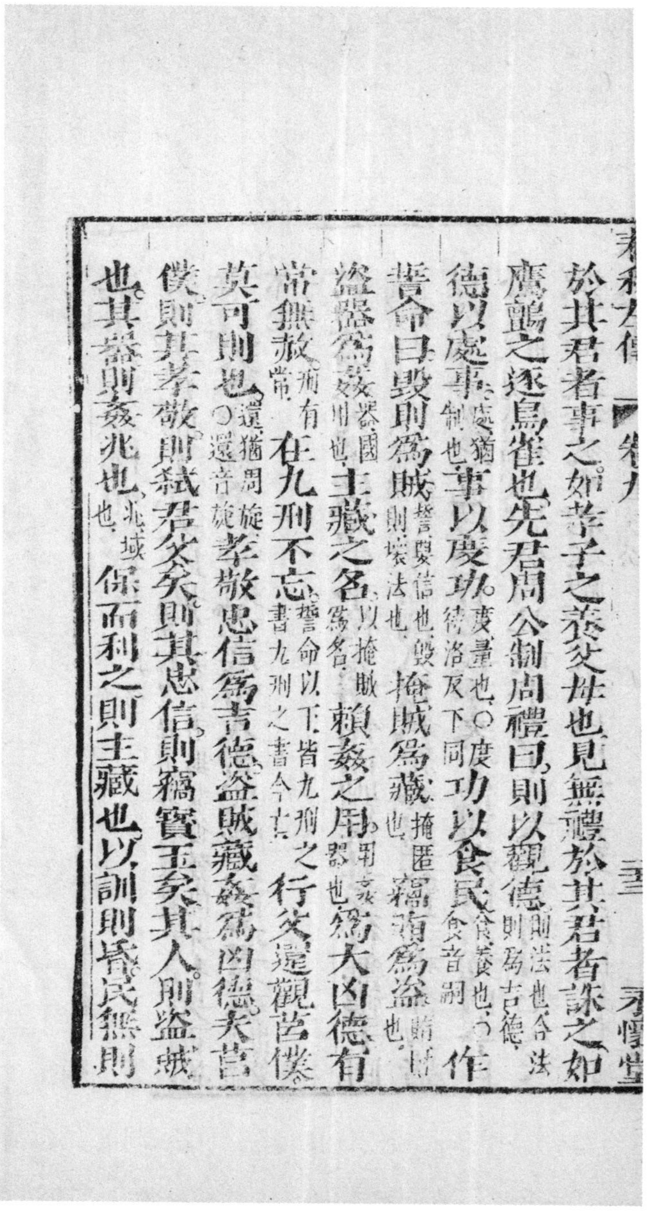
春秋左傳 卷九 承懷堂
於其君者事之如孝子之養父母也見無禮於其君者誅之如
鷹鸇之逐鳥雀也先君周公制周禮曰則以觀德則法也合法則為吉德
德以處事處猶制也事以度功度量也○度待洛反下同功以食民食養也○食音嗣作
誓命曰毀則為賊誓要信也毀則壞法也掩賊為藏掩匿也竊賄為盜
盜器為姦器國用也主藏之名以掩賊為名賴姦之用用姦器也為大凶德有
常無赦刑有常在九刑不忘誓命以下皆九刑之書今亡行父還觀莒僕
莫可則也還猶周旋○還音旋孝敬忠信為吉德盜賊藏姦為凶德夫莒
僕則其孝敬則弒君父矣則其忠信則竊寶玉矣其人則盜賊
也其器則姦兆也兆域也保而利之則主藏也以訓則昏民無則

图 2-3-1 《左传·文公十八年》

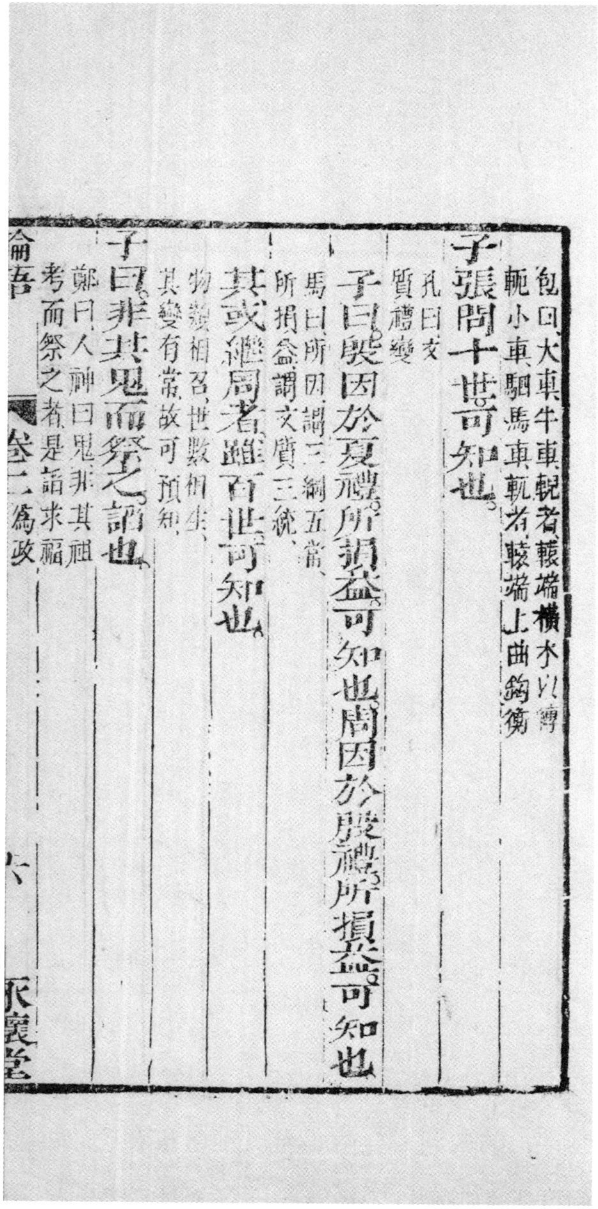
包曰大車牛車輗者轅端橫木以縛軛小車駟馬車軏者轅端上曲鉤衡
子張問十世可知也
孔曰文質禮變
子曰殷因於夏禮所損益可知也周因於殷禮所損益可知也
馬曰所因謂三綱五常所損益謂文質三統
其或繼周者雖百世可知也
物類相召世數相生其變有常故可預知
子曰非其鬼而祭之諂也
鄭曰人神曰鬼非其祖考而祭之者是諂求福
論語 卷二 為政 六 承懷堂

图 2-3-2 《论语·为政》

所损益，可知也；周因于殷礼，所损益，可知也。其或继周者，虽百世，可知也。”周礼自上而下施行，是诸侯国和各族人民的生活准则。

春秋战国时期礼崩乐坏，《论语·八佾》（图2-3-3）记载了当时不尊礼法的情况：“孔子谓季氏：‘八佾舞于庭，是可忍也，孰不可忍也？’”季氏作为大夫却在自己庭院演奏天子才能享受的

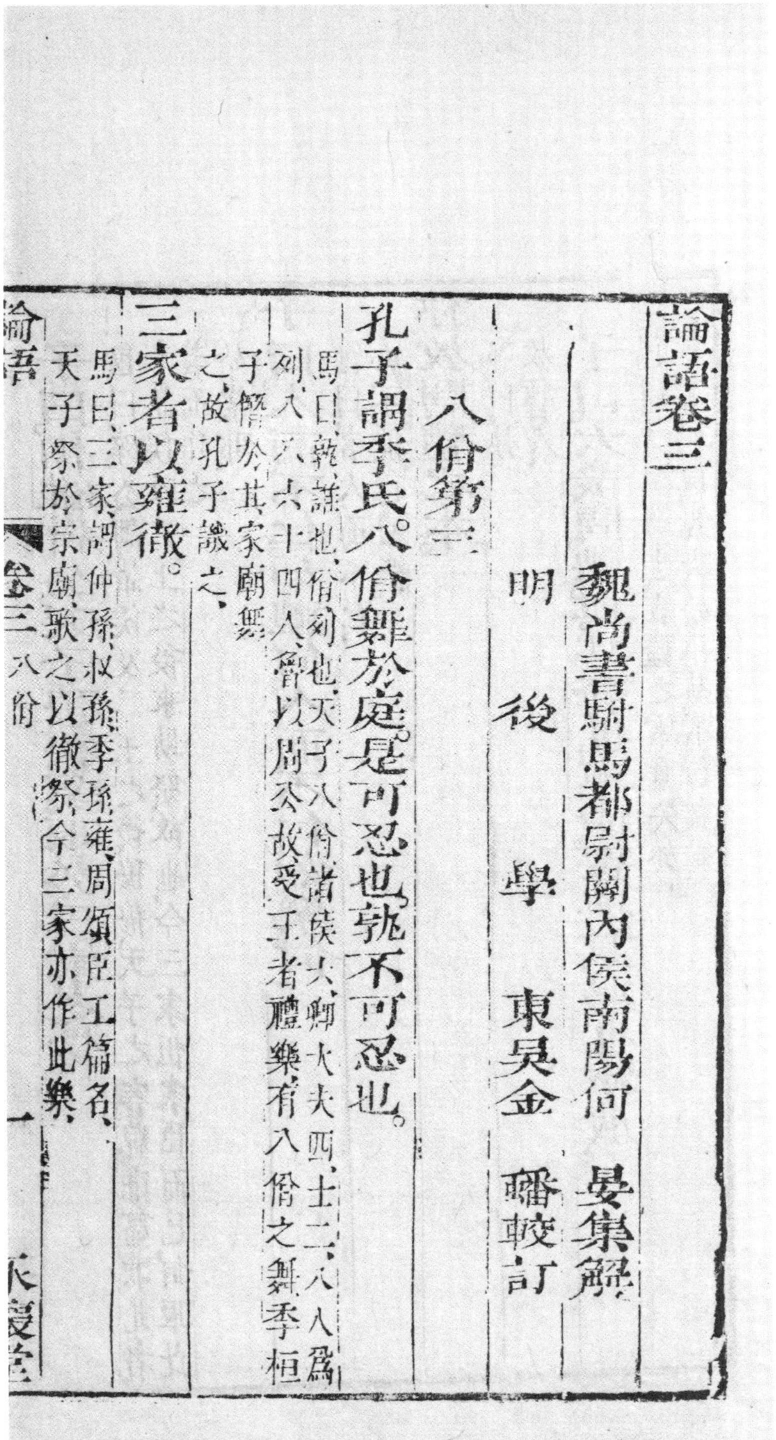
論語卷三

魏尚書駙馬都尉關內侯南陽何晏集解

明後學東吳金蟠較訂

八佾第三

孔子謂季氏八佾舞於庭是可忍也孰不可忍也

馬曰孰誰也佾列也天子八佾諸侯六卿大夫四士二八人爲列八八六十四人魯以周公故受王者禮樂有八佾之舞季桓子僭於其家廟舞之故孔子譏之

三家者以雍徹

馬曰三家謂仲孫叔孫季孫雍周頌臣工篇名天子祭於宗廟歌之以徹祭今三家亦作此樂

論語 卷三 八佾 一 永懷堂

图 2-3-3 《论语·八佾》

八佾之舞，严重违反礼法。诸侯国里只有鲁国的礼法比较完备。《左传·昭公二年》（图2-3-4）记载了著名典故“周礼尽在鲁”的故事：“二年春，晋侯使韩宣子来聘，且告为政而来见，礼也。观书于大史氏，见《易》《象》与《鲁春秋》，曰：‘周礼尽在鲁矣。吾乃今知周公之德，与周之所以王也。’”周景王五年（前540），晋平公遣韩宣子聘鲁。韩宣子在国太史处看书，见到周传下来的《易》《象》和《鲁春秋》等文化典籍，十分赞叹。直到春秋时期，作为周代姬姓“宗邦”的鲁国仍然遵循周礼，保存着王室赐予的典籍简册、各种礼器以及史官的设置。

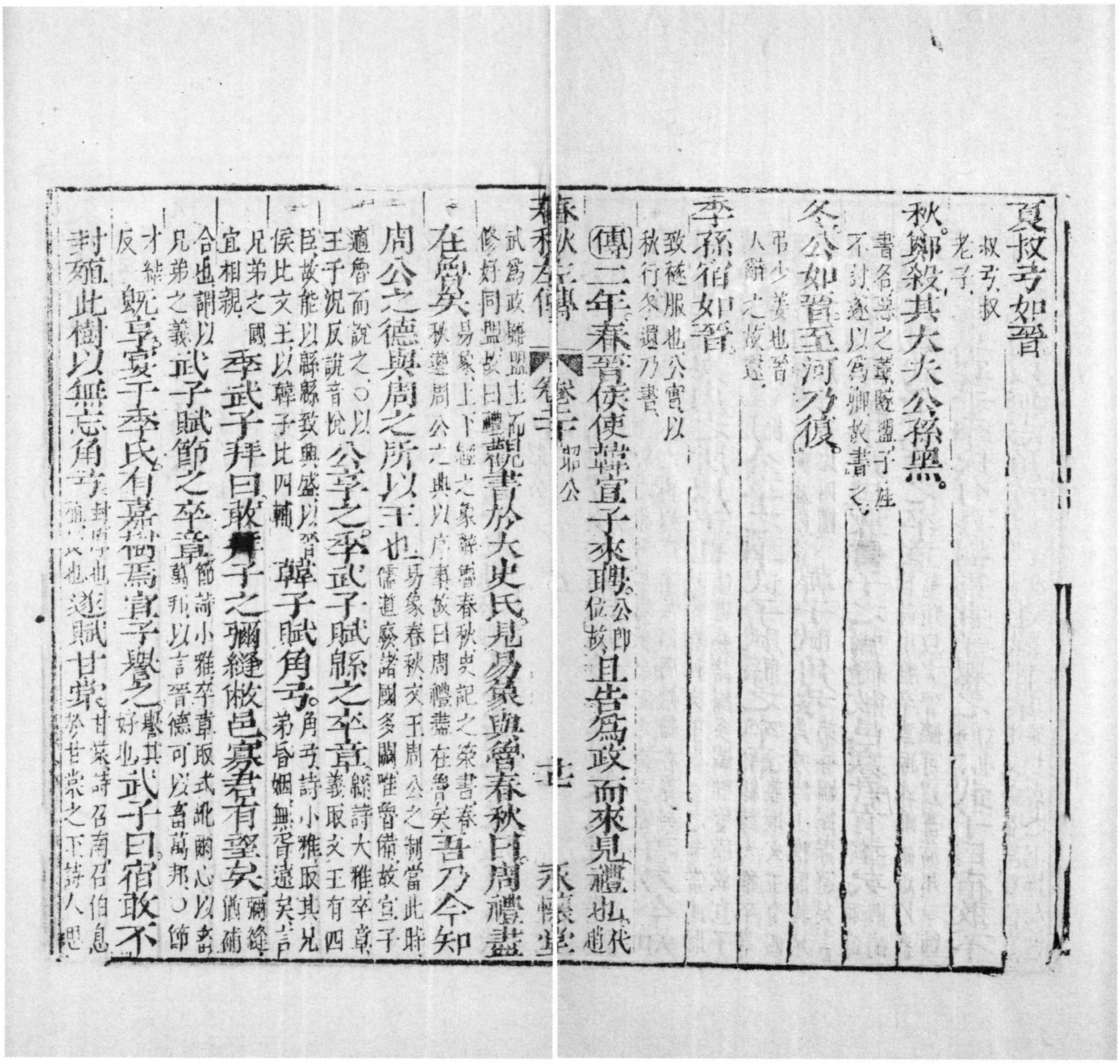
夏叔弓如晉
秋鄭殺其大夫公孫黑
冬公如晉至河乃復
季孫宿如晉
傳二年春晉侯使韓宣子來聘且告爲政而來見禮也觀書於大史氏見易象與魯春秋曰周禮盡在魯矣吾乃今知周公之德與周之所以王也公享之季武子賦緜之卒章韓子賦角弓季武子拜曰敢拜子之彌縫敝邑寡君有望矣武子賦節之卒章既享宴于季氏有嘉樹焉宣子譽之武子曰宿敢不封殖此樹以無忘角弓遂賦甘棠

图2-3-4 《左传·昭公二年》

被视为“蛮夷”的秦、楚之国，也偶有遵从礼法的例子。《左传·成公九年》（图2-3-5）记载：“秦人来归僖公、成风之禭，礼也。诸侯相吊贺也，虽不当事，苟有礼焉，书也，以无忘旧好。”秦国人依照周礼前来向死去的僖公和成风赠送衣衾。《史记·晋世家》（图2-3-6）记载自称“蛮夷”的楚国在交际中也使用了周礼：“重耳去之楚，楚成王以适诸侯礼待之。”

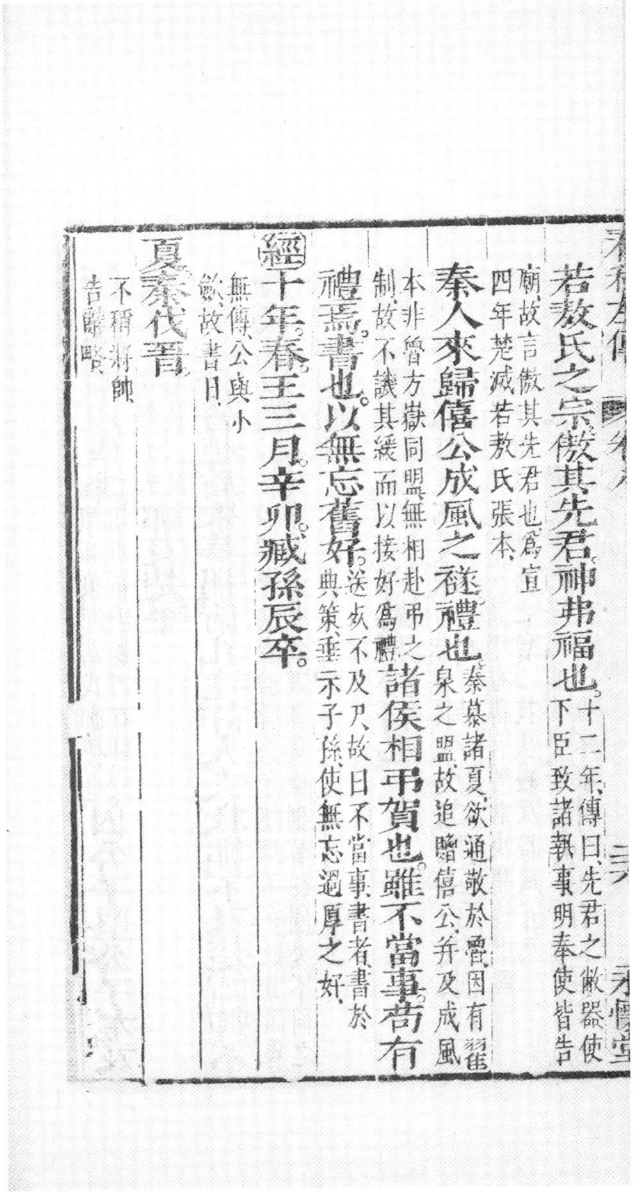
若敖氏之宗傲其先君神弗福也。十二年，傳曰，先君之敝器使
下臣致諸執事，明奉使皆告
廟，故言傲其先君也，爲宣
四年楚滅若敖氏張本。
秦人來歸僖公成風之禭，禮也。秦慕諸夏，欲通敬於魯，因有翟
泉之盟，故追贈僖公，并及成風
本非魯方嶽同盟，無相赴弔之
制，故不譏其緩，而以接好爲禮。
諸侯相弔賀也，雖不當事，苟有
禮焉，書也，以無忘舊好。送死不及尸，故曰不當事，書者，書於
典策，垂示子孫，使無忘過厚之好。
經十年春王三月，辛卯，臧孫辰卒。
無傳，公與小
斂，故書日。
夏，秦伐晉。
不稱將帥，
告辭略。

图2-3-5　《左传·成公九年》

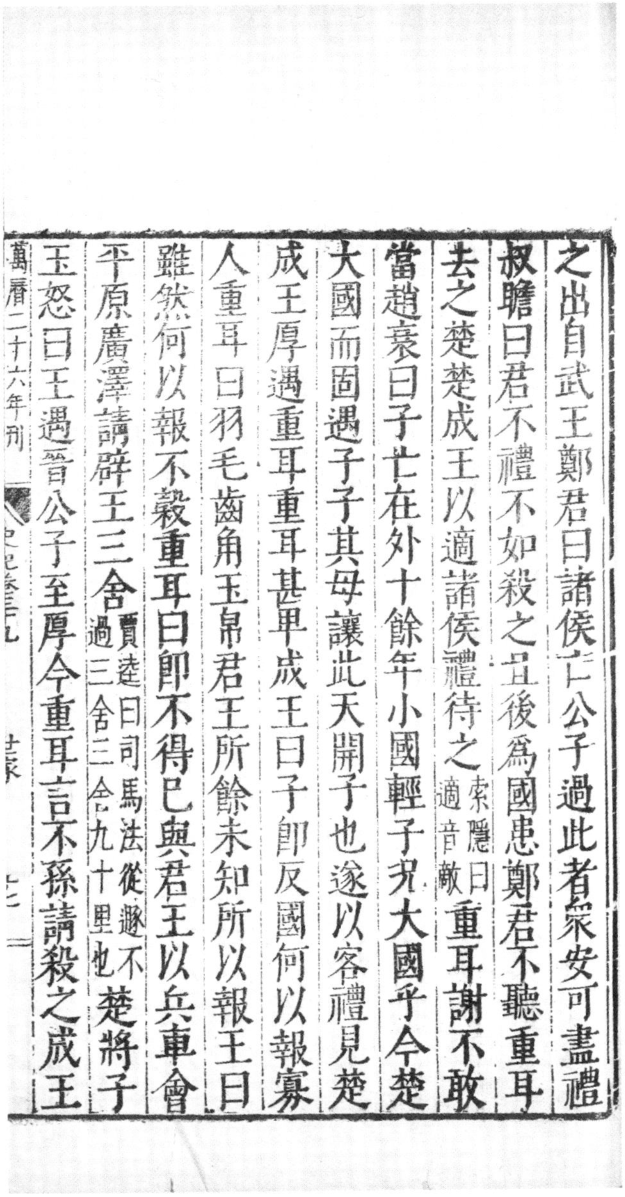
之出自武王，鄭君曰：諸侯亡公子過此者衆，安可盡禮。
叔瞻曰：君不禮，不如殺之，且後爲國患。鄭君不聽。重耳
去之楚，楚成王以適諸侯禮待之，索隱曰：適音敵。重耳謝不敢
當。趙衰曰：子亡在外十餘年，小國輕子，況大國乎？今楚
大國而固遇子，子其毋讓，此天開子也。遂以客禮見楚。
成王厚遇重耳，重耳甚卑。成王曰：子即反國，何以報寡
人？重耳曰：羽毛齒角玉帛，君王所餘，未知所以報。王曰：
雖然，何以報不穀？重耳曰：即不得已，與君王以兵車會
平原廣澤，請辟王三舍。賈逵曰：司馬法從遯不
過三舍，三舍九十里也。楚將子
玉怒曰：王遇晉公子至厚，今重耳言不孫，請殺之。成王
萬曆二十六年刊　史記卷三十九　世家

图2-3-6　《史记·晋世家》

以孔子、孟子为代表的儒家学派提出必须重建周礼的权威，以“礼”的规范约束人们的言行。《史记·孔子世家》(图2–3–7)记载孔子周游列国遍采三代之礼：“孔子之时，周室微而礼乐废，诗、书缺。追迹三代之礼，序书、传，上纪唐虞之际，下至秦缪，编次其事。曰：‘夏礼吾能言之，杞不足徵也。殷礼吾能言之，宋不足徵也。足，则吾能徵之矣。’观殷夏所损益，曰：‘后虽百世可知也，以一文一质。周监二代，郁郁乎文哉！吾从周。’”

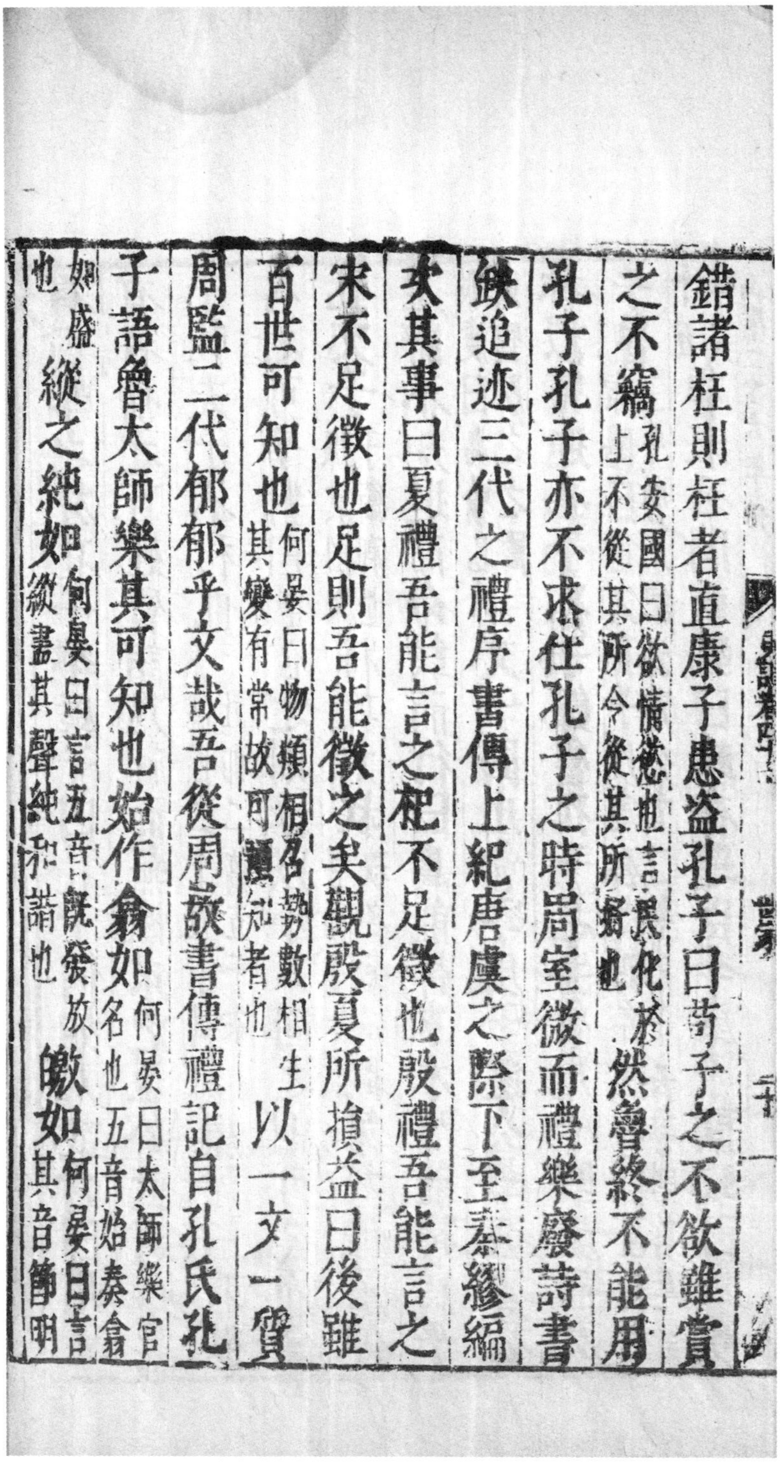
錯諸枉則枉者直康子患盜孔子曰苟子之不欲雖賞
之不竊孔安國曰欲情慾也言民化於上不從其所令從其所好也然魯終不能用
孔子孔子亦不求仕孔子之時周室微而禮樂廢詩書
缺追迹三代之禮序書傳上紀唐虞之際下至秦繆編
次其事曰夏禮吾能言之杞不足徵也殷禮吾能言之
宋不足徵也足則吾能徵之矣觀殷夏所損益曰後雖
百世可知也何晏曰物類相召勢數相生其變有常故可預知者也以一文一質
周監二代郁郁乎文哉吾從周故書傳禮記自孔氏孔
子語魯太師樂其可知也始作翕如何晏曰太師樂官名也五音始奏翕
如盛也縱之純如何晏曰言五音既發放縱盡其聲純和諧也皦如何晏曰言其音節明

图2–3–7 《史记·孔子世家》

孔子整理、传授周礼的一些内容被收入《仪礼》(图2–3–8)之中，后世的礼学家们在世代传授周礼的过程中，也逐渐积累了大量资料，形成了《礼记》(图2–3–9)。《仪礼》和《礼记》记述的都是以周朝为主的秦汉以前的典章、名物、制度，以及自天子以下各等级的冠、昏、丧、祭、燕、享、朝、聘等礼仪，后来与《周礼》一并成为儒家的“三礼”，成为中华传统文化的精神内核，对后世政治、文化制度产生深远影响。

《史记·礼书》(图2–3–10)追述汉武帝之前礼乐制度的发展与沿袭的历史：“周衰，礼废乐坏，大小相逾，管仲之家，兼备三归……至秦有天下，悉内六国礼仪，采择其善，虽不合圣制，其尊君抑臣，朝廷济济，依古以来。至于高祖，光有四海，叔孙通颇有所增益减损，大抵皆袭秦故……乃以太初之元改正朔，易服色，封泰山，定宗庙百官之仪，以为典常，垂之于后云。”此后的正史和地方志基本都设有《礼乐志》或者《礼志》和《乐志》。

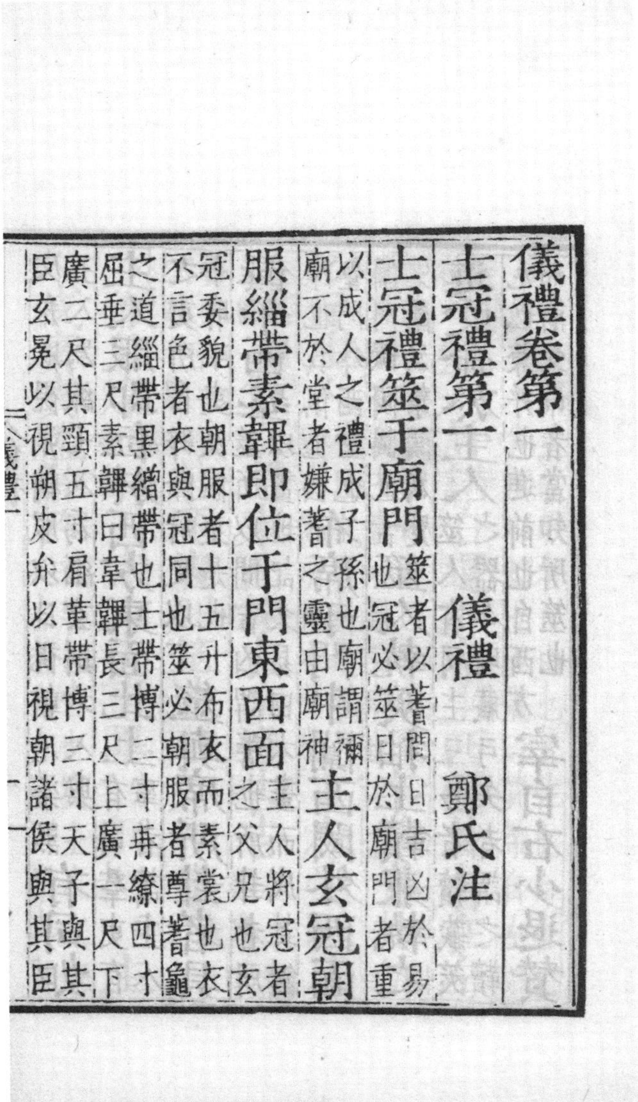
儀禮卷第一
士冠禮第一　儀禮　鄭氏注
士冠禮筮于廟門筮者以蓍問日吉凶於易也冠必筮日於廟門者重以成人之禮成子孫也廟謂禰廟不於堂者嫌蓍之靈由廟神主人玄冠朝服緇帶素韠即位于門東西面主人將冠者之父兄也玄冠委貌也朝服者十五升布衣而素裳也衣不言色者衣與冠同也筮必朝服者尊蓍龜之道緇帶黑繒帶也士帶博二寸再繚四寸屈垂三尺素韠白韋韠長三尺上廣一尺下廣二尺其頸五寸肩革帶博三寸天子與其臣玄冕以視朔皮弁以日視朝諸侯與其臣
儀禮一　一

图 2–3–8　《仪礼》

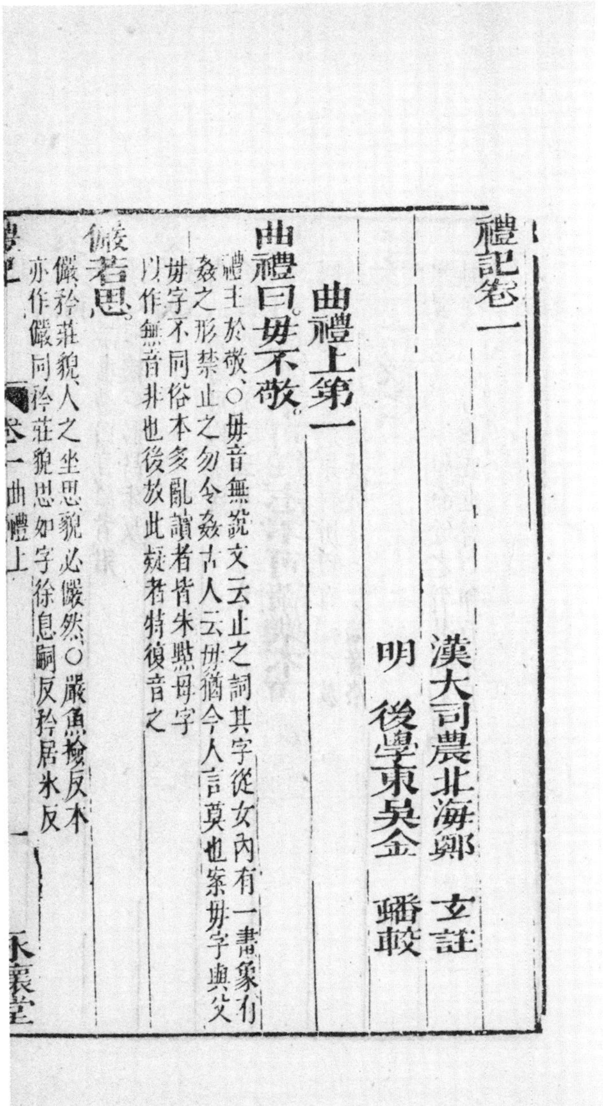
禮記卷一
漢大司農北海鄭玄註
明後學東吳金蟠較
曲禮上第一
曲禮曰毋不敬禮主於敬○毋音無說文云止之詞其字從女內有一畫象有姦之形禁止之勿令姦古人云毋猶今人言莫也案毋字與父母字不同俗本多亂讀者皆朱點毋字以作無音非也後放此疑者特復音之儼若思儼矜莊貌人之坐思貌必儼然○嚴魚檢反本亦作儼同矜莊貌思如字徐息嗣反矜居冰反
禮記卷一　曲禮上　一　永懷堂

图 2–3–9　《礼记》

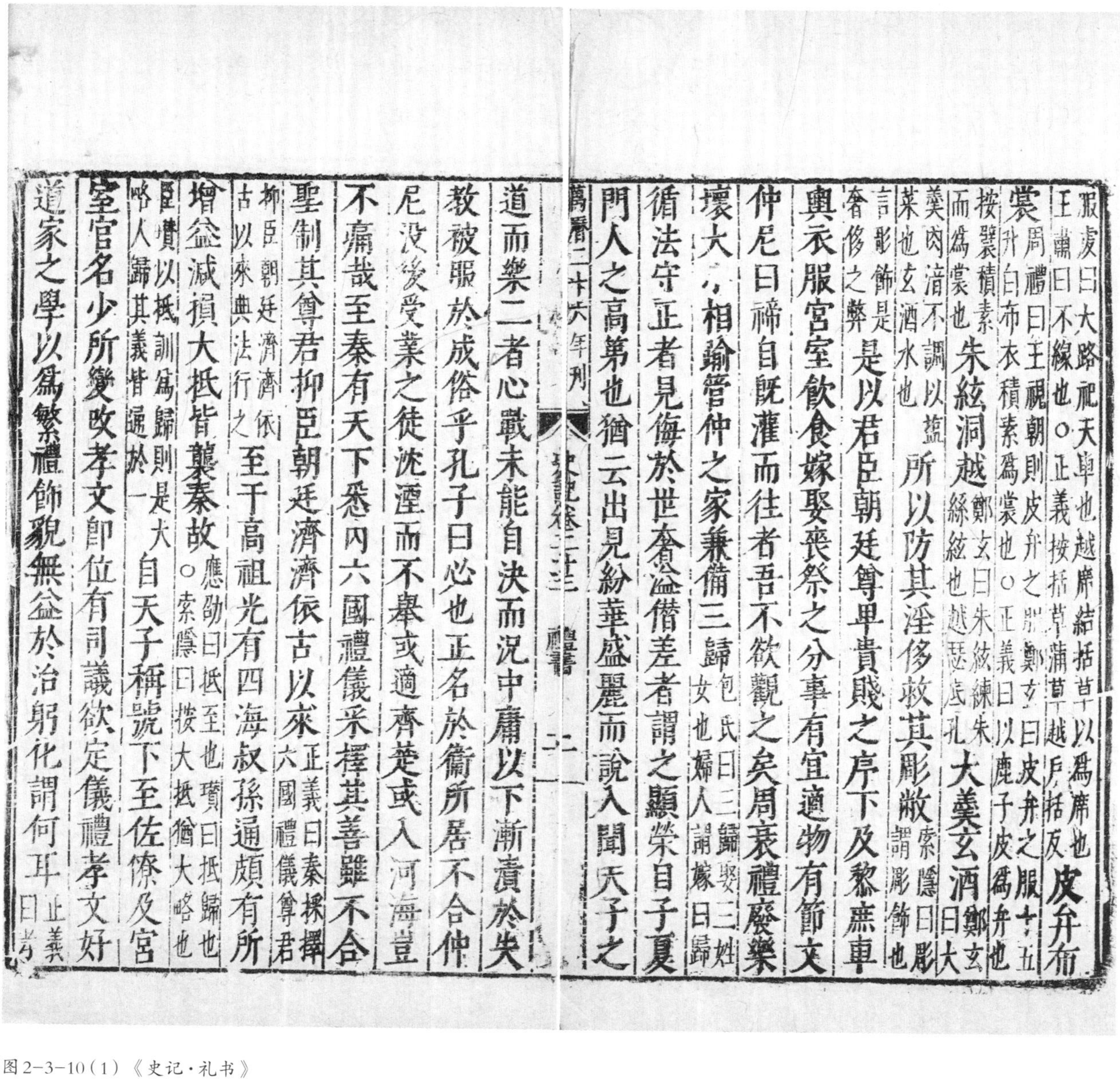
服虔曰大路祀天車也越席結括草以爲席也皮弁布
王肅曰不緣也○正義按括草蒲草越戶括反
裳周禮曰王視朝則皮弁之服鄭玄曰皮弁之服十五升白布衣積素爲裳也○正義曰以鹿子皮爲弁也
按襞積素而爲裳也
朱絃洞越鄭玄曰朱絃練朱絲絃也越瑟底孔
大羹玄酒鄭玄曰大羹肉湆不調以鹽菜也玄酒水也
所以防其淫侈救其彫敝索隱曰彫謂彫飾也
言彫飾是奢侈之弊
是以君臣朝廷尊卑貴賤之序下及黎庶車
輿衣服宮室飲食嫁娶喪祭之分事有宜適物有節文
仲尼曰禘自既灌而往者吾不欲觀之矣周衰禮廢樂
壞大小相踰管仲之家兼備三歸包氏曰三歸娶三姓女也婦人謂嫁曰歸
循法守正者見侮於世奢溢僭差者謂之顯榮自子夏
門人之高第也猶云出見紛華盛麗而說入聞夫子之
萬曆二十六年刊 史記卷二十三 禮書 二
道而樂二者心戰未能自決而況中庸以下漸漬於失
教被服於成俗乎孔子曰必也正名於衛所居不合仲
尼沒後受業之徒沈湮而不舉或適齊楚或入河海豈
不痛哉至秦有天下悉內六國禮儀采擇其善雖不合
聖制其尊君抑臣朝廷濟濟依古以來正義曰秦採擇六國禮儀尊君抑臣朝廷濟濟依古以來典法行之
至于高祖光有四海叔孫通頗有所
增益減損大抵皆襲秦故○應劭曰抵至也瓚曰抵歸也臣瓚以抵訓爲歸則是大略人歸其義皆通於一○索隱曰按大抵猶大略也
自天子稱號下至佐僚及宮
室官名少所變改孝文即位有司議欲定儀禮孝文好
道家之學以爲繁禮飾貌無益於治躬化謂何耳正義曰孝

图2-3-10（1）《史记·礼书》

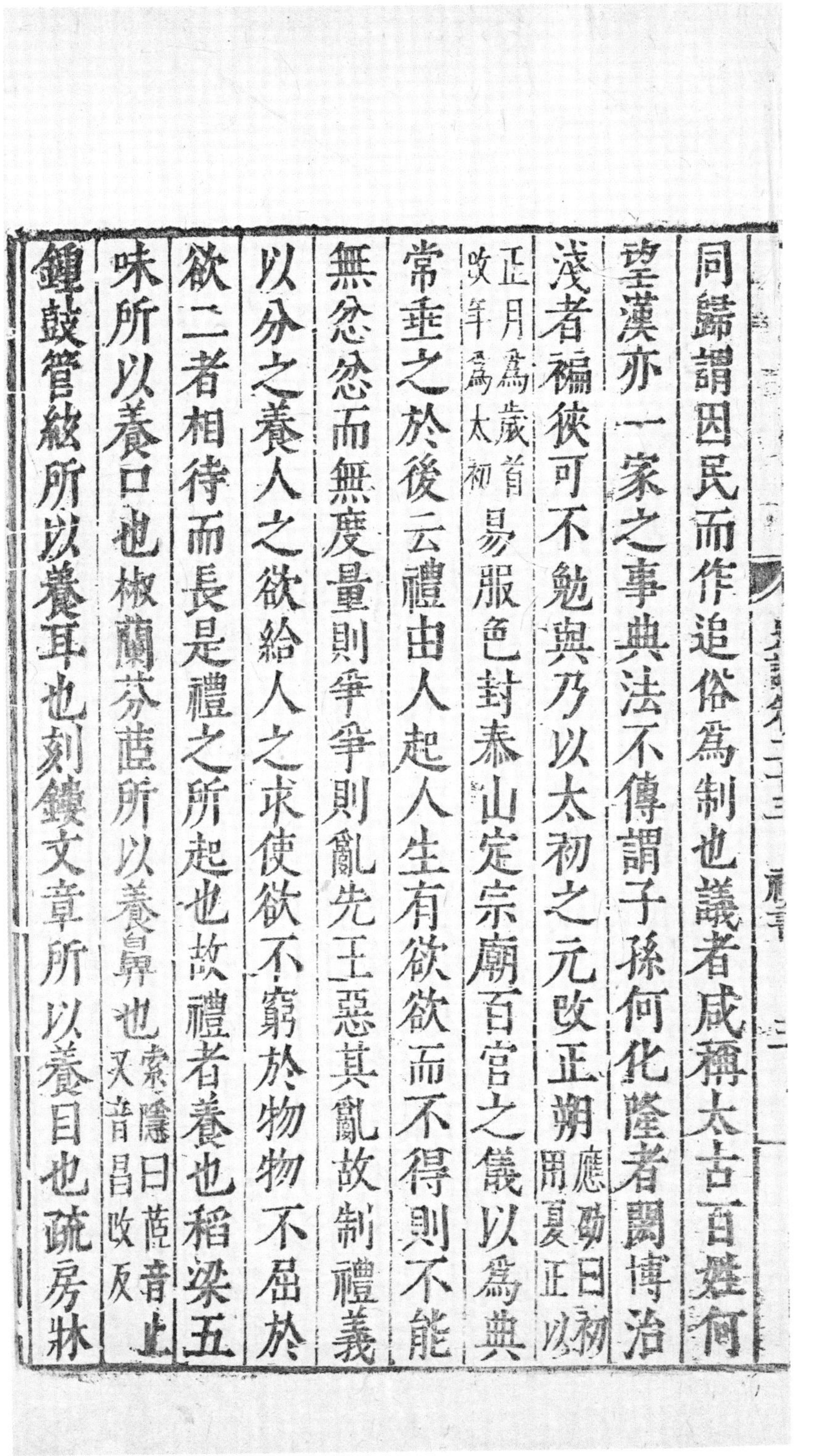

同歸謂因民而作追俗爲制也議者咸稱太古百姓何
望漢亦一家之事典法不傳謂子孫何化隆者閎博治
淺者褊狹可不勉與乃以太初之元改正朔應劭曰初用夏正以
正月爲歲首改年爲太初易服色封泰山定宗廟百官之儀以爲典
常垂之於後云禮由人起人生有欲欲而不得則不能
無忿忿而無度量則爭爭則亂先王惡其亂故制禮義
以分之養人之欲給人之求使欲不窮於物物不屈於
欲二者相待而長是禮之所起也故禮者養也稻粱五
味所以養口也椒蘭芬茝所以養鼻也索隱曰茝音止又音昌改反
鐘鼓管絃所以養耳也刻鏤文章所以養目也疏房牀

图2-3-10（2）《史记·礼书》

从正史中，我们可以看到中国历史上的少数民族政权也认同华夏礼俗，学习、借鉴礼乐制度，以礼乐治国，或者双方的礼仪风俗并存一体。《魏书·礼志》（图2-3-11）记载北魏孝文帝在皇信堂与尚书游明根、左丞郭祚、中书监高闾等十三人讨论禘洽时祭，这次讨论以《礼记》《论语》《尔雅》《诗经》等儒家经典作为其行动指导："诏曰：'《礼记祭法》称："有虞氏禘黄帝。"《大传》曰

"禘其祖之所自出"，又称"不王不禘"。《论》曰："禘自既灌。"《诗·颂》："《长发》，大禘。"《尔雅》曰："禘，大祭也。"夏殷四时祭：礿、禘、烝、尝，周改禘为祠。《祭义》称"春祭、秋尝"，亦夏殷祭也……'"

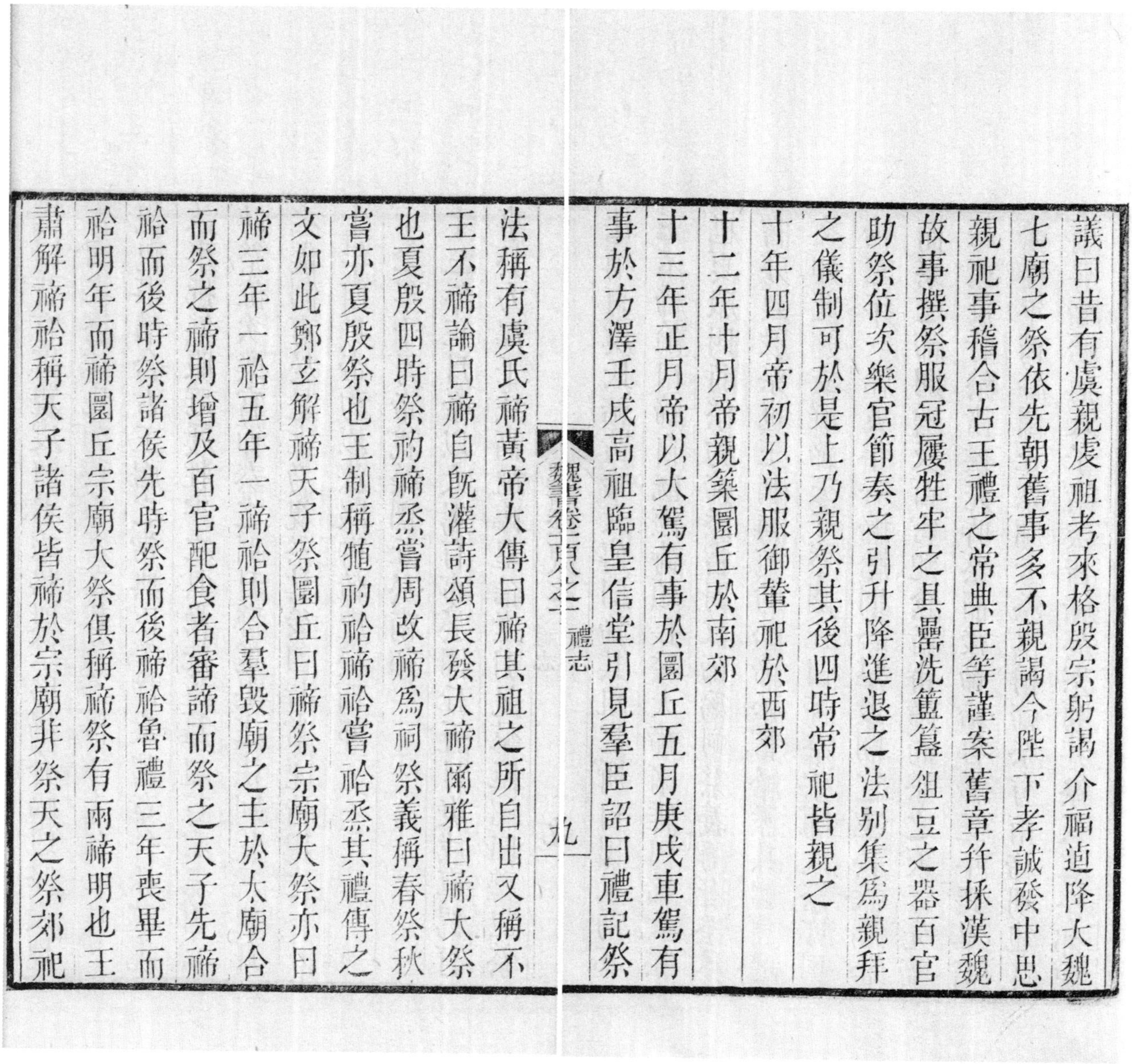
議曰昔有虞親虞祖考來格殷宗躬謁介福逌降大魏
七廟之祭依先朝舊事多不親謁今陛下孝誠發中思
親祀事稽合古王禮之常典臣等謹案舊章并採漢魏
故事撰祭服冠履牲牢之具罍洗簠簋俎豆之器百官
助祭位次樂官節奏之引升降進退之法別集爲親拜
之儀制可於是上乃親祭其後四時常祀皆親之
十年四月帝初以法服御輦祀於西郊
十二年十月帝親築圜丘於南郊
十三年正月帝以大駕有事於圜丘五月庚戌車駕有
事於方澤壬戌高祖臨皇信堂引見羣臣詔曰禮記祭

魏書卷一百八之一 禮志 九

法稱有虞氏禘黃帝大傳曰禘其祖之所自出又稱不
王不禘論曰禘自既灌詩頌長發大禘爾雅曰禘大祭
也夏殷四時祭礿禘烝嘗周改禘爲祠祭義稱春祭秋
嘗亦夏殷祭也王制稱犆礿祫禘祫嘗祫烝其禮傳之
文如此鄭玄解禘天子祭圜丘曰禘祭宗廟大祭亦曰
禘三年一祫五年一禘祫則合羣毀廟之主於太廟合
而祭之禘則增及百官配食者審諦而祭之天子先禘
祫而後時祭諸侯先時祭而後禘祫魯禮三年喪畢而
祫明年而禘圜丘宗廟大祭俱稱禘祭有兩禘明也王
肅解禘祫稱天子諸侯皆禘於宗廟非祭天之祭郊祀

图 2–3–11 《魏书·礼志》

《辽史·礼志一》（图2–3–12）记载辽朝汉、辽礼制兼用："太古之上，推轮五礼，何以异兹。太宗克晋，稍用汉礼。今国史院有金陈大任《辽礼仪志》，皆其国俗之故，又有《辽朝杂礼》，汉仪为多。"

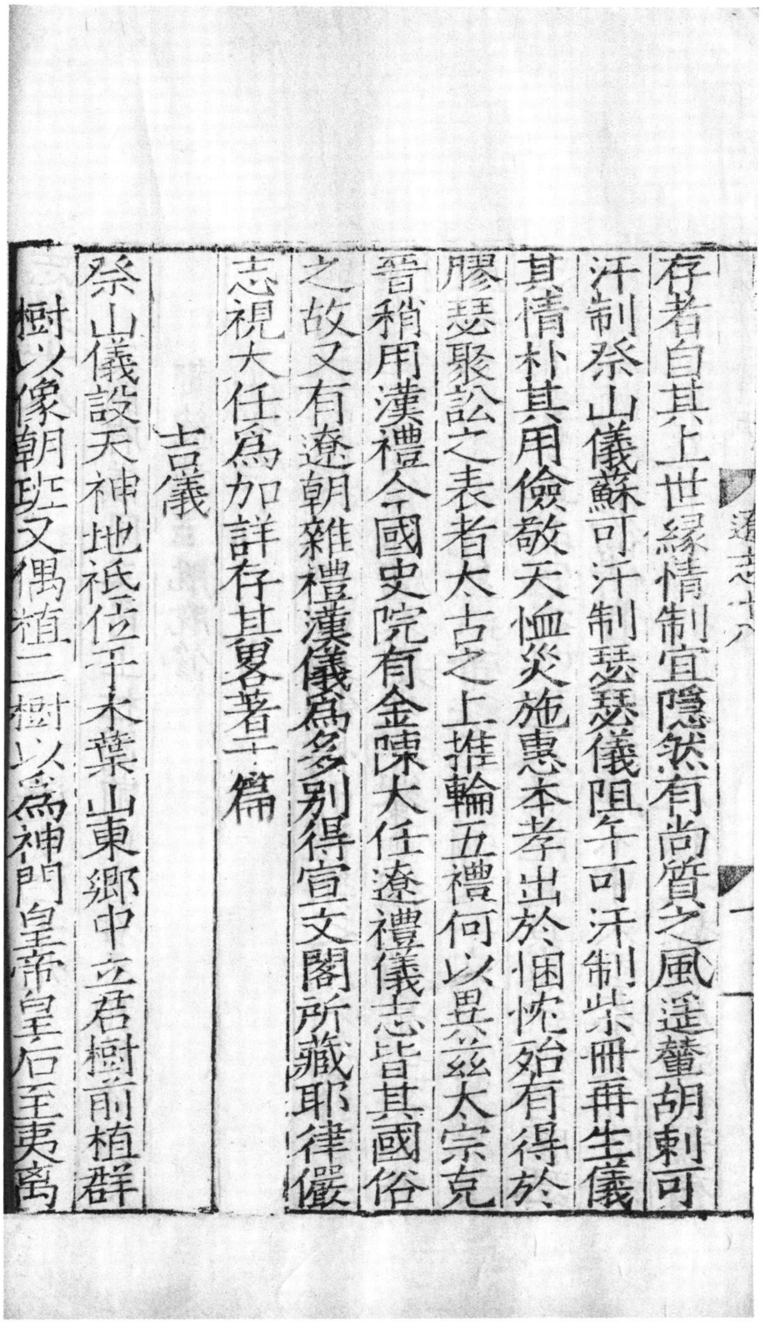
存者自其上世緣情制宜隱然有尚質之風遥輦胡剌可汗制祭山儀蘇可汗制瑟瑟儀阻午可汗制柴冊再生儀其情朴其用儉敬天恤災施惠本孝出於悃忱殆有得於膠瑟聚訟之表者太古之上推輪五禮何以異茲太宗克晉稍用漢禮今國史院有金陳大任遼禮儀志皆其國俗之故又有遼朝雜禮漢儀為多別得宣文閣所藏耶律儼志視大任為加詳存其略著于篇

吉儀

祭山儀設天神地祇位于木葉山東鄉中立君樹前植群樹以像朝班又偶植二樹以為神門皇帝皇后至夷离

图 2-3-12　《辽史·礼志一》

《金史·礼志》（图2-3-13）记载金世宗时期参校唐、宋礼制制定本朝礼制：“世宗既兴，复收向所迁宋故礼器以旋，乃命官参校唐、宋故典沿革，开‘详定所’以议礼，设‘详校所’以审乐，统以宰相通学术者，于一事之宜适、一物之节文，既上闻而始汇次，至明昌初书成，凡四百余卷，名曰《金纂修杂录》。凡事物名数，支分派引，珠贯棋布，井然有序，炳然如丹。又图吉、凶二仪：卤簿十三节以备大葬，小卤簿九节以备郊庙。而命尚书左右司、春官、兵曹、太常寺各掌一本，其意至深远也。是时，宇内阜安，民物小康，而维持几百年者实此乎基。呜呼，礼之为国也信矣！”

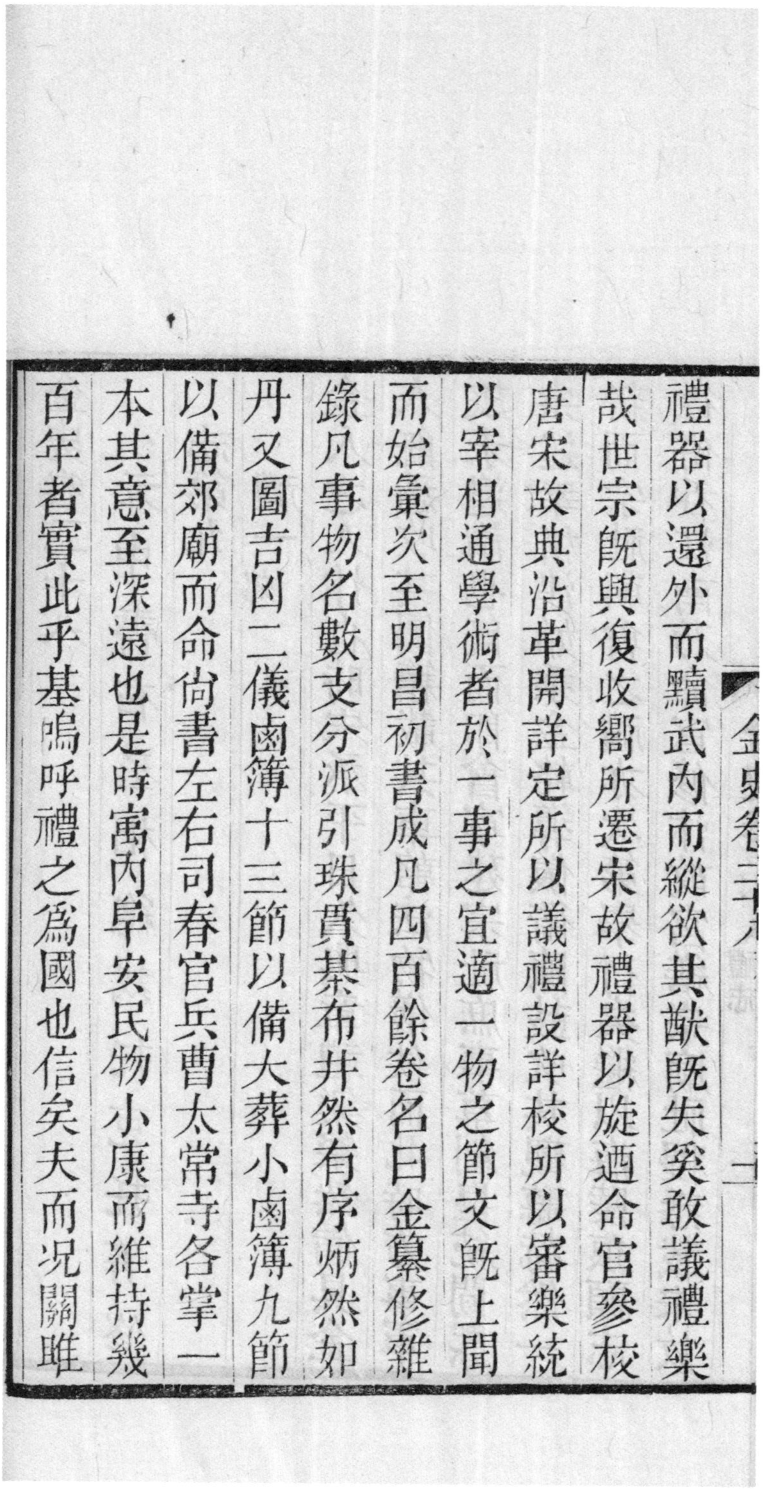
禮器以還外而黷武內而縱欲其猷既失奚敢議禮樂
哉世宗既興復收嚮所遷宋故禮器以旋迺命官參校
唐宋故典沿革開詳定所以議禮設詳校所以審樂統
以宰相通學術者於一事之宜適一物之節文既上聞
而始彙次至明昌初書成凡四百餘卷名曰金纂修雜
錄凡事物名數支分派引珠貫棊布井然有序炳然如
丹又圖吉凶二儀鹵簿十三節以備大葬小鹵簿九節
以備郊廟而命尚書左右司春官兵曹太常寺各掌一
本其意至深遠也是時寓內阜安民物小康而維持幾
百年者實此乎基嗚呼禮之為國也信矣夫而況關雎

图 2-3-13 《金史·礼志》

《西夏书事》（图2-3-14）记载西夏杂用唐宋礼制：“至是，于正朔朝贺杂用唐宋典式，而见官属以六日为常参，九日为起居，均令蕃宰相押班，百官以次序列朝谒，舞蹈，行三拜礼。有执笏不端、行立不正、趋拜失仪者并罚。”

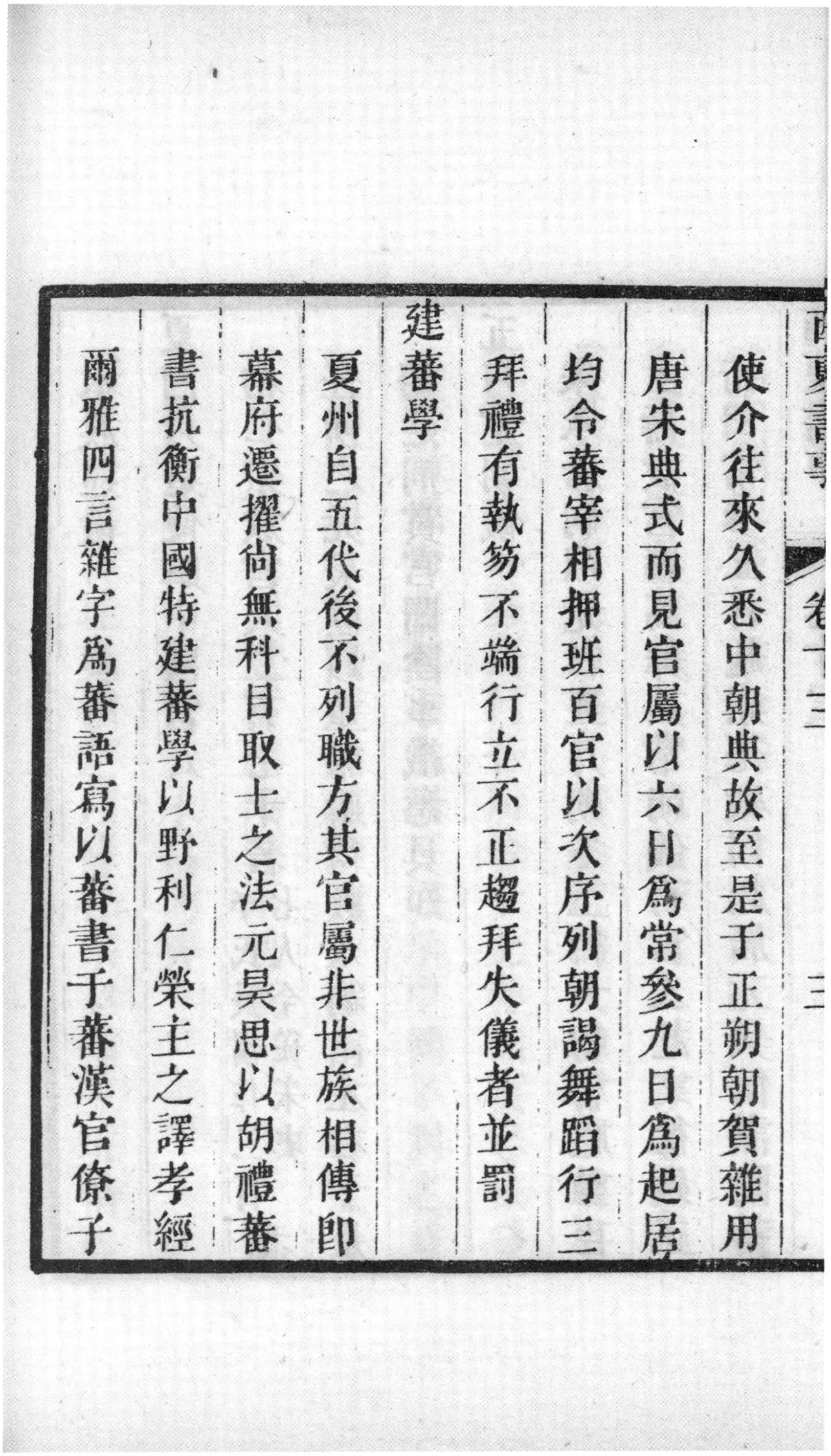

西夏書事　卷十三　三

使介往來久悉中朝典故至是于正朔朝賀雜用
唐宋典式而見官屬以六日爲常參九日爲起居
均令蕃宰相押班百官以次序列朝謁舞蹈行三
拜禮有執笏不端行立不正趨拜失儀者並罰
建蕃學
夏州自五代後不列職方其官屬非世族相傳卽
幕府遷擢尙無科目取士之法元昊思以胡禮蕃
書抗衡中國特建蕃學以野利仁榮主之譯孝經
爾雅四言雜字爲蕃語寫以蕃書于蕃漢官僚子

图 2-3-14　《西夏书事》卷十三

元朝的礼制由汉式仪轨和蒙古传统融合而成，《元史·礼乐志》（图2-3-15）记载元世祖时期命大臣仿汉制定朝仪："世祖至元八年，命刘秉忠、许衡始制朝仪。自是，皇帝即位、元正、天寿节，及诸王、外国来朝，册立皇后、皇太子，群臣上尊号，进太皇太后、皇太后册宝，暨郊庙礼成、群臣朝贺，皆如朝会之仪；而大飨宗亲、锡宴大臣，犹用本俗之礼为多。"

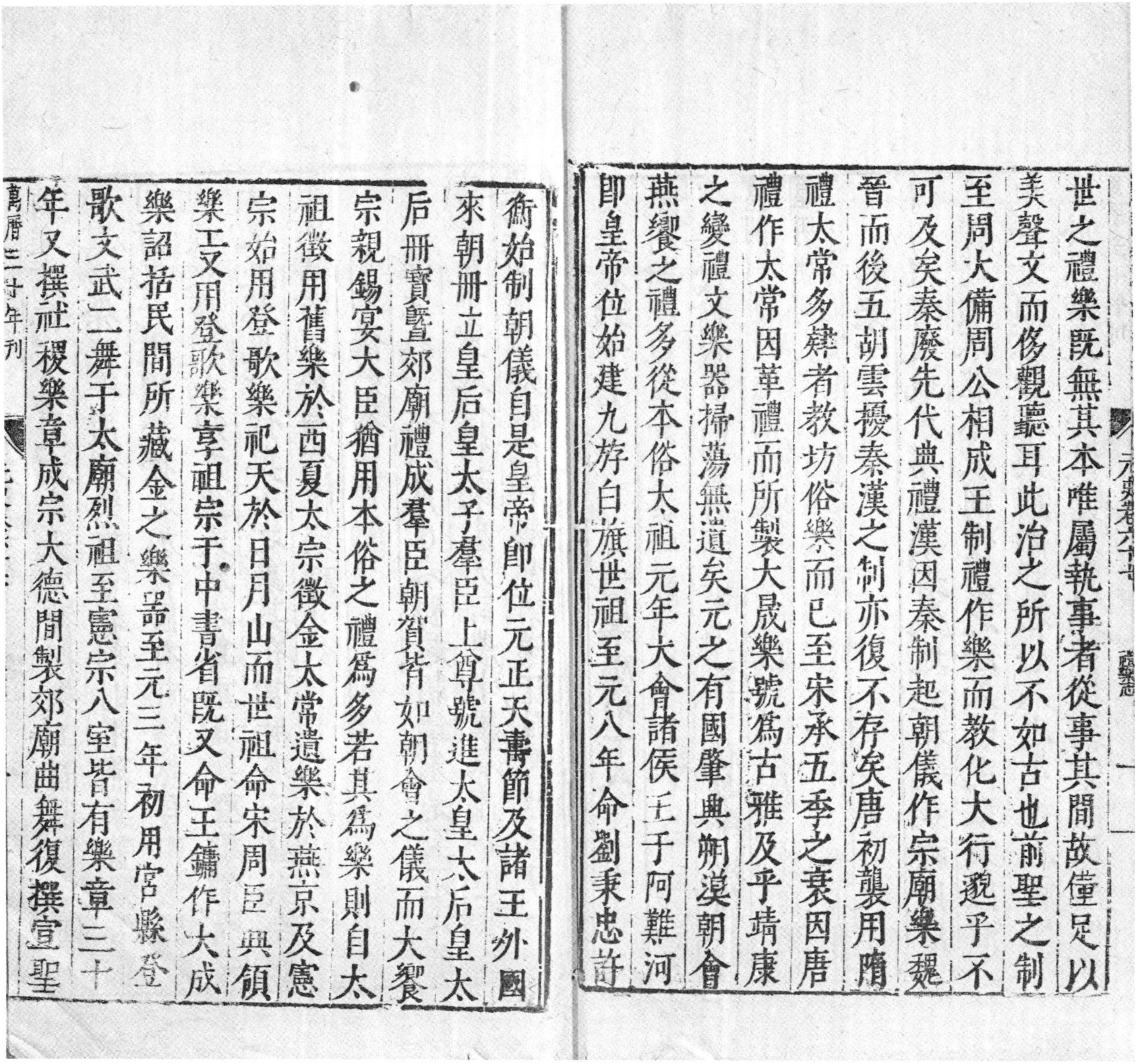
世之禮樂既無其本唯屬執事者從事其間故僅足以
美聲文而侈觀聽耳此治之所以不如古也前聖之制
至周大備周公相成王制禮作樂而教化大行邈乎不
可及矣秦廢先代典禮漢因秦制起朝儀作宗廟樂魏
晉而後五胡雲擾秦漢之制亦復不存矣唐初襲用隋
禮太常多肄者教坊俗樂而已至宋承五季之衰因唐
禮作太常因革禮而所製大晟樂號為古雅及乎靖康
之變禮文樂器掃蕩無遺矣元之有國肇興朔漠朝會
燕饗之禮多從本俗太祖元年大會諸侯王于阿難河
即皇帝位始建九斿白旗世祖至元八年命劉秉忠許
衡始制朝儀自是皇帝即位元正天壽節及諸王外國
來朝冊立皇后皇太子羣臣上尊號進太皇太后皇太
后冊寶暨郊廟禮成羣臣朝賀皆如朝會之儀而大饗
宗親錫宴大臣猶用本俗之禮為多若其為樂則自太
祖徵用舊樂於西夏太宗徵金太常遺樂於燕京及憲
宗始用登歌樂祀天於日月山而世祖命宋周臣典領
樂工又用登歌樂享祖宗于中書省既又命王鏞作大成
樂詔括民間所藏金之樂器至元三年初用宮縣登
歌文武二舞于太廟烈祖至憲宗八室皆有樂章三十
年又撰社稷樂章成宗大德間製郊廟曲舞復撰宣聖

图 2-3-15 《元史·礼乐志》

《滋溪文稿·赵文昭公行状》(图2-3-16)记载赵秉温等制定朝仪的情况："太保奏起朝仪，诏公(赵文昭)及史公杠等十人共讨论之，又选近侍二百人肄习之。公颇采古礼，杂就金制，度时所能行者习之。月余，帝临观焉，大悦……八年秋八月，帝以生日为天寿节，诸侯群臣咸朝，公请行新礼……自是每元旦受朝贺，冬至进历日，册立皇后、皇太子，建国号，上徽号，宣大诏令，诸国来朝，合行典礼一皆公手所论著也。"

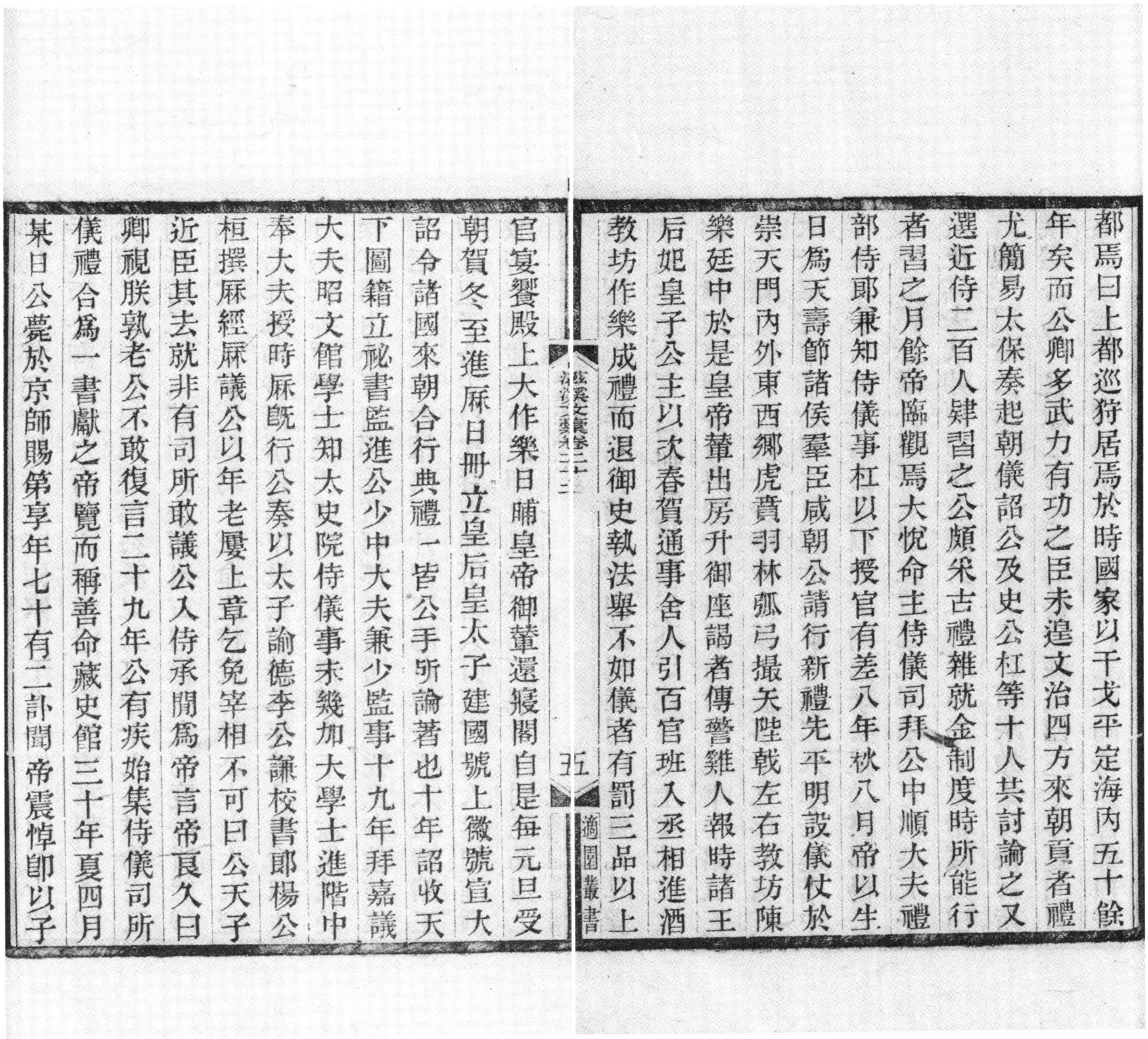

都馬曰上都巡狩居焉於時國家以干戈平定海內五十餘
年矣而公卿多武力有功之臣未遑文治四方來朝貢者禮
尤簡易太保奏起朝儀詔公及史公杠等十人共討論之又
選近侍二百人肄習之公頗采古禮雜就金制度時所能行
者習之月餘帝臨觀焉大悅命主侍儀司拜公中順大夫禮
部侍郎兼知侍儀事杠以下授官有差八年秋八月帝以生
日為天壽節諸侯羣臣咸朝公請行新禮先平明設儀仗於
崇天門內外東西鄉虎賁羽林弧弓攝矢陛戟左右教坊陳
樂廷中於是皇帝輦出房升御座謁者傳警雞人報時諸王
后妃皇子公主以次奉賀通事舍人引百官班入丞相進酒
教坊作樂成禮而退御史執法舉不如儀者有罰三品以上

滋溪文稿卷二十二　五　適園叢書

官宴饗殿上大作樂日晡皇帝御輦還寢閤自是每元旦受
朝賀冬至進厤日册立皇后皇太子建國號上徽號宣大
詔令諸國來朝合行典禮一皆公手所論著也十年詔收天
下圖籍立祕書監進公少中大夫兼少監事十九年拜嘉議
大夫昭文館學士知太史院侍儀事未幾加大學士進階中
奉大夫授時厤既行公奏以太子諭德李公謙校書郎楊公
桓撰厤經厤議公以年老屢上章乞免宰相不可曰公天子
近臣其去就非有司所敢議公入侍承間為帝言帝良久曰
卿視朕孰老公不敢復言二十九年公有疾始集侍儀司所
儀禮合為一書獻之帝覽而稱善命藏史館三十年夏四月
某日公薨於京師賜第享年七十有二訃聞帝震悼即以子

图 2-3-16　《滋溪文稿·赵文昭公行状》

清代是中国封建社会最后一个大一统王朝，随着皇权专制政体发展到最完备阶段，封建礼制文化达到了顶峰。清朝入关之后就开始修订礼制，这一时期主要沿用前朝旧礼，《清史稿·礼志一》（图2-3-17）："世祖入关，顺命创制，规模闳远。顺治三年，诏礼臣参酌往制，勒成礼书，为民轨则。"康熙带动群臣学礼："圣祖岁御经筵，纂成《日讲礼记解义》，敷陈虽出群工，阐绎悉遵圣训。"康熙通过经筵、日讲活动系统学习和梳理了《礼记》，并编纂了《日讲礼记解义》。乾隆年间已成修礼高峰，"高宗御定《三礼义疏》，网罗议礼家言，折衷至当，雅号巨制。若《皇朝三通》《大清会典》，其经纬礼律，尤见本原"。乾隆开"三礼馆"，汇集诸家之言，修纂了《钦定三礼义疏》（图2-3-18）。

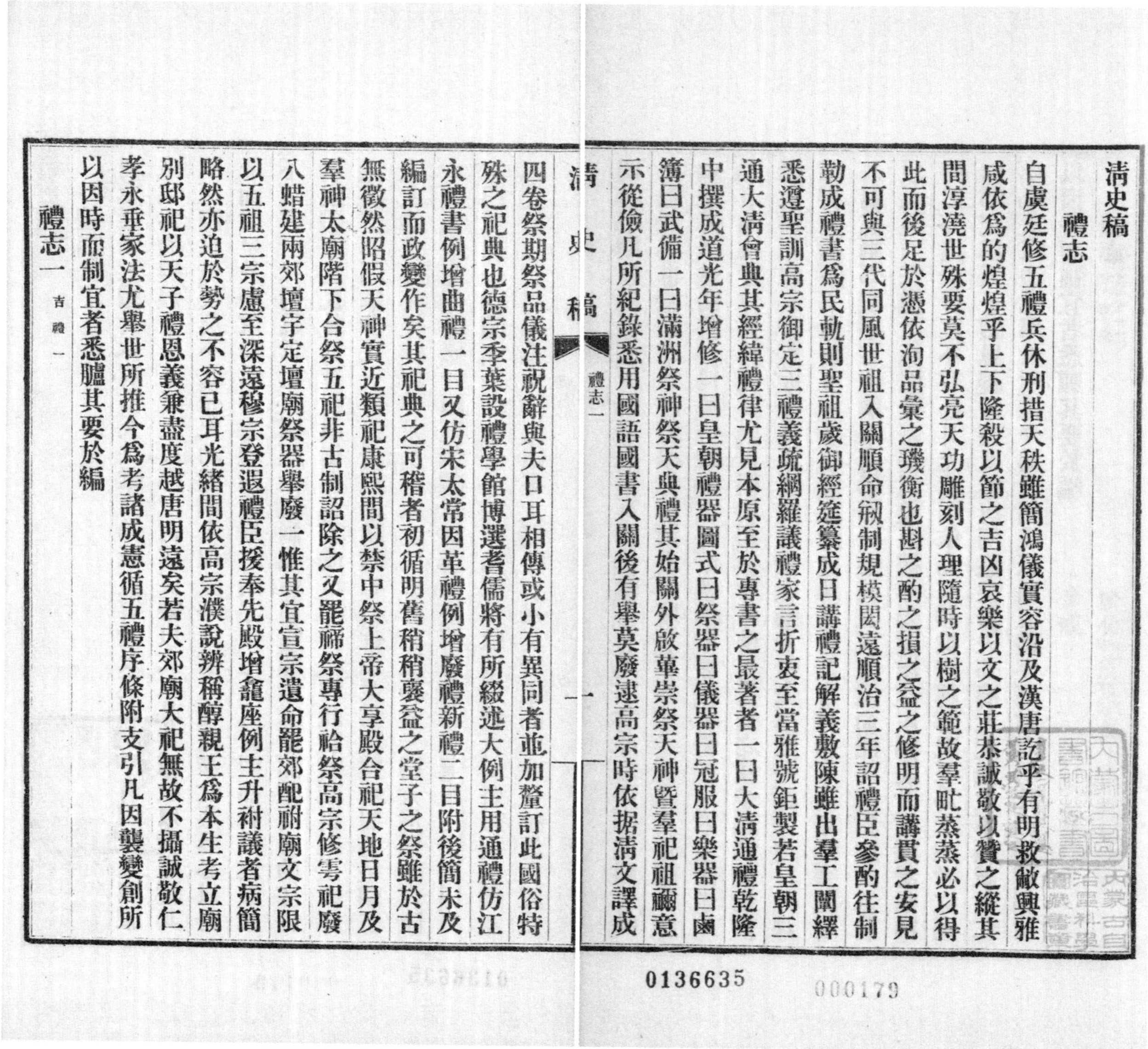
清史稿
禮志
自虞廷修五禮兵休刑措天秩雖簡鴻儀實容沿及漢唐訖乎有明救敝興雅
咸依爲的煌煌乎上下隆殺以節之吉凶哀樂以文之莊恭誠敬以贊之縱其
間淳澆世殊要莫不弘亮天功雕刻人理隨時以樹之範故羣甿蒸蒸必以得
此而後足於憑依洵品彙之璣衡也斟之酌之損之益之修明而講貫之安見
不可與三代同風世祖入關順命秋制規模閎遠順治三年詔禮臣參酌往制
勒成禮書爲民軌則聖祖歲御經筵纂成日講禮記解義敷陳雖出羣工闡繹
悉遵聖訓高宗御定三禮義疏網羅議禮家言折衷至當雅號鉅製若皇朝三
通大清會典其經緯禮律尤見本原至於專書之最著者一曰大清通禮乾隆
中撰成道光年增修一曰皇朝禮器圖式曰祭器曰儀器曰冠服曰樂器曰鹵
簿曰武備一曰滿洲祭神祭天典禮其始關外啟華崇祭天神暨羣祀祖禰意
示從儉凡所紀錄悉用國語國書入關後有舉莫廢逮高宗時依据清文譯成

清史稿 禮志一 一

四卷祭期祭品儀注祝辭與夫口耳相傳或小有異同者並加釐訂此國俗特
殊之祀典也德宗季葉設禮學館博選耆儒將有所綴述大例主用通禮仿江
永禮書例增曲禮一目又仿宋太常因革禮例增廢禮新禮二目附後簡未及
編訂而政變作矣其祀典之可稽者初循明舊稍稍褎益之堂子之祭雖於古
無徵然昭假天神實近類祀康熙間以禁中祭上帝大享殿合祀天地日月及
羣神太廟階下合祭五祀非古制詔除之又罷禘祭專行祫祭高宗修雩祀廢
八蜡建兩郊壇宇定壇廟祭器舉廢一惟其宜宣宗遺命罷郊配祔廟文宗限
以五祖三宗慮至深遠穆宗登遐禮臣援奉先殿增龕座例主升祔議者病簡
略然亦迫於勢之不容已耳光緒間依高宗濮說辨稱醇親王爲本生考立廟
別邸祀以天子禮恩義兼盡度越唐明遠矣若夫郊廟大祀無故不攝誠敬仁
孝永垂家法尤舉世所推今爲考諸成憲循五禮序條附支引凡因襲變創所
以因時而制宜者悉臚其要於編
禮志一 吉禮一

0136635 000179

图 2-3-17 《清史稿·礼志一》

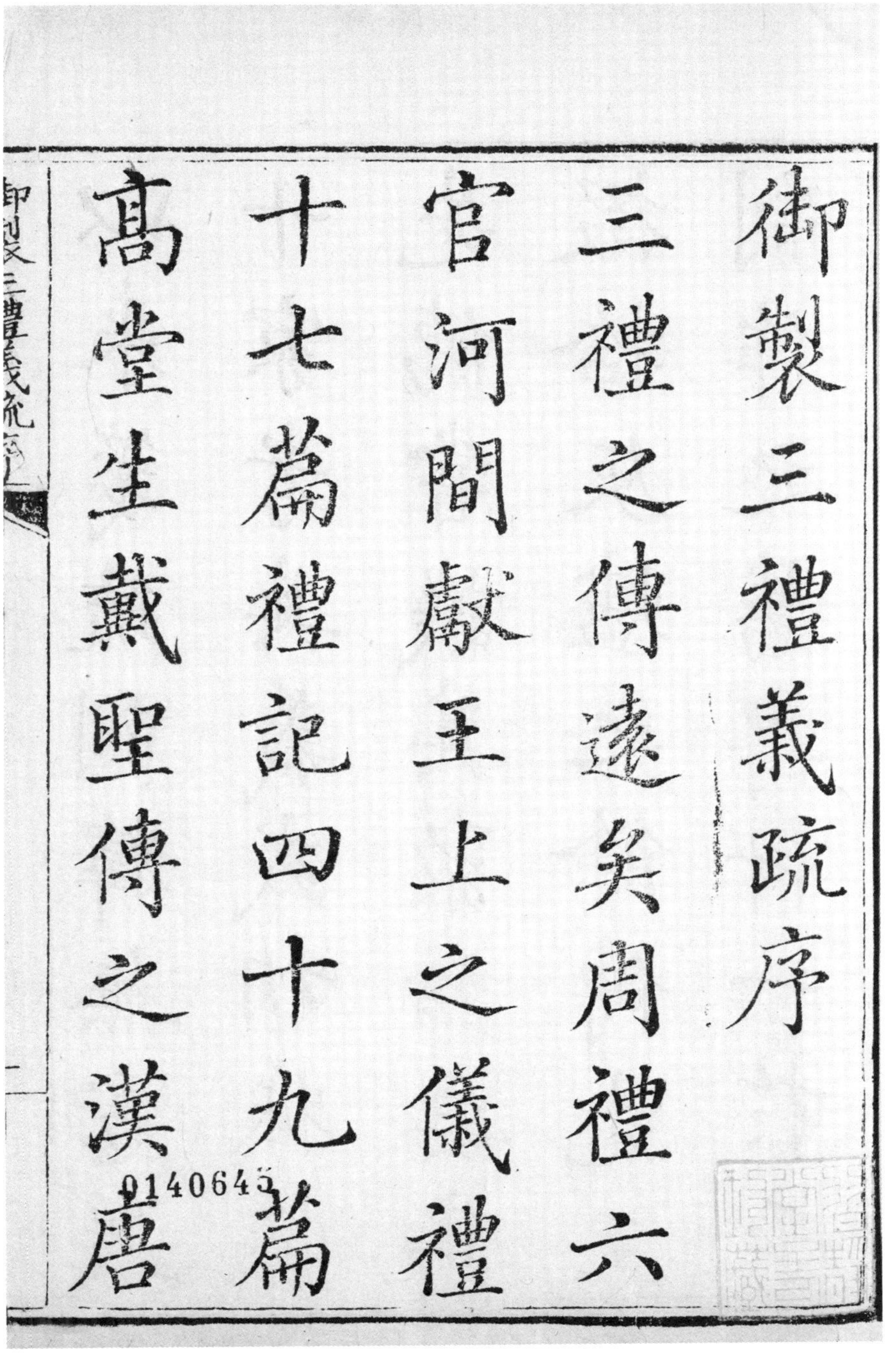
御製三禮義疏序
三禮之傳遠矣周禮六
官河間獻王上之儀禮
十七篇禮記四十九篇
高堂生戴聖傳之漢唐
0140643

图 2-3-18 《钦定三礼义疏》

《清史稿·礼志一》(见图2-3-17)还总结了清朝编纂的礼制专著：“一曰《大清通礼》，乾隆中撰成，道光年增修；一曰《皇朝礼器图式》，曰祭器、曰仪器、曰冠服、曰乐器、曰卤簿、曰武备；一曰《满洲祭神祭天典礼》，其始关外启踔，崇祭天神暨群祀祖祢，意示从俭。凡所纪录，悉用国语、国书。入关后，有举莫废。逮高宗时，依据清文，译成四卷。祭期、祭品、仪注、祝辞。与夫口耳相传，或小有异同者，并加釐订，此国俗特殊之祀典也。德宗季叶，设礼学馆，博选耆儒，将有所缀述。大例主用通礼，仿江永礼书例，增曲礼一目。又仿宋太常因革礼例，增废礼、新礼二目，附后简。未及编订，而政变作矣。”前后撰成著名礼书有《大清通礼》(图2-3-19)、《皇朝礼器图式》(图2-3-20)、《钦定满洲祭神祭天典礼》(图2-3-21)、《皇朝三通》(图2-3-22)、《钦定大清会典》(图2-3-23)等。其中《钦定大清会典》经过康熙二十九年、雍正十年、乾隆二十七年、嘉庆十七年和光绪二十五年五次编纂、增修，又称“五朝会典”。

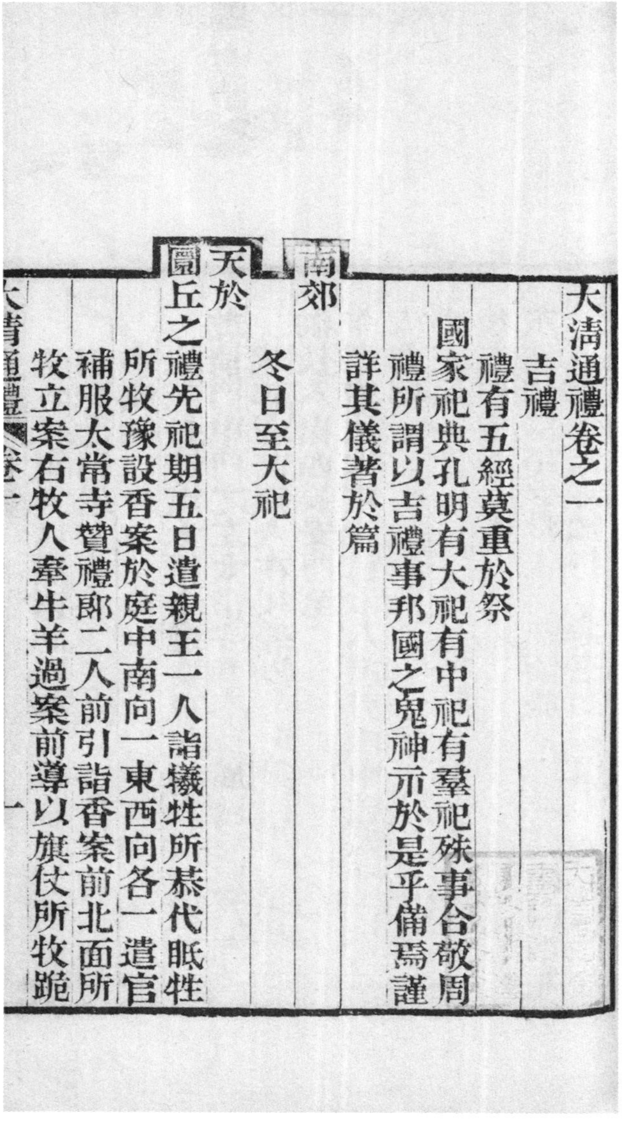
大清通禮卷之一
吉禮
禮有五經莫重於祭
國家祀典孔明有大祀有中祀有羣祀殊事合敬周
禮所謂以吉禮事邦國之鬼神示於是乎備焉謹
詳其儀著於篇
南郊
冬日至大祀
天於
圜丘之禮先祀期五日遣親王一人詣犧牲所恭代眂牲
所牧豫設香案於庭中南向一東西向各一遣官
補服太常寺贊禮郎二人前引詣香案前北面所
牧立案右牧人牽牛羊過案前導以旗仗所牧跪
大清通禮 卷一 一

图 2-3-19 《大清通礼》

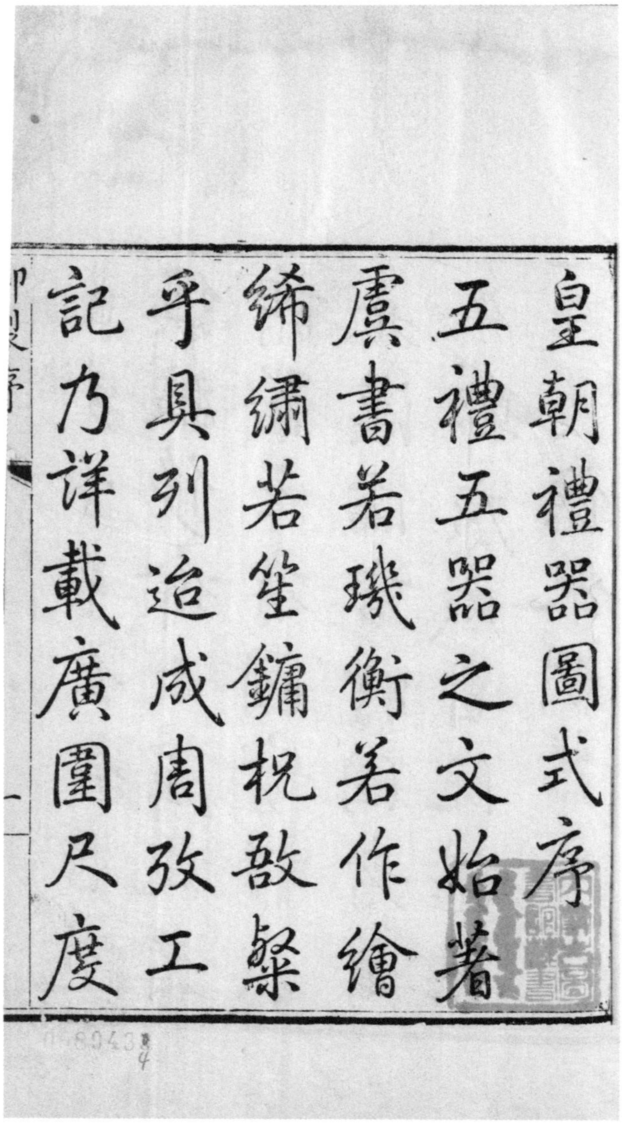
皇朝禮器圖式序
五禮五器之文始著
虞書若璣衡若作繪
絺繡若笙鏞柷敔築
乎具列迨成周攷工
記乃詳載廣圍尺度

图 2-3-20 《皇朝礼器图式》

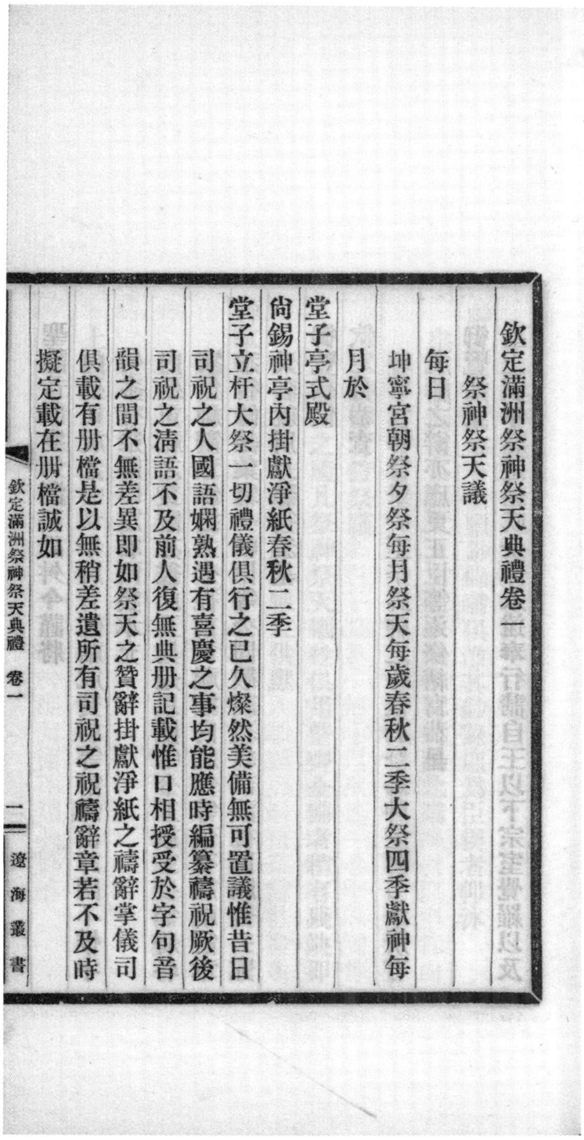

图 2-3-21 《钦定满洲祭神祭天典礼》

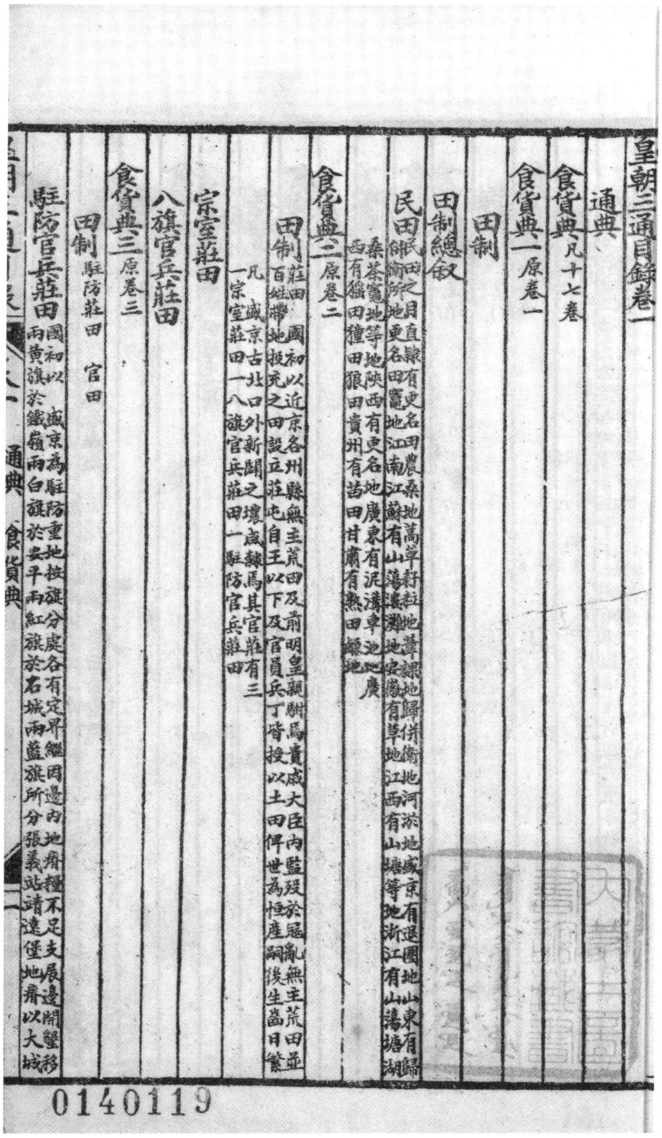

图 2-3-22 《皇朝三通》

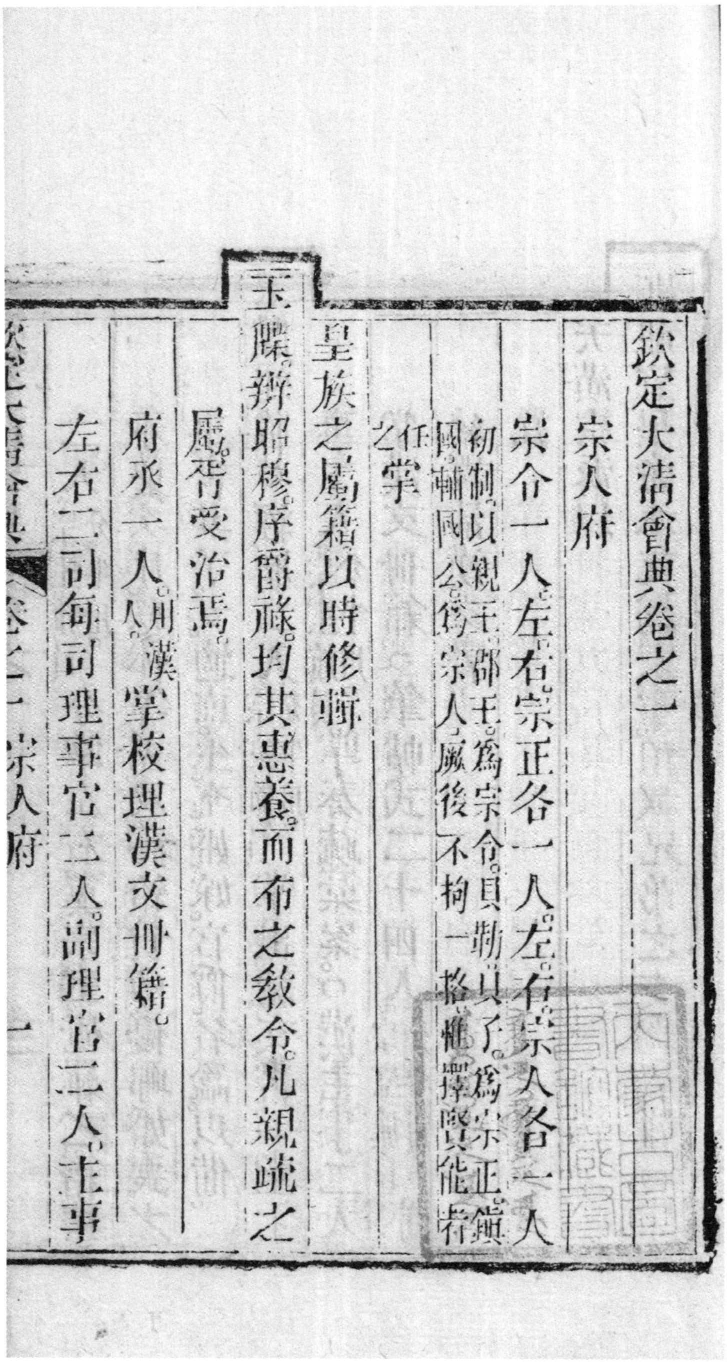
欽定大清會典卷之一

宗人府

宗令一人。左右宗正各一人。左右宗人各一人。初制。以親王郡王。爲宗令。貝勒貝子。爲宗正。鎮國輔國公。爲宗人。厥後不拘一格。惟擇賢能者任之。掌皇族之屬籍。以時修輯玉牒。辨昭穆。序爵祿。均其惠養。而布之教令。凡親疏之屬。胥受治焉。

府丞一人。用漢人。掌校理漢文冊籍。

左右二司每司理事官二人。副理事官二人。主事

欽定大清會典　卷之一　宗人府　一

图 2-3-23　《钦定大清会典》

二、官吏制度的延续

中国早在四千多年前就已产生早期奴隶制国家官吏制度。其后经历代发展变化，形成了从中央到地方系统的官吏设置和职官管理制度。中国古代官吏制度延续数千年，其时间之久、发展之完备、体系之严密，是人类历史上绝无仅有的。

以中央官制为例，六部是中国官制历史上沿袭最久的名称。六部或称六卿、六官、六曹，《尚

书·甘誓》(图2-3-24)记载夏商时期就有“六卿”之称：“大战于甘，乃召六卿。”《汉书·百官公卿表七上》(图2-3-25)：“夏、殷亡闻焉，周官则备矣。天官冢宰，地官司徒，春官宗伯，夏官司马，秋官司寇，冬官司空，是为六卿，各有徒属职分，用于百事。”

春秋战国时期，诸侯各国官制不一，但晋国仍设六卿之官。《左传·襄公十九年》(图2-3-26)：“晋侯先归。公享晋六卿于蒲圃，赐之三命之服；军尉、司马、司空、舆尉、候奄，皆受一命之服。”

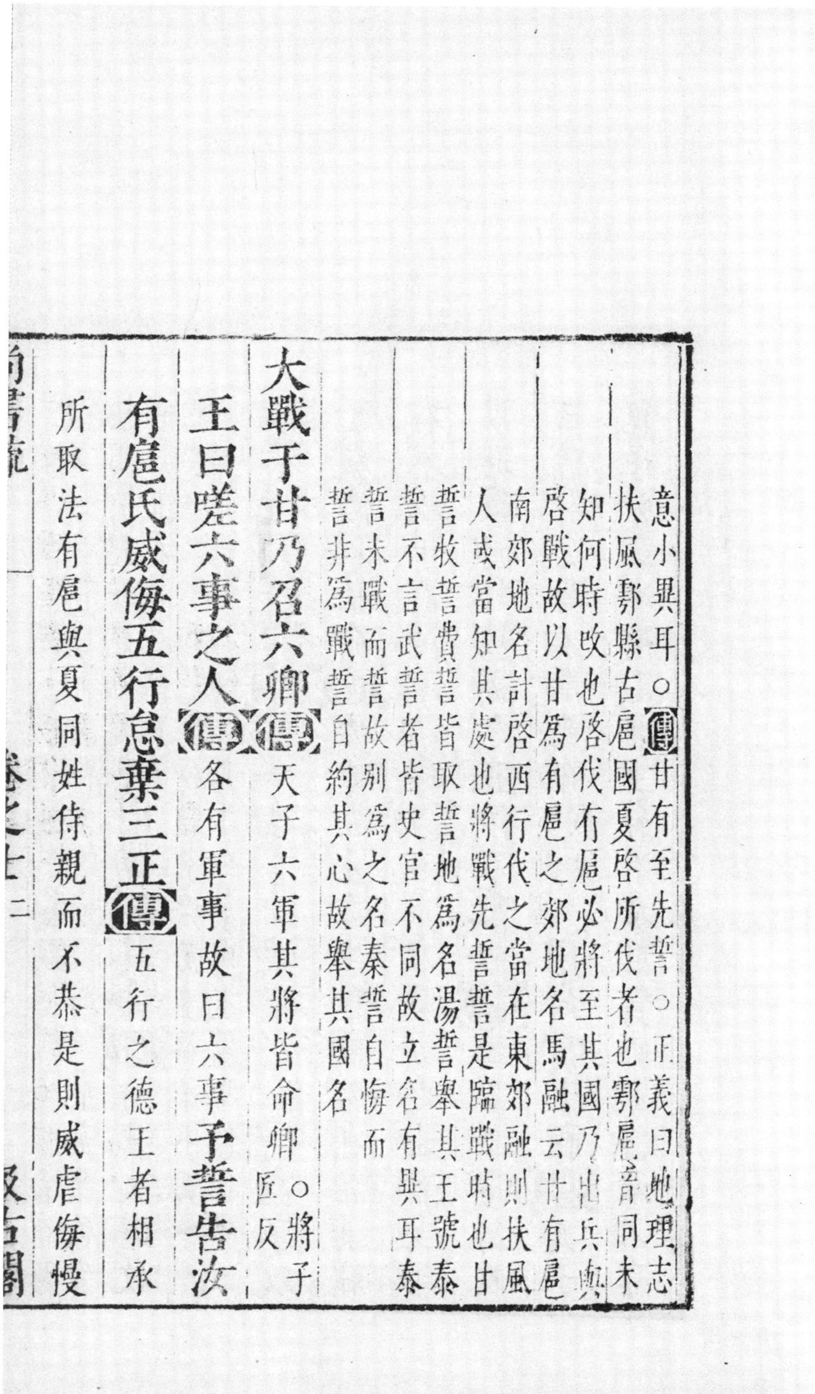
意小異耳○傳甘有至先誓○正義曰地理志
扶風鄠縣古扈國夏啓所伐者也鄠扈音同未
知何時改也啓伐有扈必將至其國乃出兵與
啓戰故以甘爲有扈之郊地名馬融云甘有扈
南郊地名計啓西行伐之當在東郊融則扶風
人或當知其處也將戰先誓誓是臨戰時也甘
誓牧誓費誓皆取誓地爲名湯誓舉其王號泰
誓不言武誓者皆史官不同故立名有異耳泰
誓未戰而誓故别爲之名秦誓自悔而
誓非爲戰誓自約其心故舉其國名
大戰于甘乃召六卿傳天子六軍其將皆命卿○將子匠反
王曰嗟六事之人傳各有軍事故曰六事予誓告汝
有扈氏威侮五行怠棄三正傳五行之德王者相承
所取法有扈與夏同姓恃親而不恭是則威虐侮慢
尚書疏　卷之七　二　汲古閣

图2-3-24　《尚书·甘誓》

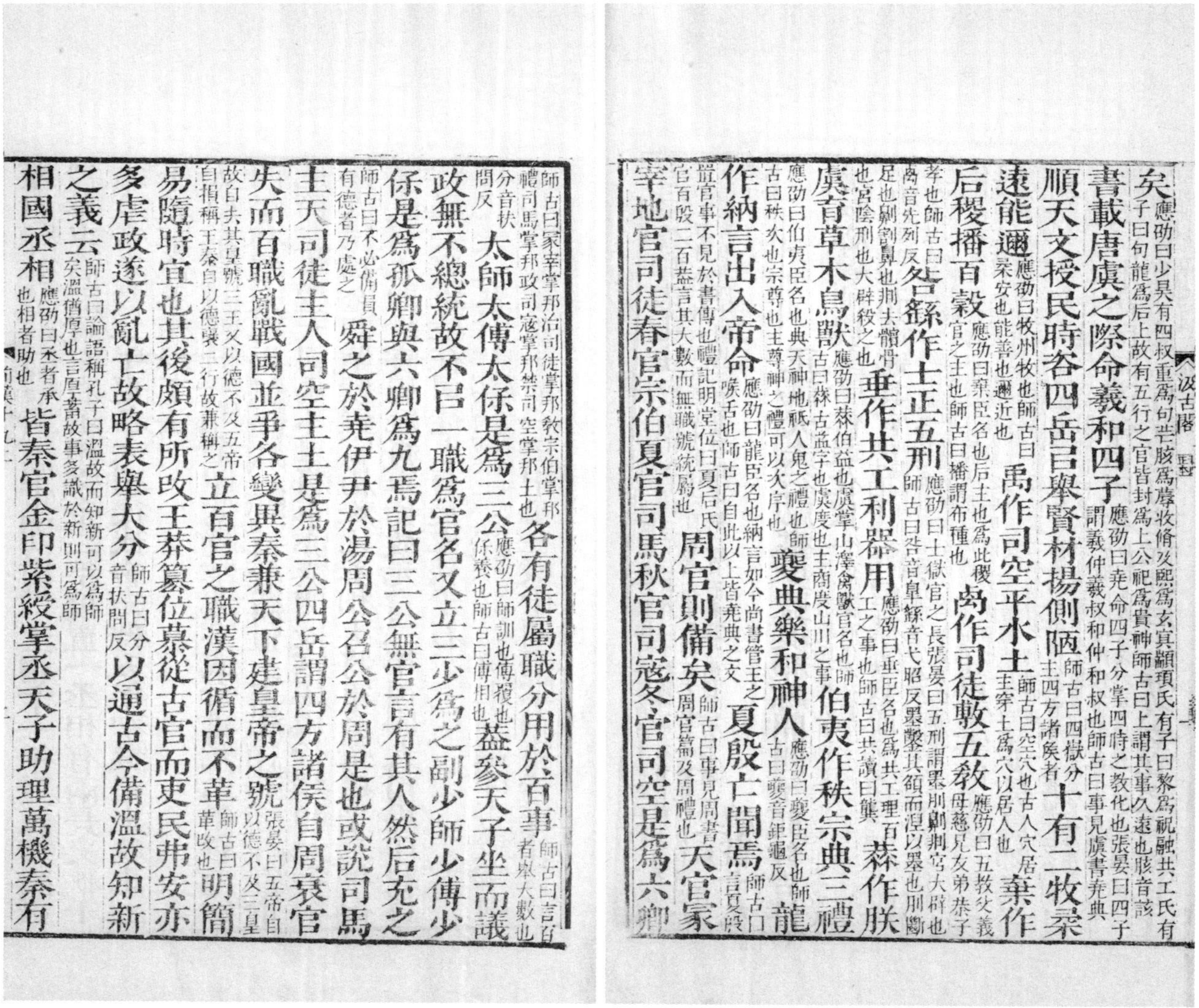

汲古閣

矣應劭曰少昊有四叔重爲句芒脩及熙爲玄冥顓頊氏有子曰黎爲祝融共工氏有子曰句龍爲后土故有五行之官皆封爲上公祀爲貴神師古曰上謂其事久遠也脉音該書載唐虞之際命羲和四子應劭曰堯命四子分掌四時之教化也張晏曰四子謂羲仲羲叔和仲和叔也師古曰事見虞書堯典順天文授民時咨四岳以舉賢材揚側陋師古曰四嶽分主四方諸侯者十有二牧柔遠能邇應劭曰牧州牧也師古曰柔安也能善也邇近也禹作司空平水土師古曰空穴也古人穴居主穿土爲穴以居人也棄作后稷播百穀應劭曰棄臣名也后主也爲此稷官之主也師古曰播謂布種也禼作司徒敷五教應劭曰五教父義母慈兄友弟恭子孝也師古曰禼音先列反咎繇作士正五刑應劭曰士獄官之長張晏曰五刑謂墨劓剕宮大辟也師古曰咎音皐繇音弋昭反墨鑿其額而涅以墨也刖斷足也劓割鼻也剕去髕骨也宮陰刑也大辟殺之也垂作共工利器用應劭曰垂臣名也爲共工理百工之事也師古曰共讀曰龔朕作朕虞育草木鳥獸應劭曰朕伯益也虞掌山澤禽獸官名也師古曰朕古益字也虞度也主商度山川之事伯夷作秩宗典三禮應劭曰伯夷臣名也典天神地祇人鬼之禮也師古曰秩次也宗尊也主尊神之禮可以次序也夔典樂和神人應劭曰夔臣名也師古曰夔音鉅龜反龍作納言出入帝命應劭曰龍臣名也納言如今尚書管王之喉舌也師古曰自此以上皆堯典之文夏殷亡聞焉師古曰言夏殷置官事不見於書傳也禮記明堂位曰夏后氏官百殷二百蓋言其大數而無職號統屬也周官則備矣師古曰事見周書周官篇及周禮也天官冢宰地官司徒春官宗伯夏官司馬秋官司寇冬官司空是爲六卿

師古曰冢宰掌邦治司徒掌邦教宗伯掌邦禮司馬掌邦政司寇掌邦禁司空掌邦土也各有徒屬職分用於百事師古曰言百者舉大數也分音扶問反太師太傅太保是爲三公應劭曰師訓也傅覆也保養也師古曰傅相也蓋參天子坐而議政無不總統故不以一職爲官名又立三少爲之副少師少傅少保是爲孤卿與六卿爲九焉記曰三公無官言有其人然後充之師古曰不必備員有德者乃處之舜之於堯伊尹於湯周公召公於周是也或說司馬主天司徒主人司空主土是爲三公四岳謂四方諸侯自周衰官失而百職亂戰國並爭各變異秦兼天下建皇帝之號張晏曰五帝自以德不及三皇故自去其皇號三王又以德不及五帝自損稱王秦自以德褒二行故兼稱之立百官之職漢因循而不革師古曰革改也明簡易隨時宜也其後頗有所改王莽篡位慕從古官而吏民弗安亦多虐政遂以亂亡故略表舉大分師古曰分音扶問反以通古今備溫故知新之義云師古曰論語稱孔子曰溫故而知新可以爲師矣溫猶厚也言厚蓄故事多識於新則可爲師

相國丞相應劭曰丞者承也相者助也皆秦官金印紫綬掌丞天子助理萬機秦有

前漢十九上

图 2-3-25 《汉书·百官公卿表七上》

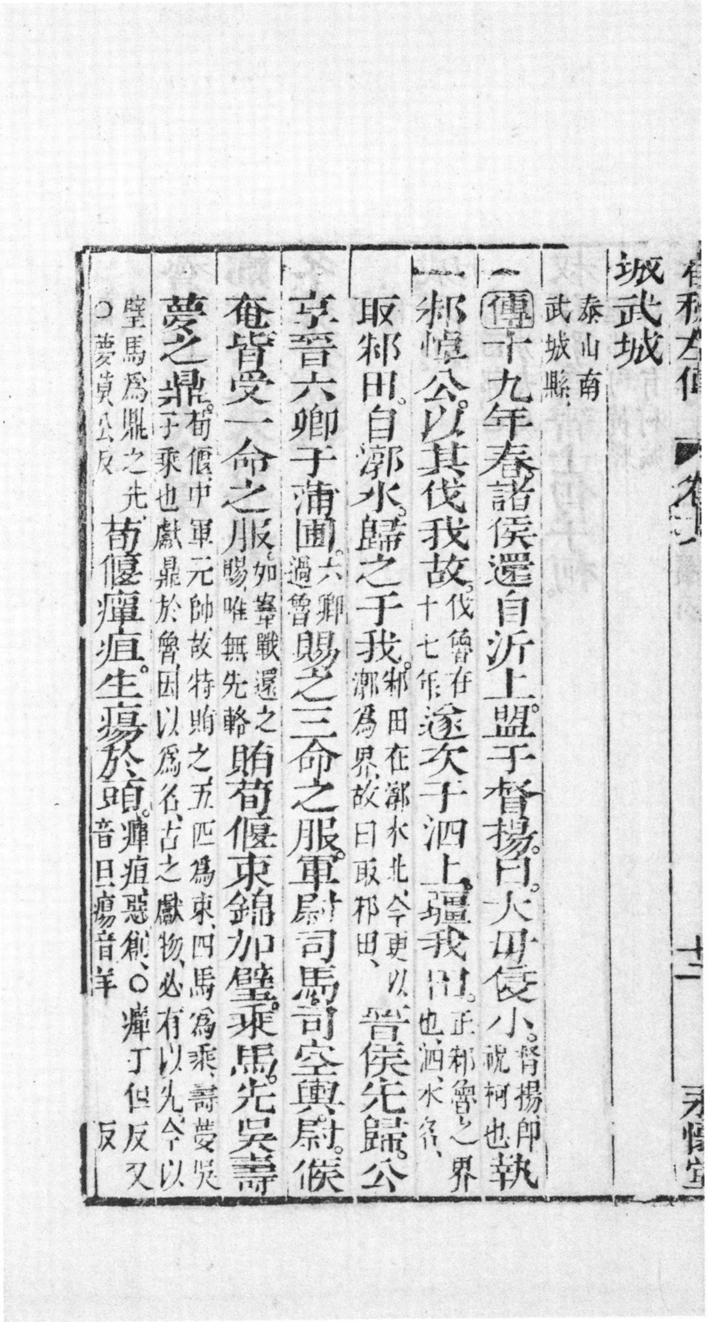
坂武城 泰山南武城縣

傳十九年春諸侯還自沂上盟于督揚曰大毋侵小督揚即祝柯也執邾悼公以其伐我故伐魯在十七年遂次于泗上疆我田正邾魯之界也泗水名取邾田自漷水歸之于我邾田在漷水北今更以漷為界故曰取邾田晉侯先歸公享晉六卿于蒲圃六卿過魯賜之三命之服軍尉司馬司空輿尉候奄皆受一命之服加寵戰還之賜唯無先輅賄荀偃束錦加璧乘馬先吳壽夢之鼎荀偃中軍元帥故特賄之五匹為束四馬為乘壽夢吳子乘也獻鼎於魯因以為名古之獻物必有以先今以璧馬為鼎之先○夢莫公反荀偃癉疽生瘍於頭癉疽惡創○癉丁但反又音旦瘍音羊

图 2-3-26 《左传·襄公十九年》

从秦建立统一的封建王朝起，两千年间的设官分职，大体上都是一脉相承的。汉代的官制基本上沿袭秦代，汉以后各代封建王朝又基本上沿袭秦汉的官制。秦汉时期六卿发展为九卿，汉成帝时期尚书署下分曹理事，东汉时期扩展成六曹尚书。魏晋时期六部之设继续沿用和发展，《魏书·官氏志》(图2-3-27)记载："太仆、廷尉、大鸿胪、宗正、大司农、少府右六卿。"《周书·文帝纪》(图2-3-28)记载："三年春正月丁丑，初行《周礼》，建六官……初，太祖(宇文泰)以汉魏官繁，思革前弊，大统中，乃命苏绰、卢辩依周制改创其事，寻亦置六卿官，然为撰次未成，众务犹归台阁。至是始毕，乃命行之。"

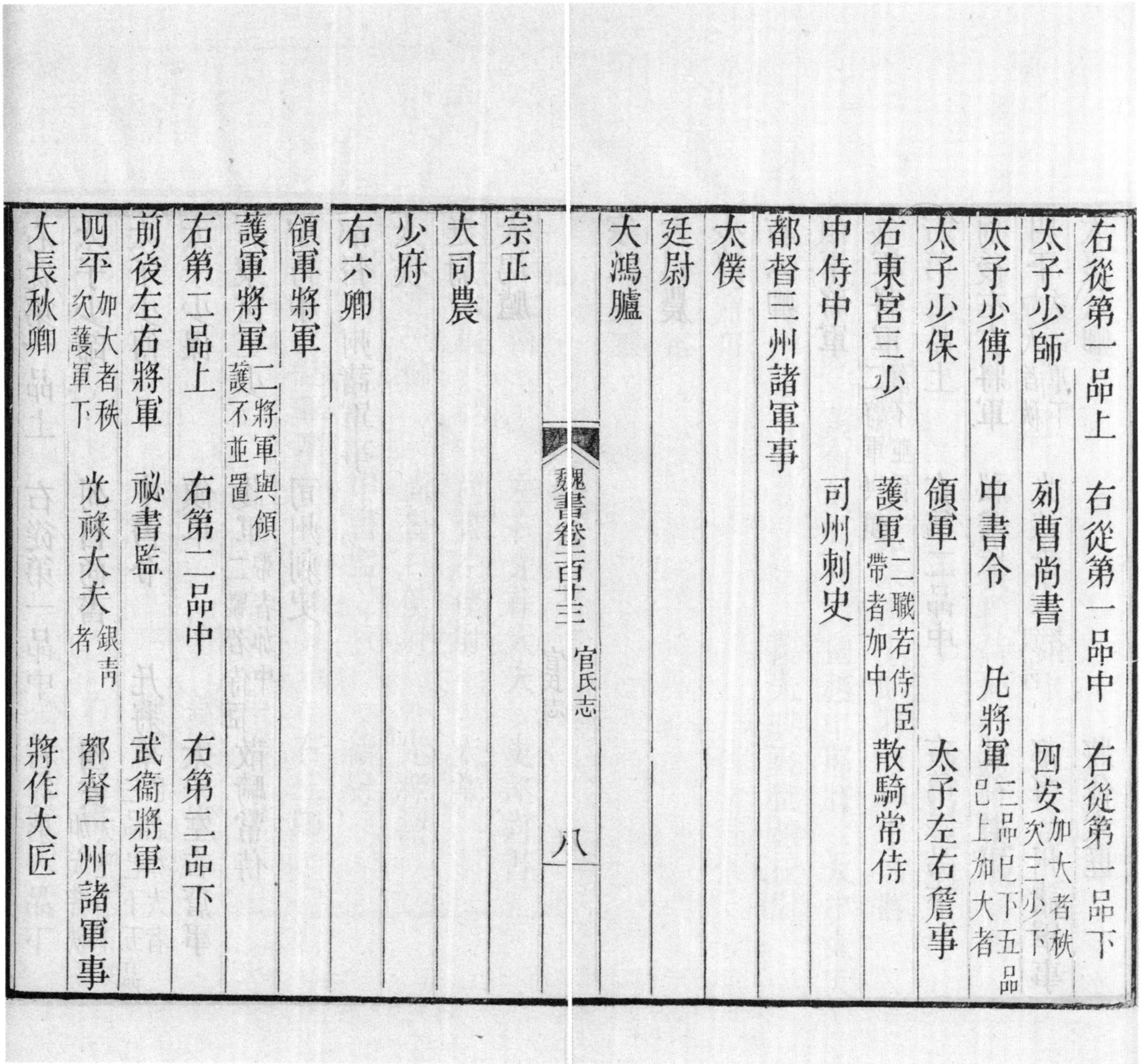

右從第一品上　右從第一品中　右從第一品下

太子少師　列曹尚書　四安加大者秩次三少下

太子少傅　中書令　凡將軍三品已下五品已上加大者

太子少保　領軍　太子左右詹事

右東宮三少　護軍二職若侍臣帶者加中　散騎常侍

中侍中　司州刺史

都督三州諸軍事

太僕

廷尉

大鴻臚

魏書卷一百十三　官氏志　八

宗正

大司農

少府

右六卿

領軍將軍

護軍將軍二將軍與領護不並置

右第二品上　右第二品中　右第二品下

前後左右將軍　祕書監　武衛將軍

四平加大者秩次護軍下　光祿大夫銀青者　都督一州諸軍事

大長秋卿　將作大匠

图 2-3-27　《魏书·官氏志》

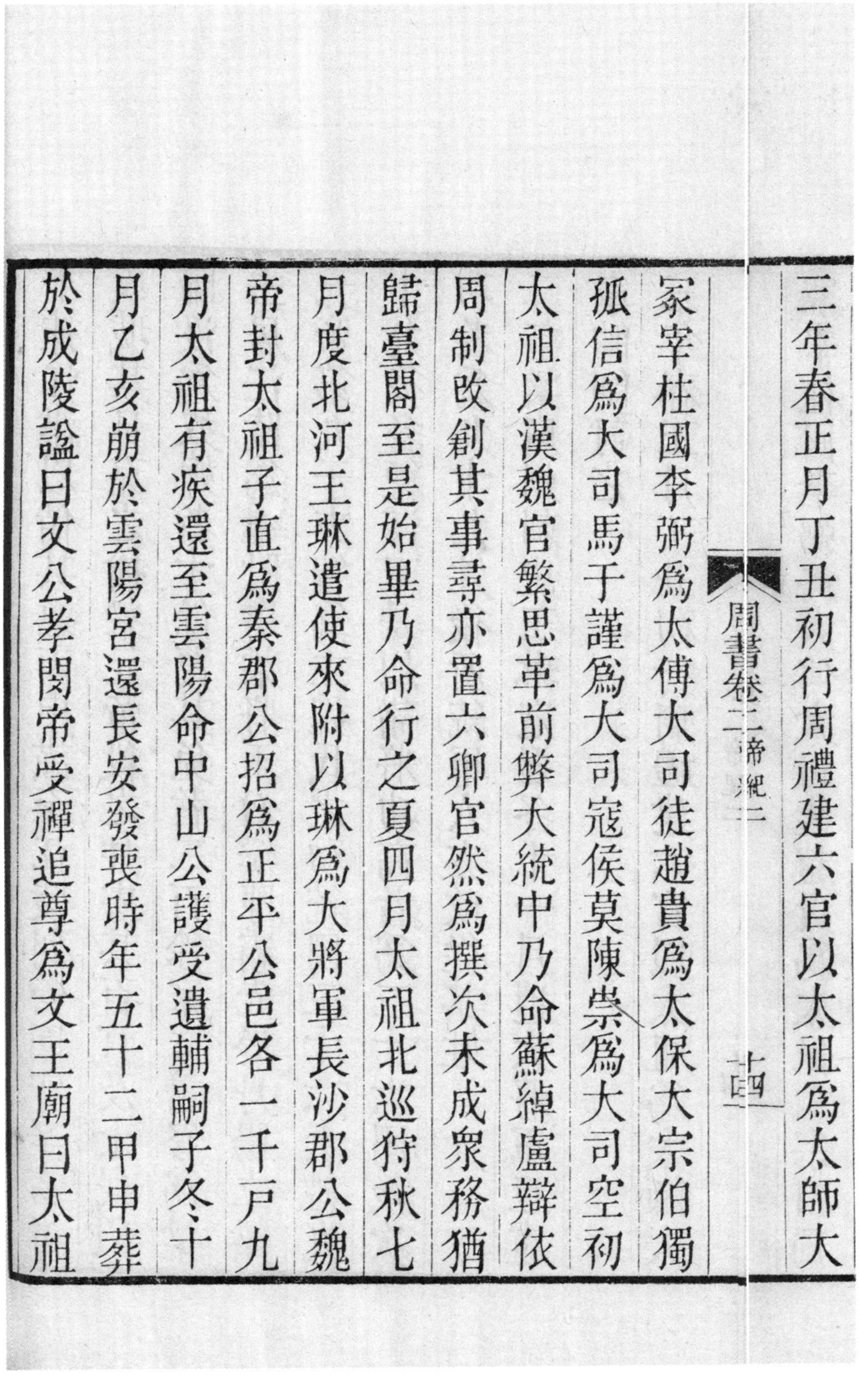
三年春正月丁丑初行周禮建六官以太祖爲太師大

周書卷二帝紀二　十四

冢宰柱國李弼爲太傅大司徒趙貴爲太保大宗伯獨孤信爲大司馬于謹爲大司寇侯莫陳崇爲大司空初太祖以漢魏官繁思革前弊大統中乃命蘇綽盧辯依周制改創其事尋亦置六卿官然爲撰次未成衆務猶歸臺閣至是始畢乃命行之夏四月太祖北巡狩秋七月度北河王琳遣使來附以琳爲大將軍長沙郡公魏帝封太祖子直爲秦郡公招爲正平公邑各一千戶九月太祖有疾還至雲陽命中山公護受遺輔嗣子冬十月乙亥崩於雲陽宮還長安發喪時年五十二甲申葬於成陵謚曰文公孝閔帝受禪追尊爲文王廟曰太祖

图 2–3–28　《周书・文帝纪》

隋唐确立了三省六部制，辽宋夏金都有所承继。《金史・百官志一》（图2–3–29）：“天会四年，建尚书省，遂有三省之制……六部，国初与左、右司通署，天眷三年始分治。”辽国官职分北、南二院，因俗而治。《辽史・百官志三》（图2–3–30）记载六部官员名讳：“六部职名总目：某部，某部尚书。圣宗开泰元年见吏部尚书刘绩……诸曹郎官未详。”《西夏书事》（图2–3–31）记载：“元昊以中书不能统理庶务，仿宋制置尚书令，考百官庶府之事而会决之。又改宋二十四司为十六司，分理六曹，于是官制渐备。”

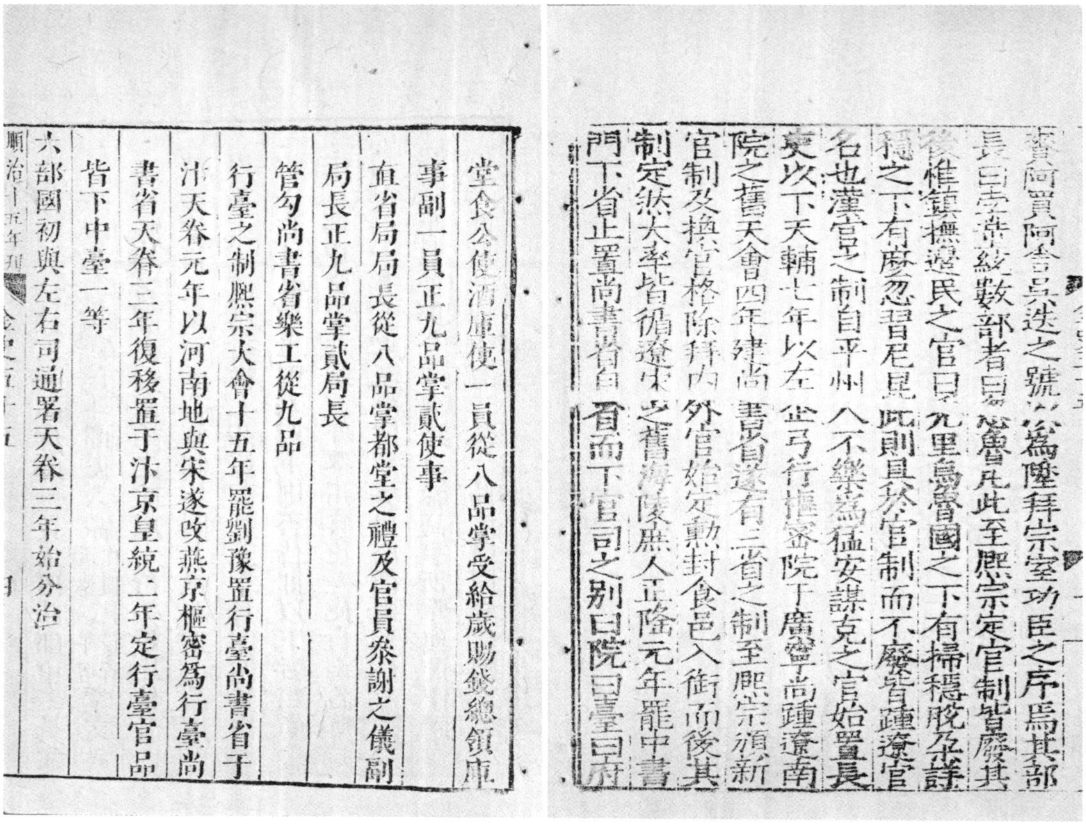

論吳阿買阿舍昃迭之號以爲陞拜宗室功臣之序焉其部
長曰孛堇統數部者曰忽魯凡此至熙宗定官制皆廢其
後惟鎮撫邊民之官曰禿里烏魯骨之下有掃穩脫朵詳
穩之下有麼忽習尼昆此則具於官制而不廢皆踵遼官
名也漢官之制自平州人不樂爲猛安謀克之官始置長
吏以下天輔七年以左企弓行樞密院于廣寧尚踵遼南
院之舊天會四年建尚書省遂有三省之制至熙宗頒新
官制及換官格除拜內外官始定勳封食邑入銜而後其
制定然大率皆循遼宋之舊海陵庶人正隆元年罷中書
門下省止置尚書省自省而下官司之別曰院曰臺曰府

堂食公使酒庫使一員從八品掌受給歲賜錢總領庫
事副一員正九品掌貳使事
直省局局長從八品掌都堂之禮及官員參謝之儀副
局長正九品掌貳局長
管勾尚書省樂工從九品
行臺之制熙宗天會十五年罷劉豫置行臺尚書省于
汴天眷元年以河南地與宋遂改燕京樞密爲行臺尚
書省天眷三年復移置于汴京皇統二年定行臺官品
皆下中臺一等
六部國初與左右司通署天眷三年始分治

順治十五年刊 金史五十五

图 2-3-29 《金史·百官志一》

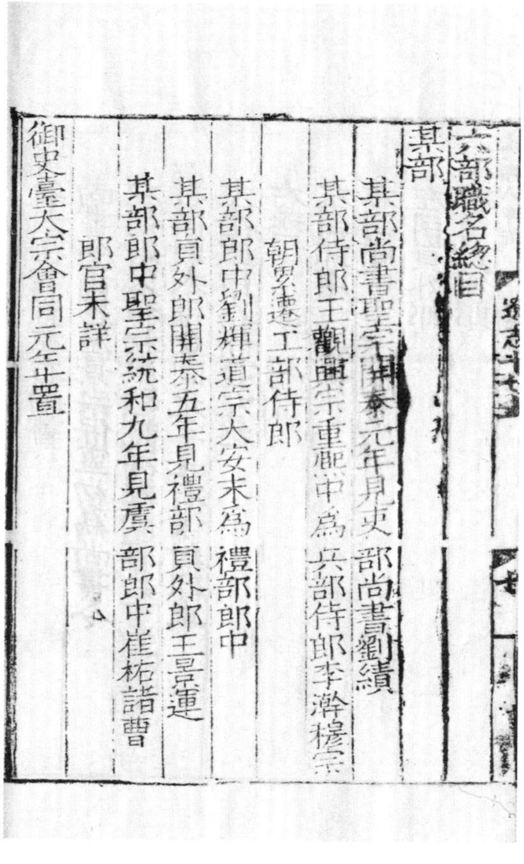

六部職名總目
某部
某部尚書聖宗開泰元年見吏部尚書劉績
某部侍郎王觀聖宗重熙中爲兵部侍郎李澣穆宗
朝見遷工部侍郎
某部郎中劉輝道宗大安末爲禮部郎中
某部員外郎開泰五年見禮部員外郎王景運
某部郎中聖宗統和九年見虞部郎中崔祐諸曹
郎官未詳
御史臺太宗會同元年置

图 2-3-30 《辽史·百官志三》

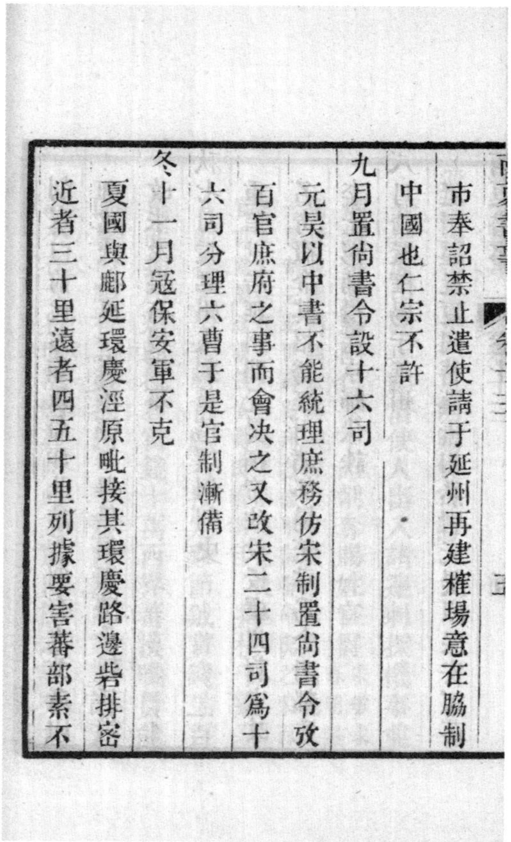

市奉詔禁止遣使請于延州再建榷場意在脇制
中國也仁宗不許
九月置尚書令設十六司
元昊以中書不能統理庶務仿宋制置尚書令攷
百官庶府之事而會決之又改宋二十四司爲十
六司分理六曹于是官制漸備
冬十一月寇保安軍不克
夏國與鄜延環慶涇原毗接其環慶路邊砦排密
近者三十里遠者四五十里列據要害蕃部素不

图 2-3-31《西夏书事》卷十三

元朝，六部移入中书省。《元史·百官志一》（图2-3-32）记载中书令设：“世祖即位，登用老成，大新制作，立朝仪，造都邑。遂命刘秉忠、许衡酌古今之宜，定内外之官。其总政务者曰中书省，秉兵柄者曰枢密院，司黜陟者曰御史台。体统既立，其次在内者，则有寺，有监，有卫，有府；在外者，则有行省，有行台，有宣慰司，有廉访司。其牧民者，则曰路，曰府、曰州，曰县。官有常职，位有常员。”

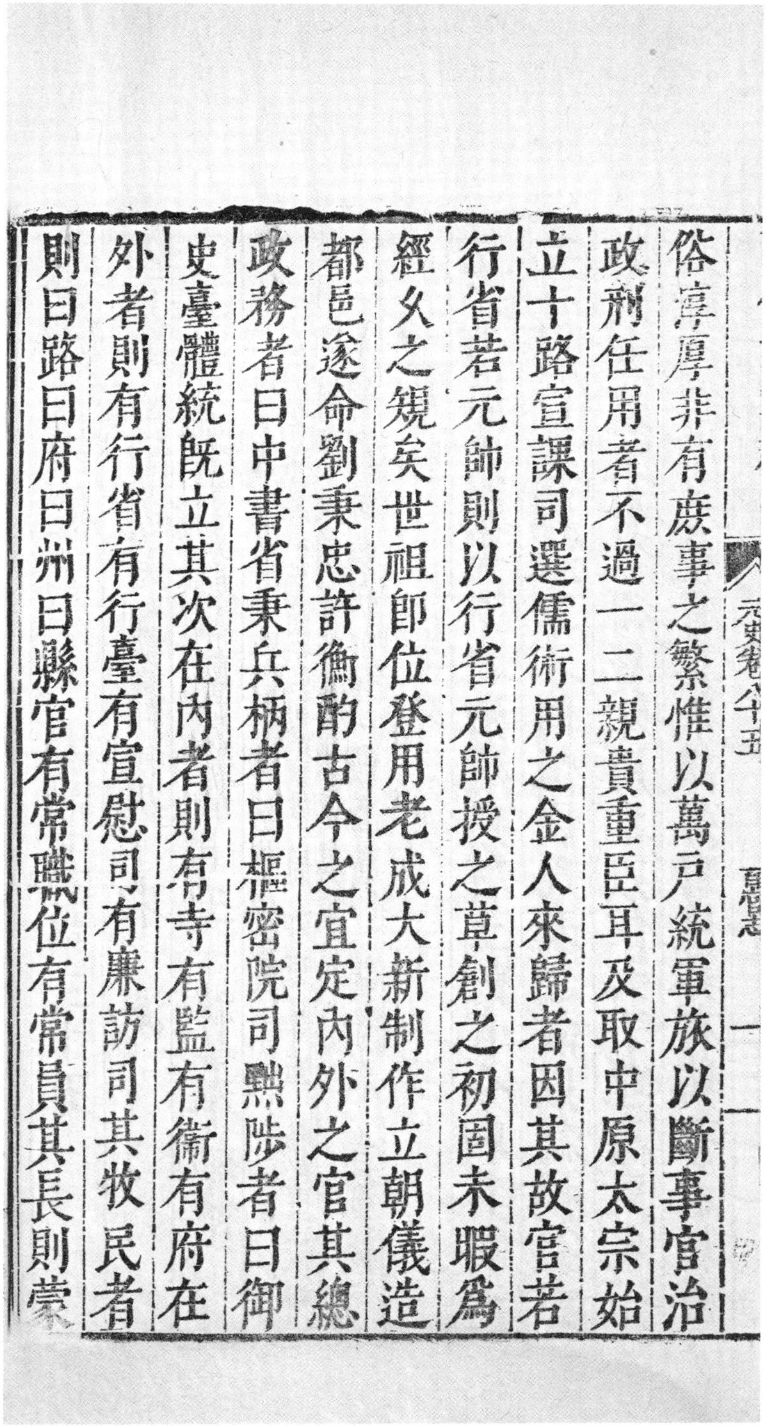
俗淳厚非有庶事之繁惟以萬戶統軍旅以斷事官治
政刑任用者不過一二親貴重臣耳及取中原太宗始
立十路宣課司選儒術用之金人來歸者因其故官若
行省若元帥則以行省元帥授之草創之初固未暇爲
經久之規矣世祖卽位登用老成大新制作立朝儀造
都邑遂命劉秉忠許衡酌古今之宜定內外之官其總
政務者曰中書省秉兵柄者曰樞密院司黜陟者曰御
史臺體統旣立其次在內者則有寺有監有衛有府在
外者則有行省有行臺有宣慰司有廉訪司其牧民者
則曰路曰府曰州曰縣官有常職位有常員其長則蒙

图2-3-32 《元史·百官志一》

清朝沿袭明朝官制并根据自身特点做了改进。《清史稿·职官志一》（图2-3-33）记载清朝沿袭明朝旧制，并追溯了从周至清六官的沿革："世祖入关，因明遗制，内自阁部以迄庶司，损益有物。藩部创建，名并七卿，外台督抚，杜其纷更，著为令甲。绿营提镇以下，悉易差遣为官，旗营御前领卫，年宿位重，意任隆密。都统旗长，军民合治，职视专圻驻防，分翰外畿，规抚京制。西北边陲，守以重臣，绥靖蒙番，方轨都护，斯皆因俗而治，得其宜已。"

清史稿

職官志序

太祖肇基東土國俗淳壹事簡職專置八旗總管大臣佐管大臣董統軍旅置議政五大臣理事十大臣釐治政刑任用者止親貴數臣官稱職立人稱官置興也勃焉太宗厲精爲治設三館置八承政論功料勤翕斯郅治世祖入關因明遺制內自閣部以迄庶司損益有物藩部剏建名竝七卿外臺督撫杜其紛更著爲令甲綠營提鎭以下悉易差遣爲官旗營御前領衛年宿位重意任隆密都統旗長軍民合治職視專圻駐防分翰外畿規撫京制西北邊陲守以重臣綏靖蒙番方軌都護斯皆因俗而治得其宜已世宗綜覈罷尙寶行人僉都諸目高宗明哲損參政參議副使僉事諸銜沙汰虛冗奉職肅然嘉道以降整釐如舊日久積弛精意浸失日革月易百職相侵光緒變法宣統議制品目張皇掌寄紛雜將以靖國不益棼乎夫一國事權操自樞垣匯於六曹分寄於臺吏自改內三院爲內閣台輔拱袂迨軍機設題本廢內閣益類閑曹六部長官

清史稿　職官志序　一

0136642　~~000180~~　000179

图 2-3-33 《清史稿·职官志一》

三、政治制度的融合

中国历史上许多重要的制度是各民族共同创造的，如楚国的县制、北魏的均田制与府兵制、元朝的行省制与宣政院、清朝的理藩院与驻藏大臣制。这些制度的形成不是由单独的族群文化决定的，而是由大一统理念和各族群交往交流的现实需求和历史趋势所影响而成的。

秦朝的各项政治制度是对六国制度文化的融会贯通，如郡县制中的县制。县制由楚国开创，晋国继之，又被秦及秦之后的王朝使用。春秋战国时期各诸侯国为了夺取战争的胜利，大力推行富国强军政策，推行改革。《左传·宣公十一年》（图2–3–34）记载楚国开创了县制：“诸侯、县公

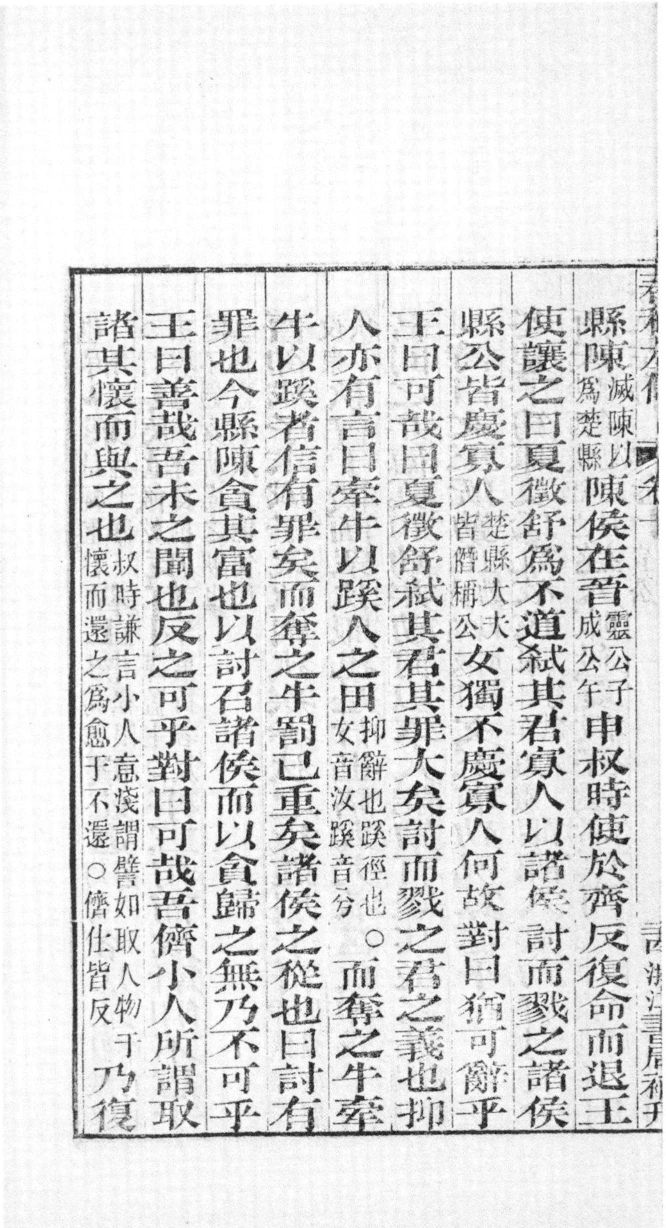
縣陳（滅陳以爲楚縣）陳侯在晉（靈公子成公午）申叔時使於齊反復命而退王使讓之曰夏徵舒爲不道弒其君寡人以諸侯討而戮之諸侯縣公皆慶寡人（楚縣大夫皆僭稱公）女獨不慶寡人何故對曰猶可辭乎王曰可哉曰夏徵舒弒其君其罪大矣討而戮之君之義也抑人亦有言曰牽牛以蹊人之田（抑辭也蹊徑也女音汝蹊音兮）○而奪之牛牽牛以蹊者信有罪矣而奪之牛罰已重矣諸侯之從也曰討有罪也今縣陳貪其富也以討召諸侯而以貪歸之無乃不可乎王曰善哉吾未之聞也反之可乎對曰可哉吾儕小人所謂取諸其懷而與之也（叔時謙言小人意淺謂譬如取人物于懷而還之爲愈于不還○儕仕皆反）乃復

图2–3–34 《左传·宣公十一年》

皆庆寡人。”清人王引之注释县公指县尹。《左传·昭公五年》（图2–3–35）记载晋国在春秋中期境内有四十九个县：“自鄢以来，晋不失备，而加之以礼，重之以睦，是以楚弗能报而求亲焉……韩赋七邑，皆成县也。羊舌四族，皆强家也。晋人若丧韩起、杨肸，五卿八大夫辅韩须、杨石，因其十家九县，长毂九百，其余四十县，遗守四千，奋其武怒，以报其大耻，伯华谋之，中行伯、魏舒帅之，其蔑不济矣。”

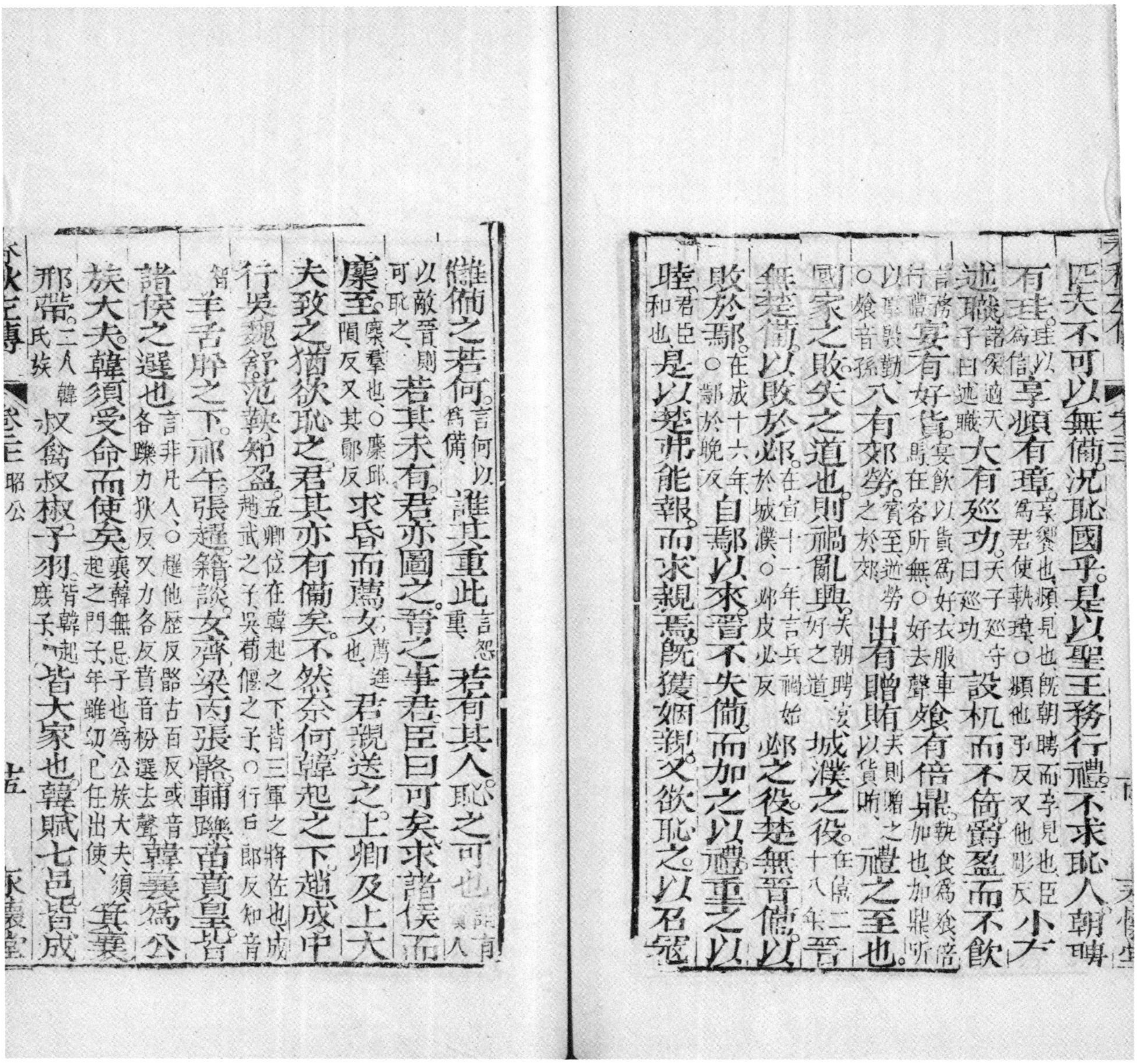
臣夫不可以無備，況恥國乎。是以聖王務行禮，不求恥人。朝聘有珪，珪以為信。享頫有璋，享，饗也。頫，見也。既朝聘而享見也。臣為君使執璋。○頫，他弔反，又他彫反。小有述職，諸侯適天子曰述職。大有巡功。天子巡守曰巡功。設机而不倚，爵盈而不飲，言務行禮。宴有好貨，宴飲以貨為好，衣服車馬，在客所無。○好，去聲。飧有陪鼎，熟食為飧。陪，加也。加鼎所以堅殷勤。入有郊勞，賓至，逆勞之於郊。出有贈賄，去則贈之以貨賄。禮之至也。○飧音孫。國家之敗，失之道也，則禍亂興。失朝聘好之道。城濮之役，在僖二十八年。晉無楚備，以敗於邲。在宣十二年。言兵禍始。○邲，皮必反。邲之役，楚無晉備，以敗於鄢。在成十六年。○鄢，於晚反。自鄢以來，晉不失備，而加之以禮，重之以睦，君臣和也。是以楚弗能報，而求親焉。既獲姻親，又欲恥之，以召寇

讎，備之若何？言何以為備。誰其重此？言怨重。若有其人，恥之可也。若其未有，君亦圖之。以敵晉，則可恥之。晉之事君，臣曰可矣：求諸侯而麇至，麇，羣也。○麇，丘隕反，又其郞反。求昏而薦女，薦，進也。君親送之，上卿及上大夫致之。猶欲恥之，君其亦有備矣。不然，奈何？韓起之下，趙成、中行吳、魏舒、范鞅、知盈；五卿位在韓起之下，皆三軍之將佐也。成，趙武之子。吳，荀偃之子。○行，戶郎反。知音智。羊舌肸之下，祁午、張趯、籍談、女齊、梁丙、張骼、輔躒、苗賁皇，皆諸侯之選也。言非凡人。○趯，他歷反。骼，古百反，或音格。躒，力狄反，又力各反。賁音奔。選，去聲。韓襄為公族大夫，韓須受命而使矣。襄，韓無忌子也，為公族大夫。須，起之門子，年雖幼，已任出使。箕襄、邢帶，二人韓氏族。叔禽、叔椒、子羽，皆韓起庶子。皆大家也。韓賦七邑，皆成

图2–3–35（1）《左传·昭公五年》

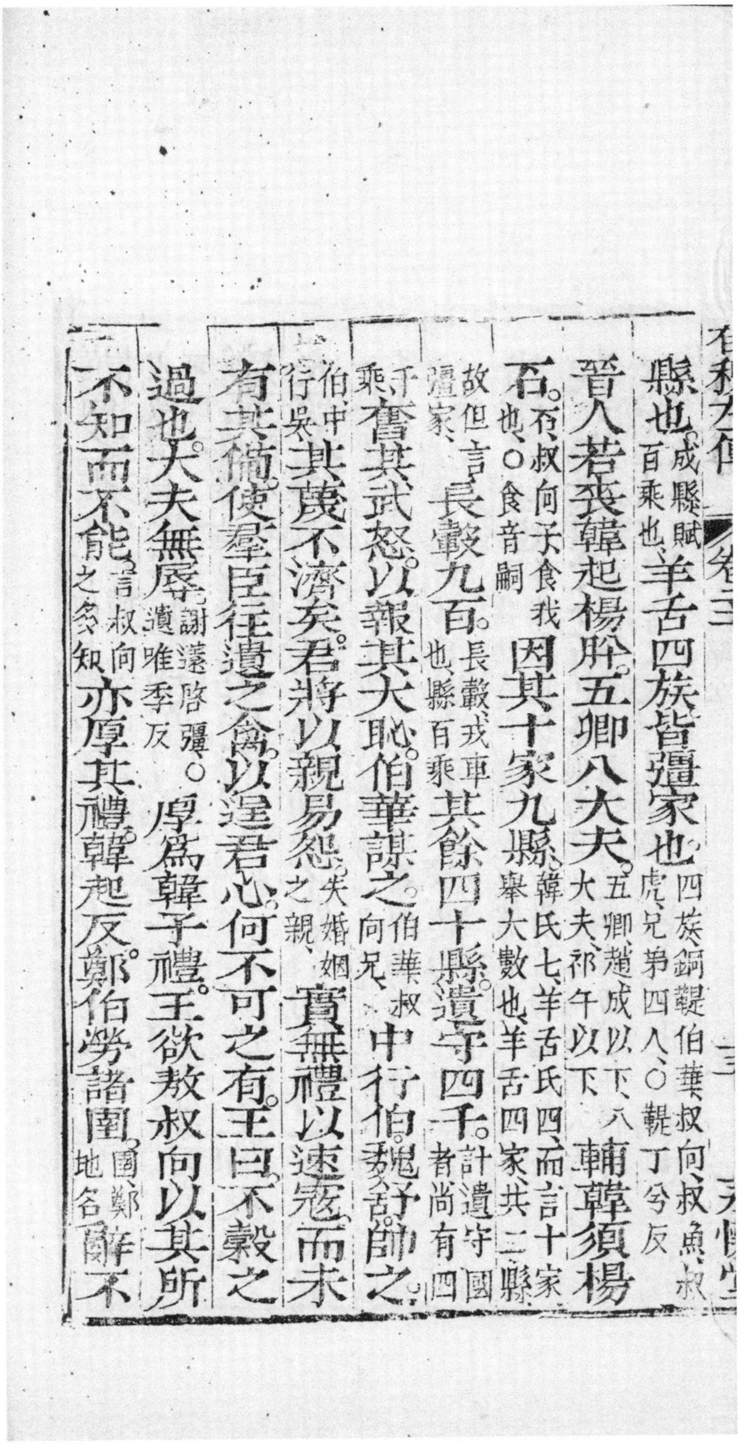

春秋左傳　卷三

縣也。成縣賦百乘也。羊舌四族，皆彊家也。四族，銅鞮伯華、叔向、叔魚、叔虎，兄弟四人。○鞮，丁兮反

晉人若喪韓起、楊肸，五卿八大夫。五卿，趙成以下；八大夫，祁午以下。輔韓須、楊

石。石，叔向子，食我也。○食音嗣　因其十家九縣，韓氏七，羊舌氏四，而言十家，舉大數也。羊舌四家，共二縣，

故但言九縣。長轂九百，長轂，戎車也。縣百乘。其餘四十縣，遺守四千，計遺守國者尚有四

千乘。奮其武怒，以報其大恥。伯華謀之，伯華，叔向兄。中行伯、魏舒帥之，

伯中行吳　其蔑不濟矣。君將以親易怨，失婚姻之親。實無禮以速寇，而未

有其備，使群臣往遺之禽，以逞君心，何不可之有？王曰：不穀之

過也，大夫無辱。謝遠啓彊。○遺，唯季反　厚爲韓子禮。王欲敖叔向以其所

不知，而不能。言叔向之多知。亦厚其禮。韓起反，鄭伯勞諸圉。圉，鄭地名。辭不

图 2-3-35（2）《左传·昭公五年》

赵武灵王胡服骑射见《资治通鉴·周纪三》（图2-3-36）：“赵武灵王北略中山之地，至房子，遂至代。北至无穷，西至河，登黄华之上。与肥义谋胡服骑射以教百姓。曰：‘愚者所笑，贤者察焉。虽驱世以笑我，胡地中山吾必有之。’遂胡服。”赵武灵王让百姓和军士全都穿胡服、学骑射，大大提升了战斗力，是中原华夏民族向北方游牧民族学习借鉴的典范。

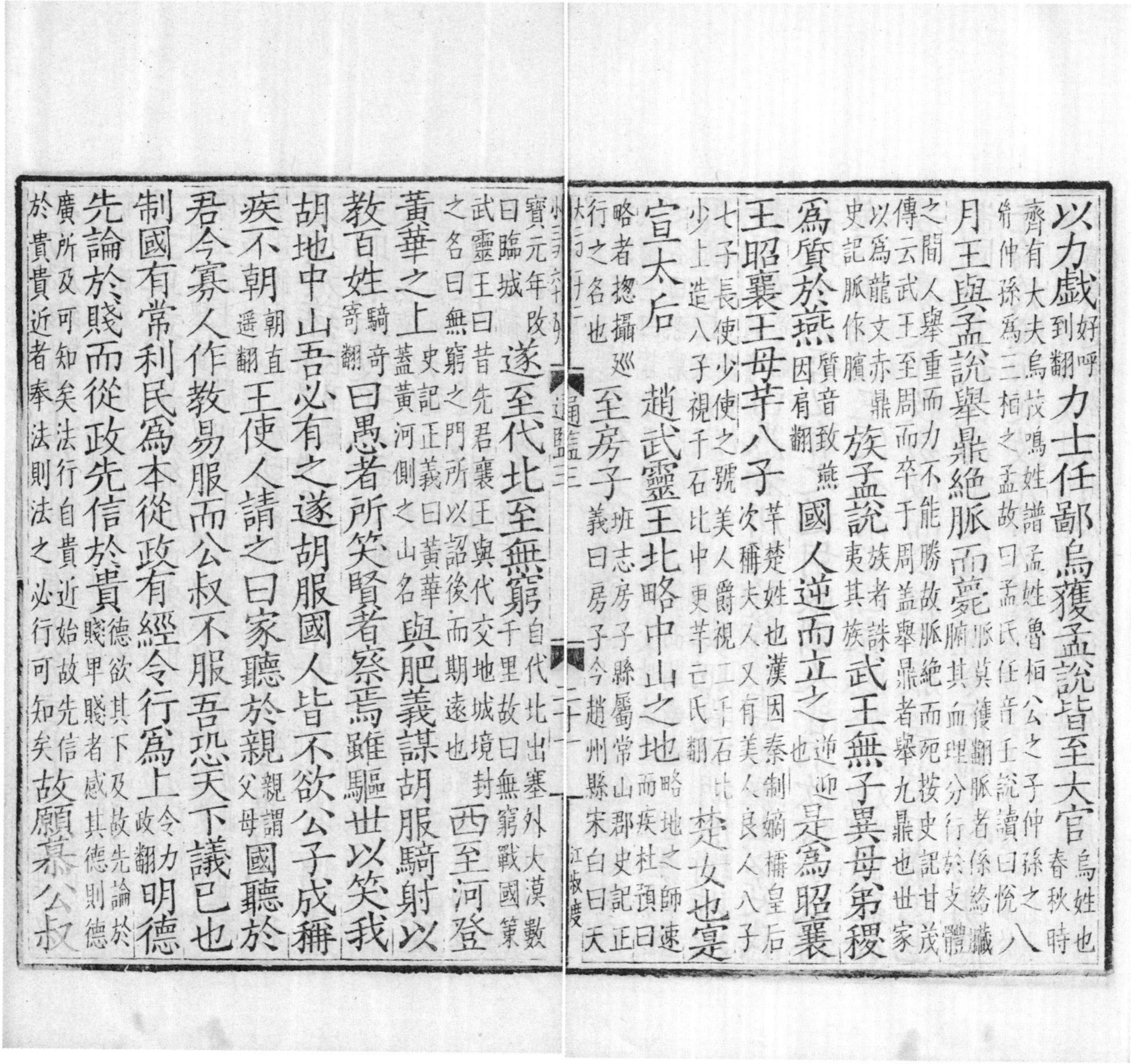
以力戲力士任鄙烏獲孟說皆至大官八月王與孟說舉鼎絕脈而薨族孟說武王無子異母弟稷爲質於燕國人逆而立之是爲昭襄王昭襄王母芈八子楚女也是爲宣太后趙武靈王北略中山之地至房子遂至代北至無窮西至河登黃華之上與肥義謀胡服騎射以教百姓曰愚者所笑賢者察焉雖驅世以笑我胡地中山吾必有之遂胡服國人皆不欲公子成稱疾不朝王使人請之曰家聽於親國聽於君今寡人作教易服而公叔不服吾恐天下議己也制國有常利民爲本從政有經令行爲上明德先論於賤而從政先信於貴故願慕公叔

图 2-3-36　《资治通鉴·周纪三》

北魏的均田制是隋唐均田制的制度来源，对南北朝和隋唐时代的历史发展都产生过重大影响。《魏书·高祖纪》(图2-3-37)记载孝文帝在太和九年(485)下诏均给天下民田："朕承乾在位十有五年……富强者并兼山泽，贫弱者望绝一廛，致令地有遗利，民无余财，或争亩畔以亡身，或因饥馑以弃业……今遣使者，循行州郡，与牧守均给天下之田。"从北魏颁布均田制之后，北齐、北周及其后的隋朝都实施过均田制，直至唐中叶，均田制一直都是当时封建国家所奉行的基本土地法。

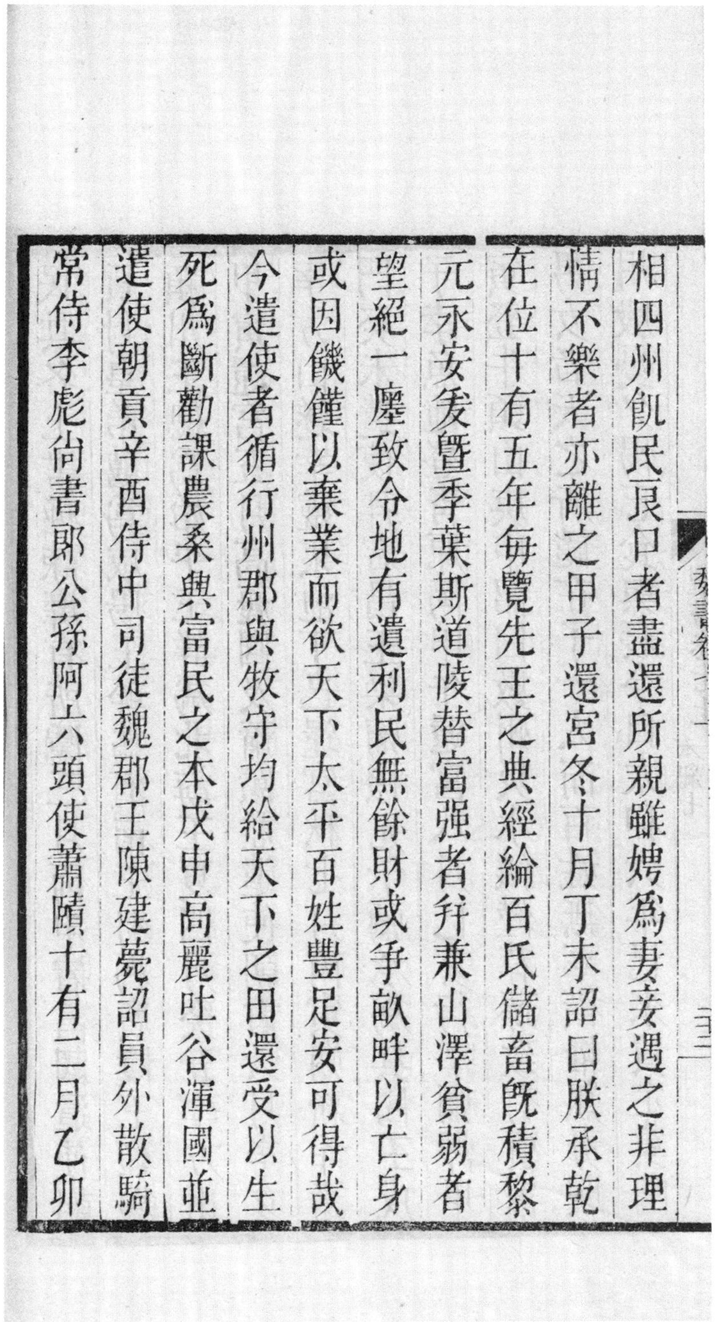
相四州飢民良口者盡還所親雖娉爲妻妾遇之非理
情不樂者亦離之甲子還宮冬十月丁未詔曰朕承乾
在位十有五年每覽先王之典經綸百氏儲畜既積黎
元永安爰暨季葉斯道陵替富強者并兼山澤貧弱者
望絕一廛致令地有遺利民無餘財或爭畝畔以亡身
或因饑饉以棄業而欲天下太平百姓豐足安可得哉
今遣使者循行州郡與牧守均給天下之田還受以生
死爲斷勸課農桑興富民之本戊申高麗吐谷渾國並
遣使朝貢辛酉侍中司徒魏郡王陳建薨詔員外散騎
常侍李彪尚書郎公孫阿六頭使蕭賾十有二月乙卯

图 2-3-37　《魏书·高祖纪》

府兵制是中国古代兵制之一，起源于西魏，北周、隋两朝逐渐完善，至唐太宗时期，府兵制成为当时最重要的兵役制度，其最大的特点就是兵农合一、寓兵于农。《北史·王雄传》(图2-3-38）记载北周府兵制的结构及职责范围：“是为十二大将军。每大将军督二开府，凡为二十四员，分团统领，是二十四军。每一团，仪同二人。自相督率，不编户贯。都十二大将军。十五日上，则门栏陛戟，警昼巡夜；十五日下，则教旗习战。无他赋役。每兵唯办弓刀一具，月简阅之。甲槊戈弩，并资官给。”

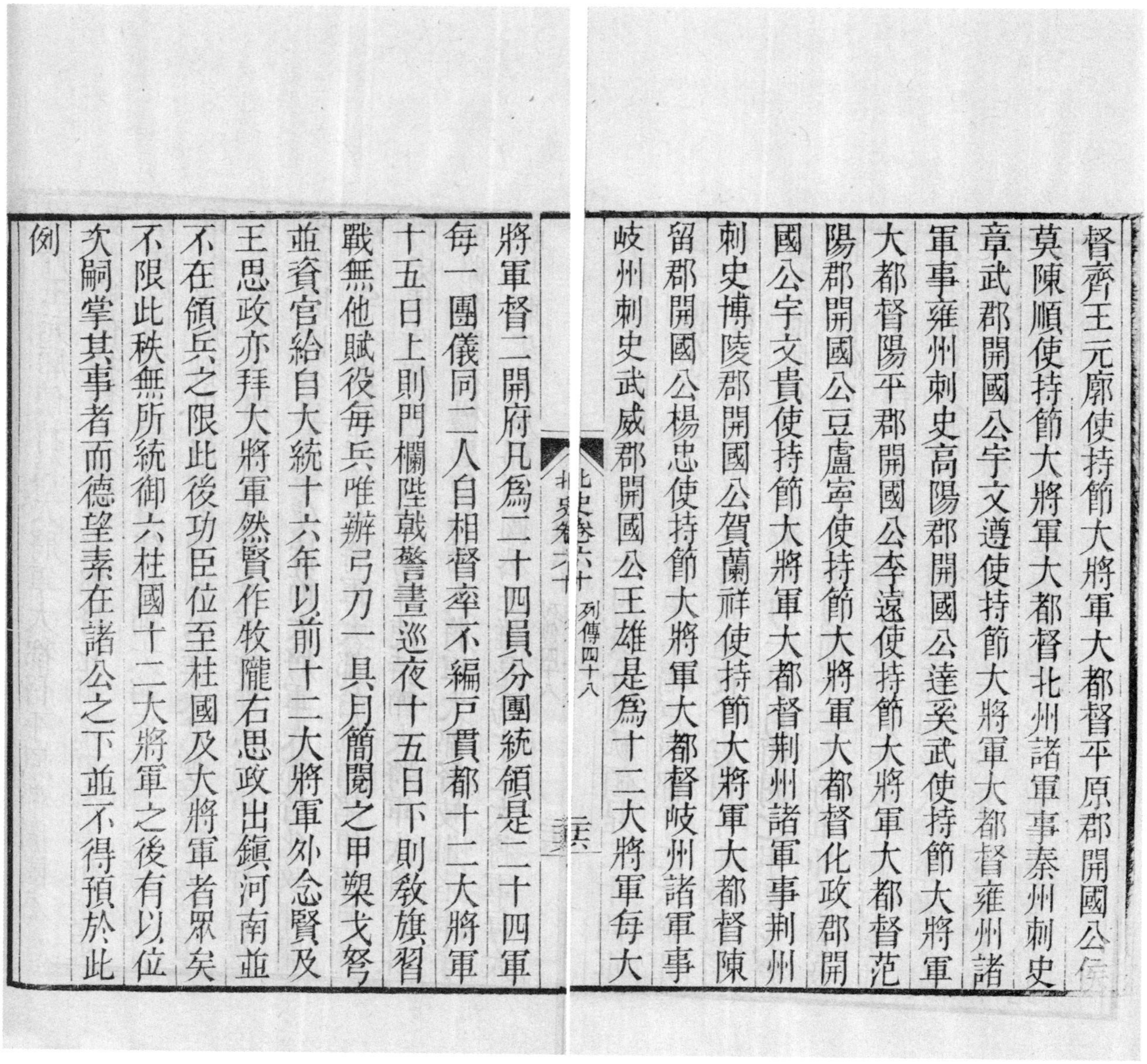
督齊王元廓使持節大將軍大都督平原郡開國公侯
莫陳順使持節大將軍大都督北州諸軍事秦州刺史
章武郡開國公宇文導使持節大將軍大都督雍州諸
軍事雍州刺史高陽郡開國公達奚武使持節大將軍
大都督陽平郡開國公李遠使持節大將軍大都督范
陽郡開國公豆盧寧使持節大將軍大都督化政郡開
國公宇文貴使持節大將軍大都督荆州諸軍事荆州
刺史博陵郡開國公賀蘭祥使持節大將軍大都督陳
留郡開國公楊忠使持節大將軍大都督岐州諸軍事
岐州刺史武威郡開國公王雄是爲十二大將軍每大

北史卷六十　列傳四十八

將軍督二開府凡爲二十四員分團統領是二十四軍
每一團儀同二人自相督率不編戶貫都十二大將軍
十五日上則門欄陛戟警晝巡夜十五日下則教旗習
戰無他賦役每兵唯辦弓刀一具月簡閱之甲槊戈弩
並資官給自大統十六年以前十二大將軍外念賢及
王思政亦拜大將軍然賢作牧隴右思政出鎮河南並
不在領兵之限此後功臣位至柱國及大將軍者衆矣
不限此秩無所統御六柱國十二大將軍之後有以位
次嗣掌其事者而德望素在諸公之下並不得預於此
例

图 2-3-38　《北史·王雄传》

为处理与周边部族的关系，元朝设置了宣政院，清朝设置了理藩院和驻藏大臣。宣政院原名总制院，掌管全国佛教事宜和吐蕃地区军政事务，后借唐朝皇帝曾在宣政殿接见吐蕃使臣的典故，改名为宣政院。《元史·百官志三》(图2-3-39)："宣政院，秩从一品。掌释教僧徒及吐蕃之境而隶治之，遇吐蕃有事，则为分院往镇，亦别有印。如大征伐，则会枢府议。其用人则自为选。"宣政院设于大都，在西藏境内设宣慰司。遇地方有事，设立分院驻地方处理；遇重大军事，则由宣政院与枢密院合议处理。由此，西藏地区正式成为我国中央政府直接管辖的一个地方行政区域。

驻藏大臣是清政府设立的管理西藏事务的最高官员。《清史稿》(图2-3-40)："西藏办事大臣一人，雍正五年置。"雍正五年（1727），清政府在拉萨设钦差驻藏办事大臣，驻拉萨，管理西藏事务。乾隆时，提高其职权，规定其地位与达赖、班禅平等，有关西藏的重要人事、行政、军事、外交、财政等，均由驻藏大臣裁定。

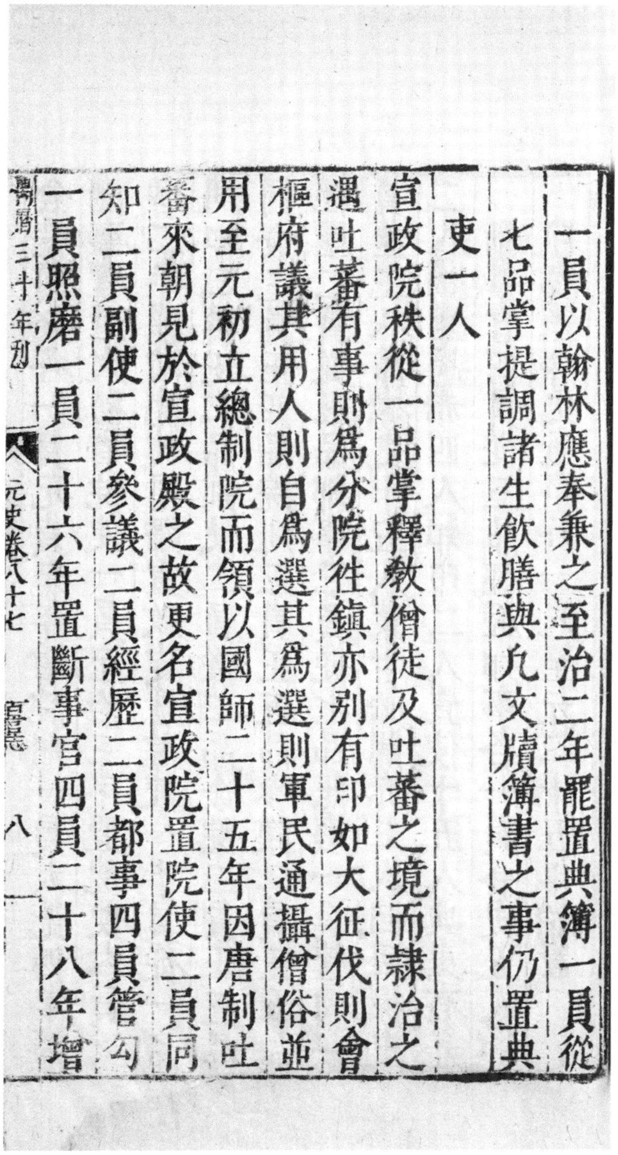

一員以翰林應奉兼之至治二年罷置典簿一員從
七品掌提調諸生飲膳與凡文牘簿書之事仍置典
吏一人
宣政院秩從一品掌釋教僧徒及吐蕃之境而隸治之
遇吐蕃有事則爲分院往鎮亦别有印如大征伐則會
樞府議其用人則自爲選其爲選則軍民通攝僧俗並
用至元初立總制院而領以國師二十五年因唐制吐
蕃來朝見於宣政殿之故更名宣政院置院使二員同
知二員副使二員參議二員經歷二員都事四員管勾
一員照磨一員二十六年置斷事官四員二十八年增

图 2-3-39 《元史·百官志三》

九年設互市處駐司員經理後改置辦事大臣監督恰克圖俄羅斯通商事宜乾隆四十九年增一人尋定爲額缺內一人以蒙古王公台吉兼任所屬有事印
房章京理刑司員管理商民事務司員筆帖式等官分駐恰克圖辦事司員一人塔爾巴哈台副都統乾隆
二十九年置參贊大臣一人光緒十四年省移伊犂副都統來駐領隊大臣乾隆四十一年置轄額魯特所屬有印房章京管理糧餉司員筆帖
式等官西寧辦事大臣乾隆元年置轄青海三十六旗會盟所屬有司員筆帖式各一人西藏辦事大臣一人
雍正五年置光緒三十四年增一人宣統二年省一人粲轄達木蒙古八旗所屬有辦事司員筆帖式左右參贊各一人初置幫辦大臣
宣統二年改置左參贊駐前藏右參贊監督三埠通商事宜所屬有繙譯書記等官川滇邊務大臣一人光緒三十二年置專司移殖所
屬有書記等官總管十有六人塔爾巴哈台屬一人科布多屬十人唐努烏梁海五人並歸定邊左副將軍兼轄副總管一人
塔爾巴哈台屬參領三人科布多屬佐領驍騎校各三十有三人塔爾巴哈台屬各三人科布多屬各十七人唐努烏
梁海蒙古達木俱各八人守卡倫侍衛自京調遣三歲一更邊鎮無額兵者旗營綠營官兵
番戍兼治屯焉
烏魯木齊都統副都統各一人初設安西提標綠旗五營乾隆三十六年改滿兵駐防置參贊大臣二人三十八年復置領隊
大臣二人四十八年改置協領六人佐領防禦驍騎校各二十有四人吐魯番領隊大臣一
人乾隆二十四年建城闢展置辦事大臣一人以廣安城爲回城四十二年改置協領二人佐領防禦驍騎校各四人

图 2-3-40 《清史稿·各驻扎大臣》

第四节 舟船继路 商使交属

从蒙古草原到青藏高原，从东北松海到西南峡谷，从茫茫荒漠到点点绿洲，从定居农耕到流动商业，从陆海丝路到茶马古道，从古至今，各族人民在国家经济建设事业中相互支持、互利合作，谱写了合作共赢的灿烂篇章。中华民族作为经济共同体，其形成与发展始终建立在各族群需求互补与区域经济联动的基础之上。无论朝代如何更替，施行统一度量衡与税收、修建大规模交通基础设施、打通分离的经济文化畛域的政策都是一贯的。

一、积极稳健的货币政策

稳健的货币政策能够稳定市场和促进商品流通，从而促进经济发展和社会发展，也能巩固国家政权。因而历朝历代政权都重视统一货币和度量衡，以促进商业的发展和各国间的经济交流。早在西周时期，就出现了局部通行的货币，《汉书·食货志》(图2–4–1)载："太公为周立九府圜法：黄金方寸，而重一斤；钱圜函方，轻重以铢；布帛广二尺二寸为幅，长四丈为匹。故货宝于金，利于刀，流于泉，布于布，束于帛。太公退，又行之于齐。"在周朝和齐国通行的货币有圜钱、黄金和布帛三种。

食貨志第四下　漢書二十四

正議大夫行祕書少監琅邪縣開國子顏師古注

凡貨金錢布帛之用夏殷以前其詳靡記云太公爲周立九府圜法 李奇曰圜即錢也圜一寸而重九兩師古曰此說非也周官太府玉府內府外府泉府天府職內職金職幣皆掌財幣之官故云九府圜謂均而通也 黃金方寸而重一斤錢圜函方 孟康曰外圜而內孔方也 輕重以銖 師古曰言黃金以斤爲名錢則以銖爲重也 布帛廣二尺二寸爲幅長四丈爲匹故貨寶於金利於刀 如淳曰名錢爲刀者以其利於民也 流於泉 如淳曰流行如泉也 布於布 如淳曰布於民間 束於帛 李奇曰束聚也 太公退又行之于齊至管仲相桓公通輕重之權曰歲有凶穰故穀有貴賤 師古曰穰音人常反 令有緩急故物有輕重 李奇曰上令急於求米則民重米緩於求米則民輕米 人君不理則畜賈游於市 師古曰畜讀曰蓄蓄賈謂賈人之多蓄積者 乘民之不給百倍其本矣 師古曰給足也 故萬乘之國必有萬金之賈千乘之國必有千金之賈者利有所并也計本量委則足矣 李奇曰委積也 然而民有飢餓者穀有所臧也 師古曰言富人多藏穀故令貧者食不足也 民有餘則輕之

图 2–4–1 《汉书·食货志》

春秋战国时期，各诸侯国纷纷铸币，形制多样，有布币、刀币、蚁鼻钱等种类。伴随着大一统政治秩序的建构，秦汉王朝进一步统一货币、度量衡和经济律法，《史记·平准书》（图2–4–2）载：“及至秦，中一国之币为三等，黄金以镒名，为上币；铜钱识曰半两，重如其文，为下币。而珠玉、龟贝、银锡之属为器饰宝藏，不为币。”统一货币和度量衡，结束了战国时期货币和度量衡混乱的局面，有利于商品交换和经济发展。《汉书·食货志》（图2–4–3）记载汉武帝时期铸造了五铢钱：“自孝武元狩五年，三官初铸五铢钱，至平帝元始中，成钱二百八十亿万余云。”

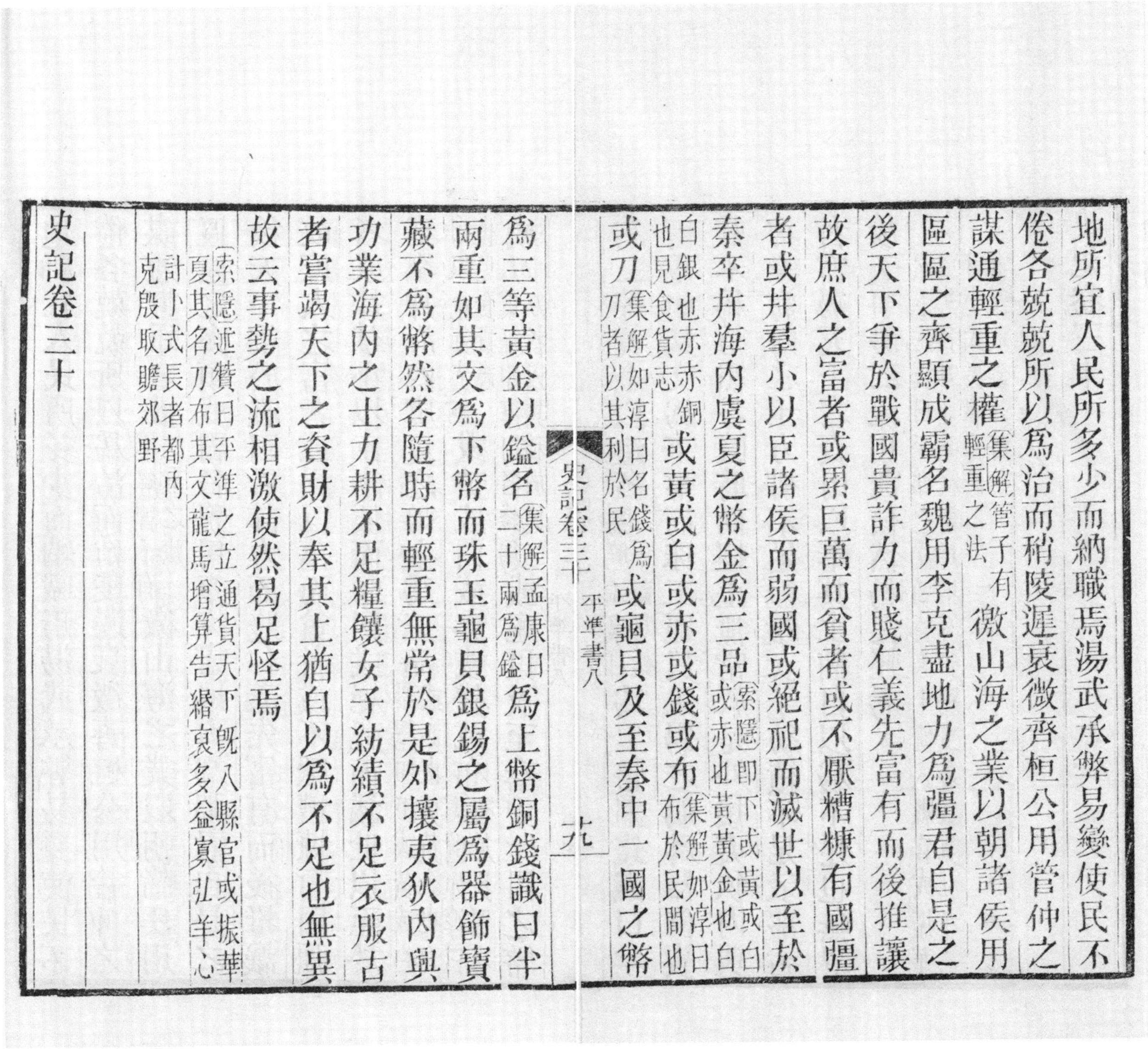
地所宜人民所多少而納職焉湯武承弊易變使民不
倦各兢兢所以爲治而稍陵遲衰微齊桓公用管仲之
謀通輕重之權【集解】管子有輕重之法徼山海之業以朝諸侯用
區區之齊顯成霸名魏用李克盡地力爲彊君自是之
後天下爭於戰國貴詐力而賤仁義先富有而後推讓
故庶人之富者或累巨萬而貧者或不厭糟糠有國彊
者或幷羣小以臣諸侯而弱國或絶祀而滅世以至於
秦卒幷海內虞夏之幣金爲三品【索隱】即下或黃或白或赤也黃黃金也白白銀也赤赤銅也見食貨志或黃或白或赤或錢或布【集解】如淳曰布於民間也
或刀【集解】如淳曰名錢爲刀者以其利於民或龜貝及至秦中一國之幣
史記卷三十　平準書八　九
爲三等黃金以鎰名【集解】孟康曰二十兩爲鎰爲上幣銅錢識曰半
兩重如其文爲下幣而珠玉龜貝銀錫之屬爲器飾寶
藏不爲幣然各隨時而輕重無常於是外攘夷狄內興
功業海內之士力耕不足糧饟女子紡績不足衣服古
者嘗竭天下之資財以奉其上猶自以爲不足也無異
故云事勢之流相激使然曷足怪焉
【索隱】述贊曰平準之立通貨天下既入縣官或振華夏其名刀布其文龍馬增算告緡裒多益寡弘羊心計卜式長者都內克殷取贍郊野
史記卷三十

图2–4–2　《史记·平准书》

酒酤弘羊自㠯爲國興大利伐其功欲爲子弟得官怨望大將軍霍光遂與上官桀等謀反誅滅宣元成哀平五世亡所變改元帝時嘗罷鹽鐵官三年而復之貢禹言鑄錢采銅一歲十萬人不耕民坐盜鑄陷刑者多富人臧錢滿室猶無厭足民心動搖棄本逐末耕者不能半姦邪不可禁原起於錢疾其末者絕其本宜罷采珠玉金銀鑄錢之官毋復㠯爲幣除其販賣租銖之律（師古曰租銖謂計其所賣物價平其錙銖而收租也）租稅祿賜皆㠯布帛及穀使百姓壹意農桑議者㠯爲交易待錢布帛不可尺寸分裂禹議亦寑自孝武元狩五年三官初鑄五銖錢至平帝元始中成錢二百八十億萬餘云王莽居攝變漢制㠯周錢有子母相權於是更造大錢徑寸二分重十二銖文曰大錢五十又造契刀錯刀契刀其環如大錢身形如刀長二寸文曰契刀五百錯刀㠯黃金錯其文曰一刀直五千（張晏曰案今所見契刀錯刀形質如

前漢二十四下

图2-4-3 《汉书·食货志》

五铢钱一直流通到唐初，魏晋南北朝时期各国也铸造了五铢钱。《陈书·纪第三·世祖文皇帝》（图2-4-4）记载："（天嘉三年闰二月）甲子改铸五铢钱。"《魏书·食货志六》（图2-4-5）记载孝文帝太和年间铸五铢钱："（太和）十九年冶铸粗备，文曰'太和五铢'。诏京师及诸州镇皆通行之。

内外百官禄皆准绢给钱，绢匹为钱二百。在所遣钱工，备炉冶，民有欲铸，听就铸之，铜必精练，无所和杂。世宗永平三年冬，又铸五铢钱。”《北史·齐本纪中》(图2-4-6)中记载天保四年(553)铸五铢钱：“自魏末用永安钱，又有数品，皆轻滥。己丑，铸新钱，文曰‘常平五铢。’”

史吳明徹爲安右將軍甲子改鑄五銖錢三月丙子安
成王頊至自周詔授侍中中書監中衞將軍置佐史丁
丑以安右將軍吳明徹爲安南將軍江州刺史督衆軍
南討甲申大赦天下庚寅司空侯安都破留異於桃支
嶺異脫身奔晉安東陽郡平夏四月癸卯曲赦東陽郡
乙巳齊遣使來聘六月丙辰以侍中中衞將軍安成王
頊爲驃騎將軍揚州刺史以會稽東陽臨海永嘉新安
新寧晉安建安八郡置東揚州以揚州刺史始興王伯
茂爲鎭東將軍東揚州刺史征北將軍司空南徐州刺
史侯安都爲侍中征北大將軍秋七月己丑皇太子納

图 2-4-4 《陈书·纪第三·世祖文皇帝》

魏書卷一百十 十五
瀛州置竈四百五十二幽州置竈一百八十青州置竈
五百四十六又於邯鄲置竈四計終歲合收鹽二十萬
九千七百二斛四升軍國所資得以周贍矣
魏初至於太和錢貨無所周流高祖始詔天下用錢焉
十九年冶鑄粗備文曰太和五銖詔京師及諸州鎭皆
通行之內外百官祿皆準絹給錢絹匹爲錢二百在所
遣錢工備鑪冶民有欲鑄聽就鑄之銅必精練無所和
雜世宗永平三年冬又鑄五銖錢肅宗初京師及諸州
鎭或鑄或否或有止用古錢不行新鑄致商貨不通貿
遷頗隔熙平初尚書令任城王澄上言臣聞洪範八政

图 2-4-5 《魏书·食货志六》

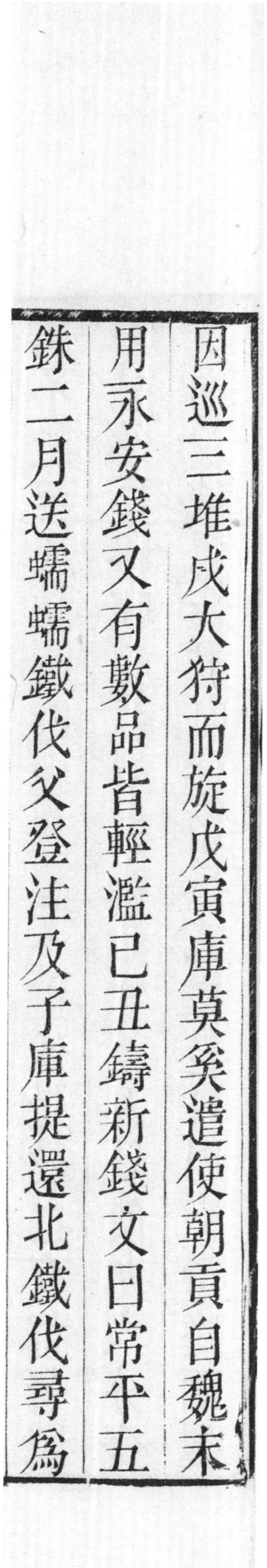
因巡三堆戍大狩而旋戊寅庫莫奚遣使朝貢自魏末
用永安錢又有數品皆輕濫己丑鑄新錢文曰常平五
銖二月送蠕蠕鐵伐父登注及子庫提還北鐵伐尋爲

图 2-4-6 《北史·齐本纪中》

唐王朝建立后迅速出台了国家铸币政策，《旧唐书·食货志上》（图2-4-7）记载武德四年（621）铸开元通宝钱："高祖即位，仍用隋之五铢钱。武德四年七月，废五铢钱，行开元通宝钱，径八分，重二铢四累，积十文重一两，一千文重六斤四两。仍置钱监于洛、并、幽、益等州。"这一政策开创了此后"通宝""元宝"钱制的新体系，而且确立了一两等于十钱的十进位的新衡制，成为更高一级的铸币形式，这种铸币形式一直延续到清末民初。

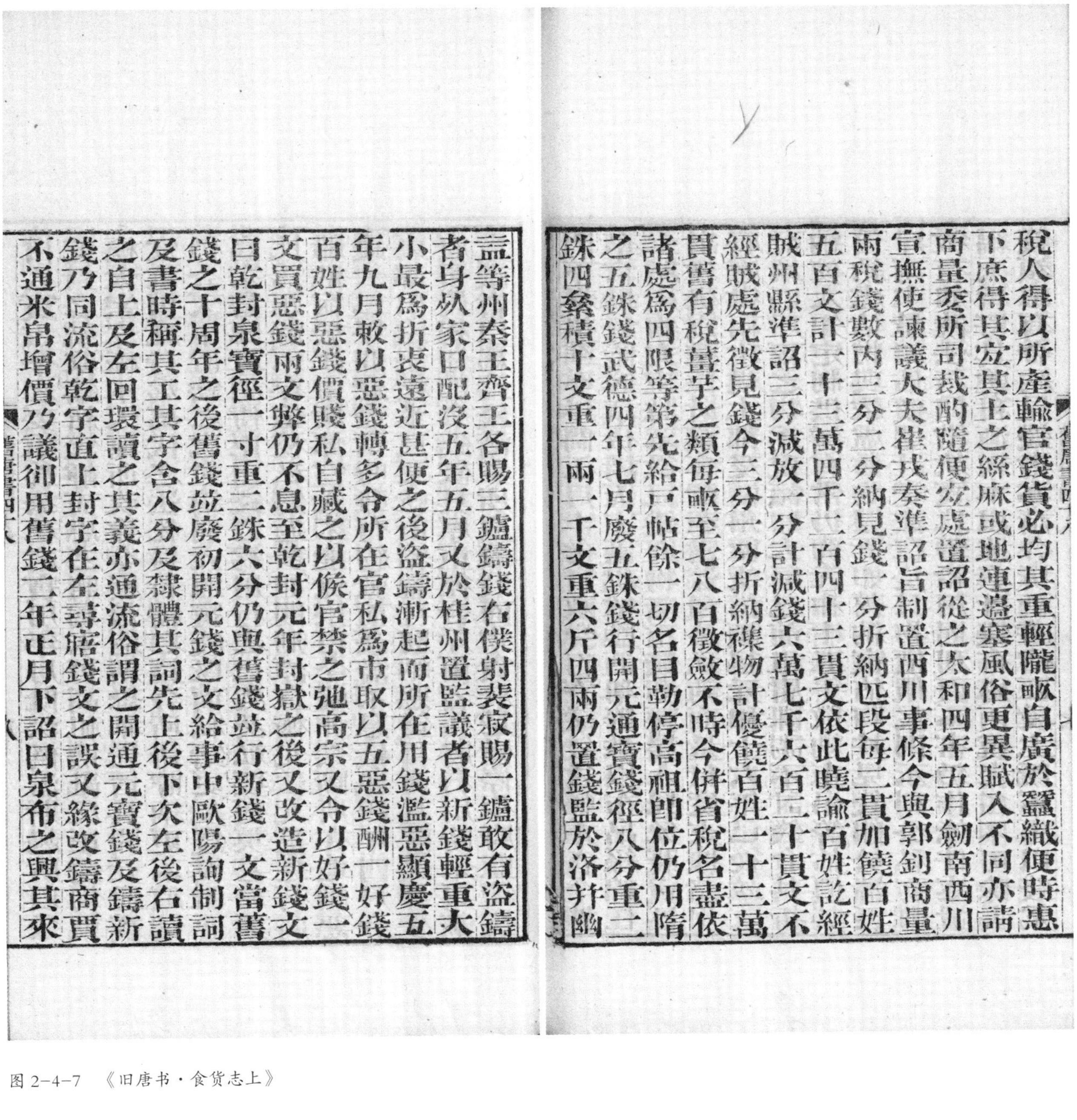
稅人得以所產輸官錢貨必均其重輕隴畝自廣於蠶織便時惠下庶得其宜其土之絲麻或地連邊塞風俗更異賦入不同亦請商量委所司裁酌隨便宜處置詔從之太和四年五月劒南西川宣撫使諫議大夫崔戎奏準詔旨制置西川事條今與郭釗商量兩稅錢數內三分二分納見錢一分折納匹段每二貫加饒百姓五百文計一十三萬四千二百四十三貫文依此曉諭百姓訖經賊州縣準詔三分減放一分計減錢六萬七千六百二十貫文不經賊處先徵見錢今三分一分折納雜物計優饒百姓一十三萬貫舊有稅薑芋之類每畝至七八百徵斂不時今併省稅名盡依諸處爲四限等第先給戶帖餘一切名目勒停高祖即位仍用隋之五銖錢武德四年七月廢五銖錢行開元通寶錢徑八分重二銖四絫積十文重一兩一千文重六斤四兩仍置錢監於洛并幽益等州秦王齊王各賜三鑪鑄錢右僕射裴寂賜一鑪敢有盜鑄者身死家口配沒五年五月又於桂州置監議者以新錢輕重大小最爲折衷遠近甚便之後盜鑄漸起而所在用錢濫惡顯慶五年九月敕以惡錢轉多令所在官私爲市取以五惡錢酬一好錢百姓以惡錢價賤私自藏之以候官禁之弛高宗又令以好錢一文買惡錢兩文弊仍不息至乾封元年封嶽之後又改造新錢文曰乾封泉寶徑一寸重二銖六分仍與舊錢並行新錢一文當舊錢之十周年之後舊錢並廢初開元錢之文給事中歐陽詢制詞及書時稱其工其字含八分及隸體其詞先上後下次左後右讀之自上及左回環讀之其義亦通流俗謂之開通元寶錢及鑄新錢乃同流俗乾字直上封字在左尋寤錢文之誤又緣改鑄商賈不通米帛增價乃議卻用舊錢二年正月下詔曰泉布之興其來

图2-4-7 《旧唐书·食货志上》

元朝是中国古代第一个以纸币流通全国并贯穿始终的朝代，开创了不限期限、地域流通纸币的制度。《元史·食货志一》（图2-4-8）记载元世祖发行的纸币："世祖中统元年，始造交钞，以丝

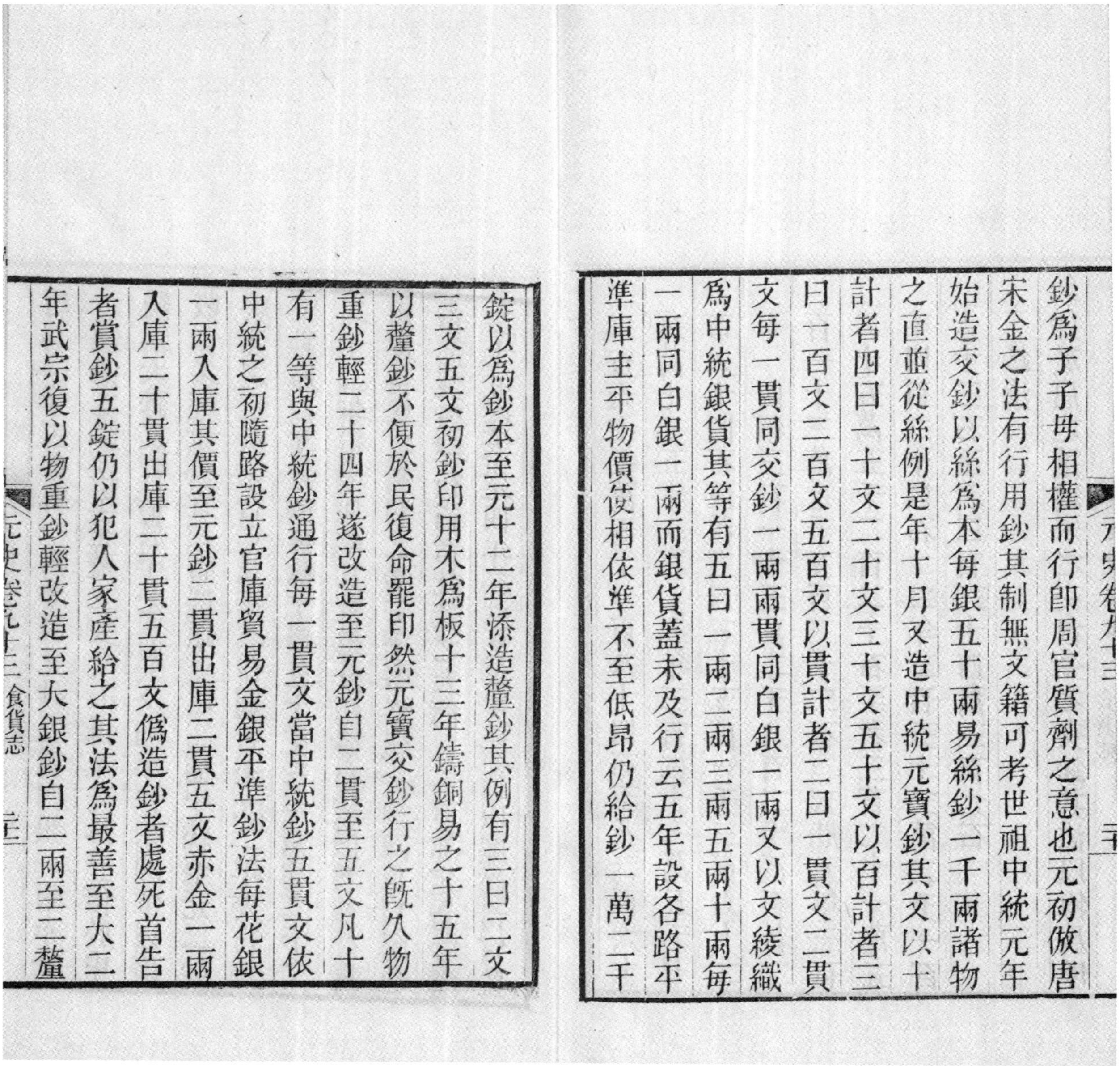
鈔爲子子母相權而行卽周官質劑之意也元初倣唐宋金之法有行用鈔其制無文籍可考世祖中統元年始造交鈔以絲爲本每銀五十兩易絲鈔一千兩諸物之直並從絲例是年十月又造中統元寶鈔其文以十計者四曰一十文二十文三十文五十文以百計者三曰一百文二百文五百文以貫計者二曰一貫文二貫文每一貫同交鈔一兩兩貫同白銀一兩又以文綾織爲中統銀貨其等有五曰一兩二兩三兩五兩十兩每一兩同白銀一兩而銀貨蓋未及行云五年設各路平準庫主平物價使相依準不至低昂仍給鈔一萬二千

元史卷九十三 食貨志

錠以爲鈔本至元十二年添造釐鈔其例有三曰二文三文五文初鈔印用木爲板十三年鑄銅易之十五年以釐鈔不便於民復命罷印然元寶交鈔行之既久物重鈔輕二十四年遂改造至元鈔自二貫至五文凡十有一等與中統鈔通行每一貫文當中統鈔五貫文依中統之初隨路設立官庫貿易金銀平準鈔法每花銀一兩入庫其價至元鈔二貫出庫二貫五文赤金一兩入庫二十貫出庫二十貫五百文僞造鈔者處死首告者賞鈔五錠仍以犯人家產給之其法爲最善至大二年武宗復以物重鈔輕改造至大銀鈔自二兩至二釐

图 2-4-8 《元史·食货志一》

为本，每银五十两易丝钞一千两，诸物之直，并从丝例。是年十月，又造中统元宝钞……二十四年，遂改造至元钞，自二贯至五文，凡十有一等，与中统钞通行。每一贯文当中统钞五贯文。”纸币的发行有利于稳定物价，促进了全国经济交流。

明朝货币政策经历了三个发展阶段：明初纸钞为主，铜钱为辅；明中期银、钱、钞并行；明后期银、钱同行，以银两为主。清朝沿袭明朝货币政策，《清史稿·食货志五》（图2–4–9）记载乾隆年间还铸造了专门通行于民族地区的钱币：“二十四年，回部平，颁式于叶尔羌，铸乾隆通宝，枚重二钱，幕铸叶尔羌名，左满文，右回文，用红铜，并毁旧普尔钱充铸。越二年，阿克苏请铸，如叶尔羌例。复允西藏开铸银钱，重一钱与五分二种，文曰‘乾隆宝藏’，幕用唐古忒字，边郭识年分。以上二类钱，第行之回、藏，内地不用。二十九年，令回部铸钱，永用乾隆年号。”

以上以違例論上諭廷臣曰今之言禁者亦第補偏救弊非能正本清源也物之定直以銀不以錢而官民乃皆便錢不便銀趨利之徒以使低昂爲得計何輕重之倒置也嗣是宜重用銀凡直省官修工程民間總置貨物皆以銀二十二年兩廣總督李侍堯請禁舊錢僞錢上以民間雜用吳三桂利用洪化昭武諸僞錢第聽自檢出官爲易之以充鑄舊錢仍聽行使二十四年回部平頒式於葉爾羌鑄乾隆通寶枚重二錢幕鑄葉爾羌名左滿文右回文用紅銅並燬舊普爾錢充鑄越二年阿克蘇請鑄如葉爾羌例復允西藏開鑄銀錢重一錢與五分二種文曰乾隆寶藏幕用唐古忒字邊郭識年分以上二類錢第行之回藏內地不用二十九年令回部鑄錢永用乾隆年號時至中葉錢直昂直省皆增鑪廣鑄價暫趨於平會銅運遲滯市儈居奇增直害錢法通飭督撫毋得輕請停鑪減卯季年私鑄寖多四川雲貴爲淵藪流布及江浙雲貴官錢亦以不善罷鑄又自律嚴私鑄常寬之以收燬莠民恃以行詐私錢日出不窮五十七年湖廣總督畢沅請收買毋立限上謂湖北乃私鑄總匯不圖禁絕而預思

清史稿 食貨志五 三

图 2-4-9 《清史稿·食货志五》

二、畅通无阻的交通网络

大运河、全国驿路网等大型基础设施的建设，便利了中原地区与边疆地区的交通往来，加速了边疆地区开发、区域整合、全国经济一体化的进程，是各民族经济与文化交流的纽带和民族大融合的桥梁。

陆路交通

早在西周时期，周王朝便修建了遍布天下的道路网络。《诗经·小雅·大东》(图2-4-10)中写道："周道如砥，其直如矢。君子所履，小人所视。"周道是中国古代驿路的发轫。

南反有饛簋飧有捄棘匕興也饛滿簋貌飧熟食謂黍稷也捄長貌匕所以載
鼎實棘赤心也箋云飧者客始至主人所致之禮也凡飧饔餼以其爵等為之牢禮之數陳興者喻古者天子施予
之恩於天下厚其牛反下章同饛音蒙簋音軌飧音孫捄音虯又匕必履反饔於恭反餼許既反周道
如砥其直如矢如砥貢賦平均也如矢賞罰不偏也砥之履反君子所履
小人所視箋云此言古者天子之恩厚也君子皆法效而履行之其如砥矢之平小人又皆視之共
之無然共音恭本亦作恭睠言顧之潸焉出涕睠反顧也潸涕下貌箋云言我
也此二事者在乎前世過而去矣我從今顧視之為之出涕傷今不如古也睠音眷本又作眷潸所姦反說文作潸
去涕流貌山晏反出如字徐尺遂反涕音體為于僞反小東大東杼柚其空
空盡也箋云小也大也謂賦斂之多少也小亦於東大亦於東言其政偏失砥矢之道也譚無他貨維絲麻爾今盡
杼柚不作也杼直呂反說文云盛緯器柚音逐本又作軸斂力豔反後同糾糾葛屨可

图 2-4-10 《诗经·小雅·大东》

秦统一以前，各国车途异轨，关梁互阻，交通极为不便。秦统一以后，下令拆除战国时期各诸侯国修筑的长城和在险要地区所建立的堡垒，实行国内关塞互通。《史记·秦始皇本纪》（图 2–4–11）记载秦始皇二十七年（前 220）修建了第一条国家干道驰道：“是岁，赐爵一级，治驰道。”驰道以咸阳为中心，将各诸侯国修筑的道路加以沟通和整理，又进一步向边疆地区开拓，往东西两端延伸。

回中焉[集解]應劭曰回中在安定高平孟康曰回中在
北地[正義]括地志云回中宮在雍州西四十里
言始皇欲西巡隴西之北從咸陽向西北出寧州
西南行至成州出雞頭山東還過岐州回中宮作信
宮渭南已更命信宮爲極廟象天極[索隱]爲宮廟象天
極故曰極廟天官
書曰中宮曰
天極是也自極廟道通酈山作甘泉前殿築甬道[集解]
應劭曰築垣牆如街巷[正義]築音竹甬音勇應
劭曰謂於馳道外築牆天子於中行外人不見自咸陽
屬之是歲賜爵一級治馳道[集解]應劭曰馳道天子道
也道若今之中道然漢書
賈山傳曰秦爲馳道於天下東窮燕齊南極吳楚江湖
之上濱海之觀畢至道廣五十步三丈而樹厚築其外
隱以金椎
樹以青松
二十八年始皇東行郡縣上鄒嶧山[集解]韋昭曰鄒魯
縣山在其北[正義]
上時掌反鄒側留反嶧音亦國系云邾嶧山亦名鄒山
在兗州鄒縣南三十二里魯穆公改邾作鄒其山遂從
史記卷六 本紀六 十四

图 2-4-11 《史记·秦始皇本纪》

《史记·蒙恬列传》(图2–4–12)记载秦始皇三十五年(前212)又修建了直道:“始皇欲游天下,道九原,直抵甘泉,乃使蒙恬通道,自九原抵甘泉,堑山堙谷,千八百里。”秦直道全长近千公里,由陕西咸阳北之淳化县始,沿子午岭北行,越过陕北黄土高原,到鄂尔多斯草原,通过陕、甘两省,经14个县,直通九原。历史上,它曾起着转运粮草、输送兵力、拉动经济、交流文化的重要作用。

毅位至上卿出則參乘入則御前恬任外事而毅常爲内謀名爲忠信故雖諸將相莫敢與之爭焉趙高者諸趙疏遠屬也趙高昆弟數人皆生隱宮徐廣曰爲宦者索隱曰劉氏云蓋其父犯宮刑妻子沒爲奴婢妻後野合所生子皆承趙姓並宮之故云兄弟生於隱宮也其母被刑僇世世卑賤秦王聞高彊力通於獄法舉以爲中車府令高即私事公子胡亥喻之決獄高有大罪秦王令蒙毅法治之毅不敢阿法當高罪死除其宦籍帝以高之敦於事也徐廣曰敦一作敏赦之復其官爵始皇欲游天下道九原正義曰九原郡今勝州連谷縣是直抵甘泉正義曰宮在雍州乃使蒙恬通道自九原抵甘泉塹山堙谷千八百里道未就始

萬曆二十六年刊　史記卷八十八　列傳　二

图 2-4-12 《史记·蒙恬列传》

西汉时期，张骞开通了以丝绸为媒介进行中西交往的陆路交通线——丝绸之路，对世界文明与历史产生了重大影响。汉武帝建元三年（前138）和元狩四年（前119），武帝先后两次派张骞出使西域，以联络大月氏、乌孙等游牧部落抗击匈奴。《汉书·张骞李广利传》（图2-4-13）记载：“骞身所至者，大宛、大月氏、大夏、康居，而传闻其旁大国五六，具为天子言其地形，所有。语皆在《西域传》。”

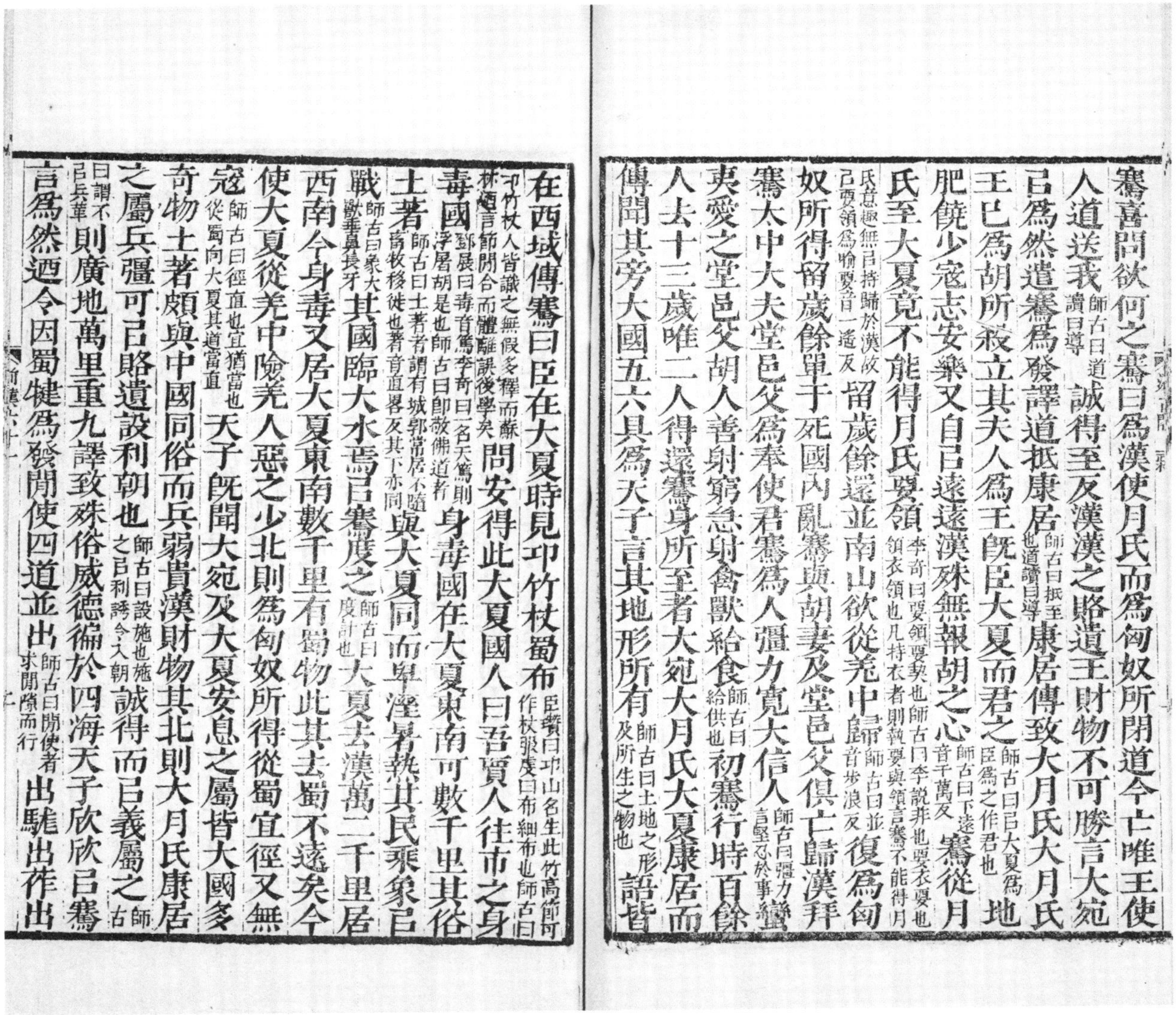
騫喜，問欲何之。騫曰為漢使月氏而為匈奴所閉道，今亡，唯王使人道送我（師古曰道讀曰導）。誠得至反漢，漢之賂遺王財物不可勝言。大宛㠯為然，遣騫，為發譯道，抵康居（師古曰抵至也道讀曰導）。康居傳致大月氏。大月氏王已為胡所殺，立其夫人為王。既臣大夏而君之（師古曰㠯大夏為臣為之作君也），地肥饒，少寇，志安樂，又自㠯遠遠漢，殊無報胡之心（師古曰下遠音于萬反）。騫從月氏至大夏，竟不能得月氏要領（李奇曰要領要契也師古曰李說非也要衣要也領衣領也凡持衣者則執要與領言騫不能得月氏意趣無㠯持歸於漢故㠯要領為喻要音一遙反）。留歲餘，還，並南山，欲從羌中歸（師古曰並音步浪反），復為匈奴所得。留歲餘，單于死，國內亂，騫與胡妻及堂邑父俱亡歸漢。拜騫太中大夫，堂邑父為奉使君。騫為人彊力，寬大信人（師古曰彊力言堅忍於事），蠻夷愛之。堂邑父胡人，善射，窮急射禽獸給食（師古曰給供也）。初騫行時百餘人，去十三歲，唯二人得還。騫身所至者大宛、大月氏、大夏、康居，而傳聞其旁大國五六，具為天子言其地形所有（師古曰土地之形及所生之物也）。語皆

在西域傳。騫曰：臣在大夏時，見邛竹杖、蜀布（臣瓚曰邛山名生此竹高節可作杖服虔曰布細布也師古曰邛竹杖人皆識之無假多釋而蘇林妄言節閒合而體離誤後學矣），問安得此，大夏國人曰：吾賈人往市之身毒國（鄧展曰毒音篤李奇曰一名天篤則浮屠胡是也師古曰即敬佛道者）。身毒國在大夏東南可數千里，其俗土著（師古曰土著者謂有城郭常居不隨畜牧移徙也著音直畧反其下亦同），與大夏同，而卑溼暑熱，其民乘象㠯戰（師古曰象大獸垂鼻長牙），其國臨大水焉。㠯騫度之（師古曰度計也），大夏去漢萬二千里，居西南。今身毒又居大夏東南數千里，有蜀物，此其去蜀不遠矣。今使大夏，從羌中，險，羌人惡之；少北，則為匈奴所得；從蜀，宜徑，又無寇（師古曰徑直也宜猶當也從蜀向大夏其道當直）。天子既聞大宛及大夏、安息之屬皆大國，多奇物，土著，頗與中國同俗，而兵弱，貴漢財物；其北則大月氏、康居之屬，兵彊，可㠯賂遺設利朝也（師古曰設施也施之㠯利誘令入朝）。誠得而㠯義屬之（師古曰謂不㠯兵革），則廣地萬里，重九譯，致殊俗，威德徧於四海。天子欣欣㠯騫言為然，迺令因蜀犍為發閒使，四道並出（師古曰閒使者求閒隙而行）：出駹，出莋，出

图 2-4-13　《汉书·张骞李广利传》

《史记·河渠书》（图2-4-14）记载汉武帝元狩年间汉中太守张卬主持开凿了褒斜道：“其后人有上书欲通褒斜道及漕事，下御史大夫张汤。汤问其事，因言：‘抵蜀从故道，故道多阪，回远。今穿褒斜道，少阪，近四百里；而褒水通沔，斜水通渭，皆可以行船漕。漕从南阳上沔入褒，褒之绝水至斜，间百余里，以车转，从斜下下渭。如此，汉中之谷可致，山东从沔无限，便于砥柱之漕。且褒斜材木竹箭之饶，拟于巴蜀。’天子以为然，拜汤子卬为汉中守，发数万人作褒斜道五百余里。道果便近，而水湍石，不可漕。”褒斜道是联系今川陕的重要道路，加强了巴蜀、汉中和中原地区的交流。

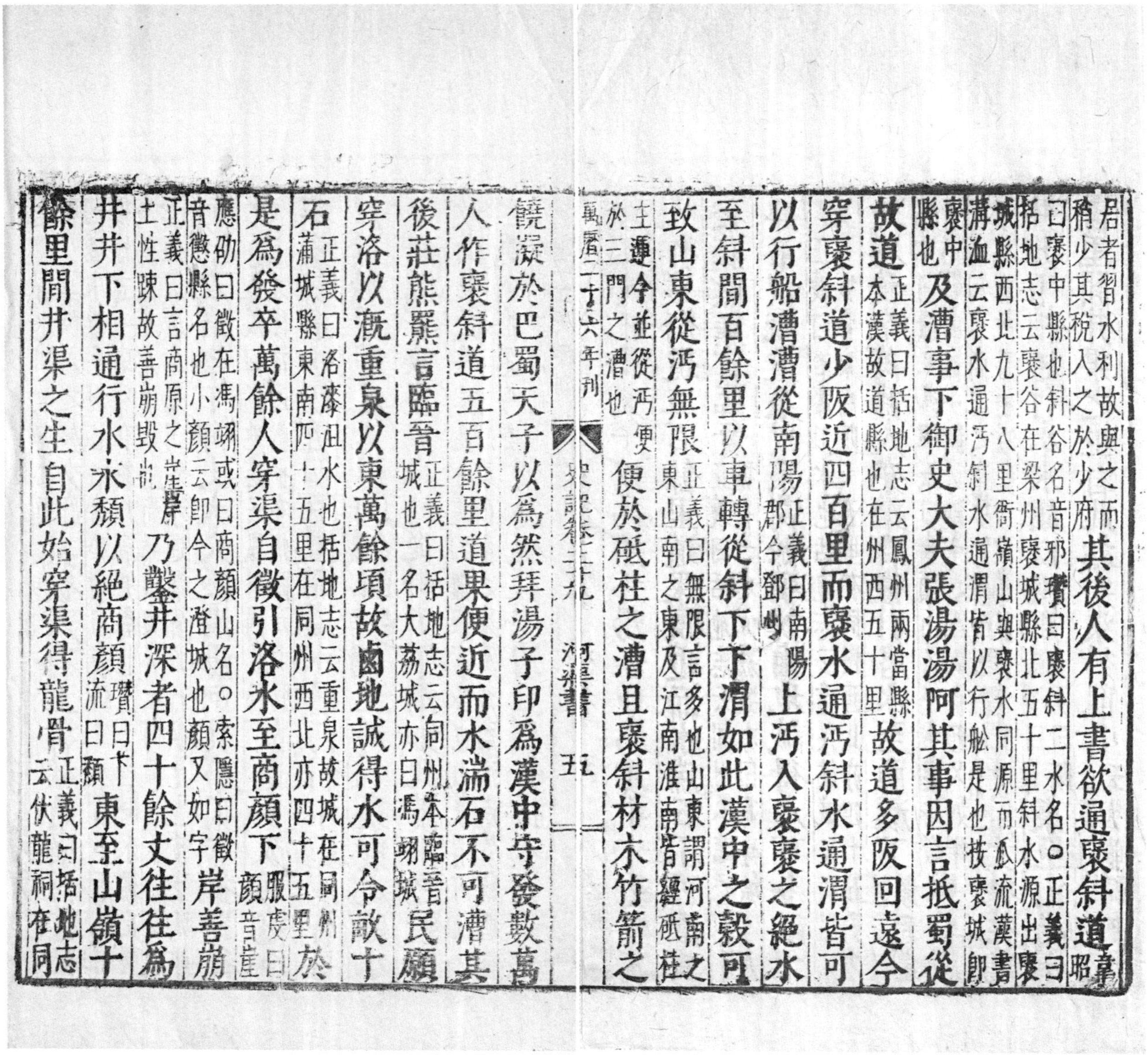
居者習水利故與之而稍少其稅入之於少府其後人有上書欲通褒斜道韋昭曰褒中縣也斜谷名音邪瓚曰褒斜二水名○正義曰括地志云褒谷在梁州褒城縣北五十里斜水源出褒城縣西北九十八里衙嶺山與褒水同源而派流漢書溝洫志云褒水通沔斜水通渭皆以行船是也按褒城即褒中縣也及漕事下御史大夫張湯湯問其事因言抵蜀從故道正義曰括地志云鳳州兩當縣本漢故道縣也在州西五十里故道多阪回遠今穿褒斜道少阪近四百里而褒水通沔斜水通渭皆可以行船漕漕從南陽正義曰南陽郡今鄧州上沔入褒褒之絕水至斜間百餘里以車轉從斜下下渭如此漢中之穀可致山東從沔無限正義曰無限言多也山東謂河南之東山南之東及江南淮南皆經砥柱主運今並從沔便於三門之漕也便於砥柱之漕且褒斜材木竹箭之

萬曆二十六年刊

史記卷二十九　河渠書　五

饒擬於巴蜀天子以為然拜湯子卬為漢中守發數萬人作褒斜道五百餘里道果便近而水湍石不可漕其後莊熊羆言臨晉正義曰括地志云同州本臨晉城也一名大荔城亦曰馮翊城民願穿洛以溉重泉以東萬餘頃故鹵地誠得水可令畝十石正義曰洛漆沮水也括地志云重泉故城在同州蒲城縣東南四十五里在同州西北亦四十五里於是為發卒萬餘人穿渠自徵引洛水至商顏下服虔曰顏音崖應劭曰徵在馮翊或曰商顏山名○索隱曰徵音懲縣名也小顏云即今之澄城也顏又如字岸善崩正義曰言商原之崖岸土性疏故善崩毀也乃鑿井深者四十餘丈往往為井井下相通行水水頹以絕商顏瓚曰下流曰頹東至山嶺十餘里間井渠之生自此始穿渠得龍骨正義曰括地志云伏龍祠在同

图 2-4-14　《史记·河渠书》

三国时期内地通往西域的道路进一步扩展，由汉代的南北两道发展为三道，《三国志·魏书》（图2-4-15）记载：“从敦煌玉门关入西域，前有二道，今有三道。从玉门关西出，经婼羌转西，越葱领，经县度，入大月氏，为南道。从玉门关西出，发都护井，回三陇沙北头，经居卢仓，从沙西井转西北，过龙堆，到故楼兰，转西诣龟兹，至葱领，为中道。从玉门关西北出，经横坑，辟三陇沙及龙堆，出五船北，到车师界戊己校尉所治高昌，转西与中道合龟兹，为西道。”

唐朝疆域广阔，道路畅通无阻。据《通典·食货七·历代盛衰户口》（图2-4-16）记载，唐代在交通线上普遍设立驿站，店肆林立。唐代开元年间，长安“东至宋、汴，西至岐州，夹路列店肆待客，酒馔丰溢。每店肆皆有驴，赁客乘，倏忽数十里，谓之驿驴。南诣荆、襄，北至太原、

图 2-4-15 《三国志 · 魏书》

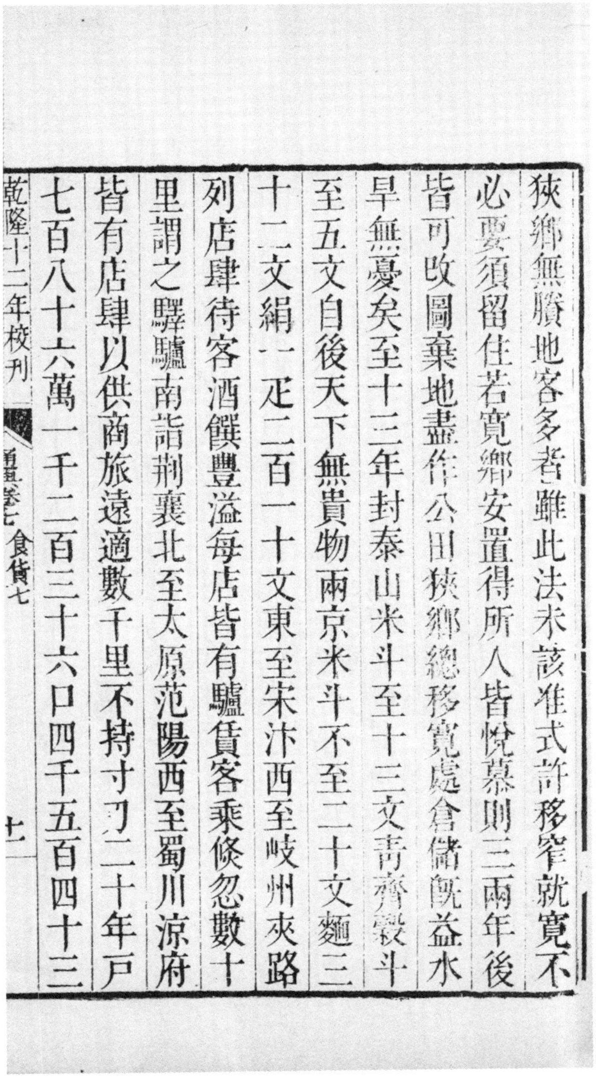

狹鄉無膮地客多者雖此法未該准式許移窄就寬不必要須留住若寬鄉安置得所人皆悅慕則三兩年後皆可改圖棄地盡作公田狹鄉總移寬處倉儲旣益水旱無憂矣至十三年封泰山米斗至十三文青齊穀斗至五文自後天下無貴物兩京米斗不至二十文麵三十二文絹一疋二百一十文東至宋汴西至岐州夾路列店肆待客酒饌豐溢每店皆有驢賃客乘倏忽數十里謂之驛驢南詣荆襄北至太原范陽西至蜀川涼府皆有店肆以供商旅遠適數千里不持寸刃二十年戶七百八十六萬一千二百三十六口四千五百四十三

乾隆十二年校刊　通典卷七　食貨七

图 2-4-16 《通典·食货七·历代盛衰户口》

范阳，西至蜀川、凉府，皆有店肆以供商旅，远适数千里，不持寸刃”。《唐会要》(图2-4-17）记载唐太宗时期的参天可汗道：“二十一年正月九日，以铁勒及回纥等十三部内附，置六都督府、七州，并各以其酋帅为都督、刺史，给玄金鱼，黄金为字，以为符信。于是回纥等请于回纥以南、突厥以北，置邮驿，总六十六所，以通北荒，号为参天可汗道，俾通贡焉。”参天可汗道使草原丝绸之路与中原的联系更为密切。

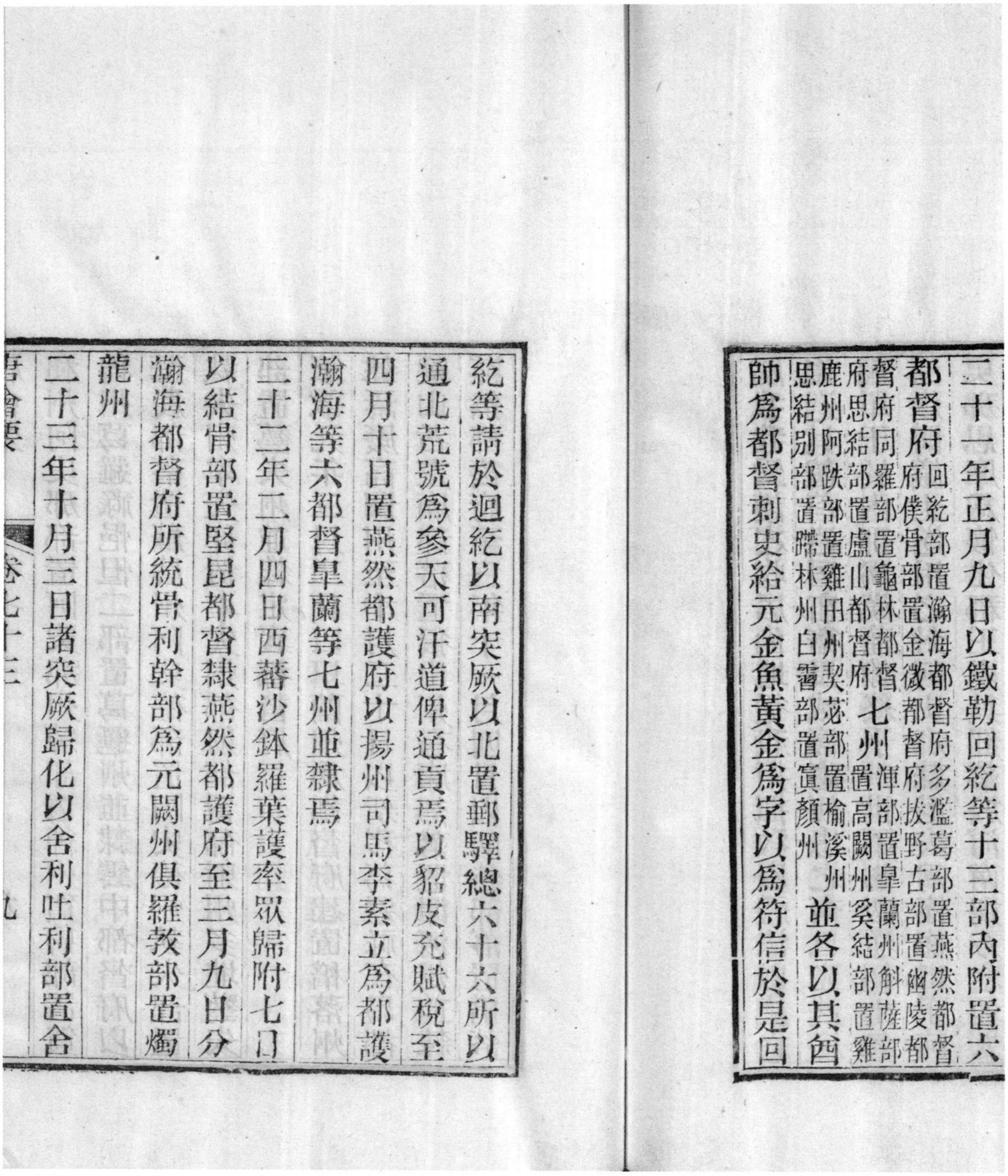
二十一年正月九日以鐵勒回紇等十三部內附置六都督府回紇部置瀚海都督府多濫葛部置燕然都督府僕骨部置金微都督府拔野古部置幽陵都督府同羅部置龜林都督府思結部置盧山都督府七州渾部置臯蘭州斛薩部置高闕州奚結部置雞鹿州阿跌部置雞田州契苾部置榆溪州思結別部置蹛林州白霫部置寘顏州並各以其酋帥爲都督刺史給元金魚黃金爲字以爲符信於是回紇等請於迴紇以南突厥以北置郵驛總六十六所以通北荒號爲參天可汗道俾通貢焉以貂皮充賦稅至四月十日置燕然都護府以揚州司馬李素立爲都護瀚海等六都督臯蘭等七州並隸焉

二十二年二月四日西蕃沙鉢羅葉護率衆歸附七月以結骨部置堅昆都督隸燕然都護府至三月九日分瀚海都督府所統骨利幹部爲元闕州俱羅教部置燭龍州

二十三年十月三日諸突厥歸化以舍利吐利部置舍

唐會要　卷七十三　九

图 2-4-17　《唐会要》卷七十三

辽朝统治时期，通往中国东北地区的商路非常繁荣。主要分为南北二道，北道经由今蒙古国腹地东达辽上京、中京，南道经过阿尔泰山至西京再到南京。辽代还有著名的“鹰路”，即“贡鹰道”。《金史》(图2-4-18)载：“八年辛巳，辽使使持赐物来，赏平鹰路之有功者。九年壬午，使普嘉努以辽赐给矩威、图塔之民，且修鹰路而归。”辽代“鹰路”西达上京临潢府或中京大定府，中经东京辽阳府、咸州等地，东到黑龙江下游地区的五国部。鹰路后半段，即咸州—五国部路线，为南北朝时期勿吉国朝贡路、唐代渤海国“黑水道”，自古以来即为重要的陆路交通通道。

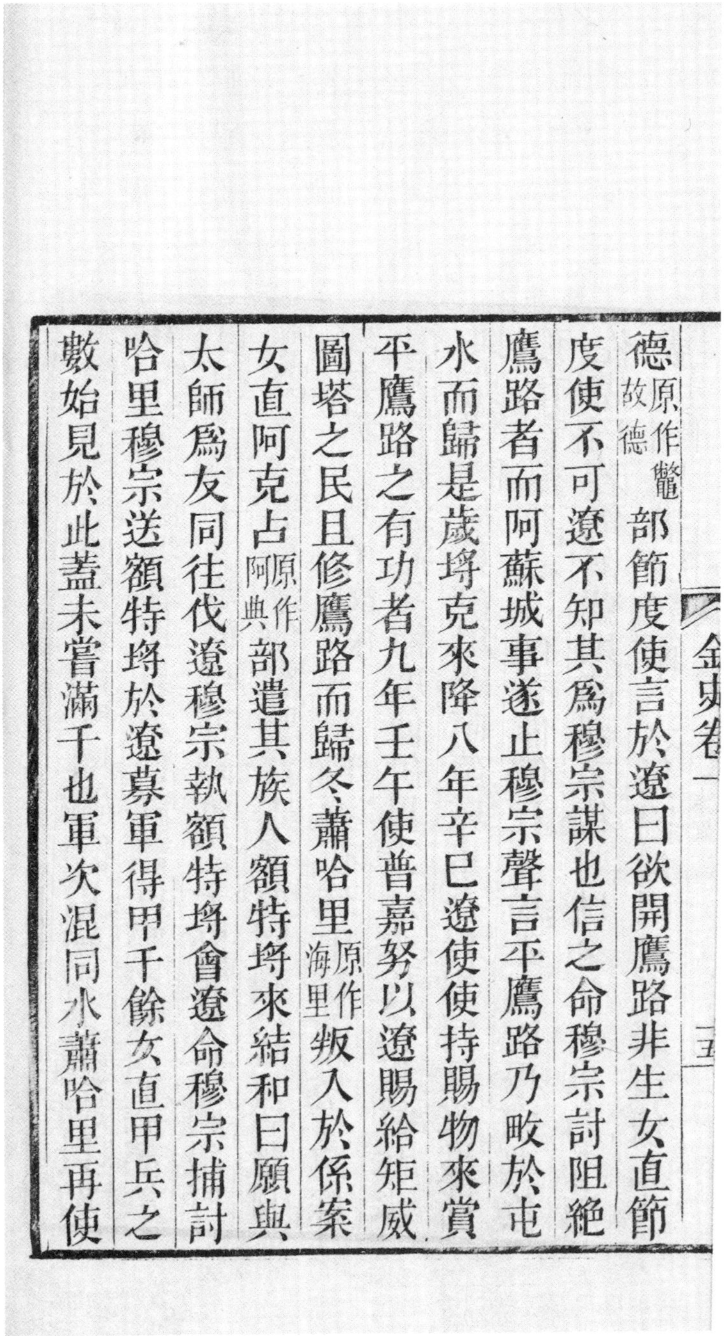
金史卷一　五

德（原作鼊故德）部節度使言於遼曰欲開鷹路非生女直節度使不可遼不知其爲穆宗謀也信之命穆宗討阻絶鷹路者而阿蘇城事遂止穆宗聲言平鷹路乃畋於屯水而歸是歲堛克來降八年辛巳遼使使持賜物來賞平鷹路之有功者九年壬午使普嘉努以遼賜給矩威圖塔之民且修鷹路而歸冬蕭哈里（原作海里）叛入於係案女直阿克占（原作阿典）部遣其族人額特埒來結和曰願與太師爲友同往伐遼穆宗執額特埒會遼命穆宗捕討哈里穆宗送額特埒於遼募軍得甲千餘女直甲兵之數始見於此蓋未嘗滿千也軍次混同水蕭哈里再使

图 2-4-18　《金史》卷一

元代境域广大，驿路系统四通八达，建立了纵横全国的道路系统，并兴修运河以加强各区域、族群间的经济互动，增进中原和边疆的经济联系，形成全国性的统一经济体系。《元史·兵志》（图2-4-19）记载元代驿站十分发达：“元制站赤者，驿传之译名也。盖以通达边情，布宣号令，古人所谓置邮而传命，未有重于此者焉。凡站，陆则以马以牛，或以驴，或以车，而水则以舟。其给驿传玺书，谓之铺马圣旨。遇军务之急，则又以金字圆符为信，银字者次之；内则掌之天府，外则国人之为长官者主之。其官有驿令，有提领，又置脱脱禾孙于关会之地，以司辨诘，皆总之于通政院及中书兵部。而站户阙乏逃亡，则又以时佥补，且加赈恤焉。于是四方往来之使，止则有馆舍，顿则有供帐，饥渴则有饮食，而梯航毕达，海宇会同，元之天下，视前代所以为极盛也。”

清朝加强了对入藏道路的管理，《西藏图考》卷二《内地程站附考》记载沿成都—打箭炉—江卡一线进藏的程站，卷四《诸路程站附考》(图2-4-20)，记打箭炉—察木多，察木多—类伍齐—墨竹工卡，拉鲁—札什伦布，札什伦布—聂拉木，札什伦布—咱党—拉萨，松潘黄胜关—古尔分索罗木，羊八井—噶尔藏骨岔，以及拉萨分别至西宁、腾格那尔口、玉树、纳克产、奔卡立马尔、生根物角、布鲁克巴的交通线，共计14条。茂汶—松潘路对清军进入川西少数民族地区发挥了重

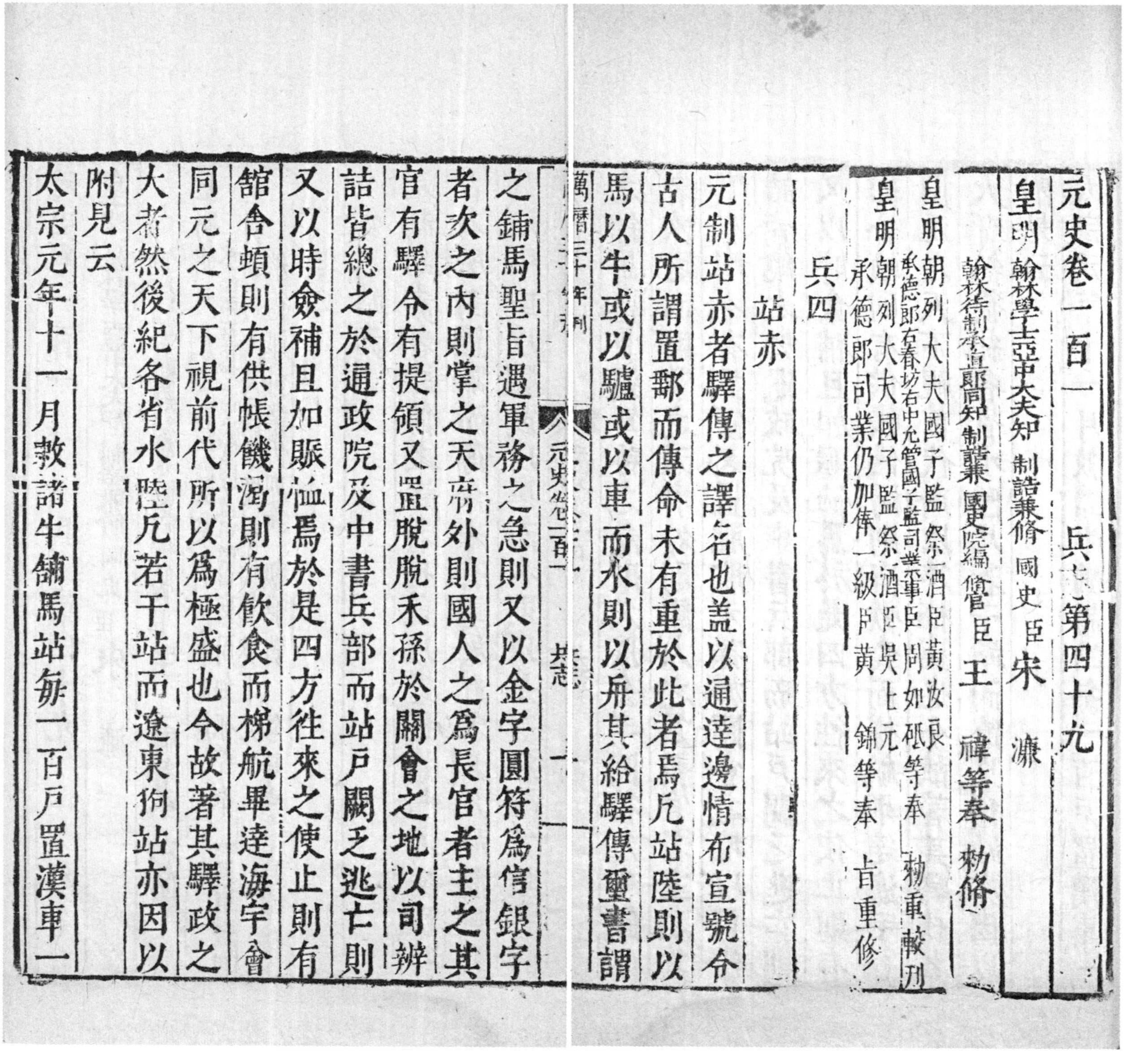
元史卷一百一　兵志第四十九
皇明翰林學士亞中大夫知制誥兼修國史臣宋濂
翰林待制承直郎同知制誥兼國史院編修官臣王禕等奉勅修
皇明朝列大夫國子監祭酒臣黄汝良 承德郎右春坊右中允管國子監司業事臣周如砥等奉勅重較刊
皇明朝列大夫國子監祭酒臣吴士元 承德郎司業仍加俸一級臣黄錦等奉旨重修
兵四
站赤
元制站赤者驛傳之譯名也蓋以通達邊情布宣號令古人所謂置郵而傳命未有重於此者焉凡站陸則以馬以牛或以驢或以車而水則以舟其給驛傳璽書謂

萬曆三十年刊　元史卷一百一　兵志　一

之鋪馬聖旨遇軍務之急則又以金字圓符爲信銀字者次之內則掌之天府外則國人之爲長官者主之其官有驛令有提領又置脫脫禾孫於關會之地以司辨詰皆總之於通政院及中書兵部而站戶闕乏逃亡則又以時僉補且加賑恤焉於是四方往來之使止則有館舍頓則有供帳饑渴則有飲食而梯航畢達海宇會同元之天下視前代所以爲極盛也今故著其驛政之大者然後紀各省水陸凡若干站而遼東狗站亦因以附見云
太宗元年十一月敕諸牛鋪馬站每一百戶置漢車一

图 2-4-19　《元史·兵志》

要作用。雅安至打箭炉路开通后，成为明清时期由内地进入西藏的重要通道，雅安和打箭炉由此而成为川西重镇。

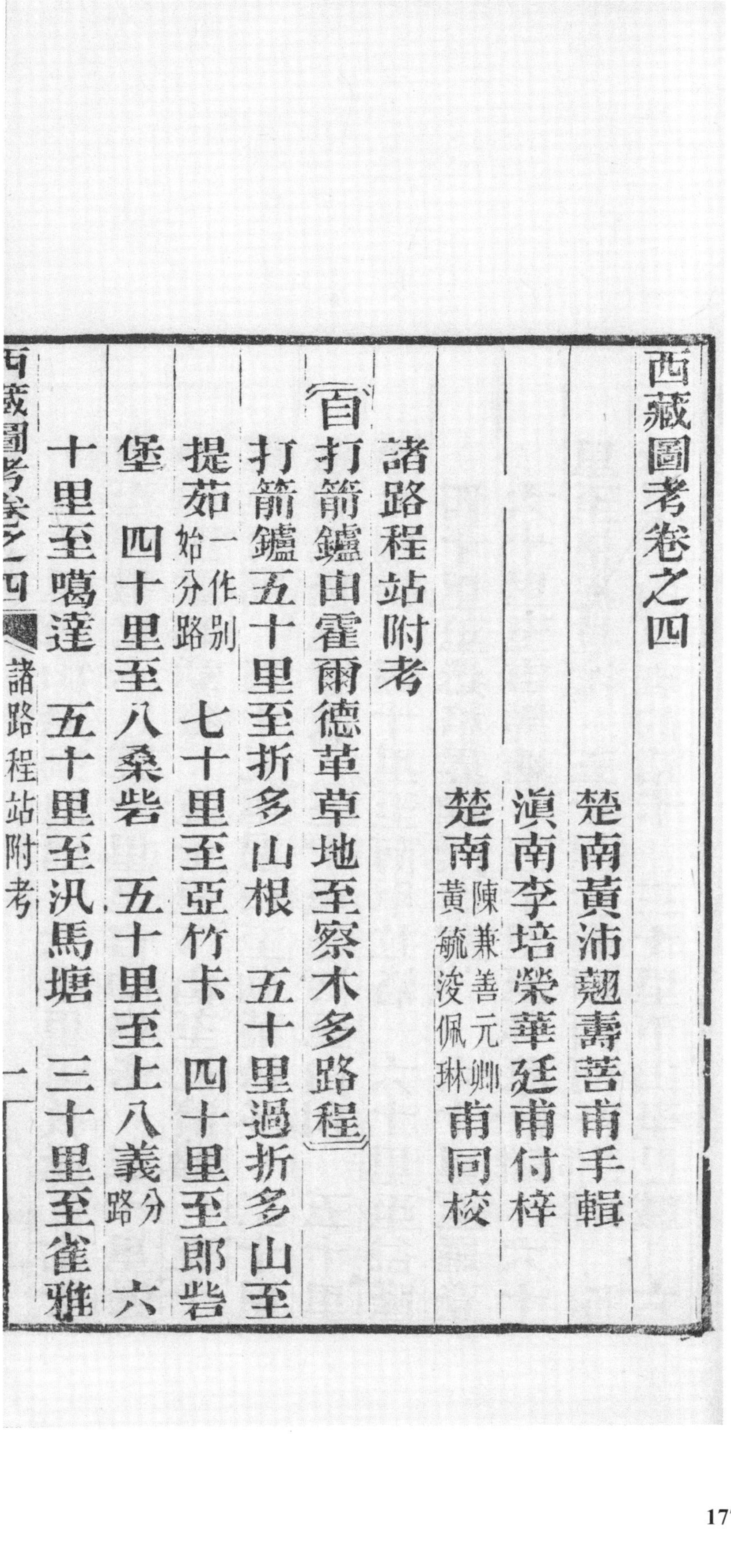
西藏圖考卷之四

楚南黃沛翹壽菩甫手輯

滇南李培榮華廷甫付梓

楚南陳兼善元卿 黃毓浚佩琳 甫同校

諸路程站附考

自打箭鑪由霍爾德革草地至察木多路程

打箭鑪五十里至折多山根 五十里過折多山至

提茹一作別始分路 七十里至亞竹卡 四十里至郎喈

堡 四十里至八桑喈 五十里至上八義分路 六

十里至噶達 五十里至汎馬塘 三十里至雀雅

西藏圖考卷之四 諸路程站附考 一

图 2-4-20 《西藏图考》卷四

水路交通

人工运河的开凿始于春秋时代，而最先从事这项复杂水利工程的是江南地区的徐、楚、吴、越等少数民族，《水经注·济水》(图2-4-21)记载："(徐)偃王治国，仁义著闻，欲舟行上国，乃导沟陈、蔡之间。"徐偃王是生活在南方的少数民族徐的首领，他在陈、蔡两国之间修筑人工运河。

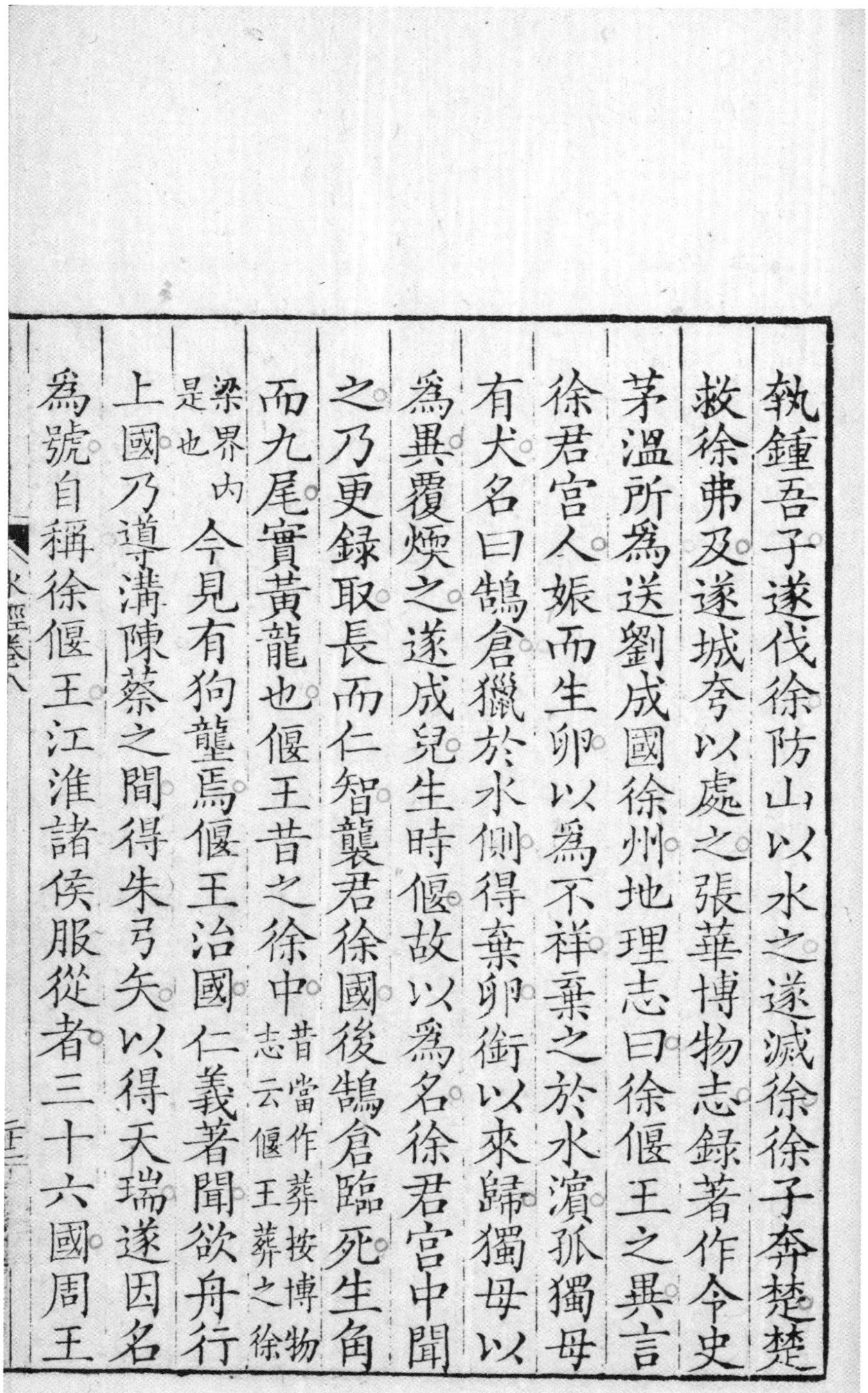
執鍾吾子遂伐徐防山以水之遂滅徐徐子奔楚楚救徐弗及遂城夷以處之張華博物志録著作令史茅溫所爲送劉成國徐州地理志曰徐偃王之異言徐君宮人娠而生卵以爲不祥棄之於水濵孤獨母有犬名曰鵠倉獵於水側得棄卵銜以來歸獨母以爲異覆煖之遂成兒生時偃故以爲名徐君宮中聞之乃更録取長而仁智襲君徐國後鵠倉臨死生角而九尾實黄龍也偃王昔之徐中昔當作葬按博物志云偃王葬之徐梁界內是也今見有狗壟焉偃王治國仁義著聞欲舟行上國乃導溝陳蔡之間得朱弓矢以得天瑞遂因名爲號自稱徐偃王江淮諸侯服從者三十六國周王

图2-4-21 《水经注·济水》

南方的楚国开凿人工运河可追溯到楚灵王时代，《水经注·沔水》（图2-4-22）记载："言此渎，灵王立台之日，漕运所由也。其水北流注于杨水。"开渠通章华台，使水北流注入杨水。这样杨水西溯可以到郢都，东下可以入汉水，使郢都的水运条件大为改善。

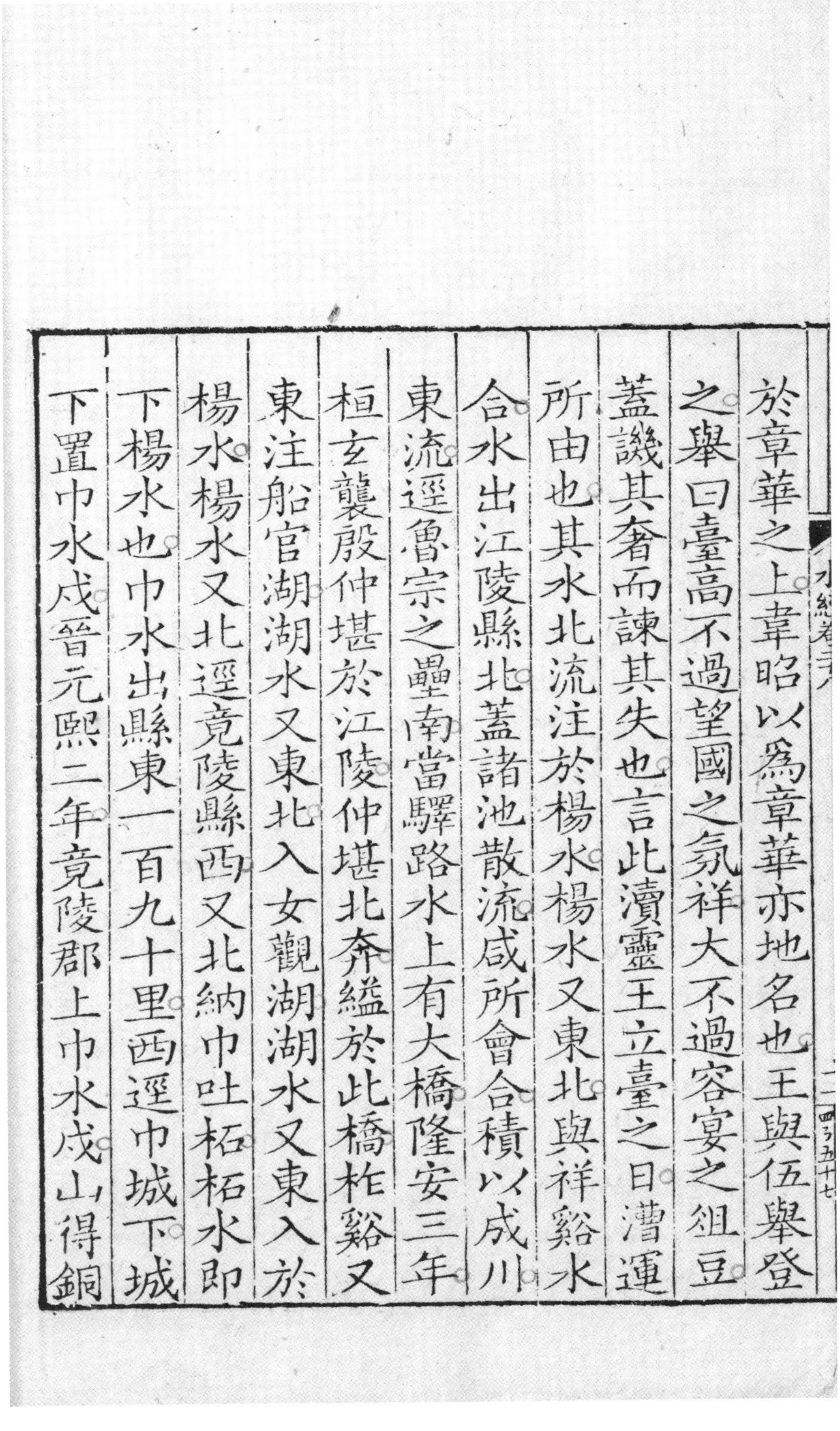
於章華之上韋昭以爲章華亦地名也王與伍舉登之舉曰臺高不過望國之氛祥大不過容宴之俎豆蓋譏其奢而諫其失也言此瀆靈王立臺之日漕運所由也其水北流注於楊水楊水又東北與祥谿水合水出江陵縣北蓋諸池散流咸所會合積以成川東流逕魯宗之壘南當驛路水上有大橋隆安三年桓玄襲殷仲堪於江陵仲堪北奔縊於此橋柞谿又東注船官湖湖水又東北入女觀湖湖水又東入於楊水楊水又北逕竟陵縣西又北納巾吐柘柘水即下楊水也巾水出縣東一百九十里西逕巾城下城下置巾水戍晉元熙二年竟陵郡上巾水戍山得銅

图 2-4-22 《水经注·沔水》

越国的运河修建工程由春秋时期范蠡主持，《太平寰宇记》（图2-4-23）记载：“蠡渎，西北去县五十里。范蠡伐吴开造。”

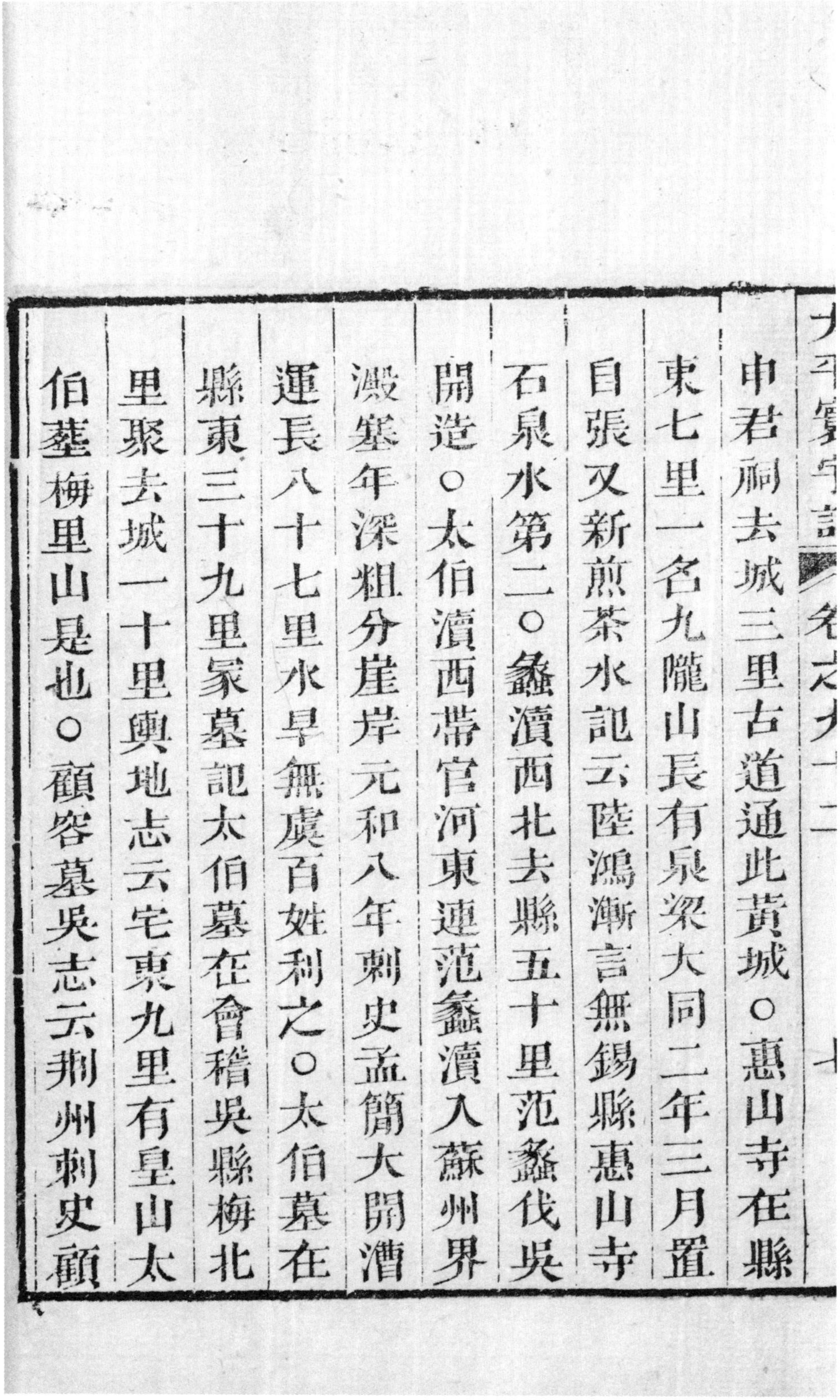
太平寰宇記 卷之九十二 七

申君祠去城三里古道通此黃城○惠山寺在縣
東七里一名九隴山長有泉深大同二年三月置
自張又新煎茶水記云陸鴻漸言無錫縣惠山寺
石泉水第二○蠡瀆西北去縣五十里范蠡伐吳
開造○太伯瀆西帶官河東連范蠡瀆入蘇州界
溉塞年深粗分崖岸元和八年刺史孟簡大開漕
運長八十七里水旱無虞百姓利之○太伯墓在
縣東三十九里冢墓記太伯墓在會稽吳縣梅北
里聚去城一十里輿地志云宅東九里有皇山太
伯塟梅里山是也○顧容墓吳志云荊州刺史顧

图 2-4-23 《太平寰宇记》卷九十二

春秋时期，南方运河主要是连通江河湖泊的区域性运河，到了春秋战国之交，沟通流域间水运交通的大运河出现。如吴王夫差为了北上与齐晋争霸，开通了长江与淮河之间的通道，这就是规模较大的邗沟。《春秋左传注疏 · 哀公九年》(图2-4-24)：“秋，吴城邗，沟通江、淮。”邗沟自今扬州市南长江北岸起，至清江市北淮水南岸止。

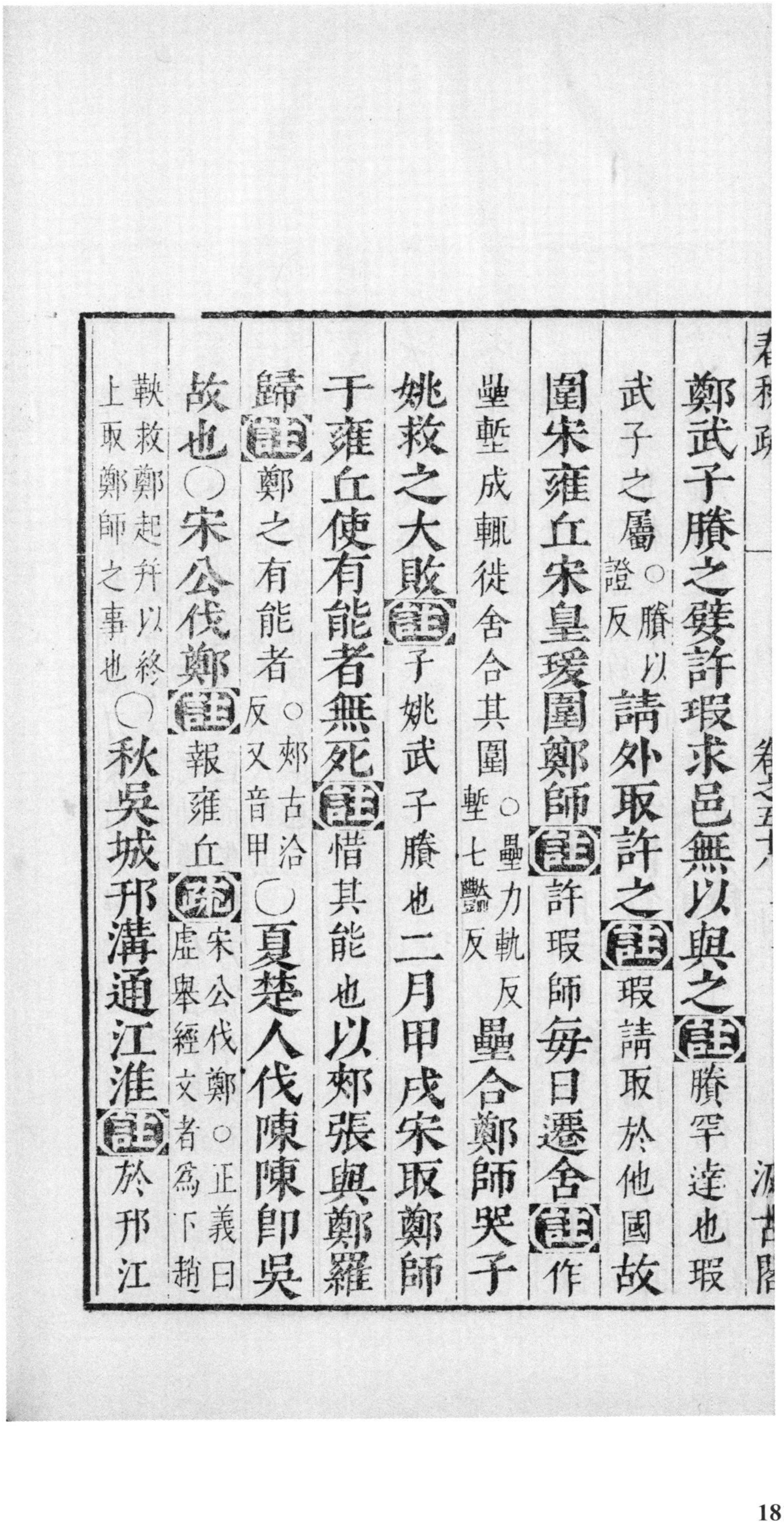

鄭武子賸之嬖許瑕求邑無以與之【注】賸罕達也瑕武子之屬○賸以證反 請外取許之【注】瑕請取於他國故圍宋雍丘宋皇瑗圍鄭師【注】許瑕師每日遷舍【注】作壘塹成輒徙舍合其圍塹○壘力軌反 壘合鄭師哭子姚救之大敗【注】子姚武子賸也二月甲戌宋取鄭師于雍丘使有能者無死【注】惜其能也以郟張與鄭羅歸【注】鄭之有能者○郟古洽反又音甲○夏楚人伐陳陳即吳故也○宋公伐鄭【注】報雍丘【疏】宋公伐鄭○正義曰虛舉經文者爲下揔鞅救鄭起并以終上取鄭師之事也○秋吳城邗溝通江淮【注】於邗江

图2-4-24 《春秋左传注疏·哀公九年》

灵渠是秦代著名的水利工程，为了转运粮饷，命监御史禄率士兵在今广西兴安县凿渠引湘水入漓江，沟通了长江和珠江两大水系，对我国南方经济的发展与文化的交流起到了重要作用。《史记·平津侯主父列传》（图2-4-25）记载：“又使尉佗屠睢将楼船之士南攻百越，使监禄凿渠运粮，深入越，越人遁逃。旷日持久，粮食绝乏，越人击之，秦兵大败。秦乃使尉佗将卒以戍。”

㫄輓粟以隨其後又使尉佗屠睢索隱曰案尉官也佗趙佗也音徒何反屠
睢人姓名睢音雖將樓船之士南攻百越使監祿韋昭曰監御史名祿也
鑿渠運糧深入越越人遁逃曠日持久糧食絶乏越人
擊之秦兵大敗秦乃使尉佗將卒以戍越當是時秦禍
北構於胡南挂於越宿兵無用之地進而不得退行十
餘年丁男被甲丁女轉輸苦不聊生自經於道樹死者
相望及秦皇帝崩天下大叛陳勝吳廣舉陳索隱曰謂勝廣舉兵
據陳舉音如字或音據忍據也下同武臣張耳舉趙項梁舉吳田儋舉齊
景駒舉郢周市舉魏韓廣舉燕窮山通谷豪士並起不
可勝載也然皆非公侯之後非長官之吏也無尺寸之

图 2-4-25 《史记·平津侯主父列传》

隋炀帝时，修凿通济渠、永济渠，重修邗沟、江南河，开通了隋唐大运河。《资治通鉴·隋纪四》(图2-4-26)记载：“(大业元年三月)辛亥，命尚书右丞皇甫议发河南、淮北诸郡民。前后百余万，开通济渠，自西苑引穀、洛水达于河。复自板渚引河历荥泽入汴。又自大梁之东引汴水入泗，达于淮。又发淮南民十余万开邗沟，自山阳至扬子入江。渠广四十步，渠旁皆筑御道，树以柳。”《资治通鉴·隋纪五》(图2-4-27)记载两年后隋炀帝又开江南河：“大业四年春正月乙巳，诏发河北诸军百余万穿永济渠，引沁水，南达于河，北通涿郡……(大业六年)敕穿江南河，自京口至余杭八百余里，广十余丈，使可通龙舟，并置驿宫、草顿，欲东巡会稽。”隋唐大运河以洛阳为中心，西达关中，北达京津，南达太湖流域，全长2700多千米，联系了黄河、海河、淮河、长江和钱塘江五大水系，成为中国东部地区南北交通的重要通道。

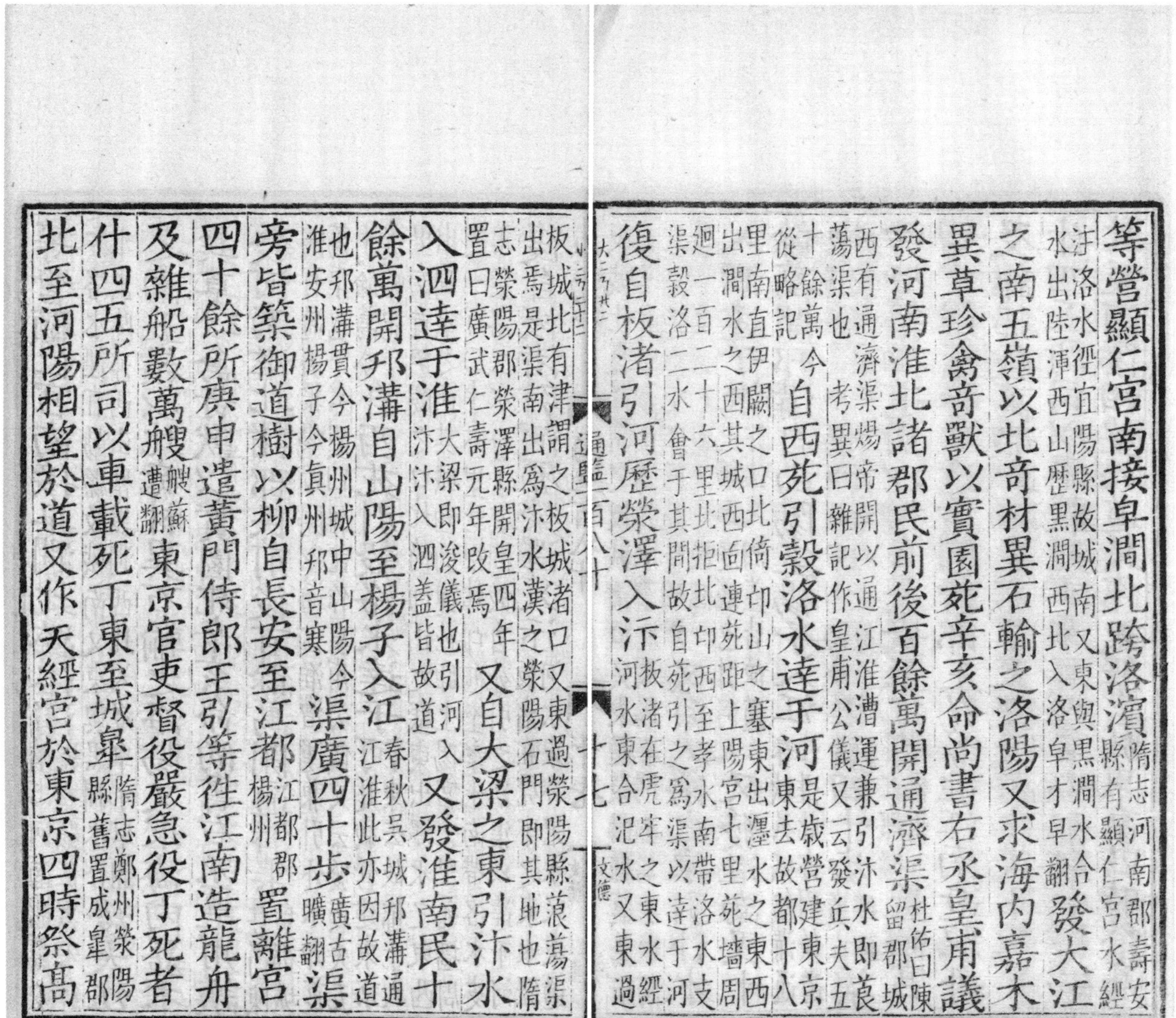
等營顯仁宮南接皁澗北跨洛濱隋志河南郡壽安縣有顯仁宮水經
注洛水徑宜陽縣故城南又東與黑澗水合水出陸渾西山歷黑澗西北入洛皁才皁翻發大江
之南五嶺以北奇材異石輸之洛陽又求海內嘉木
異草珍禽奇獸以實園苑辛亥命尚書右丞皇甫議
發河南淮北諸郡民前後百餘萬開通濟渠杜佑曰陳留郡城
西有通濟渠煬帝開以通江淮漕運兼引汴水即莨蕩渠也考異曰雜記作皇甫公儀又云發兵夫五
十餘萬今從略記自西苑引穀洛水達于河是歲營建東京東去故都十八
里南直伊闕之口北倚邙山之塞東出瀍水之東西出澗水之西其城西面連苑距上陽宮七里苑牆周
迴一百二十六里北拒北邙西至孝水南帶洛水支渠穀洛二水會于其間故自苑引之爲渠以達于河
復自板渚引河歷滎澤入汴板渚在虎牢之東水經河水東合汜水又東過
通鑑一百八十　十七
板城北有津謂之板城渚口又東過滎陽縣莨蕩渠出焉是渠南出爲汴水漢之滎陽石門即其地也隋
志滎陽郡滎澤縣開皇四年置曰廣武仁壽元年改焉又自大梁之東引汴水
入泗達于淮大梁即浚儀也引河入汴汴入泗蓋皆故道又發淮南民十
餘萬開邗溝自山陽至揚子入江春秋吳城邗溝通江淮此亦因故道
也邗溝貫今揚州城中山陽今淮安州揚子今眞州邗音寒渠廣四十步廣古曠翻渠
旁皆築御道樹以柳自長安至江都江都郡揚州置離宮
四十餘所庚申遣黃門侍郎王弘等往江南造龍舟
及雜船數萬艘艘蘇遭翻東京官吏督役嚴急役丁死者
什四五所司以車載死丁東至城皋隋志鄭州滎陽縣舊置成皋郡
北至河陽相望於道又作天經宮於東京四時祭高

图 2-4-26　《资治通鉴·隋纪四》

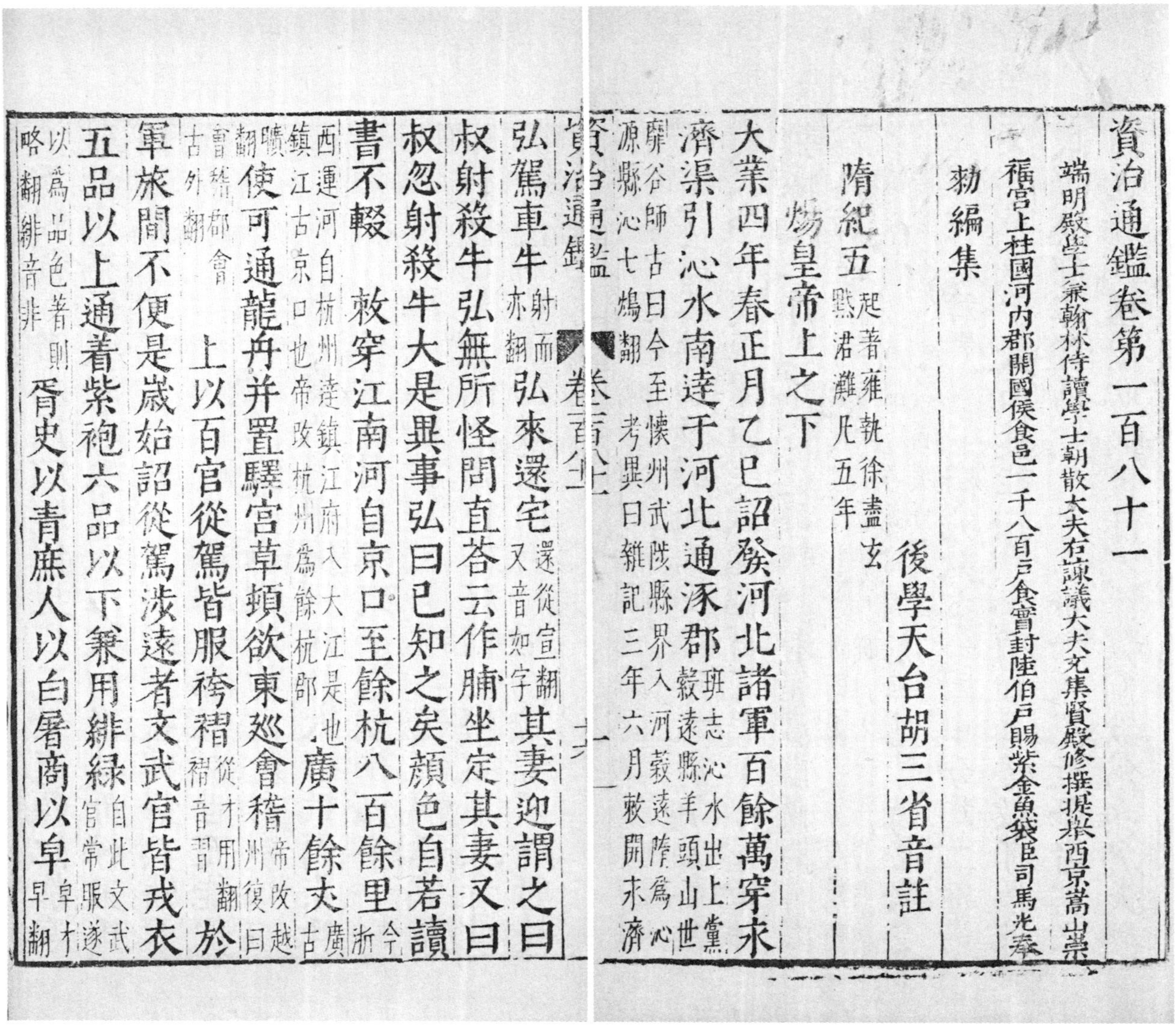

图 2-4-27 《资治通鉴·隋纪五》

元代修筑济州河、会通河、通惠河，形成一条由大都（今北京）到杭州的1500余千米的京杭大运河。《元史·河渠志》(图2-4-28)记载："至元二十八年，都水监郭守敬奉诏兴举水利，因建言：'疏凿通州至都河，改引浑水溉田。于旧闸河踪迹导清水，上自昌平县白浮村引神山泉，西折南转，过双塔、榆河、一亩、玉泉诸水，至西门入都城，南汇为积水潭，东南出文明门，东至通州高丽庄入白河。总长一百六十四里一百四步，塞清水口一十二处，共长三百一十步，坝闸一十处，共二十座，节水以通漕运，诚为便益。'从之。首事于至元二十九年之春，告成于三十年之秋，赐名曰'通惠'。凡役军一万九千一百二十九，工匠五百四十二，水手三百一十九，没官囚隶百七十二，计二百八十五万工，用楮币百五十二万锭，粮三万八千七百石，木石等物称是。役兴之日，命丞相以下皆亲操畚锸为之倡。置闸之处，往往于地中得旧时砖木，时人为之感服。船既通行，公私两便。"元代运河促进了南北经济文化的交流，也为明清运河的畅通以及现代大运河的水运条件奠定了基础。

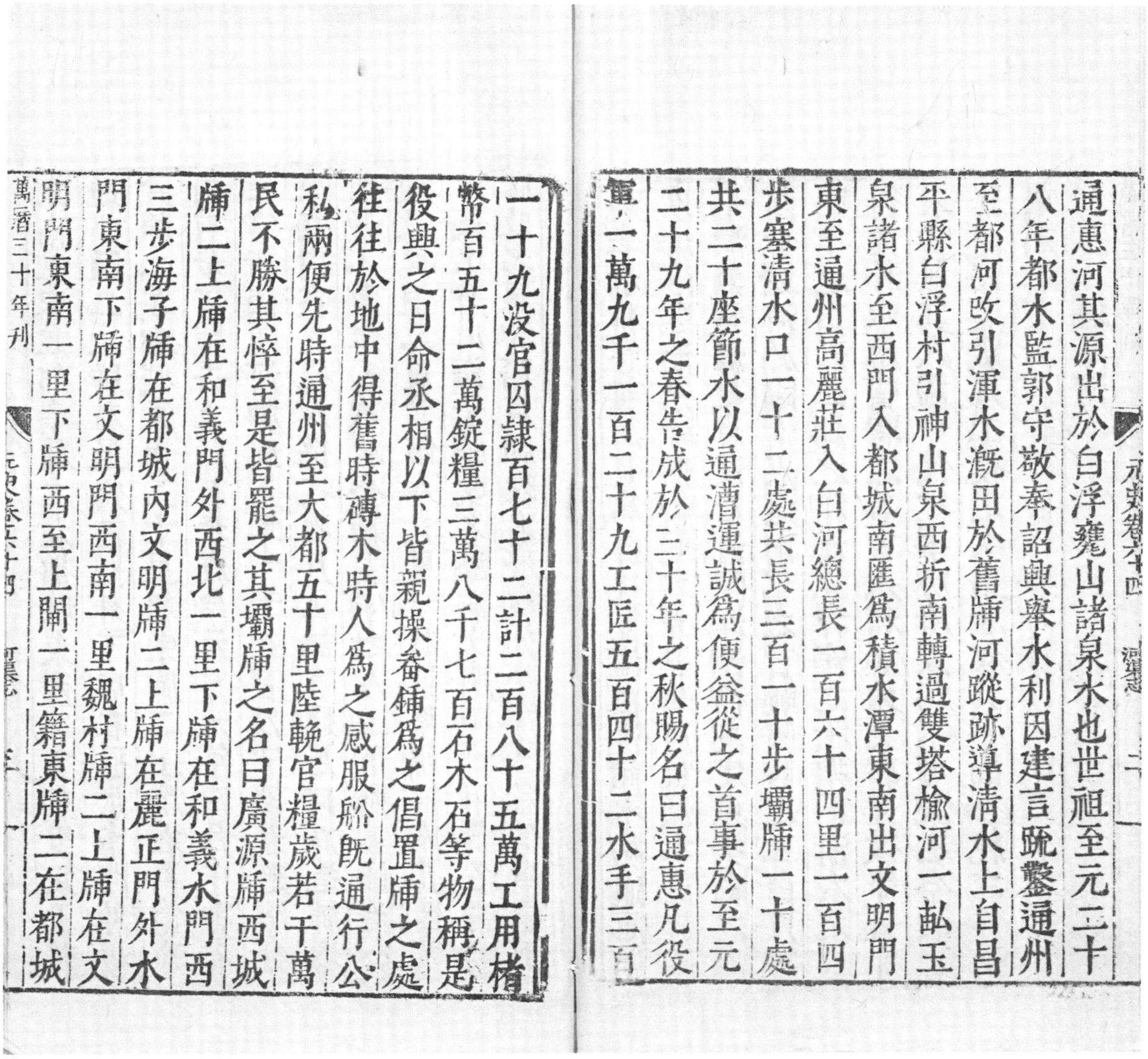

通惠河其源出於白浮甕山諸泉水也世祖至元二十八年都水監郭守敬奉詔興舉水利因建言疏鑿通州至都河改引渾水溉田於舊牐河蹤跡導清水上自昌平縣白浮村引神山泉西折南轉過雙塔榆河一畝玉泉諸水至西門入都城南匯爲積水潭東南出文明門東至通州高麗莊入白河總長一百六十四里一百四步塞清水口一十二處共長三百一十步壩牐一十處共二十座節水以通漕運誠爲便益從之首事於至元二十九年之春告成於三十年之秋賜名曰通惠凡役軍二萬九千一百二十九工匠五百四十二水手三百一十九沒官囚隸百七十二計二百八十五萬工用楮幣百五十二萬錠糧三萬八千七百石木石等物稱是役興之日命丞相以下皆親操畚鍤爲之倡置牐之處往往於地中得舊時甎木時人爲之感服船旣通行公私兩便先時通州至大都五十里陸輓官糧歲若干萬民不勝其悴至是皆罷之其壩牐之名曰廣源牐西城牐二上牐在和義門外西北一里下牐在和義水門西三步海子牐在都城內文明牐二上牐在麗正門外水門東南下牐在文明門西南一里魏村牐二上牐在文明門東南一里下牐西至上閘一里籍東牐二在都城

萬曆三十年刊

图 2-4-28 《元史·河渠志》

三、和谐共生的经济活动

贸易历来是文化交流和文化传播的重要渠道和方式，扩大了人员往来，增进了相互交往、相互了解和相互交流。古代各族群之间的贸易活动有朝贡贸易、互市贸易、自由贸易等多种形式。

朝贡贸易

中国很早就有中原王朝与少数民族之间的朝贡活动，朝贡使团携带大量货物进献给中原王朝，同时获得赏赐，这种以物易物的朝贡活动实际是一种贸易行为。朝贡贸易始自商周时期，《古文观止·祭公谏征犬戎》（图2-4-29）记载：“夫先王之制，邦内甸服，邦外侯服，侯卫宾服，蛮夷要服，戎翟荒服。甸服者祭，侯服者祀，宾服者享，要服者贡，荒服者王。日祭，月祀，时享，岁贡、终王。”各服内的封君或君长，都必须承担一定的向周天子进献财物的义务。

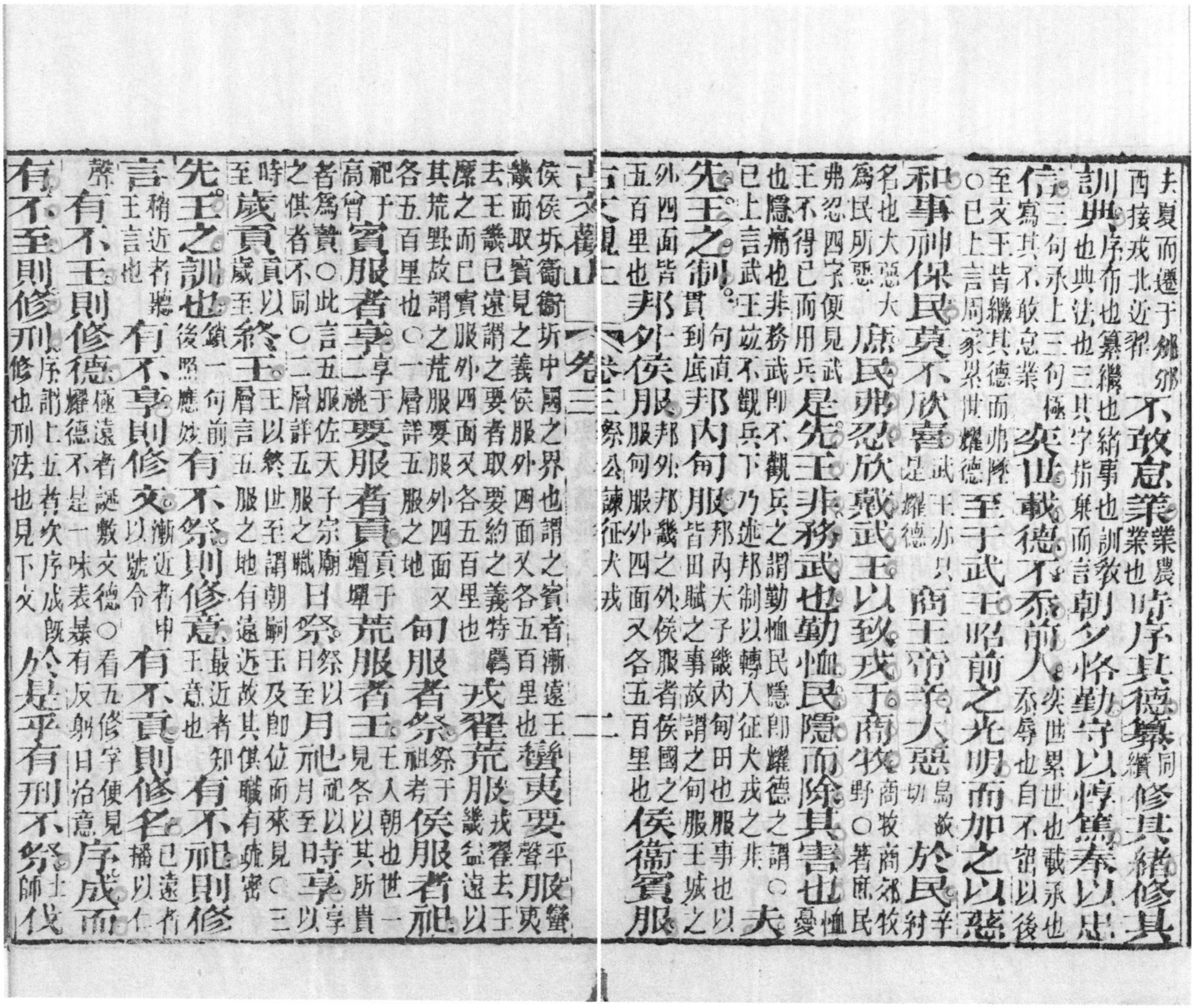
去夏而遷于邠西接戎北近狄 不敢怠業 業農業也 時序其德 纂同纘 修其緒 修其
訓典 序布也纂繼也緒事也訓教也典法也三其字指稷而言 朝夕恪勤 守以惇篤 奉以忠
信 三句承上三句 ○寫其不敢怠業 奕世載德 不忝前人 奕世累世也載承也忝辱也自不窋以後
至文王皆纘其德而弗隆 ○已上言周家累世耀德 至于武王 昭前之光明 而加之以慈
和 事神保民 莫不欣喜 武王亦只是耀德 商王帝辛 大惡於民 帝辛紂 烏故切
名也大惡大為民所惡 庶民弗忍 欣戴武王 以致戎于商牧 商牧商郊牧野 ○著庶民
弗忍四字便見武王不得已而用兵 是先王非務武也 勤恤民隱而除其害也 恤憂
也隱痛也非務武即不觀兵之謂勤恤民隱即耀德之謂 ○已上言武王並不觀兵下乃述邦制以轉入征犬戎之非 夫
先王之制 句直貫到底 邦內甸服 邦內天子畿內甸田也服事也以皆田賦之事故謂之甸服王城之
外四面皆五百里也 邦外侯服 邦外邦畿之外侯服者侯國之服甸服外四面又各五百里也 侯衛賓服
古文觀止 卷三 祭公諫征犬戎 二
侯侯圻衛衛圻中國之界也謂之賓者漸遠王畿而取賓見之義侯服外四面又各五百里也 蠻夷要服 要平聲
去王畿已遠謂之要者取要約之義特羈縻之而已賓服外四面又各五百里也 戎翟荒服 戎翟去王畿益遠以
其荒野故謂之荒服要服外四面又各五百里也 ○一層詳五服之地 甸服者祭 祭于祖考 侯服者祀
祀于曾高 賓服者享 享于二祧 要服者貢 貢于壇墠 荒服者王 王入朝也世一見各以其所貴
寶為贄 ○此言五服之職 ○二層詳五服之職 日祭 日祭以日至 月祀 月祀以月至 時享 時享以時至
歲貢 歲貢以歲至 終王 終王以終世至謂朝嗣王及即位而來見 ○三層言五服之地有遠近故其供職有疏密
先王之訓也 一句鎖前後照應妙 有不祭則修意 甸服最近者不祭則王意也 有不祀則修
言 稍近者號令也 有不享則修文 漸遠者典法也 有不貢則修名 已遠者尊卑職貢之名號也 序成而
有不至則修德 極遠者誕敷文德 ○看五修字便見一味表暴有反躬自治意 序成 序謂上五者次序成既
有不至則修刑 修刑法也見下文 於是乎有刑不祭 伐

图 2-4-29 《古文观止·祭公谏征犬戎》

周天子常会赏赐弓矢、青铜器、酒食、车马等给诸侯。《诗经·采菽》(图2-4-30)记载周天子赏赐诸侯的盛况:“采菽采菽，筐之莒之。君子来朝，何锡予之？虽无予之，路车乘马。又何予之？玄衮及黼。觱沸槛泉，言采其芹。君子来朝，言观其旂。其旂淠淠，鸾声嘒嘒。载骖载驷，君子所届。赤芾在股，邪幅在下。彼交匪纾，天子所予。乐只君子，天子命之。乐只君子，福禄申之。维柞之枝，其叶蓬蓬。乐只君子，殿天子之邦。乐只君子，万福攸同。平平左右，亦是率从。泛泛杨舟，绋纚维之。乐只君子，天子葵之。乐只君子，福禄膍之。优哉游哉，亦是戾矣。”朝贡和赏赐带动了周王朝和各族群的经济、政治交流。

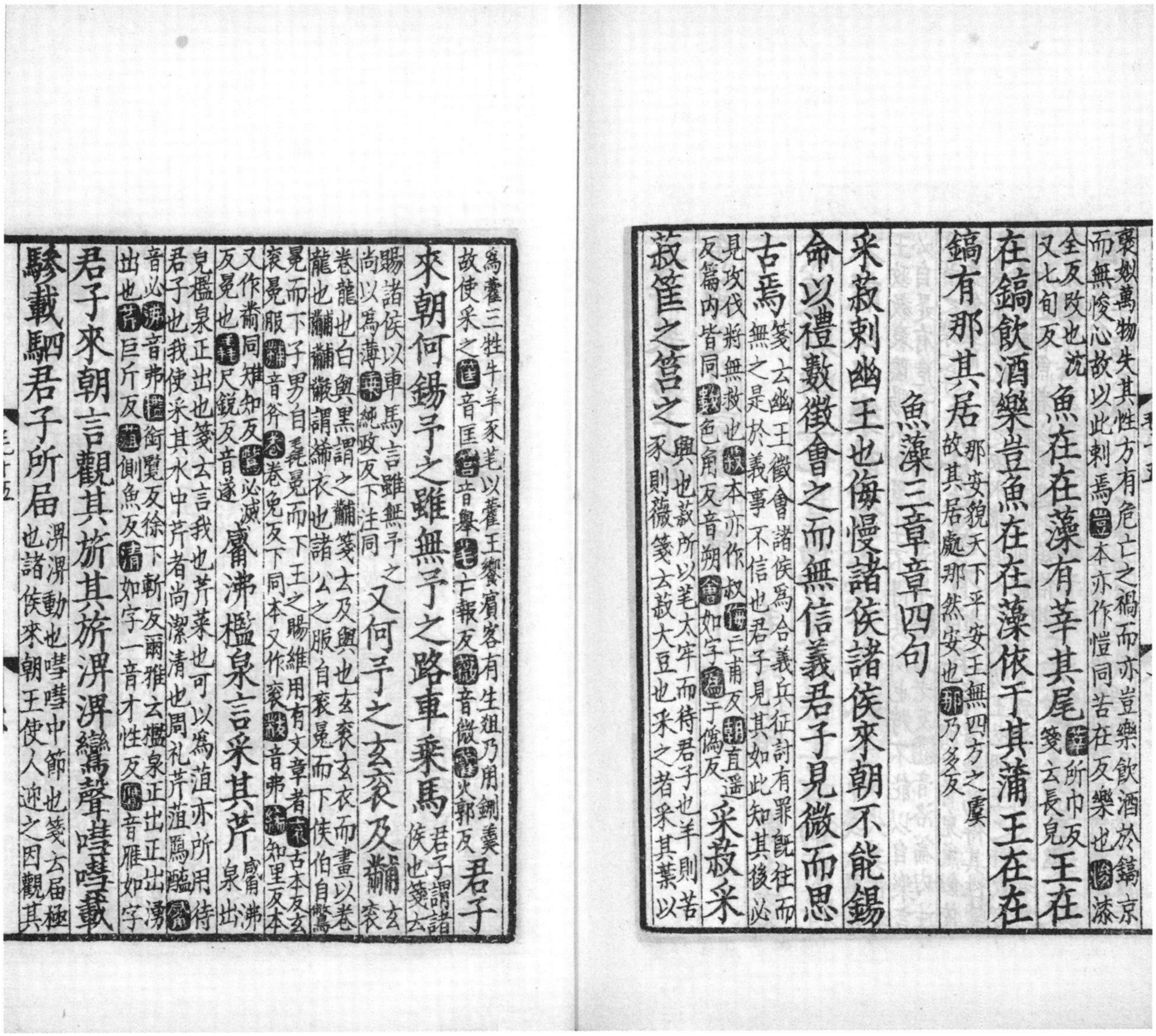

图 2-4-30（1）《诗经·采菽》

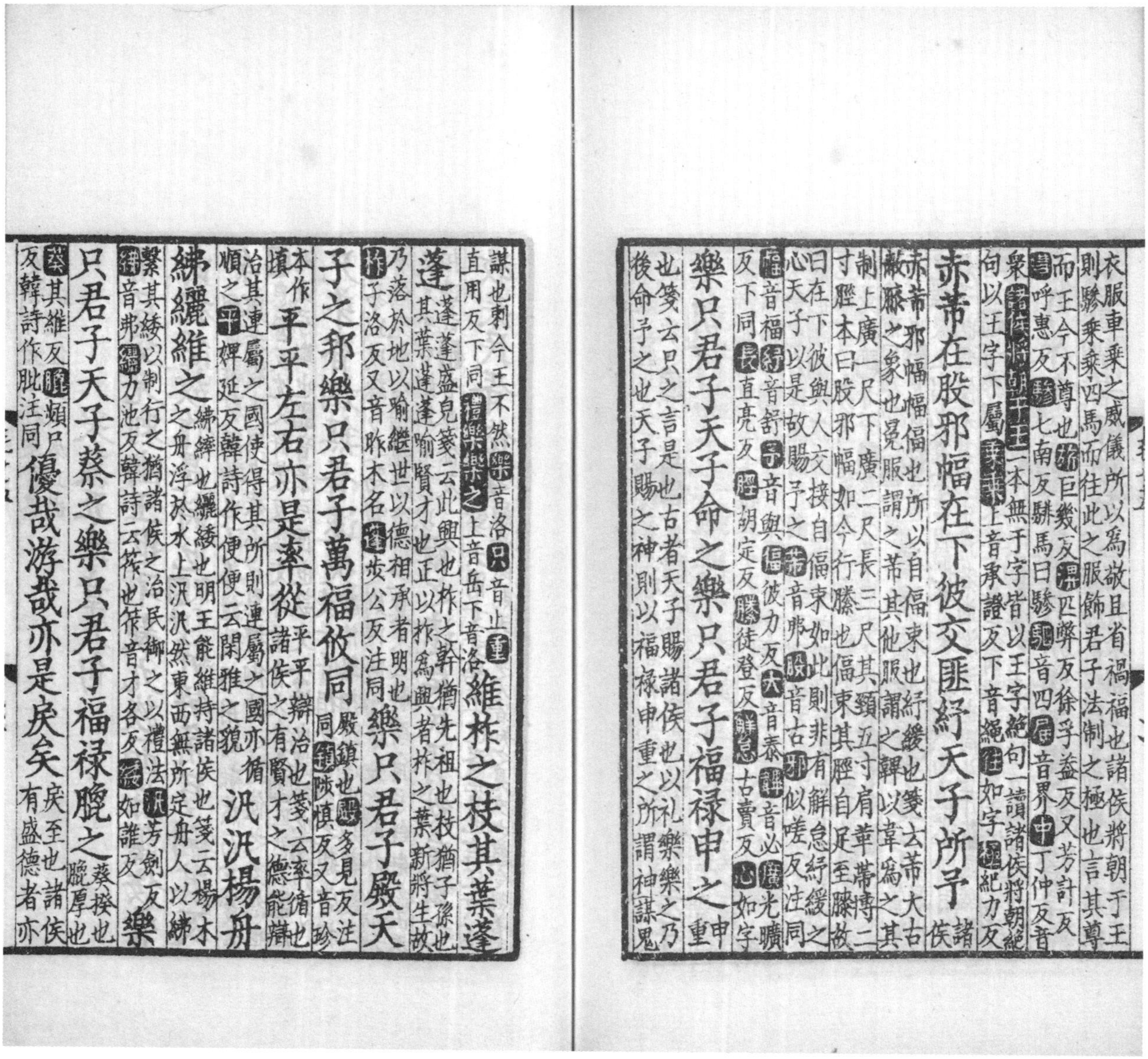

图 2-4-30（2）《诗经·采菽》

汉武帝时期，国力强盛，朝贡贸易频繁，《汉书·西域传》（图 2-4-31）记载："遭值文景玄默，养民五世，天下殷富，财力有余，士马强盛。故能睹犀布、玳瑁则建珠崖七郡，感枸酱、竹杖则开牂柯、越嶲，闻天马、蒲陶，则通大宛、安息。自是之后，明珠文甲、通犀、翠羽之珍盈于后宫，蒲梢、龙文、鱼目、汗血之马充于黄门，巨象、师子、猛犬、大雀之群食于外囿。殊方异物，四面而至。"张骞出使西域之后大量的西域物产如葡萄、苜蓿、胡麻、良马、橐驼等动植物和名贵毛织品等，源源不断地传入中原地区。

贊曰孝武之世圖制匈奴患其兼從西國結黨南羌（師古曰圖謀也從音子容反）迺表河曲列西郡開玉門通西域以斷匈奴右臂隔絕南羌月氏單于失援由是遠遁而幕南無王庭遭值文景玄默養民五世天下殷富財力有餘士馬彊盛故能睹犀布瑇瑁則建珠崖七郡（師古曰瑇音代瑁音妹）感枸醬竹杖則開牂柯越巂（師古曰枸音矩）聞天馬蒲陶則通大宛安息自是之後明珠文甲通犀翠羽之珍盈於後宮（如淳曰文甲即瑇瑁也通犀中央色白通兩頭）蒲梢龍文魚目汗血之馬充於黃門（孟康曰西駿馬名也師古曰梢馬音所交反）鉅象師子猛犬大雀之群食於外囿（師古曰巨亦大）殊方異物四面而至於是廣開上林穿昆明池營千門萬戶之宮立神明通天之臺興造甲乙之帳（師古曰其數非一以甲乙次第名之也）落以隨珠和璧（師古曰落與絡同）天子負黼依襲翠被馮玉几而處其中（師古曰依讀曰扆扆如小屏風而畫爲黼文也白與黑謂之黼又爲斧形襲重衣也被音皮義反）設酒池肉林以饗四夷之客作巴俞都盧海中碭極漫衍魚龍角抵之戲以觀視之（晉灼曰都盧國名也李奇曰都盧體輕善緣者也碭極樂名也師古曰巴人巴州人也俞水名今渝州也巴俞之人所謂賨人也勁銳善舞本從高祖定三秦有功高祖喜觀其舞因令樂人習之故有巴俞之樂漫衍者即張衡西京賦所云巨獸百尋是爲漫延者也魚龍者爲舍利之獸先戲於庭極畢乃入殿前激水化成比目魚跳躍漱水作霧障日畢化成黃龍八丈出水敖戲於庭炫燿日光西京賦云海鱗變而成龍即爲此色也俞音踰碭音大浪反衍音弋戰反視讀曰示觀示者視之令觀也）及賂遺贈送萬里相奉師旅之費不可勝計至於用度不足迺榷酒酤筦鹽鐵鑄白金造皮幣算至

图 2-4-31 《汉书·西域传》

汉魏时期，挹娄（古肃慎）与汉魏王朝有多次朝贡贸易，《晋书·四夷传》（图2-4-32）记载："周武王时，献其楛矢、石砮。逮于周公辅成王，复遣使入贺。尔后千余年，虽秦汉之盛，莫之致也。及文帝作相，魏景元末，来贡楛矢、石砮、弓甲、貂皮之属。魏帝诏归于相府，赐其王傉鸡、锦罽、绵帛。至武帝元康初，复来贡献……至成帝时，通贡于石季龙。"

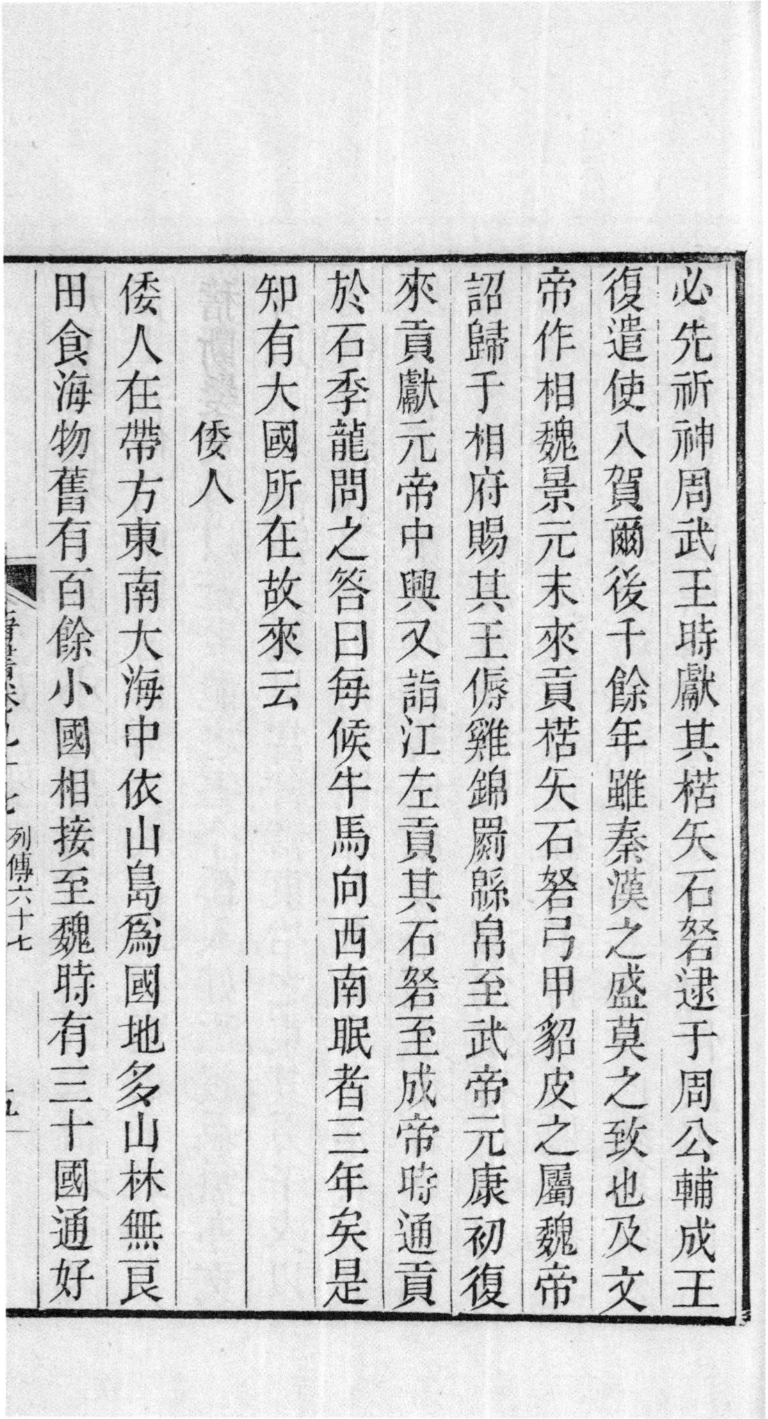
必先祈神周武王時獻其楛矢石砮逮于周公輔成王
復遣使入賀爾後千餘年雖秦漢之盛莫之致也及文
帝作相魏景元末來貢楛矢石砮弓甲貂皮之屬魏帝
詔歸于相府賜其王傉雞錦罽緜帛至武帝元康初復
來貢獻元帝中興又詣江左貢其石砮至成帝時通貢
於石季龍問之答曰每候牛馬向西南眠者三年矣是
知有大國所在故來云

倭人

倭人在帶方東南大海中依山島爲國地多山林無良
田食海物舊有百餘小國相接至魏時有三十國通好

晉書卷九十七　列傳六十七

图2-4-32 《晋书·四夷传》

北魏时期派董琬等出使西域，西域龟兹、疏勒、乌孙、悦般、渴槃陀、鄯善、焉耆、车师、粟特诸部族与北魏开展朝贡贸易。《魏书·西域传》(图2-4-33)：“太延中，魏德益以远闻，西域龟兹、疏勒、乌孙、悦般、渴槃陁、鄯善、焉耆、车师、粟特诸国王始遣使来献。世祖以西域汉世虽通，有求则卑辞而来，无欲则骄慢王命，此其自知绝远，大兵不可至故也。若报使往来，终无所益，欲不遣使。有司奏九国不惮遐崄，远贡方物，当与其进，安可豫抑后来，乃从之。于是始

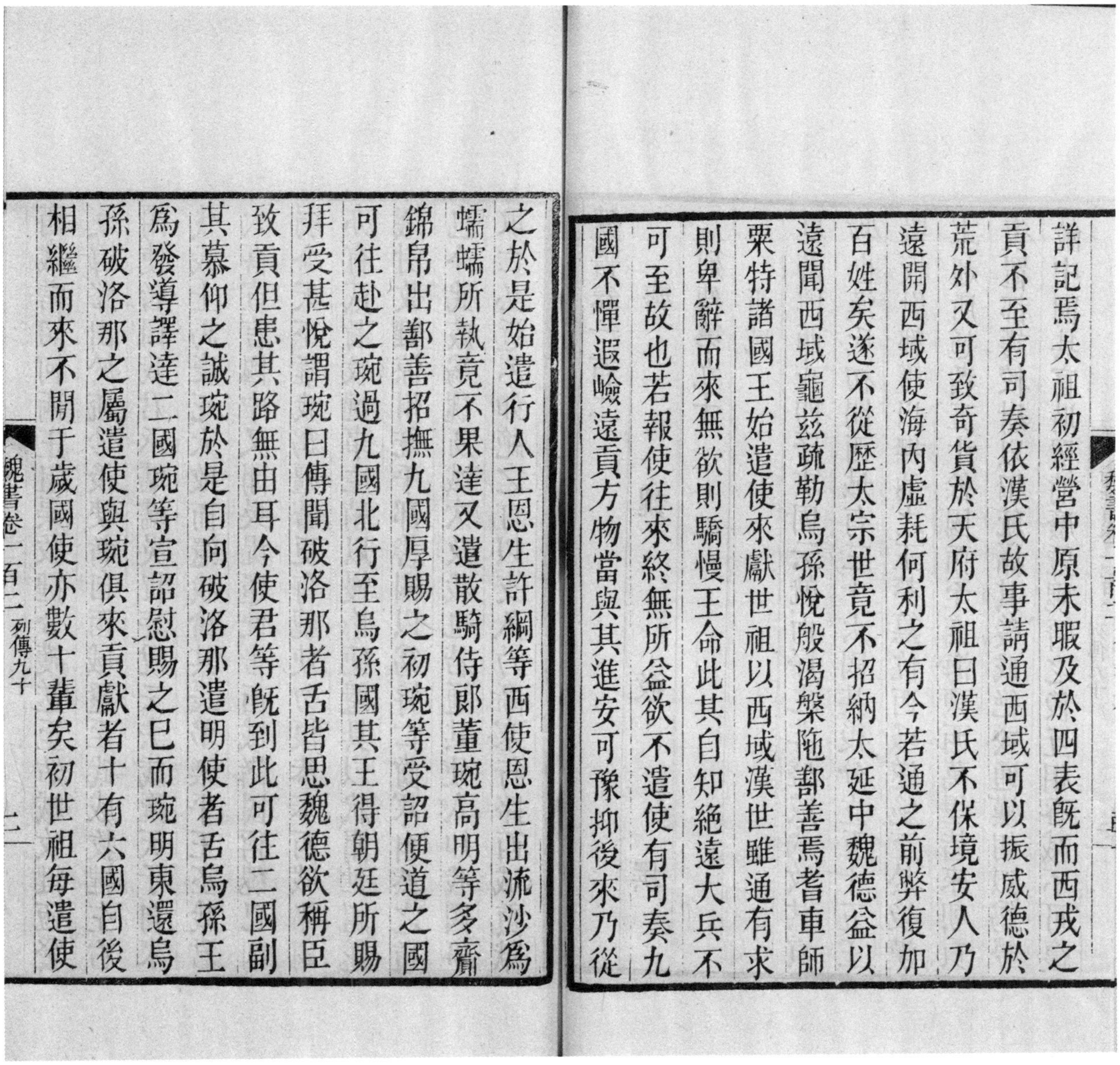

詳記焉太祖初經營中原未暇及於四表既而西戎之貢不至有司奏依漢氏故事請通西域可以振威德於荒外又可致奇貨於天府太祖曰漢氏不保境安人乃遠開西域使海內虛耗何利之有今若通之前弊復加百姓矣遂不從歷太宗世竟不招納太延中魏德益以遠聞西域龜茲疏勒烏孫悅般渴槃陁鄯善焉耆車師粟特諸國王始遣使來獻世祖以西域漢世雖通有求則卑辭而來無欲則驕慢王命此其自知絕遠大兵不可至故也若報使往來終無所益欲不遣使有司奏九國不憚遐嶮遠貢方物當與其進安可豫抑後來乃從

之於是始遣行人王恩生許綱等西使恩生出流沙爲蠕蠕所執竟不果達又遣散騎侍郎董琬高明等多齎錦帛出鄯善招撫九國厚賜之初琬等受詔便道之國可往赴之琬過九國北行至烏孫國其王得朝廷所賜拜受甚悅謂琬曰傳聞破洛那者舌皆思魏德欲稱臣致貢但患其路無由耳今使君等既到此可往二國副其慕仰之誠琬於是自向破洛那遣明使者舌烏孫王爲發導譯達二國琬等宣詔慰賜之已而琬明東還烏孫破洛那之屬遣使與琬俱來貢獻者十有六國自後相繼而來不問于歲國使亦數十輩矣初世祖每遣使

魏書卷一百二　列傳九十　二

图 2-4-33　《魏书·西域传》

遣行人王恩生、许纲等西使，恩生出流沙，为蠕蠕所执，竟不果达。又遣散骑侍郎董琬、高明等多赍锦帛，出鄯善，招抚九国，厚赐之……已而琬、明东还，乌孙、破洛那之属遣使与琬俱来贡献者十有六国。自后相继而来，不间于岁，国使亦数十辈矣。”

唐朝时期，几乎周边所有主要的少数民族都与唐有着朝贡贸易，《旧唐书·回纥》(图2-4-34)记载灵州盛会后，各部族与唐朝的朝贡贸易更加频繁：“贞观二十年，南过贺兰山，临黄河，遣使入贡。以破薛延陁功，赐宴内殿。太宗幸灵武，受其降款，因请回鹘已南置邮递，通管北方……天宝初，其酋长叶护颉利吐发遣使入朝，封奉义王。三载，击破拔悉密，自称骨咄禄毗伽阙可汗。又遣使入朝，因册为怀仁可汗。”

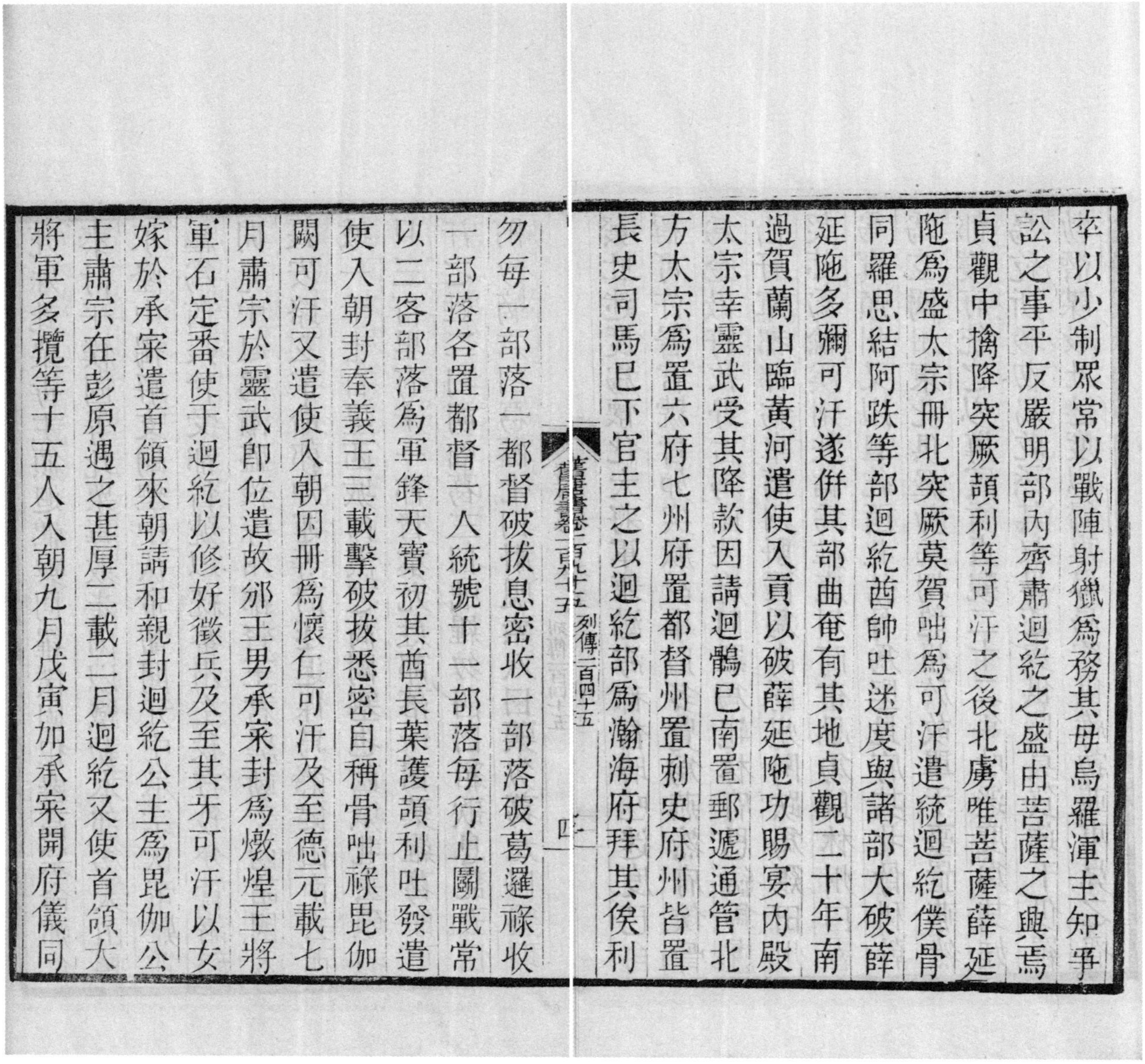
卒以少制衆常以戰陣射獵爲務其母烏羅渾主知爭
訟之事平反嚴明部內齊肅迴紇之盛由菩薩之興焉
貞觀中擒降突厥頡利等可汗之後北虜唯菩薩薛延
陁爲盛太宗冊北突厥莫賀咄爲可汗遣統迴紇僕骨
同羅思結阿跌等部迴紇酋帥吐迷度與諸部大破薛
延陁多彌可汗遂併其部曲奄有其地貞觀二十年南
過賀蘭山臨黃河遣使入貢以破薛延陁功賜宴內殿
太宗幸靈武受其降款因請迴鶻已南置郵遞通管北
方太宗爲置六府七州府置都督州置刺史府州皆置
長史司馬已下官主之以迴紇部爲瀚海府拜其俟利

舊唐書卷一百九十五 列傳一百四十五

勿每一部落一都督破拔悉密收一部落破葛邏祿收
一部落各置都督一人統號十一部落每行止鬬戰常
以二客部落爲軍鋒天寶初其酋長葉護頡利吐發遣
使入朝封奉義王三載擊破拔悉密自稱骨咄祿毗伽
闕可汗又遣使入朝因冊爲懷仁可汗及至德元載七
月肅宗於靈武即位遣故邠王男承寀封爲燉煌王將
軍石定番使于迴紇以修好徵兵及至其牙可汗以女
嫁於承寀遣首領來朝請和親封迴紇公主爲毗伽公
主肅宗在彭原遇之甚厚二載二月迴紇又使首領大
將軍多攬等十五人入朝九月戊寅加承寀開府儀同

图 2–4–34 《旧唐书·回纥》

辽宋夏金时期，朝贡贸易依旧频繁。《辽史·兴宗本纪二》（图2–4–35）有关辽的记载中写道：“（十四年）甲申，夏国遣使进鹘……己卯，阻卜大王屯秃古斯率诸酋长来朝。庚辰，夏国遣使来贡。”《岭外代答》（图2–4–36）记载：“西南五姓蕃部，曰龙、罗、方、石、张，自昔许上京入贡。龙、罗、方、石，自宜州入境，张蕃自邕州入境。或三年，或四五年，计五姓人徒凡九百六十人。所贡毡、马、丹砂。朝廷支赐锦衫银带，与其他费，凡二万四千四百余缗，回答之物不与焉。熙宁八年，令五姓蕃五年一进奉，纳方物于宜州，宜州估时价回答。又有西南韦蕃，亦五年一进奉，宜州受其方物，回答之费，凡一千二百余缗。”

密副使耶律迪里(原作敵烈)為右伊勒希巴(原作夷离畢)己亥高麗遣使來貢戊申蕭呼都克(原作胡覩)自夏來歸十四年春正月庚申以侍中蕭實喇(原作虛烈)為南院統軍使封遼西郡王庚午如鴛鴦濼壬午以金吾衛大將軍達嚕噶(原作敵魯古)為伊實(原作乙室)大王甲申夏國遣使進鶻以常侍額古德(原作斡古得)戰沒命其子錫嚀(原作習羅)為帥二月庚子朝皇太后駐蹕薩喇(原作撒剌)濼三月己卯宋以伐夏師還遣使來賀四月辛亥高麗遣使來貢閏五月癸丑清暑永安山六月丁卯謁慶陵己卯準布(原作阻卜)大王通特古斯(原作屯禿古斯)率諸酋長來朝庚辰夏國遣使來貢

图 2-4-35 《辽史·兴宗本纪二》

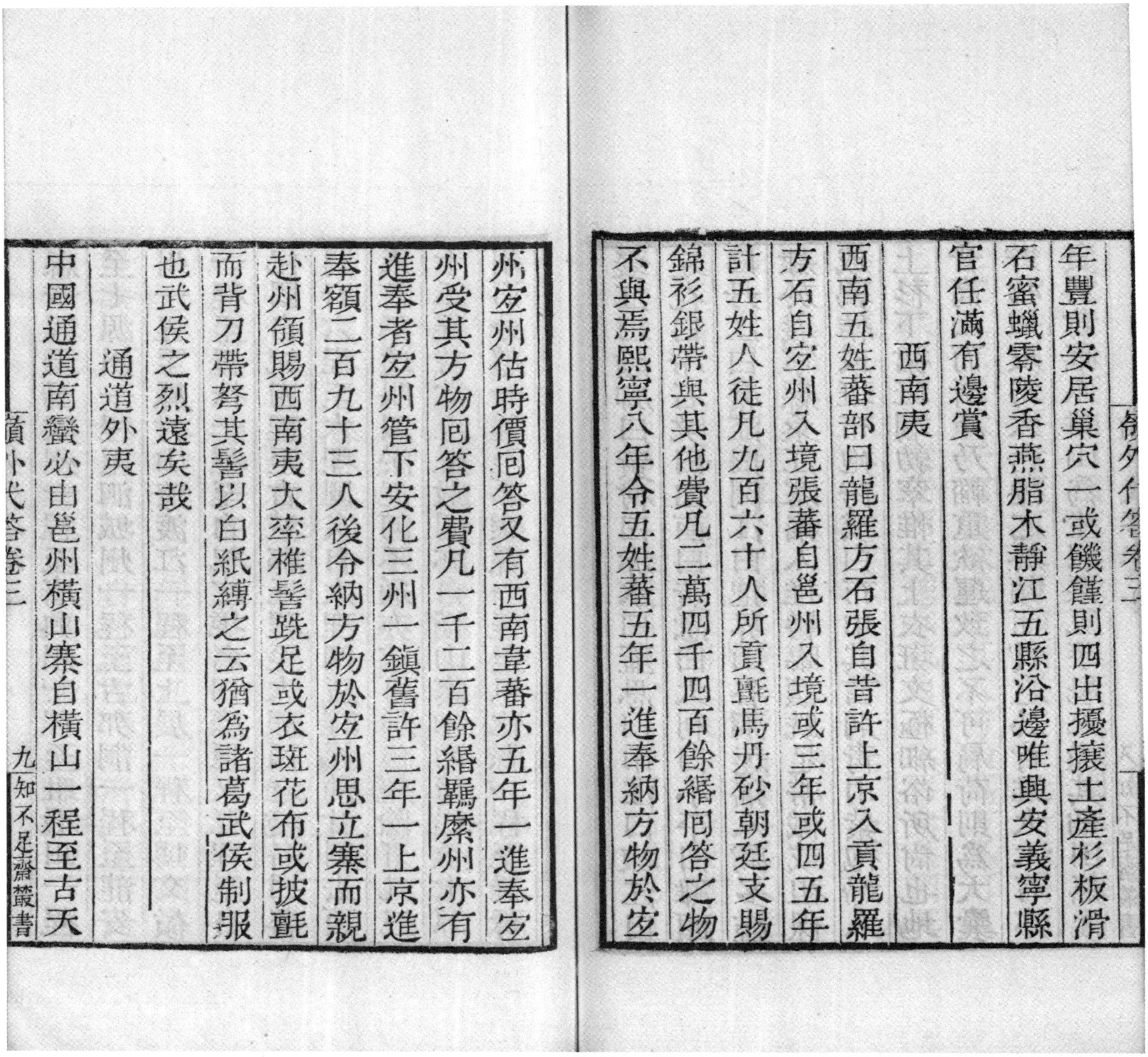
年豐則安居巢穴一或饑饉則四出擾攘土產杉板滑石蜜蠟零陵香燕脂木靜江五縣沿邊唯與宜義寧縣官任滿有邊賞

西南夷

西南五姓蕃部曰龍羅方石張自昔許上京入貢龍羅方石自宜州入境張蕃自邕州入境或三年或四五年計五姓八徒凡九百六十八人所貢氊馬丹砂朝廷支賜錦衫銀帶與其他費凡二萬四千四百餘緡回答之物不與焉熙寧八年令五姓蕃五年一進奉納方物於宜州宜州估時價回答又有西南韋蕃亦五年一進奉宜州受其方物回答之費凡一千二百餘緡羈縻州亦有進奉者宜州管下安化三州一鎮舊許三年一上京進奉額二百九十三人後令納方物於宜州思立寨而親赴州領賜西南夷大率椎髻跣足或衣斑花布或披氊而背刀帶弩其髻以白紙縛之云猶爲諸葛武侯制服也武侯之烈遠矣哉

通道外夷

中國通道南蠻必由邕州橫山寨自橫山一程至古天

嶺外代答卷三　九　知不足齋叢書

图 2-4-36　《岭外代答》卷三

西南民族地区土司朝贡制度源于元代，完善于明代，衰微于清代。明清时期，朝廷十分重视西南民族地区土司的朝贡，《明史·四川土司传一》(图2-4-37)记载了洪武年间朝廷与西南民族的朝贡贸易：“十六年，以云南所属乌撒、乌蒙、芒部三府隶四川布政使司。乌蒙、乌撒、东川、芒部诸部长百二十人来朝，贡方物。诏各授以官，赐朝服、冠带、锦绮、钞锭有差。其乌撒女酋卜实，加赐珠翠。”

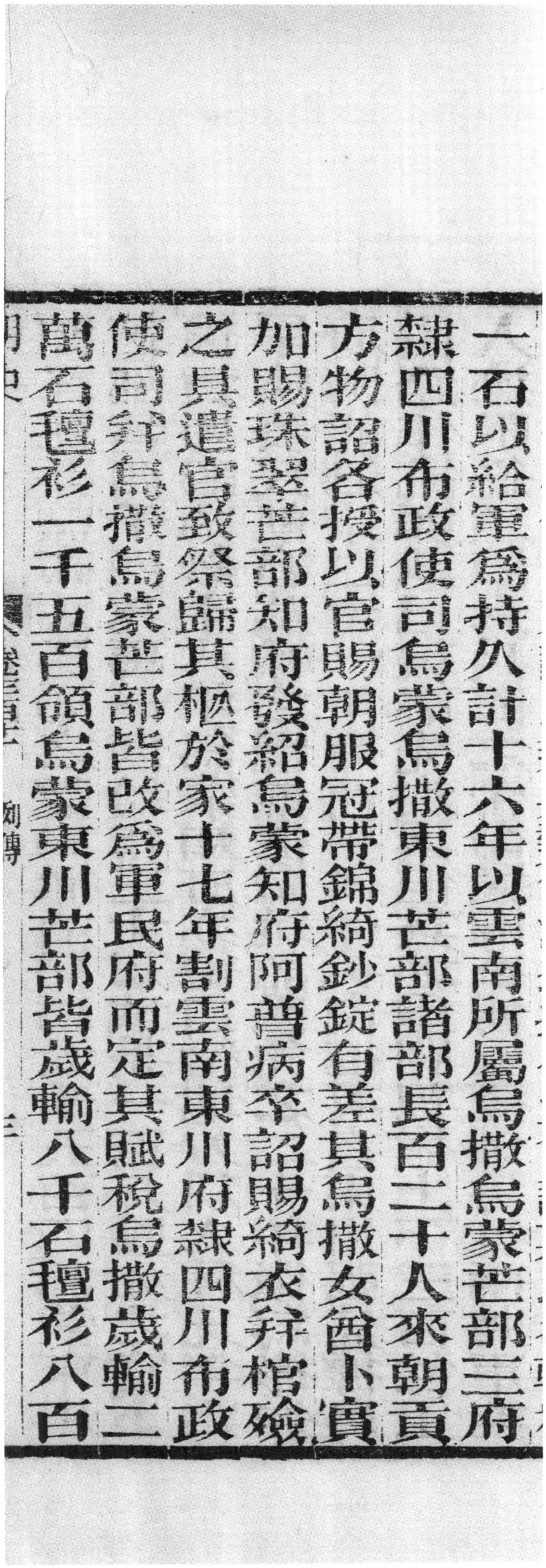
一石以給軍爲持久計十六年以雲南所屬烏撒烏蒙芒部三府
隸四川布政使司烏蒙烏撒東川芒部諸部長百二十八來朝貢
方物詔各授以官賜朝服冠帶錦綺鈔錠有差其烏撒女酋卜實
加賜珠翠芒部知府發紹烏蒙知府阿普病卒詔賜綺衣并棺殮
之具遣官致祭歸其柩於家十七年割雲南東川府隸四川布政
使司并烏撒烏蒙芒部皆改爲軍民府而定其賦稅烏撒歲輸二
萬石氈衫一千五百領烏蒙東川芒部皆歲輸八千石氈衫八百
明史　卷三百十一　列傳　三

图 2-4-37　《明史·四川土司传一》

互市贸易

互市指历史上中原王朝与周边各族之间及中国与外国之间的贸易往来。“茶马互市”起源于唐宋，它是我国古代各民族、各地区间，以种种丰富多彩的形式进行的经济交流活动中颇负盛名的一种，在民族贸易史上占有重要地位。互市贸易在历朝发挥了极其重要的作用，具有深远的意义和影响，有利于我国多民族国家的形成、统一和团结，有利于促进边疆地区的经济繁荣和发展。

西汉时期在边疆地区设立“关市”以加强内地与边疆少数民族贸易，《史记·匈奴列传》(图2–4–38):“自是之后，孝景帝复与匈奴和亲，通关市，给遗匈奴，遣公主如故约。终孝景时，时小人盗边，

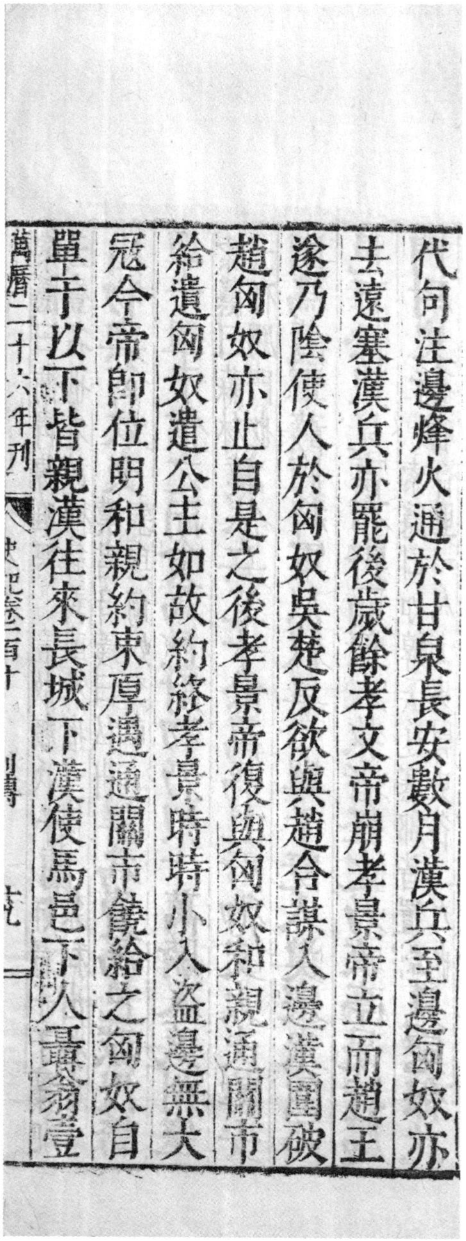
代句注邊烽火通於甘泉長安數月漢兵至邊匈奴亦
去遠塞漢兵亦罷後歲餘孝文帝崩孝景帝立而趙王
遂乃陰使人於匈奴吳楚反欲與趙合謀入邊漢圍破
趙匈奴亦止自是之後孝景帝復與匈奴和親通關市
給遺匈奴遣公主如故約終孝景時時小入盜邊無大
寇今帝即位明和親約束厚遇通關市饒給之匈奴自
單于以下皆親漢往來長城下漢使馬邑下人聶翁壹

萬曆二十六年刊　史記卷一百十　列傳　七

图 2–4–38　《史记·匈奴列传》

无大寇。今帝即位，明和亲约束，厚遇，通关市，饶给之。匈奴自单于以下皆亲汉，往来长城下。”

隋朝设互市监执掌与各民族互市事宜，《隋书·百官下》(图2-4-39)：“鸿胪寺改典客署为典蕃署。初，炀帝置四方馆于建国门外，以待四方使者，后罢之。有事则置，名隶鸿胪寺，量事繁简，临时损益。东方曰东夷使者，南方曰南蛮使者，西方曰西戎使者，北方曰北狄使者，各一人，掌其方国及互市事。每使者署典护、录事、叙职、叙仪、监府、监置、互市监及副、参军各一人。录事主纲纪，叙职掌其贵贱立功合叙者；叙仪掌小大次序；监府掌其贡献财货；监置掌安置其驼马船车，并纠察非违；互市监及副掌互市参军事，出入交易。”

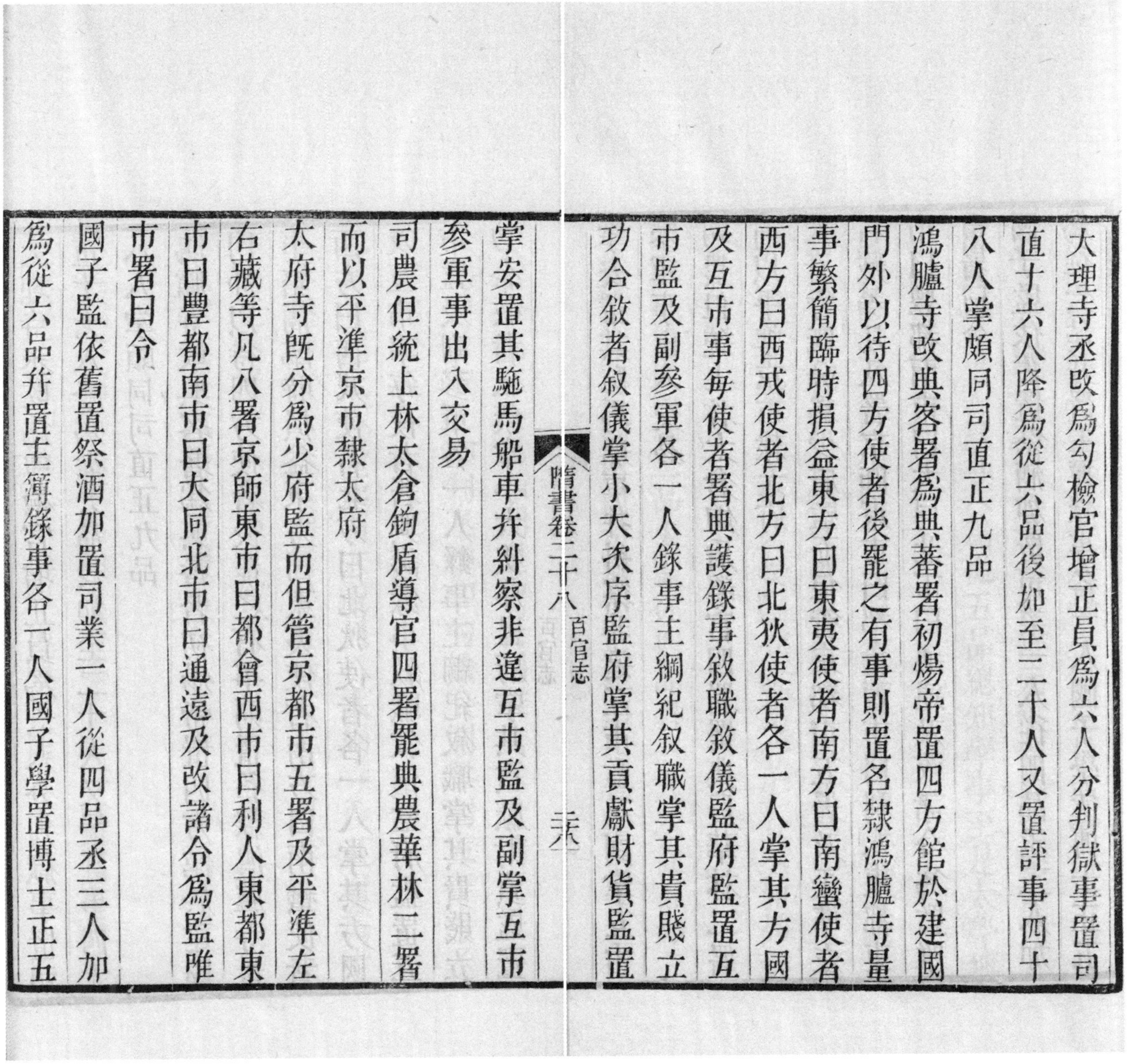

大理寺丞改爲勾檢官增正員爲六人分判獄事置司直十六人降爲從六品後加至二十人又置評事四十八人掌頗同司直正九品

鴻臚寺改典客署爲典蕃署初煬帝置四方館於建國門外以待四方使者後罷之有事則置名隸鴻臚寺量事繁簡臨時損益東方曰東夷使者南方曰南蠻使者西方曰西戎使者北方曰北狄使者各一人掌其方國及互市事每使者署典護錄事敘職敘儀監府監置互市監及副參軍各一人錄事主綱紀敘職掌其貴賤立功合敘者敘儀掌小大次序監府掌其貢獻財貨監置

隋書卷二十八 百官志 三六

掌安置其駝馬船車幷糾察非違互市監及副掌互市參軍事出入交易

司農但統上林太倉鉤盾導官四署罷典農華林二署而以平準京市隸太府

太府寺既分爲少府監而但管京都市五署及平準左右藏等凡八署京師東市曰都會西市曰利人東都東市曰豐都南市曰大同北市曰通遠及改諸令爲監唯市署曰令

國子監依舊置祭酒加置司業一人從四品丞三人加爲從六品幷置主簿錄事各一人國子學置博士正五

图 2-4-39 《隋书·百官下》

唐朝与回纥、吐蕃、突厥等周边部族广泛开展茶马互市、绢马互市，《唐会要·吐谷浑》（图2–4–40）记载高宗武德八年（625）："吐谷浑、突厥各请互市，诏皆许之。"《资治通鉴·唐纪二十九》（图2–4–41）记载玄宗开元十五年（727）："丙戌，突厥毗伽可汗遣其大臣梅禄啜入贡。吐蕃之寇瓜州也，遗毗伽书，欲与之俱入寇。毗伽并献其书。上嘉之，听于西受降城为互市，每岁赍缣帛数十万匹，就市戎马，以助军旅，且为监牧之种，由是国马益壮焉。"

遣還之
四年七月吐谷渾寇洮岷二州遣岐州刺史柴紹救之
為其所圍虜乘高射之矢下如雨紹遣人彈胡琵琶二
女子對舞虜怪之相與聚觀紹察其無備潛遣精騎出
虜陣後擊之衆大潰
八年正月吐谷渾突厥各請互市詔皆許之先是中國
喪亂民乏耕牛至是資於戎狄雜畜被野

图2–4–40 《唐会要·吐谷浑》

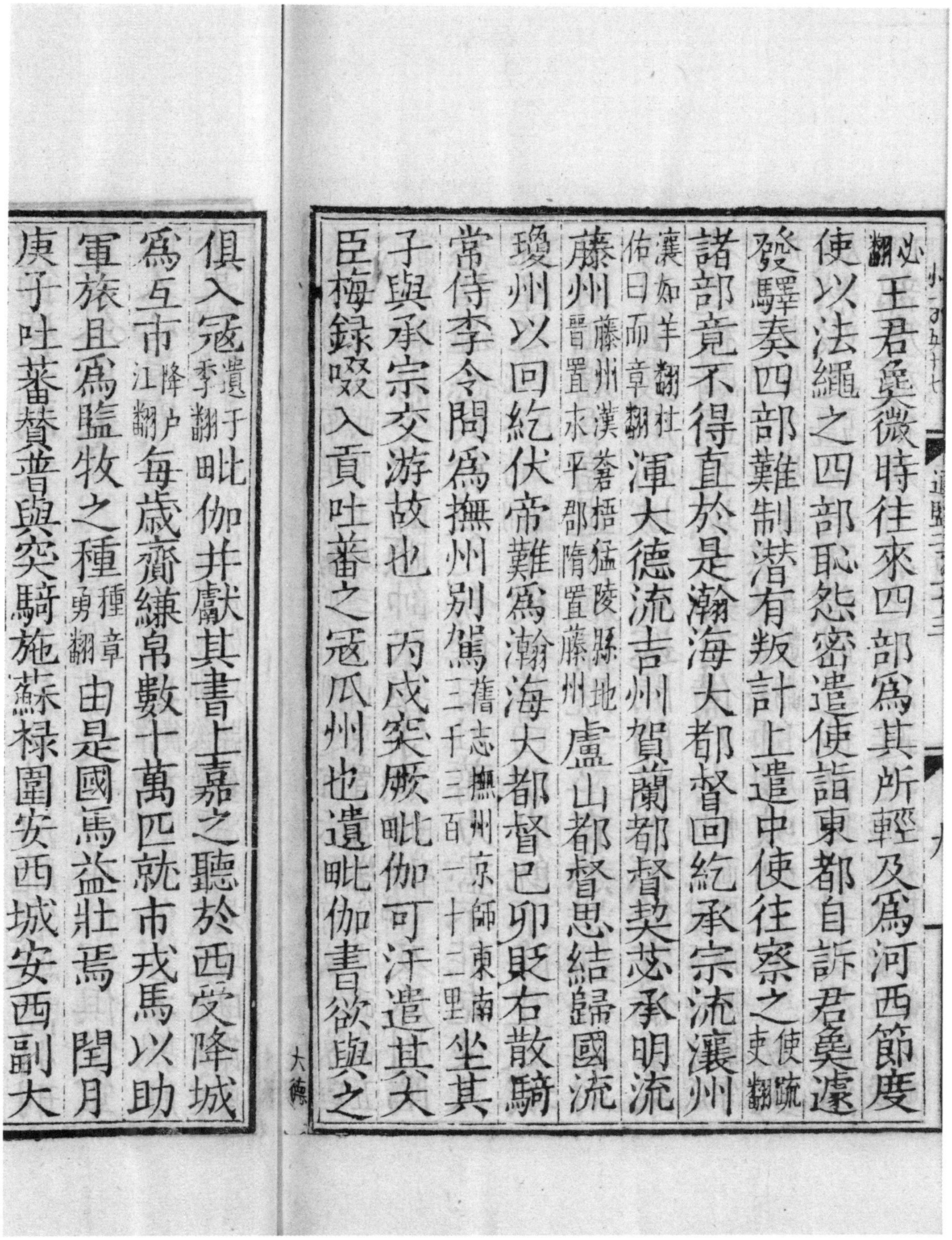
必翻王君㚟微時往來四部爲其所輕及爲河西節度使以法繩之四部恥怨密遣使詣東都自訴君㚟遽發驛奏四部難制潛有叛計上遣中使往察之使疏吏翻諸部竟不得直於是瀚海大都督回紇承宗流瀼州瀼如羊翻杜佑曰而章翻渾大德流吉州賀蘭都督契苾承明流藤州藤州漢蒼梧猛陵縣地晉置永平郡隋置藤州盧山都督思結歸國流瓊州以回紇伏帝難爲瀚海大都督已卯貶右散騎常侍李令問爲撫州別駕舊志撫州京師東南三千三百一十二里坐其子與承宗交游故也丙戌突厥毗伽可汗遣其大臣梅録啜入貢吐蕃之寇瓜州也遺毗伽書欲與之俱入寇遺于季翻毗伽并獻其書上嘉之聽於西受降城爲互市降戶江翻每歲齎縑帛數十萬匹就市戎馬以助軍旅且爲監牧之種種章勇翻由是國馬益壯焉閏月庚子吐蕃贊普與突騎施蘇禄圍安西城安西副大

图 2-4-41　《资治通鉴·唐纪二十九》

《资治通鉴·唐纪二十九》(图2-4-42)记载开元十九年(731)吐蕃与唐在赤岭互市:“秋,九月,辛未,吐蕃遣其相论尚它硉入见,请于赤岭为互市,许之。”《资治通鉴·唐纪五十五》(图2-4-43)记载宪宗元和十年(815):“已丑,吐蕃款陇州塞,请互市,许之。”通过互市,各族源源不断向唐朝输入马匹等畜牧产品,中原物品包括茶叶等也大量进入边疆地区,改善了各族人民日常生活质量,推动了畜牧经济和中原农耕经济的有机融合。

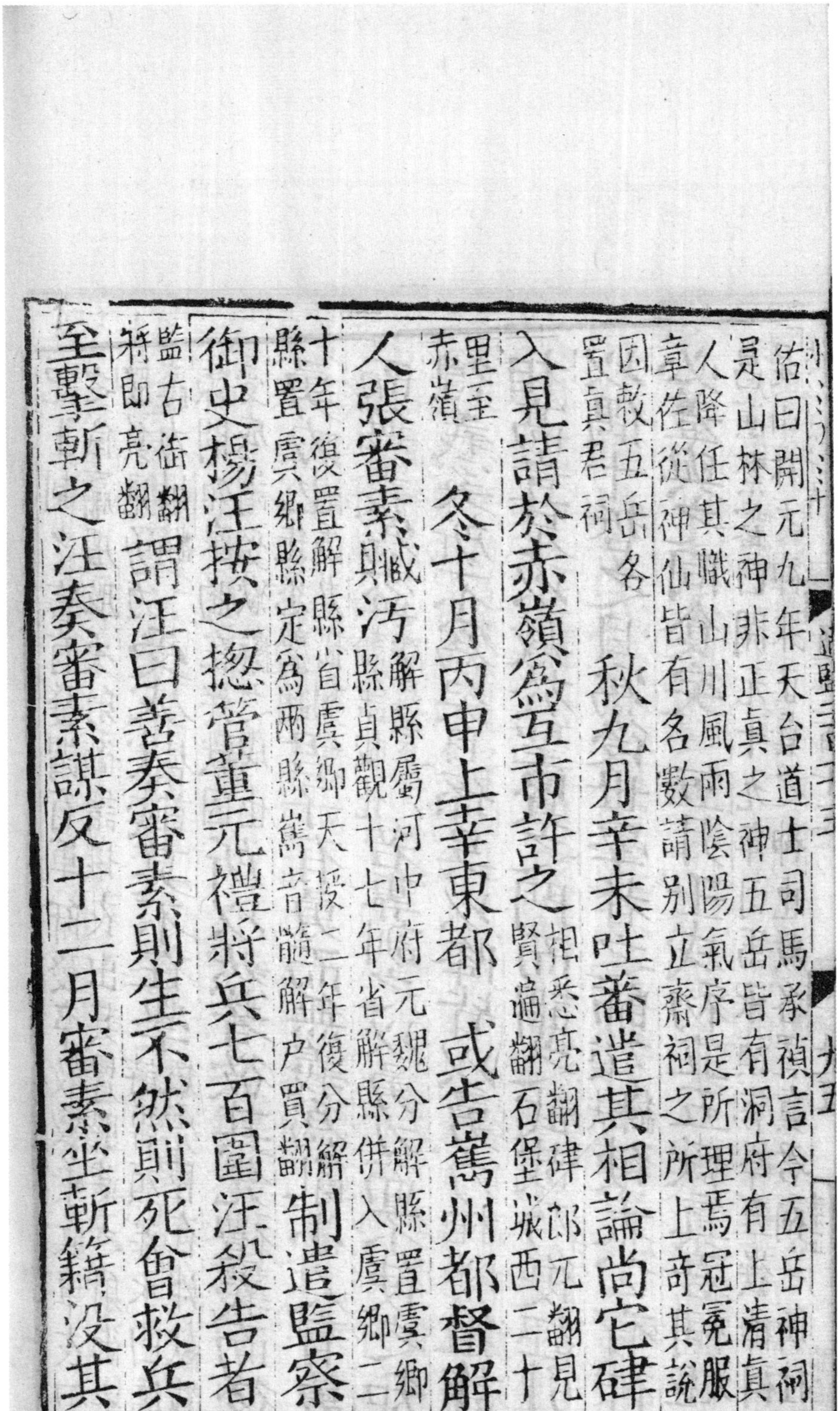

佑曰開元九年天台道士司馬承禎言今五岳神祠是山林之神非正真之神五岳皆有洞府有上清真人降任其職山川風雨陰陽氣序是所理焉冠冕服章佐從神仙皆有名數請別立齋祠之所上奇其說因敕五岳各置真君祠 秋九月辛未吐蕃遣其相論尚它硉入見請於赤嶺爲互市許之相悉亮翻硉郎兀翻見賢遍翻石堡城西二十里至赤嶺 冬十月丙申上幸東都 或告嶲州都督解人張審素贓汚解縣屬河中府元魏分解縣置虞鄉縣貞觀十七年省解縣併入虞鄉二十年復置解縣省虞鄉天授二年復分解縣置虞鄉縣定爲兩縣嶲音髓解户買翻制遣監察御史楊汪按之摠管董元禮將兵七百圍汪殺告者監古銜翻將卽亮翻謂汪曰善奏審素則生不然則死會救兵至擊斬之汪奏審素謀反十二月審素坐斬籍沒其

图 2-4-42 《资治通鉴·唐纪二十九》

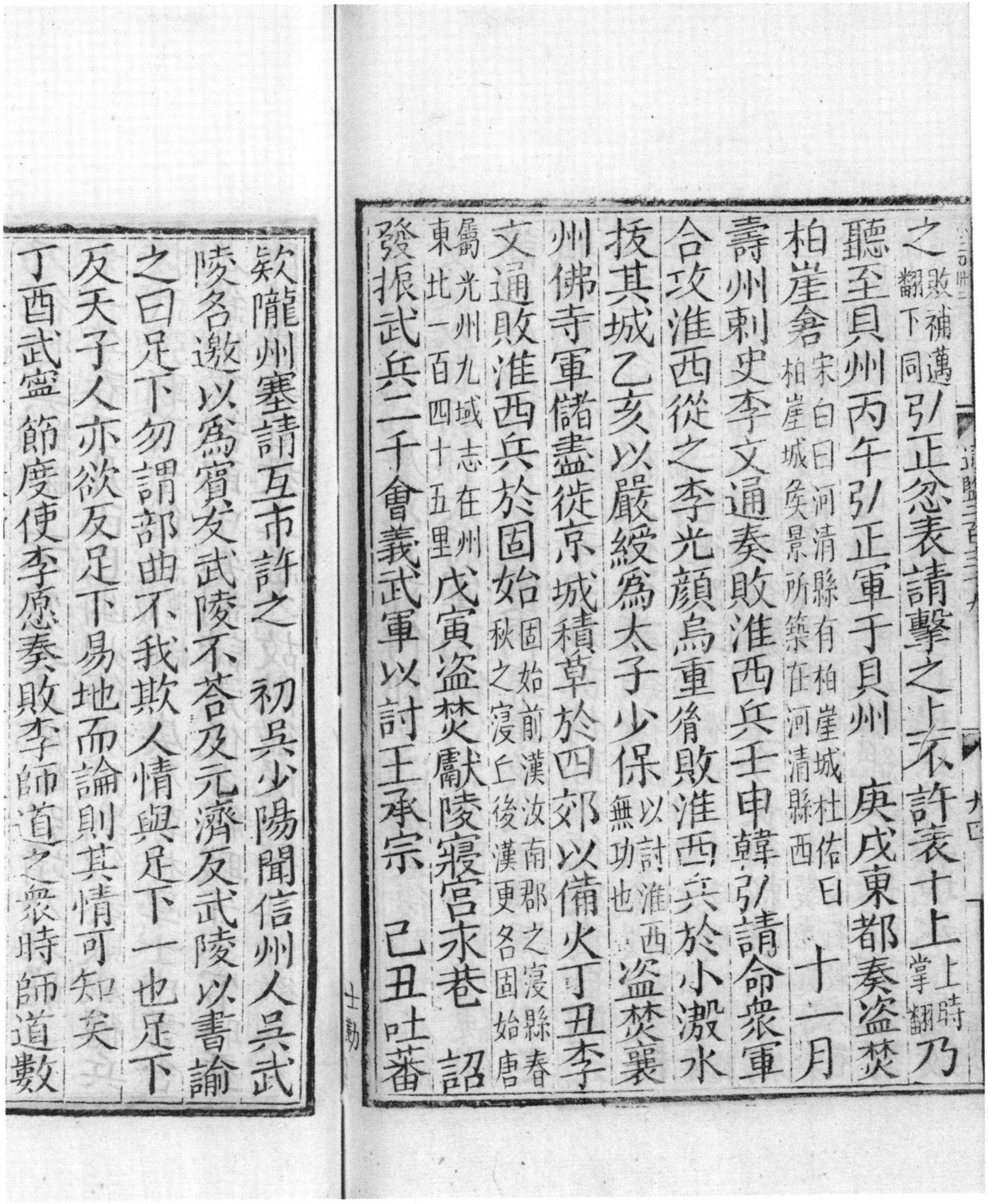
之致補邁翻下同引正忿表請擊之上不許表十上上時掌翻乃
聽至貝州丙午引正軍于貝州 庚戌東都奏盜焚
柏崖倉宋白曰河清縣有柏崖城杜佑曰柏崖城矦景所築在河清縣西 十一月
壽州刺史李文通奏敗淮西兵壬申韓弘請命衆軍
合攻淮西從之李光顏烏重胤敗淮西兵於小㵐水
拔其城乙亥以嚴綬爲太子少保以討淮西無功也盜焚襄
州佛寺軍儲盡徙京城積草於四郊以備火丁丑李
文通敗淮西兵於固始固始前漢汝南郡之寢縣春秋之寑丘後漢更名固始唐
屬光州九域志在州東北一百四十五里戊寅盜焚獻陵寢宮永巷 詔
發振武兵二千會義武軍以討王承宗 己丑吐蕃
欵隴州塞請互市許之 初吳少陽聞信州人吳武
陵名邀以爲賓友武陵不荅及元濟反武陵以書諭
之曰足下勿謂部曲不我欺人情與足下一也足下
反天子人亦欲反足下易地而論則其情可知矣
丁酉武寧節度使李愿奏敗李師道之衆時師道數

图 2-4-43 《资治通鉴·唐纪五十五》

辽宋夏金元时期，各政权内部经济共融、互补，共享经济之利。澶渊之盟后辽宋确立榷场之制。西夏李德明在位时，与北宋修好，于景德三年（1006）在陕西保安军等处设置互市榷场。《文献通考·市籴考一》（图2-4-44）记载宋与各政权互市情况："北蕃在太祖时，虽听缘边市易，而未有官署。太平兴国二年，始令镇、易、雄、霸、沧州各置榷务，命常参官与内侍同掌，辇香药、犀象及茶与交市。后有范阳之师，乃罢不与通。端拱元年，复诏许互市。二年，复禁之。淳化二年，置榷如旧制，寻复罢。景德初，通好北戎，乃复于雄霸州、安肃军置三榷场，凡官鬻物如旧，而绵、漆器、粳糯，所入有钱、银、布、羊、马、橐驼，岁获四十余万。东夷、西戎、南蛮溪洞，

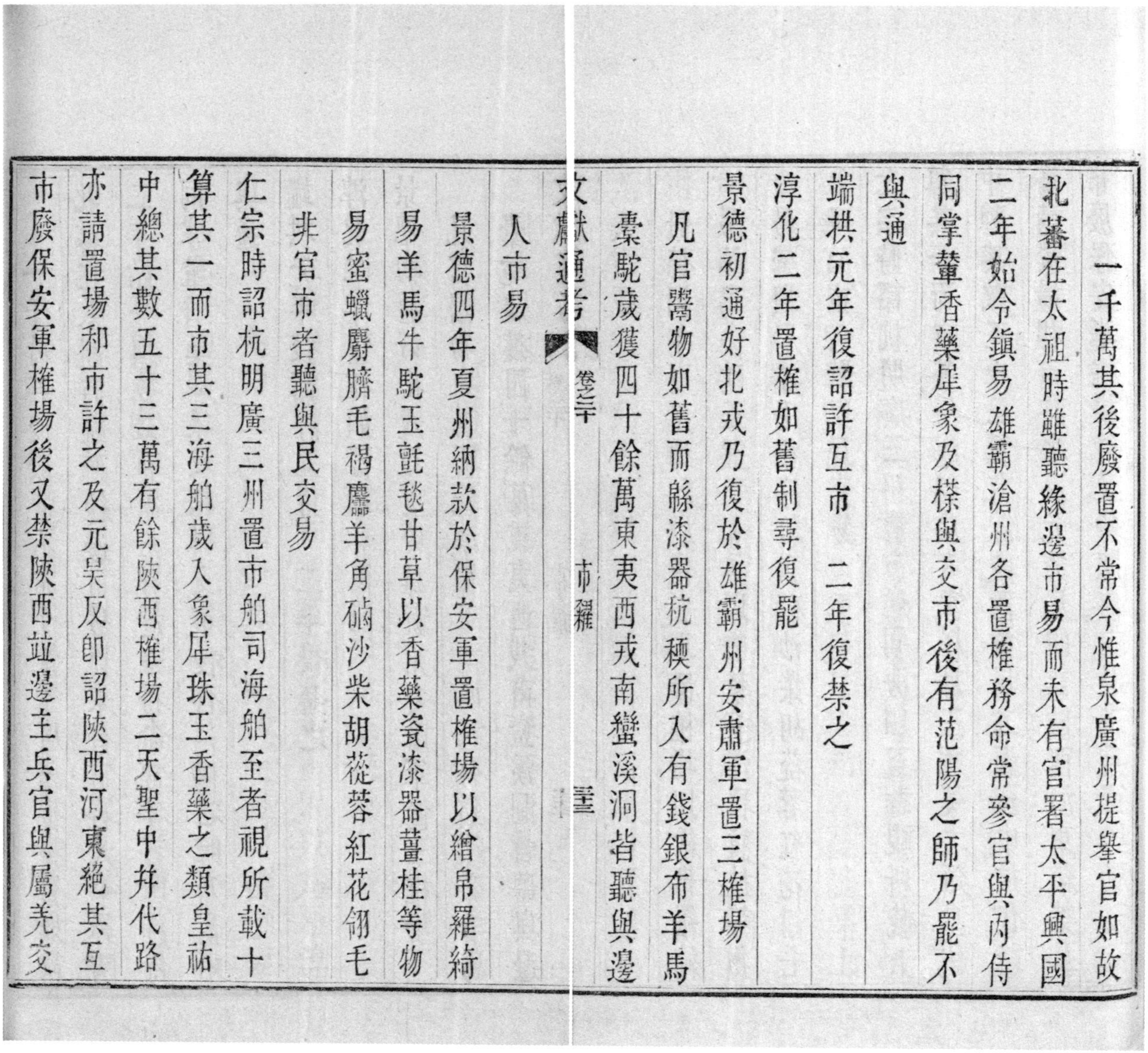
一千萬其後廢置不常今惟泉廣州提舉官如故
北蕃在太祖時雖聽緣邊市易而未有官署太平興國
二年始令鎮易雄霸滄州各置榷務命常參官與內侍
同掌輦香藥犀象及茶與交市後有范陽之師乃罷不
與通
端拱元年復詔許互市　二年復禁之
淳化二年置榷如舊制尋復罷
景德初通好北戎乃復於雄霸州安肅軍置三榷場
凡官鬻物如舊而緜漆器杭穬所入有錢銀布羊馬
橐駝歲獲四十餘萬東夷西戎南蠻溪洞皆聽與邊
文獻通考　卷二十　市糴　三
人市易
景德四年夏州納款於保安軍置榷場以繒帛羅綺
易羊馬牛駝玉氈毯甘草以香藥瓷漆器薑桂等物
易蜜蠟麝臍毛褐羱羊角硇沙柴胡蓯蓉紅花翎毛
非官市者聽與民交易
仁宗時詔杭明廣三州置市舶司海舶至者視所載十
算其一而市其三海舶歲入象犀珠玉香藥之類皇祐
中總其數五十三萬有餘陝西榷場二天聖中并代路
亦請置場和市許之及元昊反卽詔陝西河東絕其互
市廢保安軍榷場後又禁陝西並邊主兵官與屬羌交

图 2-4-44　《文献通考·市籴考一》

皆听与边人市易。景德四年，夏州纳款，于保安军置榷场，以缯帛、罗绮易羊、马、牛、驼、玉、毡毯、甘草，以香药、瓷、漆器、姜、桂等物易蜜蜡、麝脐、毛褐、羱羊角、硇砂、柴胡、苁蓉、红花、翎毛，非官市者，听与民交易。”

宋朝特别重视茶马互市，《宋史·职官志第一》（图2-4-45）记载宋太祖时期设立都大提举茶马司掌管以茶易马事务：“都大提举茶马司掌榷茶之利，以佐邦用。凡市马于四夷，率以茶易之。应产茶及市马之处，官属许自辟置，视其数之登耗，以诏赏罚。”太平兴国二年（977）又设立榷茶场，实行茶叶官卖商销制度。崇宁元年（1102）蔡京又立茶引法，商人运茶贩卖须向政府纳税领引，否则视为违法。元、明、清三代都沿用了茶引法。

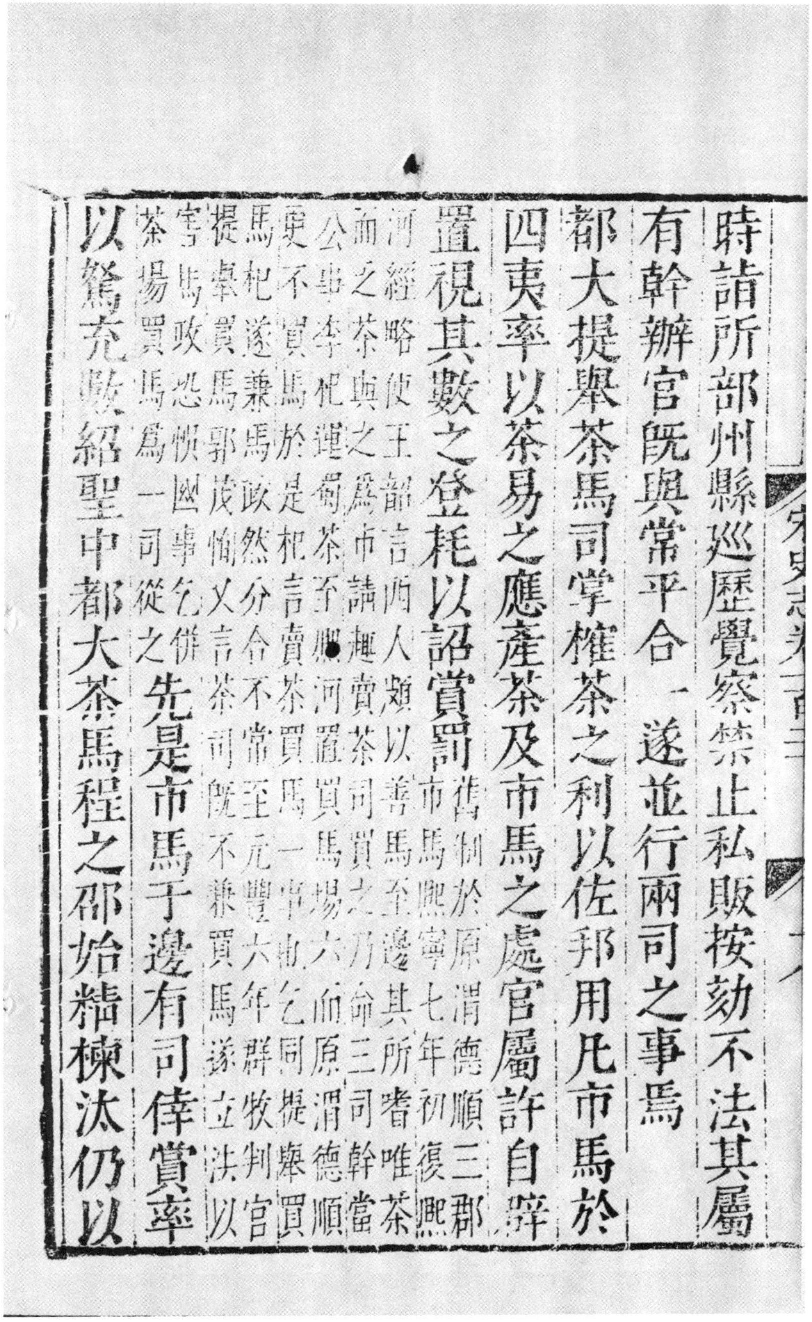
時諸所部州縣巡歷覺察禁止私販按劾不法其屬有幹辦官既與常平合一遂並行兩司之事焉
都大提舉茶馬司掌榷茶之利以佐邦用凡市馬於四夷率以茶易之應産茶及市馬之處官屬許自辟置視其數之登耗以詔賞罰舊制於原渭德順三郡市馬熙寧七年初復熙河經略使王韶言西人頗以善馬至邊其所嗜唯茶而乏茶與之爲市請趣買茶司買之乃命三司幹當公事李杞運蜀茶至熙河置買馬場六而原渭德順更不買馬於是杞言賣茶買馬一事也乞同提舉買馬杞遂兼馬政然分合不常至元豐六年群牧判官提舉買馬郭茂恂又言茶司既不兼買馬遂立法以害馬政恐誤國事乞并茶場買馬爲一司從之先是市馬于邊有司倖賞率以駑充數紹聖中都大茶馬程之邵始精楝汰仍以

图 2-4-45 《宋史·职官志第一》

明代延续宋代的茶马贸易，主要在川、陕边境与西藏、青海诸部族间进行茶马互市。明朝将茶马互市提升至国家要政地位，茶马立法颇严，《明宪宗实录》(图2-4-46)："巡抚陕西左副都御史马文升奏：茶马，国之要务，其所遣御史，宜视巡盐事例，降敕与之，使可内督三司官属，外服番夷。事下兵部议可，从之。"明于产茶之地设茶课司征收茶课，《明史·食货志·茶法》(图2-4-47)记载："洪武初，定令，凡卖茶之地，令宣课司三十取一。四年，户部言：陕西汉中、金州、石泉、汉阴、平利、西乡诸县茶园四十五顷，茶八十六万余株。四川巴茶三百十五顷，茶二百三十八万余株。宜定令每十株官取其一，无主茶园，令军士薅采，十取其一，以易番马。从之。于是诸产茶地设茶课司，定税额，陕西二万六千斤有奇，四川一百万斤。设茶马司于秦、洮、河、雅诸州，自碉门、黎、雅抵朵甘、乌思藏，行茶之地五千余里。山后归德诸州，西方诸部落，无不以马售者。”又在秦、洮、河、雅四州设立了“茶马司”来专门经管茶马交易，后又在黎州和碉门两个地方增设买马场，负责与康、藏的茶马贸易。

明代学者还编纂了一部关于茶马互市的专著——《历朝茶马奏议》(图2-4-48)。该书是研究明代茶马贸易的一部重要著作，其内容涉及明中叶以后茶法与马政的各个方面，对研究明代中后期经济、政治、文化、军事等方面均有重要的参考价值。

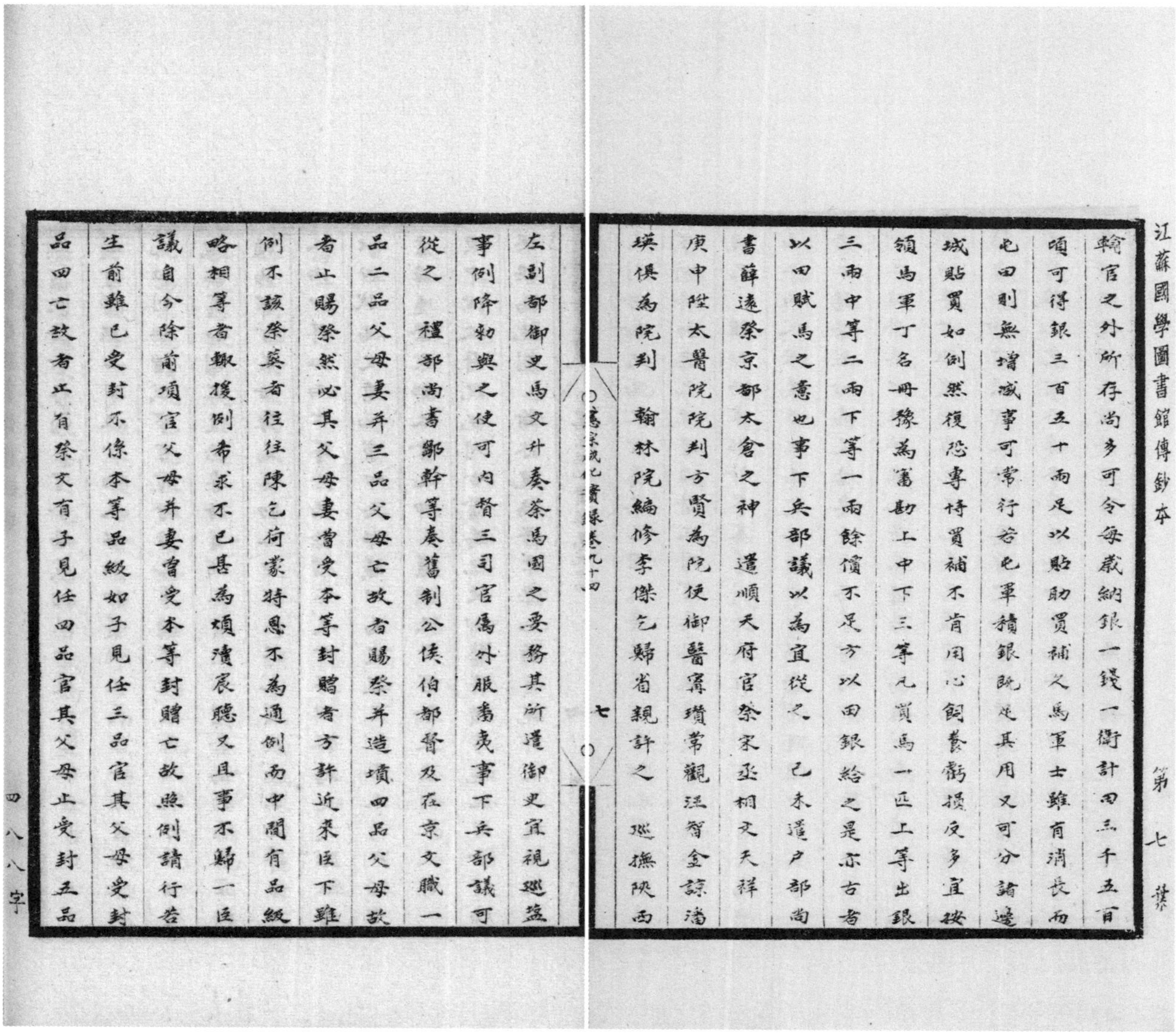
江蘇國學圖書館傳鈔本　第七葉

輸官之外所存尚多可令每歲納銀一錢一衛計四五千五百
兩可得銀三百五十兩足以貼助買補之馬軍士雖有消長而
屯田則無增減事可常行若屯軍積銀既足其用又可分諸邊
城貼買如例然復恐專恃買補不肯用心飼養虧損反多宜按
領馬軍丁名冊豫為籌劃上中下三等凡買馬一匹上等出銀
三兩中等二兩下等一兩餘價不足方以田銀給之是亦古者
以田賦馬之意也事下兵部議以為宜從之　○己未遣戶部尚
書薛遠祭京都太倉之神　遣順天府官祭宋丞相文天祥
庚申陞太醫院院判方賢為院使御醫寶璜常觀江智金諒潘
瑛俱為院判　翰林院編修李傑乞歸省親許之　巡撫陝西

憲宗成化實錄卷九十四　七

左副都御史馬文升奏茶馬國之要務其所遣御史宜視巡鹽
事例降勅與之使可內督三司官屬外服番夷事下兵部議可
從之　禮部尚書鄒幹等奏舊制公侯伯都督及在京文職一
品二品父母妻并三品父母亡故者賜祭并造墳四品父母故
者止賜祭然必其父母妻曾受本等封贈者方許近來臣下雖
例不該祭葬者往往陳乞荷蒙特恩不為通例而中間有品級
略相等者輙援例希求不已甚為煩瀆宸聽又且事不歸一臣
議自今除前項官父母并妻曾受本等封贈亡故照例請行若
生前雖已受封不係本等品級如子見任三品官其父母受封
品四亡故者止有祭文有子見任四品官其父母止受封五品

四八八字

图 2-4-46　《明宪宗实录》卷九十四

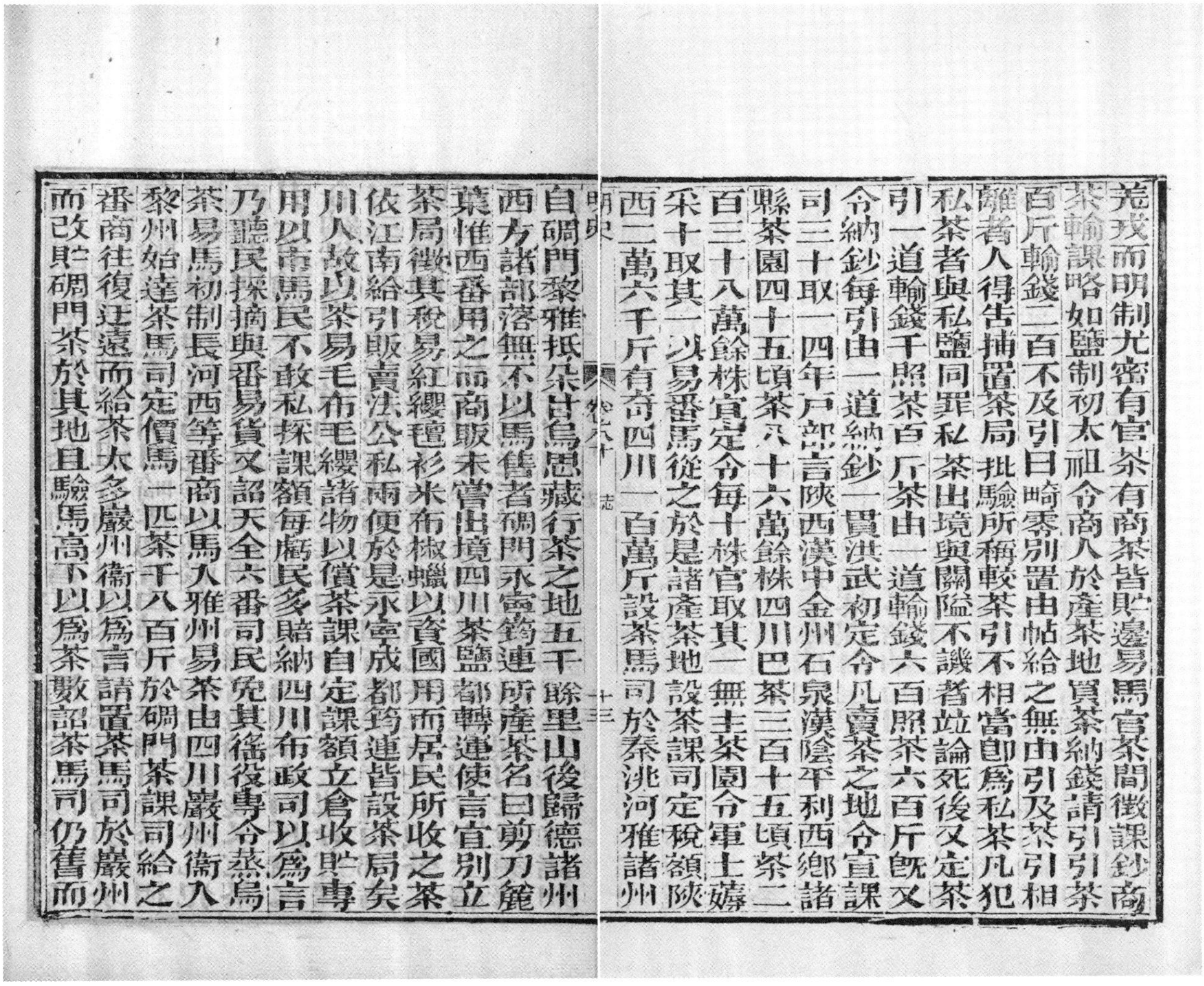
羌戎而明制尤密有官茶有商茶皆貯邊易馬官茶閒徵課鈔商
茶輸課略如鹽制初太祖令商人於產茶地買茶納錢請引引茶
百斤輸錢二百不及引曰畸零別置由帖給之無由引及茶引相
離者人得告捕置茶局批驗所稱較茶引不相當即爲私茶凡犯
私茶者與私鹽同罪私茶出境與關隘不譏者竝論死後又定茶
引一道輸錢千照茶百斤茶由一道輸錢六百照茶六百斤既又
令納鈔每引由一道納鈔一貫洪武初定令凡賣茶之地令宣課
司三十取一四年戶部言陝西漢中金州石泉漢陰平利西鄉諸
縣茶園四十五頃茶八十六萬餘株四川巴茶三百十五頃茶二
百三十八萬餘株宜定令每十株官取其一無主茶園令軍士薅
采十取其八以易番馬從之於是諸產茶地設茶課司定稅額陝
西二萬六千斤有奇四川一百萬斤設茶馬司於秦洮河雅諸州
明史　卷八十　志　十三
自碉門黎雅抵朵甘烏思藏行茶之地五千餘里山後歸德諸州
西方諸部落無不以馬售者碉門永寧筠連所產茶名曰剪刀麄
葉惟西番用之而商販未嘗出境四川茶鹽都轉運使言宜別立
茶局徵其稅易紅纓氊衫米布椒蠟以資國用而居民所收之茶
依江南給引販賣法公私兩便於是永寧成都筠連皆設茶局矣
川人故以茶易毛布毛纓諸物以償茶課自定課額立倉收貯專
用以市馬民不敢私採課額每虧民多賠納四川布政司以爲言
乃聽民採摘與番易貨又詔天全六番司民免其徭役專令蒸烏
茶易馬初制長河西等番商以馬入雅州易茶由四川巖州衛入
黎州始達茶馬司定價馬一匹茶千八百斤於碉門茶課司給之
番商往復迂遠而給茶太多巖州衛以爲言請置茶馬司於巖州
而改貯碉門茶於其地且驗馬高下以爲茶數詔茶馬司仍舊而

图 2-4-47　《明史·食货志·茶法》

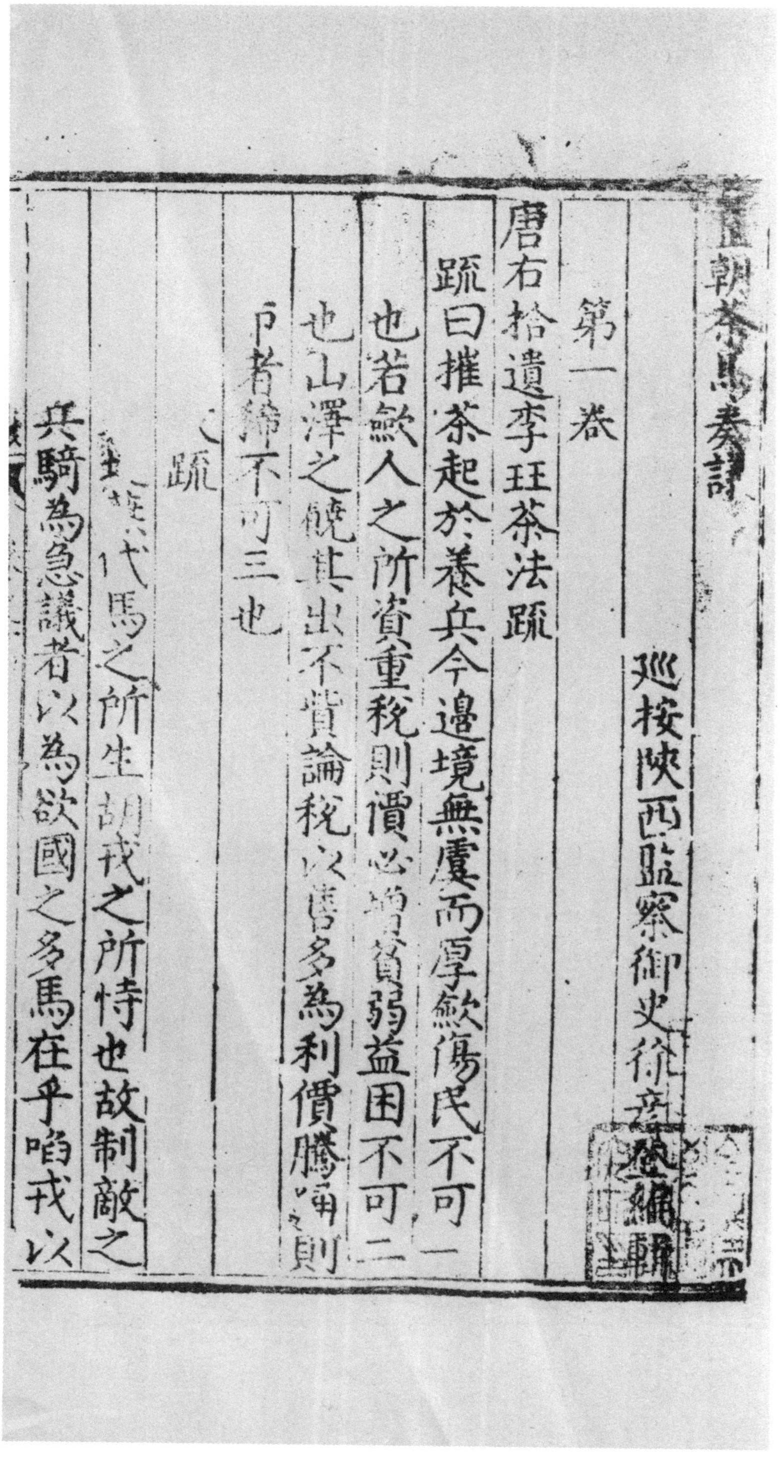

歷朝茶馬奏議

巡按陝西監察御史徐彥登編輯

第一卷

唐右拾遺李玨茶法疏

疏曰榷茶起於養兵今邊境無虞而厚斂傷民不可一

也若斂人之所資重稅則價必增貧弱益困不可二

也山澤之饒其出不貲論稅以售多為利價騰踊則

市者稀不可三也

之疏

代馬之所生胡戎之所恃也故制敵之

兵騎為急議者以為欲國之多馬在乎啗戎以

图2-4-48 《历朝茶马奏议》

自由贸易

在古代中国，民间的自由贸易是不可忽视的重要商业形式，于是出现了各族商人组成的边疆商人群体。

《后汉书·西域传·车师》记载汉朝时期商人在边疆地区繁忙交易的情形（图2-4-49）：“论曰：西域风土之载，前古未闻也。汉世张骞怀致远之略，班超奋封侯之志，终能立功西遐，羁服外域。

自兵威之所肃服，财赂之所怀诱，莫不献方奇，纳爱质，露顶肘行，东向而朝天子……立屯田于膏腴之野，列邮置于要害之路。驰命走驿，不绝于时月；商胡贩客，日款于塞下。”

頗收其國人戊校尉閻詳慮其招引北虜將亂西域乃開信告示
許復爲王阿羅多乃詣詳降於是收奪所賜卑君印綬更立阿羅
多爲王仍將卑君還敦煌以後部人三百帳別屬役之食其稅帳
者猶中國之戶數也
論曰西域風土之載前古未聞也漢世張騫懷致遠之略前世張騫漢中人爲
傳孝侯武帝時上言大夏及安息大宛之屬大國奇物誠得而以義屬之則地廣萬里帝從之班超奮封侯之志超少時家貧投筆歎曰丈夫當如傅介子張騫
立功西域以取封侯安能久事筆硯乎吾見超傳終能立功西遐羈服外域自兵威之所肅服財
賂之所懷誘莫不獻方奇納愛質露頂肘行東向而朝天子故設
戊己之官分任其事建都護之帥總領其權先馴則賞籯金而賜
龜綬龜謂印文也漢舊儀曰銀印皆龜紐其文刻曰某官之章後服則繫頸顙而獻北闕立屯田於膏腴
之野列郵置於要害之路馳命走驛不絕於時月商胡販客日款
於塞下其後甘英乃抵條支而歷安息臨西海以望大秦拒玉門

图 2-4-49 《后汉书·西域传·车师》

北魏与西域诸国的商业交往非常频繁，《隋书·西域传》(图2-4-50)记载，“商客往来，多取伊吾路”，西域商人从高昌来到中原开展贸易。

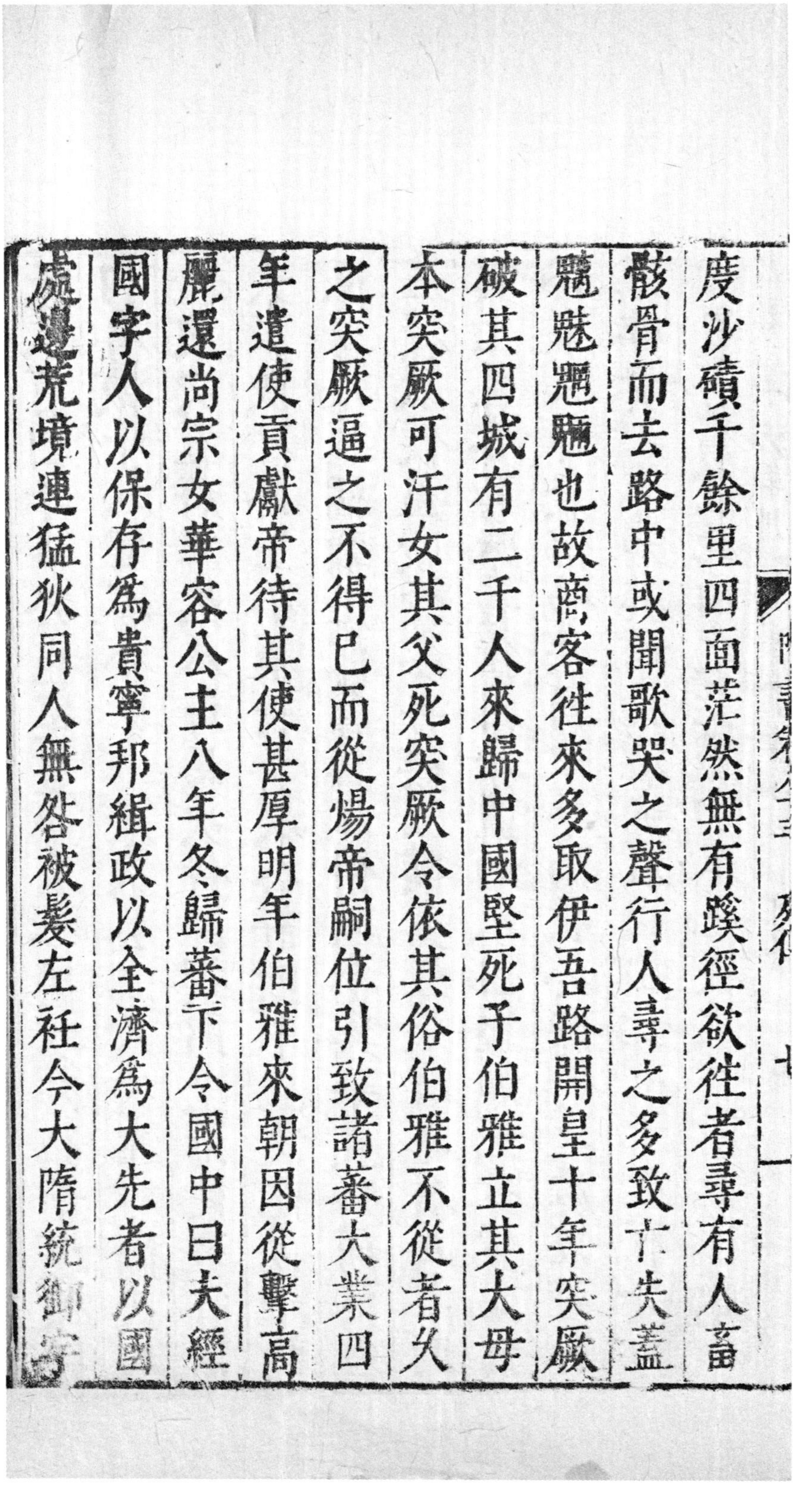
度沙磧千餘里四面茫然無有蹊徑欲往者尋有人畜骸骨而去路中或聞歌哭之聲行人尋之多致亡失蓋魑魅魍魎也故商客往來多取伊吾路開皇十年突厥破其四城有二千人來歸中國堅死子伯雅立其大母本突厥可汗女其父死突厥令依其俗伯雅不從者久之突厥逼之不得已而從煬帝嗣位引致諸蕃大業四年遣使貢獻帝待其使甚厚明年伯雅來朝因從擊高麗還尚宗女華容公主八年冬歸蕃下令國中曰夫經國宇人以保存爲貴寧邦緝政以全濟爲大先者以國處邊荒境連猛狄同人無咎被髮左衽今大隋統御宇

图2-4-50 《隋书·西域传》

北周政权统一北方之后，西域胡商往来不绝，《周书·异域传上》(图2–4–51)记载西域商人在长安进行贸易的情形：“有周承丧乱之后，属战争之日，定四表以武功，安三边以权道。赵魏尚梗，则结姻于北狄；厩库未实，则通好于西戎。由是德刑具举，声明遐洎。卉服毡裘，辐凑于属国；商胡贩客，填委于旗亭。”

炎方朔漠地所以限內外也況乎時非秦漢志甚嬴劉違天道以求其功殫民力而從所欲顛墜之釁固不旋踵是以先王設教內諸夏而外夷狄往哲垂範美樹德而鄙廣地雖禹迹之東漸西被不過海及流沙王制之自北徂南裁稱穴居交趾豈非道貫三古義高百代者乎有周承喪亂之後屬戰爭之日定四表以武功安三邊以權道趙魏尚梗則結姻於北狄廄庫未實則通好於西戎由是德刑具舉聲名遐洎卉服氊裘輻湊於屬國商胡販客塡委於旗亭雖東略漏三吳之地南巡阻百越之境而國威之所肅服風化之所覃被亦足爲弘

周書卷四十九　列傳四十一　二

图2–4–51　《周书·异域传上》

边疆商人除沿着丝绸之路往来贸易外，还在互市的榷场进行商品交流。《续资治通鉴》(图 2-4-52）中载：“香药库使高唐张逊建议，请置榷场局，大出官库香药宝货，稍增其价，许商人入金帛买之，岁可得钱三十万贯，以济国用，使外国物有所泄。帝从之，一岁中果得三十万贯。”

續資治通鑑 卷九 五

太子少保畱京師 香藥庫使高唐張遜建議請置榷場局大出官庫香藥寶貨稍增其價許商人入金帛買之歲可得錢三十萬貫以濟國用使外國物有所泄帝從之一歲中果得錢三十萬貫 戊寅命翰林學士李昉等編類書爲一千卷小說爲五百卷 初節度使得補子弟爲軍中牙校豪横奢縱民苦之帝雅知其弊始即位即詔諸州府籍其名部送闕下至者凡百人癸未悉補殿前承旨以賤職羈縻之 己丑置威勝軍許遂人互市（考異）威勝軍九域志云治銅鞮縣隆平集則云以潞州亂柳九圍中爲軍未詳孰是庚寅知江州周述言廬山白鹿洞學徒常數千人乞賜

图 2-4-52 《续资治通鉴》卷九

除官方进行茶马交易外，茶商也可正常贩运茶叶，《文献通考·征榷五》(图2-4-53)：“凡民鬻茶者，皆售于官，其以给日用者，谓之食茶，出境则给券。商贾之欲贸易者，入钱若金帛京师，榷货务以射六务十三场茶，给券，随所射予之，谓之交引。愿就东南入钱若金帛者，计直予茶如京师。凡茶入官以轻估，其出以重估，县官之利甚博，而商贾转致于西北，以致散于夷狄，其利又特厚。此鬻茶之法。”

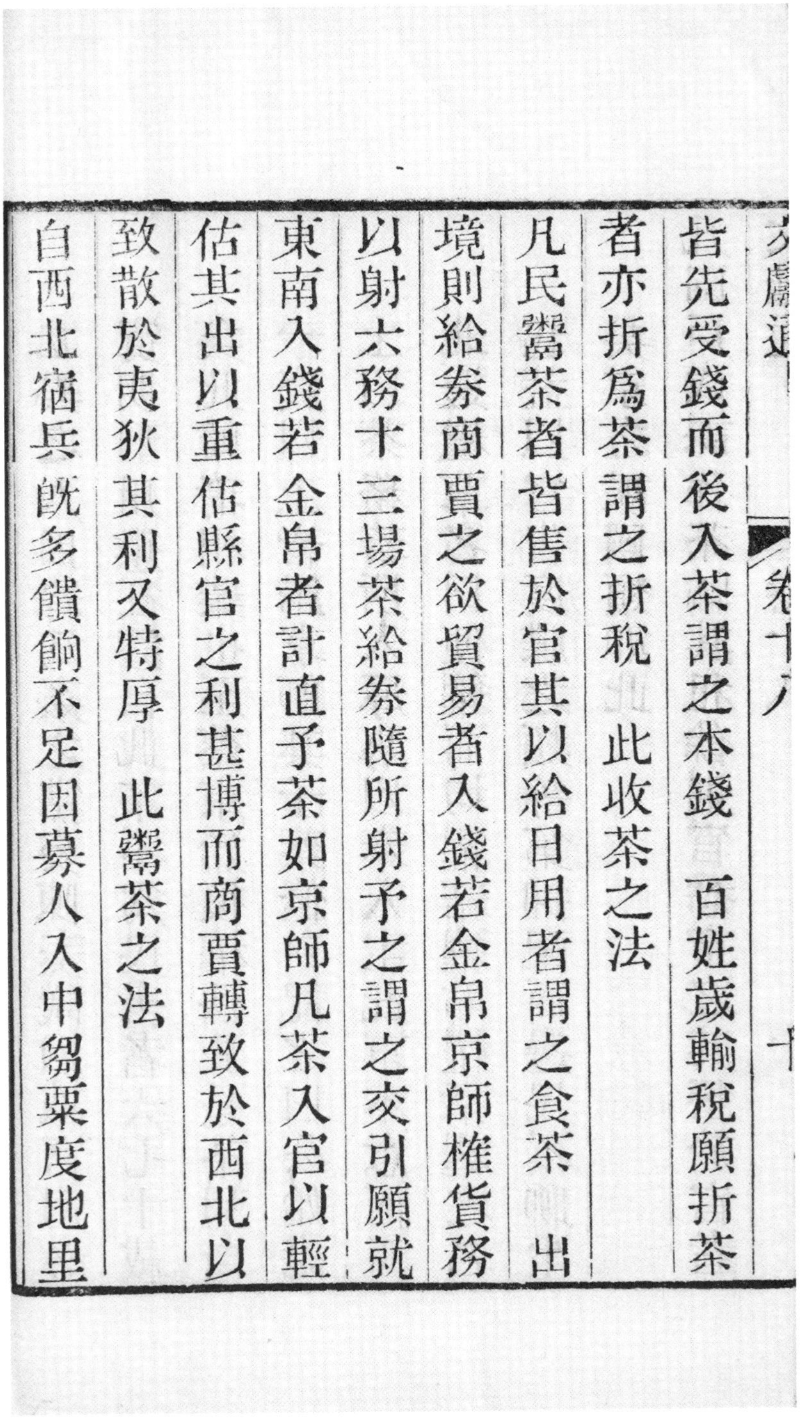
皆先受錢而後入茶謂之本錢百姓歲輸稅願折茶
者亦折爲茶謂之折稅此收茶之法
凡民鬻茶者皆售於官其以給日用者謂之食茶出
境則給券商賈之欲貿易者入錢若金帛京師榷貨務
以射六務十三場茶給券隨所射予之謂之交引願就
東南入錢若金帛者計直予茶如京師凡茶入官以輕
估其出以重估縣官之利甚博而商賈轉致於西北以
致散於夷狄其利又特厚此鬻茶之法
自西北宿兵既多饋餉不足因募人入中芻粟度地里

图 2-4-53 《文献通考·征榷五》

从明末开始至20世纪50年代末，旅蒙商活跃在中国北部蒙古草原地区从事贸易活动，在推动草原地区经济发展，促进民族交往融合方面发挥了重要作用。鄂尔多斯市图书馆藏有旅蒙晋商“祥泰隆”手写账簿《旅蒙商账簿》(图2-4-54)133册，以清光绪年间和民国时期账簿文献最多。该文献分为基础账簿、业务账簿、结算账簿和辅助账簿四大类，详细反映了“祥泰隆”票号各种经济文化活动，是旅蒙晋商研究中不可多得的珍贵文献，具有多方面史料价值。

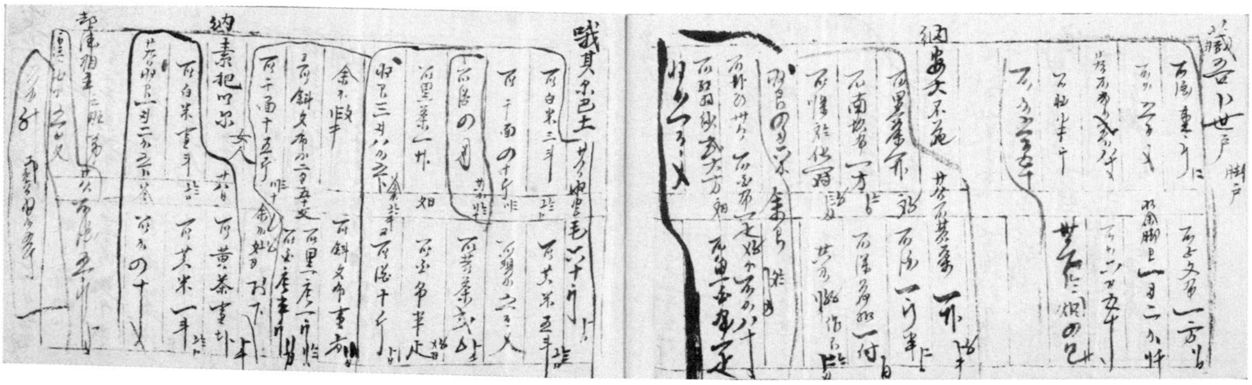

图2-4-54 《旅蒙商账簿》，鄂尔多斯市图书馆藏

第三章

各民族共同创造了我国灿烂文化

我们灿烂的文化是各民族共同创造的。中华文化是各民族文化的集大成者。我国各民族创作了《诗经》、《楚辞》、汉赋、唐诗、宋词、元曲、明清小说等伟大作品，传承了《格萨尔王传》《玛纳斯》《江格尔》等震撼人心的伟大史诗，建设了万里长城、都江堰、大运河、故宫、布达拉宫、坎儿井等伟大工程。中华文化之所以如此精彩纷呈、博大精深，就在于它兼收并蓄的包容特性。各民族在文化上的交相辉映和互鉴融通，造就了中华文化的历久弥新，夯实了中华文化自信的根基。

第一节　文以化之 文以铸之

“诗以言志”“文以载道”道出了文学语言的艺术。中华文化源远流长、博大精深，五千年文脉绵长，留给我们灿如繁星的文学作品。这些作品有的是各民族共同创作的，有的记载了各民族交往交流交融的史实、有的被翻译成多种民族文字，承载着中华文化的厚重记忆。

《诗经》(图3-1-1)是我国第一部诗歌总集，它汇集了从西周初年到春秋中叶五百多年间的诗歌三百零五篇。《诗经》分为风、雅、颂三部分，其中风有十五国风，广泛收集了先秦时期各地的民谣。《诗经》里还有许多描写民族融合的诗句，《诗经·鲁颂·閟宫》(图3-1-2)：“泰山岩岩，鲁邦所詹。奄有龟蒙，遂荒大东。至于海邦，淮夷来同。莫不率从，鲁侯之功。保有凫绎，遂荒徐宅。至于海邦，淮夷蛮貊。及彼南夷，莫不率从。莫敢不诺，鲁侯是若。”

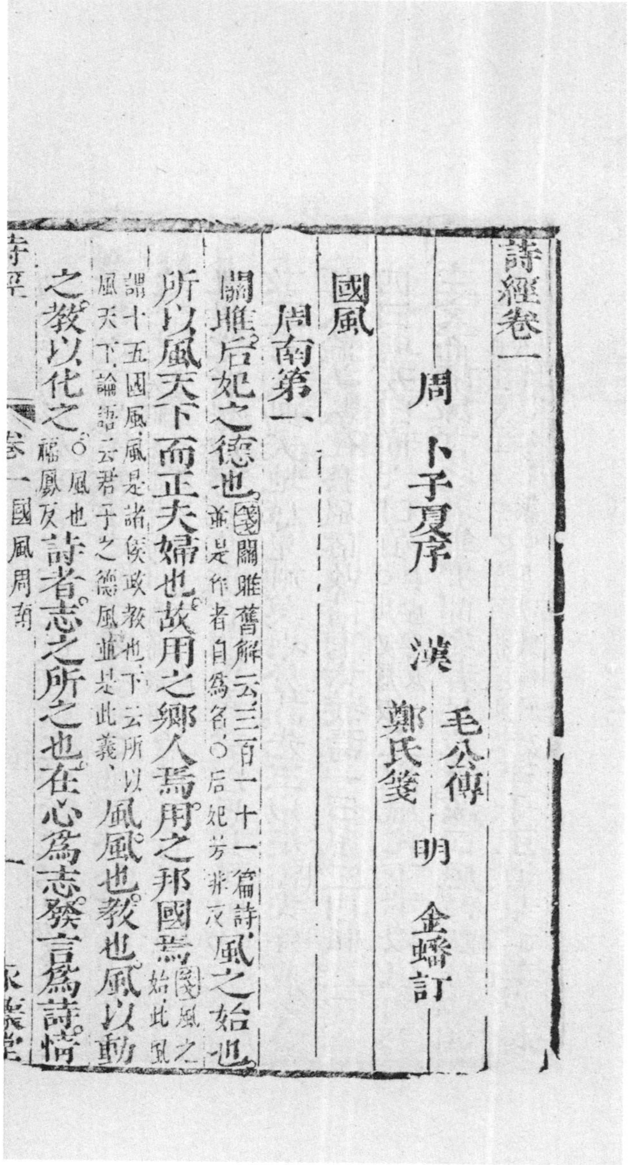

詩經卷一

周　卜子夏序　漢　毛公傳　鄭氏箋　明　金蟠訂

國風

周南第一

關雎后妃之德也箋關雎舊解云三百一十一篇詩風之始也並是作者自爲名○后妃芳非反箋風之始此風

所以風天下而正夫婦也故用之鄉人焉用之邦國焉謂十五國風風是諸侯政教也下云所以風天下論語云君子之德風並是此義

風風也教也風以動之教以化之○風也福鳳反詩者志之所之也在心爲志發言爲詩情

图 3-1-1　《诗经》

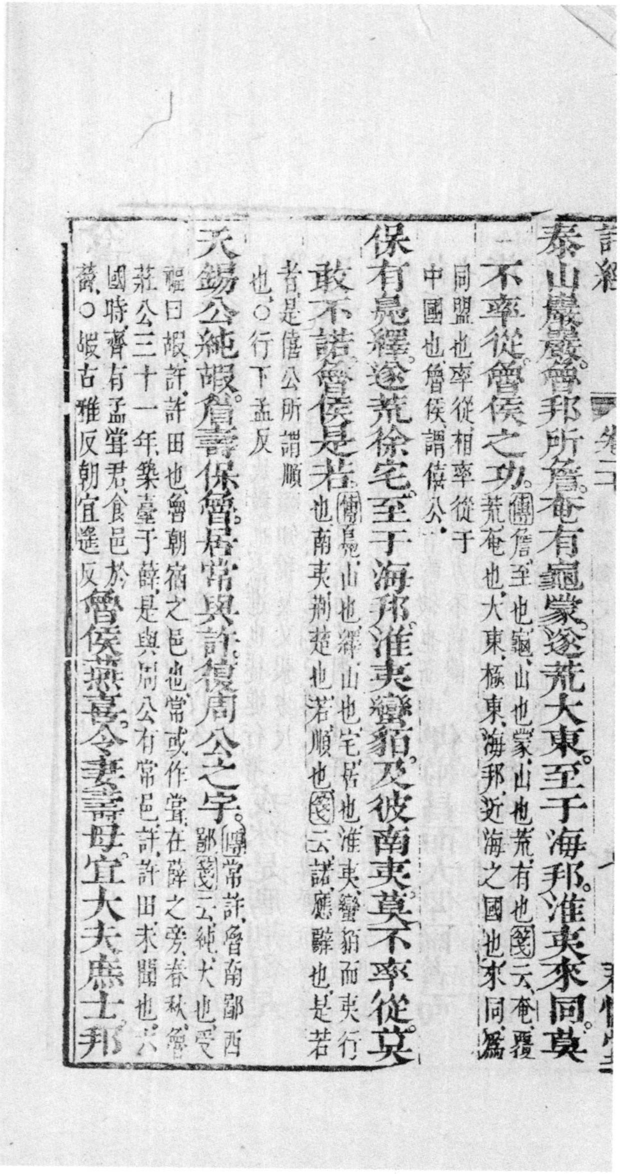

泰山巖巖魯邦所詹奄有龜蒙遂荒大東至于海邦淮夷來同莫不率從魯侯之功傳詹至也龜山也蒙山也荒有也箋云奄覆荒奄也大東極東海邦近海之國也來同爲同盟也率從相率從于中國也魯侯謂僖公

保有鳧繹遂荒徐宅至于海邦淮夷蠻貊及彼南夷莫不率從莫敢不諾魯侯是若傳鳧山也繹山也宅居也淮夷蠻貊而夷行也南夷荊楚也若順也箋云諾應辭也是若者是僖公所謂順也○行下孟反

天錫公純嘏眉壽保魯居常與許復周公之宇傳常許魯南鄙西鄙箋云純大也受福曰嘏許許田也魯朝宿之邑也常或作嘗在薛之旁春秋魯莊公三十一年築臺于薛是與周公有常邑許許田未聞也六國時齊有孟嘗君食邑於薛○嘏古雅反朝直遥反

魯侯燕喜令妻壽母宜大夫庶士邦

图 3-1-2　《诗经·鲁颂·闷宫》

孔子说："不学诗，无以言。"《诗经》不仅有文学作品表情达意的功能和作用，还有礼乐教化的意义，因此被古人所推崇、学习。从汉代起，儒家学者把《诗》当作经典，尊称其为《诗经》，列入"五经"之首。《诗经》等儒家经典不仅是历朝历代中原王朝学子学习的教材，也是边疆各族人民学习的对象。史籍记载，北魏时期高昌曾求借"五经"等典籍，《魏书·高昌传》(图3-1-3)："正光元年，肃宗遣假员外将军赵义等使于嘉。嘉朝贡不绝。又遣使奉表，自以边遐，不习典诰，求借五经、诸史，并请国子助教刘变以为博士，肃宗许之。""五经"就包括《诗经》。

神龜元年冬孝亮復表求援內徙朝廷不許正光元年
肅宗遣假員外將軍趙義等使於嘉嘉朝貢不絶又遣
使奉表自以邊遐不習典誥求借五經諸史幷請國子
助教劉燮以爲博士肅宗許之嘉死贈鎮西將軍涼州
刺史子堅立於後關中賊亂使命遂絶普泰初堅遣使
朝貢除平西將軍瓜州刺史泰臨縣伯王如故又加衛
將軍至永熙中特除儀同三司進爲郡公後遂隔絶
鄧至者白水羌也世爲羌豪因地名號自稱鄧至其地
自亭街以東平武以西汶嶺以北宕昌以南土風習俗
亦與宕昌同其王像舒治遣使內附高祖拜龍驤將軍

魏書卷一百一 列傳八十九

图 3-1-3 《魏书·高昌传》

《诗经》在清朝还被翻译为满文，现存满文本《诗经》有满文本和满汉合璧本两种多个版本。顺治十一年（1654），清廷组织刊印了满文刻本《诗经》(图3-1-4)；乾隆三十三年（1768），又据满文本刻印了满汉合璧本（图3-1-5），其序言陈述了清代学者对《诗经》的极力推崇：“《诗》之教，故与《易》《书》相表里，其义趣所归，亦自有与《易》《书》异者。前圣述经，精微广大，莫不上准阴阳以明天道，下陈政事以范人为。”

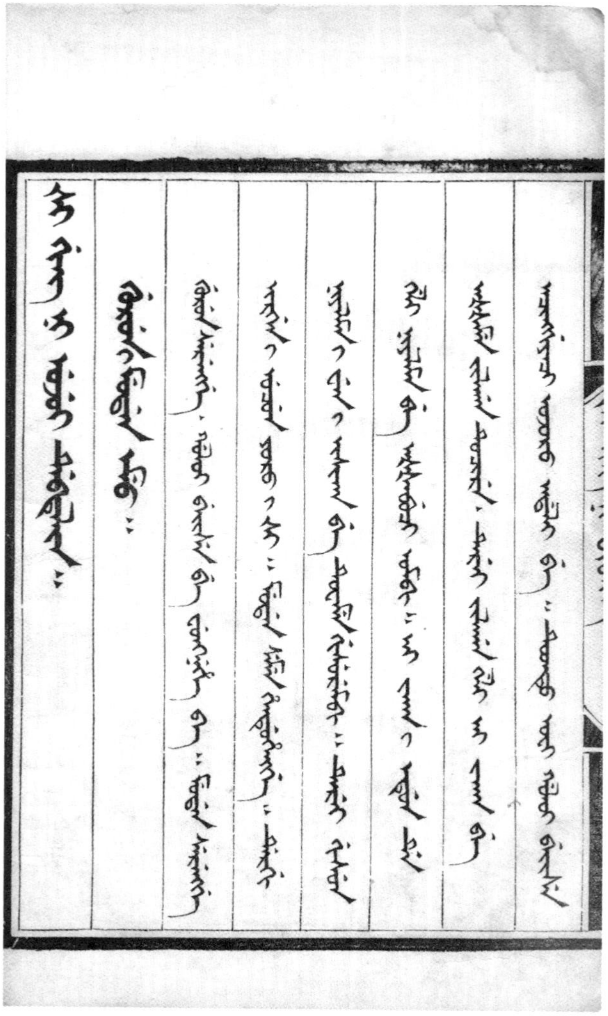

图 3-1-4　顺治十一年满文本《诗经》

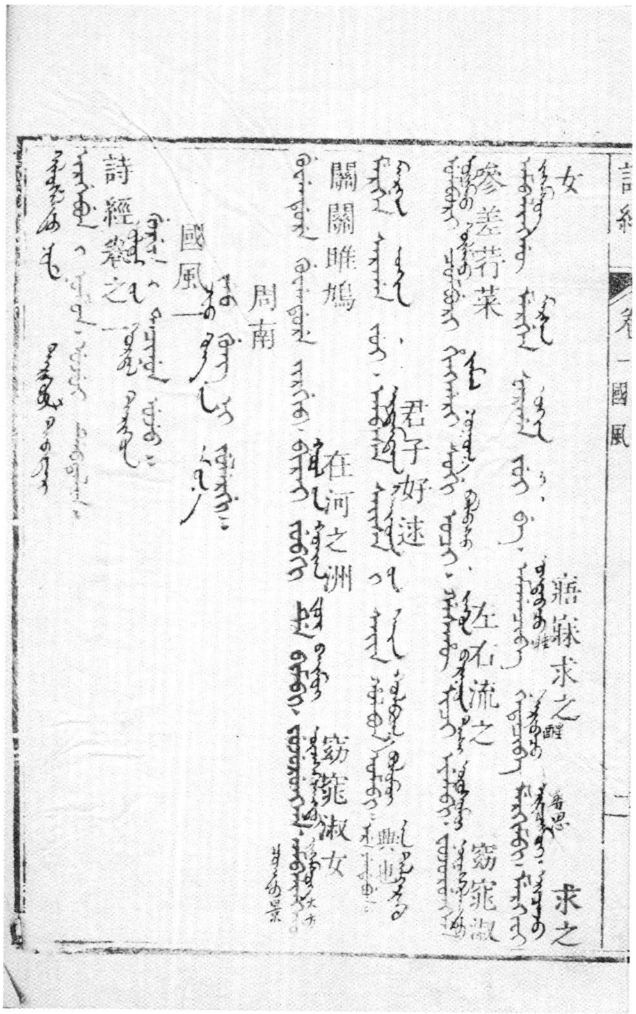

图 3-1-5　乾隆三十三年满汉合璧本《诗经》

春秋晚期至战国中叶，全国各地出现了许多各具特色的诗歌，其中以楚国的“楚辞”最为发达，也最有影响。西汉末年，许多“楚辞”作品被刘向编纂为一部总集《楚辞》(图3-1-6)。《楚辞》是继《诗经》之后的又一部诗歌总集，其收录的辞赋多是在楚国民歌的基础上加以创新而形成的独特诗体，具有浓郁的地方特色。

先秦时期一些少数民族语言史诗因被汉文典籍记载下来而流传至今。《说苑·善说》(图3-1-7)收录了一首春秋时期南方越国的民歌《越人歌》：“越人拥楫而歌。歌辞曰：‘滥兮抃草滥予，昌桓泽予，昌州州，䬪州焉乎，秦胥胥，缦予乎，昭澶秦逾，渗惿随河湖。’鄂君子皙曰：‘吾不知越歌，子试为我楚说之。’于是乃召越译，乃楚说之曰：‘今夕何夕兮？搴中洲流。今日何日兮，得与王子同舟？蒙羞被好兮，不訾诟耻。心几顽而不绝兮，知得王子？山有木兮，木有枝，心说君兮，君不知。’”

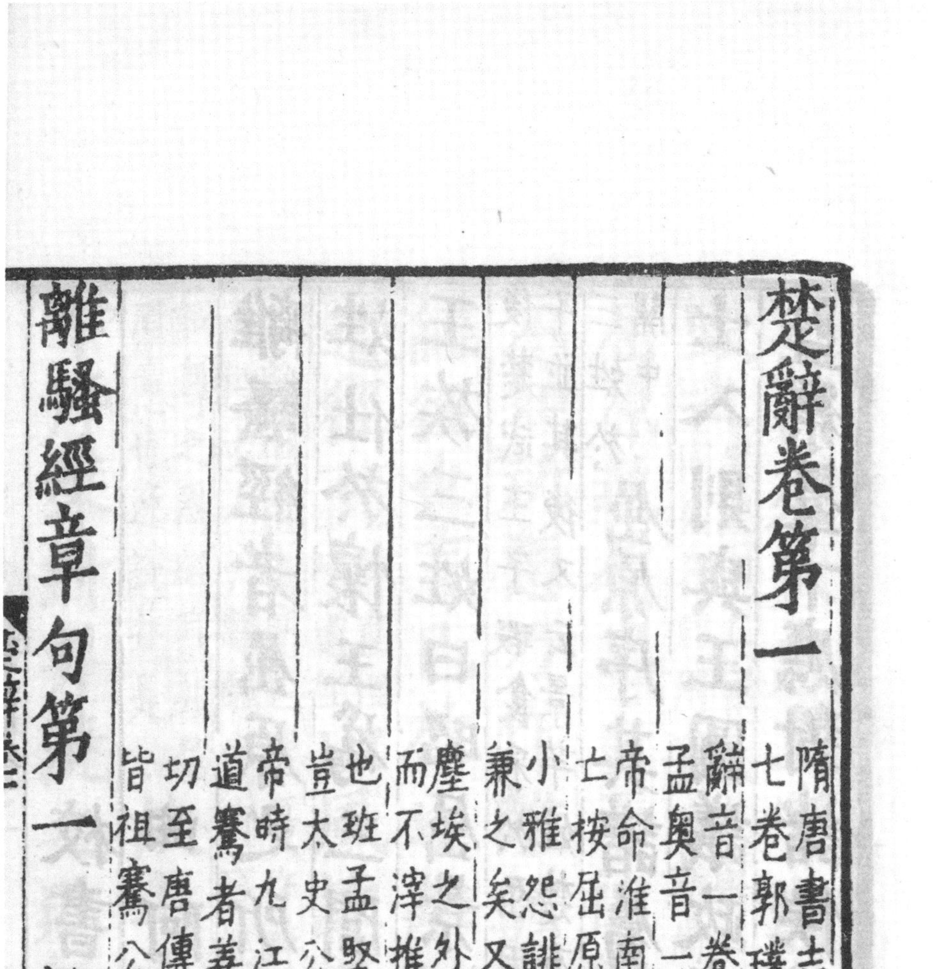
楚辭卷第一

隋唐書志有皇甫遵訓參解楚辭
七卷郭璞注十卷宋處士諸葛楚
辭音一卷劉杳草木蟲魚疏二卷
孟奧音一卷徐邈音一卷始漢武
帝命淮南王安爲離騷傳其書今
亡按屈原傳云國風好色而不淫
小雅怨誹而不亂若離騷者可謂
兼之矣又曰蟬蛻於濁穢以浮游
塵埃之外不獲世之滋垢皭然泥
而不滓推此志雖與日月爭光可
也班孟堅劉勰皆以爲淮南王語
豈太史公取其語以作傳乎漢宣
帝時九江被公能爲楚詞隋有僧
道騫者善讀之能爲楚聲音韻清
切至唐傳楚辭者
皆祖騫公之音

離騷經章句第一　離騷

图 3-1-6　《楚辞》

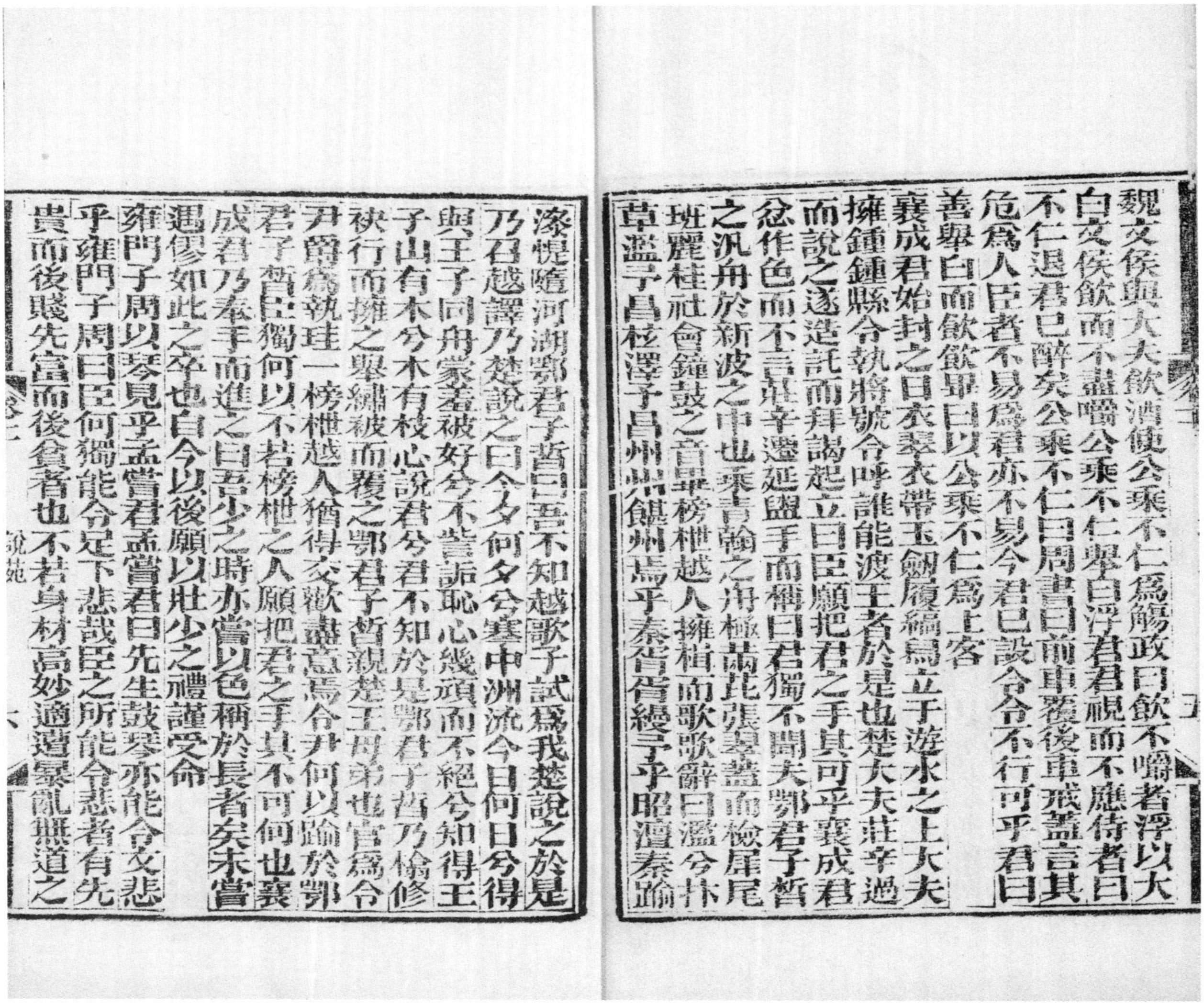
魏文侯與大夫飲酒使公乘不仁爲觴政曰飲不釂者浮以大
白文侯飲而不盡釂公乘不仁舉白浮君君視而不應侍者曰
不仁退君已醉矣公乘不仁曰周書曰前車覆後車戒蓋言其
危爲人臣者不易爲君亦不易今君已設令令不行可乎君曰
善舉白而飲飲畢曰以公乘不仁爲上客
襄成君始封之日衣翠衣帶玉劍履縞舄立於游水之上大夫
擁鍾錘縣令執將號令呼誰能渡王者於是也楚大夫莊辛過
而說之遂造託而拜謁起立曰臣願把君之手其可乎襄成君
忿作色而不言莊辛遷延盥手而稱曰君獨不聞夫鄂君子晳
之汎舟於新波之中也乘青翰之舟極𦼣芘張翠蓋而檢犀尾
班麗袿衽會鍾鼓之音畢榜枻越人擁楫而歌歌辭曰濫兮抃
草濫予昌枑澤予昌州州𩜱州焉乎秦胥胥縵予乎昭澶秦踰
滲惿隨河湖鄂君子晳曰吾不知越歌子試爲我楚說之於是
乃召越譯乃楚說之曰今夕何夕兮搴中洲流今日何日兮得
與王子同舟蒙羞被好兮不訾詬恥心幾頑而不絕兮知得王
子山有木兮木有枝心說君兮君不知於是鄂君子晳乃揄修
袂行而擁之舉繡被而覆之鄂君子晳親楚王母弟也官爲令
尹爵爲執珪一榜枻越人猶得交歡盡意焉今君何以踰於鄂
君子晳臣獨何以不若榜枻之人願把君之手其不可何也襄
成君乃奉手而進之曰吾少之時亦嘗以色稱於長者矣未嘗
遇僇如此之卒也自今以後願以壯少之禮謹受命
雍門子周以琴見乎孟嘗君孟嘗君曰先生鼓琴亦能令文悲
乎雍門子周曰臣何獨能令足下悲哉臣之所能令悲者有先
貴而後賤先富而後貧者也不若身材高妙適遭暴亂無道之

图 3-1-7 《说苑·善说》

秦汉时期在大一统制度的保障下，中原文化集各区域、各族群的文化优长为一体。“各地文化共塑中原文化，中原文化反哺各地文化”的秦汉模式奠定了历代多民族大一统王朝的文化发展路径。秦朝的文学作品流传至今的极少，主要有秦代颂体刻辞和民歌《长城歌》等。秦始皇巡游登山封禅，刻石以颂秦德，所以秦代颂体文学成就主要体现在李斯刻石文上，《史记·秦始皇本纪》（图3-1-8）收录《琅琊台刻石》曰：“维二十六年，皇帝作始。端平法度，万物之纪。以明人事，合同父子。圣智仁义，显白道理。东抚东土，以省卒士。事已大毕，乃临于海。皇帝之功，勤劳本事。上农除末，黔首是富。普天之下，抟心揖志。器械一量，同书文字。日月所照，舟舆所载，皆终其命，莫不得意。忧恤黔首，朝夕不懈。除疑定法，咸知所辟。方伯分职，诸治经易。”秦代颂体刻辞沿袭了《诗经》雅颂的文化传统，同时又广泛吸收融汇各地颂体文风，在我国文体史上留下了辉煌灿烂的一页。

復十二歲[正義]復音福復三萬戶徙臺下者作琅邪臺立石刻頌秦德
明德意曰[索隱]二句爲韻維二十六年皇帝作始端平法度萬
物之紀以明人事合同父子聖智仁義顯白道理東撫
東土以省卒士[正義]省山井反卒子忽反事已大畢乃臨于海皇帝
之功勤勞本事上農除末黔首是富普天之下摶心揖
志[索隱]摶古專字左傳云如琴瑟之摶一揖音集器械一量[正義]內成曰器甲胄兜鍪之屬外成
曰械戈矛弓戟之屬一量者同度量也同書文字日月所照舟輿所載皆
終其命莫不得意應時動事是維皇帝匡飭異俗陵水
經地[正義]陵作淩猶歷也經界也憂恤黔首朝夕不懈除疑定法咸
知所辟[正義]音避方伯分職諸治經易[正義]易音以豉反言方伯分職治所理常

史記卷六　本紀六

图 3-1-8 《史记·秦始皇本纪》

汉赋是在楚辞的基础上孕育和发展起来的，是汉代最有特色的一种文体。汉朝的赋家有陆贾、贾谊、枚乘、司马相如、枚皋、东方朔等人。司马相如《司马文园集》(图3-1-9)中的《上林赋》描绘了一幅天下大治的理想蓝图：“于是历吉日以斋戒，袭朝服，乘法驾，建华旗，鸣玉鸾，游乎六艺之囿，驰骛乎仁义之途，览观《春秋》之林……修容乎礼园，翱翔乎书圃；述易道，放怪兽；登明堂，坐清庙；恣群臣，奏得失；四海之内，靡不受获。于斯之时，天下大说，向风而听，随流而化；芔然兴道而迁义；刑错而不用；德隆于三王．而功羡于五帝；若此，故猎乃可喜也。”

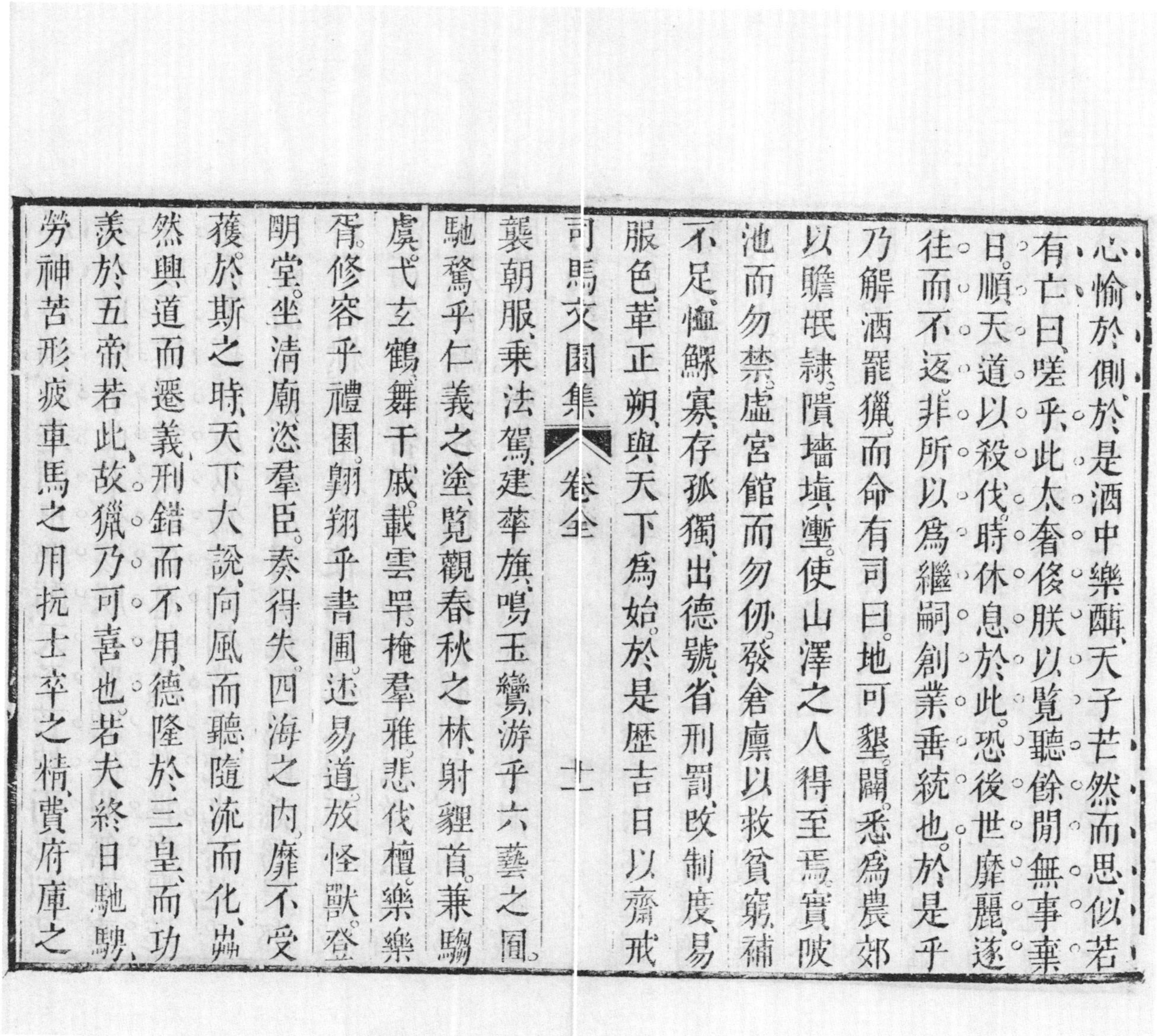

心愉於側於是酒中樂酣天子芒然而思似若
有亡曰嗟乎此太奢侈朕以覽聽餘閒無事棄
日順天道以殺伐時休息於此恐後世靡麗遂
往而不返非所以爲繼嗣創業垂統也於是乎
乃解酒罷獵而命有司曰地可墾闢悉爲農郊
以贍氓隸隤墻填壍使山澤之人得至焉實陂
池而勿禁虛宮館而勿仞發倉廩以救貧窮補
不足恤鰥寡存孤獨出德號省刑罰改制度易
服色革正朔與天下爲始於是歷吉日以齋戒

司馬文園集 卷全 十一

襲朝服乘法駕建華旗鳴玉鸞游乎六藝之囿
馳騖乎仁義之塗覽觀春秋之林射貍首兼騶
虞弋玄鶴舞干戚載雲罕掩羣雅悲伐檀樂樂
胥修容乎禮園翱翔乎書圃述易道放怪獸登
明堂坐清廟恣羣臣奏得失四海之內靡不受
獲於斯之時天下大說向風而聽隨流而化芔
然興道而遷義刑錯而不用德隆於三皇而功
羨於五帝若此故獵乃可喜也若夫終日馳騁
勞神苦形疲車馬之用抏士卒之精費府庫之

图 3-1-9 《司马文园集》

汉朝乐府诗也很繁荣，除汉赋和乐府民歌以外，还有不少未经乐府采集的杂言诗和谣谚。北宋郭茂倩编纂的《乐府诗集·杂歌谣辞》(图3-1-10)收录一首汉代的《匈奴歌》:“失我焉支山，令我妇女无颜色。失我祁连山，使我六畜不蕃息。”据称该诗翻译自匈奴人创作的作品。

魏晋南北朝时期是四言诗的延续期、五言诗的繁荣期、七言诗的产生期、抒情赋的高峰期、骈文的成熟期、小说与格律诗的草创期。民歌方面，在汉乐府民歌之后出现了另一个乐府民歌创作高潮。在南北朝时期的北方民歌民谣当中,《敕勒歌》《木兰诗》等最为著名。《乐府诗集·新歌谣辞》(图3-1-11)收录了《敕勒歌》:“敕勒川，阴山下。天似穹庐，笼盖四野。天苍苍，野茫茫，

匈奴歌
十道志曰焉支祁連二山皆美水草匈奴失之乃作此歌漢書曰元狩二年春霍去病將萬騎出隴西討匈奴過焉支山千有餘里其夏又攻祁連山捕首虜甚多祁連山即天山匈奴呼天爲祁連故曰祁連山焉支山即燕支山也

樂府　一　卷八十四　九

失我焉支山令我婦女無顏色失我祁連山使我六畜不蕃息

驪駒歌　古辭

漢書儒林曰王式除爲博士既至舍中會諸大夫共持酒肉勞式皆注意高仰之博士江公心嫉式謂歌吹諸生曰歌驪駒式曰聞之於師客歌驪駒主人歌客毋庸歸今日諸君爲主人日尚早未可也驪駒者

图 3-1-10　《乐府诗集·杂歌谣辞》

风吹草低见牛羊。”敕勒是古代北方部族，以游牧为生。这首民歌是由鲜卑语译成汉语的，勾勒出了北国草原壮丽富饶的风光。《乐府诗集 · 横吹曲辞》(图3-1-12)收录了《木兰诗》:“唧唧复唧唧，木兰当户织。不闻机杼声，唯闻女叹息……雄兔脚扑朔，雌兔眼迷离。双兔傍地走，安能辨我是雄雌？”《木兰诗》代表了北朝乐府民歌杰出的成就，不仅反映出当时北方游牧民族普遍的尚武风气，更表现了北方人民厌恶战乱、渴望和平的愿望。

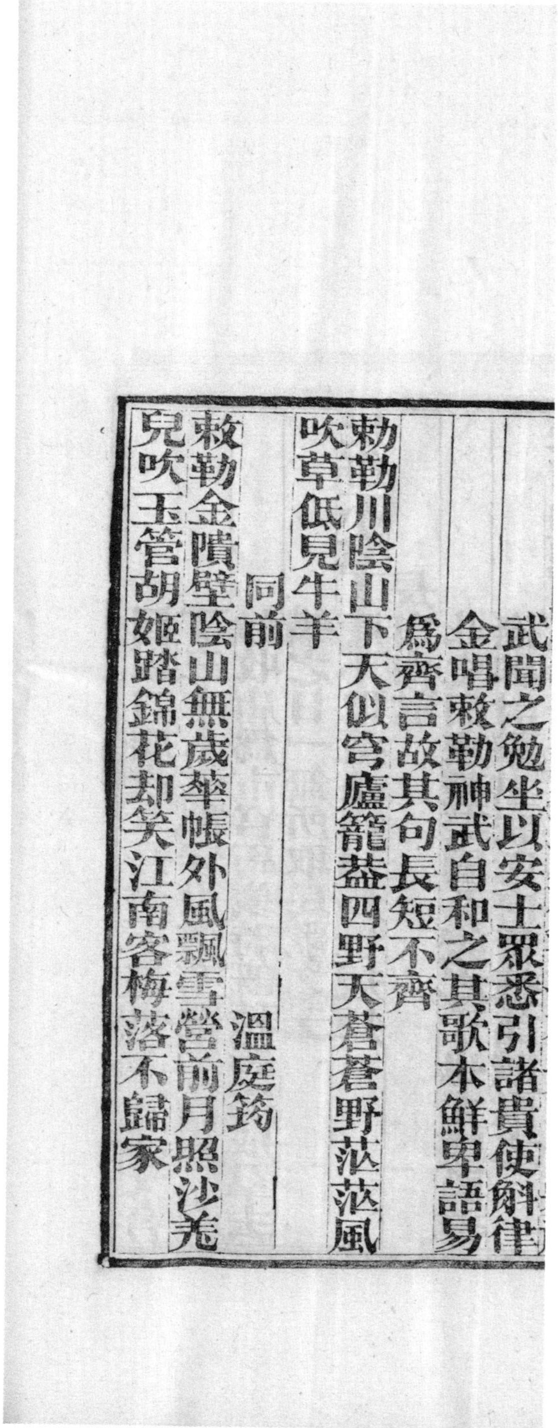
武聞之勉坐以安士眾悉引諸貴使斛律
金唱敕勒神武自和之其歌本鮮卑語易
爲齊言故其句長短不齊
敕勒川陰山下天似穹廬籠蓋四野天蒼蒼野茫茫風
吹草低見牛羊
同前　溫庭筠
敕勒金隤壁陰山無歲華帳外風飄雪營前月照沙羌
兒吹玉管胡姬踏錦花却笑江南客梅落不歸家

图3-1-11 《乐府诗集·新歌谣辞》

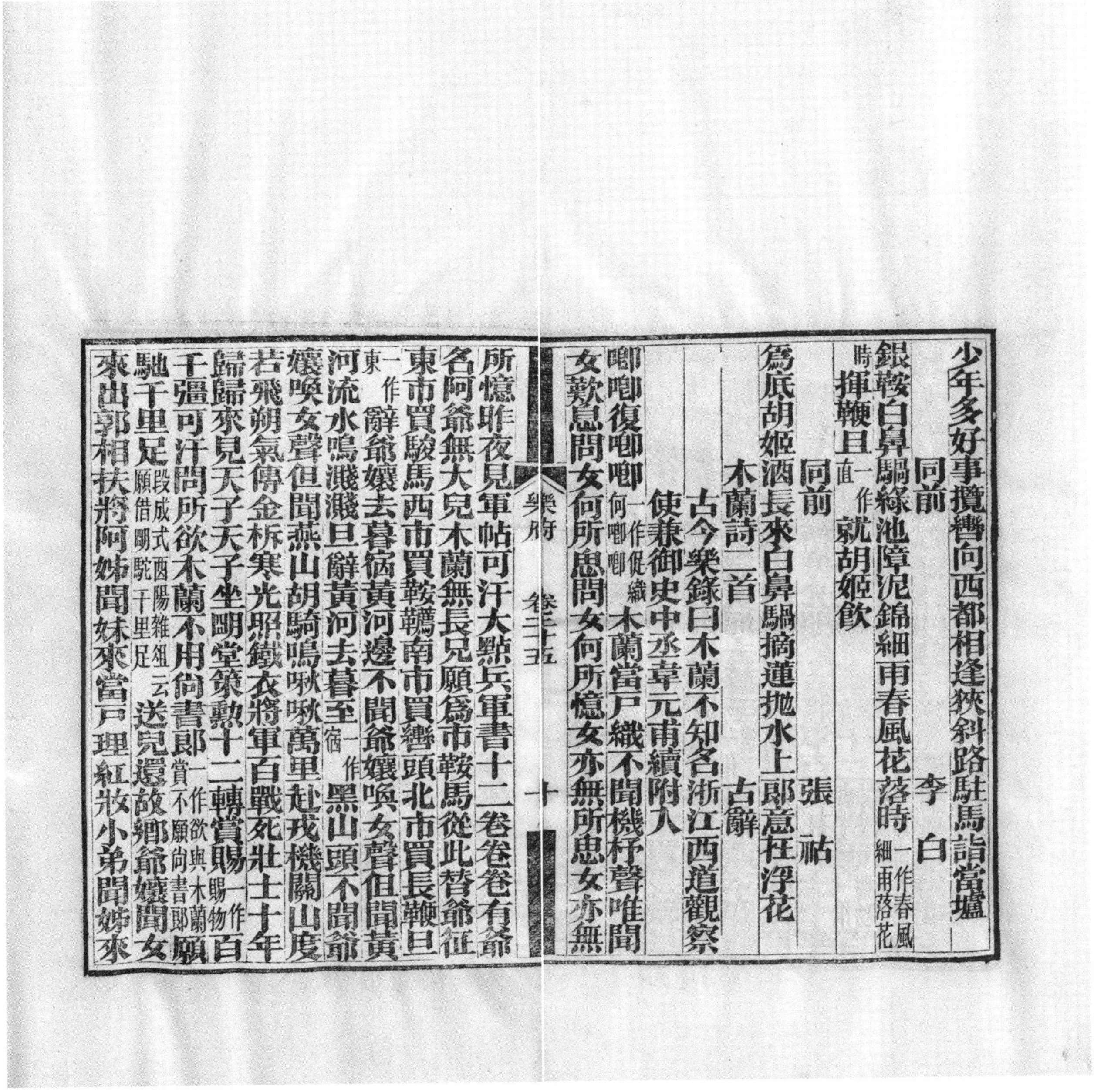

少年多好事攬轡向西都相逢狹斜路駐馬詣當壚

同前　李白

銀鞍白鼻騧綠池障泥錦細雨春風花落時（一作春風細雨落花時）揮鞭且（一作直）就胡姬飲

同前　張祜

為底胡姬酒長來白鼻騧摘蓮拋水上郎意在浮花

木蘭詩二首　古辭

古今樂錄曰木蘭不知名浙江西道觀察使兼御史中丞韋元甫續附入

唧唧復唧唧（一作促織何唧唧）木蘭當戶織不聞機杼聲唯聞女歎息問女何所思問女何所憶女亦無所思女亦無

樂府　卷二十五　十

所憶昨夜見軍帖可汗大點兵軍書十二卷卷卷有爺名阿爺無大兒木蘭無長兄願為市鞍馬從此替爺征東市買駿馬西市買鞍韉南市買轡頭北市買長鞭旦（一作東）辭爺孃去暮宿黃河邊不聞爺孃喚女聲但聞黃河流水鳴濺濺旦辭黃河去暮至（一作宿）黑山頭不聞爺孃喚女聲但聞燕山胡騎鳴啾啾萬里赴戎機關山度若飛朔氣傳金柝寒光照鐵衣將軍百戰死壯士十年歸歸來見天子天子坐明堂策勳十二轉賞賜（一作賜物）百千強可汗問所欲木蘭不用尚書郎（一作欲與木蘭賞不願尚書郎）願馳千里足（段成式酉陽雜俎云願借明駝千里足）送兒還故鄉爺孃聞女來出郭相扶將阿姊聞妹來當戶理紅妝小弟聞姊來

图 3-1-12　《乐府诗集·横吹曲辞》

唐代是中国古典诗歌空前发展的朝代，在唐代的二百八十九年间，诸体诗歌完备，名家辈出，流派众多，至今流传下来的诗作有五万多首，可考的诗人作者有两千八百余人，他们的作品保存在规模最大的唐诗总集《全唐诗》中。《全唐诗》收录了全国各地、各族群诗人的作品，比如伟大的浪漫主义诗人李白出生于碎叶，带有汉族与西域少数民族的血统；元结、元稹是鲜卑族后裔；刘禹锡、独孤氏其先为匈奴族。《全唐诗》还收录了少数民族诗人用汉语创作的诗歌，南诏骠信《星回节游避风台与清平官赋》（图3-1-13）："避风善阐台，极目见藤越。悲哉古与今，依然烟与月。自我居震旦，翊卫类夔契。伊昔颈皇运，艰难仰忠烈。不觉岁云暮，感极星回节。元昶同一心，子孙堪贻厥。"

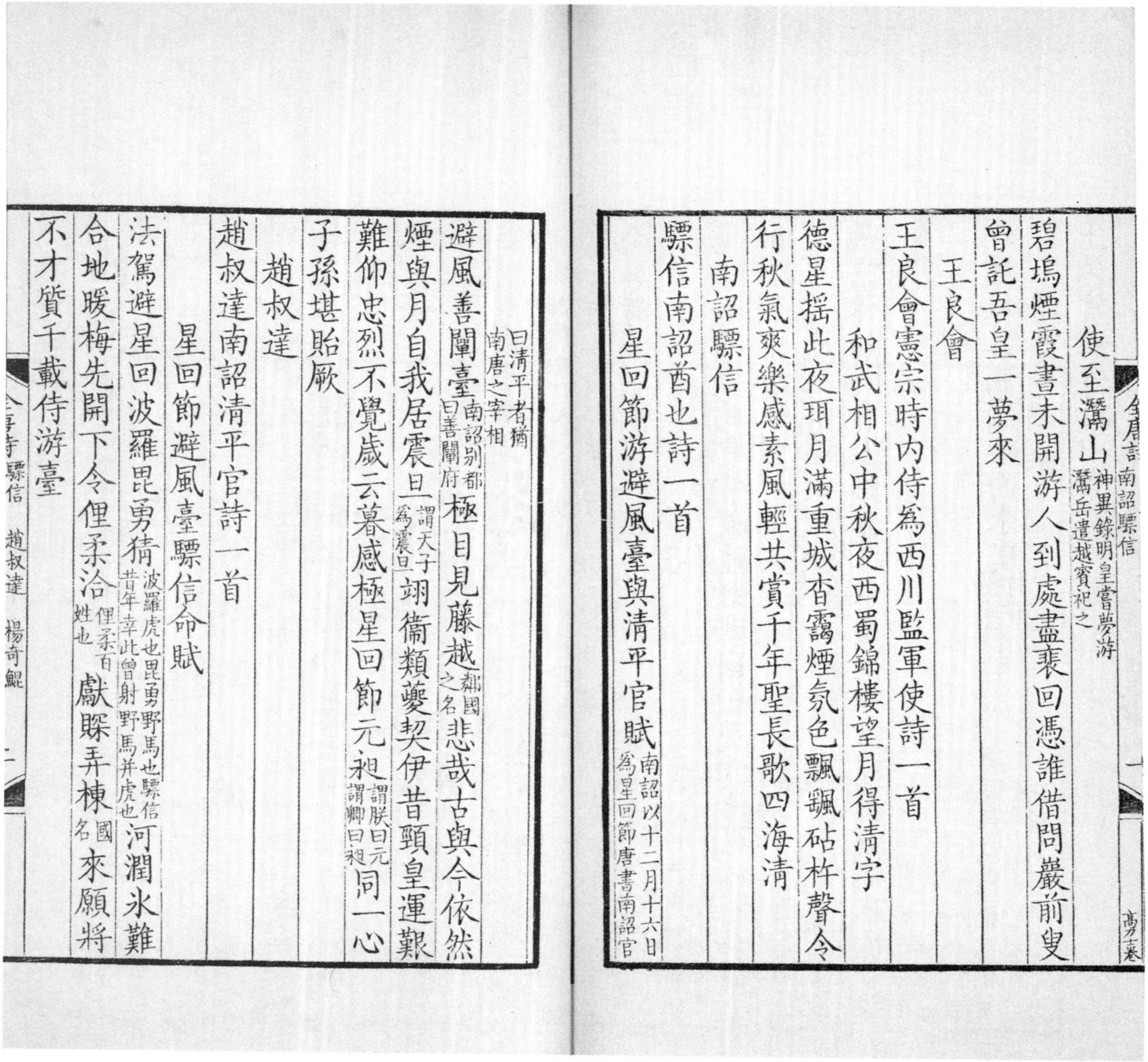

全唐詩 南詔驃信

使至瀛山神異錄明皇嘗夢游瀛岳遣越賓祀之

碧塢煙霞晝未開游人到處盡裴回憑誰借問巖前叟

曾託吾皇一夢來

王良會

王良會憲宗時內侍爲西川監軍使詩一首

和武相公中秋夜西蜀錦樓望月得清字

德星摇此夜珥月滿重城杳靄煙氛色飄颻砧杵聲令

行秋氣爽樂感素風輕共賞千年聖長歌四海清

南詔驃信

驃信南詔酋也詩一首

星回節游避風臺與清平官賦南詔以十二月十六日爲星回節唐書南詔官曰清平者猶南唐之宰相

避風善闡臺南詔别都曰善闡府極目見藤越鄰國之名悲哉古與今依然

煙與月自我居震旦謂天子爲震旦翊衛類夔契伊昔頸皇運艱

難仰忠烈不覺歲云暮感極星回節元昶謂朕曰元謂卿曰昶同一心

子孫堪貽厥

趙叔達

趙叔達南詔清平官詩一首

星回節避風臺驃信命賦

法駕避星回波羅毘勇猜波羅虎也毘勇野馬也驃信昔年幸此曾射野馬并虎也河潤冰難

合地暖梅先開下令俚柔洽俚柔百姓也獻賝弄棟國名來願將

不才質千載侍游臺

全唐詩 驃信 趙叔達 楊奇鯤

图 3-1-13 《全唐诗·星回节游避风台与清平官赋》

《全唐诗》还收录了大量歌颂民族融合的诗歌，比如唐太宗《正日临朝》(图3-1-14)："条风开献节，灰律动初阳。百蛮奉遐赆，万国朝未央。虽无舜禹迹，幸欣天地康。车轨同八表，书文混四方。赫奕俨冠盖，纷纶盛服章。羽旄飞驰道，钟鼓震岩廊。组练辉霞色，霜戟耀朝光。晨宵怀至理，终愧抚遐荒。"全诗呈现出天下统一、万国来朝的盛唐气象。

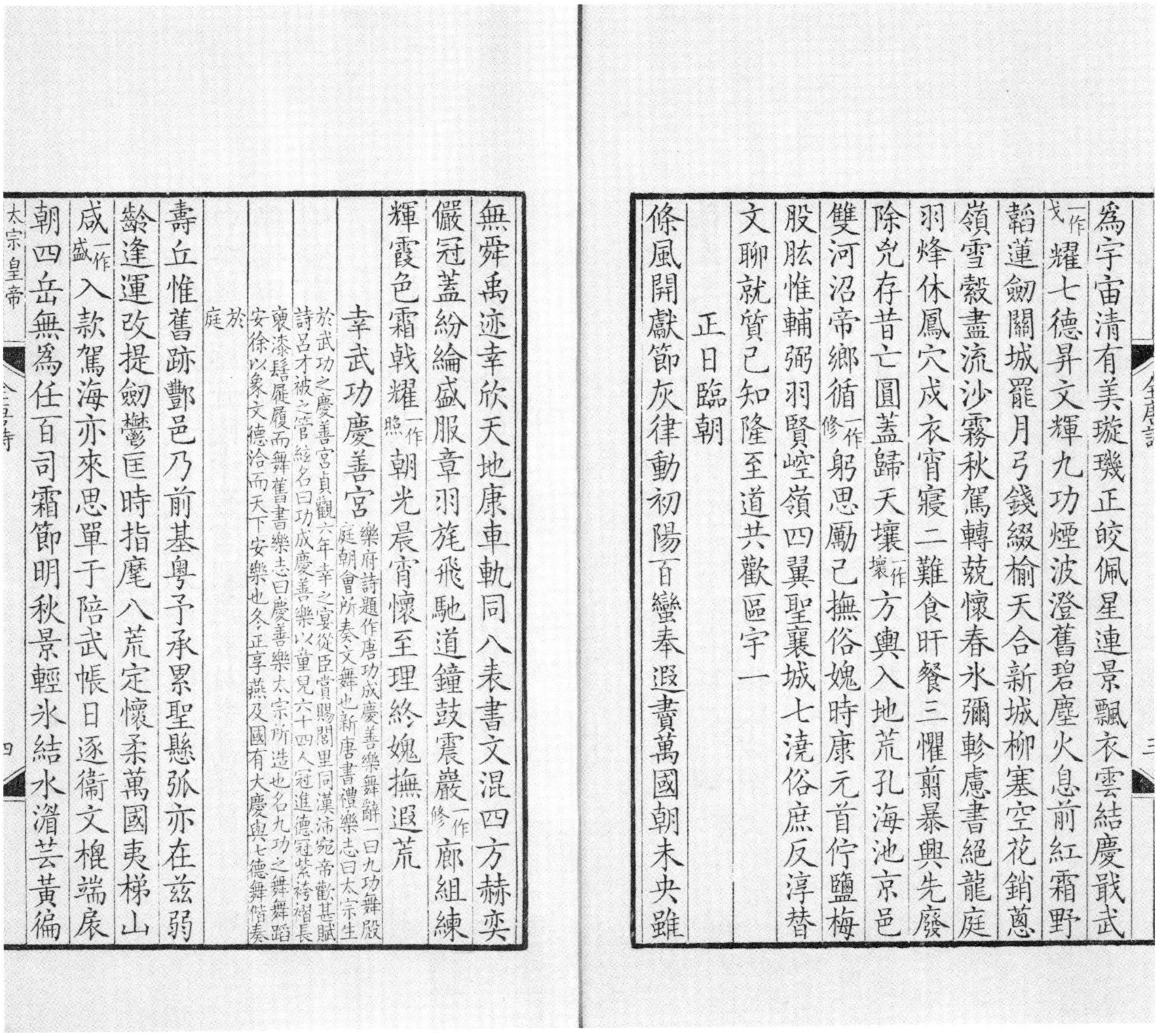
爲宇宙清有美璇璣正皎佩星連景飄衣雲結慶戢武（一作戈）耀七德昇文輝九功煙波澄舊碧塵火息前紅霜野韜蓮劒關城罷月弓錢綴榆天合新城柳塞空花銷蔥嶺雪穀盡流沙霧秋駕轉兢懷春冰彌軫慮書絕龍庭羽烽休鳳穴戍衣宵寢二難食旰餐三懼翦暴興先廢除兇存昔亡圓蓋歸天壤（一作壞）方輿入地荒孔海池京邑雙河沼帝鄉循（一作修）躬思勵己撫俗媿時康元首佇鹽梅股肱惟輔弼羽賢崆嶺四翼聖襄城七澆俗庶反淳替文聊就質已知隆至道共歡區宇一

正日臨朝

條風開獻節灰律動初陽百蠻奉遐賮萬國朝未央雖無舜禹迹幸欣天地康車軌同八表書文混四方赫奕儼冠蓋紛綸盛服章羽旄飛馳道鐘鼓震巖（一作修）廊組練輝霞色霜戟耀（一作照）朝光晨宵懷至理終媿撫遐荒

幸武功慶善宮 樂府詩題作唐功成慶善樂舞辭一曰九功舞殿庭朝會所奏文舞也新唐書禮樂志曰太宗生於武功之慶善宮貞觀六年幸之宴從臣賞賜閭里同漢沛宛帝歡甚賦詩呂才被之管絃名曰功成慶善樂以童兒六十四人冠進德冠紫袴褶長褏漆髻屣履而舞舊唐書樂志曰慶善樂太宗所造也名九功之舞舞蹈安徐以象文德洽而天下安樂也冬正享燕及國有大慶與七德舞偕奏於庭

壽丘惟舊跡酆邑乃前基粵予承累聖懸弧亦在茲弱齡逢運改提劒鬱匡時指麾八荒定懷柔萬國夷梯山咸（一作盛）入款駕海亦來思單于陪武帳日逐衛文榻端扆朝四岳無爲任百司霜節明秋景輕冰結水淯芸黃徧

太宗皇帝 全唐詩 四

图 3-1-14 《全唐诗·正日临朝》

《全唐诗》中还收录了大量反映各民族在艺术、文化、政治等方面交往的诗歌。如白居易描写胡旋女舞姿优美的《胡旋女》(图3-1-15)：“胡旋女，胡旋女，心应弦，手应鼓。弦鼓一声双袖举，回雪飘飖转蓬舞。左旋右转不知疲，千匝万周无已时。人间物类无可比，奔车轮缓旋风迟。曲终再拜谢天子，天子为之微启齿。”白居易还有一首长诗《长恨歌》歌颂唐玄宗和杨贵妃的爱情故事，影响了后世的杂剧、传奇创作。再如马戴创造了赞美蕃将骑射本领高超的《射雕骑》(图3-1-16)：“蕃面将军著鼠裘，酣歌冲雪在边州。猎过黑山犹走马，寒雕射落不回头。”

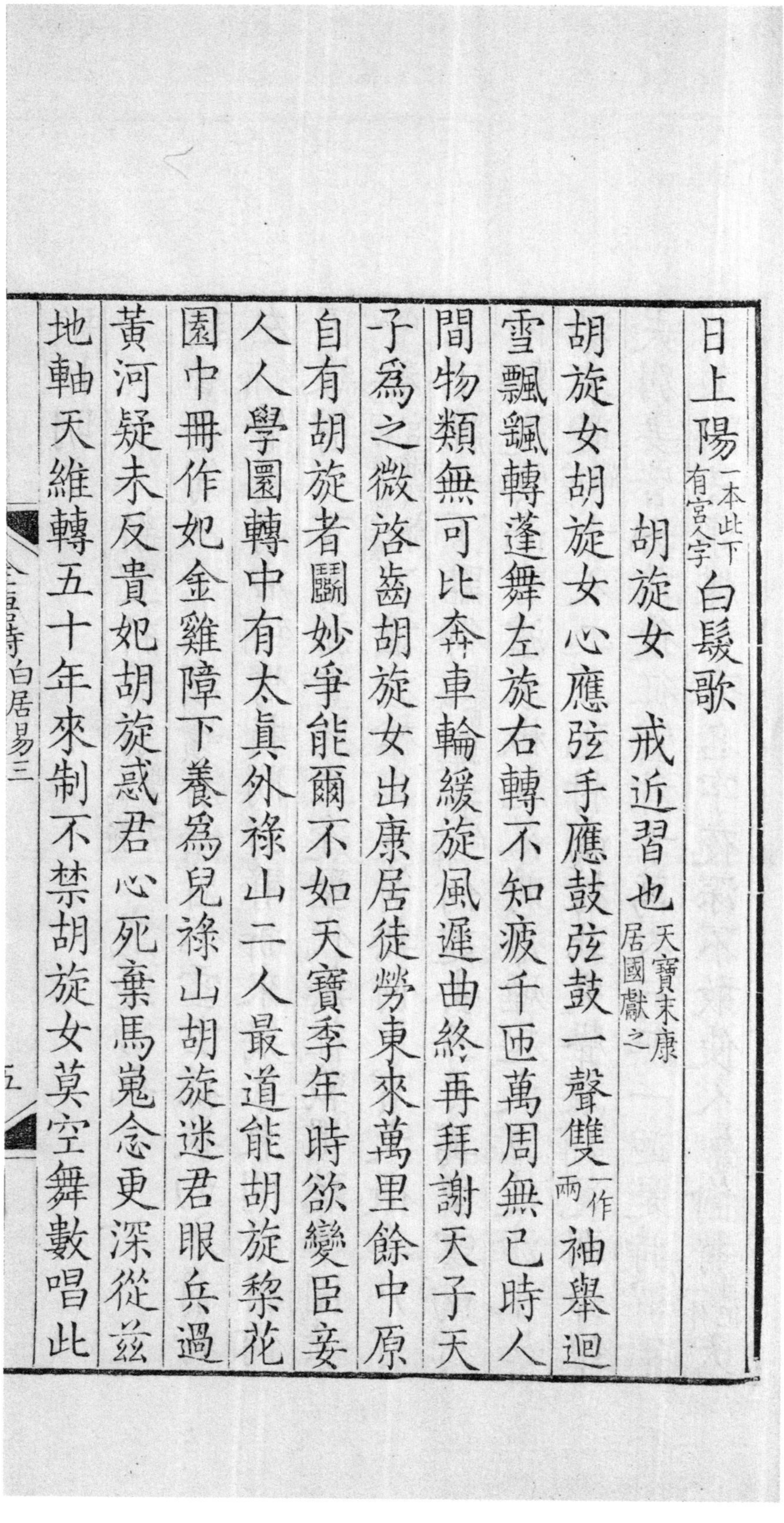

日上陽一本此下有宮人字白髮歌

胡旋女 戒近習也天寶末康居國獻之

胡旋女胡旋女心應弦手應鼓弦鼓一聲雙一作兩袖舉迴雪飄颻轉蓬舞左旋右轉不知疲千匝萬周無已時人間物類無可比奔車輪緩旋風遲曲終再拜謝天子天子爲之微啓齒胡旋女出康居徒勞東來萬里餘中原自有胡旋者鬬妙爭能爾不如天寶季年時欲變臣妾人人學圜轉中有太眞外祿山二人最道能胡旋梨花園中冊作妃金雞障下養爲兒祿山胡旋迷君眼兵過黃河疑未反貴妃胡旋惑君心死棄馬嵬念更深從茲地軸天維轉五十年來制不禁胡旋女莫空舞數唱此

全唐詩 白居易三 五

图 3-1-15 《全唐诗·胡旋女》

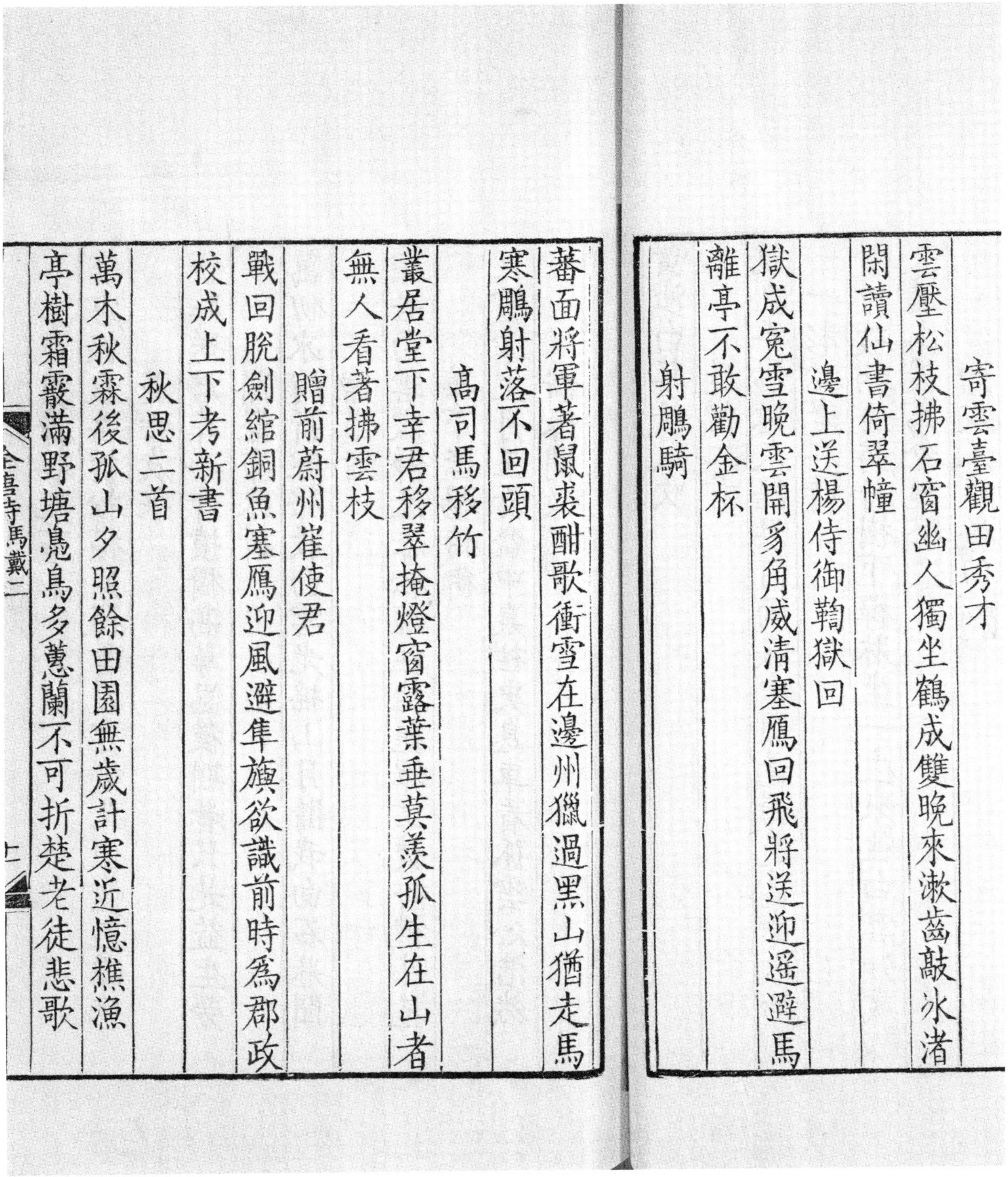

寄雲臺觀田秀才

雲壓松枝拂石窗幽人獨坐鶴成雙晚來漱齒敲氷渚
閑讀仙書倚翠幢

邊上送楊侍御鞫獄回

獄成寃雪晚雲開豸角威清塞鴈回飛將送迎遥避馬
離亭不敢勸金杯

射鵰騎

蕃面將軍著鼠裘酣歌衝雪在邊州獵過黑山猶走馬
寒鵰射落不回頭

高司馬移竹

叢居堂下幸君移翠掩燈窗露葉垂莫羨孤生在山者
無人看著拂雲枝

贈前蔚州崔使君

戰回脫劍綰銅魚塞鴈迎風避隼旗欲識前時爲郡政
校成上下考新書

秋思二首

萬木秋霖後孤山夕照餘田園無歲計寒近憶樵漁
亭樹霜霰滿野塘鳬鳥多蕙蘭不可折楚老徒悲歌

全唐詩 馬戴二 十

图 3-1-16　《全唐诗·射雕骑》

王建《凉州行》(图3-1-17)描绘了汉藏民族间的交往交流交融:“蕃人旧日不耕犁，相学如今种禾黍。驱羊亦著锦为衣，为惜毡裘防斗时。养蚕缫茧成匹帛，那堪绕帐作旌旗。城头山鸡鸣角角，洛阳家家学胡乐。”该诗反映出唐朝时期汉、藏的深度交融，“相学如今种禾黍”反映了藏族接受中原汉族农业文化，“洛阳家家学胡乐”又反映了中原汉族人民也受到藏族文化艺术的熏陶。

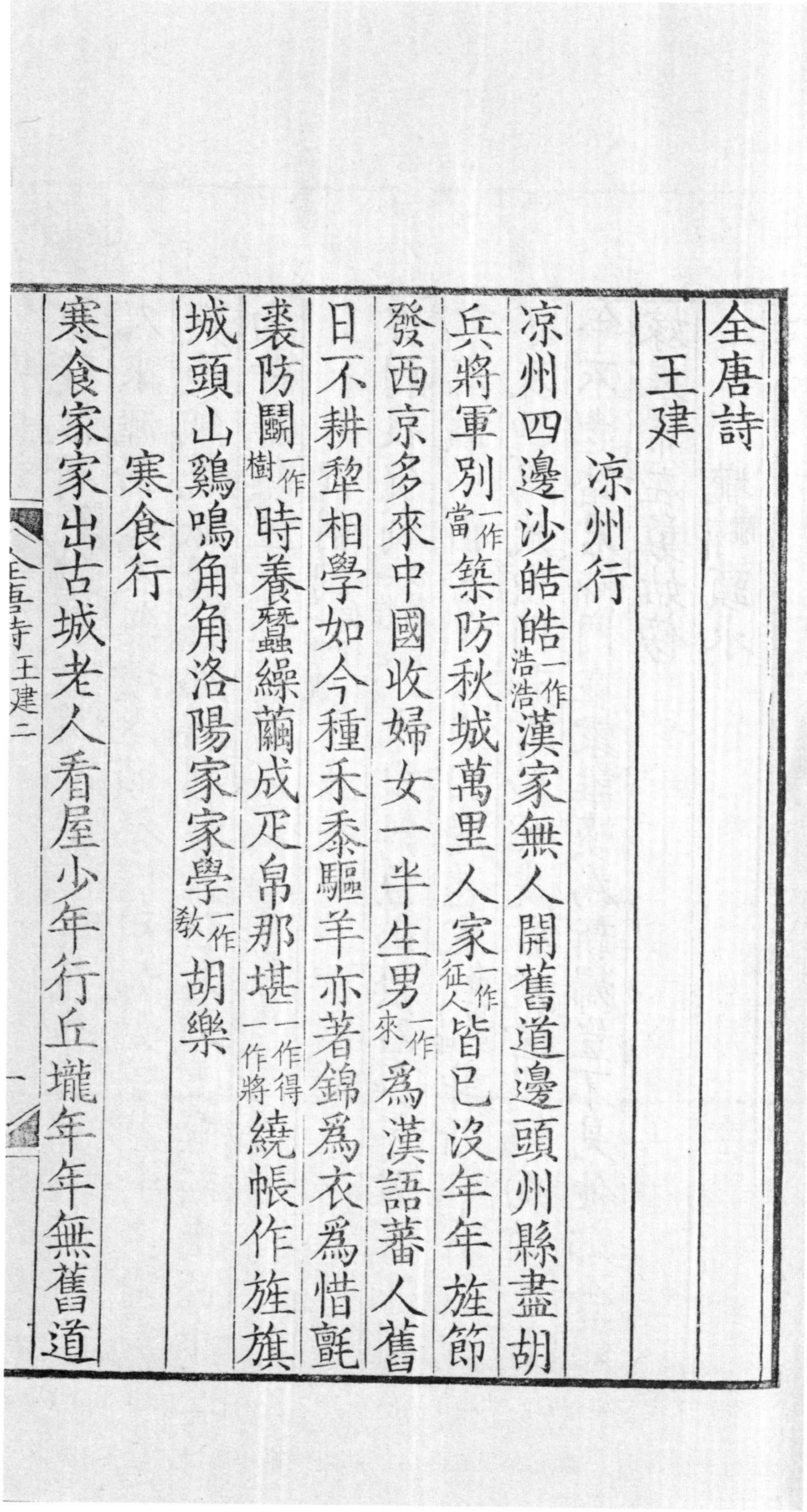
全唐詩

王建

涼州行

涼州四邊沙皓皓(一作浩浩)漢家無人開舊道邊頭州縣盡胡兵將軍別(一作當)築防秋城萬里人家(一作征人)皆已沒年年旌節發西京多來中國收婦女一半生男(一作來)爲漢語蕃人舊日不耕犂相學如今種禾黍驅羊亦著錦爲衣爲惜氈裘防鬬(一作樹)時養蠶繰繭成疋帛那堪(一作得)(一作將)繞帳作旌旗城頭山鷄鳴角角洛陽家家學(一作效)胡樂

寒食行

寒食家家出古城老人看屋少年行丘壠年年無舊道

全唐詩 王建二

图 3-1-17 《全唐诗·凉州行》

在诗歌发展取得辉煌成就，散文文体文风改革产生重大影响的同时，唐代在小说文体的发展上也取得了重大的进展，被称为“特绝之作”的传奇小说开始出现在文坛上。唐传奇的出现，标志着我国文言小说发展到了成熟阶段，代表作品如王度的《古镜记》、沈既济的《枕中记》、李公佐的《南柯太守传》、蒋防的《霍小玉传》、白行简的《李娃传》、元稹的《莺莺传》等。许多作品对后世戏剧、小说的发展产生重要影响，如元稹《莺莺传》(图3-1-18)不断被后世文人改编。

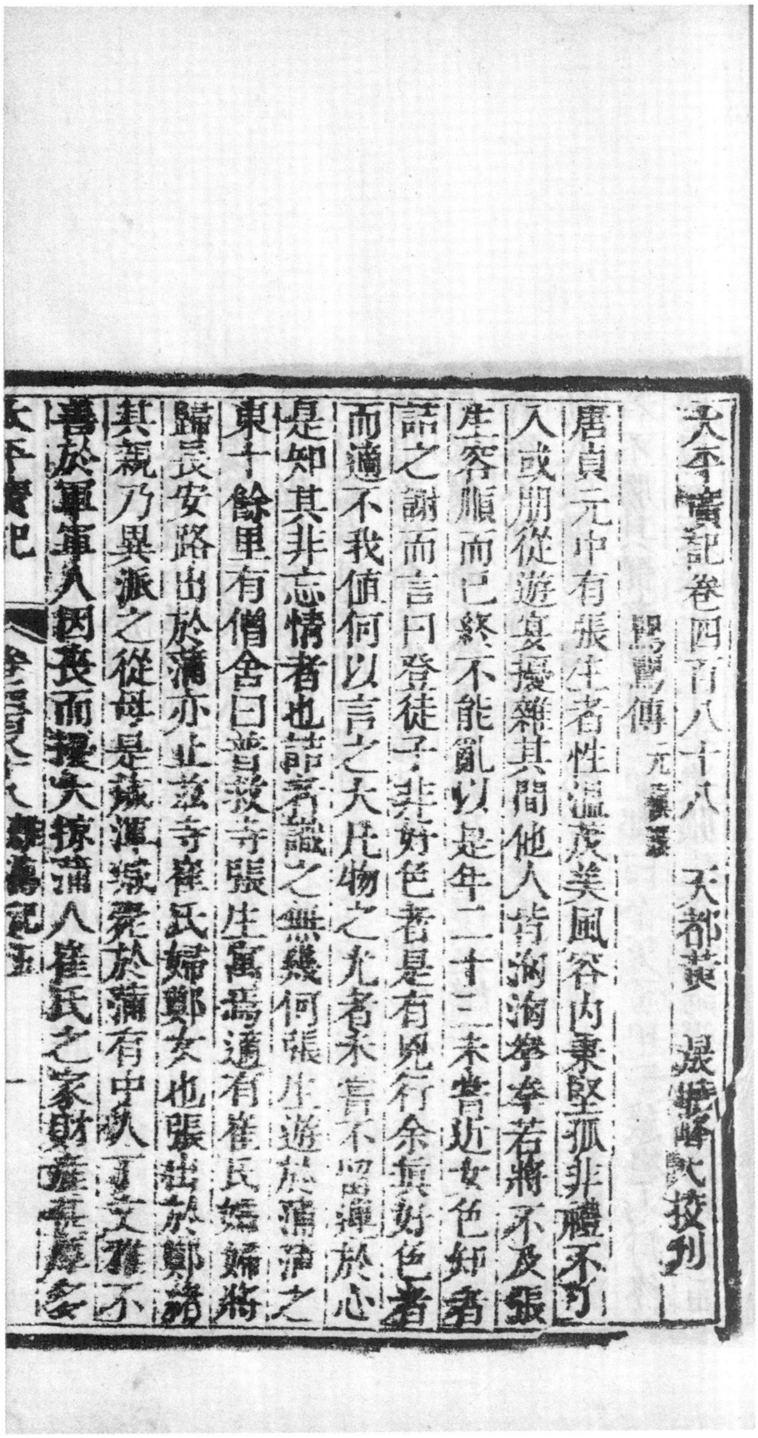
太平廣記卷四百八十八　天都黄　晟曉峰氏校刊
鶯鶯傳　元稹撰
唐貞元中有張生者性溫茂美風容內秉堅孤非禮不可入或朋從遊宴擾雜其間他人皆洶洶拳拳若將不及張生容順而已終不能亂以是年二十三未嘗近女色知者詰之謝而言曰登徒子非好色者是有兇行余真好色者而適不我值何以言之大凡物之尤者未嘗不留連於心是知其非忘情者也詰者識之無幾何張生遊於蒲蒲之東十餘里有僧舍曰普救寺張生寓焉適有崔氏孀婦將歸長安路出於蒲亦止茲寺崔氏婦鄭女也張出於鄭緒其親乃異派之從母是歲渾瑊薨於蒲有中人丁文雅不善於軍軍人因喪而擾大掠蒲人崔氏之家財產甚厚多

图3-1-18 《太平广记·莺莺传》

辽金元时期，中原文学的中心也逐渐向北方转移，因而使得北方文学得到了前所未有的发展和繁荣，文坛上出现了大量少数民族作家，少数民族的文学发展水平有了突破性的提高。辽代诗歌留存下来的作品只有七十余首，作者既有契丹人，也有汉人。如《廿二史札记》（图3-1-19）收录了耶律倍的《海上诗》：“小山压大山，大山全无力。羞见故乡人，从此投外国。”耶律倍是辽太祖长子，辽太宗即位，遭到疑忌，逃奔后唐。此诗作于其流亡途中，是见于记载的辽代最早的五言诗。《太平广记》（图3-1-20）收录了辽丞相赵延寿的一首诗：“黄沙风卷半空抛，云动阴山雪满郊。探水人回移帐就，射雕箭落着弓抄。鸟逢霜果饥还啄，马渡冰河渴自跑。占得高原肥草地，夜深生火折林梢。”赵延寿原仕五代唐，后仕辽。该诗描写了北国景物、生活的质朴粗豪。

遼太祖起朔漠而長子人皇王貝已工詩善畫聚書萬卷起書樓於西宮又藏書於醫巫閭山絕頂其所作田園樂詩為世傳誦畫本國人物如射騎獵雪騎千鹿圖皆入宋秘府其讓位於弟德光反見疑而浮海適唐也刻詩海上曰小山壓大山大山全無力羞見故鄉人從此投外國情詞悽惋言短意長已深有合於風人之旨矣平王隆先亦博學能詩有閬苑集行世其他宗室內亦多以文學著稱如耶律國留善屬文坐罪在獄賦寤寐歌世競稱之其弟資忠亦能詩使高麗被留有所著號西亭集耶律庶成善遼漢文尤工詩耶律富魯為牌印郎君應詔賦詩立成以進其父庶箴嘗寄戒諭詩

廿二史劄記 卷二十七 遼史

图 3-1-19 《廿二史札记》卷二十七

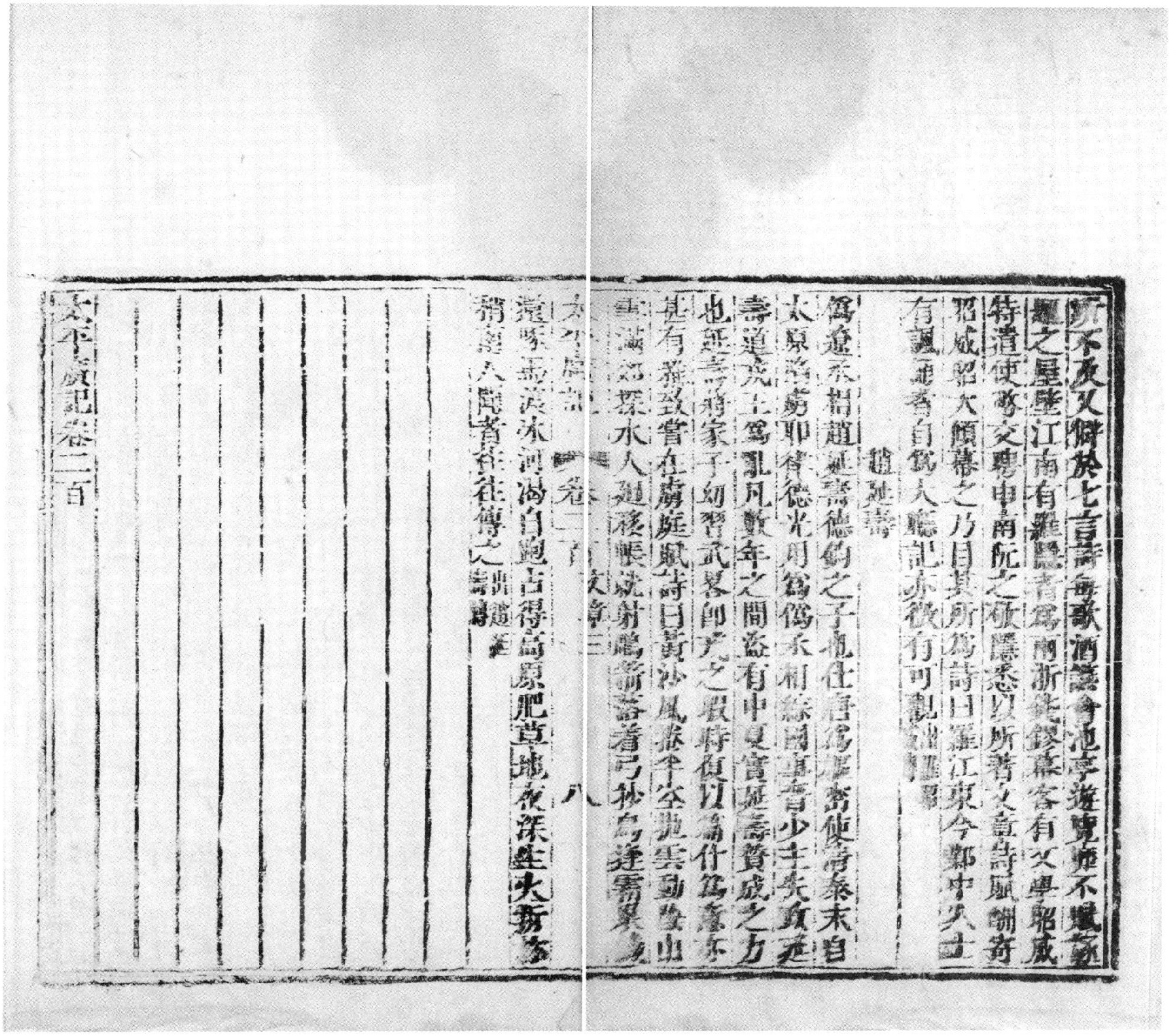

图 3-1-20 《太平广记》卷二百

女真统治者在政治制度、文化建设诸方面广泛地吸收了汉文化的要素，其文学成就更远远超过了辽代，散文、诗、词均颇有佳作。《闲闲老人滏水文集》（图3-1-21）收录金朝文学家赵秉文的诗、文作品二十卷，其中《磁州石桥记》气势宏大，文字优美，深受唐宋散文的影响："北趋天都，南走梁、宋，西通秦、晋之郊，东驰海岱之会，磁为一要冲。滏水西来，距城四十里而近，又五里，东合于漳。方春秋霖潦，砯崖而下，漳水汹怒，则激流而上，汇于观鱼亭下者三丈有奇，吞长堤，灭两涘。平时有罟而渔，有舟而方，岁刓时复，波荡水�，居者病绎骚，行者叹滞留。"

《遗山先生文集》（图3-1-22）收录了元好问诗、文、赋共四十卷。其中《颍亭留别》流贯着冲淡闲远、渊然淳蓄的气度，有陶渊明诗歌的神韵："故人重分携，临流驻归驾。乾坤展清眺，万景若相借。北风三日雪，太素秉元化。九山郁峥嵘，了不受陵跨。寒波淡淡起，白鸟悠悠下。怀归人自急，物态本闲暇。壶觞负吟啸，尘土足悲咤。回首亭中人，平林澹如画。"

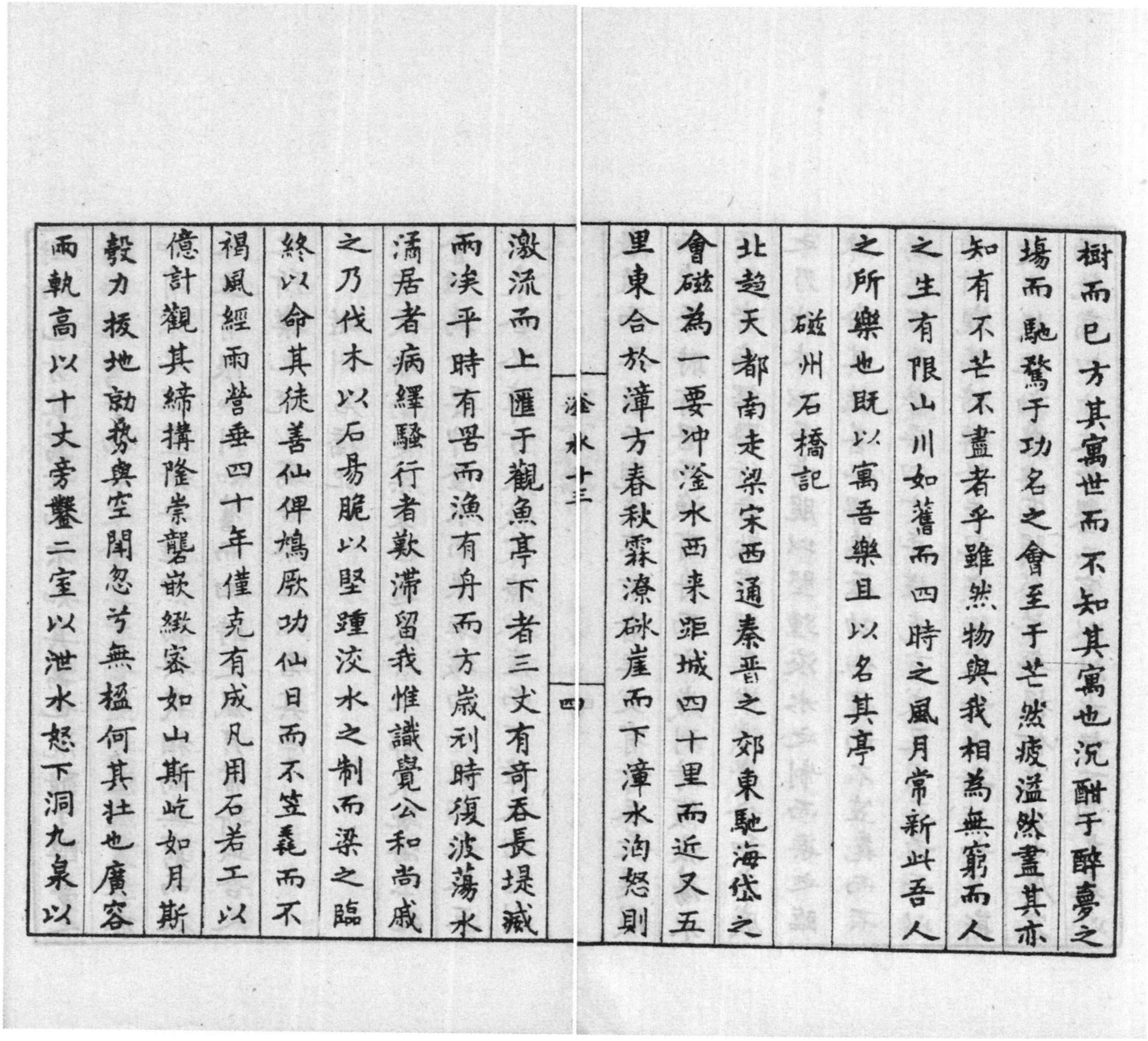
樹而已方其寓世而不知其寓也況酣于醉夢之場而馳騖于功名之會至于芒然疲溢然盡其亦知有不芒不盡者乎雖然物與我相為無窮而人之生有限山川如舊而四時之風月常新此吾人之所樂也既以寓吾樂且以名其亭

磁州石橋記

北趍天都南走梁宋西通秦晋之郊東馳海岱之會磁為一要冲滏水西来距城四十里而近又五里東合於漳方春秋霖潦砯崖而下漳水洶怒則

滏水十三　四

激流而上匯于觀魚亭下者三丈有奇呑長堤濺兩涘平時有罟而漁有舟而方歲刓時復波蕩水濡居者病繹騷行者歎滞留我惟識覺公和尚戚之乃伐木以石易脆以堅踵洨水之制而梁之臨終以命其徒善仙俾鳩厥功仙日而不笠蓑而不裼風經雨營垂四十年僅克有成凡用石若干以億計觀其締搆隆崇礱嵌緻密如山斯屹如月斯彀力扳地勍勢與空闘忽兮無極何其壯也廣容兩軌高以十丈旁鑿二室以泄水怒下洞九泉以

图 3-1-21　《闲闲老人滏水文集》卷十三

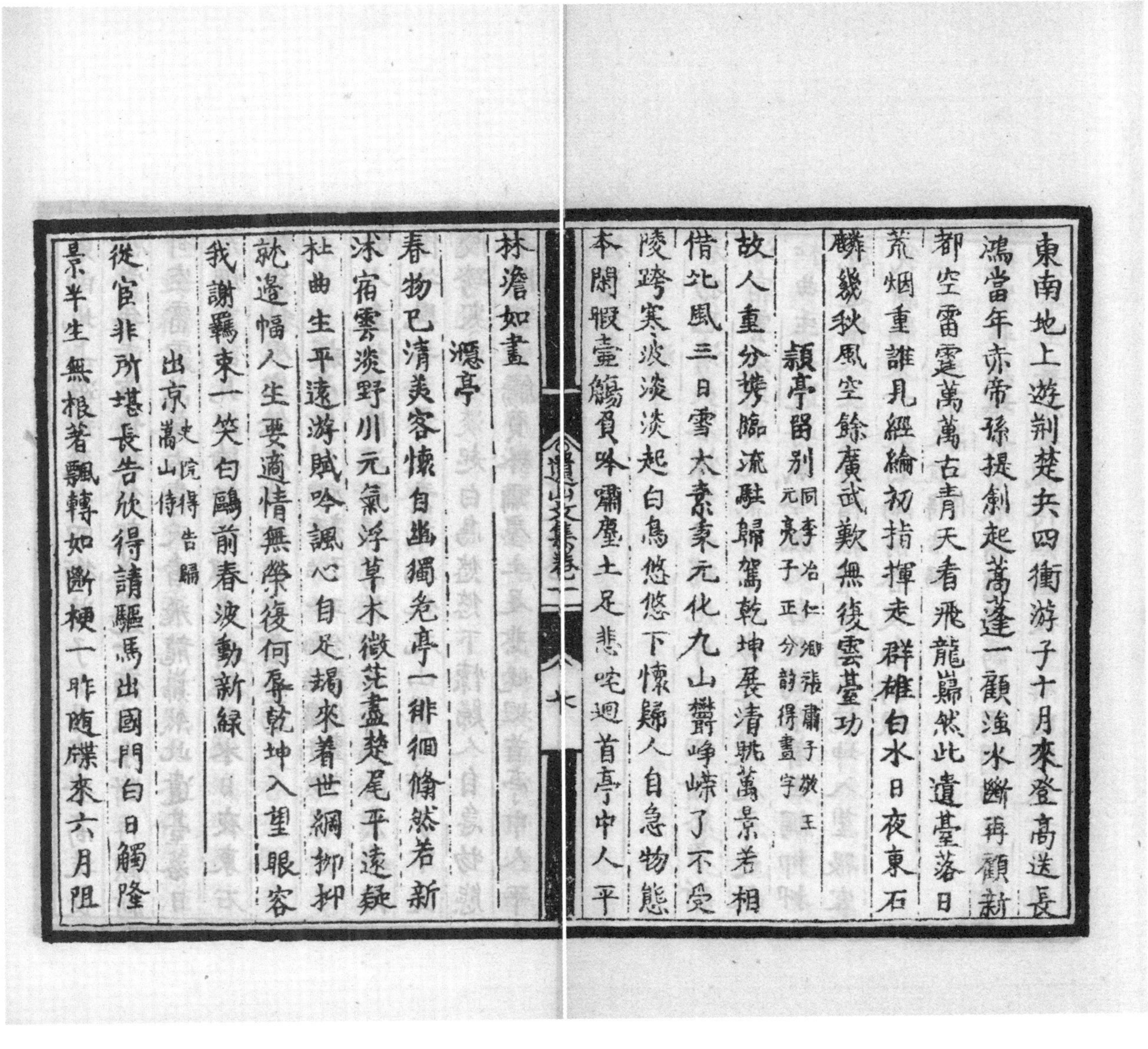

東南地上遊荆楚兵四衝游子十月來登高送長
鴻當年赤帝孫提劍起蒿蓬一顧渔水斷再顧新
都空雷霆萬萬古青天看飛龍歸然此遺臺落日
荒烟重誰見經綸初指揮走群雄白水日夜東石
麟幾秋風空餘廣武歎無復雲臺功
潁亭留別 同李冶仁卿張肅子敬王元亮子正分韻得畫字
故人重分携臨流駐歸駕乾坤展清眺萬景若相
借北風三日雪太素秉元化九山鬱崢嶸了不受
陵跨寒波淡淡起白鳥悠悠下懷歸人自急物態
本閑暇壺觴負吟嘯塵土足悲吒迴首亭中人平

遺山文集卷一 七

林澹如畫
濦亭
春物已清美客懷自幽獨危亭一徘徊翛然若新
沐宿雲淡野川元氣浮草木微茫盡楚尾平遠疑
杜曲生平遠遊賦吟諷心自足揭來着世網抑抑
就邊幅人生要適情無榮復何辱乾坤入望眼容
我謝羈束一笑白鷗前春波動新緑
出京 史院得告歸嵩山侍
從官非所堪長告欣得請驅馬出國門白日觸隆
景半生無根著飄轉如斷梗一昨隨牒來六月阻

图 3–1–22 《遗山先生文集》卷一

宋代文学基本上沿着中唐以来的方向发展，其中词在宋代发展到了鼎盛时期，成为宋代文学的主要标志。宋代词人与词作众多，其中不乏各民族融合的作品。《栾城集》（图3–1–23）记载苏辙于元祐四年（1089）以贺辽主生辰国信使的身份出使辽朝，受到辽朝的热情接待，在与辽朝使者告别时苏辙写下了《渡桑干》："相携走马渡桑干，旌旆一返无由还。胡人送客不忍去，久安和好依中原。年年相送桑干上，欲话白沟一惆怅。"

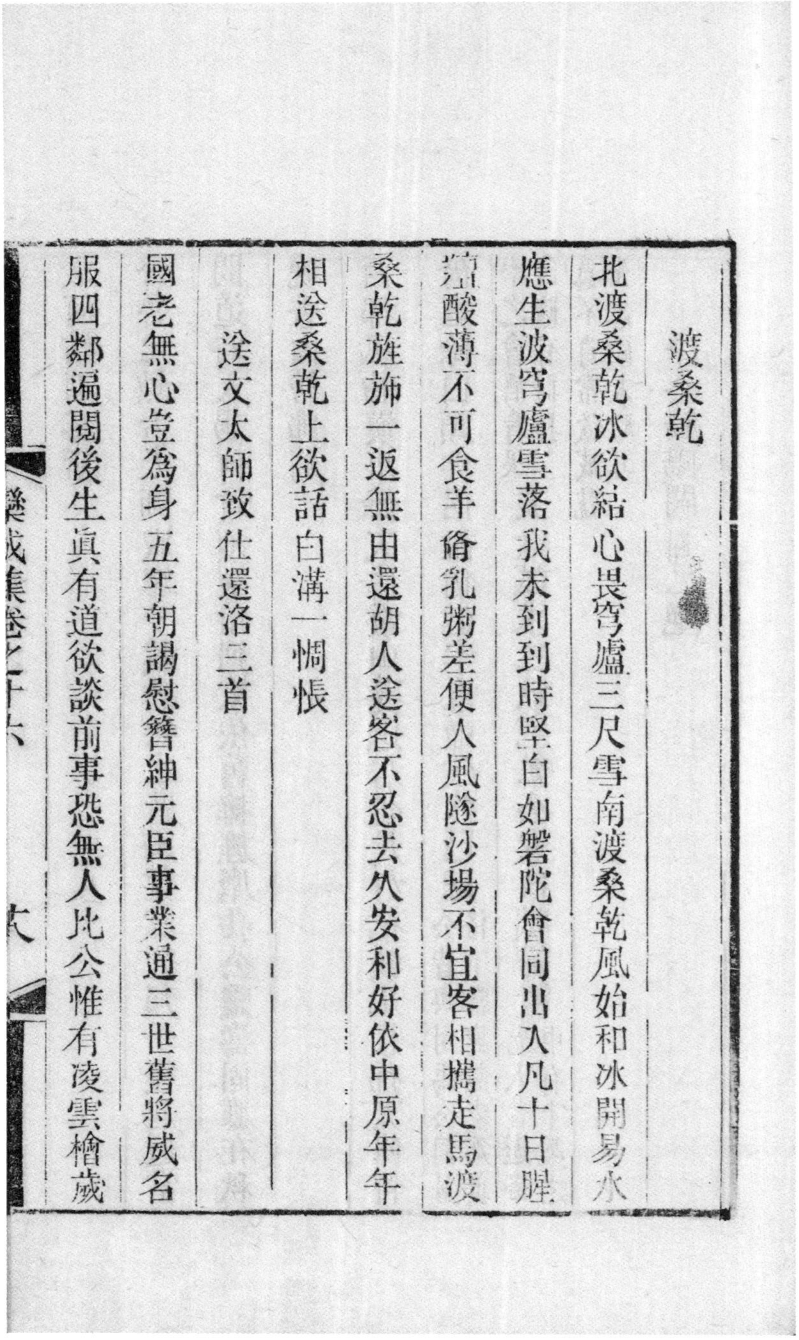
渡桑乾

北渡桑乾冰欲結心畏穹廬三尺雪南渡桑乾風始和冰開易水應生波穹廬雪落我未到到時堅白如磐陀會同出入凡十日腥羶酸薄不可食羊脩乳粥差便人風隧沙場不宜客相攜走馬渡桑乾旌旆一返無由還胡人送客不忍去久安和好依中原年年相送桑乾上欲話白溝一惆悵

送文太師致仕還洛三首

國老無心豈爲身五年朝謁慰簪紳元臣事業通三世舊將威名服四鄰遍閱後生真有道欲談前事恐無人比公惟有凌雲檜歲

欒城集卷十六

图 3-1-23 《栾城集》卷十六

在唐代讲唱文学的基础上，宋代的通俗文学也得到了发展，产生了话本、诸宫调、南戏、调笑转踏、鼓子词等艺术形式。调笑转踏是一种歌舞相兼的剧曲，又名传踏、调笑、调笑令、调笑歌，最初为宫廷所制，后来士大夫皆仿作。据统计，宋代现存调笑转踏有七十余首，其中宋人秦观、毛滂根据《莺莺传》创作了两首调笑转踏。《淮海居士长短句》（图 3–1–24）收录秦观调笑转踏《崔莺莺》：“诗曰：‘崔家有女名莺莺，未识春光先有情。河桥兵乱依萧寺，红愁绿惨见张生。张生一见春情重，明月拂墙花影动。夜半红娘拥抱来，脉脉惊魂若春梦。’曲子：‘春梦神仙洞，冉冉拂墙花树动。西厢待月知谁共，更觉玉人情重。红娘深夜行云送，困亸钗横金凤。’”

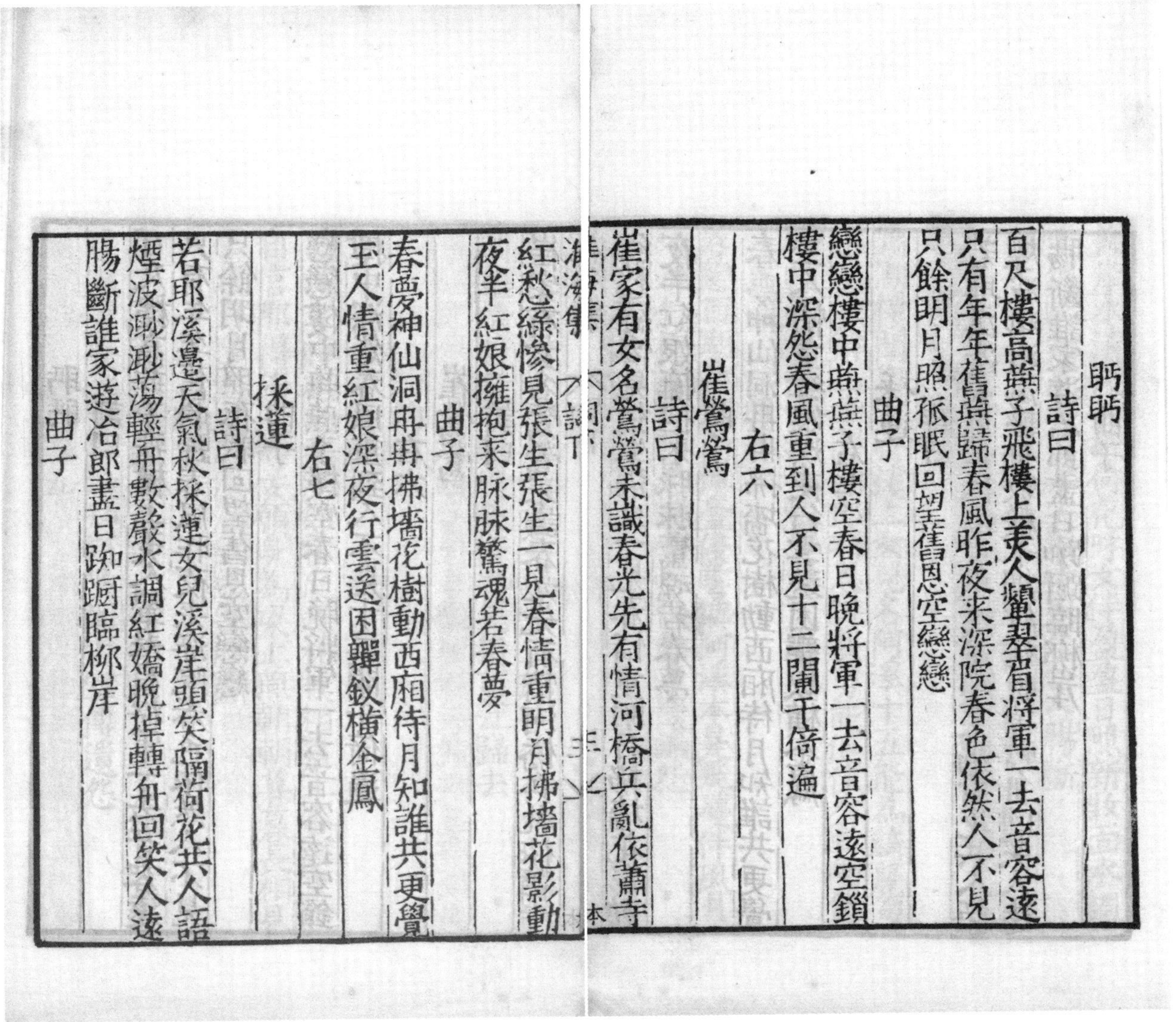
盼盼
詩曰
百尺樓高燕子飛樓上美人顰翠眉將軍一去音容遠
只有年年舊燕歸春風昨夜來深院春色依然人不見
只餘明月照孤眠回望舊恩空戀戀
曲子
戀戀樓中燕燕子樓空春日晚將軍一去音容遠空鎖
樓中深怨春風重到人不見十二闌干倚遍
右六
崔鶯鶯
詩曰
崔家有女名鶯鶯未識春光先有情河橋兵亂依蕭寺
淮海集 下 詞下 本
紅愁綠慘見張生張生一見春情重明月拂墻花影動
夜半紅娘擁抱來脉脉驚魂若春夢
曲子
春夢神仙洞冉冉拂墻花樹動西廂待月知誰共更覺
玉人情重紅娘深夜行雲送困嚲釵横金鳳
右七
採蓮
詩曰
若耶溪邊天氣秋採蓮女兒溪岸頭笑隔荷花共人語
煙波渺渺蕩輕舟數聲水調紅嬌晚棹轉舟回笑人遠
腸斷誰家遊冶郎盡日踟躕臨柳岸
曲子

图 3-1-24　《淮海居士长短句》卷下

《宋名家词》(图3-1-25)收录毛滂的调笑转踏《莺莺》:“春风户外花萧萧，绿窗绣屏阿母娇。白玉郎君恃恩力，尊前心醉双翠翘。西厢月冷蒙花雾，落霞零乱墙东树。此夜灵犀已暗通，玉环寄恨人何处？何处？长安路。不记墙东花拂树。瑶琴理罢霓裳谱，依旧月窗风户。薄情年少如飞絮，梦逐玉环西去。”

小说方面，宋代乐史取材于《明皇杂录》《开天传信记》《安禄山事迹》《酉阳杂俎》《长恨歌传》等著作，撰写了《杨太真外传》(图3-1-26)，对后世小说、戏曲创作影响颇大。

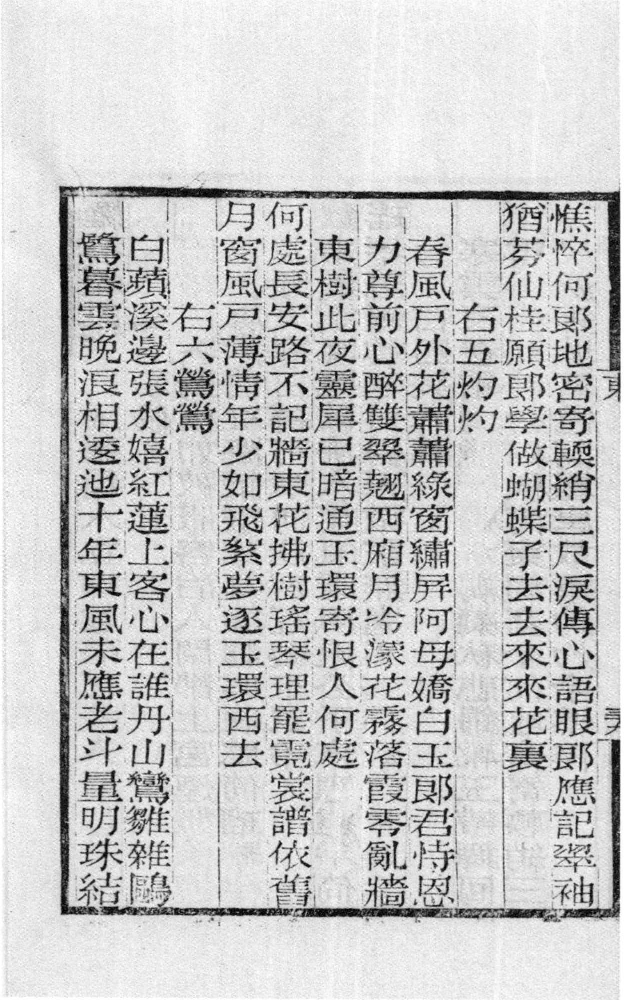

憔悴何郎地密寄鮫綃三尺淚傳心語眼郎應記翠袖
猶芬仙桂願郎學做蝴蝶子去去來來花裏
右五灼灼
春風戶外花蕭蕭綠窗繡屏阿母嬌白玉郎君恃恩
力尊前心醉雙翠翹西廂月冷濛花霧落霞零亂牆
東樹此夜靈犀已暗通玉環寄恨人何處
何處長安路不記牆東花拂樹瑤琴理罷霓裳譜依舊
月窗風戶薄情年少如飛絮夢逐玉環西去
右六鶯鶯
白蘋溪邊張水嬉紅蓮上客心在誰丹山鸞雛雜鷗
鷺暮雲晚淚相逐迤十年東風未應老斗量明珠結

图 3-1-25　《宋名家词·东堂词》

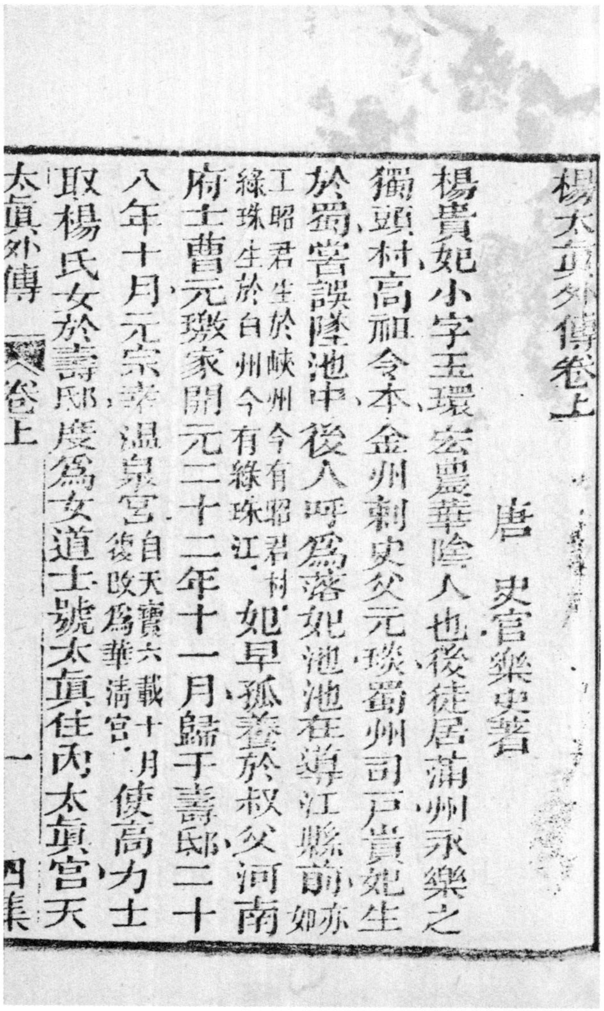

楊太真外傳卷上
唐　史官樂史撰
楊貴妃小字玉環宏農華陰人也後徙居蒲州永樂之
獨頭村高祖令本金州刺史父元琰蜀州司戶貴妃生
於蜀嘗誤墜池中後人呼為落妃池池在導江縣前亦如王昭君生於峽州今有昭君村綠珠生於白州今有綠珠江妃早孤養於叔父河南
府士曹元璬家開元二十二年十一月歸于壽邸二十
八年十月玄宗幸溫泉宮自天寶六載十月後改為華清宮使高力士
取楊氏女於壽邸度為女道士號太真住內太真宮天
太真外傳　卷上　一　四集

图 3-1-26　《杨太真外传》

鼓子词是宋代的一种说唱艺术形式。《侯鲭录》（图3–1–27）收录了北宋赵令畤根据《莺莺传》创作的《元微之崔莺莺商调蝶恋花词》鼓子词作品，把传奇小说与音乐说唱联系起来，使《西厢记》的故事不仅在士大夫阶层之间流传，也在庶民的娱乐场所上演，在《莺莺传》到《西厢记诸宫调》的演变过程中，起了承前启后的过渡作用。

宋金元时期还流行诸宫调的说唱文学体式，金代董解元《西厢记诸宫调》（图3–1–28）是目前所见保存最完整的诸宫调作品。该作品巧妙地使用说唱结合、曲白相间的方法，充分发挥了诸宫调这一艺术形式的表现力，把原来不满三千字的《莺莺传》，一下子扩大到五万多字。使其情节安排、人物性格、主题思想等方面均有了新的变化，是元代王实甫《西厢记》的蓝本。

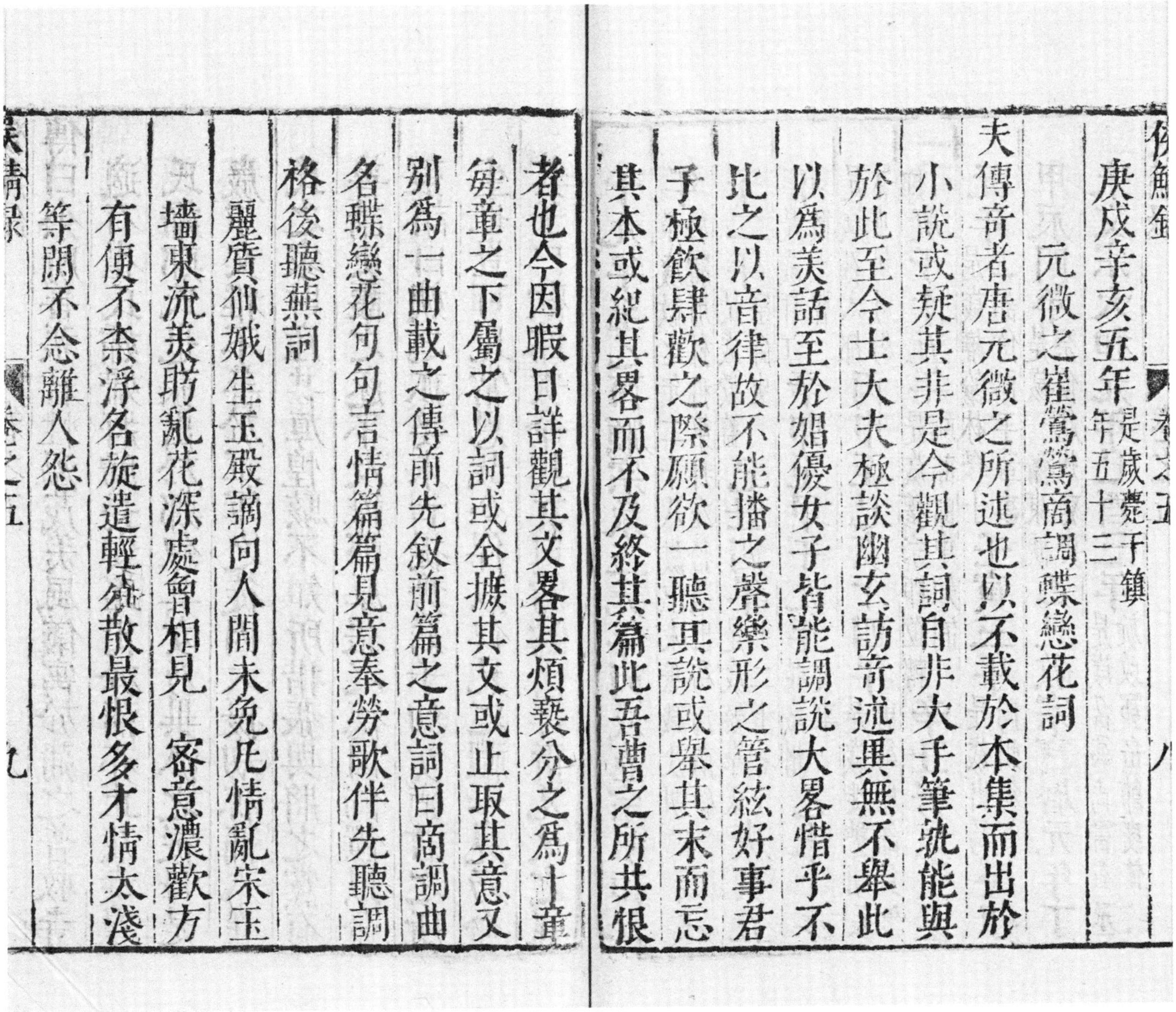
侯鯖錄 卷之五 八
庚戌辛亥五年 是歲壽千鎮 年五十三
元微之崔鶯鶯商調蝶戀花詞
夫傳奇者唐元微之所述也以不載於本集而出於小說或疑其非是今觀其詞自非大手筆孰能與於此至今士大夫極談幽玄訪奇述異無不舉此以爲美話至於娼優女子皆能調說大略惜乎不比之以音律故不能播之聲樂形之管絃好事君子極飲肆歡之際願欲一聽其說或舉其末而忘其本或紀其略而不及終其篇此吾曹之所共恨者也今因暇日詳觀其文略其煩褻分之爲十章每章之下屬之以詞或全摭其文或止取其意又別爲一曲載之傳前先叙前篇之意詞曰商調曲名蝶戀花句句言情篇篇見意奉勞歌伴先聽調格後聽蕪詞
麗質仙娥生玉殿謫向人間未免凡情亂宋玉墻東流美盼亂花深處曾相見 密意濃歡方有便不奈浮名旋遣輕分散最恨多才情太淺等閑不念離人怨
侯鯖錄 卷之五 九

图3–1–27 《侯鲭录·元微之崔莺莺商调蝶恋花词》

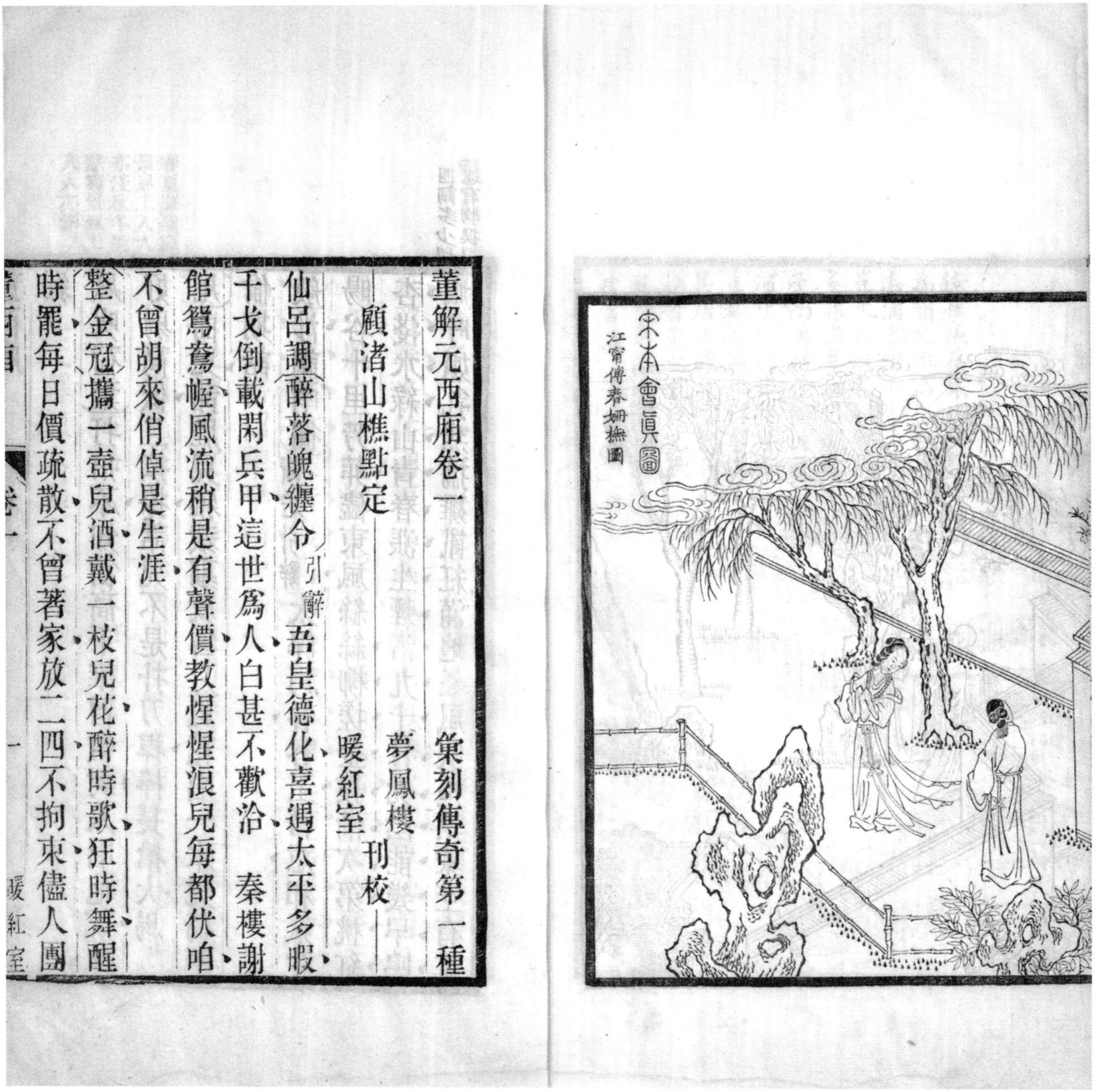

图 3-1-28　《董解元西厢》

南宋说经话本《大唐三藏取经诗话》(图3-1-29)采用说唱结合、韵散兼行的格式，演说唐玄奘西天取经的故事，以猴行者为主要人物，没有猪八戒、沙和尚的形象，是《西游记》故事的雏形，为《西游记》故事和宋代话本的流传发展提供了宝贵的资料，具有重要的历史价值。

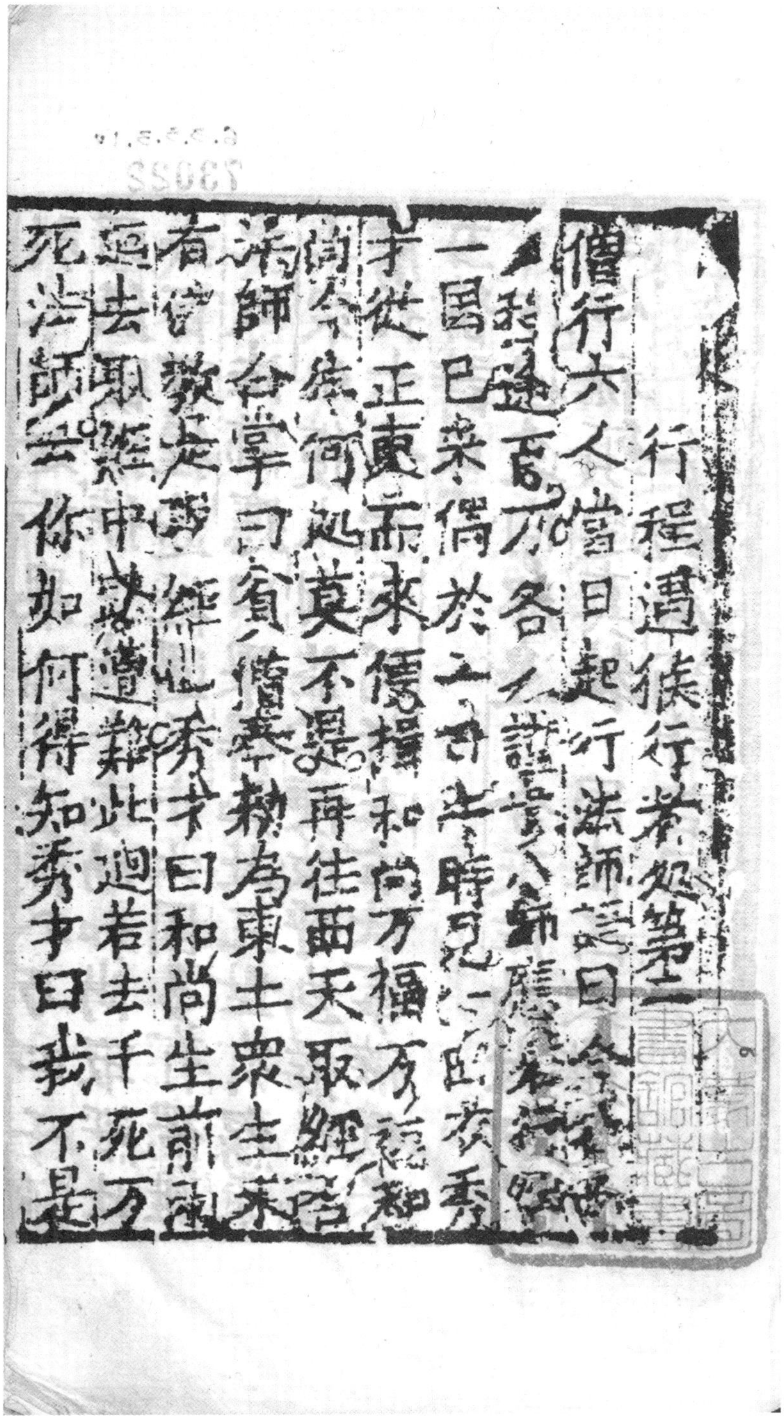
行程遇猴行者処第二
僧行六人當日起行法師語曰今往西
天程途百万各人謹慎小師應諾
一国已來偶於一日午時見一白衣秀
才從正東而來便揖和尚万福万福
和尚今往何處莫不是再往西天取經
否法師合掌曰貧僧奉敕為東土衆生未
有佛教是取經也秀才曰和尚生前兩
廻去取經中路遭難此廻若去千死万
死法師云你如何得知秀才曰我不是

图 3-1-29 《大唐三藏取经诗话》

元代文学在中国文学发展的过程中，具有划时代的意义。元代文学包括戏曲、小说和诗文，独领风骚的文学样式是元曲。元曲，包括剧曲与散曲。剧曲指的是杂剧的曲辞，散曲则是继诗、词之后兴起的新诗体。戏剧，包括杂剧和南戏。元代杂剧作家中，最伟大的当推关汉卿与王实甫。王实甫的《西厢记》(图3-1-30)代表着元代戏曲创作最高水平，在中国古代文学史上占有着崇高的地位。经过唐传奇，宋、金的调笑转踏、鼓子词、诸宫调几次发展，元代杂剧作家王实甫将《莺莺传》故事改编为了多人演出的戏剧剧本，重写崔张之恋，使故事情节更加紧凑，并且融入了古典诗词，使得其文学性大大提高，对汤显祖的《牡丹亭》和曹雪芹的《红楼梦》创作也产生了深远影响。

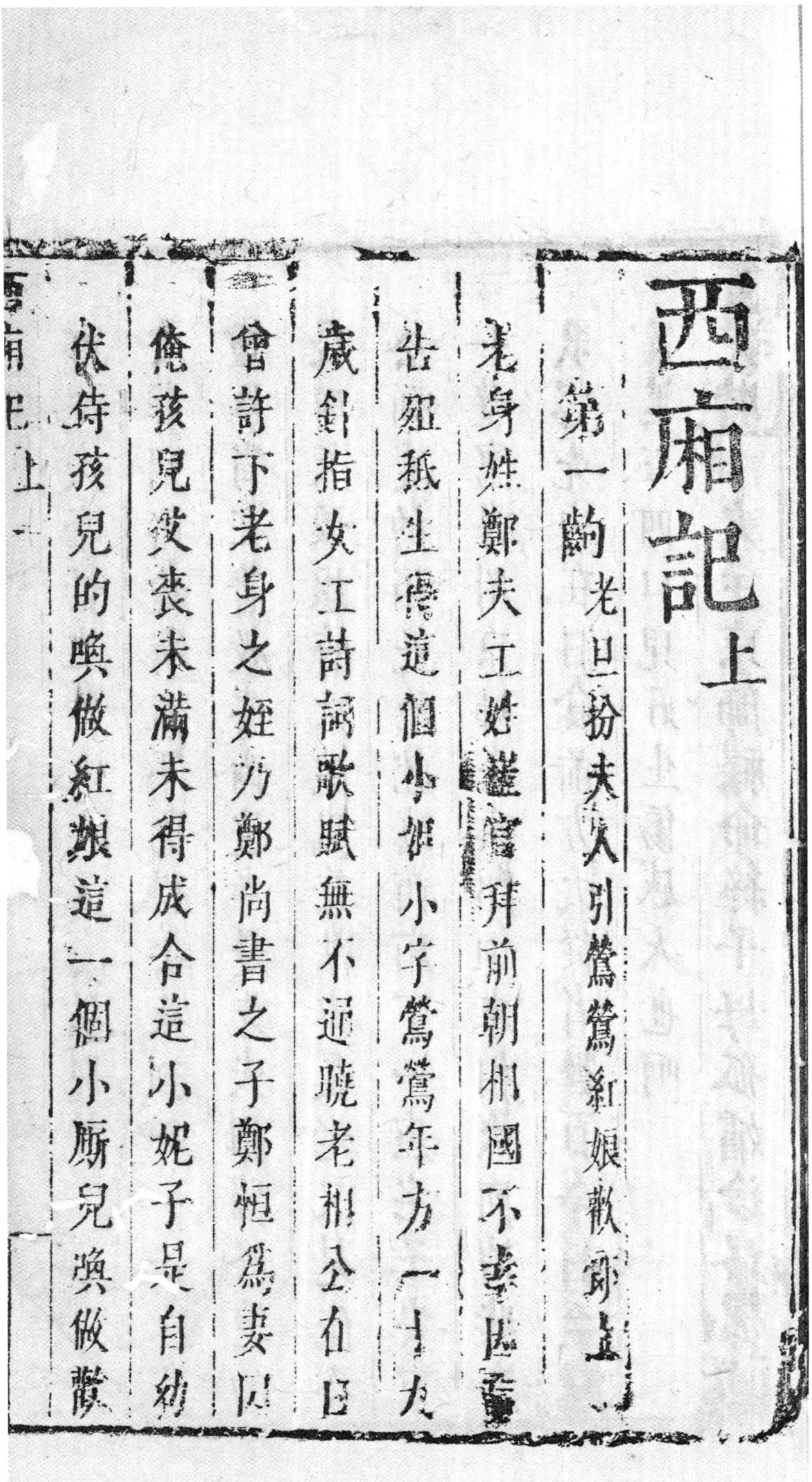

西廂記上

第一齣 老旦扮夫人引鶯鶯紅娘歡郎上

老身姓鄭夫主姓崔官拜前朝相國不幸因病告殂秖生得這個小姐小字鶯鶯年方一十九歲針指女工詩詞歌賦無不通曉老相公在日曾許下老身之姪乃鄭尚書之子鄭恒爲妻因俺孩兒父喪未滿未得成合這小妮子是自幼伏侍孩兒的喚做紅娘這一個小厮兒喚做歡

西廂記上 一

图 3-1-30 《西厢记》

元代杂剧作家白朴在宋朝《杨太真外传》、元朝《天宝遗事诸宫调》等作品的基础上创作了《梧桐雨》(图3-1-31)，生动细致地描写了唐明皇与杨贵妃至死不渝的爱情，也对唐明皇和杨贵妃的因情误国进行了谴责，还表达了作者对社会变乱、历史兴亡的感慨。

诗歌方面，元代中期诗歌创作十分繁盛，出现了包括虞集、杨载、范梈和揭傒斯在内的“元诗四大家”，四人分别有诗文集传世。元代诗坛人才辈出，除汉族诗人外，还有蒙古、畏兀儿、唐兀、吐蕃、康里、大食、钦察、回回、拂林、哈剌鲁、乃蛮、阿鲁浑、克列、塔塔儿、雍古、渤海、契丹、喀喇契丹等数十种民族的诗人。回族诗人萨都剌创作了很多诗歌，被收录在《萨天赐诗集》(图3-1-32)里，其中《芙蓉曲兼善状元御史》流丽清婉，感情细腻，流传很广：“秋江渺

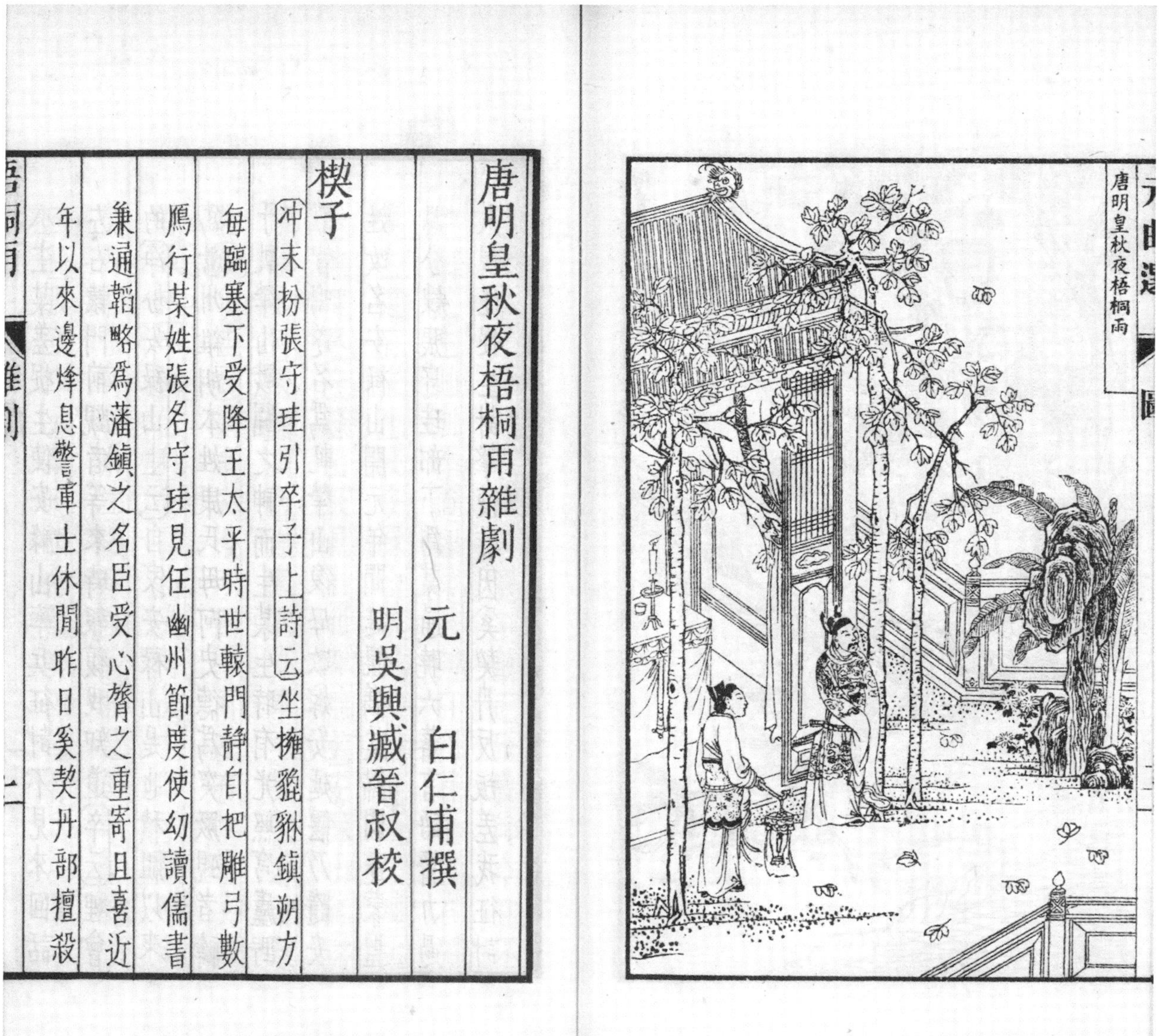
唐明皇秋夜梧桐雨雜劇
元 白仁甫撰
明吳興臧晉叔校
楔子
冲末扮張守珪引卒子上詩云坐擁貔貅鎮朔方
每臨塞下受降王太平時世轅門靜自把雕弓數
鴈行某姓張名守珪見任幽州節度使幼讀儒書
兼通韜略爲藩鎮之名臣受心膂之重寄且喜近
年以來邊烽息警軍士休閒昨日奚契丹部擅殺

图 3-1-31　《梧桐雨》

渺芙蓉香，秋江女儿将断肠。绛袍春浅护云暖，翠袖日暮迎风凉。鲸鱼风起江波白，霜落洞庭飞木叶。荡舟何处采莲花，爱惜芙蓉好颜色。”

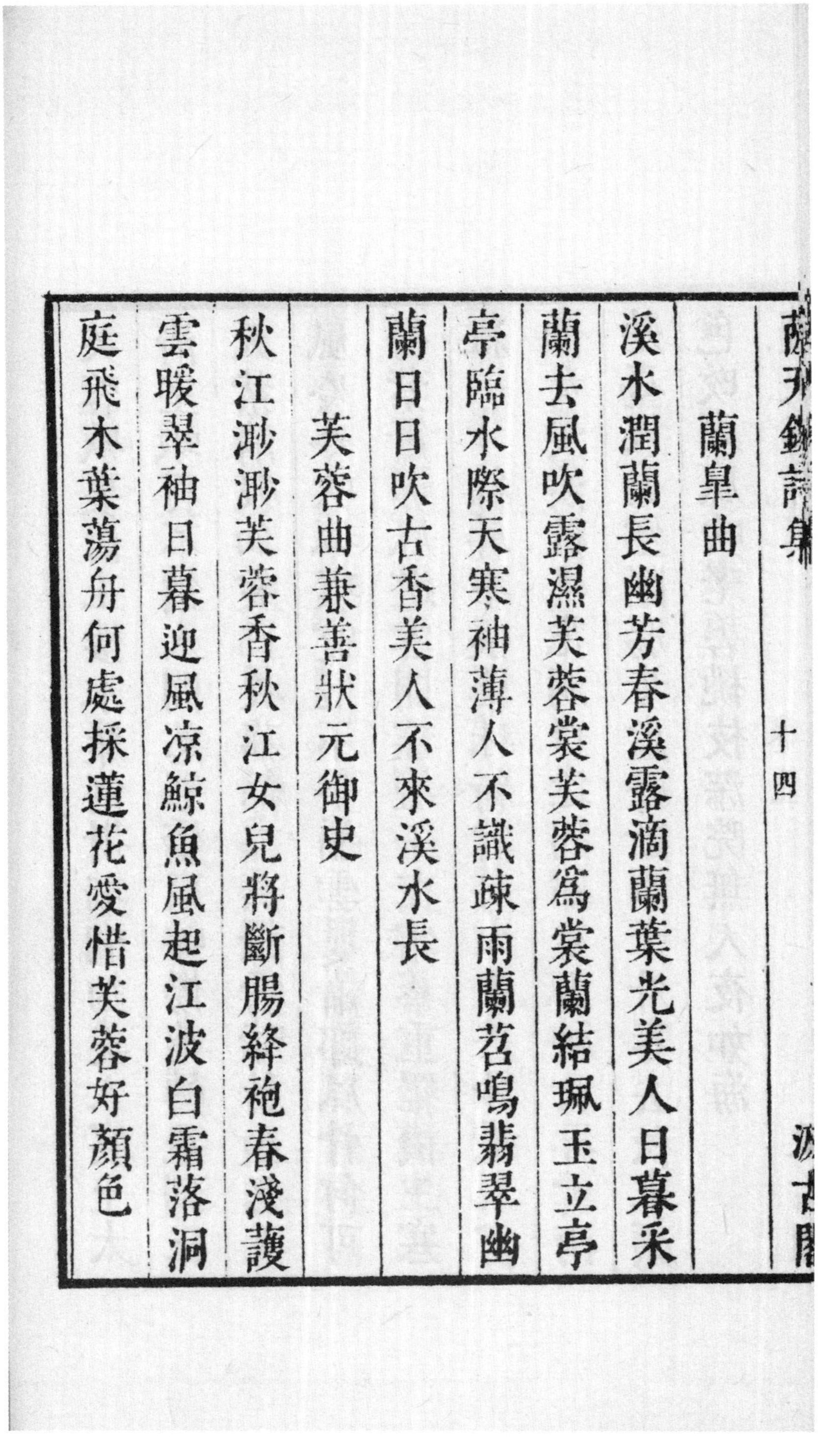

图 3-1-32 《萨天赐诗集》

元代小说承袭六朝以来的小说体制发展而来，主要成就在话本小说方面。这些作品表现了广大市民阶层的生活和思想，又用通俗口语写成，影响颇大，为中国古典小说的发展开拓了新局面。《新刊全相平话五种》收录了《武王伐纣书》《乐毅图齐七国春秋后集》《秦并六国平话》《前汉书续集》《三国志平话》五种元代话本小说。《武王伐纣书》全称《新刊全相平话武王伐纣书》（图3–1–33），是宋代说话艺人的旧蓝本，经元代说话艺人补充修订，分上、中、下三卷，基本涵盖了《封神演义》中所有的故事情节，对《封神演义》的创作具有重要影响。

图 3–1–33　《新刊全相平话武王伐纣书》

《三国志平话》全称《至治新刊全相平话三国志》(图3–1–34)，共分三卷。上卷写刘关张桃园结义及董卓弄权；中卷写汉献帝宣诏刘关张、关公斩蔡阳、三顾孔明及蜀汉与东吴结亲；下卷则写曹操杀马腾、刘禅即位及孔明的鞠躬尽瘁。全书文采不彰、情节简单，是现存可见最早的关于三国故事的话本，对后世文学颇有影响。

图 3–1–34 《至治新刊全相平话三国志》

明代诗、文、词、曲、小说各体纷呈，民间文学大放异彩，其中小说和戏曲代表了明代文学的最高成就。罗贯中在陈寿《三国志》、元代《三国志平话》的基础上，创作了我国第一部长篇章回小说《三国志演义》(图3–1–35)，为我们展现了一幅波澜壮阔、气势恢宏的历史画卷。施耐庵创作的《水浒传》(图3–1–36)在民间口语的基础上加以提炼而成，艺术地再现了北宋末年一场声势浩大的农民起义，成功塑造了一大批传奇英雄。

明代小说家吴承恩在搜集民间传说和南宋《大唐三藏取经诗话》、元代《西游记平话》等有关话本、杂剧的基础上创作了神魔小说《西游记》(图3–1–37)。《封神演义》(图3–1–38)则是明代许仲琳、李云翔根据元代《武王伐纣书》及民间传说创作改编而成的。

清代文学集历代文学之大成，在小说、戏曲、诗歌、散文领域都取得了重要成就。清代小说达到了古典小说艺术的高峰，出现了《红楼梦》(图3–1–39)、《儒林外史》(图3–1–40)、《聊斋志异》(图3–1–41)三部经典作品。

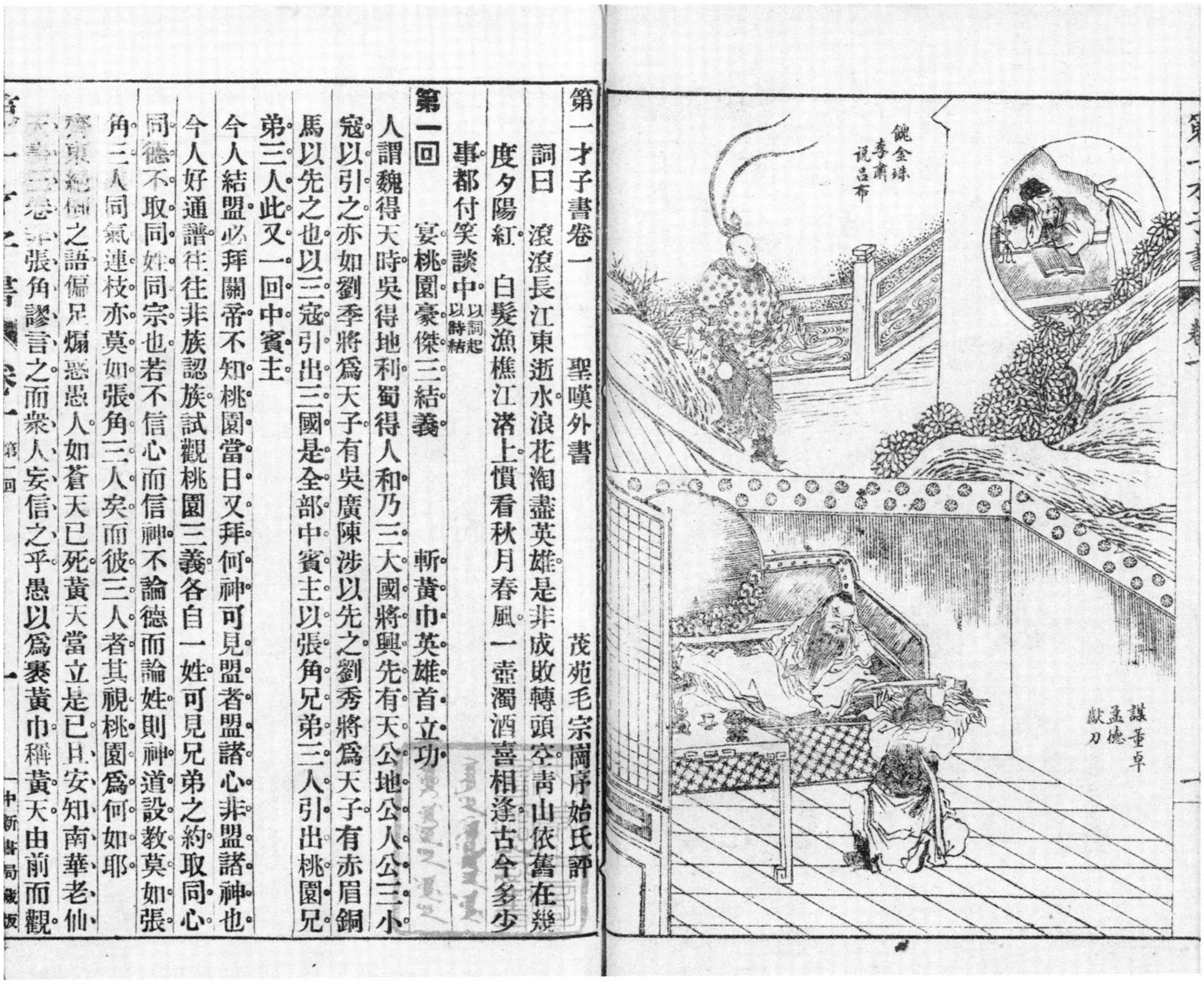
第一才子書卷一　聖嘆外書　茂苑毛宗崗序始氏評

詞曰　滾滾長江東逝水浪花淘盡英雄是非成敗轉頭空青山依舊在幾度夕陽紅　白髮漁樵江渚上慣看秋月春風一壺濁酒喜相逢古今多少事都付笑談中（以詞起以詩結）

第一回　宴桃園豪傑三結義　斬黃巾英雄首立功

人謂魏得天時吳得地利蜀得人和乃三大國將興先有天公地公人公三小寇以引之亦如劉季將爲天子有吳廣陳涉以先之劉秀將爲天子有赤眉銅馬以先之也以三寇引出三國是全部中賓主以張角兄弟三人引出桃園兄弟三人此又一回中賓主

今人結盟必拜關帝不知桃園當日又拜何神可見盟者盟諸心非盟諸神也

今人好通譜往往非族認族試觀桃園三義各自一姓可見兄弟之約取同心同德不取同姓同宗也若不信心而信神不論德而論姓則神道設教莫如張角三人同氣連枝亦莫如張角三人矣而彼三人者其視桃園爲何如耶

齊東絕倒之語偏足煽惑愚人如蒼天已死黃天當立是已且安知南華老仙天書三卷非張角謬言之而衆人妄信之乎愚以爲裹黃巾稱黃天由前而觀

图 3–1–35　《三国志演义》

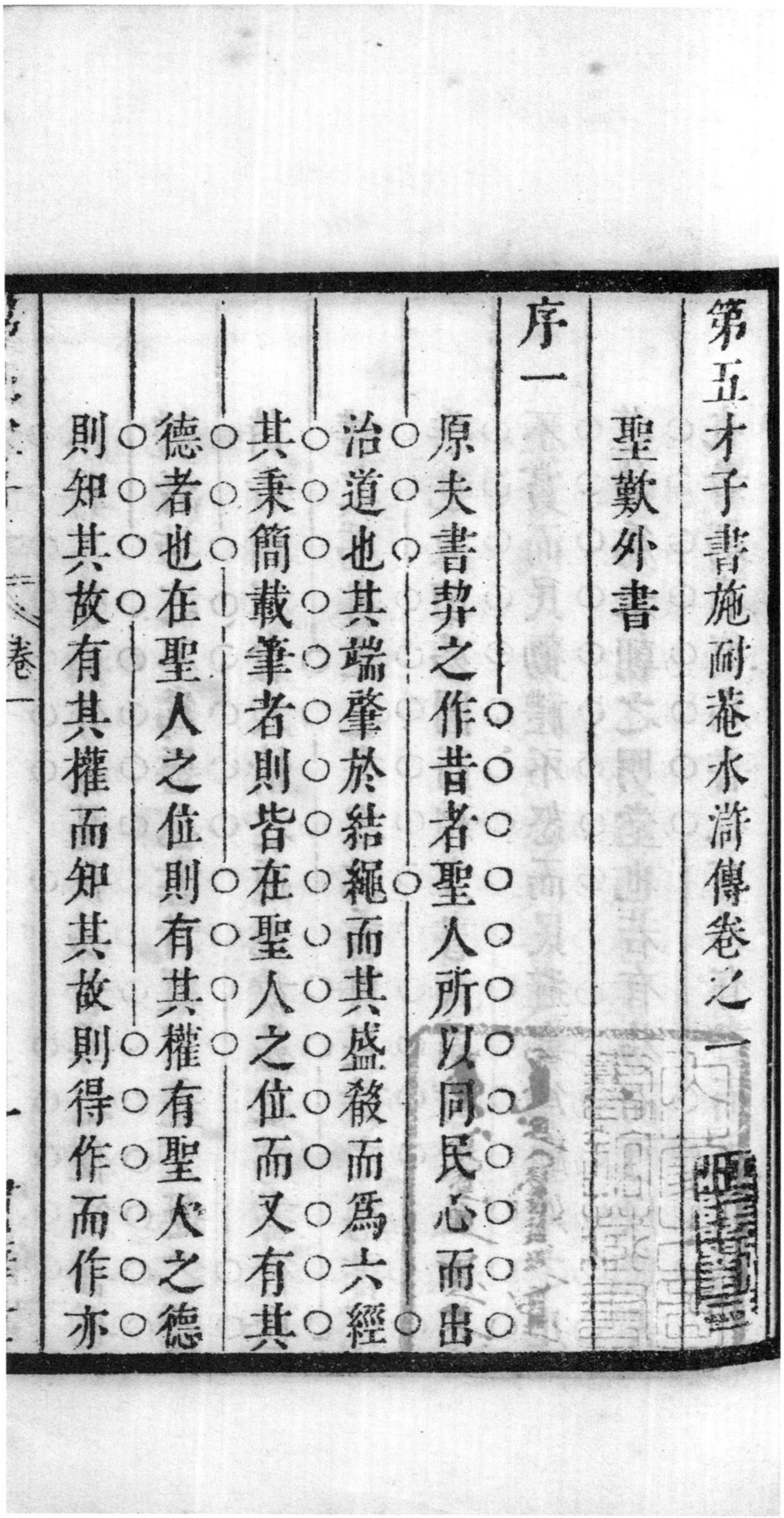
第五才子書施耐菴水滸傳卷之一

聖歎外書

序一

原夫書契之作昔者聖人所以同民心而出治道也其端肇於結繩而其盛殺而爲六經其秉簡載筆者則皆在聖人之位而又有其德者也在聖人之位則有其權有聖人之德則知其故有其權而知其故則得作而作亦

图 3-1-36 《水浒传》

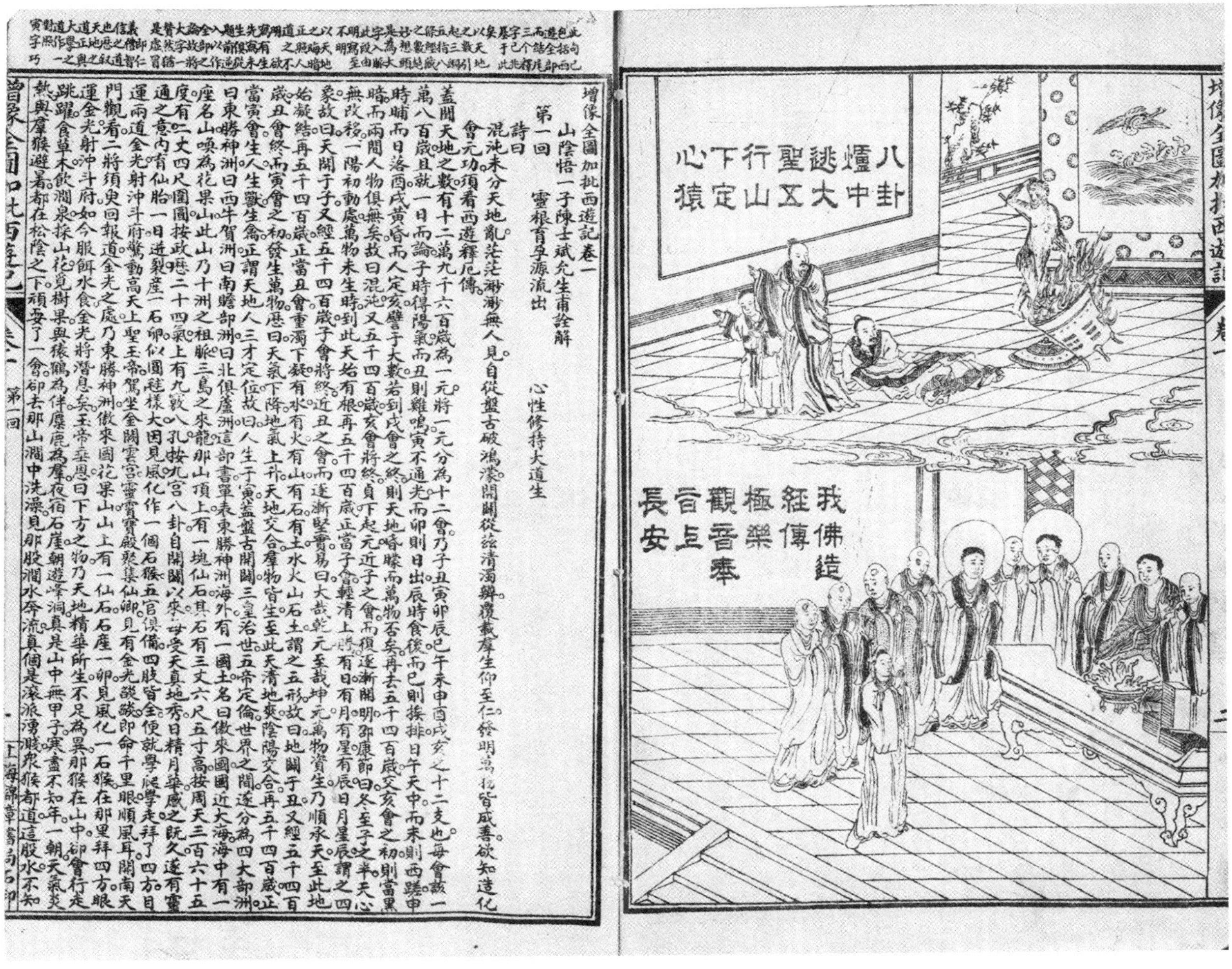
增像全圖加批西遊記卷一
山陰悟一子陳士斌允生甫詮解
第一回　靈根育孕源流出　心性修持大道生
詩曰
混沌未分天地亂。茫茫渺渺無人見。自從盤古破鴻濛。開闢從茲清濁辨。覆載羣生仰至仁。發明萬物皆成善。欲知造化會元功。須看西遊釋厄傳。
蓋聞天地之數。有十二萬九千六百歲為一元。將一元分為十二會。乃子丑寅卯辰巳午未申酉戌亥之十二支也。每會該一萬八百歲。且就一日而論。子時得陽氣。而丑則雞鳴。寅不通光。而卯則日出。辰時食後。而巳則挨排。日午天中。而未則西蹉。申時晡而日落酉。戌黃昏而人定亥。譬于大數。若到戌會之終。則天地昏曚而萬物否矣。再去五千四百歲。交亥會之初。則當黑暗。而兩間人物俱無矣。故曰混沌。又五千四百歲。亥會將終。貞下起元。近子之會。而復逐漸開明。邵康節曰。冬至子之半。天心無改移。一陽初動處。萬物未生時。到此天始有根。再五千四百歲。正當子會。輕清上騰。有日有月有星有辰。日月星辰。謂之四象。故曰天開于子。又經五千四百歲。子會將終。近丑之會。而逐漸堅實。易曰。大哉乾元。至哉坤元。萬物資生。乃順承天。至此地始凝結。再五千四百歲。正當丑會。重濁下凝。有水有火有山有石有土。水火山石土。謂之五形。故曰地闢于丑。又經五千四百歲。丑會終而寅會之初。發生萬物。歷曰。天氣下降。地氣上升。天地交合。羣物皆生。至此天清地爽。陰陽交合。再五千四百歲。正當寅會。生人生獸生禽。正謂天地人三才定位。故曰人生于寅。盖盤古開闢。三皇治世。五帝定倫。世界之間。遂分為四大部洲。曰東勝神洲。曰西牛賀洲。曰南贍部洲。曰北俱盧洲。這部書單表東勝神洲。海外有一國土。名曰傲來國。國近大海。海中有一座名山。喚為花果山。此山乃十洲之祖脈。三島之來龍。那山頂上。有一塊仙石。其石有三丈六尺五寸高。按周天三百六十五度。有二丈四尺圍圓。按政歷二十四氣。上有九竅八孔。按九宮八卦。自開闢以來。每受天真地秀。日精月華。感之既久。遂有靈通之意。內育仙胎。一日迸裂。產一石卵。似圓毬樣大。因見風化作一個石猴。五官俱備。四肢皆全。便就學爬學走。拜了四方。目運兩道金光。射沖斗府。驚動高天上聖玉帝。駕坐金闕雲宮靈霄寶殿。聚集仙卿。見有金光燄燄。即命千里眼順風耳。開南天門觀看。二將須臾回報道。金光之處。乃東勝神洲傲來國花果山。山上有一仙石。石產一卵。見風化一石猴。在那里拜四方。眼運金光。射沖斗府。如今服餌水食。金光將潛息矣。玉帝垂恩曰。下方之物。乃天地精華所生。不足為異。那猴在山中。卻會行走跳躍。食草木。飲澗泉。採山花。覓樹果。與猿鶴為伴。麋鹿為羣。夜宿石崖。朝遊峰洞。真是山中無甲子。寒盡不知年。一朝天氣炎熱。與羣猴避暑。都在松陰之下。頑耍了一會。卻去那山澗中洗澡。見那股澗水奔流。真個是滾浪湧濺。衆猴都道。這股水不知
增像全圖加批西遊記　卷一　第一回　上海鴻章書局石印

图 3-1-37　《西游记》

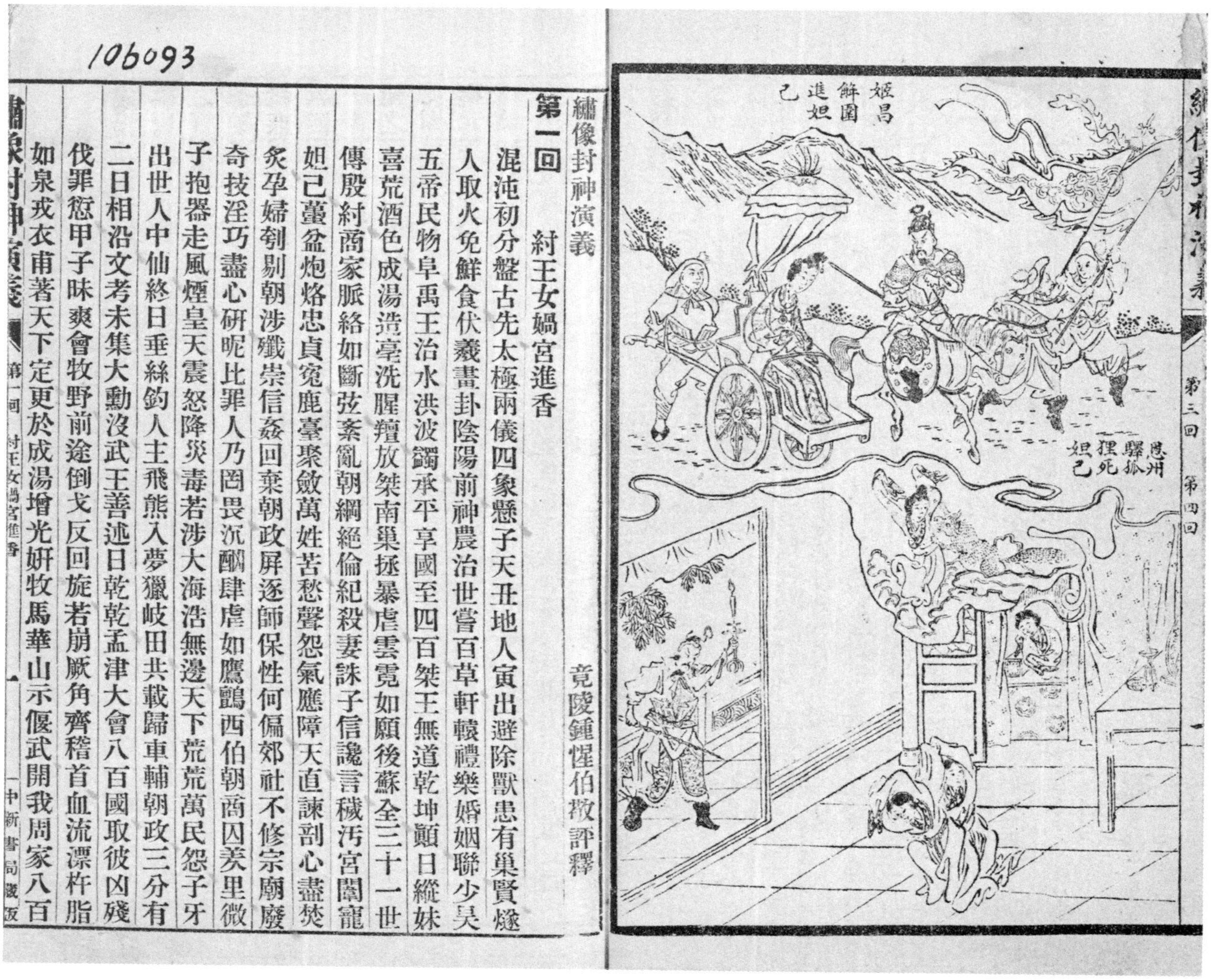
106093

繡像封神演義　　　竟陵鍾惺伯敬評釋

第一回　紂王女媧宮進香

混沌初分盤古先太極兩儀四象懸子天丑地人寅出避除獸患有巢賢燧人取火免鮮食伏羲畫卦陰陽前神農治世嘗百草軒轅禮樂婚姻聯少昊五帝民物阜禹王治水洪波蠲承平享國至四百桀王無道乾坤顛日縱妹喜荒酒色成湯造亳洗腥羶放桀南巢拯暴虐雲霓如願後蘇全三十一世傳殷紂商家脈絡如斷弦紊亂朝綱絕倫紀殺妻誅子信讒言穢汙宮闈寵妲己蠆盆炮烙忠貞寃鹿臺聚斂萬姓苦愁聲怨氣應障天直諫剖心盡焚炙孕婦刳剔朝涉殲崇信姦回棄朝政屏逐師保性何偏郊社不修宗廟廢奇技淫巧盡心研昵比罪人乃罔畏沉酗肆虐如鷹鸇西伯朝商囚羑里微子抱器走風煙皇天震怒降災毒若涉大海浩無邊天下荒荒萬民怨子牙出世人中仙終日垂絲釣人主飛熊入夢獵岐田共載歸車輔朝政三分有二日相沿文考未集大勳沒武王善述日乾乾孟津大會八百國取彼凶殘伐罪慼甲子昧爽會牧野前途倒戈反回旋若崩厥角齊稽首血流漂杵脂如泉戎衣甫著天下定更於成湯增光烱牧馬華山示偃武開我周家八百

繡像封神演義　第一回　紂王女媧宮進香　一　中新書局發版

图 3-1-38　《封神演义》

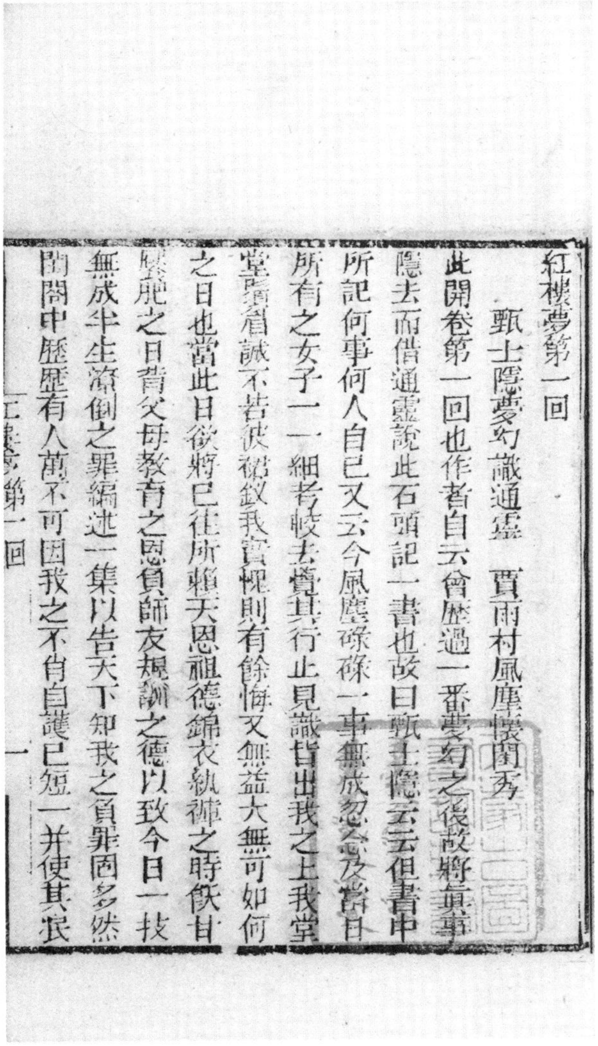

图 3-1-39 《红楼梦》

图 3-1-40 《儒林外史》

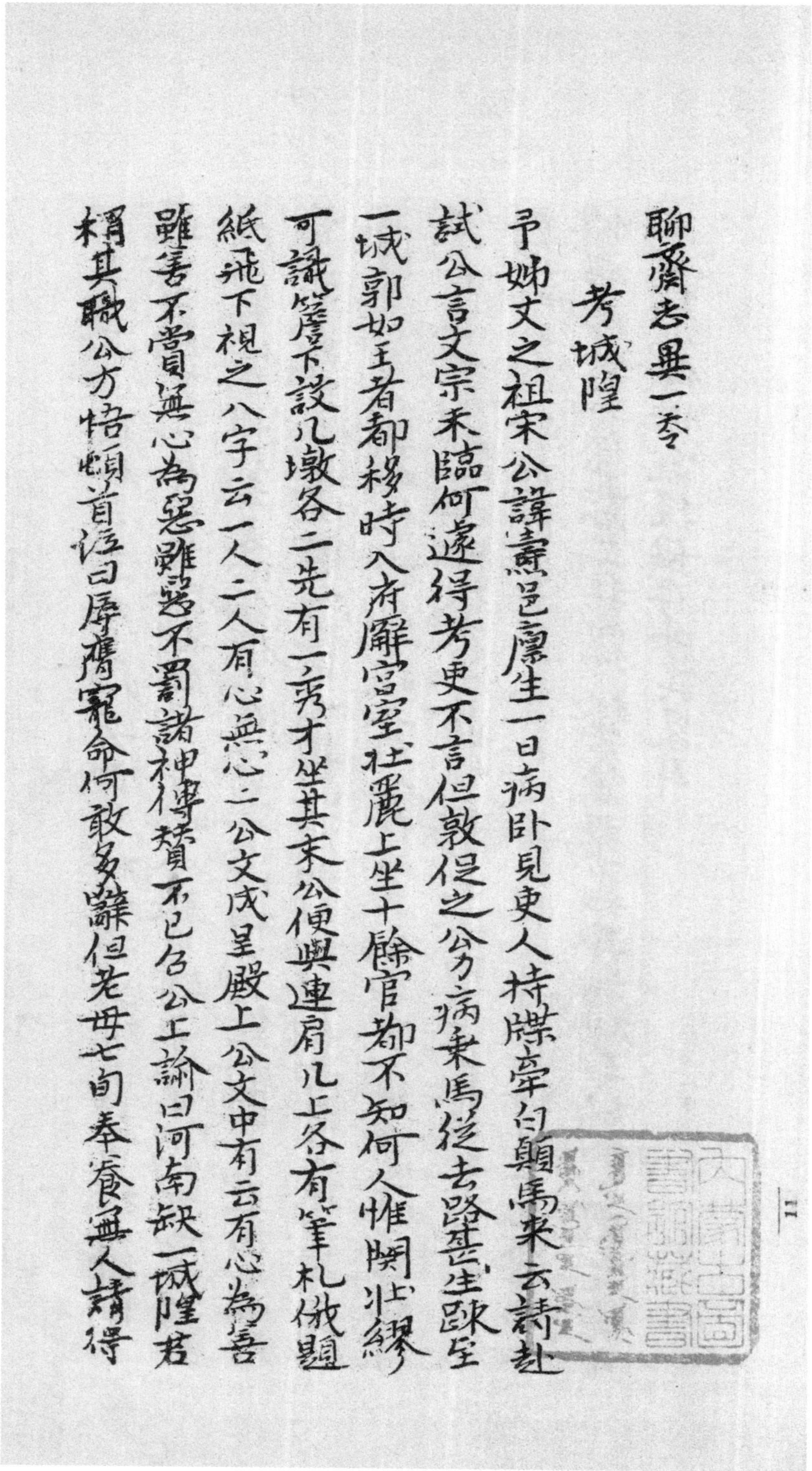

聊齋志異一卷

考城隍

予姊丈之祖宋公諱燾邑廩生一日病卧見吏人持牒牽白顛馬來云請赴試公言文宗未臨何遽得考吏不言但敦促之公力病乘馬從去路甚生疎至一城郭如王者都移時入府廨宮室壯麗上坐十餘官都不知何人惟關壯繆可識簷下設几墩各二先有一秀才坐其末公便與連肩几上各有筆札俄題紙飛下視之八字云一人二人有心無心二公文成呈殿上公文中有云有心為善雖善不賞無心為惡雖惡不罰諸神傳贊不已召公上諭曰河南缺一城隍君稱其職公方悟頓首泣曰辱膺寵命何敢多辭但老母七旬奉養無人請得

图 3–1–41 《聊斋志异》

清代戏曲在理论和创作上都达到了一个新的高度，洪昇在唐代《杨太真外传》、元代《梧桐雨》基础上重新创作了《长生殿》(图3–1–42)，全剧共五十出，格局宏大，文采富丽，将文艺作品对李、杨爱情故事的表现提升到了新的高度。

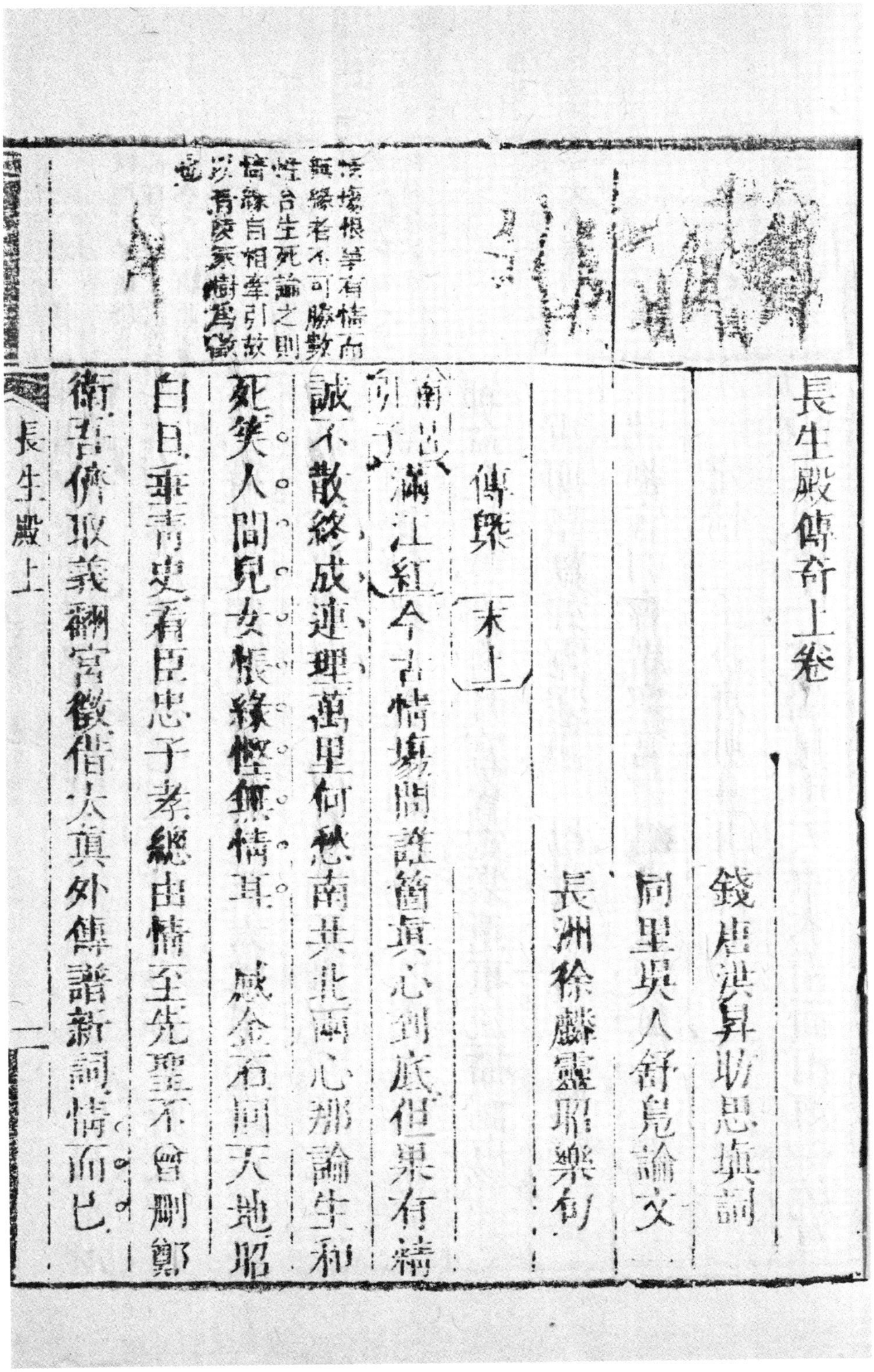

图 3-1-42 《长生殿》

孔尚任的《桃花扇》(图3-1-43)传奇，以明末南京为社会背景，演绎侯方域、李香君二人的乱世生死爱情故事。第一次以戏曲形式表现了明末复杂的社会矛盾，艺术地总结了这一段历史教训，标志着中国戏曲文学达到了一个新的高峰。

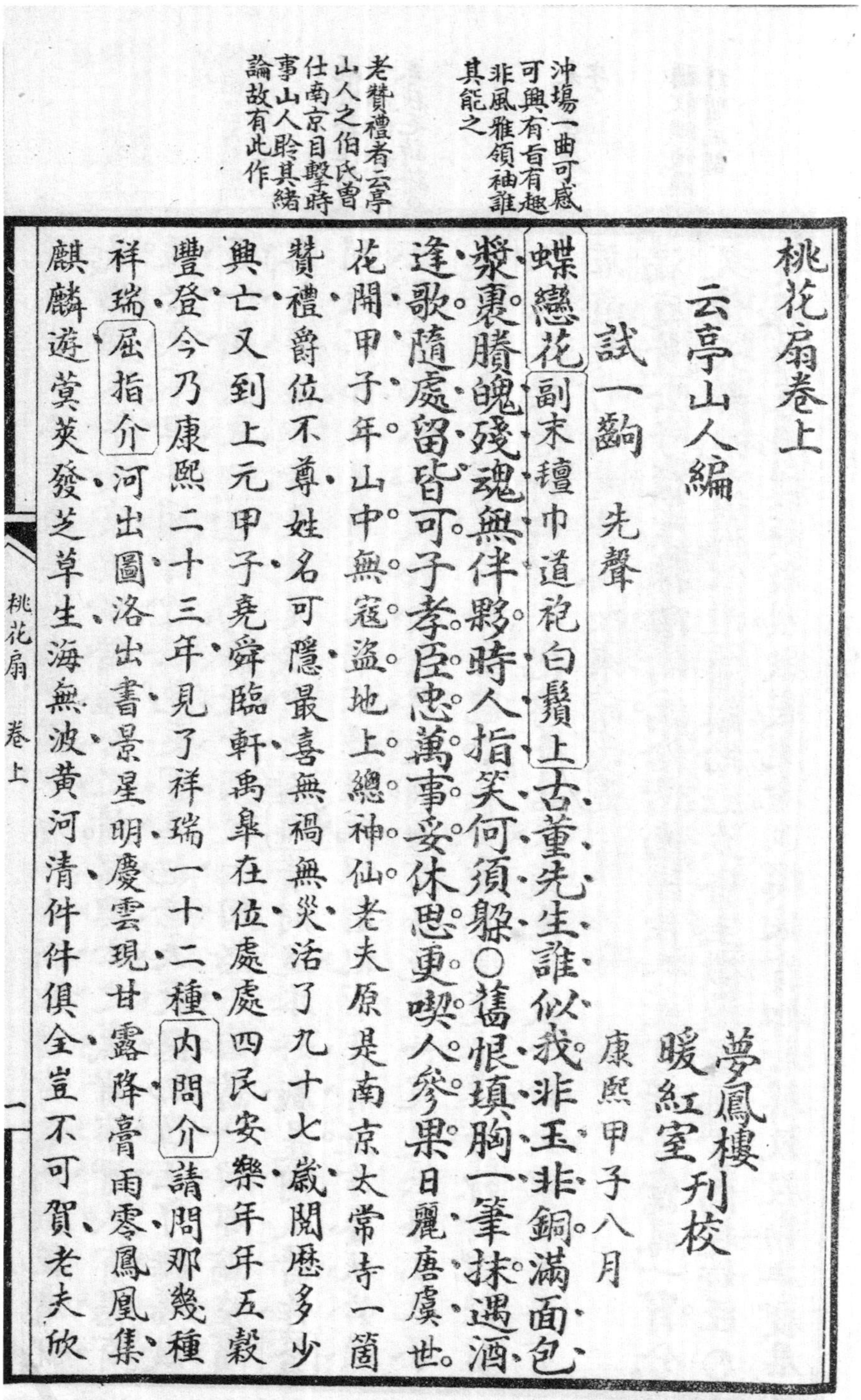

沖場一曲可感可興有旨有趣非風雅領袖誰其能之

老贊禮者云亭山人之伯氏曾仕南京目擊時事山人聆其緒論故有此作

桃花扇卷上

云亭山人編

夢鳳樓
暖紅室刊校

試一齣 先聲 康熙甲子八月

蝶戀花 副末氊巾道袍白鬚上 古董先生誰似我非玉非銅滿面包漿裹賸魄殘魂無伴夥時人指笑何須躲舊恨填胸一筆抹遇酒逢歌隨處留皆可孝子忠臣萬事妥休思更喫人參果日麗唐虞世花開甲子年山中無寇盜地上總神仙老夫原是南京太常寺一箇贊禮爵位不尊姓名可隱最喜無禍無災活了九十七歲閱歷多少興亡又到上元甲子堯舜臨軒禹皐在位處處四民安樂年年五穀豐登今乃康熙二十三年見了祥瑞一十二種 內問介 請問那幾種祥瑞 屈指介 河出圖洛出書景星明慶雲現甘露降膏雨零鳳凰集麒麟遊蓂莢發芝草生海無波黃河清件件俱全豈不可賀老夫欣

桃花扇 卷上 一

图 3-1-43 《桃花扇》

在清代文学中，诗歌最早受到清初统治者的重视和推崇，出现了大量的御制诗，乾隆《御制诗集》（图3-1-44）共五集，收录了乾隆创作的诗歌达四万首之多。在崇尚诗歌创作的风潮下，清代诗歌创作成绩斐然，诗人有顾炎武、朱彝尊、王士祯、王夫之、毛奇龄、黄宗羲、吕留良等，其中王士祯是清代诗人中最负盛名的一位，其诗作收录在《渔洋山人诗集》（图3-1-45）中。

清代号称为词的中兴时代，清代词人辈出，超越元、明二代。清词振兴的硕果是著名的满族词人纳兰性德，其词作主要收录在《纳兰词》(图3-1-46)中。纳兰词以小令为主，偶有长调，均以功力见长。爱情词低回悠渺，执着缠绵，是其词作的重要题材。

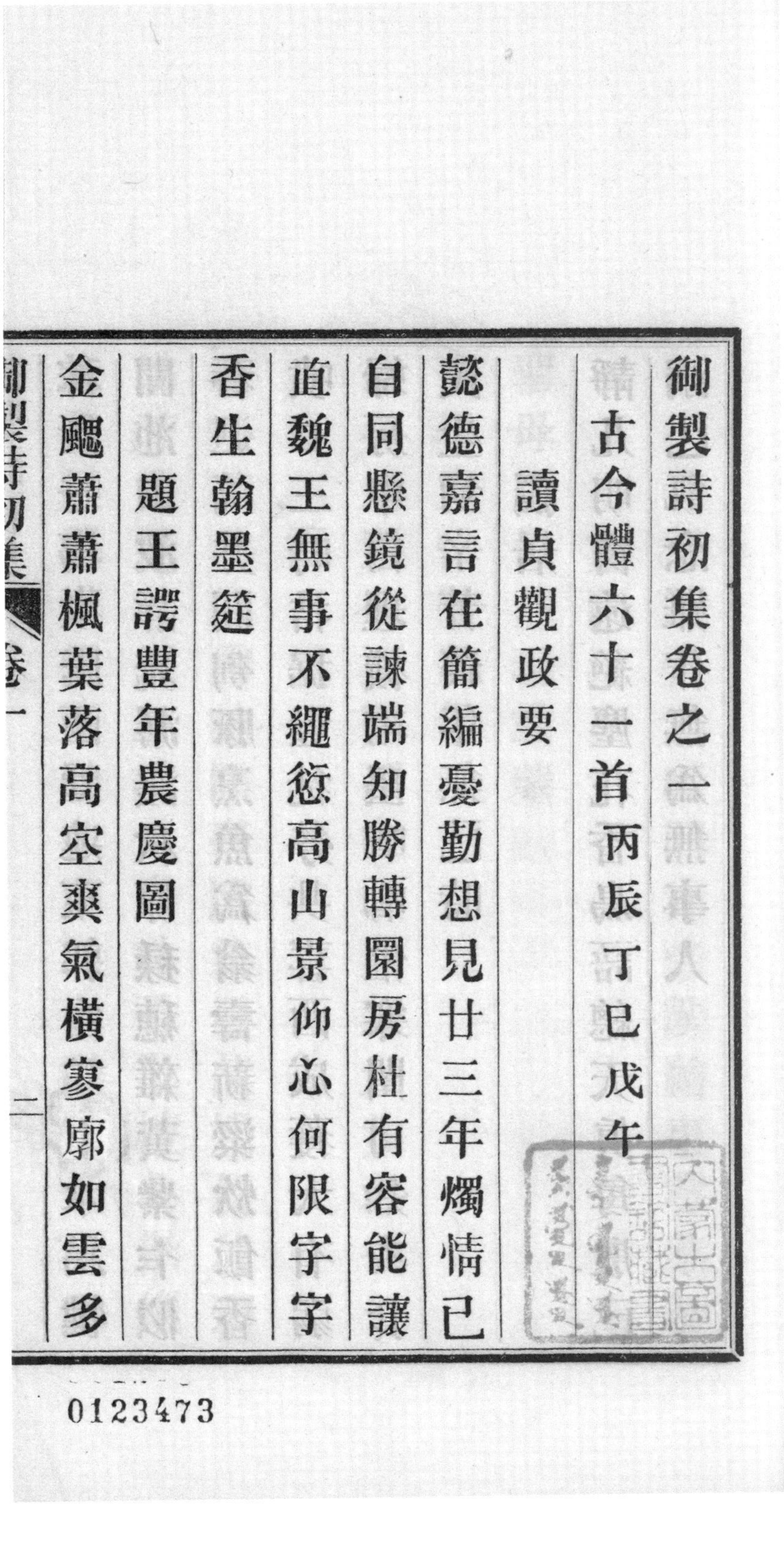
御製詩初集卷之一
古今體六十一首 丙辰丁巳戊午
讀貞觀政要
懿德嘉言在簡編憂勤想見廿三年燭情已
自同懸鏡從諫端知勝轉圜房杜有容能讓
直魏王無事不繩愆高山景仰心何限字字
香生翰墨筵
題王諤豐年農慶圖
金飈蕭蕭楓葉落高空爽氣橫寥廓如雲多

御製詩初集 卷一 二

0123473

图 3-1-44 《御制诗集》

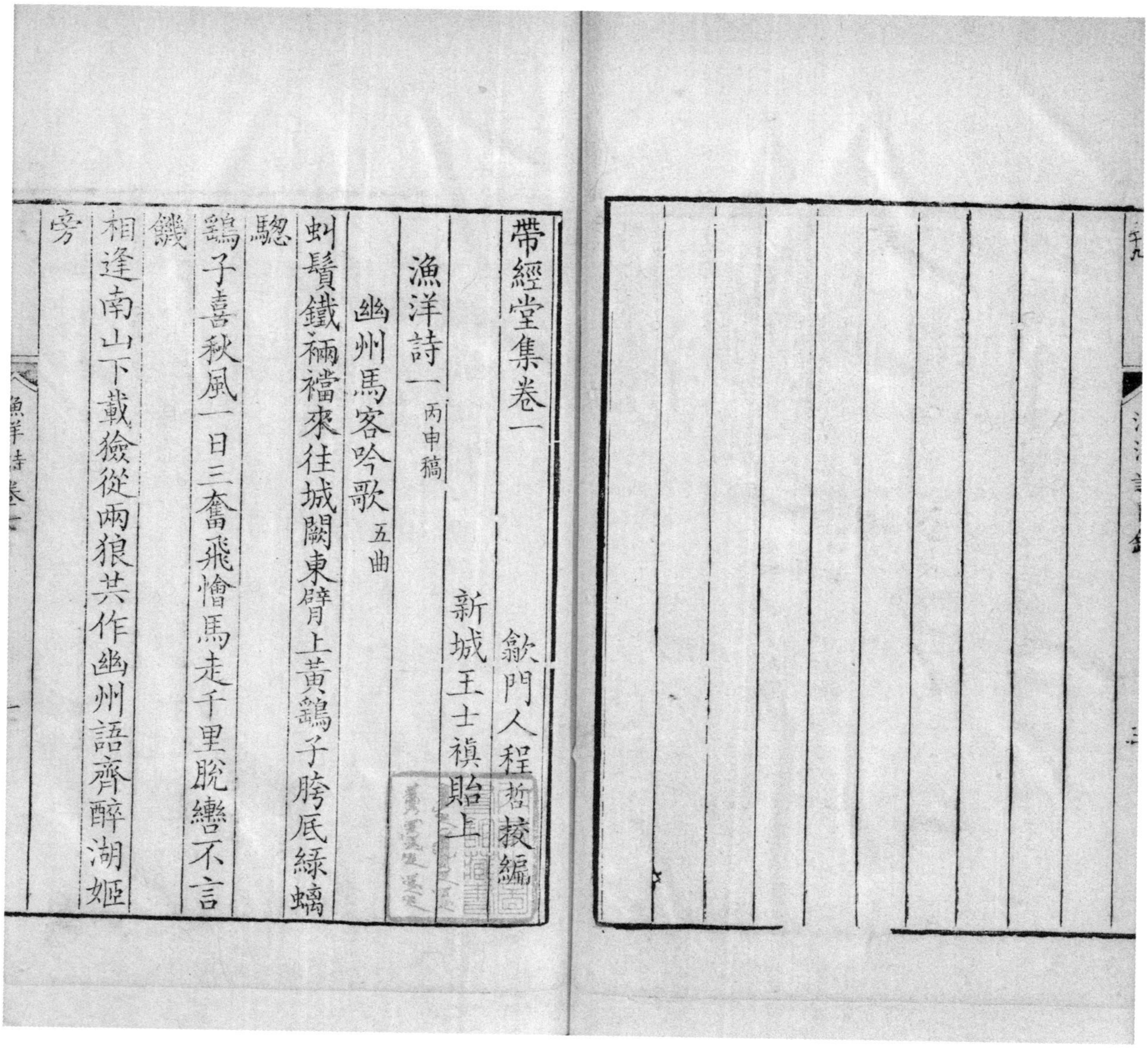

帶經堂集卷一

歙門人程哲挍編

新城王士禛貽上

漁洋詩一 丙申稿

幽州馬客吟歌 五曲

蚪鬚鐵裲襠來往城闕東臂上黃鷂子胯底綠螭

驄

鷂子喜秋風一日三奮飛憎馬走千里脫轡不言

饑

相逢南山下載獫從兩狼共作幽州語齊醉湖姬

旁

图 3-1-45 《渔洋山人诗集》

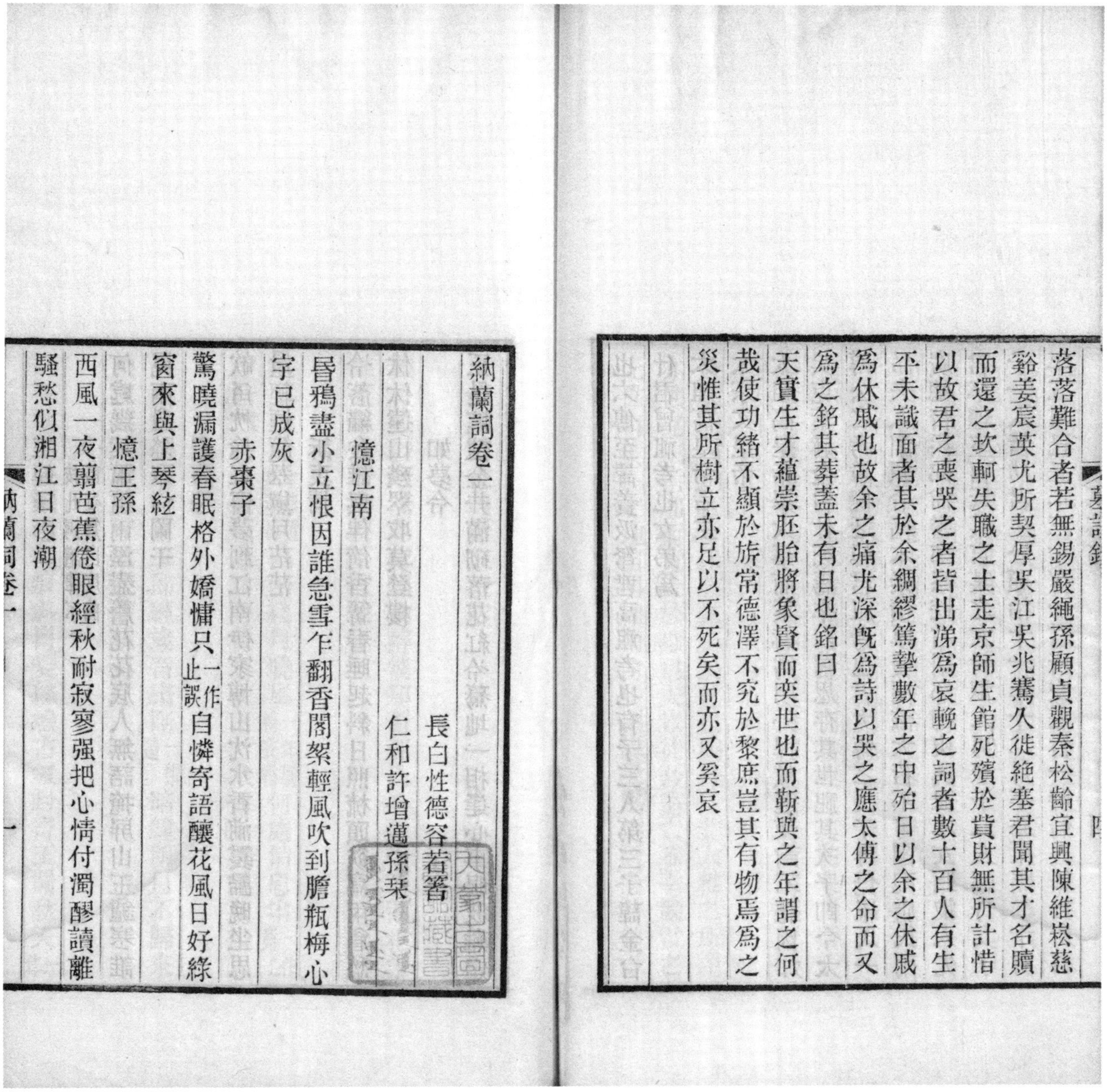

图 3-1-46 《纳兰词》

清朝翻译文学十分繁荣。清朝统治者积极推行汉文化，早在入关前，皇太极就命令达海等人翻译《四书》《三国演义》《大明会典》《黄石公素书》《武略》等汉文典籍。有清一代翻译的汉文典籍有诸子百家散文、诗歌、词曲、小说、戏剧等，其中最多的是小说。戏剧方面，主要翻译了王实甫的《西厢记》；小说方面，翻译了《三国演义》《水浒传》《西游记》《封神演义》《金瓶梅》《隋唐演义》《聊斋志异》等一百余种。满译《三国志演义》是清朝肇兴文治的重要例证。清太宗喜读文史，曾令达海翻译《三国演义》，未竟，达海病卒。顺治初年，祁充格奉摄政王多尔衮之谕旨，组织一批文官进行满文翻译、校对，于顺治七年（1650）完成。该书对满族人民学习汉族历史知识和军事战略起到了重要作用。满译《三国演义》成书之后，还形成满汉合璧本（图3–1–47）、汉文文字满文记写本等多种版本，又从满文译成了蒙古文、锡伯文，在满、蒙、锡伯等民族的群众中广泛流传，受到了人们的喜爱。

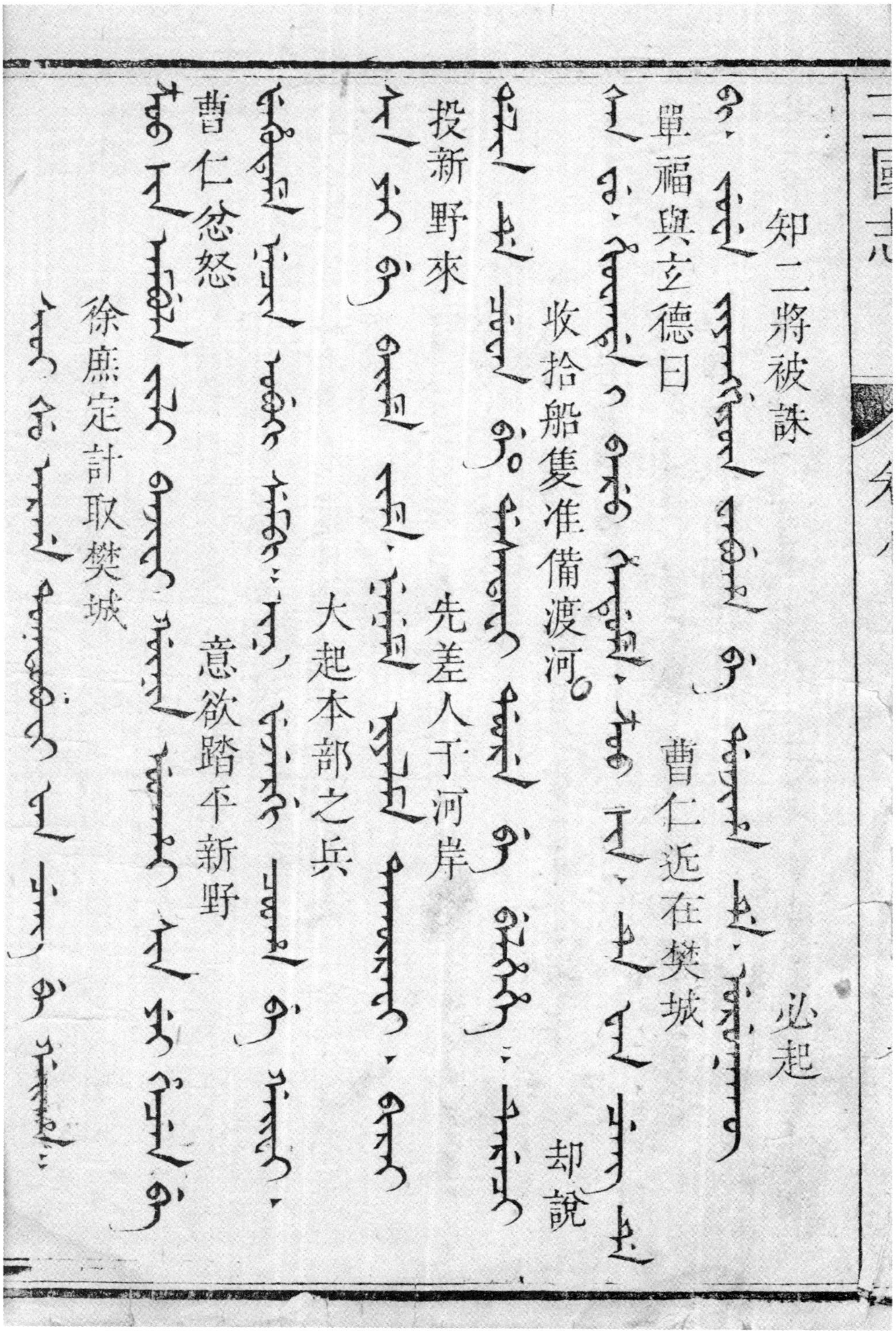

图 3–1–47　满汉合璧《三国志演义》

清康熙年间，和素将《西厢记》译成满文合璧本《西厢记》(图3–1–48)，广泛流传于满族民间。该书译自汉文《西厢记》唱本，是《西厢记》的第一部满文译本。《水浒传》早在康熙、乾隆时期就有满文译本，虽然屡遭禁毁，但民间依然流行各种版本的满文《水浒传》(图3–1–49)。清道光二十八年(1848)，扎克丹将《聊斋志异》译成了满文，由于是选译本，故称《择翻聊斋志异》(图3–1–50)。

清朝还翻译了多部历史演义小说，如《列国志传》(图3–1–51)、《西汉演义》(图3–1–52)、《前七国》、《东周列国志》、《东汉演义》、《唐代演义》、《南宋演义》等。

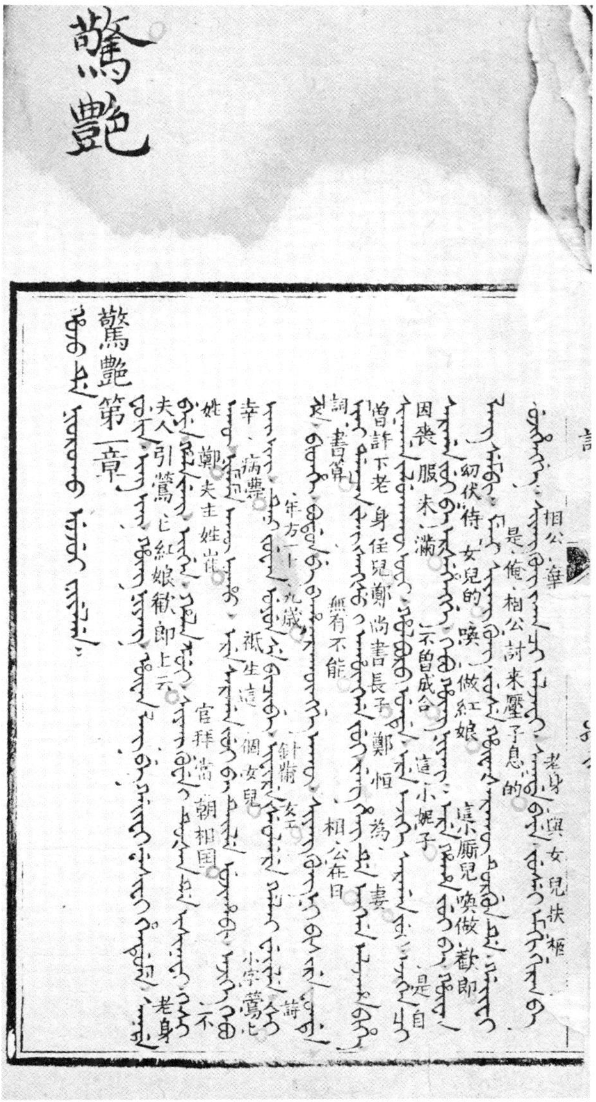

图 3–1–48　满汉合璧《西厢记》

图 3–1–49　满文《水浒传》

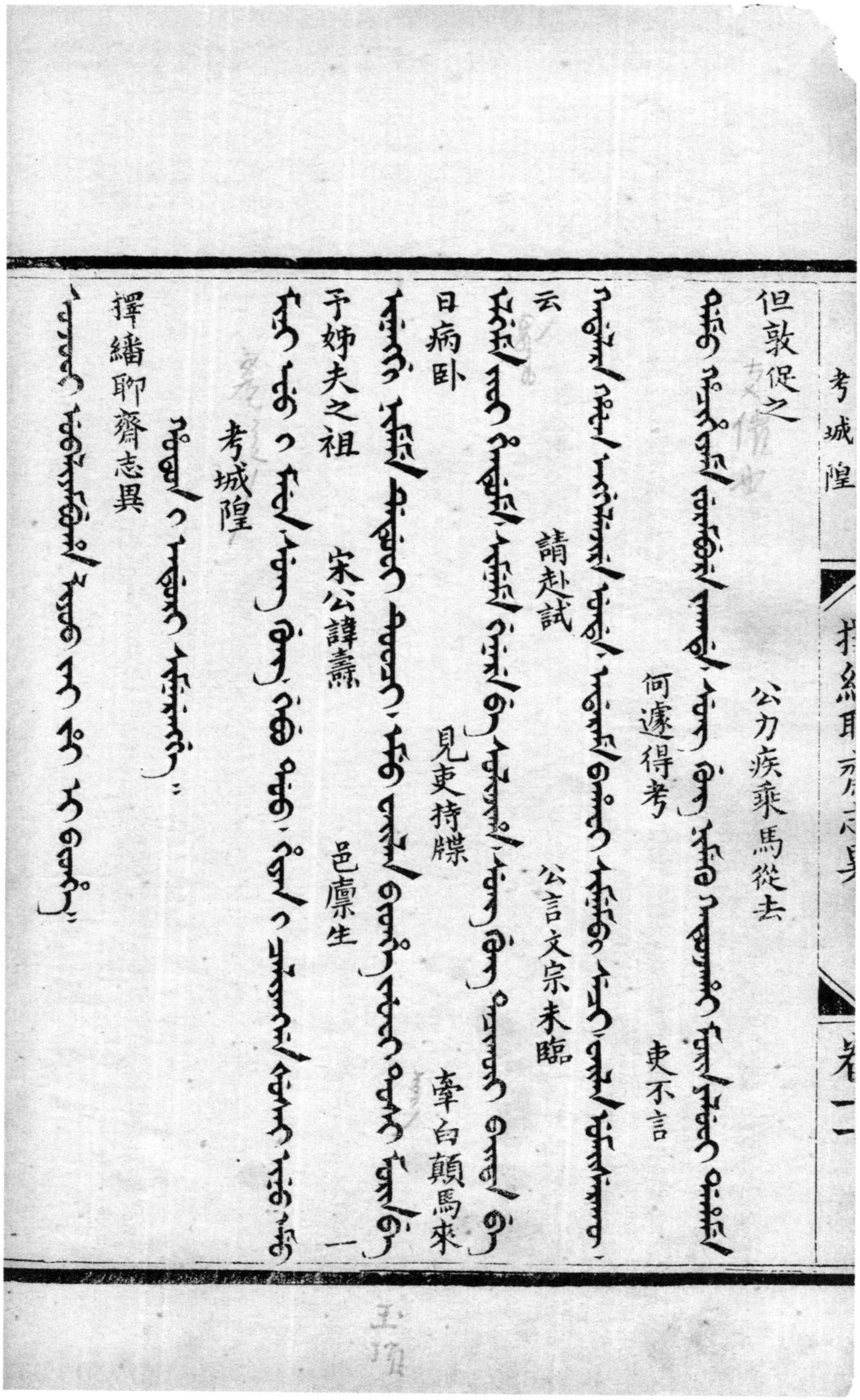

图 3-1-50　满汉合璧《择翻聊斋志异》

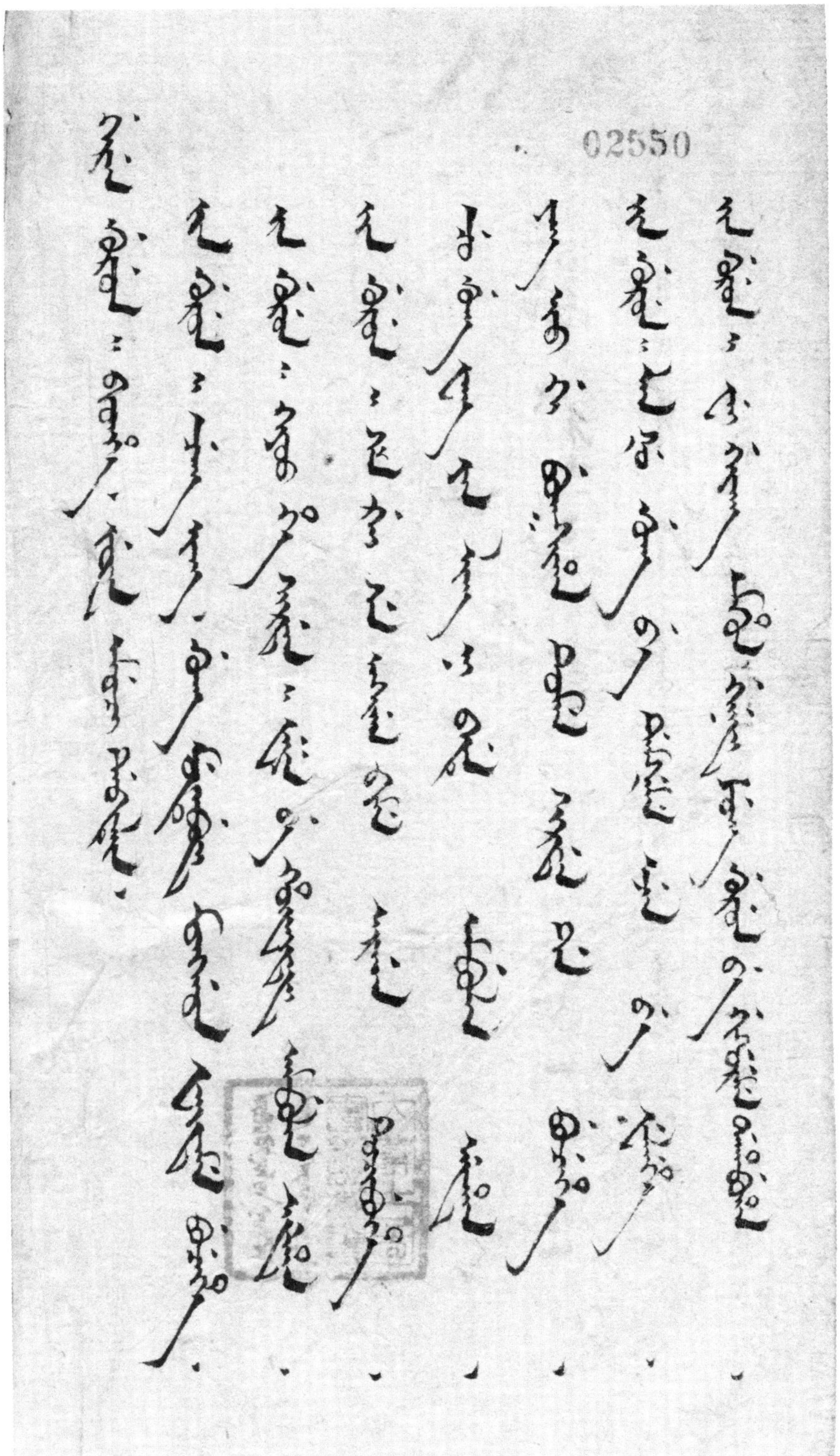

图 3-1-51　满文《列国志传》

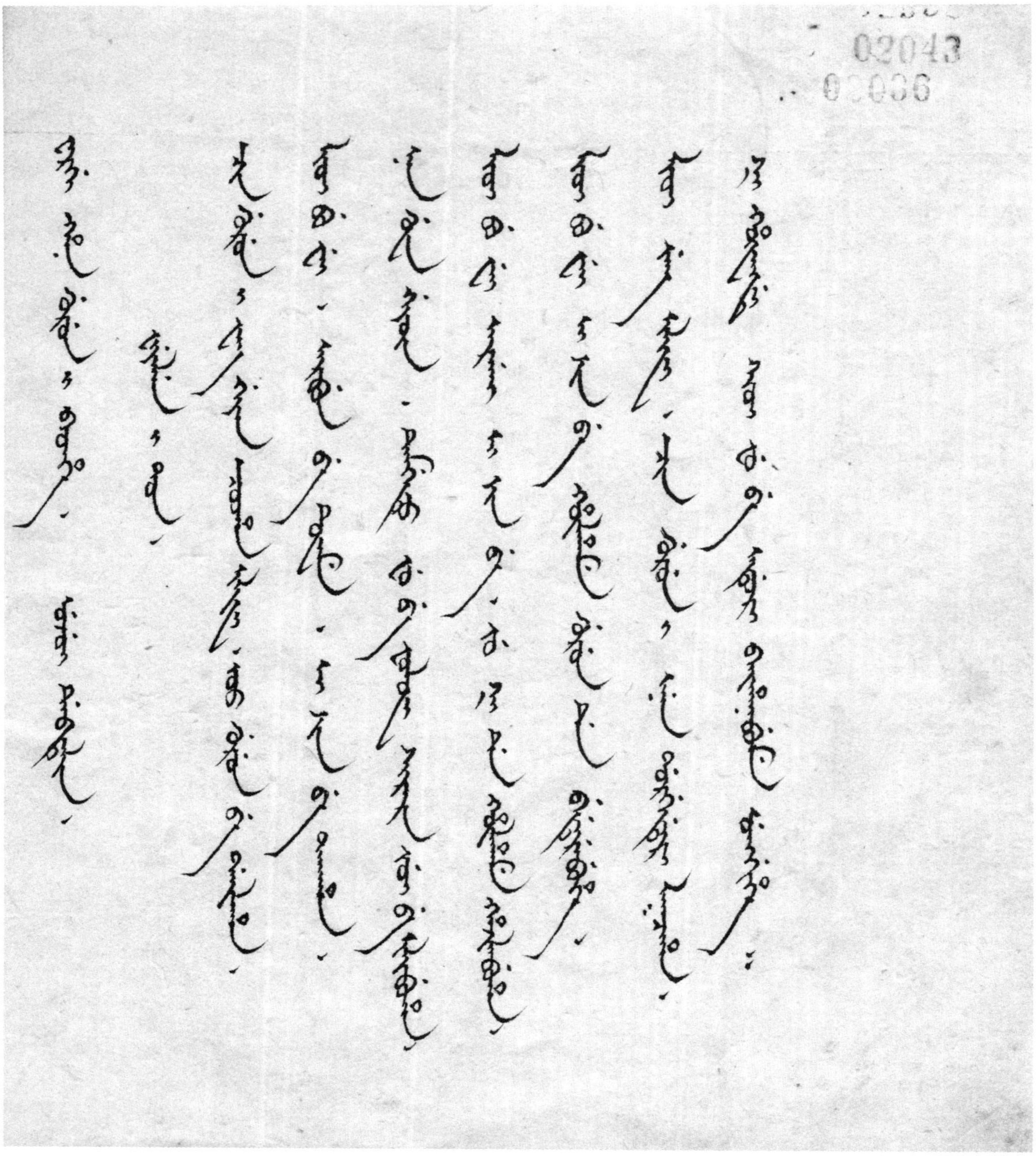

图 3-1-52　满文《西汉演义》

瑰丽的蒙古族文学

蒙古族文学有悠久的历史。十九世纪之前的蒙古族文学，主要是民间口头文学，这一时期的代表作是歌颂英雄业绩和英雄性格的英雄史诗。气势宏伟的史诗巨著《江格尔》和《格斯尔传》（图 3-1-53）经过世世代代人民群众的集体创作和传唱，多方面反映出草原游牧民族的生活风貌，是蒙古族英雄史诗的代表作，也是古代蒙古社会的“百科全书”。

十九世纪之前，蒙古族史传文学涌现出了《蒙古秘史》(图3-1-54)、《蒙古黄金史》、《蒙古源流》、《阿拉坦汗传》等优秀作品，勾勒出一系列重要的历史事件和历史人物，展现出蒙古古代社会的历史变迁。

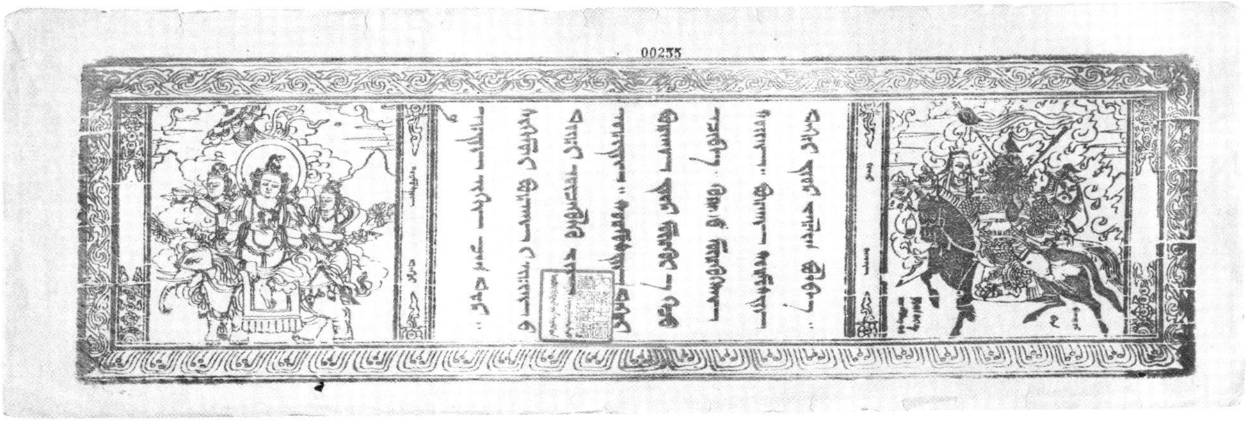

图 3-1-53 蒙古文《格斯尔传》

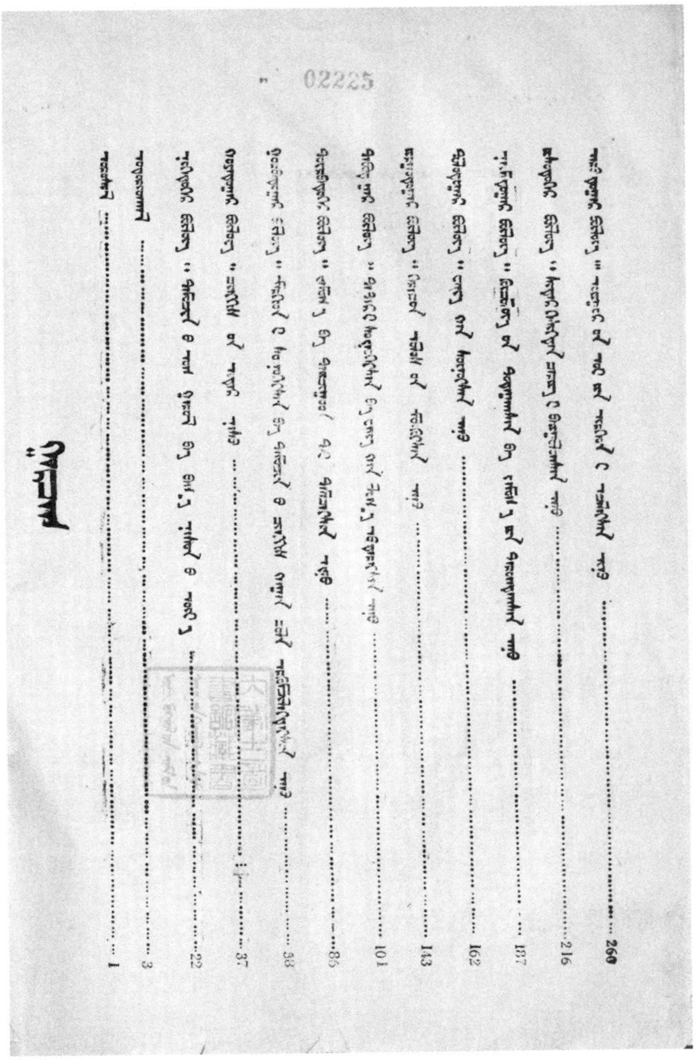

图 3-1-54 蒙古文《蒙古秘史》

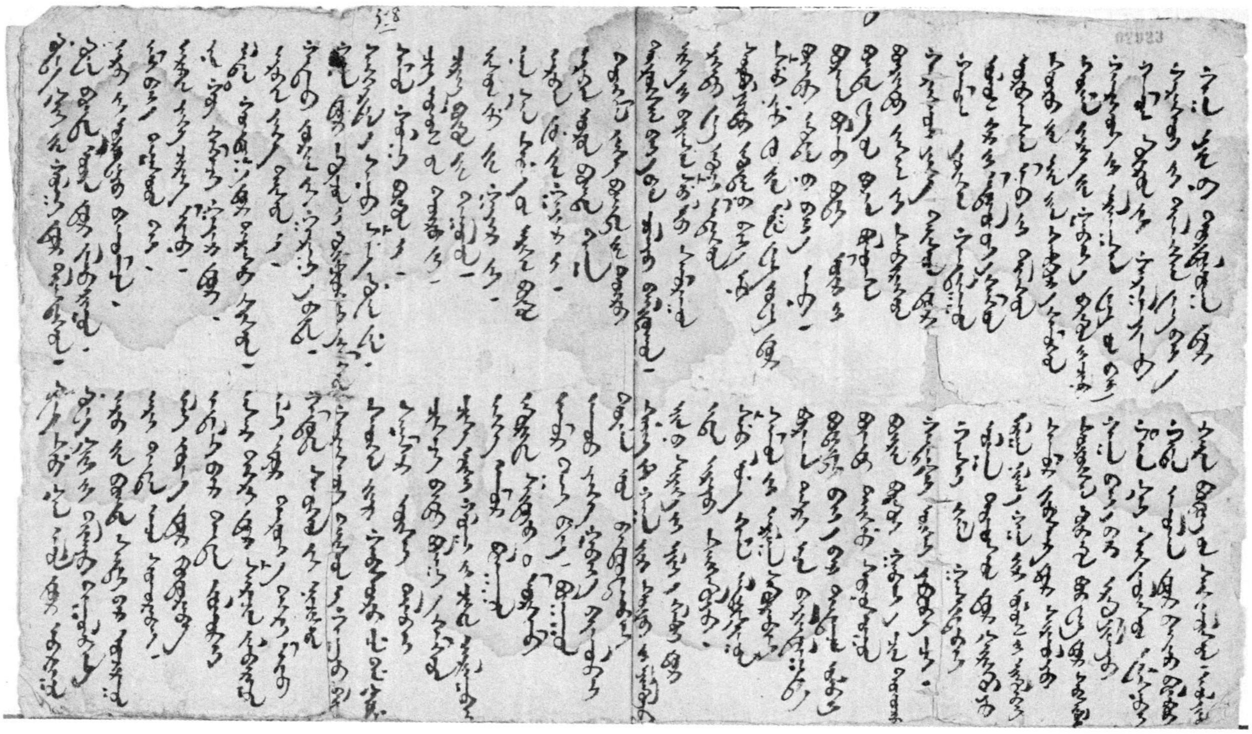

图 3-1-55　蒙古文《僧格林沁王赞》

蒙古族民间口头诗歌历史也十分悠久，歌谣、祝赞词，特别是英雄史诗和民间口头叙事诗，代表了古代蒙古族诗歌创作的辉煌成就。赞诗《僧格林沁王赞》(图3-1-55)歌颂了僧格林沁一生事迹，对研究清代蒙古族历史人物具有重要参考价值。

祝词与赞词是蒙古族特有的文艺形式，自古以来就在蒙古族民间流传，是一种感情热烈、内容丰富、积极向上的说唱结合的口头文学，大多是对天、地、人及自然万物的赞颂，是对生活和理想的吉祥祝愿，反映出蒙古族崇尚人与自然、社会的和谐发展。蒙古族民间流传着大量的婚礼祝词，如《东蒙婚礼祝词》(图3-1-56)、《昭乌达婚礼问答词》、《弓箭祝词》等，对研究蒙古族婚礼礼俗具有重要价值。

十九世纪，在汉族文学启发下，蒙古族作家哈斯宝、古拉兰萨、贡纳楚克、尹湛纳希、恩和特古斯等创作了《新译红楼梦》《一层楼》《泣红亭》等优秀作品。十九世纪上半叶，蒙古族文学家哈斯宝把一百二十回的《红楼梦》用蒙古文缩译成四十回，并在每回之后写了批语。这部蒙古文的缩译本，题名为《新译红楼梦》(图3-1-57)，除正文、回批之外，译者还加了《序》《读法》《总录》和十一幅十二金钗正册图像。哈斯宝对于《红楼梦》不仅是一种被动的感受与享受，更是一种积极的结合自身审美经验与艺术修养的再创造。

图 3-1-56　蒙古文《东蒙婚礼祝词》

图 3-1-57　蒙古文《新译红楼梦》

蒙古族文学家尹湛纳希积极吸取汉文小说的创作经验，创作出《一层楼》(图3-1-58)、《泣红亭》(图3-1-59)、《红云泪》、《青史演义》等植根蒙古族现实生活，或者取材自蒙古族历史的一批著名小说，开创了蒙古长篇小说的先河，将内地进步思想和文学主张推广到蒙古族生活的地区，极大地推动了蒙汉文学及文化关系的发展。

在清代蒙汉文学关系史上，恩和特古斯创作的系列长篇“本子故事”新作“五传”占有重要的地位。“五传”也称“唐五传”或“说唐五传”，以讲述中原故事为题材，具有从翻译文学到独创文学过渡的性质，包括《契僻传》(图3-1-60)、《苦喜传》、《全家福》、《尚尧传》、《羌胡传》等五部长篇故事本子。

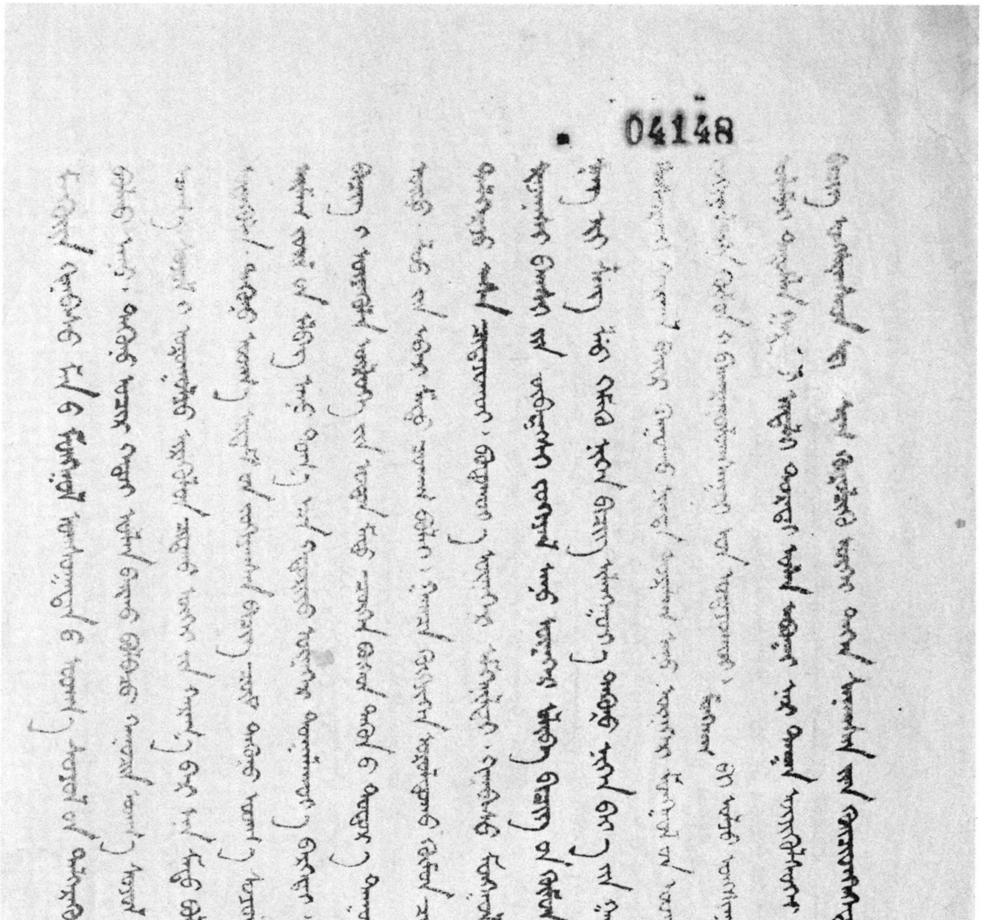

图 3-1-58　蒙古文《一层楼》

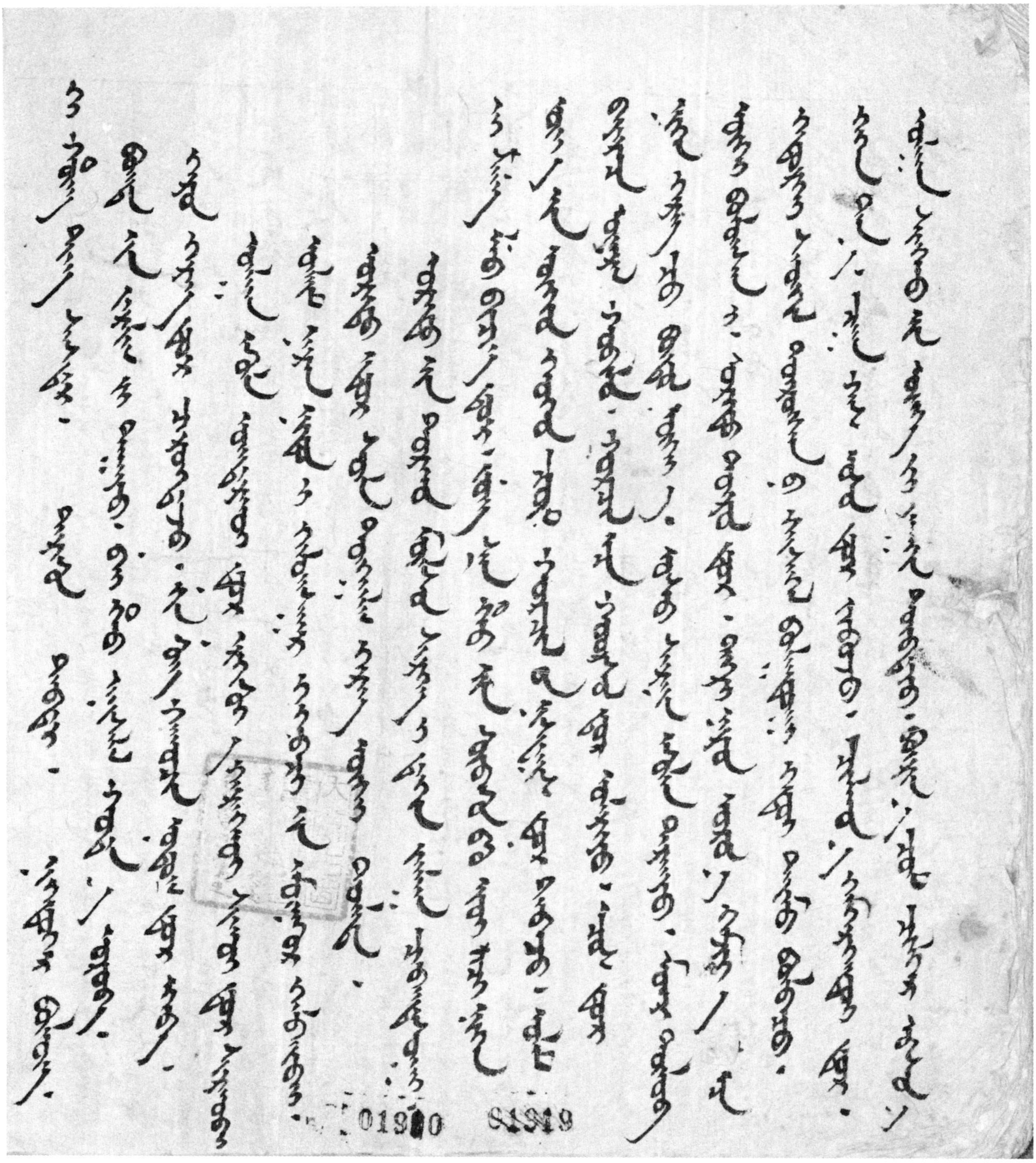

图 3-1-59　蒙古文《泣红亭》

图 3-1-60　蒙古文《契僻传》

蒙译汉小说活动兴盛于十八世纪初，大量汉族古典文学作品和民间故事被译成蒙古文，如《三国演义》《西游记》《封神演义》《水浒传》《三侠五义》等，达近百部之多，成为蒙古文献的重要组成部分。《三国演义》在蒙古地区的传播较为广泛，有书面传播、口头传播和图像传播三种形式。蒙古文《三国演义》有三个译本，首先是翻译的顺治年间满文《三国演义》；后来，又翻译了毛宗岗评本一百二十回《三国演义》；1928年特睦格图又翻译修订出版了《三国演义》(图3-1-61)。

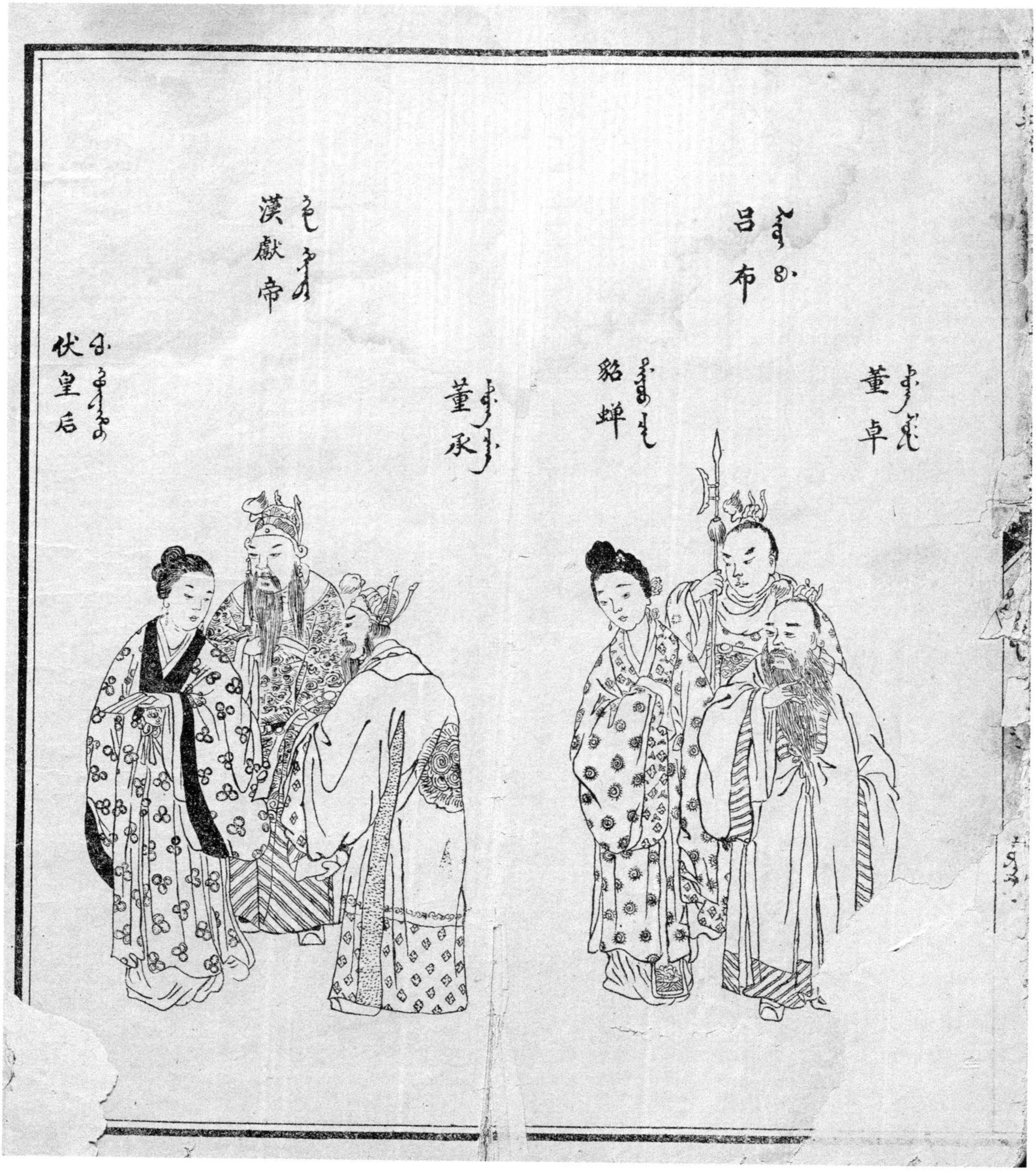

图 3-1-61　蒙古文《三国演义》

《西游记》深受蒙古族人民的喜爱，国内外现存蒙古文《西游记》抄本多达数十部。现有文献可考的第一部蒙译汉小说是阿日那于1721年删减翻译的《西游记》(图3–1–62)，作者在深入研究《西游记》各种版本的基础上创造性地进行编译，并突出各回后的批语，在蒙译汉长篇小说并附带批语方面具有开拓意义。托忒蒙古文《西游记》(图3–1–63)是迄今为止在卫拉特蒙古聚居地所发现的唯一一部四大名著的蒙古文珍贵版本，对研究四大名著在西域传播的历史具有重要的学术价值。

蒙古族也翻译了大量的汉文历史小说，如讲述梁山故事的《小八义》、花木兰代父出征的《花木兰平北》、讲述宋朝兴衰故事的《宋史演义》等。明代甄伟在历史记载、民间演绎的基础上写成《西汉通俗演义》小说，写了从东周末年到西汉初年的历史，被蒙古族文人译为托忒蒙古文、回鹘蒙古文等多种译本(图3–1–64)。

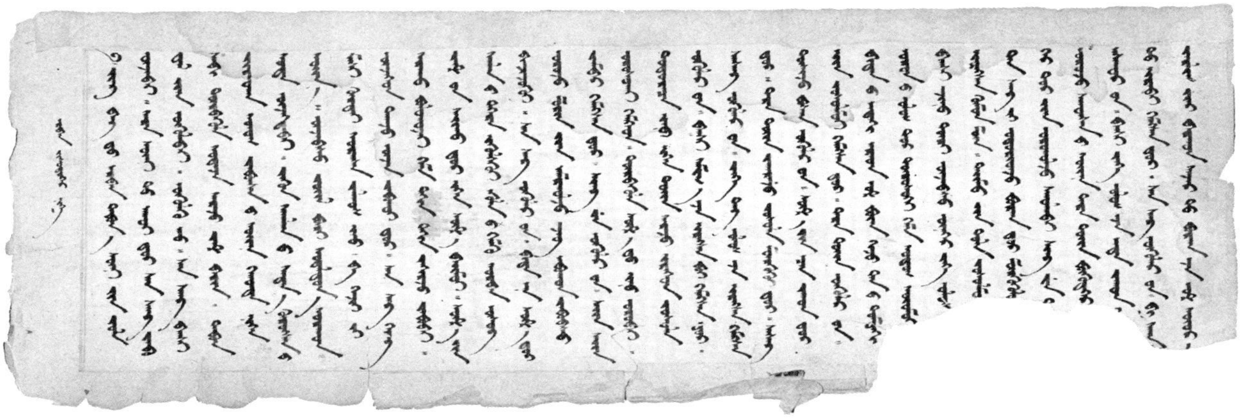

图 3–1–62　蒙古文《西游记》

图 3–1–63　托忒蒙古文《西游记》，内蒙古大学图书馆藏

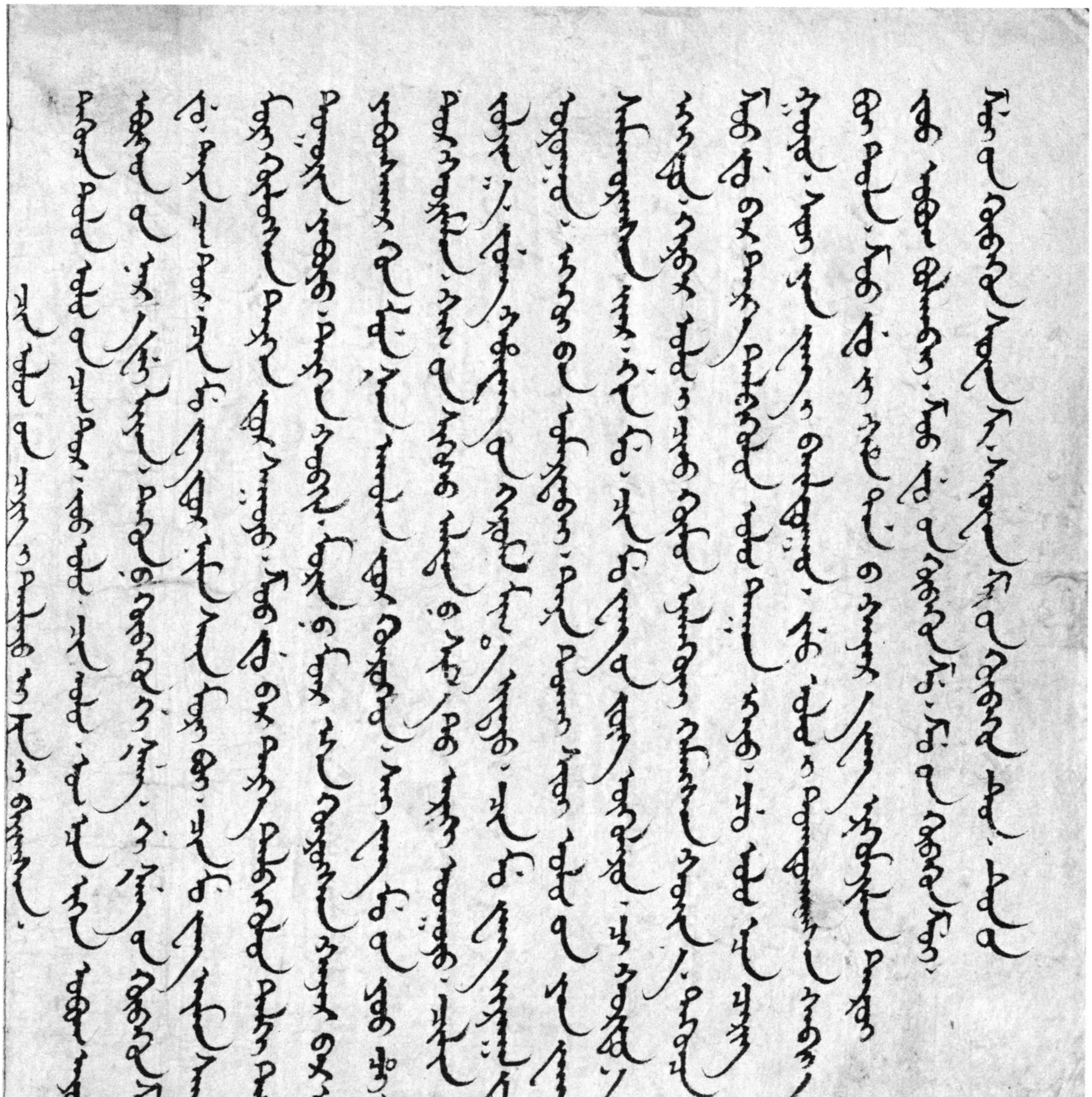

图 3-1-64　回鹘蒙古文《西汉通俗演义》

第二节　和羹之美 在于合异

中国是一个统一的多民族国家，在长期的历史发展中，各民族共同创造了博大精深、辉煌灿烂的中华文明。丰富多彩的民族科技是中华文明的重要组成部分，同时也是重要的世界文明遗产，每个民族由于风俗习惯、宗教礼仪、生产方式、生存环境、民族性格、艺术传统不同，形成了各异的民族科技。

一、交融互鉴的医药文化

中国医药文化包括了中华各民族的传统医药文化，是中华民族优秀的文化瑰宝。从中国医药文化的大系来看，传统中医药是一个以汉医药为主干、少数民族医药为枝叶的“多元一体”的整体，二者息息相关，彼此交融。留存至今的中华医药典籍浩如烟海，其中有汉民族医药典籍，也有少数民族医药典籍。在数千年民族融合的历史进程中，汉医药典籍中包含着丰富的少数民族地区药物名称、诊疗方法，吸收民族医药经验的同时也影响着民族医药的发展。

《黄帝内经》简称《内经》，是托名黄帝及其臣子岐伯、雷公、鬼臾区、伯高等的论医之书，包括《灵枢》和《素问》两部分，约成书于战国中晚期。该书总结了战国以前的医学成就，标志着中国医学由经验医学上升到理论医学的新阶段，为中医学奠定了理论基础。《黄帝内经·素问》中的《异法方宜论》按照东、西、南、北、中央五个地域范围内人群的居住环境、饮食习惯分析疾病产生的原因及治疗方法。

《异法方宜论》（图3-2-1）记载包括古东夷人故地的东方：“故东方之域，天地之所始生也。鱼盐之地，海滨傍水。其民食鱼而嗜咸，皆安其处，美其食。鱼者使人热中，盐者胜血。故其民皆黑色疏理，其病皆为痈疡。其治宜砭石。故砭石者，亦从东方来。”从中国古代的范围说，东方古为东夷人的故地。

《异法方宜论》（图3-2-2）记载少数民族所聚居之地的西方：“西方者，金玉之域，沙石之处，天地之所收引也。其民陵居而多风。水土刚强，其民不衣而褐荐，华食而脂肥。故邪不能伤其形体。其病生于内。其治宜毒药，故毒药者，亦从西方来。”从中国古代的范围说，战国至西汉年代，西方为各民族聚集地，主要是现代藏族、彝族、羌族等族的先民居住的地区。

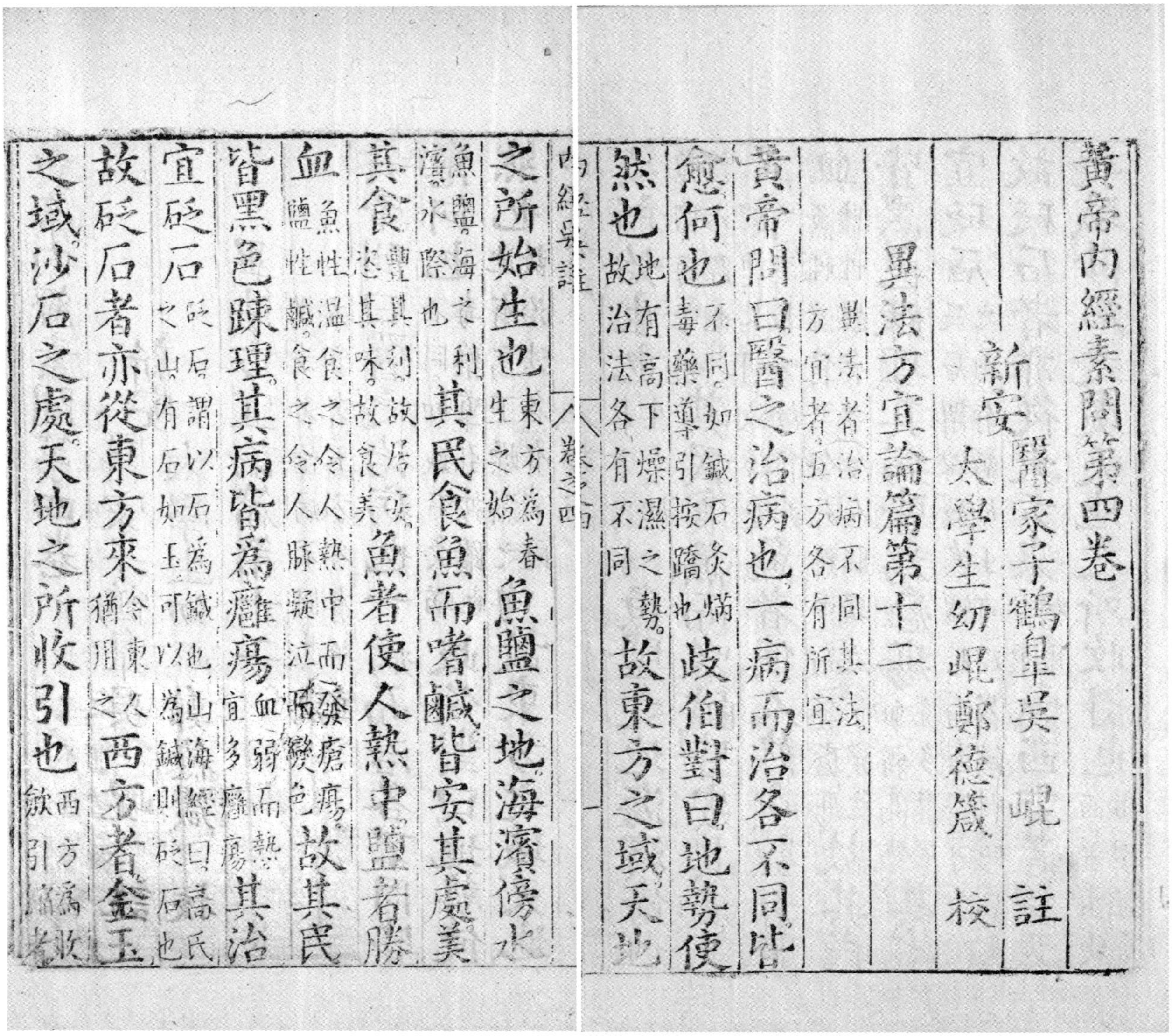
黄帝內經素問第四卷
新安 醫家子鶴皐吳崑 註
太學生幼暹鄭德箴 校
異法方宜論篇第十二
異法者治病不同其法方宜者五方各有所宜
黄帝問曰醫之治病也一病而治各不同皆愈何也不同如鍼石灸焫毒藥導引按蹻也岐伯對曰地勢使然也地有高下燥濕之勢故治法各有不同故東方之域天地之所始生也東方爲春生之始魚鹽之地海濱傍水魚鹽海之利濱水際也其民食魚而嗜鹹皆安其處美其食豐其利故居安恣其味故食美魚者使人熱中鹽者勝血魚性溫食之令人熱中鹽性鹹食之令人脉凝泣而變色故其民皆黑色踈理其病皆爲癰瘍血弱而熱宜多癰瘍其治宜砭石砭石謂以石爲鍼也山海經曰高氏之山有石如玉可以爲鍼則砭石也故砭石者亦從東方來今東人猶用之西方者金玉之域沙石之處天地之所收引也西方爲收斂引縮者
內經吳註 卷之四 八

图 3-2-1 《黄帝内经·素问·异法方宜论》

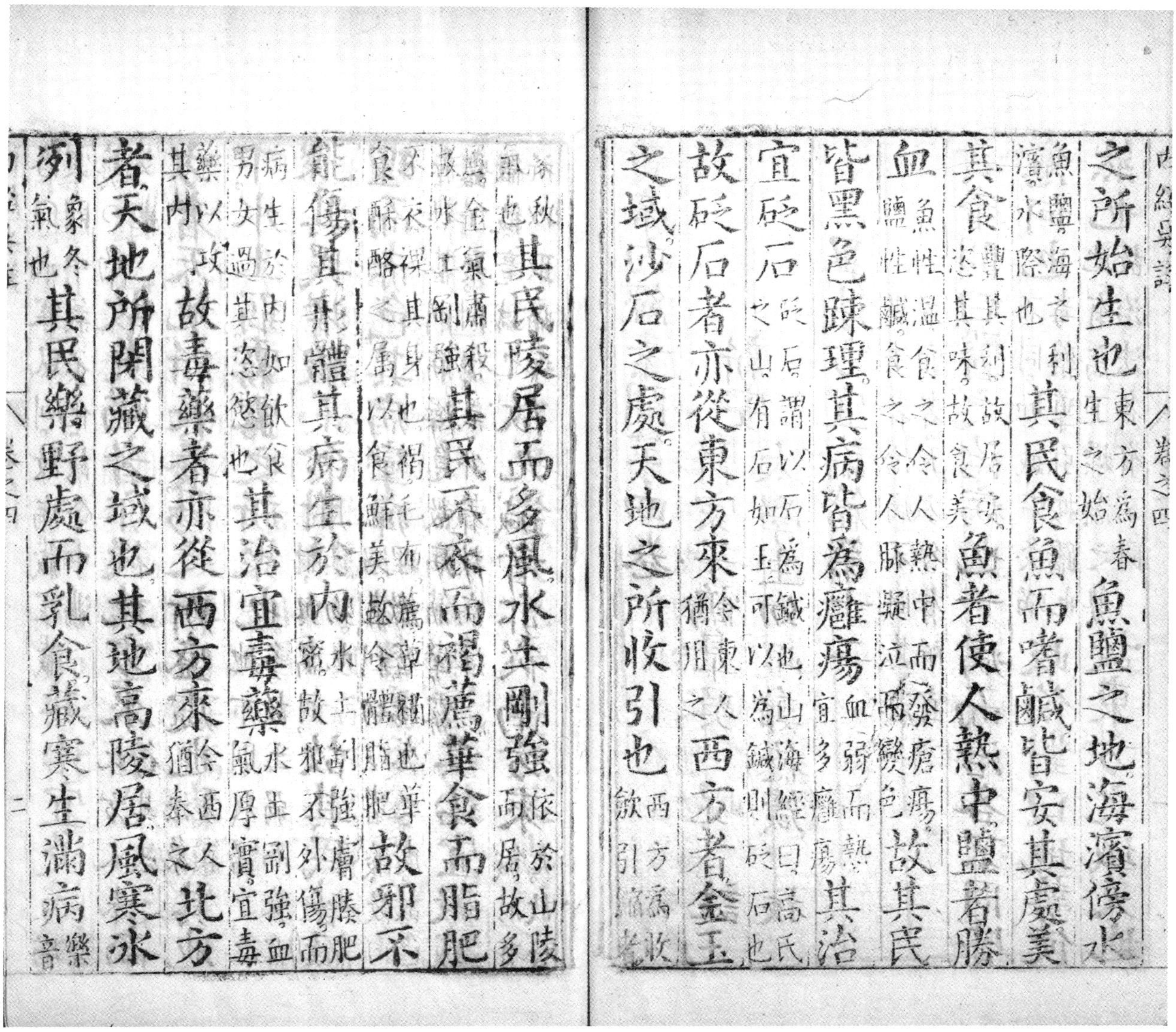

內經吳注 卷之四

之所始生也（東方為春生之始）魚鹽之地海濱傍水（魚鹽海之利濱水際也）其民食魚而嗜鹹皆安其處美其食（恣其味故居安食美）魚者使人熱中鹽者勝血（魚性溫食之令人熱中而發瘡瘍鹽性鹹食之令人脈凝泣而變色）故其民皆黑色踈理其病皆為癰瘍（血弱而熱故多癰瘍）其治宜砭石（砭石謂以石為鍼也山海經曰高氏之山有石如玉可以為鍼則砭石也）故砭石者亦從東方來（今東人猶用之）西方者金玉之域沙石之處天地之所收引也（西方為秋收斂引）

（肅殺也）其民陵居而多風水土剛強（依於山陵而居故多風）其民不衣而褐薦華食而脂肥（不衣不衣絲綿褐毛布薦草也華食酥酪之屬以食鮮美故肥）故邪不能傷其形體其病生於內（水土剛強膚腠肥密故邪不能外傷而病生於內）（病生於內如飲食男女過甚恣慾也）其治宜毒藥（水土剛強血氣厚實宜毒藥以攻其內）故毒藥者亦從西方來（今西人猶奉之）北方者天地所閉藏之域也其地高陵居風寒冰冽（象冬氣也）其民樂野處而乳食藏寒生滿病（樂音……）

图 3–2–2 《黄帝内经·素问·异法方宜论》

《异法方宜论》（图3–2–3）记载少数民族所聚居之地的北方：“北方者，天地所闭藏之域也。其地高陵居，风寒冰冽。其民乐野处而乳食，藏寒生满病。其治宜灸焫。故灸焫者，亦从北方来。”可见中医的艾灸、烧灼、热熨等治疗方法，是我国古代北方民族的发明。

《异法方宜论》（图3–2–4）记载古代苗、彝、壮、黎、白等少数民族聚居的南方：“南方者，天地所长养，阳之所盛处也。其地下，水土弱，雾露之所聚也，其民嗜酸而食胕，故其民皆致理而赤色，其病挛痹。其治宜微针。故九针者，亦从南方来。”说明中医的针刺疗法起源与南方的少数民族有着直接且深厚的联系。

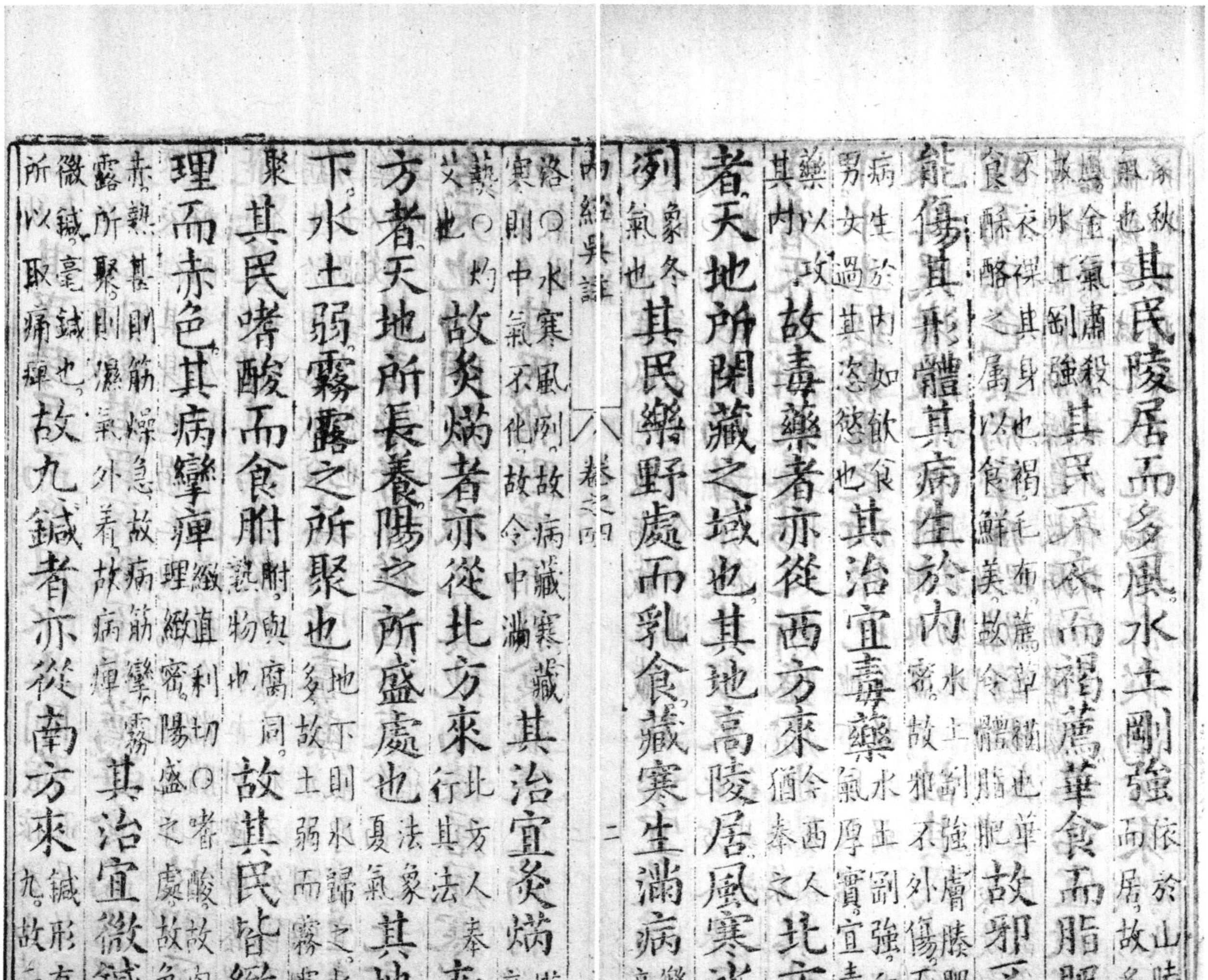
象秋殺也其民陵居而多風水土剛強依於山陵而居故多風金氣肅殺故水土剛強其民不衣而褐薦華食而脂肥不衣裸其身也褐毛布薦草褥也華食酥酪之屬以食鮮美故令體脂肥故邪不能傷其形體其病生於內水土剛強膚腠肥密故邪不外傷而病生於內如飲食男女過甚恣慾也其治宜毒藥水土剛強血氣厚實宜毒藥以攻其內故毒藥者亦從西方來今西人猶奉之北方者天地所閉藏之域也其地高陵居風寒冰冽象冬氣也其民樂野處而乳食藏寒生滿病樂音洛◯水寒風冽故病藏寒寒則中氣不化故令中滿其治宜灸焫焫音爇◯灼艾也故灸焫者亦從北方來北方人奉行其法南方者天地所長養陽之所盛處也法象夏氣其地下水土弱霧露之所聚也地下則水歸之多故土弱而霧露聚其民嗜酸而食胕胕與腐同熟物也故其民皆緻理而赤色其病攣痺緻直利切◯嗜酸故肉理緻密陽盛之處故色赤熱甚則筋燥急故病筋攣霧露所聚則濕氣外着故病痺其治宜微鍼微鍼毫鍼也所以取痛痺故九鍼者亦從南方來鍼形有九故云

內經昇註　卷之四　二

图 3-2-3　《黄帝内经·素问·异法方宜论》

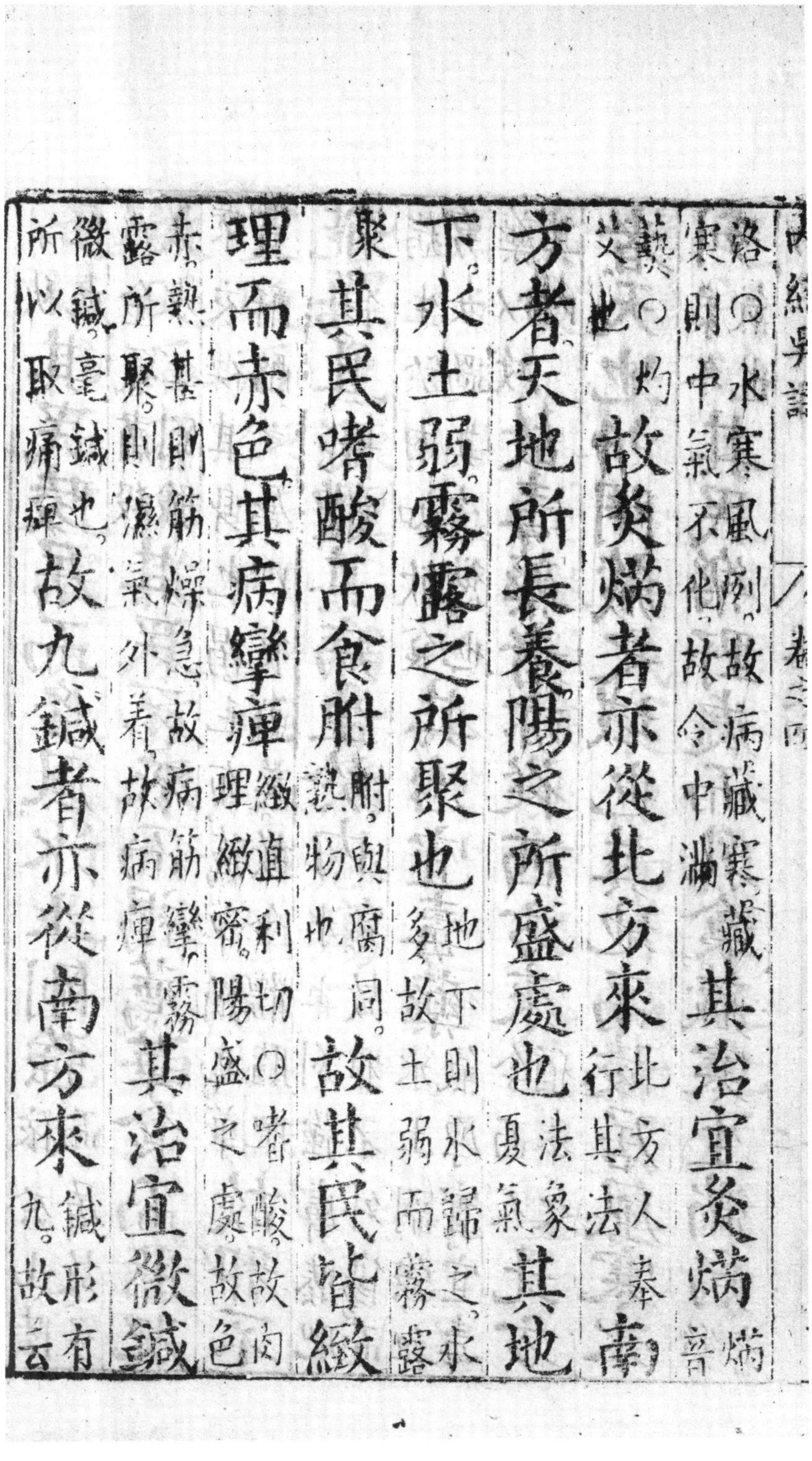
洛○水寒風冽故病藏寒藏寒則中氣不化故令中滿 其治宜灸焫 焫音爇○灼艾也 故灸焫者亦從北方來 北方人奉行其法 南方者天地所長養陽之所盛處也 法象夏氣 其地下水土弱霧露之所聚也 地下則水歸之水多故土弱而霧露聚 其民嗜酸而食胕 胕與腐同熟物也 故其民皆緻理而赤色其病攣痺 緻直利切○嗜酸故肉理緻密陽盛之處故色赤熱甚則筋燥急故病筋攣霧露所聚則濕氣外着故病痺 其治宜微鍼 微鍼毫鍼也所以取痛痺 故九鍼者亦從南方來 鍼形有九○故云

图 3-2-4 《黄帝内经·素问·异法方宜论》

《异法方宜论》(图3-2-5)记载中原地带汉民族的情况:“中央者，其地平以湿，天地所以生，万物也众，其民食杂而不劳，故其病多痿厥寒热。其治宜导引按跻，故导引按跻者，亦从中央出也。”中医的按摩、气功、导引疗法出自中原，充分说明我国古代医学丰富多彩的中医治疗方法并不是某一个民族的独创，而是从一开始就是由各族人民共同创造出来的。

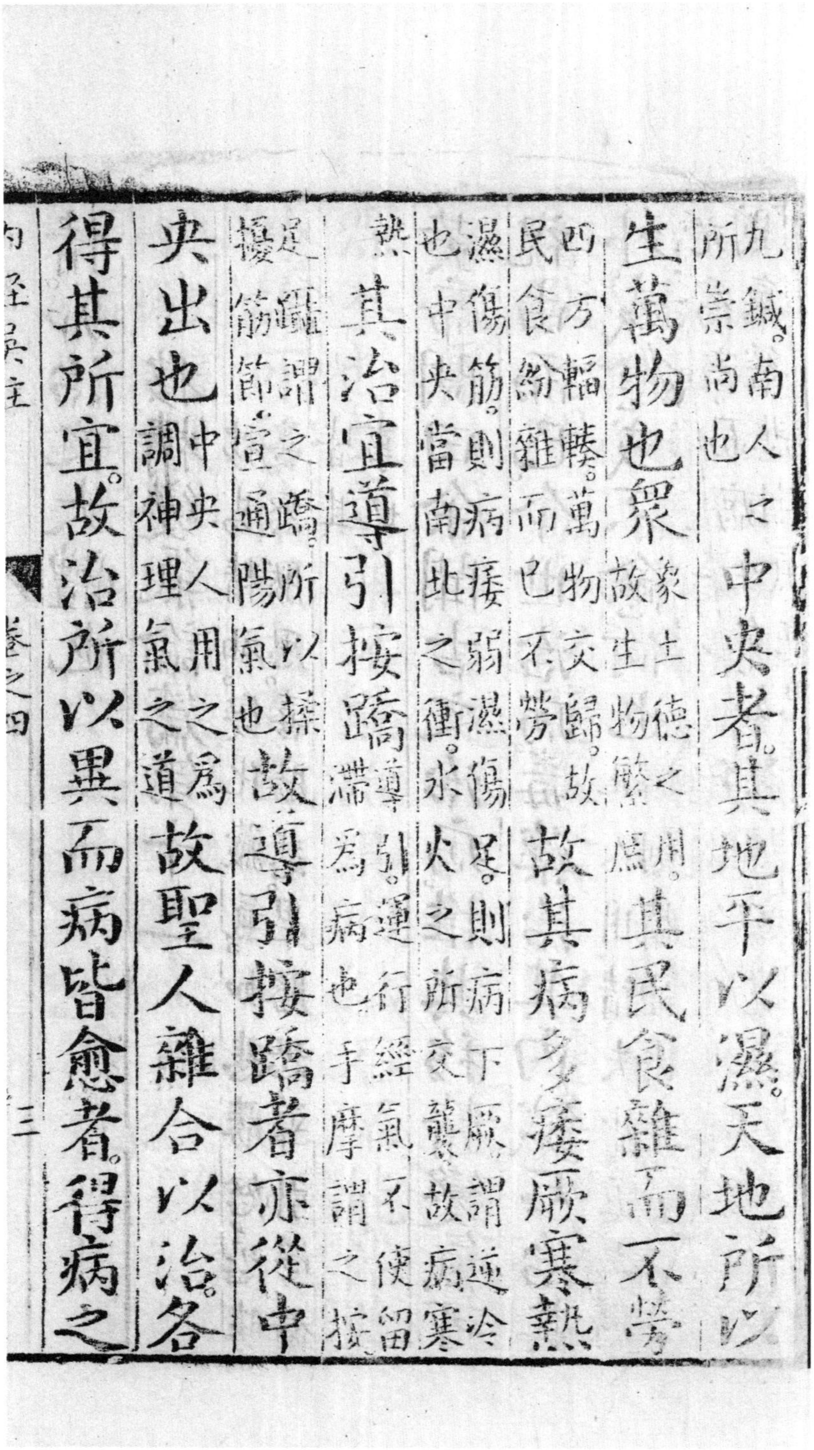

九鹹。南人之所崇尚也。中央者。其地平以濕。天地所以生萬物也衆。象土德之用。故生物繁庶。其民食雜而不勞。西方輻輳。萬物交歸。故民食紛雜而已不勞。故其病多痿厥寒熱。濕傷筋。則病痿弱。濕傷足。則病下厥。謂逆冷也。中央當南北之衝。水火之所交蘊。故病寒熱。其治宜導引按蹻。導引。運行經氣。不使留滯爲病也。手摩謂之按。足蹴謂之蹻。所以揉擾筋節。宣通陽氣也。故導引按蹻者。亦從中央出也。中央人用之爲調神理氣之道。故聖人雜合以治。各得其所宜。故治所以異而病皆愈者。得病之

內經吳注　卷之四　三

图3-2-5 《黄帝内经·素问·异法方宜论》

《神农本草经》是现存最早的本草学专著，又称《本草经》或《本经》，托名神农所作，实成书于汉代，是中医四大经典著作之一。其论述了中药的基本理论，并简要介绍了中药的产地、采集、加工、贮存、真伪鉴别。《神农本草经·玉石部》(图3-2-6)记载了产自西方少数民族地区的戎盐：“戎盐，主明目。目痛，益气，坚肌骨，去毒蛊。”《名医别录》注释戎盐又名胡盐，采集于胡盐山及西羌、北地等处。

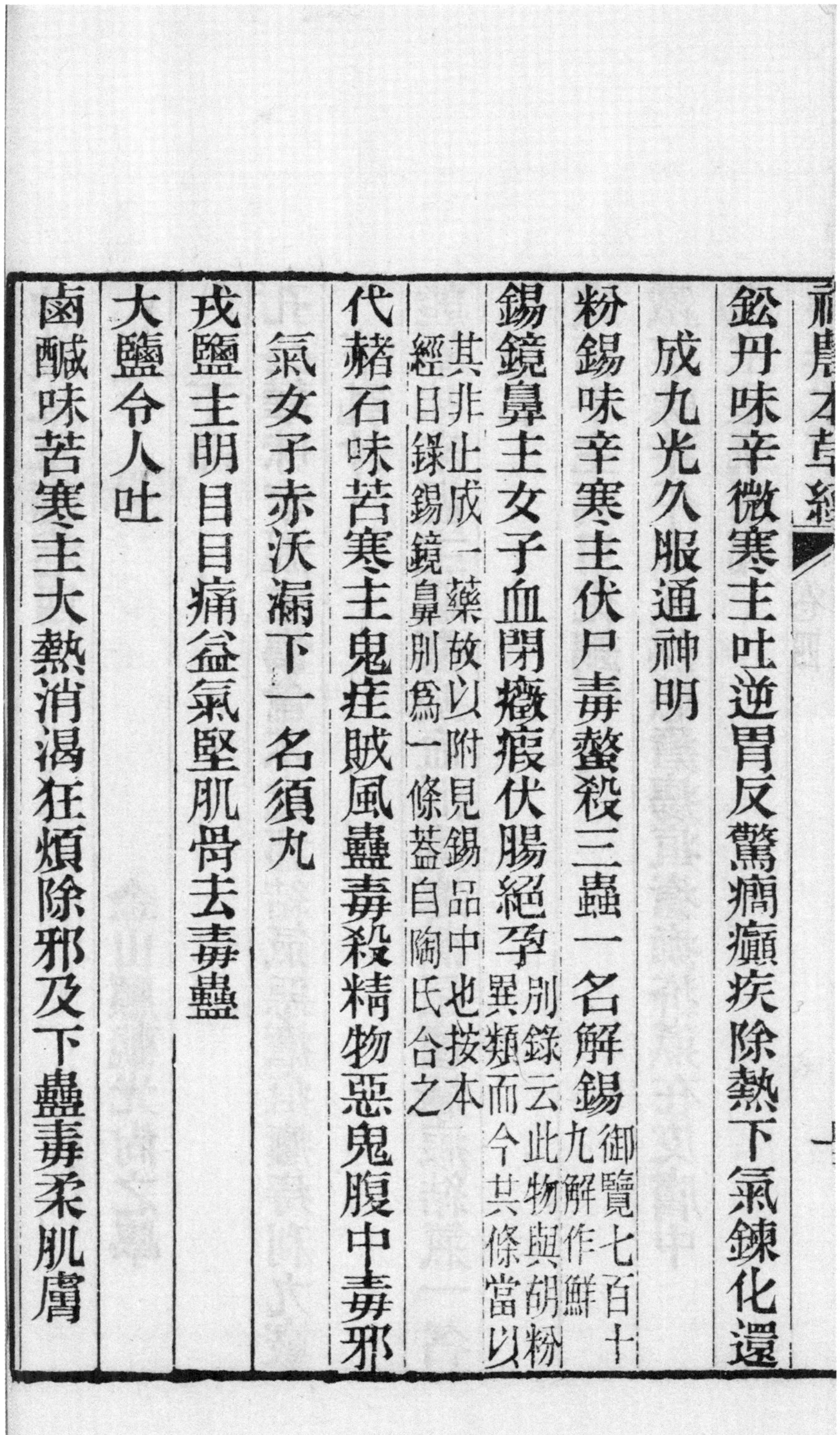
神農本草經　卷四

鉛丹味辛微寒主吐逆胃反驚癇癲疾除熱下氣鍊化還成九光久服通神明

粉錫味辛寒主伏尸毒螫殺三蟲一名解錫御覽七百十九解作鮮

錫鏡鼻主女子血閉癥瘕伏腸絕孕別錄云此物與胡粉異類而今其條當以其非止成一藥故以附見錫品中也按本經目錄錫鏡鼻別爲一條蓋自陶氏合之

代赭石味苦寒主鬼疰賊風蠱毒殺精物惡鬼腹中毒邪氣女子赤沃漏下一名須丸

戎鹽主明目目痛益氣堅肌骨去毒蠱

大鹽令人吐

鹵鹹味苦寒主大熱消渴狂煩除邪及下蠱毒柔肌膚

图 3-2-6　《神农本草经·玉石部》

东晋著名医学家葛洪从其所撰《玉函方》中摘录可供急救、实用有效的单验方及简要灸法，汇编而成《肘后备急方》。书中许多记载都很有价值，如对天花病症和沙虱病的描述，用青蒿汁治疗疟疾等。《葛仙翁肘后备急方》(图3-2-7）中就有一些少数民族的食品，如“治一切肺病，咳嗽脓血不止”，用“好酥五斤，熔三遍，停取凝，当出醍醐，服一合差”。

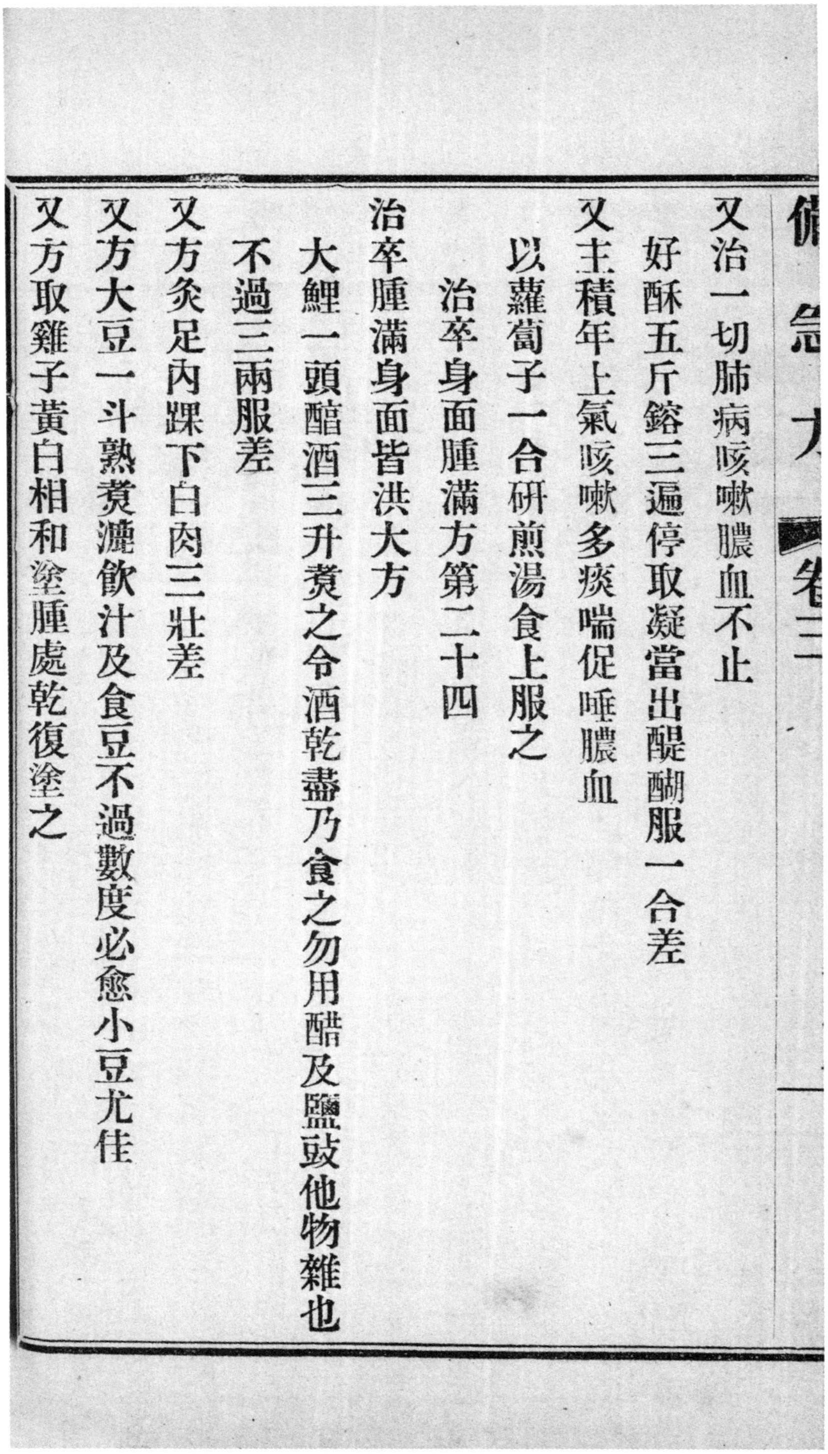
備急方　卷三
又治一切肺病咳嗽膿血不止
好酥五斤鎔三遍停取凝當出醍醐服一合差
又主積年上氣咳嗽多痰喘促唾膿血
以蘿蔔子一合研煎湯食上服之
治卒身面腫滿方第二十四
治卒腫滿身面皆洪大方
大鯉一頭醕酒三升煑之令酒乾盡乃食之勿用醋及鹽豉他物雜也
不過三兩服差
又方灸足內踝下白肉三壯差
又方大豆一斗熟煑漉飲汁及食豆不過數度必愈小豆尤佳
又方取雞子黃白相和塗腫處乾復塗之

图 3-2-7　《葛仙翁肘后备急方》卷三

隋代医学家巢元方所著《诸病源候论》(图3-2-8)，简称《巢氏病源》，是一部总结病因、病理、证候的医学基础理论巨著，也是我国历史上第一部系统论述病因证候理论的专著。该书记载了我国南方山村地带的地方性疾病瘴气：“夫岭南青草黄芒瘴，犹如岭北伤寒也。南地暖，故太阴之时，草木不黄落，伏蛰不闭藏，杂毒因暖而生，故岭南从仲春讫仲夏，行青草。”对于瘴气病的病因、临床表现、治疗及用药注意事项等内容，书中均有详细记载。

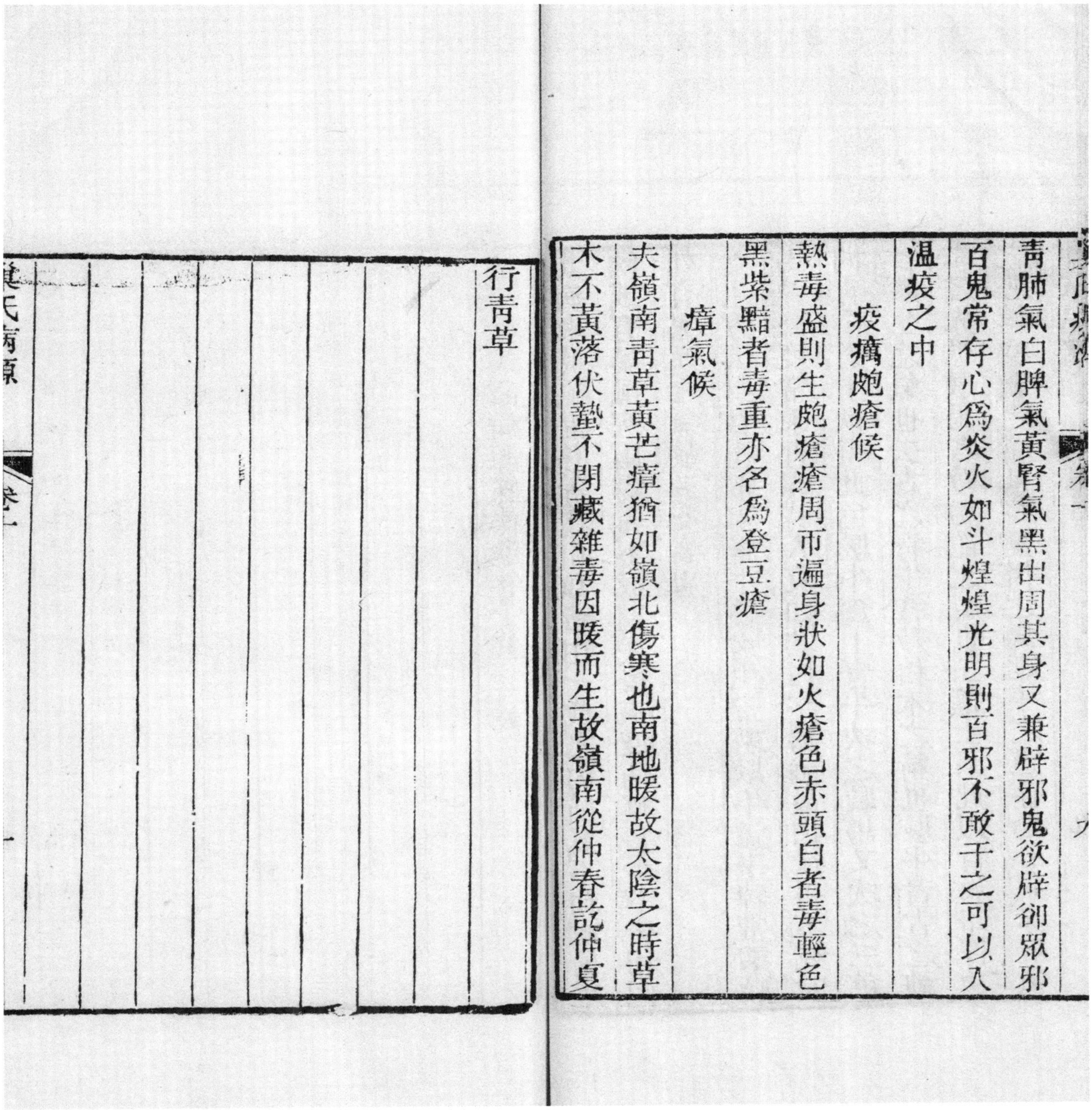
青肺氣白脾氣黃腎氣黑出周其身又兼辟邪鬼欲辟御衆邪
百鬼常存心爲炎火如斗煌煌光明則百邪不敢干之可以入
温疫之中
疫癘皰瘡候
熱毒盛則生皰瘡瘡周帀遍身狀如火瘡色赤頭白者毒輕色
黑紫黯者毒重亦名爲登豆瘡
瘴氣候
夫嶺南青草黃芒瘴猶如嶺北傷寒也南地暖故太陰之時草
木不黃落伏蟄不閉藏雜毒因暖而生故嶺南從仲春訖仲夏
行青草

图 3-2-8 《诸病源候论》卷十

《千金要方》和《千金翼方》，是我国唐代最杰出的医药学著作，作者孙思邈广博收罗，从少数民族地区包括西州、凉州、夷州、黔州等，收集了不少有效的疗法。《千金翼方·补益》(图 3-2-9）记载：“凶奴露宿圆，主毒冷方。岩石、桔梗、皂荚、干姜、附子、吴茱萸。右六味，捣筛为末，炼蜜和丸如梧子大，饮服三圆，日再，稍加，以知为度。”

右五味擣篩爲末鍊蜜和圓如梧子大酒服三圓日再以知爲度

凶奴露宿圓　主毒冷方　礜石燒　桔梗　皂莢炙去皮子　乾薑　附子炮去皮　吳茱萸等分　右六味擣篩爲末鍊蜜和丸如梧子大飲服三圓日再稍加以知爲度

解散發動第三　論一首　方三十五首　與第二十二卷通

論曰既得藥力諸痾併遣石忽發動須知解方故次立解散方焉一一依其診候而用之萬不失一夫脈或洪或實或斷絕不足欲似死脈或細數或弦駃其所犯非一故也脈無常投醫不能識也熱多則弦駃有癖則洪實急痛則斷絕凡寒食藥熱率常如是自無所苦非死候也動從節度則不死矣不從節度則死矣欲服散者宜診脈審正其候爾乃畢愈脈沈數者難發難發當數下之脈浮大者易發也人有服散兩三劑不發者此人脈沈難發發不令人覺藥勢已行不出形於外但以藥治於內欲候知其力人進食多一候也顏色和悅二候也頭面身體瘙癢三候也淅淅惡風四候也厭厭欲寐五候也諸有此證候者皆藥內發五藏但如方法服藥宜數下之內虛自當發也

人參湯　主散發諸氣逆心腹絞痛不得氣息命在轉燭方　人參　枳實炙　甘草炙各九分　栝樓根　乾薑　白朮各一兩半　右六味㕮咀以水九升煮取三升分三服若短氣者稍稍數服無苦也能如方者佳冬月溫食胸腹熱者便冷食夏月冷食以水服藥冷食過多腹冷者作湯卽自解便止

千金翼方　卷十五　三

图 3-2-9　《千金翼方》卷十五

《饮膳正要》（图3-2-10）是元代蒙古族营养学家忽思慧用汉字编撰的我国现存的第一部营养学专著。该书十分重视食疗与食补的研究与实践，注意总结整理历代宫廷食疗及养生经验，旁参诸家本草和名医方论，对民间经验亦有所涉猎，是我国甚至是世界上最早的饮食卫生与营养学专著。书中记载了具有蒙古族饮食特点的各种肉、乳食品等，并附图二十余幅，图文并茂，是研究元代宫廷御膳和民间饮食疗法的重要典籍。

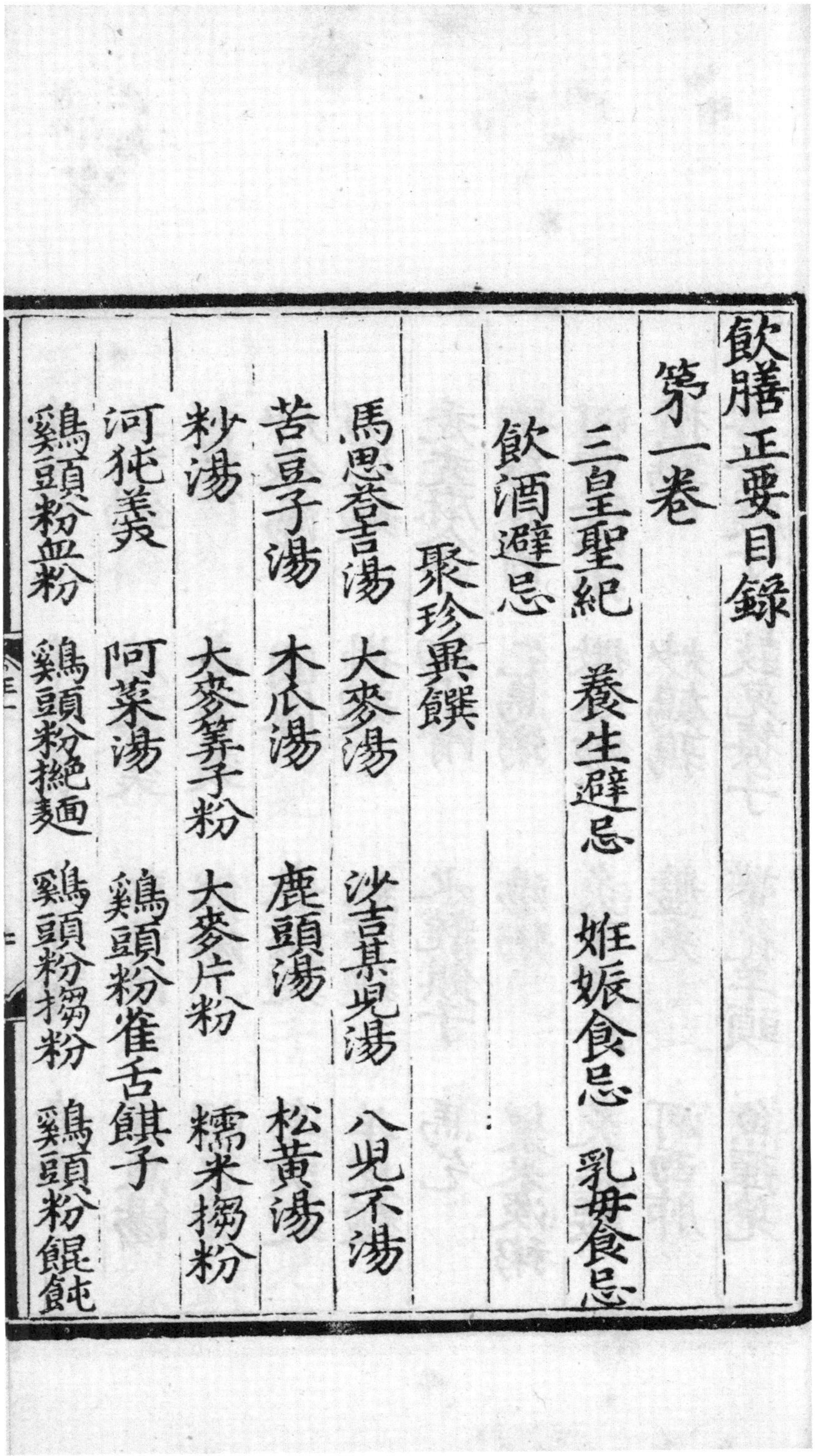

飲膳正要目錄
第一卷
三皇聖紀 養生避忌 姙娠食忌 乳母食忌
飲酒避忌
聚珍異饌
馬思荅吉湯 大麥湯 沙吉某兒湯 八兒不湯
苦豆子湯 木瓜湯 鹿頭湯 松黃湯
粆湯 大麥筭子粉 大麥片粉 糯米搊粉
河㹠羹 阿菜湯 鷄頭粉雀舌餌子
鷄頭粉血粉 鷄頭粉撧麵 鷄頭粉搊粉 鷄頭粉餛飩

图 3-2-10 《饮膳正要》

《瑞竹堂经验方》(图3-2-11）是元代蒙古族医药学家沙图穆苏用汉字编撰的中医方书。原书十五卷，国内曾一度失传（日本有复刻的十五卷本行世），后据明《永乐大典》所载，搜采编辑，成五卷，附补遗。全书分调补、消导、劳伤、遗浊、喘咳等内外、妇幼各科共二十四类，补遗分风、泄泻等四类，共列方187首。处方醇正，其中有些方如八珍散等，迄今仍广为应用。

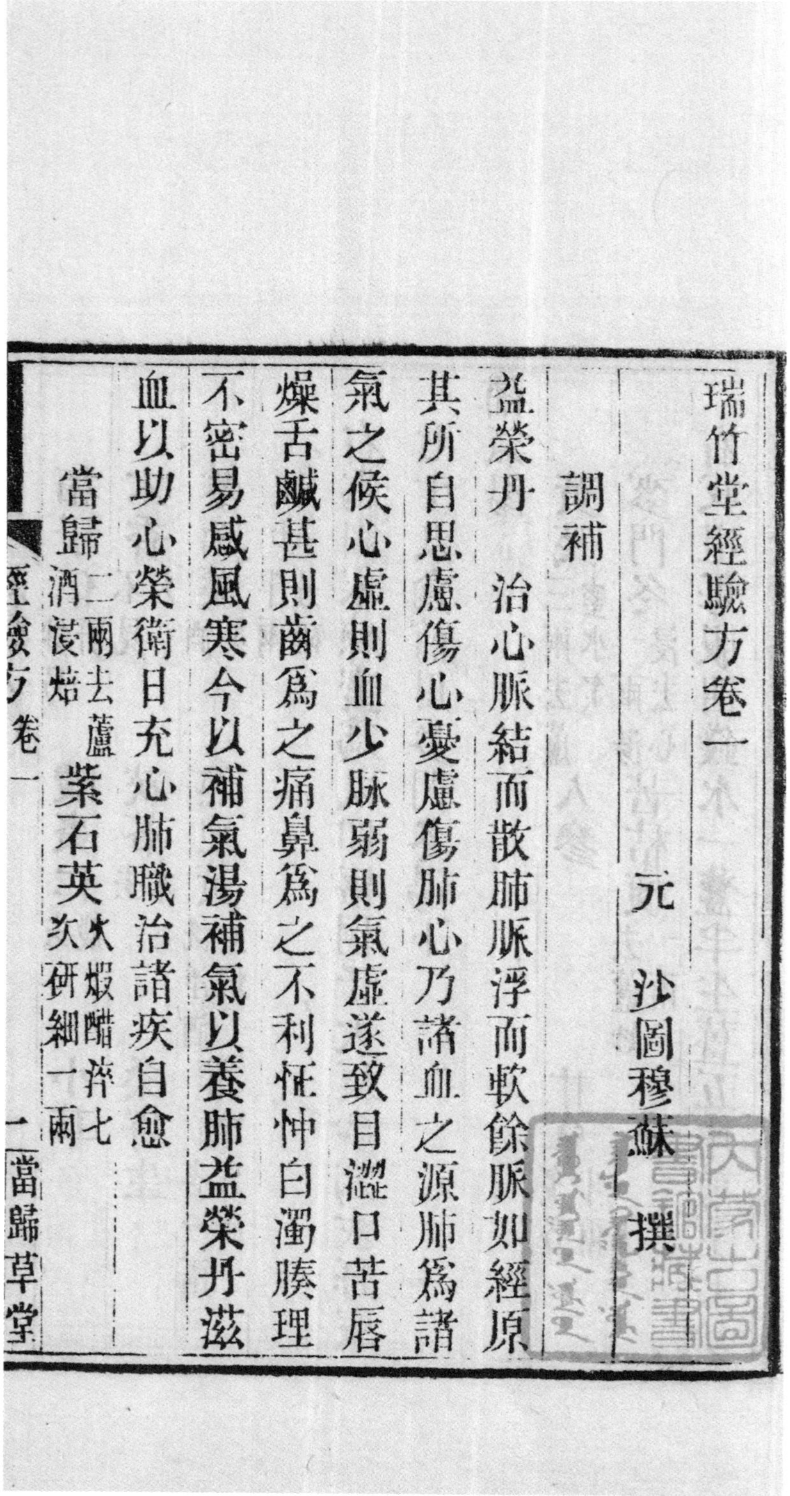

图3-2-11 《瑞竹堂经验方》

郑樵《通志·艺文略》(图3-2-12)进一步将医书细分为二十六类，其中“岭南方”类五部九卷。分类中设“岭南方”一项，标志包括壮族医药在内的南方少数民族医药在祖国传统医学中的明确地位：“《岭南急要方》，三卷，见唐志；《南中四时摄生论》，一卷，唐郑景岫撰；《南行方》，三卷，唐李继皋纂；《治岭南众疾经效方》，一卷；《广南摄生方》，一卷。”

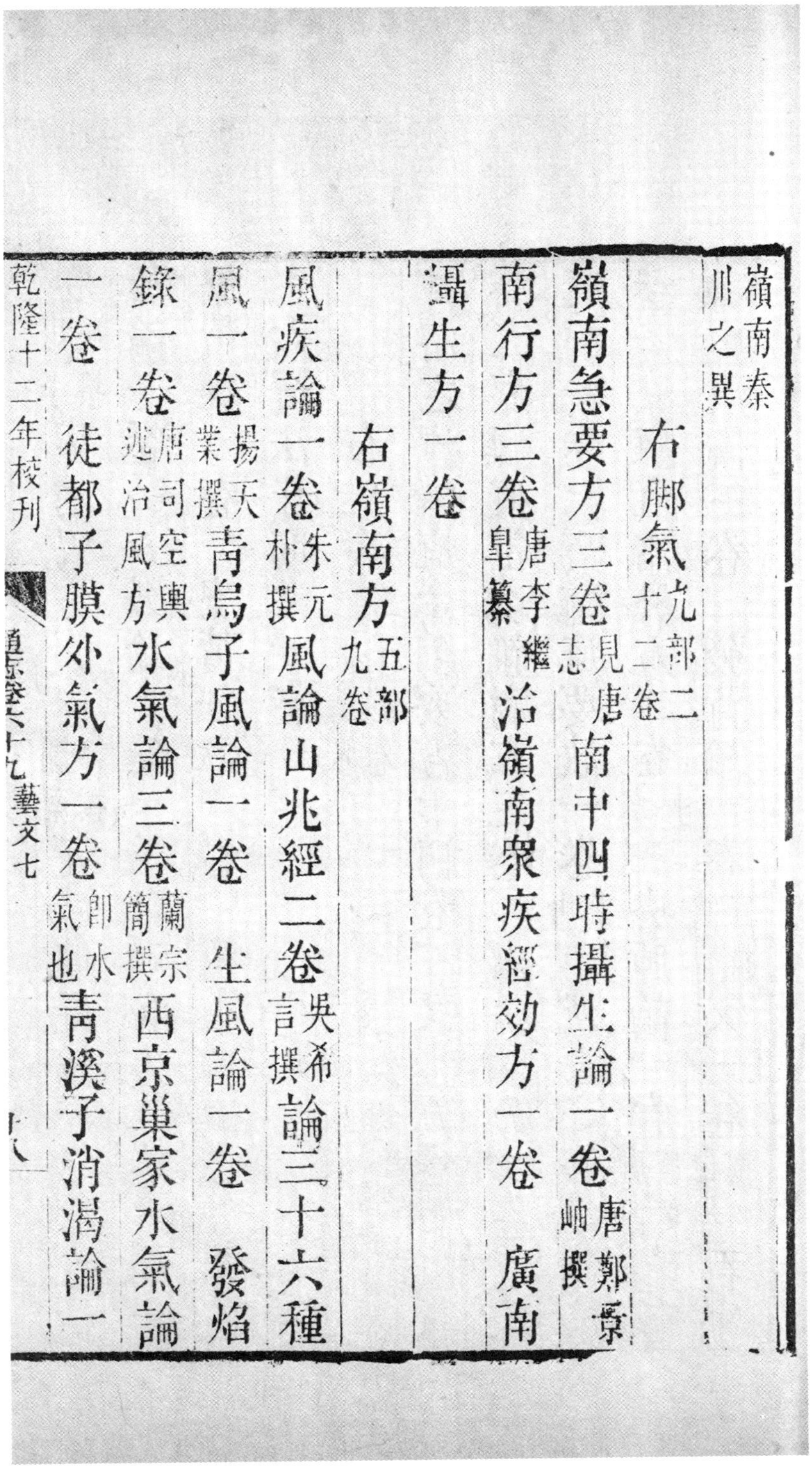
嶺南秦川之異
右脚氣九部二十二卷
嶺南急要方三卷見唐志南中四時攝生論一卷唐鄭景岫撰
南行方三卷唐李繼皐纂治嶺南衆疾經効方一卷廣南
攝生方一卷
右嶺南方五部九卷
風疾論一卷朱元朴撰風論山兆經二卷吳希言撰論三十六種
風一卷揚天業撰青烏子風論一卷生風論一卷發焰
錄一卷唐司空輿述治風方水氣論三卷蘭宗簡撰西京巢家水氣論
一卷徒都子膜外氣方一卷郎水氣也青溪子消渴論一
乾隆十二年校刊
通志卷六十九 藝文七

图 3-2-12 《通志·艺文略》

明朝李时珍亲自到各地考察，参阅八百多种古籍，经过反复研究和临床实践，耗时三十余年编著而成本草学巨著《本草纲目》(图3-2-13)。该书记载药物共1892种，每种药都详细地记载了产地、形状、颜色、气味、功用、采集方法、制作过程，以及主治何病等，还附录了他自己搜集整理的11000多个药方，配有1160幅插图，成为一部图文并茂，具有空前水平的大药典。《本草纲目》记载的少数民族医药内容十分丰富：“三七。[释名]：山漆，《纲目》；金不换。时珍曰：彼人言其叶左三右四，故名三七。盖恐不然。或云本名山漆，谓其能合金疮，如漆粘物也。此说近之。金不换，贵重之称也。［集解］时珍曰：生广西南丹诸州番峒深山中。采根暴干，黄黑色。团结者，状略似白及；长者，如老干地黄，有节。味微甘而苦，颇似人参之味。”

清代赵学敏为《本草纲目》进行补遗编纂的本草学代表作品《本草纲目拾遗》(图3-2-14)，收录药材921种，其中新增716种，为《本草》问世以来增药数目之冠。该书收录了藏香、雪莲花、回回豆、纪鱼等大量民族药材，如“雪荷花，产伊犁西北及金川等处大寒之地，积雪春夏不散，雪中有草，类荷花，独茎亭亭，雪间可爱”。

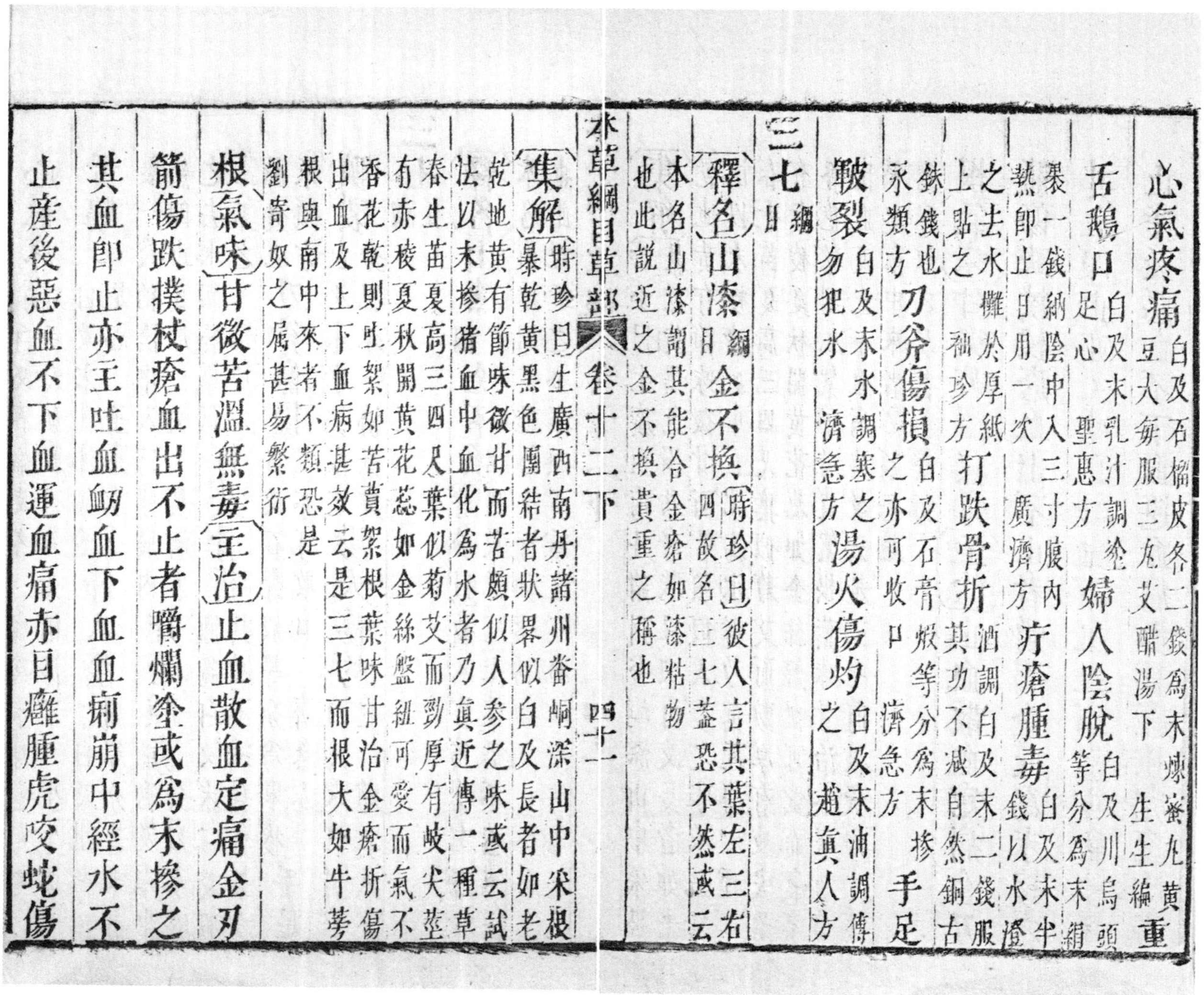
心氣疼痛白及石榴皮各二錢為末煉蜜丸黃豆大每服三丸艾醋湯下生生編重
舌鵝口白及末乳汁調塗足心聖惠方婦人陰脫白及川烏頭等分為末絹
裹一錢納陰中入三寸腹內熱即止日用一次廣濟方疔瘡腫毒白及末半錢以水澄
之去水攤於厚紙上貼之袖珍方打跌骨折酒調白及末二錢服其功不減自然銅古
銖錢也永類方刀斧傷損白及石膏煅等分為末摻之亦可收口濟急方手足
皸裂白及末水調塞之勿犯水濟急方湯火傷灼白及末油調傅之趙真人方
三七綱目
釋名山漆綱目金不換綱目時珍曰彼人言其葉左三右四故名三七蓋恐不然或云
本名山漆謂其能合金瘡如漆粘物也此說近之金不換貴重之稱也

本草綱目草部　卷十二下　四十一

集解時珍曰生廣西南丹諸州番峒深山中采根
暴乾黃黑色團結者狀畧似白及長者如老
乾地黃有節味微甘而苦頗似人參之味或云試
法以末摻豬血中血化為水者乃真近傳一種草
春生苗夏高三四尺葉似菊艾而勁厚有岐尖莖
有赤棱夏秋開黃花蕊如金絲盤紐可愛而氣不
香花乾則吐絮如苦蕒絮根葉味甘治金瘡折傷
出血及上下血病甚效云是三七而根大如牛蒡
根與南中來者不類恐是
劉寄奴之屬甚易繁衍
根氣味甘微苦溫無毒主治止血散血定痛金刃
箭傷跌撲杖瘡血出不止者嚼爛塗或為末摻之
其血即止亦主吐血衄血下血血痢崩中經水不
止產後惡血不下血運血痛赤目癰腫虎咬蛇傷

图 3-2-13　《本草纲目》卷十二下

图 3-2-14 《本草纲目拾遗》卷七

传统中医学是各民族共同创造出来的一门科学。除了传统中医学外，我国各族人民还各自有独特的医疗经验和知识。藏族、回族、蒙古族、壮族、彝族都有历史悠久的民族医学文化。其代表有藏文医药古籍《四部医典》《月王药诊》《晶珠本草》；彝文的《双柏彝医书》《元阳彝医书》《启谷署》；傣文的《档哈雅龙》《干比摩录帕雅》《嘎牙桑哈雅》；东巴文的《崇仁潘迪找药》《称恩说律》《玉龙本草》；维吾尔文医药典籍《回回药方》《维吾尔医药大全》等，此外，还有壮文、水书等医药文献。以下列举一些内蒙古地区存藏的藏医药、蒙医药代表文献。

青藏高原的藏民族所创造的藏医学，历史悠久、内容丰富、理论独特，具有完整的医学体系。藏医学的理论体系大约形成于吐蕃时期，文成公主、金城公主入藏时都带去了大量医疗器械和医疗书籍。这些汉族医药知识被藏族医师接受后，对藏医学的形成和发展起到了重要的促进作用。藏族医师同入藏的汉族医师一道，将汉方医书译成藏文，并吸收藏族民间及来自印度等地的医学经验，先后编写成《医学大全》和《月王药诊》等书。宇妥·元丹贡布编纂的《四部医典》是藏医学史上最有影响的经典著作，后来传入蒙古族生活的地区，和当地医学结合，又发展成蒙医学。

藏医学家帝玛尔·丹增彭措辗转青海、四川、西藏等地，经过二十余年的努力，编著了藏医药史上影响最大的药物学专著《晶珠本草》(图3-2-15)。该书分上、下两部，上部主要概括药物的功效，下部解释药物的产地、生长环境、性味、功效等。

《晶珠本草所摄本草器具人体结构图》(图3-2-16)是以《晶珠本草》为依据，同时参阅第司桑杰嘉措之曼唐、佑宁寺壁画曼唐，以及汉文《本草纲目》等文献整理而成，形象地绘出了药种、器具、身体构造图等，并以藏、汉、蒙三种文字进行标注，对研究藏医学、蒙医学发展有很高的价值。

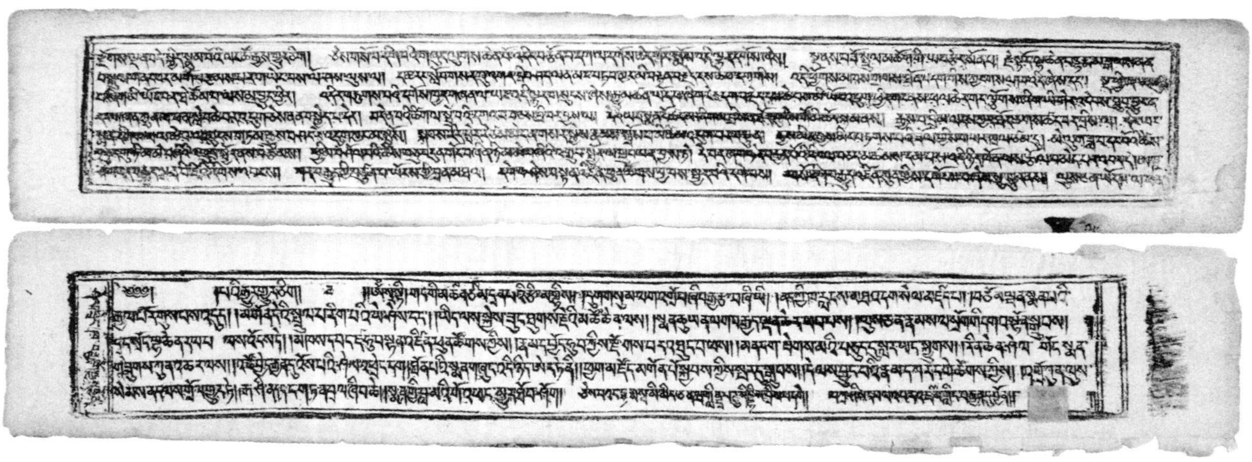

图 3-2-15　藏文《晶珠本草》，鄂尔多斯市图书馆藏

图 3-2-16　藏文《晶珠本草所摄本草器具人体结构图》，鄂尔多斯市图书馆藏

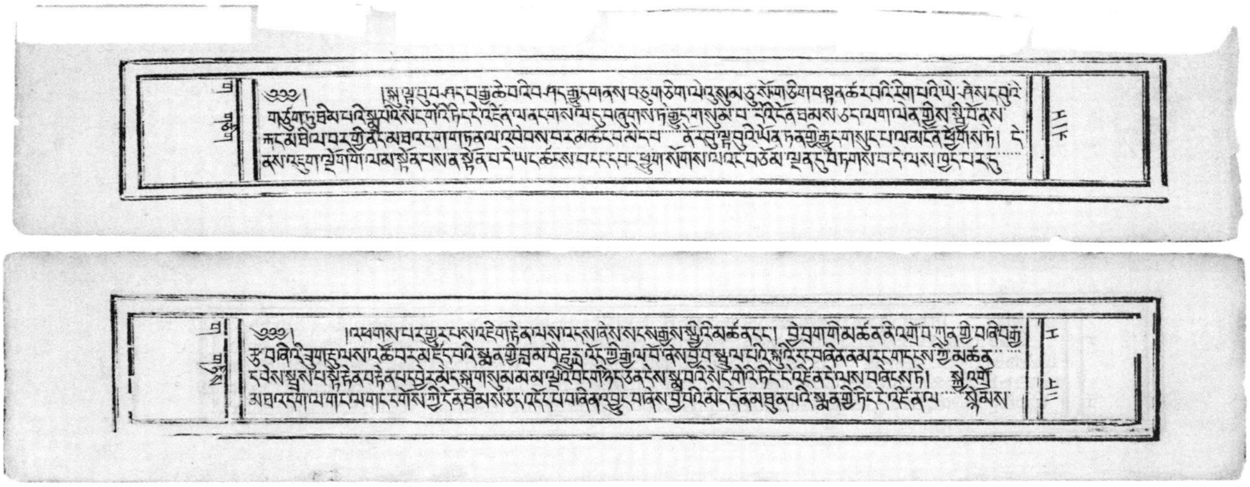

图 3-2-17　藏文《医学广论药师佛意庄严四续光明蓝琉璃》，鄂尔多斯市图书馆藏

《医学广论药师佛意庄严四续光明蓝琉璃》(图3-2-17)，该书从词义到内容对《医学四续》进行了全面详细的诠释，是一部《医学四续》的通俗解释本。全书内容丰富，论述详尽，吸收了中医和印度医学及西藏周边各民族的医学，是一部实用性医学典籍。

《众医籍精华·秘籍宝源》(图3-2-18)是一部汇集了诸多医学的经典之作，参阅了汉地、印度等地医药文献，分八品、一百零一章，结合临床实践，阐述一百零一种疾病的治疗方法。语言简洁易懂，已成为藏医学的必修书。

《诸医典临床治疗要义辑》(图3-2-19)是依据《医典秘诀补遗》《医道训诫》《晶珠本草》《医疗秘诀摩尼生起》《松巴医要甘露》，以及《察哈尔格西松本》《丹珠尔》等有关医药的权威著作，并结合多年的临床实践基础而编成的，是研究藏医、蒙古地区医药的第一手资料。

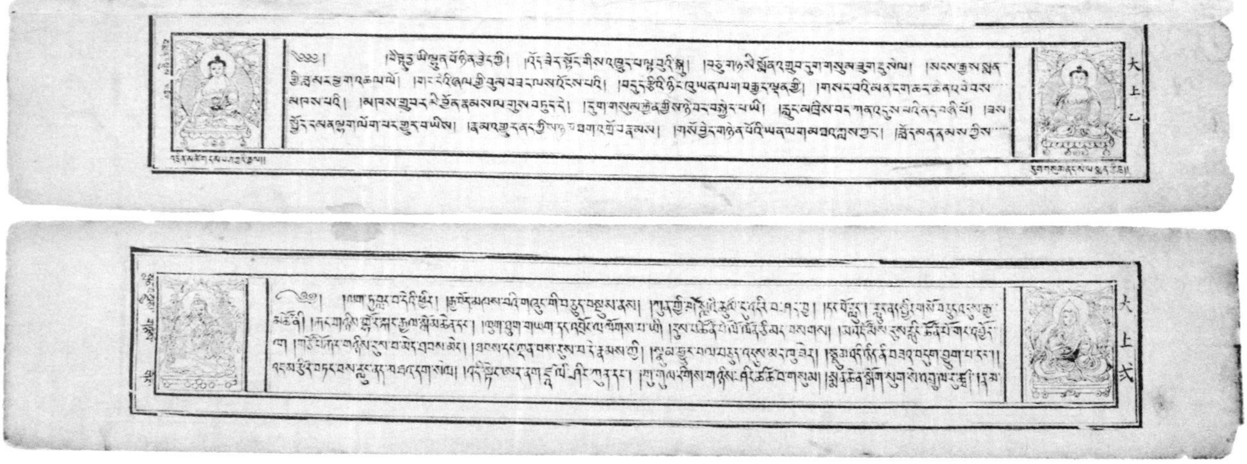

图 3-2-18　藏文《众医籍精华·秘籍宝源》，鄂尔多斯市图书馆藏

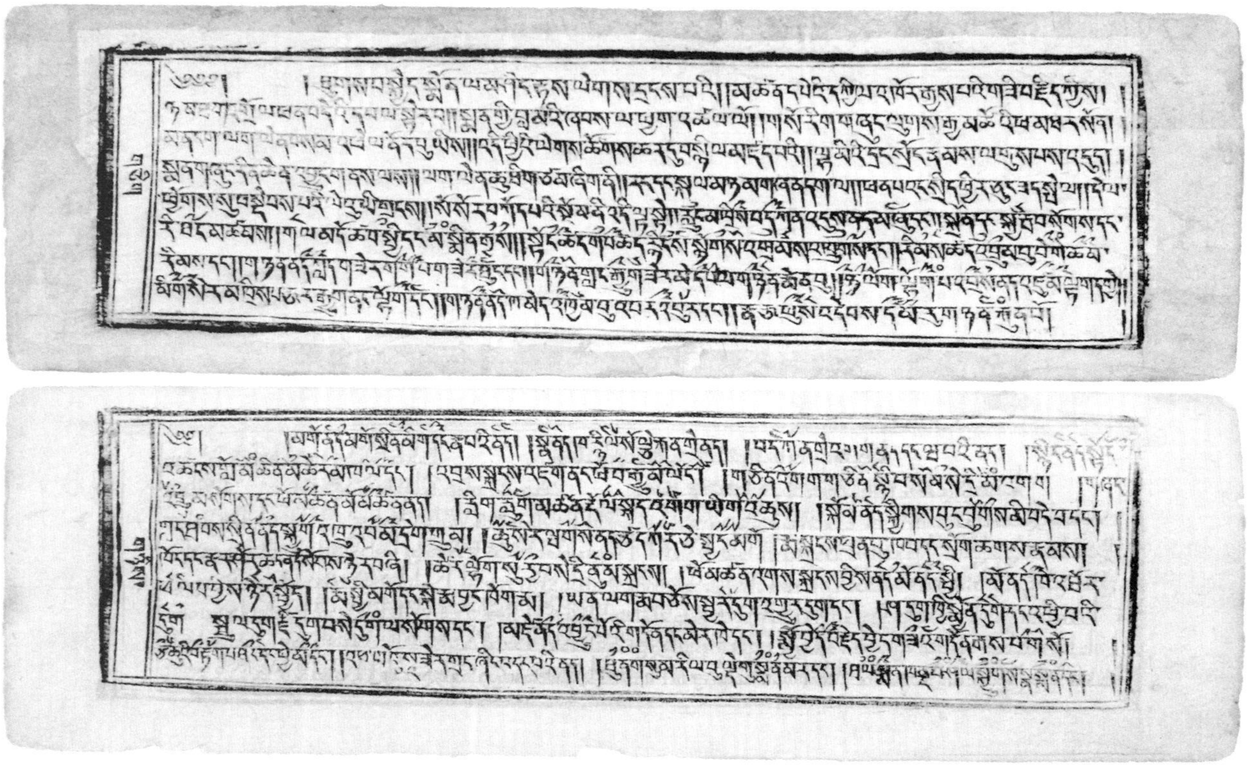

图 3-2-19　藏文《诸医典临床治疗要义辑》，鄂尔多斯市图书馆藏

《诸医典药剂甘露汁》(图3-2-20)，是以药物配制理论、生产技术及质量控制等综合性应用技术为主要内容的医学著作，汇集了《四部医典》《蓝琉璃》等著名藏医典籍所出主要方剂药物的配伍、炮制、功能和给药途径等内容。

蒙古族医药文化吸收了藏族医药学、汉族医药学及印度医药学的内容，并根据其民族生产、生活、地理环境、风俗习惯、宗教、文化等特点，不断地加以总结和提高，逐步形成了有本族特色的民族医药学。

十八世纪中叶，《四部医典》和《兰塔布》两部藏文医药典籍被译成蒙古文，并在蒙古族地区广泛传播。蒙古文《四部医典》(图3-2-21)，敏珠道尔吉蒙译，全书由《根本医典》《论说医典》《秘诀医典》《后续医典》组成。内容包括基础理论和各科临床实践，具体为人体生理解剖、病因病理、治疗原则、临床各科、方剂药物和疾病预防等。从医学角度反映了中国古代藏族与蒙古族之间在不同历史时期形成并渗透在医学理论和实践上的共同认知与学习借鉴。

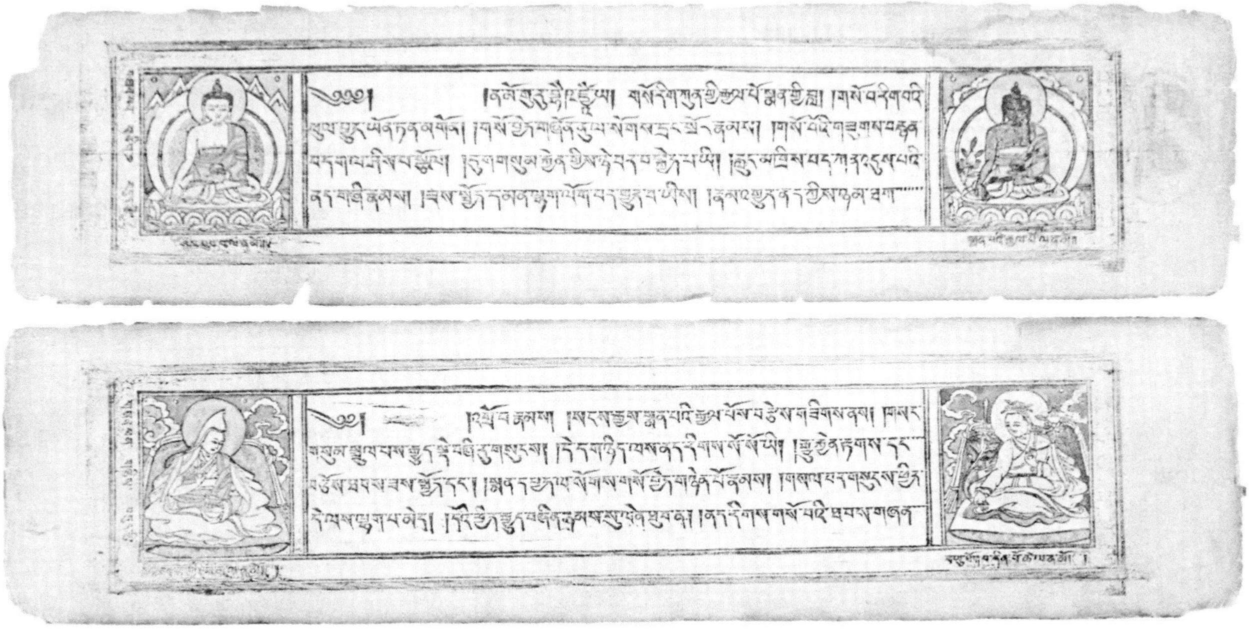

图 3-2-20　藏文《诸医典药剂甘露汁》，鄂尔多斯市图书馆藏

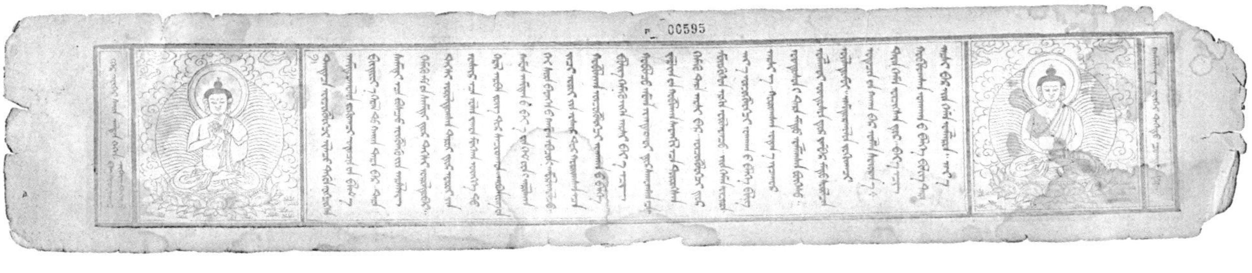

图 3-2-21　蒙古文《四部医典》

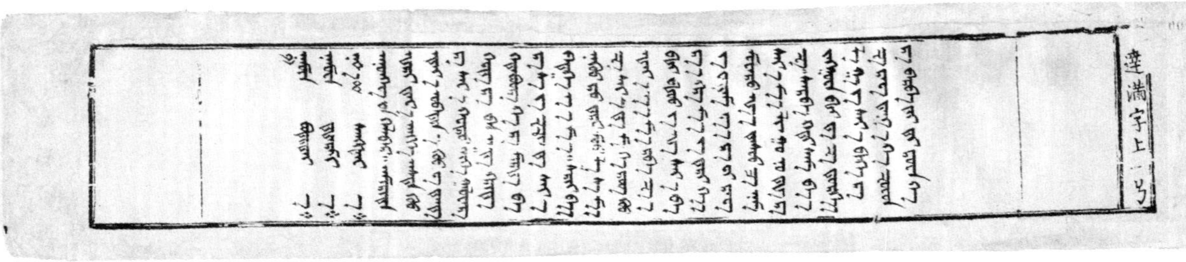

图 3-2-22　蒙古文《兰塔布》

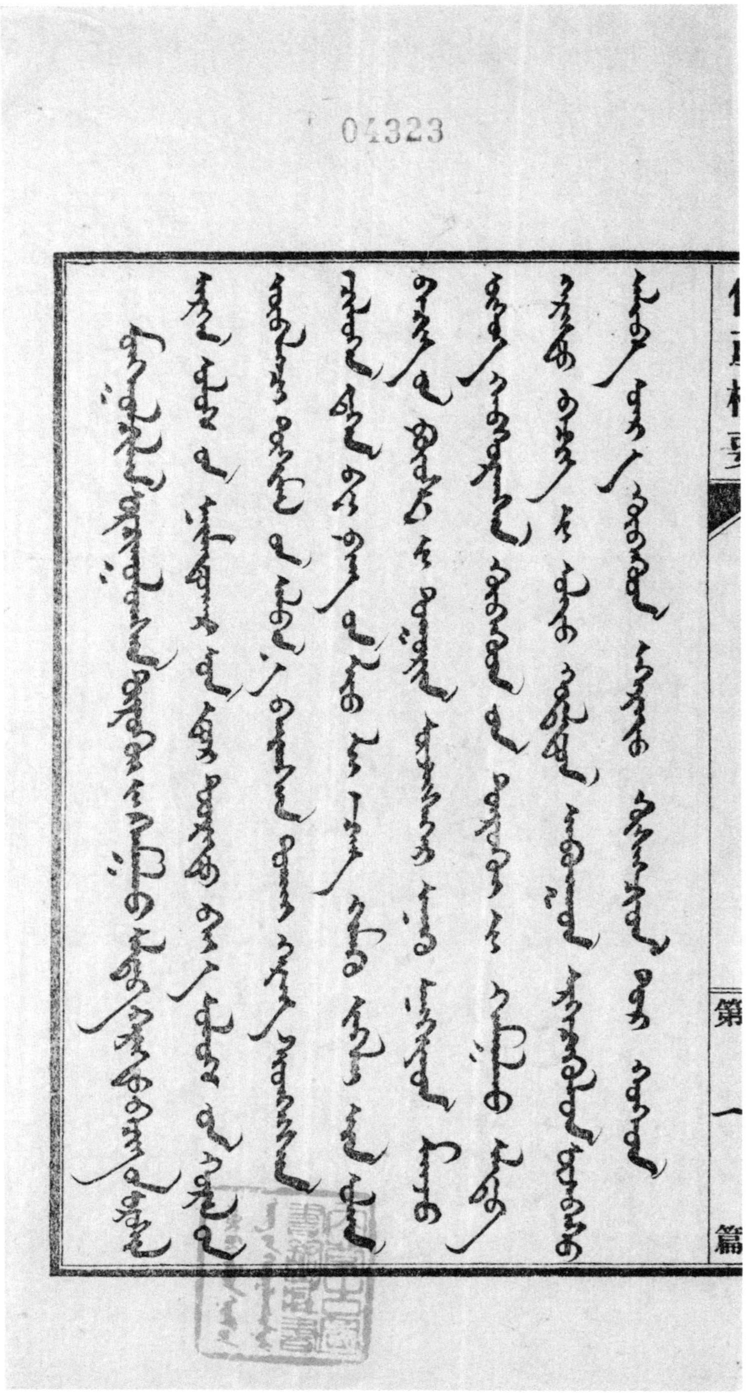

蒙古文《兰塔布》(图3-2-22)，共133章，该书对《四部医典·秘诀医典》进行了注释和补充，记载了藏医学基础理论、药学、方剂学等基础医学知识，以及传染病学等多个学科的理论和临床知识。该书被翻译成维吾尔(托忒)、哈拉哈、扎鲁特等地的蒙古文并广泛流传，详细描述了适合蒙古人的饮食、起居、生活习俗和蒙古地区的气候环境等自然条件的医疗技术，为蒙医学发展奠定了良好的基础，加深了藏族和蒙古族医学领域的共同认知。两部著作对研究蒙古族传统医学具有重要参考价值。

《保产机要》，明代汤处士撰，是根据朱丹溪的《产宝百问》、杨子建的《十产论》及陈自明的《妇人大全良方》写成的一部产科书，曾被译为满文。十八世纪卓特巴扎布据满汉合璧本译为蒙古文《保产机要》(图3-2-23)。

图 3-2-23　蒙古文《保产机要》

清代阿拉善和硕亲王旗下梅林章京高世格搜集各家中医简易良方，翻译成蒙古文《普济杂方》（图3-2-24）。该书简明扼要，通俗易懂，尤适用于草原蒙古族人民学习和使用。

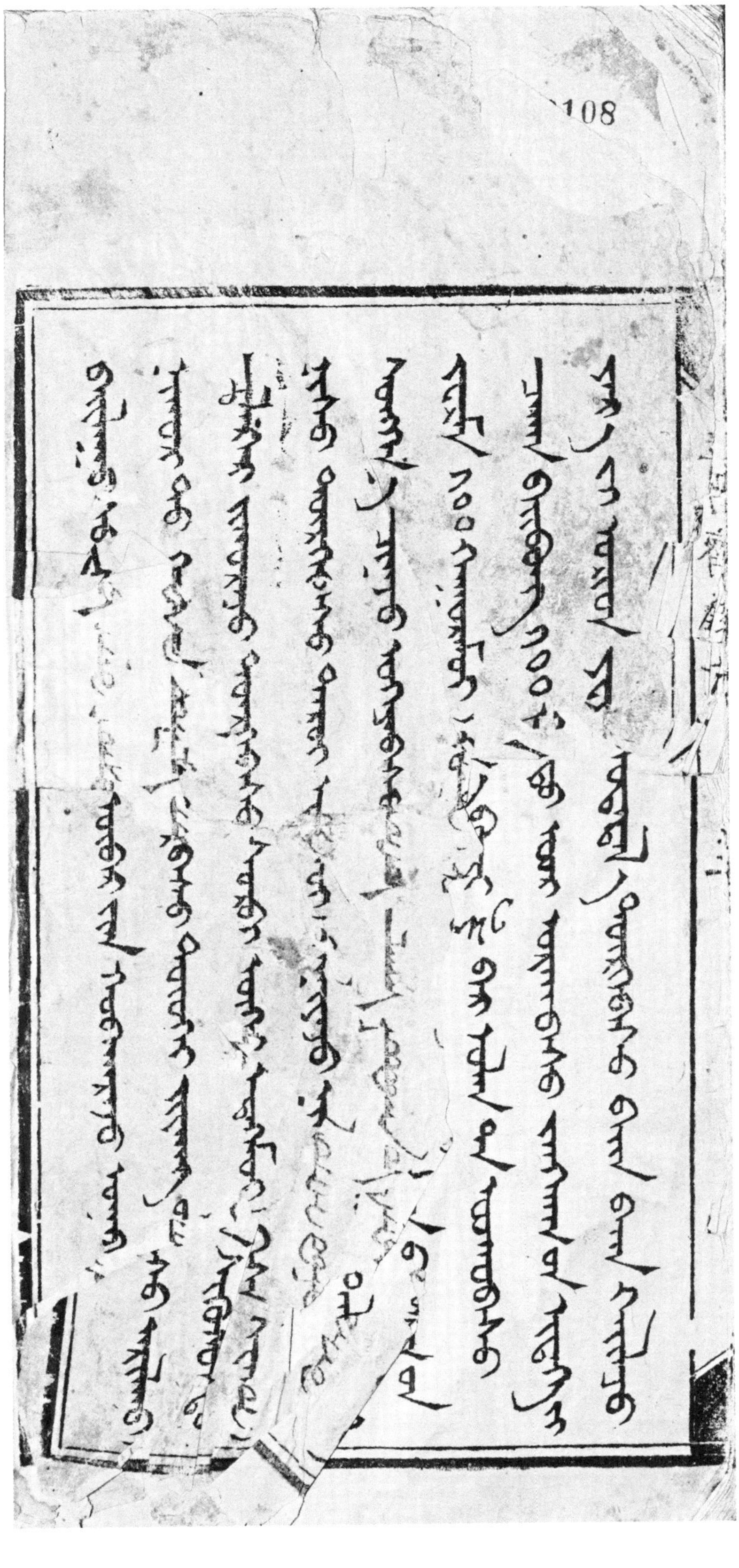

图 3-2-24　蒙古文《普济杂方》

蒙藏对照《秘方杂集》(图3-2-25)是清代官布扎布从印度以及藏、汉等民族古籍中收集药方汇集而成的，在蒙古族地区流传很广。书中收录三十八种中药方，对研究蒙古族医学及中医在蒙古族地区的传播与应用具有重要参考价值。

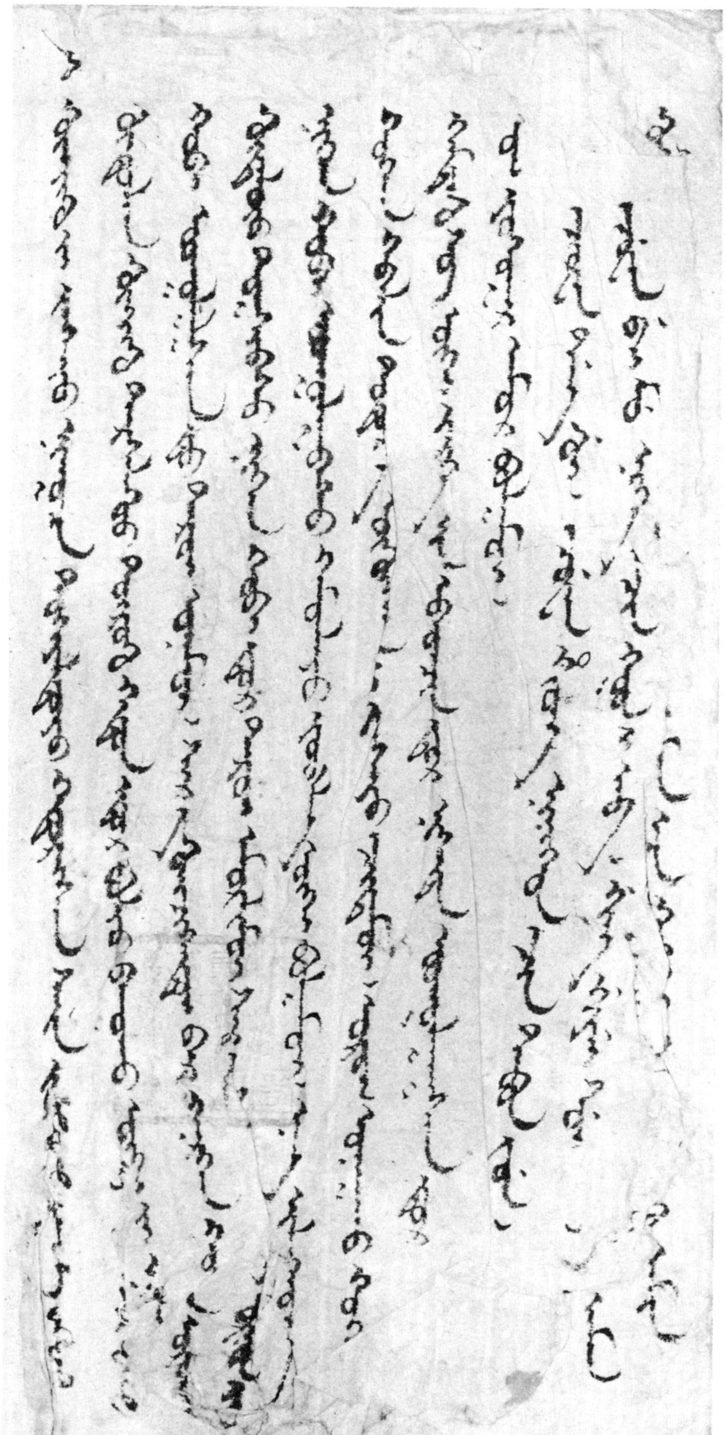

图3-2-25　蒙藏对照《秘方杂集》

《甘露喜宴药饰》(图3-2-26)是《医疗秘诀集要甘露点滴论》的修订本，进一步论述了“六基症”和“十要症”的治疗方法，并将其概括为101种疾病。它是一部临证简明著作，其特点是简明扼要、切合实际，多为作者临床实践经验的总结。该书继承和吸取了藏族医药学的传统学说，又积累总结了作者平生行医实践的心得体会，不仅具有较高的理论水平和实用价值，而且为蒙藏医药学的流传与发展做出了积极贡献。

《儿科疾病治疗纲要》(图3-2-27)是一部介绍儿科接产、婴儿护理等方面知识的蒙古族儿科医药著作，对研究蒙古族医药发展具有重要价值。

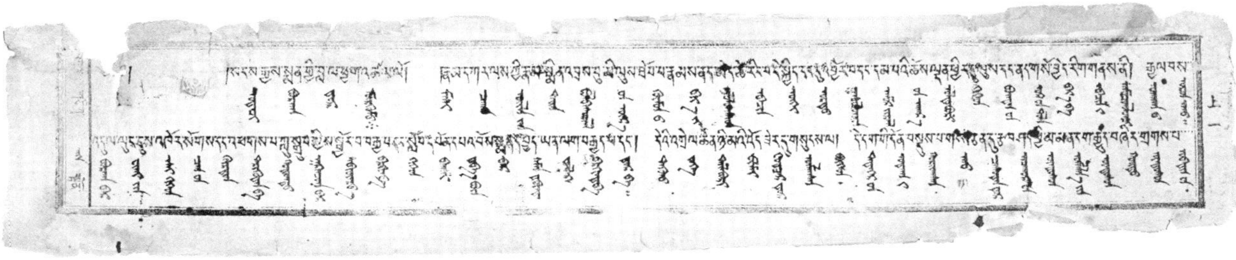

图3-2-26 《甘露喜宴药饰》

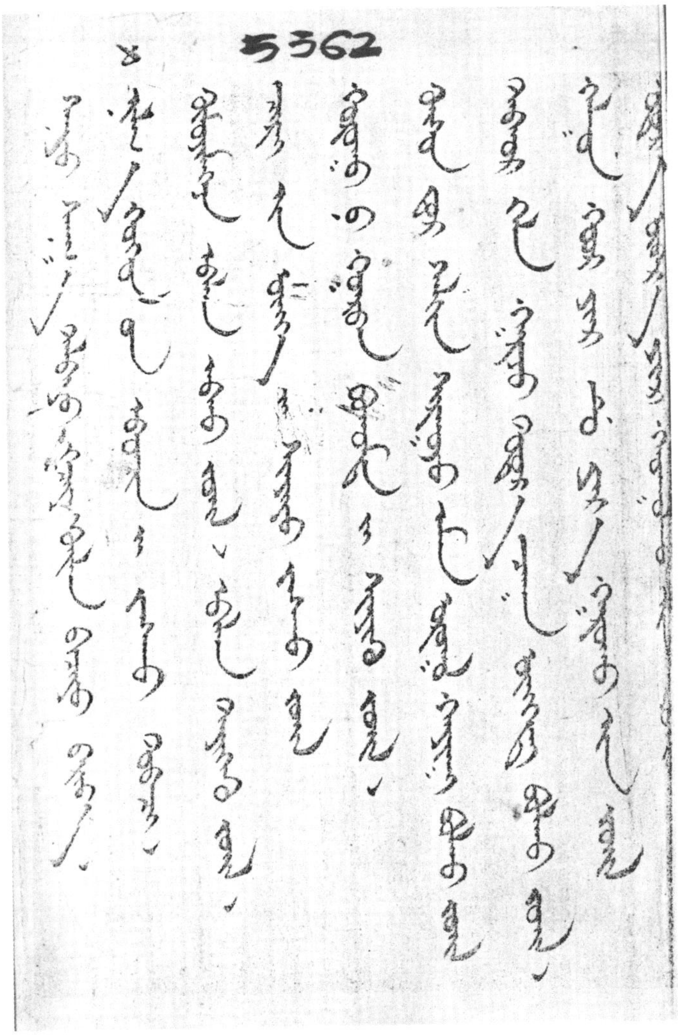

图3-2-27 蒙古文《儿科疾病治疗纲要》

二、汇聚融通的民族科技

我国有五十六个民族。在漫长的历史长河中积累了丰富的天文历法、地理、手工业、纺织业、畜牧业、种植业方面的知识和经验，共同组成了中华优秀传统文化的有机部分，也极大地充实了人类的知识宝库。

《盐铁论·本论》(图3-2-28)记载管子描述春秋时期商品经济的发达状况："陇蜀之丹漆旄羽，荆、扬之皮革骨象，江南之楠梓竹箭，燕、齐之鱼盐、旃裘，兖、豫之漆丝絺纻，养生送死之具也。待商而通，待工而成。"其中竹箭是南方少数民族聚居的越地人民制造的手工业产品，已经远销至中原地区。

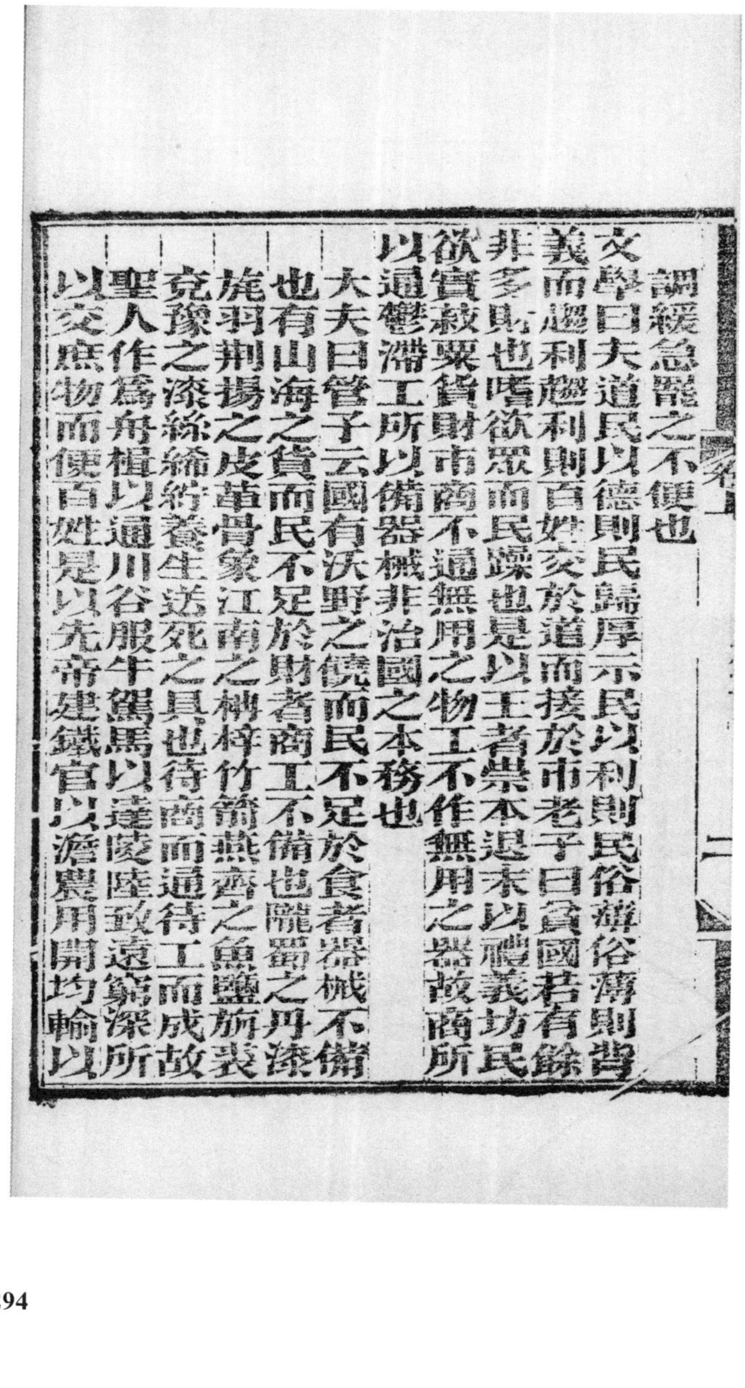
調緩急罷之不便也
文學曰夫導民以德則民歸厚示民以利則民俗薄俗薄則背
義而趨利趨利則百姓交於道而接於市老子曰貧國若有餘
非多財也嗜欲眾而民躁也是以王者崇本退末以禮義坊民
欲實菽粟貨財市商不通無用之物工不作無用之器故商所
以通鬱滯工所以備器械非治國之本務也
大夫曰管子云國有沃野之饒而民不足於食者器械不備
也有山海之貨而民不足於財者商工不備也隴蜀之丹漆
旄羽荆揚之皮革骨象江南之柟梓竹箭燕齊之魚鹽旃裘
兗豫之漆絲絺紵養生送死之具也待商而通待工而成故
聖人作為舟楫以通川谷服牛駕馬以達陵陸致遠窮深所
以交庶物而便百姓是以先帝建鐵官以贍農用開均輸以

图3-2-28 《盐铁论·本论》

我国南方历来就是多民族地区，这里江河纵横，湖泊众多，水道畅通无阻，并且很早就有较发达的造船业。《越绝书・越绝外传记越地传》(图3-2-29)记载越人造船业发达，以船为交通工具："水行而山处，以船为车，以楫为马。"

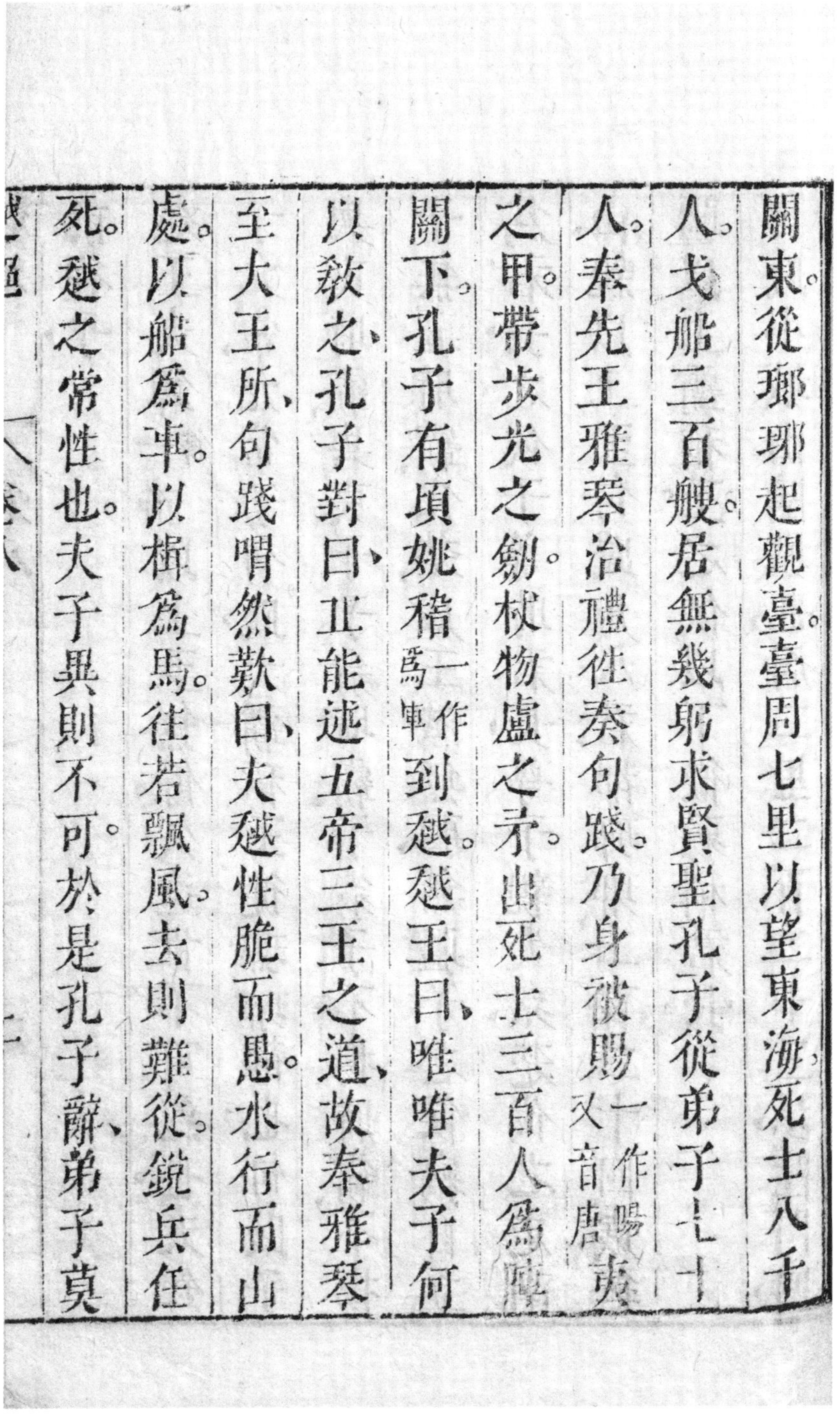
闗東從瑯琊起觀臺臺周七里以望東海死士八千
人戈船三百艘居無幾躬求賢聖孔子從弟子七十
人奉先王雅琴治禮往奏句踐乃身被賜〔一作賜又音唐〕夷
之甲帶步光之劍杖物盧之矛出死士三百人為陣
闗下孔子有頃姚稽〔一作焉車〕到越越王曰唯唯夫子何
以教之孔子對曰丘能述五帝三王之道故奉雅琴
至大王所句踐喟然歎曰夫越性脆而愚水行而山
處以船為車以楫為馬往若飄風去則難從銳兵任
死越之常性也夫子異則不可於是孔子辭弟子莫

图3-2-29 《越绝书·越绝外传记越地传》

《战国策·燕策二》（图3-2-30）记载古代巴蜀人也有较为先进的造船技术：“蜀地之甲，轻舟浮于汶，乘夏水而下江，五日而至郢。汉中之甲，乘舟出于巴，乘夏水而下汉，四日而至五渚。”

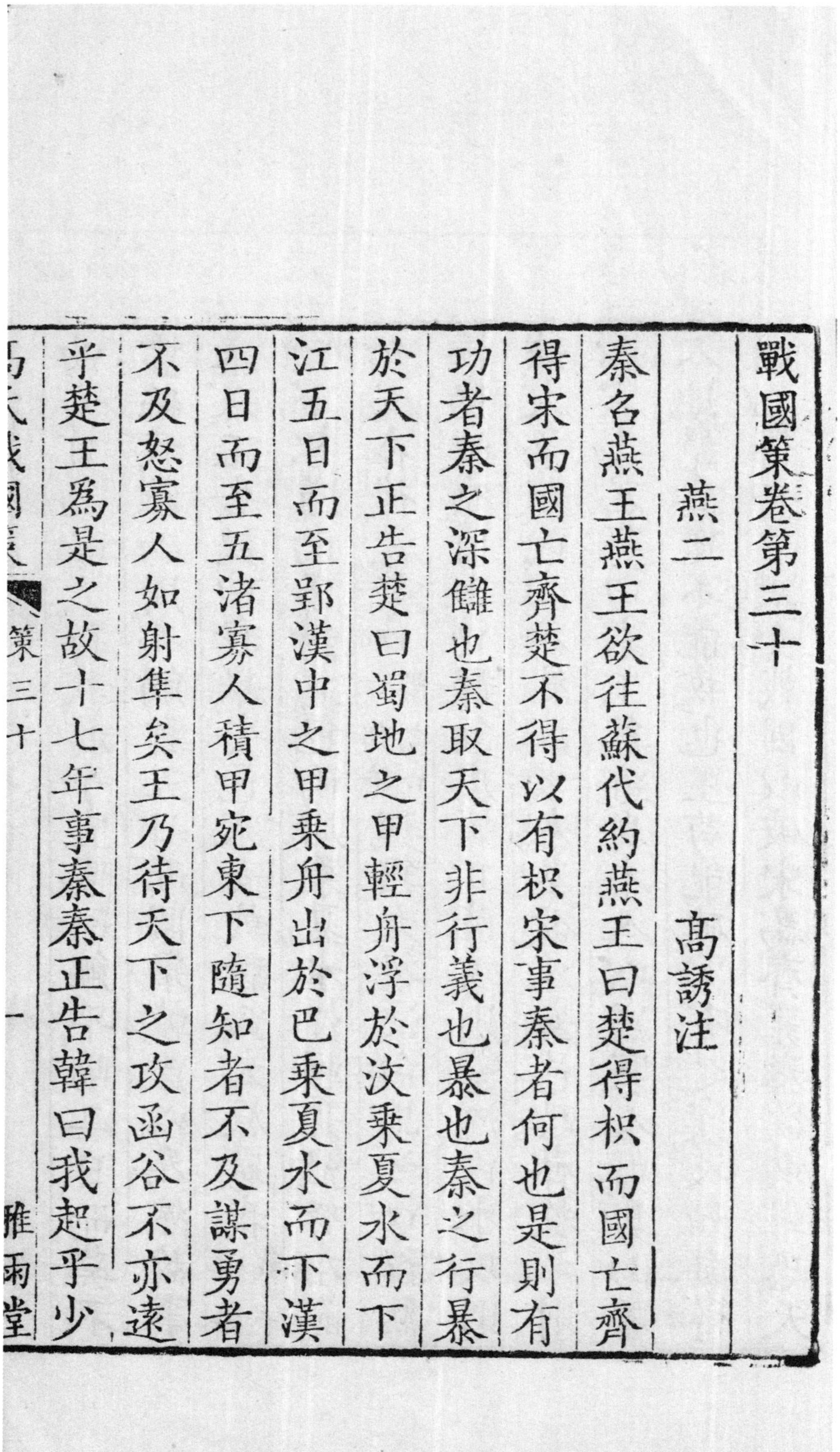

戰國策卷第三十

燕二　高誘注

秦召燕王燕王欲往蘇代約燕王曰楚得枳而國亡齊得宋而國亡齊楚不得以有枳宋事秦者何也是則有功者秦之深讎也秦取天下非行義也暴也秦之行暴於天下正告楚曰蜀地之甲輕舟浮於汶乘夏水而下江五日而至郢漢中之甲乘舟出於巴乘夏水而下漢四日而至五渚寡人積甲宛東下隨知者不及謀勇者不及怒寡人如射隼矣王乃待天下之攻函谷不亦遠乎楚王爲是之故十七年事秦秦正告韓曰我起乎少

高氏戰國策　第三十　一　雅雨堂

图3-2-30　《战国策·燕策二》

宋周去非《岭外代答》(图3-2-31)记载壮族先人开展航海事业:“蕃舶大如广厦,深涉南海,径数万里,千百人之命,直寄于一柂。他产之柂,长不过三丈,以之持万斛之舟,犹可胜其任,以之持数万斛之蕃舶,卒遇大风于深海,未有不中折者。唯钦产缜理坚密,长几五丈,虽有恶风怒涛,截然不动,如以一丝引千钧于山岳震颓之地,真凌波之至宝也。此柂一双,在钦直钱数百缗,至番禺、温陵,价十倍矣。”

大约在春秋早期,我国已发明了冶铁技术。《左传·昭公二十九年》(图3-2-32)记载晋国铸造了一个铁质刑鼎:“冬,晋赵鞅、荀寅帅师城汝滨。遂赋晋国一鼓铁,以铸刑鼎。”

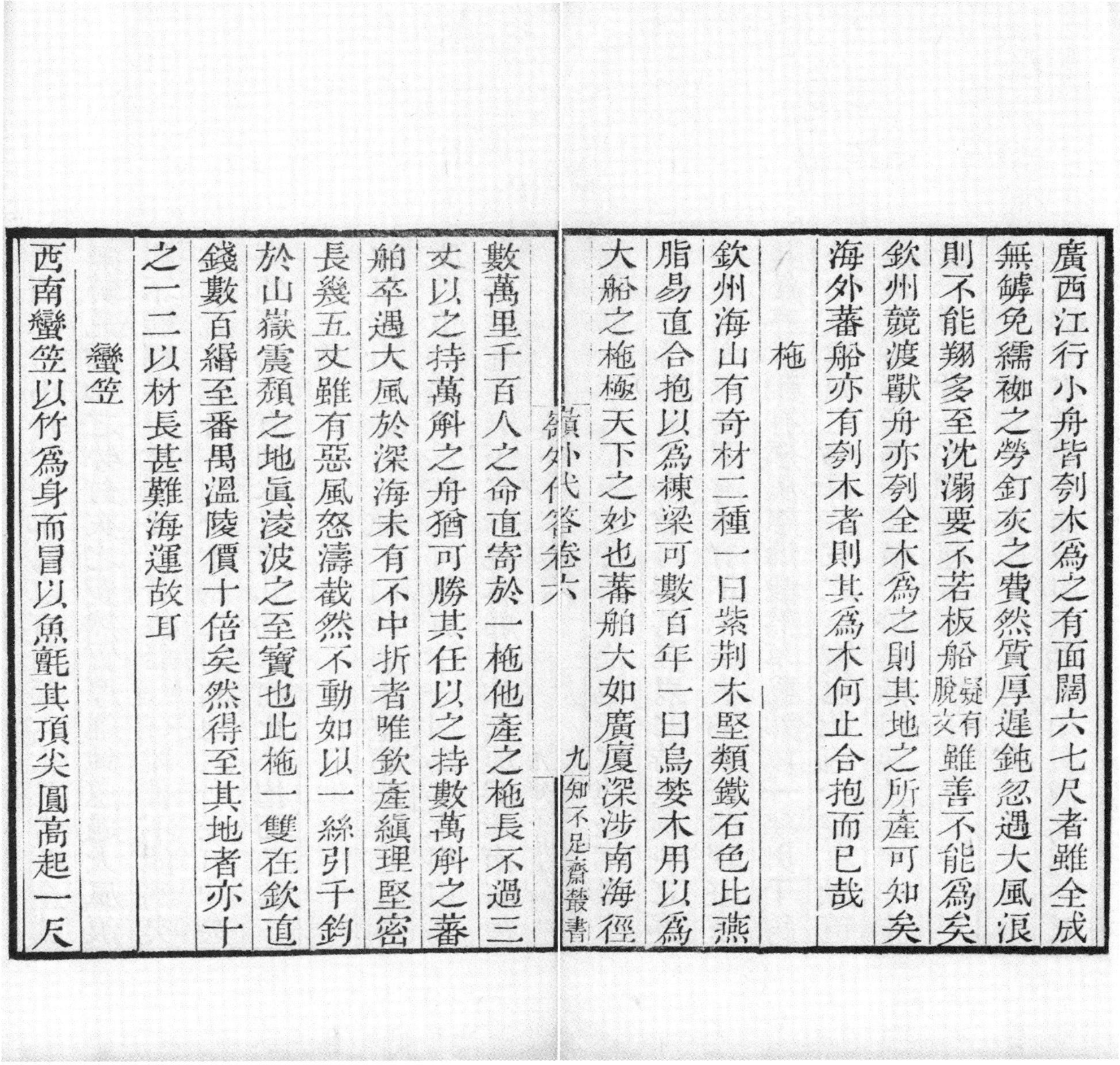
廣西江行小舟皆刳木爲之有面闊六七尺者雖全成
無罅免繻袽之勞釘灰之費然質厚遲鈍忽遇大風浪
則不能翔多至沈溺要不若板船疑有脫文雖善不能爲矣
欽州競渡獸舟亦刳全木爲之則其地之所產可知矣
海外蕃船亦有刳木者則其爲木何止合抱而已哉
柂
欽州海山有奇材二種一曰紫荆木堅類鐵石色比燕
脂易直合抱以爲棟梁可數百年一曰烏婪木用以爲
大舶之柂極天下之妙也蕃舶大如廣厦深涉南海徑
嶺外代答卷六　　九　知不足齋叢書
數萬里千百人之命直寄於一柂他產之柂長不過三
丈以之持萬斛之舟猶可勝其任以之持數萬斛之蕃
舶卒遇大風於深海未有不中折者唯欽產縝理堅密
長幾五丈雖有惡風怒濤截然不動如以一絲引千鈞
於山嶽震頹之地眞凌波之至寶也此柂一雙在欽直
錢數百緡至番禺溫陵價十倍矣然得至其地者亦十
之一二以材長甚難海運故耳
蠻笠
西南蠻笠以竹爲身而冒以魚氈其頂尖圓高起一尺

图 3-2-31　《岭外代答》卷六

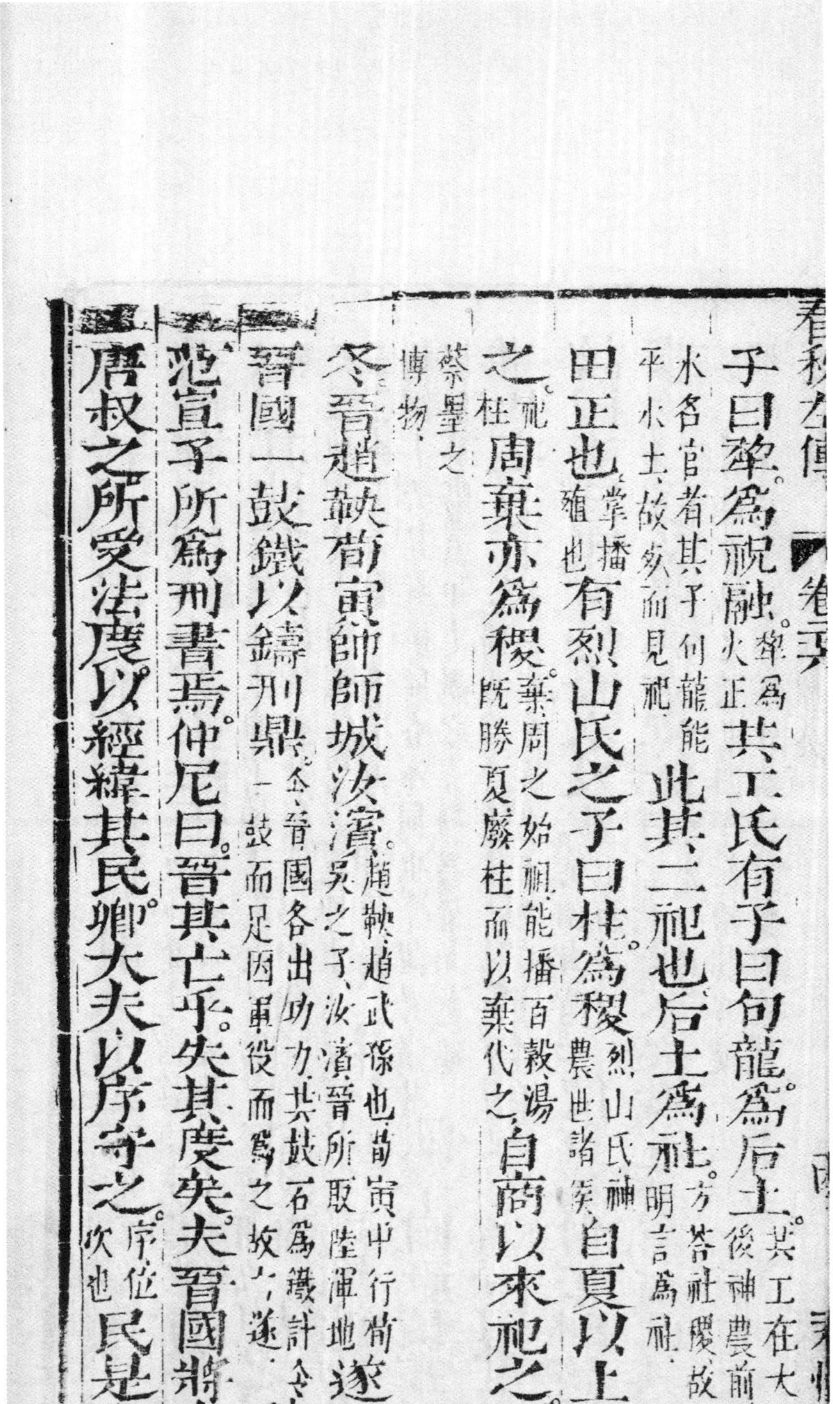

春秋左傳 卷二十六

子曰犂爲祝融。犂爲火正。共工氏有子曰句龍，爲后土。共工在大皞後神農前，以水名官者。其子句龍能平水土，故死而見祀。此其二祀也。后土爲社。方荅社稷，故明言爲社。稷，田正也。掌播殖也。有烈山氏之子曰柱，爲稷。烈山氏，神農世諸侯。自夏以上祀之。祀柱。周棄亦爲稷。棄，周之始祖，能播百穀。湯既勝夏，廢柱而以棄代之。自商以來祀之。傳言蔡墨之博物。

冬，晉趙鞅、荀寅帥師城汝濱。趙鞅，趙武孫也。荀寅，中行荀吳之子。汝濱，晉所取陸渾地。遂賦晉國一鼓鐵，以鑄刑鼎。令晉國各出功力，共鼓石爲鐵，計令一鼓而足。因軍役而爲之，故言遂。著范宣子所爲刑書焉。仲尼曰：晉其亡乎！失其度矣。夫晉國將守唐叔之所受法度，以經緯其民，卿大夫以序守之。序，位次也。民是以

图 3-2-32 《左传·昭公二十九年》

《淮南子·修务训》（图3-2-33）记载春秋时期吴越地区先进的青铜冶炼技术：“夫宋画、吴冶、刻刑镂法，乱修曲出，其为微妙，尧舜之圣不能及。”

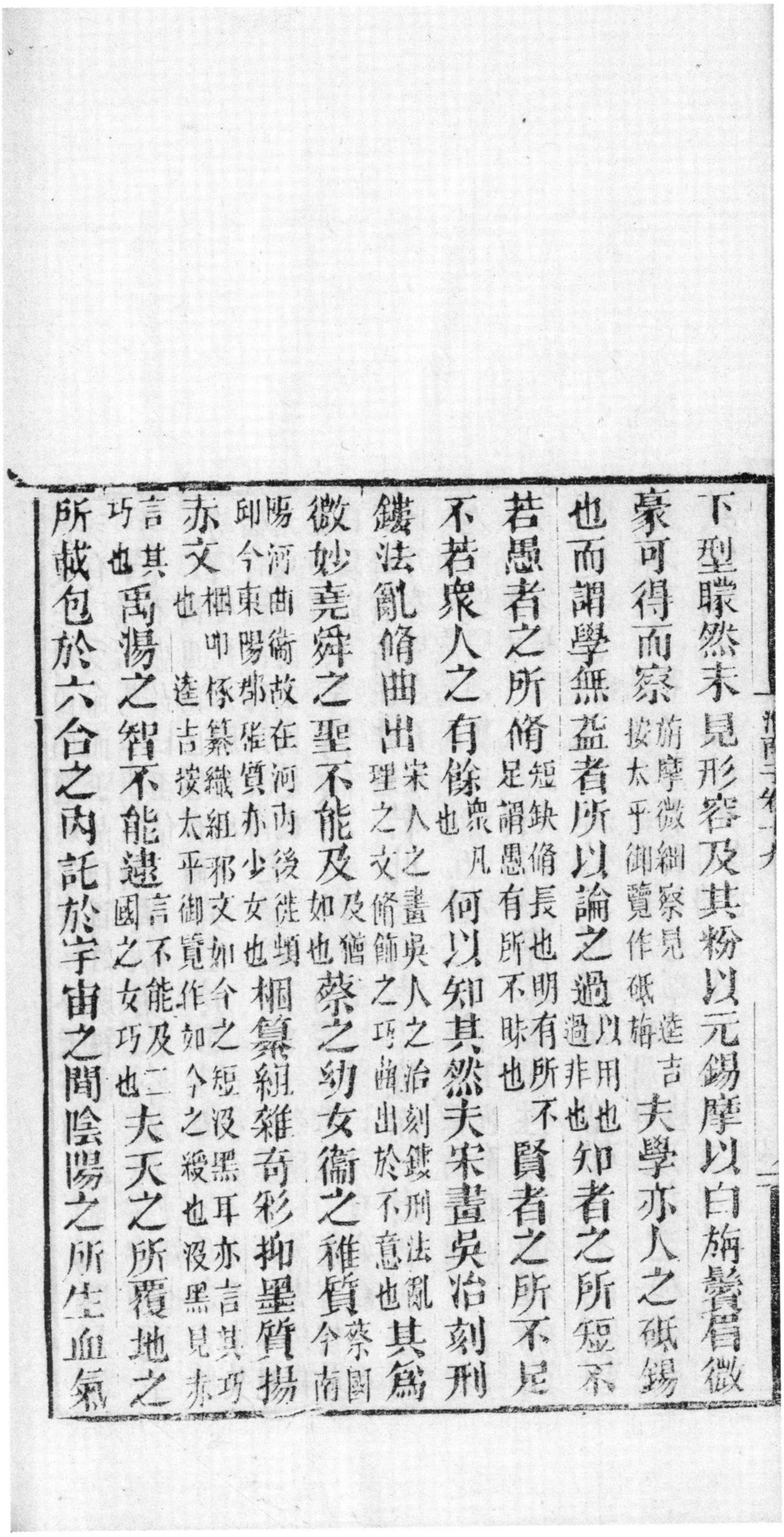

下型睽然未見形容及其粉以白旃鬢眉微豪可得而察夫學亦人之砥錫也而謂學無益者所以論之過知者之所短不若愚者之所脩賢者之所不足不若衆人之有餘何以知其然夫宋畫吳冶刻刑鏤法亂脩曲出其為微妙堯舜之聖不能及蔡之幼女衛之稚質梱纂組雜奇彩抑墨質揚赤文……言其禹湯之智不能逮夫天之所覆地之所載包於六合之內託於宇宙之間陰陽之所生血氣

图 3-2-33 《淮南子·修务训》

北朝时期，《北史·綦毋怀文传》（图3-2-34）记载北齐綦毋怀文将灌钢法工艺改进并发扬光大："怀文造宿铁刀，其法：烧生铁精以重柔铤，数宿则成刚。以柔铁为刀脊，浴以五牲之溺，淬以五牲之脂，斩甲过三十札。今襄国冶家所铸宿柔铤，是其遗法。"

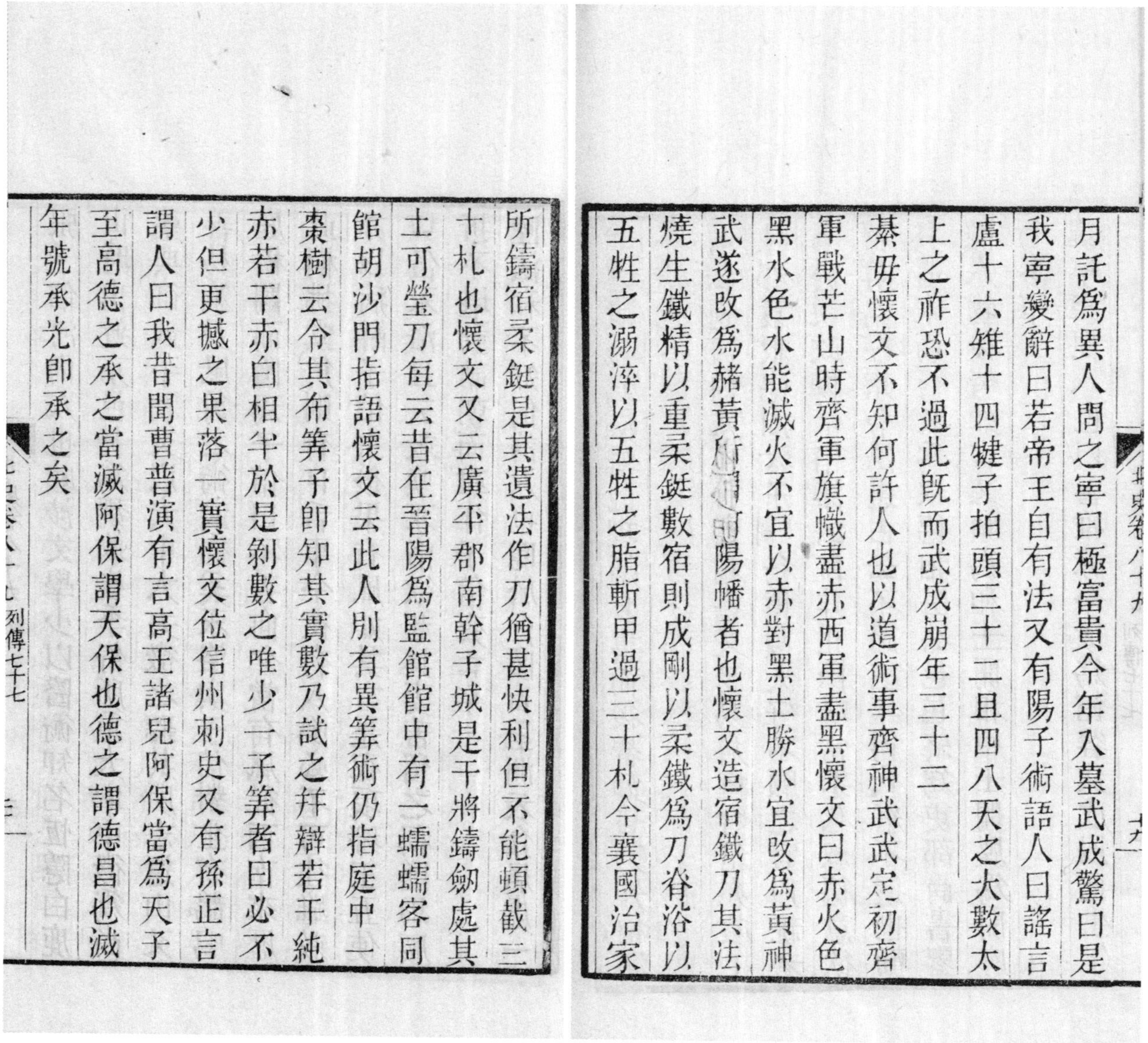
月託爲異人問之寧曰極富貴今年入墓武成驚曰是我寧變辭曰若帝王自有法又有陽子術語人曰謠言盧十六雉十四犍子拍頭三十二且四八天之大數太上之祚恐不過此既而武成崩年三十二

綦毋懷文不知何許人也以道術事齊神武武定初齊軍戰芒山時齊軍旗幟盡赤西軍盡黑懷文曰赤火色黑水色水能滅火不宜以赤對黑土勝水宜改爲黃神武遂改爲赭黃所謂河陽幡者也懷文造宿鐵刀其法燒生鐵精以重柔鋌數宿則成剛以柔鐵爲刀脊浴以五牲之溺淬以五牲之脂斬甲過三十札今襄國冶家所鑄宿柔鋌是其遺法作刀猶甚快利但不能頓截三十札也懷文又云廣平郡南幹子城是干將鑄劒處其土可瑩刀每云昔在晉陽爲監館館中有一蠕蠕客同館胡沙門指語懷文云此人別有異算術仍指庭中一棗樹云令其布算子即知其實數乃試之并辯若干純赤若干赤白相半於是剝數之唯少一子算者曰必不少但更撼之果落一實懷文位信州刺史又有孫正言謂人曰我昔聞曹普演有言高王諸兒阿保當爲天子至高德之承之當滅阿保謂天保也德之謂德昌也滅年號承光即承之矣

图 3-2-34 《北史·綦毋怀文传》

辽金时期，北方少数民族冶炼镔铁，《金史·太祖本纪》(图3-2-35)记载辽以镔铁命名国号："收国元年正月壬申朔，群臣奉上尊号。是日，即皇帝位。上曰：辽以镔铁为号，取其坚也。镔铁虽坚，终亦变坏，惟金不变不坏。金之色白，完颜部色尚白。于是国号大金，改元收国。"

《元史·职官志》(图3-2-36)记载元政府设置提举右八作司掌管镂铁之工的镔铁局，并让一些工匠专门炼制镔铁："提举右八作司，秩正六品。提举二员，同提举一员，副提举一员，吏目一人，司吏九人，司库十三人，译史一人，秤子一人。掌出纳内府漆器、红瓮、捎只等，并在都局院造作镔铁、铜、钢、鍮石、东南简铁，两都支持皮毛、杂色羊毛、生熟斜皮、马牛等皮鬃尾、杂行沙里陀等物。"

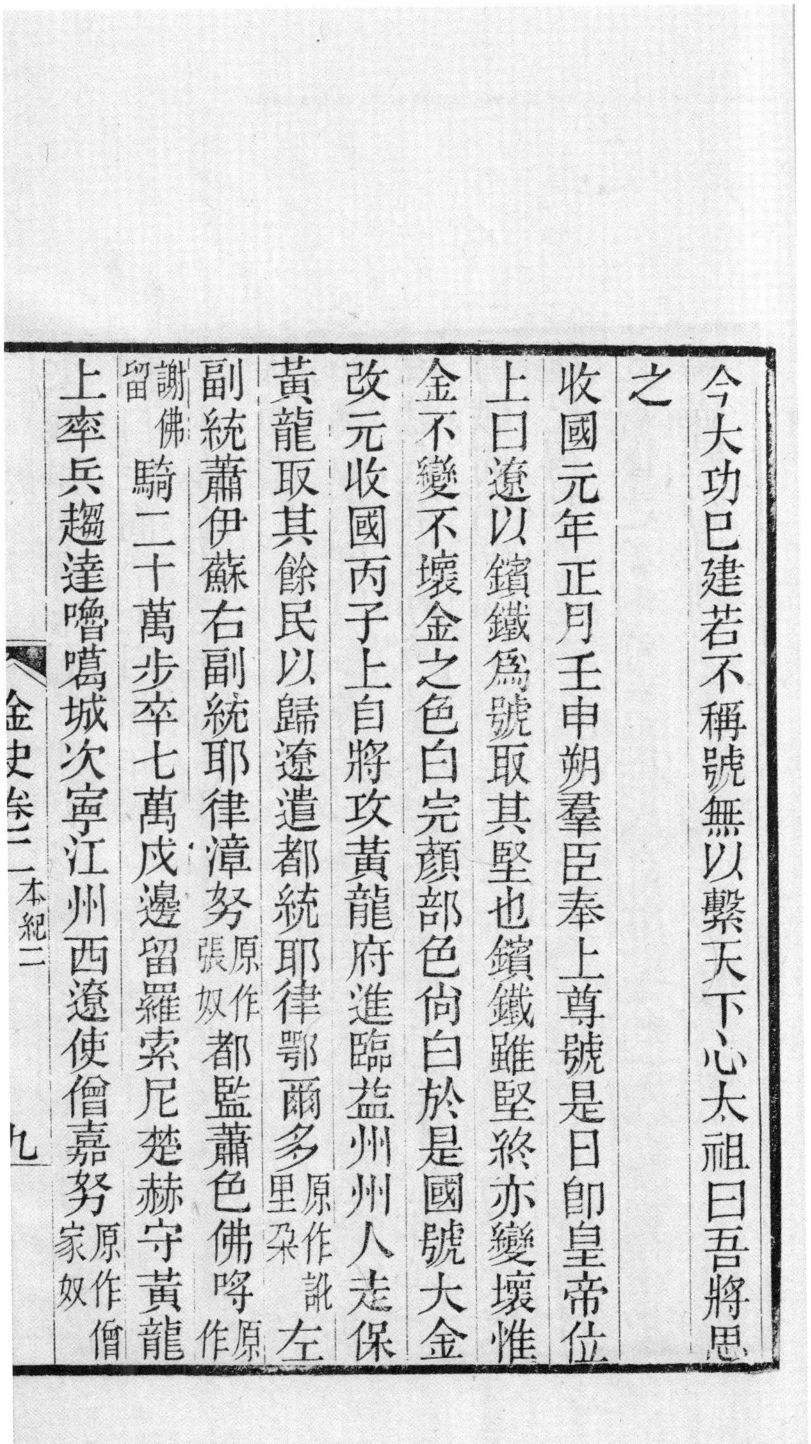
今大功已建若不稱號無以繫天下心太祖曰吾將思之

收國元年正月壬申朔羣臣奉上尊號是日即皇帝位上曰遼以鑌鐵爲號取其堅也鑌鐵雖堅終亦變壞惟金不變不壞金之色白完顏部色尚白於是國號大金改元收國丙子上自將攻黃龍府進臨益州州人走保黃龍取其餘民以歸遼遣都統耶律鄂爾多原作訛里朶左副統蕭伊蘇右副統耶律章努原作張奴都監蕭色佛哷原作謝佛留騎二十萬步卒七萬戍邊留羅索尼楚赫守黃龍上率兵趨達嚕噶城次寧江州西遼使僧嘉努原作僧家奴

金史卷二　本紀二　九

图 3-2-35　《金史·太祖本纪》

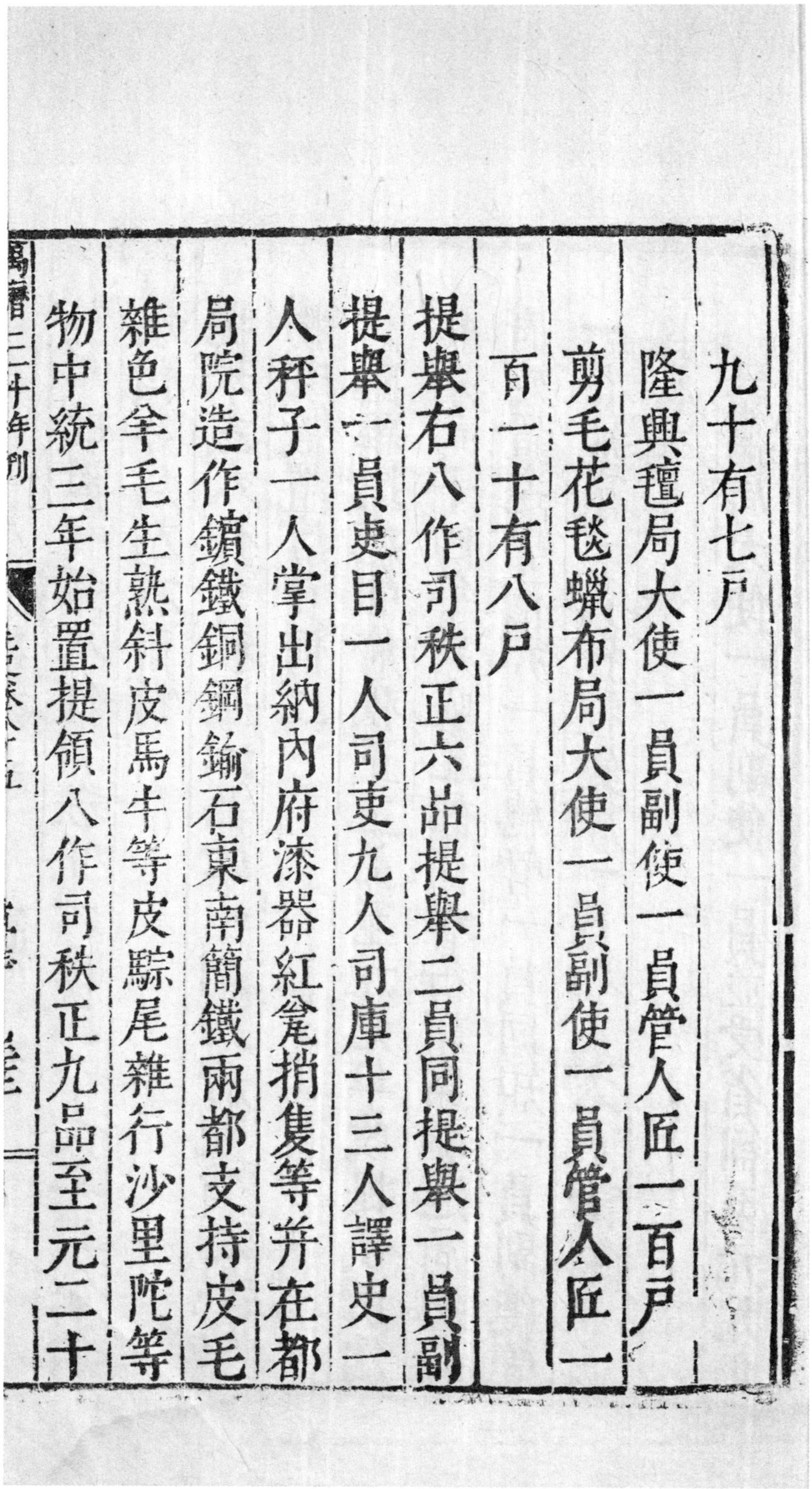

九十有七戶
隆興氈局大使一員副使一員管人匠一百戶
剪毛花毯蠟布局大使一員副使一員管人匠一
百一十有八戶
提舉右八作司秩正六品提舉二員同提舉一員副
提舉一員吏目一人司吏九人司庫十三人譯史一
人秤子一人掌出納內府漆器紅甕捎隻等并在都
局院造作鑌鐵銅鋼鍮石東南簡鐵兩都支持皮毛
雜色羊毛生熟斜皮馬牛等皮鬃尾雜行沙里陀等
物中統三年始置提領八作司秩正九品至元二十

图 3-2-36 《元史·职官志》

我国是世界上最早生产纺织品的国家之一。据《周礼·天官》(图3-2-37)记载:"典丝掌丝入,而辨其物,以其贾楬之……典枲掌布、缌、缕、纻之麻、草之物,以待时颁功而授赍。"周朝纺织品生产的组织及分工已经逐步健全,设有典丝、典枲、典妇功及掌画缋之类官吏。

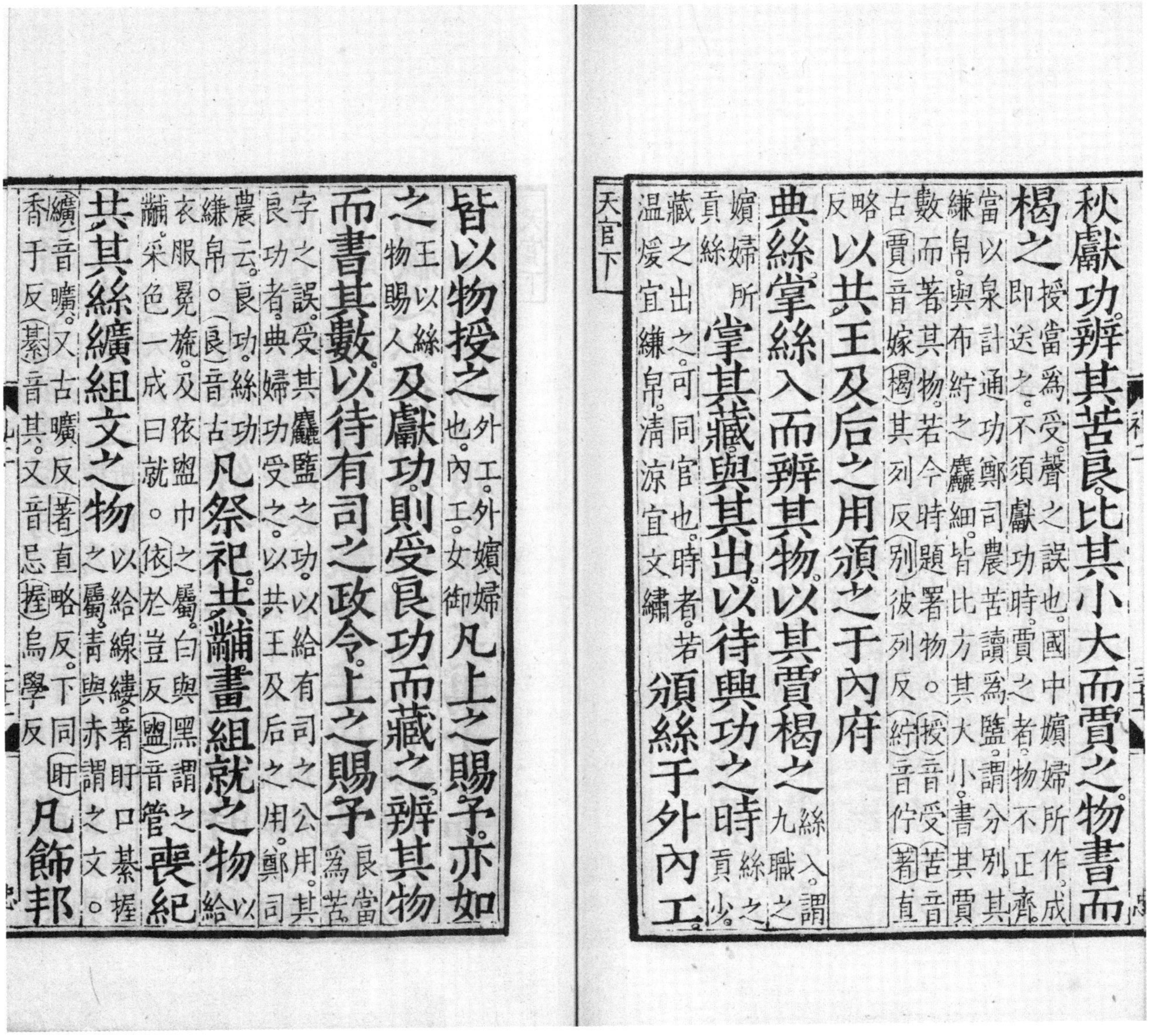

天官下

秋獻功。辨其苦良。比其小大而賈之物書而楬之授當爲受。聲之誤也。國中嬪婦所作成即送之。不須獻功時。賈之者。物不正齊。當以泉計通功鄭司農苦讀爲鹽。謂分別其縑帛。與布紵之麤細。皆比方其大小。書其賈數而著其物。若今時題署物。○授音受。苦音古。賈音嫁。楬其列反。別彼列反。紵音佇。著直略反以共王及后之用。頒之于內府

典絲掌絲入而辨其物。以其賈楬之絲入。謂九職之嬪婦所貢絲掌其藏與其出。以待興功之時絲之貢少。藏之出之。可同官也。時者。若溫煖宜縑帛。清涼宜文繡頒絲于外內工

皆以物授之外工。外嬪婦也。內工。女御凡上之賜予亦如之王以絲物賜人及獻功。則受良功而藏之。辨其物而書其數。以待有司之政令。上之賜予良當爲苦字之誤。受其麤鹽之功。以給有司之公用。其良功者。典婦功受之。以共王及后之用。鄭司農云。良功。絲功縑帛。○良音古凡祭祀。共黼畫組就之物以給衣服冕旒。及依盥巾之屬。白與黑謂之黼。采色一成曰就。○依於豈反。盥音管喪紀共其絲纊組文之物以給線縷著盱口綦握之屬。青與赤謂之文。○纊音曠。又古曠反。著直略反。下同。盱香于反。綦音其。又音忌。握烏學反凡飾邦

图 3-2-37（1）《周礼·天官》

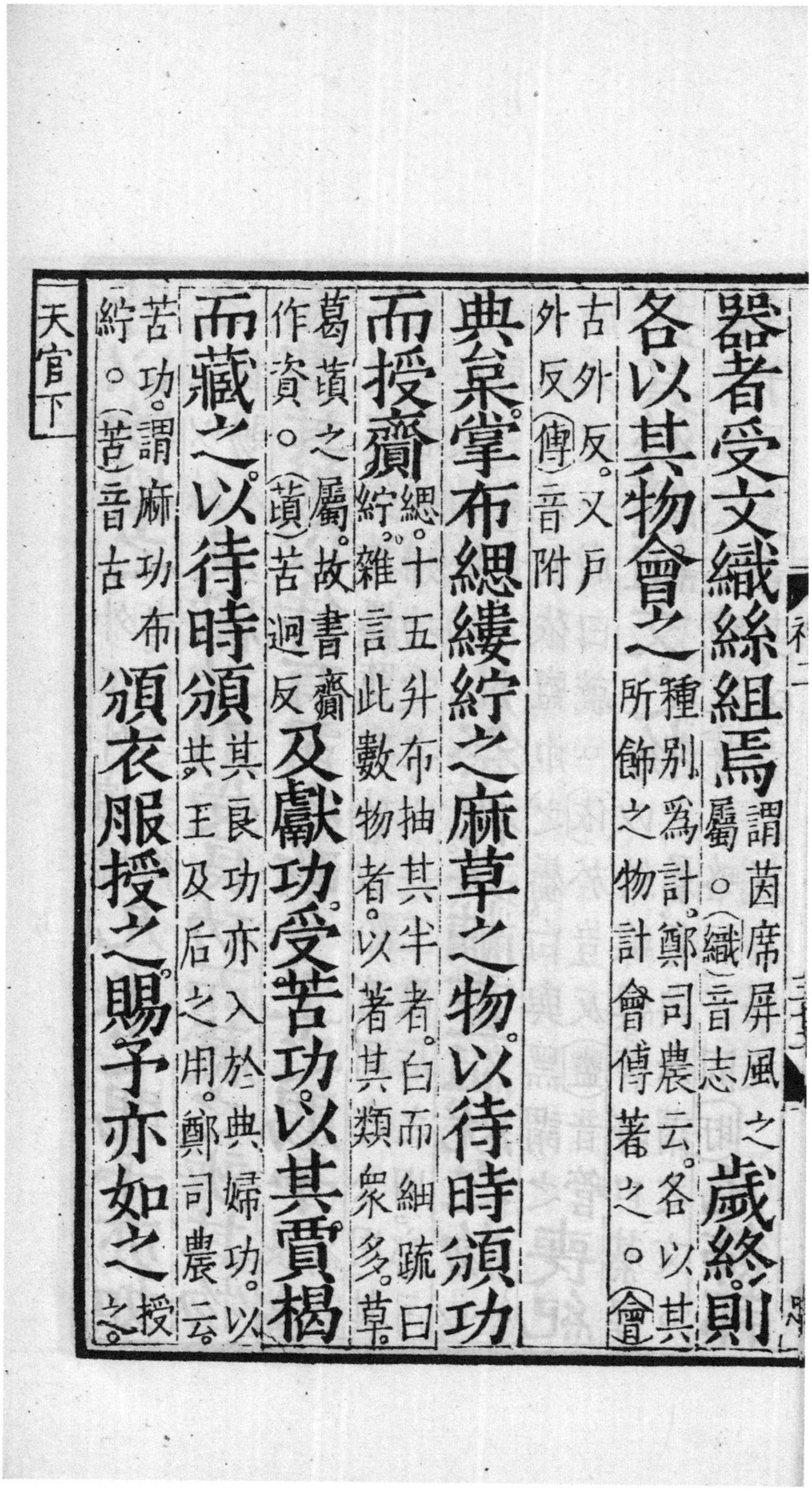
器者受文織絲組焉謂茵席屏風之屬。(織)音志歲終則各以其物會之種別爲計。鄭司農云。各以其所飾之物計會傳著之。(會)古外反。又戶外反。(傳)音附

典枲掌布緦縷紵之麻草之物以待時頒功而授齎緦。十五升布抽其半者。白而細疏曰紵。雜言此數物者。以著其類衆多。草葛蕢之屬。故書齎作資。(蕢)苦迴反及獻功受苦功以其賈楬而藏之以待時頒其良功亦入於典婦功。以共王及后之用。鄭司農云苦功。謂麻功布紵。(苦)音古頒衣服授之賜予亦如之授之。

天官下

图 3–2–37（2）《周礼·天官》

我国古代少数民族地区丝、麻、毛纺织技术也达到很高的水平。《后汉书·南蛮西南夷列传》（图 3–2–38）记载古哀牢族纺织水平很高：“土地沃美，宜五谷、蚕桑。知染采文绣，罽毲、帛叠，兰干细布，织成文章如绫锦。”哀牢族会染色、彩绘、刺绣，制作毛毯、毛毡、丝绵布还有兰干细布，织出的花纹就像绫锦一样。

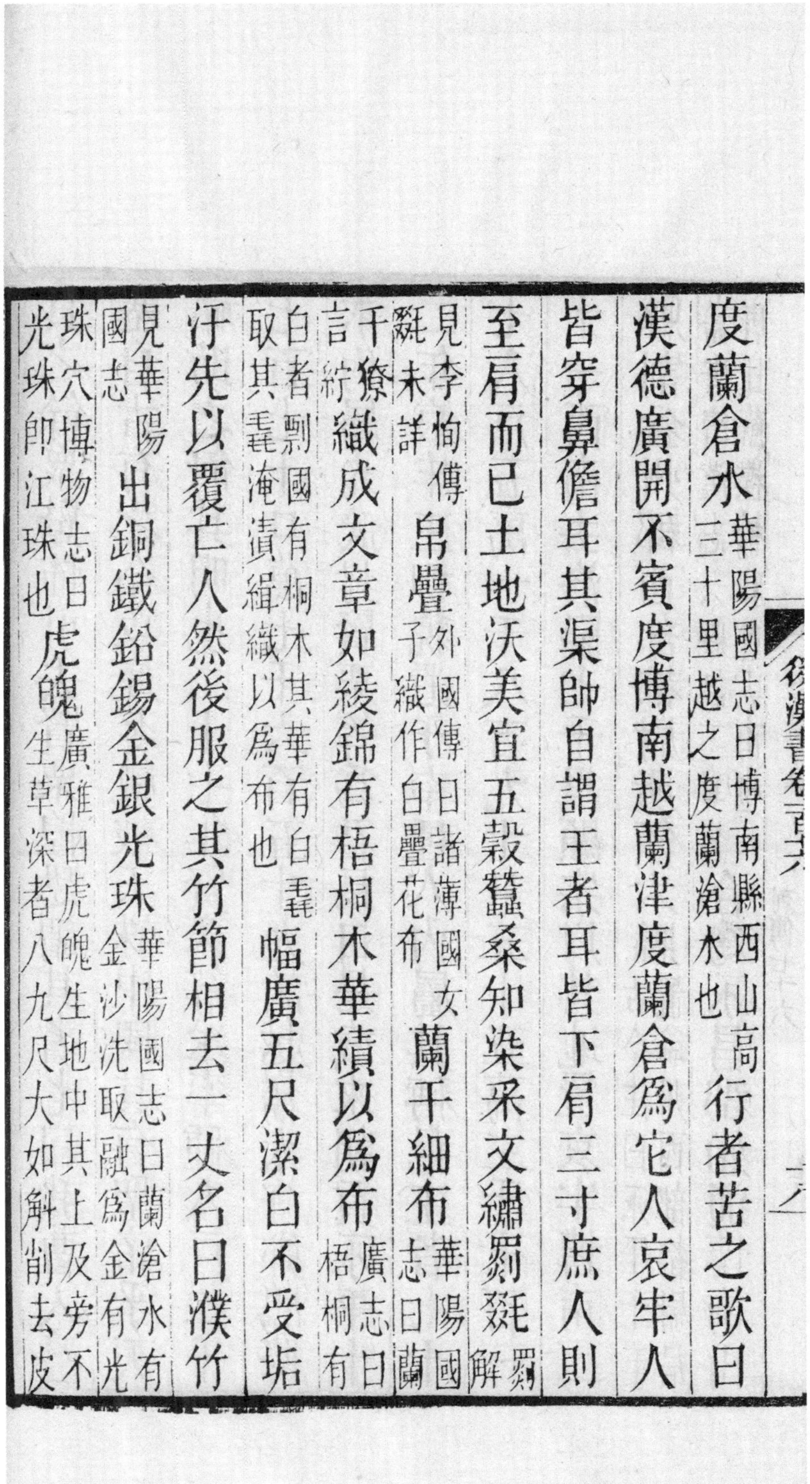
度蘭倉水華陽國志曰博南縣西山高三十里越之度蘭滄水也行者苦之歌曰
漢德廣開不賓度博南越蘭津度蘭倉爲它人哀牢人
皆穿鼻儋耳其渠帥自謂王者耳皆下肩三寸庶人則
至肩而已土地沃美宜五穀蠶桑知染采文繡罽毲罽解
見李恂傳毲未詳帛疊外國傳曰諸薄國女子織作白疊花布蘭干細布華陽國志曰蘭
干獠言紵織成文章如綾錦有梧桐木華績以爲布廣志曰梧桐有
白者剽國有桐木其華有白毛取其毛淹漬緝織以爲布也幅廣五尺潔白不受垢
汙先以覆亡人然後服之其竹節相去一丈名曰濮竹
見華陽國志出銅鐵鉛錫金銀光珠華陽國志曰蘭滄水有金沙洗取融爲金有光
珠穴博物志曰光珠即江珠也虎魄廣雅曰虎魄生地中其上及旁不生草深者八九尺大如斛削去皮

图 3-2-38 《后汉书·南蛮西南夷列传》

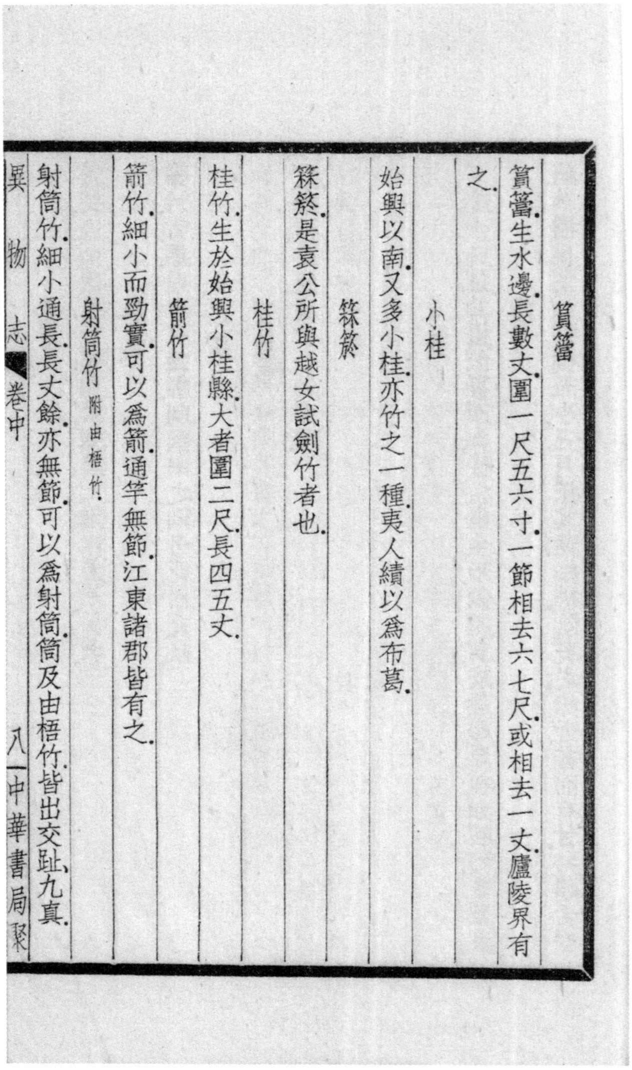

篔簹

篔簹。生水邊。長數丈。圍一尺五六寸。一節相去六七尺。或相去一丈。廬陵界有之。

小桂

始興以南。又多小桂。亦竹之一種。夷人績以爲布葛。

箖箊

箖箊。是袁公所與越女試劍竹者也。

桂竹

桂竹。生於始興小桂縣。大者圍二尺。長四五丈。

箭竹

箭竹。細小而勁實。可以爲箭。通竿無節。江東諸郡皆有之。

射筒竹 附由梧竹

射筒竹。細小通長。長丈餘。亦無節。可以爲射筒。筒及由梧竹皆出交阯九真。

異物志 卷中 八 中華書局聚

图 3-2-39 《异物志》

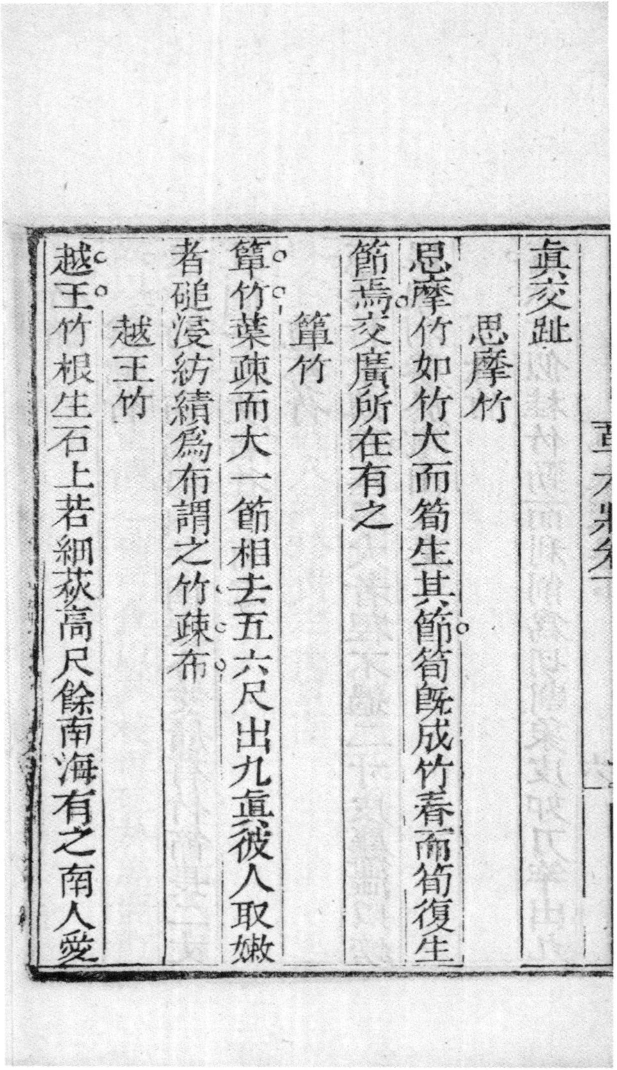

眞交阯

思摩竹

思摩竹。如竹大而筍生其節。筍既成竹。春而筍復生節焉。交廣所在有之。

箄竹

箄竹。葉疏而大。一節相去五六尺。出九眞。彼人取嫩者磓浸紡績爲布。謂之竹疏布。

越王竹

越王竹。根生石上。若細荻。高尺餘。南海有之。南人愛

图 3-2-40 《南方草木状》

南方少数民族还能以竹的纤维织成衣物，其中以篔笋竹布最著名，《异物志》(图3-2-39)记载：“小桂，始兴以南，又多小桂，亦竹之一种，夷人绩以为布葛。”晋代稽含《南方草木状》(图3-2-40)也载：“箪竹，叶疏而大，一节相去六七尺。出九真。彼人取嫩者磓浸，纺绩为布，谓之竹疏布。”

《说文解字》(图3-2-41)记载我国北方游牧民族很早就开始生产毛纺织品：“䌹，西胡毳布也。”《梁书·西北诸戎传》(图3-2-42)记载南北朝时期西域高昌国种植棉花，纺织棉布：“(高昌国)多草木，草实如茧，茧中丝如细纑，名曰白叠子，国人多取织以为布。布甚软白，交市用焉。”

北朝时期毛纺织业十分普及，《北史·樊逊传》(图3-2-43)记载：“少好学。其兄仲以造毡为业，亦常优饶之。”樊逊的哥哥樊仲以制毡为业，收入颇丰，除了养活自己一家外，还能资助弟弟樊逊念书。

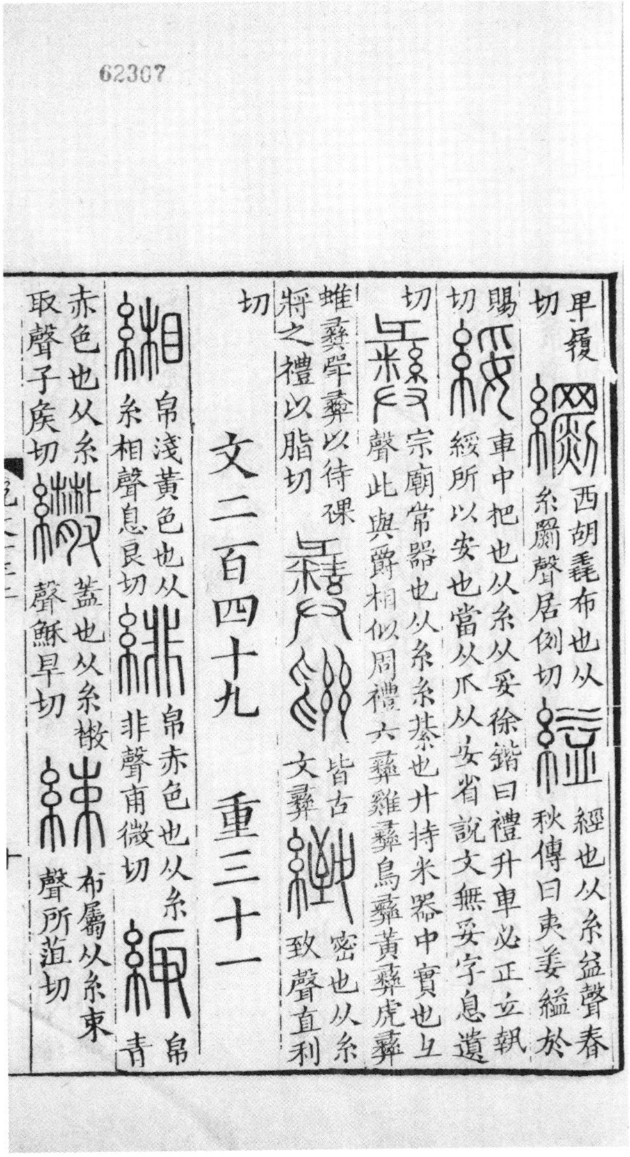

62307

切 西胡毳布也从糸罽聲居例切 經也从糸益聲春秋傳曰夷姜縊於
賜切 車中把也从糸从妥徐鍇曰禮升車必正立執綏所以安也當从爪从安省說文無妥字息遺
切 宗廟常器也从糸糸綦也廾持米器中實也彑聲此與爵相似周禮六彝雞彝鳥彝黃彝虎彝
蜼彝斝彝以待祼將之禮以脂切 皆古文彝 密也从糸致聲直利
切
文二百四十九 重三十一
帛淺黃色也从糸相聲息良切 帛赤色也从糸非聲甫微切 帛青
赤色也从糸取聲子侯切 蓋也从糸散聲穌旱切 布屬从糸束
聲所菹切

图 3-2-41 《说文解字》卷十三上

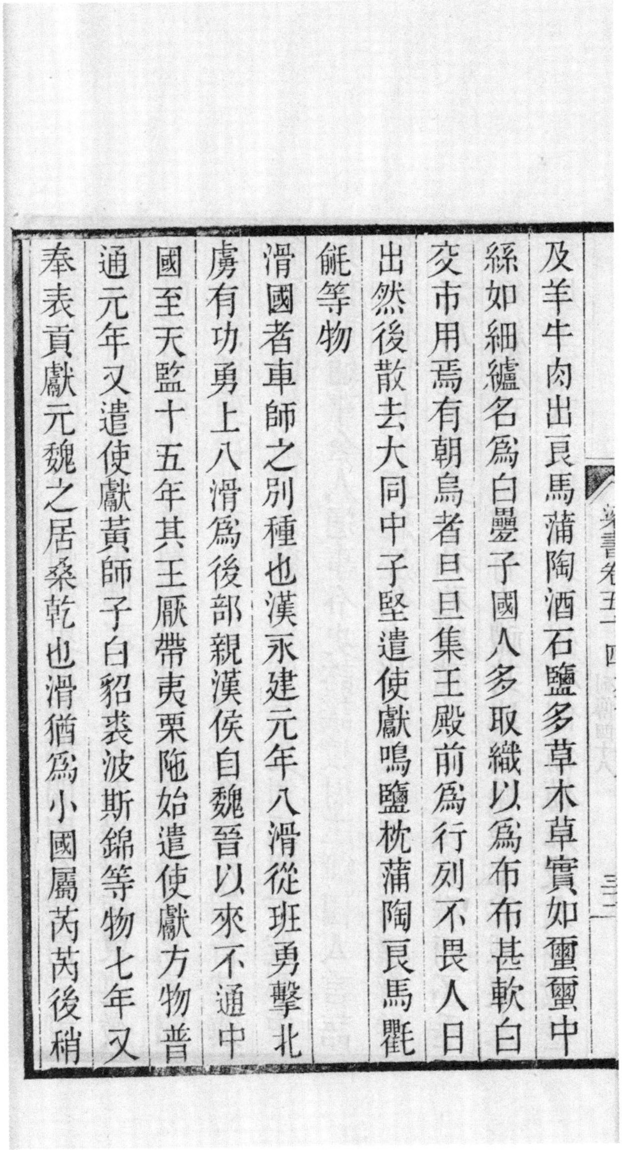

及羊牛肉出良馬蒲陶酒石鹽多草木草實如繭繭中
絲如細纑名爲白疊子國人多取織以爲布布甚軟白
交市用焉有朝烏者旦旦集王殿前爲行列不畏人日
出然後散去大同中子堅遣使獻鳴鹽枕蒲陶良馬氍
毹等物
滑國者車師之別種也漢永建元年八滑從班勇擊北
虜有功勇上八滑爲後部親漢侯自魏晉以來不通中
國至天監十五年其王厭帶夷栗陁始遣使獻方物普
通元年又遣使獻黃師子白貂裘波斯錦等物七年又
奉表貢獻元魏之居桑乾也滑猶爲小國屬芮芮後稍

图 3-2-42 《梁书·西北诸戎传》

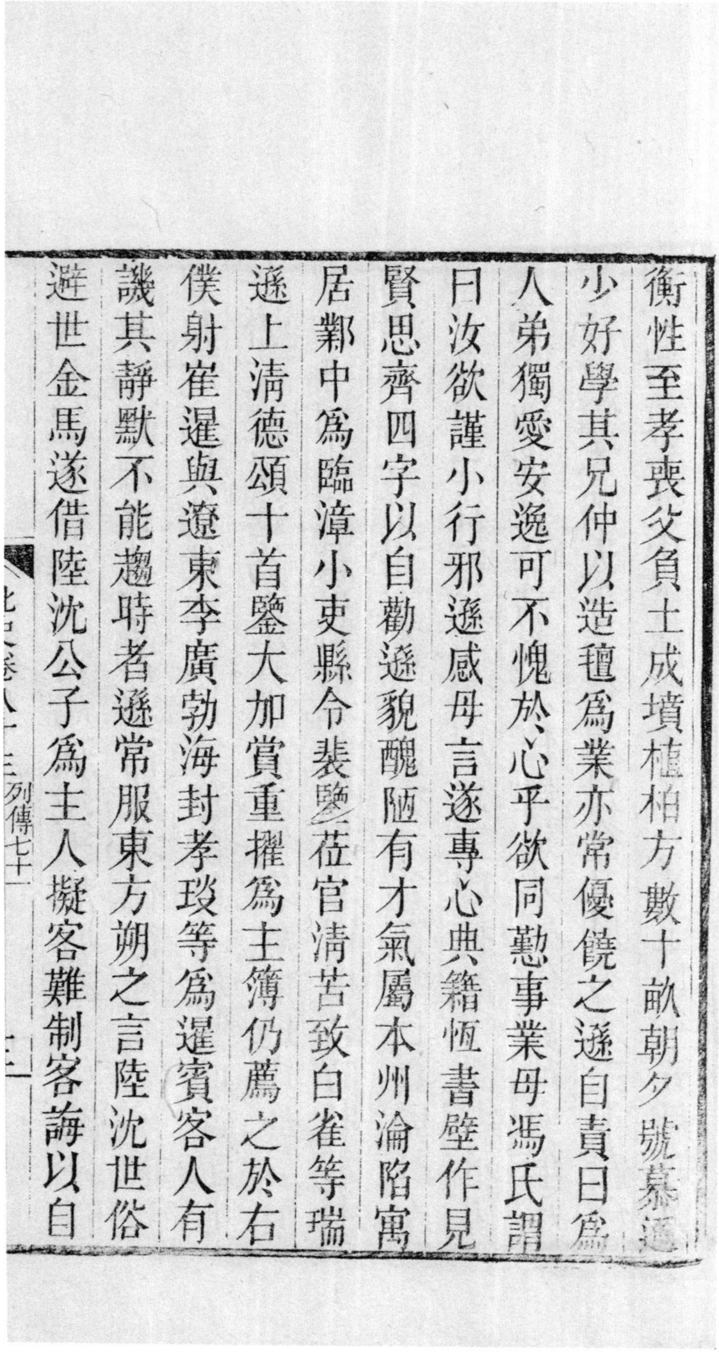
衡性至孝喪父負土成墳植柏方數十畝朝夕號慕遜
少好學其兄仲以造氈爲業亦常優饒之遜自責曰爲
人弟獨愛安逸可不愧於心乎欲同懃事業母馮氏謂
曰汝欲謹小行邪遜感母言遂專心典籍恒書壁作見
賢思齊四字以自勸遜貌醜陋有才氣屬本州淪陷寓
居鄴中爲臨漳小吏縣令裴鑒莅官清苦致白雀等瑞
遜上清德頌十首鑒大加賞重擢爲主簿仍薦之於右
僕射崔暹與遼東李廣勃海封孝琰等爲暹賓客人有
譏其靜默不能趨時者遜常服東方朔之言陸沉世俗
避世金馬遂借陸沈公子爲主人擬客難制客誨以自

北史卷八十三　列傳七十一　三

图 3-2-43 《北史·樊逊传》

《南村辍耕录》(图3-2-44)记载元代黄道婆教乡人学习纺织技术:“闽、广多种木绵,纺绩为布,名曰‘吉贝’。松江府东去五十里许,曰乌泥泾,其地土田硗瘠,民食不给,因谋树艺以资生业,遂觅种于彼。初无踏车椎弓之制,率用手剖去子,线弦竹弧,置按间,振掉成剂,厥功甚艰。国初时,有一妪名黄道婆者,自崖州来,乃教以做造捍弹纺织之具,至于错纱配色,综线挈花,各有其法。以故织成被褥带帨,其上折枝团凤、棋局字样,粲然若写。人既受教,竞相作为,转货他郡。家既就殷,未几妪卒,莫不感恩洒泣而共葬之。又为立祠,岁时享之。”

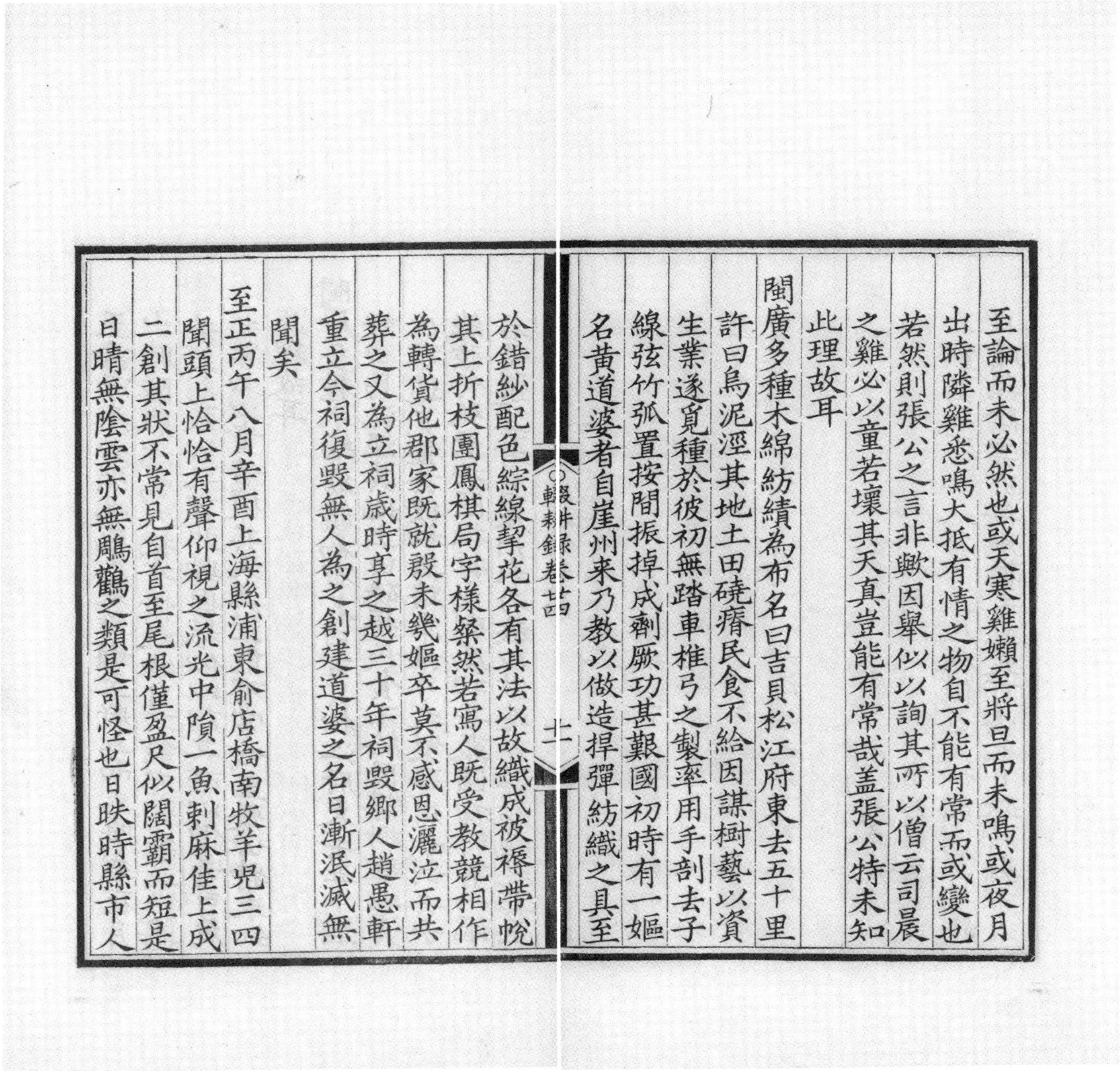

至論而未必然也或天寒雞嬾至將旦而未鳴或夜月
出時隣雞悉鳴大抵有情之物自不能有常而或變也
若然則張公之言非歟因舉似以詢其所以僧云司晨
之雞必以童若壞其天真豈能有常哉蓋張公特未知
此理故耳
閩廣多種木綿紡績為布名曰吉貝松江府東去五十里
許曰烏泥涇其地土田磽瘠民食不給因謀樹藝以資
生業遂覓種於彼初無踏車椎弓之製率用手剖去子
線弦竹弧置按間振掉成劑厥功甚艱國初時有一嫗
名黃道婆者自崖州來乃教以做造捍彈紡織之具至

輟耕錄卷廿四　十一

於錯紗配色綜線挈花各有其法以故織成被褥帶帨
其上折枝團鳳棋局字樣粲然若寫人既受教競相作
為轉貨他郡家既就殷未幾嫗卒莫不感恩灑泣而共
葬之又為立祠歲時享之越三十年祠毀鄉人趙愚軒
重立今祠復毀無人為之創建道婆之名日漸泯滅無
聞矣
至正丙午八月辛酉上海縣浦東俞店橋南牧羊兒三四
聞頭上恰恰有聲仰視之流光中隕一魚剌麻佳上成
二創其狀不常見自首至尾根僅盈尺似闊覇而短是
日晴無陰雲亦無鵰鶚之類是可怪也日昳時縣市人

图 3-2-44　《南村辍耕录》卷二十四

我国古代，天文历法在国家政治与社会生活中占据着重要地位。一方面，统治者从巩固政权的需要出发，经常从天象星历中寻找其统治合法性与政策合理性的依据；另一方面，天文历法对农业生产有着重要的指导意义。因此，历代统治者都非常重视天文历法。《尚书・尧典》(图3-2-45)记载："乃命羲和，钦若昊天，历象日月星辰，敬授人时。"《魏书・晁崇传》(图3-2-46)记载了北魏著名天文仪器制造家晁崇的事迹："崇善天文术数，知名于时。为慕容垂太史郎。从慕容宝败于参合，获崇，后乃赦之。太祖爱其伎术，甚见亲待。从平中原，拜太史令，诏崇造浑仪，历象日月星辰。迁中书侍郎，令如故。"

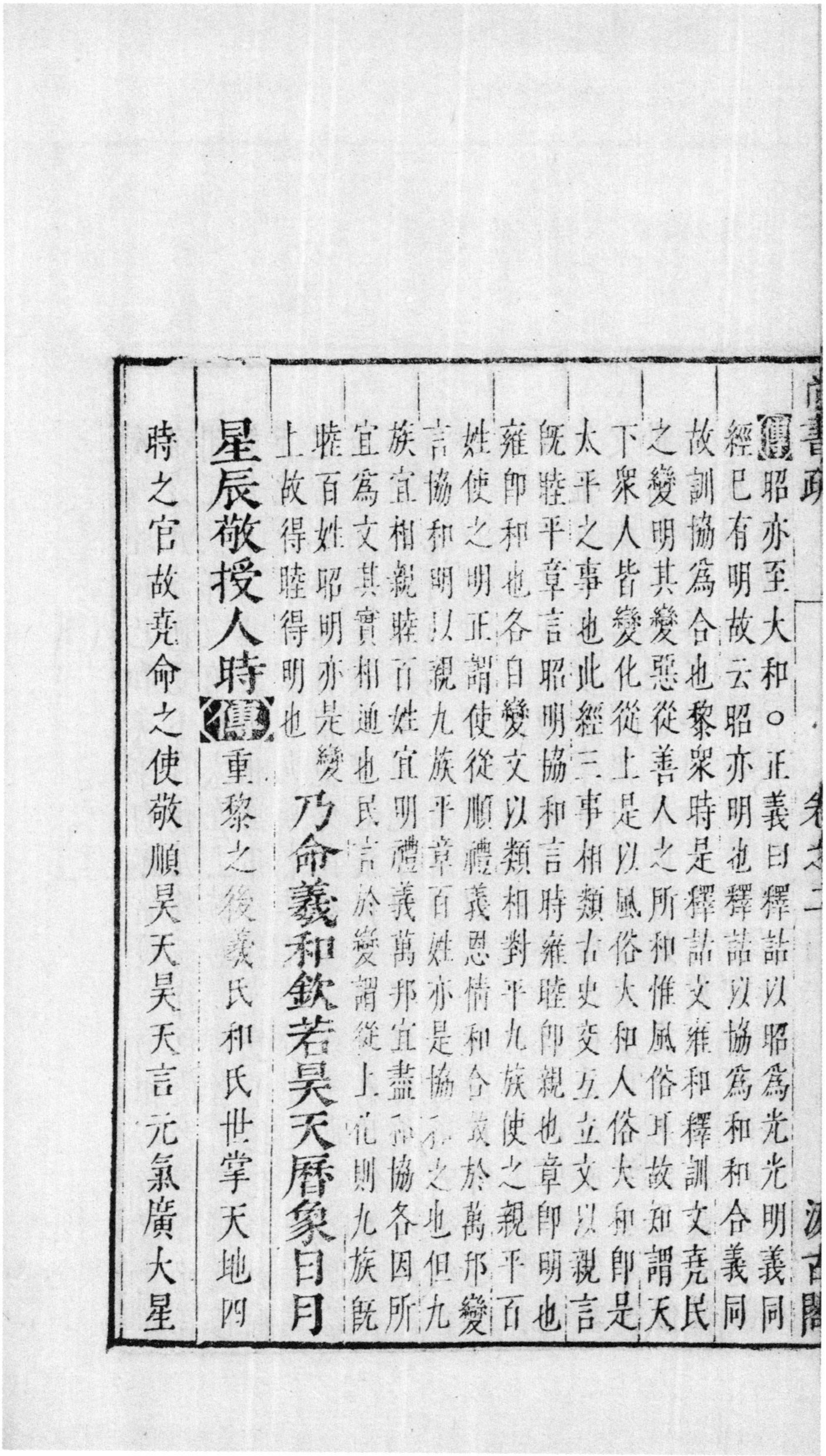
尚書疏　卷之二　汲古閣

【傳】昭亦至大和。正義曰釋詁以昭爲光光明義同經已有明故云昭亦明也釋詁以協爲和和合義同故訓協爲合也黎衆時是釋詁文雍和釋訓文堯民之變明其變惡從善人之所和惟風俗耳故知謂天下衆人皆變化從上是以風俗大和人俗大和即是太平之事也此經三事相類古史交互立文以親言旣睦平章言昭明協和言時雍睦即親也章即明也雍即和也各自變文以類相對平九族使之親平百姓使之明正謂使從順禮義恩情和合故於萬邦變言協和明以親九族平章百姓亦是協和之也但九族宜相親睦百姓宜明禮義萬邦宜盡和協各因所宜爲文其實相通也民言於變謂從上化則九族旣睦百姓昭明亦是變上故得睦得明也

乃命羲和欽若昊天曆象日月星辰敬授人時【傳】重黎之後羲氏和氏世掌天地四時之官故堯命之使敬順昊天昊天言元氣廣大星

图 3-2-45 《尚书·尧典》

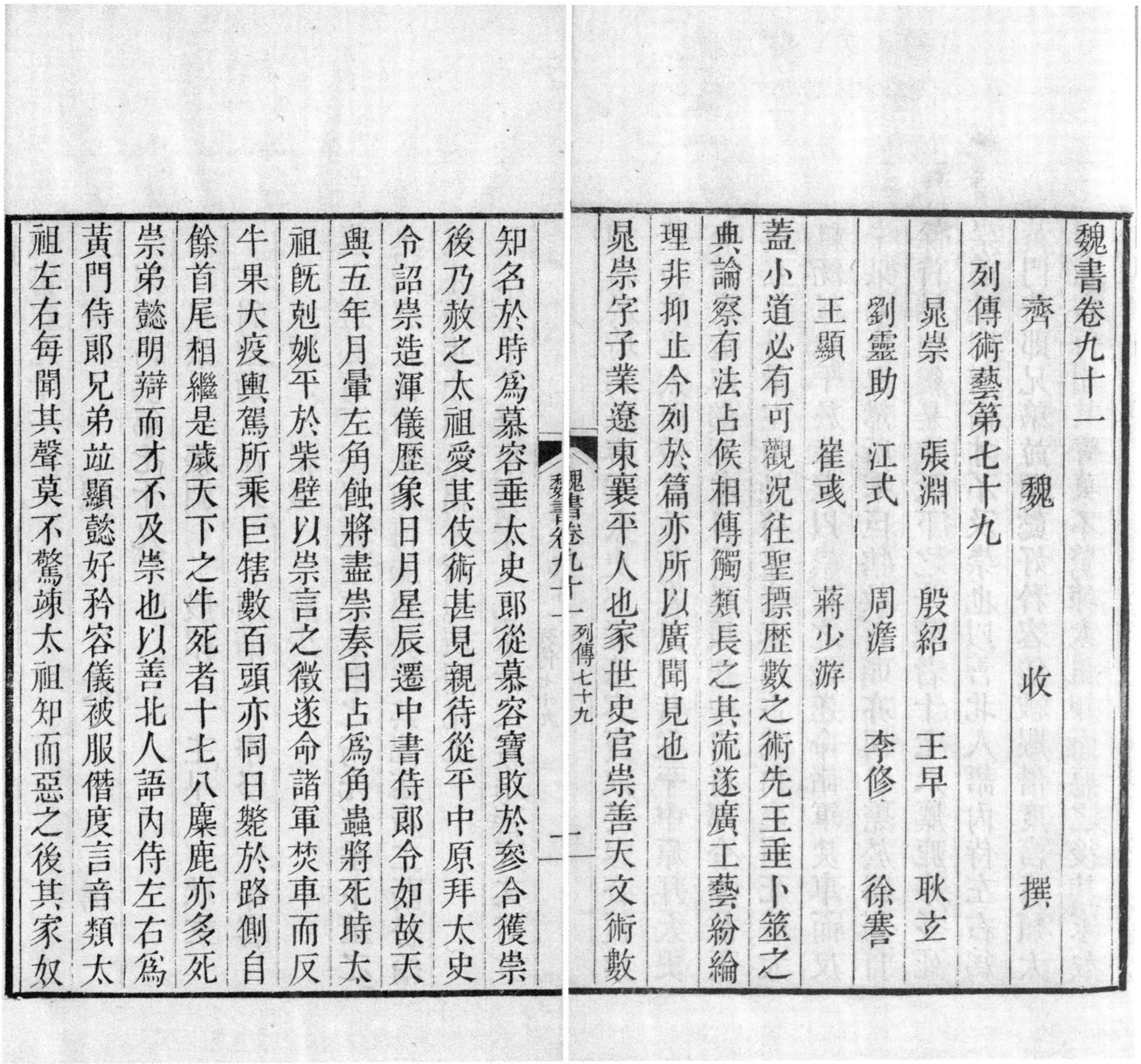
魏書卷九十一
齊　魏收　撰
列傳術藝第七十九
晁崇　張淵　殷紹　王早　耿玄
劉靈助　江式　周澹　李修　徐謇
王顯　崔彧　蔣少游
蓋小道必有可觀況往聖摽歷數之術先王垂卜筮之典論察有法占候相傳觸類長之其流遂廣工藝紛綸理非抑止今列於篇亦所以廣聞見也
晁崇字子業遼東襄平人也家世史官崇善天文術數知名於時爲慕容垂太史郎從慕容寶敗於參合獲崇後乃赦之太祖愛其伎術甚見親待從平中原拜太史令詔崇造渾儀歷象日月星辰遷中書侍郎令如故天興五年月暈左角蝕將盡崇奏曰占爲角蟲將死時太祖既尅姚平於柴壁以崇言之徵遂命諸軍焚車而反牛果大疫輿駕所乘巨犗數百頭亦同日斃於路側自餘首尾相繼是歲天下之牛死者十七八麋鹿亦多死崇弟懿明辯而才不及崇也以善北人語內侍左右爲黃門侍郎兄弟並顯懿好矜容儀被服僭度言音類太祖左右每聞其聲莫不驚竦太祖知而惡之後其家奴
魏書卷九十一　列傳七十九　一

图 3-2-46 《魏书·晁崇传》

宋代的《应天历》《乾元历》《仪天历》，元代的《授时历》和明代的《回回历法》，融汇了阿拉伯天文学和中国回回天文学知识。清代回回历虽然已经不在社会上通行，但是学者对回回天文学的研究却从未停止。清代李锐的《回回术元考》、顾观光的《回回历解》(图3-2-47)、洪钧的《天方教历考》都很有代表性。清代康熙、乾隆年间，由政府组织人力编纂大部头丛书《律历渊源》，其中的《历象考成》(图3-2-48)前、后编，是中国古代天文学知识的结集。在编辑人员中，蒙古族的天文学家兼数学家明安图、满族的天文学家顾琮，都是重要骨干。

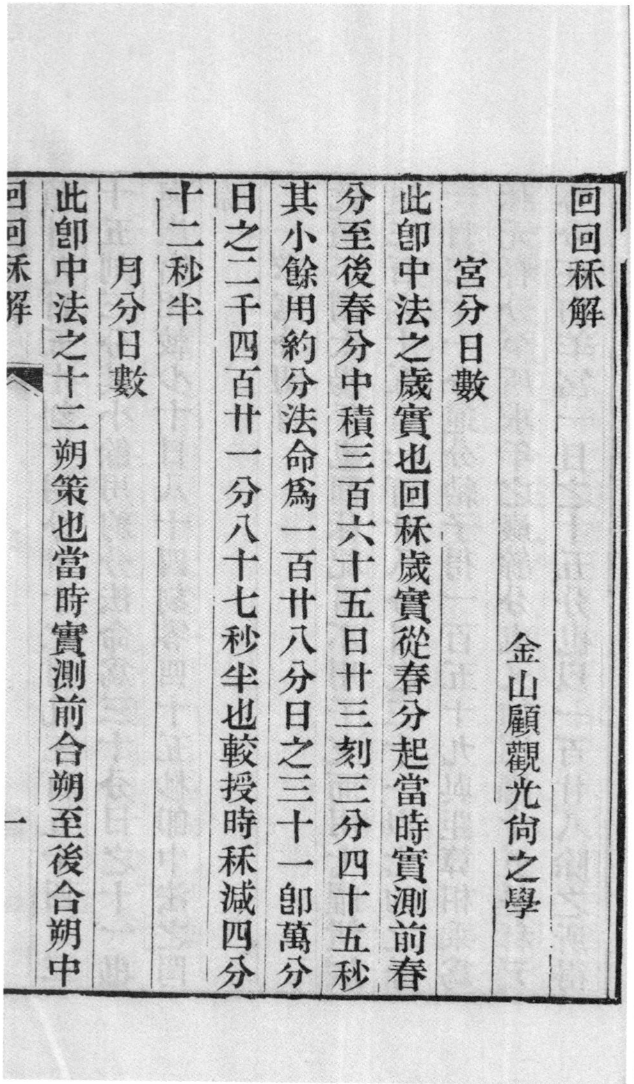
回回秝解
金山顧觀光尙之學
宮分日數
此卽中法之歲實也回秝歲實從春分起當時實測前春分至後春分中積三百六十五日廿三刻三分四十五秒其小餘用約分法命爲一百廿八分日之三十一卽萬分日之二千四百廿一分八十七秒半也較授時秝減四分十二秒半
月分日數
此卽中法之十二朔策也當時實測前合朔至後合朔中
回回秝解　一

图 3-2-47　《回回历解》

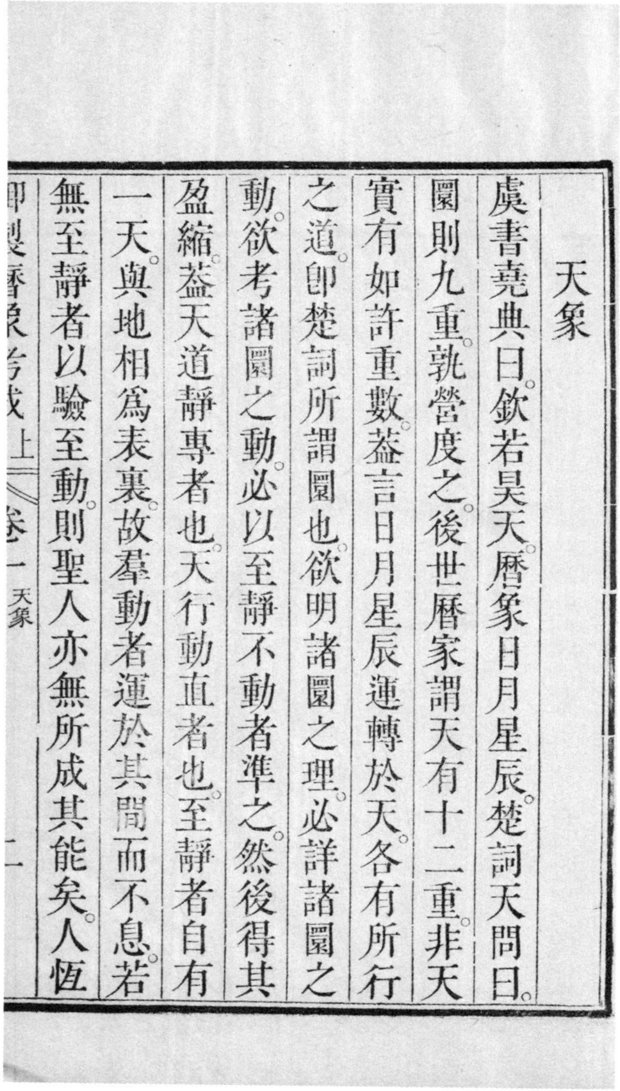
天象
虞書堯典曰欽若昊天曆象日月星辰楚詞天問曰圜則九重孰營度之後世曆家謂天有十二重非天實有如許重數葢言日月星辰運轉於天各有所行之道卽楚詞所謂圜也欲明諸圜之理必詳諸圜之動欲考諸圜之動必以至靜不動者準之然後得其盈縮葢天道靜專者也天行動直者也至靜者自有一天與地相爲表裏故羣動者運於其間而不息若無至靜者以驗至動則聖人亦無所成其能矣人恆
御製曆象考成上　卷一　天象　二

图 3-2-48　《历象考成》

中国古代数学史有着光辉灿烂的篇章，在文字产生之前，远古先民就开始采用“结绳”计数。殷商时期，已开始用文字计数，至迟到春秋战国时期，已经使用算筹来计数和进行加减乘除整数四则运算。秦汉以来，社会生产力发展很快，数学也相应得到了长足的发展。成书于西汉前期的天文历算著作《周髀算经》(图3-2-49)，已经有了相当复杂的分数四则运算、开平方法及勾股定理的应用，说明当时的数学已达到了较高的水平。南北朝时期北周甄鸾所撰《五曹算经》(图3-2-50)分田曹、兵曹、集曹、仓曹、金曹五卷，是一部为地方行政官员编写的应用算术书。

元代朱世杰编纂了《四元玉鉴细草》(图3-2-51)，该书记述了多元方程组解法，总结了四元高次联立方程组的求解方法，讲解了消元的解法，列出了高次差的内插公式，表明中国当时的数学研究已处在世界前列。清代著名蒙古族科学家明安图，在天文学、地理测绘学和数学等科学领

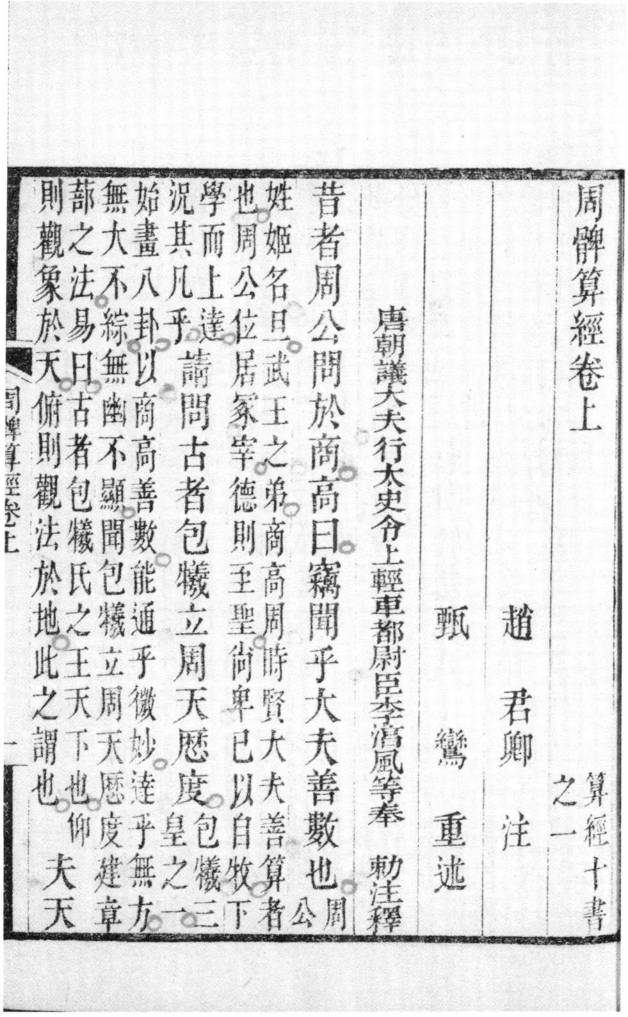

图 3-2-49　《周髀算经》

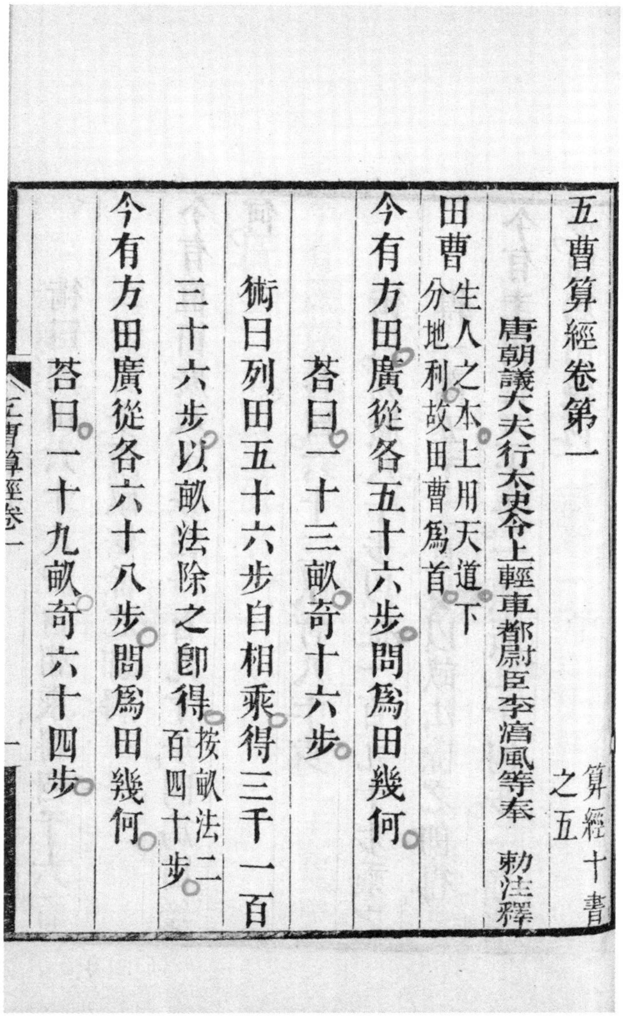

图 3-2-50　《五曹算经》

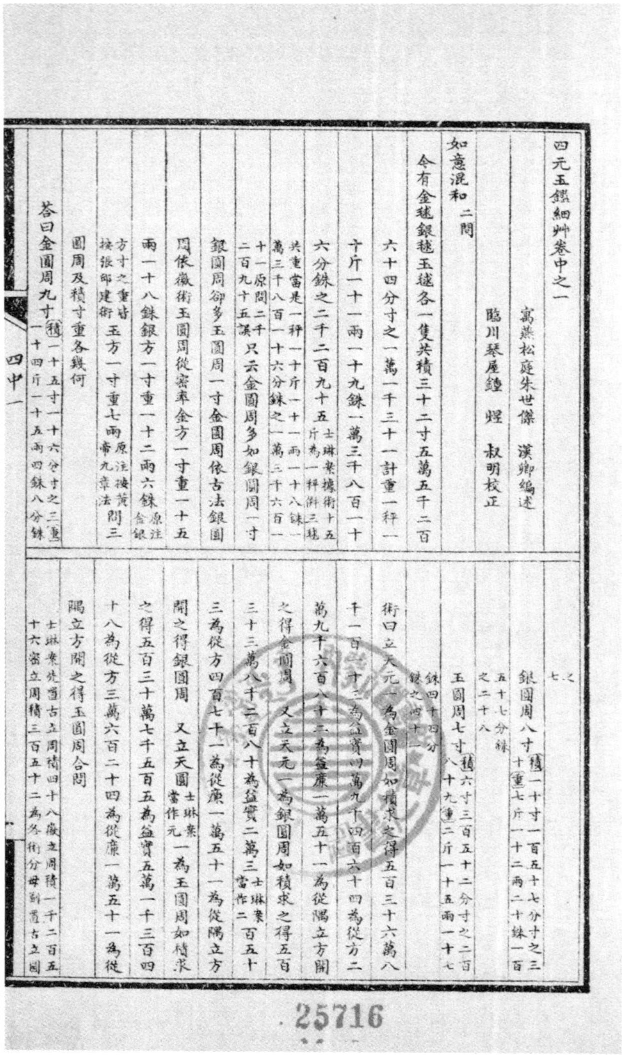
四元玉鑑細艸卷中之一

寓燕松庭朱世傑 漢卿編述

臨川琴屋鍾 鋥 叔明校正

如意混和二問

图 3-2-51 《四元玉鉴细草》

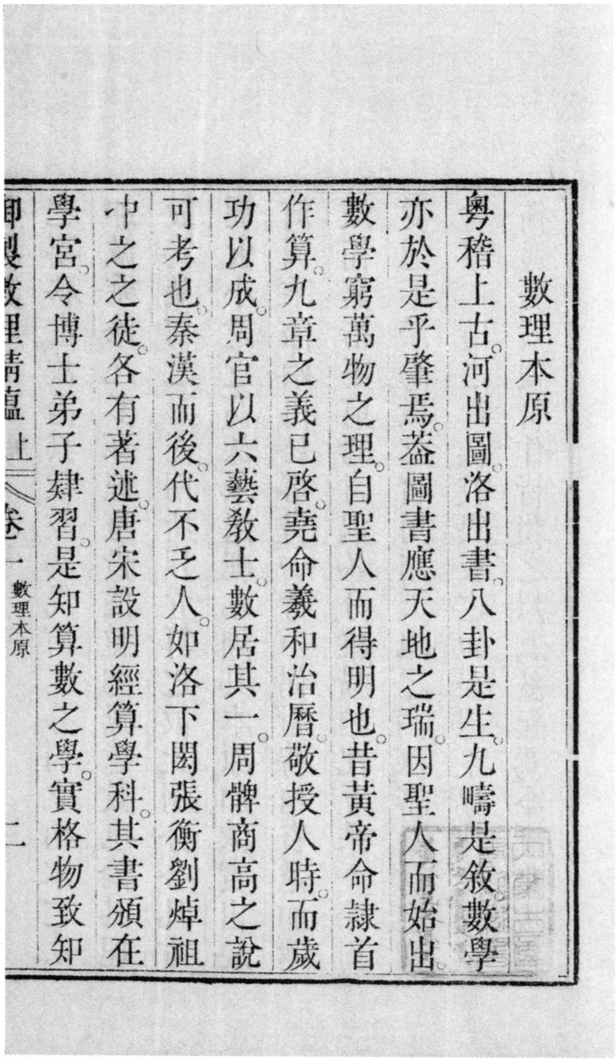
数理本原

粤稽上古河出圖洛出書八卦是生九疇是敘數學亦於是乎肇焉葢圖書應天地之瑞因聖人而始出數學窮萬物之理自聖人而得明也昔黃帝命隸首作算九章之義已啓堯命羲和治曆敬授人時而歲功以成周官以六藝教士數居其一周髀商高之說可考也秦漢而後代不乏人如洛下閎張衡劉焯祖冲之之徒各有著述唐宋設明經算學科其書頒在學宮令博士弟子肄習是知算數之學實格物致知

御製數理精蘊上編卷一 數理本原 二

图 3-2-52 《御制数理精蕴》

域里都做出了巨大的贡献，其中尤以数学的成就更为突出。他参加了《御制数理精蕴》(图3-2-52)的编纂，并著有《割圆密率捷法》一书。

藏族很早就有了自己的历法，到十四世纪就已经出现了不少历算著作。十七世纪后，这方面的专著更多。德巴·桑杰嘉措所著的《浦派历算嘉言白琉璃》(图3-2-53)是藏族历算的经典著作。《历算典籍明灯》(图3-2-54)是曲杰洛桑美久多杰所著历算著作。

《几何原本》是世界数学史上最负盛名的著作。早在元代，《几何原本》即已传入中国，《秘书监志·司天监》(图3-2-55)记载司天监收藏“兀忽列的，《四擘算法段数》十五部”，据学者考证就是《几何原本》。明末，传教士利玛窦与徐光启合作翻译了前六卷。清康熙年间，法国传教士白晋和张诚用满文翻译了法国数学家巴蒂的译本，作为康熙学习几何知识的教材，这就是满文本的《几何原本》(图3-2-56)。内蒙古自治区图书馆藏满文本是现存三部满文写本中唯一有康熙御批的稿本，十分珍贵。

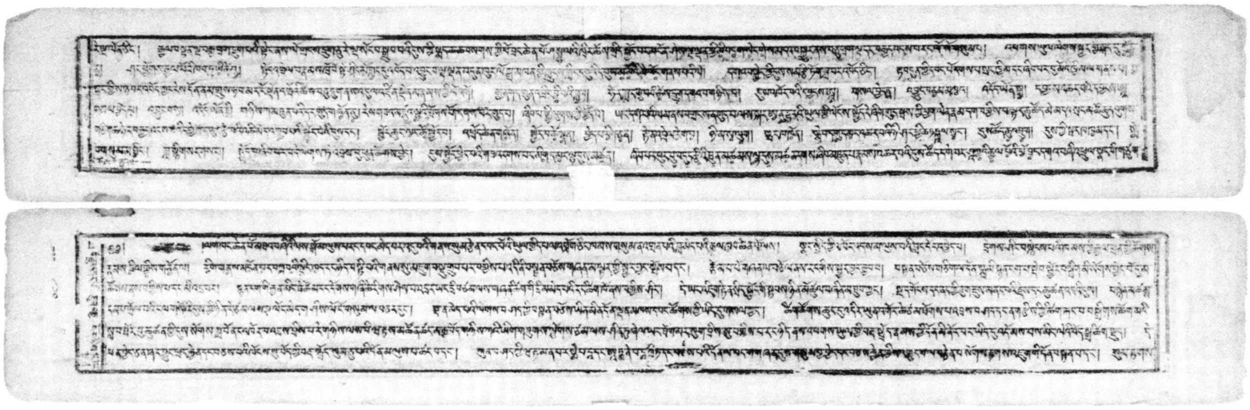

图 3-2-53　藏文《浦派历算嘉言白琉璃》，鄂尔多斯市图书馆藏

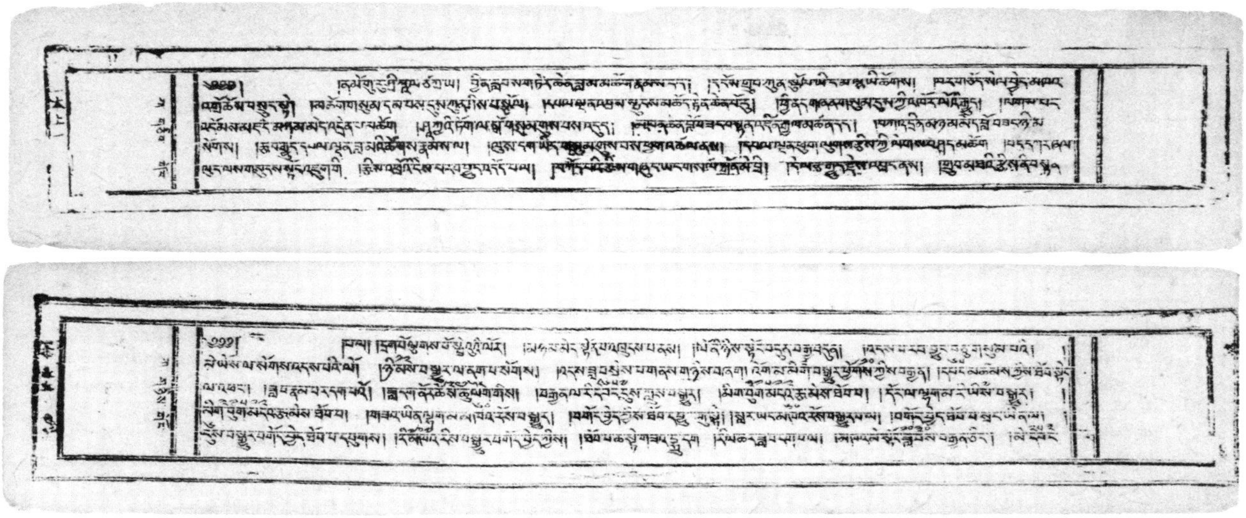

图 3-2-54　藏文《历算典籍明灯》，鄂尔多斯市图书馆藏

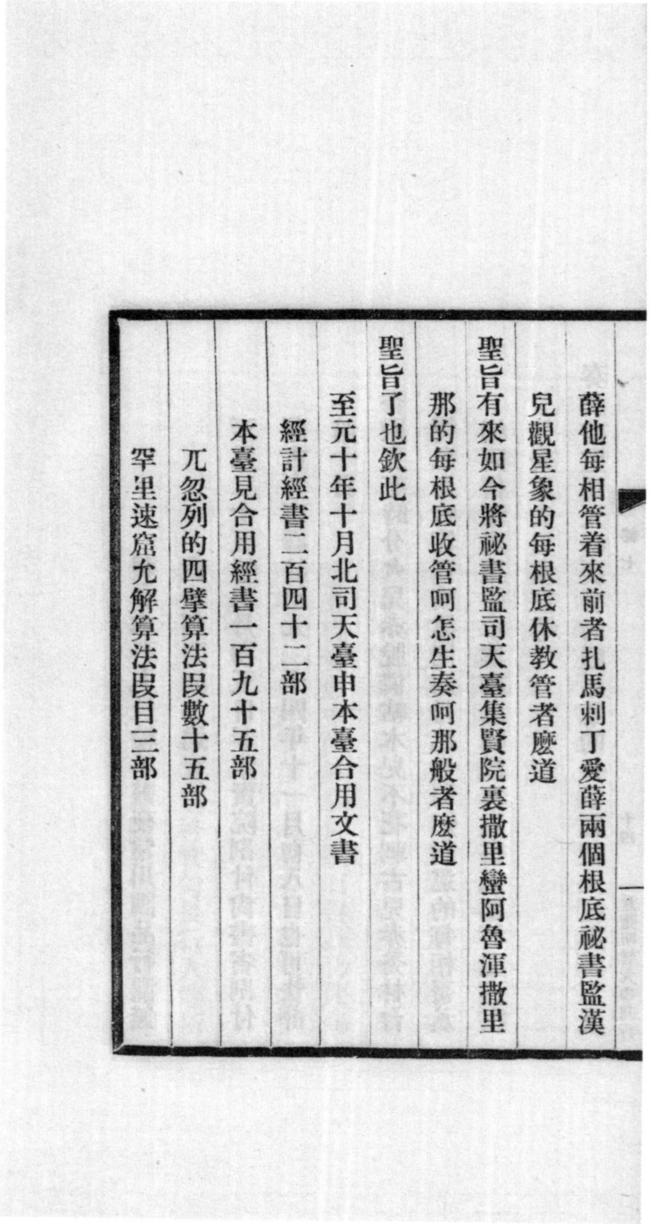

薛他每相管着來前者扎馬剌丁愛薛兩個根底祕書監漢
兒觀星象的每根底休教管者麽道
聖旨有來如今將祕書監司天臺集賢院裏撒里蠻阿魯渾撒里
那的每根底收管呵怎生奏呵那般者麽道
聖旨了也欽此
至元十年十月北司天臺申本臺合用文書
經計經書二百四十二部
本臺見合用經書一百九十五部
兀忽列的四擘算法段數十五部
罕里速窟允解算法段目三部

图 3-2-55 《秘书监志·司天监》

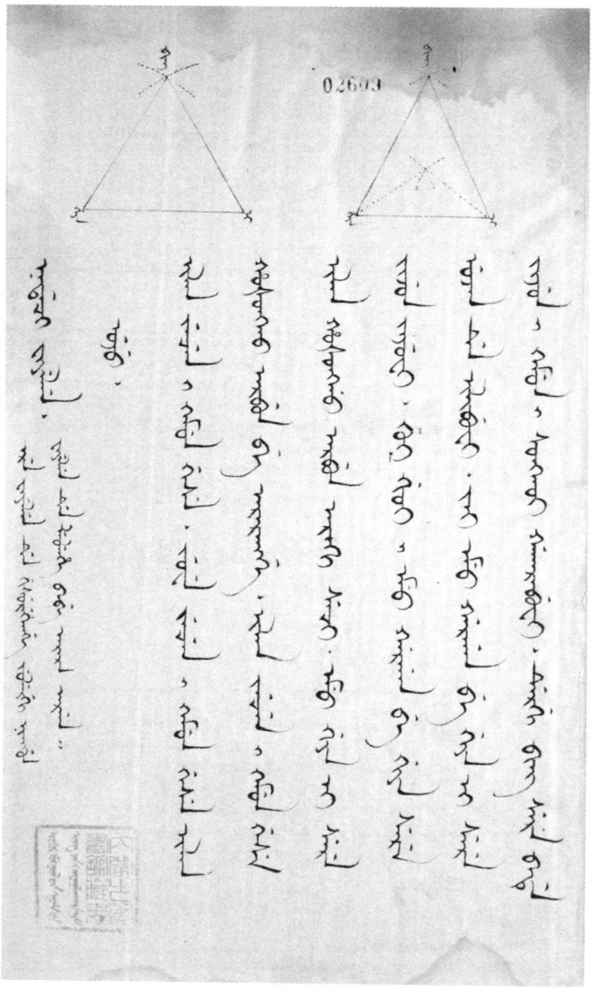

图 3-2-56 满文《几何原本》

我国自古就是一个农业大国，历朝历代统治者都十分重视农业生产。《吕氏春秋》(图3-2-57)中《上农》《任地》《辩土》《审时》四篇文章对先秦的农业生产经验进行总结。北朝时期在总结北方农业生产经验的基础上，诞生了农业巨著《齐民要术》(图3-2-58)。该书是我国第一部完整保存至今的大型综合性农书，也是世界农学史上最早的专著之一，在中国和世界农学史上占有重要的地位。

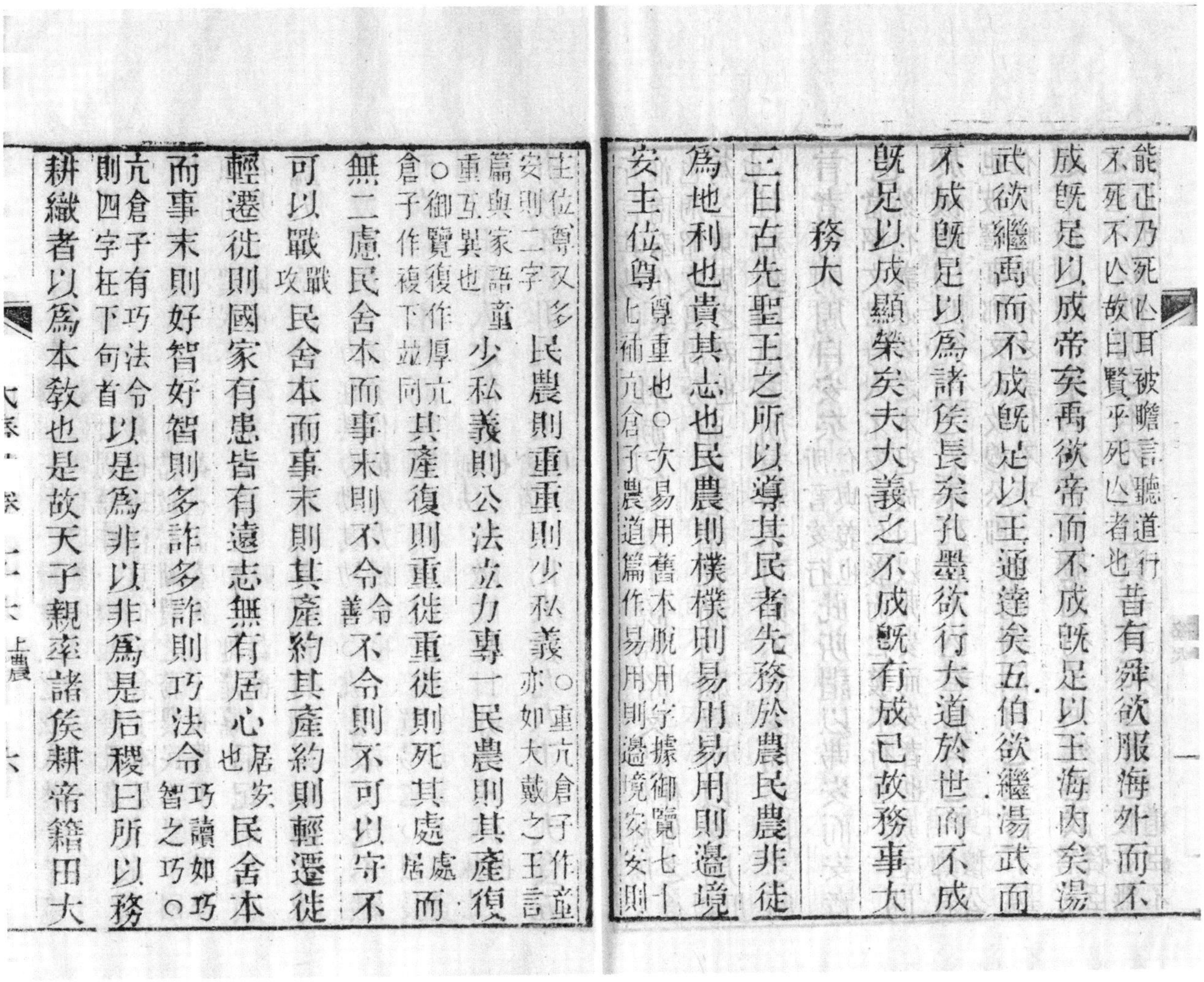

图 3-2-57 《吕氏春秋》卷二十六

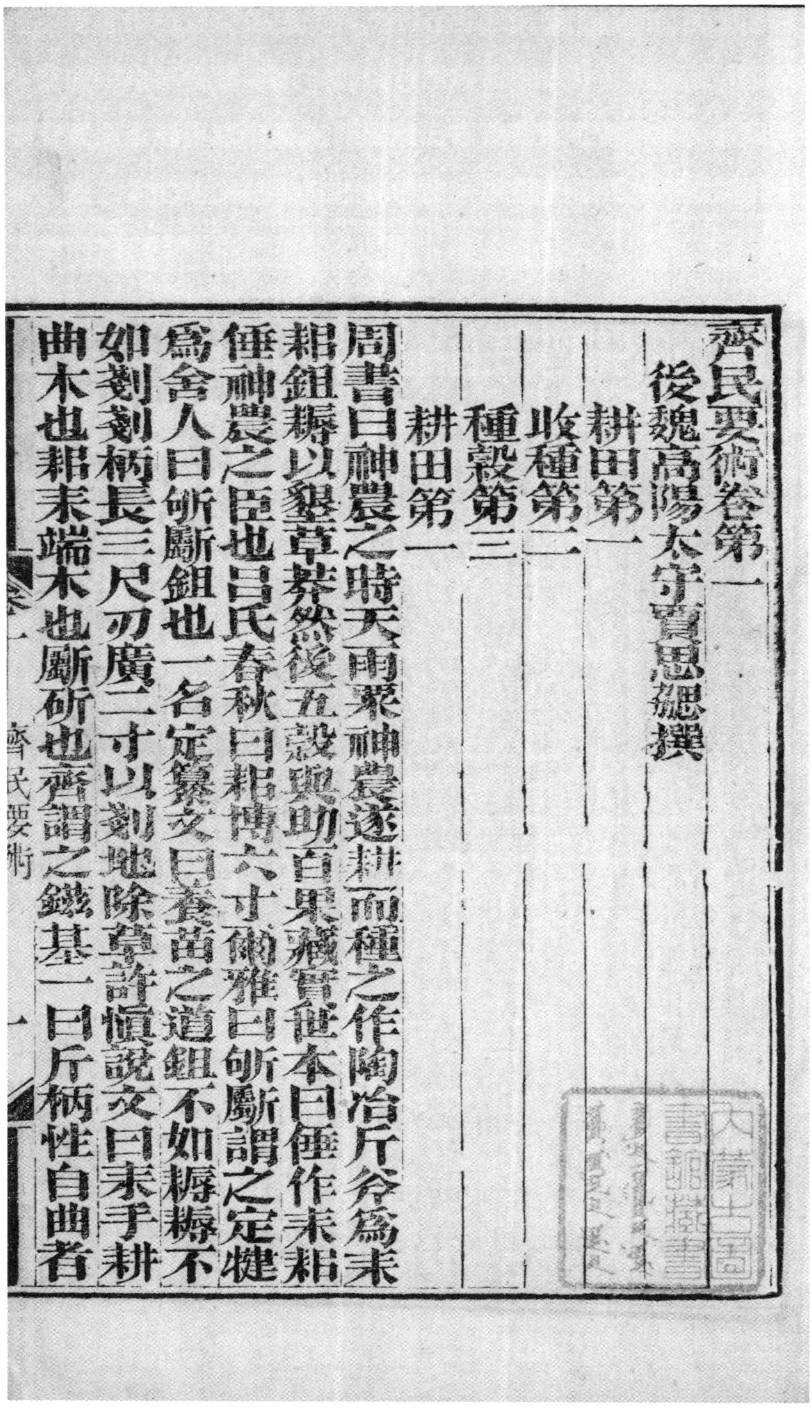
齊民要術卷第一
後魏高陽太守賈思勰撰
耕田第一
收種第二
種穀第三
耕田第一
周書曰神農之時天雨粟神農遂耕而種之作陶冶斤斧爲耒
耜鉏耨以墾草莽然後五穀興助百果藏實世本曰倕作耒耜
倕神農之臣也呂氏春秋曰耜博六寸爾雅曰斪斸謂之定犍
爲舍人曰斪斸鉏也一名定纂文曰養苗之道鉏不如耨耨不
如剗剗柄長三尺刃廣二寸以剗地除草許慎說文曰耒手耕
曲木也耜耒端木也斸斫也齊謂之鎡基一曰斤柄性自曲者

图 3-2-58 《齐民要术》

元代在农业科学方面有三部重要的书籍。司农司编纂的《农桑辑要》(图3-2-59)通俗易懂，总结了农业经验，对农业具有指导作用。王祯编著的《农书》(图3-2-60)是我国第一部试图从全国范围内对整个农业进行全面而又系统的论述，并把南北农业技术及农具的异同、功能进行分析、比较，提出作者见解的农书，在我国农学史上具有重要影响。维吾尔族农学家鲁明善编纂的《农桑衣食撮要》(图3-2-61)是一部月令体裁的综合性农书，分上、下两卷，按一年十二个月份逐月介绍农事，岁时、种植、贮藏无所不包。

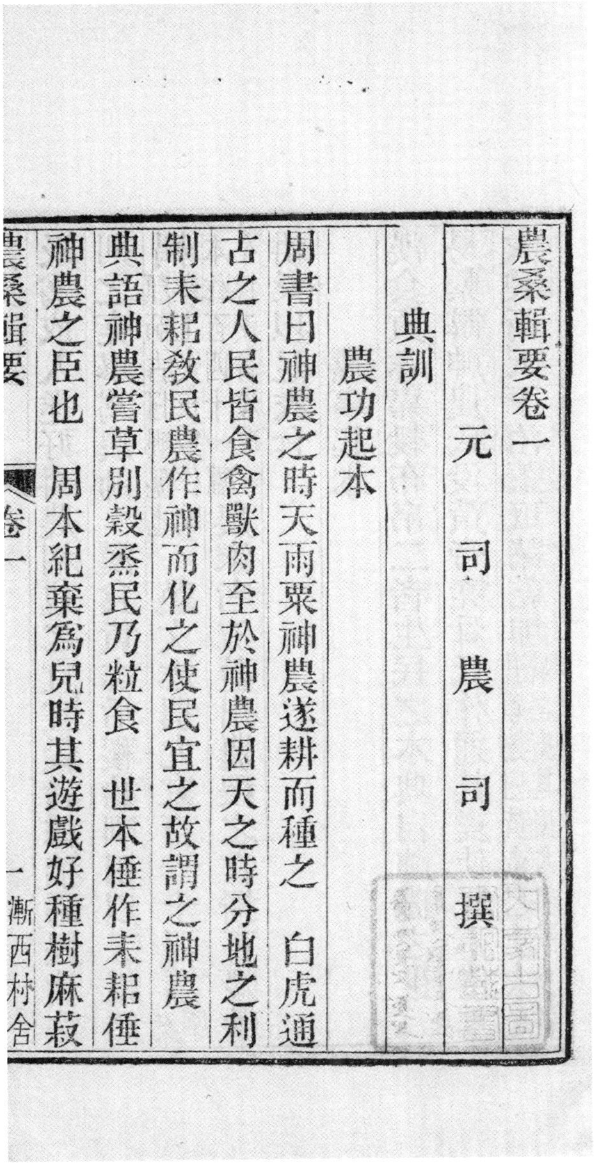

图 3-2-59 《农桑辑要》

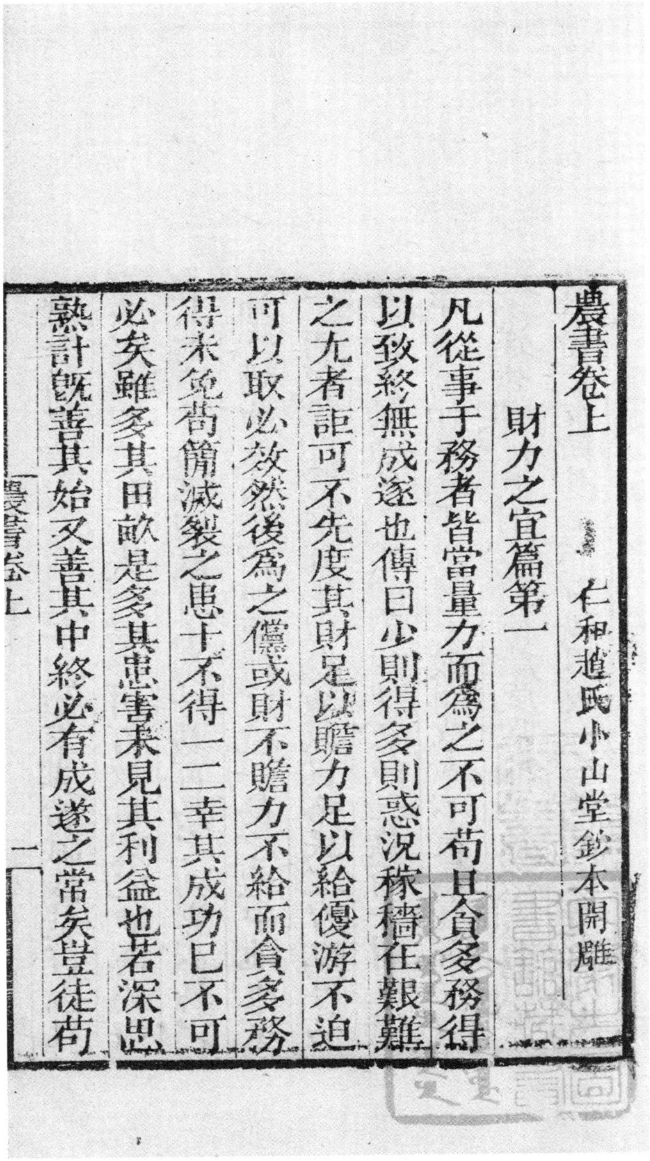

图 3-2-60 《农书》

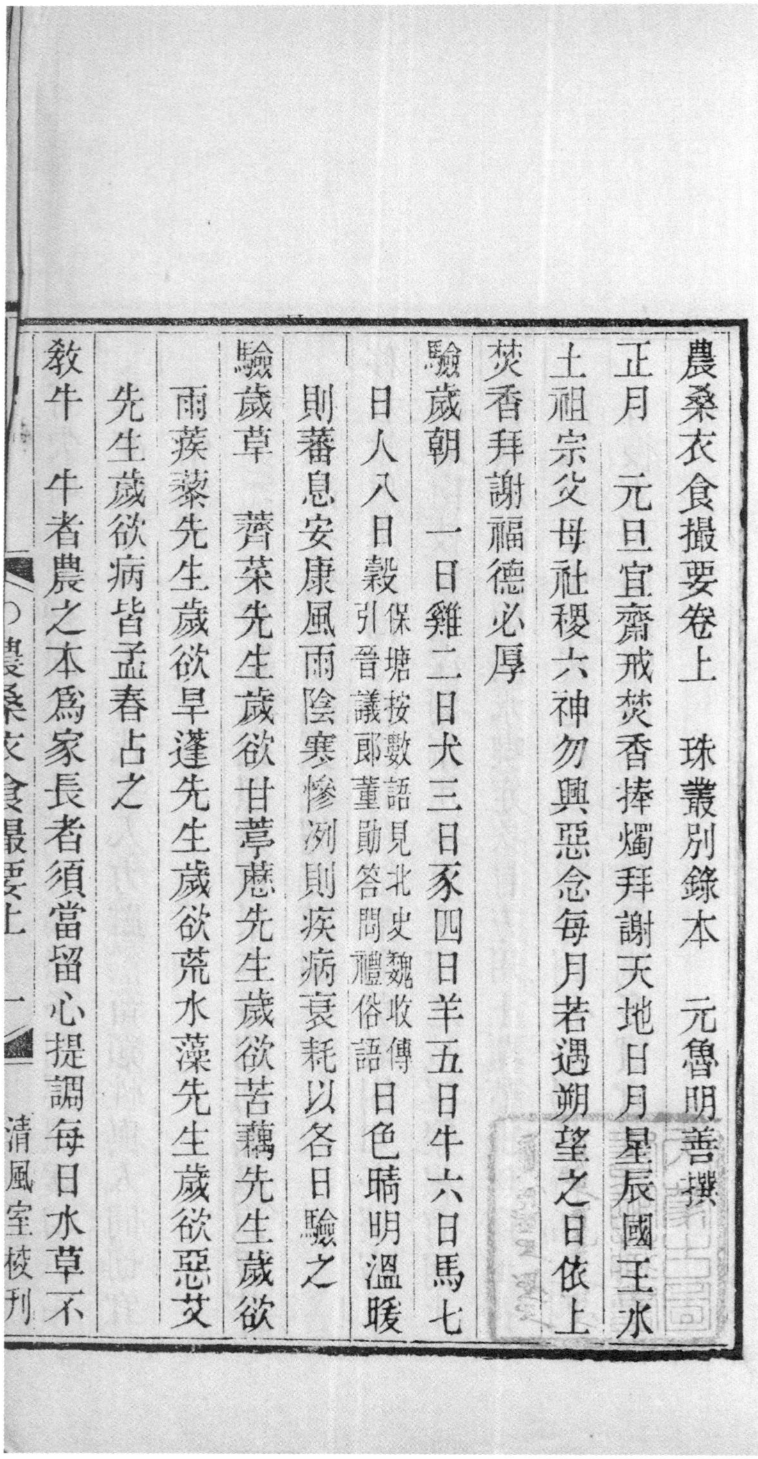

農桑衣食撮要卷上　珠叢別錄本　元魯明善撰
正月　元旦宜齋戒焚香捧燭拜謝天地日月星辰國王水土祖宗父母社稷六神勿興惡念每月若遇朔望之日依上焚香拜謝福德必厚
驗歲朝　一日雞二日犬三日豕四日羊五日牛六日馬七日人八日穀（保塘按數語見北史魏收傳引晉議郎董勛答問禮俗語）日色晴明溫暖則蕃息安康風雨陰寒慘冽則疾病衰耗以各日驗之
驗歲草　薺菜先生歲欲甘葶藶先生歲欲苦藕先生歲欲雨蒺藜先生歲欲旱蓬先生歲欲荒水藻先生歲欲惡艾先生歲欲病皆孟春占之
教牛　牛者農之本爲家長者須當留心提調每日水草不
農桑衣食撮要上　一　清風室校刊

图3-2-61 《农桑衣食撮要》

我国传统地理学的发展源远流长。《水经》(图3-2-62)是我国第一部记述河道水系的专著，共载水道一百三十七条，系统地记述其源流与流经地点，确立了因水证地的方法。北魏郦道元为《水经》作注，撰成《水经注》(图3-2-63)。该书以水道为纲，记载各水道流域的自然地理和人文地理概况，涉及水文、地形、地质、植被、动物、关隘、交通、人物、政区沿革、风俗习惯、聚落兴衰、历史事件、神话传说等内容，可谓是我国六世纪的一部地理百科全书。

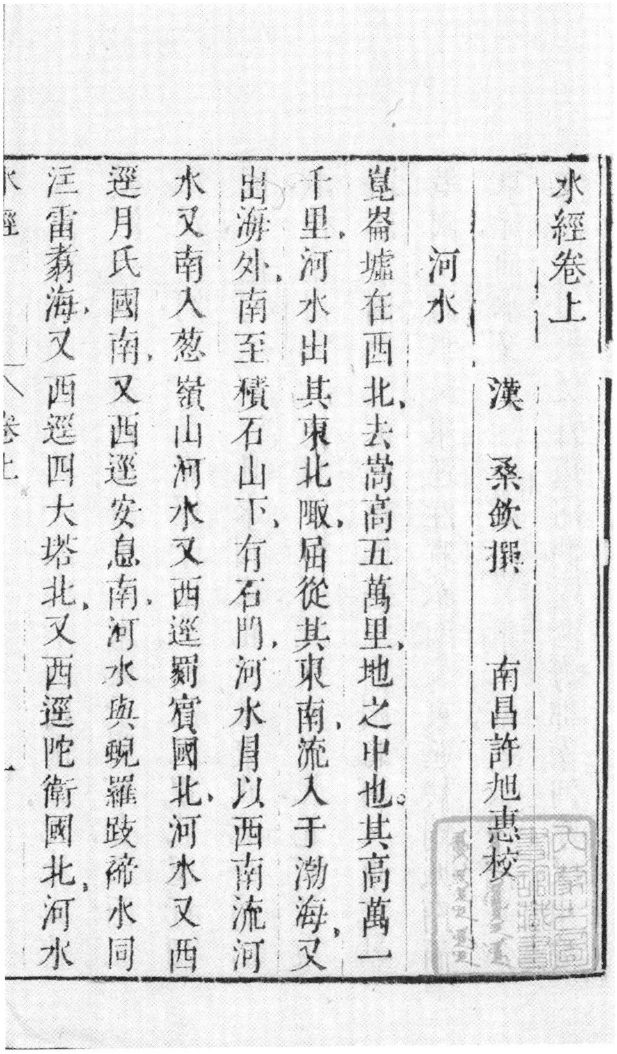

图 3-2-62 《水经》

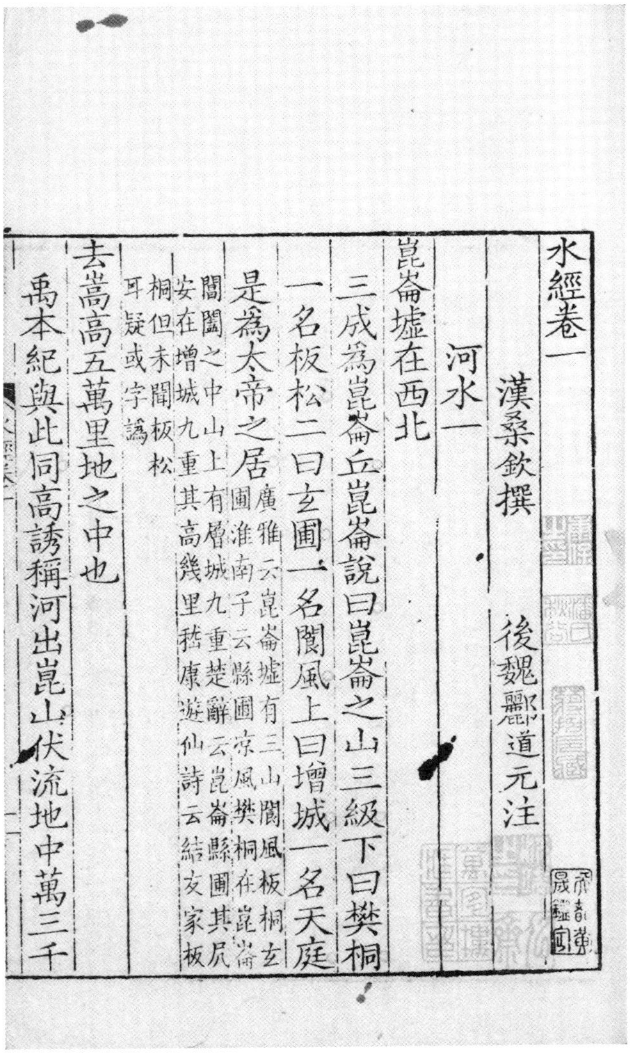

图 3-2-63 《水经注》

金朝乌古孙仲端所著的《北使记》(图3-2-64)，记载作者出使蒙古、西域期间沿途的所见所闻，对山川地理、风俗人情、物产状况等均有记载，可为了解十三世纪二十年代的蒙古和西域情况提供参考。契丹族耶律楚材所著的《西游录》(图3-2-65)以纪实的手法，优美的文辞，细致勾勒出自金山至河中一带的自然景观、交通地理、风俗民情、物产经济等，留下了十三世纪初期西域历史的最为翔实的资料。清初满族的地理学家图理琛，曾于康熙年间奉命西行，探望中国西北厄鲁特蒙古的土尔扈特部，经西伯利亚等地前往，往返三年多，回京后撰《异域录》(图3-2-66)一书，记述行程所见。

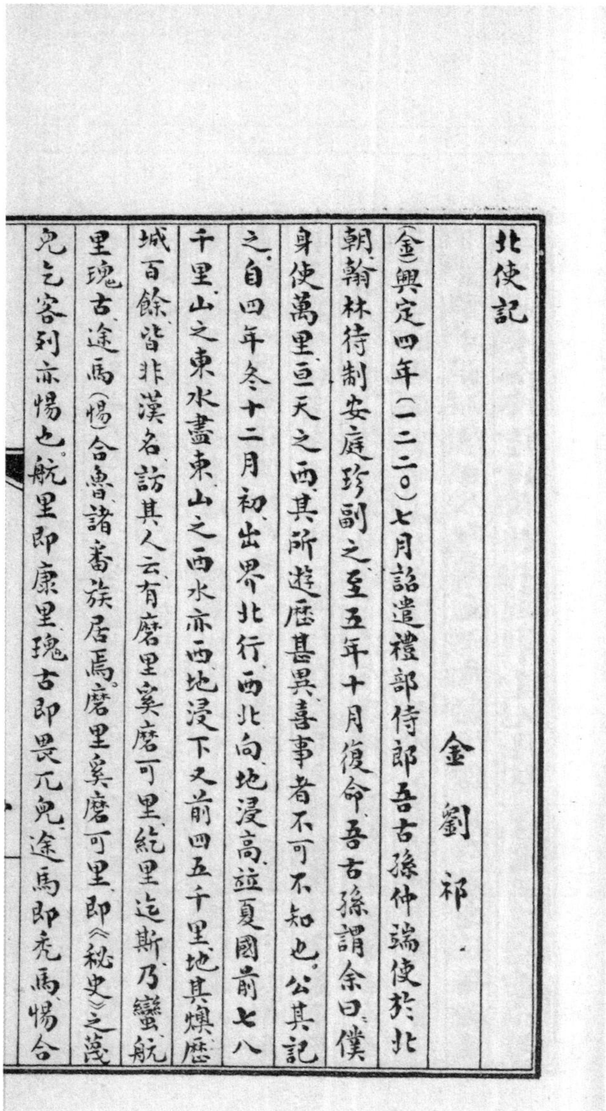
北使記

金 劉祁

(金)興定四年(一二二〇)七月詔遣禮部侍郎吾古孫仲端使於北朝,翰林待制安庭珍副之,至五年十月復命。吾古孫謂余曰:僕身使萬里,亘天之西,其所遊歷甚異,書事者不可不知也。公其記之。自四年冬十二月初出界,北行,西北向,地浸高,並夏國前七八千里,山之東水盡東,山之西水亦西,地浸下,又前四五千里,地其燠,歷城百餘,皆非漢名,訪其人,云有磨里奚、磨可里、紇里迄斯、乃蠻、航里瑰古、途馬(惕)、合魯、諸番族居焉。磨里奚、磨可里,即《秘史》之蔑兒乞、客列亦惕也。航里即康里,瑰古即畏兀兒,途馬即禿馬惕,合

图 3-2-64 《北使记》

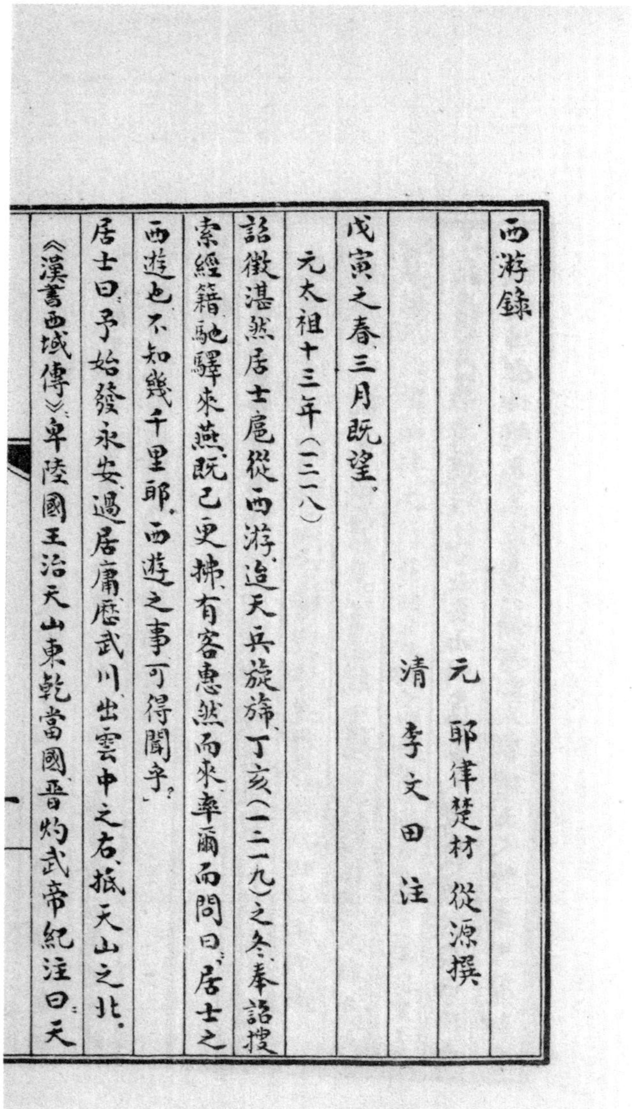
西游錄

元 耶律楚材 從源撰

清 李文田 注

戊寅之春,三月既望。

元太祖十三年(一二一八)

詔徵湛然居士扈從西游,迨天兵旋旆,丁亥(一二一九)之冬,奉詔搜索經籍,馳驛來燕。既已更拂,有客惠然而來,率爾而問曰:"居士之西遊也,不知幾千里耶?西遊之事可得聞乎?"

居士曰:予始發永安,過居庸,歷武川,出雲中之右,抵天山之北。

《漢書西域傳》:車陸國王治天山東乾當國,晉灼武帝紀注曰:天

图 3-2-65 《西游录》

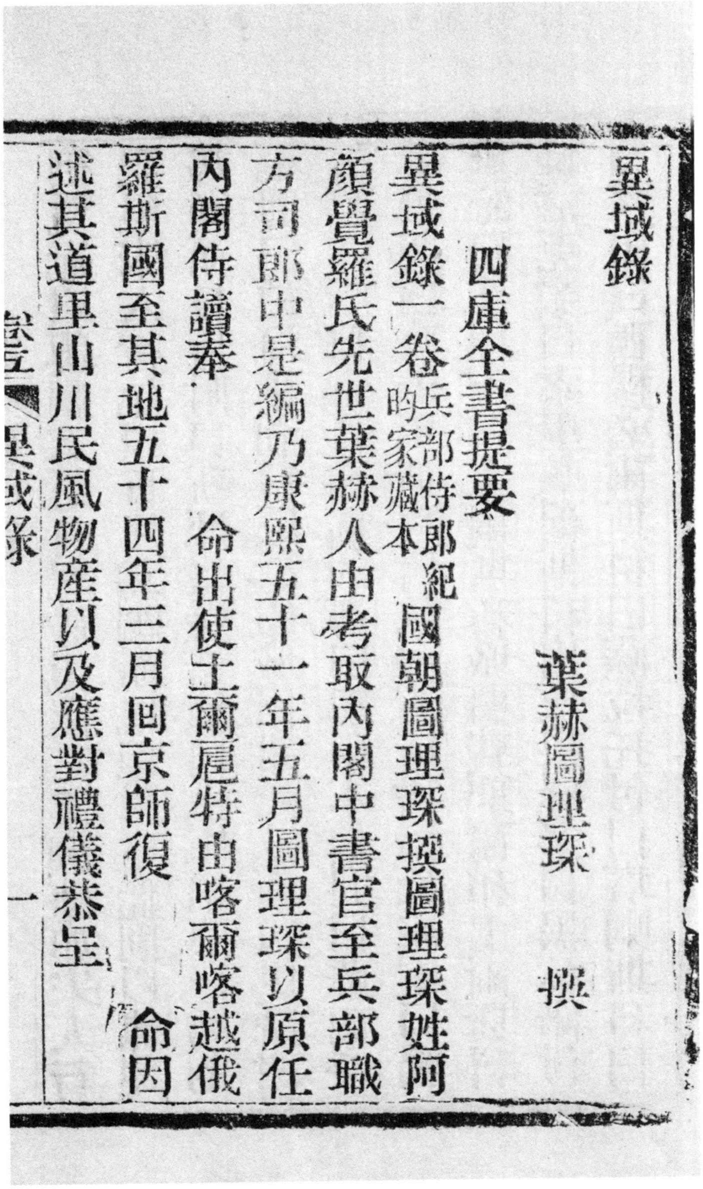

異域錄

葉赫圖理琛 撰

四庫全書提要

異域錄一卷 兵部侍郎紀昀家藏本 國朝圖理琛撰圖理琛姓阿顏覺羅氏先世葉赫人由考取內閣中書官至兵部職方司郎中是編乃康熙五十一年五月圖理琛以原任內閣侍讀奉 命出使土爾扈特由喀爾喀越俄羅斯國至其地五十四年三月回京師復 命因述其道里山川民風物產以及應對禮儀恭呈

图 3-2-66 《异域录》

第三节 敬教劝学 国之大本

教育是文化的重要组成部分，是中国传统文化得以传播、弘扬、发展和更新的载体。我国历来重视教育，把教育看作关系国家和民族兴衰的大事。

一、教育体制

中国古代很早就产生了学校，先后出现了官学和私学等办学形式，并在长期的办学实践中形成了完整的教育管理体制，积累了丰富的教学经验和教育思想。典籍记载夏、商时期已经有官学。

西周继承夏、商学校制度，建立了典型的政教合一的官学体系，形成了文武兼备的“六艺教育”。西周官学分为国学和乡学，其中国学专为贵族子弟设立，内容是以礼、乐为中心，以射、御、书、数为辅的六艺教育。《周礼·地官·保氏》(图3–3–1)：“养国子以道，乃教之六艺：一曰五礼，二曰六乐，三曰五射，四曰五御，五曰六书，六曰九数。”

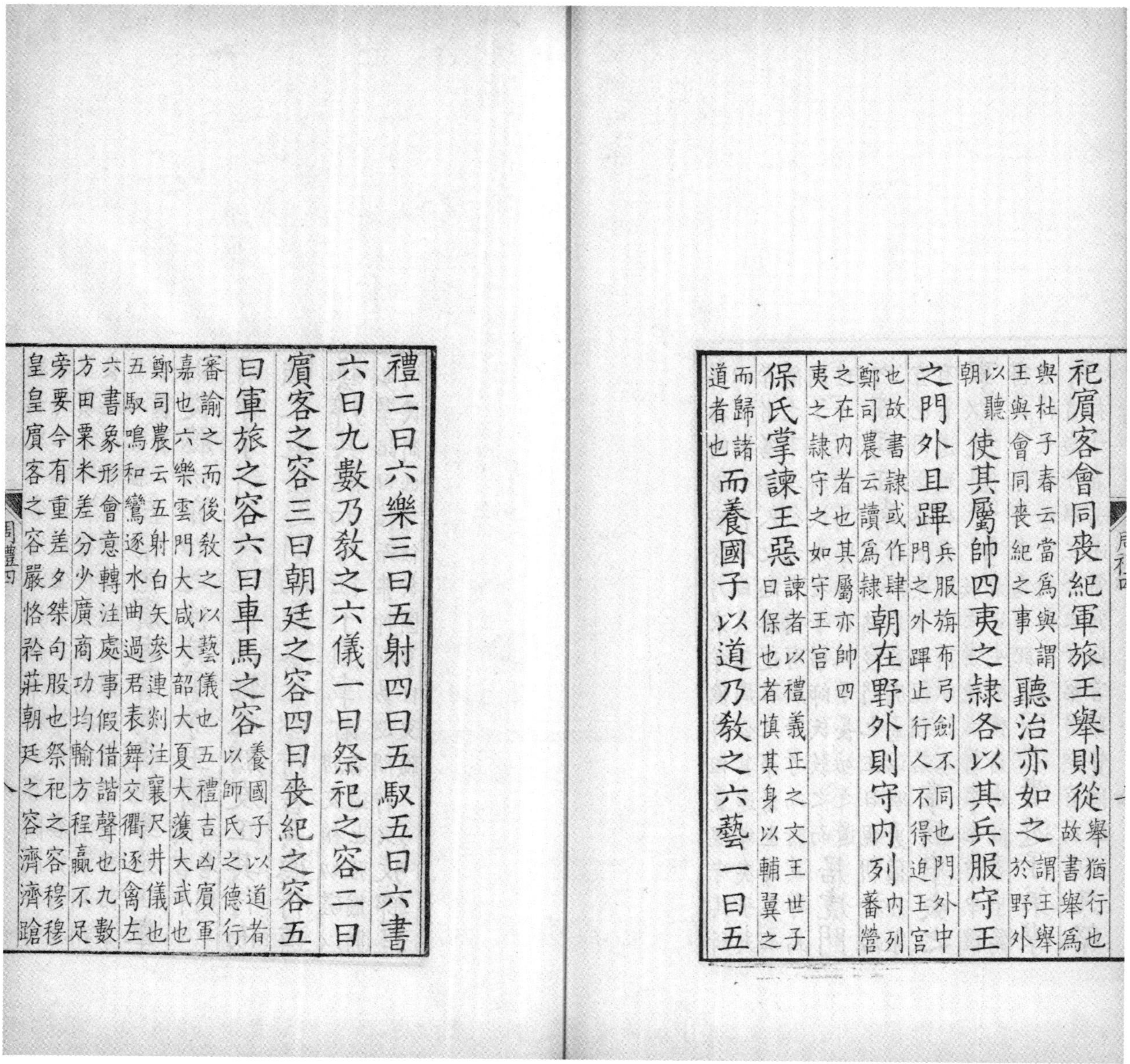
祀賓客會同喪紀軍旅王舉則從舉猶行也故書舉為與杜子春云當為與謂王與會同喪紀之事聽治亦如之謂王舉於野外以聽朝使其屬帥四夷之隸各以其兵服守王之門外且蹕兵服旗布弓劍不同也門外中門之外蹕止行人不得迫王宮也故書隸或作肆鄭司農云讀為隸朝在野外則守內列內列蕃營之在內者也其屬亦帥四夷之隸守之如守王宮保氏掌諫王惡諫者以禮義正之文王世子曰保也者慎其身以輔翼之而歸諸道者也而養國子以道乃教之六藝一曰五

禮二曰六樂三曰五射四曰五馭五曰六書六曰九數乃教之六儀一曰祭祀之容二曰賓客之容三曰朝廷之容四曰喪紀之容五曰軍旅之容六曰車馬之容養國子以道者以師氏之德行審諭之而後教之以藝儀也五禮吉凶賓軍嘉也六樂雲門大咸大韶大夏大濩大武也鄭司農云五射白矢參連剡注襄尺井儀也五馭鳴和鸞逐水曲過君表舞交衢逐禽左六書象形會意轉注處事假借諧聲也九數方田粟米差分少廣商功均輸方程贏不足旁要今有重差夕桀句股也祭祀之容穆穆皇皇賓客之容嚴恪矜莊朝廷之容濟濟蹌蹌

图3–3–1 《周礼·地官·保氏》

春秋时期私学兴盛，而以孔子私学规模最大，影响最深。《论语·序说》(图3–3–2)：“而冉求为季氏将，与齐战有功，康子乃召孔子，而孔子归鲁，实哀公之十一年丁巳，而孔子年六十八矣。然鲁终不能用孔子，孔子亦不求仕，乃叙《书》传《礼记》，删《诗》正《乐》，序《易》、彖、

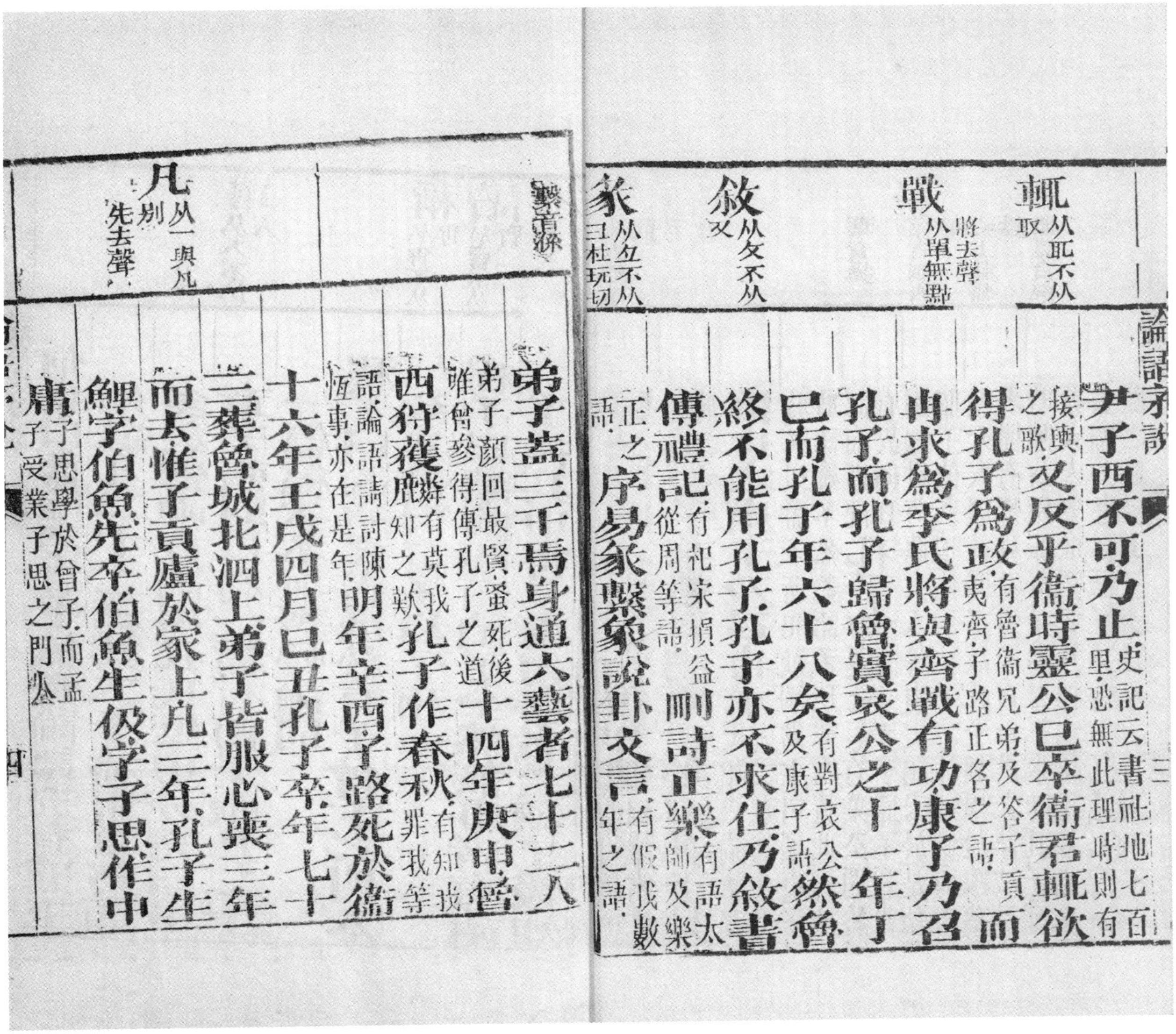

輒 从耴不从取
戰 从單無點 將去聲
敘 从攵不从又
彖 从彑不从彐 杜玩切
繫 音係
凡 从一與凡別 先去聲

論語序說

尹子西不可乃止 史記云書社地七百里 恐無此理時則有
接輿之歌 又反乎衛時靈公已卒衛君輒欲
得孔子為政 有魯衛兄弟及答子貢夷齊子路正名之語 而
冉求為季氏將與齊戰有功康子乃召
孔子而孔子歸魯實哀公之十一年丁
巳而孔子年六十八矣 有對哀公及康子語 然魯
終不能用孔子孔子亦不求仕乃敘書
傳禮記 有杞宋損益從周等語 刪詩正樂 有語太師及樂正之語
序易彖繫象說卦文言 有假我數年之語
弟子蓋三千焉身通六藝者七十二人
弟子顏回最賢蚤死後惟曾參得傳孔子之道 十四年庚申魯
西狩獲麟 有莫我知之歎 孔子作春秋 有知我罪我等語 論語請討陳恆事亦在是年 明年辛酉子路死於衛
十六年壬戌四月己丑孔子卒年七十
三葬魯城北泗上弟子皆服心喪三年
而去惟子貢廬於冢上凡六年孔子生
鯉字伯魚先卒伯魚生伋字子思作中
庸 子思學於曾子而孟子受業子思之門人

图 3-3-2 《论语·序说》

系、象、说卦、文言。弟子盖三千焉，身通六艺者七十二人。”孔子以诗、书、礼、乐教书育人，拥有三千弟子。

汉代的官学和私学都得到了空前发展，学制系统已相当完备，为以后历代封建王朝的学校教育制度奠定了基础，提供了范本。《史记·儒林传》（图3-3-3）记载汉武帝兴办太学，打破了以往由贵族官僚世代为官的规矩，使非贵族家庭子弟也可以凭太学资格入仕：“为博士官置弟子五十人，复其身。太常择民年十八已上仪状端正者，补博士弟子。郡国县道邑有好文学，敬长上，肃政教，顺乡里，出入不悖所闻者，令相长丞上属所二千石。二千石谨可察者，当与计偕。诣太常，得受业如弟子。一岁皆辄试，能通一艺以上，补文学掌故缺；其高第可以为郎中者，太常籍奏。即有秀才异等，辄以名闻。其不事学若下材，及不能通一艺，辄罢之，而请诸不称者罚。”汉武帝还下令在全国郡县设置学校，进一步促进儒学在民间发扬光大。

随着中原地区文化教育的繁荣发展，少数民族地区的文教事业也逐渐发展起来。古代少数民族地区教育事业发展有两个途径，一是中央政府在少数民族地区兴办学校、开展教育，一是少数民族政权或者族群主动学习汉文化。《汉书·循吏·文翁》(图3-3-4)记载文翁化蜀的故事：“文翁，庐江舒人也。少好学，通《春秋》，以郡县吏察举。景帝末，为蜀郡守，仁爱好教化。见蜀地辟陋有蛮夷风，文翁欲诱进之，乃选郡县小吏开敏有材者张叔等十余人亲自饬厉，遣诣京师，受业

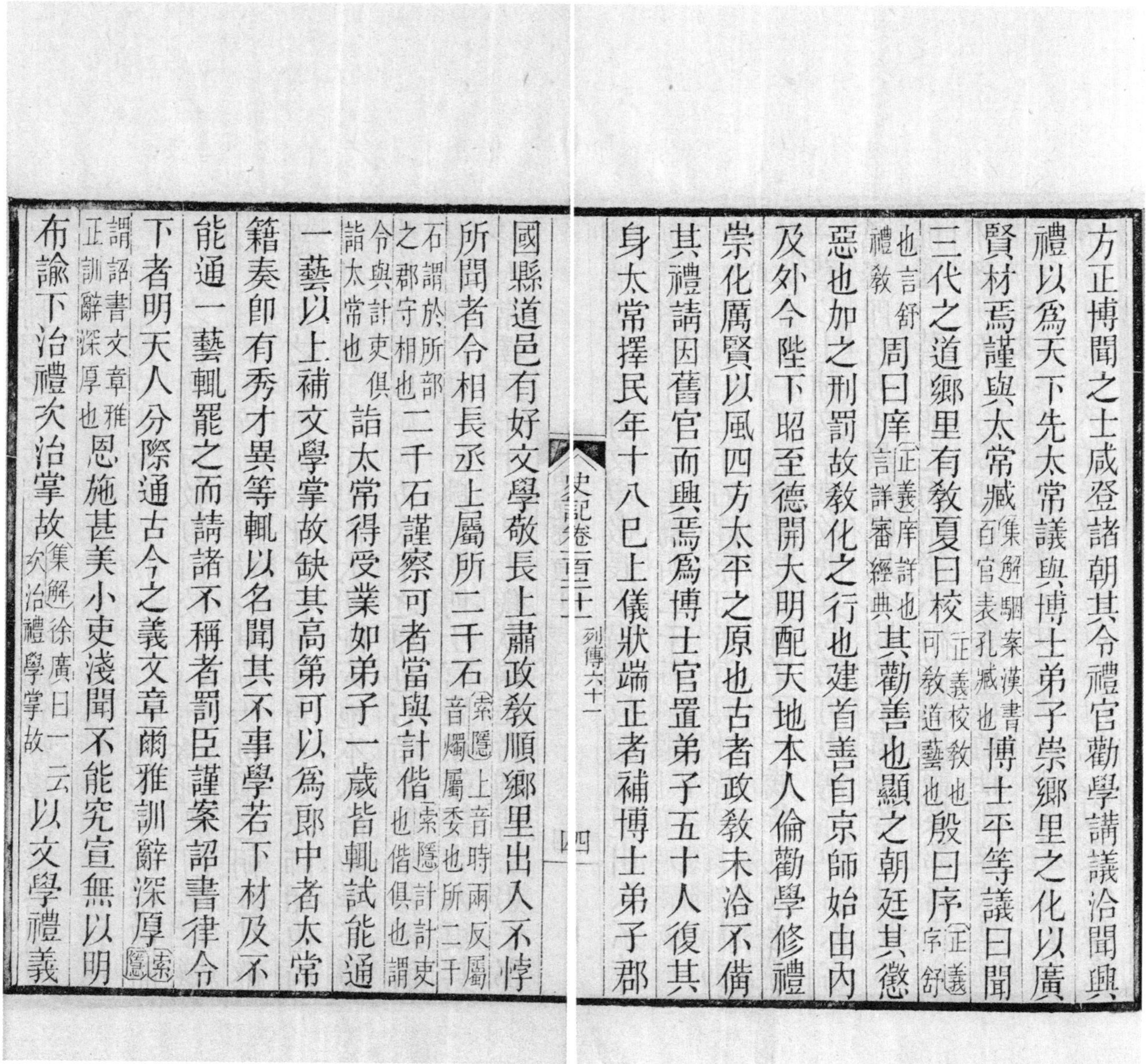
方正博聞之士咸登諸朝其令禮官勸學講議洽聞舉禮以爲天下先太常議與博士弟子崇鄉里之化以廣賢材焉謹與太常臧[集解]駰案漢書百官表孔臧也博士平等議曰聞三代之道鄉里有教夏曰校[正義]校教也可教道藝也殷曰序[正義]序舒也言舒禮教周曰庠[正義]庠詳也言詳審經典其勸善也顯之朝廷其懲惡也加之刑罰故教化之行也建首善自京師始由内及外今陛下昭至德開大明配天地本人倫勸學修禮崇化厲賢以風四方太平之原也古者政教未洽不備其禮請因舊官而興焉爲博士官置弟子五十人復其身太常擇民年十八已上儀狀端正者補博士弟子郡

史記卷一百二十一　列傳六十一　四

國縣道邑有好文學敬長上肅政教順鄉里出入不悖所聞者令相長丞上屬所二千石[索隱]上音時兩反屬音燭屬委也所二千石謂於所部之郡守相也二千石謹察可者當與計偕[索隱]計計吏也偕俱也謂令與計吏俱詣太常也詣太常得受業如弟子一歲皆輒試能通一藝以上補文學掌故缺其高第可以爲郎中者太常籍奏即有秀才異等輒以名聞其不事學若下材及不能通一藝輒罷之而請諸不稱者罰臣謹案詔書律令下者明天人分際通古今之義文章爾雅訓辭深厚[索隱]謂詔書文章雅正訓辭深厚也恩施甚美小吏淺聞不能究宣無以明布諭下治禮次治掌故[集解]徐廣曰一云次治禮學掌故以文學禮義

图 3-3-3　《史记·儒林传》

博士，或学律令。减省少府用度，买刀布蜀物，赍计吏以遗博士。数岁，蜀生皆成就还归，文翁以为右职，用次察举，官有至郡守刺史者。又修起学官于成都市中，招下县子弟以为学官弟子，为除更繇，高者以补郡县吏，次为孝弟力田。常选学官僮子，使在便坐受事。每出行县，益从学官诸生明经饬行者与俱，使传教令，出入闺阁。县邑吏民见而荣之，数年，争欲为学官弟子，富人至出钱以求之。由是大化，蜀地学于京师者比齐鲁焉。至武帝时，乃令天下郡国皆立学校官，自文翁为之始云。”文翁对儒学在全国范围内的传播有着重要的推动意义，影响极为深远，后世其他守令继续效仿文翁的教育政策。

《后汉书·南蛮西南夷传》(图3-3-5)：“肃宗元和中，蜀郡王追为太守，政化尤异，有神马四匹出滇池河中，甘露降，白乌见，始兴起学校，渐迁其俗。”东汉章帝元和年间，王追在蜀地兴建学校，继续促进西南地方教育的发展。

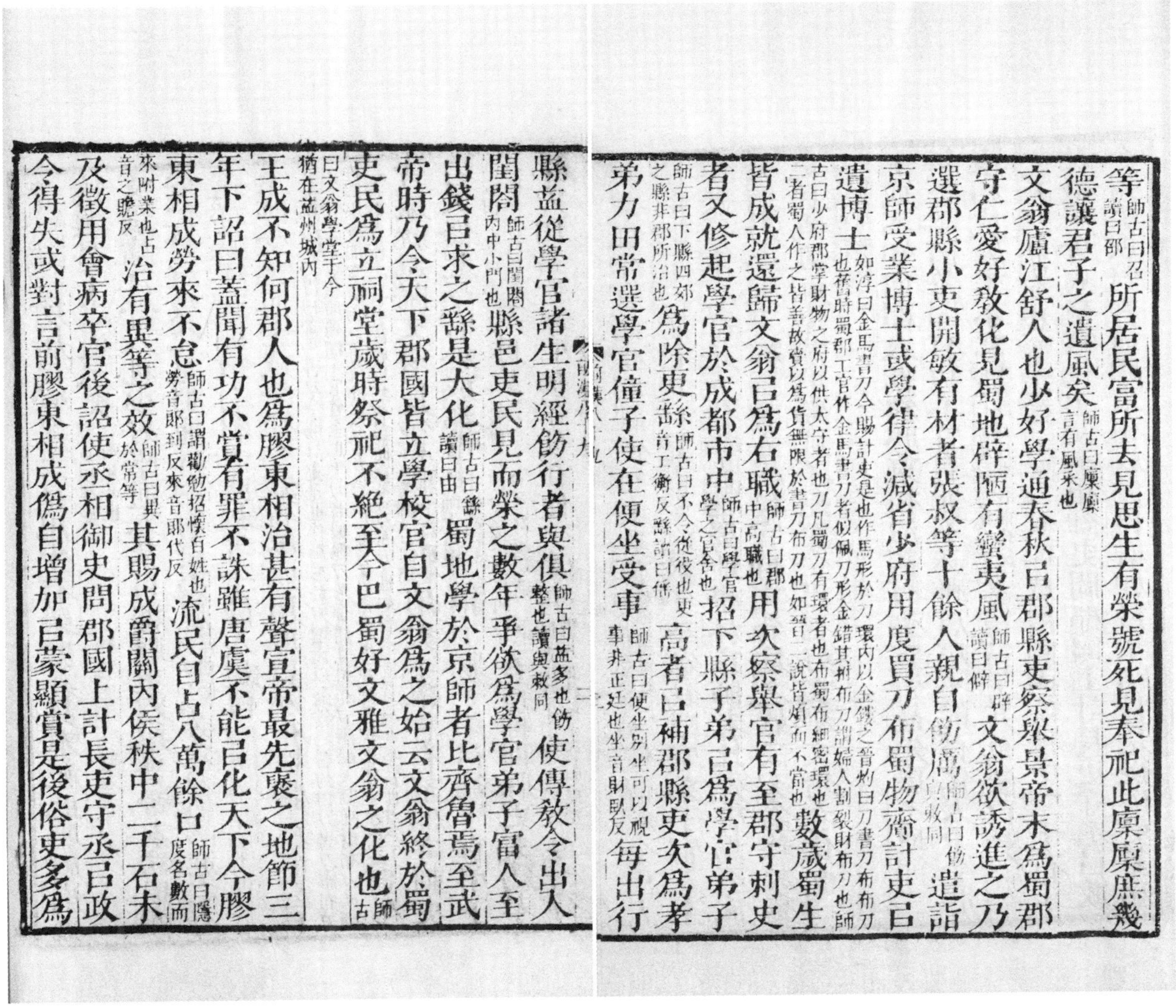
等（師古曰召讀曰邵）所居民富所去見思生有榮號死見奉祀此廩廩庶幾德讓君子之遺風矣（師古曰廩廩言有風采也）

文翁廬江舒人也少好學通春秋以郡縣吏察舉景帝末爲蜀郡守仁愛好教化見蜀地辟陋有蠻夷風（師古曰辟讀曰僻）文翁欲誘進之乃選郡縣小吏開敏有材者張叔等十餘人親自飭厲（師古曰飭與敕同）遣詣京師受業博士或學律令減省少府用度買刀布蜀物齎計吏以遺博士（如淳曰金馬書刀今賜計吏是也作馬形於刀環內以金鏤之晉灼曰刀書刀布布刀也舊時蜀郡工官作金馬書刀者似佩刀形金錯其拊布刀謂婦人割裂財布刀也師古曰少府郡掌財物之府以供太守者也刀凡蜀刀有環者也布蜀布細密環也二者蜀人作之皆善故賫以爲貨無限於書刀布刀也如晉曰二說皆爛而不當也）數歲蜀生皆成就還歸文翁以爲右職（師古曰郡中高職也）用次察舉官有至郡守刺史者又修起學官於成都市中（師古曰學官學之官舍也）招下縣子弟以爲學官弟子（師古曰下縣四郊之縣非郡所治也）爲除更繇（師古曰不令從役也更音工衡反繇讀曰傜）高者以補郡縣吏次爲孝弟力田常選學官僮子使在便坐受事（師古曰便坐別坐可以視事非正廷也坐音財臥反）每出行縣益從學官諸生明經飭行者與俱（師古曰益多也飭整也讀與敕同）使傳教令出入閨閤（師古曰閨閤內中小門也）縣邑吏民見而榮之數年爭欲爲學官弟子富人至出錢以求之繇是大化（師古曰繇讀曰由）蜀地學於京師者比齊魯焉至武帝時乃令天下郡國皆立學校官自文翁爲之始云文翁終於蜀吏民爲立祠堂歲時祭祀不絕至今巴蜀好文雅文翁之化也（師古曰文翁學堂于今猶在益州城內）

王成不知何郡人也爲膠東相治甚有聲宣帝最先褒之地節三年下詔曰蓋聞有功不賞有罪不誅雖唐虞不能以化天下今膠東相成勞來不怠（師古曰謂勸勉招懷百姓也勞音郎到反來音郎代反）流民自占八萬餘口（師古曰隱度名數而來附業也占音之贍反）治有異等之效（師古曰異於常等）其賜成爵關內侯秩中二千石未及徵用會病卒官後詔使丞相御史問郡國上計長吏守丞以政令得失或對言前膠東相成僞自增加以蒙顯賞是後俗吏多爲

图 3-3-4 《汉书·循吏·文翁》

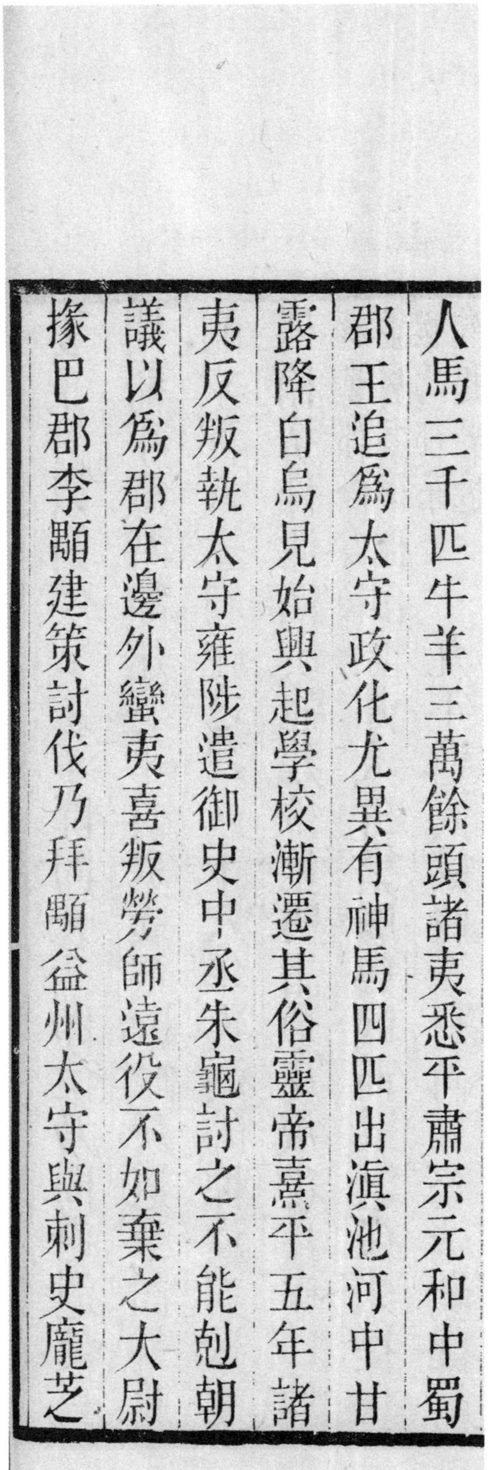
人馬三千四牛羊三萬餘頭諸夷悉平肅宗元和中蜀
郡王追爲太守政化尤異有神馬四匹出滇池河中甘
露降白烏見始興起學校漸遷其俗靈帝熹平五年諸
夷反叛執太守雍陟遣御史中丞朱龜討之不能剋朝
議以爲郡在邊外蠻夷喜叛勞師遠役不如棄之太尉
掾巴郡李顒建策討伐乃拜顒益州太守與刺史龐芝

图 3-3-5 《后汉书·南蛮西南夷传》

匈奴是与汉族联系交往最为密切的一个北方游牧民族，非常注重对汉族先进文化的学习和借鉴。《后汉书·儒林传》(图3-3-6)记载东汉明帝崇尚儒学，匈奴人主动派子弟到汉朝来学习："中元元年，初建三雍。明帝即位，亲行其礼。天子始冠通天，衣日月，备法物之驾，盛清道之仪，坐明堂而朝群后，登灵台以望云物，袒割辟雍之上，尊养三老五更。飨射礼毕，帝正坐自讲，诸儒执经问难于前，冠带缙绅之人，圜桥门而观听者盖亿万计。其后复为功臣子孙、四姓末属别立校舍，搜选高能以受其业，自期门羽林之士，悉令通《孝经》章句，匈奴亦遣子入学。”

汉文化对魏晋南北朝以来的民族融合起了巨大推动作用，各少数民族政权统治者纷纷接受汉族文化，在其统治区域内设立学校，敦崇儒学。《晋书·刘曜载记》（图3–3–7）记载刘曜建立匈奴前赵政权后，在长安设学校传授儒学：“曜立太学于长乐宫东，小学于未央宫西，简百姓年二十五已下十三已上，神志可教者千五百人，选朝贤宿儒明经笃学以教之。以中书监刘均领国子祭酒。置崇文祭酒，秩次国子。散骑侍郎董景道以明经擢为崇文祭酒。以游子远为大司徒。”

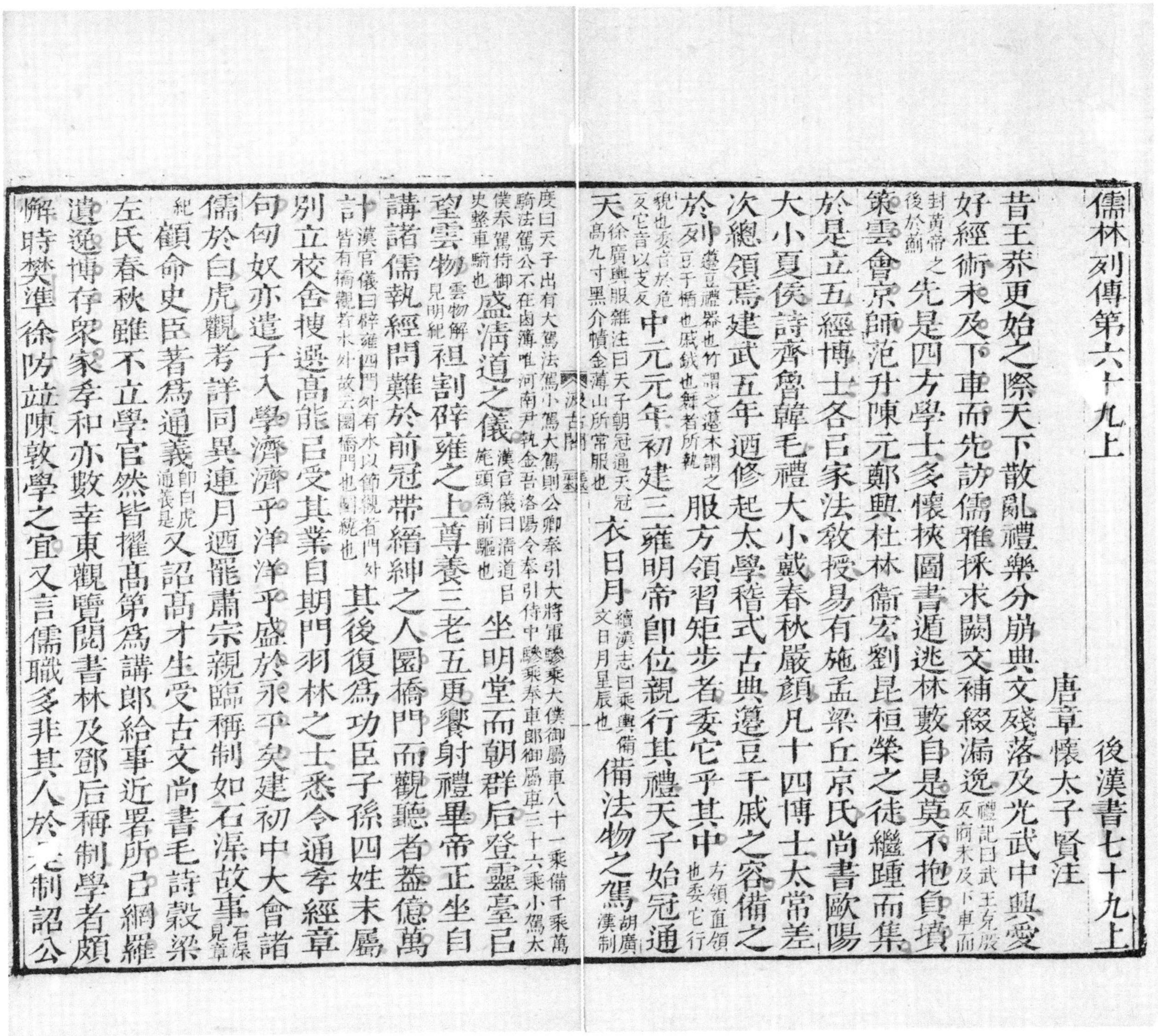
儒林列傳第六十九上　　後漢書七十九上
唐章懷太子賢注
昔王莽更始之際天下散亂禮樂分崩典文殘落及光武中興愛
好經術未及下車而先訪儒雅採求闕文補綴漏逸禮記曰武王克殷反商未及下車而封黃帝之後於薊先是四方學士多懷挾圖書遁逃林藪自是莫不抱負墳
策雲會京師范升陳元鄭興杜林衛宏劉昆桓榮之徒繼踵而集
於是立五經博士各以家法教授易有施孟梁丘京氏尚書歐陽
大小夏侯詩齊魯韓毛禮大小戴春秋嚴顏凡十四博士太常差
次總領焉建武五年迺修起太學稽式古典籩豆干戚之容備之
於列籩豆禮器也竹謂之籩木謂之豆干楯也戚鉞也舞者所執服方領習矩步者委它乎其中方領直領也委它行貌也委音於危反它音以支反
中元元年初建三雍明帝即位親行其禮天子始冠通
天徐廣輿服雜注曰天子朝冠通天冠高九寸黑介幘金薄山所常服也衣日月續漢志曰乘輿備文日月星辰也備法物之駕胡廣漢制度曰天子出有大駕法駕小駕大駕則公卿奉引大將軍驂乘太僕御屬車八十一乘備千乘萬騎法駕公不在鹵簿唯河南尹執金吾洛陽令奉引侍中驂乘奉車郎御屬車三十六乘小駕太僕奉駕侍御史整車騎也盛清道之儀漢官儀曰清道以旄頭為前驅也坐明堂而朝群后登靈臺以
望雲物雲物解見明紀袒割辟雍之上尊養三老五更饗射禮畢帝正坐自
講諸儒執經問難於前冠帶縉紳之人圜橋門而觀聽者蓋億萬
計漢官儀曰辟雍四門外有水以節觀者門外皆有橋觀者水外故云圜橋門也圜繞也其後復為功臣子孫四姓末屬
別立校舍搜選高能以受其業自期門羽林之士悉令通斈經章
句匈奴亦遣子入學濟濟乎洋洋乎盛於永平矣建初中大會諸
儒於白虎觀考詳同異連月迺罷肅宗親臨稱制如石渠故事石渠見章紀
顧命史臣著為通義即白虎通義是又詔高才生受古文尚書毛詩穀梁
左氏春秋雖不立學官然皆擢高第為講郎給事近署所以網羅
遺逸博存眾家孝和亦數幸東觀覽閱書林及鄧后稱制學者頗
懈時樊準徐防並陳敦學之宜又言儒職多非其人於是制詔公

图 3–3–6　《后汉书·儒林传》

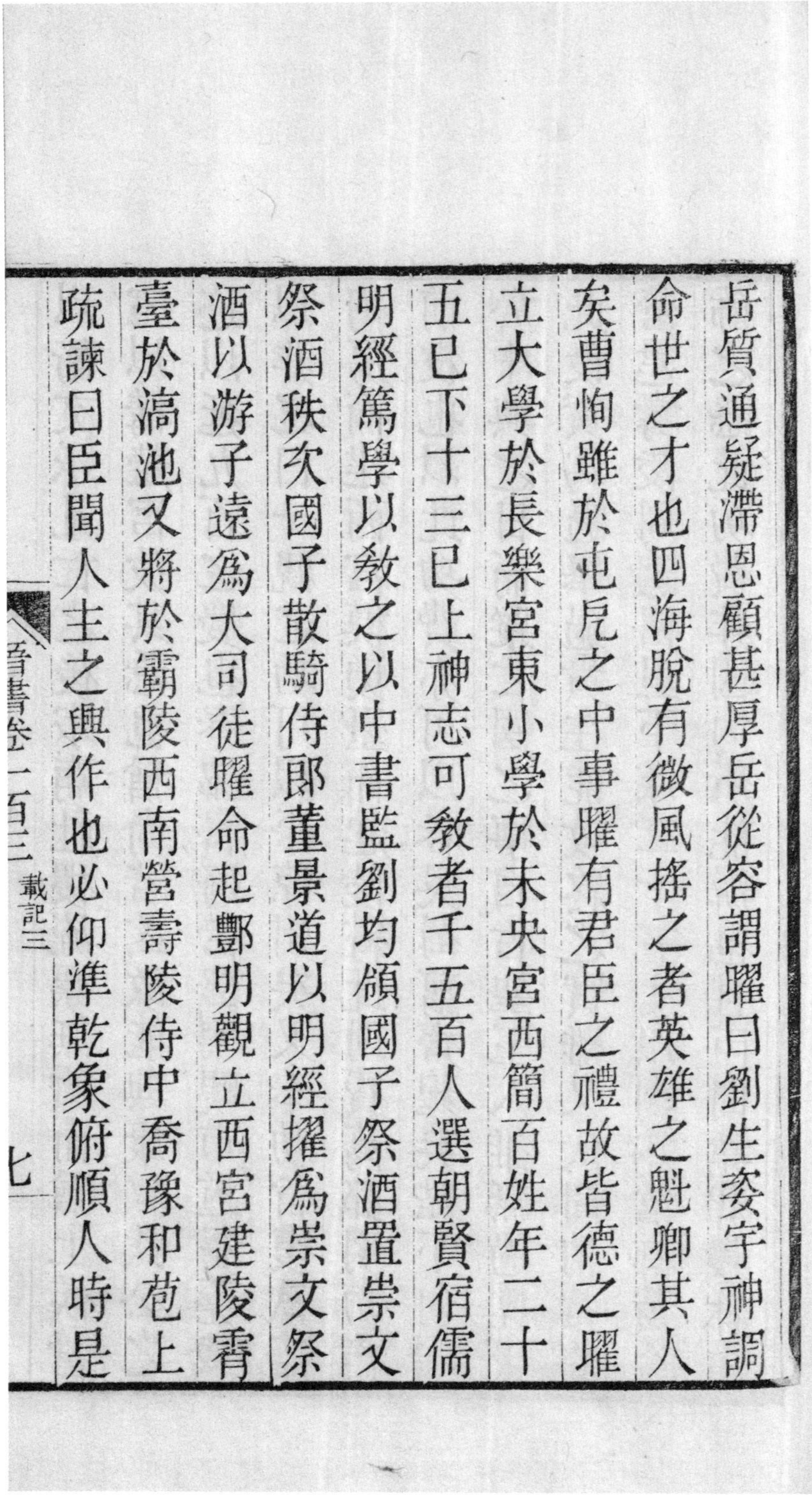
岳質通疑滯恩顧甚厚岳從容謂曜曰劉生姿宇神調
命世之才也四海脫有微風搖之者英雄之魁卿其人
矣曹恂雖於屯戹之中事曜有君臣之禮故皆德之曜
立大學於長樂宮東小學於未央宮西簡百姓年二十
五已下十三已上神志可敎者千五百人選朝賢宿儒
明經篤學以教之以中書監劉均領國子祭酒置崇文
祭酒秩次國子散騎侍郎董景道以明經擢爲崇文祭
酒以游子遠爲大司徒曜命起酆明觀立西宮建陵霄
臺於滈池又將於霸陵西南營壽陵侍中喬豫和苞上
疏諫曰臣聞人主之興作也必仰準乾象俯順人時是

晉書卷一百三 載記三 七

图 3–3–7 《晋书·刘曜载记》

石勒不断扩展学校规模，并亲自督查学业。《晋书·石勒载记上》(图3–3–8)：“勒增置宣文、宣教、崇儒、崇训十余小学于襄国四门，简将佐豪右子弟百余人以教之，且备击柝之卫。”《晋书·石勒载记下》(图3–3–9)：“勒亲临大小学，考诸学生经义，尤高者赏帛有差……命郡国立学官，每郡置博士祭酒二人，弟子百五十人，三考修成，显升台府。”

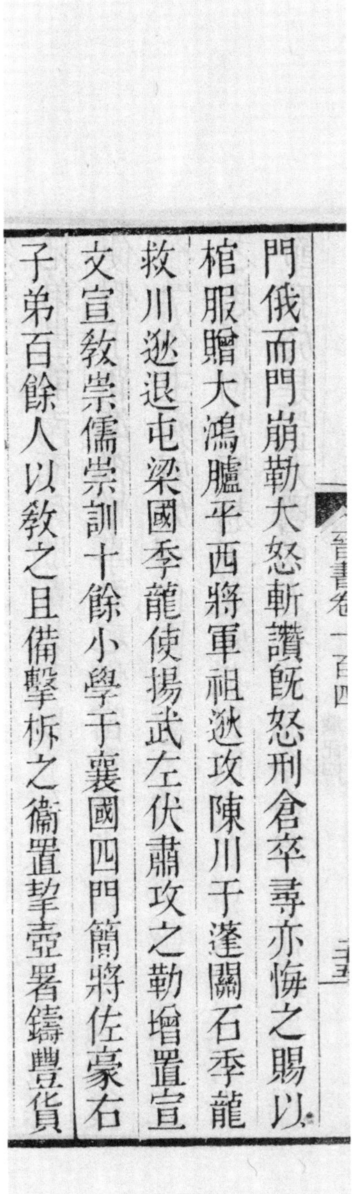

晉書卷一百四

門俄而門崩勒大怒斬讚既怒刑倉卒尋亦悔之賜以
棺服贈大鴻臚平西將軍祖逖攻陳川于蓬關石季龍
救川逖退屯梁國季龍使揚武左伏肅攻之勒增置宣
文宣教崇儒崇訓十餘小學于襄國四門簡將佐豪右
子弟百餘人以教之且備擊柝之衞置挈壺署鑄豐貨

图 3–3–8 《晋书 · 石勒载记上》

莞太守竺珍東海太守蕭誕以郡叛降于勒勒親臨大
小學考諸學生經義尤高者賞帛有差勒雅好文學雖
在軍旅常令儒生讀史書而聽之每以其意論古帝王

曰功力不可並與待宮殿成後當爲王起第勿以卑小
悒悒也季龍免冠拜謝勒曰與王共有天下何所謝也
有流星大如象尾足蛇形自北極西南流五十餘丈光
明燭地墜於河聲聞九百餘里黑龍見鄴井中勒觀龍
有喜色朝其羣臣于鄴命郡國立學官每郡置博士祭
酒二人弟子百五十人三考修成顯升台府於是擢拜
太學生五人爲佐著作郎錄述時事時大旱勒親臨廷
尉錄囚徒五歲刑已下皆輕決遣之重者賜酒食聽沐
浴一須秋論還未及宮澍雨大降勒如其澧水宮因疾
甚而還召石季龍與其太子弘中常侍嚴震等侍疾禁

晉書卷一百五 載記五 十七

图 3–3–9 《晋书 · 石勒载记下》

西晋惠帝永宁元年（301）正月，张轨为凉州刺史时积极发展教育。《晋书 · 张轨传》（图 3–3–10）：“征九郡胄子五百人，立学校，始置崇文祭酒，位视别驾，春秋行乡射之礼，秘书监缪世徵、少府挚虞夜观星象，相与言曰：‘天下方乱，避难之国唯凉土耳！’”东晋安帝隆安四年（400），西凉李暠为沙州刺史，治所在敦煌。《晋书 · 凉武昭王传》（图 3–3–11）载李暠仿前凉张轨旧制，“立泮宫，增高门学生五百人，起嘉纳堂于后园，以图赞所志”。

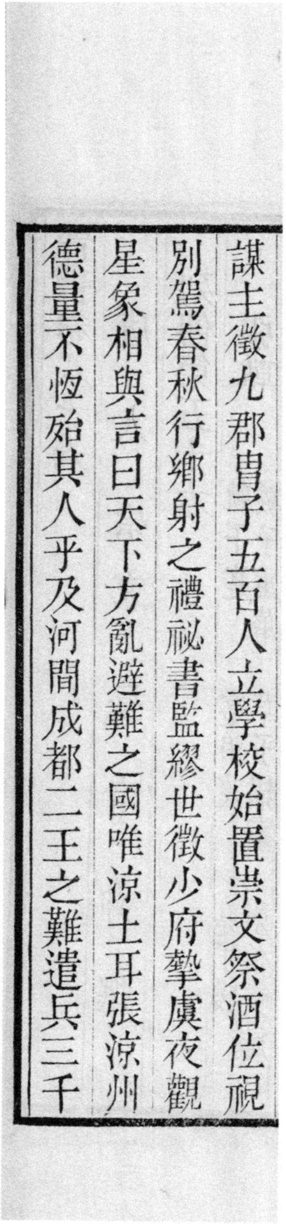

謀主徵九郡胄子五百人立學校始置崇文祭酒位視
別駕春秋行鄉射之禮祕書監繆世徵少府摯虞夜觀
星象相與言曰天下方亂避難之國唯涼土耳張涼州
德量不恆殆其人乎及河間成都二王之難遣兵三千

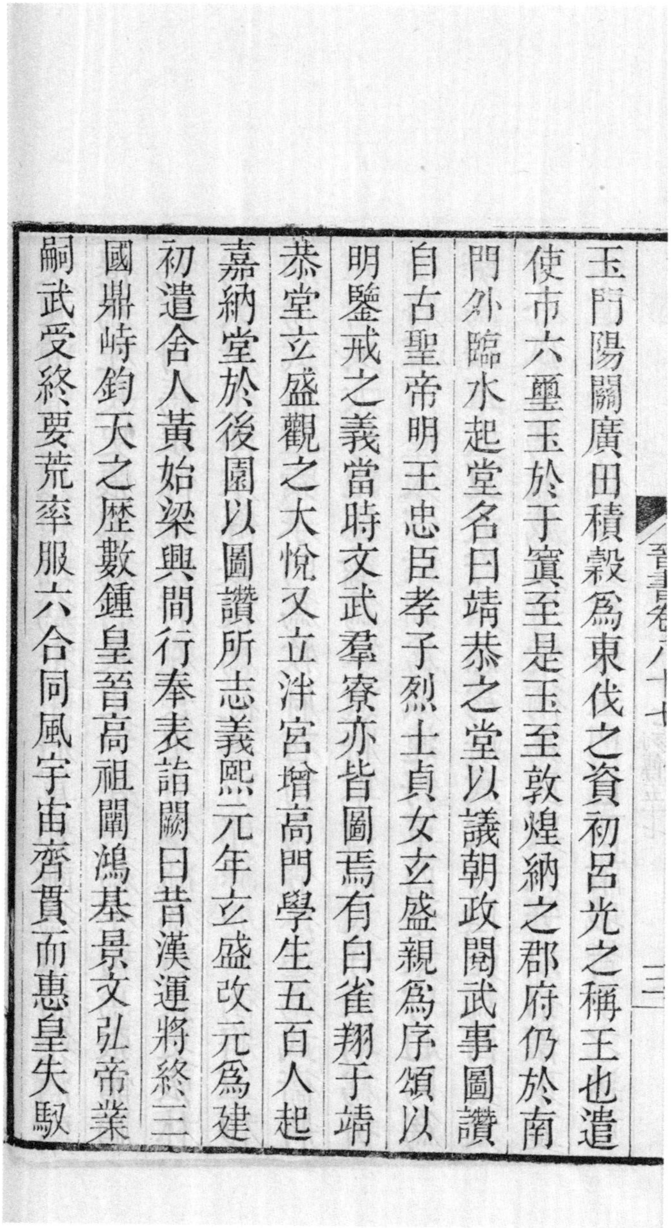

玉門陽關廣田積穀爲東伐之資初呂光之稱王也遣
使市六璽玉於于寘至是玉至敦煌納之郡府仍於南
門外臨水起堂名曰靖恭之堂以議朝政閱武事圖讚
自古聖帝明王忠臣孝子烈士貞女玄盛親爲序頌以
明鑒戒之義當時文武羣寮亦皆圖焉有白雀翔于靖
恭堂玄盛觀之大悅又立泮宮增高門學生五百人起
嘉納堂於後園以圖讚所志義熙元年玄盛改元爲建
初遣舍人黃始梁興間行奉表詣闕曰昔漢運將終三
國鼎峙鈞天之歷數鍾皇晉高祖闡鴻基景文弘帝業
嗣武受終要荒率服六合同風宇宙齊貫而惠皇失馭

图 3-3-10 《晋书·张轨传》　图 3-3-11 《晋书·凉武昭王传》

前秦政权积极推广儒学教育，以儒家经典及华夏传统文化培育人才。《晋书·苻坚载记上》(图3-3-12)：“坚广修学官，召郡国学生通一经以上充之，公卿已下子孙并遣受业。其有学为通儒、才堪干事、清修廉直，孝弟力田者，皆旌表之。于是人思劝励，号称多士，盗贼止息，请托路绝，田畴修辟，帑藏充盈，典章法物靡不悉备。坚亲临太学，考学生经义优劣，品而第之。问难五经，博士多不能对。坚谓博士王寔曰：‘朕一月三临太学，黜陟幽明，躬亲奖励，罔敢倦违，庶几周孔微言不由朕而坠，汉之二武其可追乎！’寔对曰：‘自刘石扰覆华畿，二都鞠为茂草，儒生罕有或存，坟籍灭而莫纪，经沦学废，奄若秦皇。陛下神武拨乱，道隆虞夏，开庠序之美，弘儒教之风，化盛隆周，垂馨千祀，汉之二武焉足论哉！’坚自是每月一临太学，诸生竞劝焉。”

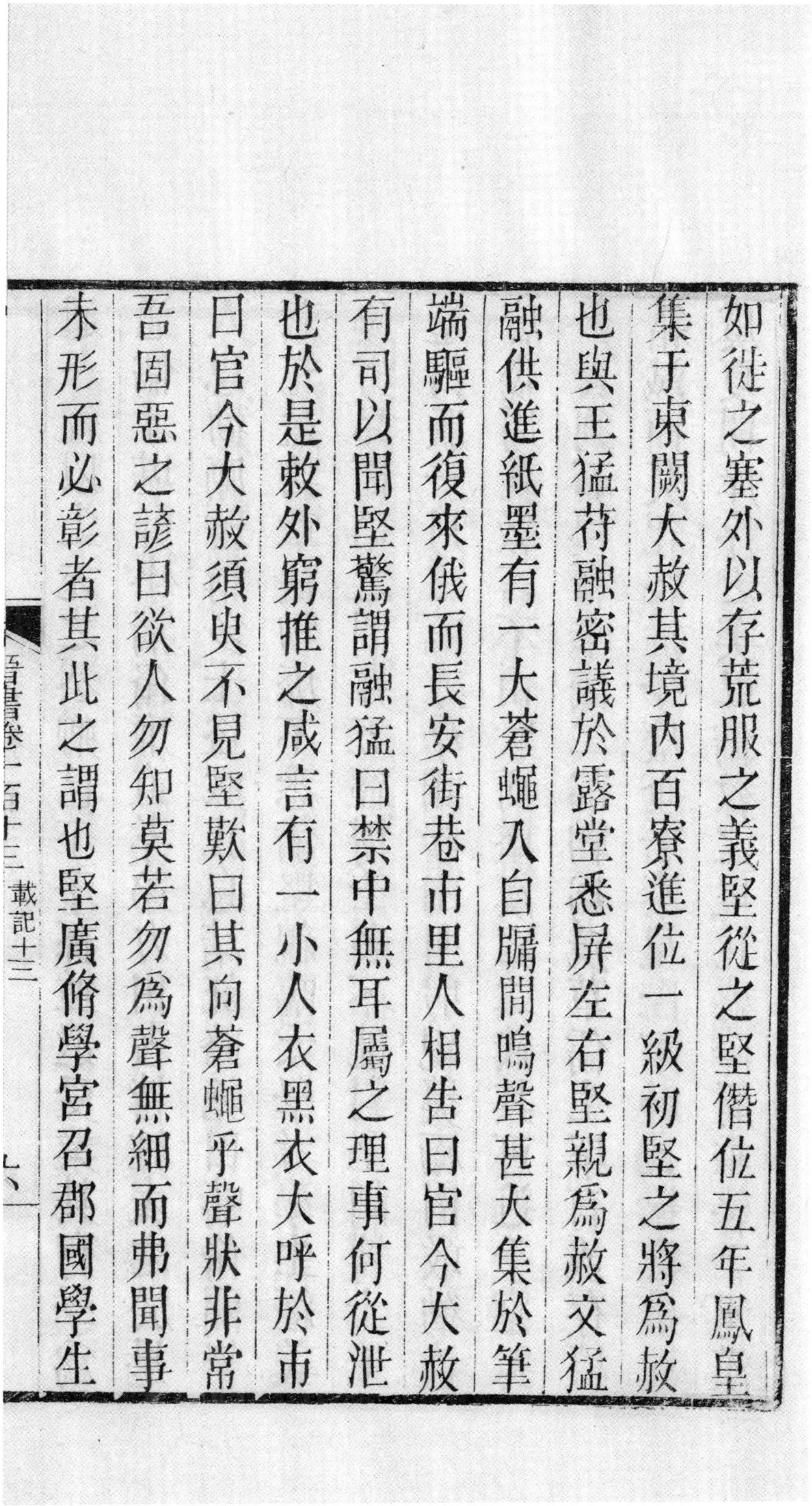

如徙之塞外以存荒服之義堅從之堅僭位五年鳳皇集于東闕大赦其境內百寮進位一級初堅之將爲赦也與王猛苻融密議於露堂悉屏左右堅親爲赦文猛融供進紙墨有一大蒼蠅入自牖間鳴聲甚大集於筆端驅而復來俄而長安街巷市里人相告曰官今大赦有司以聞堅驚謂融猛曰禁中無耳屬之理事何從泄也於是敕外窮推之咸言有一小人衣黑衣大呼於市曰官今大赦須臾不見堅歎曰其向蒼蠅乎聲狀非常吾固惡之諺曰欲人勿知莫若勿爲聲無細而弗聞事未形而必彰者其此之謂也堅廣脩學宮召郡國學生

晉書卷一百十三　載記十三

图 3-3-12(1)《晋书·苻坚载记上》

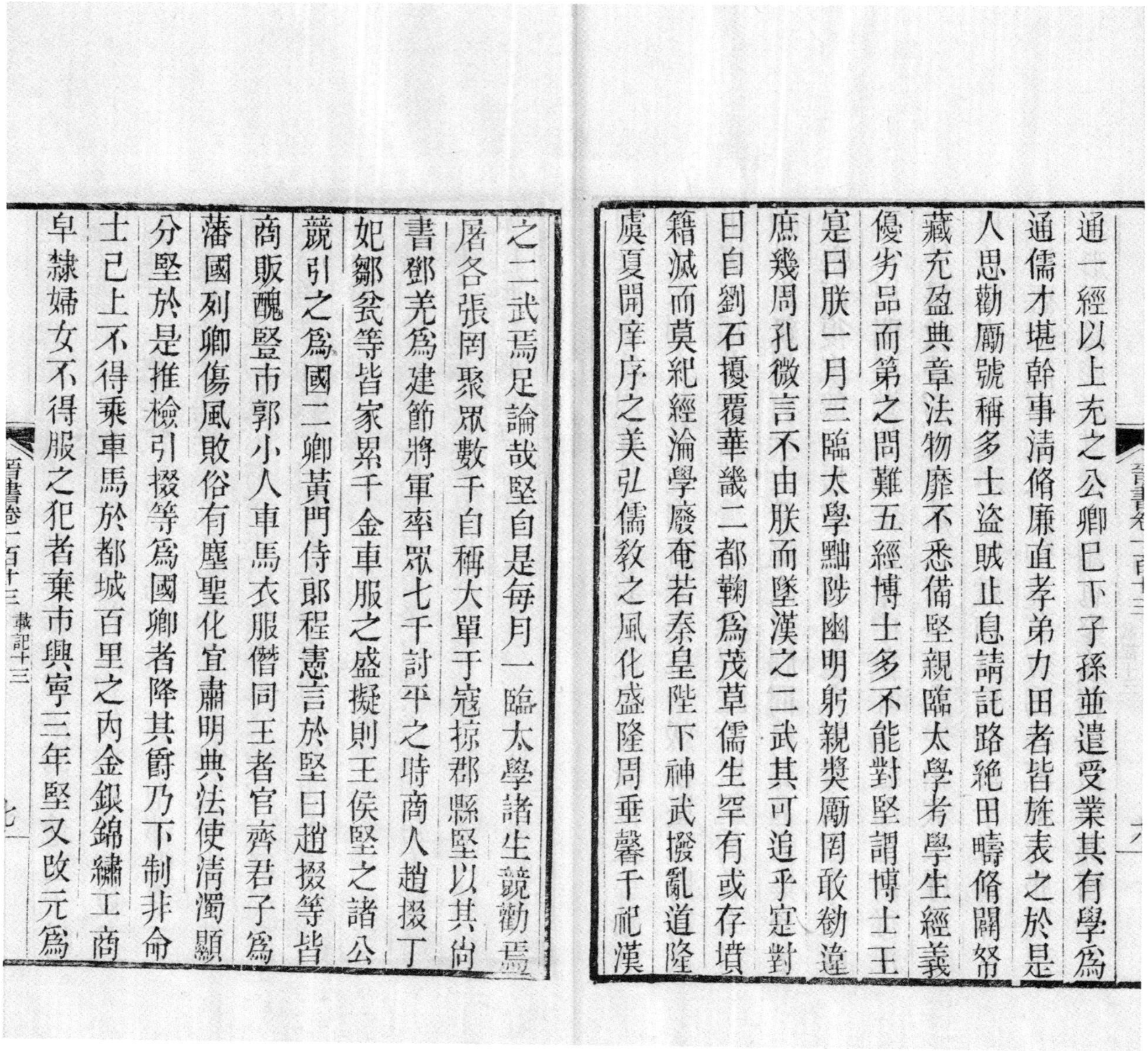

通一經以上充之公卿已下子孫並遣受業其有學爲通儒才堪幹事淸脩廉直孝弟力田者皆旌表之於是人思勸勵號稱多士盜賊止息請託路絕田疇脩闢帑藏充盈典章法物靡不悉備堅親臨太學考學生經義優劣品而第之問難五經博士多不能對堅謂博士王寔曰朕一月三臨太學黜陟幽明躬親奬勵罔敢倦違庶幾周孔微言不由朕而墜漢之二武其可追乎寔對曰自劉石擾覆華畿二都鞠爲茂草儒生罕有或存墳籍滅而莫紀經綸學廢奄若秦皇陛下神武撥亂道隆虞夏開庠序之美弘儒教之風化盛隆周垂馨千祀漢之二武焉足論哉堅自是每月一臨太學諸生競勸焉屠各張罔聚衆數千自稱大單于寇掠郡縣堅以其尚書鄧羌爲建節將軍率衆七千討平之時商人趙掇丁妃鄒瓫等皆家累千金車服之盛擬則王侯堅之諸公競引之爲國二卿黃門侍郎程憲言於堅曰趙掇等皆商販醜豎市郭小人車馬衣服僭同王者官齊君子爲藩國列卿傷風敗俗有塵聖化宜肅明典法使淸濁顯分堅於是推檢引掇等爲國卿者降其爵乃下制非命士已上不得乘車馬於都城百里之內金銀錦繡工商皁隸婦女不得服之犯者棄市興寧三年堅又改元爲

晉書卷一百十三　載記十三

图3-3-12（2）《晋书·苻坚载记上》

《晋书·慕容皝载记》（图3-3-13）记载前燕慕容皝推崇儒学："赐其大臣子弟为官学生者号高门生，立东庠于旧宫，以行乡射之礼，每月临观，考试优劣。皝雅好文籍，勤于讲授，学徒甚盛，至千余人。亲造《太上章》以代《急就》，又著《典诫》十五篇，以教胄子……皝亲临东庠，考试学生，其经通秀异者，擢充近侍。"

《晋书·姚兴载记上》（图3-3-14）记载后秦姚兴时尊师崇儒："兴留心政事，包容广纳，一言之善，咸见礼异。京兆杜瑾、冯翊吉默、始平周宝等上陈时事，皆擢处美官。天水姜龛、东平淳于岐、冯翊郭高等皆耆儒硕德，经明行修，各门徒数百，教授长安，诸生自远而至者万数千人。兴每于听政之暇，引龛等于东堂，讲论道艺，错综名理。凉州胡辩，苻坚之末，东徙洛阳，讲授弟子千有余人，关中后进多赴之请业。兴敕关尉曰：'诸生咨访道艺，修己厉身，往来出入，勿拘常限。'于是学者咸劝，儒风盛焉。"

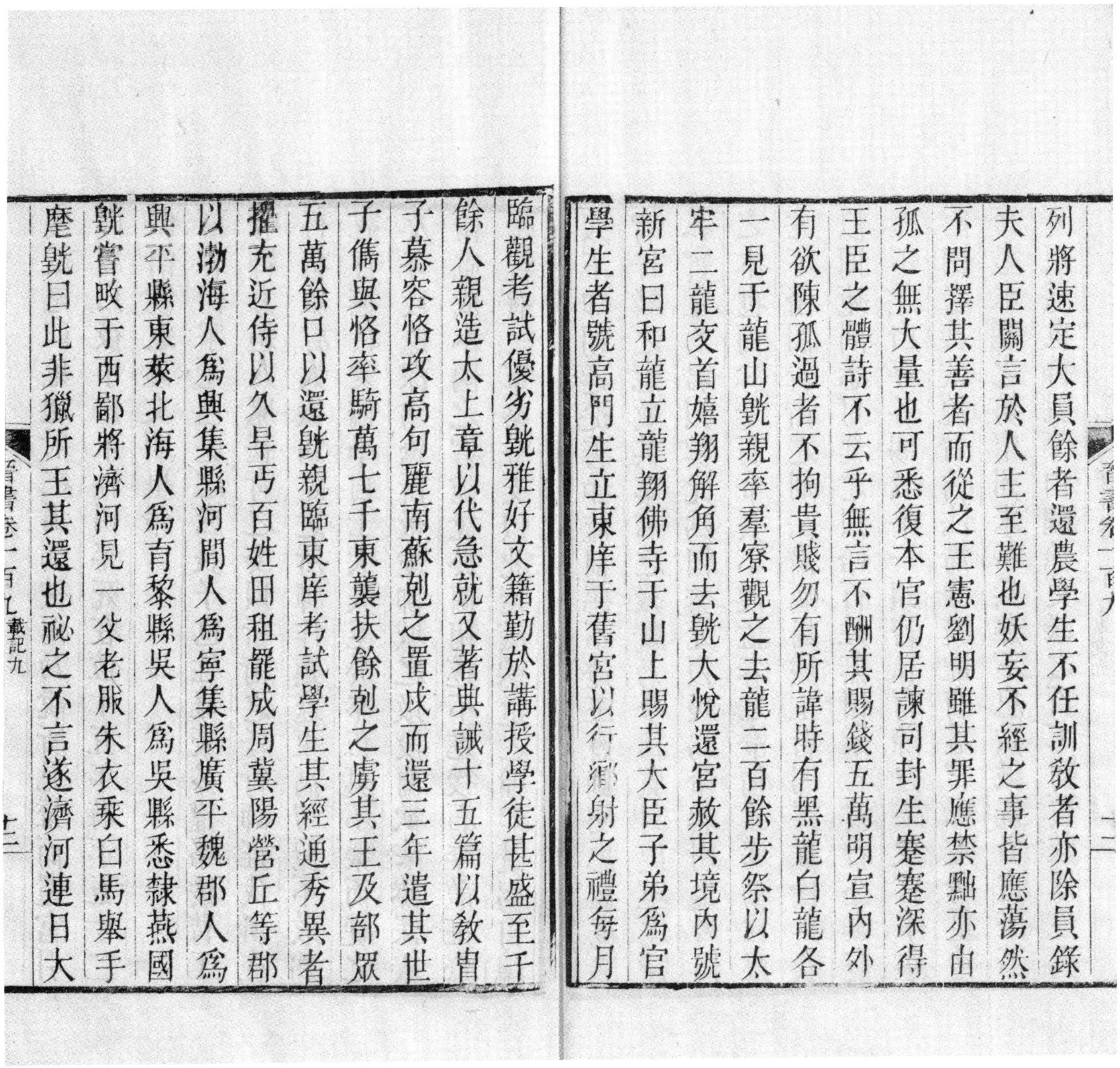
晉書卷一百九　十一

列將速定大員餘者還農學生不任訓教者亦除員錄夫人臣關言於人主至難也妖妄不經之事皆應蕩然不問擇其善者而從之王憲劉明雖其罪應禁黜亦由孤之無大量也可悉復本官仍居諫司封生蹇蹇深得王臣之體詩不云乎無言不酬其賜錢五萬明宣內外有欲陳孤過者不拘貴賤勿有所諱時有黑龍白龍各一見于龍山皝親率羣寮觀之去龍二百餘步祭以太牢二龍交首嬉翔解角而去皝大悅還宮赦其境內號新宮曰和龍立龍翔佛寺于山上賜其大臣子弟爲官學生者號高門生立東庠于舊宮以行鄉射之禮每月

臨觀考試優劣皝雅好文籍勤於講授學徒甚盛至千餘人親造太上章以代急就又著典誡十五篇以教冑子慕容恪攻高句麗南蘇剋之置戍而還三年遣其世子儁與恪率騎萬七千東襲扶餘剋之虜其王及部眾五萬餘口以還皝親臨東庠考試學生其經通秀異者擢充近侍以久旱丐百姓田租罷成周冀陽營丘等郡以渤海人爲興集縣河間人爲寧集縣廣平魏郡人爲興平縣東萊北海人爲育黎縣吳人爲吳縣悉隸燕國皝嘗畋于西鄙將濟河見一父老服朱衣乘白馬舉手麾皝曰此非獵所王其還也祕之不言遂濟河連日大

晉書卷一百九　載記九　十二

图 3-3-13　《晋书·慕容皝载记》

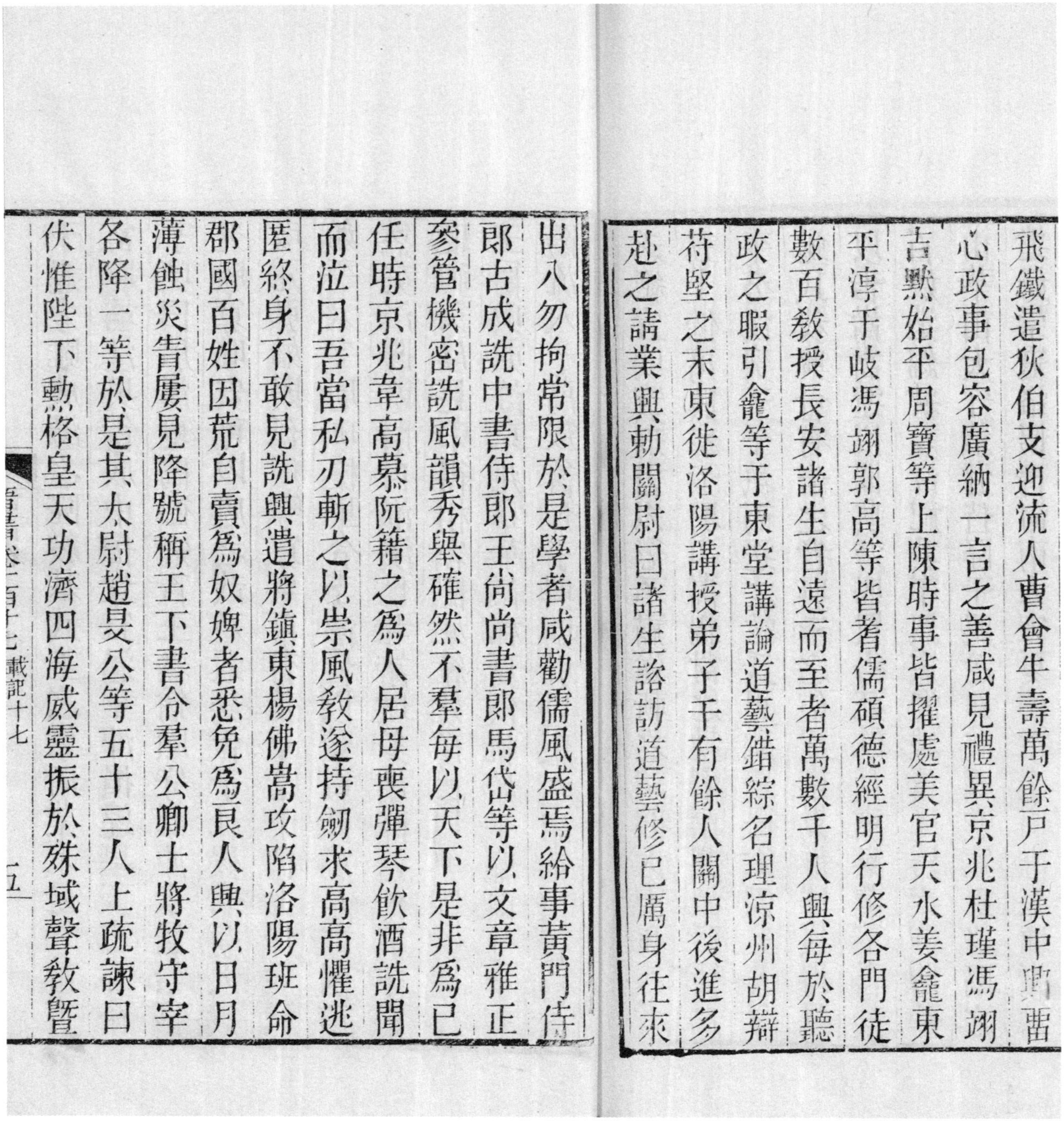

图 3-3-14 《晋书·姚兴载记上》

北魏统治者重视学习儒家经典，吸收了许多儒家学者和汉族大臣，不仅设立了国子学和太学，还普遍设置了州郡学，并建立了郡国学校教育制度，使儒学教育在北朝有了进一步发展。《北史·儒林传》（图3-3-15）记载："自永嘉之后，宇内分崩，礼乐文章，扫地将尽。魏道武初定中原，虽日不暇给，始建都邑，便以经术为先，立太学，置五经博士，生员千有余人。天兴二年春，增国子太学生员至三千人。岂不以天下可马上取之，不可以马上临之，圣达经猷，盖为远矣。四年春，命乐师入学习舞，释菜于先师。明元时，改国子为中书学，立教授博士。太武始光三年春，起太学于城东。后征卢玄、高允等，而令州郡各举才学。于是人多砥尚，儒术转兴。献文天安初，诏立乡学，郡置博士二人，助教二人，学生六十人。后诏：大郡立博士二人，助教四人，学生一百人；次郡立博士二人，助教二人，学生八十人；中郡立博士一人，助教二人，学生六十人；下郡立博士一人，助教一人，学生四十人。太和中，改中书学为国子学，建明堂、辟雍，尊三老五更，又开皇子之学。及迁都洛邑，诏立国子、太学、四门小学。”

《周书·高昌传》(图3-3-16)记载高昌学子学习儒家经典：“文字亦同华夏，兼用胡书。有《毛诗》《论语》《孝经》，置学官弟子，以相教授。虽习读之，皆为胡语。”

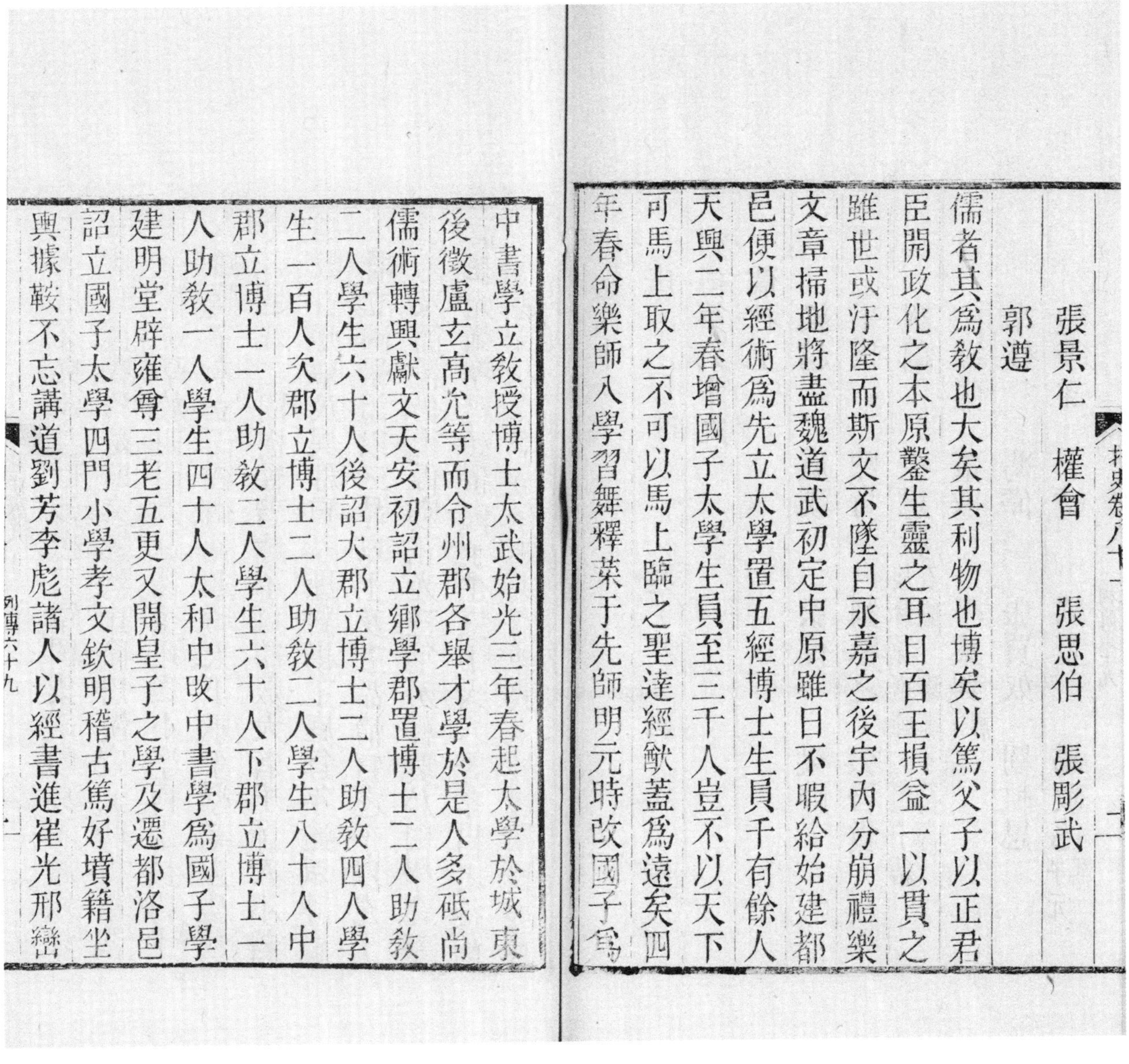
北史卷八十一
張景仁 權會 張思伯 張彫武
郭遵
儒者其爲教也大矣其利物也博矣以篤父子以正君
臣開政化之本原鑿生靈之耳目百王損益一以貫之
雖世或汙隆而斯文不墜自永嘉之後宇內分崩禮樂
文章掃地將盡魏道武初定中原雖日不暇給始建都
邑便以經術爲先立太學置五經博士生員千有餘人
天興二年春增國子太學生員至三千人豈不以天下
可馬上取之不可以馬上臨之聖達經猷蓋爲遠矣四
年春命樂師入學習舞釋菜于先師明元時改國子爲
中書學立教授博士太武始光三年春起太學於城東
後徵盧玄高允等而令州郡各舉才學於是人多砥尚
儒術轉興獻文天安初詔立鄉學郡置博士二人助教
二人學生六十人後詔大郡立博士二人助教四人學
生一百人次郡立博士二人助教二人學生八十人中
郡立博士一人助教二人學生六十人下郡立博士一
人助教一人學生四十人太和中改中書學爲國子學
建明堂辟雍尊三老五更又開皇子之學及遷都洛邑
詔立國子太學四門小學孝文欽明稽古篤好墳籍坐
興據鞍不忘講道劉芳李彪諸人以經書進崔光邢巒
列傳六十九 二

图 3-3-15 《北史·儒林传》

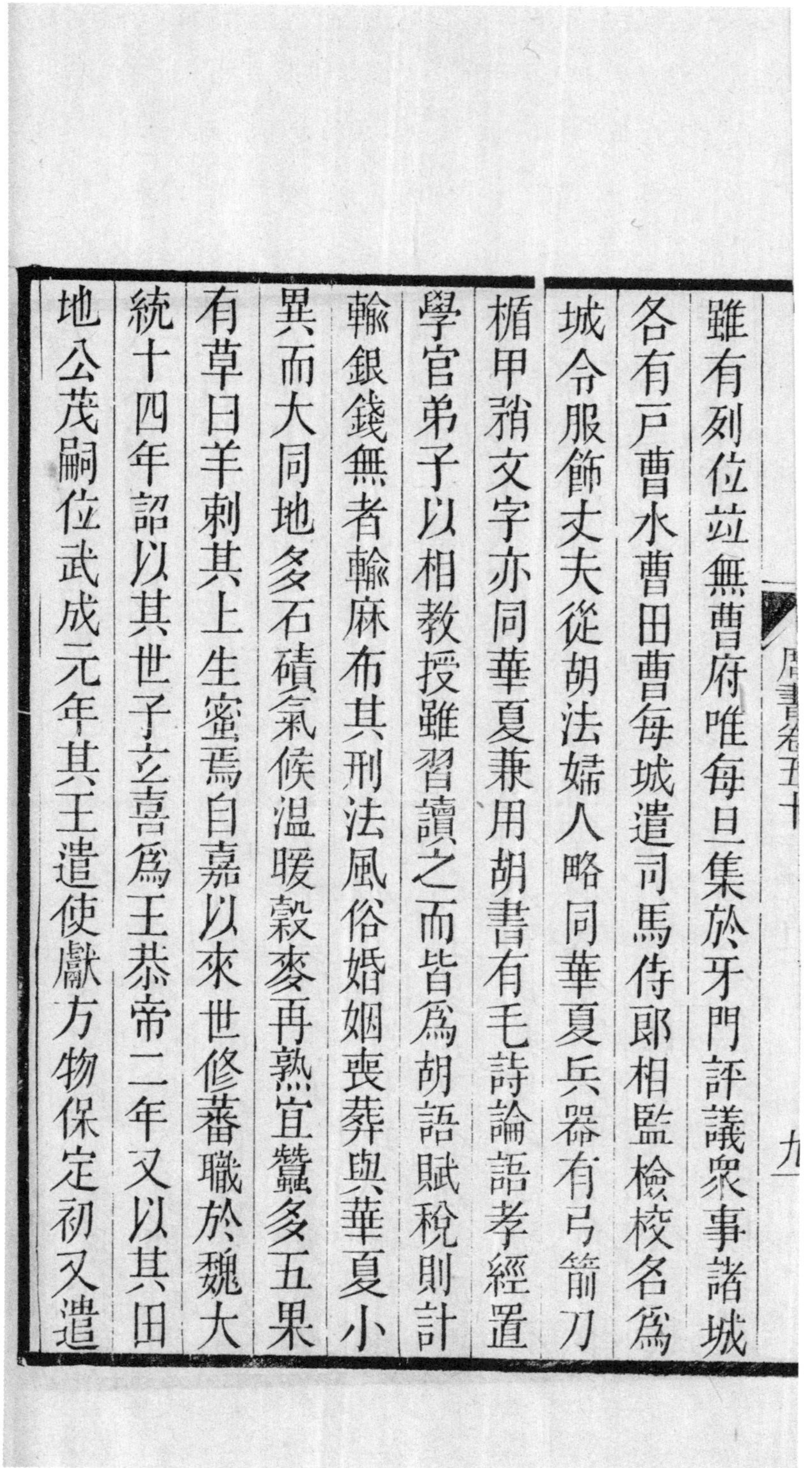

周書卷五十　九

雖有列位竝無曹府唯每旦集於牙門評議衆事諸城各有戸曹水曹田曹每城遣司馬侍郎相監檢校名爲城令服飾丈夫從胡法婦人略同華夏兵器有弓箭刀楯甲矟文字亦同華夏兼用胡書有毛詩論語孝經置學官弟子以相教授雖習讀之而皆爲胡語賦稅則計輸銀錢無者輸麻布其刑法風俗婚姻喪葬與華夏小異而大同地多石磧氣候温暖穀麥再熟宜蠶多五果有草曰羊刺其上生蜜焉自嘉以來世修蕃職於魏大統十四年詔以其世子玄喜爲王恭帝二年又以其田地公茂嗣位武成元年其王遣使獻方物保定初又遣

图 3-3-16　《周书·高昌传》

隋唐时期，政治、经济和文化空前繁荣昌盛，《资治通鉴·唐纪十一》（图3-3-17）记载唐朝教育事业蓬勃发展并带动了周边部族和国家共同发展：“（贞观十四年）二月丁丑，上幸国子监，观释奠，命祭酒孔颖达讲《孝经》，赐祭酒以下至诸生高第帛有差。是时上大征天下名儒为学官，数幸国子监，使之讲论，学生能明一大经已上皆得补官。增筑学舍千二百间，增学生满二千二百六十员，自屯营飞骑，亦给博士，使授以经，有能通经者，听得贡举。于是四方学者云集京师，乃至高丽、百济、新罗、高昌、吐蕃诸酋长亦遣子弟请入国学，升讲筵者至八千余人。”《新唐书·选举志》（图3-3-18）记载唐中宗曾下诏：“蕃王及可汗子孙愿入学者，附国子学读书。”受唐朝影响，南诏国也崇尚文教，在国内兴建文庙。

宋朝统治者确立了“兴文教、抑武事”的政策，尊孔崇儒，提倡佛道，重视科举，重用士人。通过三次兴学，在中央和地方建立起了完备的官学教育体系。三次兴学指范仲淹在宋仁宗庆历四年（1044）主持的“庆历兴学”、王安石在宋神宗熙宁年间主持的“熙宁兴学”和蔡京在宋徽宗崇宁年间主持的“崇宁兴学”，意在改革科举，强化学校教育。《宋史·选举三》（图3-3-19）记载经

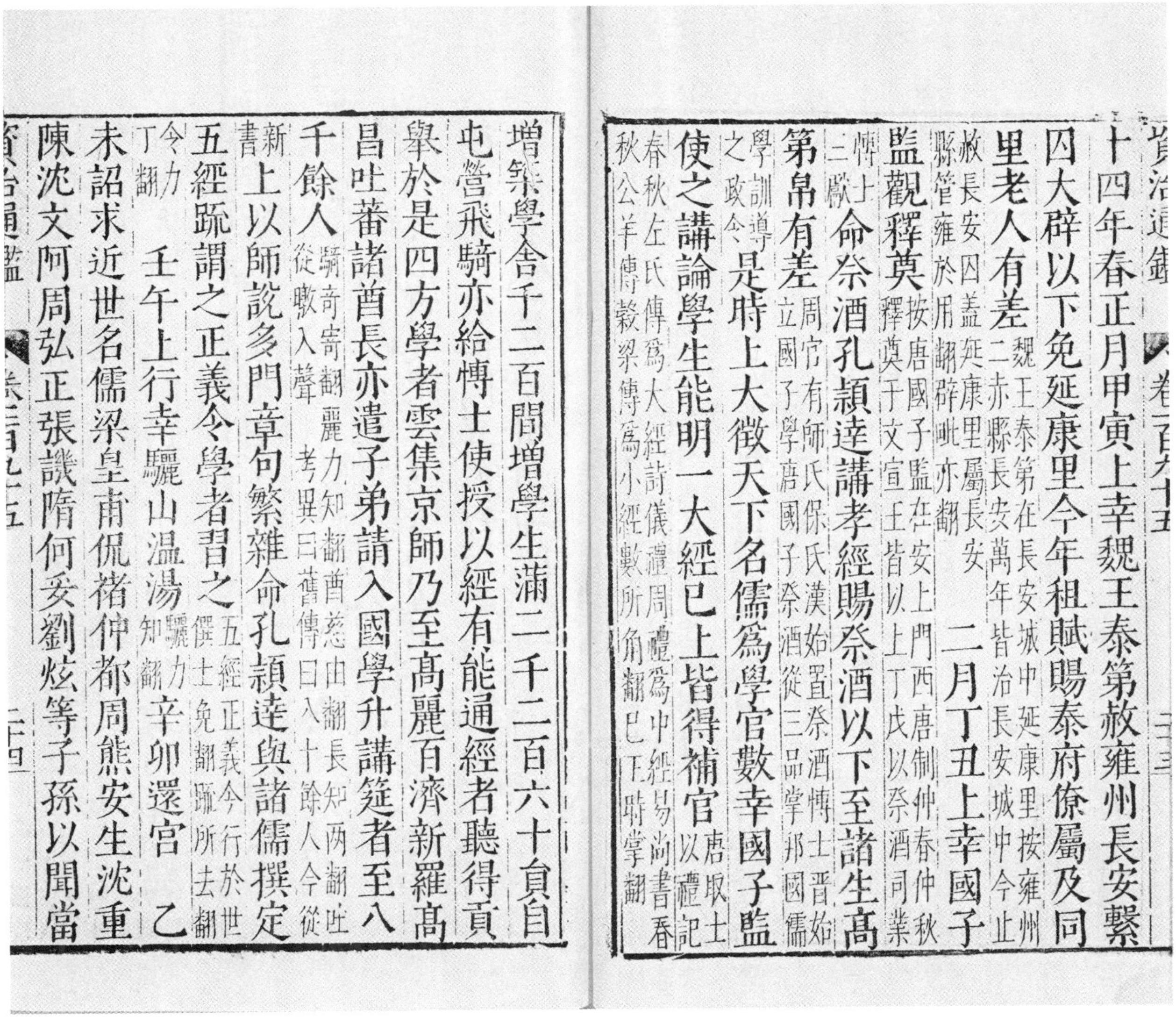
資治通鑑 卷一百九十五 二十三

十四年春正月甲寅上幸魏王泰第赦雍州長安繫囚大辟以下免延康里今年租賦賜泰府僚屬及同里老人有差魏王泰第在長安城中延康里按雍州二赤縣長安萬年皆治長安城中今止赦長安因蓋延康里屬長安縣管雍於用翻辟毗亦翻　二月丁丑上幸國子監觀釋奠按唐國子監在長安上門西唐制仲春仲秋釋奠于文宣王皆以上丁以祭酒司業博士三獻命祭酒孔穎達講孝經賜祭酒以下至諸生高第帛有差周官有師氏保氏漢始置祭酒博士晉始立國子學唐國子祭酒從三品掌邦國儒學訓導之政令是時上大徵天下名儒爲學官數幸國子監使之講論學生能明一大經已上皆得補官唐取士以禮記春秋左氏傳爲大經詩儀禮周禮爲中經易尚書春秋公羊傳穀梁傳爲小經數所角翻已上時掌翻

增築學舍千二百間增學生滿二千二百六十員自屯營飛騎亦給博士使授以經有能通經者聽得貢舉於是四方學者雲集京師乃至高麗百濟新羅高昌吐蕃諸酋長亦遣子弟請入國學升講筵者至八千餘人騎奇寄翻麗力知翻酋慈由翻長知兩翻吐從暾入聲考異曰舊傳曰入十餘人今從新書上以師說多門章句繁雜命孔穎達與諸儒撰定五經疏謂之正義令學者習之五經正義今行於世撰士免翻疏所去翻令力丁翻　壬午上行幸驪山溫湯驪力知翻　辛卯還宮　乙未詔求近世名儒梁皇甫侃褚仲都周熊安生沈重陳沈文阿周弘正張譏隋何妥劉炫等子孫以聞當

資治通鑑 卷一百九十五 二十四

图 3-3-17　《资治通鉴·唐纪十一》

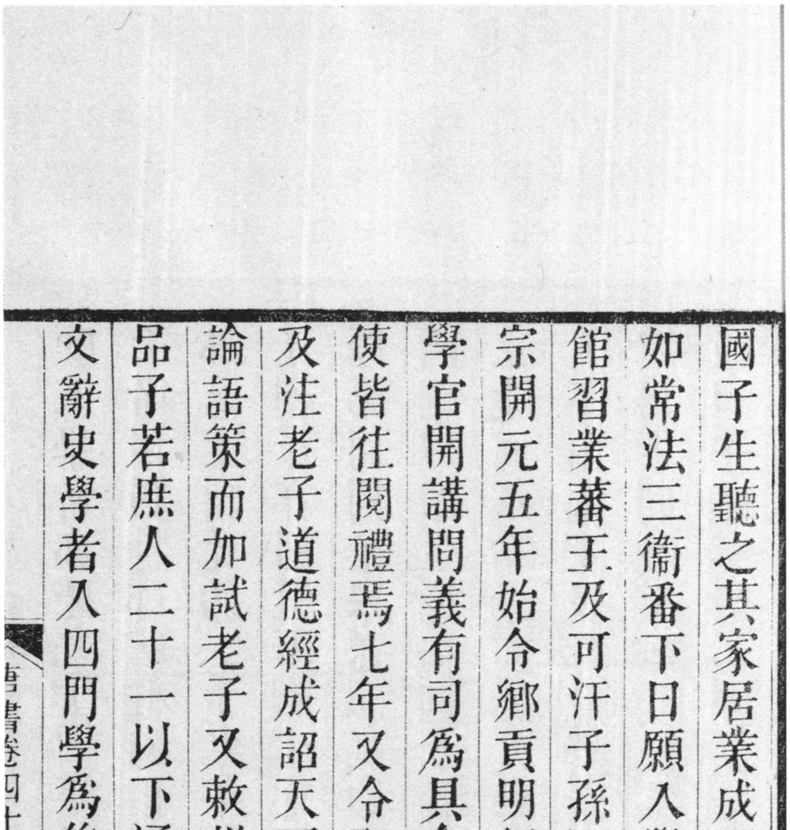

國子生聽之其家居業成而堪貢者宗正寺試送監舉如常法三衛番下日願入學者聽附國子學太學及律館習業蕃王及可汗子孫願入學者附國子學讀書玄宗開元五年始令鄉貢明經進士見訖國子監謁先師學官開講問義有司爲具食清資五品以上官及朝集使皆往閱禮焉七年又令弘文崇文國子生季一朝參及注老子道德經成詔天下家藏其書貢舉人減尚書論語策而加試老子又敕州縣學生年二十五以下八品子若庶人二十一以下通一經及未通經而聰悟有文辭史學者入四門學爲俊士卽諸州貢舉省試不第

唐書卷四十四 選舉志 六

图 3-3-18 《新唐书·选举志》

过三次兴学，太学规模明显扩大：“太学生员，庆历尝置内舍生二百人，熙宁初，又增百人，寻诏通额为九百人。四年，尽以锡庆院及朝集院西庑建讲书堂四，诸生斋舍、掌事者直庐，始仅足用……元丰二年，颁学令：太学置八十斋，斋各五楹，容三十人。外舍生二千人，内舍生三百人，上舍生百人。”

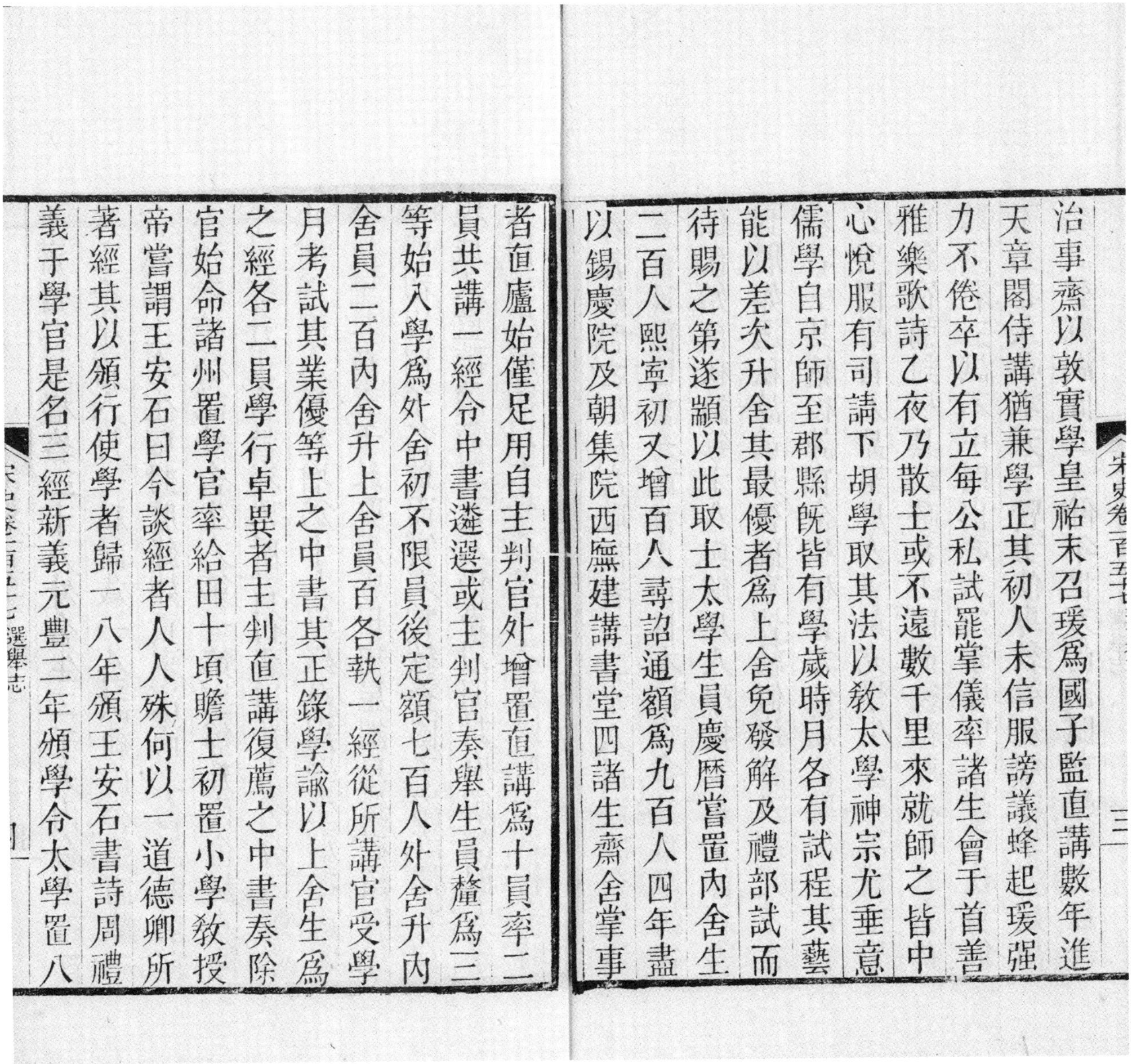
宋史卷一百五十七　三
治事齋以敦實學皇祐末召瑗爲國子監直講數年進天章閣侍講猶兼學正其初人未信服謗議蜂起瑗强力不倦卒以有立每公私試罷掌儀率諸生會于首善雅樂歌詩乙夜乃散士或不遠數千里來就師之皆中心悅服有司請下胡學取其法以教太學神宗尤垂意儒學自京師至郡縣既皆有學歲時月各有試程其藝能以差次升舍其最優者爲上舍免發解及禮部試而待賜之第遂顓以此取士太學生員慶曆嘗置內舍生二百人熙寧初又增百人尋詔通額爲九百人四年盡以錫慶院及朝集院西廡建講書堂四諸生齋舍掌事

宋史卷一百五十七　選舉志
者直廬始僅足用自主判官外增置直講爲十員率二員共講一經令中書遴選或主判官奏舉生員釐爲三等始入學爲外舍初不限員後定額七百人外舍升內舍員二百內舍升上舍員百各執一經從所講官受學月考試其業優等上之中書其正錄學諭以上舍生爲之經各二員學行卓異者主判直講復薦之中書奏除官始命諸州置學官率給田十頃贍士初置小學教授帝嘗謂王安石曰今談經者人人殊何以一道德卿所著經其以頒行使學者歸一八年頒王安石書詩周禮義于學官是名三經新義元豐二年頒學令太學置八

图 3-3-19（1）《宋史·选举三》

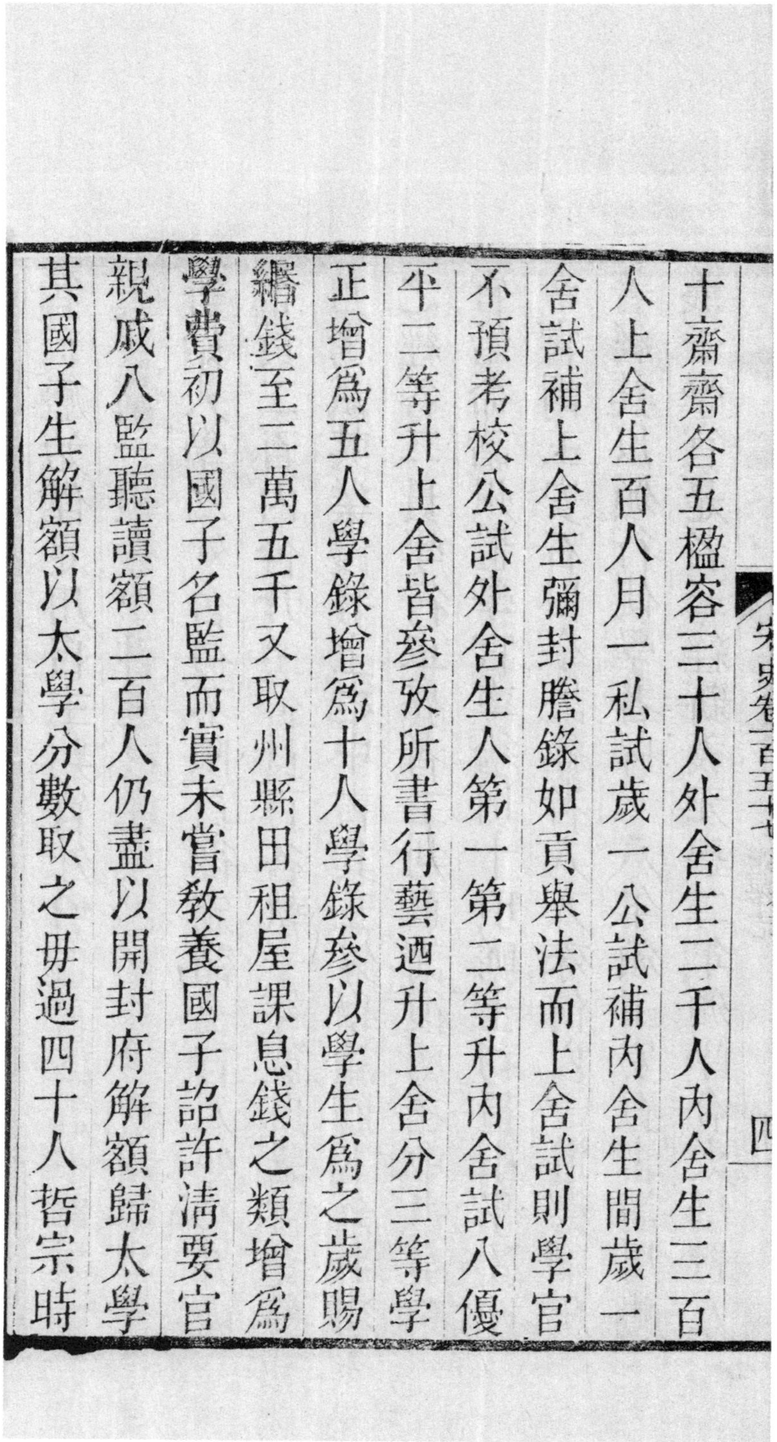
十齋齋各五楹容三十人外舍生二千人內舍生三百人上舍生百人月一私試歲一公試補內舍生間歲一舍試補上舍生彌封謄錄如貢舉法而上舍試則學官不預考校公試外舍生人第一第二等升內舍試入優平二等升上舍皆參攷所書行藝迺升上舍分三等學正增爲五人學錄增爲十人學錄參以學生爲之歲賜緡錢至二萬五千又取州縣田租屋課息錢之類增爲學費初以國子名監而實未嘗教養國子詔許清要官親戚入監聽讀額二百人仍盡以開封府解額歸太學其國子生解額以太學分數取之毋過四十人哲宗時

图3-3-19（2）《宋史·选举三》

宋朝还十分重视少数民族地区的教育发展，在西北西南大兴文教，创设“蕃学”，推广儒家思想。《续资治通鉴长编·神宗》（图3-3-20）记载熙宁六年（1073）：“熙河路经略司言：‘熙州西罗城已置蕃学，晓谕蕃官子弟入学。’”在朝廷的强力支持以及地方官的积极推动下，少数民族地区学习汉文化的进程逐渐加快。

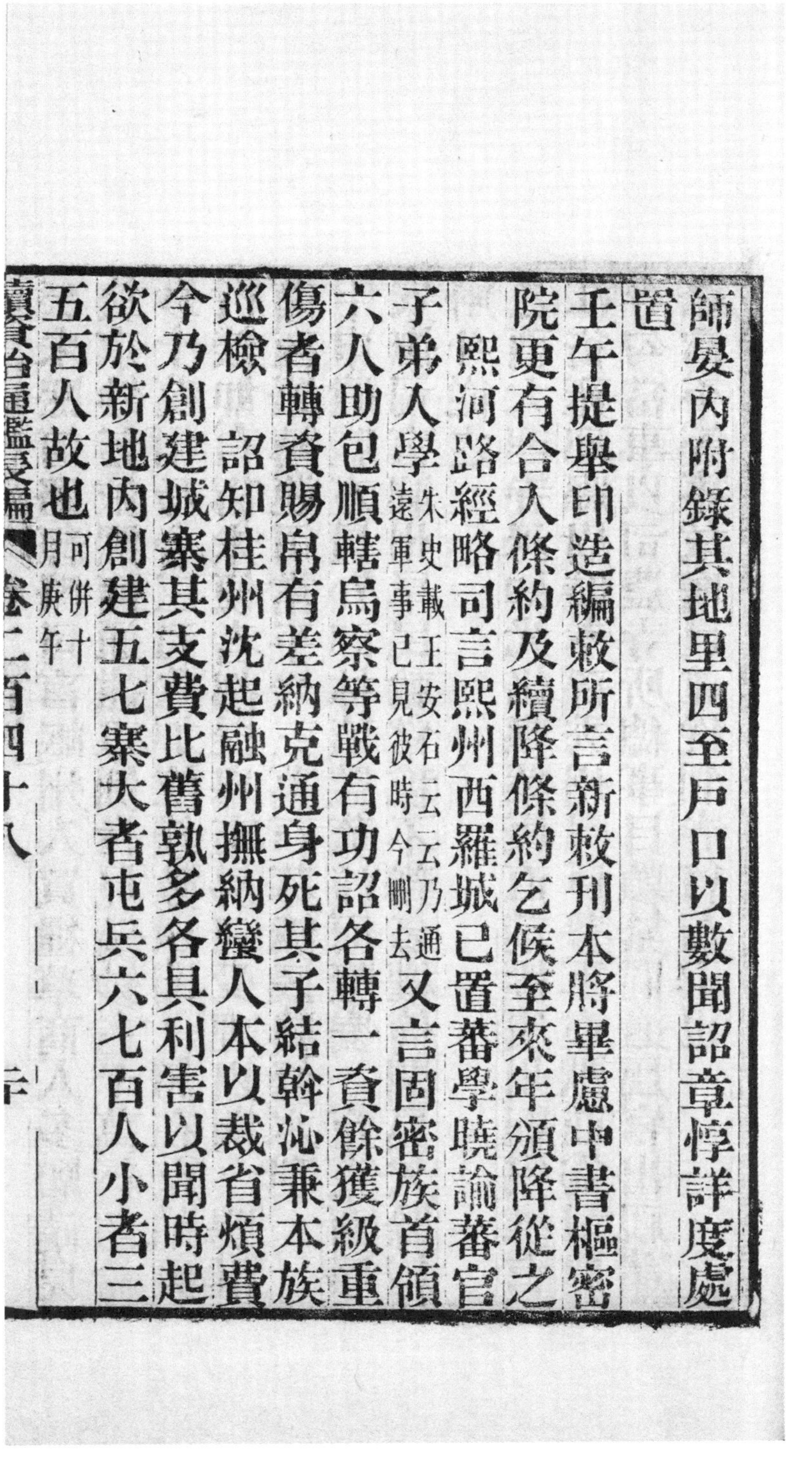

師晏內附錄其地里四至戶口以數聞詔章惇詳度處置

壬午提舉印造編敕所言新敕刑本將畢處中書樞密院更有合入條約及續降條約乞候至來年頒降從之

熙河路經略司言熙州西羅城已置蕃學曉諭蕃官子弟入學朱史載王安石云云乃通遠軍事已見彼時今刪去又言固密族首領六八助包順轄烏察等戰有功詔各轉一資餘獲級重傷者轉資賜帛有差納克通身死其子結斡沁兼本族巡檢

詔知桂州沈起融州撫納蠻人本以裁省煩費今乃創建城寨其支費比舊孰多各具利害以聞時起欲於新地內創建五七寨大者屯兵六七百人小者三五百人故也可併十月庚午

續資治通鑑長編　卷二百四十八

图 3-3-20 《续资治通鉴长编·神宗》

在宋代先进文化的影响下，和两宋并立的少数民族政权辽、西夏、金、元等也都积极发展教育，积极吸收中原文化，并结合自身民族特点，建立了具有民族特色的教育体系。西夏大量翻译中原地区经史书籍，以促进西夏学术文化的发展。《西夏书事》(图3-3-21)：“夏州自五代后不列职方，其官属非世族相传即幕府迁擢，尚无科目取士之法。元昊思以胡礼蕃书抗衡中国，特建蕃学，以野利仁荣主之。译《孝经》《尔雅》《四言杂字》为蕃语，写以蕃书。于蕃、汉官僚子弟内选俊秀者入学教之，俟习学成效，出题试问，观其所对精通，所书端正，量授官职。并令诸州各署蕃学，设教授训之。”《宋史·夏国传》(图3-3-22)记载夏朝教育发展情况：“(绍兴)十三年，夏改元人庆，始建学校于国中，立小学于禁中，亲为训导。……十五年八月，夏重大汉太学，亲释奠，弟子员赐予有差。十六年，尊孔子为文宣帝。十七年，改元天盛，策举人始立唱名法。十八年，复建内学，选名儒主之。”

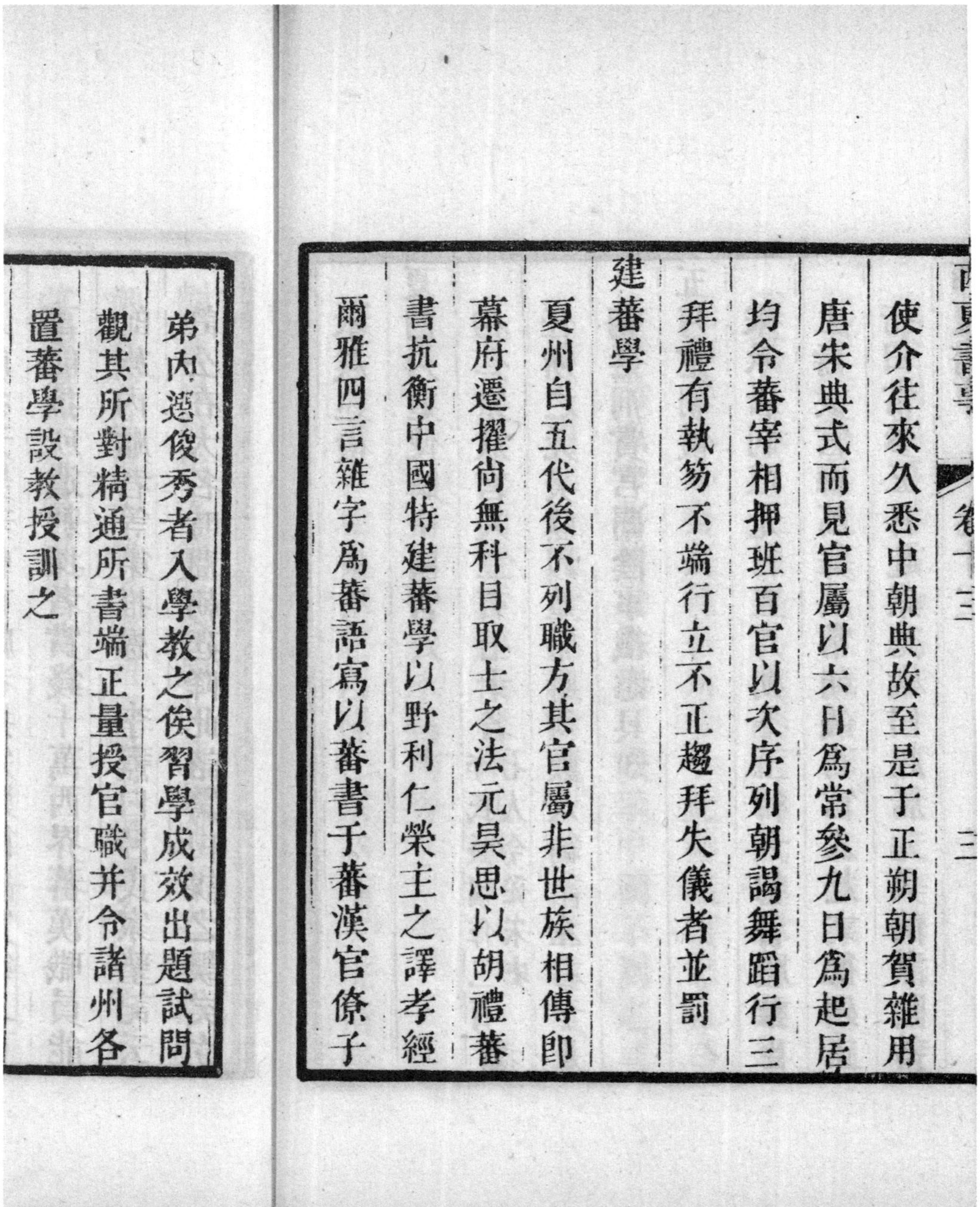
西夏書事　卷十三　三
使介往來久悉中朝典故至是于正朔朝賀雜用
唐宋典式而見官屬以六日爲常參九日爲起居
均令蕃宰相押班百官以次序列朝謁舞蹈行三
拜禮有執笏不端行立不正趨拜失儀者並罰
建蕃學
夏州自五代後不列職方其官屬非世族相傳即
幕府遷擢尚無科目取士之法元昊思以胡禮蕃
書抗衡中國特建蕃學以野利仁榮主之譯孝經
爾雅四言雜字爲蕃語寫以蕃書于蕃漢官僚子
弟內選俊秀者入學教之俟習學成效出題試問
觀其所對精通所書端正量授官職并令諸州各
置蕃學設教授訓之

图3-3-21　《西夏书事》卷十三

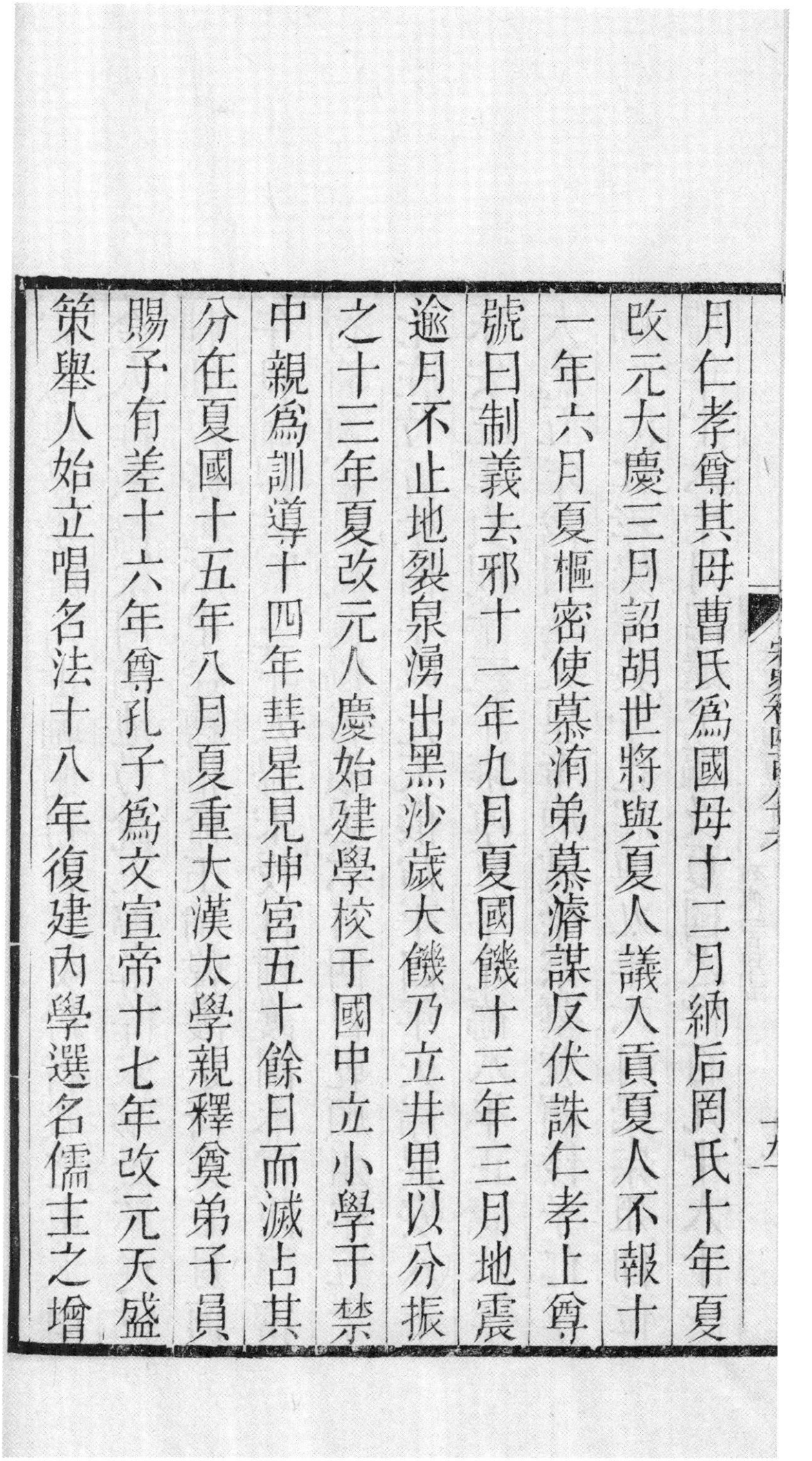
月仁孝尊其母曹氏爲國母十二月納后罔氏十年夏
改元大慶三月詔胡世將與夏人議入貢夏人不報十
一年六月夏樞密使慕洧弟慕濬謀反伏誅仁孝上尊
號曰制義去邪十一年九月夏國饑十三年三月地震
逾月不止地裂泉湧出黑沙歲大饑乃立井里以分振
之十三年夏改元人慶始建學校于國中立小學于禁
中親爲訓導十四年彗星見坤宮五十餘日而滅占其
分在夏國十五年八月夏重大漢太學親釋奠弟子員
賜予有差十六年尊孔子爲文宣帝十七年改元天盛
策舉人始立唱名法十八年復建內學選名儒主之增

图 3–3–22 《宋史·夏国传》

辽朝、金朝教育制度和科举制度多仿唐制和宋制。《钦定续文献通考·学校考·太学》(图 3–3–23):“辽太祖时，上京置国子监，设祭酒、司业、监丞、主簿等官。太宗时，置南京太学。圣宗统和九年八月，以南京太学生员寖广，特赐水硙庄一区。道宗清宁六年六月，中京置国子监。”金朝在全国范围内大力兴学，推行中原文化教育，特别是金世宗、章宗以后，金建立了比辽更完备、水平更高的教育体系。金的中央官学大体仿照宋制，先后设有国子监、太学，及算学、医学等专业学校。《钦定续文献通考·学校考·太学》（图3-3-23）同时记载："金海陵天德三年，始置国子监。后定制，词赋、经义生百人，小学生百人，以宗室及外戚皇后大功以上亲、诸功臣及三品以上官兄弟子孙年十五以上者入学，不及十五者入小学。世宗大定六年，置太学，初养士百六十人。"

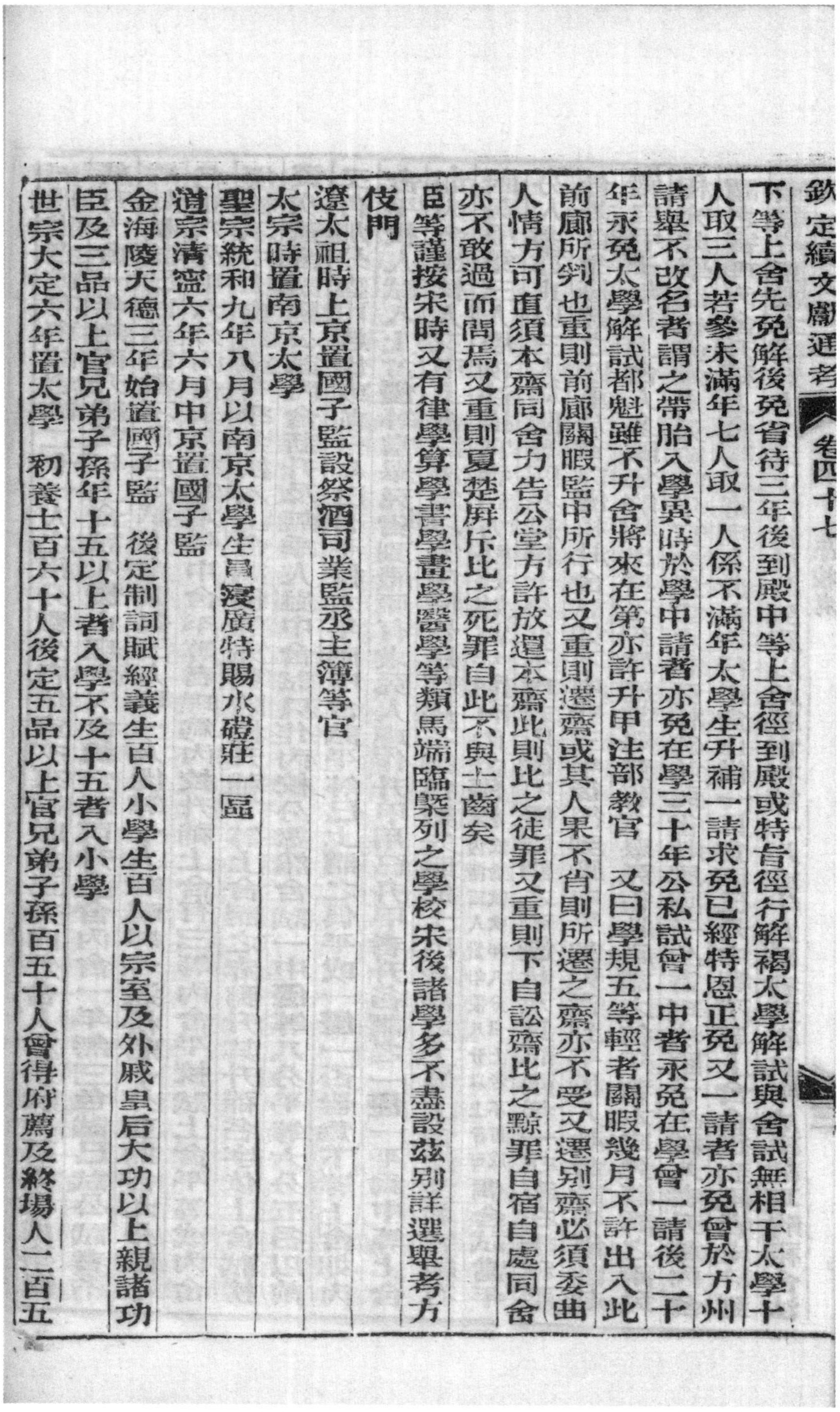
欽定續文獻通考 卷四十七

下等上舍先免解後免省待三年後到殿中等上舍徑到殿或特旨徑行解褐太學解試與舍試無相干太學十人取三人若參未滿年七人取一人係不滿年太學生升補一請求免已經特恩正免又一請者亦免曾於方州請舉不改名者謂之帶胎入學異時於學中請者亦免在學三十年公私試曾一中者永免在學曾一請後二十年永免太學解試都魁雖不升舍將來在第亦許升甲注部教官　又曰學規五等輕者關暇幾月不許出入此前廊所判也重則前廊關暇監中所行也又重則遷齋或其人果不肖則所遷之齋亦不受又遷別齋必須委曲人情方可直須本齋同舍力告公堂方許放還本齋此則比之徒罪又重則下自訟齋比之黥罪自宿自處同舍亦不敢過而問焉又重則夏楚屏斥比之死罪自此不與士齒矣

臣等謹按宋時又有律學算學書學畫學醫學等類馬端臨槩列之學校宋後諸學多不盡設茲別詳選舉考方伎門

遼太祖時上京置國子監設祭酒司業監丞主簿等官

太宗時置南京太學

聖宗統和九年八月以南京太學生員寖廣特賜水磑莊一區

道宗清寧六年六月中京置國子監

金海陵天德三年始置國子監　後定制詞賦經義生百人小學生百人以宗室及外戚皇后大功以上親諸功臣及三品以上官兄弟子孫年十五以上者入學不及十五者入小學

世宗大定六年置太學　初養士百六十人後定五品以上官兄弟子孫百五十人曾得府薦及終場人二百五

图3-3-23 《钦定续文献通考·学校考·太学》

辽时州府亦有学校，《钦定续文献通考·学校考·郡国乡党之学》（图3-3-24）：“辽圣宗开泰元年十二月，归州言其居民本新罗所迁，未习文字，请设学以教，许之。上年十二月始置归、宁二州，至是遂设学。道宗清宁元年十二月，诏设学养士，颁五经传疏，置博士、助教各一员。时五京、黄龙、兴中二府及诸州县皆有学，其设官并同。咸雍时，大公鼎为良乡令，省徭役，务农桑，建孔子庙学，部民服化。太康时，耶律孟简为高州观察使，修学校，招生徒，以循吏著。”金朝专门设置了女真国子学，又设司天台办学和宫女学校，建立了中国古代最早的、较完备的少数民族

奏置學官賜田一頃則嵩陽自當在四大書院中又淮海書院者在丹徒縣治西宋南渡後淮士多寓京口因建
書院爲講學之所故名自後書院徧天下星羅鱗次王圻謂其多尚虛名而實學荒矣
遼聖宗開泰元年十二月歸州言其居民本新羅所遷未習文字請設學以教許之　上年十二月始置歸寧二
州至是遂設學
道宗清寧元年十二月詔設學養士頒五經傳疏置博士助教各一員　時五京黃龍興中二府及諸州縣皆有
學其設官並同咸雍時大公鼎爲良鄉令省徭役務農桑建孔子廟學部民服化太康時耶律孟簡爲高州觀察
使修學校招生徒以循吏著
金太宗時歸德軍節度使持嘉暉建宋州學舍生徒肄業者復其身
世宗大定四年立諸路女直學　以女直大小字譯尚書頒行之擇明安穆昆內良家子弟爲諸生諸路至三千
人九年取其尤俊秀者百人至京師以編修官温特赫吉達教之十三年以策詩取士諸路始設女直府學以新
進士爲教授府州學二十二中都上京呼爾哈率賓海蘭扶餘博索咸平泰州臨潢北京冀州開州澧州西京東
京蓋州隆州東平益都河南陝西凡取府學生之制皆與詞賦經義生同又定制每穆昆取二人若宗室每二十
戶內無願學者則取有物力家子弟年十三以上二十以下者充凡會課三日作策論一道季月私試如漢生制
二十九年敕以女直進士提控其事具入官銜章宗承安二年罷河南陝西女直學餘如舊至宣宗興定元年御
試策論進士帝覽程文怪其數少以問宰臣對曰大定制隨處設學諸穆昆貢三人或二人爲生員贍以錢米至
泰和中人例授地六十畝所給既優故學者多今京師雖存府學而月給通寶五十貫而已若於諸路總管府及

學校考

图 3-3-24　《钦定续文献通考·学校考·郡国乡党之学》

教育系统。“世宗大定四年，立诸路女直学，以女直大小字译《尚书》颁行之。择明安穆昆内良家子弟为诸生，诸路至三千人。九年，取其尤俊秀者百人至京师，以编修官温特赫吉达教之。十三年，以策诗取士，诸路始设女直府学，以新进士为教授。”

元太宗窝阔台时期开始重视学校教育的发展，一直到元世祖忽必烈时期，学校教育发展到了鼎盛期，从中央到地方都设立了完善的官学制度和教育管理机构。元朝的中央官学有国子学、蒙古国子学和回回国子学。元朝地方学校包括路学、府学、州学、县学及诸路小学、社学。元朝还开设了诸路蒙古字学、诸路医学、诸路阴阳学等专门学校，培养蒙文、医学、天文、历算等方面专门人才。《元史·选举志一》(图3-3-25、26)记载颇详：“世祖至元八年春正月，始下诏立京师

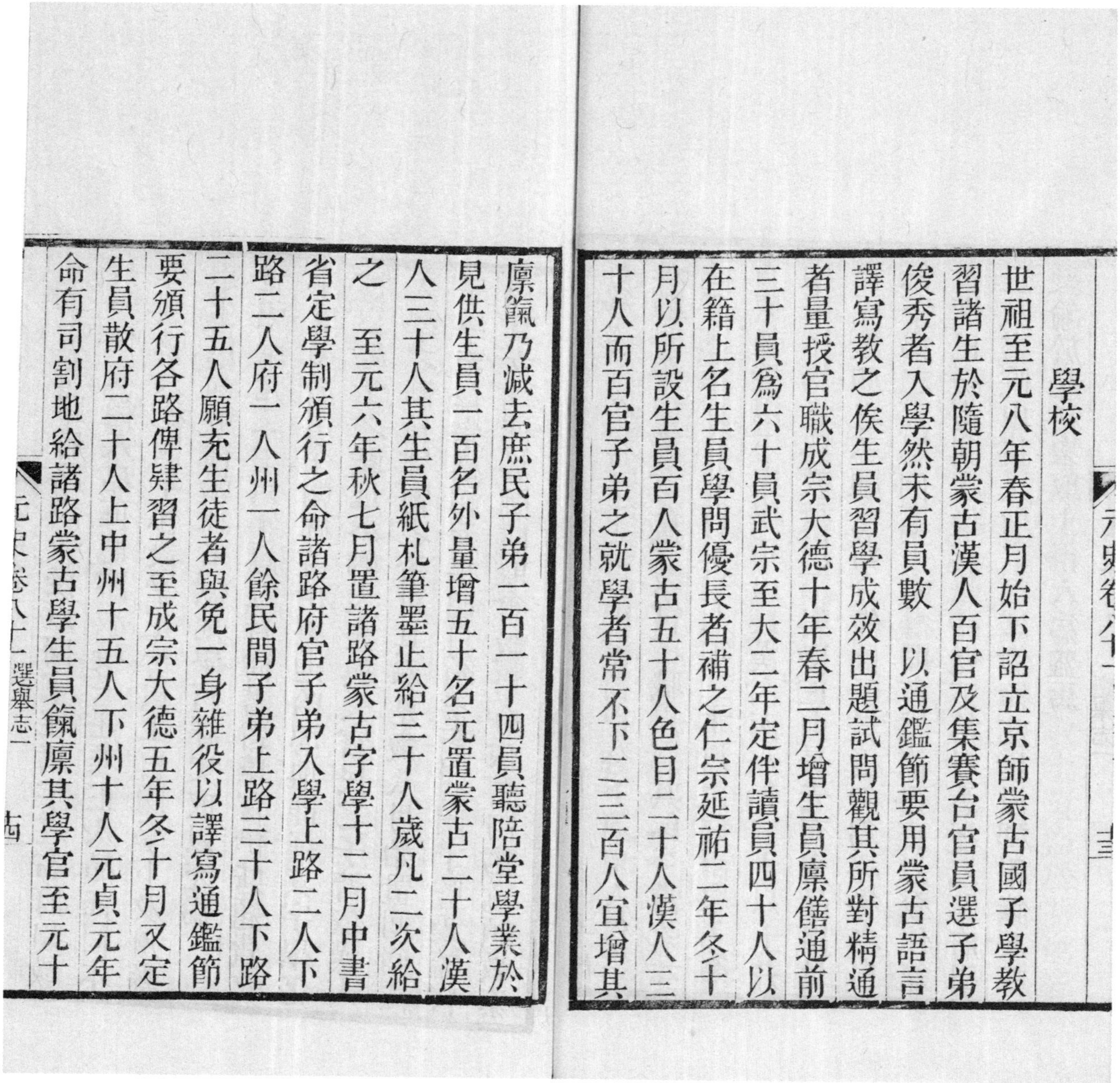
學校
世祖至元八年春正月始下詔立京師蒙古國子學教習諸生於隨朝蒙古漢人百官及集賽台官員選子弟俊秀者入學然未有員數　以通鑑節要用蒙古語言譯寫教之俟生員習學成效出題試問觀其所對精通者量授官職成宗大德十年春二月增生員廩膳通前三十員爲六十員武宗至大二年定伴讀員四十人以在籍上名生員學問優長者補之仁宗延祐二年冬十月以所設生員百人蒙古五十人色目二十人漢人三十人而百官子弟之就學者常不下二三百人宜增其廩餼乃減去庶民子弟一百一十四員聽陪堂學業於見供生員一百名外量增五十名元置蒙古二十人漢人三十人其生員紙札筆墨止給三十人歲凡二次給之　至元六年秋七月置諸路蒙古字學十二月中書省定學制頒行之命諸路府官子弟入學上路二人下路二人府一人州一人餘民間子弟上路三十人下路二十五人願充生徒者與免一身雜役以譯寫通鑑節要頒行各路俾肄習之至成宗大德五年冬十月又定生員散府二十人上中州十五人下州十人元貞元年命有司割地給諸路蒙古學生員餼廩其學官至元十

图 3-3-25　《元史·选举志一》

增建環廊文宗天歷二年復增廣之提舉郝義恭又增
建齋舍自府尹郝都爾本至曹偉始定生員凡百人每
名月餼京畿漕運司及本路給之泰定四年夏四月諸
生始會食於學焉
太宗始定中原卽議建學設科取士世祖中統二年始
命置諸路學校官凡諸生進修者嚴加訓誨務使成材
以備選用至元十九年夏四月命雲南諸路皆建學以
祀先聖二十三年二月帝御德興府行宮詔江南學校
舊有學田復給之以養士二十八年令江南諸路學及
各縣學內設立小學選老成之士教之或自願招師或

元史卷八十一 選舉志一 七

图 3-3-26 《元史·选举志一》

蒙古国子学，教习诸生，于随朝蒙古、汉人百官及集赛台官员，选子弟俊秀者入学，然未有员数，以通鉴节要用蒙古语言译写教之，俟生员习学成效，出题试问，观其所对精通者，量授官职。……仁宗延祐二年冬十月，以所设生员百人，蒙古五十人，色目二十人，汉人三十人，而百官子弟之就学者，常不下二三百人，宜增其廪饩，乃减去庶民子弟一百一十四员，听陪堂学业，于见供生员一百名外，量增五十名……至元六年秋七月置诸路蒙古字学……太宗始定中原，即议建学，设科取士。世祖中统二年，始命置诸路学校官，凡诸生进修者，严加训诲，务使成材，以备选用。

至元十九年夏四月，命云南诸路皆建学以祀先圣。二十三年二月，帝御德兴府行宫，诏江南学校旧有学田，复给之以养士。二十八年，令江南诸路学及各县学内，设立小学。”

明朝建立之初，明太祖朱元璋就确立了“治国以教化为先，教化以学校为本”的文教政策，出现了盛况空前的尊崇儒家学说的思潮。《明史·选举志一》(图3-3-27)：“洪武二年，太祖初建国学，谕中书省臣曰：‘学校之教，至元其弊极矣。上下之间，波颓风靡，学校虽设，名存实亡。兵变以来，人习战争，惟知干戈，莫识俎豆。朕惟治国以教化为先，教化以学校为本。京师虽有太学，而天下学校未兴，宜令郡县皆立学校，延师儒，授生徒，讲论圣道，使人日渐月化，以复先王之旧。’于是大建学校，府设教授，州设学正，县设教谕，各一。俱设训导，府四，州三，县二。生员之数，府学四十人，州、县以次减十。师生月廪食米，人六斗，有司给以鱼肉。学官月俸有差。生员专治一经，以礼、乐、射、御、书、数设科分教，务求实才，顽不率者黜之。十五

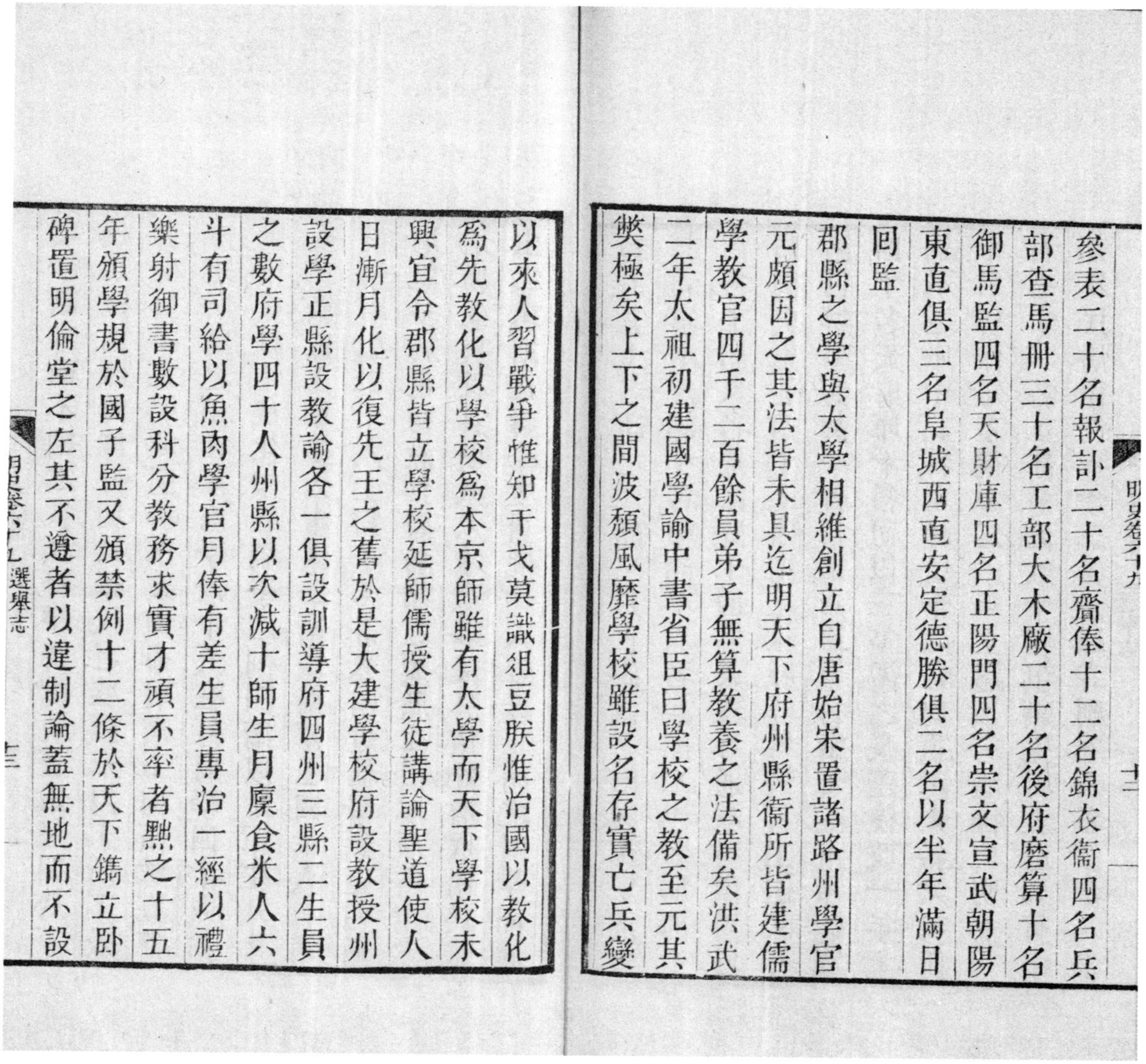
參表二十名報訃二十名齋俸十二名錦衣衛四名兵部查馬册三十名工部大木廠二十名後府磨算十名御馬監四名天財庫四名正陽門四名崇文宣武朝陽東直俱三名阜城西直安定德勝俱二名以半年滿日回監

郡縣之學與太學相維創立自唐始宋置諸路州學官元頗因之其法皆未具迄明天下府州縣衛所皆建儒學教官四千二百餘員弟子無算教養之法備矣洪武二年太祖初建國學諭中書省臣曰學校之教至元其弊極矣上下之間波頹風靡學校雖設名存實亡兵變以來人習戰爭惟知干戈莫識俎豆朕惟治國以教化爲先教化以學校爲本京師雖有太學而天下學校未興宜令郡縣皆立學校延師儒授生徒講論聖道使人日漸月化以復先王之舊於是大建學校府設教授州設學正縣設教諭各一俱設訓導府四州三縣二生員之數府學四十人州縣以次減十師生月廩食米人六斗有司給以魚肉學官月俸有差生員專治一經以禮樂射御書數設科分教務求實才頑不率者黜之十五年頒學規於國子監又頒禁例十二條於天下鐫立卧碑置明倫堂之左其不遵者以違制論蓋無地而不設

图3-3-27(1)《明史·选举志一》

之學無人而不納之教庠聲序音重規叠矩無間於下
邑荒徼山陬海涯此明代學校之盛唐宋以來所不及
也生員雖定數於國初未幾即命增廣不拘額數宣德
中定增廣之額在京府學六十人在外府學四十人州
縣以次減十成化中定衛學之例四衛以上軍生八十
人三衛以上軍生六十人二衛一衛軍生四十人有司
儒學軍生二十人土官子弟許入附近儒學無定額增
廣既多於是初設食廩者謂之廩膳生員增廣者謂之
增廣生員及其既久人才愈多又於額外增取附於諸
生之末謂之附學生員凡初入學者止謂之附學而廩

图3-3-27（2）《明史·选举志一》

年，颁学规于国子监，又颁禁例十二条于天下，镌立卧碑，置明伦堂之左。其不遵者，以违制论。盖无地而不设之学，无人而不纳之教。庠声序音，重规叠矩，无间于下邑荒徼，山陬海涯。此明代学校之盛，唐、宋以来所不及也。”

明朝也十分重视民族地区教育，鼓励选派或推举少数民族子弟进入国子监读书，在边疆地区推行文教化人政策，在都司、卫、所及土司衙门广建儒学，西南地区推行以土司弟子为对象的儒学教育。《明史·土司传》（图3-3-28）记载在鹤庆兴建学校：“永乐十五年，顺州知州王义言：‘沾被圣化三十余年，声教所届，言语渐通，子弟亦有俊秀，请建学教育。’从之。”（图3-3-29）记载在丽江兴建学校：“永乐十六年，检校庞文郁言：‘本府及宝山、巨津、通安、兰州、四川归化日久，请建学校。’从之。”

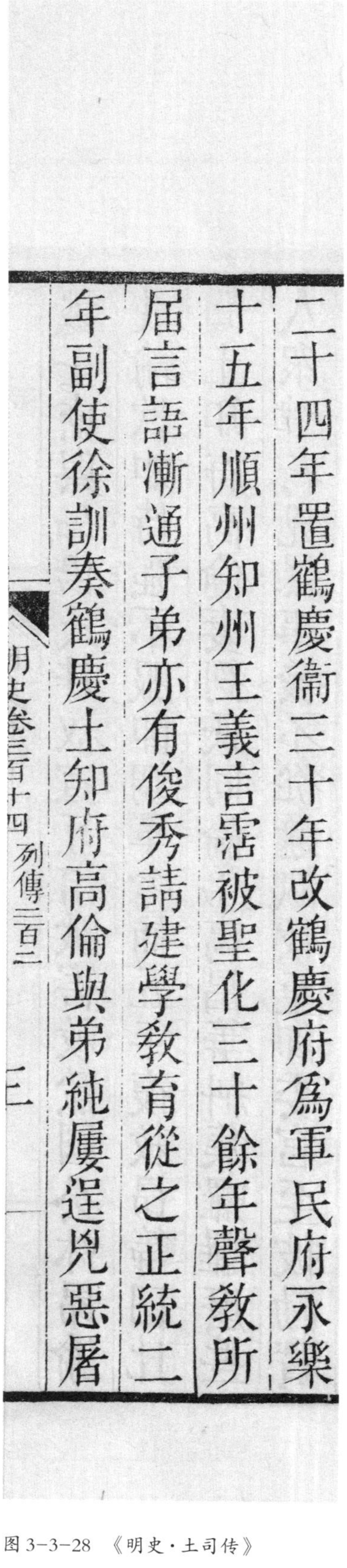
二十四年置鶴慶衛三十年改鶴慶府爲軍民府永樂
十五年順州知州王義言霑被聖化三十餘年聲教所
屆言語漸通子弟亦有俊秀請建學教育從之正統二
年副使徐訓奏鶴慶土知府高倫與弟純屢逞兇惡屠
明史卷三百十四　列傳二百二　三

图 3-3-28 《明史·土司传》

關與西番接境既襲職英請以初弟虧爲千夫長代守
石門從之二十六年十月西平侯沐春奏麗江土民每
歲輸白金七百六十兩皆麽些洞所產民以馬易金不
諳真僞請令以馬代輸從之三十年改爲麗江軍民府
從春請也永樂十六年檢校龐文郁言本府及寶山巨
津通安蘭州四川歸化日久請建學校從之宣德五年
麗江府奏浪滄江寨蠻者保等聚衆劫掠黔國公沐晟
委官撫諭不服部議再行招撫已蘭州土官羅牙等奏
者保拒命請發兵討之帝命黔國公及雲南三司相機
行勿緣細故激變蠻民正統五年賜知府木森誥命加
明史卷三百十四　列傳二百二　九

图 3-3-29 《明史·土司传》

清代教育沿袭明制，尊孔读经，推崇儒学。顺治二年（1645）为孔子加封“大成至圣文宣先师”的封号，康熙、乾隆还多次到曲阜朝拜。康雍乾崇德尚学，通过经筵日讲、解释经典等活动，编纂大型类书、官修史籍等手段，引导民众思想。顺治初至康熙，确定了文教方针政策，建立起国子监、地方官学和科举考试的基本制度。雍正中期至乾隆初期，进一步改革完善了国子监制度和书院制度，形成从中央到地方，从提高到普及，从国子监、满族官学、地方官学、书院到蒙学、社会教育的宝塔形教育系统。《清史稿 · 选举志》(图3-3-30)：“有清学校，向沿明制。京师曰国学，并设八旗、宗室等官学。直省曰府、州、县学。世祖定鼎燕京，修明北监为太学。顺治元年，置祭酒、司业及监丞、博士、助教、学正、学录、典籍、典簿等官。设六堂为讲肄之所，曰率性、修道、诚心、正义、崇志、广业，一仍明旧。”

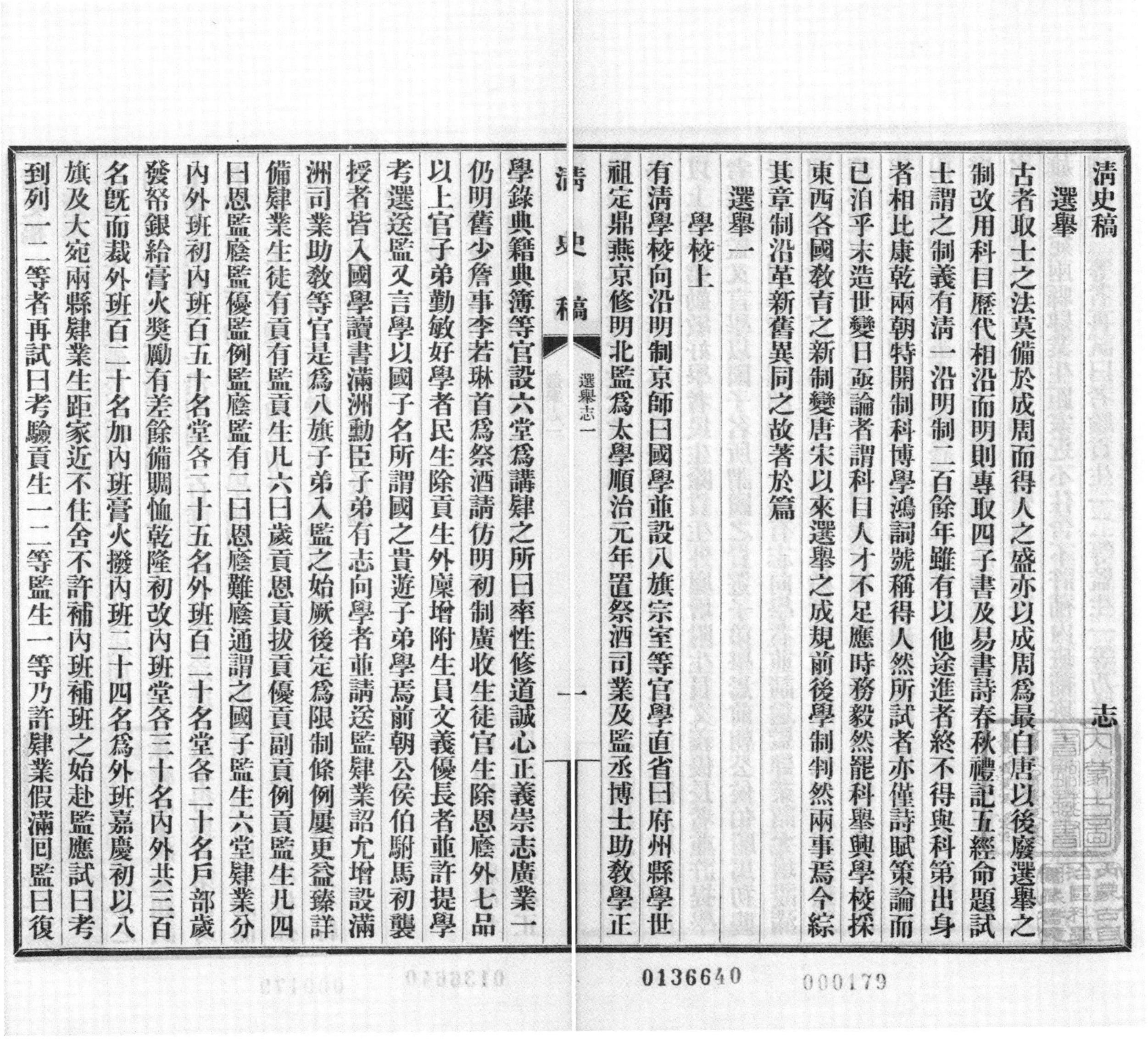
清史稿　志

選舉

古者取士之法莫備於成周而得人之盛亦以成周爲最自唐以後廢選舉之
制改用科目歷代相沿而明則專取四子書及易書詩春秋禮記五經命題試
士謂之制義有清一沿明制二百餘年雖有以他途進者終不得與科第出身
者相比康乾兩朝特開制科博學鴻詞號稱得人然所試者亦僅詩賦策論而
已洎乎末造世變日亟論者謂科目人才不足應時務毅然罷科舉興學校採
東西各國教育之新制變唐宋以來選舉之成規前後學制判然兩事焉今綜
其章制沿革新舊異同之故著於篇

選舉一

學校上

有清學校向沿明制京師曰國學並設八旗宗室等官學直省曰府州縣學世
祖定鼎燕京修明北監爲太學順治元年置祭酒司業及監丞博士助教學正

清史稿　選舉志一　一

學錄典籍典簿等官設六堂爲講肄之所曰率性修道誠心正義崇志廣業一
仍明舊少詹事李若琳首爲祭酒請仿明初制廣收生徒官生除恩廕外七品
以上官子弟勤敏好學者民生除貢生外廩增附生員文義優長者並許提學
考選送監又言學以國子名所謂國之貴遊子弟學焉前朝公侯伯駙馬初襲
授者皆入國學讀書滿洲勳臣子弟有志向學者並請送監肄業詔允增設滿
洲司業助教等官是爲八旗子弟入監之始厥後定爲限制條例屢更益臻詳
備肄業生徒有貢有監貢生凡六曰歲貢恩貢拔貢優貢副貢例貢監生凡四
曰恩監廕監優監例監廕監有二曰恩廕難廕通謂之國子監生六堂肄業分
內外班初內班百五十名堂各二十五名外班百二十名堂各二十名戶部歲
發帑銀給膏火獎勵有差餘備賙恤乾隆初改內班堂各三十名內外共三百
名既而裁外班百二十名加內班膏火撥內班二十四名爲外班嘉慶初以八
旗及大宛兩縣肄業生距家近不住舍不許補內班補班之始赴監應試曰考
到列一二等者再試曰考驗貢生一二等監生一等乃許肄業假滿回監曰復

0136640　000179

图 3-3-30　《清史稿 · 选举志》

清代的教育非常多元。八旗官学是清统治者专门为八旗子弟设立的学校，简称为旗学、官学、满学、满官学，隶属于国子监，分八旗为四处，每处设官学一所，教育亲贵以外的八旗子弟。委派满、蒙、汉教习，教授满书、汉书及骑射，尤重骑射，清末改为八旗学堂。八旗官学除京师设立外，还设盛京八旗官学。在京师同类的学校还有八旗教场官学、八旗蒙古官学、八旗学堂、满洲蒙古清文义学等，其特点是以八旗子弟为教育对象，教学内容以满蒙文字为重，并注重骑射训练。《清史稿·选举志一》(图3-3-31)：“此外隶国学者，为八旗官学。顺治元年，若琳奏：‘臣监

清史稿　選舉志一　七

五貢一體以直隸州州判按察鹽運經歷散州州判經歷縣丞分別註選或分發試用蓋五貢終清之世未嘗廢棄也算學隸國子監稱國子監算學乾隆四年額設學生滿漢各十二蒙古漢軍各六續設漢肄業生二十四遵御製數理精蘊分線面體三部部限一年通曉七政限二年有季考歲考五年期滿考取者滿蒙漢軍學生咨部以本旗天文生序補漢學生舉人用博士貢監生童用天文生此外隸國學者爲八旗官學順治元年若琳奏臣監僻在城東北隅滿員子弟就學不便議於滿州八固山地方各立書院以國學二廳六堂教官分教之以時赴監考課下部議行於是八旗各建學舍每佐領下取官學生一名以十名習漢書餘習滿書二年從所藴言合兩旗爲一學每學教習十人教習酌取京省生員其後學額屢有增減教習於國學肄業生考選止用恩拔副歲貢生如無其人准例監生亦得考取舉人願就一例考選雍正元年於八旗蒙古護軍領催驍騎內選熟練國語蒙古語者十六人充蒙古教習向例官學生分佐領選送五年定每旗額設百名滿洲六十習清漢書各半蒙古漢軍各二

图3-3-31　《清史稿·选举志一》

僻在城东北隅，满员子弟就学不便，议于满洲八固山地方各立书院，以国学二厅、六堂教官分教之，以时赴监考课。’下部议行。于是八旗各建学舍。”八旗官学从京师到最北面的黑龙江，建立起覆盖范围广泛的满族官学网，大规模培养少数民族子弟，改善了历来是教育薄弱环节的边远地区的教育状况。

鸦片战争后，教育改革成为清朝朝野共识，清廷废除科举，兴办新式学堂。《奏定学堂章程》（图3–3–32），又称癸卯学制，是中国近代第一个正式施行的学制。1903年由张百熙、张之洞等奏拟，1904年清政府奏准颁布，除规定学制系统外，还订立了学校管理法、教授法及学校设置办法等，施行至辛亥革命为止。

光緒二十九年十一月二十六日內閣奉
上諭方今時事多艱興學育才實爲當務之急前經諭令張之洞會同管學大臣將學堂章程悉心釐訂妥議具奏茲據會奏臚陳各摺片條分縷晰立法尚屬周備著即次第推行其有應行斟酌損益之處仍著該管學大臣會同張之洞隨時詳覈議奏至所稱遞減科舉及將來畢業學生由督撫學政並簡放考官考試一節使學堂科舉合爲一途係爲士皆實學學皆實用起見著自丙午科爲始將鄉會試中額及各省學額按照所陳逐科遞減俟各省學堂一律辦齊確著成效再將科舉學額分別停止以後均歸

一　湖北學務處本

0090104

图3–3–32 《奏定学堂章程》

二、教材

从汉至清，儒家经典一直是中华传统教育的教材。从先秦孔子推行六艺课程，采用六经教材，到后来唐宋时奠定下来的经学课程和“十三经”教材，除朱熹集注“四书”外，中国古代学校课程并未有太多实质性的变化。“十三经”指《周易》《尚书》《诗经》《周礼》《仪礼》《礼记》《春秋左传》《春秋公羊传》《春秋穀梁传》《论语》《孝经》《尔雅》《孟子》这十三部儒家经典著作。“十三经”的形成有着漫长的历史，最初只有“六经”之说，汉以后也称“六艺”。早在贾谊的《新书·六术篇》中就有“《诗》《书》《易》《春秋》《礼》《乐》六者之术，谓之六艺”之说；西汉时实际上只有“五经”，当时今文经学家认为《乐》本无经，古文经学家说有《乐经》，秦焚书后亡佚，所以西汉只有《易》《诗》《书》《礼》《春秋》五经立于学官；东汉熹平四年（175），蔡邕奏求正定“六经”文字，立碑于太学门外，就是所谓的“熹平石经”。“熹平石经”收录了《易》《书》《鲁诗》《春秋》《公羊传》《仪礼》《论语》，相当于后来“十三经”中的“七经”；至唐则将《周易》《尚书》《毛诗》《周礼》《仪礼》《礼记》《春秋左氏传》《春秋公羊传》《春秋穀梁传》等“九经”立于学官；唐文宗大和七年（833）刻石经时又加进《孝经》《论语》《尔雅》，成为“十二经”，开成二年（837）竣工，立于长安务本坊国子监太学前，称为“开成石经”；北宋徽宗时又补刻《孟子》，“十三经”（图3-3-33）至此方成。

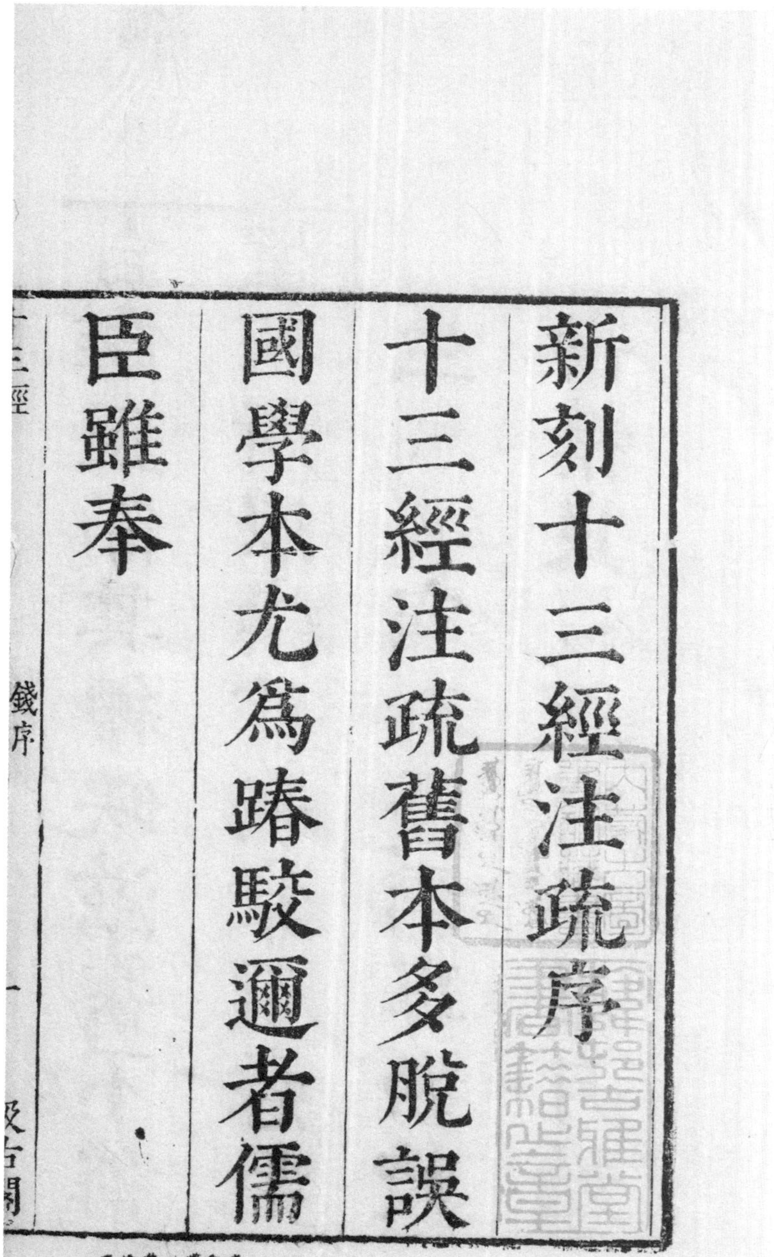
新刻十三經注疏序
十三經注疏舊本多脫誤
國學本尤爲踳駁邇者儒
臣雖奉

图3-3-33 《十三经注疏》

《新唐书·选举志上》(图3-3-34)记载唐代科举考试所学儒家典籍:“凡《礼记》《春秋左氏传》为大经,《诗》《周礼》《仪礼》为中经,《易》《尚书》《春秋公羊传》《穀梁传》为小经。通二经者,大经、小经各一,若中经二。通三经者,大经、中经、小经各一。通五经者,大经皆通,余经各一,《孝经》《论语》皆兼通之。凡治《孝经》《论语》共限一岁,《尚书》《公羊传》《穀梁传》各一岁半,《易》《诗》《周礼》《仪礼》各二岁,《礼记》《左氏传》各三岁。”

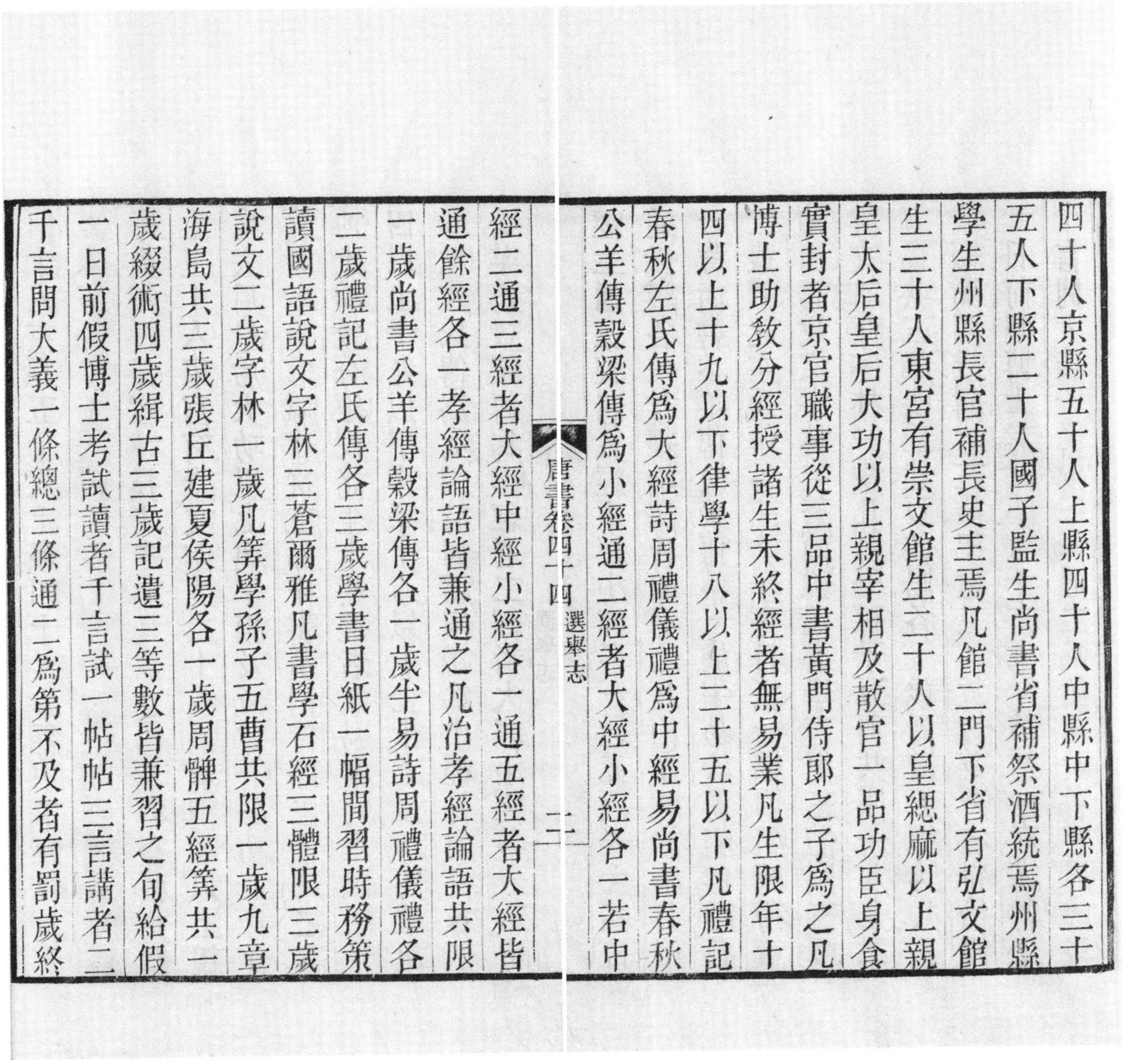
四十人京縣五十人上縣四十人中縣中下縣各三十
五人下縣二十人國子監生尚書省補祭酒統焉州縣
學生州縣長官補長史主焉凡館二門下省有弘文館
生三十人東宮有崇文館生二十人以皇緦麻以上親
皇太后皇后大功以上親宰相及散官一品功臣身食
實封者京官職事從三品中書黃門侍郎之子爲之凡
博士助教分經授諸生未終經者無易業凡生限年十
四以上十九以下律學十八以上二十五以下凡禮記
春秋左氏傳爲大經詩周禮儀禮爲中經易尚書春秋
公羊傳穀梁傳爲小經通二經者大經小經各一若中

唐書卷四十四 選舉志 二

經二通三經者大經中經小經各一通五經者大經皆
通餘經各一孝經論語皆兼通之凡治孝經論語共限
一歲尚書公羊傳穀梁傳各一歲半易詩周禮儀禮各
二歲禮記左氏傳各三歲學書日紙一幅間習時務策
讀國語說文字林三蒼爾雅凡書學石經三體限三歲
說文二歲字林一歲凡筭學孫子五曹共限一歲九章
海島共三歲張丘建夏侯陽各一歲周髀五經筭共一
歲綴術四歲緝古三歲記遺三等數皆兼習之旬給假
一日前假博士考試讀者千言試一帖帖三言講者二
千言問大義一條總三條通二爲第不及者有罰歲終

图 3-3-34 《新唐书·选举志上》

《宋史·选举志一》(图3-3-35)记述了元祐四年(1089)围绕科举的教育内容:“四年,乃立经义、诗赋两科,罢试律义。凡诗赋进士,于《易》《诗》《书》《周礼》《礼记》《春秋左传》内听习一经。初试本经义二道,《语》《孟》义各一道,次试赋及律诗各一首,次论一首,末试子、史、时务策二道。凡专经进士,须习两经,以《诗》《礼记》《周礼》《左氏春秋》为大经,《书》《易》《公羊》《穀梁》《仪礼》为中经,《左氏春秋》得兼《公羊》《穀梁》《书》,《周礼》得兼《仪礼》或《易》,《礼记》《诗》并兼《书》,愿习二大经者听,不得偏占两中经。”

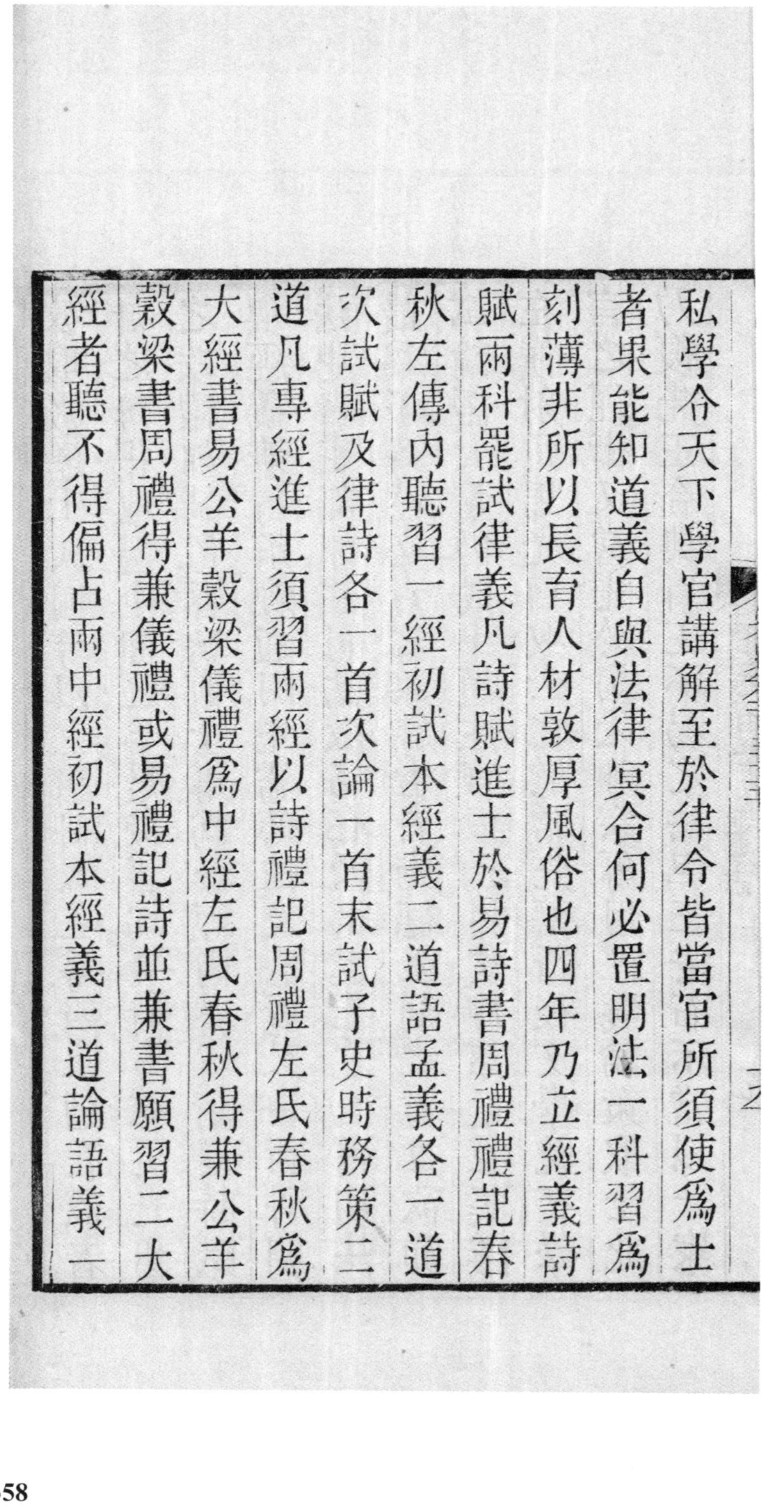
私學令天下學官講解至於律令皆當官所須使爲士
者果能知道義自與法律冥合何必置明法一科習爲
刻薄非所以長育人材敦厚風俗也四年乃立經義詩
賦兩科罷試律義凡詩賦進士於易詩書周禮禮記春
秋左傳內聽習一經初試本經義二道語孟義各一道
次試賦及律詩各一首次論一首末試子史時務策二
道凡專經進士須習兩經以詩禮記周禮左氏春秋爲
大經書易公羊穀梁儀禮爲中經左氏春秋得兼公羊
穀梁書周禮得兼儀禮或易禮記詩並兼書願習二大
經者聽不得偏占兩中經初試本經義三道論語義一

图3-3-35 《宋史·选举志一》

《钦定续文献通考·学校考》(图3-3-36)记载宋金朝时期学校教材已经开始使用后世流传的通行本了，比如金朝要求：“凡经，《易》用王弼、韩康伯注，《书》用孔安国注，《诗》用毛苌注、郑康成笺，《春秋左氏传》用杜预注，《礼记》用孔颖达疏，《周礼》用郑康成注、贾公彦疏，《论语》用何晏注、邢昺疏，《孟子》用赵岐注、孙奭疏，《孝经》用唐明皇注，《史记》用裴骃注，《前汉书》用颜师古注，《后汉书》用李贤注，《三国志》用裴松之注，及唐太宗《晋书》、沈约《宋书》、萧子显《齐书》、姚思廉《梁书》《陈书》、魏收《后魏书》、李百药《北齐书》、令狐德棻《周书》、魏征《隋书》《新旧唐书》《新旧五代史》、《老子》用唐明皇注、疏，《荀子》用杨倞注，《扬子》用李轨、宋咸、柳宗元、吴秘注，皆自国子监印之，授诸学校。”

十人通四百人凡試補太學生禮部主之會得府薦及終場舉人俱免試凡經易用王弼韓康伯註書用孔安國
註詩用毛萇註鄭康成箋春秋左氏傳用杜預註禮記用孔穎達疏周禮用鄭康成註賈公彥疏論語用何晏註
邢昺疏孟子用趙岐註孫奭疏孝經用唐明皇註史記用裴駰註前漢書用顏師古註後漢書用李賢註三國志
用裴松之註及唐太宗晉書沈約宋書蕭子顯齊書姚思廉梁書陳書魏收後魏書李百藥北齊書令狐德棻周
書魏徵隋書新舊唐書新舊五代史（太和七年十一月新定學令削去薛居正五代史止用歐陽修所撰）老子用唐明皇註疏荀子用楊倞註揚子
用李軌宋咸柳宗元吳祕註皆自國子監印之授諸學校凡學生會課三日作策論一道又三日作賦及詩各一
篇三月一私試以季月初先試賦間一日試策論中選者以上五名申部遇旬休節辰皆有假病則給假省親遠
行則給程犯學規者罰不率者黜遭喪百日後求入學者不得與釋奠禮凡國子學生三年不能充貢欲就諸局
承應者學官試能粗通大小各一經者聽
十三年置女直國子學　自大定四年以女直大小字譯尚書頒行諸路擇明安穆昆內良家子弟為學生至三
千人九年取其尤俊秀者百人至京師以編修官溫特赫吉達教之至是始設國子學定策論生百人小學生百
人凡取國子學生之制皆與詞賦經義生同又定制每穆昆取二人若宗室每二十戶內無願學者則取有物力
家子弟年十三以上二十以下者充凡會課三日作策論一道季月私試如漢生制
臣等謹按金史完顏宗憲傳言太宗時頒行女直字書宗憲年十六選入學則金之有女直學其來已久至世宗
乃復廣之諸路耳
二十九年（時章宗已即位）言者乞興學校推行三舍法詔下尚書省集議　戶部尚書鄧儼等謂三舍之法起於宋熙甯
欽定續文獻通考　卷四十七　學校考　四

图3-3-36　《钦定续文献通考·学校考》

《元史·选举志一》（图3-3-37）记载国子学学习的内容也是儒家经典："至二十四年，立国子学，而定其制。设博士，通掌学事，分教三斋生员，讲授经旨，是正音训，上严教导之术，下考肄习之业。复设助教，同掌学事，而专守一斋；正、录，申明规矩，督习课业。凡读书必先《孝经》《小学》《论语》《孟子》《大学》《中庸》，次及《诗》《书》《礼记》《周礼》《春秋》《易》。"

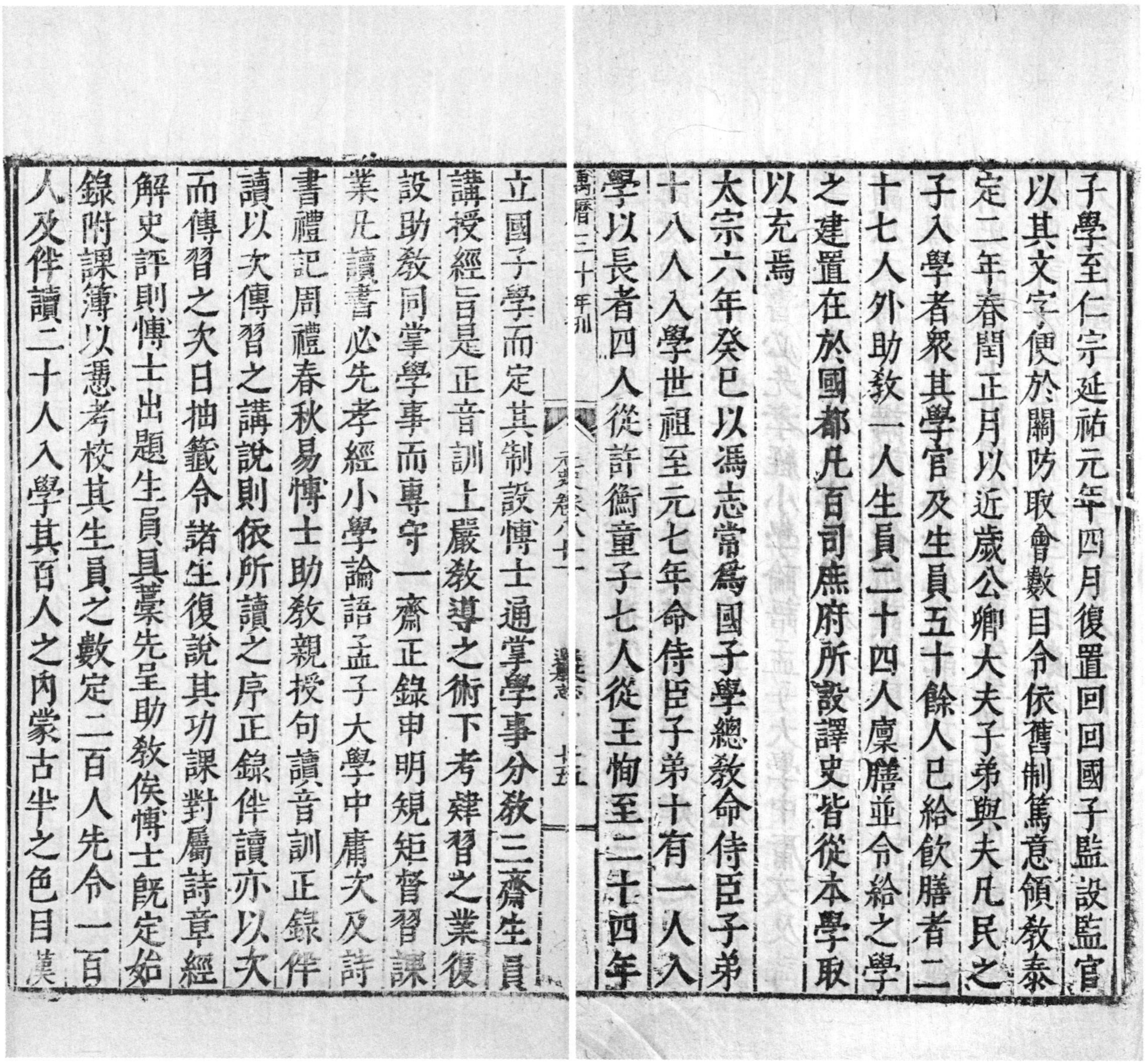

子學至仁宗延祐元年四月復置回回國子監設監官
以其文字便於關防取會數目令依舊制篤意領教泰
定二年春閏正月以近歲公卿大夫子弟與夫凡民之
子入學者衆其學官及生員五十餘人已給飲膳者二
十七人外助教一人生員二十四人廩膳並令給之學
之建置在於國都凡百司庶府所設譯史皆從本學取
以充焉
太宗六年癸巳以馮志常爲國子學總教命侍臣子弟
十八人入學世祖至元七年命侍臣子弟十有一人入
學以長者四人從許衡童子七人從王恂至二十四年

萬曆三十年刊　元史卷八十一　選舉志一　十五

立國子學而定其制設博士通掌學事分教三齋生員
講授經旨是正音訓上嚴教導之術下考肄習之業復
設助教同掌學事而專守一齋正錄申明規矩督習課
業凡讀書必先孝經小學論語孟子大學中庸次及詩
書禮記周禮春秋易博士助教親授句讀音訓正錄伴
讀以次傳習之講說則依所讀之序正錄伴讀亦以次
而傳習之次日抽籤令諸生復說其功課對屬詩章經
解史評則博士出題生員具藁先呈助教俟博士既定始
錄附課簿以憑考校其生員之數定二百人先令一百
人及伴讀二十人入學其百人之內蒙古半之色目漢

图3-3-37　《元史·选举志一》

《明史·选举志二》(图3-3-38)对科举考试用书有明确规定:“初场试《四书》义三道，经义四道。《四书》主朱子《集注》,《易》主程《传》、朱子《本义》,《书》主蔡氏传及古注疏,《诗》主朱子《集传》,《春秋》主左氏、公羊、穀梁三传及胡安国、张洽传,《礼记》主古注疏。永乐间，颁《四书五经大全》，废注疏不用。其后,《春秋》亦不用张洽传,《礼记》止用陈澔《集说》。”“《四书》主朱子《集注》”，指朱熹的《四书章句集注》(图3-3-39);“《易》主程《传》”，指《程氏易传》;《春秋》先有五传，后为《春秋四传》(图3-3-40);《礼记》只用陈澔《礼记集说》。永乐年间，胡广等人编写的官方教材《五经大全》(图3-3-41)、《四书大全》、《性理大全》成为科举取士标准教材。

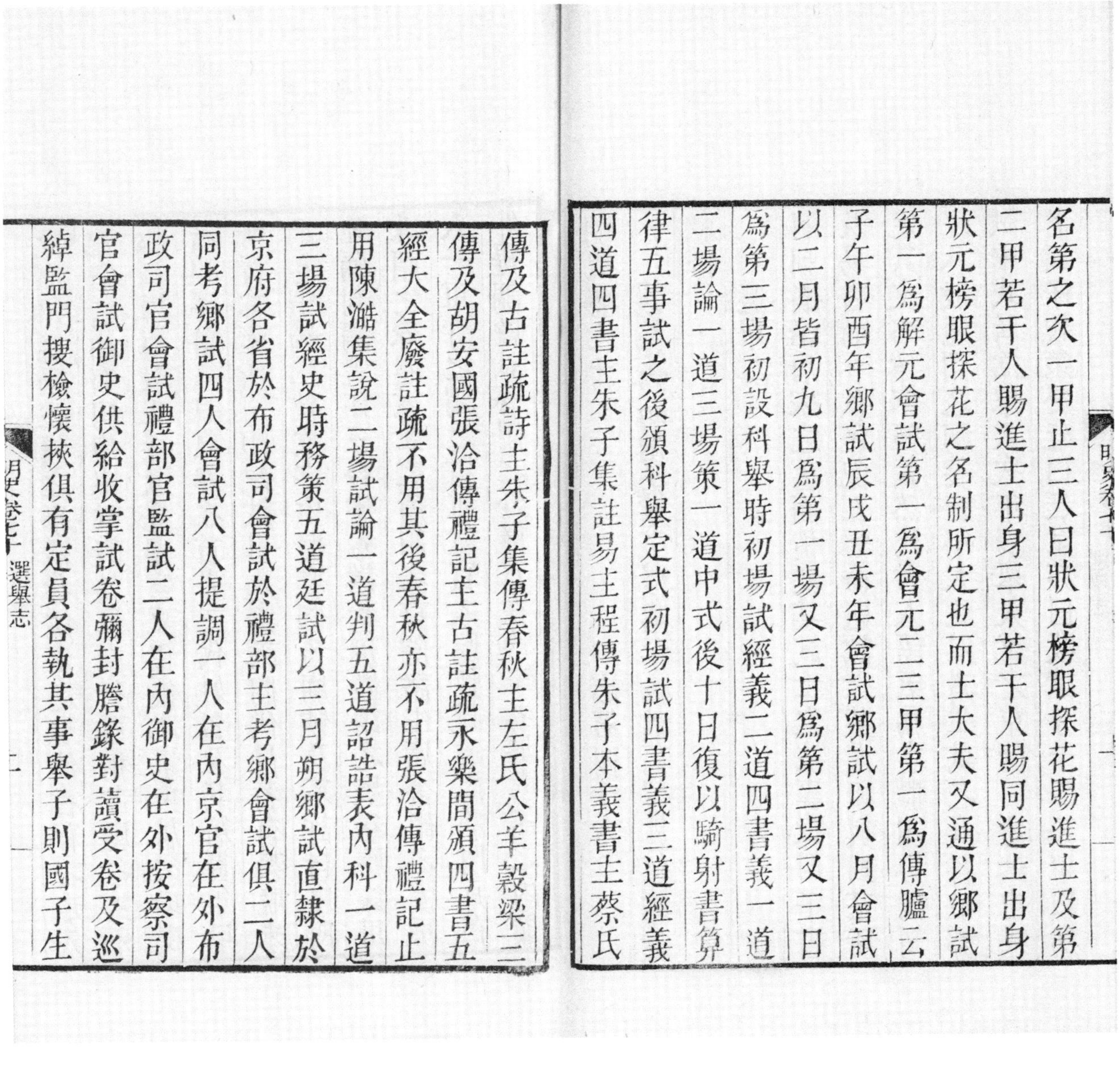
名第之次一甲止三人曰狀元榜眼探花賜進士及第
二甲若干人賜進士出身三甲若干人賜同進士出身
狀元榜眼探花之名制所定也而士大夫又通以鄉試
第一爲解元會試第一爲會元二三甲第一爲傳臚云
子午卯酉年鄉試辰戌丑未年會試鄉試以八月會試
以二月皆初九日爲第一場又三日爲第二場又三日
爲第三場初設科舉時初場試經義二道四書義一道
二場論一道三場策一道中式後十日復以騎射書算
律五事試之後頒科舉定式初場試四書義三道經義
四道四書主朱子集註易主程傳朱子本義書主蔡氏
傳及古註疏詩主朱子集傳春秋主左氏公羊穀梁三
傳及胡安國張洽傳禮記主古註疏永樂間頒四書五
經大全廢註疏不用其後春秋亦不用張洽傳禮記止
用陳澔集說二場試論一道判五道詔誥表內科一道
三場試經史時務策五道廷試以三月朔鄉試直隸於
京府各省於布政司會試於禮部主考鄉會試俱二人
同考鄉試四人會試八人提調一人在內京官在外布
政司官會試禮部官監試二人在內御史在外按察司
官會試御史供給收掌試卷彌封謄錄對讀受卷及巡
綽監門搜檢懷挾俱有定員各執其事舉子則國子生
明史卷七十　選舉志　二

图3-3-38　《明史·选举志二》

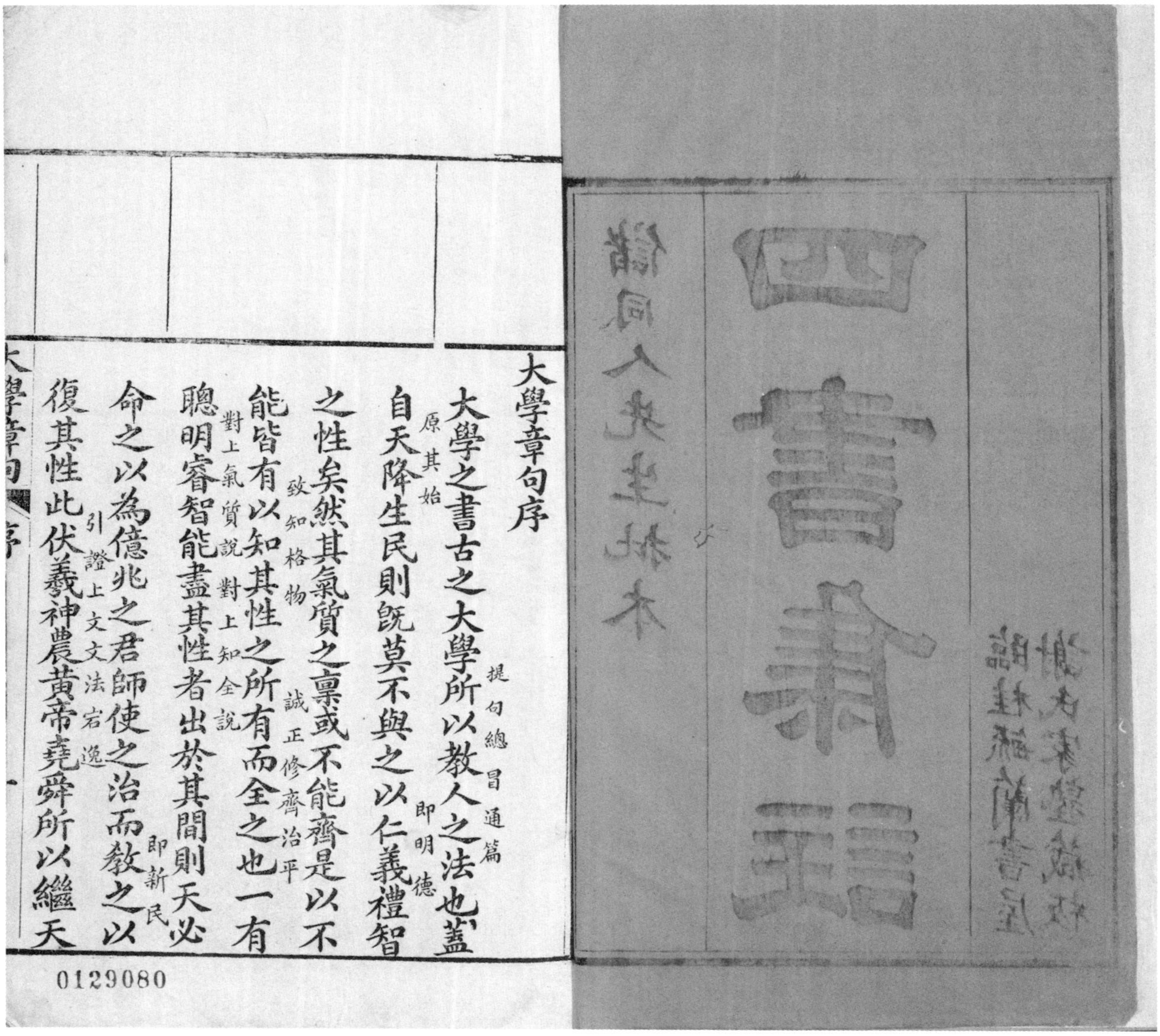

图 3-3-39 《四书章句集注》

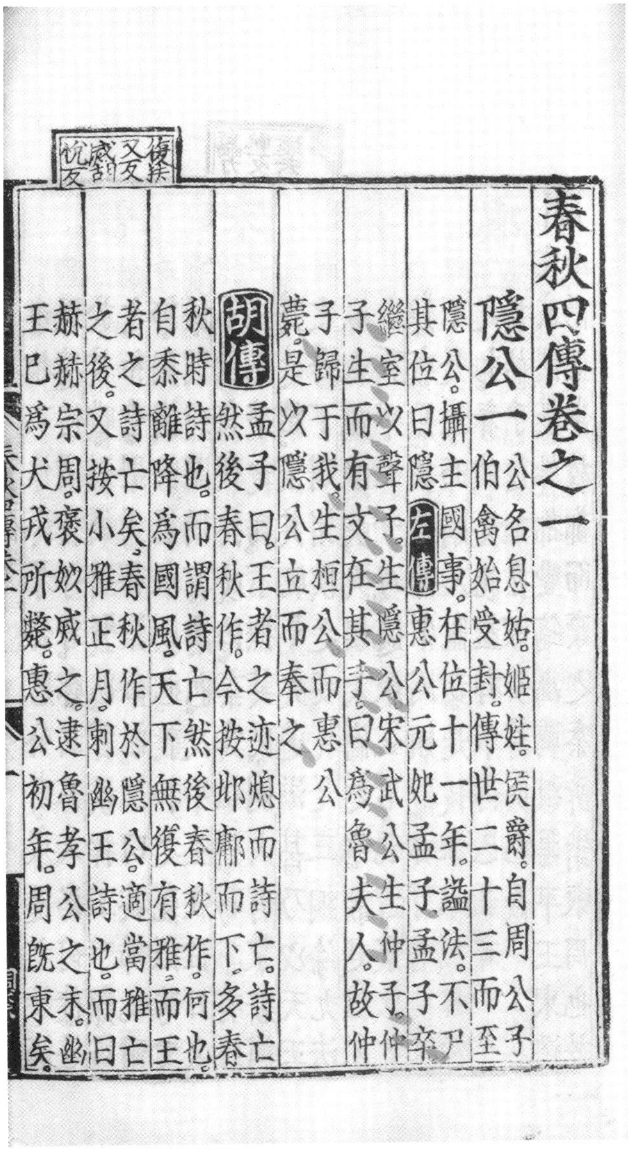

图 3-3-40 《春秋四传》

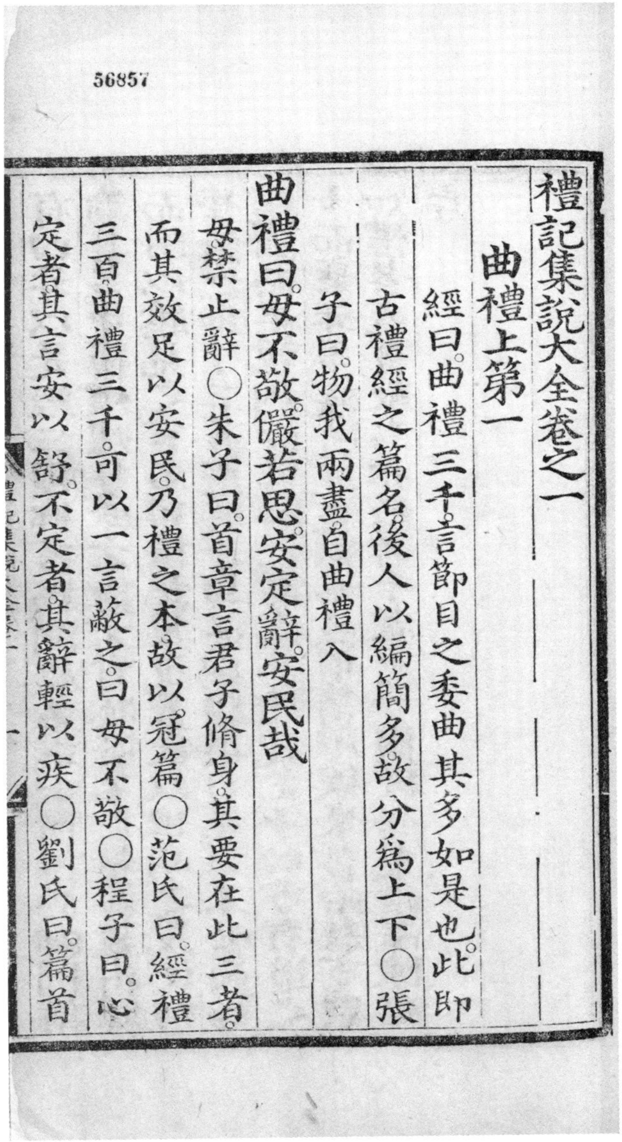

图 3-3-41 《礼记集说大全》

清朝科举考试教材基本沿袭明制而略有变化，《清史稿·选举三》(图3-3-42)："有清科目取士，承明制用八股文。取《四子书》及《易》《书》《诗》《春秋》《礼记》五经命题，谓之制义。……《四书》主朱子《集注》，《易》主程《传》、朱子《本义》，《书》主蔡《传》，《诗》主朱子《集传》，《春秋》主胡安国《传》，《礼记》主陈澔《集说》。其后《春秋》不用胡《传》，以《左传》本事为文，参用《公羊》《穀梁》。"如《春秋》仅剩三传。

康熙初年始，清政府组织翻译和编辑大量儒家经典，仅《四书》就有《御制翻译四书》、《钦定满文四书》、《四书人物衍义》、《四书集注》(图3-3-43)、《四书讲章》、《四书字解》等译本，其他儒家经典还有《周易》(图3-3-44)、《书经》(图3-3-45)、《诗经》、《礼记》(图3-3-46)、《春秋》(图3-3-47)、《孝经》、《论语》、《孟子》、《大学衍义》等。

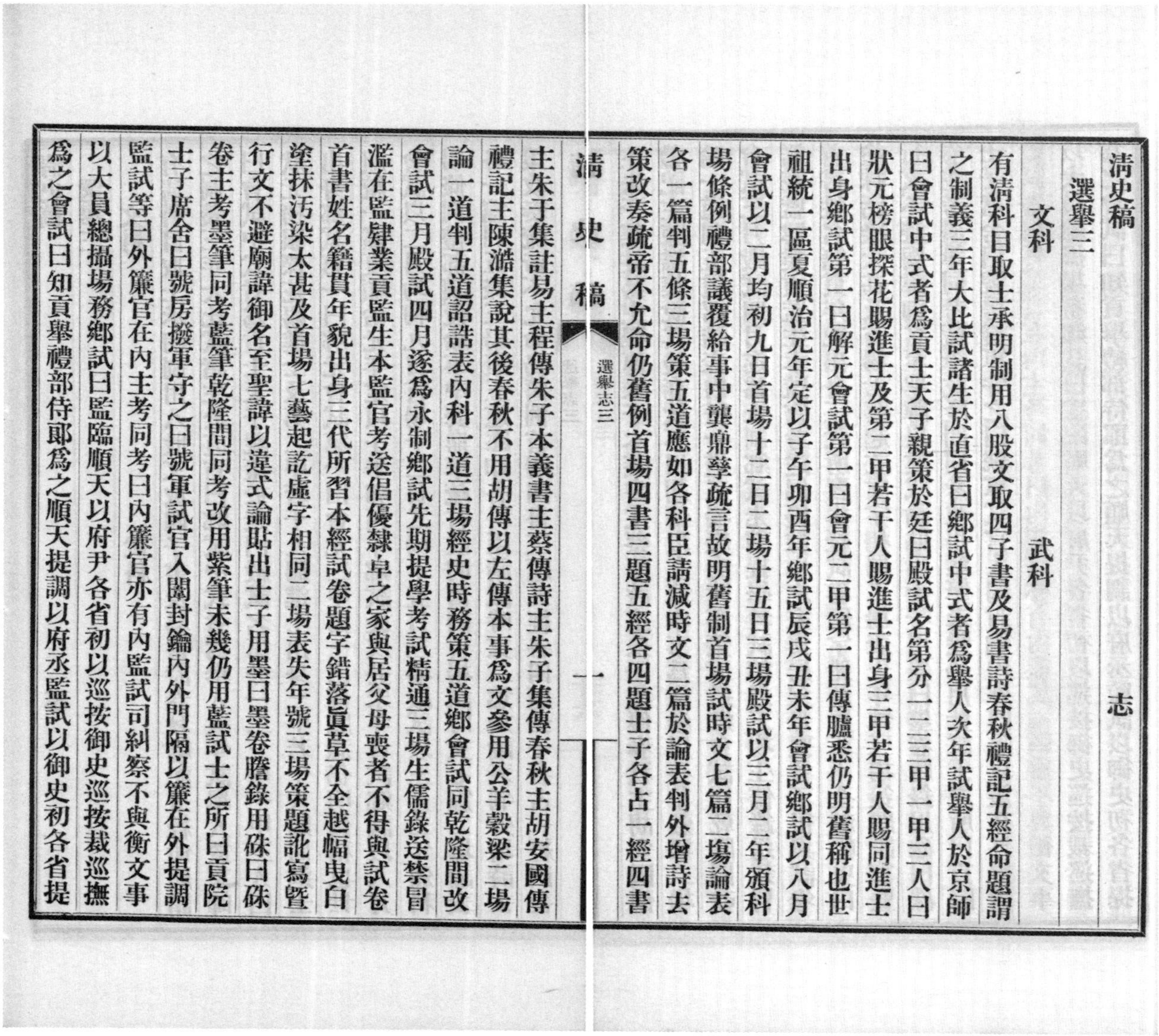
清史稿　志
選舉三
文科　武科
有清科目取士承明制用八股文取四子書及易書詩春秋禮記五經命題謂
之制義三年大比試諸生於直省曰鄉試中式者爲舉人次年試舉人於京師
曰會試中式者爲貢士天子親策於廷曰殿試名第分一二三甲一甲三人曰
狀元榜眼探花賜進士及第二甲若干人賜進士出身三甲若干人賜同進士
出身鄉試第一曰解元會試第一曰會元二甲第一曰傳臚悉仍明舊稱也世
祖統一區夏順治元年定以子午卯酉年鄉試辰戌丑未年會試鄉試以八月
會試以二月均初九日首場十二日二場十五日三場殿試以三月二年頒科
場條例禮部議覆給事中龔鼎孳疏言故明舊制首場試時文七篇二場論表
各一篇判五條三場策五道應如各科臣請減時文二篇於論表判外增詩去
策改奏疏帝不允命仍舊例首場四書三題五經各四題士子各占一經四書
清史稿　選舉志三　一
主朱子集註易主程傳朱子本義書主蔡傳詩主朱子集傳春秋主胡安國傳
禮記主陳澔集說其後春秋不用胡傳以左傳本事爲文參用公羊穀梁二場
論一道判五道詔誥表內科一道三場經史時務策五道鄉會試同乾隆間改
會試三月殿試四月遂爲永制鄉試先期提學考試精通三場生儒錄送禁冒
濫在監肄業貢監生本監官考送倡優隸皁之家與居父母喪者不得與試卷
首書姓名籍貫年貌出身三代所習本經試卷題字錯落眞草不全越幅曳白
塗抹汚染太甚及首場七藝起訖虛字相同二場表失年號三場策題訛寫暨
行文不避廟諱御名至聖諱以違式論貼出士子用墨曰墨卷謄錄用硃曰硃
卷主考墨筆同考藍筆乾隆間同考改用紫筆未幾仍用藍試士之所曰貢院
士子席舍曰號房撥軍守之曰號軍試官入闈封鑰內外門隔以簾在外提調
監試等曰外簾官在內主考同考曰內簾官亦有內監試司糾察不與衡文事
以大員總攝場務鄉試曰監臨順天以府尹各省初以巡按御史巡按裁巡撫
爲之會試曰知貢舉禮部侍郎爲之順天提調以府丞監試以御史初各省提

图 3-3-42　《清史稿·选举三》

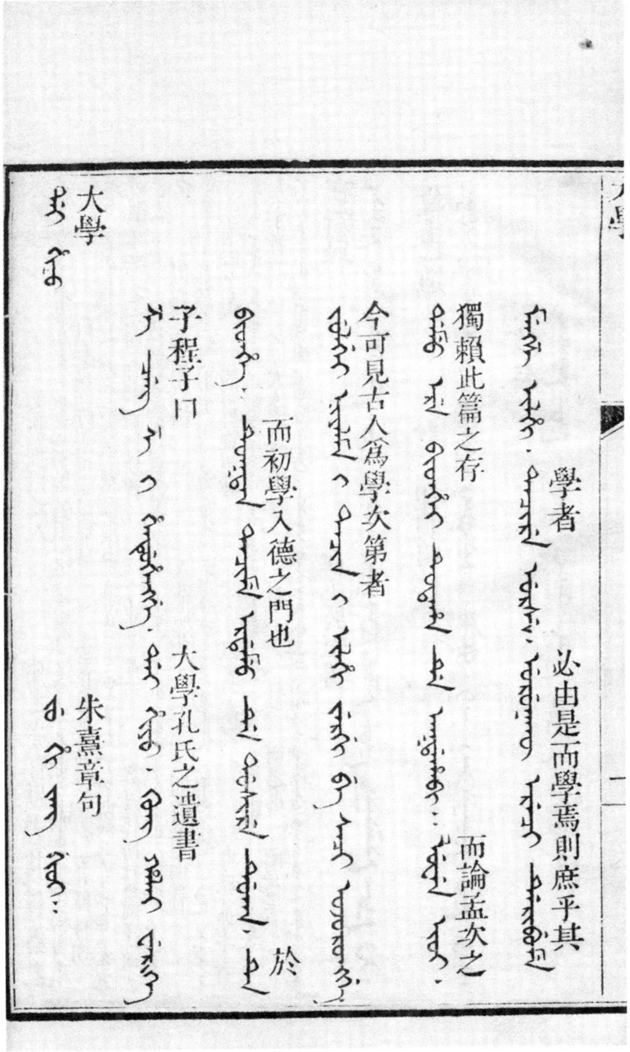

图 3-3-43　满汉合璧《四书集注》

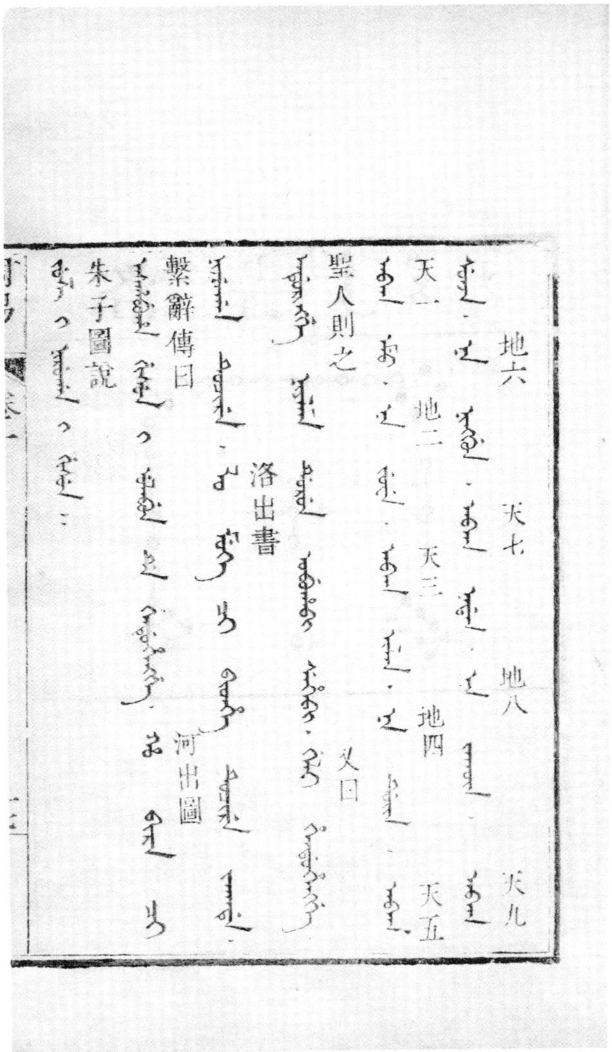

图 3-3-44　满汉合璧《周易》

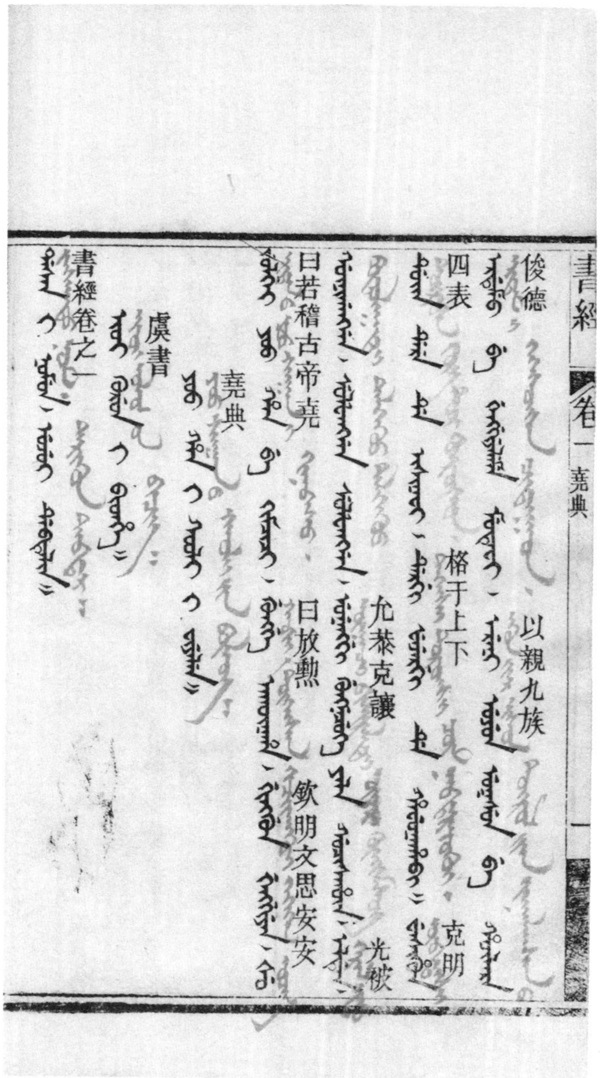

書經 卷一 堯典

書經卷之一

虞書

堯典

曰若稽古帝堯 曰放勳 欽明文思安安 允恭克讓 光被四表 格于上下 克明俊德 以親九族

图 3-3-45 满汉合璧《书经》

禮記 卷一 曲禮上

禮記卷之一

禮者 所以經天地 理人倫 而非偽貌飾情之具也 原其所起 皆人性所固有 則高卑定位而禮立焉 萬物散殊而禮行焉 聖人循天秩之自然

图 3-3-46 满汉合璧《礼记》

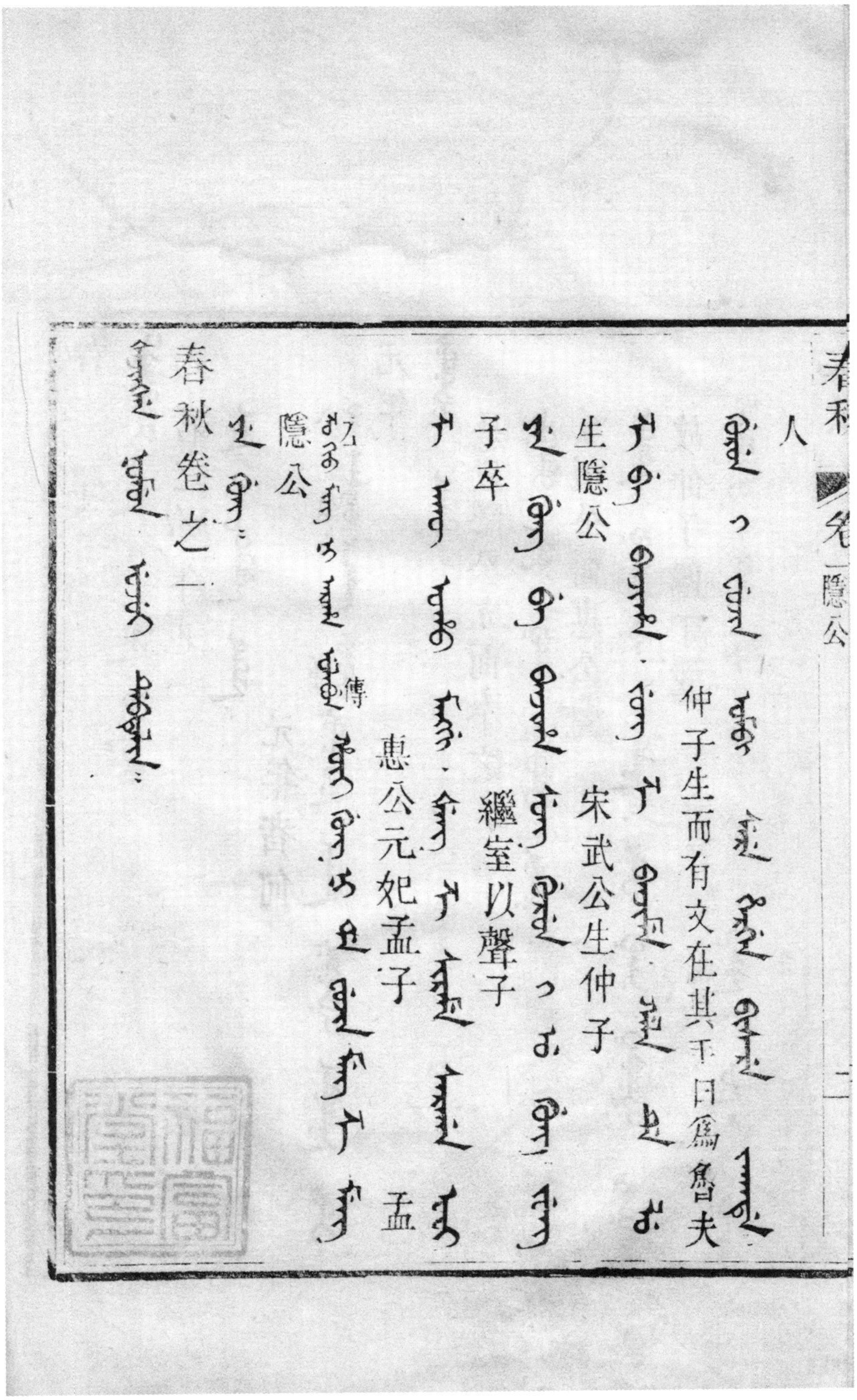
春秋卷一 隱公 二

春秋卷之一

隱公

傳

惠公元妃孟子 孟

子卒 繼室以聲子

生隱公 宋武公生仲子

仲子生而有文在其手曰爲魯夫

人

图 3-3-47　满汉合璧《春秋》

清朝时期，儒家经典还被译成蒙古文供知识分子学习，如《御制翻译四书》(图3-3-48)、《论语》、《孟子》、《大学》、《大学衍义》、《中庸》、《满蒙合璧孝经》、《御制翻译礼记》(图3-3-49)等。

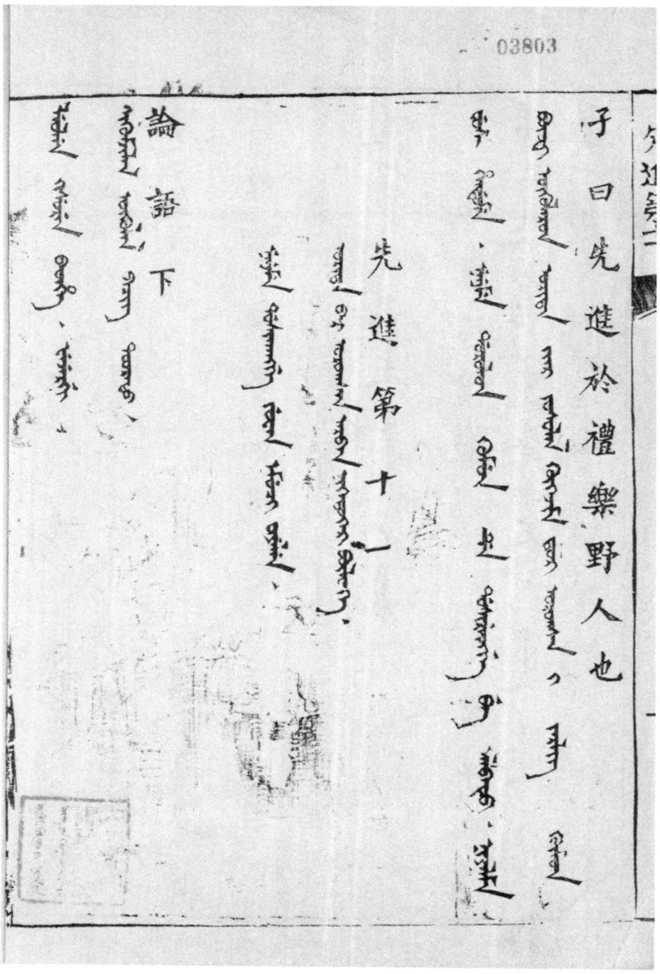

图3-3-48　蒙汉合璧《御制翻译四书》

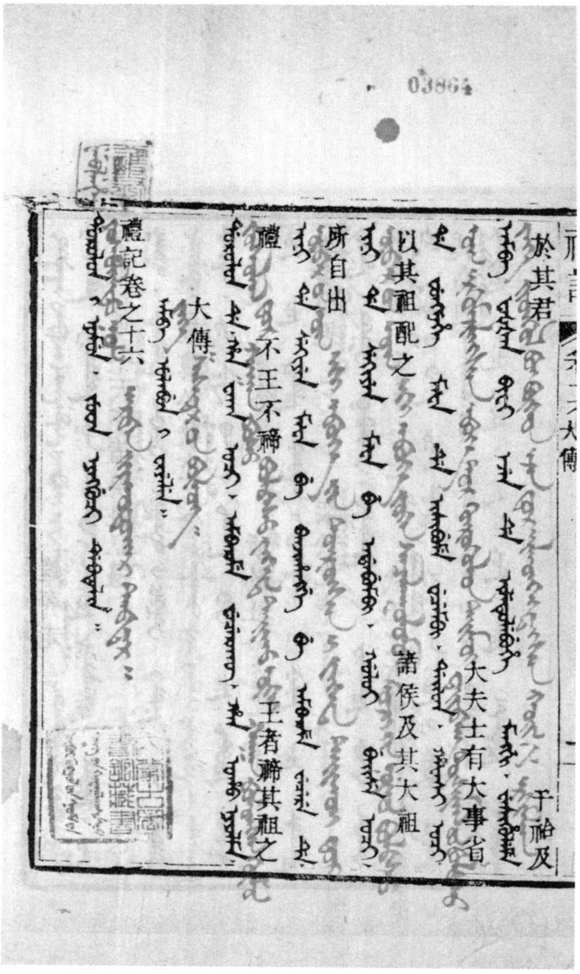

图3-3-49　蒙汉合璧《御制翻译礼记》

三、启蒙教育

启蒙教育方面，秦实行“书同文”，进行了文字的统一整理。李斯编写了《仓颉篇》(图3-3-50)，赵高编写了《爰历篇》，胡毋敬编写了《博学篇》，以常识教育为核心，作为蒙童识字的基本教材，对启蒙教育的发展有重要意义，直到汉代这些书还被用作儿童的识字读本。西汉以来，历代相传的较为通行的传统识字教材是史游编纂的《急就章》(图3-3-51)。

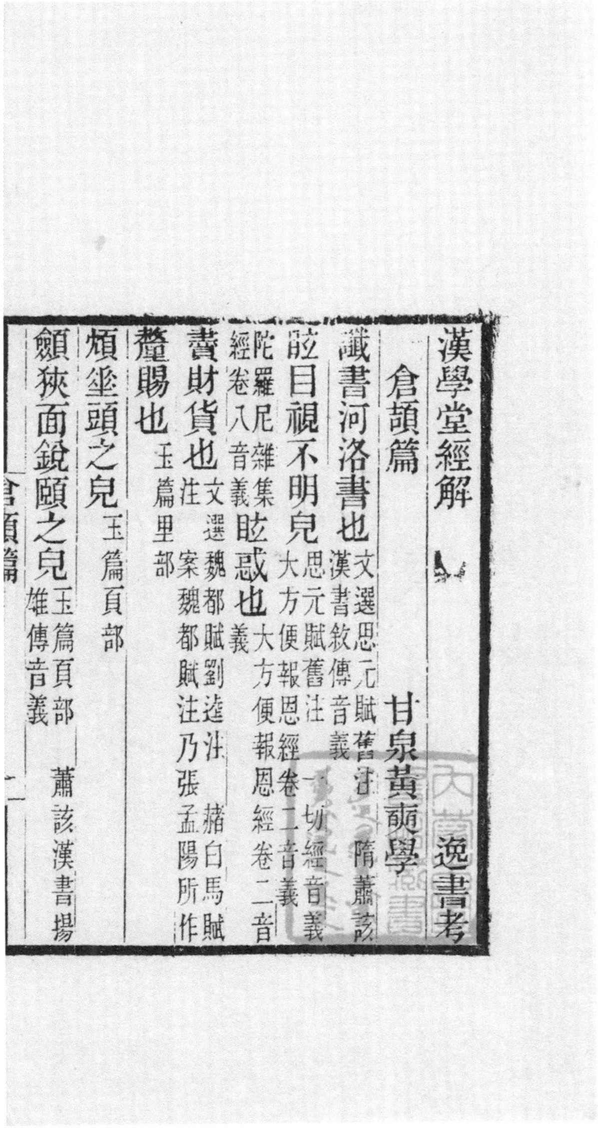
漢學堂經解 逸書考

倉頡篇 甘泉黃奭學

讖書河洛書也 文選思元賦舊注 漢書敘傳音義 隋蕭該

眩目視不明皃 文選思元賦舊注 大方便報恩經卷一 一切經音義

陀羅尼雜集經卷八音義 眩惑也 大方便報恩經卷二音義

賫財貨也 文選魏都賦劉逵注 案魏都賦注乃張孟陽所作

釐賜也 玉篇里部

煩坐頭之皃 玉篇頁部

頷狹面銳頤之皃 玉篇頁部 蕭該漢書揚雄傳音義

图 3–3–50 《仓颉篇》

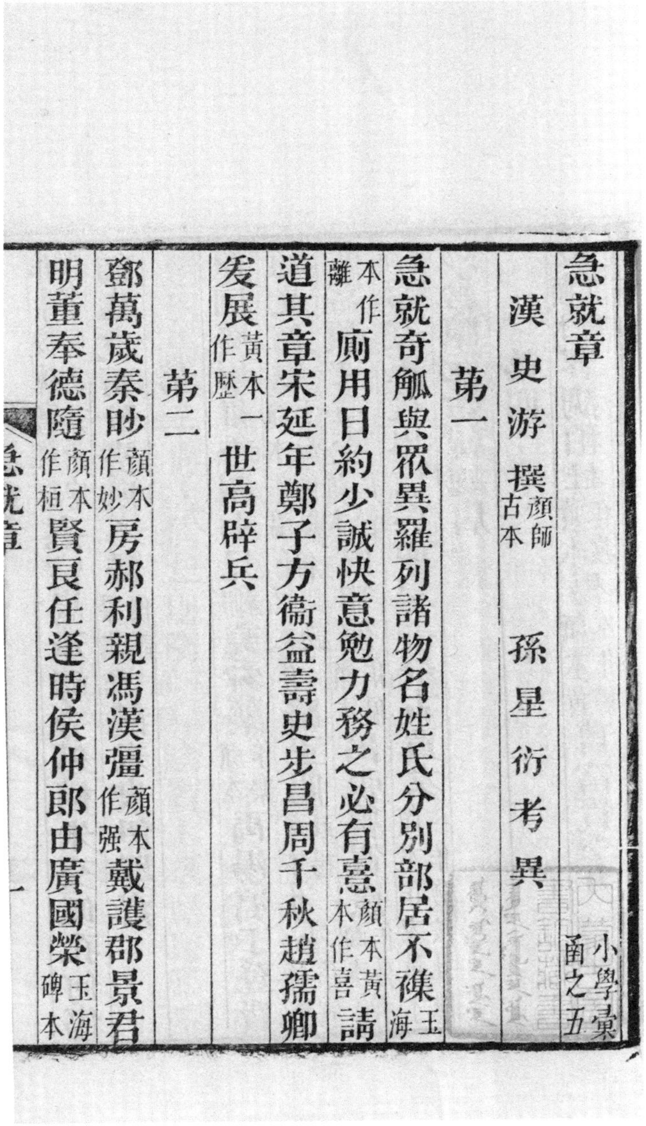
急就章 小學彙函之五

漢史游撰 顏師古本 孫星衍考異

第一

急就奇觚與衆異羅列諸物名姓氏分別部居不襍 玉海本作離

廁用日約少誠快意勉力務之必有憙 顏本黃本作喜 請

道其章宋延年鄭子方衞益壽史步昌周千秋趙孺卿

爰展 黃本作歷 一世高辟兵

第二

鄧萬歲秦眇 顏本作妙 房郝利親馮漢彊 顏本作強 戴護郡景君

明董奉德隨 顏本作桓 賢良任逢時侯仲郎由廣國榮 玉海本碑

图 3–3–51 《急就章》

宋元是古代蒙学发展的一个重要阶段，在学生的识字、背诗以及行为习惯教育方面积累了许多成功经验。其启蒙教材从内容到形式都较为多样化，以《三字经》、《百家姓》(图3–3–52)、《千字文》(图3–3–53)流传最为广泛，合称“三、百、千”。

清代的私塾讲授课本有《三字经》、《百家姓》、《文字蒙求》(图3–3–54)及四书五经、八股文等。《教童子法》(图3–3–55)记载私塾还会根据学生资质增加其他学习内容：“蒙养之时，识字为先，不必遽读书……能识二千字，乃可读书；读亦必讲……八九岁时，神智渐开，则四声、虚实、韵部、双声、叠韵事事都须教，兼当教之属对，且每日教一典故。才高者全经及《国语》《国策》《文选》尽读之，即才钝，亦《五经》《周礼》《左传》全读之，《仪礼》《公》《穀》摘钞读之。才高者十六岁可以学文，钝者二十岁不晚。”

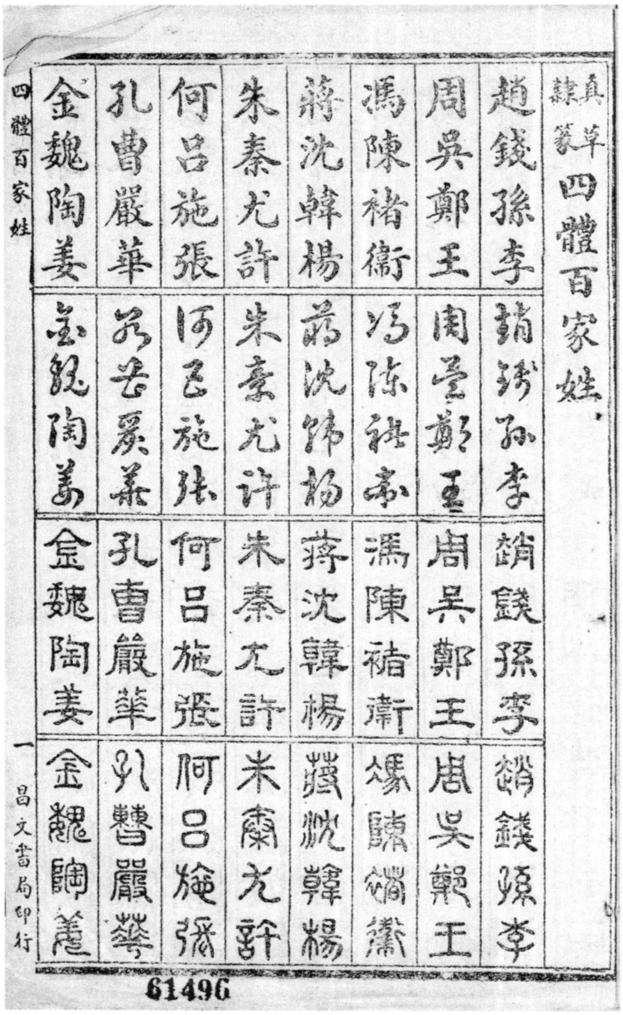

图 3-3-52 《百家姓》

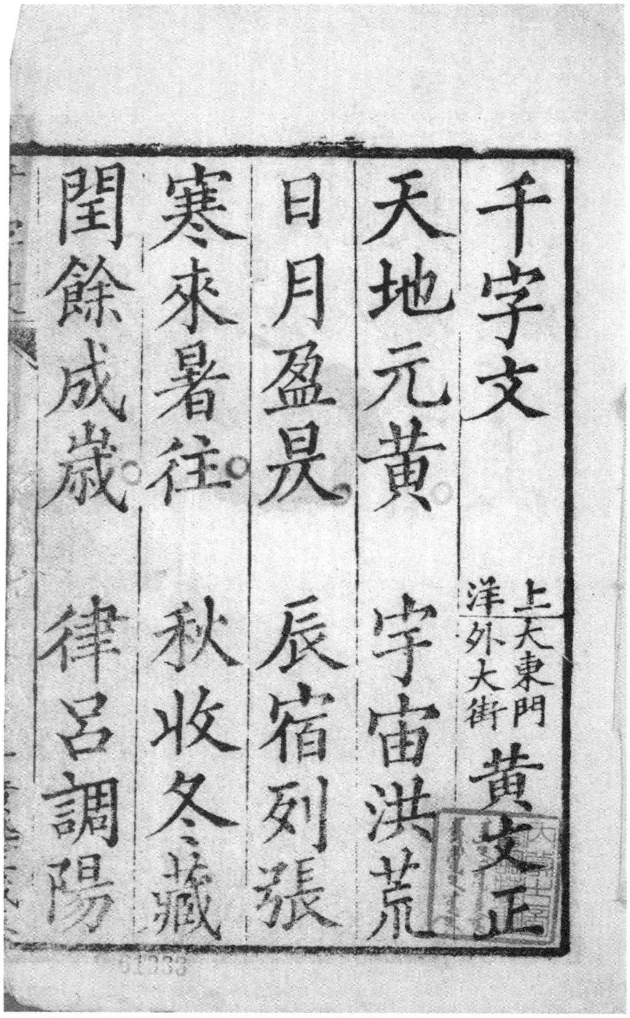

图 3-3-53 《千字文》

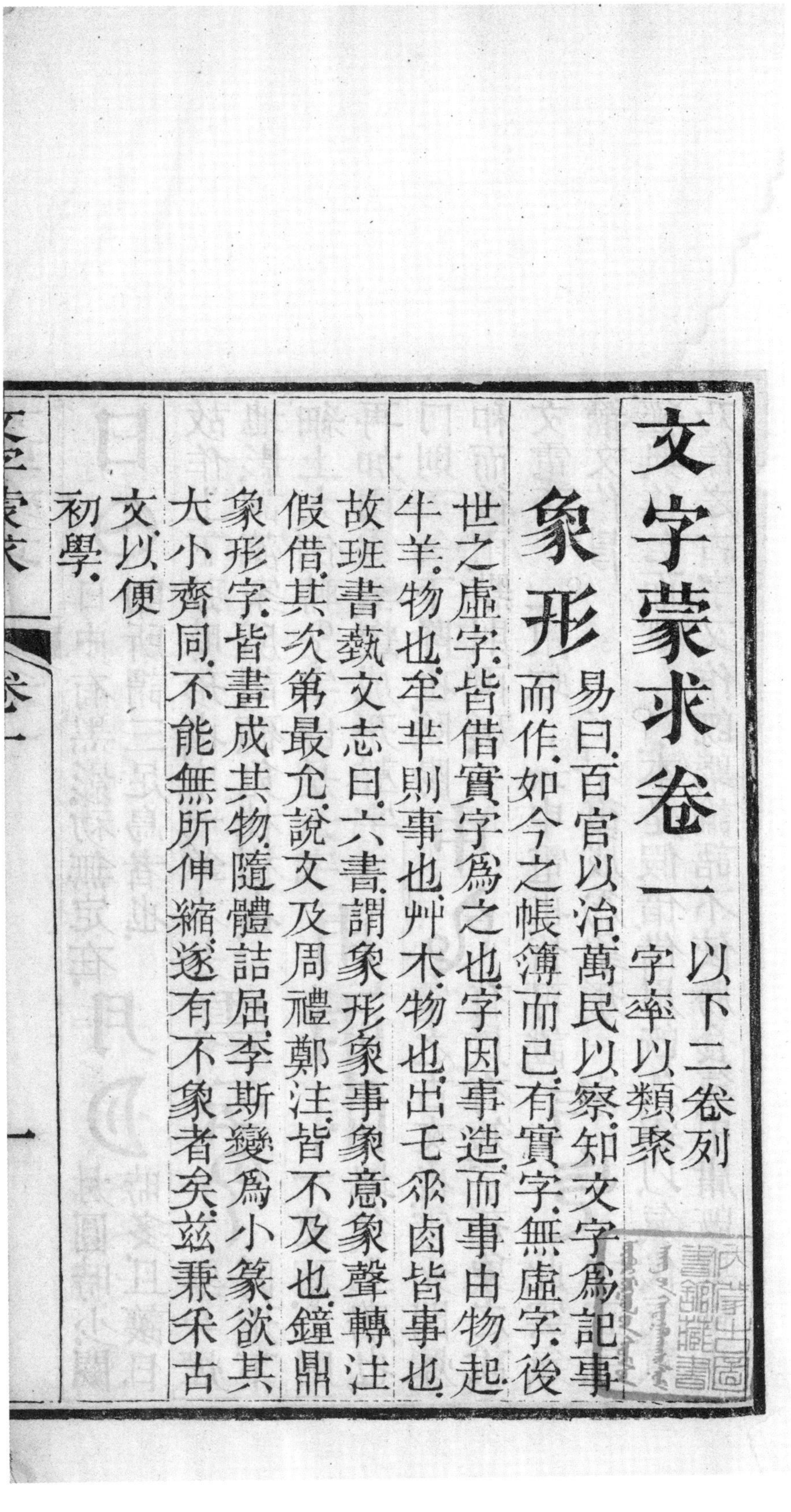
文字蒙求卷一 以下二卷列字率以類聚

象形 易曰百官以治萬民以察知文字爲記事而作如今之帳簿而已有實字無虛字後世之虛字皆借實字爲之也字因事造而事由物起牛羊物也𢆉羋則事也艸木物也出乇𠂹卤皆事也故班書藝文志曰六書謂象形象事象意象聲轉注假借其次第最允說文及周禮鄭注皆不及也鐘鼎象形字皆畫成其物隨體詰屈李斯變爲小篆欲其大小齊同不能無所伸縮遂有不象者矣茲兼采古文以便初學

文字蒙求 卷一 一

图 3-3-54 《文字蒙求》

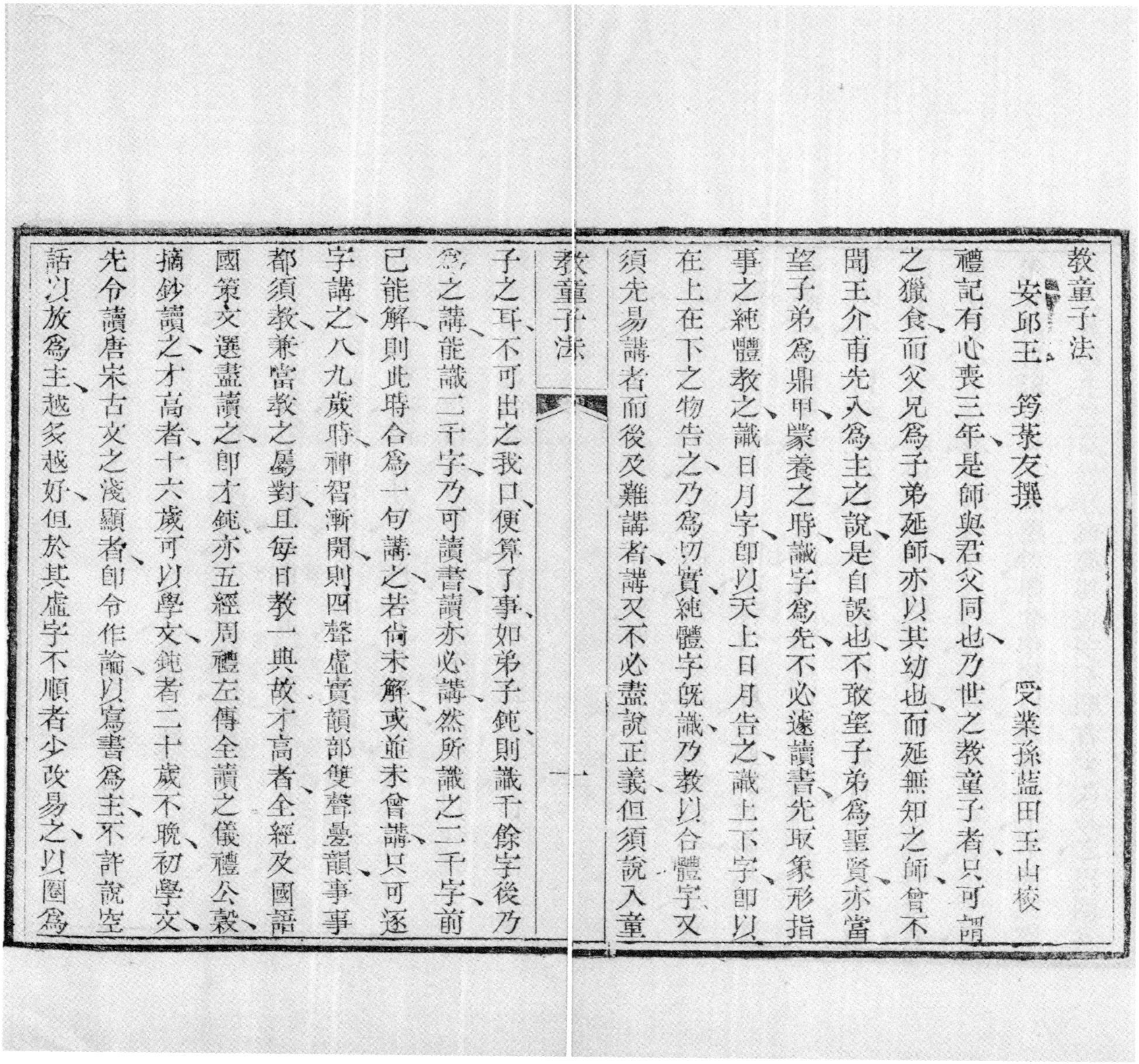

教童子法

安邱王筠菉友撰　受業孫藍田玉山校

禮記有心喪三年是師與君父同也乃世之教童子者只可謂之獵食而父兄爲子弟延師亦以其幼也而延無知之師曾不聞王介甫先入爲主之說是自誤也不敢望子弟爲聖賢亦當望子弟爲鼎甲蒙養之時識字爲先不必遽讀書先取象形指事之純體教之識日月字卽以天上日月告之識上下字卽以在上在下之物告之乃爲切實純體字旣識乃教以合體字又須先易講者而後及難講者講又不必盡說正義但須說入童

教童子法　一

子之耳不可出之我口便算了事如弟子鈍則識千餘字後乃爲之講能識二千字乃可讀書讀亦必講然所識之二千字前已能解則此時合爲一句講之若尙未解或並未曾講只可逐字講之八九歲時神智漸開則四聲虛實韻部雙聲疊韻事事都須教兼當教之屬對且每日教一典故才高者全經及國語國策文選盡讀之卽才鈍亦五經周禮左傳全讀之儀禮公穀摘鈔讀之才高者十六歲可以學文鈍者二十歲不晚初學文先令讀唐宋古文之淺顯者卽令作論以寫書爲主不許說空話以放爲主越多越好但於其虛字不順者少改易之以圈爲

图 3-3-55　《教童子法》

清代还将上述启蒙教材等翻译成满文、蒙古文和多语种合璧本，如《满蒙合璧三字经注解》（图3-3-56）、《满蒙汉三字经》、《新译蒙汉千字文》（图3-3-57），一直在民间广泛流传，并随着社学、义学及各类学塾的发展而得到普遍使用，是我国各民族间深化文化认同、共筑精神家园的珍贵史料。

清末、民国年间，蒙古地区还使用《满蒙汉三文合璧教科书》（图3-3-58）、《蒙汉合璧蒙古文教科书》（图3-3-59）、《汉蒙合璧国语教科书》（图3-3-60）等讲授现代科学、社会知识的教材。

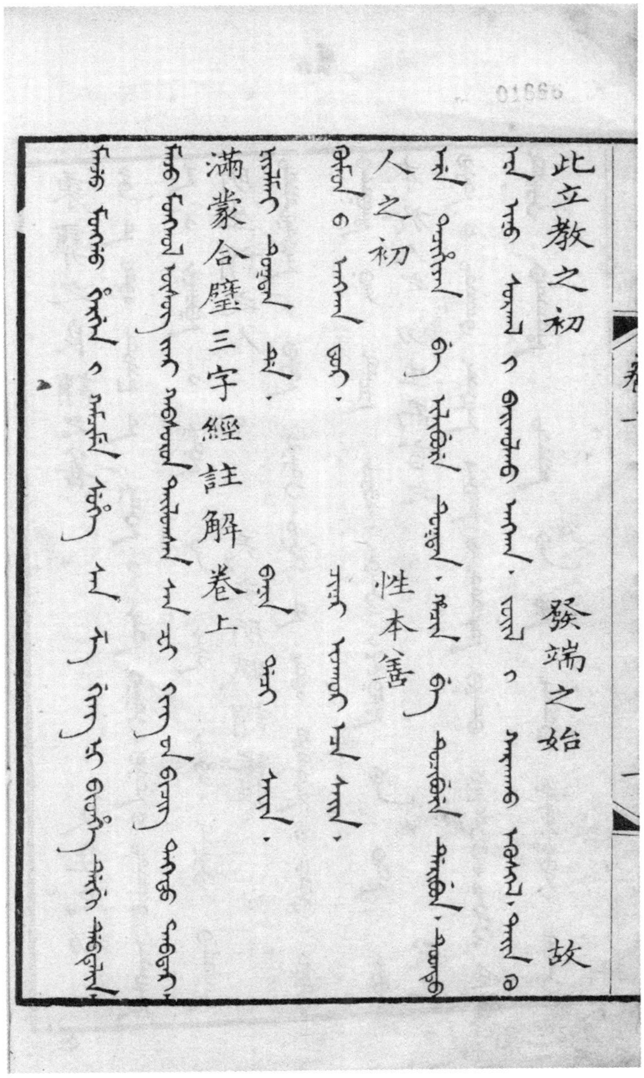

图 3-3-56 《满蒙合璧三字经注解》

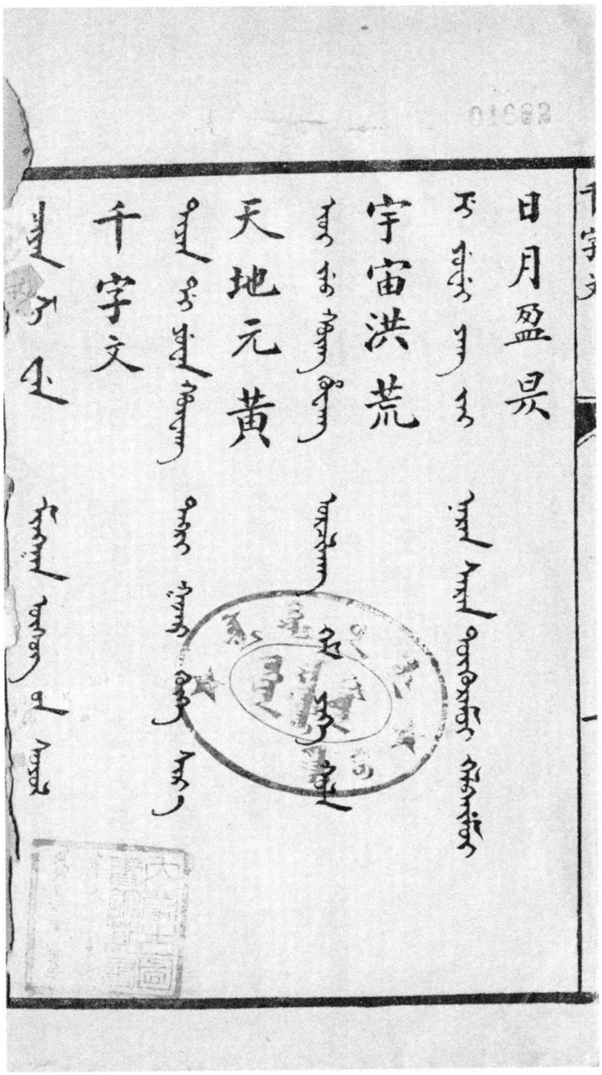

图 3-3-57 《新译蒙汉千字文》

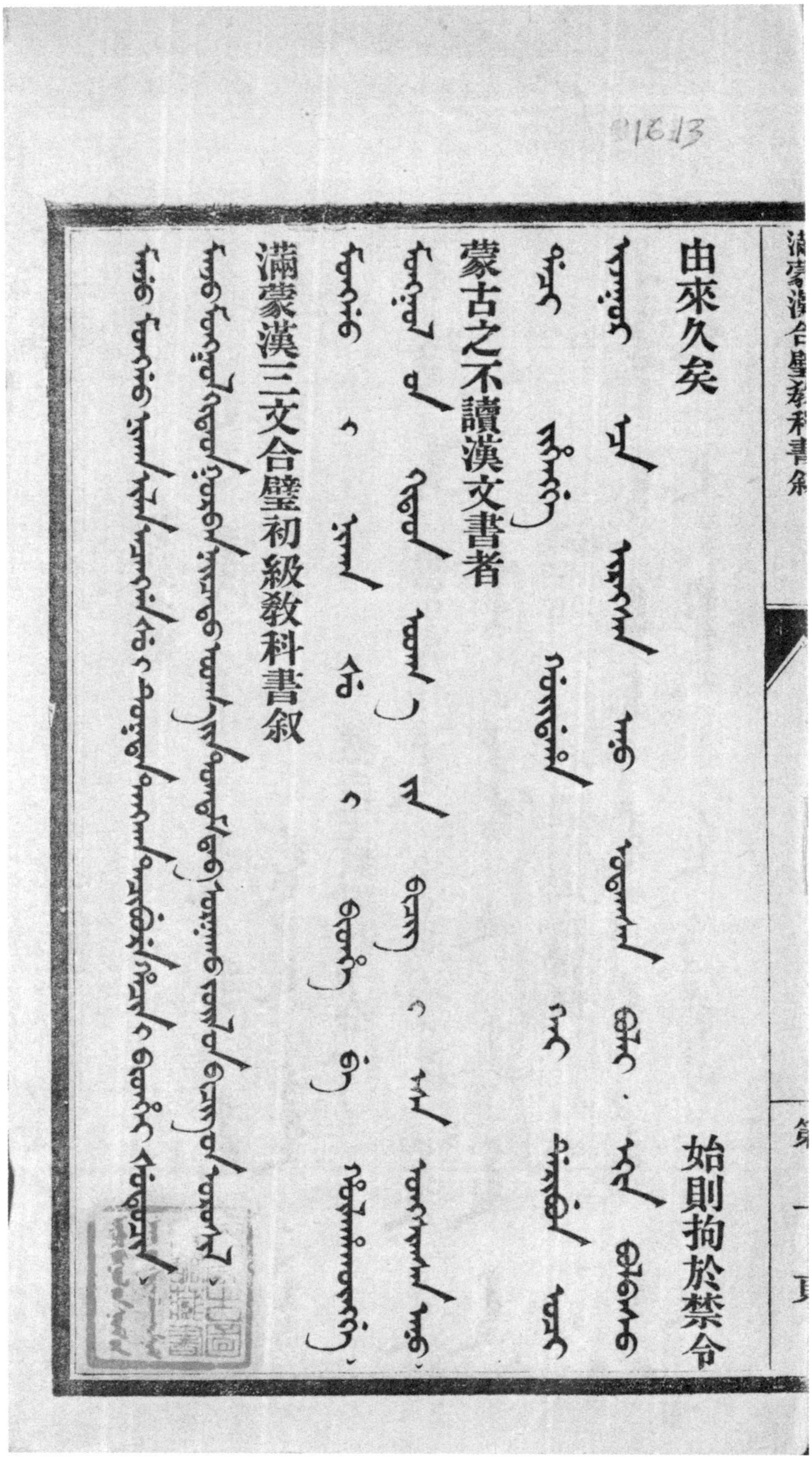

图 3-3-58 《满蒙汉三文合璧教科书》

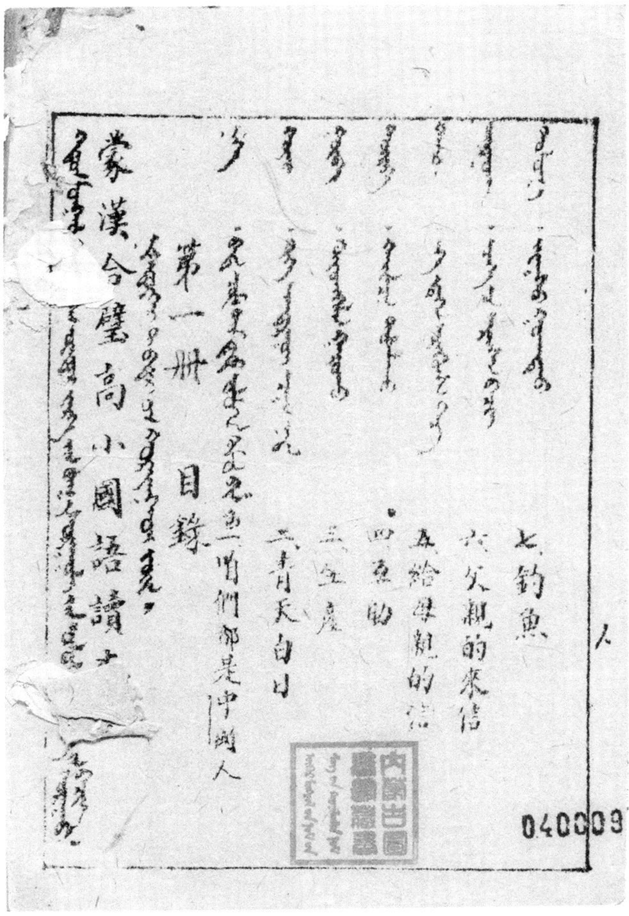

图 3-3-59　《蒙汉合璧蒙古文教科书》

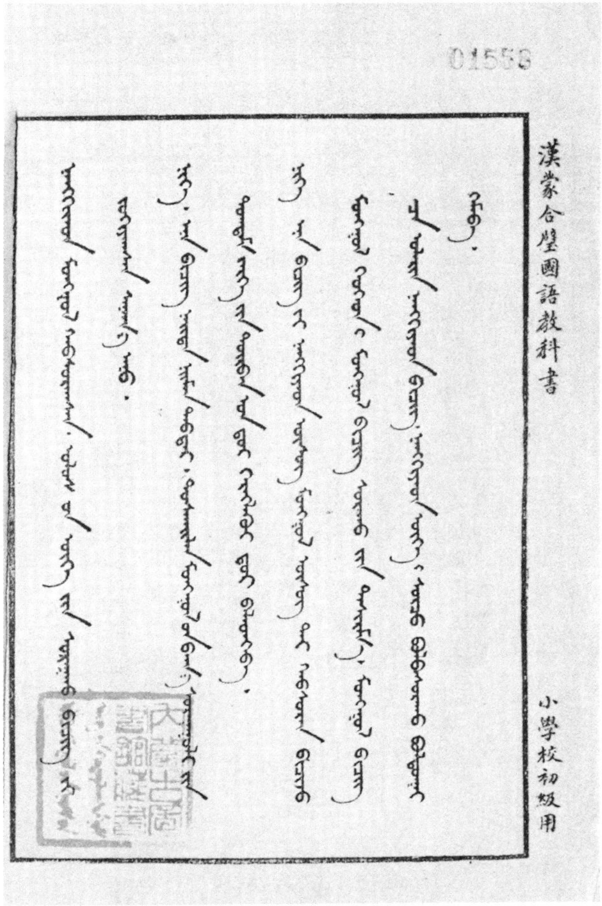

图 3-3-60　《汉蒙合璧国语教科书》

第四节　海纳百川 有容乃大

中华文化由各民族优秀文化汇融而成，中华文化的铺展不是单向的同化，而是多方的互化。在不同区域文化的互化继承中，共同的文字是维系文化共同体的基本纽带。

汉字是中华文化的载体和传播工具，从古至今一直是中国通用的最主要的交际工具，是中华民族的文化心理认同的主要表征。在几千年的文化传承中，汉字语言形成了自己特殊的文化意味，包含着中国人对世界的丰富体验，深深地渗透着中国文化的基本精神。一代又一代人的文化创造，一代又一代的经典文献，都是通过汉字这一载体而绵延不绝。

汉字是世界上使用时间最长、使用范围最广、使用人数最多的文字之一。关于汉字的起源，《说文解字》(图3-4-1)进行了梳理："古者庖羲氏之王天下也，仰则观象于天，俯则观法于地，视鸟兽之文与地之宜，近取诸身，远取诸物，于是始作《易》八卦，以垂宪象。及神农氏，结绳为治，而统其事，庶业其繁，饰伪萌生。黄帝之史官仓颉，见鸟兽蹄迒之迹，知分理之可相别异也，初造书契。"汉字起源于图画并经过长期积累。

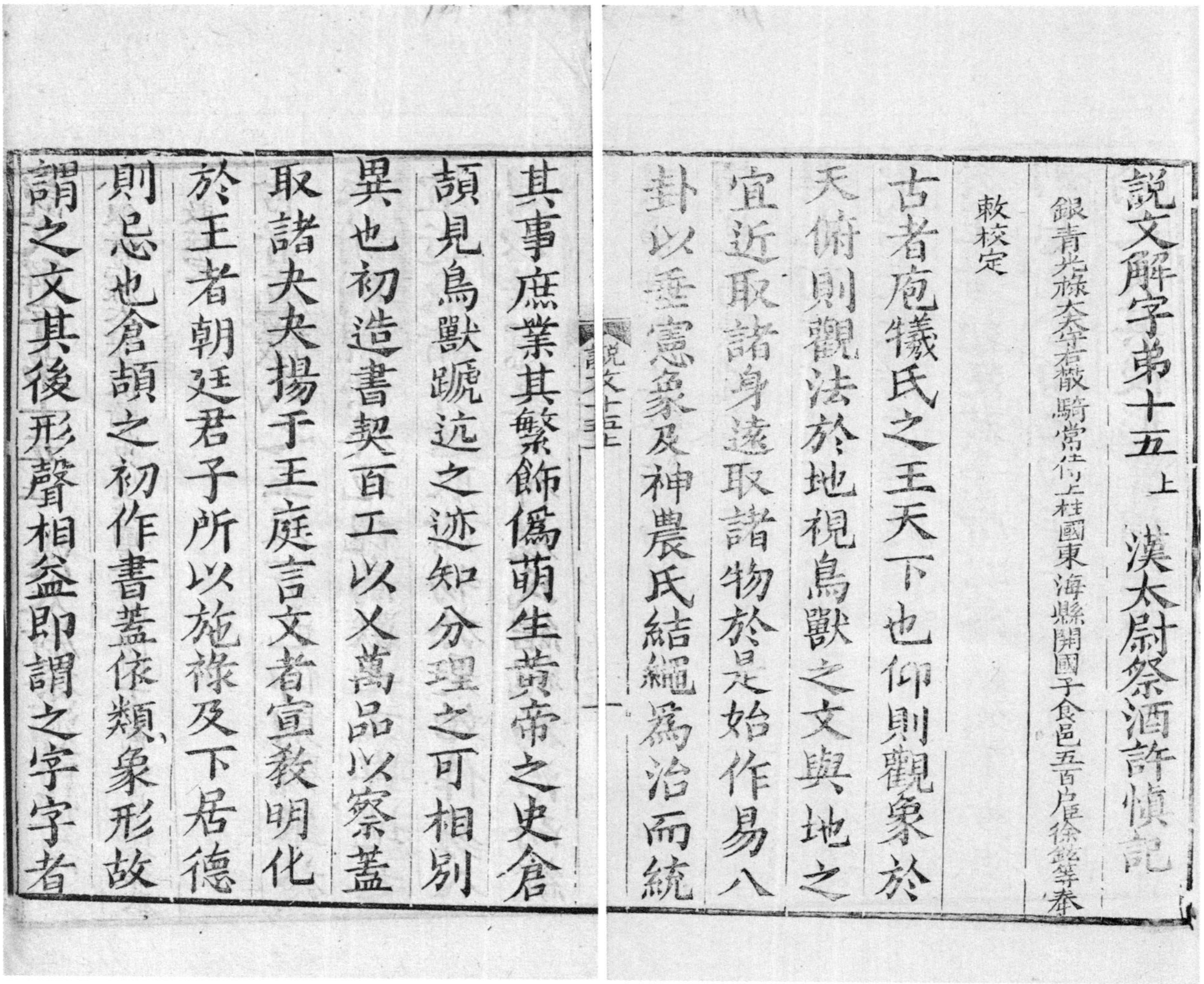

說文解字弟十五上　漢太尉祭酒許慎記

銀青光祿大夫守右散騎常侍上柱國東海縣開國子食邑五百戶臣徐鉉等奉

敕校定

古者庖犧氏之王天下也仰則觀象於天俯則觀法於地視鳥獸之文與地之宜近取諸身遠取諸物於是始作易八卦以垂憲象及神農氏結繩爲治而統

說文十五上

其事庶業其繁飾僞萌生黃帝之史倉頡見鳥獸蹏迒之迹知分理之可相別異也初造書契百工以乂萬品以察蓋取諸夬夬揚于王庭言文者宣教明化於王者朝廷君子所以施祿及下居德則忌也倉頡之初作書蓋依類象形故謂之文其後形聲相益即謂之字字者

图 3-4-1　《说文解字》卷十五上

商朝时期，汉字广泛应用与传播，目前所知最早、最成体系的汉字资料是商朝后期的甲骨文（图3-4-2），甲骨文还打破语言与地域界限传播至商朝统治区域以外的地区。汉字从商代后期到现在已有三千三百多年时间，其作为意音文字的性质始终没变，但是形体发生了多次改变。汉字的形体主要经历了甲骨文、金文、大篆、小篆、隶书、楷书、草书、行书的变化过程（图3-4-3）。

古文字经过长期发展演变，到战国时期，由于诸侯各自为政，文字异形现象比较严重。书写文字的多样性，给推行统一政令和经济、文化的交流造成严重障碍。作为文化统一政策的重要组成部分，秦始皇命丞相李斯统一文字，即以周朝大篆为基础，汲取战国末期诸国文字的优点，创制了被后人称为“小篆”的新文字，作为官方文字在全国推行。《说文解字》（图3-4-4）：“秦始皇帝初兼天下，丞相李斯乃奏同之，罢其不与秦文合者。斯作《仓颉篇》，中车府令赵高作《爰历篇》，太史令胡毋敬作《博学篇》，皆取史籀大篆，或颇省改，所谓小篆者也。是时秦烧灭经书，涤除旧典，大发隶卒，兴役戍，官狱职务繁，初有隶书，以趣约易，而古文由此绝矣。自尔秦书

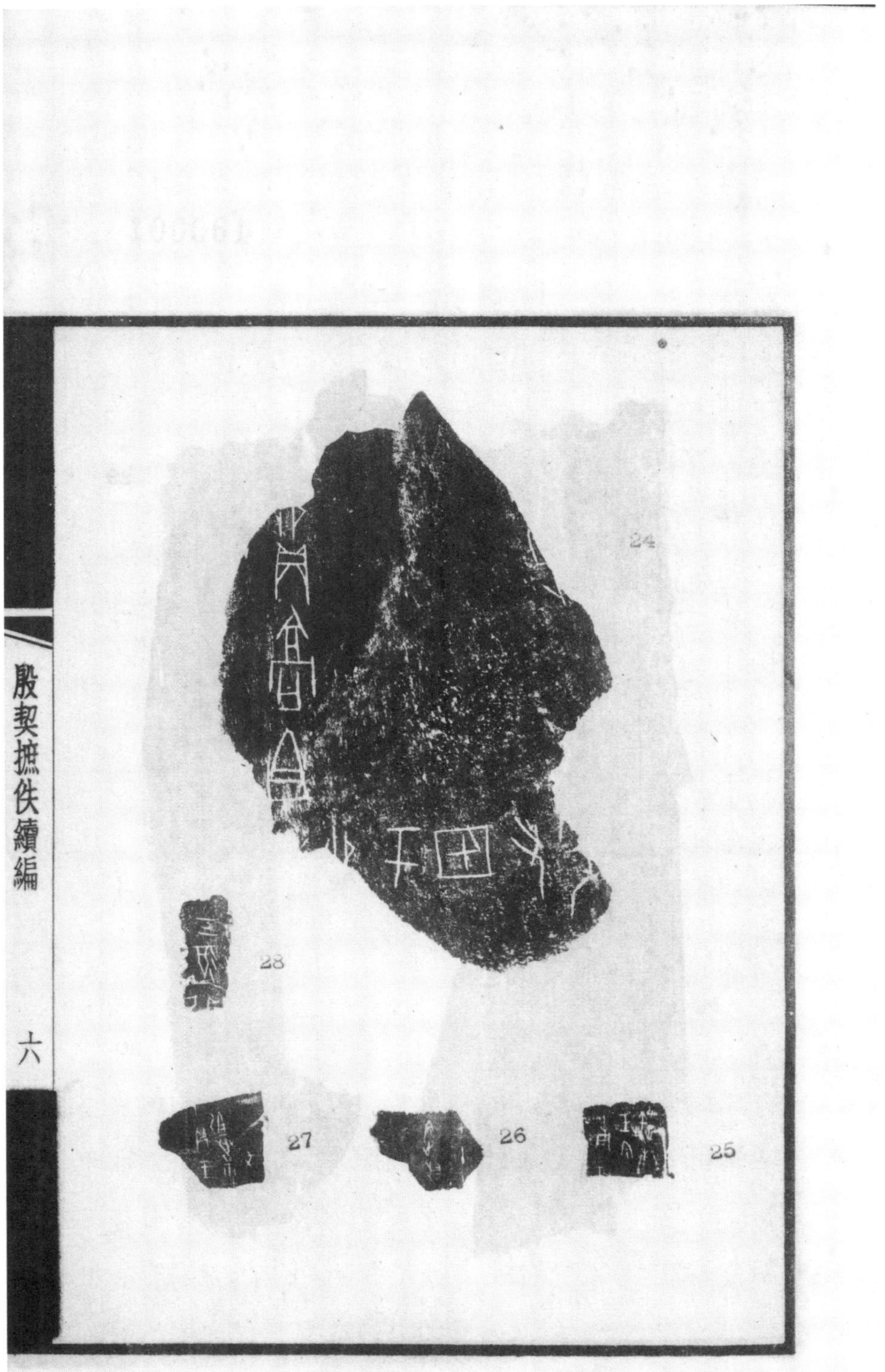

图 3-4-2 《殷契摭佚续编》

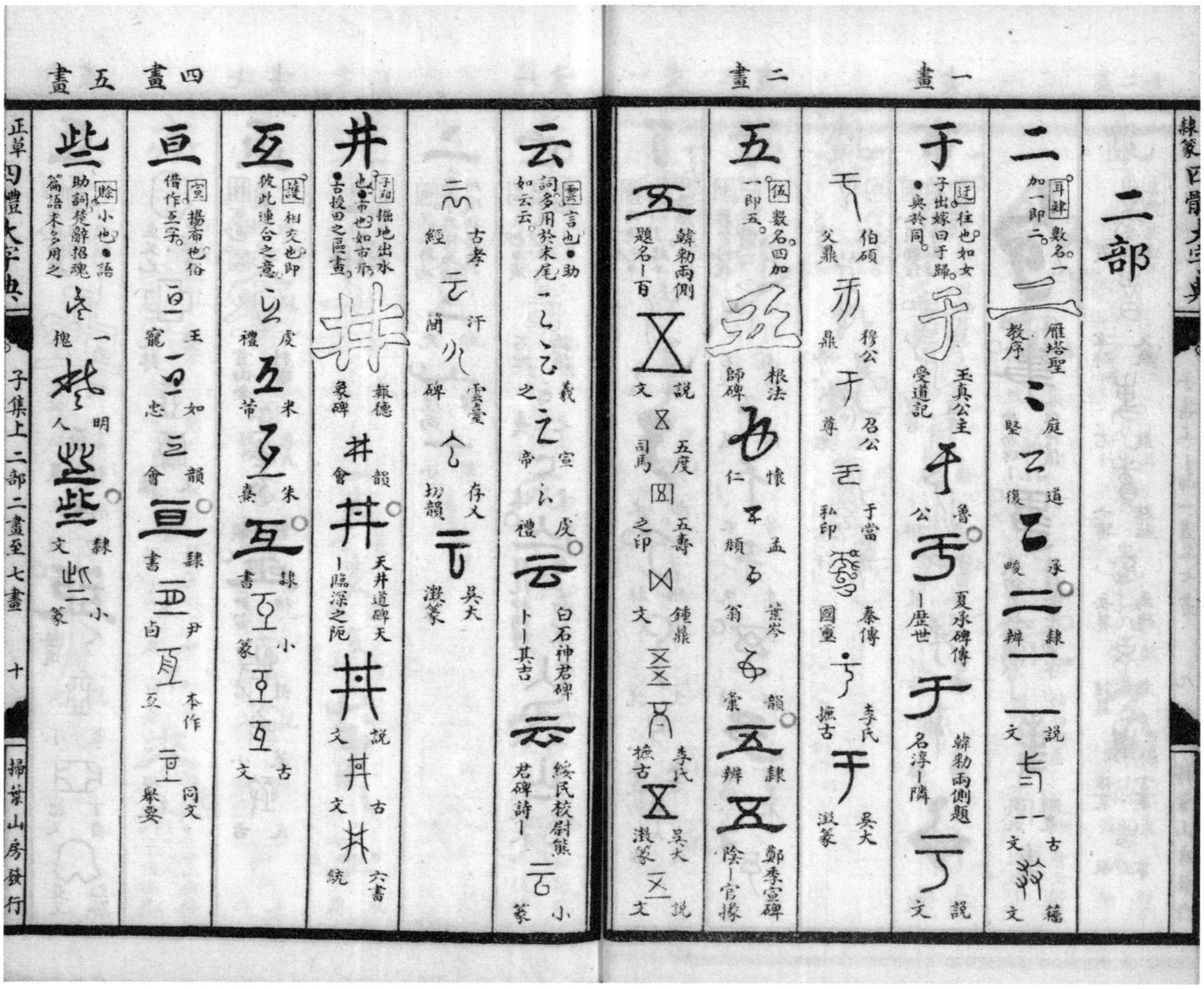

图 3-4-3　《正草隶篆四体大字典》

有八体：一曰大篆，二曰小篆，三曰刻符，四曰虫书，五曰摹印，六曰署书，七曰殳书，八曰隶书。”秦始皇下令统一和简化文字，对我国文字的发展是一次重大改革，对推行法令、传播文化起到了重要作用。从秦朝推行“书同文”开始，汉字系统代代延续。汉字具有超越方言差异的稳定结构，使得中国保持相当一致的文化连续性。也正是由于汉字的交流功能，九州四海的不同古代族群才能彼此互通声息，维系数千年交往交流交融的局面。

汉字对周边各族的发展起到重要作用，一些政权还借鉴汉字创造文字，翻译儒家经典，编纂与汉文对照的合璧文献，进一步夯实了文化认同的基础。

契丹族早期使用汉字作为书面文字，辽太祖耶律阿保机统一契丹各部后不久，就着手创制本民族的文字。公元920年，辽太祖耶律阿保机下令参照汉字创制契丹大字。大字参照汉字制作而成，形体与汉人方块字相同，多为表意文字。《钦定续通志·六书略》(图3-4-5)收录了史籍里对

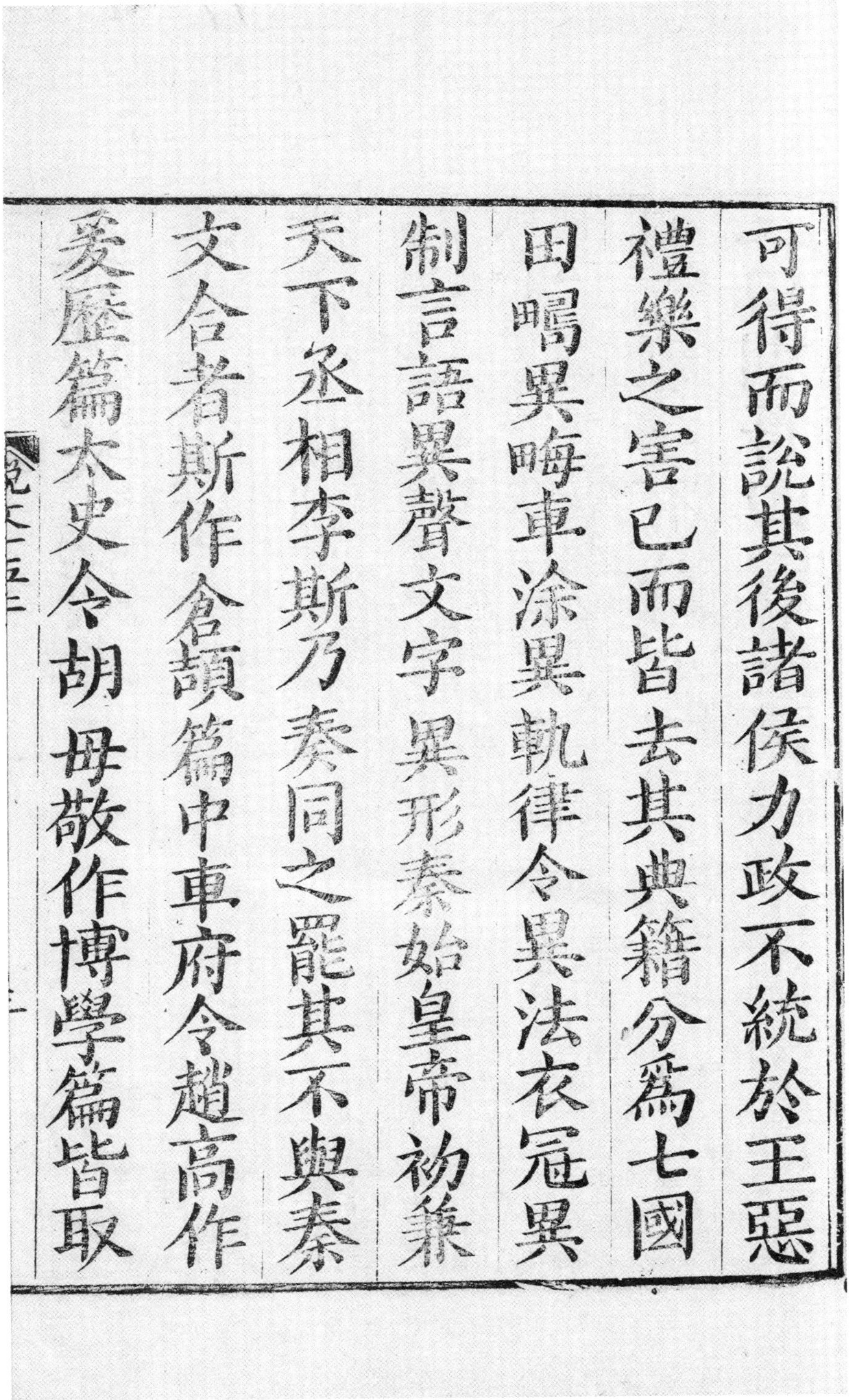

可得而說其後諸侯力政不統於王惡禮樂之害己而皆去其典籍分爲七國田疇異畮車涂異軌律令異法衣冠異制言語異聲文字異形秦始皇帝初兼天下丞相李斯乃奏同之罷其不與秦文合者斯作倉頡篇中車府令趙高作爰歷篇太史令胡毋敬作博學篇皆取

图 3-4-4（1）《说文解字》卷十五上

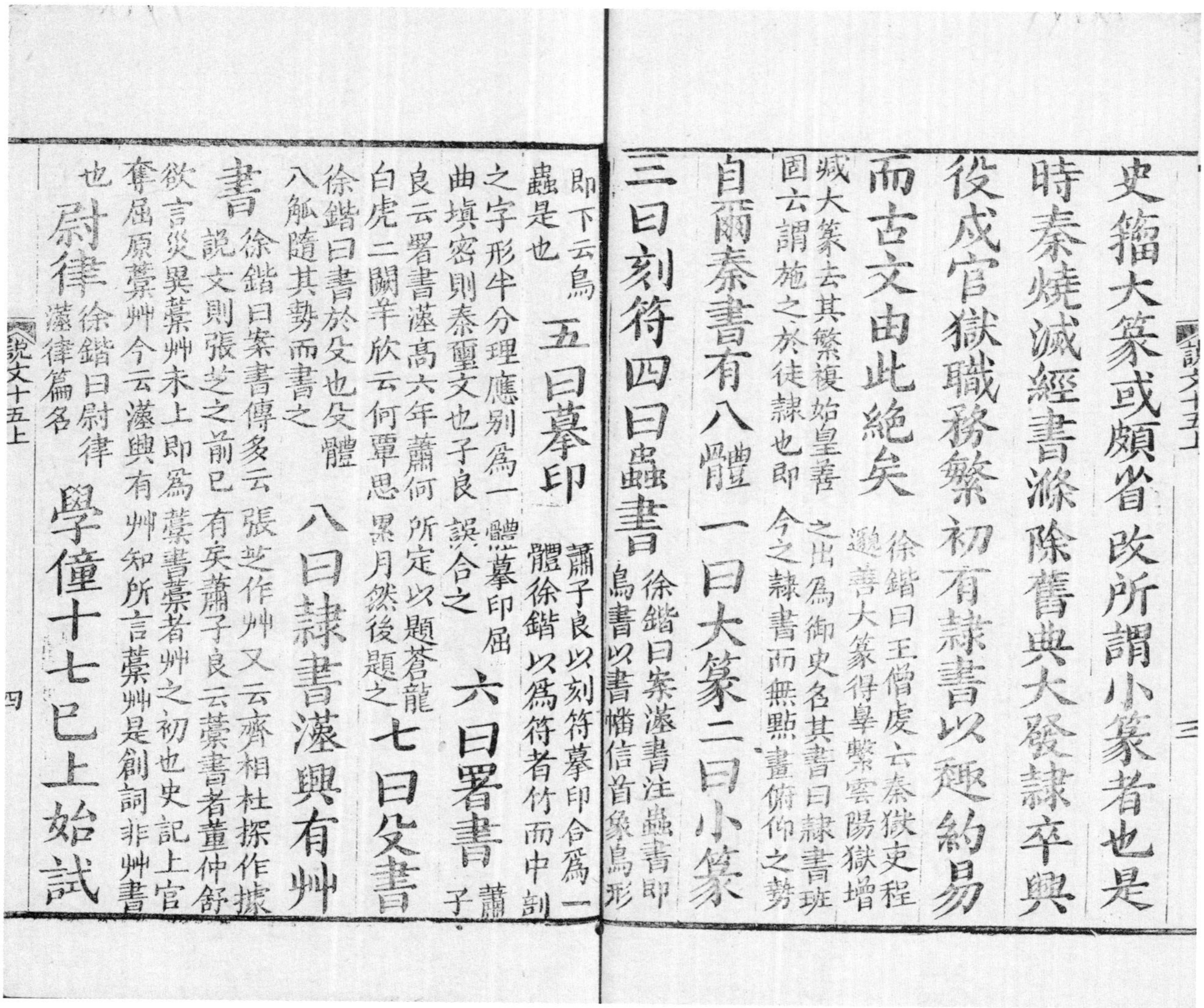

說文十五上　三

史籀大篆或頗省改所謂小篆者也是時秦燒滅經書滌除舊典大發隷卒興役戍官獄職務繁初有隷書以趣約易而古文由此絕矣徐鍇曰王僧虔云秦獄吏程邈善大篆得辠繫雲陽獄增減大篆去其繁複始皇善之出爲御史名其書曰隷書班固云謂施之於徒隷也即今之隷書而無點畫俯仰之勢自爾秦書有八體一曰大篆二曰小篆三曰刻符四曰蟲書徐鍇曰案漢書注蟲書即鳥書以書幡信首象鳥形

說文十五上　四

即下云鳥蟲是也五曰摹印蕭子良以刻符摹印合爲一體徐鍇以爲符者竹而中剖之字形半分理應別爲一體摹印屈曲填密則秦璽文也子良誤合之六曰署書蕭子良云署書漢高六年蕭何所定以題蒼龍白虎二闕羊欣云何覃思累月然後題之七曰殳書徐鍇曰書於殳也殳體八觚隨其勢而書之八曰隷書漢興有艸書徐鍇曰案書傳多云張芝作艸又云齊相杜探作據說文則張芝之前已有矣蕭子良云藁書者董仲舒欲言災異藁艸未上即爲藁書藁者艸之初也史記上官奪屈原藁艸今云漢興有艸知所言藁艸是創詞非艸書也尉律徐鍇曰尉律漢律篇名學僮十七已上始試

图3-4-4（2）《说文解字》卷十五上

契丹大字的记载："《辽史·太祖本纪》曰：'神册五年正月，始制契丹大字。''天赞三年九月，诏砻辟遏可汗故碑，以契丹、突厥汉字纪其功。'《辽史·耶律庶箴传》曰：'始太祖制契丹大字，取诸部乡里之名，续作一篇，著于卷末。'《契丹国志》曰：'辽太祖以隶书之半增损之，作文字数千。'"大字笔画多，学习和书写起来不太方便，契丹贵族又喜爱汉文典籍，所以在当时并没有得到普遍使用。契丹族另有一种小字，是辽太祖弟耶律迭剌所制，制成年代略晚于大字。小字在回鹘文基础上制作而成，多为表音文字，比大字使用起来更简便。契丹大、小字颁布后，在辽朝境内与汉字同用，辽朝诏令奏议、对外国书、书籍等仍多用汉文。

辽圣宗统和十五年（997），僧人行均用汉字刻印了字书《龙龛手鉴》(图3-4-6)，原为领悟释典而作。以平上去入四声排列，收二万六千四百三十余字。每字下详列正、俗、今、古诸体，有注音和释义。虽多引佛书以证释音义，但除收入佛经中文字外，还补充有《说文》及《玉篇》一

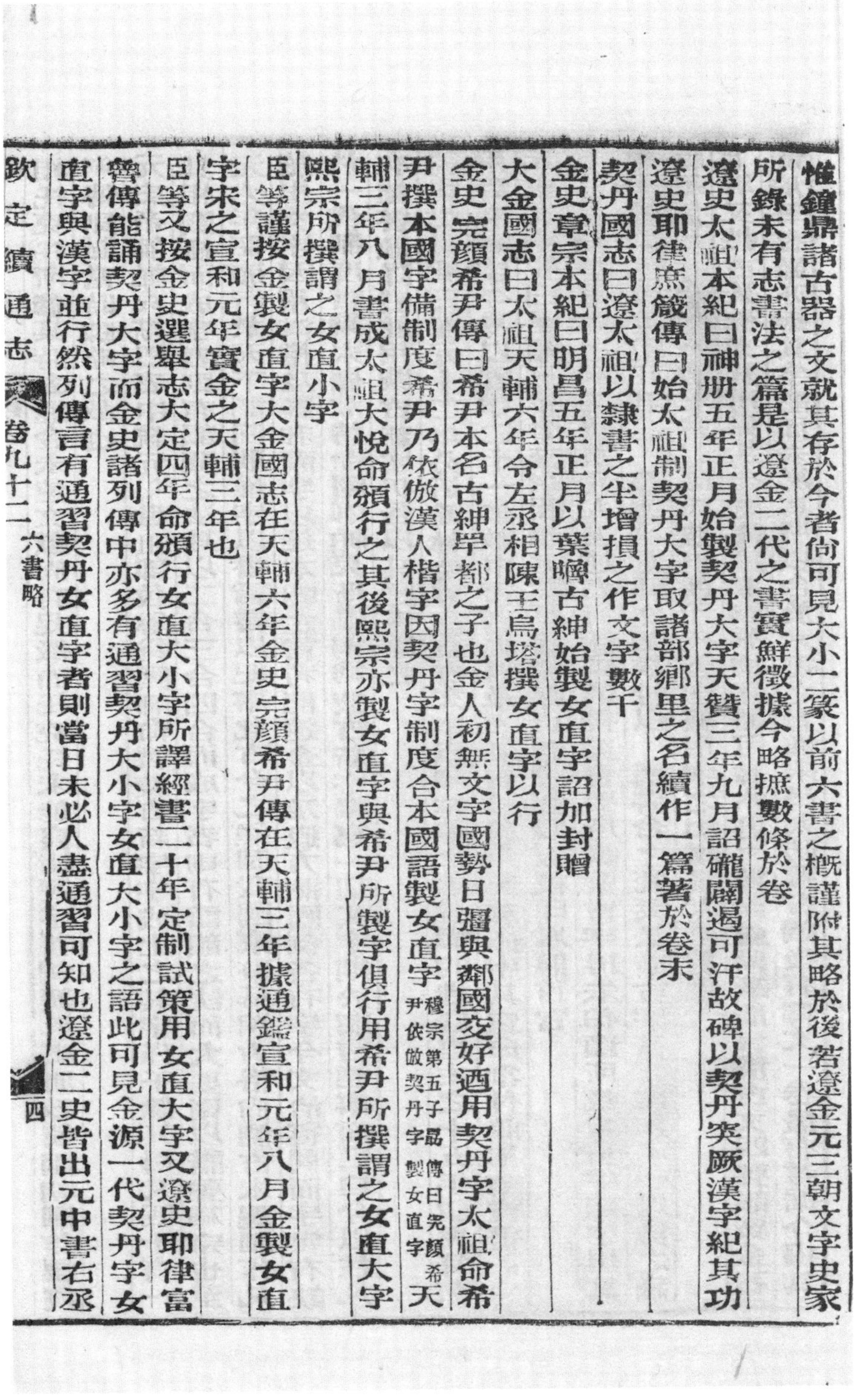
惟鐘鼎諸古器之文就其存於今者尚可見大小二篆以前六書之槩謹附其略於後若遼金元三朝文字史家
所錄未有志書法之篇是以遼金二代之書實鮮徵據今略摭數條於卷
遼史太祖本紀曰神册五年正月始製契丹大字天贊三年九月詔礲闕遏可汗故碑以契丹突厥漢字紀其功
遼史耶律庶箴傳曰始太祖制契丹大字取諸部鄉里之名續作一篇著於卷末
契丹國志曰遼太祖以隸書之半增損之作文字數千
金史章宗本紀曰明昌五年正月以葉魯古紳始製女直字詔加封贈
大金國志曰太祖天輔六年令左丞相陳王烏塔撰女直字以行
金史完顏希尹傳曰希尹本名古紳旱都之子也金人初無文字國勢日彊與鄰國交好迺用契丹字太祖命希尹撰本國字備制度希尹乃依倣漢人楷字因契丹字制度合本國語製女直字穆宗第五子勗傳曰完顏希尹依倣契丹字製女直字天輔三年八月書成太祖大悅命頒行之其後熙宗亦製女直字與希尹所製字俱行用希尹所撰謂之女直大字熙宗所撰謂之女直小字
臣等謹按金製女直字大金國志在天輔六年金史完顏希尹傳在天輔三年據通鑑宣和元年八月金製女直字宋之宣和元年實金之天輔三年也
臣等又按金史選舉志大定四年命頒行女直大小字所譯經書二十年定制試策用女直大字又遼史耶律富魯傳能誦契丹大字而金史諸列傳中亦多有通習契丹大小字女直大小字之語此可見金源一代契丹字女直字與漢字並行然列傳言有通習契丹女直字者則當日未必人盡通習可知也遼金二史皆出元中書右丞

欽定續通志 卷九十二 六書略 四

图 3-4-5 《钦定续通志·六书略》

些未收字。辽代刻书工程最大的是辽版《道藏》，亦称《契丹藏》，是根据《宋藏》翻刻的，也全部是汉文。

西夏仿照汉字六书创造了西夏文。《宋史·西夏传》（图3-4-7）："元昊自制蕃书，命野利仁荣演绎之，成十二卷。字形体方整类八分，而书颇重复。教国人纪事用蕃书，而译《孝经》《尔雅》《四

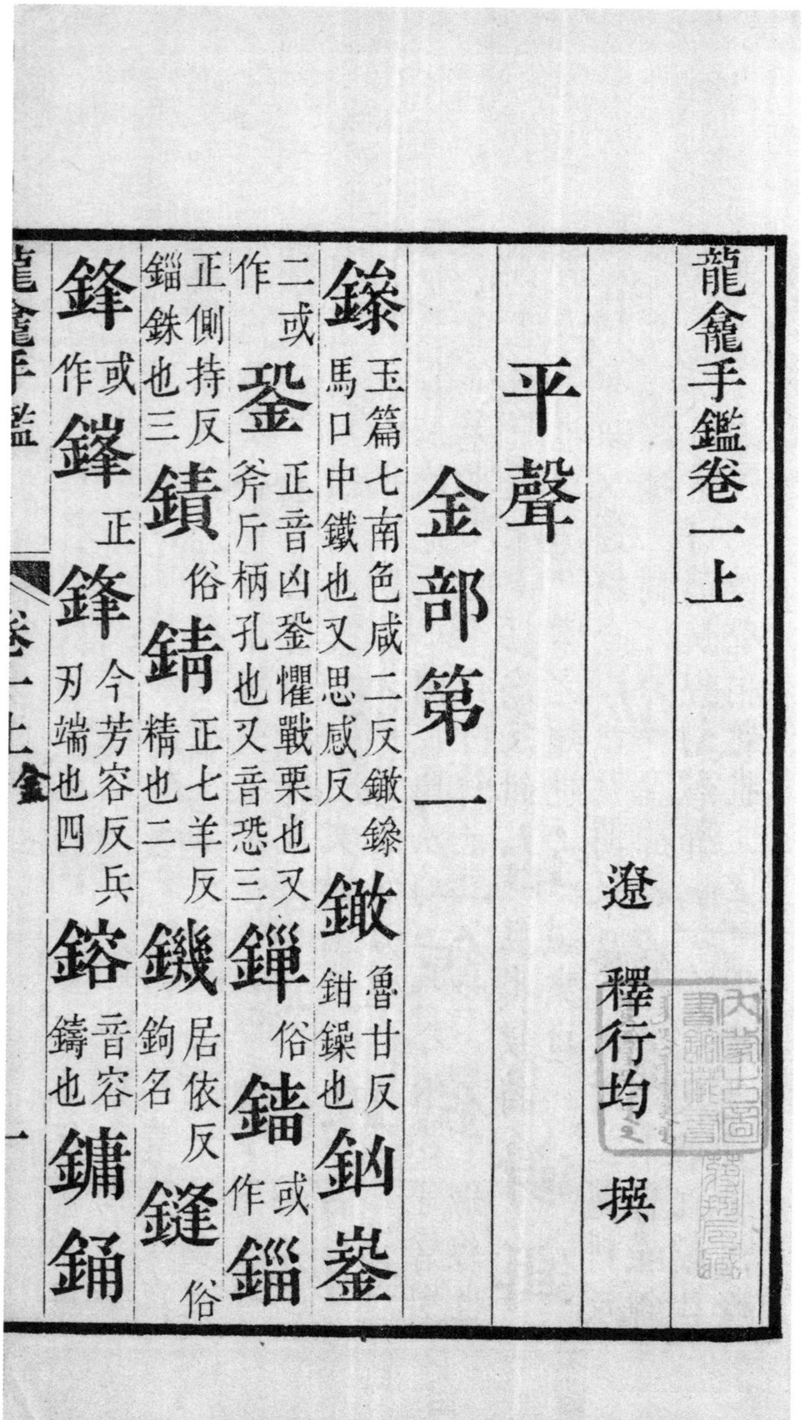

图 3-4-6 《龙龛手鉴》

言杂字》为蕃语。”《西夏书事》(图3–4–8)记载西夏极为重视西夏文，但与宋朝来往依然用汉字：“元昊既制蕃书，尊为国字。凡国中艺文诰牒，尽易蕃书。于是，立蕃字、汉字二院。汉习正、草，蕃兼篆、隶。其秩与唐宋翰林等。汉字掌中国往来表奏，中书汉字旁以蕃书并列。蕃字掌西蕃、回鹘、张掖、交河一切文字，并用新制国字，仍以各国蕃字副之。以国字在诸字之右，故蕃字院特重。”

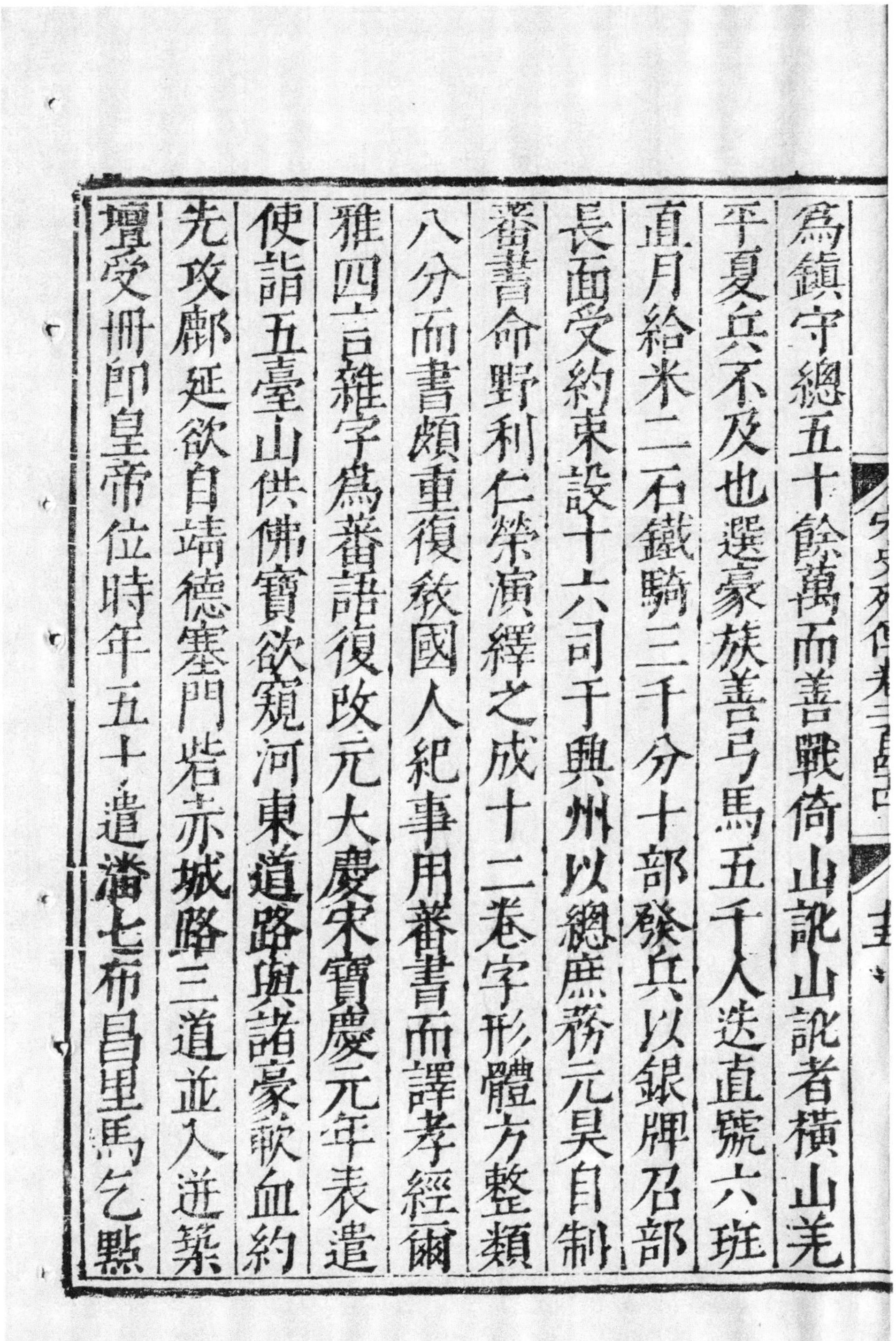
為鎮守總五十餘萬而善戰倚山訛山訛者横山羌
平夏兵不及也選豪族善弓馬五千人迭直號六班
直月給米二石鐵騎三千分十部發兵以銀牌召部
長面受約束設十六司于興州以總庶務元昊自製
蕃書命野利仁榮演繹之成十二卷字形體方整類
八分而書頗重復教國人紀事用蕃書而譯孝經爾
雅四言雜字為蕃語復改元大慶宋寶慶元年表遣
使詣五臺山供佛寶欲窺河東道路與諸豪歃血約
先攻鄜延欲自靖德塞門砦赤城路三道並入遂築
壇受冊即皇帝位時年五十遣潘七布昌里馬乞點

图3–4–7 《宋史·西夏传》

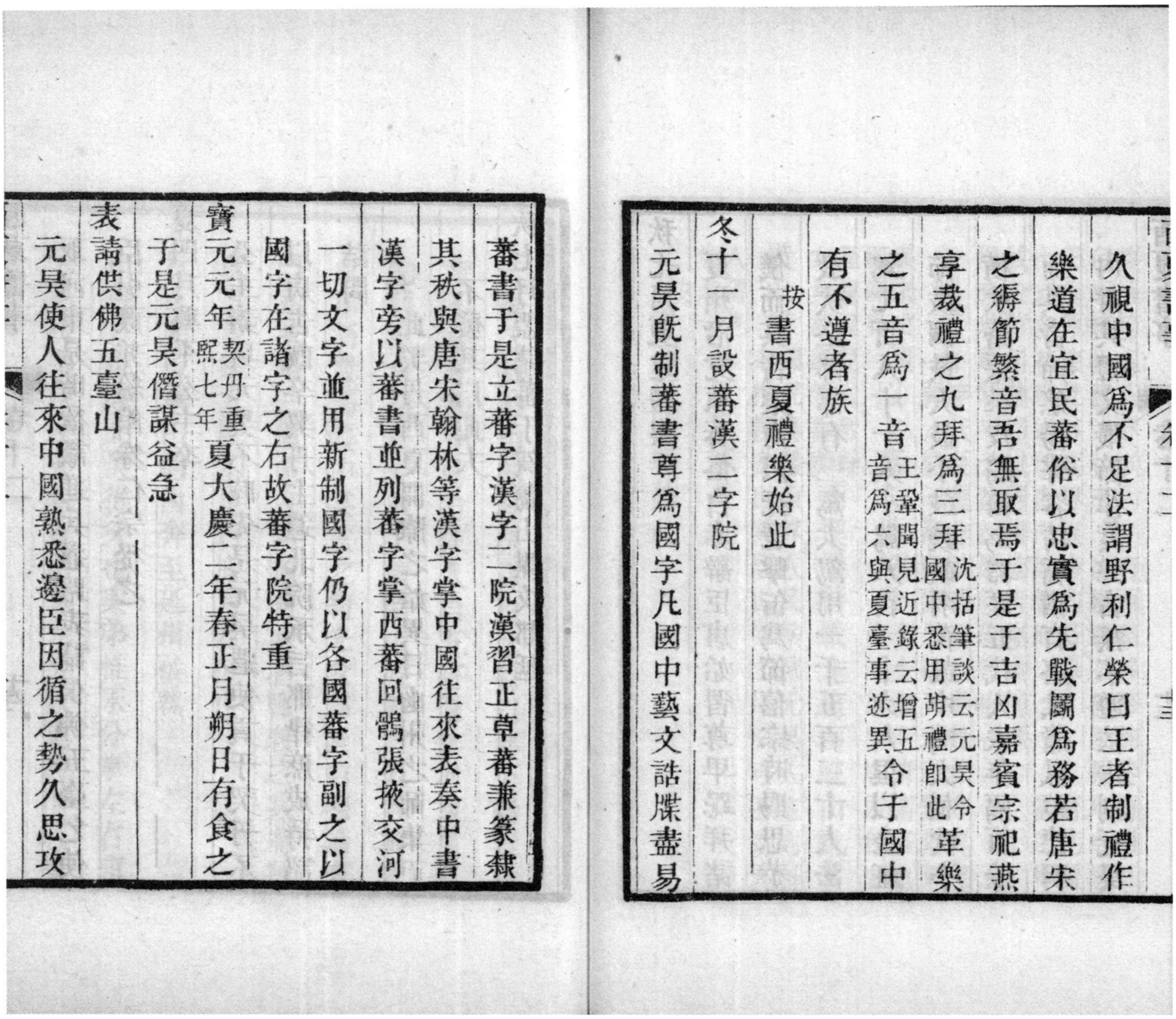
西夏書事

久視中國爲不足法謂野利仁榮曰王者制禮作樂道在宜民蕃俗以忠實爲先戰鬬爲務若唐宋之縟節繁音吾無取焉于是于吉凶嘉賓宗祀燕享裁禮之九拜爲三拜沈括筆談云元昊令國中悉用胡禮卽此革樂之五音爲一音王鞏聞見近錄云增五音爲六與夏臺事迹異令于國中有不遵者族

按書西夏禮樂始此

冬十一月設蕃漢二字院

元昊既制蕃書尊爲國字凡國中藝文誥牒盡易蕃書于是立蕃字漢字二院漢習正草蕃兼篆隸其秩與唐宋翰林等漢字掌中國往來表奏中書漢字旁以蕃書並列蕃字掌西蕃回鶻張掖交河一切文字並用新制國字仍以各國蕃字副之以國字在諸字之右故蕃字院特重

寶元元年契丹重熙七年夏大慶二年春正月朔日有食之

子是元昊僭謀益急

表請供佛五臺山

元昊使人往來中國熟悉邊臣因循之勢久思攻

图 3-4-8 《西夏书事》卷十三

现存西夏文典籍有按声排列的西夏文字汇《音同》(图3-4-9)，收录西夏文六千余字，还有儒家典籍《孝经》《论语》《孟子》等的西夏文译本。西夏地处党项人和汉人杂居地区，需要推行汉字和西夏文两种文字，以利于民族之间的交往。为了学习汉字，西夏编纂了许多字书，《番汉合时掌中珠》(图3-4-10)是西夏骨勒茂才编纂的西夏语、汉语双解字典，所采各词按类划分，每词四行，中间两行分别是西夏字和相对应的汉字，旁边两行则分别是西夏字的汉字注音和汉字的西夏字注音。这些字书对西夏境内党项族和汉族人民之间的文化交流起到了积极的作用。

金朝亦仿效汉字楷字创造了女真字，《金史·完颜希尹传》(图3-4-11)："金人初无文字，国势日强，与邻国交好，乃用契丹字。太祖命希尹撰本国字，备制度。希尹乃依仿汉人楷字，因契丹字制度，合本国语，制女直字。天辅三年八月，字书成，太祖大悦，命颁行之，赐希尹马一匹、衣一袭。其后熙宗亦制女直字，与希尹所制字俱行用。希尹所撰谓之女直大字，熙宗所撰谓之小字。”金太宗时曾颁行《女真字书》，编撰了女真文字的《太公书》《百家姓》等蒙学课本。金朝还翻译了许多儒家经典，加速了女真文化与汉文化的融合，《金史·世宗本纪》(图3–4–12)：“译经所进所译《易》《书》《论语》《孟子》《老子》《杨子》《文中子》《刘子》及《新唐书》。上谓宰臣曰：‘朕所以令译五经者，正欲女直人知仁义道德所在耳。’命颁行之。”现存金朝文献主要是汉文典籍，如《赵城金藏》《周礼》《刘知远诸宫调》等。

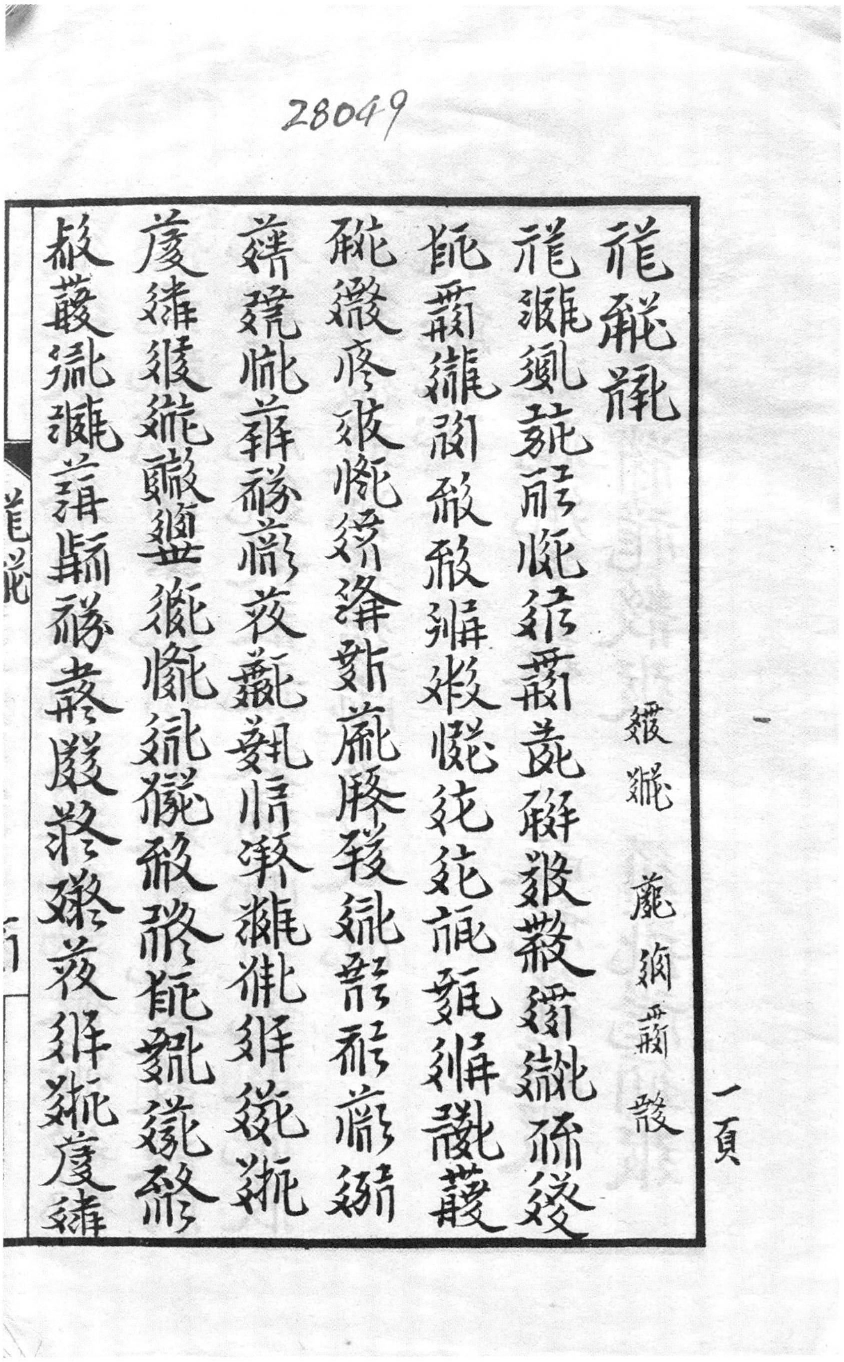

图3–4–9　西夏文《西夏国书字典音同》，内蒙古师范大学图书馆藏

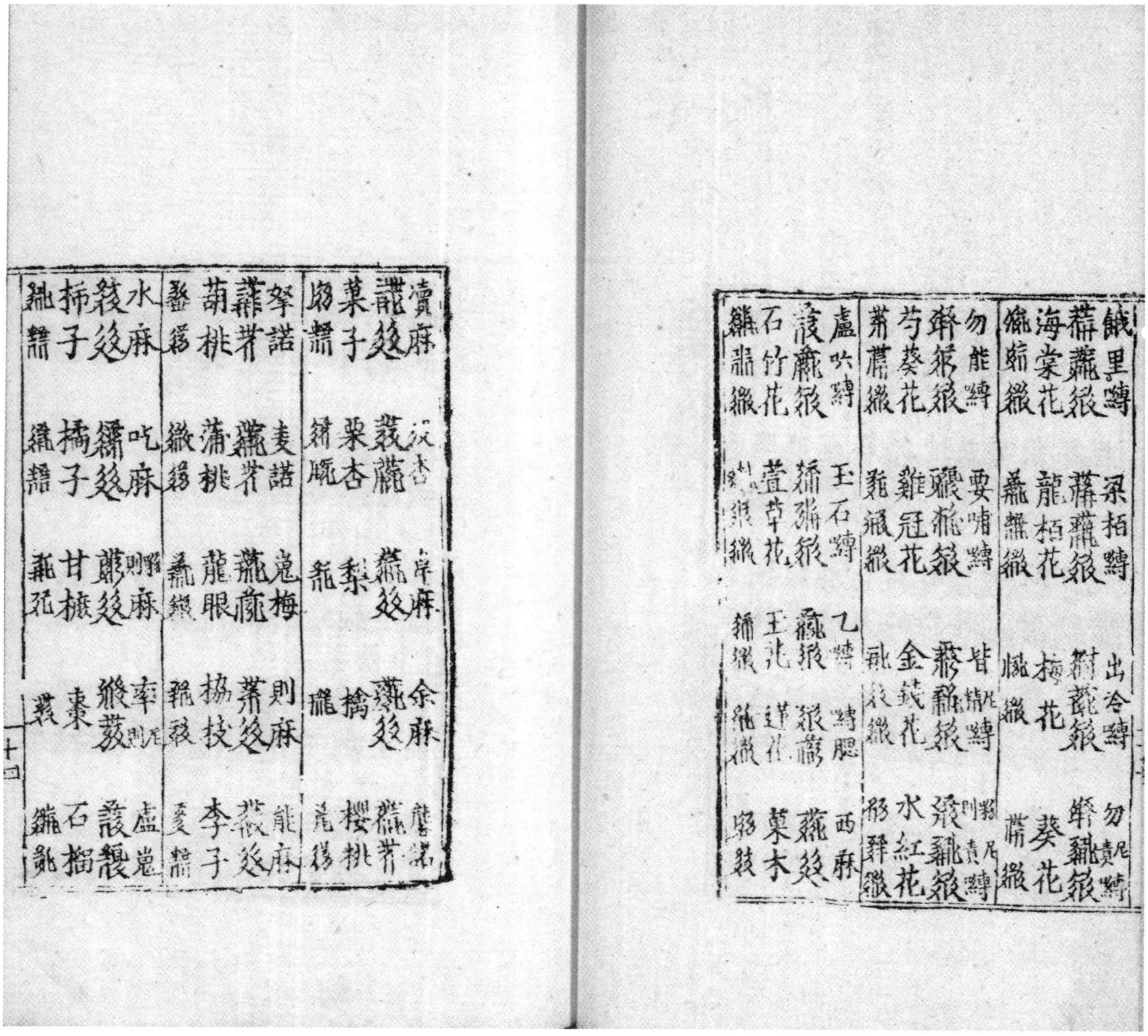

图 3-4-10　西夏文、汉文双解《番汉合时掌中珠》

完顏希尹本名古新原作谷神罕都之子也自太祖舉兵常在行陣或從太祖或從薩哈或與諸將征伐比有功金人初無文字國勢日强與鄰國交好迺用契丹字太祖命希尹撰本國字備制度希尹乃依倣漢人楷字因契丹字制度合本國語製女直字天輔三年八月字書成太祖大悅命頒行之賜希尹馬一匹衣一襲其後熙宗亦製女直字與希尹所製字俱行用希尹所撰謂之女直大字熙宗所撰謂之小字遼人達魯和尚伊勒希棄中京走希尹與實古納羅索伊都龔之達魯等聞希尹兵復走遂降其旁近人民而還奚人羅和原作落虎來降希

金史卷七十三 列傳十 七

图 3-4-11 《金史·完颜希尹传》

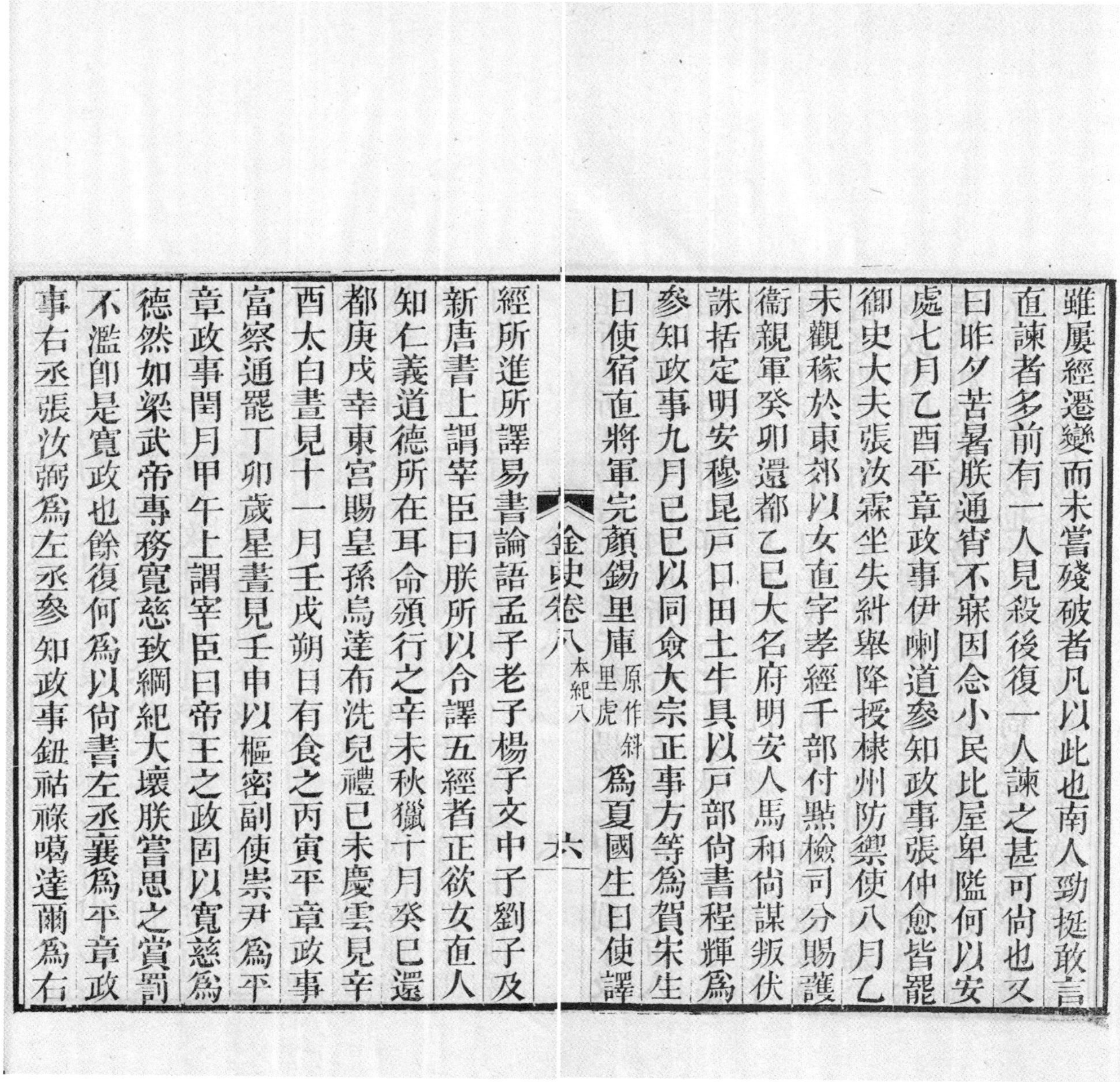
雖屢經遷變而未嘗殘破者凡以此也南人勁挺敢言直諫者多前有一人見殺後復一人諫之甚可尚也又曰昨夕苦暑朕通宵不寐因念小民比屋卑隘何以安處七月乙酉平章政事伊喇道參知政事張仲愈皆罷御史大夫張汝霖坐失糾舉降授棣州防禦使八月乙未觀稼於東郊以女直字孝經千部付點檢司分賜護衛親軍癸卯還都乙巳大名府明安人馬和尚謀叛伏誅括定明安穆昆戶口田土牛具以戶部尚書程輝爲參知政事九月己巳以同僉大宗正事方等爲賀宋生日使宿直將軍完顏錫里庫原作斜里虎爲夏國生日使譯

金史卷八　本紀八　六

經所進所譯易書論語孟子老子楊子文中子劉子及新唐書上謂宰臣曰朕所以令譯五經者正欲女直人知仁義道德所在耳命頒行之辛未秋獵十月癸巳還都庚戌幸東宮賜皇孫烏達布洗兒禮己未慶雲見辛酉太白晝見十一月壬戌朔日有食之丙寅平章政事富察通罷丁卯歲星晝見壬申以樞密副使崇尹爲平章政事閏月甲午上謂宰臣曰帝王之政固以寬慈爲德然如梁武帝專務寬慈致綱紀大壞朕嘗思之賞罰不濫卽是寬政也餘復何爲以尚書左丞襄爲平章政事右丞張汝弼爲左丞參知政事鈕祜祿嚕達爾爲右

图 3-4-12　《金史·世宗本纪》

蒙古语是古老的民族语言之一，属于阿尔泰语系蒙古语族。蒙古文字经过漫长的演变，形成了具有本民族特点的独特文字。《元史·帕克斯巴（八思巴）传》（图3-4-13）记载元初八思巴创制了蒙古新字："中统元年，世祖即位，尊为国师，授以玉印，命制蒙古新字，字成上之。其字仅千余，其母凡四十有一，其相关纽而成字者，则有韵关之法；其以二合、三合、四合而成字者，则有语韵之法，而大要则以谐声为宗也。至元六年，诏颁行于天下。诏曰：'朕惟字以书言，言以纪事，此古今之通制。我国家肇基朔方，俗尚简古，未遑制作。凡施用文字，因用汉楷及辉和尔字，以达本朝之言。考诸辽、金及遐方诸国，例各有字。今文治寖兴，而字书有阙，于制为未备。故特命国师帕克斯巴创为蒙古新字，译写一切文字，期于顺言达事而已。今后凡有玺书颁降者，并用蒙古新字，仍各以其国字副之。’”八思巴字脱胎于藏文，仿汉字方体，初称蒙古新字，后称蒙古国字，可以用来拼写蒙古、汉、藏、畏兀儿语。当时的官方文书采用蒙古新字，并以之翻译了《孝经》等汉文典籍。由于不便拼写，蒙古新字在元亡后就自行停止使用了，但它对于加速汉、蒙文化交流是起了作用的。元仁宗时，却吉斡斯尔在畏兀儿体蒙文基础上改革，创制了现在仍在使用的蒙古文字，后来的满文亦脱胎于蒙古文。汉字和蒙古文、畏兀儿文是元代通行文字。

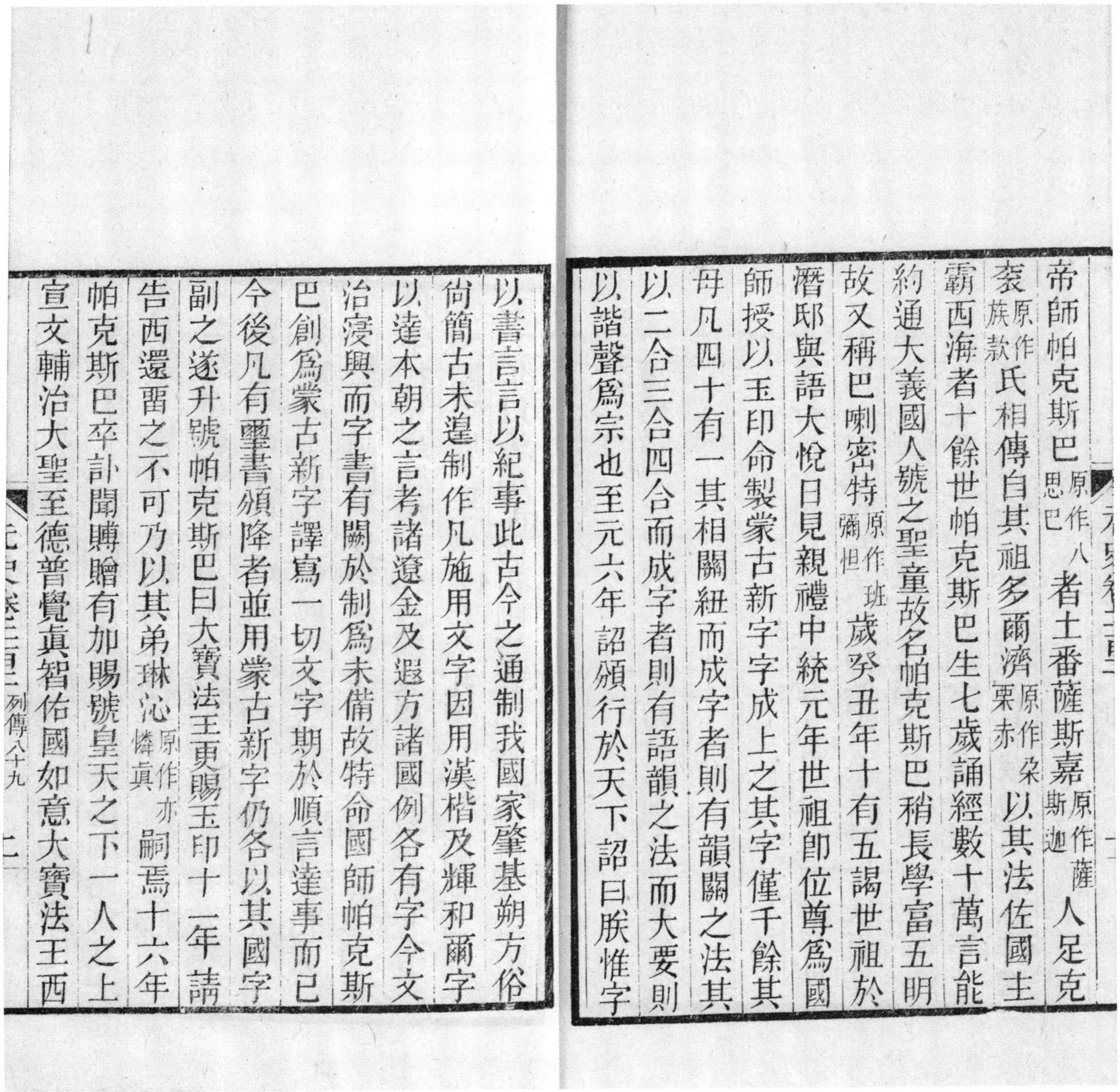
元史卷二百二　一
帝師帕克斯巴原作八思巴者土番薩斯嘉原作薩斯迦人足克
袞原作族款氏相傳自其祖多爾濟原作朵栗赤以其法佐國主
霸西海者十餘世帕克斯巴生七歲誦經數十萬言能
約通大義國人號之聖童故名帕克斯巴稍長學富五明
故又稱巴喇密特原作班彌怛歲癸丑年十有五謁世祖於
潛邸與語大悅日見親禮中統元年世祖卽位尊爲國
師授以玉印命製蒙古新字字成上之其字僅千餘其
母凡四十有一其相關紐而成字者則有韻關之法其
以二合三合四合而成字者則有語韻之法而大要則
以諧聲爲宗也至元六年詔頒行於天下詔曰朕惟字
以書言言以紀事此古今之通制我國家肇基朔方俗
尚簡古未遑制作凡施用文字因用漢楷及輝和爾字
以達本朝之言考諸遼金及遐方諸國例各有字今文
治寖興而字書有闕於制爲未備故特命國師帕克斯
巴創爲蒙古新字譯寫一切文字期於順言達事而已
今後凡有璽書頒降者竝用蒙古新字仍各以其國字
副之遂升號帕克斯巴曰大寶法王更賜玉印十一年請
告西還留之不可乃以其弟琳沁原作亦憐真嗣焉十六年
帕克斯巴卒訃聞賻贈有加賜號皇天之下一人之上
宣文輔治大聖至德普覺眞智佑國如意大寶法王西
元史卷二百二　列傳八十九　二

图 3-4-13　《元史·帕克斯巴（八思巴）传》

1589年，喀喇沁阿尤希固什在回鹘体蒙古文的基础上创制了用于译经的专用文字阿礼嘎礼字。《阿礼嘎礼》(图3–4–14)，北元阿尤希固什撰，采用阿礼嘎礼字注音法，是梵文、藏文、蒙古文对照本。对照说明梵文十六个元音和三十四个辅音的蒙古文注音法。

元朝积极学习汉语，官府组织翻译了许多汉文书籍，如《通鉴节要》、《帝范》、《大学衍》、《贞观政要》、《孝经》、《论语》(图3–4–15)、《孟子》(图3–4–16)、《资治通鉴纲目前编》(图3–4–17)、《中庸》、《周礼》、《春秋》等，蒙汉对照学习。如此倡导之下，蒙古统治阶层精通汉文汉学的人愈来愈多。周德清编纂的《中原音韵》(图3–4–18)，是中国最早出现的一部曲韵著作，共有两卷，前卷为韵书，后卷为附论。该书根据元代北曲用韵分十九部，后世北曲作家作曲、演员唱曲、正音咬字多以此书为依据。因该书记述并反映元代北方话的实况，故也为研究近代普通话语音提供了重要的参考资料。当时还有人编写了汉字蒙古语的工具辞书《至元译语》，并用畏兀儿体蒙古文翻译了《资治通鉴》。

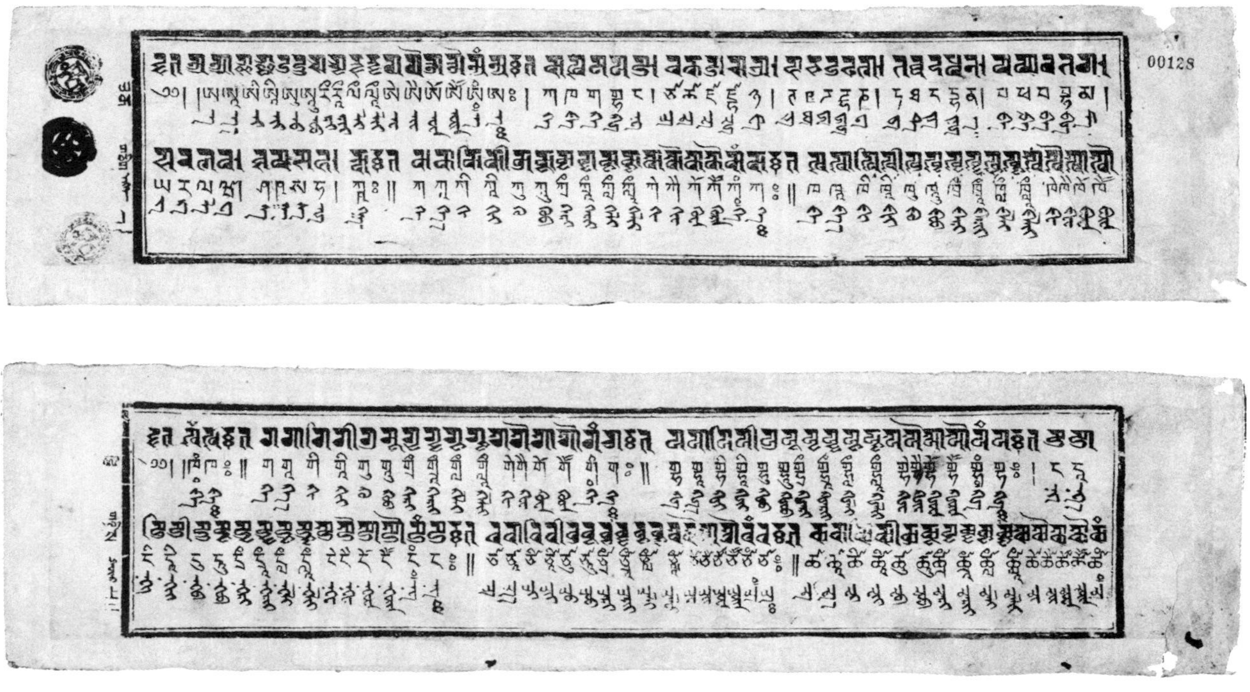

图3–4–14　蒙古文《阿礼嘎礼》

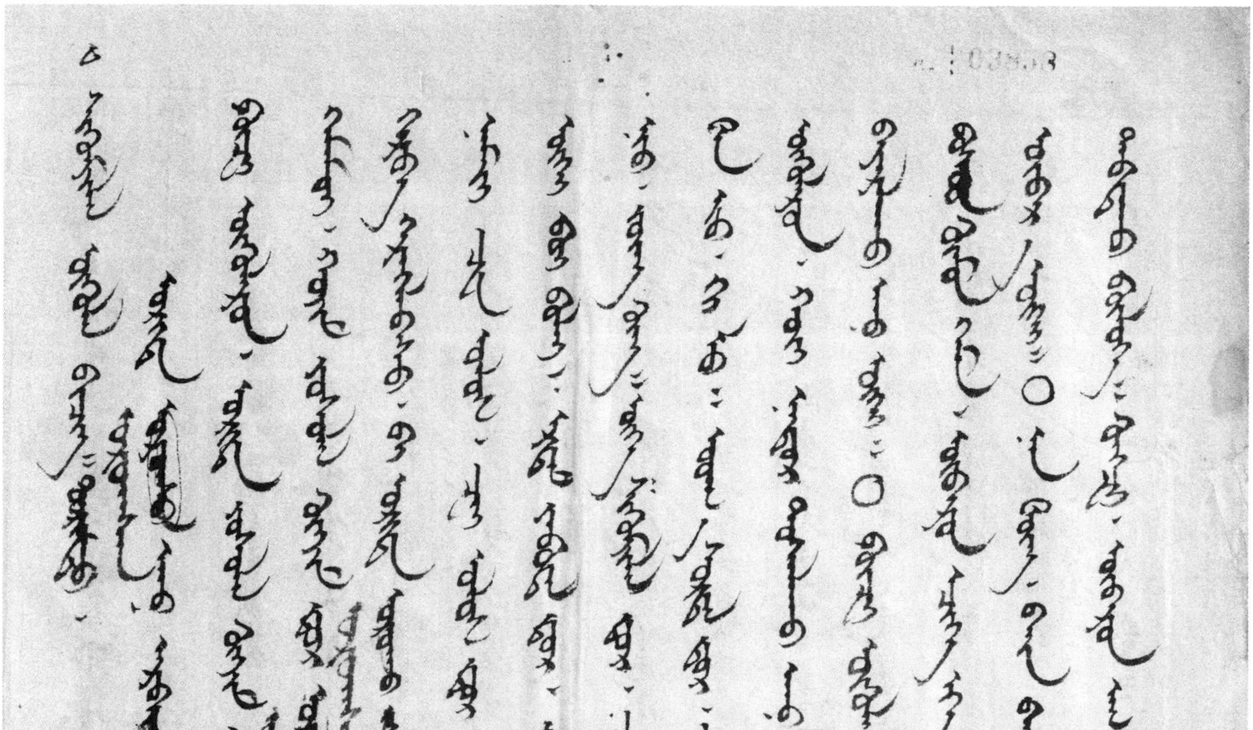

图 3-4-15　蒙古文《论语》

图 3-4-16　蒙古文《孟子》

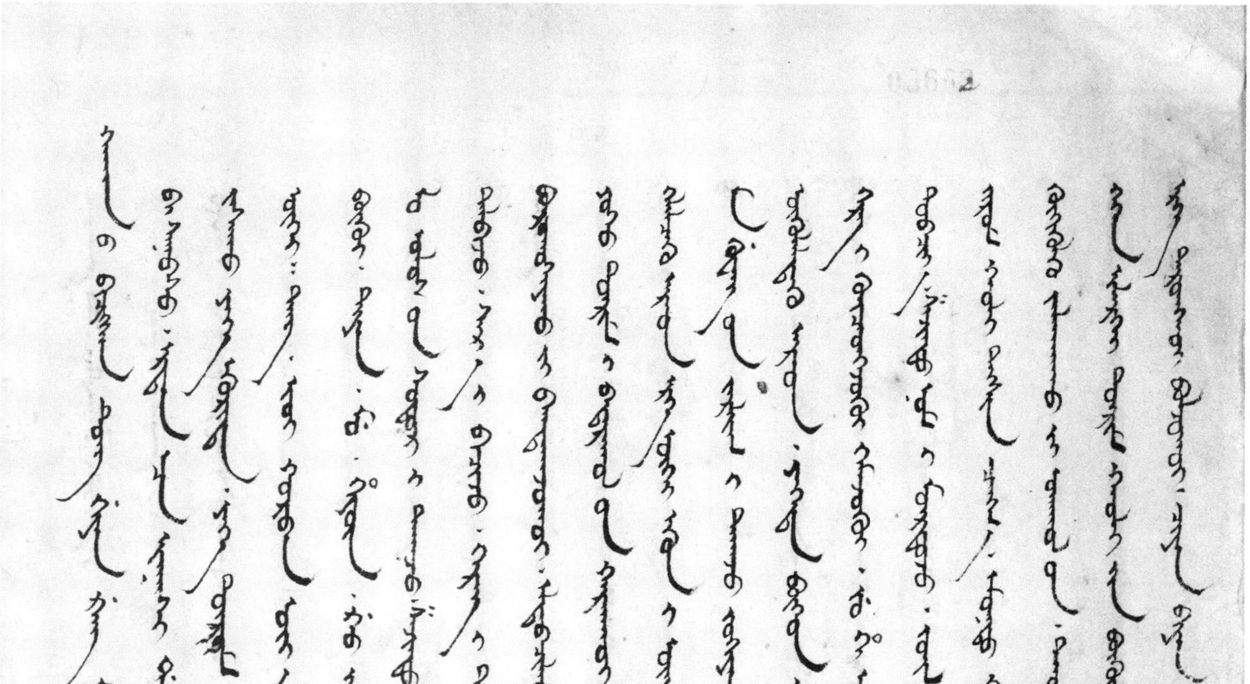

图 3-4-17　蒙古文《资治通鉴纲目前编》

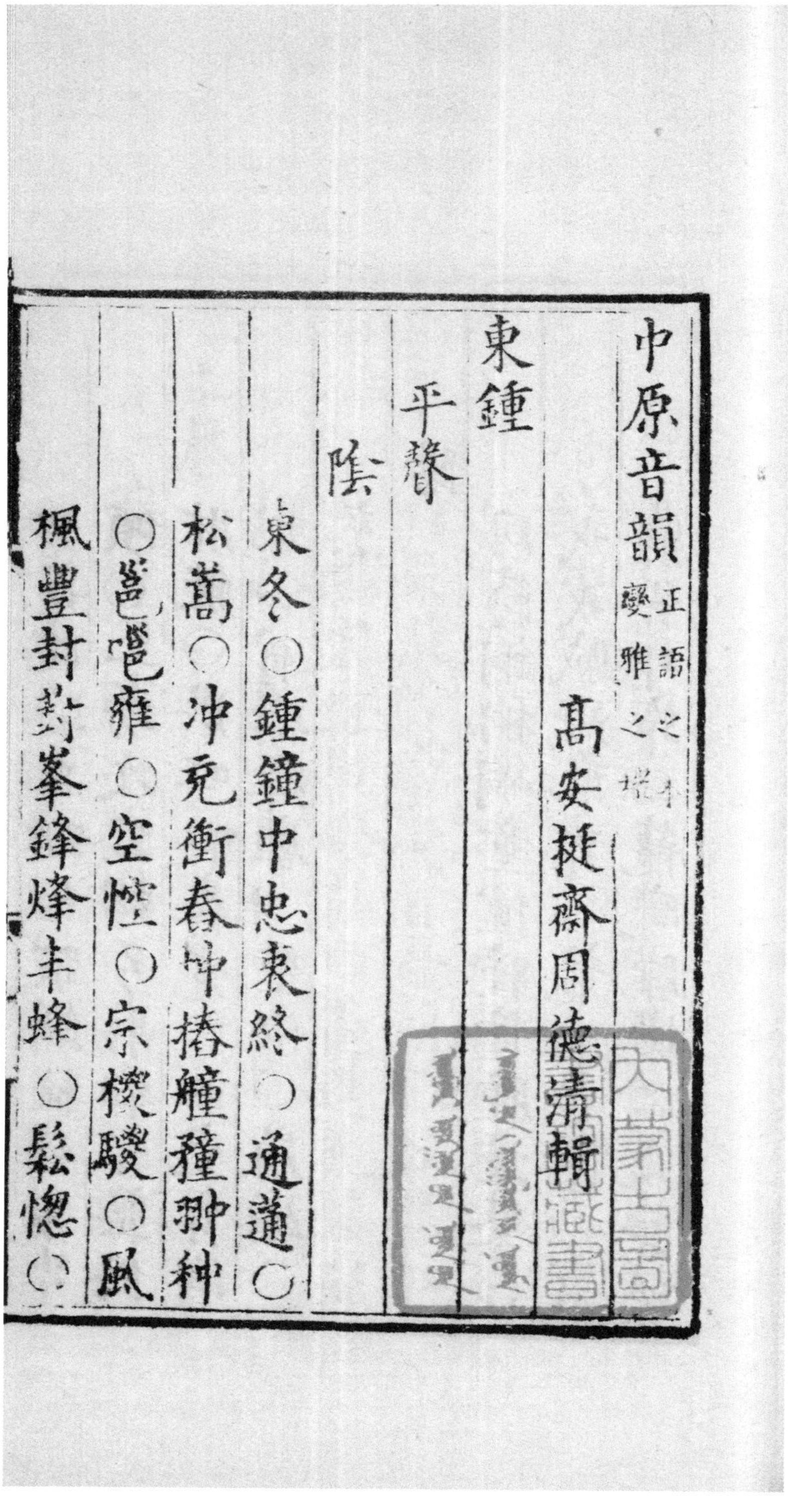

图 3-4-18 《中原音韵》

在元代有一种特殊文体的公文，称为“硬译公牍”。当时，元朝政府的诏旨、律令一般以蒙古文草拟，但在以汉文颁布时，多采用蒙古语法、句法机械地翻译过来，故此形成了一种“硬译公牍”，社会上俗称为“元代白话”。《元典章》（图 3-4-19）是元代法令、判例的集大成之作，大部分由一般白话和蒙文直译体白话组成。

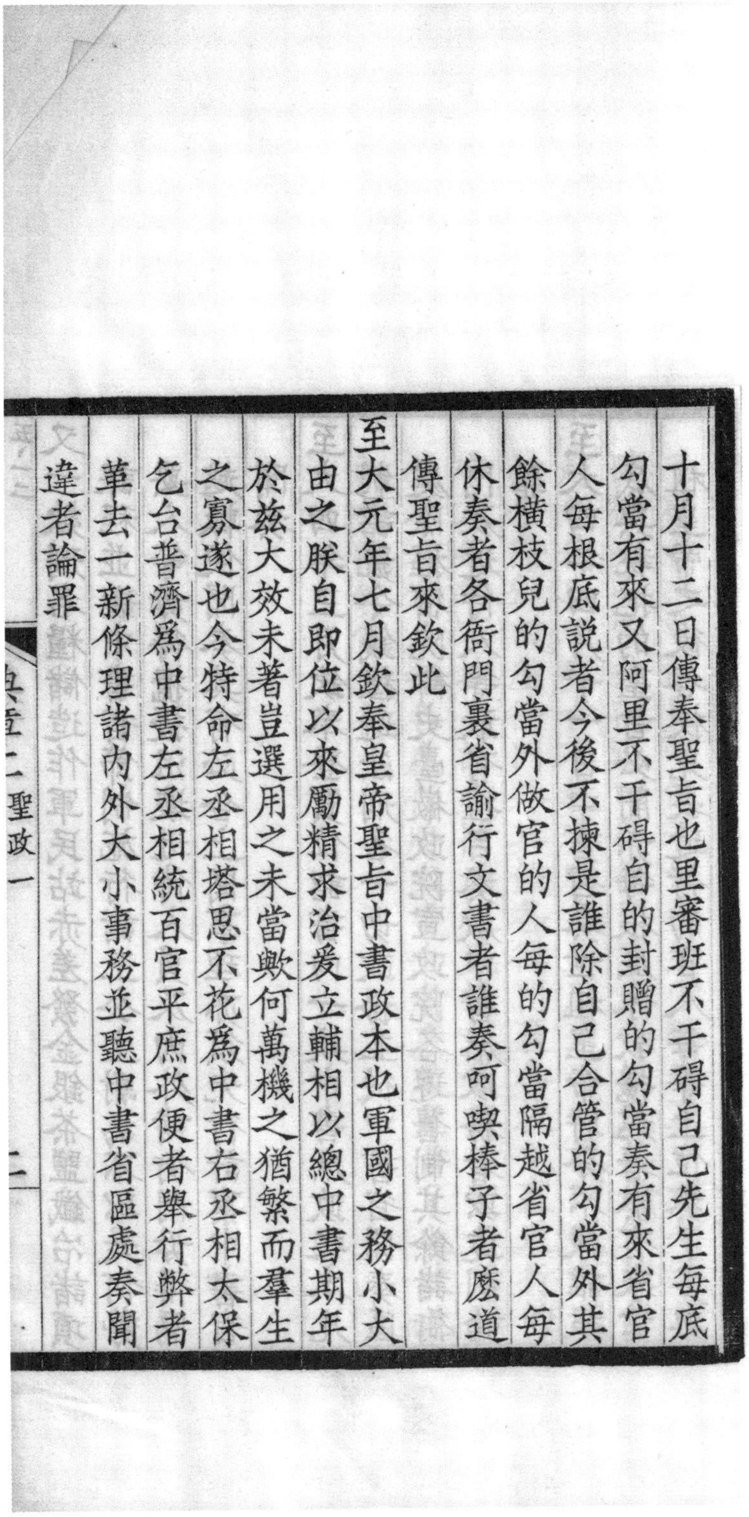

十月十二日傳奉聖旨也里審班不干碍自己先生每底
勾當有來又阿里不干碍自的封贈的勾當奏有來省官
人每根底説者今後不揀是誰除自己合管的勾當外其
餘橫枝兒的勾當外做官的人每的勾當隔越省官人每
休奏者各衙門裏省諭行文書者誰奏呵喫棒子者麽道
傳聖旨來欽此
至大元年七月欽奉皇帝聖旨中書政本也軍國之務小大
由之朕自即位以來勵精求治爰立輔相以總中書期年
於兹大效未著豈選用之未當歟何萬機之猶繁而羣生
之寡遂也今特命左丞相塔思不花爲中書右丞相太保
乞台普濟爲中書左丞相統百官平庶政便者舉行弊者
革去一新條理諸内外大小事務並聽中書省區處奏聞
違者論罪

典章二 聖政一 二

图 3-4-19 《元典章》

《蒙古秘史》是蒙古族最早的一部文学和历史巨著，成书于十三世纪，作者不详。一般认为原书由畏兀儿体蒙古文写成，早已亡佚，明朝洪武年间始译为汉文，改名为《元朝秘史》(图3-4-20)。汉文译本包括三部分内容：一是用汉字对译蒙文的字音；二是用汉语词对译蒙语词；三是总译各段内容。该书是研究蒙古族早期语言文学和社会历史的宝贵资料。

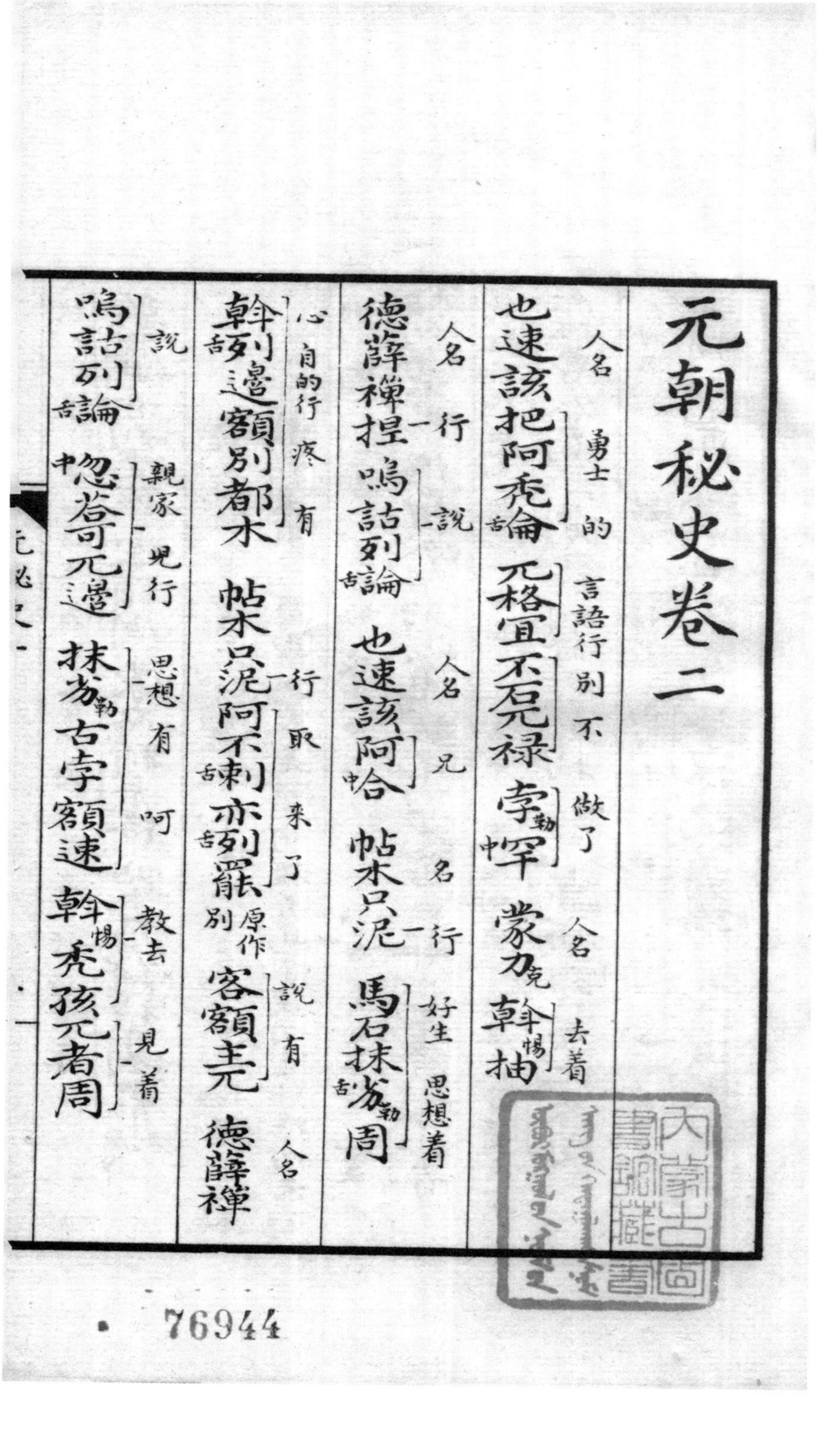

图 3-4-20 《元朝秘史》

明清两代的中央政府均设有联络、接待外国及中国少数民族地区往来信使的专门机构，明代称作“四夷馆”和“会同馆”，清代合并两馆，改称“会同四译馆”。明永乐五年（1407），鉴于四夷外国朝贡者日众，明成祖下令设立四夷馆，《明史・职官三》（图 3-4-21）：“外国朝贡，特设蒙古、女直、西番、西天、回回、百夷、高昌、缅甸八馆，置译字生、通事，通译语言文字。正德中增设八百馆，万历中又增设暹罗馆。”永乐六年（1408）明朝又设会同馆。出于日常翻译参考和培养生员的需要，四夷馆和会同馆曾编写过一批汉语和其他民族语对译的词汇集，统称为“译语”或者“华夷译语”。明代四夷馆编译的“华夷译语”有蒙古语的《鞑靼馆译语》《华夷译语》、女真语的《女真译语》、藏语的《西番馆译语》、梵语的《西天馆译语》、波斯语的《回回馆译语》、傣语的《百译馆译语》、回鹘语的《高昌馆杂字》、缅甸语的《缅甸馆译语》《八百馆译语》、马来语的《暹罗馆译语》和朝鲜语的《朝鲜馆译语》等。会同馆编写的“译语”有《鞑靼译语》《女直译语》《回回译语》《委兀儿译语》《河西译语》等。

少卿一人正四品掌譯書之事自永樂五年外國朝貢特設蒙古女直西番西天回回百夷高昌緬甸八館置譯字生通事通事初隸通政使司通譯語言文字正德中增設八百館八百國蘭者哥進貢萬歷中又增設暹羅館初設四夷館隸翰林院選國子監生習譯宣德元年兼選官民子弟委官教肄學士稽考程課弘治七年始增設太常寺卿少卿各一員爲提督遂改隸太常嘉靖中裁卿止少卿一人

按太常寺卿在南京者多由科目北寺自永樂間用樂舞生累資陞至寺卿甚或加禮部侍郎尚書掌寺後多沿襲至隆慶初乃重推科甲出身者補任譯字生明初甚重與考者與鄉會試額科甲一體出身後止爲雜流其在館者陞轉皆在鴻臚寺

图 3-4-21　《明史·职官三》

《华夷译语》（图3-4-22）是明洪武十五年（1382）由翰林院侍讲火源洁与编修马沙亦黑奉命编纂的一部语汇对音文献。《华夷译语》正文在编排体例上将《元朝秘史》所涉及的内容，归总为天文门、地理门、时令门等十七大门类，每个门类下再列出若干词条，共有八百二十四个词条。用汉字较准确地记录了当时（中世纪）蒙古语言的大量词语，成为我们研究中世纪蒙古语言的珍贵资料，同时也为研究当时汉语，特别是汉语语音提供了可靠的资料。

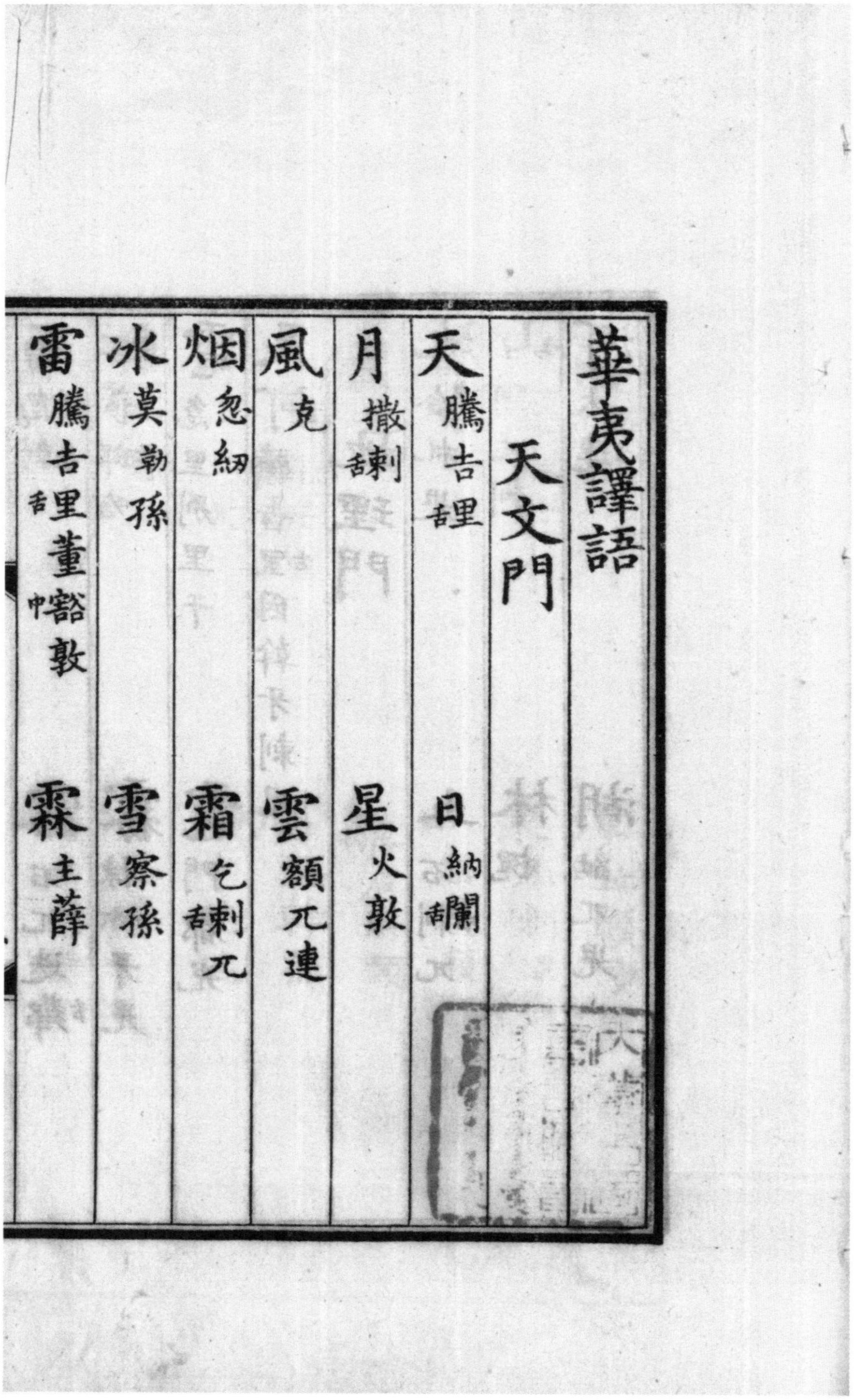
華夷譯語
天文門
天 騰吉舌里
月 撒舌剌
風 克
烟 忽紉
冰 莫勒孫
雷 騰吉舌里董中豁敦
日 納舌闌
星 火敦
雲 額兀連
霜 乞舌剌兀
雪 察孫
霖 主薛

图 3-4-22　《华夷译语》

四夷馆编纂的《女真译语》（图3–4–23）是保存女真文字的重要文献，分“杂字”和“来文”两部分：“杂字”为女真语和汉语对译的词汇集，每个词包括汉字对音、女真文、汉义三部分；“来文”则为抄录的当时进贡的表文。

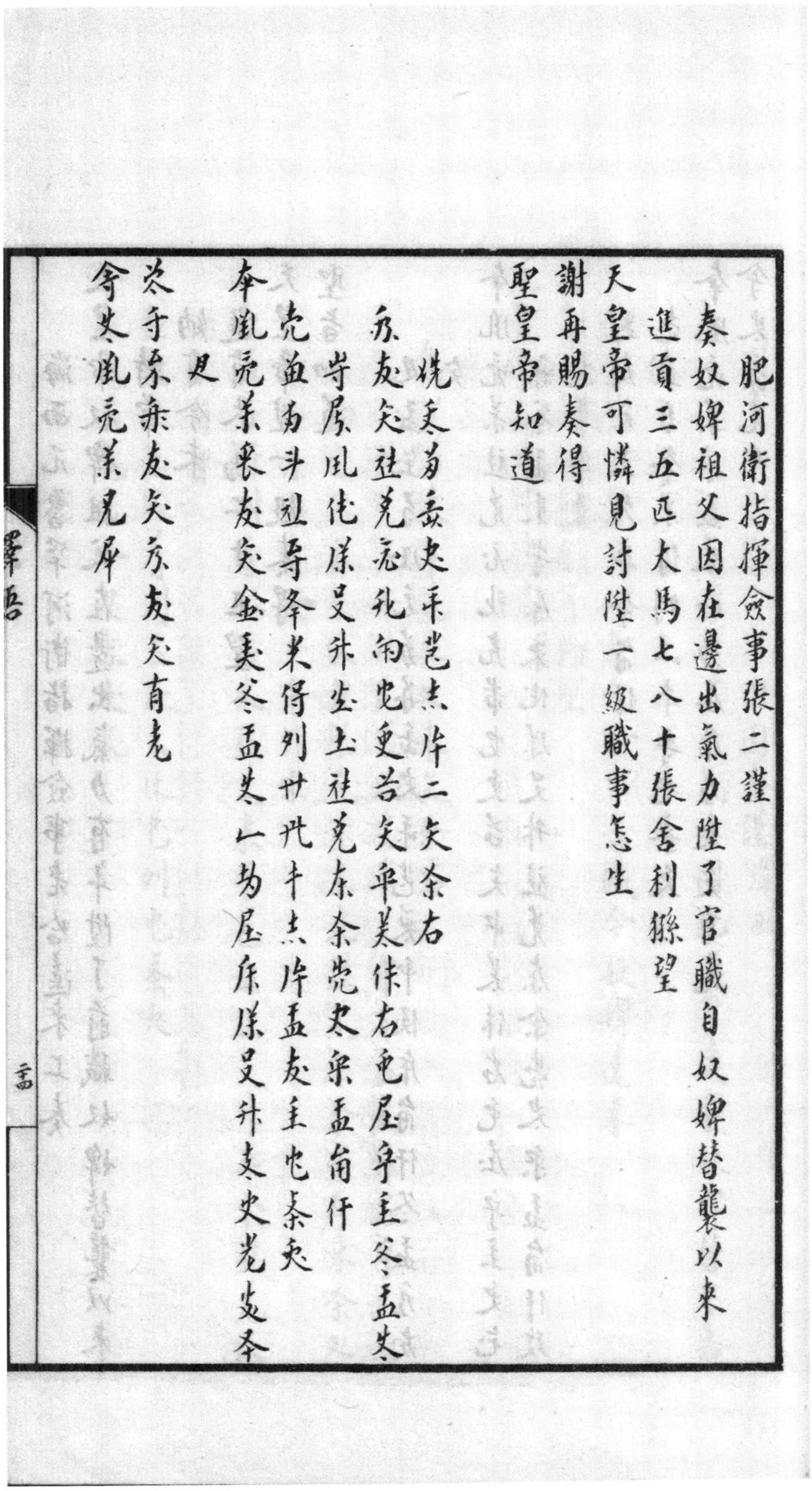

图 3–4–23　《女真译语》

《西番译语》(图3-4-24)也称《西番馆译语》，是明代四夷馆编纂的藏文译语，全书共罗列七百四十个常用词语，于藏文下先列汉义，再列汉字对音。

清代初年沿袭明制，与属国交往仍设会同、四夷两馆分理其事。改“四夷馆”为“四译馆”，《清史稿·职官志一》(图3-4-25)：“顺治元年，会同、四译分设二馆，会同馆隶礼部，以主客司主事满、汉各一人提督之。四译馆隶翰林院，以太常寺汉少卿一人提督之。分设回回、缅甸、百夷、西番、高昌、西天、八百、暹罗八馆，以译远方朝贡文字。置序班二十人，朝鲜通事官六人。十四年置员外郎品级通事一人，掌会同馆印。乾隆十三年，省四译馆入礼部，更名会同四译馆，改八馆为二，曰西域、曰八夷，以礼部郎中兼鸿胪寺少卿一人摄之。光绪二十九年省。”

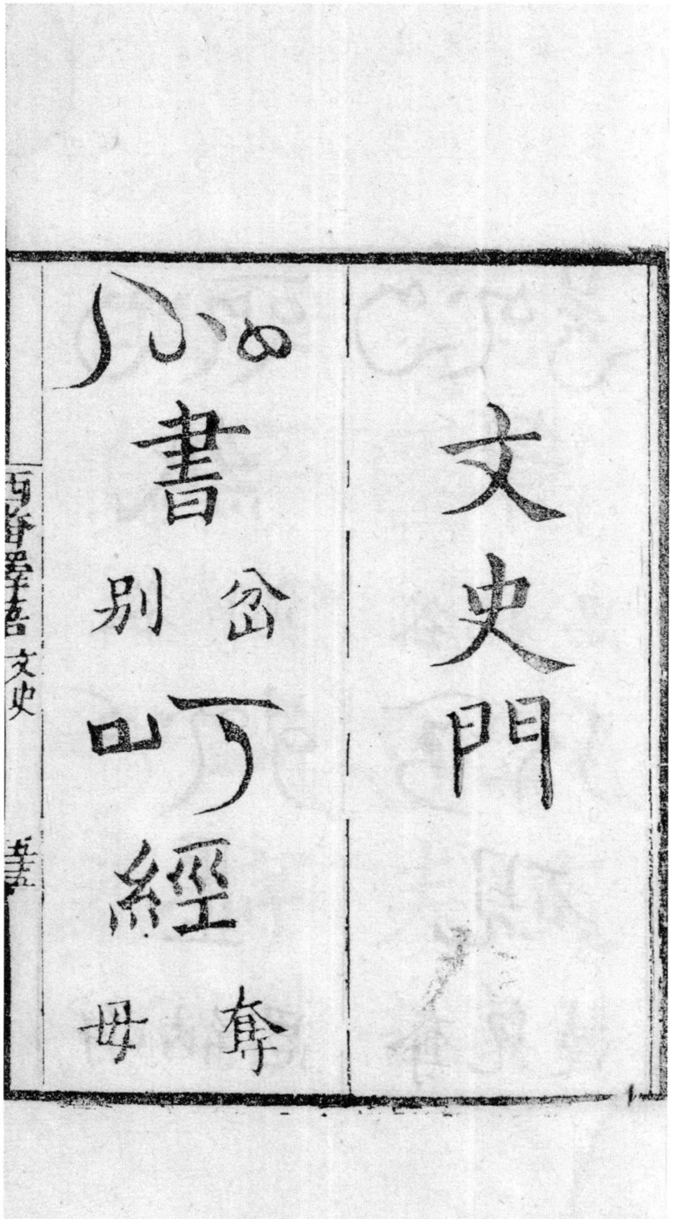

图3-4-24 《西番译语》

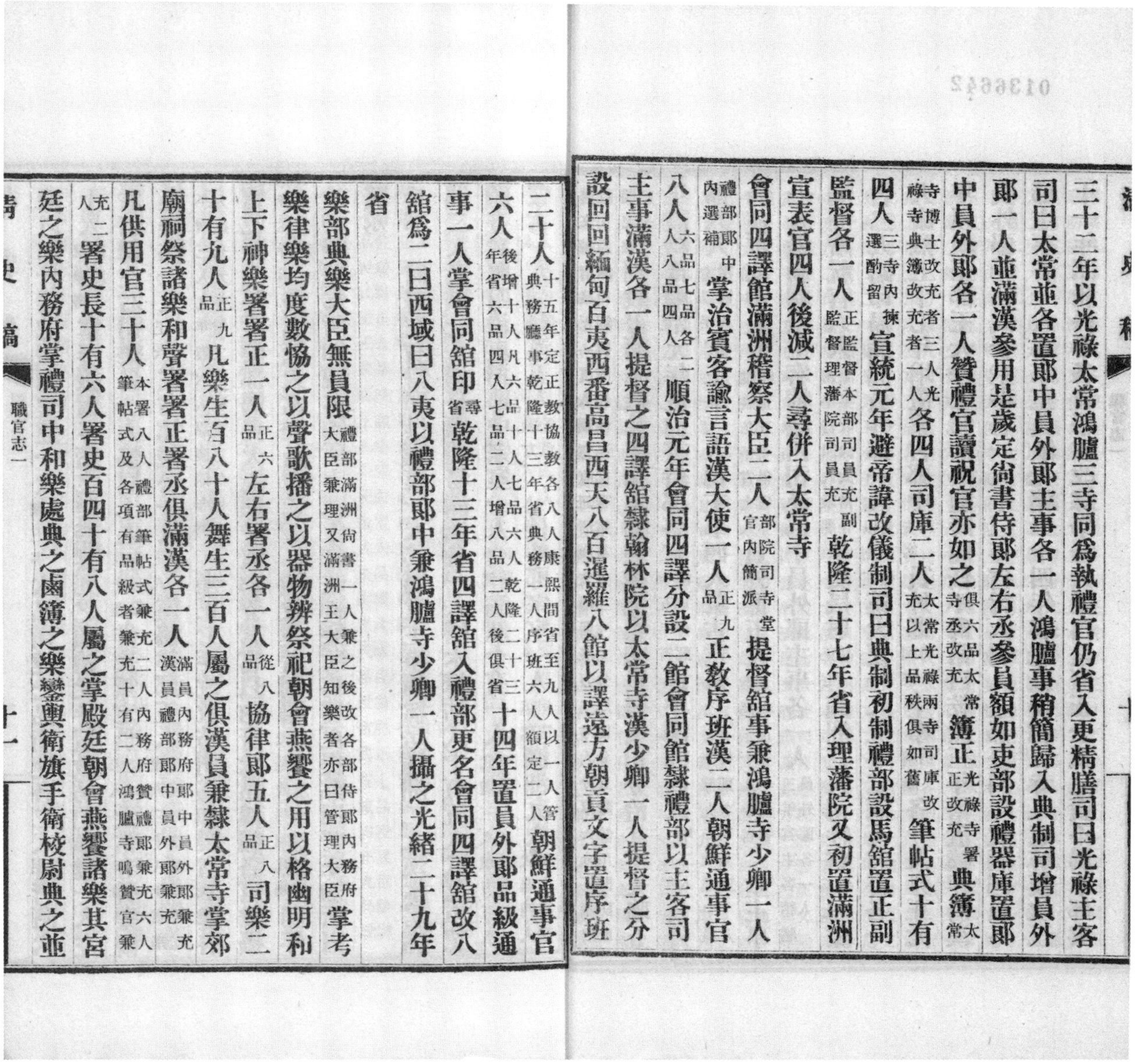

三十二年以光祿太常鴻臚三寺同為執禮官仍省入更精膳司曰光祿主客司曰太常並各置郎中員外郎主事各一人鴻臚事稍簡歸入典制司增員外郎一人並滿漢參用是歲定尚書侍郎左右丞參員額如吏部設禮器庫置郎中員外郎各一人贊禮官讀祝官亦如之（俱六品太常寺丞改充）簿正（光祿寺署正改充）典簿（太常寺博士改充者三人光祿寺典簿改充者一人）各四人司庫二人（太常光祿兩寺司庫改充以上品秩俱如舊）筆帖式十有四人（三寺內揀選酌留）宣統元年避帝諱改儀制司曰典制初制禮部設馬館置正副監督各一人（正監督本部司員充副監督理藩院司員充）乾隆二十七年省入理藩院又初置滿洲宣表官四人後減二人尋併入太常寺

會同四譯館滿洲稽察大臣二人（部院司寺堂官內簡派）提督館事兼鴻臚寺少卿一人（禮部郎中內選補）掌治賓客諭言語漢大使一人（正九品）正教序班漢二人朝鮮通事官八人（六品七品各二人八品四人）順治元年會同四譯分設二館會同館隸禮部以主客司主事滿漢各一人提督之四譯館隸翰林院以太常寺漢少卿一人提督之分設回回緬甸百夷西番高昌西天八百暹羅八館以譯遠方朝貢文字置序班二十人（十五年定正教協教各八人康熙間省至九人以一人管典務廳事乾隆十三年省典務一人序班六人額定二人）朝鮮通事官六人（後增十人凡六品十八人七品六人乾隆二十三年省六品四人七品二人增八品二人後俱省）十四年置員外郎品級通事一人掌會同館印（尋省）乾隆十三年省四譯館入禮部更名會同四譯館改八館為二曰西域曰八夷以禮部郎中兼鴻臚寺少卿一人攝之光緒二十九年省

樂部典樂大臣無員限（禮部滿洲尚書一人兼之後改各部侍郎內務府大臣兼理又滿洲王大臣知樂者亦曰管理大臣）掌考樂律樂均度數協之以聲歌播之以器物辨祭祀朝會燕饗之用以格幽明和上下神樂署署正一人（正六品）左右署丞各一人（從八品）協律郎五人（正八品）司樂二十有九人（正九品）凡樂生百八十人舞生三百人屬之俱漢員兼隸太常寺掌郊廟祠祭諸樂和聲署署正署丞俱滿漢各一人（滿員內務府郎中員外郎兼充漢員禮部郎中員外郎兼充）凡供用官三十人（本署八人禮部筆帖式兼充二人內務府贊禮郎兼充六人筆帖式及各項有品級者兼充十有二人鴻臚寺鳴贊官兼充二人）署史長十有六人署史百四十有八人屬之掌殿廷朝會燕饗諸樂其宮廷之樂內務府掌禮司中和樂處典之鹵簿之樂鑾輿衛旗手衛校尉典之並

清史稿　職官志一　十一

图 3-4-25　《清史稿·职官志一》

《清高宗实录》（图3-4-26）记载乾隆十三年（1748）九月高宗弘历曾命集西洋、缅甸、暹罗及海外诸国、西北边疆藏、彝等族用语，依类编辑成书："谕：朕阅四译馆所存外裔番字诸书，虽分类音译名物，朕所识者西番一种，已不无讹缺。因思象胥鞮译，职在周官，辀轩问奇，载于汉史。我朝声教四讫，文轨大同，既有成编，宜广为搜辑，加之核正，悉准重考西番书例，分门别类，汇为全书。所有西天及西洋各书，于咸安宫就近查办。其暹罗、百夷、缅甸、八百、回回、高昌等书，着交与该国附近省分之督抚，令其采集补正。此外如海外诸夷，并苗疆等处，有各成书体者，一并访录，亦照西番体例，将字音与字义用汉文注于本字之下，缮写进呈，交馆勘校，以昭同文盛治。着傅恒、陈大受、那延泰总理其事。"随后有四川督抚策楞和云南巡抚爱必达奉旨采集本省各族译语，傅恒、陈大受等编纂了至少四十二种七十一册的《华夷译语》。

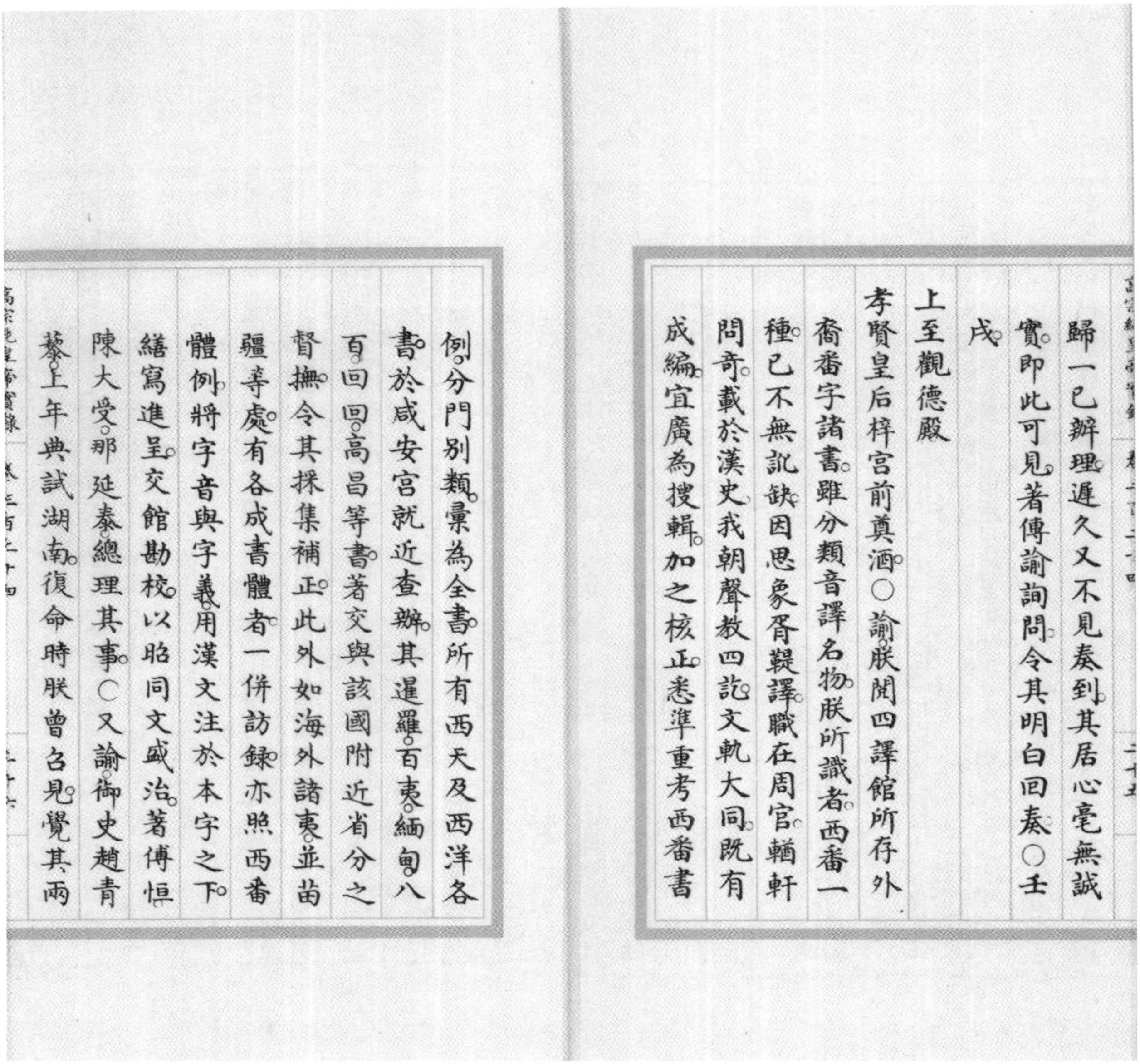

高宗純皇帝實錄 卷三百二十四

歸一已辦理遲久又不見奏到其居心毫無誠
實即此可見著傳諭詢問令其明白回奏○壬
戌
上至觀德殿
孝賢皇后梓宮前奠酒○諭朕閱四譯館所存外
裔番字諸書雖分類音譯名物朕所識者西番一
種已不無訛缺因思象胥鞮譯職在周官輶軒
問奇載於漢史我朝聲教四訖文軌大同既有
成編宜廣為搜輯加之核正悉準重考西番書
例分門別類彙為全書所有西天及西洋各
書於咸安宮就近查辦其暹羅百夷緬甸八
百回回高昌等書著交與該國附近省分之
督撫令其採集補正此外如海外諸夷並苗
疆等處有各成書體者一併訪錄亦照西番
體例將字音與字義用漢文注於本字之下
繕寫進呈交館勘校以昭同文盛治著傅恒
陳大受那延泰總理其事○又諭御史趙青
藜上年典試湖南復命時朕曾召見覺其兩

高宗純皇帝實錄 卷三百二十四

图 3-4-26 《清高宗实录》卷三百二十四，内蒙古大学图书馆藏

清陆次云编纂的《译史纪余》（图3-4-27）虽不是四译馆编纂的文献，但也收录了许多少数民族文字。该书共四卷，卷一记载东海、西海及异物；卷二收录高丽、日本、占城、安南、琉球之诗；卷三收录外国钱文；卷四收录西番、百译、缅甸、暹罗四国之书，有《回回国书》《百译国书》《高昌国书》《缅甸国书》《八百国书》《韃靼国书》等名目，均于少数民族文字旁列汉字，再列汉字对音。

清朝拥有广阔的疆域、多元的族群。清朝历代皇帝实录的撰写便是以满语、蒙古语、汉语三种语言书写，这三种语言也都作为公文用语而被平等的对待和使用。为了实现文化上的“同文盛世”，清朝还施行了“同文之治”的治理策略，刊印了大量的少数民族文字字书，出版了多部多语种合璧文献。

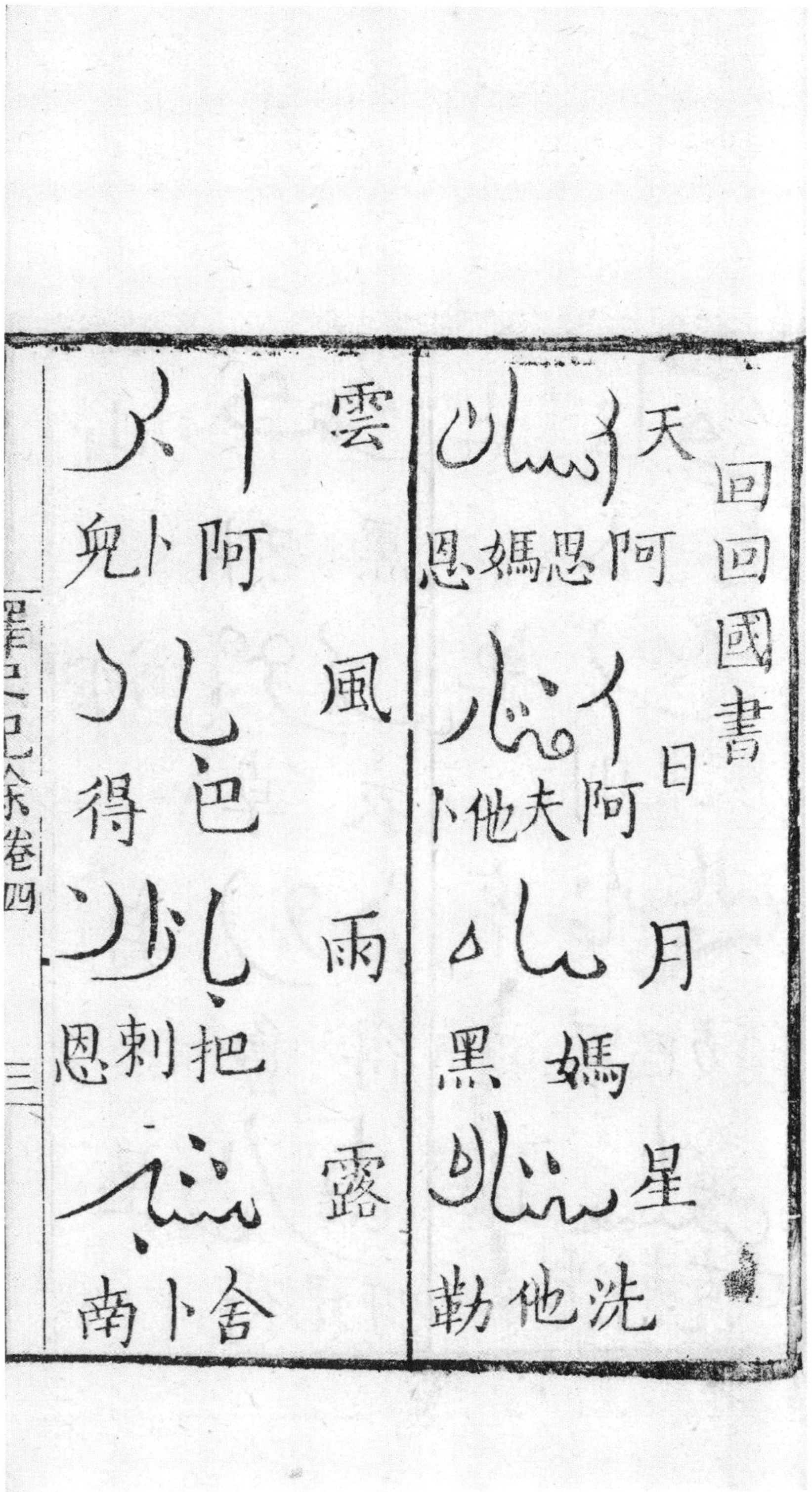

图 3-4-27 《译史纪余》

满文主要借鉴了传统的回鹘式蒙古文，后在此基础上加以改进，形成了符合满族本民族语言表达要求的新满文。满文《十二字头》(图3-4-28)记录了满文的音节形式，其由元音及元音与辅音相结合编制而成，总计十二字头。清代有相当一部分满文辞书是按满文十二字头顺序编排的。

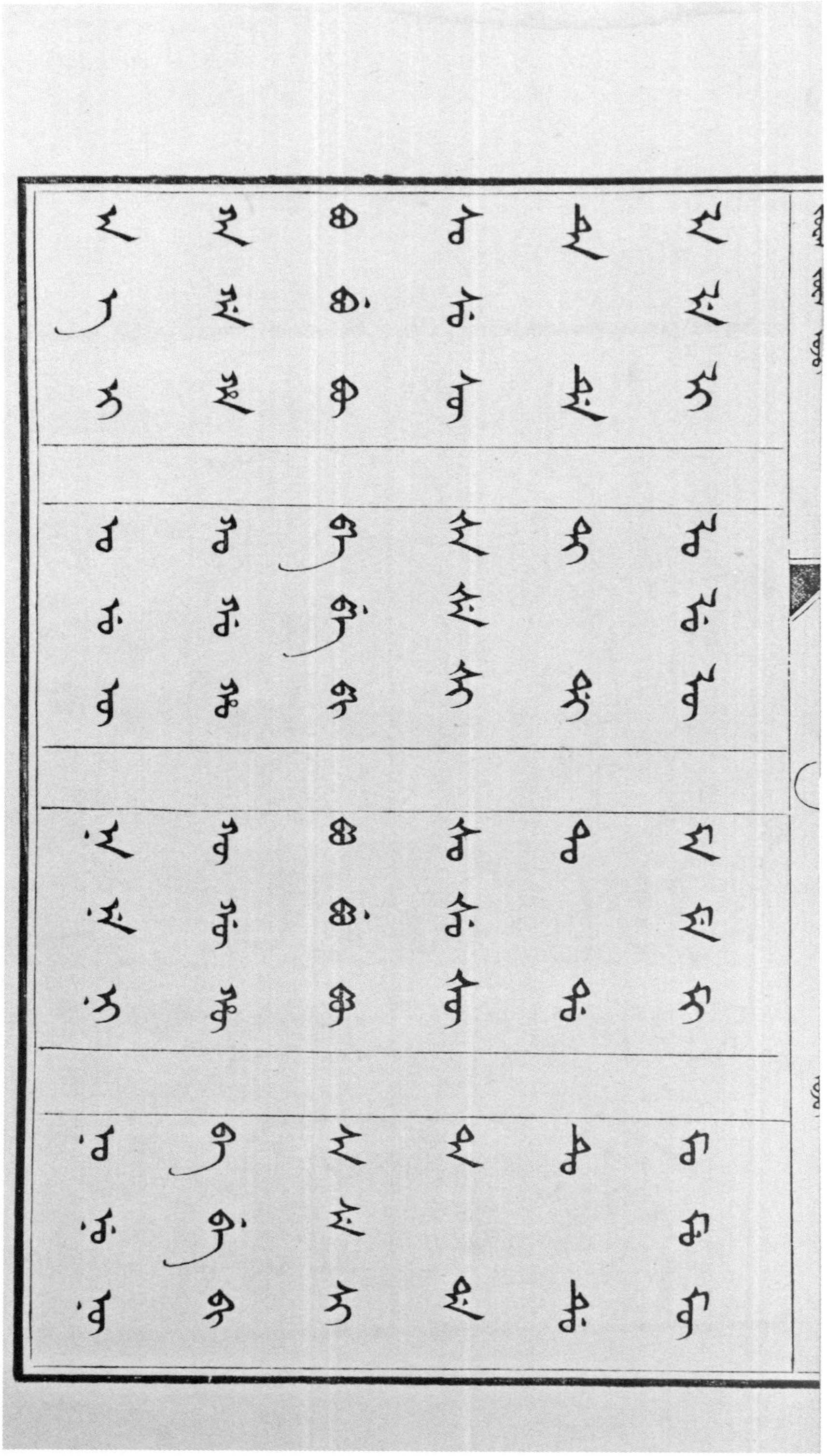

图 3-4-28　满文《十二字头》，
巴彦淖尔市图书馆藏

《御制清文鉴》（图3-4-29）是清代第一部敕修词典，也是第一部大型的满文注解词典，正文首列满文词语，下列注解。包括天部、时令部、地部等三十六部，部下再分小类，共收录社会制度、政治、经济、军事、风俗、习惯、宗教、文化和各民族地区的土特产等方面的一万余条满文词语。

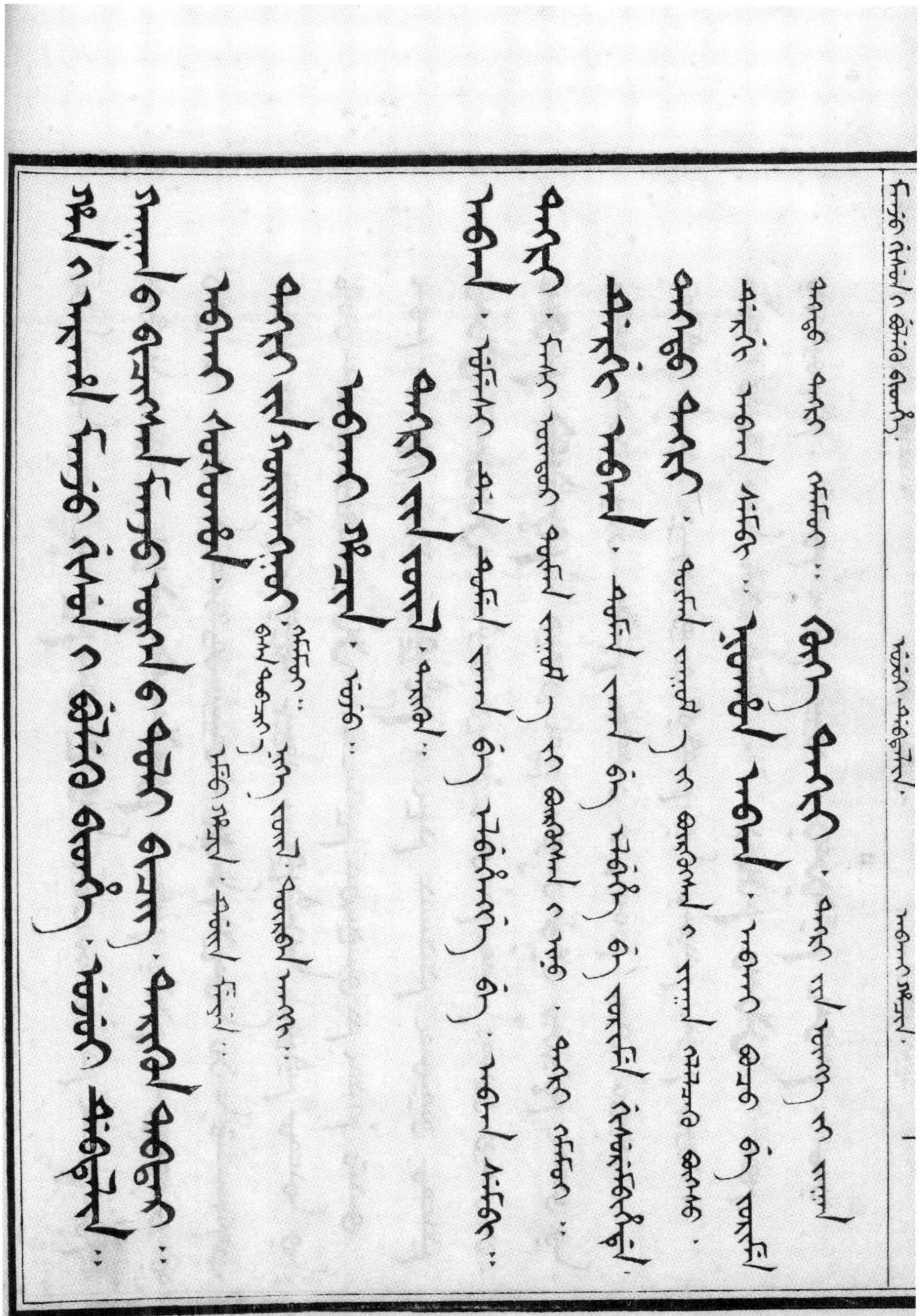

图 3-4-29　满文《御制清文鉴》

满文《御制清文鉴》刊行两年后，康熙又命拉锡等以蒙古文翻译该词典，编成满蒙合璧的《御制清文鉴》(图 3-4-30)，于康熙五十六年（1717）由武英殿刊行。

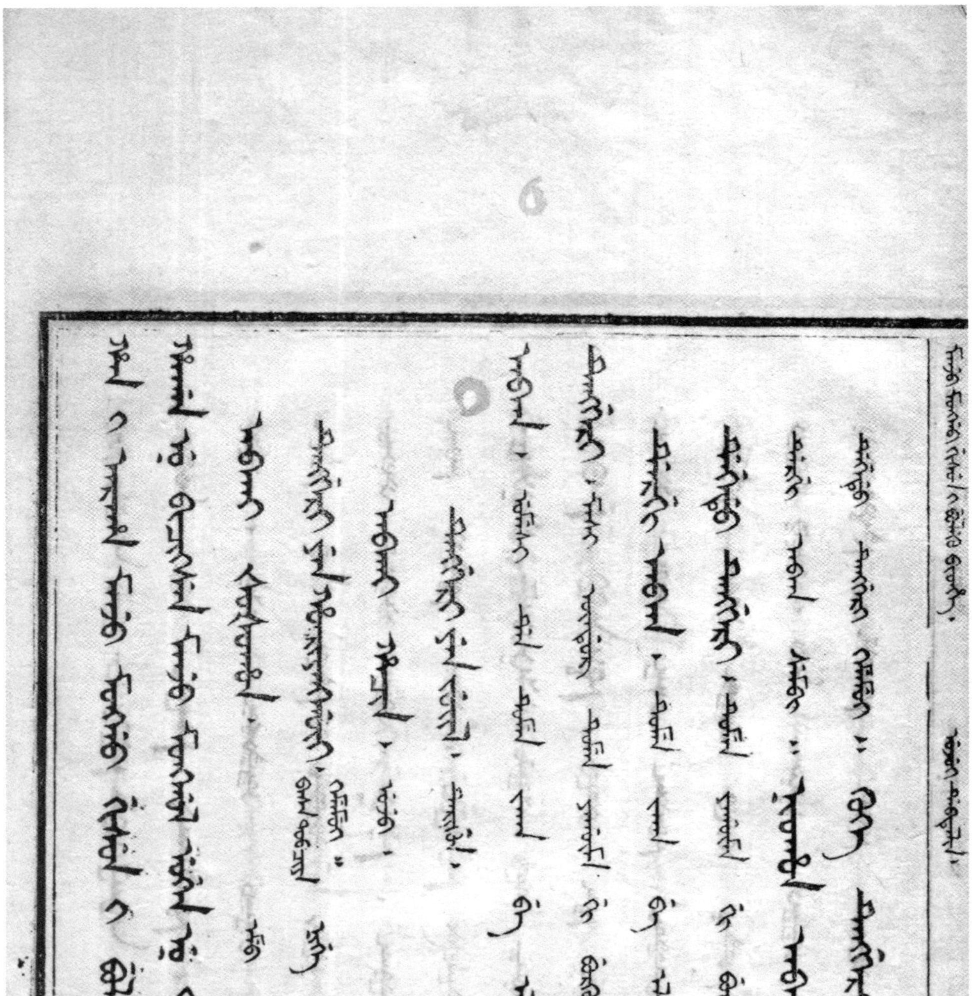

图 3-4-30　满蒙合壁《御制清文鉴》

乾隆年间，乾隆又组织内府及各部院衙门对《御制清文鉴》进行修订增补，于乾隆三十六年（1771）刊行满汉合璧《御制增订清文鉴》(图3-4-31)。该书以《御制清文鉴》为基础，加译汉文词语条目，保留满文注解，再进一步增修词语，并在满汉文间互注音韵而成，曾多次刊行，流传非常广泛。

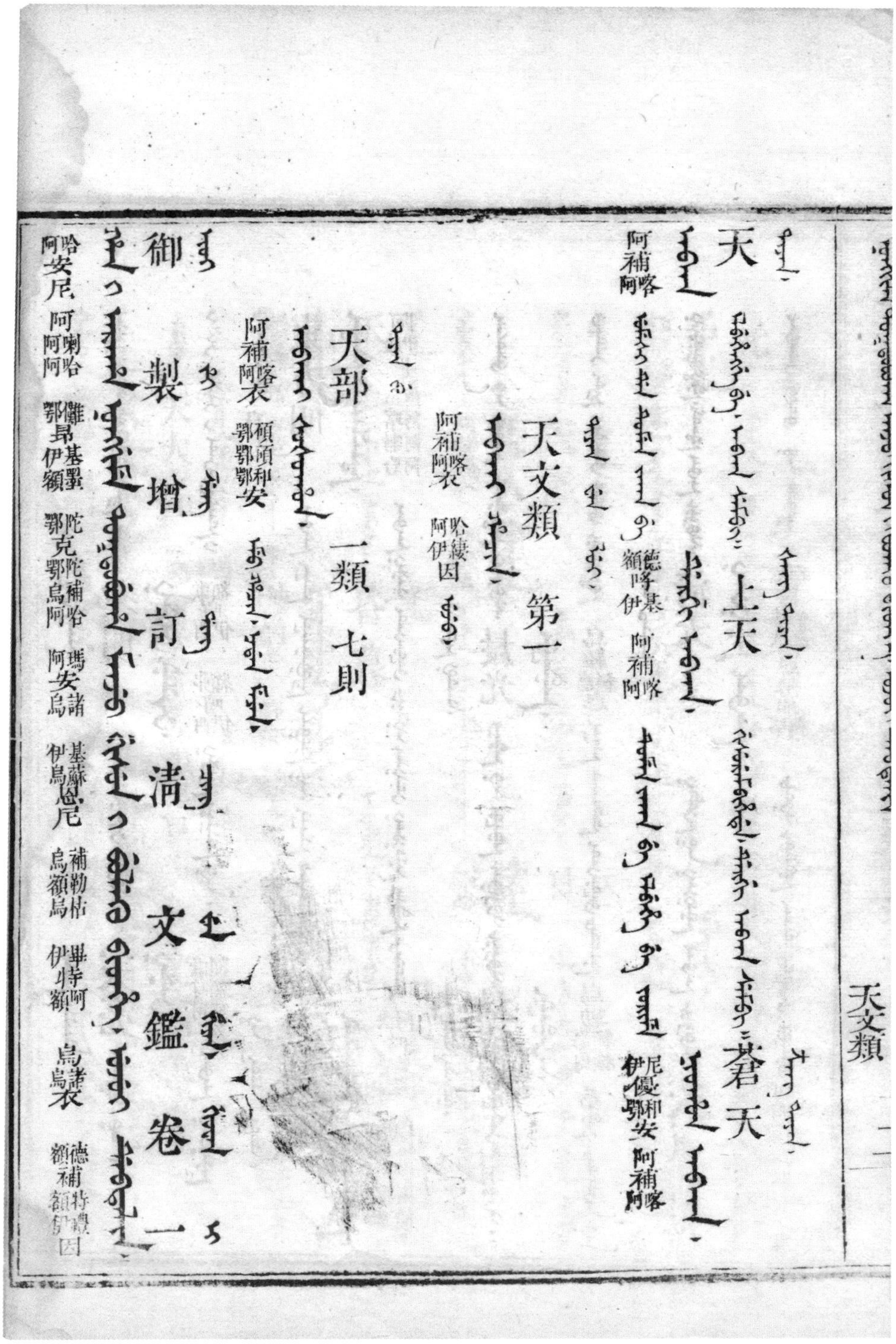

图 3-4-31　满汉合璧《御制增订清文鉴》

《御制清文鉴》的影响极为广泛。雍正年间，民间学者开始将《御制清文鉴》翻译成汉文，编纂满汉合璧分类词典。如明铎编撰的《音汉清文鉴》(图3–4–32)，翻译了《御制清文鉴》的所有词语条目和注解，但删除了原满文注解，是清代清文鉴类满语词典中唯一一部附汉文注解的民修满汉合璧词典。还有一些满汉合璧词典也以《御制清文鉴》为蓝本编成，如《新旧清语汇书》《钦定清语》《新语集要便览》《清文总汇》《合璧初学语》等。

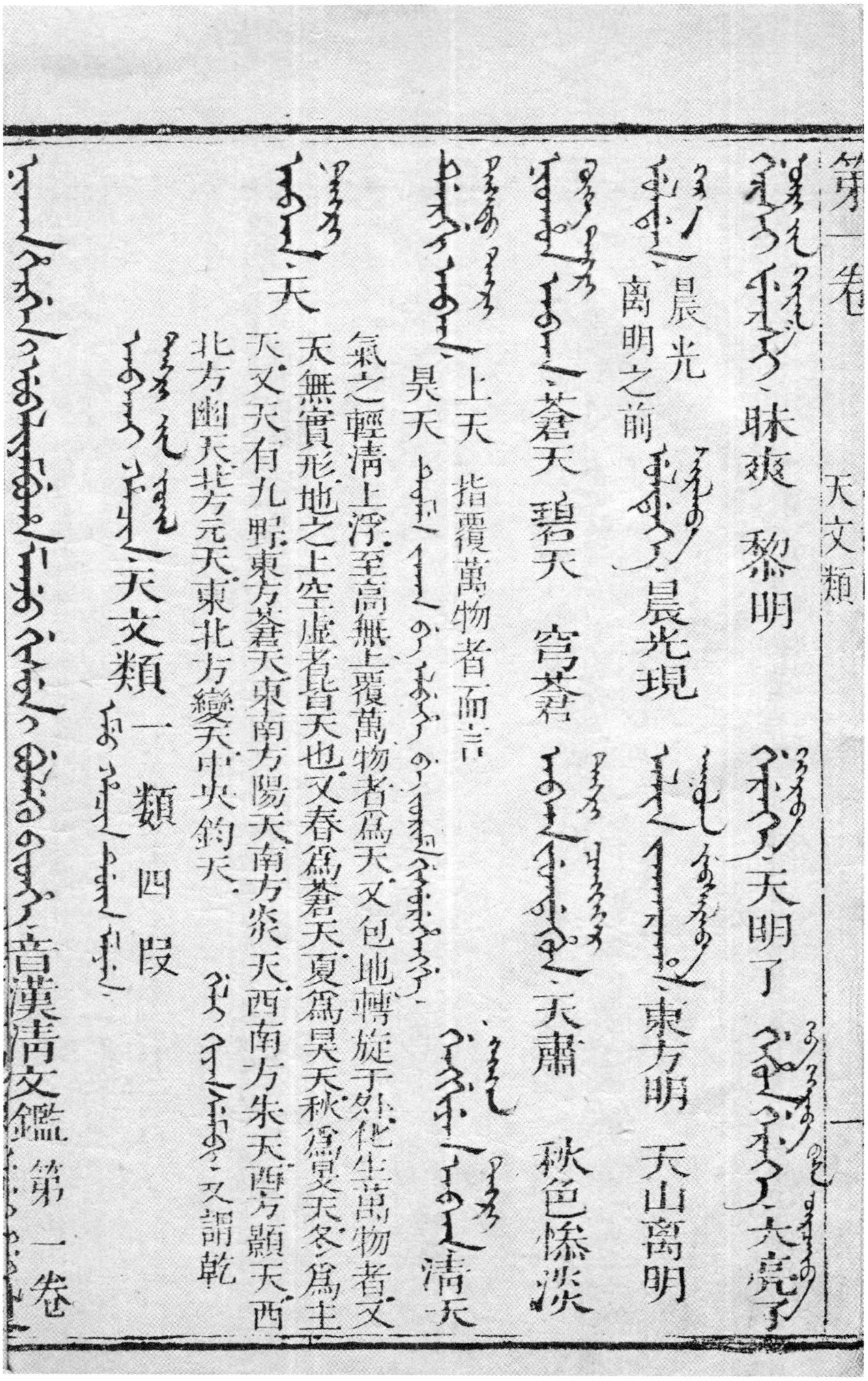
第一卷 天文類
昧爽 黎明 天明了 大亮了
晨光 離明之前 晨光現 東方明 天山離明
蒼天 碧天 穹蒼 天肅 秋色慘淡
上天 指覆萬物者而言 昊天 清天
氣之輕清上浮至高無上覆萬物者爲天又包地轉旋于外化生萬物者又天無實形地之上空虛者皆天也又春爲蒼天夏爲昊天秋爲旻天冬爲上天又天有九野東方蒼天東南方陽天南方炎天西南方朱天西方顥天西北方幽天北方玄天東北方變天中央鈞天 又謂乾
天
天文類 一類 四段
音漢清文鑑 第一卷

图3–4–32 《音汉清文鉴》

清乾隆年间合并满蒙合璧清文鉴、满汉合璧清文鉴，形成多部满蒙汉三体合璧清文鉴。《御制满珠蒙古汉字三合切音清文鉴》（图3-4-33）是乾隆帝命阿桂等以《御制增订清文鉴》为蓝本，合并《清文合蒙古鉴》和《御制增订清文鉴》，去掉满文注解，增加蒙古文切音字和对音字，编成的满蒙汉互注音韵的三体合璧清文鉴。

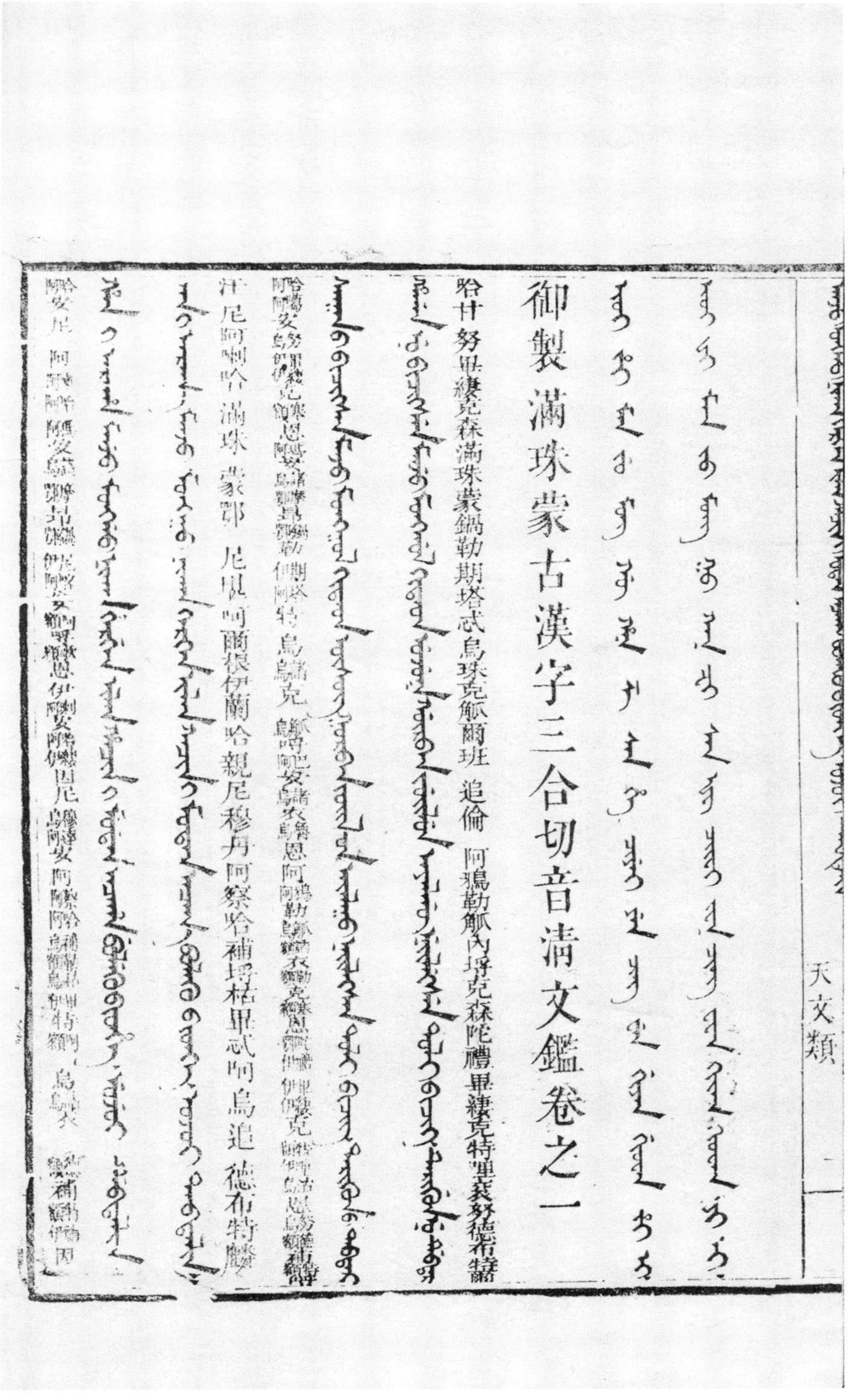

图 3-4-33 《御制满珠蒙古汉字三合切音清文鉴》

乾隆年间，在三体合璧清文鉴的基础上，还增加藏文、维文等，并在多种语言之间相互标注音韵，以《御制增订清文鉴》为蓝本，编成了《四体合璧文鉴》(图3-4-34)、《御制四体清文鉴》(图3-4-35)、《御制五体清文鉴》等多语合璧清文鉴，是满、藏、蒙、维、汉语互译以及研究清代满、藏、维语语言学的珍贵的资料。

《大清全书》(图3-4-36)，清沈启亮编。按满文十二字头顺序排列，每一字头下分列满文单词、词组，其下有汉文释义，共收词条九千余条，是最早的大型满汉对照辞典。

清李延基在《御制清文鉴》等官修分类词典的基础上增订词语，并进一步考订注解，依《大清全书》体例，以满文字母顺序编排满文词语，著成《清文汇书》(图3-4-37)。该词典正文首列满文词语，下列汉文译词和汉文注解，收两万余组满汉文对照词语条目，是满文音序词典中最重要的"注解词典"之一。

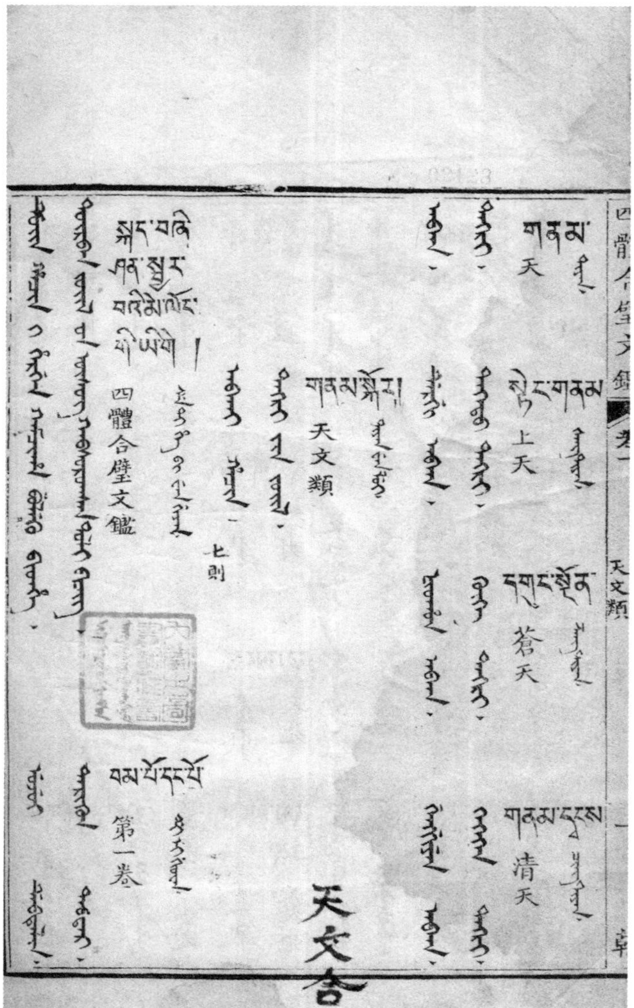

图3-4-34 《四体合璧文鉴》

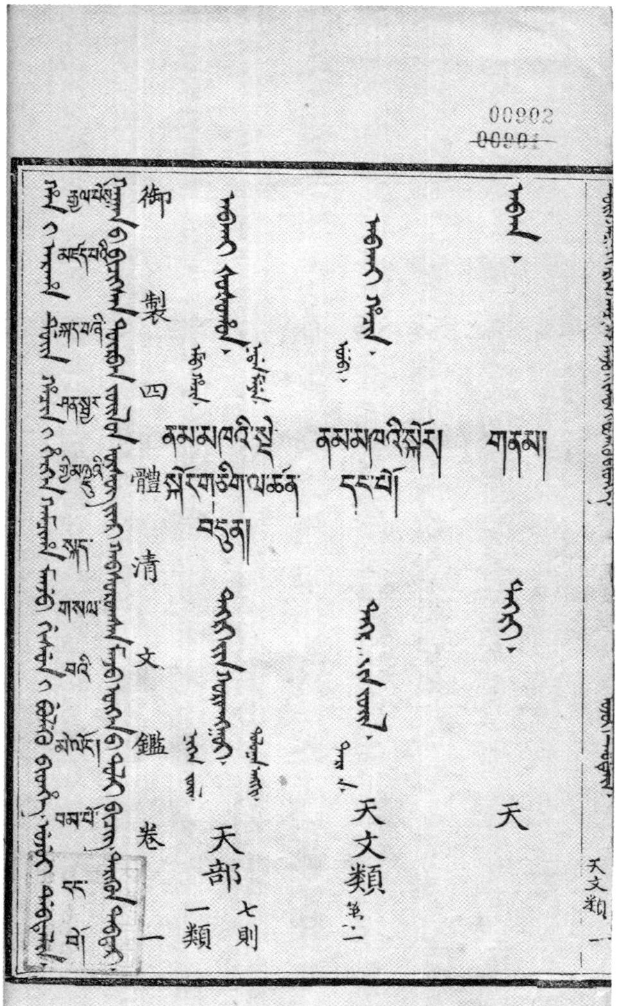

图3-4-35 《御制四体清文鉴》

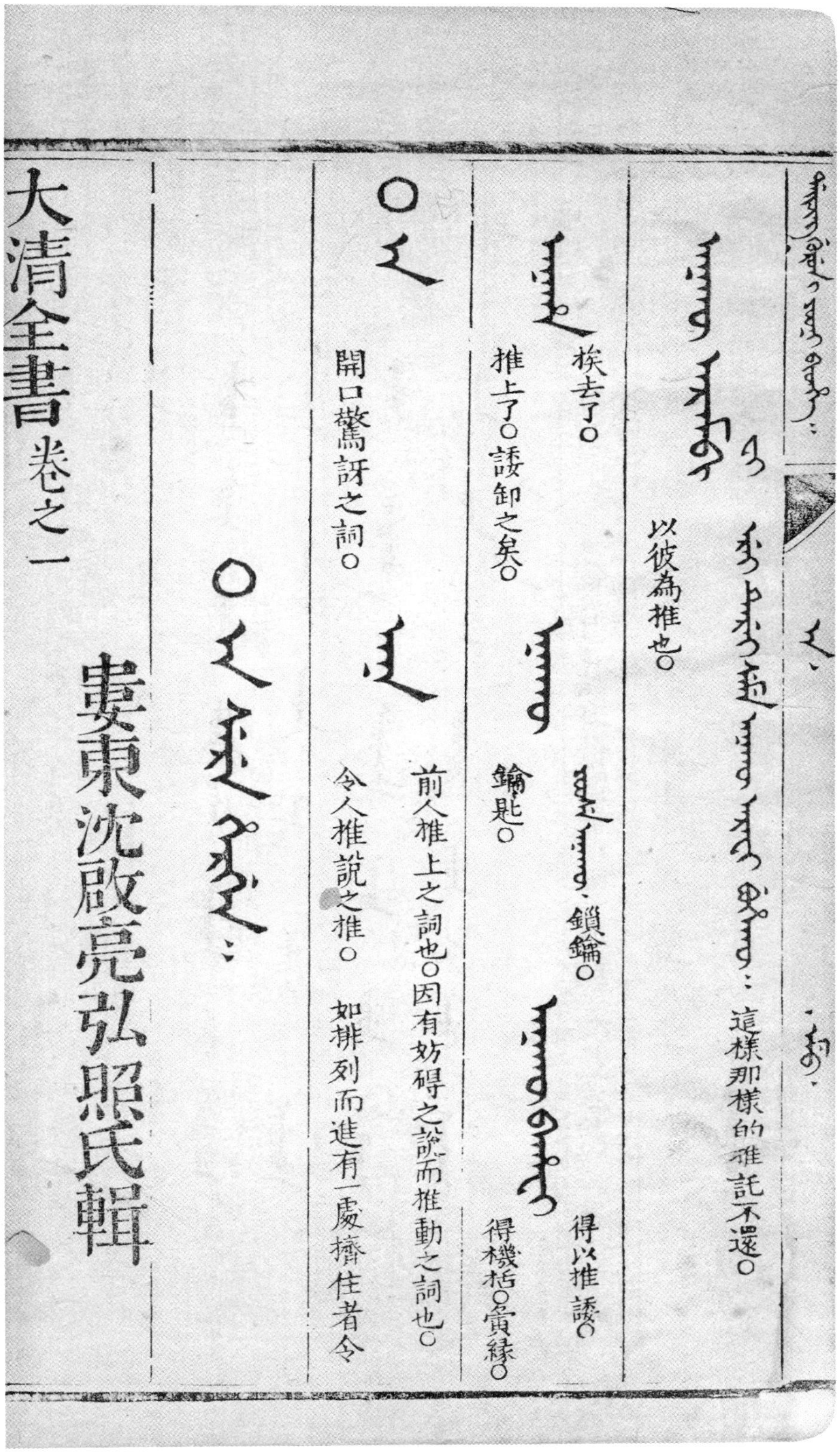

图 3-4-36　满汉对照《大清全书》

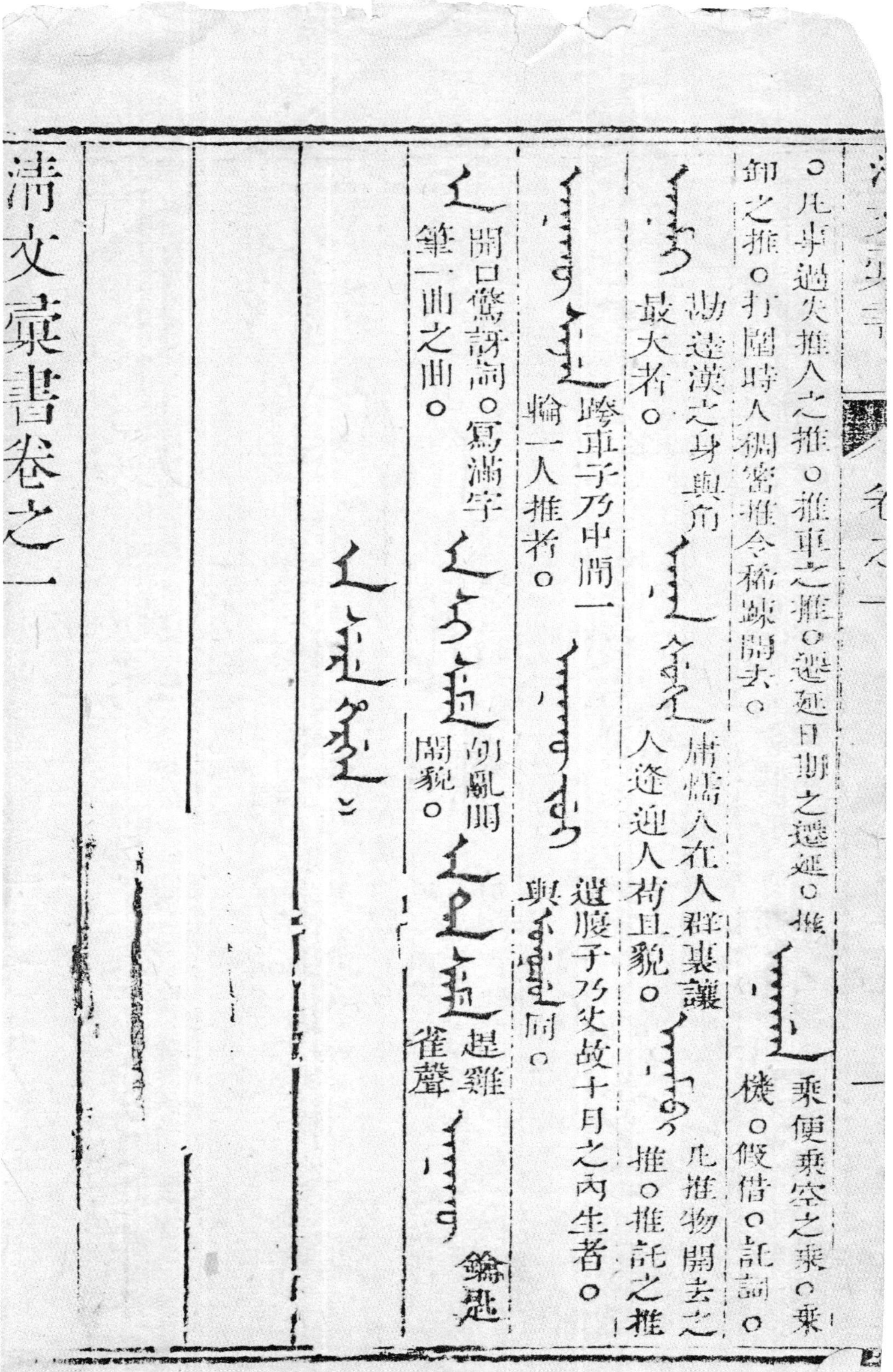
清文彙書卷之一

○凡事過失推人之推○推車之推○遷延日期之遷延○推卸之推○打鬧時人稠密推令稀疏開去○

乘便乘空之乘○乘機○假借○託詞○

勘達漢之身與角最大者○

人在人群裏讓人逢迎人苟且貌○

凡推物開去之推○推○推託之推

車子乃中間一輪一人推者○

遺腹子乃父故十月之內生者○

與　同○

開口驚訝詞○寫滿字筆一曲之曲○

鬧貌○

趕雞雀聲

鑰匙

图 3-4-37　满汉对照《清文汇书》

蒙古语是古老的民族语言之一，属于阿尔泰语系蒙古语族。蒙古文字系统经过漫长的演变，形成了一种具有自己特点的独特的文字。它从上到下连写，从左到右移行，是拼音文字。传统蒙古文大致形成于公元十一至十二世纪，随着时代的变迁也在不断地发展演变。

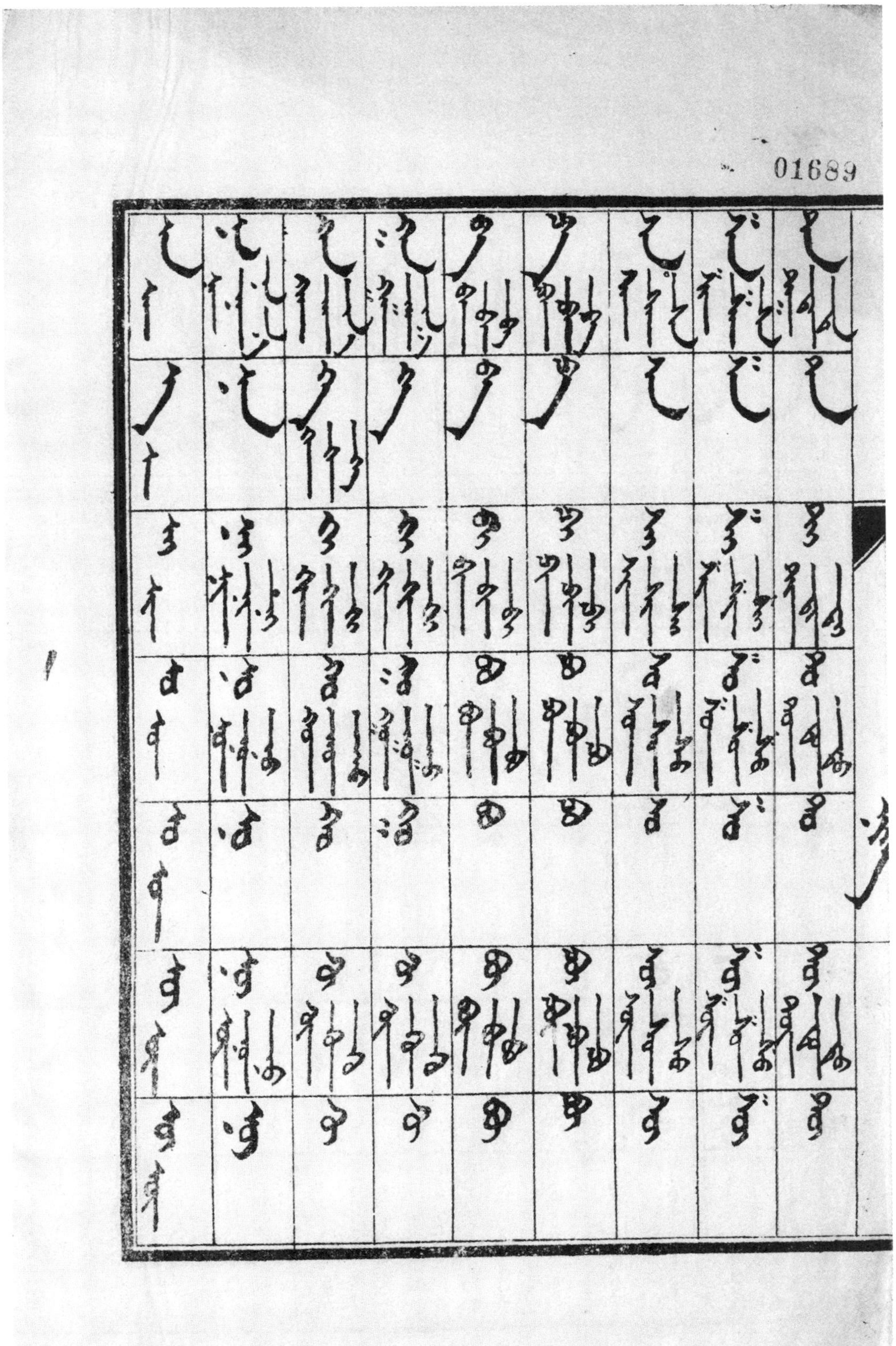

图 3-4-38　蒙古文《蒙古文头字母》

《元音与辅音》(图3-4-39)，清乌珠穆沁衮布扎布编，是对北元时期所创阿礼嘎礼字进行增编、修改而成的阿礼嘎礼字、梵文、藏文对照词典，对书写与读音规则进行了解释，对梵、藏、蒙语研究及文献学研究具有很高的价值。

《蒙古文法诠释苍天如意珠》(图3-4-40)，清丹津扎巴撰，是现今发现的最早的蒙古语言学著作之一，包含《蒙古文字起源》《蒙古文字之类别》《蒙古文字行属》三部分。其内容在分析研究蒙古语言学的框架下，包含了汉族、藏族、回族和蒙古族之间长期以来的文化交流及相互影响的丰富史料，是一部汇聚蒙古语言学理论和中华多民族文化交流实践的珍贵典籍。

《大白伞盖陀罗尼经》(图3-4-41)，清咱雅班智达译，托忒文写本。托忒文，又称卫拉特文，清代卫拉特蒙古人使用的一种文字，在回鹘式蒙古文基础上创造而成。

《详解月光词典》(图3-4-42)是清释阿拉善拉让巴·阿旺丹德尔编纂的藏文、蒙古文对照词典，大约收录八千个词条，是为翻译藏文典籍和学习藏文而编纂的。

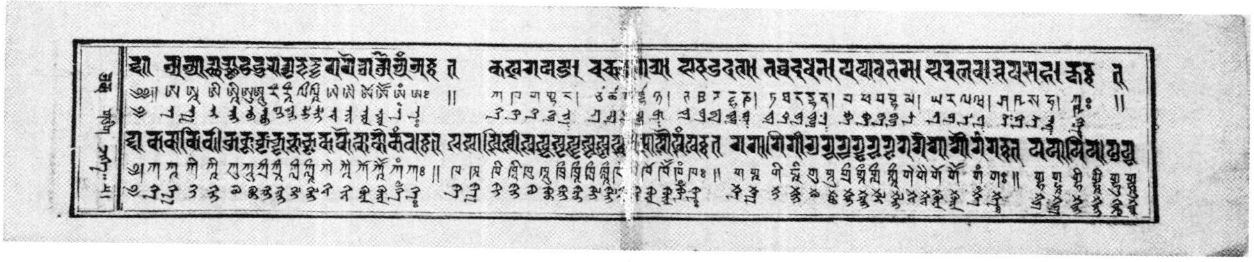

图3-4-39　蒙古文《元音与辅音》，内蒙古大学图书馆藏

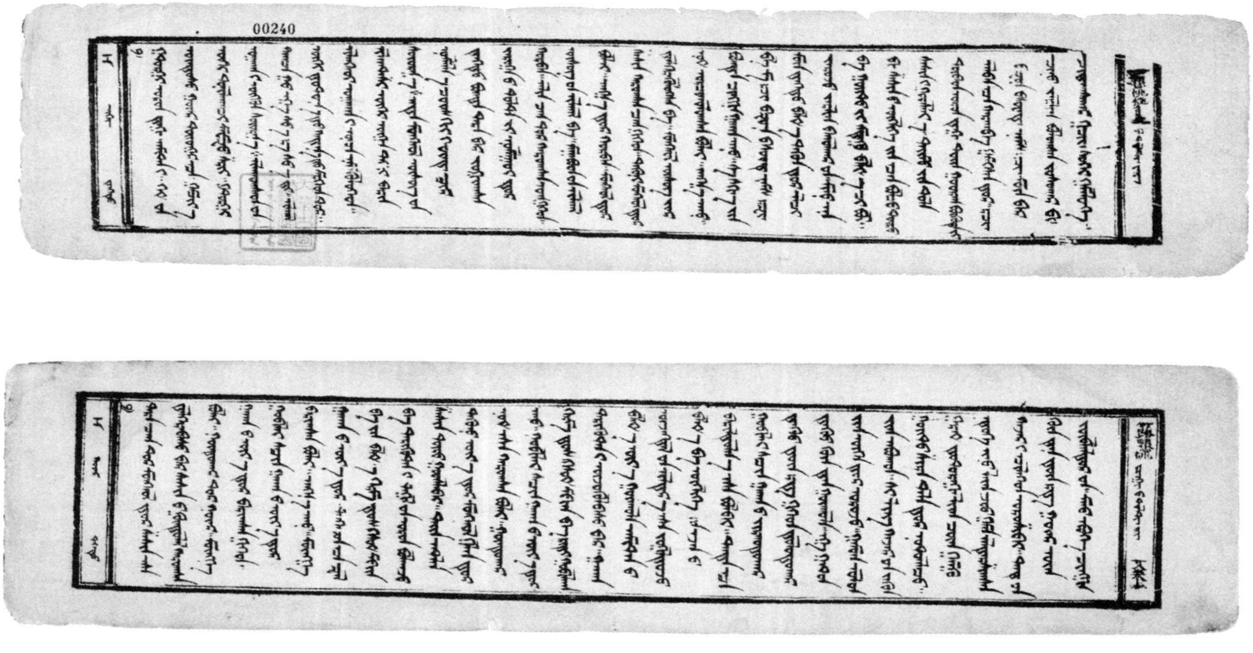

图3-4-40　蒙古文《蒙古文法诠释苍天如意珠》

图 3-4-41　蒙古文《大白伞盖陀罗尼经》

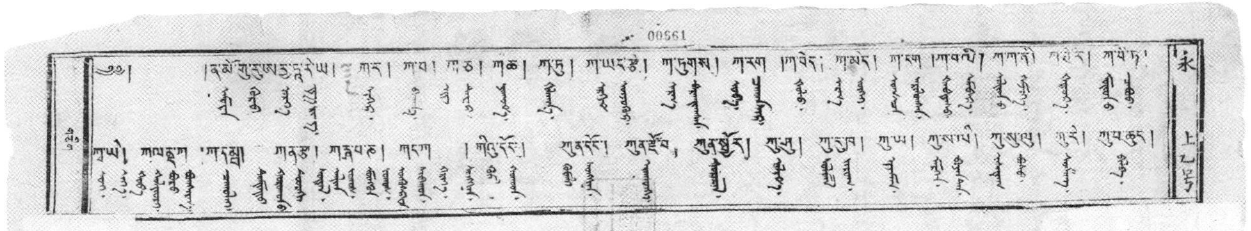

图 3-4-42　蒙古文《详解月光词典》

《御制满蒙文鉴》(图3-4-43)，清班第、那彦泰等编，是一部满文、蒙古文对照解释词典，以清康熙五十六年（1717）的《二十一卷本词典》为底本，采用蒙古语语词，用满文音写的形式编写而成。词条分天文、时令、地舆等二百八十个门类。开创了编纂满蒙合璧标音辞典的先河，为满蒙语语音学的形成和发展奠定了基础。

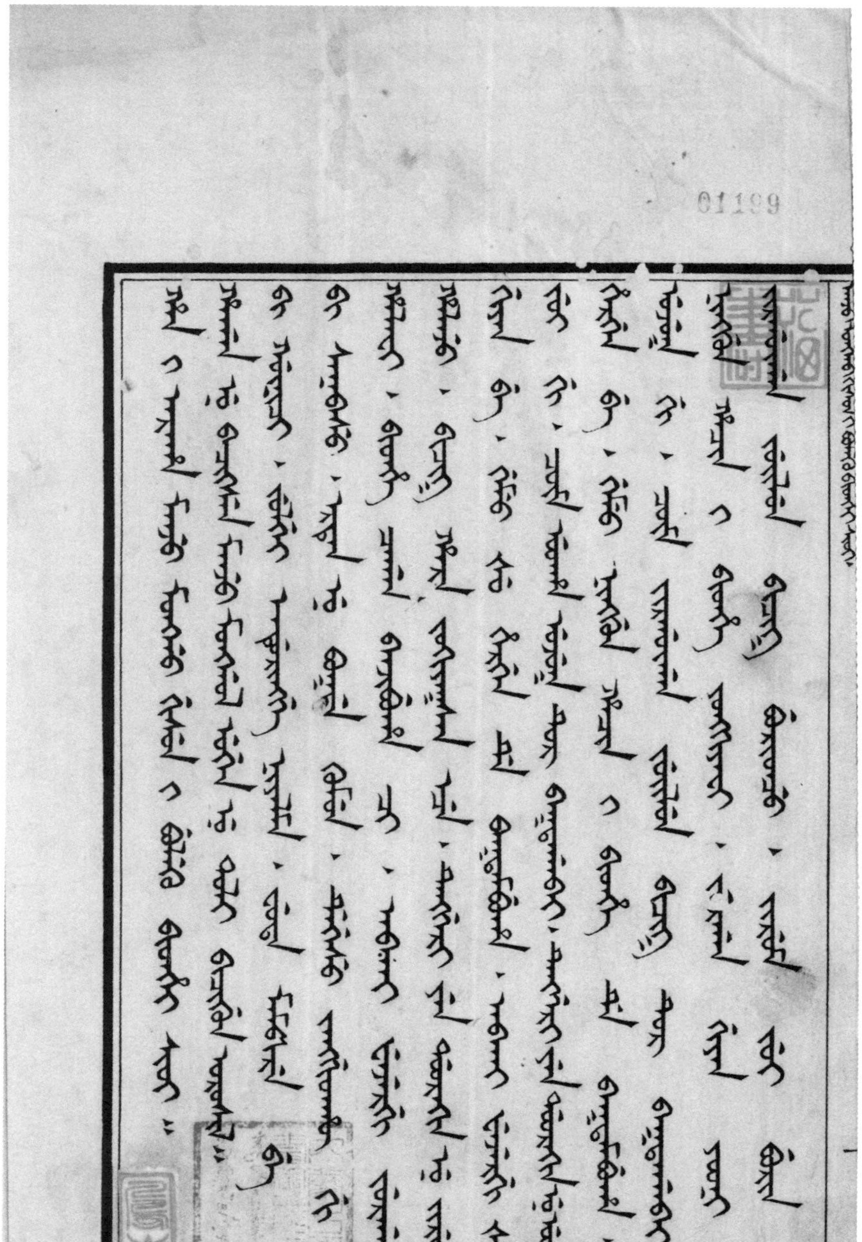

图3-4-43　满蒙合璧《御制满蒙文鉴》

《蒙文汇书》(图3-4-44)又名《蒙汉满文对译单语词汇》，是一部蒙古文、汉文、满文对照词典，主要包括名词、形容词、动词、助词。收录以生产、生活用语为主的综合性词语，其中名词最多，其次为动词、形容词、助词等。全书收有两万多条词语，词汇量丰富，词语较规范。该书广为流传，为蒙译满文带来了方便，也为其后编纂蒙古语音序词典提供了范例。

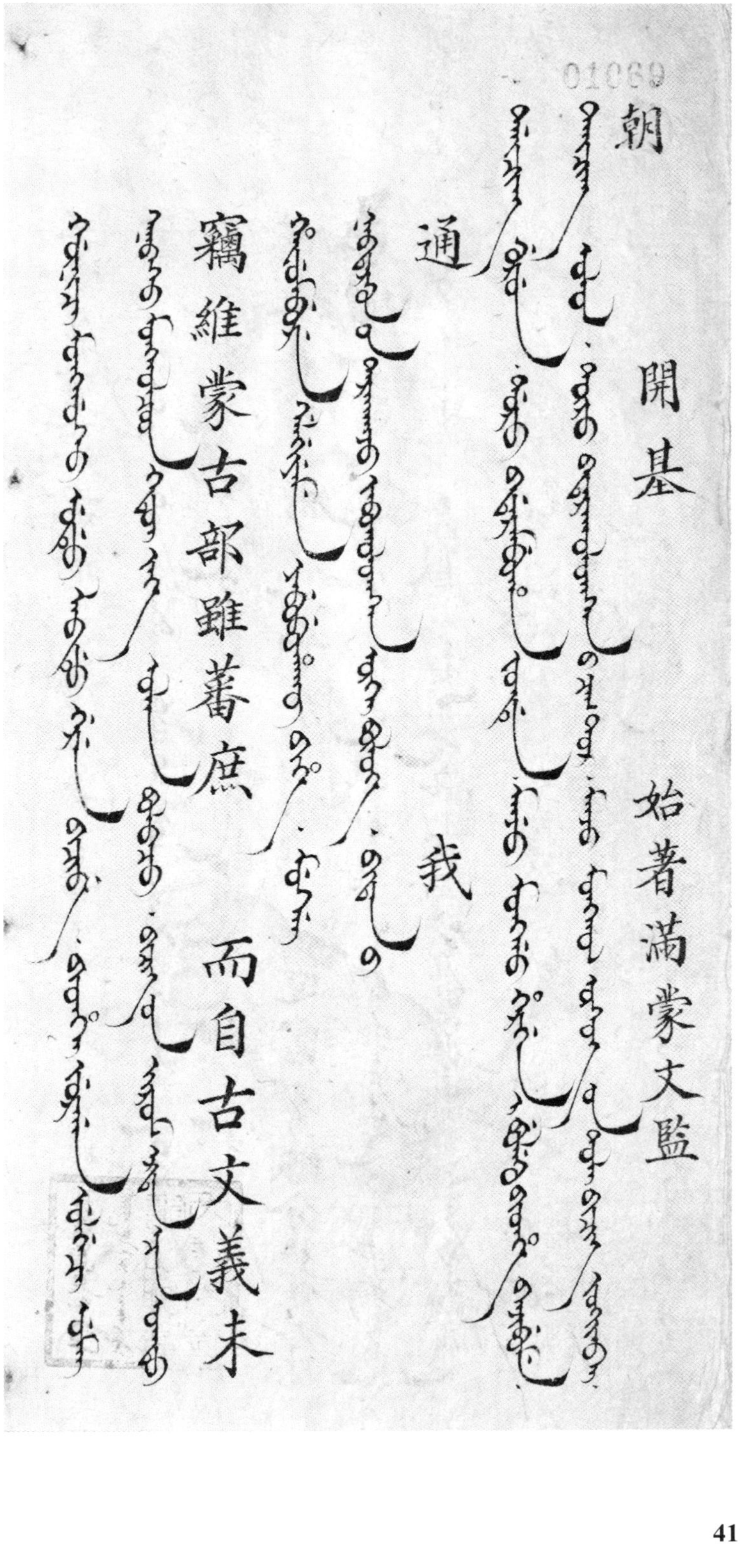

图3-4-44 《蒙文汇书》

《三合便览》(图3-4-45)，清敬斋公、富俊著，满文、蒙古文、汉文对照词典，是清代学习识读满文、蒙古文和汉文的重要工具书，也是清代最早的满文、汉文、蒙古文三体合璧音序词典。

图3-4-45 《三合便览》

第四章

各民族共同培育了伟大民族精神

我们伟大的民族精神是各民族共同培育的。在历史长河中，农耕文明的勤劳质朴、崇礼亲仁，草原文明的热烈奔放、勇猛刚健，海洋文明的海纳百川、敢拼会赢，源源不断注入中华民族的特质和禀赋，共同熔铸了以爱国主义为核心的伟大民族精神。各族人民共同培育、继承、发展起来的中华民族精神和爱国主义传统，已深深融进各族人民的血液和灵魂，成为推动中华民族伟大复兴的强大精神动力。

中华民族精神，是中国统一多民族国家不断发展的精神支柱和内在凝聚力。在中华民族发展过程中，逐渐形成了爱国主义、团结统一、爱好和平、勤劳勇敢、自强不息、厚德载物、创新求变、理想人格、民族忧患、历史借鉴等民族精神。在中华民族精神的形成与发展过程中，传统史学肩负起了揭示、记述、阐发和传承中华民族精神的重要使命。在浩如烟海的历史典籍中，蕴含着丰富的中华民族精神，提供了一个个体现中华民族精神的具体范例。

第一节　六合同风 九州共贯

中华民族突出的统一性，决定了中华民族始终坚持大一统的历史传统。统一成为中国历史的主流，大一统成为各民族共同的社会理想和政治追求，这是中华民族五千多年文明一脉相承、源源不断、生生不息的奥秘所在。从石器时代的中华先民，到夏商周华夏共同体的出现，再到秦汉时期自在形成的中华民族，以及历经数千年族群交往交流交融，及至近代在列强对抗中自觉造就的现代中华民族，古往今来的中华邦国族属前后相继，代代相传，突出表现为历代王朝接续“正统”的政治实践和历史书写。不管哪个民族建立的全国政权，都认同中华文化，都坚持中华道统，都把自己纳入整个中华民族的历史发展序列。

夏商周三代交融形成的华夏共同体，是中华民族共同体的雏形。周朝创造了天命观，建立起了对天下一统的认同，将夏商周三代不同族属的彼此取代解释为“三代继统”，以“天命转移”来解释王朝更替。《尚书·康诰》(图4-1-1)：“惟乃丕显考文王，克明德慎罚，不敢侮鳏寡，庸庸，祗祗，威威，显民。用肇造我区夏，越我一二邦以修我西土，惟时怙冒闻于上帝，帝休。天乃大命文王殪戎殷，诞受厥命，越厥邦厥民。”文王伐殷是代替殷接受天赐予的天命，无论政权如何变化，作为政治共同体的“中国”只能有一个。

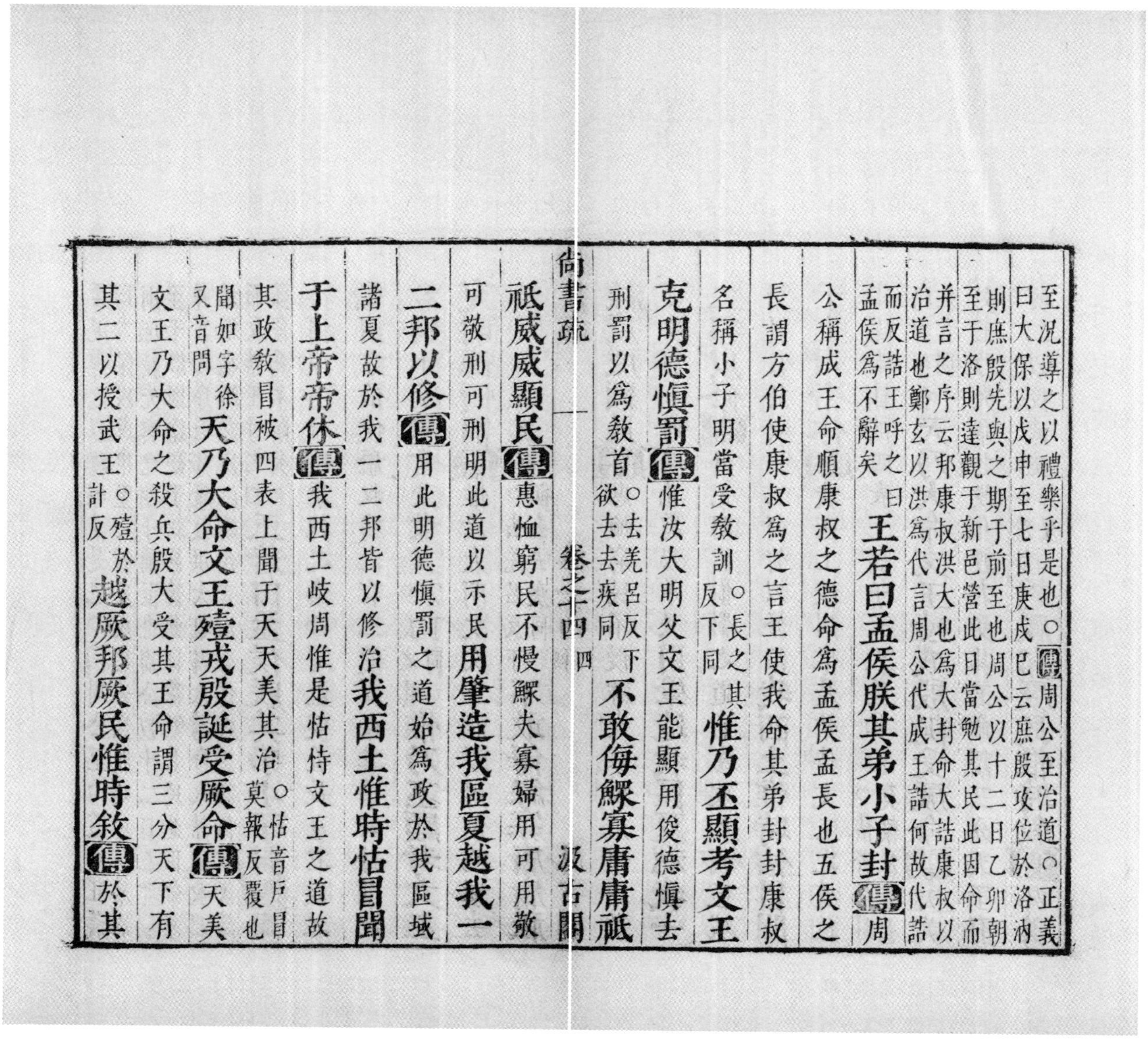
至況導之以禮樂乎是也○正義
曰大保以戊申至七日庚戌巳云庶殷攻位於洛汭
則庶殷先與之期于前至也周公以十二日乙卯朝
至于洛則達觀于新邑營此日當勉其民此因命而
并言之序云邦康叔洪大也爲大封命大誥康叔以
治道也鄭玄以洪爲代言周公代成王誥何故代誥
而反誥王呼之曰孟侯爲不辭矣王若曰孟侯朕其弟小子封傳周
公稱成王命順康叔之德命爲孟侯孟長也五侯之
長謂方伯使康叔爲之言王使我命其弟封封康叔
名稱小子明當受教訓○長之丈反下同惟乃丕顯考文王
克明德慎罰傳惟汝大明父文王能顯用俊德慎去
刑罰以爲教首○去羌呂反下欲去去疾同不敢侮鰥寡庸庸祗
尚書疏　卷之十四　四　汲古閣
祗威威顯民傳惠恤窮民不慢鰥夫寡婦用可用敬
可敬刑可刑明此道以示民用肇造我區夏越我一
二邦以修傳用此明德慎罰之道始爲政於我區域
諸夏故於我一二邦皆以修治我西土惟時怙冒聞
于上帝帝休傳我西土岐周惟是怙恃文王之道故
其政教冒被四表上聞于天天美其治○怙音戶冒莫報反覆也
聞如字徐又音問天乃大命文王殪戎殷誕受厥命傳天美
文王乃大命之殺兵殷大受其王命謂三分天下有
其二以授武王○殪於計反越厥邦厥民惟時敘傳於其

图4-1-1　《尚书·康诰》

周朝已经产生大一统的观念，《诗经·小雅·北山》(图4–1–2)：“溥天之下，莫非王土；率土之滨，莫非王臣。”普天之下，都是天子领地，自海之滨到内地的所有人，都是天子的臣民。这句话蕴含的大一统思想，对以后历朝历代影响极为深远，至今家喻户晓。

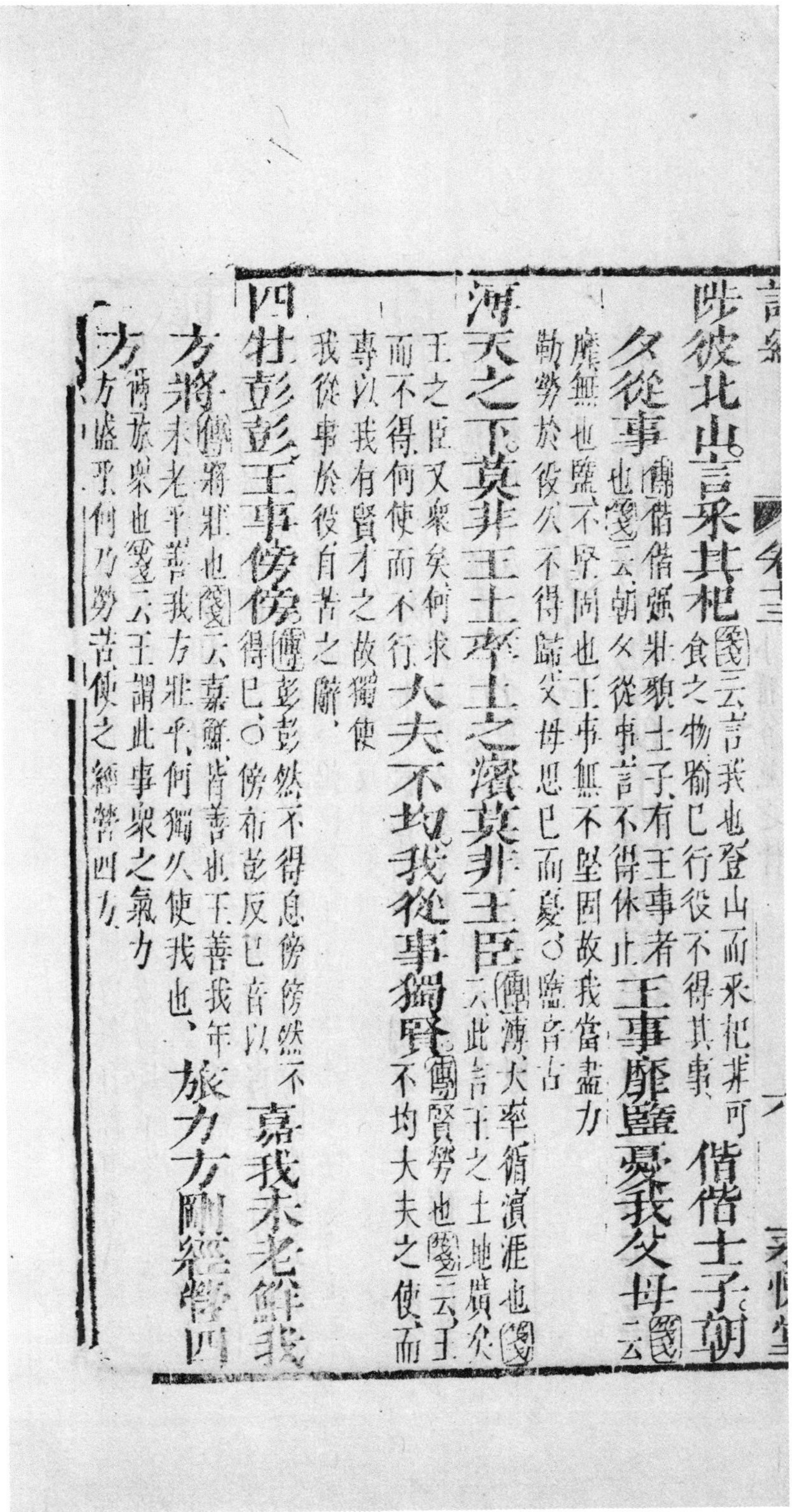
陟彼北山言采其杞箋云言我也登山而采杞非可食之物喻己行役不得其事偕偕士子朝夕從事傳偕偕强壯貌士子有王事者也箋云朝夕從事言不得休止王事靡盬憂我父母箋云靡無也盬不堅固也王事無不堅固故我當盡力勤勞於役久不得歸父母思己而憂○盬音古
溥天之下莫非王土率土之濱莫非王臣傳溥大率循濱涯也箋云此言王之土地廣矣王之臣又衆矣何求而不得何使而不行大夫不均我從事獨賢傳賢勞也箋云王不均大夫之使而專以我有賢才之故獨使我從事於役自苦之辭
四牡彭彭王事傍傍傳彭彭然不得息傍傍然不得已○傍布彭反已音以嘉我未老鮮我方將傳將壯也箋云嘉鮮皆善也王善我年未老乎善我方壯乎何獨久使我也旅力方剛經營四方傳旅衆也箋云王謂此事衆之氣力方盛乎何乃勞苦使之經營四方

图 4–1–2 《诗经·小雅·北山》

春秋战国时期，在频繁而深入的交流融合中，“天下一家”的观念深入人心。各族群在交流融合的基础上形成了共同的祖先认同，黄帝被认为是共同祖先。《大戴礼记》中的《五帝德》和《帝系》构建了黄帝以下完整的祖先传说，《大戴礼记·帝系》(图4–1–3)：“少典产轩辕，是为黄帝。黄帝产玄嚣，玄嚣产蟜极，蟜极产高辛，是为帝喾。帝喾产放勋，是为帝尧。黄帝产昌意，昌意产高阳，是为帝颛顼。颛顼产穷蝉，穷蝉产敬康，敬康产句芒，句芒产蟜牛，蟜牛产瞽叟，瞽叟产重华，是为帝舜，及产象，敖。颛顼产鲧，鲧产文命，是为禹。”

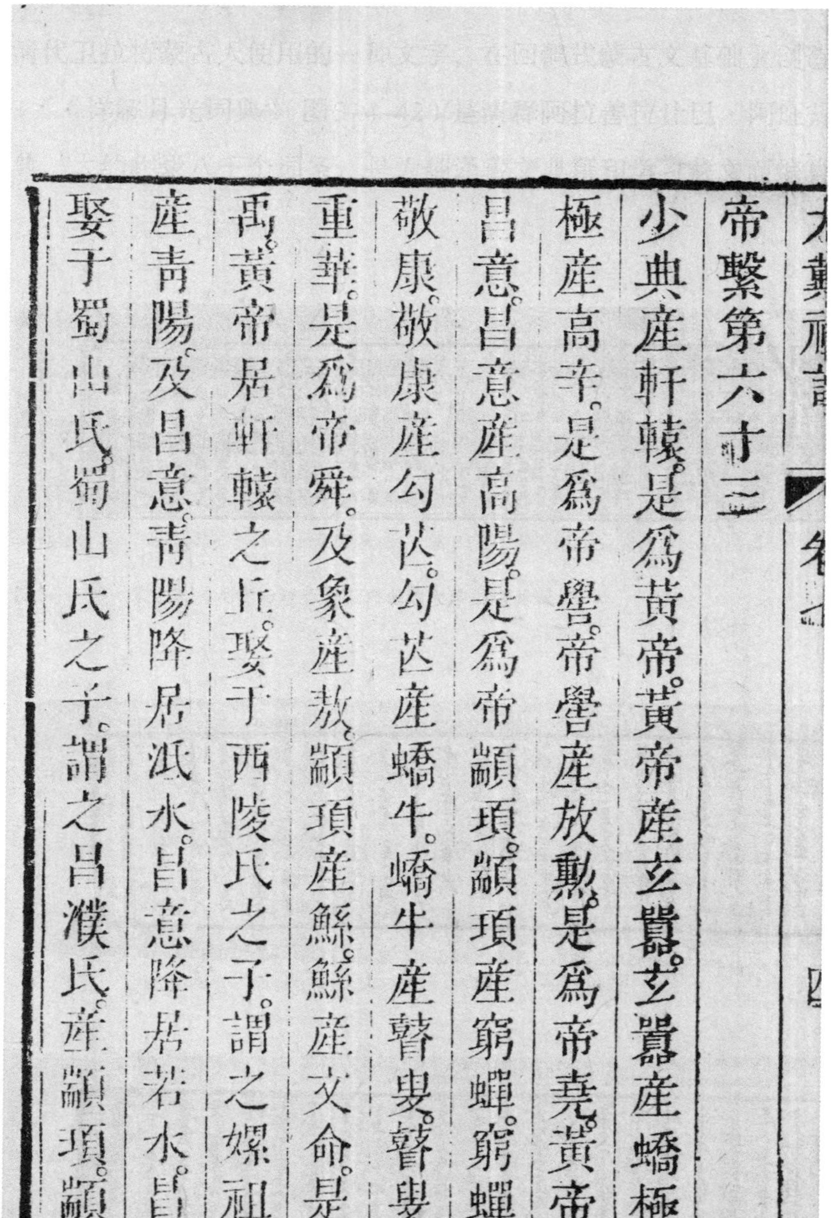

大戴禮記

帝繫第六十三

少典產軒轅是爲黃帝黃帝產玄囂玄囂產蟜極蟜極產高辛是爲帝嚳帝嚳產放勳是爲帝堯黃帝產昌意昌意產高陽是爲帝顓頊顓頊產窮蟬窮蟬產敬康敬康產勾芒勾芒產蟜牛蟜牛產瞽叟瞽叟產重華是爲帝舜及象產敖顓頊產鯀鯀產文命是爲禹黃帝居軒轅之丘娶于西陵氏之子謂之嫘祖氏產青陽及昌意青陽降居泜水昌意降居若水昌意娶于蜀山氏蜀山氏之子謂之昌濮氏產顓頊顓頊

图 4–1–3　《大戴礼记·帝系篇》

春秋战国时期，天下分裂已久，但长期以来各族群强烈认同天下的政权应当集于一统。《礼记·礼运》(图4–1–4）提出“大同”这一最高社会理想：“大道之行也，天下为公。选贤与能，讲信修睦。故人不独亲其亲，不独子其子，使老有所终，壮有所用，幼有所长，矜寡孤独废疾者，皆有所养。男有分，女有归，货恶其弃于地也，不必藏于己。力恶其不出于身也，不必为己，是故谋闭而不兴，盗窃乱贼而不作，故外户而不闭，是谓大同。”这一理想实质上就是对“大一统”国家的美好憧憬。

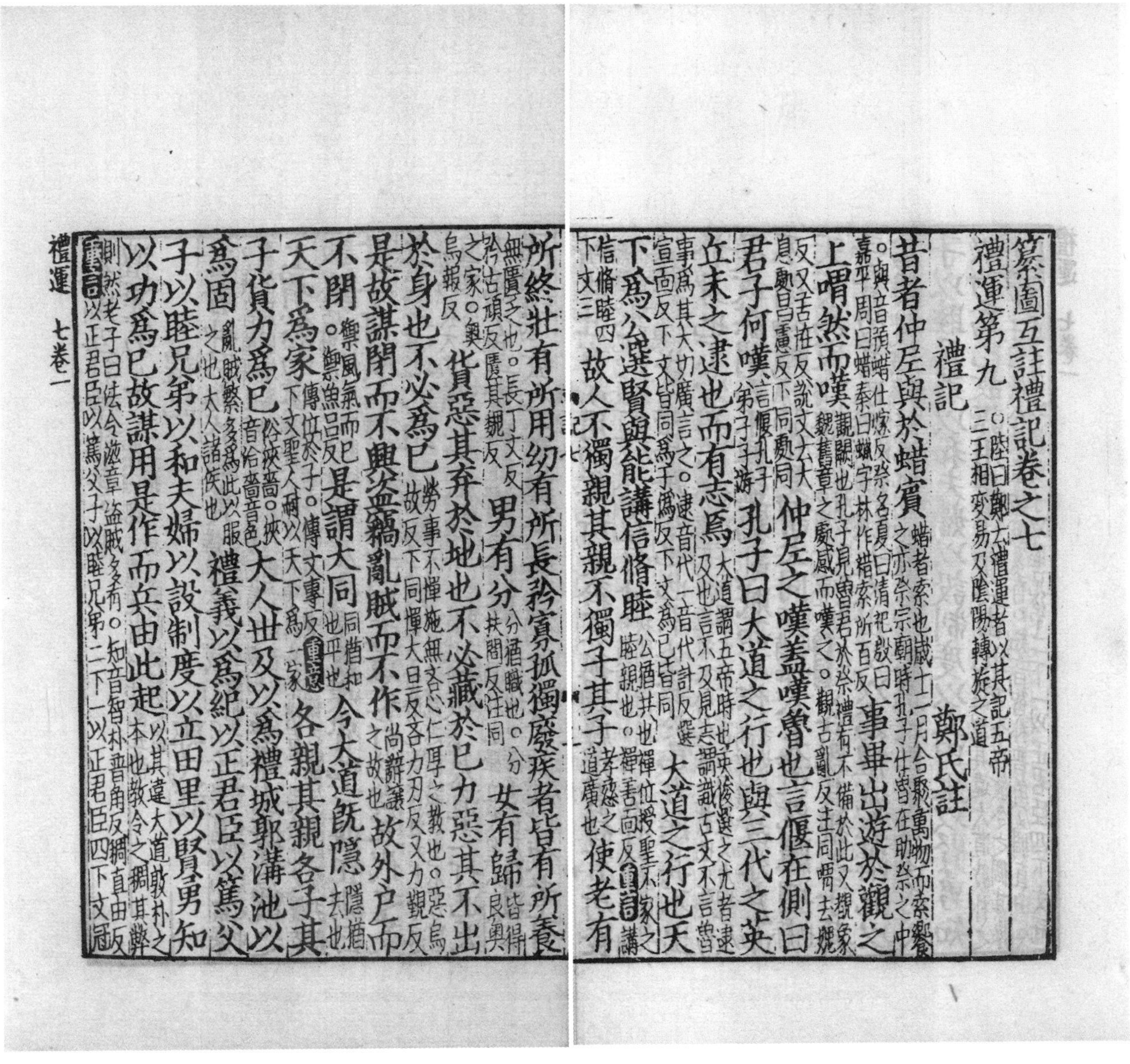
纂圖互註禮記卷之七
禮運第九
禮記 鄭氏註
昔者仲尼與於蜡賓 事畢出遊於觀之上喟然而嘆 仲尼之嘆蓋嘆魯也言偃在側曰君子何嘆 孔子曰大道之行也與三代之英丘未之逮也而有志焉 大道之行也天下爲公選賢與能講信脩睦 故人不獨親其親不獨子其子 使老有所終壯有所用幼有所長矜寡孤獨廢疾者皆有所養 男有分 女有歸 貨惡其弃於地也不必藏於己力惡其不出於身也不必爲己 是故謀閉而不興盜竊亂賊而不作 故外戶而不閉 是謂大同 今大道既隱 天下爲家 各親其親各子其子貨力爲己 大人世及以爲禮城郭溝池以爲固 禮義以爲紀以正君臣以篤父子以睦兄弟以和夫婦以設制度以立田里以賢勇知以功爲己故謀用是作而兵由此起
禮運 七卷一

图 4–1–4 《礼记·礼运》

墨子也提出天下大同的美好治世理想，《墨子·尚同》(图4-1-5、6)："天子唯能壹同天下之义，是以天下以治也。""尚同为政之本而治之要也。"《尚书·禹贡》设计出理想中"大一统"的"九州"说和"五服"说(见本书第一章)。首次提出"大一统"的文献是战国时期的《春秋公羊传》(图4-1-7)："元年者何？君之始年也。春者何？岁之始也。王者孰谓？谓文王也。曷为先言王而后言正月？王正月也。何言乎王正月？大一统也。"

秦朝是中国历史上第一个创立中央集权大一统政制的王朝，实现了多民族统一于相同的政治共同体的理想。秦汉奠基了"天下"秩序实体化的古代大一统国家制度，并为历代统一王朝所继

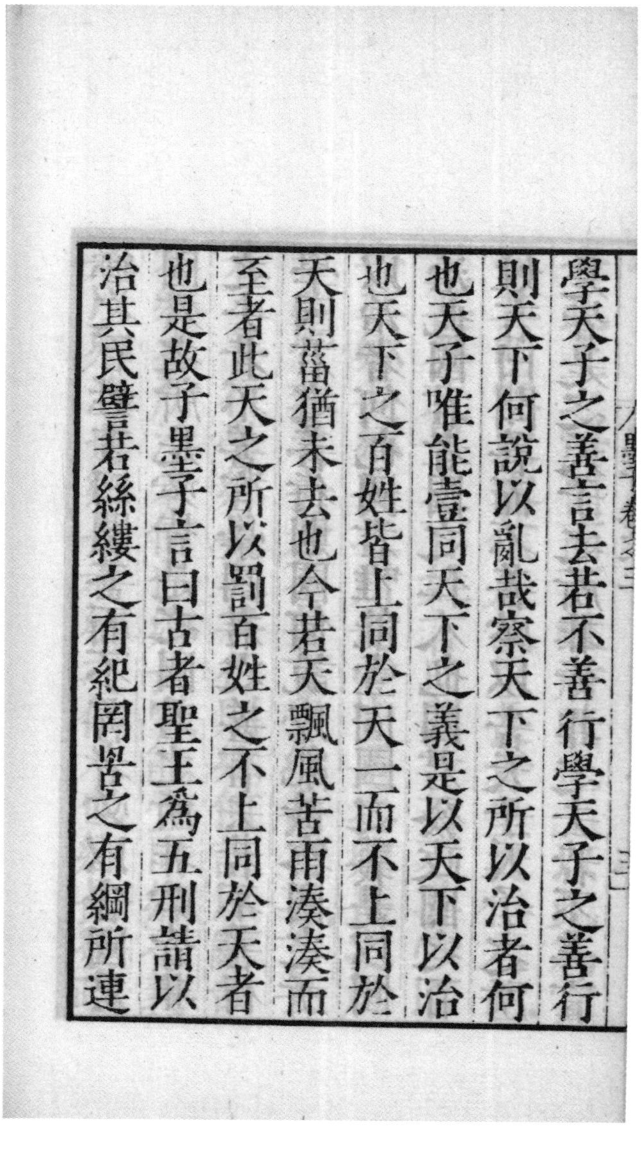

學天子之善言去若不善行學天子之善行
則天下何說以亂哉察天下之所以治者何
也天子唯能壹同天下之義是以天下以治
也天下之百姓皆上同於天子而不上同於
天則菑猶未去也今若天飄風苦雨溱溱而
至者此天之所以罰百姓之不上同於天者
也是故子墨子言曰古者聖王爲五刑請以
治其民譬若絲縷之有紀罔罟之有綱所連

图 4-1-5　《墨子·尚同》

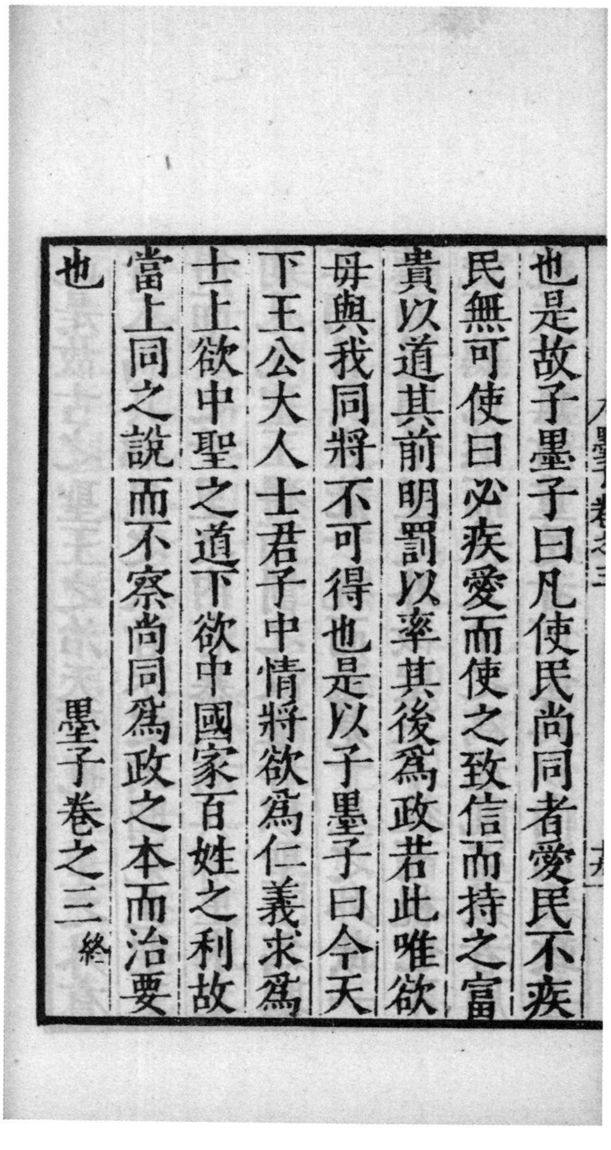

也是故子墨子曰凡使民尚同者愛民不疾
民無可使曰必疾愛而使之致信而持之富
貴以道其前明罰以率其後爲政若此唯欲
毋與我同將不可得也是以子墨子曰今天
下王公大人士君子中情將欲爲仁義求爲
士上欲中聖之道下欲中國家百姓之利故
當上同之說而不察尚同爲政之本而治要
也
墨子卷之三終

图 4-1-6　《墨子·尚同》

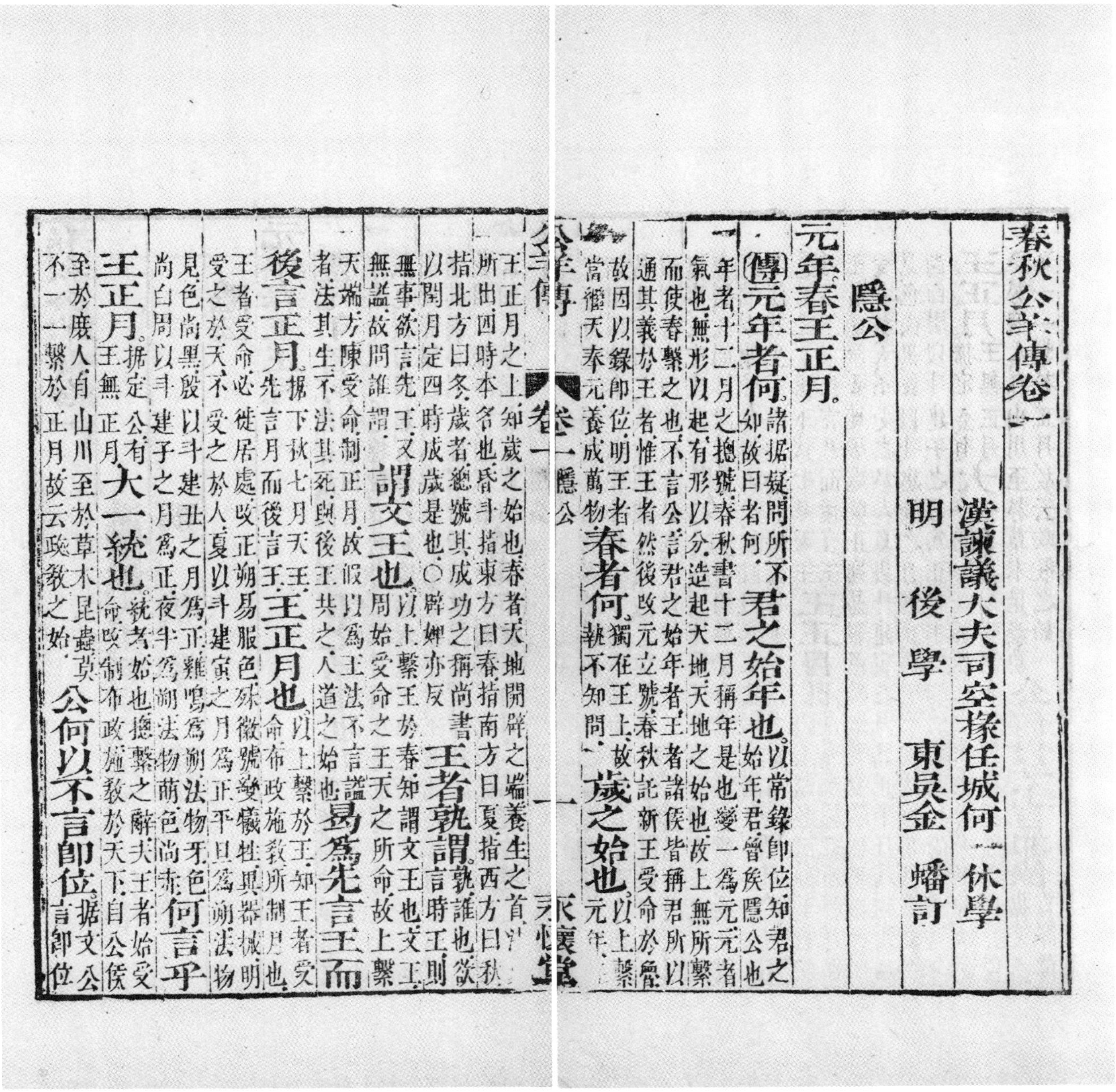

图 4–1–7 《春秋公羊传·隐公元年》

承发展，此后“大一统”作为思想理念、制度实践和价值追求，始终植根于中华民族的血脉之中。《汉书·董仲舒传》(图4–1–8)：“《春秋》大一统者，天地之常经，古今之通谊也。”《汉书·王吉传》(图4–1–9)：“《春秋》所以大一统者，六合同风，九州共贯也。”“大一统”既是中国早期历史发展的必然趋势，也成为周秦之际社会上下共同的政治诉求。

而爲庶人之行者其患禍必至也若居君子之位當君子之行則
舍公儀休之相魯亡可爲者矣師古曰舍廢也言爲君子之行者當如公儀休若廢其所行則無可爲也春秋大
一統者天地之常經古今之通誼也師古曰一統者萬物之統皆歸於一也春秋公羊傳隱公元年春王正月何言乎王正月
大一統也此言諸侯皆繫統天子不得自專也今師異道人異論百家殊方指意不同是以上亡
以持一統法制數變下不知所守臣愚以爲諸不在六藝之科孔
子之術者皆絕其道勿使並進邪辟之說滅息師古曰辟讀曰僻然後統紀
可一而法度可明民知所從矣對旣畢天子以仲舒爲江都相事
易王易王帝兄素驕好勇仲舒以禮義匡正王敬重焉久之王問
仲舒曰粵王句踐與大夫泄庸種蠡謀伐吳師古曰種大夫種也蠡范蠡也種音之勇反蠡音禮遂
滅之孔子稱殷有三仁寡人亦以爲粵有三仁師古曰泄庸一也大夫種二也范蠡三也桓公
決疑於管仲寡人決疑於君仲舒對曰臣愚不足以奉大對師古曰大對謂
對大問也聞昔者魯君問柳下惠師古曰魯大夫展禽也柳下所食菜邑之名惠謚也吾欲伐齊何如柳

图 4-1-8 《汉书·董仲舒传》

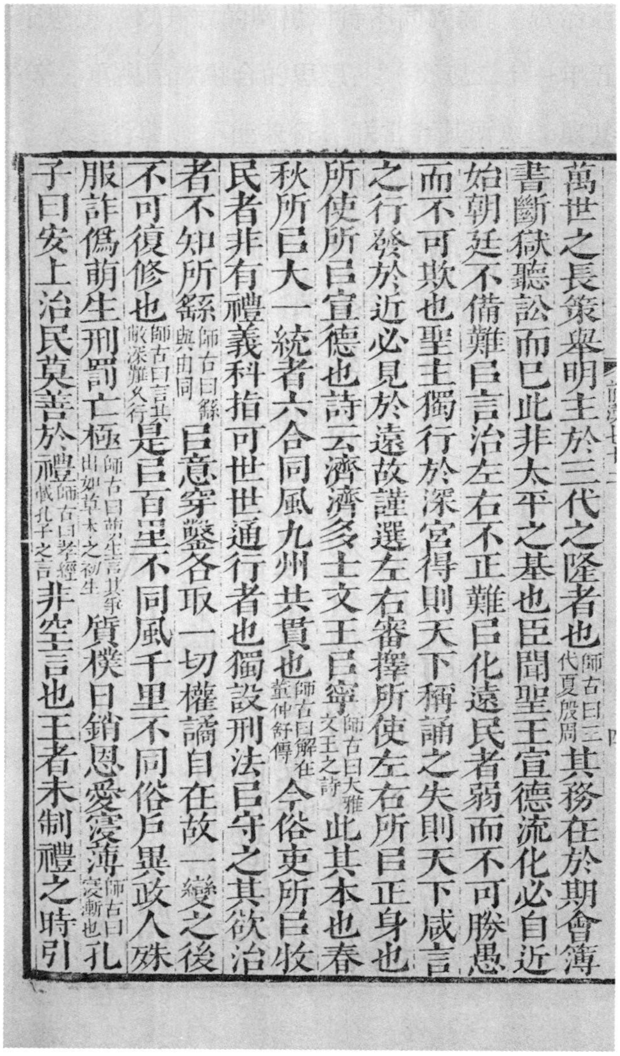

萬世之長策舉明主於三代之隆者也師古曰三代夏殷周其務在於期會簿
書斷獄聽訟而已此非太平之基也臣聞聖王宣德流化必自近
始朝廷不備難以言治左右不正難以化遠民者弱而不可勝愚
而不可欺也聖主獨行於深宮得則天下稱誦之失則天下咸言
之行發於近必見於遠故謹選左右審擇所使左右所以正身也
所使所以宣德也詩云濟濟多士文王以寧師古曰大雅文王之詩此其本也春
秋所以大一統者六合同風九州共貫也師古曰解在董仲舒傳今俗吏所以牧
民者非有禮義科指可世世通行者也獨設刑法以守之其欲治
者不知所繇師古曰繇與由同以意穿鑿各取一切權譎自在故一變之後
不可復修也師古曰言其敝深難久行是以百里不同風千里不同俗戶異政人殊
服詐僞萌生刑罰亡極師古曰萌生言其爭出如草木之初生質樸日銷恩愛寖薄師古曰寖漸也孔
子曰安上治民莫善於禮師古曰孝經載孔子之言非空言也王者未制禮之時引

图 4-1-9 《汉书·王吉传》

《史记》继承发扬大一统思想，梳理了一条以黄帝为华夏族共同始祖的谱系，将春秋以来渐入华夏的楚、秦、吴、越等少数民族全面系统地纳入炎黄族系。《史记·匈奴列传》(图4–1–10)：“匈奴，其先祖夏后氏之苗裔也，曰淳维。”《史记·东越列传》(图4–1–11)亦载：“太史公曰：越虽蛮夷，其先岂尝有大功德于民哉？何其久也！历数代常为君王，句践一称伯。然余善至大逆，灭国迁众，其先苗裔繇王居股等犹尚封为万户侯，由此知越世世为公侯矣。盖禹之余烈也。”华夏、炎黄、四夷浑然一体，夏与夷之所以共处于大一统之中，是因夷夏原本就出自一家。

魏晋南北朝时期，中原大部分时间处于政治分裂、社会动荡、南北对峙的局面，但南北各政权对中华文化的认同、对大一统的追求、对中华正统的竞逐是相同的，“中华化”是这一时期的历史主流。《资治通鉴·晋纪二十五》(图4–1–12)记载了苻坚的大一统思想：“朕方混六合为一家，视夷狄为赤子。汝宜息虑，勿怀耿介。夫惟修德可以禳灾，苟能内求诸己，何惧外患乎！”这番话是苻坚民族思想的集中体现，他将少数民族视为赤子，目的是“混六合为一家”，统一天下。

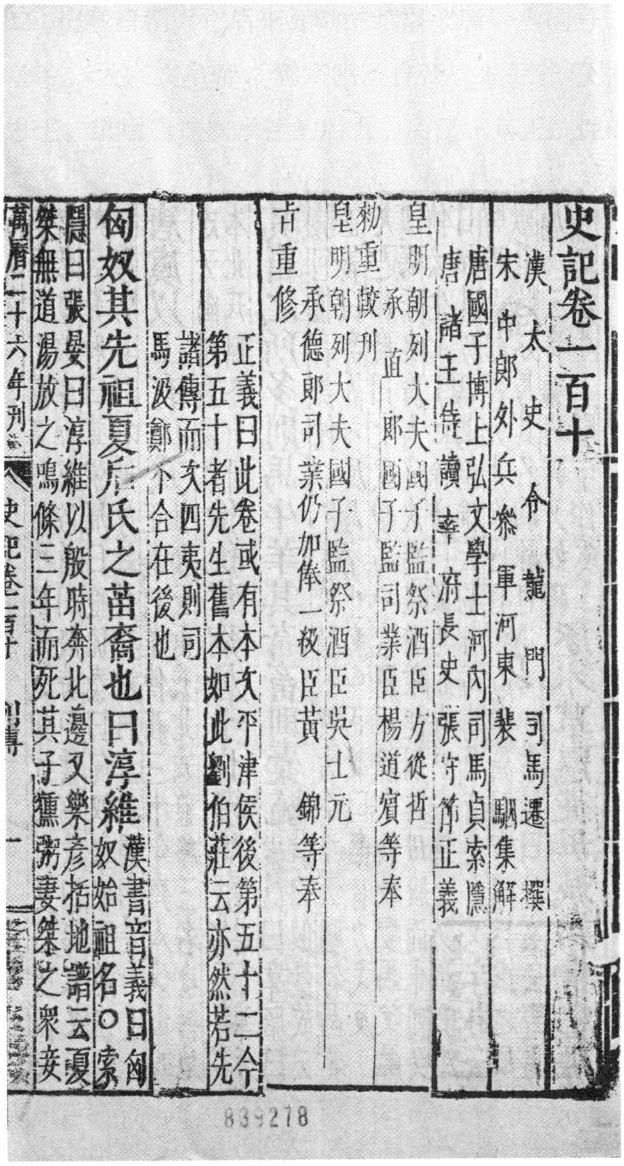

图 4-1-10　《史记·匈奴列传》

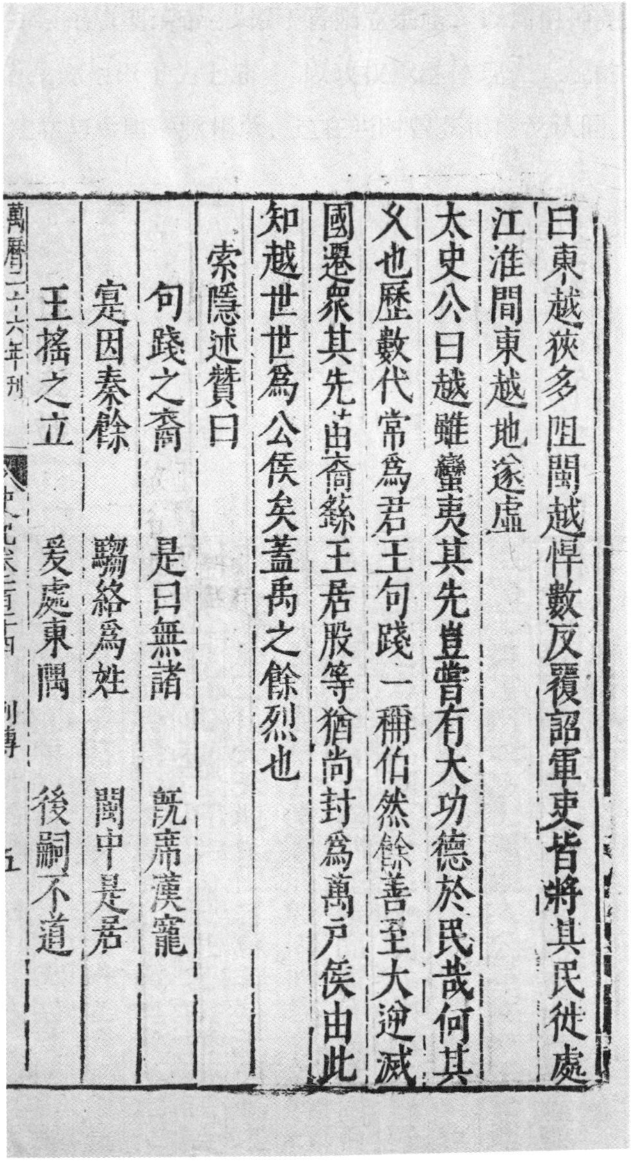

图 4-1-11　《史记·东越列传》

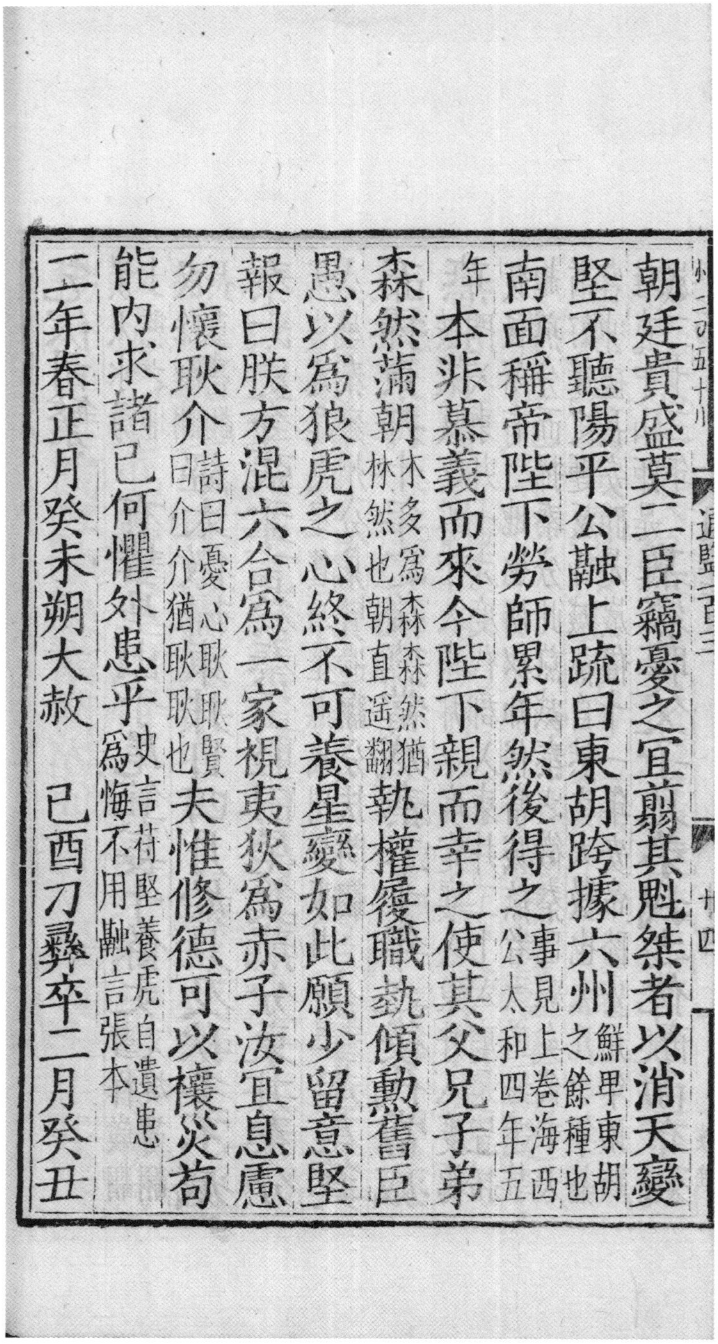
朝廷貴盛莫二臣竊憂之宜翦其魁桀者以消天變堅不聽陽平公融上疏曰東胡跨據六州鮮卑東胡之餘種也南面稱帝陛下勞師累年然後得之事見上卷海西公太和四年五年本非慕義而來今陛下親而幸之使其父兄子弟森然蒲朝木多爲森森然猶林然也朝直遥翻執權履職勢傾勳舊臣愚以爲狼虎之心終不可養星變如此願少留意堅報曰朕方混六合爲一家視夷狄爲赤子汝宜息慮勿懷耿介詩曰憂心耿耿賢曰介介猶耿耿也夫惟修德可以禳災苟能內求諸己何懼外患乎史言苻堅養虎自遺患爲悔不用融言張本

二年春正月癸未朔大赦　己酉刁彝卒二月癸丑

图 4–1–12 《资治通鉴·晋纪二十五》

十六国中诸民族首领所建政权多以汉、夏、秦、凉、燕、蜀、赵、魏等中原王朝或地方郡国名称命名，表明其所建是对中原王朝统绪的继承，表现出强烈的正统意识。

“五胡”君主，努力构建自己的族源与祖先认同体系，将族源与华夏相连，将祖先追至黄帝。前赵政权的建立者刘渊为匈奴人，“匈奴，其先祖夏后氏之苗裔也”。夏后氏为黄帝后裔，匈奴为夏后氏之苗裔，故匈奴为黄帝后裔。后赵的建立者石勒为羯人，《晋书·石勒载记上》(图4–1–13)：

“石勒，字世龙，初名㔨，上党武乡羯人也。其先匈奴别部羌渠之胄。”石勒与刘渊同为匈奴人，均自认为是黄帝的后裔。后秦建立者姚弋仲为氐族人，《晋书·姚弋仲载记》(图4–1–14)：“姚弋仲，南安赤亭羌人也。其先有虞氏之苗裔。禹封舜少子于西戎，世为羌酋。”

《晋书·赫连勃勃载记》(图4–1–15)记载大夏政权建立者匈奴人赫连勃勃：“勃勃还统万，以宫殿大成，于是赦其境内，又改元曰真兴。刻石都南，颂其功德曰：‘夫庸大德盛者，必建不刊之业；道积庆隆者，必享无穷之祚。昔在陶唐，数终厄运。我皇祖大禹以至圣之姿，当经纶之会，凿龙门而辟伊阙，疏三江而决九河，夷一元之穷灾，拯六合之沉溺，鸿绩侔于天地，神功迈于造化。故二仪降祉，王灵叶赞，揖让受终，光启有夏。’”自称“大禹之后”，因此定国号为“大夏”。

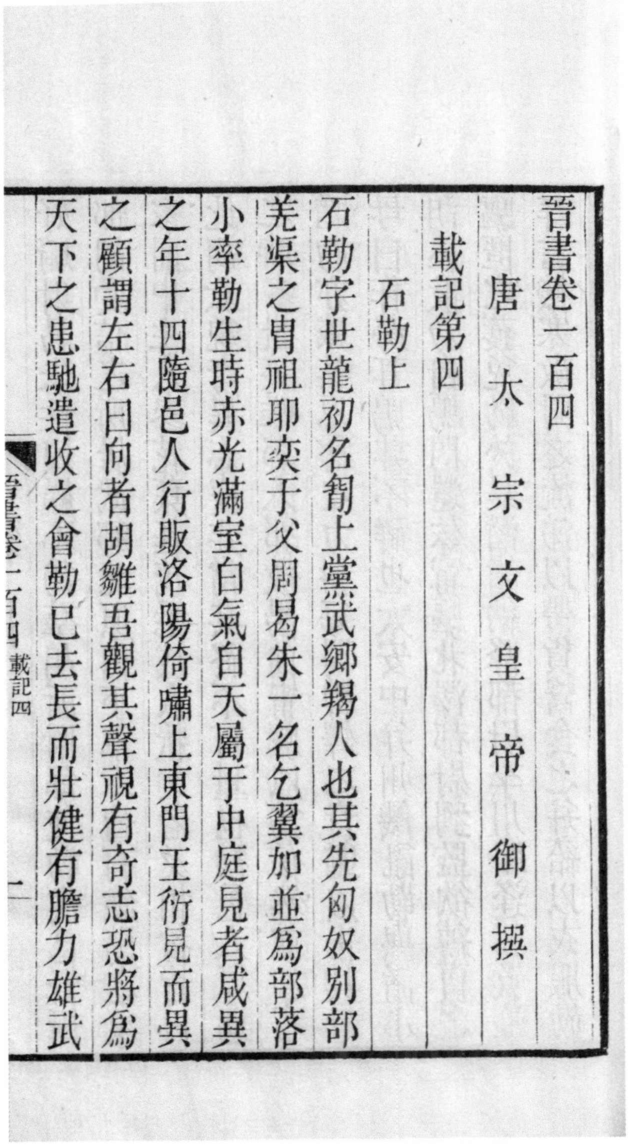
晉書卷一百四
唐太宗文皇帝御撰
載記第四
石勒上
石勒字世龍初名㔨上黨武鄉羯人也其先匈奴別部羌渠之冑祖耶奕于父周曷朱一名乞翼加並爲部落小率勒生時赤光滿室白氣自天屬于中庭見者咸異之年十四隨邑人行販洛陽倚嘯上東門王衍見而異之顧謂左右曰向者胡雛吾觀其聲視有奇志恐將爲天下之患馳遣收之會勒已去長而壯健有膽力雄武
晉書卷一百四 載記四 二

图 4–1–13 《晋书·石勒载记上》

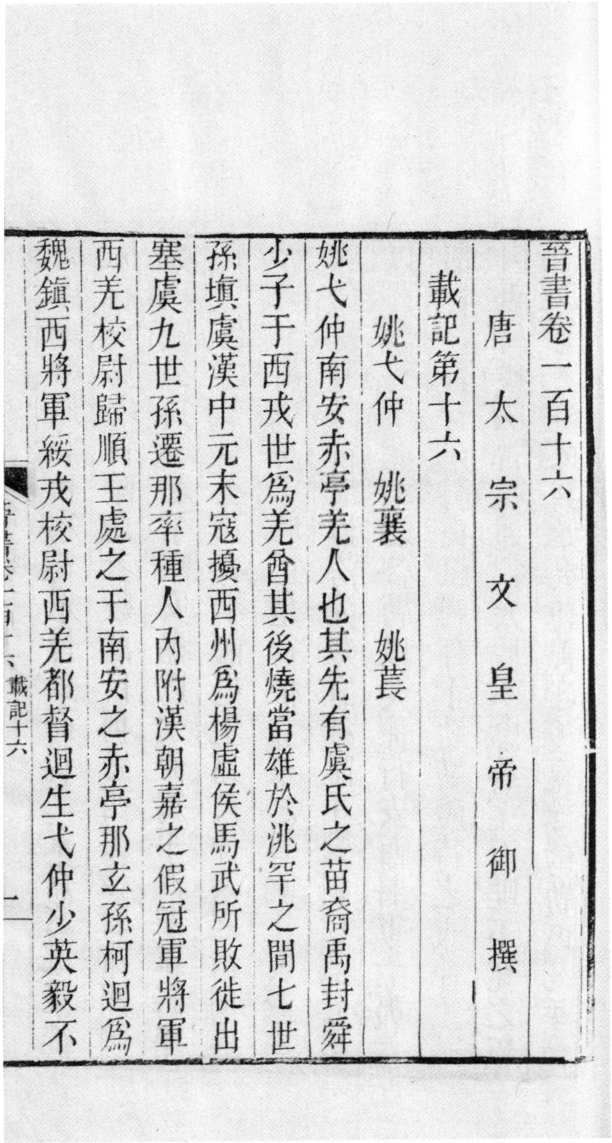
晉書卷一百十六
唐太宗文皇帝御撰
載記第十六
姚弋仲 姚襄 姚萇
姚弋仲南安赤亭羌人也其先有虞氏之苗裔禹封舜少子于西戎世爲羌酋其後燒當雄於洮罕之間七世孫塡虞漢中元末寇擾西州爲楊虛侯馬武所敗徙出塞虞九世孫遷那率種人內附漢朝嘉之假冠軍將軍西羌校尉歸順王處之于南安之赤亭那玄孫柯迴爲魏鎮西將軍綏戎校尉西羌都督迴生弋仲少英毅不
晉書卷一百十六 載記十六 二

图 4–1–14 《晋书·姚弋仲载记》

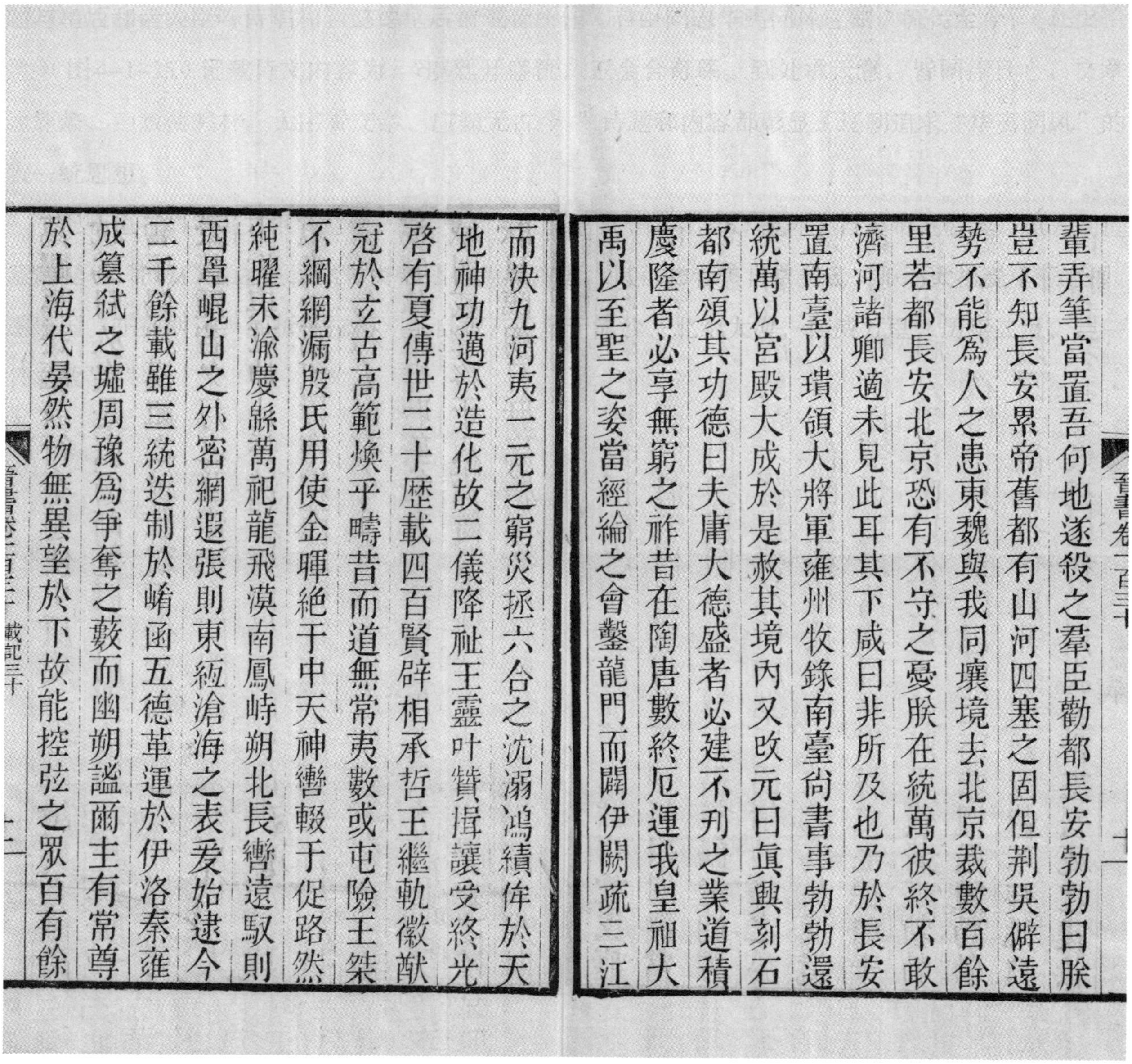

图 4-1-15 《晋书·赫连勃勃载记》

《晋书·慕容廆载记》(图4-1-16):“慕容廆,字奕洛环,昌黎棘城鲜卑人也。其先有熊氏之苗裔,世居北夷,邑于紫蒙之野,号曰东胡。”“五胡”君主对自己的族源与祖先进行了寻根问祖,将本民族与华夏族融为一体,“五胡”君主是黄帝子孙,“五胡”部族也是华夏一脉,“五胡”君主作为大一统王朝的继承者,为自己在中原统治的正统性找到了合理依据。

成书于北魏的《十六国春秋》(图4-1-17)最能体现鲜卑人“华夷共祖”的炎黄共同体意识。它从族源上将入主中原的鲜卑、羌、氐、匈奴等少数民族全部纳入到炎黄共同体的理论框架内,打开了各民族共创中华的通道。

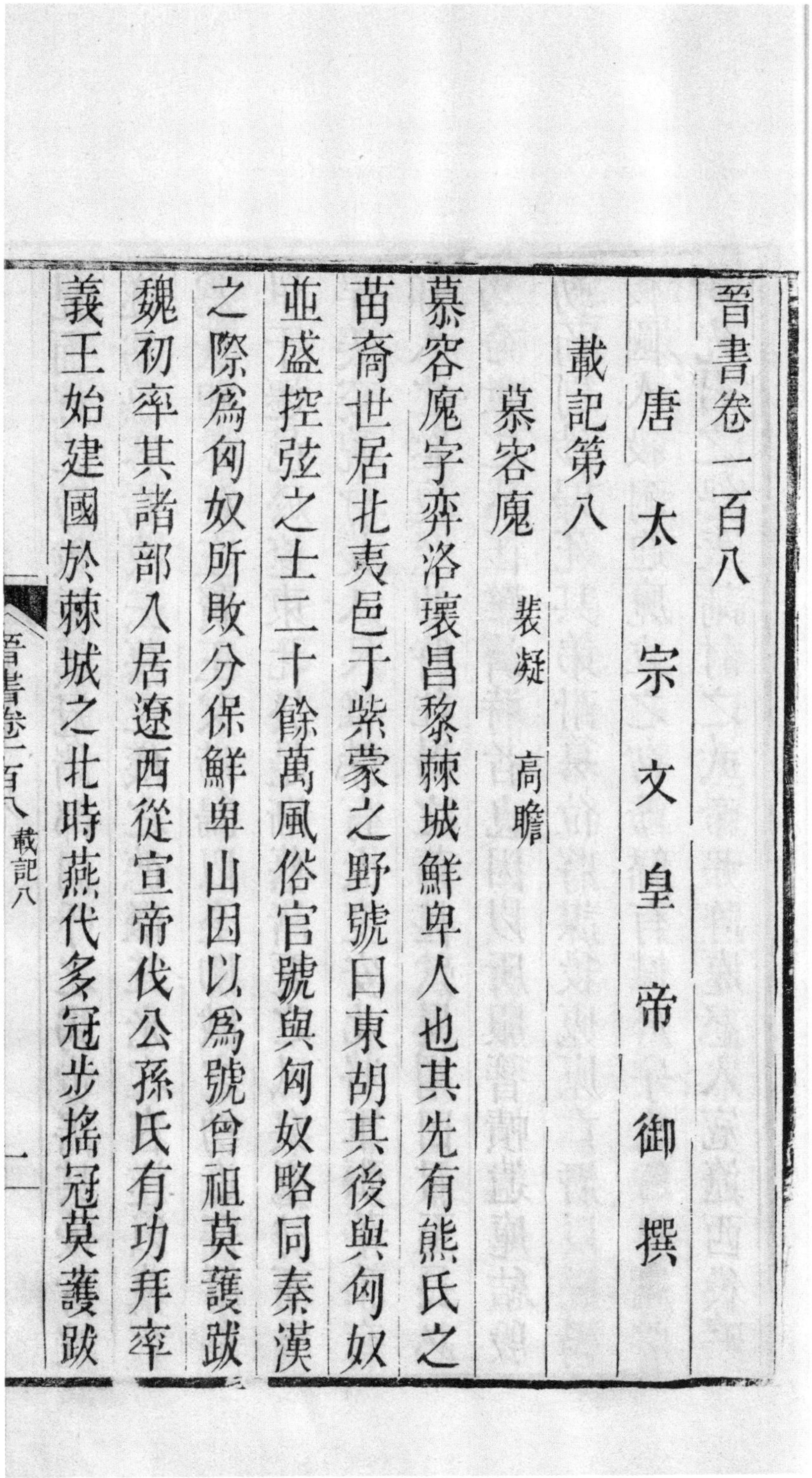

晉書卷一百八

唐 太 宗 文 皇 帝 御 撰

載記第八

慕容廆 裴疑 高瞻

慕容廆字弈洛瓌昌黎棘城鮮卑人也其先有熊氏之苗裔世居北夷邑于紫蒙之野號曰東胡其後與匈奴並盛控弦之士二十餘萬風俗官號與匈奴略同秦漢之際爲匈奴所敗分保鮮卑山因以爲號曾祖莫護跋魏初率其諸部入居遼西從宣帝伐公孫氏有功拜率義王始建國於棘城之北時燕代多冠步搖冠莫護跋

晉書卷一百八 載記八 一

图 4-1-16 《晋书·慕容廆载记》

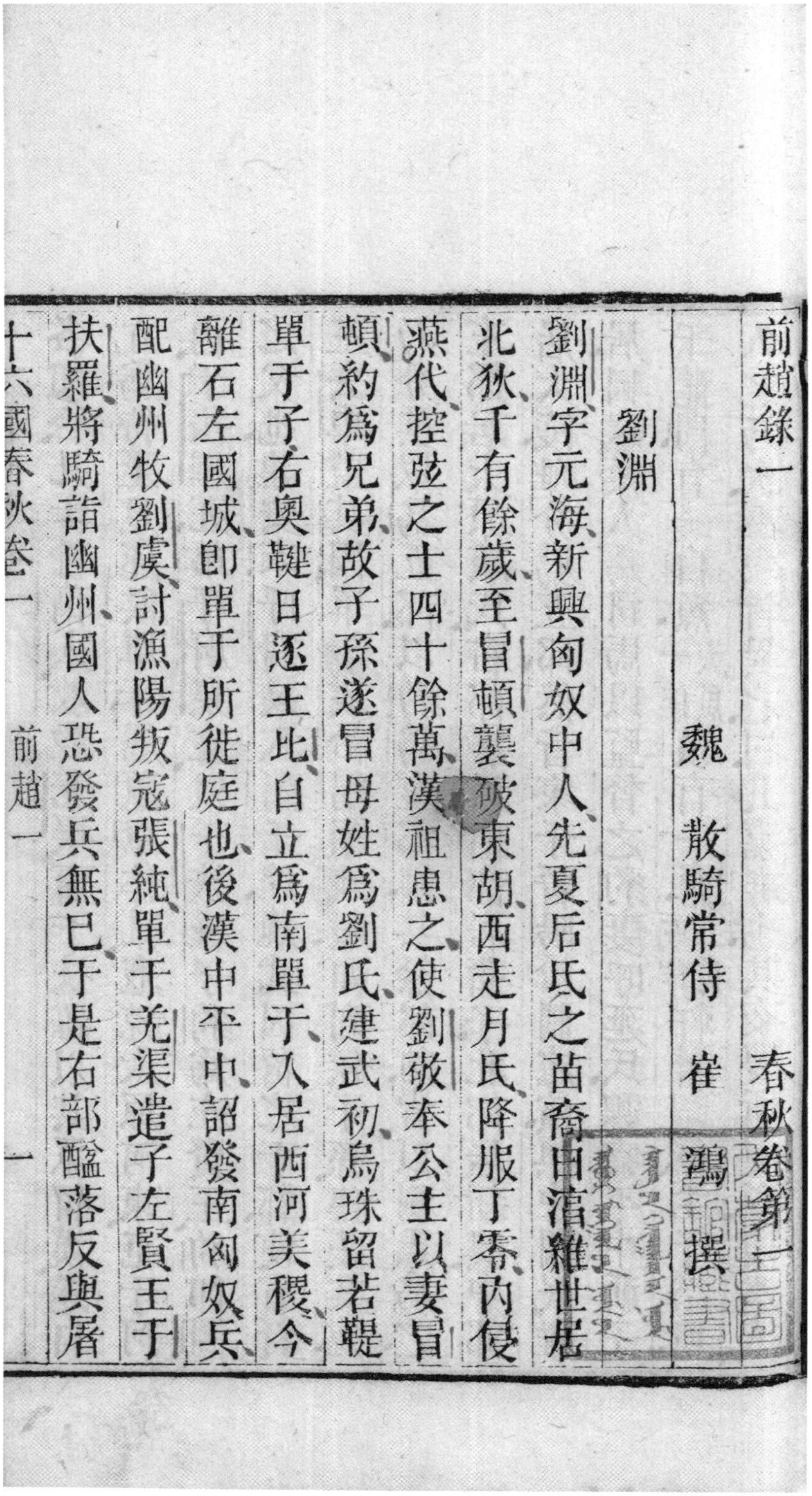

前趙錄一　春秋卷第一

魏　散騎常侍　崔　鴻　撰

劉淵

劉淵字元海新興匈奴中人先夏后氏之苗裔曰淳維世居北狄千有餘歲至冒頓襲破東胡西走月氏降服丁零內侵燕代控弦之士四十餘萬漢祖患之使劉敬奉公主以妻冒頓約爲兄弟故子孫遂冒母姓爲劉氏建武初烏珠留若鞮單于子右奥鞬日逐王比自立爲南單于入居西河美稷今離石左國城即單于所徙庭也後漢中平中詔發南匈奴兵配幽州牧劉虞討漁陽叛寇張純單于羌渠遣子左賢王于扶羅將騎詣幽州國人恐發兵無已于是右部醯落反與屠

十六國春秋卷一　前趙一　一

图 4-1-17 《十六国春秋》

《乐府诗集 · 燕射歌辞 · 北齐元会大飨歌 · 皇夏三》（图4-1-18）体现了北齐“协同内外，混一戎华”的思想：“我应天历，四海为家。协同内外，混一戎华。鹤盖龙马，风乘云车。夏章夷服，其会如麻。九宾有仪，八音有节。肃肃于位，饮和在列。四序氤氲，三光昭晰。君哉大矣，轩唐比辙。”

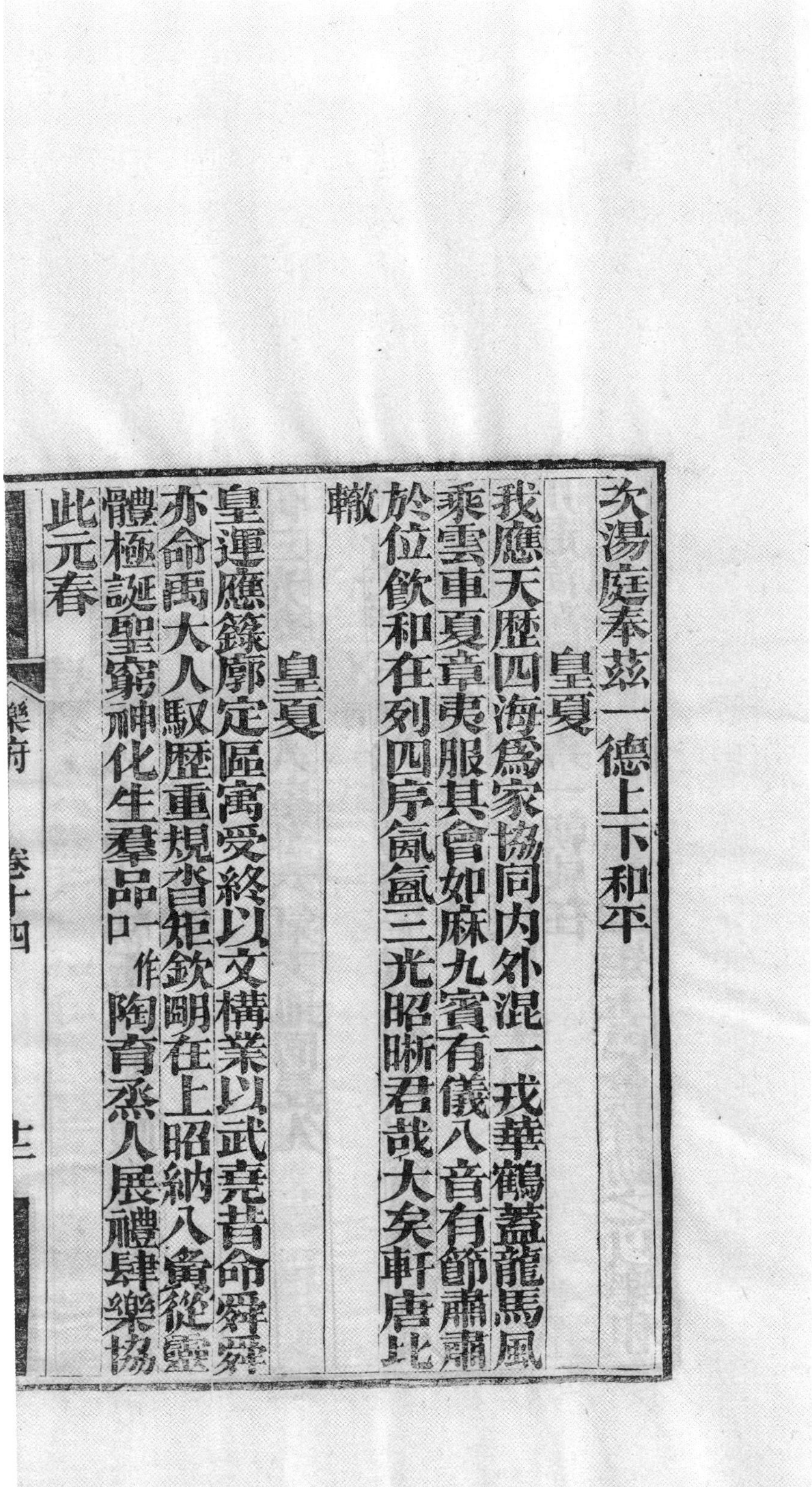
文湯庭奉茲一德上下和平
皇夏
我應天歷四海爲家協同內外混一戎華鶴蓋龍馬風
乘雲車夏章夷服其會如麻九賓有儀八音有節肅肅
於位飲和在列四序氤氳三光昭晰君哉大矣軒唐比
轍
皇夏
皇運應籙廓定區寓受終以文構業以武堯昔命舜舜
亦命禹大人馭歷重規沓矩欽明在上昭納八賓從靈
體極誕聖窮神化生羣品一作口陶育烝人展禮肆樂協
此元春
樂府　卷十四　十三

图 4-1-18　《乐府诗集·燕射歌辞·北齐元会大飨歌·皇夏三》

隋唐继承和发扬传统天下观与秦汉以来的大一统思想，以开放的胸襟对待不同族群。《资治通鉴·唐纪十四》(图4-1-19)记载唐太宗强调民族平等、重视民族融合的思想："(贞观二十一年五月)自古帝王多疾胜己者，朕见人之善，若己有之，人之行能，不能兼备，朕常弃其所短，取其所长。人主往往进贤则欲置诸怀，退不肖则欲推诸壑。朕见贤者则敬之，不肖者则怜之，贤不肖各得其所。人主多恶正直，阴诛显戮，无代无之。朕践祚以来，正直之士比肩于朝，未尝黜责一人。自古皆贵中华，贱夷狄，朕独爱之如一，故其种落皆依朕如父母。此五者，朕所以成今日之功也。"开放包容的大一统思想带来了"四海同风""无隔华夷"的交融新局面，《唐大诏令集·藩夷》(图4-1-20)："皇帝若曰：'万邦述职，无隔华夷；五等疏封，式固蕃屏。'"

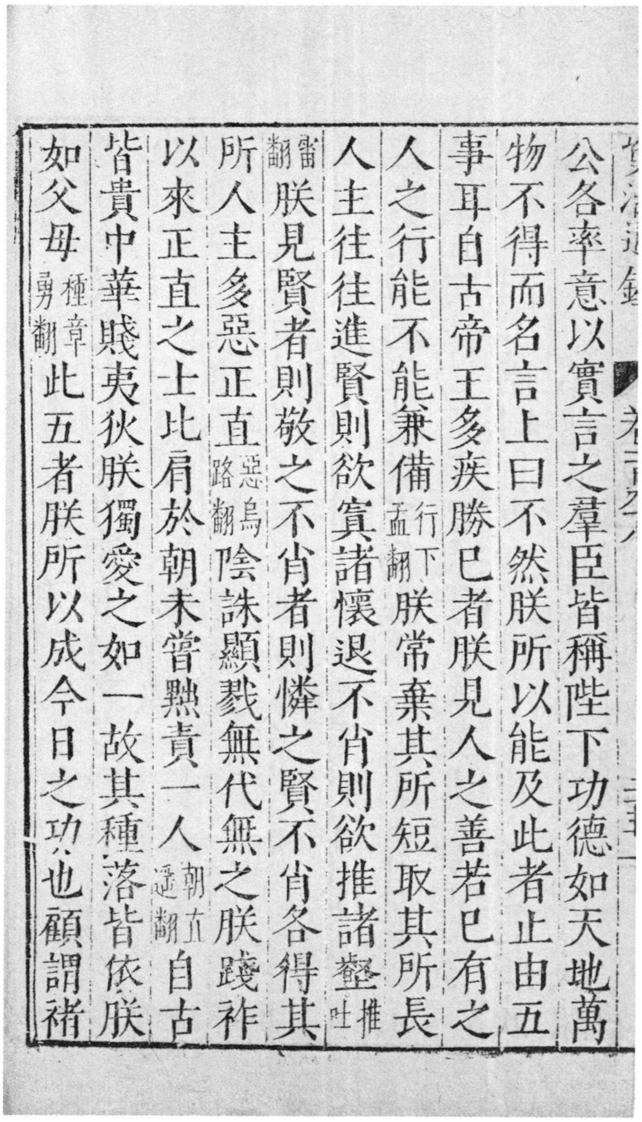

公各率意以實言之羣臣皆稱陛下功德如天地萬
物不得而名言上曰不然朕所以能及此者止由五
事耳自古帝王多疾勝已者朕見人之善若已有之
人之行能不能兼備（行下孟翻）朕常棄其所短取其所長
人主往往進賢則欲寘諸懷退不肖則欲推諸壑（推吐
雷翻）朕見賢者則敬之不肖者則憐之賢不肖各得其
所人主多惡正直（惡烏路翻）陰誅顯戮無代無之朕踐祚
以來正直之士比肩於朝未嘗黜責一人（朝直遥翻）自古
皆貴中華賤夷狄朕獨愛之如一故其種落皆依朕
如父母（種章勇翻）此五者朕所以成今日之功也顧謂褚

图 4-1-19　《资治通鉴·唐纪十四》

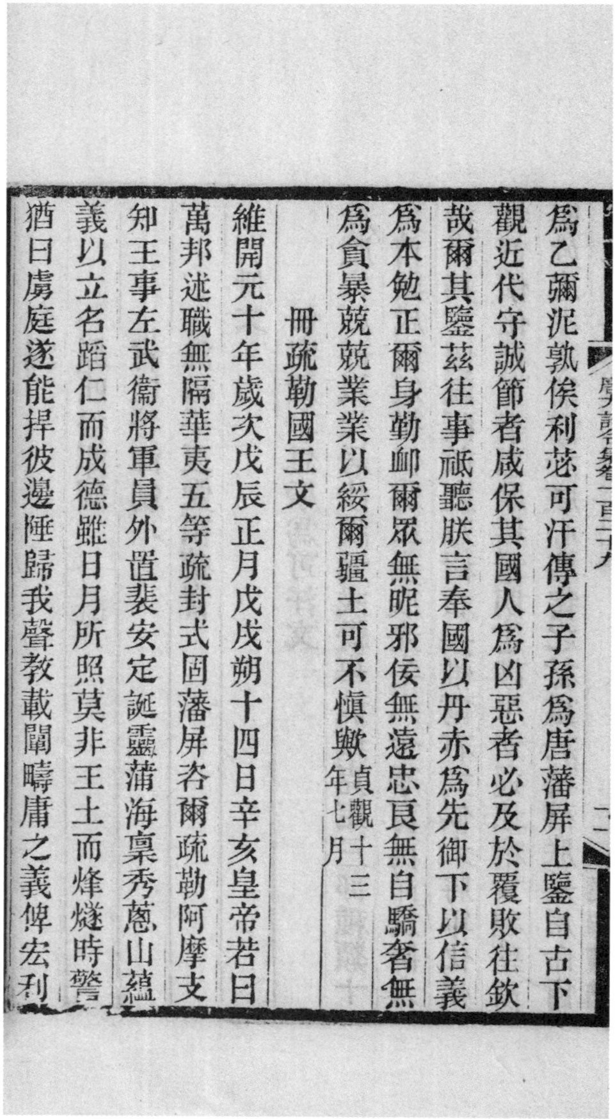

爲乙彌泥孰俟利苾可汗傳之子孫爲唐藩屏上鑒自古下
觀近代守誠節者咸保其國人爲凶惡者必及於覆敗往欽
哉爾其鑒茲往事祇聽朕言奉國以丹赤爲先御下以信義
爲本勉正爾身勤卹爾衆無昵邪佞無遠忠良無自驕奢無
爲貪暴兢兢業業以綏爾疆土可不慎歟（貞觀十三年七月）
冊疏勒國王文
維開元十年歲次戊辰正月戊戌朔十四日辛亥皇帝若曰
萬邦述職無隔華夷五等疏封式固藩屏咨爾疏勒阿摩支
知王事左武衛將軍員外置裴安定誕靈蒲海稟秀葱山藴
義以立名蹈仁而成德雖日月所照莫非王土而烽燧時警
猶日虜庭遂能捍彼邊陲歸我聲教載闡疇庸之義俾宏列

图 4-1-20　《唐大诏令集·藩夷》

唐宪宗元和年间，宰相李吉甫奉诏撰写了中国现存最古老、水准最高的总地志《元和郡县图志》（图4–1–21）。李吉甫对唐朝大一统盛世充满自豪感：“吾国家肇自贞观，至于开元，兼夏、商之职贡，掩秦、汉之文轨，梯航累乎九译，厩置通乎万里。然后分疆以辨之，置吏以康之；任所有而差贡赋，因所宜而制名物；守其要害，险其走集。经理之道，冠乎百王，巍巍乎无得而称矣。”

唐朝末年，沙陀人朱邪赤心被赐姓“李”，名“国昌”。唐昭宗大顺二年（891），其子李克用被封为晋王。五代十国时期，李克用之子李存勖建立了后唐。《旧五代史·后唐·庄宗纪三》（图4–1–22）记载唐朝灭亡后李存勖继续以“唐”为国号，并祭祀唐朝诸帝：“诏于晋阳立宗庙，以高祖神尧皇帝、太宗文皇帝、懿宗昭圣皇帝、昭宗圣穆皇帝及懿祖以下为七庙。”以政权承继体现大一统的思想。继后唐迭次承接的后晋、后汉，其正统性的建立与后唐一脉相承，这在当时曾获得广泛认同。

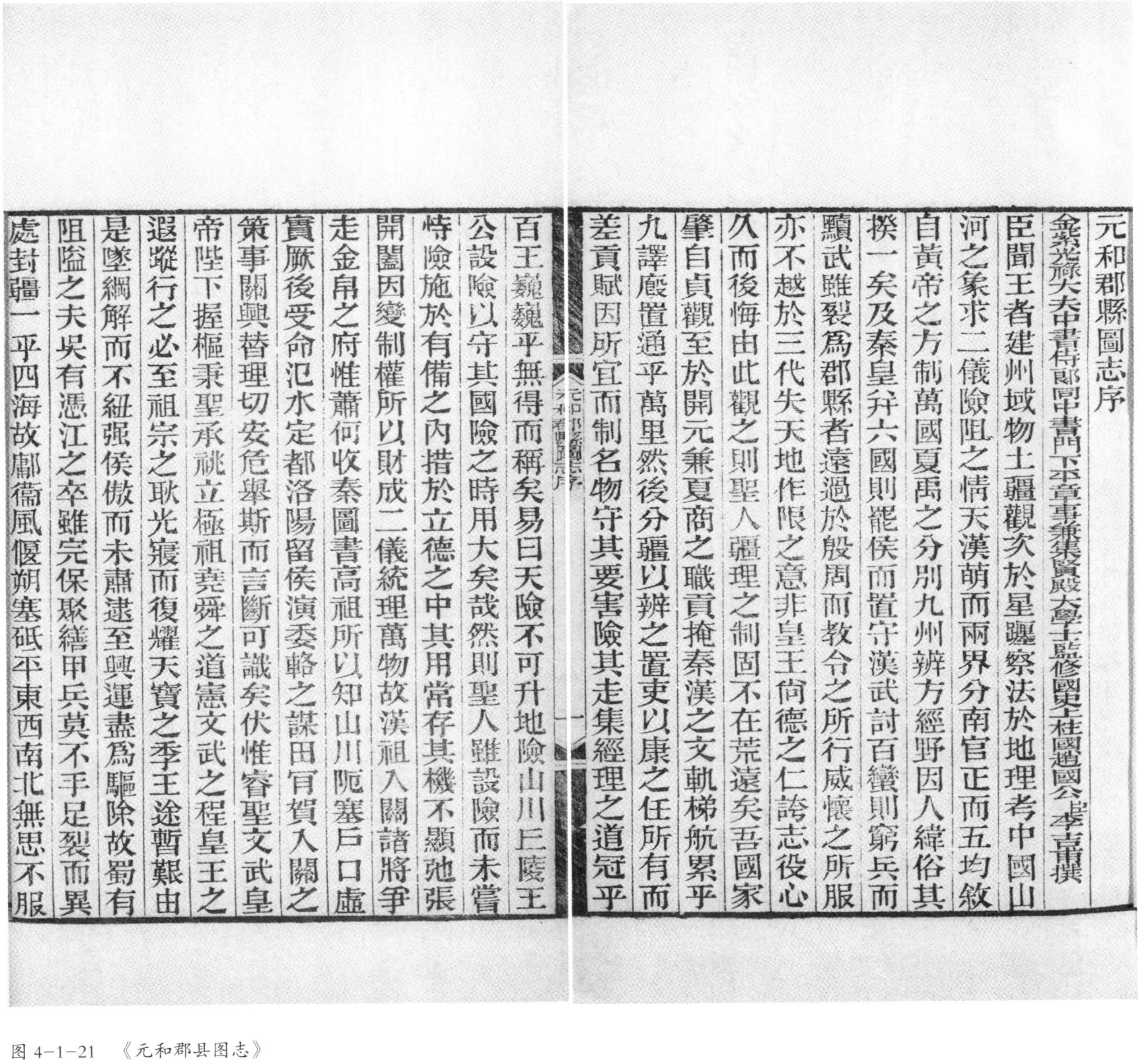
元和郡縣圖志序
金紫光祿大夫中書侍郎同中書門下平章事兼集賢殿大學士監修國史上柱國趙國公臣李吉甫撰
臣聞王者建州域物土疆觀次於星躔察法於地理考中國山河之象求二儀險阻之情天漢萌而兩界分南官正而五均敘自黃帝之方制萬國夏禹之分別九州辨方經野因人緯俗其揆一矣及秦皇幷六國則罷侯而置守漢武討百蠻則窮兵而黷武雖裂爲郡縣者遠過於殷周而教令之所行威懷之所服亦不越於三代失天地作限之意非皇王尚德之仁誇志役心久而後悔由此觀之則聖人疆理之制固不在荒遠矣吾國家肇自貞觀至於開元兼夏商之職貢掩秦漢之文軌梯航累乎九譯廄置通乎萬里然後分疆以辨之置吏以康之任所有而差貢賦因所宜而制名物守其要害險其走集經理之道冠乎百王巍巍乎無得而稱矣易曰天險不可升地險山川丘陵王公設險以守其國險之時用大矣哉然則聖人雖設險而未嘗恃險施於有備之內措於立德之中其用常存其機不顯弛張開闔因變制權所以財成二儀統理萬物故漢祖入關諸將爭走金帛之府惟蕭何收秦圖書高祖所以知山川阨塞戶口虛實厥後受命氾水定都洛陽留侯演委輅之謀田肎賀入關之策事關興替理切安危舉斯而言斷可識矣伏惟睿聖文武皇帝陛下握樞秉聖承祧立極祖堯舜之道憲文武之程皇王之遐蹤行之必至祖宗之耿光寖而復耀天寶之季王途暫艱由是墜綱解而不紐强侯傲而未肅逮至興運盡爲驅除故蜀有阻險之夫吳有憑江之卒雖完保聚繕甲兵莫不手足裂而異處封疆一平四海故鄜衞風偃朔塞砥平東西南北無思不服

图 4–1–21　《元和郡县图志》

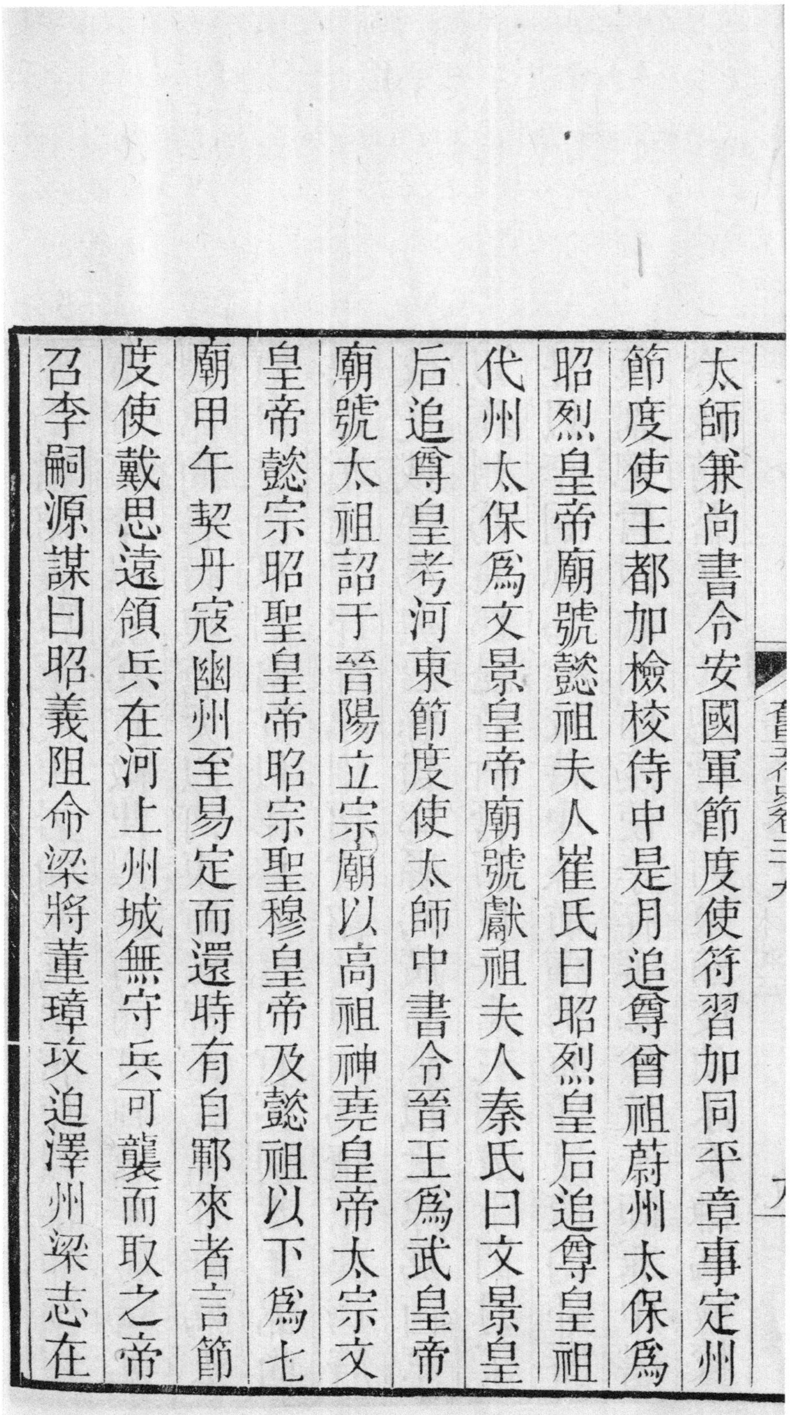
太師兼尚書令安國軍節度使符習加同平章事定州節度使王都加檢校侍中是月追尊曾祖蔚州太保爲昭烈皇帝廟號懿祖夫人崔氏曰昭烈皇后追尊皇祖代州太保爲文景皇帝廟號獻祖夫人秦氏曰文景皇后追尊皇考河東節度使太師中書令晉王爲武皇帝廟號太祖詔于晉陽立宗廟以高祖神堯皇帝太宗文皇帝懿宗昭聖皇帝昭宗聖穆皇帝及懿祖以下爲七廟甲午契丹寇幽州至易定而還時有自鄆來者言節度使戴思遠領兵在河上州城無守兵可襲而取之帝召李嗣源謀曰昭義阻命梁將董璋攻迫澤州梁志在

图 4–1–22 《旧五代史·后唐·庄宗纪三》

辽宋夏金时期，彼此竞争的对峙政权和交流迁徙的众多族群，共尊“中国”认同，共筑“中国”版图，共承“中国”之志，始终无改对大一统的政治追求。辽太宗在位期间，努力践行“混一天下”的民族思想，希望建立一个大一统国家政权，《辽史·耶律羽之传》(图4–1–23)：“太宗即位，上表曰：‘我大圣天皇始有东土，择贤辅以抚斯民，不以臣愚而任之。国家利害敢不以闻？渤海昔畏南朝，阻险自卫，居辉罕城。今去上京辽邈，既不为用，又不罢戍，果何为哉？先帝因彼离心，乘衅而动，故不战而克。天授人与，彼一时也。遗种浸以蕃息。今居远境，恐为后患。梁水之地乃其故乡，地衍土沃，有木铁盐鱼之利。乘其微弱，徙还其民，万世长策也。彼得故乡，又获木铁盐鱼之饶，必安居乐业。然后选徒以翼吾左，突厥、党项、室韦夹辅吾右，可以坐制南邦，混一天下，成圣祖未集之功，贻后世无疆之福。’表奏，帝嘉纳之。”

辽道宗还在生活中将“华夷一体”思想付诸实践。《辽史·道宗纪》(图4–1–24）记载：“（清宁三年）八月辛亥，帝以《君臣同志华夷同风诗》进皇太后。”辽道宗以“君臣同志，华夷同风”为

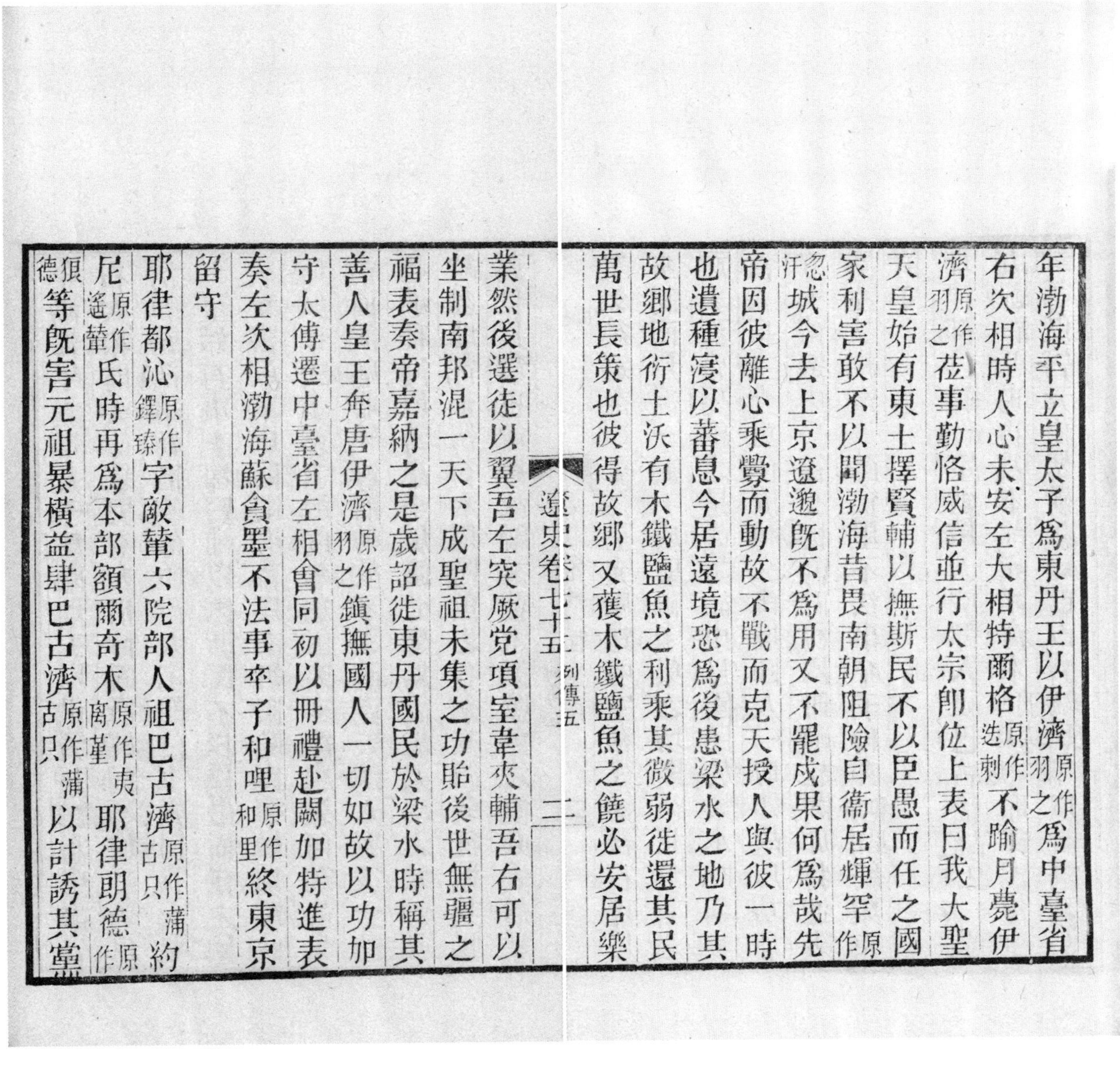

年渤海平立皇太子爲東丹王以伊濟（原作羽之）爲中臺省右次相時人心未安左大相特爾格（原作迭剌）不踰月薨伊濟（原作羽之）莅事勤恪威信並行太宗即位上表曰我大聖天皇始有東土擇賢輔以撫斯民不以臣愚而任之國家利害敢不以聞渤海昔畏南朝阻險自衞居輝罕（原作忽汗）城今去上京遼邈既不爲用又不罷戍果何爲哉先帝因彼離心乘釁而動故不戰而克天授人與彼一時也遺種寖以蕃息今居遠境恐爲後患梁水之地乃其故鄉地衍土沃有木鐵鹽魚之利乘其微弱徙還其民萬世長策也彼得故鄉又獲木鐵鹽魚之饒必安居樂

遼史卷七十五　列傳五　二

業然後選徒以翼吾左突厥党項室韋夾輔吾右可以坐制南邦混一天下成聖祖未集之功貽後世無疆之福表奏帝嘉納之是歲詔徙東丹國民於梁水時稱其善人皇王奔唐伊濟（原作羽之）鎭撫國人一切如故以功加守太傅遷中臺省左相會同初以冊禮赴闕加特進表奏左次相渤海蘇貪墨不法事卒子和哩（原作和里）終東京留守

耶律都沁（原作鐸臻）字敵輦六院部人祖巴古濟（原作蒲古只）約尼（原作遙輦）氏時再爲本部額爾奇木（原作夷離堇）耶律朗德（原作頗德）等既害元祖暴橫益肆巴古濟（原作蒲古只）以計誘其黨

图 4–1–23　《辽史·耶律羽之传》

题与皇后和诸大臣吟诗唱和。懿德皇后萧观音所作《君臣同志华夷同风应制》流传至今,《辽史拾遗》(图4-1-25)记载诗文内容为:“虞廷开盛轨,王会合奇琛。到处承天意,皆同捧日心。文章通鹿蠡,声教薄鸡林。大宇看交泰,应知无古今。”诗题和内容都彰显了辽朝追求“华夷同风”的大一统思想。

辽朝也有“华夷共祖”意识,《辽史·太祖本纪》(图4-1-26)梳理了自炎帝之后契丹祖先的世系情况:“赞曰:辽之先,出自炎帝,世为森济国。其可知者盖自奇善云……而太祖受可汗之禅,遂建国。东征西讨,如折枯拉朽。东自海,西至于流沙,北绝大漠,信威万里,历年二百,岂一日之故哉!”

三年春正月庚辰如鴨子河丙戌罝倒塌嶺節度使乙
未五國部長來貢方物二月己未如大魚濼三月辛巳
以楚國王尼嚕古(原作涅魯古)爲武定軍節度使夏四月丙
辰清暑永安山五月己亥如慶陵獻酎于金殿同天殿
六月辛未以魏國王察克(原作查葛)爲特哩袞(原作惕隱)同知樞
密院事蕭唐古南府宰相魏國王特布(原作貼不)東京留守
秋七月甲申南京地震赦其境內乙酉如秋山八月辛
亥帝以君臣同志華夷同風詩進皇太后九月庚子幸
中會川冬十月己酉謁祖陵庚申謁讓國皇帝及世宗
廟辛酉奠酎于玉殿十一月丙子以左伊勒希巴(原作夷离)
遼史卷二十一　本紀二十一

图 4-1-24　《辽史·道宗纪》

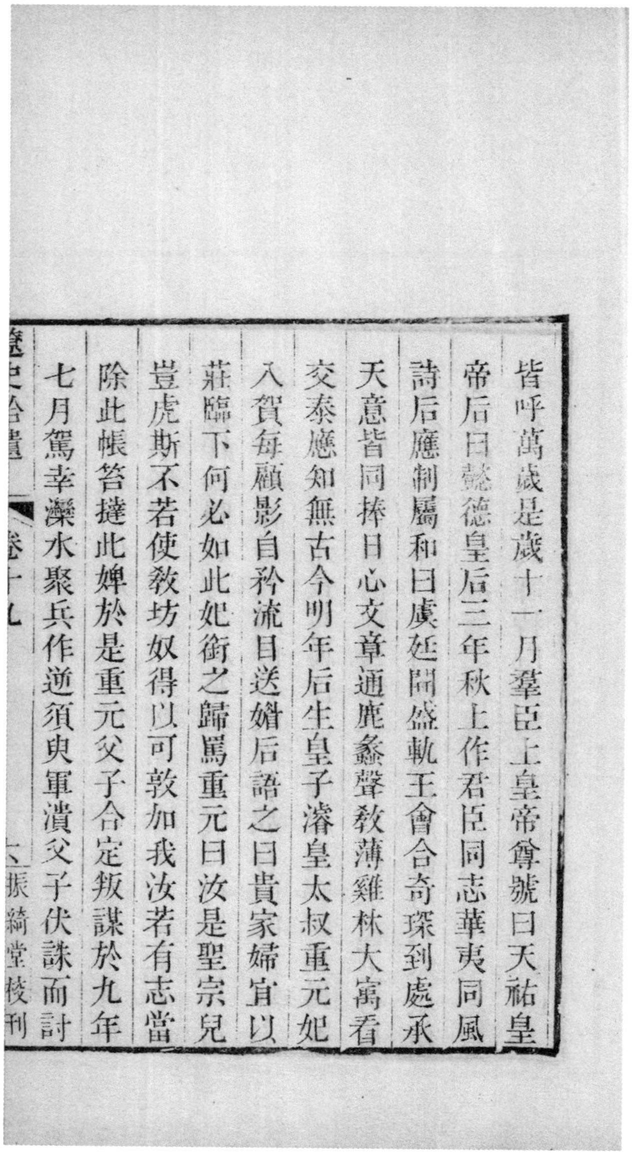
皆呼萬歲是歲十一月羣臣上皇帝尊號曰天祐皇
帝后曰懿德皇后三年秋上作君臣同志華夷同風
詩后應制屬和曰虞廷開盛軌王會合奇琛到處承
天意皆同捧日心文章通鹿蠡聲教薄雞林大寓看
交泰應知無古今明年后生皇子濬皇太叔重元妃
入賀每顧影自矜流目送媚后語之曰貴家婦宜以
莊臨下何必如此妃銜之歸罵重元曰汝是聖宗兒
豈虎斯不若使教坊奴得以可敦加我汝若有志當
除此帳答撻此婢於是重元父子合定叛謀於九年
七月駕幸灤水聚兵作逆須臾軍潰父子伏誅而討
遼史拾遺　卷十九　振綺堂校刊

图 4-1-25　《辽史拾遗》卷十九

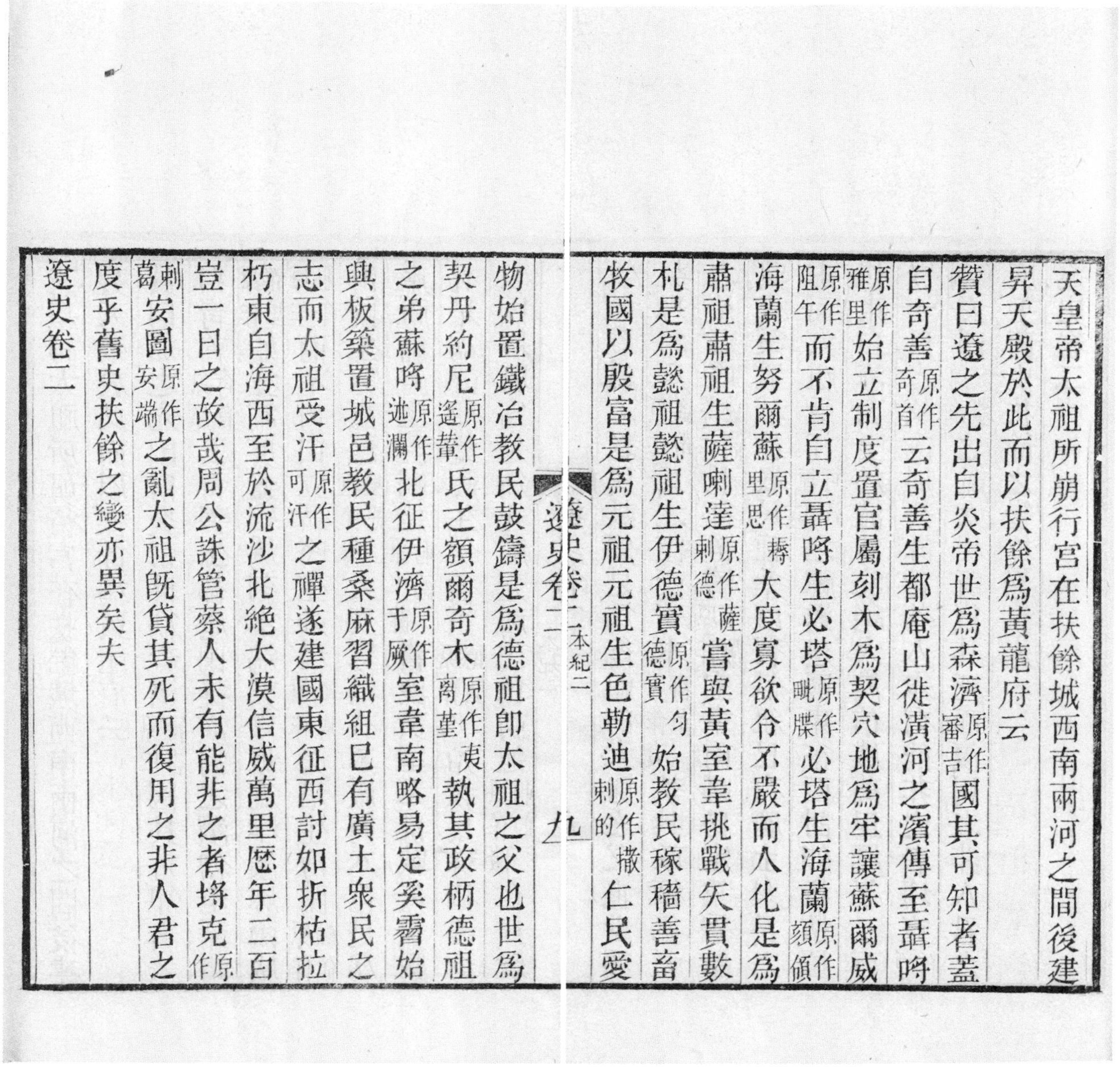
天皇帝太祖所崩行宮在扶餘城西南兩河之間後建
昇天殿於此而以扶餘爲黃龍府云
贊曰遼之先出自炎帝世爲森濟原作審吉國其可知者蓋
自奇善原作奇首云奇善生都庵山徙潢河之濱傳至聶哷
原作雅里始立制度置官屬刻木爲契穴地爲牢讓蘇爾威
原作阻午而不肯自立聶哷生必塔原作毗牒必塔生海蘭原作頦領
海蘭生努爾蘇原作耨里思大度寡欲令不嚴而人化是爲
肅祖肅祖生薩喇達原作薩剌德嘗與黃室韋挑戰矢貫數
札是爲懿祖懿祖生伊德實原作匀德實始教民稼穡善畜
牧國以殷富是爲元祖元祖生色勒迪原作撒剌的仁民愛
遼史卷二 本紀二 九
物始置鐵冶教民鼓鑄是爲德祖即太祖之父也世爲
契丹約尼原作遙輦氏之額爾奇木原作夷離堇執其政柄德祖
之弟蘇哷原作述瀾北征伊濟原作于厥室韋南略易定奚霫始
興板築置城邑教民種桑麻習織組已有廣土衆民之
志而太祖受汗原作可汗之禪遂建國東征西討如折枯拉
朽東自海西至於流沙北絕大漠信威萬里歷年二百
豈一日之故哉周公誅管蔡人未有能非之者埒克原作剌
葛安圖原作安端之亂太祖既貸其死而復用之非人君之
度乎舊史扶餘之變亦異矣夫
遼史卷二

图 4-1-26 《辽史·太祖本纪》

女真建立的金朝“政教号令，一切不异于中国”。金熙宗的天下四海观与唐太宗的中华夷狄“朕独爱之如一”一脉相承。《金史·熙宗本纪》（图4-1-27）：“（皇统八年十一月）左丞相宗贤、左丞禀等言：‘州郡长吏当并用本国人。’上曰：‘四海之内，皆朕臣子，若分别待之，岂能致一。谚不云乎，疑人勿使，使人勿疑。自今本国及诸色人量才通用之。’”在“四海之内，皆朕臣子”的思想指导下，金熙宗打破华夷界限，以才能作为选拔官员的标准。金朝除了尊孔之外，还祭祀中国历史上各民族的人文祖先和著名帝王。《金史·章宗本纪四》（图4-1-28）记载：“戊寅，幸太极宫。诏定前代帝王合致祭者。尚书省奏：‘三皇、五帝、四王已行三年一祭之礼。若夏太康，殷太甲、太戊、武丁，周成王、康王、宣王，汉高祖、文、景、武、宣、光武、明帝、章帝，唐高祖、文皇一十七君，致祭为宜。’从之。”

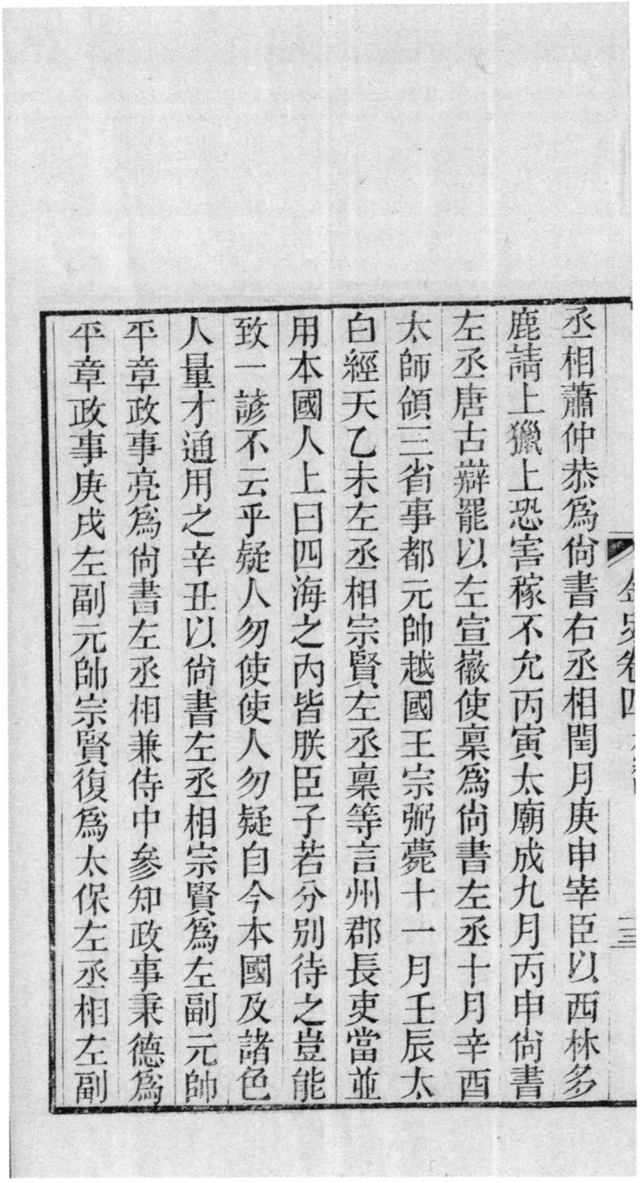
丞相蕭仲恭爲尚書右丞相閏月庚申宰臣以西林多
鹿請上獵上恐害稼不允丙寅太廟成九月丙申尚書
左丞唐古辯罷以左宣徽使㮚爲尚書左丞十月辛酉
太師領三省事都元帥越國王宗弼薨十一月壬辰太
白經天乙未左丞相宗賢左丞㮚等言州郡長吏當並
用本國人上曰四海之內皆朕臣子若分别待之豈能
致一諺不云乎疑人勿使使人勿疑自今本國及諸色
人量才通用之辛丑以尚書左丞相宗賢爲左副元帥
平章政事亮爲尚書左丞相兼侍中參知政事秉德爲
平章政事庚戌左副元帥宗賢復爲太保左丞相左副

图 4-1-27 《金史·熙宗本纪》

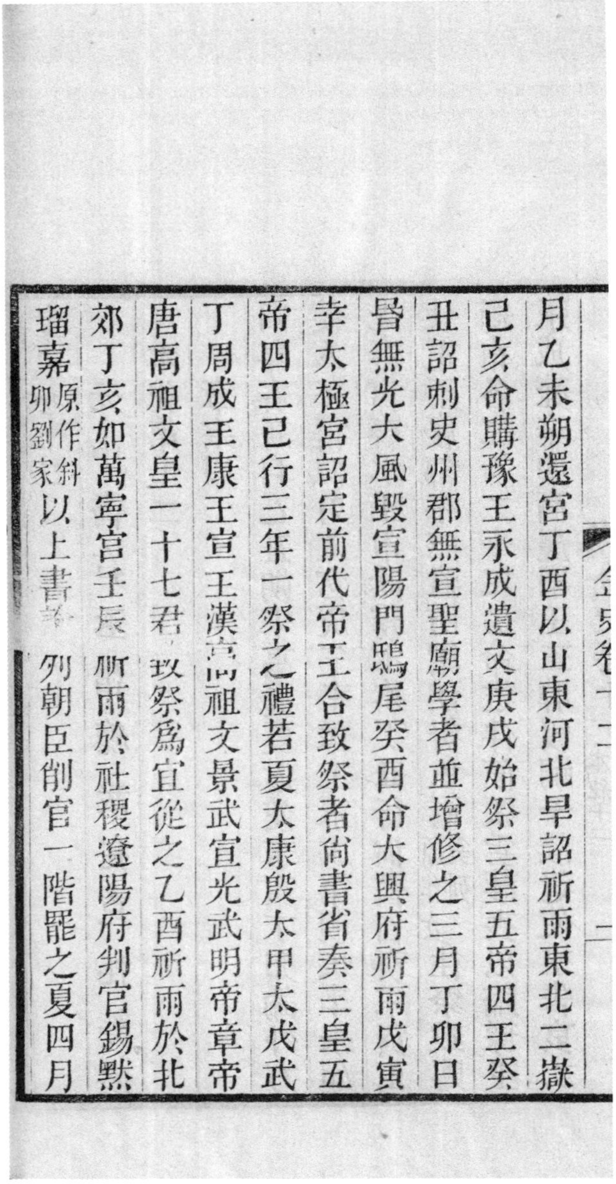
月乙未朔還宮丁酉以山東河北旱詔祈雨東北二嶽
己亥命購豫王永成遺文庚戌始祭三皇五帝四王癸
丑詔刺史州郡無宣聖廟學者並增修之三月丁卯日
昏無光大風毀宣陽門鴟尾癸酉命大興府祈雨戊寅
幸太極宮詔定前代帝王合致祭者尚書省奏三皇五
帝四王已行三年一祭之禮若夏太康殷太甲太戊武
丁周成王康王宣王漢高祖文景武宣光武明帝章帝
唐高祖文皇一十七君致祭爲宜從之乙酉祈雨於北
郊丁亥如萬寧宮壬辰祈雨於社稷遼陽府判官錫默
瑠嘉（原作斜卯劉家）以上書譏斥朝臣削官一階罷之夏四月

图 4-1-28 《金史·章宗本纪四》

元朝结束了中华大地自唐末以来南北对峙长达数个世纪的分治局面，开创了空前统一的疆域版图，深化了大一统制度实践。《元史·地理志一》(图4-1-29) 描述："自封建变为郡县，有天下者，汉、隋、唐、宋为盛，然幅员之广，咸不逮元。汉梗于北狄，隋不能服东夷，唐患在西戎，宋患常在西北。若元，则起朔漠，并西域，平西夏，灭女真，臣高丽，定南诏，遂下江南，而天下为一，故其地北逾阴山，西极流沙，东尽辽左，南越海表。盖汉东西九千三百二里，南北一万三千三百六十八里；唐东西九千五百一十一里，南北一万六千九百一十八里；元东南所至不下汉、唐，而西北则过之，有难以里数限者矣。"

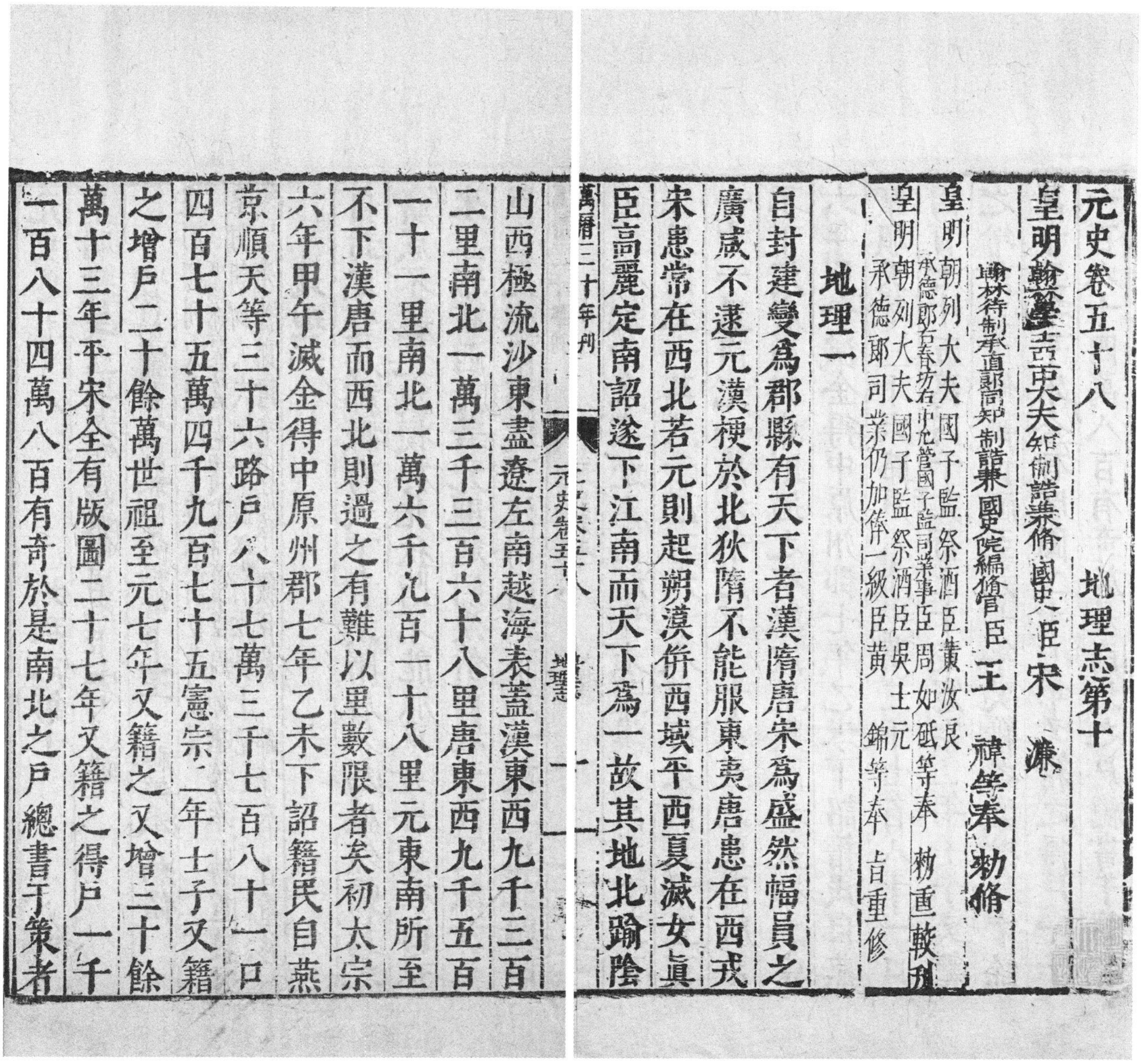
元史卷五十八　地理志第十

皇明翰林學士亞中大夫知制誥兼脩國史臣宋濂　翰林待制承直郎同知制誥兼國史院編脩官臣王禕等奉　勑脩

皇明朝列大夫國子監祭酒臣黃汝良　承德郎右春坊右中允管國子監司業事臣周如砥等奉　勑重校刊

皇明承德郎司業仍加俸一級臣黃錦等奉　旨重修

地理一

自封建變爲郡縣有天下者漢隋唐宋爲盛然幅員之廣咸不逮元漢梗於北狄隋不能服東夷唐患在西戎宋患常在西北若元則起朔漠幷西域平西夏滅女眞臣高麗定南詔遂下江南而天下爲一故其地北踰陰

萬曆二十年刊　元史卷五十八　地理志　一

山西極流沙東盡遼左南越海表蓋漢東西九千三百二里南北一萬三千三百六十八里唐東西九千五百一十一里南北一萬六千九百一十八里元東南所至不下漢唐而西北則過之有難以里數限者矣初太宗六年甲午滅金得中原州郡七年乙未下詔籍民自燕京順天等三十六路戶八十七萬三千七百八十一口四百七十五萬四千九百七十五憲宗二年壬子又籍之增戶二十餘萬世祖至元七年又籍之又增三十餘萬十三年平宋全有版圖二十七年又籍之得戶一千一百八十四萬八百有奇於是南北之戶總書于策者

图 4-1-29　《元史·地理志一》

元朝的大一统思想还体现在志书的编纂上，至元二十二年（1285），元世祖敕秘书监修《地理志》，要求“大集万方图志而一之，以表皇元疆理无外之大”。从至元二十二年修起，到二十八年（1291）进呈，共成书七百五十五卷。其后，因得到了云南、甘肃、辽阳等地的地图，又加以重修，至成宗大德七年（1303）完成，增为一千三百卷，并附有彩绘地理图，定名《大元大一统志》（图 4-1-30）。该书分建置沿革、坊郭乡镇、里至、山川、土产、风俗形势、古迹、宦迹、人物、仙释等门，内容丰赡，引证繁富，不少宋、金、元旧志赖以保存，反映出元代辽阔的疆域和统一的政治局面。该书首开以“一统志”命名志书的先河，此后明清两朝都修纂了“一统志”。

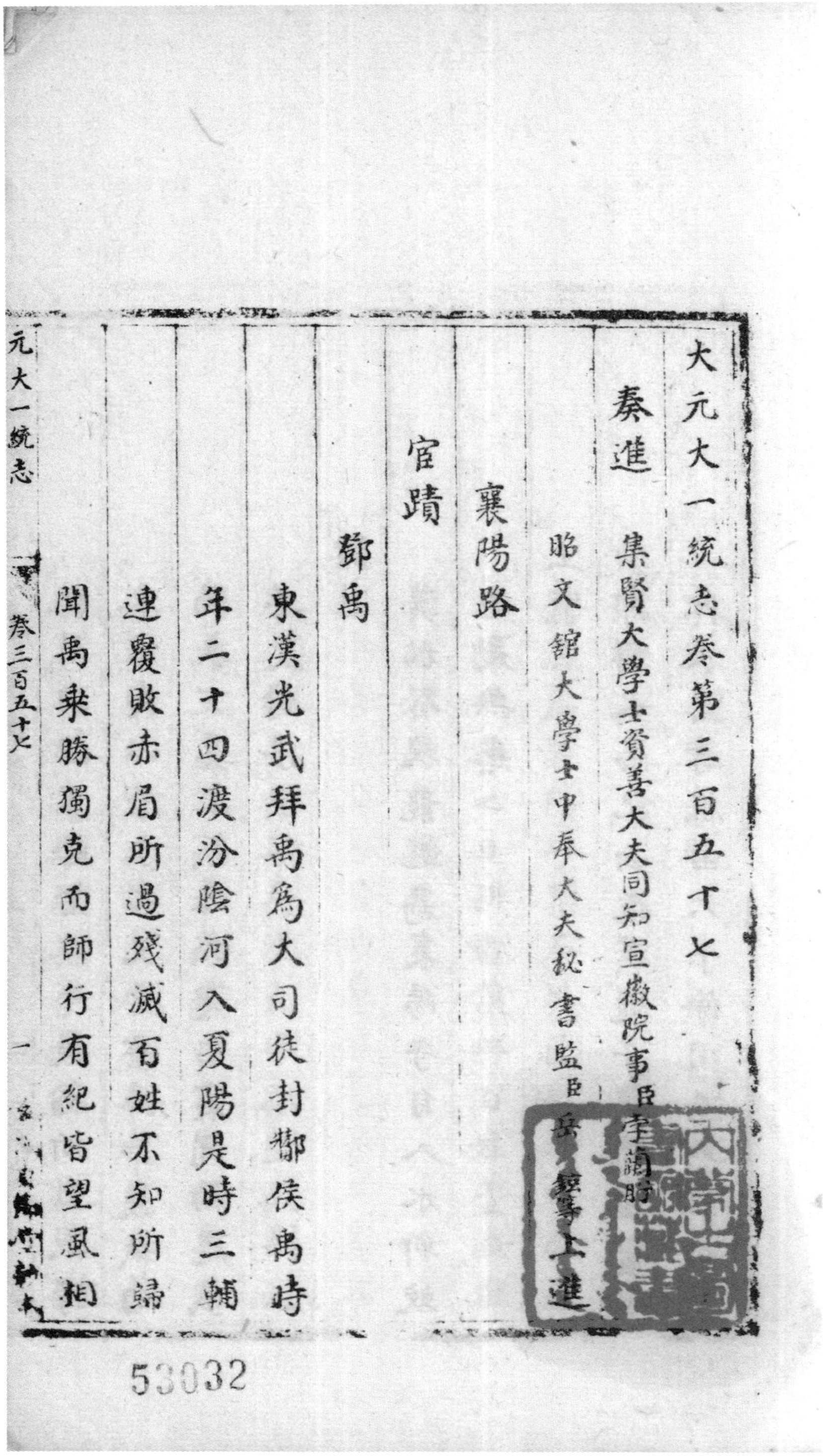
大元大一統志卷第三百五十七
奏進　集賢大學士資善大夫同知宣徽院事臣孛蘭肸
昭文館大學士中奉大夫秘書監臣岳鉉等上進
襄陽路
官蹟
鄧禹
東漢光武拜禹爲大司徒封酇侯禹時
年二十四渡汾陰河入夏陽是時三輔
連覆敗赤眉所過殘滅百姓不知所歸
聞禹乘勝獨克而師行有紀皆望風相
元大一統志　卷三百五十七　一
53032

图 4-1-30 《大元大一统志》

元朝统治者为学习借鉴以往朝代、政权兴衰存亡的历史经验而编纂了《宋史》《辽史》《金史》。“三史”的修撰，集中了一批汉族、畏兀儿、哈剌鲁、唐兀、钦察等族的史学家入史馆，开启了各民族史学家合作修史的先例。《庚申外史》(图 4-1-31)：“先是诸儒论三国正统，久不决。至是脱脱独断曰：‘三国各与正统，各系其年号。’议者遂息。”辽、宋、金皆为正统，这样的国家观念和民族观念是站在统一多民族国家的角度而形成的，意义非常重大。

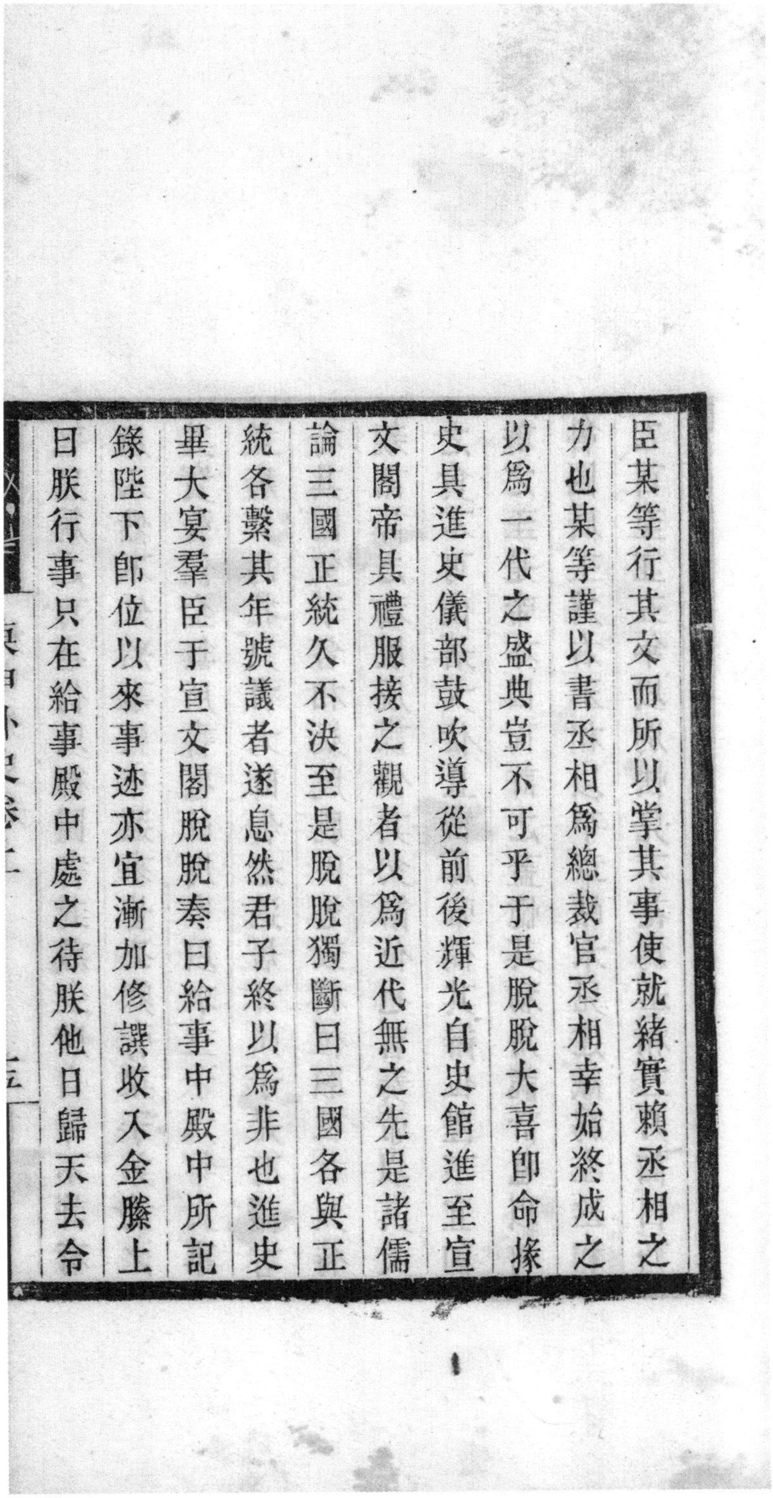

臣某等行其文而所以掌其事使就緒實賴丞相之
力也某等謹以書丞相爲總裁官丞相幸始終成之
以爲一代之盛典豈不可乎于是脫脫大喜卽命掾
史具進史儀部鼓吹導從前後輝光自史館進至宣
文閣帝具禮服接之觀者以爲近代無之先是諸儒
論三國正統久不決至是脫脫獨斷曰三國各與正
統各繫其年號議者遂息然君子終以爲非也進史
畢大宴羣臣于宣文閣脫脫奏曰給事中殿中所記
錄陛下卽位以來事迹亦宜漸加修譔收入金縢上
曰朕行事只在給事殿中處之待朕他日歸天去令

图 4-1-31 《庚申外史》

明朝建立以后，明太祖朱元璋诏令修纂《大明志书》《大明清类天文分野之书》《寰宇通衢》。这三部全国性方志的纂修，反映出明朝统治者一统天下的意识和观念。景泰年间，明朝撰成《寰宇通志》(图4-1-32)，反映了全国地理总志编修方面的新进展。天顺二年(1458)，明英宗朱祁镇令臣僚“折衷群书，务臻精要，继成文祖之初志，用昭我朝一统之盛”，于天顺五年(1461)修成

《大明一统志》，又名《天下一统志》。该书参照《大元大一统志》的体例，记载了各行政区划的建置沿革、形胜、风俗、山川、人物等方面内容，并载有边疆地区与周边诸国，反映出全国统一和以明朝为天下中心的观念。《大明一统志》图叙（图4-1-33）强调了大一统的政治理念：“（皇明）诞膺天命，统一华夷，幅员之广，东尽辽左，西极流沙，南越海表，北抵沙漠，四极八荒，靡不来庭……而边陲之地，都司卫所及宣慰招讨、宣抚、安抚等司，与夫四夷受官封执臣礼者，皆以次具载于志焉。……为天下总图于首，披图而观，庶天下疆域广轮之大了然在目，如视诸掌，而今一统之盛冠乎古今者，垂之万世有足征云。”

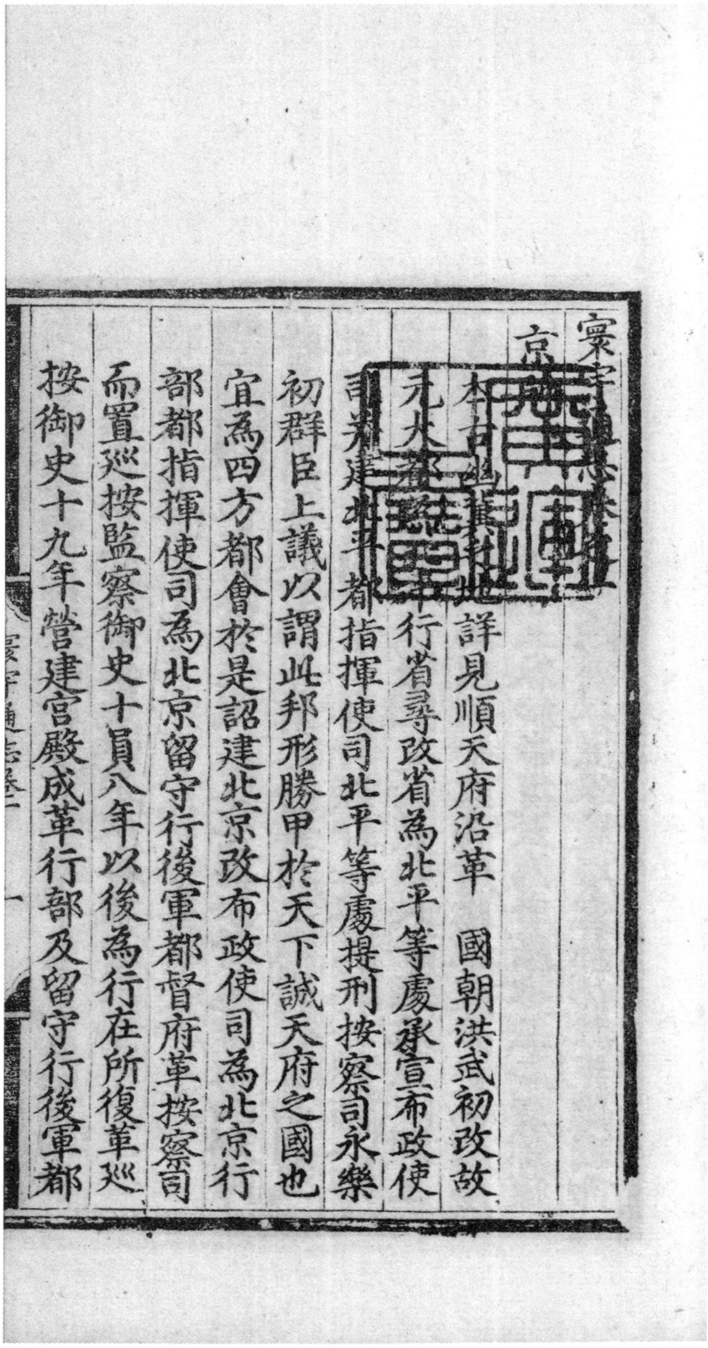
京
詳見順天府沿革　國朝洪武初改故
行省尋改省為北平等處承宣布政使
都指揮使司北平等處提刑按察司永樂
初群臣上議以謂此邦形勝甲於天下誠天府之國也
宜為四方都會於是詔建北京改布政使司為北京行
部都指揮使司為北京留守行後軍都督府革按察司
而置巡按監察御史十員八年以後為行在所復革巡
按御史十九年營建宮殿成革行部及留守行後軍都

图4-1-32 《寰宇通志》

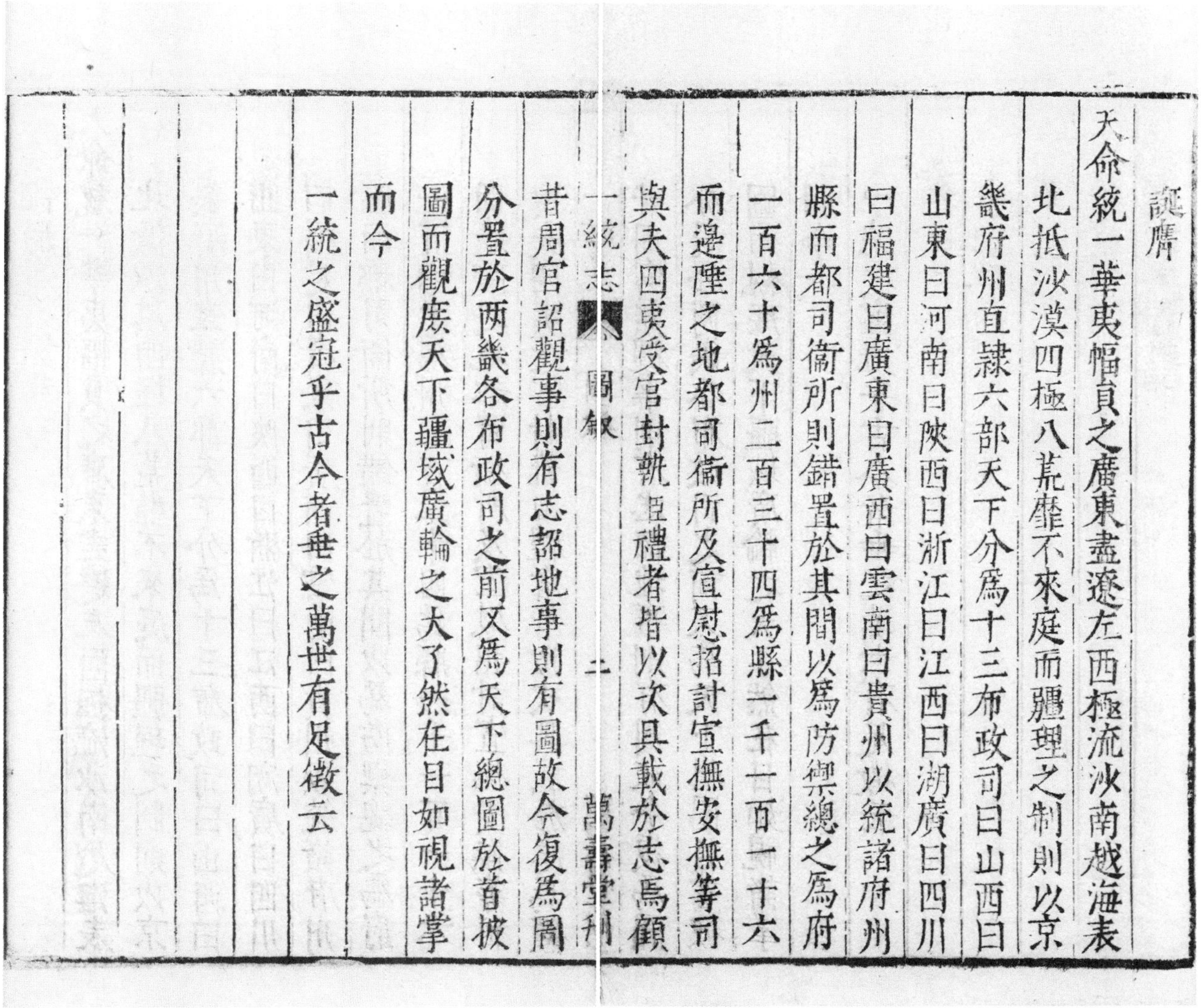

誕膺
天命統一華夷幅員之廣東盡遼左西極流沙南越海表
北抵沙漠四極八荒靡不來庭而疆理之制則以京
畿府州直隸六部天下分爲十三布政司曰山西曰
山東曰河南曰陜西曰浙江曰江西曰湖廣曰四川
曰福建曰廣東曰廣西曰雲南曰貴州以統諸府州
縣而都司衛所則錯置於其間以爲防禦總之爲府
一百六十爲州二百三十四爲縣一千一百一十六
而邊陲之地都司衛所及宣慰招討宣撫安撫等司
與夫四夷受官封執臣禮者皆以次具載於志焉顧

一統志 圖叙 二 萬壽堂刊

昔周官詔觀事則有志詔地事則有圖故今復爲圖
分置於兩畿各布政司之前又爲天下總圖於首披
圖而觀庶天下疆域廣輪之大了然在目如視諸掌
而今
一統之盛冠乎古今者垂之萬世有足徵云

图 4-1-33 《大明一统志》图叙

清朝深入整合多元文化，综合境内所有区域、族群和文化，实现了空前的大一统。作为中国历史上最后一个封建王朝，清朝的“大一统”思想并不是对历代王朝“大一统”观念的简单承袭，而是在此基础上的集大成。雍正皇帝撰著了《大义觉迷录》，对清朝的“大一统”思想作了系统阐释，认同了“华夷一家”的民族共同体思想。《上谕八旗》（图4–1–34）记载了雍正的大一统思想：“夫中外，地所画之境也；上下，天所定之分也。我朝肇基东海之滨，统一中国，君临天下。所承之统，尧舜以来，中外一家之统也；所用之人，大小文武，中外一家之人也；所行之政，礼乐征伐，中外一家之政也。内而直隶各省之臣民，外而蒙古极边诸部落，以及海澨山陬，梯航纳贡之伦，莫不尊亲，奉以为主。”

到乾隆时期，“天下一家”的思想得到了进一步的巩固和发展，在《御制文集》（图4–1–35）中乾隆提出“中华正统”论：“春秋大一统之义，尊王黜霸，所以立万世之纲常，使名正言顺，出于天命人心之正。紫阳纲目，义在正统，是以始皇之廿六年，秦始继周，汉始于高帝之五年，而

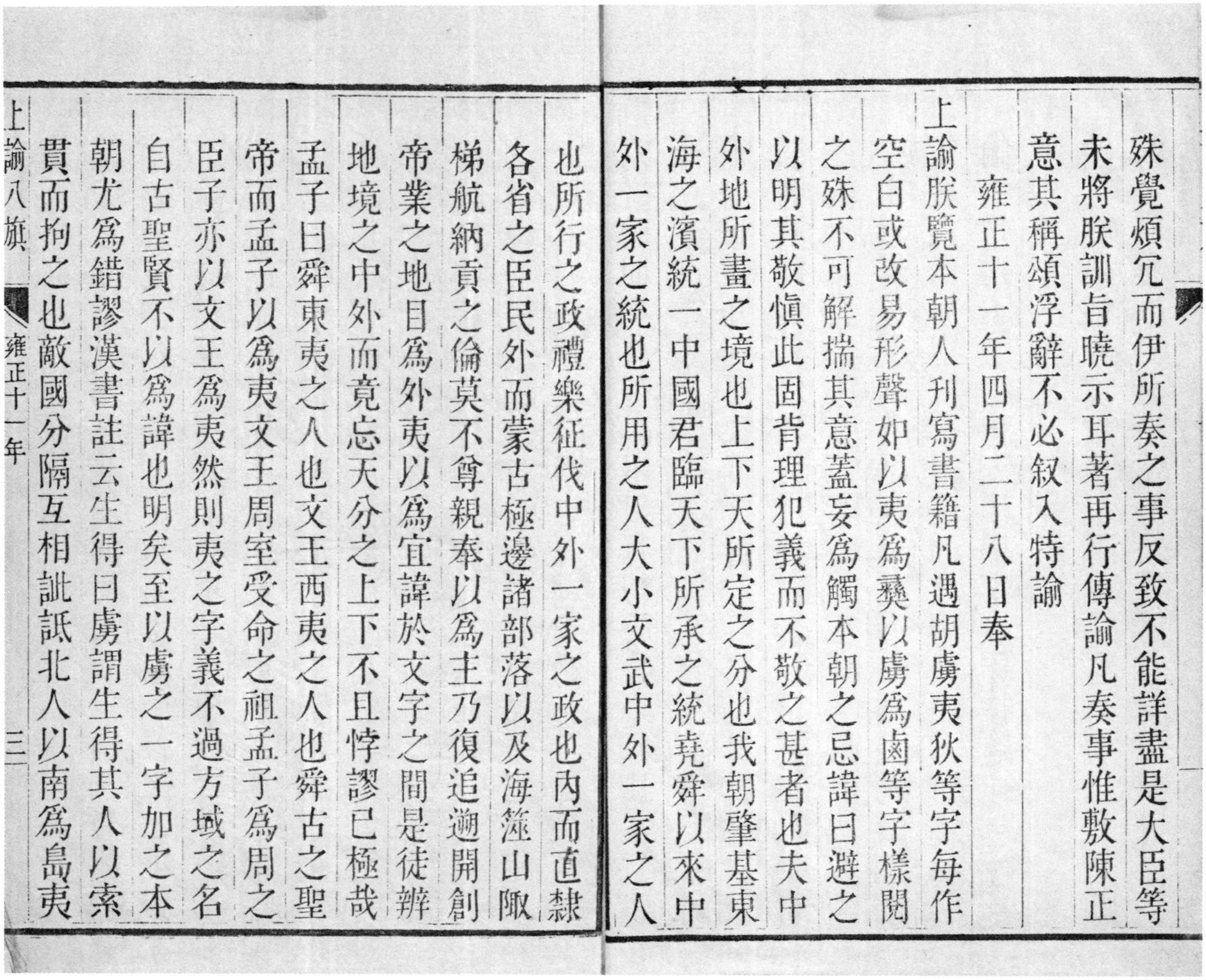

殊覺煩冗而伊所奏之事反致不能詳盡是大臣等未將朕訓旨曉示耳著再行傳諭凡奏事惟敷陳正意其稱頌浮辭不必叙入特諭

雍正十一年四月二十八日奉

上諭朕覽本朝人刊寫書籍凡遇胡虜夷狄等字每作空白或改易形聲如以夷爲彝以虜爲鹵等字樣閲之殊不可解揣其意蓋妄爲觸本朝之忌諱曰避之以明其敬慎此固背理犯義而不敬之甚者也夫中外地所畫之境也上下天所定之分也我朝肇基東海之濱統一中國君臨天下所承之統堯舜以來中外一家之統也所用之人大小文武中外一家之人也所行之政禮樂征伐中外一家之政也內而直隸各省之臣民外而蒙古極邊諸部落以及海澨山陬梯航納貢之倫莫不尊親奉以爲主乃復追遡開創帝業之地目爲外夷以爲宜諱於文字之間是徒辨地境之中外而竟忘天分之上下不且悖謬已極哉孟子曰舜東夷之人也文王西夷之人也舜古之聖帝而孟子以爲夷文王周室受命之祖孟子爲周之臣子亦以文王爲夷然則夷之字義不過方域之名自古聖賢不以爲諱也明矣至以虜之一字加之本朝尤爲錯謬漢書註云生得曰虜謂生得其人以索貫而拘之也敵國分隔互相訕詆北人以南爲島夷

上諭八旗　雍正十一年　三

图 4-1-34　《上谕八旗》

不始于秦降之岁。三国不以魏、吴之强，夺汉统之正，春秋之义然也……夫正统者，继前统受新命也。东晋以后，宋、齐、梁、陈，虽江左偏安，而所承者晋之正统。其时若拓跋魏氏，地大势强，北齐、北周继之，亦较南朝为盛，而中华正统，不得不属之宋、齐、梁、陈者，其所承之统正也。至隋，则平陈以后，混一区宇，始得为大一统。即唐之末季，藩镇扰乱，自朱温以讫郭威等，或起自寇窃，或身为叛臣，五十余年之间，更易数姓，甚且称臣称侄于契丹。然中国统绪相承，宋以前亦不得不以正统属之梁、唐、晋、汉、周也。至于宋南渡后，偏处临安，其时辽、金、元相继起于北边，奄有河北。宋虽称侄于金，而其所承者，究仍北宋之正统，辽、金不得攘而有之。至元世祖平宋，始有宋统当绝，我统当续之语，则统绪之正，元世祖已知之稔矣。我皇祖御批通鉴，及朕向所批通鉴辑览，俱以此论定。盖春秋大义，纲目大法，实万世不易之准。”乾隆帝依据《春秋》中的大一统理论历数中国历史上的朝代更替，对各个政权的正统性作了梳理和评价，认为符合“天命人心之正”即为正统。

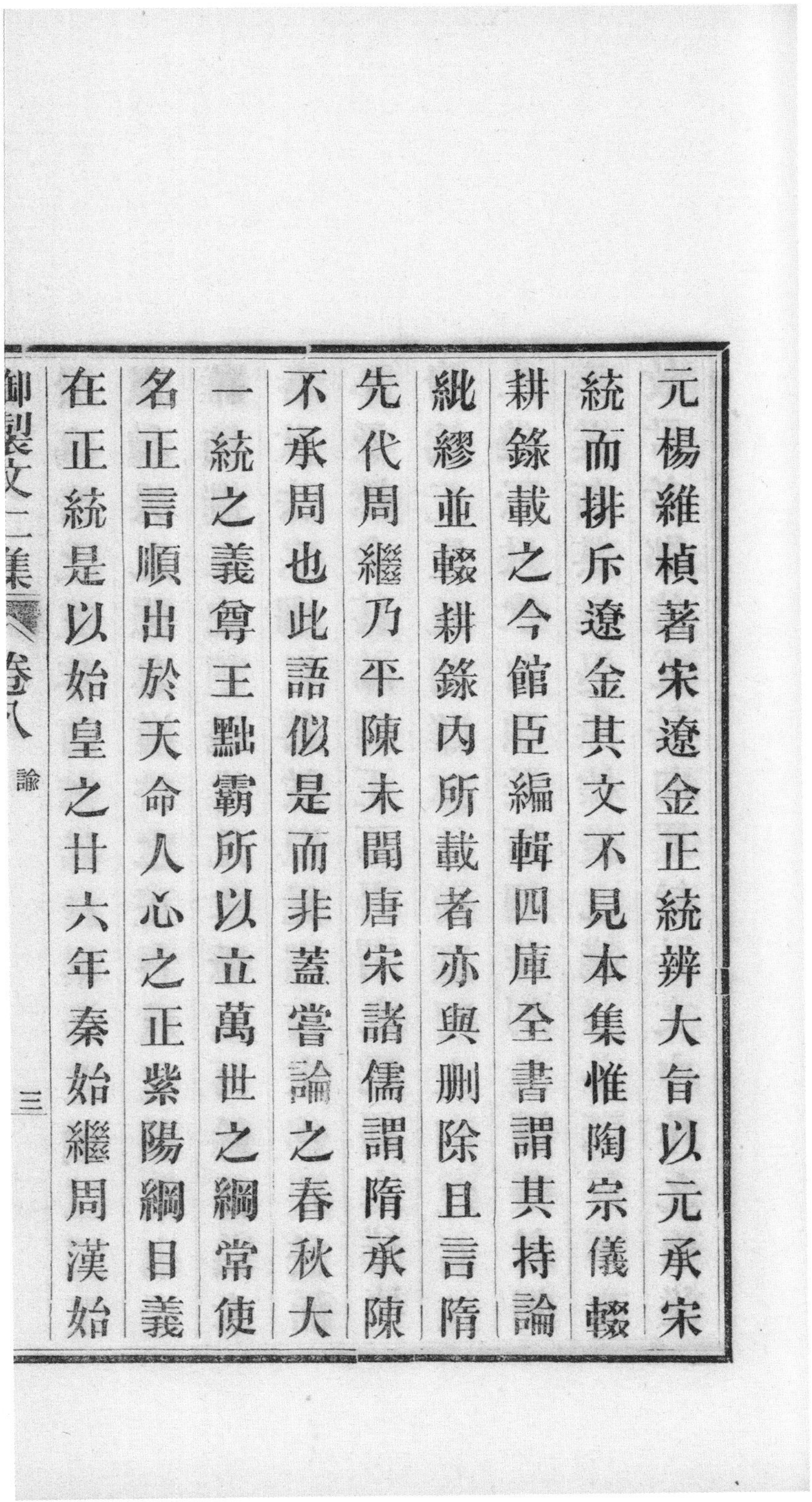

元楊維楨著宋遼金正統辨大旨以元承宋
統而排斥遼金其文不見本集惟陶宗儀輟
耕錄載之今館臣編輯四庫全書謂其持論
紕繆並輟耕錄內所載者亦與刪除且言隋
先代周繼乃平陳未聞唐宋諸儒謂隋承陳
不承周也此語似是而非蓋嘗論之春秋大
一統之義尊王黜霸所以立萬世之綱常使
名正言順出於天命人心之正紫陽綱目義
在正統是以始皇之廿六年秦始繼周漢始

图 4-1-35（1）《御制文集》卷八

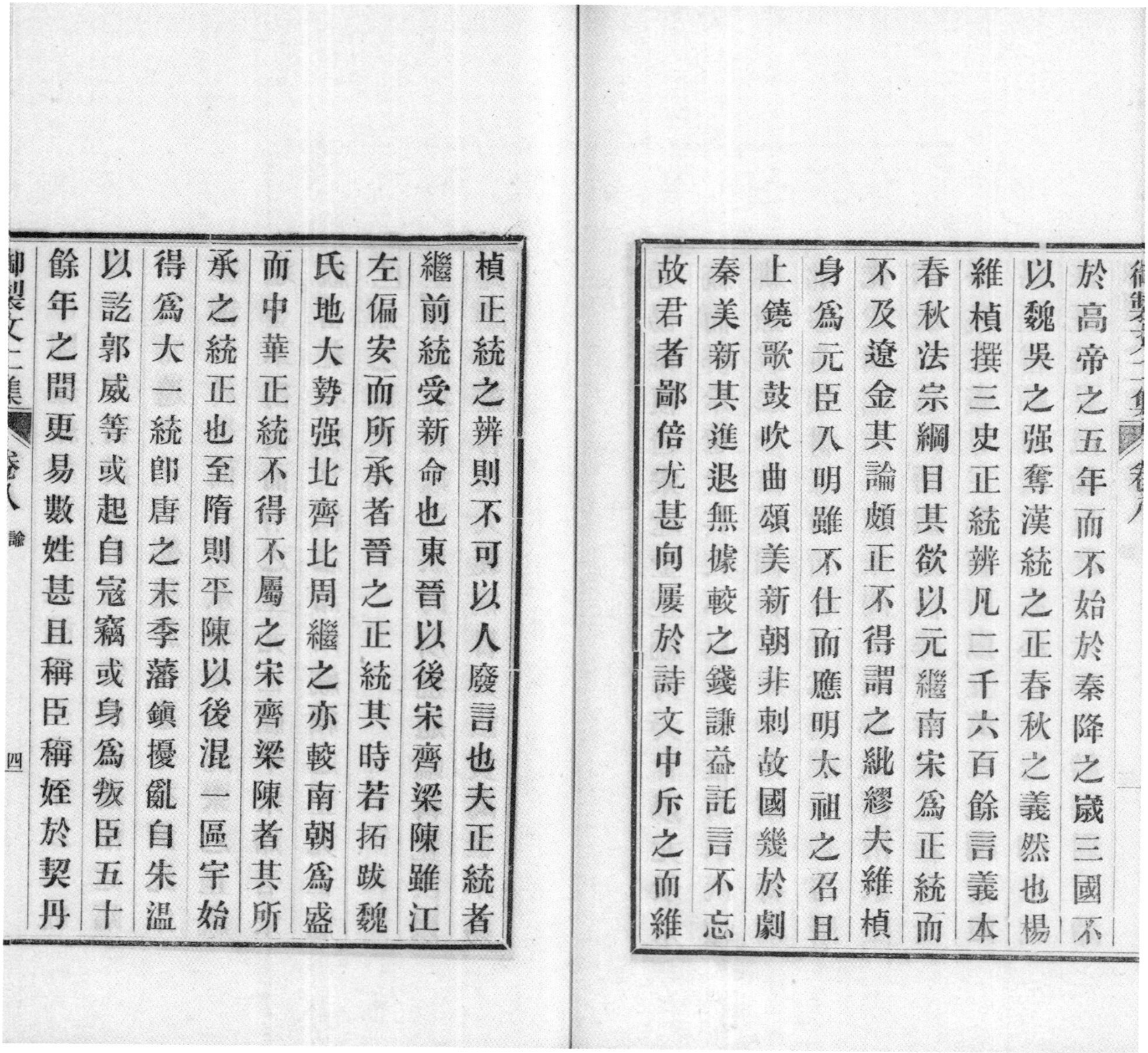

於高帝之五年而不始於秦降之歲三國不以魏吳之强奪漢統之正春秋之義然也楊維楨撰三史正統辨凡二千六百餘言義本春秋法宗綱目其欲以元繼南宋爲正統而不及遼金其論頗正不得謂之紕繆夫維楨身爲元臣入明雖不仕而應明太祖之召且上鐃歌鼓吹曲頌美新朝非刺故國幾於劇秦美新其進退無據較之錢謙益託言不忘故君者鄙倍尤甚向屢於詩文中斥之而維楨正統之辨則不可以人廢言也夫正統者繼前統受新命也東晉以後宋齊梁陳雖江左偏安而所承者晉之正統其時若拓跋魏氏地大勢强北齊北周繼之亦較南朝爲盛而中華正統不得不屬之宋齊梁陳者其所承之統正也至隋則平陳以後混一區宇始得爲大一統即唐之末季藩鎮擾亂自朱温以訖郭威等或起自寇竊或身爲叛臣五十餘年之間更易數姓甚且稱臣稱姪於契丹

图4-1-35（2）《御制文集》卷八

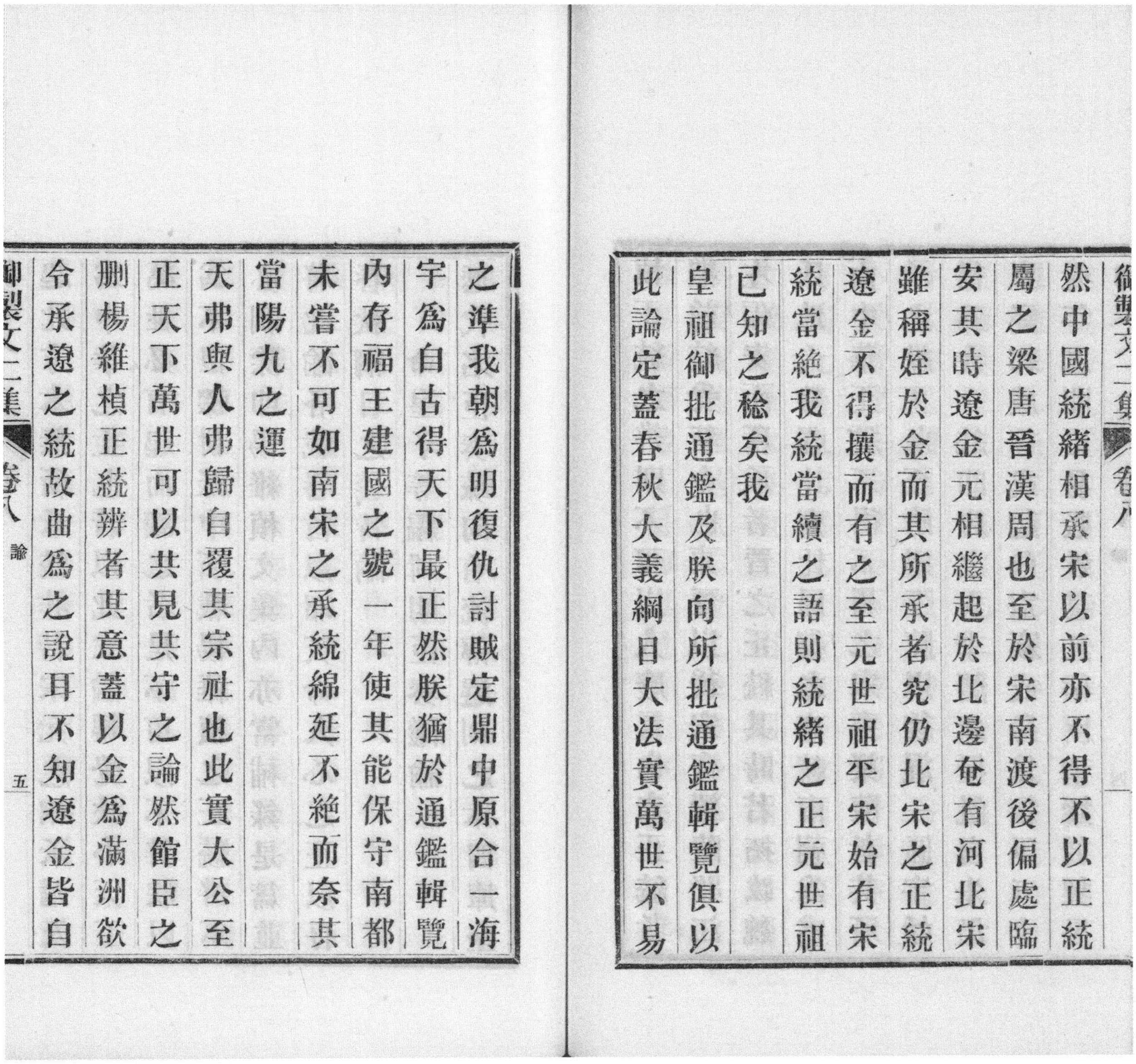
御製文二集 卷八

然中國統緒相承宋以前亦不得不以正統
屬之梁唐晉漢周也至於宋南渡後偏處臨
安其時遼金元相繼起於北邊奄有河北宋
雖稱姪於金而其所承者究仍北宋之正統
遼金不得攘而有之至元世祖平宋始有宋
統當絕我統當續之語則統緒之正元世祖
已知之稔矣我
皇祖御批通鑑及朕向所批通鑑輯覽俱以
此論定蓋春秋大義綱目大法實萬世不易

之準我朝爲明復仇討賊定鼎中原合一海
宇爲自古得天下最正然朕猶於通鑑輯覽
內存福王建國之號一年使其能保守南都
未嘗不可如南宋之承統綿延不絕而奈其
當陽九之運
天弗與人弗歸自覆其宗社也此實大公至
正天下萬世可以共見共守之論然館臣之
刪楊維楨正統辨者其意蓋以金爲滿洲欲
令承遼之統故曲爲之說耳不知遼金皆自

御製文二集 卷八 論 五

图 4-1-35（3）《御制文集》卷八

清朝还将“大一统”观念付诸实践，康熙组织人员采用当时先进的大地测量术和用经纬度绘图的方法进行了一次大规模的地图测绘工作，绘制了中国历史上第一部比较精确的地图——《皇舆全览图》。从康熙二十五年（1686）至道光二十二年（1842），清朝前后编纂过三次一统志，即康熙《大清一统志》、乾隆《大清一统志》和嘉庆重修《大清一统志》（图4-1-36）。乾隆《大清一统志》（图4-1-37）御制序文：“惟上天眷顾我大清，全付所覆，海隅出日，罔不率俾。列祖列宗，德丰泽溥，威株惠滂。禹迹所奄，蕃息殷阜，瀛壖炎岛，大漠蛮陬，咸隶版图。置郡筑邑，声教风驰，藩服星拱，禀朔内附，六合一家……圣祖仁皇帝特命纂辑全书，以昭大一统之盛。卷帙繁重，久而未成。世宗宪皇帝御极之初，重加编纂，阅今十有余载，次第告竣。自京畿达于四裔，为省十有八，统府州县千六百有奇。外藩属国五十有七，朝贡之国三十有一。星野所占，坤舆所载，方策所纪，宪古证今，眉列掌示，图以胪之，表以识之。书成，凡三百五十余卷。”用编纂一统志的方式将“大一统”天下明晰化。

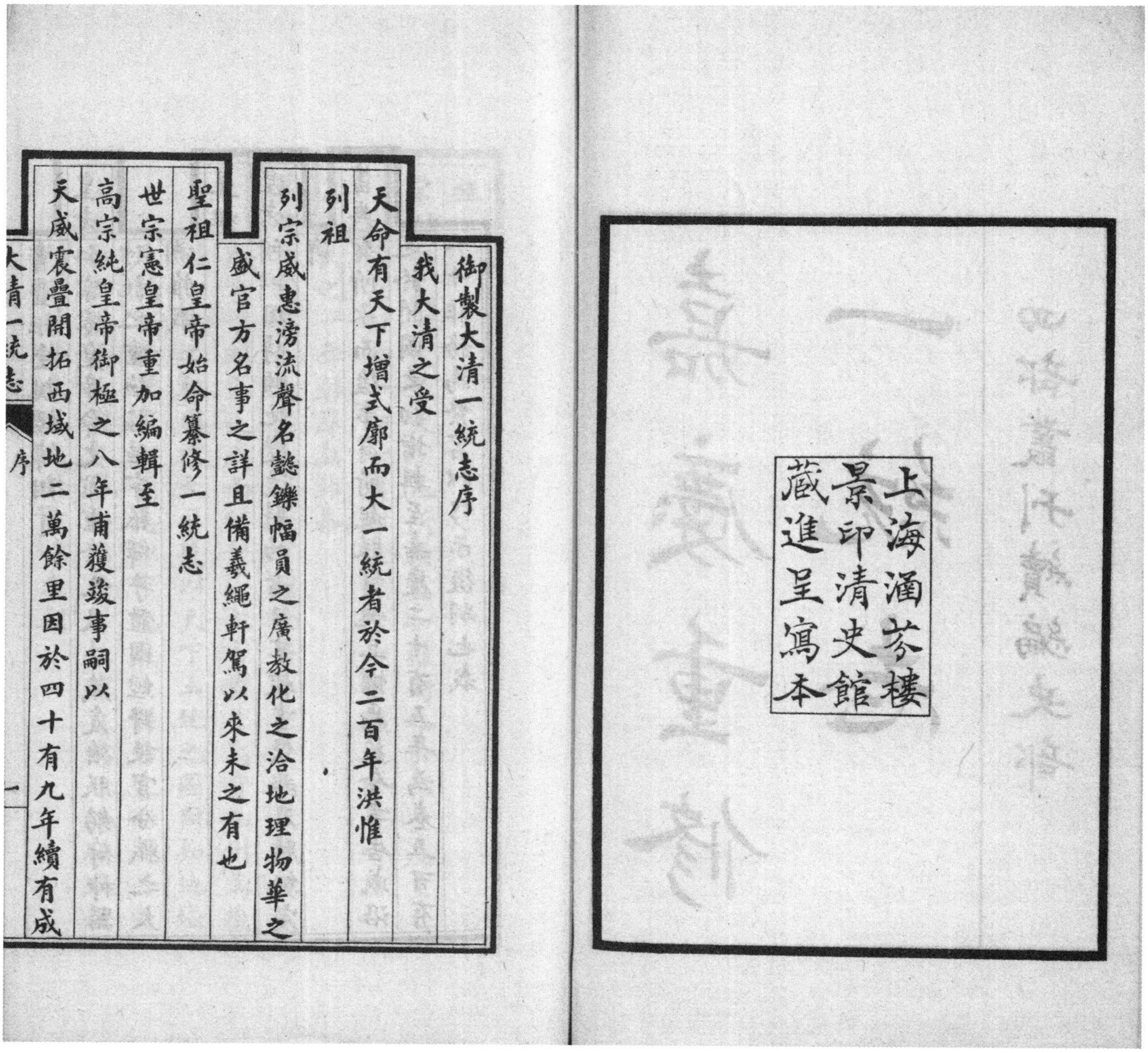
御製大清一統志序
我大清之受
天命有天下增式廓而大一統者於今二百年洪惟
列祖
列宗咸惠滂流聲名懿鑠幅員之廣教化之洽地理物華之
盛官方名事之詳且備羲繩軒駕以來未之有也
聖祖仁皇帝始命纂修一統志
世宗憲皇帝重加編輯至
高宗純皇帝御極之八年甫獲蕆事嗣以
天威震疊開拓西域地二萬餘里因於四十有九年續有成
大清一統志 序 一

上海涵芬樓
景印清史館
藏進呈寫本

图 4-1-36　嘉庆重修《大清一统志》

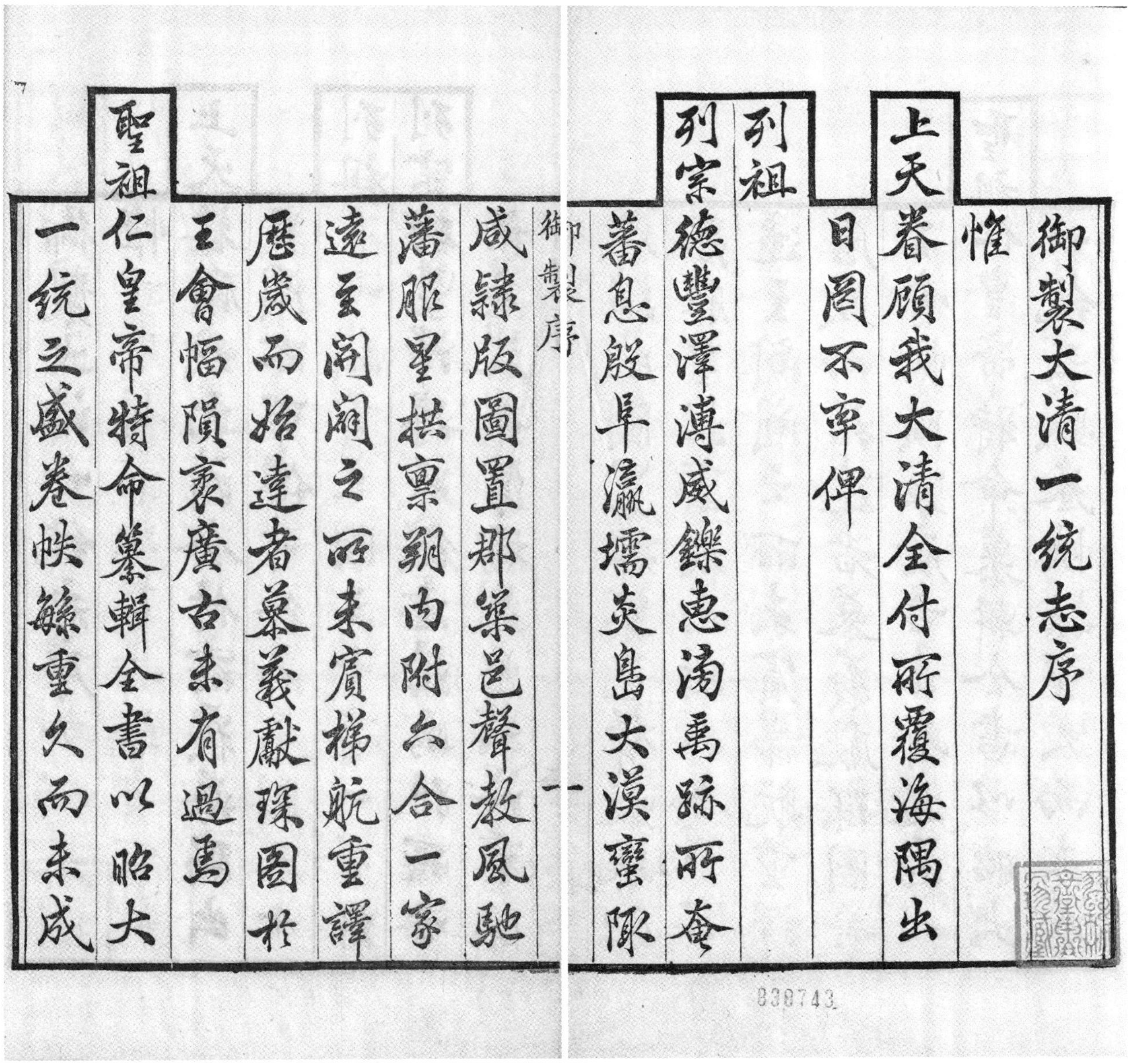

御製大清一統志序

惟

上天眷顧我大清全付所覆海隅出

日罔不率俾

列祖

列宗德豐澤溥威鑠惠洽禹跡所奄

蕃息殷阜瀛壖炎島大漠蠻陬

御製序　一

咸隸版圖置郡築邑聲教風馳

藩服星拱稟朔內附六合一家

遠至開闢之所未賓梯航重譯

歷歲而始達者慕義獻琛圖於

王會幅隕袤廣古未有過焉

聖祖仁皇帝特命纂輯全書以昭大

一統之盛卷帙繁重久而未成

838743

图 4-1-37（1） 乾隆《大清一统志》

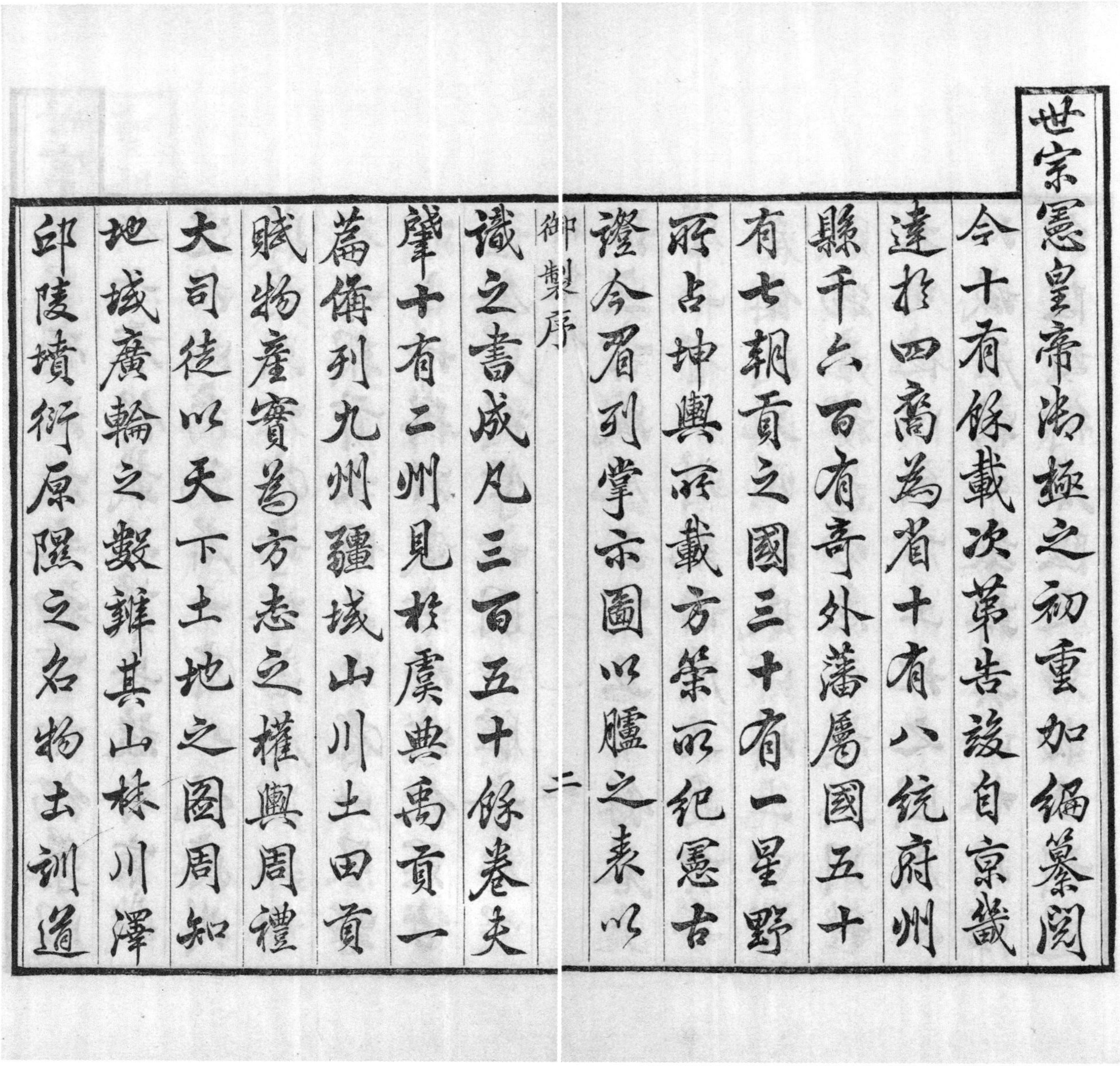

世宗憲皇帝治極之初重加編纂閲今十有餘載次第告竣自京畿達於四裔為省十有八統府州縣千六百有奇外藩屬國五十有七朝貢之國三十有一星野所占坤輿所載方策所紀稽古證今畢列掌示圖以臚之表以

御製序　二

識之書成凡三百五十餘卷夫肇十有二州見於虞典禹貢一篇備列九州疆域山川土田貢賦物產實為方志之權輿周禮大司徒以天下土地之圖周知地域廣輪之數辨其山林川澤邱陵墳衍原隰之名物土訓道

图 4-1-37（2） 乾隆《大清一统志》

第二节　仁义忠信 乐善不倦

五千多年的中华文明，孕育了厚德载物、德行天下的优良传统。在几千年的历史长河中，中国人民始终团结一心、同舟共济、革故鼎新、自强不息，开发和建设了祖国辽阔秀丽的大好山河，建立了统一的多民族国家，形成了守望相助的中华民族大家庭。中华文明塑造了复杂的道德规范体系，仁义礼智信代表的“五常”和孝悌忠信、礼义廉耻代表的“八德”成为全社会普遍奉行的道德准则，为支撑社会发展、维护社会稳定提供了坚实基础。除施行仁政、礼乐治国以外，古人还崇尚孝悌、忠诚，注重伦常。

一、孝悌精神

孝道是中华民族的传统美德，舜因孝悌仁爱名垂青史，为后世树立了典范。《史记·五帝本纪》(图4-2-1)记载舜的孝悌故事："舜父瞽叟盲，而舜母死，瞽叟更娶妻而生象，象傲。瞽叟爱后妻子，常欲杀舜，舜避逃；及有小过，则受罪。顺事父及后母与弟，日以笃谨，匪有懈……舜父瞽叟顽，母嚚，弟象傲，皆欲杀舜。舜顺适不失子道，兄弟孝慈。欲杀，不可得；即求，尝在侧。舜年二十以孝闻。三十而帝尧问可用者，四岳咸荐虞舜，曰可……舜耕历山，历山之人皆让畔；渔雷泽，雷泽上人皆让居；陶河滨，河滨器皆不苦窳。一年而所居成聚，二年成邑，三年成

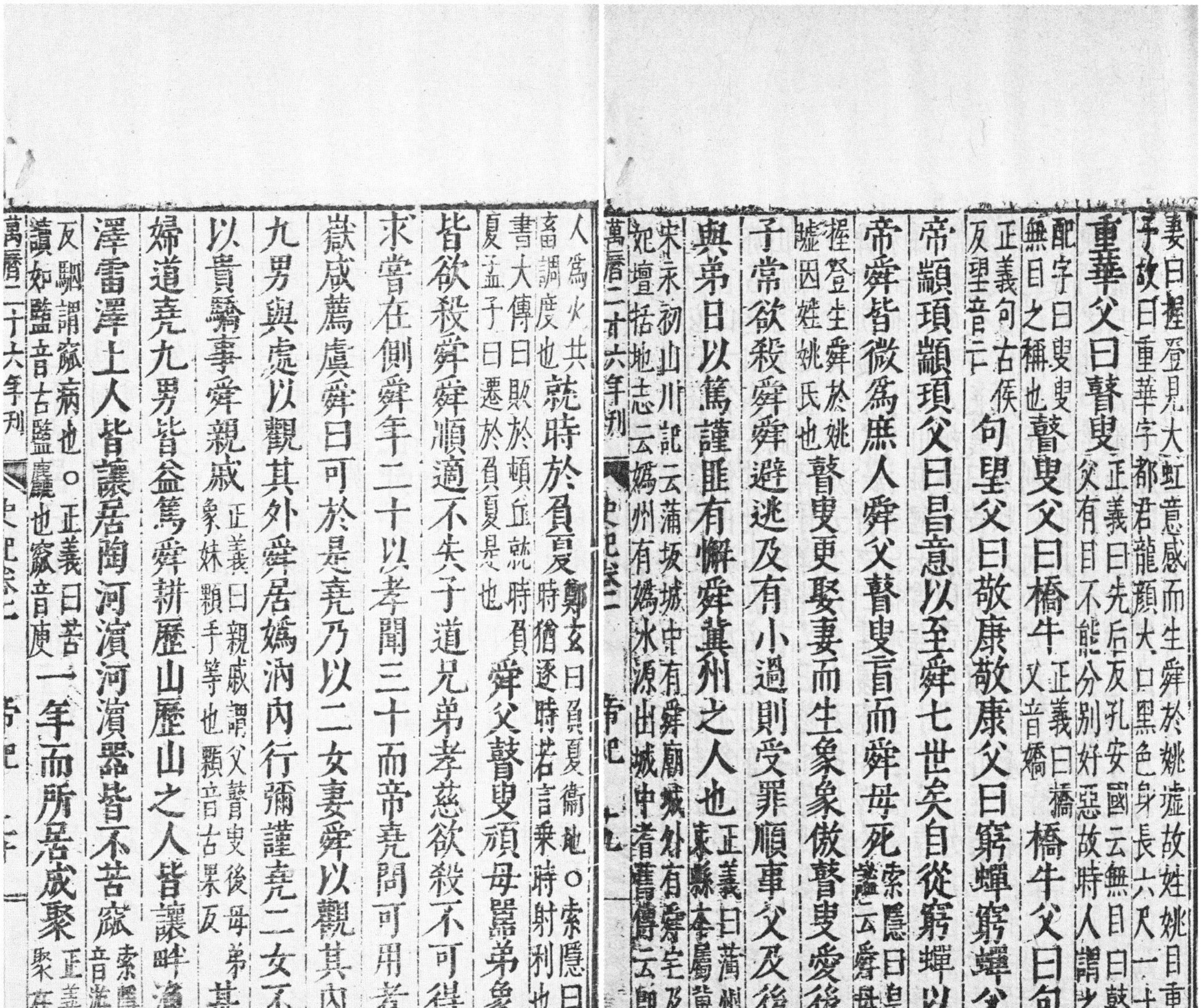
妻曰握登見大虹意感而生舜於姚墟故姓姚目重瞳
子故曰重華字都君龍顏大口黑色身長六尺一寸
重華父曰瞽叟正義曰先后反孔安國云無目曰瞽舜父有目不能分別好惡故時人謂之瞽
配字曰叟叟無目之稱也瞽叟父曰橋牛正義曰橋又音矯橋牛父曰句望
正義句古侯反望音亡句望父曰敬康敬康父曰窮蟬窮蟬父曰
帝顓頊顓頊父曰昌意以至舜七世矣自從窮蟬以至
帝舜皆微為庶人舜父瞽叟盲而舜母死索隱曰皇甫謐云舜母名
握登生舜於姚墟因姓姚氏也瞽叟更娶妻而生象象傲瞽叟愛後妻
子常欲殺舜舜避逃及有小過則受罪順事父及後母
與弟日以篤謹匪有解舜冀州之人也正義曰蒲州河東縣本屬冀州
宋永初山川記云蒲坂城中有舜廟城外有舜宅及二妃壇括地志云嬀州有嬀水源出城中耆舊傳云即舜
萬曆二十六年刊 史記卷一 帝紀 十九
人爲火共畜調度也就時於負夏鄭玄曰負夏衛地○索隱曰就時猶逐時若言乘時射利也尚書大傳曰販於頓丘就時負夏孟子曰遷於負夏是也舜父瞽叟頑母嚚弟象傲
皆欲殺舜舜順適不失子道兄弟孝慈欲殺不可得即
求嘗在側舜年二十以孝聞三十而帝堯問可用者四
嶽咸薦虞舜曰可於是堯乃以二女妻舜以觀其內使
九男與處以觀其外舜居嬀汭內行彌謹堯二女不敢
以貴驕事舜親戚正義曰親戚謂父瞽叟後母弟象妹顆手等也顆音古果反甚有
婦道堯九男皆益篤舜耕歷山歷山之人皆讓畔漁雷
澤雷澤上人皆讓居陶河濱河濱器皆不苦窳索隱曰
反駰謂窳病也○正義曰苦讀如鹽音古鹽麤也窳音庾一年而所居成聚正義曰聚在
萬曆二十六年刊 史記卷一 帝紀 二十

图4-2-1(1)《史记·五帝本纪》

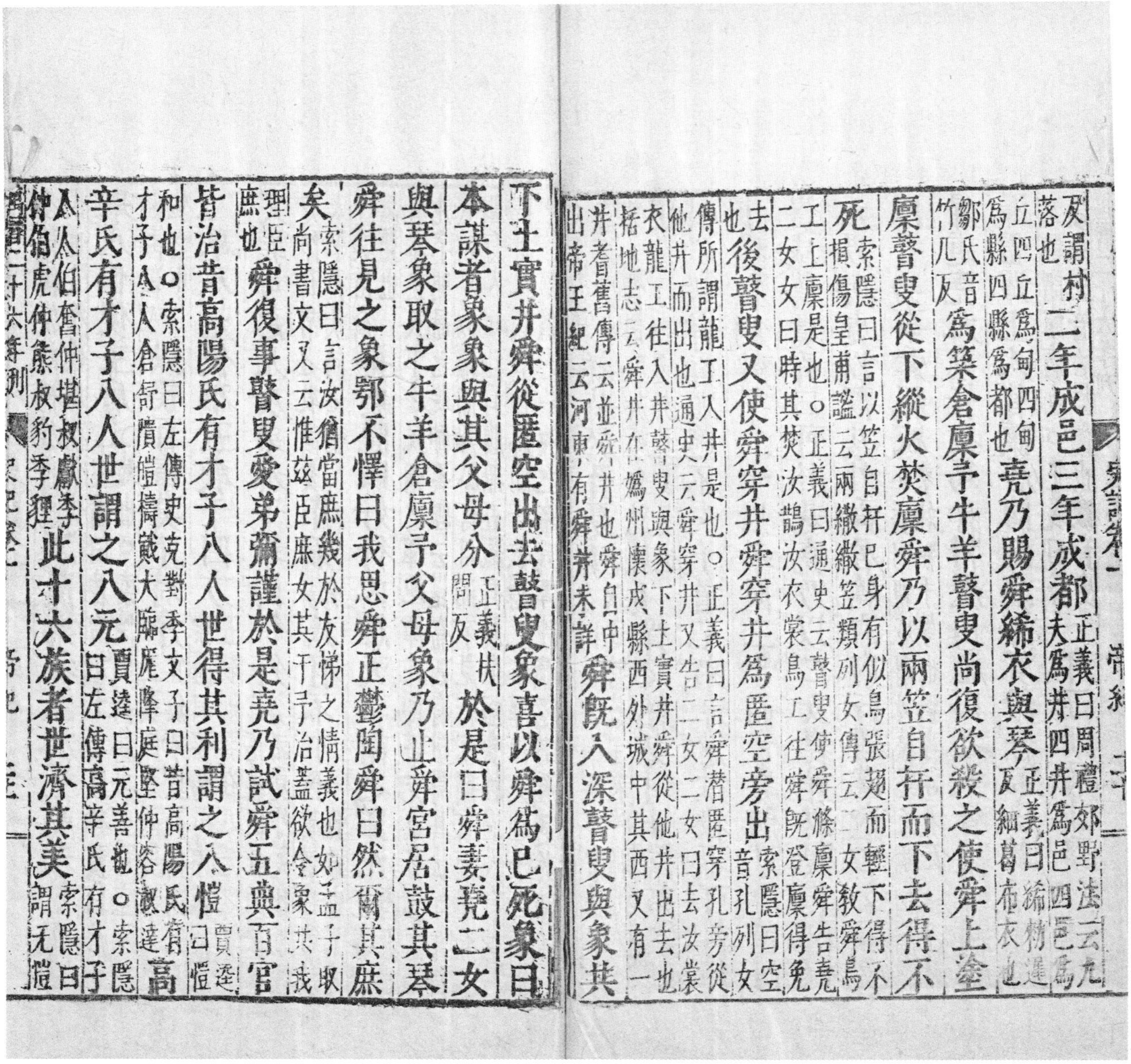

图4-2-1（2）《史记·五帝本纪》

都。尧乃赐舜絺衣，与琴，为筑仓廪，予牛羊。瞽叟尚复欲杀之，使舜上涂廪，瞽叟从下纵火焚廪。舜乃以两笠自扞而下，去，得不死。后瞽叟又使舜穿井，舜穿井为匿空旁出。舜既入深，瞽叟与象共下土实井，舜从匿空出，去。瞽叟、象喜，以舜为已死。象曰‘本谋者象’。象与其父母分，于是曰：‘舜妻尧二女，与琴，象取之。牛羊仓廪予父母。’象乃止舜宫居，鼓其琴。舜往见之。象鄂不怿，曰：‘我思舜正郁陶！’舜曰：‘然，尔其庶矣！’舜复事瞽叟爱弟弥谨。于是尧乃试舜五典百官，皆治。”后来《二十四孝》收入了虞舜孝悌的故事，并列为第一则，即“虞舜孝感动天”。

商朝将不孝视为大罪，《吕氏春秋·孝行览第二》（图4-2-2）记载：“《商书》曰：刑三百，罪莫重于不孝。”当时已经将孝看成是基本的道德规范，不孝被看成是当时最严重的罪行，要被处以刑罚。周代进一步完善了宗法制度，并以宗法制度为基础建立了一系列的礼制，这些礼制都体现了孝的精神。春秋时期，孝道、孝行依旧流行，《二十四孝》(图4-2-3)中记载了春秋时期五个孝子的故事：老莱子戏彩娱亲、郯子鹿乳奉亲、子路百里负米、曾子啮指痛心、闵子骞芦衣顺母。

《孝经》(图4-2-4)是一部专门谈“孝”的著作，与“十三经”中其他十二经不同的是，它在成书之初便以“经”来命名。相传为孔子所作，又说为孟子或孟子门人所作。既是重要的古代文化典籍，也是旧时孩童启蒙教育的主要教材。《孝经·圣治章》:“子曰:‘天地之性，人为贵，人之行，莫大于孝，孝莫大于严父，严父莫大于配天，则周公其人也。昔者周公郊祀后稷以配天，宗祀文王于明堂以配上帝。是以四海之内，各以其职来祭。夫圣人之德，又何以加于孝乎？故亲生之膝下，以养父母日严，圣人因严以教敬，因亲以教爱，圣人之教，不肃而成，其政不严而治，

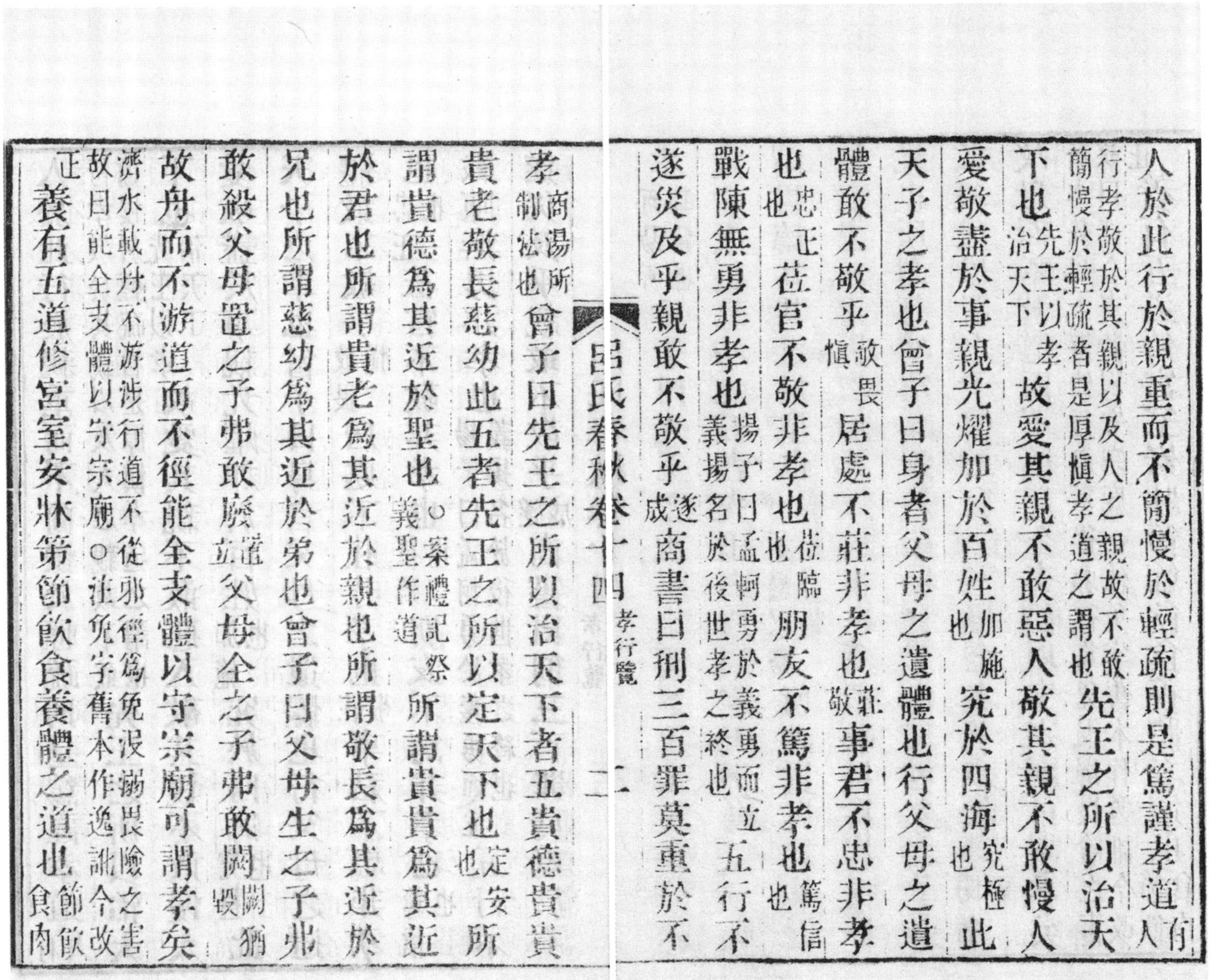
人於此行於親重而不簡慢於輕疏則是篤謹孝道有人
行孝敬於其親以及人之親故不敢簡慢於輕疏者是厚慎孝道之謂也先王之所以治天
下也先王以孝治天下故愛其親不敢惡人敬其親不敢慢人
愛敬盡於事親光燿加於百姓加施也究於四海究極也此
天子之孝也曾子曰身者父母之遺體也行父母之遺
體敢不敬乎敬畏慎居處不莊非孝也莊敬事君不忠非孝
也忠正也莅官不敬非孝也莅臨也朋友不篤非孝也篤信也
戰陳無勇非孝也揚子曰孟軻勇於義勇而立義揚名於後世孝之終也五行不
遂災及乎親敢不敬乎遂成商書曰刑三百罪莫重於不
呂氏春秋卷十四 孝行覽 二
孝商湯所制法也曾子曰先王之所以治天下者五貴德貴
貴老敬長慈幼此五者先王之所以定天下也定安也所
謂貴德爲其近於聖也○案禮記祭義聖作道所謂貴貴爲其近
於君也所謂貴老爲其近於親也所謂敬長爲其近於
兄也所謂慈幼爲其近於弟也曾子曰父母生之子弗
敢殺父母置之子弗敢廢廢立父母全之子弗敢闕闕猶毁
故舟而不游道而不徑能全支體以守宗廟可謂孝矣
濟水載舟不游涉行道不從邪徑爲免沒溺畏險之害故曰能全支體以守宗廟○注免字舊本作逸訛今改
正養有五道修宮室安牀笫節飲食養體之道也節飲食肉

图 4-2-2 《吕氏春秋·孝行览第二》

图 4-2-3 《二十四孝图说》

其所因者，本也。父子之道，天性也，君臣之义也。父母生之，续莫大焉，君亲临之，厚莫重焉。故不爱其亲而爱他人者，谓之悖德；不敬其亲而敬他人者，谓之悖礼。以顺则逆，民无则焉。不在于善，而皆在于凶德，虽得之，君子不贵也。君子则不然，言思可道，行思可乐，德义可尊，作事可法，容止可观，进退可度，以临其民。是以其民畏而爱之，则而象之。故能成其德教，而行其政令。《诗》云：'淑人君子，其仪不忒。'"

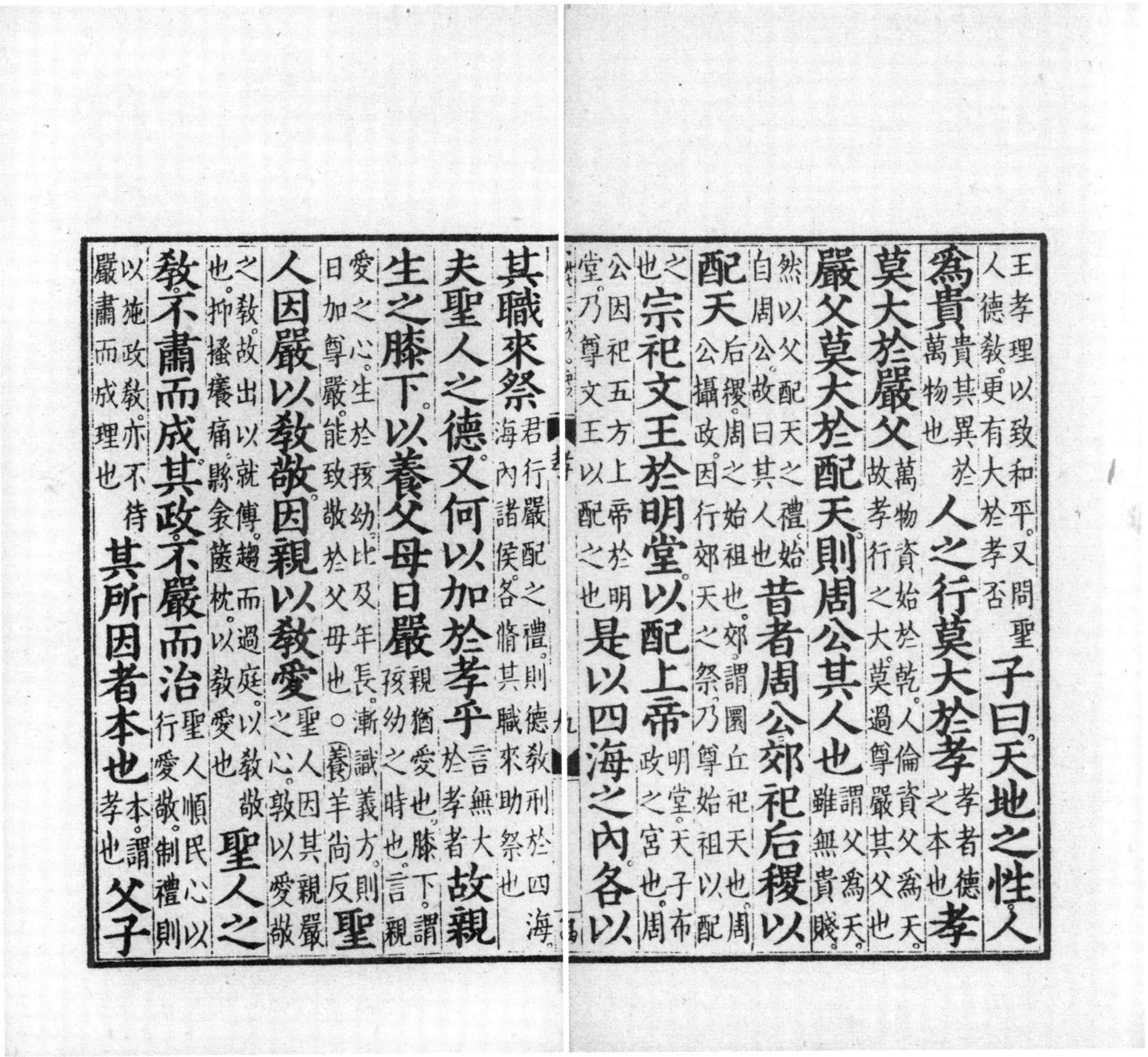
王孝理以致和平。又問聖人德教。更有大於孝否 子曰。天地之性。人
爲貴 貴其異於萬物也 人之行莫大於孝 孝者德之本也 孝
莫大於嚴父 萬物資始於乾。人倫資父爲天。故孝行之大。莫過尊嚴其父也
嚴父莫大於配天。則周公其人也 謂父爲天。雖無貴賤。
然以父配天之禮始自周公。故曰其人也 昔者周公郊祀后稷以
配天 后稷。周之始祖也。郊謂圜丘祀天也。周公攝政。因行郊天之祭。乃尊始祖以配
之也 宗祀文王於明堂。以配上帝 明堂。天子布政之宮也。周
公因祀五方上帝於明堂。乃尊文王以配之也 是以四海之內。各以
其職來祭 君行嚴配之禮。則德教刑於四海。海內諸侯。各脩其職來助祭也
夫聖人之德。又何以加於孝乎 言無大於孝者 故親
生之膝下。以養父母日嚴 親猶愛也。膝下。謂孩幼之時也。言親
愛之心。生於孩幼。比及年長。漸識義方。則日加尊嚴。能致敬於父母也。○(養)羊尚反 聖
人因嚴以教敬。因親以教愛 聖人因其親嚴之心。敦以愛敬
之教。故出以就傅。趨而過庭。以教敬也。抑搔癢痛。縣衾篋枕。以教愛也 聖人之
教不肅而成。其政不嚴而治 聖人順民心以行愛敬。制禮則
以施政教。亦不待嚴肅而成理也 其所因者本也 本。謂孝也 父子

图4-2-4（1）《孝经·圣治章》

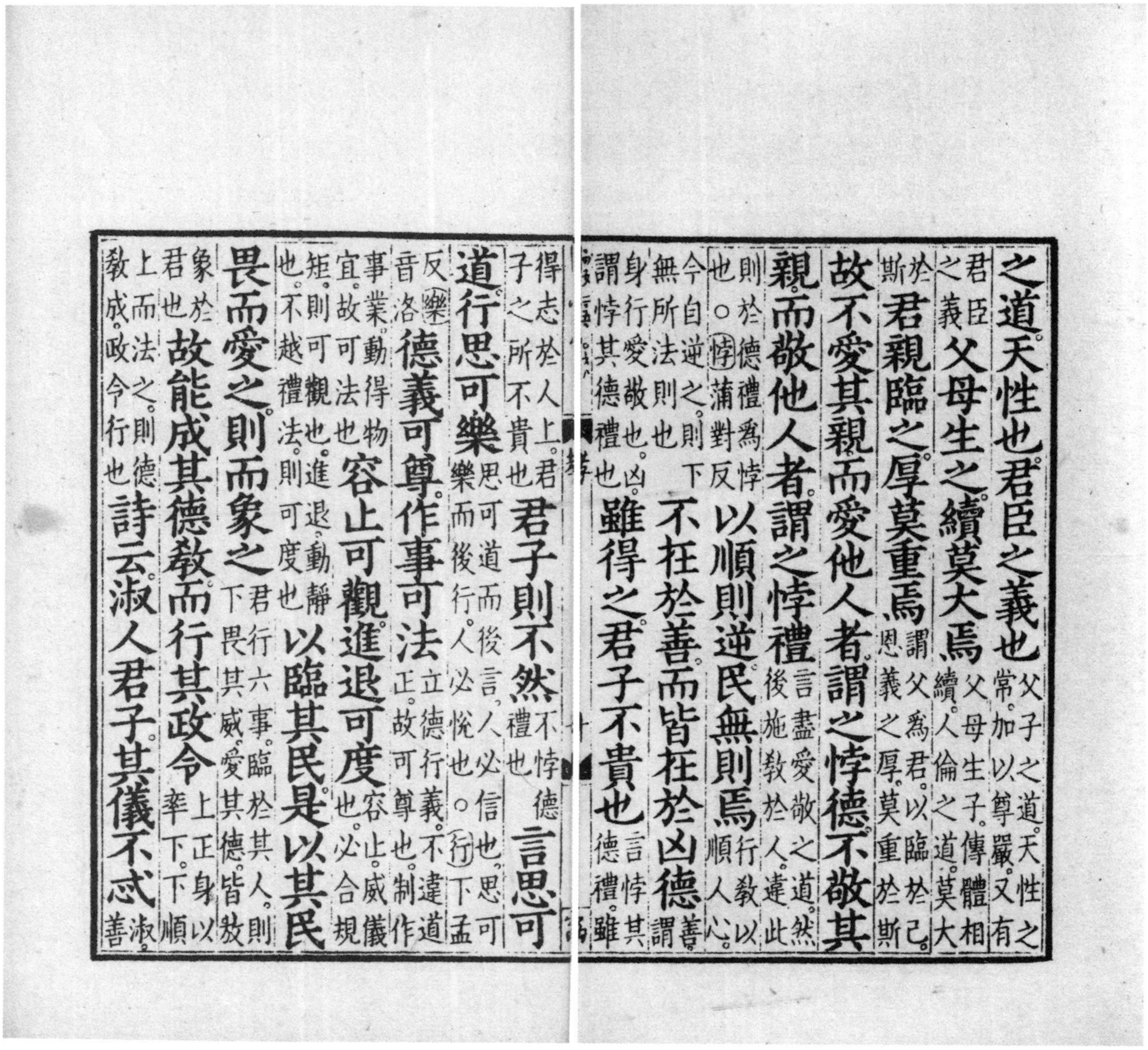

之道天性也君臣之義也父子之道天性之常加以尊嚴又有
君臣之義父母生之續莫大焉父母生子傳體相續人倫之道莫大
於斯君親臨之厚莫重焉謂父爲君以臨於己恩義之厚莫重於斯
故不愛其親而愛他人者謂之悖德不敬其
親而敬他人者謂之悖禮言盡愛敬之道然後施教於人違此
則於德禮爲悖也○悖蒲對反以順則逆民無則焉行教以順人心
今自逆之則下無所法則也不在於善而皆在於凶德善謂
身行愛敬也凶謂悖其德禮也雖得之君子不貴也言悖其德禮雖
得志於人上君子之所不貴也君子則不然不悖德禮也言思可
道行思可樂思可道而後言人必信也思可樂而後行人必悅也○行下孟
反○樂音洛德義可尊作事可法立德行義不違道正故可尊也制作
事業動得物宜故可法也容止可觀進退可度容止威儀也必合規
矩則可觀也進退動靜不越禮法則可度也以臨其民是以其民
畏而愛之則而象之君行六事臨於其人則下畏其威愛其德皆放
象於君也故能成其德教而行其政令上正身以率下下順
上而法之則德教成政令行也詩云淑人君子其儀不忒淑善

图4-2-4（2）《孝经·圣治章》

汉代统治者在历史上首次提出“以孝治天下”的治国方针，倡导“以孝为本”，使原本属于宗法伦理的孝道走进了国家政治、社会和文化生活的方方面面，成为一种泛道德观念的社会伦理和政治伦理，进而形成了颇具特色的孝治文化，影响中国社会长达两千年。汉文帝之后，汉代历任皇帝都非常注重宣扬孝道、孝行，所以在他们死后，他们的谥号都加了一个“孝”字，如孝惠帝、孝文帝、孝景帝、孝武帝、孝宣帝等。汉武帝时立五经博士，以后增《论语》为六经，再增《孝经》为七经。“孝”的思想通过将《孝经》立为经典而成为汉代的指导思想之一，《汉书·艺文志》(图4-2-5）载：“夫孝，天之经，地之义也，民之行也。举大者言，故曰《孝经》。”自汉代起，《孝经》被历朝历代推尊为经典。

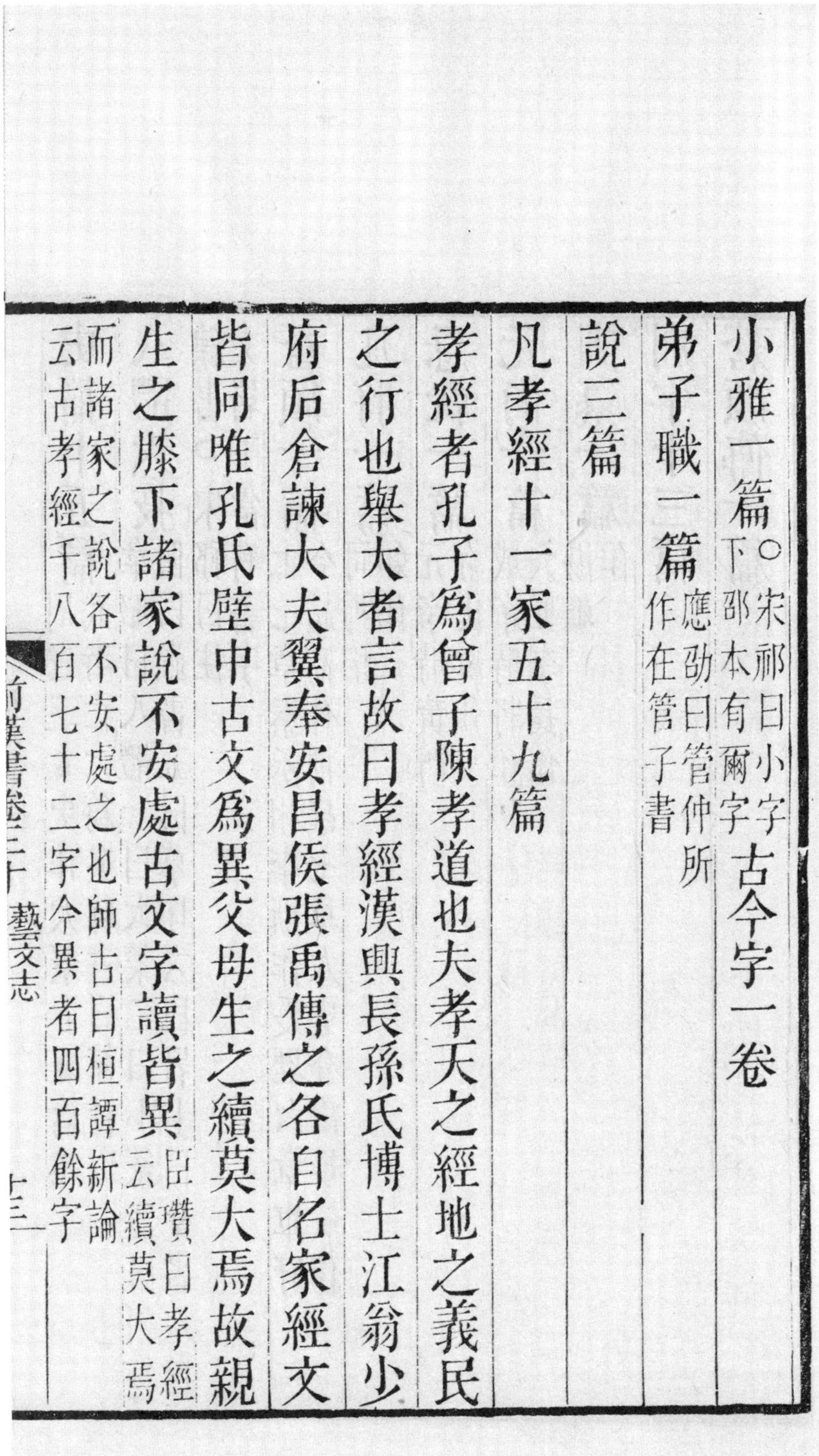
小雅一篇○宋祁曰小字下邵本有爾字 古今字一卷
弟子職一篇 應劭曰管仲所作在管子書
說三篇
凡孝經十一家五十九篇
孝經者孔子爲曾子陳孝道也夫孝天之經地之義民之行也舉大者言故曰孝經漢興長孫氏博士江翁少府后倉諫大夫翼奉安昌侯張禹傳之各自名家經文皆同唯孔氏壁中古文爲異父母生之續莫大焉故親生之膝下諸家說不安處古文字讀皆異 臣瓚曰孝經云續莫大焉而諸家之說各不安處之也 師古曰桓譚新論云古孝經千八百七十二字今異者四百餘字
前漢書卷三十 藝文志 十三

图 4-2-5 《汉书·艺文志》

汉武帝采用董仲舒的建议设置了举孝廉制度。《汉书·武帝本纪》(图4-2-6)记载:“元光元年冬十一月，初令郡国举孝廉各一人。”“举孝廉”成为汉代选拔官吏和任用升迁的重要途径，“以孝选官”蔚然成风。

元光元年臣瓚曰以長星見故爲元光冬十一月初令郡國舉孝廉
各一人師古曰孝謂善事父母者廉謂清潔有廉隅者衛尉李廣爲驍騎將軍
屯雲中中尉程不識爲車騎將軍屯鴈門六月罷夏四
月赦天下賜民長子爵一級復七國宗室前絕屬者師古
曰此等宗室前坐七國反故絕屬今加恩赦之更令上屬籍於宗正也復音扶目反五月詔賢良
曰朕聞昔在唐虞畫象而民不犯應劭曰二帝但畫衣冠異章服而民不敢
犯也師古曰白虎通云畫象者其衣服象五刑也犯墨者蒙巾犯劓者以赭著其衣犯髕者以墨蒙其髕象而
畫之犯宮者屝犯大辟者布衣無領墨謂以墨黥其面也劓截其鼻也髕去膝蓋骨也宮割其陰也屝草屨也
劓音牛冀反字或作劓其音同耳髕音頻忍反屝音扶味反日月所燭莫不率俾師古
前漢書卷六 帝紀六
四

图 4-2-6 《汉书·武帝本纪》

汉代《孝经》极为普及，《后汉书·儒林传》(图4-2-7)：“自期门羽林之士，悉令通《孝经》章句，匈奴亦遣子入学。济济乎，洋洋乎，盛于永平矣！”不仅中原地区读《孝经》，边远地区也读《孝经》。《后汉书·盖勋传》(图4-2-8)记载汉代在西北地区也推广了《孝经》：“凉州寡于学术，故屡致反暴。今欲多写《孝经》，令家家习之，庶或使人知义。”

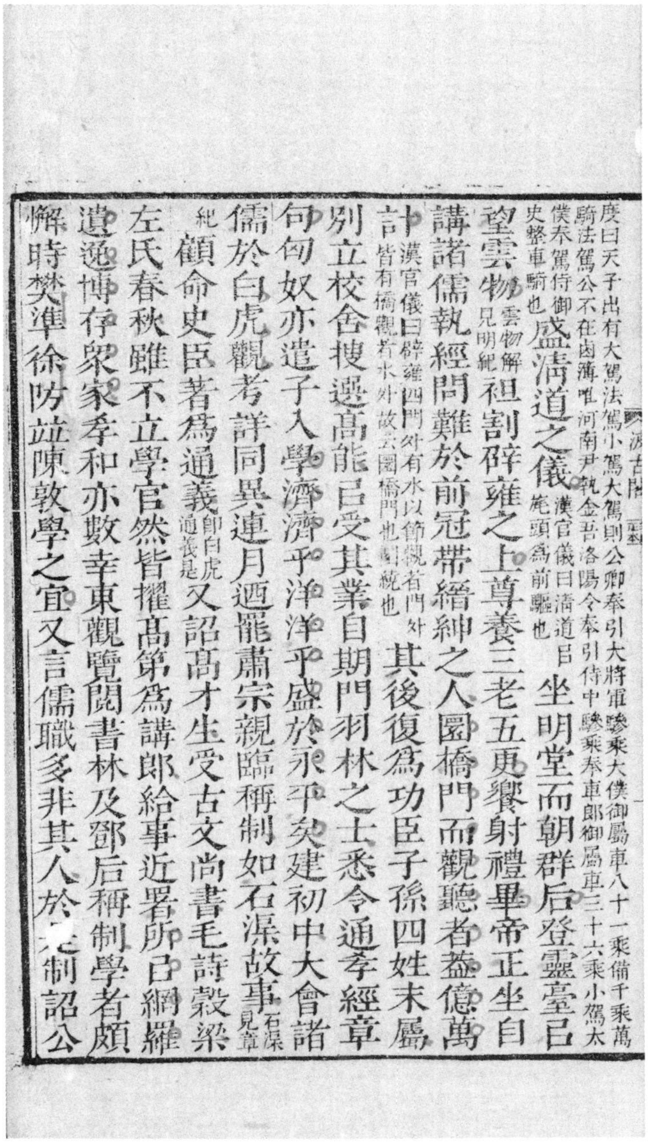

度曰天子出有大駕法駕小駕大駕則公卿奉引大將軍驂乘太僕御屬車八十一乘備千乘萬騎法駕公不在鹵簿唯河南尹執金吾洛陽令奉引侍中驂乘奉車郎御屬車三十六乘小駕太僕奉駕侍御史整車騎也盛清道之儀漢官儀曰清道以旄頭為前驅也坐明堂而朝群后登靈臺以望雲物雲物解見明紀袒割辟雍之上尊養三老五更饗射禮畢帝正坐自講諸儒執經問難於前冠帶縉紳之人圜橋門而觀聽者蓋億萬計漢官儀曰辟雍四門外有水以節觀者門外皆有橋觀者水外故云圜橋門也其後復為功臣子孫四姓末屬別立校舍搜選高能以受其業自期門羽林之士悉令通孝經章句匈奴亦遣子入學濟濟乎洋洋乎盛於永平矣建初中大會諸儒於白虎觀考詳同異連月乃罷肅宗親臨稱制如石渠故事石渠見宣紀顧命史臣著為通義即白虎通義是又詔高才生受古文尚書毛詩穀梁左氏春秋雖不立學官然皆擢高第為講郎給事近署所以網羅遺逸博存衆家孝和亦數幸東觀覽閱書林及鄧后稱制學者頗懈時樊準徐防並陳敦學之宜又言儒職多非其人於是制詔公

图 4-2-7 《后汉书·儒林传》

穰苴奮劒齊景公時燕晉侵齊景公以司馬穰苴為將扞之仍令寵臣莊賈監軍與穰苴期旦日會賈素驕貴久時至穰苴召軍正問曰軍法期而後者云何對曰當斬遂斬賈以徇三軍今之從事豈重於古之監軍哉曾等懼而從之勳即率兵救昌到乃誚讓章等責以背叛之罪皆曰左使君若早從君言以兵臨我庶可自改今罪已重不得降也乃解圍而去昌坐斷盜徵以扶風宋梟代之續漢書梟字作臬也梟患多寇叛謂勳曰涼州寡於學術故屢致反暴今欲多寫孝經令家家習之庶或使人知義勳諫曰昔太公封齊崔杼殺君伯禽侯魯慶父篡位崔杼齊大夫齊莊公先通其妻杼殺之慶父魯莊公弟莊公子開立是為湣公慶父襲殺湣公並見史記此二國豈乏學者今不急靜難之

图 4-2-8 《后汉书·盖勋传》

魏晋南北朝时，中国处于分裂割据、社会秩序极为混乱的年代，即使如此，《孝经》的传授也得到了加强。不少帝王亲自为之作注，如晋元帝有《孝经传》，晋孝武帝有《总明馆孝经讲义》，梁武帝有《孝经义疏》，民众纷纷以行孝为荣，成为一种风气。《晋书·武帝纪》（图4-2-9）重申了奖孝而惩不廉的导向："士庶有好学笃道，孝弟忠信，清白异行者，举而进之；有不孝敬于父母，不长悌于族党，悖礼弃常，不率法令者，纠而罪之。"《晋书·石勒载记下》（图4-2-10）记载后赵石勒称王后奖赏孝悌之人："赐孝悌力田死义之孤帛各有差，孤老鳏寡谷人三石。"

晉書卷三　本紀三　九

致遠必泥士庶有好學篤道孝弟忠信清白異行者舉而進之有不孝敬於父母不長悌於族黨悖禮棄常不率法令者糾而罪之田疇闢生業修禮教設禁令行則長吏之能也人窮匱農事荒姦盜起刑獄煩下陵上替禮義不興斯長吏之否也若長吏在官公廉慮不及私正色直節不飾名譽者及身行貪穢謟黷求容公節不立而私門日富者並謹察之揚清激濁舉善彈違此朕所以垂拱總綱責成於良二千石也於戲戒哉秋七月太山石崩衆星西流戊午遣使者侯史光循行天下已卯謁崇陽陵九月青徐兗豫四州大水伊洛溢合於河

图 4-2-9　《晋书·武帝纪》

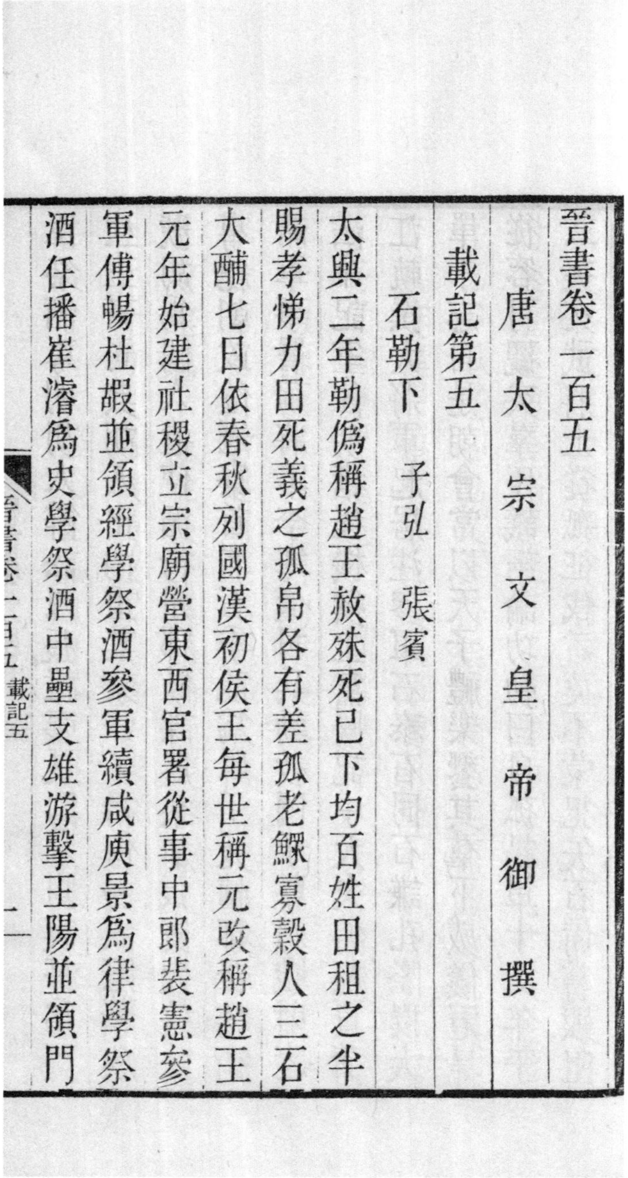
晉書卷一百五

唐 太 宗 文 皇 帝 御 撰

載記第五

石勒下　子弘　張賓

太興二年勒僞稱趙王赦殊死已下均百姓田租之半賜孝悌力田死義之孤帛各有差孤老鰥寡穀人三石大酺七日依春秋列國漢初侯王每世稱元改稱趙王元年始建社稷立宗廟營東西官署從事中郎裴憲參軍傅暢杜嘏並領經學祭酒參軍續咸庾景爲律學祭酒任播崔濬爲史學祭酒中壘支雄游擊王陽並領門

晉書卷一百五　載記五　一

图 4-2-10　《晋书·石勒载记下》

《晋书·苻坚载记上》(图4-2-11)记载后秦苻坚旌表孝悌之人："其有学为通儒、才堪干事、清修廉直、孝弟力田者，皆旌表之。于是人思劝励，号称多士。"《晋书·冯跋载记》(图4-2-12)载北燕冯跋称号后也采取了奖励措施："分遣使者巡行郡国，孤老久疾不能自存者，赈谷帛有差；孝悌力田闺门和顺者，皆褒显之。"

北魏时期重儒尊孝，《魏书·崔浩传》(图4-2-13)："太宗即位元年，敕臣解《急就章》《孝经》《论语》《诗》《尚书》《春秋》《礼记》《周易》。三年成讫。"同时，从文帝开始，北魏帝王谥号也学习汉家风格加称"孝"字。北魏世宗元恪、肃宗元诩等北魏皇帝还亲自讲授《孝经》,《魏书·世宗纪》(图4-2-14)："十有一月甲子，帝为京兆王愉、清河王怿、广平王怀、汝南王悦讲《孝经》于式乾殿。"

图 4-2-11 《晋书·苻坚载记上》

图 4-2-12 《晋书·冯跋载记》

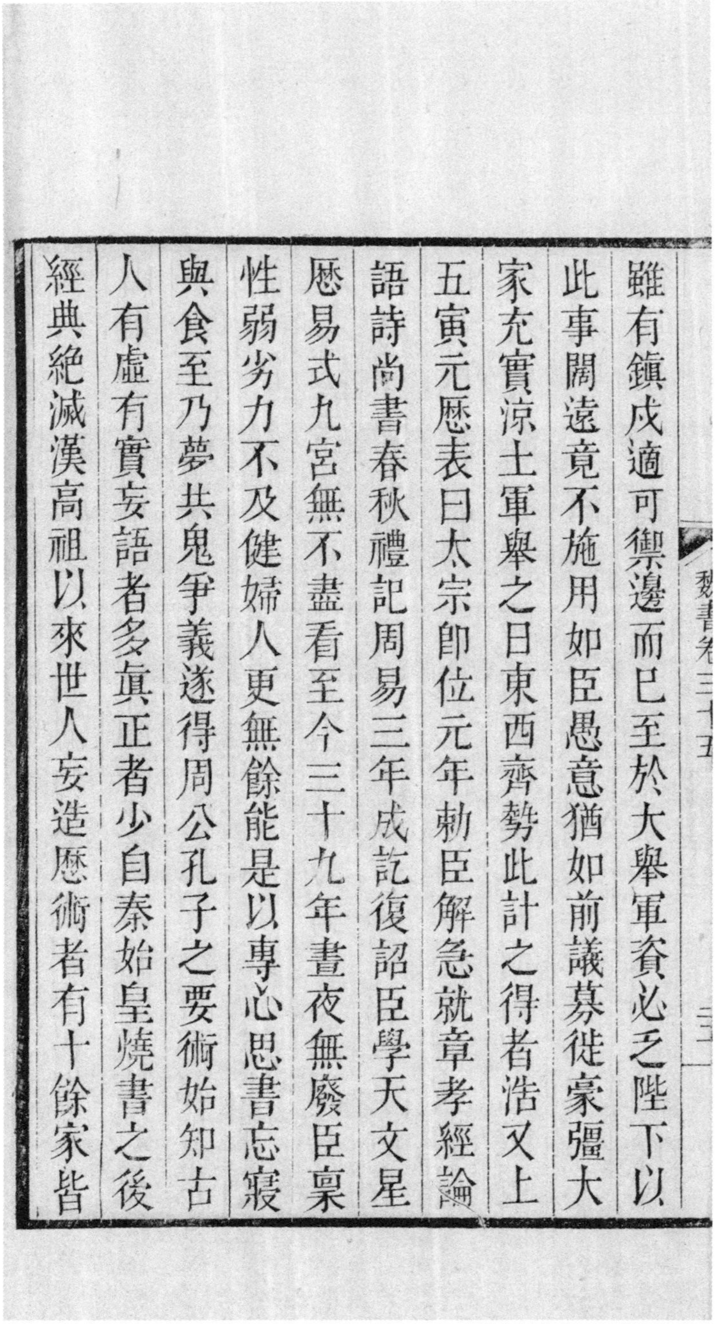
雖有鎮戍適可禦邊而已至於大舉軍資必乏陛下以
此事闊遠竟不施用如臣愚意猶如前議募徙豪彊大
家充實涼土軍舉之日東西齊勢此計之得者浩又上
五寅元歷表曰太宗即位元年敕臣解急就章孝經論
語詩尚書春秋禮記周易三年成訖復詔臣學天文星
歷易式九宮無不盡看至今三十九年晝夜無廢臣稟
性弱劣力不及健婦人更無餘能是以專心思書忘寢
與食至乃夢共鬼爭義遂得周公孔子之要術始知古
人有虛有實妄語者多眞正者少自秦始皇燒書之後
經典絕滅漢高祖以來世人妄造歷術者有十餘家皆

图 4-2-13　《魏书·崔浩传》

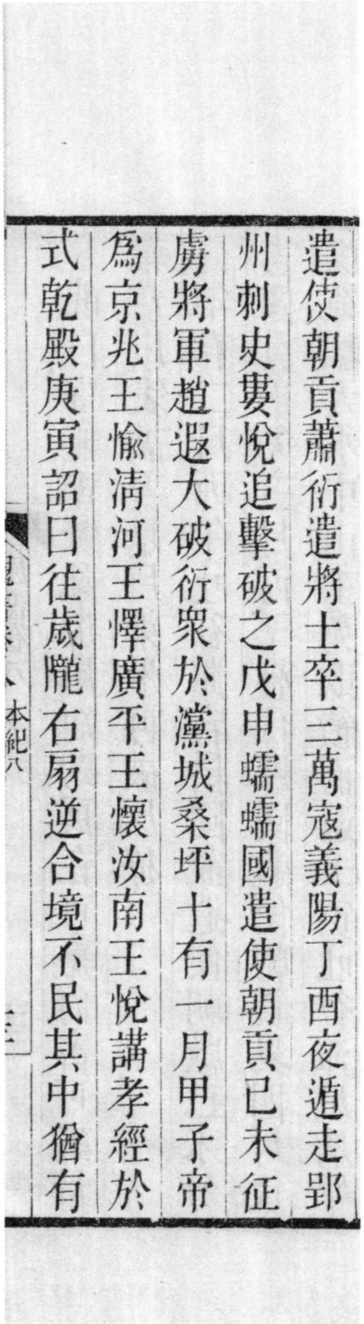
遣使朝貢蕭衍遣將士卒三萬寇義陽丁酉夜遁走郢
州刺史婁悅追擊破之戊申蠕蠕國遣使朝貢己未征
虜將軍趙遐大破衍衆於灘城桑坪十有一月甲子帝
爲京兆王愉淸河王懌廣平王懷汝南王悅講孝經於
式乾殿庚寅詔曰往歲隴右扇逆合境不民其中猶有

图 4-2-14　《魏书·世宗纪》

《隋书·经籍志》(图4–2–15)记载北魏孝文帝下令用鲜卑文翻译《孝经》:“魏氏迁洛，未达华语，孝文帝命侯伏侯可悉陵以夷言译《孝经》之旨，教于国人，谓之《国语孝经》。”继起的齐、周，也继承了讲解《孝经》的传统,《北齐书·儒林传序》(图4–2–16):“《论语》《孝经》，诸学徒莫不通讲。”

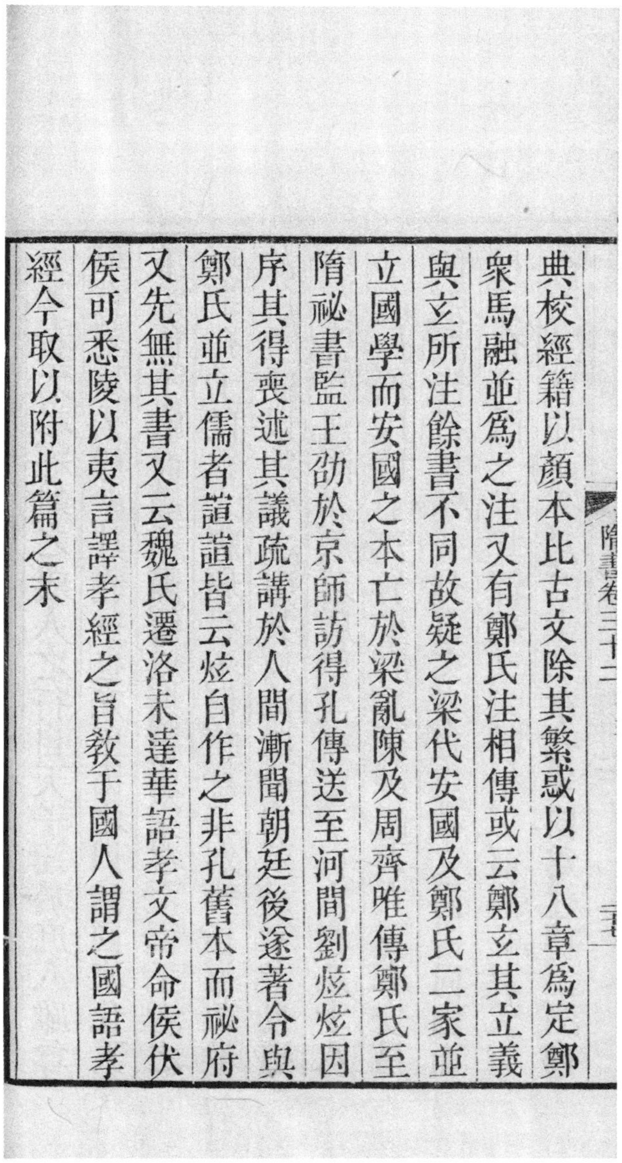
典校經籍以顏本比古文除其繁惑以十八章爲定鄭衆馬融並爲之注又有鄭氏注相傳或云鄭玄其立義與玄所注餘書不同故疑之梁代安國及鄭氏二家並立國學而安國之本亡於梁亂陳及周齊唯傳鄭氏至隋祕書監王劭於京師訪得孔傳送至河間劉炫炫因序其得喪述其議疏講於人間漸聞朝廷後遂著令與鄭氏並立儒者諠諠皆云炫自作之非孔舊本而祕府又先無其書又云魏氏遷洛未達華語孝文帝命侯伏侯可悉陵以夷言譯孝經之旨教于國人謂之國語孝經今取以附此篇之末

图 4-2-15 《隋书·经籍志》

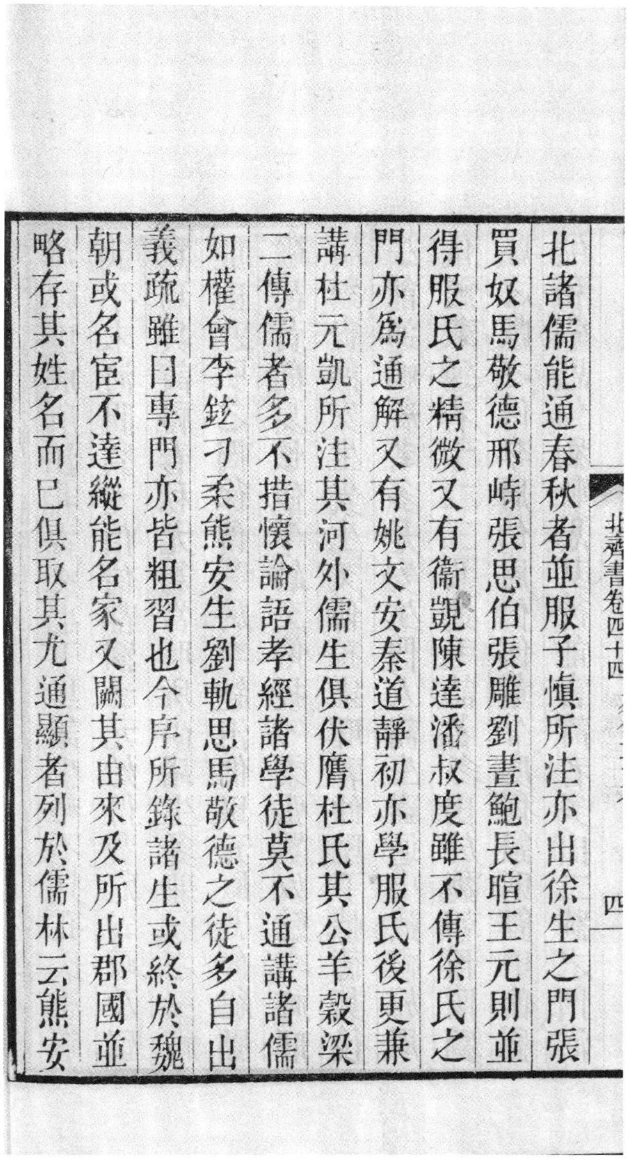
北諸儒能通春秋者並服子慎所注亦出徐生之門張買奴馬敬德邢峙張思伯張雕劉晝鮑長暄王元則並得服氏之精微又有衞覬陳達潘叔度雖不傳徐氏之門亦爲通解又有姚文安秦道靜初亦學服氏後更兼講杜元凱所注其河外儒生俱伏膺杜氏其公羊穀梁二傳儒者多不措懷論語孝經諸學徒莫不通講諸儒如權會李鉉刁柔熊安生劉軌思馬敬德之徒多自出義疏雖曰專門亦皆粗習也今序所錄諸生或終於魏朝或名宦不達縱能名家又闕其由來及所出郡國並略存其姓名而已俱取其尤通顯者列於儒林云熊安

图 4-2-16 《北齐书·儒林传序》

崇尚孝悌忠信的社会现象，也反映在史书编纂上。沈约《宋书》和萧子显《南齐书》首先创设《孝义传》(图4-2-17)，北朝魏收的《魏书》也设有《节义》《孝感》(图4-2-18)两传。后来唐人补撰南北朝各史，也都继承这一编撰方法。

汉魏晋六朝时期，人们还纷纷辑录孝悌事迹，编为《孝子传》，有汉刘向《孝子传》(图4-2-19)、晋萧广济《孝子传》(图4-2-20)、刘宋王韶之《孝子传》(图4-2-21)、刘宋师觉授《孝子传》、刘宋郑缉之《孝子传》等。

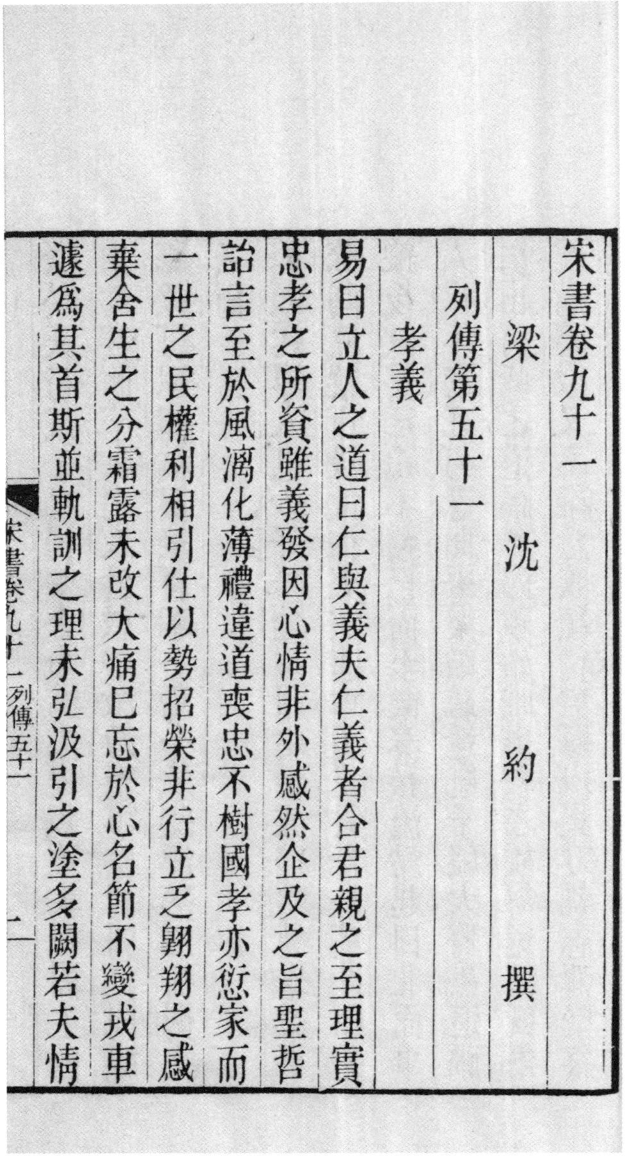

宋書卷九十一

梁　沈　約　撰

列傳第五十一

孝義

易曰立人之道曰仁與義夫仁義者合君親之至理實忠孝之所資雖義發因心情非外感然企及之旨聖哲詒言至於風漓化薄禮違道喪忠不樹國孝亦愆家而一世之民權利相引仕以勢招榮非行立乏翱翔之感棄舍生之分霜露未改大痛已忘於心名節不變戎車遽爲其首斯並軌訓之理未弘汲引之塗多闕若夫情

宋書卷九十一　列傳五十一　二

图 4-2-17　《宋书·孝义传》

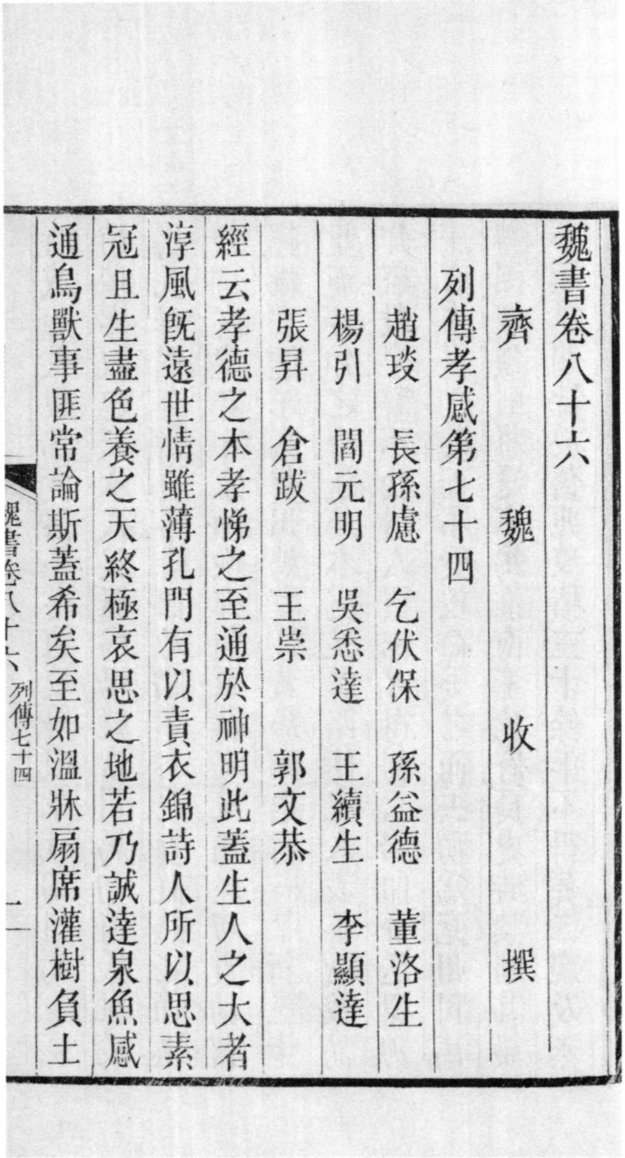

魏書卷八十六

齊　魏　收　撰

列傳孝感第七十四

趙琰　長孫慮　乞伏保　孫益德　董洛生

楊引　閻元明　吳悉達　王續生　李顯達

張昇　倉跋　王崇　郭文恭

經云孝德之本孝悌之至通於神明此蓋生人之大者淳風既遠世情雖薄孔門有以責衣錦詩人所以思素冠且生盡色養之天終極哀思之地若乃誠達泉魚感通鳥獸事匪常倫斯蓋希矣至如溫牀扇席灌樹負土

魏書卷八十六　列傳七十四　二

图 4-2-18　《魏书·孝感传》

劉向孝子傳 案劉向孝子傳隋唐志皆不著錄惟玉海引唐許南容策京兆稱劉向修孝子之圖

舜

舜父夜臥夢見一鳳凰自名爲雞口銜米以食已言雞爲子孫視之乃鳳凰以黃帝夢書占之此子孫當有貴者舜占猶之比年糴稻穀中有錢舜也乃三日三夜仰天自告舜過前舐之目霍然開 馬驌繹史卷十注

郭巨

郭巨河內溫人甚富父没分財二千萬爲兩分與兩弟己獨取母供養寄住隣有凶宅無人居者共推與之居無禍患妻產男慮養之則妨供養乃命妻抱兒

古孝子傳 一

图 4-2-19 刘向《孝子传》

蕭廣濟孝子傳 隋志蕭廣濟孝子傳十五卷晉輔國將軍蕭廣濟撰唐志同

曾參 閔損

閔損與曾參門徒之中最有孝稱今言者莫不本之曾閔 初學記十七

杜孝

杜孝巴郡人也少失父與母居至孝克役在成都母喜食生魚孝於蜀截大竹筒盛魚二頭塞之以草祝曰我母必得此因投中流婦出渚乃見筒横來觸岸異而取視有二魚含笑曰必我婿所寄熟而進之聞者歎駭 御覽四百十一 初學記十七 藝文類聚九十九

古孝子傳 三

图 4-2-20 萧广济《孝子传》

王韶之孝子傳 隋志王韶之孝子傳三卷唐志十五卷 宋書王韶之傳不載南史稱孝傳三卷

周青

周青東郡人也母患積年青扶持左右身體羸瘦村里乃歛錢營助湯藥母痊許嫁同郡周小君疾未獲成禮乃求見青屬累父母青許之俄而命終青供養爲務十年中翁姑慼之勸令更嫁青誓以匪石翁姑並自殺女姑告青害殺收考遂以誣款七月刑青於市青謂監殺者曰乞樹長竿繫白旛青若殺翁姑血入泉不殺血上天既斬乃緣竿上天 御覽四百十五 六百五十六

李陶

图 4-2-21　王韶之《孝子传》

隋唐时期也奉行“以孝治天下”的政策，重视发挥《孝经》的教化作用。《北史·何妥传》(图 4-2-22）记载苏威曾对隋文帝说《孝经》可以治国：“‘臣先人每诫臣云：唯读《孝经》一卷，足可立身经国，何用多为。’上亦然之。”

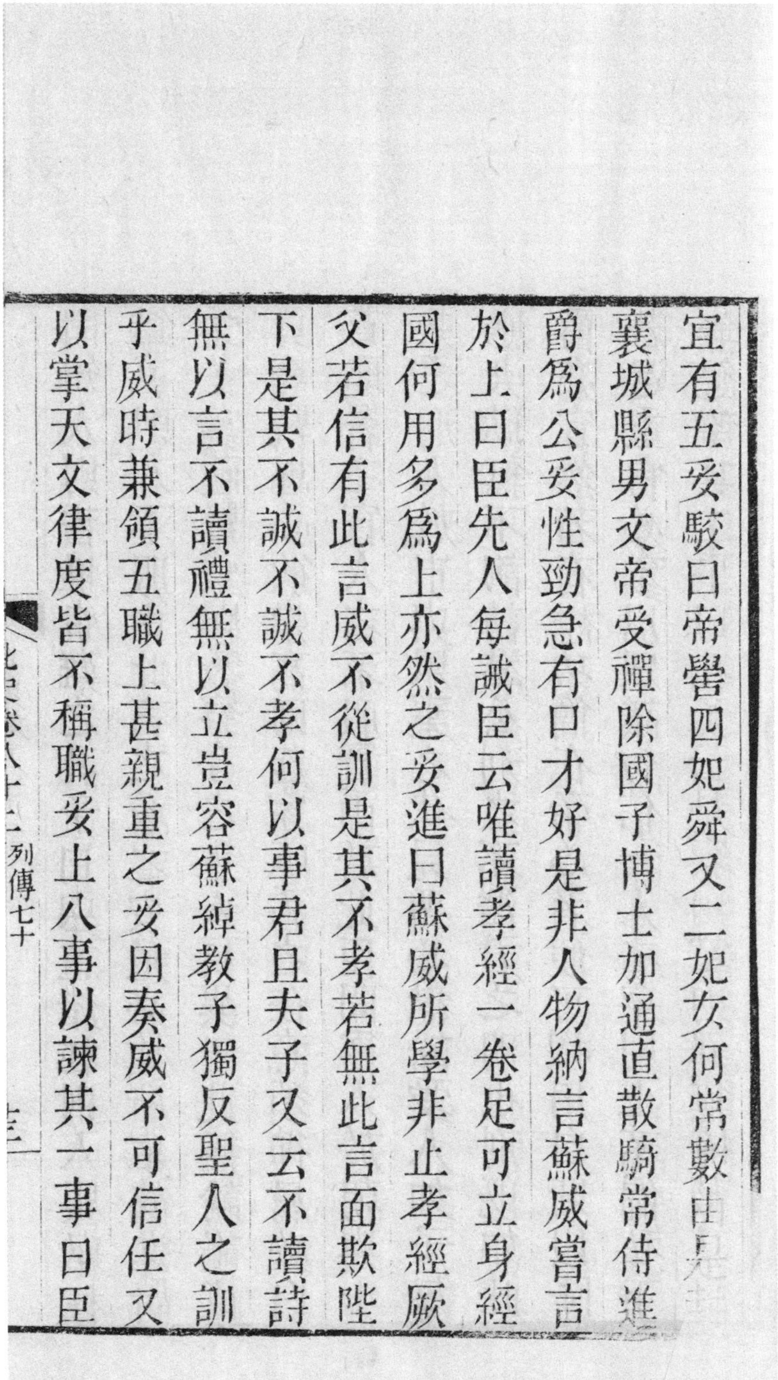
宜有五妥駮曰帝嚳四妃舜又二妃女何常數由是
襄城縣男文帝受禪除國子博士加通直散騎常侍進
爵爲公妥性勁急有口才好是非人物納言蘇威嘗言
於上曰臣先人每誡臣云唯讀孝經一卷足可立身經
國何用多爲上亦然之妥進曰蘇威所學非止孝經厥
父若信有此言威不從訓是其不孝若無此言面欺陛
下是其不誠不誠不孝何以事君且夫子又云不讀詩
無以言不讀禮無以立豈容蘇綽教子獨反聖人之訓
乎威時兼領五職上甚親重之妥因奏威不可信任又
以掌天文律度皆不稱職妥上八事以諫其一事曰臣

北史卷八十二 列傳七十

图 4-2-22 《北史·何妥传》

唐玄宗亲自为《孝经》作注，并将《孝经》刻石立于国学，颁行天下，要求官民诵读。《唐会要》(图4-2-23)："十年六月二日，上注《孝经》，颁于天下及国子学。至天宝二年五月二十二日，上重注，亦颁于天下。"《唐会要》(图4-2-24)载御注《孝经》书成后："(天宝三年)十二月敕：'自今已后，宜令天下家藏《孝经》一本，精勤教习，学校之中，倍加传授，州县官长，明申劝课焉。'"使《孝经》普及到社会的各个阶层。

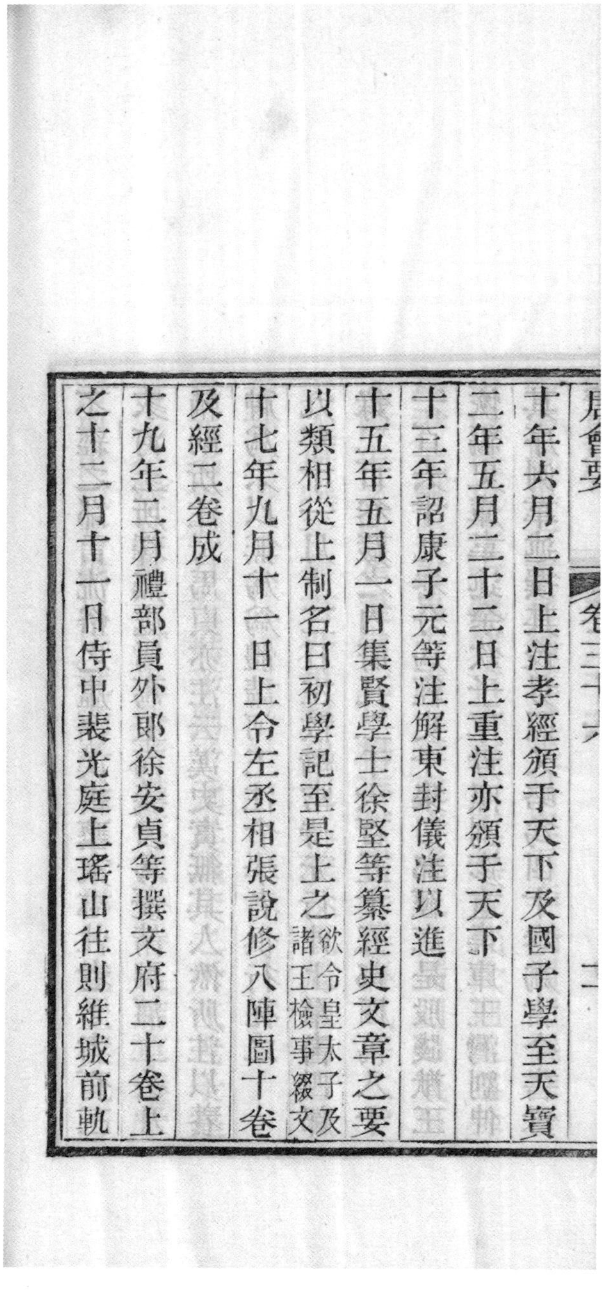

唐會要　卷三十六

十年六月二日上注孝經頒于天下及國子學至天寶

二年五月二十二日上重注亦頒于天下

十三年詔康子元等注解東封儀注以進

十五年五月一日集賢學士徐堅等纂經史文章之要

以類相從上制名曰初學記至是上之（欲令皇太子及諸王檢事綴文）

十七年九月十一日上令左丞相張說修八陣圖十卷

及經二卷成

十九年二月禮部員外郎徐安貞等撰文府二十卷上

之十二月十一日侍中裴光庭上瑤山往則維城前軌

图 4-2-23　《唐会要》卷三十六

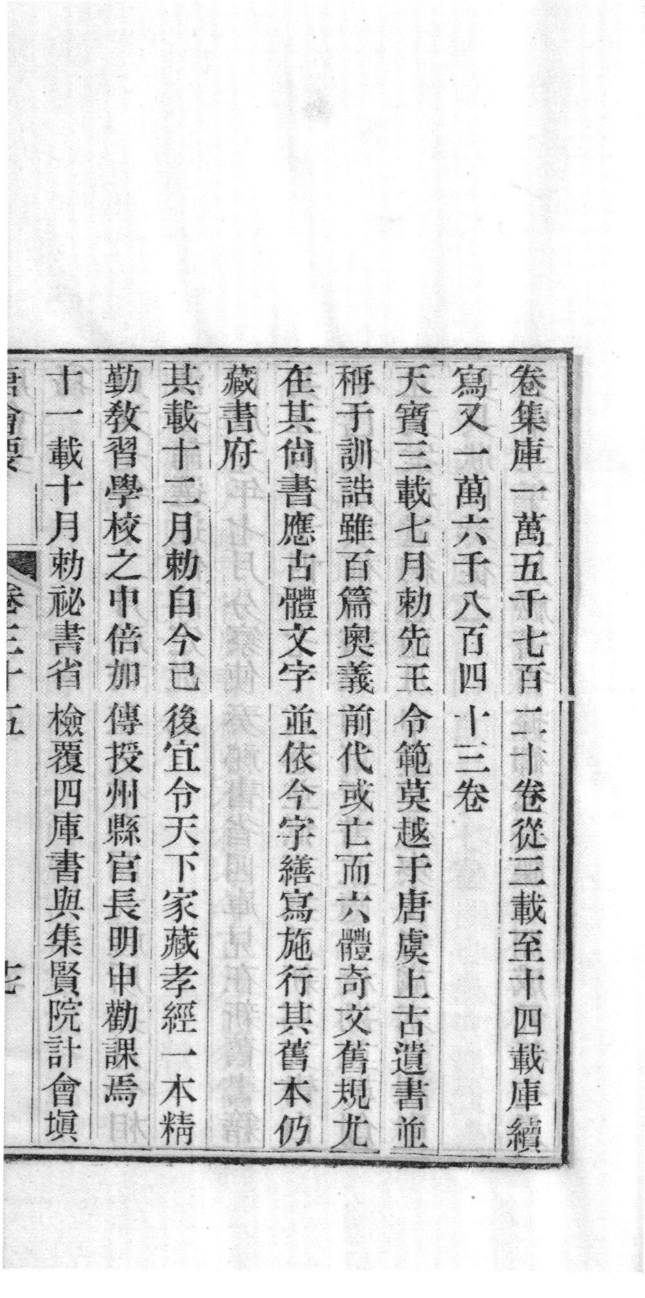

卷集庫一萬五千七百二十卷從三載至十四載庫續

寫又一萬六千八百四十三卷

天寶三載七月勑先王令範莫越于唐虞上古遺書並

稱于訓誥雖百篇奧義前代或亡而六體奇文舊規尤

在其尚書應古體文字並依今字繕寫施行其舊本仍

藏書府

其載十二月勑自今已後宜令天下家藏孝經一本精

勤教習學校之中倍加傳授州縣官長明申勸課焉

十一載十月勑祕書省　檢覆四庫書與集賢院計會塡

卷三十五

图 4-2-24　《唐会要》卷三十五

在《御注孝经》序（图4-2-25）里唐玄宗陈述了自己“以孝理天下”的思想：“朕闻上古，其风朴略，虽因心之孝已萌，而资敬之礼犹简。及乎仁义既有，亲誉益著，圣人知孝之可以教人也，故‘因严以教敬，因亲以教爱’。于是以顺移忠之道昭矣，立身扬名之义彰矣。子曰：‘吾志在《春秋》，行在《孝经》。’是知孝者，德之本欤！”

宋元时期的统治者对孝道和《孝经》也表现出极大的热衷。宋朝统治者不仅沿袭前朝讲习《孝经》的做法，还多次手书《孝经》分赐群臣，《玉海》（图4-2-26）记载宋高宗也在绍兴十四年（1144）手书《孝经》并刻石分赐：“诏诸州以御书《孝经》刊石，赐见任官及系籍学生。时已颁于郡庠殿中，

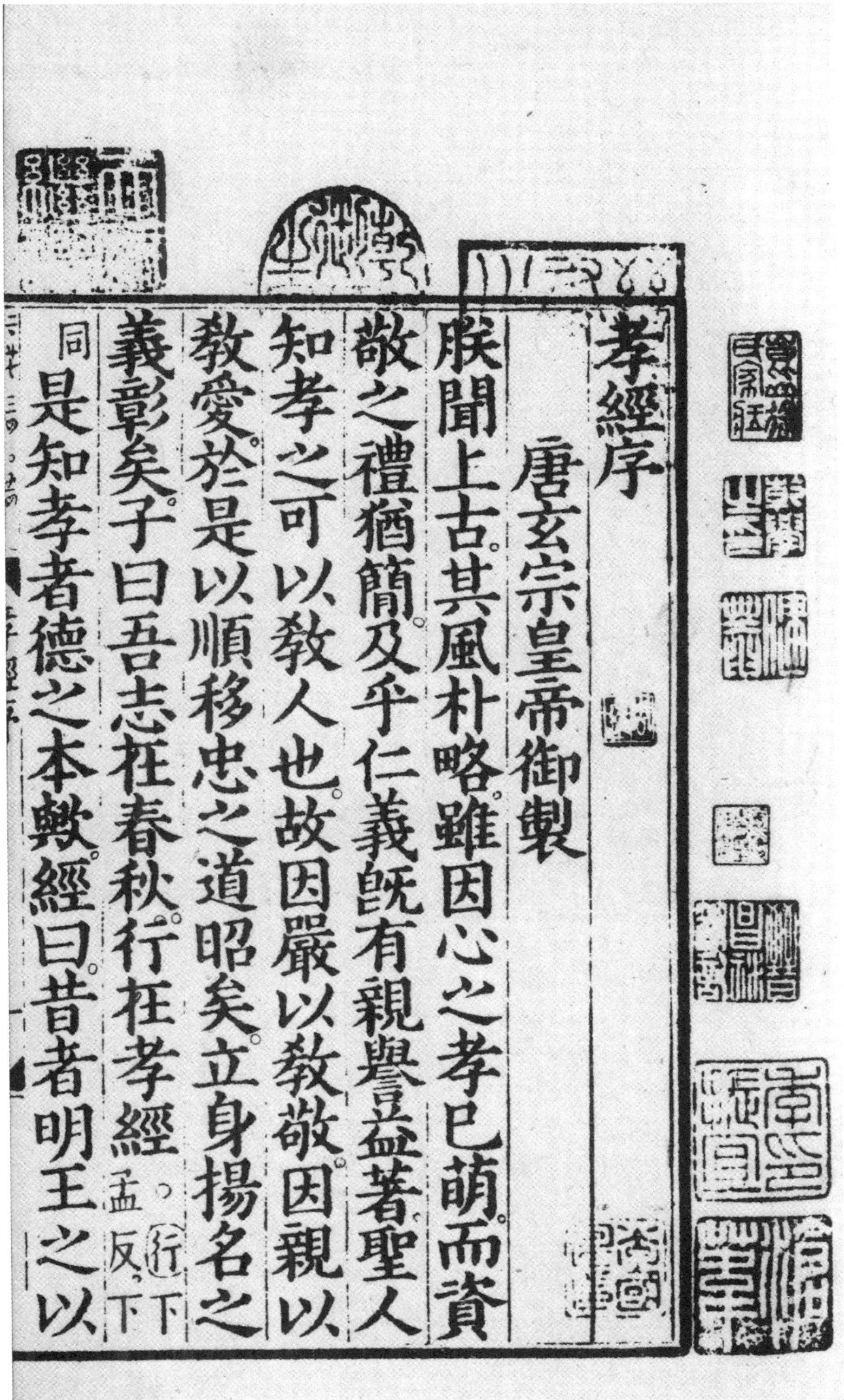

孝經序

唐玄宗皇帝御製

朕聞上古其風朴略雖因心之孝已萌而資敬之禮猶簡及乎仁義既有親譽益著聖人知孝之可以教人也故因嚴以教敬因親以教愛於是以順移忠之道昭矣立身揚名之義彰矣子曰吾志在春秋行在孝經（行下孟反）是知孝者德之本歟經曰昔者明王之以

图 4-2-25 《御注孝经》序

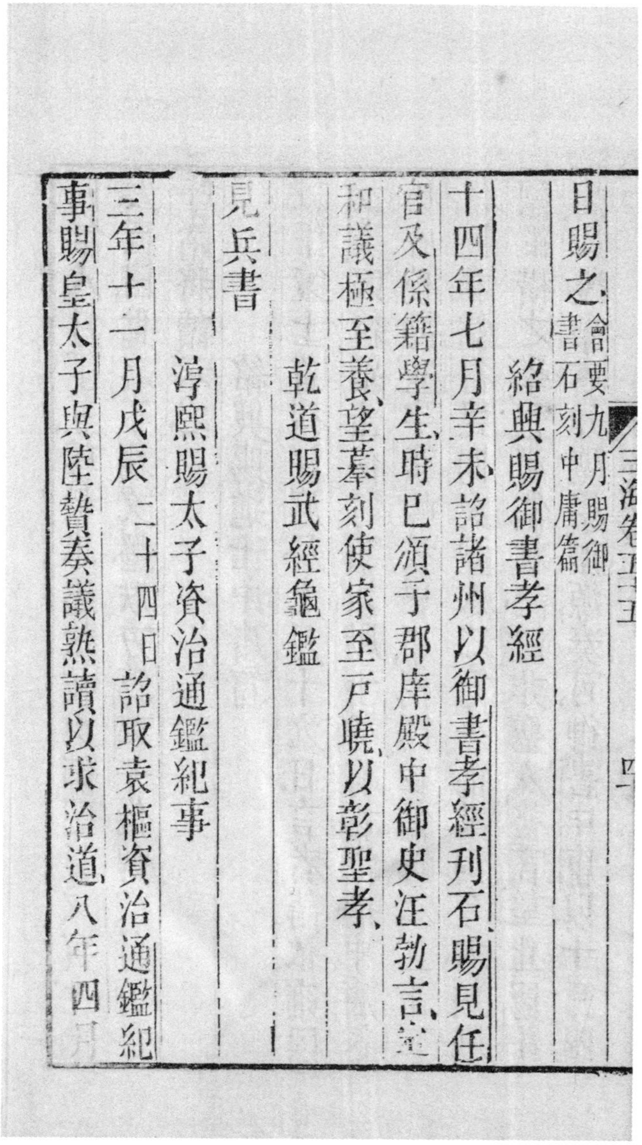

玉海卷五十五　四

日賜之會要九月賜御書石刻中庸篇

紹興賜御書孝經

十四年七月辛未詔諸州以御書孝經刊石賜見任官及係籍學生時已頒于郡庠殿中御史汪勃言定和議極至養望摹刻使家至戶曉以彰聖孝

乾道賜武經龜鑑

見兵書

淳熙賜太子資治通鑑紀事

三年十一月戊辰二十四日詔取袁樞資治通鑑紀事賜皇太子與陸贄奏議熟讀以求治道八年四月

图 4-2-26　《玉海》卷五十五

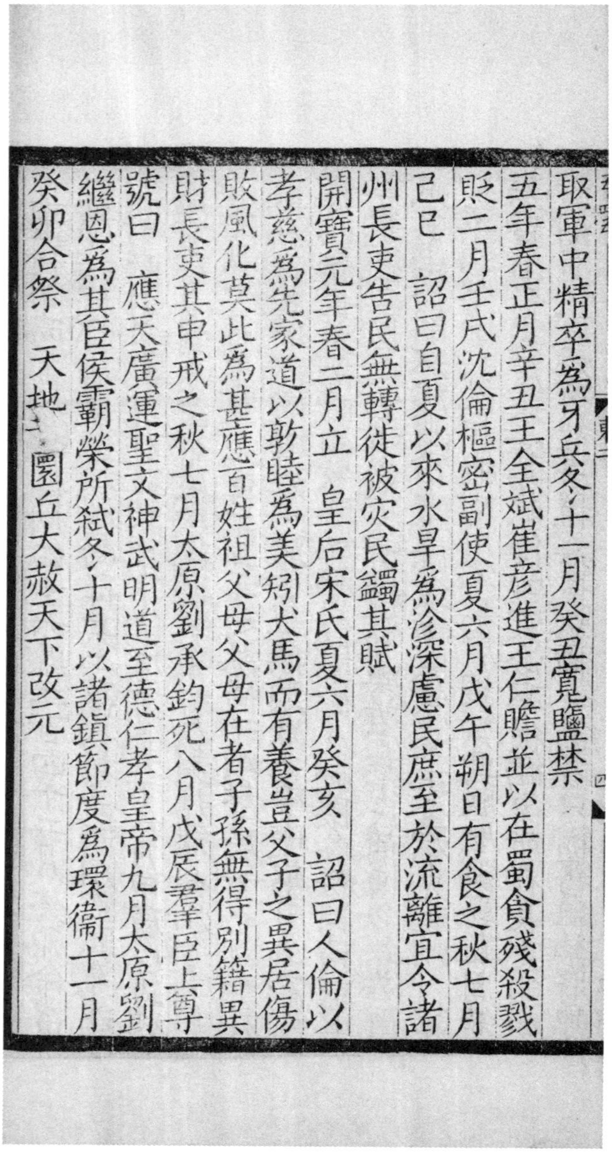

取軍中精卒爲牙兵冬十一月癸丑寬鹽禁

五年春正月辛丑王全斌崔彥進王仁贍並以在蜀貪殘殺戮貶二月壬戌沈倫樞密副使夏六月戊午朔日有食之秋七月己巳　詔曰自夏以來水旱爲沴深慮民庶至於流離宜令諸州長吏告民無轉徙被災民蠲其賦

開寶元年春二月立　皇后宋氏夏六月癸亥　詔曰人倫以孝慈爲先家道以敦睦爲美矧犬馬而有養豈父子之異居傷敗風化莫此爲甚應百姓祖父母父母在者子孫無得別籍異財長吏其申戒之秋七月太原劉承鈞死八月戊辰羣臣上尊號曰　應天廣運聖文神武明道至德仁孝皇帝九月太原劉繼恩爲其臣侯霸榮所弒冬十月以諸鎮節度爲環衛十一月癸卯合祭　天地　圜丘大赦天下改元

图 4-2-27　《东都事略》卷二

御史汪勃言：‘定和议极至养，望摹刻，使家至户晓，以彰圣孝。’”《东都事略》（图4–2–27）记载宋太祖开宝元年（968）提倡孝道的诏书：“人伦以孝慈为先，家道以敦睦为美。矧犬马而有养，岂父子之异居？伤败风化，莫此为甚。应百姓祖父母、父母在者，子孙无得别籍异财。长吏其申戒之。”

《宋史·儒林传一》（图4–2–28）记载宋真宗咸平二年（999）诏令邢昺等人作《孝经注疏》：“二年，始置翰林侍讲学士，以昺为之。受诏与杜镐、舒雅、孙奭、李慕清、崔偓佺等校定《周礼》《仪礼》《公羊（春秋传）》《穀梁春秋传》《孝经》《论语》《尔雅》义疏。及成，并加阶勋。”宋代还将《孝经》列入蒙童首读的经典，司马光《书仪》（图4–2–29）：“七岁，男女不同席，不共食，始诵《孝经》《论语》，虽女子亦宜诵之……九岁，男子读《春秋》及诸史，始为之讲解，使晓义理；女子亦为之讲解《论语》《孝经》及《列女传》《女戒》之类，略晓大意。”

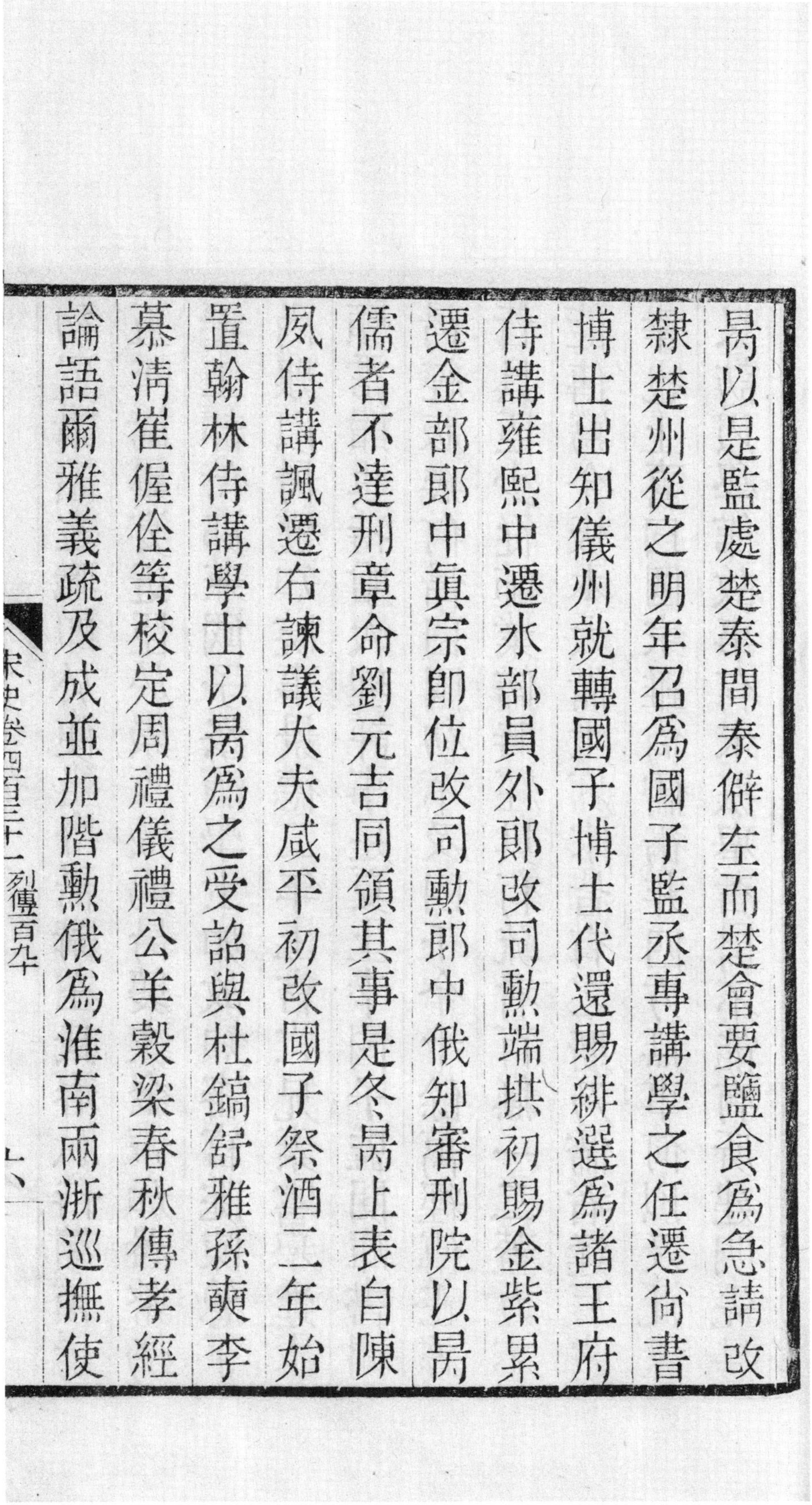
昺以是監處楚泰間泰僻左而楚會要鹽食爲急請改
隸楚州從之明年召爲國子監丞專講學之任遷尚書
博士出知儀州就轉國子博士代還賜緋選爲諸王府
侍講雍熙中遷水部員外郎改司勳端拱初賜金紫累
遷金部郎中眞宗卽位改司勳郎中俄知審刑院以昺
儒者不達刑章命劉元吉同領其事是冬昺上表自陳
夙侍講諷遷右諫議大夫咸平初改國子祭酒二年始
置翰林侍講學士以昺爲之受詔與杜鎬舒雅孫奭李
慕清崔偓佺等校定周禮儀禮公羊穀梁春秋傳孝經
論語爾雅義疏及成並加階勳俄爲淮南兩浙巡撫使
宋史卷四百三十一 列傳百九十

图 4-2-28 《宋史·儒林传一》

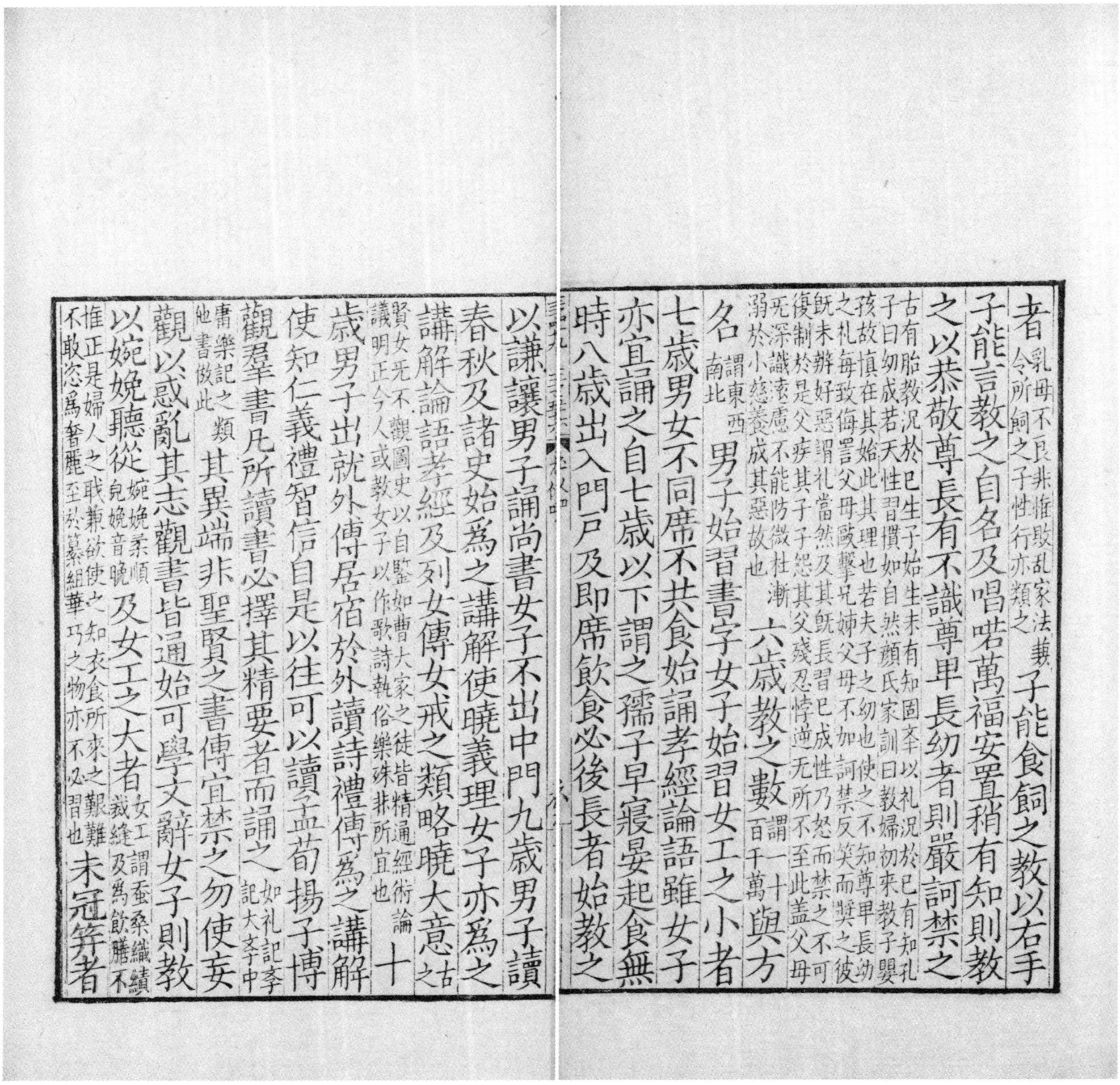

者乳母不良非惟敗乱家法兼令所飼之子性行亦類之子能食飼之教以右手
子能言教之自名及唱喏萬福安置稍有知則教
之以恭敬尊長有不識尊卑長幼者則嚴訶禁之
古有胎教況於已生子始生未有知固舉以礼況於已有知孔子曰幼成若天性習慣如自然顏氏家訓曰教婦初來教子嬰孩故慎在其始此其理也若夫子之幼也使之不知尊卑長幼之礼每致侮詈父母毆擊兄姊父母不加訶禁反笑而獎之彼既未辨好惡謂礼當然及其既長習已成性乃怒而禁之不可復制於是父疾其子子怨其父殘忍悖逆无所不至此盖父母无深識遠慮不能防微杜漸溺於小慈養成其惡故也六歲教之數謂一十百千萬與方
名謂東西南北男子始習書字女子始習女工之小者
七歲男女不同席不共食始誦孝經論語雖女子
亦宜誦之自七歲以下謂之孺子早寢晏起食無
時八歲出入門戶及即席飲食必後長者始教之
以謙讓男子誦尚書女子不出中門九歲男子讀
春秋及諸史始爲之講解使曉義理女子亦爲之
講解論語孝經及列女傳女戒之類略曉大意古之
賢女无不觀圖史以自鑒如曹大家之徒皆精通經術論議明正今人或教女子以作歌詩執俗樂殊非所宜也十
歲男子出就外傅居宿於外讀詩禮傳爲之講解
使知仁義禮智信自是以往可以讀孟荀揚子博
觀群書凡所讀書必擇其精要者而誦之如礼記學記大學中
庸樂記之類他書倣此其異端非聖賢之書傳宜禁之勿使妄
觀以惑亂其志觀書皆通始可學文辭女子則教
以婉娩聽從婉娩柔順皃娩音晚及女工之大者女工謂蚕桑織績裁縫及爲飲膳不
惟正是婦人之職兼欲使之知衣食所來之艱難不敢恣爲奢麗至於纂組華巧之物亦不必習也未冠笄者

图 4-2-29 《书仪》卷四

辽、西夏、金等少数民族政权也都以孝道为治国之本，以本族语言翻译《孝经》，供国人阅读。宋初，夏主李元昊命人将《孝经》翻译成西夏文（见本书第三章）；金世宗诏以女真字翻译《孝经》及“五经”，《金史·梁肃传》(图4-2-30)：“肃奏：‘汉之羽林，皆通《孝经》。今之亲军，即汉之羽林也。臣乞每百户赐《孝经》一部，使之教读，庶知臣子之道。其出职也可知政事。’上曰：‘善。人之行莫大于孝，亦由教而后能。’诏与护卫俱赐焉。”

一百是一罪二刑也刑罰之重於斯爲甚今太平日久
當用中典有司猶用重法臣實痛之自今徒罪之人止
居作更不決杖不報未幾致仕起復彰德軍節度使召
拜參知政事上謂侍臣曰梁肅以治人異等遂至大任
廉吏亦可以勸矣肅奏漢之羽林皆通孝經今之親軍
即漢之羽林也臣乞每百戶賜孝經一部使之教讀庶
知臣子之道其出職也可知政事上曰善人之行莫大
於孝亦由教而後能詔與護衛俱賜焉復上奏曰方今
斗米三百人已困餓以錢難得故也計天下歲入二千
萬貫以上一歲之用餘千萬院務坊場及百姓合納錢

金史卷八十九　列傳二十七　十三

图 4-2-30 《金史·梁肃传》

元朝建立后，孝文化继续发展，《五礼通考·嘉礼四十四·学礼》（图4-2-31）记载元世祖至元二十四年（1287）定国子学制，所学典籍首推《孝经》：“凡读书必先《孝经》《小学》《论语》《孟子》《大学》《中庸》，次及《诗》《书》《礼记》《周礼》《春秋》《易》。”元武宗时将蒙古文《孝经》颁行天下（图4-2-32）：“辛亥，中书右丞孛罗铁木儿以国字译《孝经》进，诏曰：‘此乃孔子之微言，自王公达于庶民，皆当由是而行。其命中书省刻板模印，诸王而下皆赐之。’”

元代郭居敬所编的《二十四孝》，是中国古代影响最大、流传最广的劝孝书。此外还有董鼎《孝经大义》、吴澄《孝经定本》等。此后《二十四孝》还被整理翻译为蒙古文（图4-2-33）、汉蒙合璧、满文（图4-2-34）等多种译本，在蒙古族、满族等民族中流传。

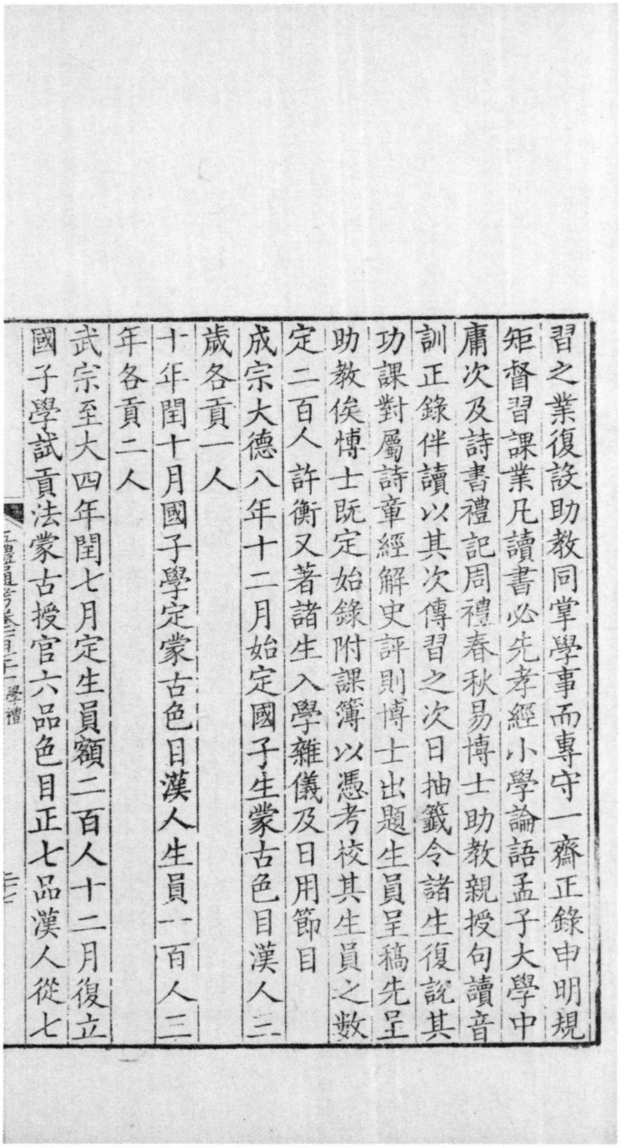
習之業復設助教同掌學事而專守一齋正録申明規矩督習課業凡讀書必先孝經小學論語孟子大學中庸次及詩書禮記周禮春秋易博士助教親授句讀音訓正録伴讀以其次傳習之次日抽籤令諸生復説其功課對屬詩章經解史評則博士出題生員呈稿先呈助教俟博士既定始録附課簿以憑考校其生員之數定二百人許衡又著諸生入學雜儀及日用節目

成宗大德八年十二月始定國子生蒙古色目漢人二歳各貢一人

十年閏十月國子學定蒙古色目漢人生員一百人三年各貢二人

武宗至大四年閏七月定生員額二百人十二月復立國子學試貢法蒙古授官六品色目正七品漢人從七

图4-2-31 《五礼通考·嘉礼四十四·学礼》

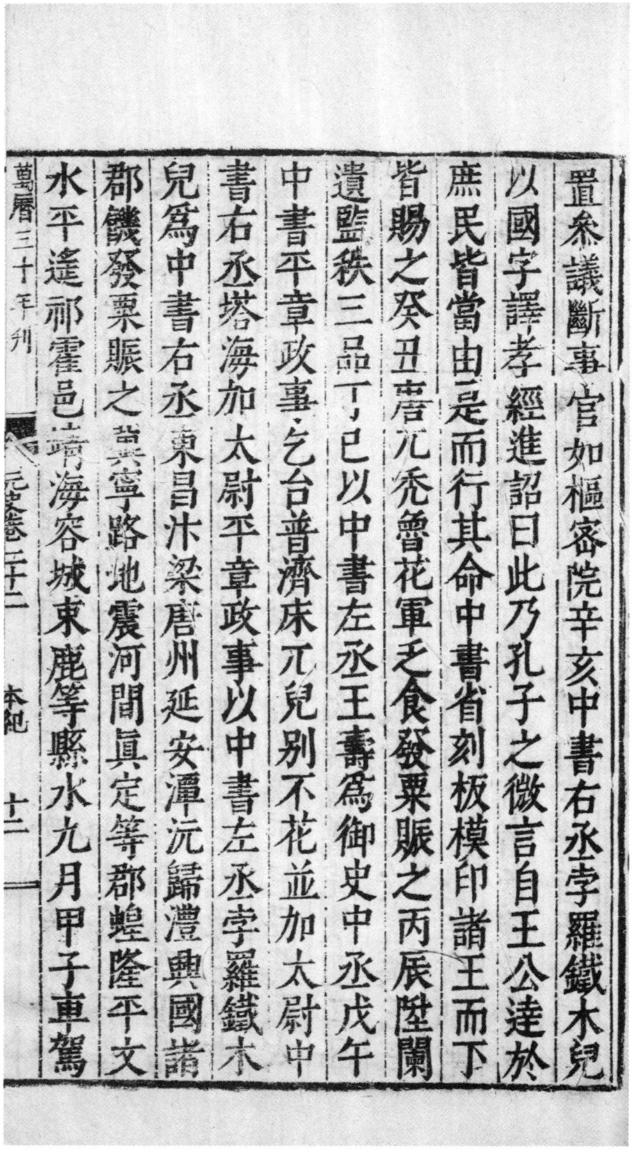
萬曆三十年刊

置參議斷事官如樞密院辛亥中書右丞孛羅鐵木兒以國字譯孝經進詔曰此乃孔子之微言自王公達於庶民皆當由是而行其命中書省刻板模印諸王而下皆賜之癸丑唐兀禿魯花軍乏食發粟賑之丙辰陞闌遺監秩三品丁巳以中書左丞王壽爲御史中丞戊午中書平章政事乞台普濟床兀兒别不花並加太尉中書右丞塔海加太尉平章政事以中書左丞孛羅鐵木兒爲中書右丞東昌汴梁唐州延安潭沅歸澧興國諸郡饑發粟賑之冀寧路地震河間眞定等郡蝗隆平文水平遥祁霍邑靖海容城束鹿等縣水九月甲子車駕

元史卷二十二 本紀 十二

图4-2-32 《元史·武宗本纪一》

图 4-2-33 蒙古文《二十四孝》

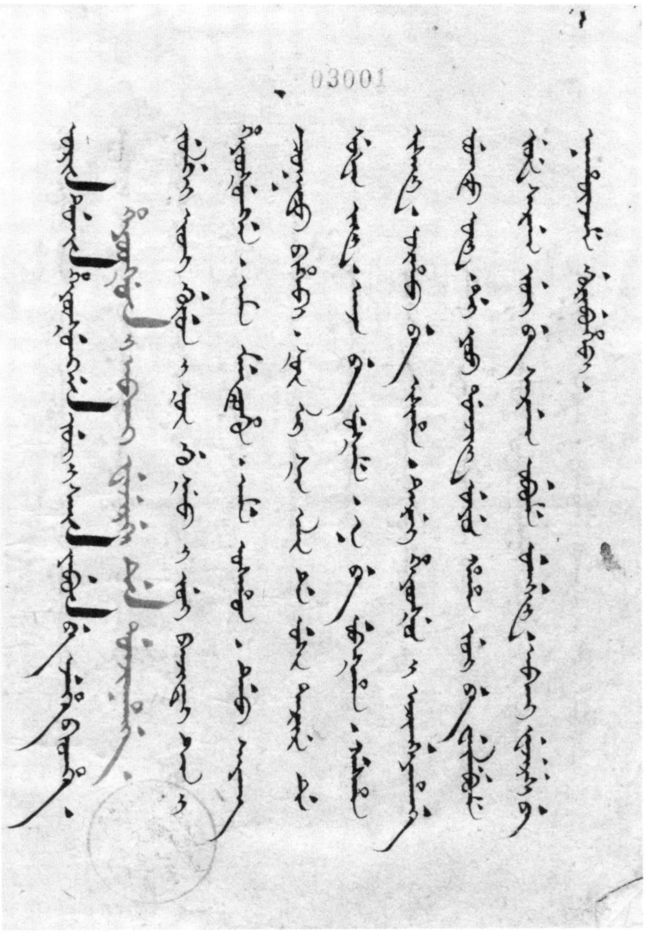

图 4-2-34 满文《男二十四孝行善书》

明朝非常重视孝道，提倡养老之政，教民以孝，《明通鉴》(图4-2-35)记载，朱元璋曾命儒臣编纂《精诚录》一书，弘扬忠孝思想："大学士吴沈等进《精诚录》。先是，上将享太庙，致斋于武英殿，召沈等谓之曰：'朕阅古圣贤书，其垂训立教，大要有三：曰敬天，曰忠君，曰孝亲。君能敬天，臣能忠君，子能孝亲，则人道立矣。然其言散在经传，未易会其要领。卿等其以类编辑，庶便观览。'至是书成，上赐名《精诚录》，命沈序之。"在明代，《孝经》依旧得到尊崇。比较重要的《孝经》学方面的著作，有《孝经集传》、《孝经正误》、《孝经宗旨》、《孝经疑问》(图4-2-36)、《孝经目录》、《孝经大全》等等。

清廷入关之后，倡导"以孝治国"，《孝经》受到了清王朝的重视。顺治、雍正都亲作《孝经》注解，并颁行全国。《清仁宗圣训》(图4-2-37)记载："十二月乙未上谕内阁，本日王大臣等因颁赏皇考高宗纯皇帝圣训，具折谢恩。我朝列祖列宗皆以孝治天下，列圣徽号，必以孝称，诚以孝为百行之首，始于宫庭，达于四海，锡类推仁，人人亲亲长长而天下平化，理之原莫重于此也。"

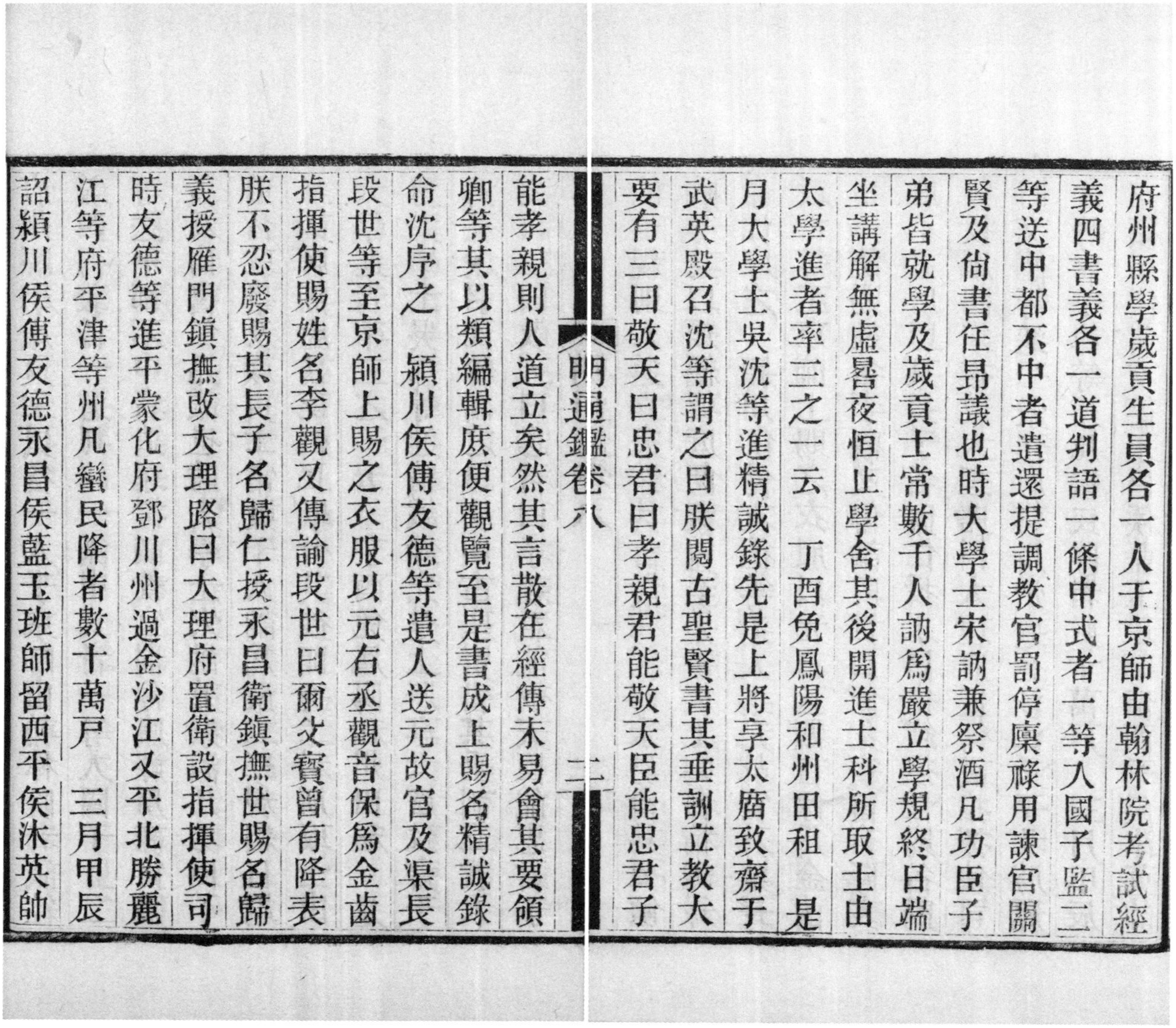

府州縣學歲貢生員各一人于京師由翰林院考試經義四書義各一道判語一條中式者一等入國子監二等送中都不中者遣還提調教官罰停廩祿用諫官關賢及尚書任昂議也時大學士宋訥兼祭酒凡功臣子弟皆就學及歲貢士常數千人訥爲嚴立學規終日端坐講解無虛晷夜恒止學舍其後開進士科所取士由太學進者率三之一云　丁酉免鳳陽和州田租　是月大學士吳沈等進精誠錄先是上將享太廟致齋于武英殿召沈等謂之曰朕閱古聖賢書其垂訓立教大要有三曰敬天曰忠君曰孝親君能敬天臣能忠君子

明通鑑卷八　二

能孝親則人道立矣然其言散在經傳未易會其要領卿等其以類編輯庶便觀覽至是書成上賜名精誠錄命沈序之　潁川侯傅友德等遣人送元故官及渠長段世等至京師上賜之衣服以元右丞觀音保爲金齒指揮使賜姓名李觀又傳諭段世曰爾父寶曾有降表朕不忍廢賜其長子名歸仁授永昌衛鎮撫世賜名歸義授雁門鎮撫改大理路曰大理府置衛設指揮使司時友德等進平蒙化府鄧川州過金沙江又平北勝麗江等府平津等州凡蠻民降者數十萬戶　三月甲辰詔潁川侯傅友德永昌侯藍玉班師留西平侯沐英帥

图 4-2-35　《明通鉴》卷八

孝經疑問

烏程後學承菴姚舜牧著

余讀孝經大都出孔子口吻而漢儒不無附會其間如則天之經因地之利以順天下是以其教不肅而成其政不嚴而治以下等語似類漢儒之言且各章皆引詩書爲結與韓詩外傳天祿閣外史相類學者但取其言有關大教者尊之爲經而餘置勿問則庶乎其可哉

孔子論先王至德要道一章何等親切有味自後天子諸侯卿大夫士庶人總共一章故結語云自天子以至於庶人孝無終始而患不及者未之有也今乃分爲數章各引書詩語爲結似爲割裂且各更端必非夫子一時之言今必强聯爲一而曰此廣要道也此廣至德也至德要道可分割也乎哉無已則各爲一章可也篇名

孝經疑問　一　咫進齋叢書

图 4-2-36 《孝经疑问》

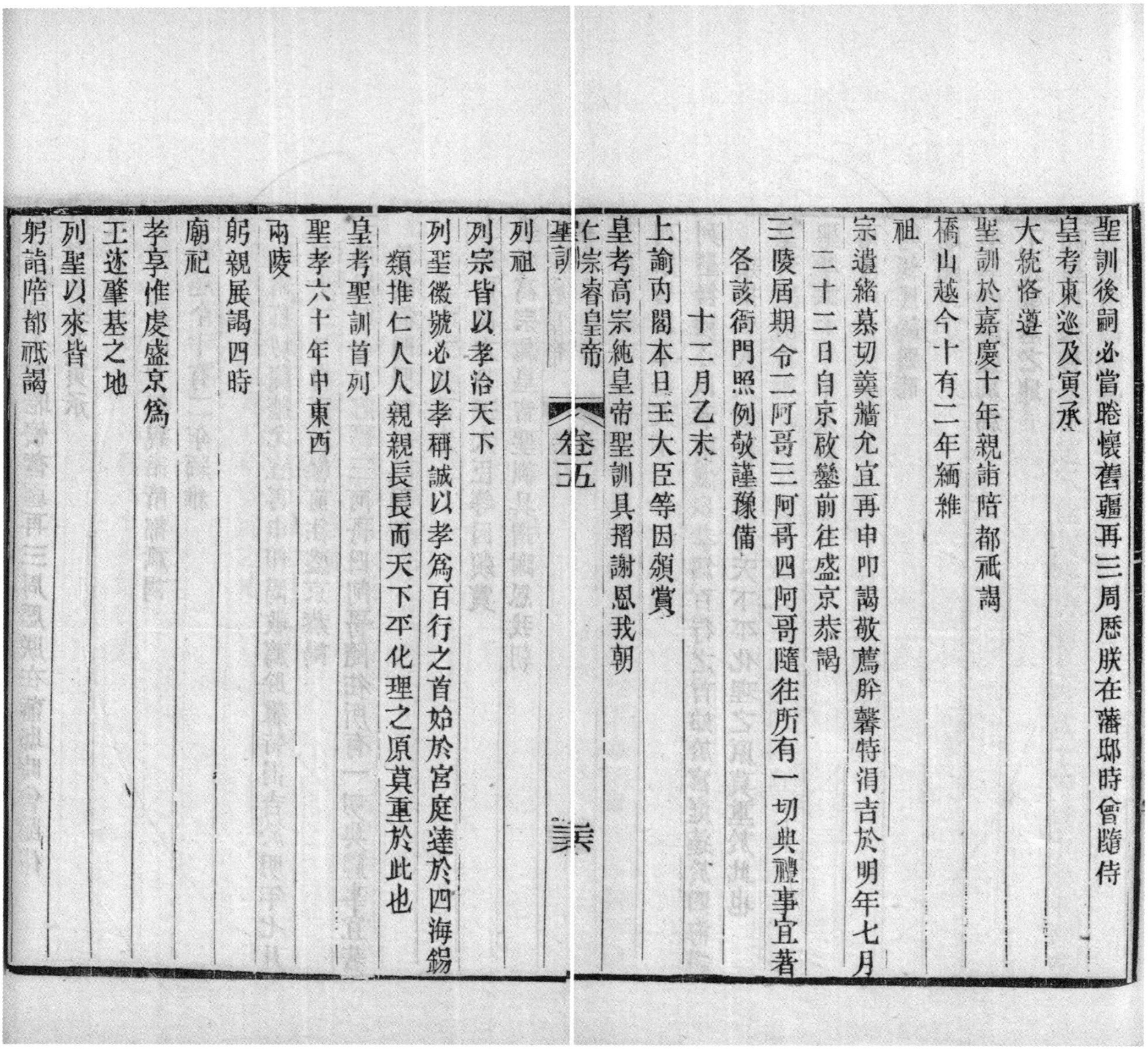

聖訓後嗣必當聰懷舊疆再三周歷朕在藩邸時曾隨侍
皇考東巡及寅承
大統恪遵
聖訓於嘉慶十年親詣陪都祗謁
橋山越今十有二年緬維
祖
宗遺緒慕切羮牆允宜再申叩謁敬薦肸馨特涓吉於明年七月
二十二日自京啟鑾前往盛京恭謁
三陵屆期令二阿哥三阿哥四阿哥隨往所有一切典禮事宜著
各該衙門照例敬謹豫備
十二月乙未
上諭內閣本日王大臣等因頒賞
皇考高宗純皇帝聖訓具摺謝恩我朝
仁宗睿皇帝聖訓 卷五
列祖
列宗皆以孝治天下
列聖徽號必以孝稱誠以孝為百行之首始於宮庭達於四海錫
類推仁人人親親長長而天下平化理之原莫重於此也
皇考聖訓首列
聖孝六十年中東西
兩陵
躬親展謁四時
廟祀
孝享惟虔盛京為
王迹肇基之地
列聖以來皆
躬詣陪都祗謁

图 4-2-37 《清仁宗圣训》卷五

清代是《孝经》学发展非常繁盛的时代，有关《孝经》学的著述非常多，著名的有《孝经问》（图4-2-38）、《孝经详说》、《孝经学》、《孝经征文》、《孝经述注》（图4-2-39）、《孝经通释》等。

清代翻译了满文《孝经》（图4-2-40），蒙古族生活地区流行蒙古文《孝经》。从元朝用八思巴字刻版印行《蒙古字孝经》开始，蒙古族地区还流传过回鹘式蒙古文合璧《回鹘蒙古文〈孝经〉》和不同年代蒙古文抄本《孝经》（图4-2-41）。

图 4-2-38 《孝经问》

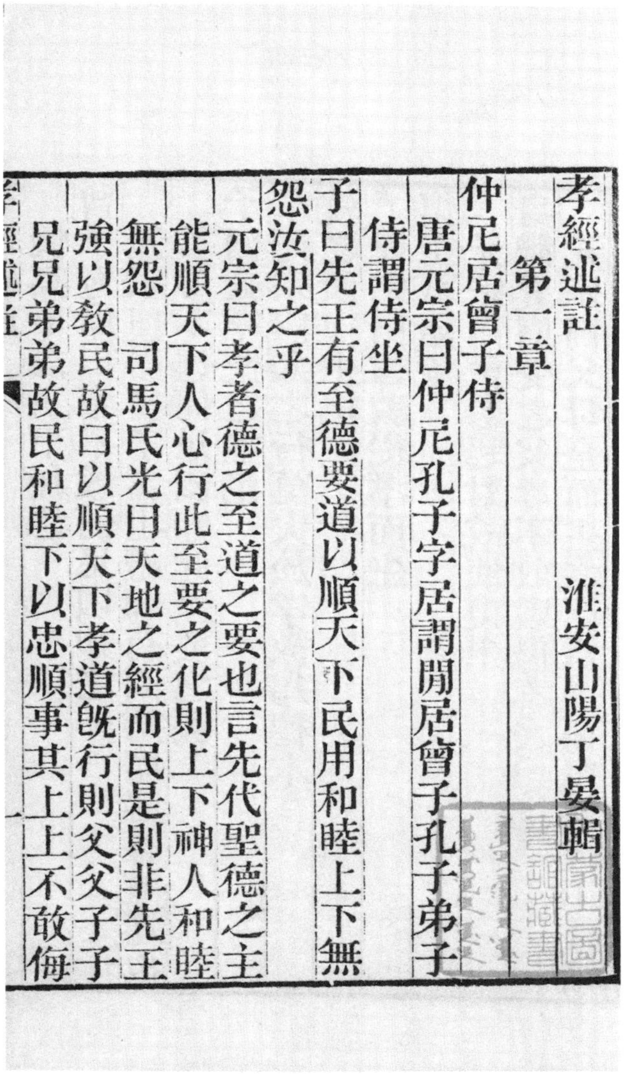

图 4-2-39 《孝经述注》

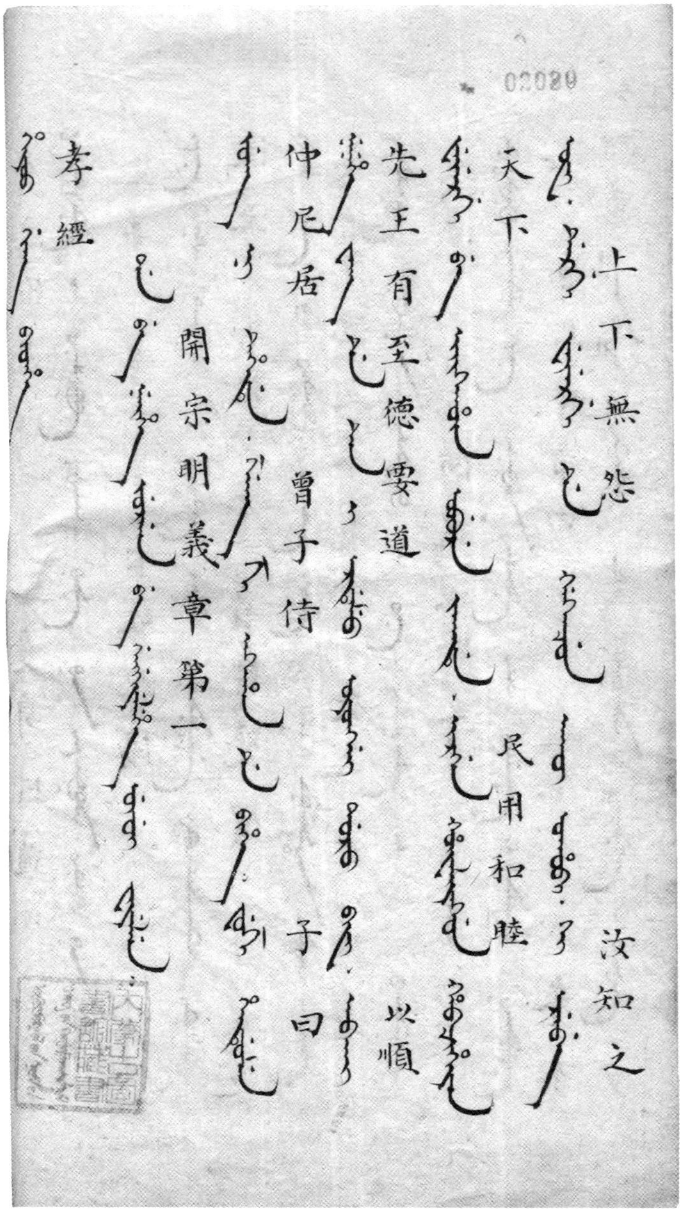

图 4-2-40 满文《孝经》

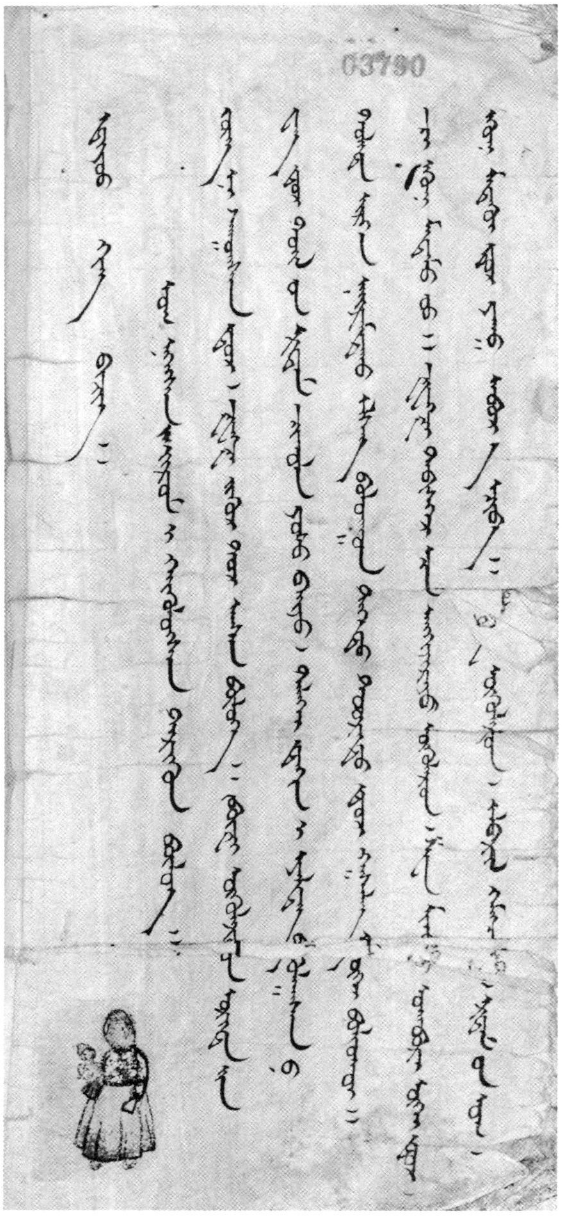

图 4-2-41 蒙古文《孝经》

二、忠义操守

在整个中国文化中，尤其在民间的人际文化中，忠义传统占据着十分重要的位置。古往今来，许多忠义故事流传在各民族之中。

关羽崇拜是中华传统文化中的一个十分独特的现象，并持续影响千余年，遍及海内外。关羽本是三国时期的蜀汉名将，但自唐宋以来，逐步成为全国各阶层民众共同崇拜的神灵。历代统治者多次加封关公，他的封号从“忠惠公”，一直上升到“关圣大帝”。祭祀关公的庙宇遍布中国大江南北。关公题材的小说、戏曲和传说故事等，在民间广泛流传。

《陔余丛考》(图4–2–42)记载了从三国时期到清朝关羽崇拜的历史轨迹:“关壮缪在三国六朝唐宋皆未有禋祀。考之史志,宋徽宗始封为忠惠公。大观二年,加封武安王。高宗建炎二年,加壮缪武安王。孝宗淳熙十四年,加英济王,祭于荆门当阳县之庙。元文宗天历元年,加封显灵威勇武安英济王。明洪武中,复侯原封。万历二十二年,因道士张通元之请,进爵为帝,庙曰英烈。四十二年,又敕封三界伏魔大帝、神威远镇天尊、关圣帝君……本朝顺治九年,加封忠义神武关圣大帝。今且南极岭表,北极塞垣,凡儿童妇女,无有不震其威灵者。香火之盛,将与天地同不朽。”

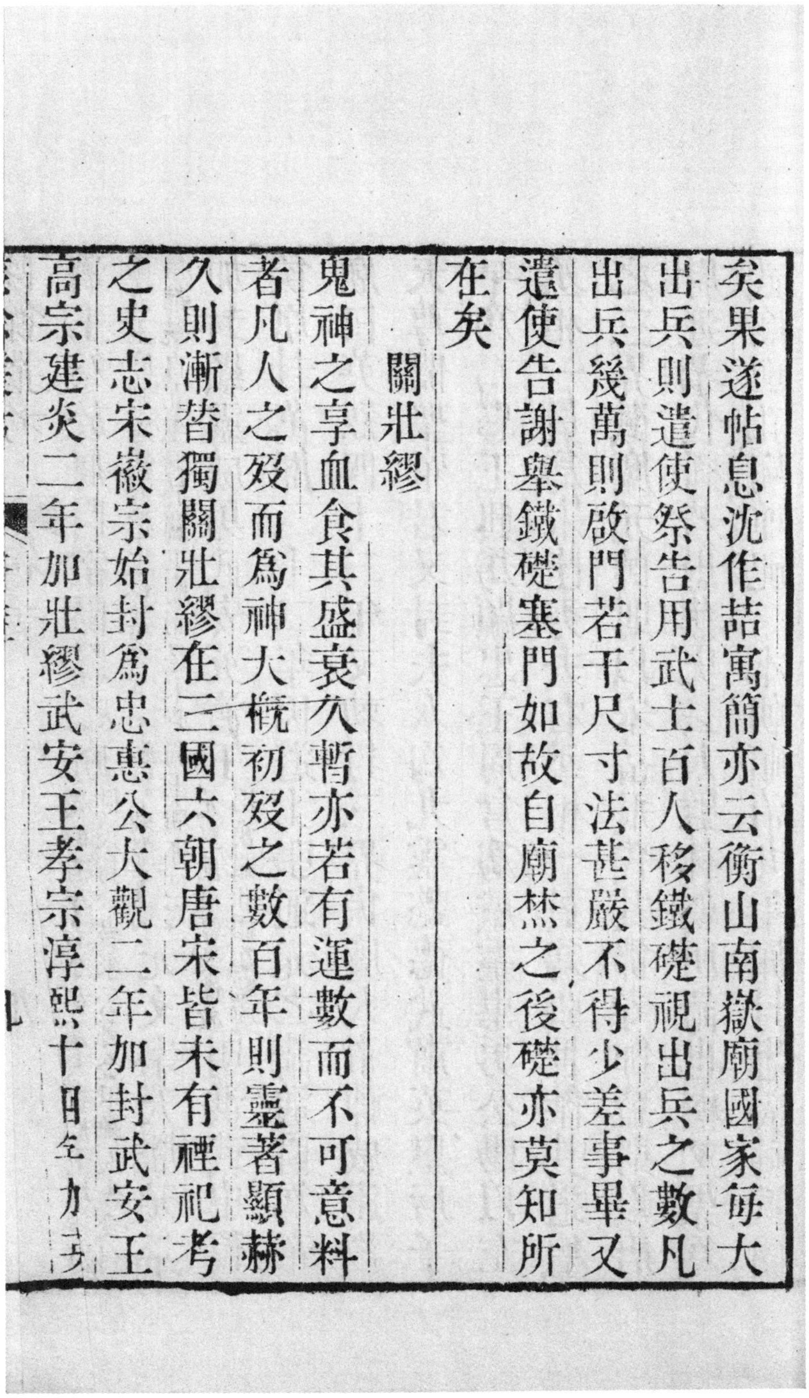
矣果遂帖息沈作喆寓簡亦云衡山南嶽廟國家每大
出兵則遣使祭告用武士百人移鐵礎視出兵之數凡
出兵幾萬則啟門若干尺寸法甚嚴不得少差事畢又
遣使告謝舉鐵礎塞門如故自廟燬之後礎亦莫知所
在矣
關壯繆
鬼神之享血食其盛衰久暫亦若有運數而不可意料
者凡人之歿而爲神大槪初歿之數百年則靈著顯赫
久則漸替獨關壯繆在三國六朝唐宋皆未有禋祀考
之史志宋徽宗始封爲忠惠公大觀二年加封武安王
高宗建炎二年加壯繆武安王孝宗淳熙十四年加英

图4–2–42(1)《陔余丛考》卷三十五

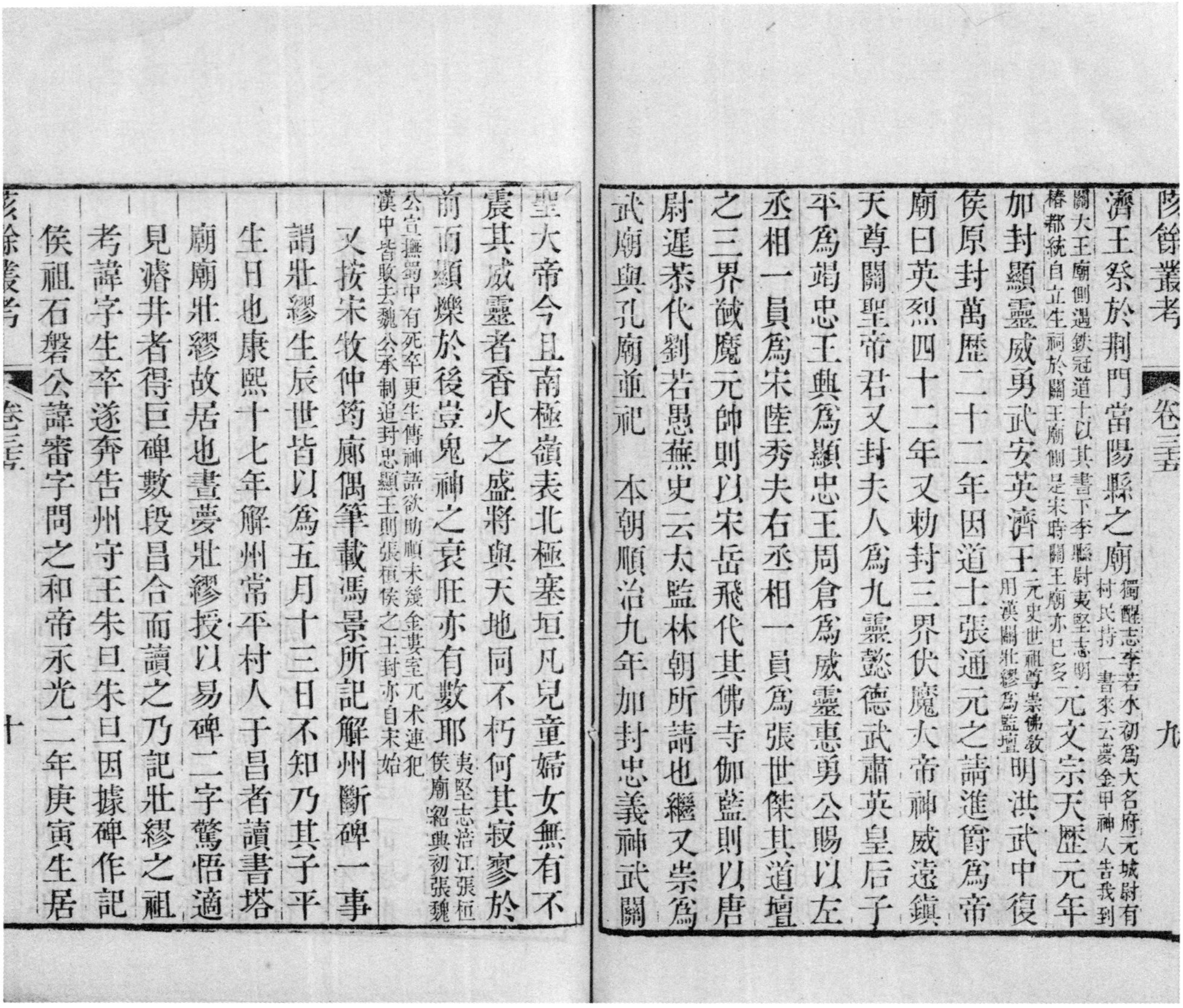

陔餘叢考 卷三十五 九

濟王祭於荆門當陽縣之廟獨醒志李若水初爲大名府元城尉有村民持一書來云夢金甲神人告我到關大王廟側遇鐵冠道士以其書下李縣尉夷堅志明椿都統自立生祠於關王廟側是宋時關王廟亦已多元文宗天歷元年加封顯靈威勇武安英濟王元史世祖尊崇佛教用漢關壯繆爲監壇明洪武中復侯原封萬歷二十二年因道士張通元之請進爵爲帝廟曰英烈四十二年又勅封三界伏魔大帝神威遠鎮天尊關聖帝君又封夫人爲九靈懿德武肅英皇后子平爲竭忠王興爲顯忠王周倉爲威靈惠勇公賜以左丞相一員爲宋陸秀夫右丞相一員爲張世傑其道壇之三界馘魔元帥則以宋岳飛代其佛寺伽藍則以唐尉遲恭代劉若愚蕪史云太監林朝所請也繼又崇爲武廟與孔廟並祀 本朝順治九年加封忠義神武關

陔餘叢考 卷三十五 十

聖大帝今且南極嶺表北極塞垣凡兒童婦女無有不震其威靈者香火之盛將與天地同不朽何其寂寥於前而顯爍於後豈鬼神之衰旺亦有數耶夷堅志涪江張桓侯廟紹興初張魏公宣撫蜀中有死卒更生傳神語欲助順未幾金婁室兀朮連犯漢中皆敗去魏公承制追封忠顯王則張桓侯之王封亦自宋始又按宋牧仲筠廊偶筆載馮景所記解州斷碑一事謂壯繆生辰世皆以爲五月十三日不知乃其子平生日也康熙十七年解州常平村人于昌者讀書塔廟廟壯繆故居也晝夢壯繆授以易碑二字驚悟適見濬井者得巨碑數段昌合而讀之乃記壯繆之祖考諱字生卒遂奔告州守王朱旦朱旦因據碑作記侯祖石磐公諱審字問之和帝永光二年庚寅生居

图4-2-42（2）《陔余丛考》卷三十五

宋元时期，民间各种三国题材的戏曲、小说等通俗文学作品开始流行。如讲史话本《三国志平话》、杂剧《关大王独赴单刀会》（图4-2-43）、《关云长千里独行》（图4-2-44）、《虎牢关三战吕布》（图4-2-45）等三国题材的杂剧也在民间广泛传播。元末明初，罗贯中的《三国志通俗演义》更是三国题材文学的集大成之作。

中国各地的许多少数民族，如蒙古族、藏族、满族、锡伯族等也都信仰关公。清代出现了满文译本、蒙古文译本的《三国演义》，蒙古族流传着长诗《诗话三国》、小说《忠义刘关张》（图4-2-46）等。

古人还仿《孝经》体例编纂了一部颂扬忠义精神的《忠经》，并托名马融所著。《忠经》（图4-2-47）全篇共十八章，较为全面、完整、系统地梳理了忠德伦理。《忠经》后来还被翻译为蒙古文译本（图4-2-48），在蒙古族地区广泛流传。也有人将《孝经》《忠经》合并为蒙古文的《忠经·孝经》（图4-2-49）。

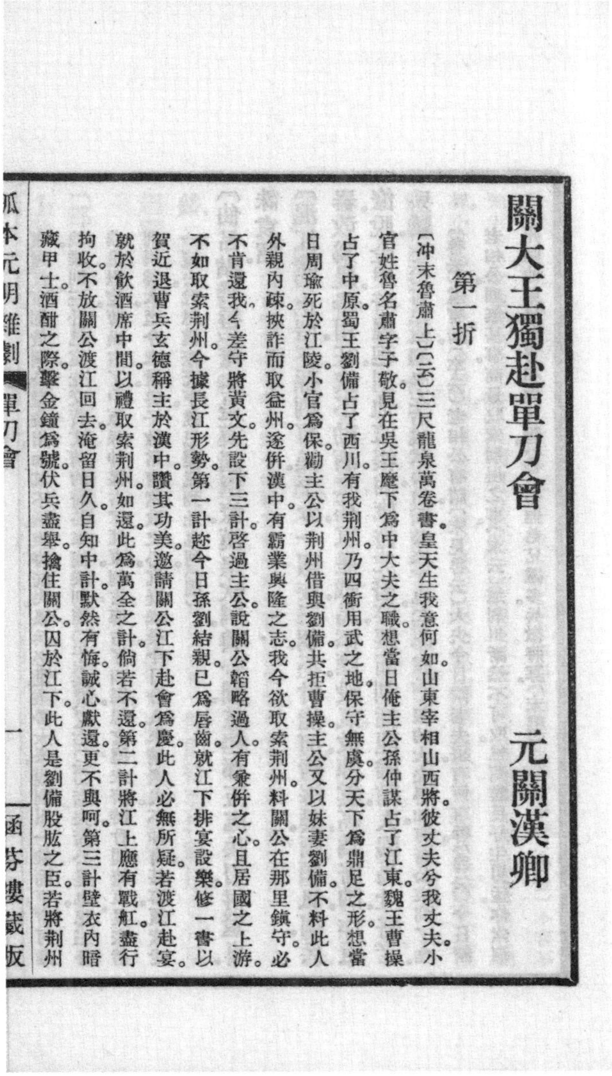
關大王獨赴單刀會　元關漢卿

第一折

〔冲末魯肅上〕〔云〕三尺龍泉萬卷書。皇天生我意何如。山東宰相山西將。彼丈夫兮我丈夫。小官姓魯名肅字子敬。見在吳王麾下爲中大夫之職。想當日俺主公孫仲謀占了江東。魏王曹操占了中原。蜀王劉備占了西川。有我荊州乃四衝用武之地。保守無虞。分天下爲鼎足之形。想當日周瑜死於江陵。小官爲保。勸主公以荊州借與劉備。共拒曹操。主公又以妹妻劉備。不料此人外親內踈。挾詐而取益州。遂併漢中。有霸業興隆之志。我今欲取索荊州。料關公在那里鎮守。必不肯還我。々差守將黃文。先設下三計。啓過主公。說關公韜略過人。有兼併之心。且居國之上游。不如取索荊州。今據長江形勢。第一計趂今日孫劉結親。已爲唇齒。就江下排宴設樂。修一書以賀近退曹兵玄德稱主於漢中。讚其功美。邀請關公江下赴會爲慶。此人必無所疑。若渡江赴宴。就於飲酒席中間。以禮取索荊州。如還。此爲萬全之計。倘若不還。第二計將江上應有戰舡。盡行拘收。不放關公渡江回去。淹留日久。自知中計。默然有悔。誠心獻還。更不與呵。第三計壁衣內暗藏甲士。酒酣之際。擊金鐘爲號。伏兵盡舉。擒住關公。囚於江下。此人是劉備股肱之臣。若將荊州

孤本元明雜劇　單刀會　一　函芬樓藏版

图 4-2-43　《关大王独赴单刀会》

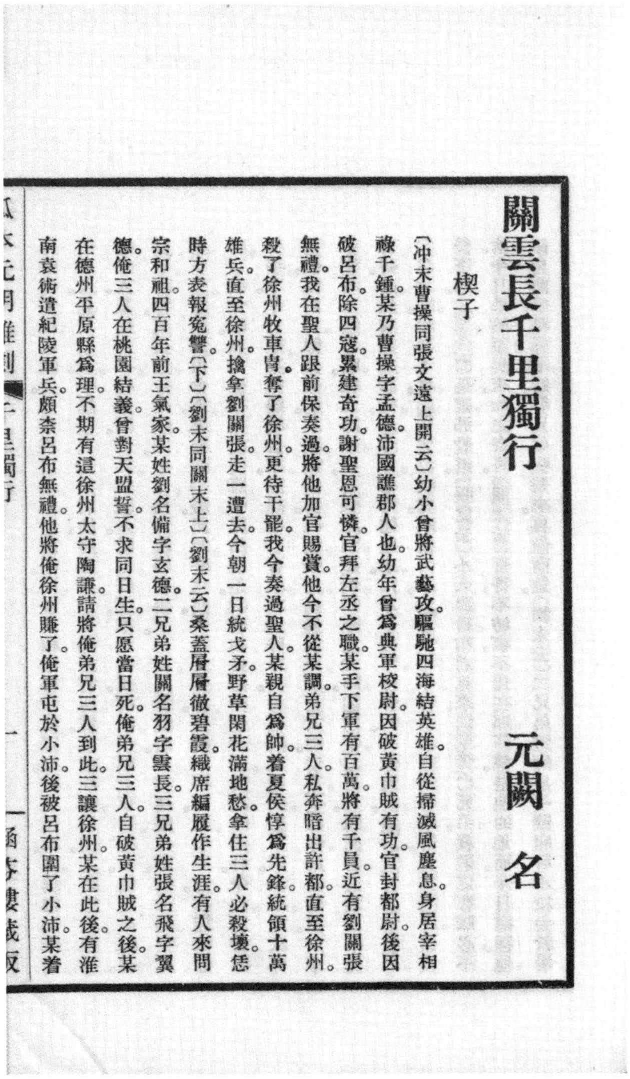
關雲長千里獨行　元闕　名

楔子

〔冲末曹操同張文遠上開云〕幼小曾將武藝攻。驅馳四海結英雄。自從掃滅風塵息。身居宰相祿千鍾。某乃曹操字孟德。沛國譙郡人也。幼年曾爲典軍校尉。因破黃巾賊有功。官封都尉。後因破呂布除四寇。累建奇功。謝聖恩可憐。官拜左丞之職。某手下軍有百萬。將有千員。近有劉關張無禮。我在聖人跟前保奏過。將他加官賜賞。他今不從某調。弟兄三人。私奔暗出許都。直至徐州。殺了徐州牧車冑。奪了徐州。更待干罷。我今奏過聖人。某親自爲帥。着夏侯惇爲先鋒。統領十萬雄兵。直至徐州。擒拿劉關張。走一遭去。今朝一日統戈矛。野草閑花滿地愁。拿住三人必殺壞。恁時方表報冤讐。〔下〕〔劉末同關末上〕〔劉末云〕桑蓋層層徹碧霞。織席編履作生涯。有人來問宗和祖。四百年前王氣家。某姓劉名備字玄德。二兄弟姓關名羽字雲長。三兄弟姓張名飛字翼德。俺三人在桃園結義。曾對天盟誓。不求同日生。只愿當日死。俺弟兄三人。自破黃巾賊之後。某在德州平原縣爲理。不期有這徐州太守陶謙。請將俺弟兄三人到此。三讓徐州。某在此後。有淮南袁術遣紀陵軍兵。頗柰呂布無禮。他將俺徐州賺了。俺軍屯於小沛。後被呂布圍了小沛。某着

图 4-2-44　《关云长千里独行》

虎牢關三戰呂布　元鄭德輝

頭折

（沖末袁紹領卒子上）（云）駿馬雕鞍紫錦袍。臨軍能識陣雲高。等閑贏得食天祿。願竭丹心輔聖朝。某乃冀王袁紹是也。幼而能文。長而閱武。自爲官以來。累立戰功。今在此河北爲理。保一方寧靜無虞。今有呂布。領一標人馬。威鎮在虎牢關下。此人好生英勇。擲戟勒馬。有九牛之力。萬夫不當之勇。累次與他交戰。並不曾得他半根兒折箭。又下將戰書來。搦俺十八路諸侯相持。某今聚集十八路諸侯。領大勢雄兵。直至虎牢關。務要生擒了呂布。以雪前恥。今日是吉日良辰。與同衆將商議。分派行兵。小校門首覷者。若衆將來時。報復某知道。（卒子云）理會的。（外扮曹操上）（云）少年錦帶掛吳鈎。鐵馬西風塞草秋。全憑匣中三尺劍。坐中往往覓封侯。某姓曹名操。字孟德。沛國譙郡人也。幼習先王典教。後看韜略遁甲之書。今官拜兗州太守之職。今有呂布在虎牢關下。搦俺十八路諸侯相持。冀王袁紹。調天下諸侯。聚集於河北。一同行兵。往虎牢關與呂布交戰。須索走一遭去。可早來到也。小校報復去。道有曹操在於門首。（卒子云）理會的。（做報科）（云）喏。報的元帥得知。有曹參謀在於門首。（袁紹云）道有請。（卒子云）理會的。有請。（曹操見

孤本元明雜劇　三戰呂布　一　涵芬樓藏版

图 4-2-45　《虎牢关三战吕布》

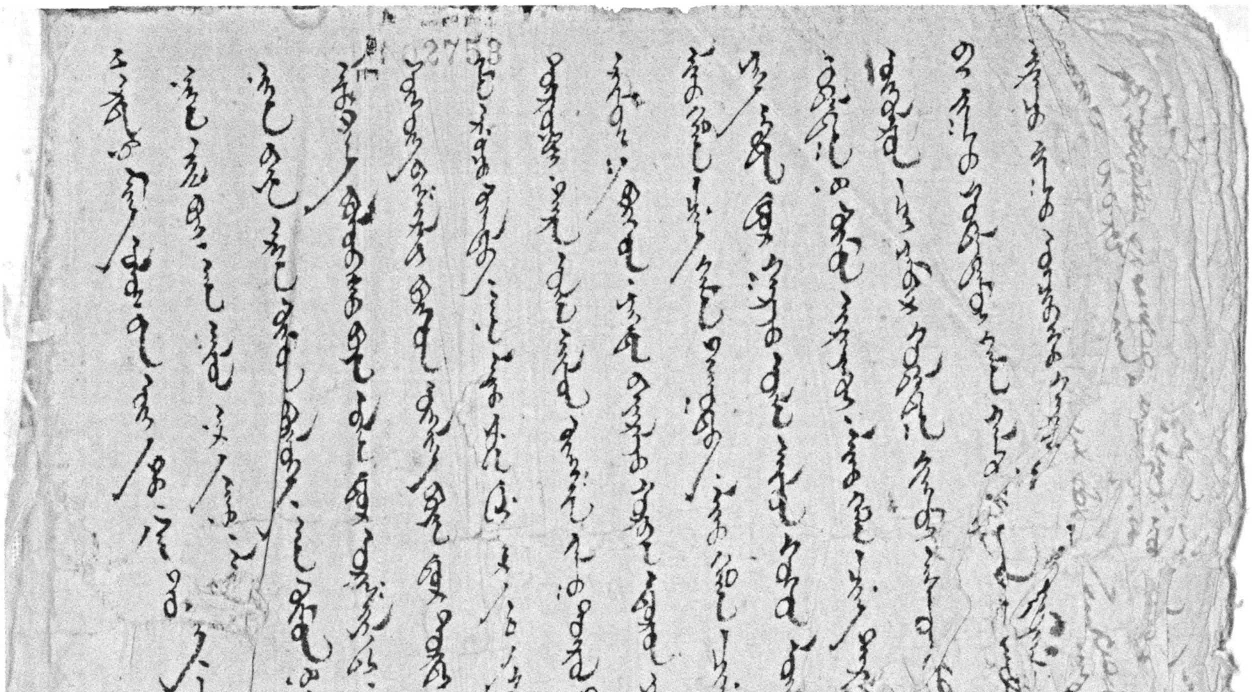

图 4-2-46　蒙古文《忠义刘关张》

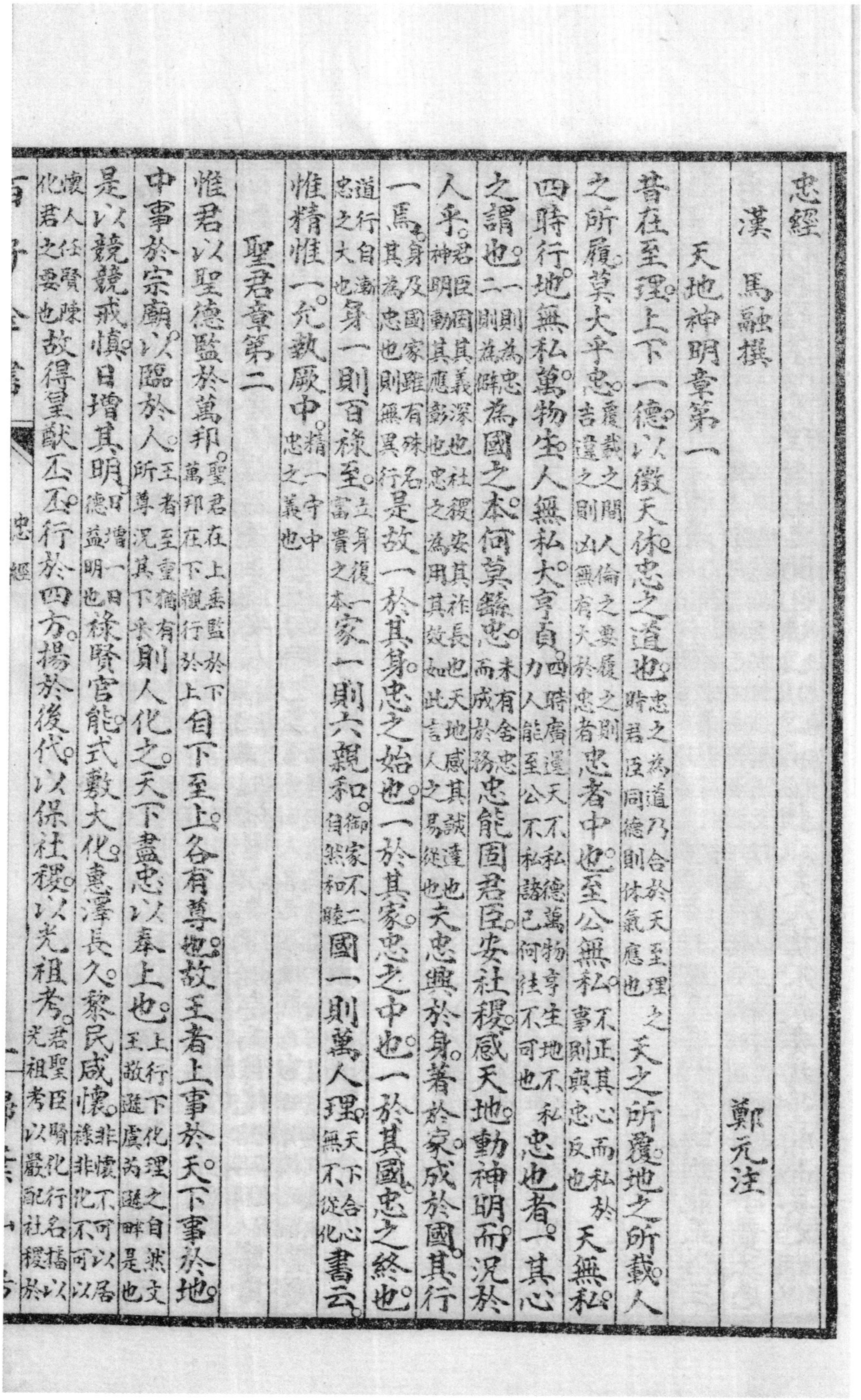
忠經
漢　馬融撰　　鄭玄注
天地神明章第一
昔在至理上下一德以徵天休忠之道也忠之為道乃合於天至理之時君臣同德則休氣應也天之所覆地之所載人
之所履莫大乎忠覆載之間人倫之要履之則吉違之則凶無有大於忠者忠者中也至公無私不正其心而私於事則與忠反也天無私
四時行地無私萬物生人無私大亨貞四時廣運天不私德萬物亨生地不私力人能至公不私諸己何往不可也忠也者一其心
之謂也一則為忠二則為僻為國之本何莫繇忠未有舍忠而成於務忠能固君臣安社稷感天地動神明而況於
人乎君臣固其義深也社稷安其祚長也天地感其誠達也神明動其應彰也忠之為用其效如此言人之易從也夫忠興於身著於家成於國其行
一焉身及國家雖有殊名其為忠也則無異行是故一於其身忠之始也一於其家忠之中也一於其國忠之終也
道行自邇忠之大也身一則百祿至立身復一富貴之本家一則六親和御家不二自然和睦國一則萬人理天下合心無不從化書云
惟精惟一允執厥中精一守中忠之義也
聖君章第二
惟君以聖德監於萬邦聖君在上垂監於下萬邦在下觀行於上自下至上各有尊也故王者上事於天下事於地
中事於宗廟以臨於人王者至重猶有所尊況其下乎則人化之天下盡忠以奉上也上行下化理之自然文王敬遜虞芮遜畔是也
是以兢兢戒慎日增其明日增一日德益明也祿賢官能式敷大化惠澤長久黎民咸懷非懷不可以居祿非化不可以
懷人任賢陳化君之要也故得皇猷丕丕行於四方揚於後代以保社稷以光祖考君聖臣賢化行名播以光祖考以嚴配社稷於

图 4-2-47 《忠经》

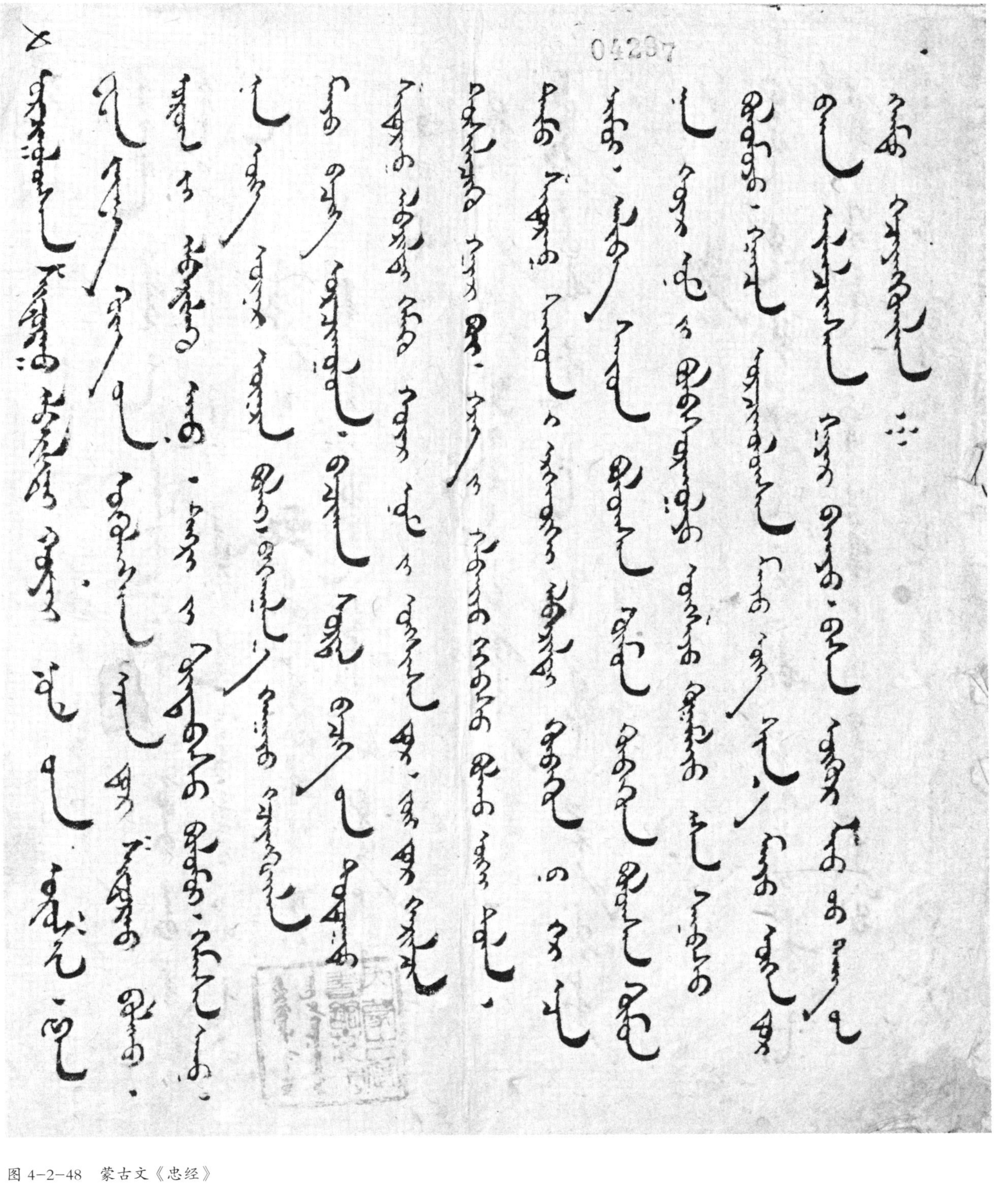

图 4-2-48　蒙古文《忠经》

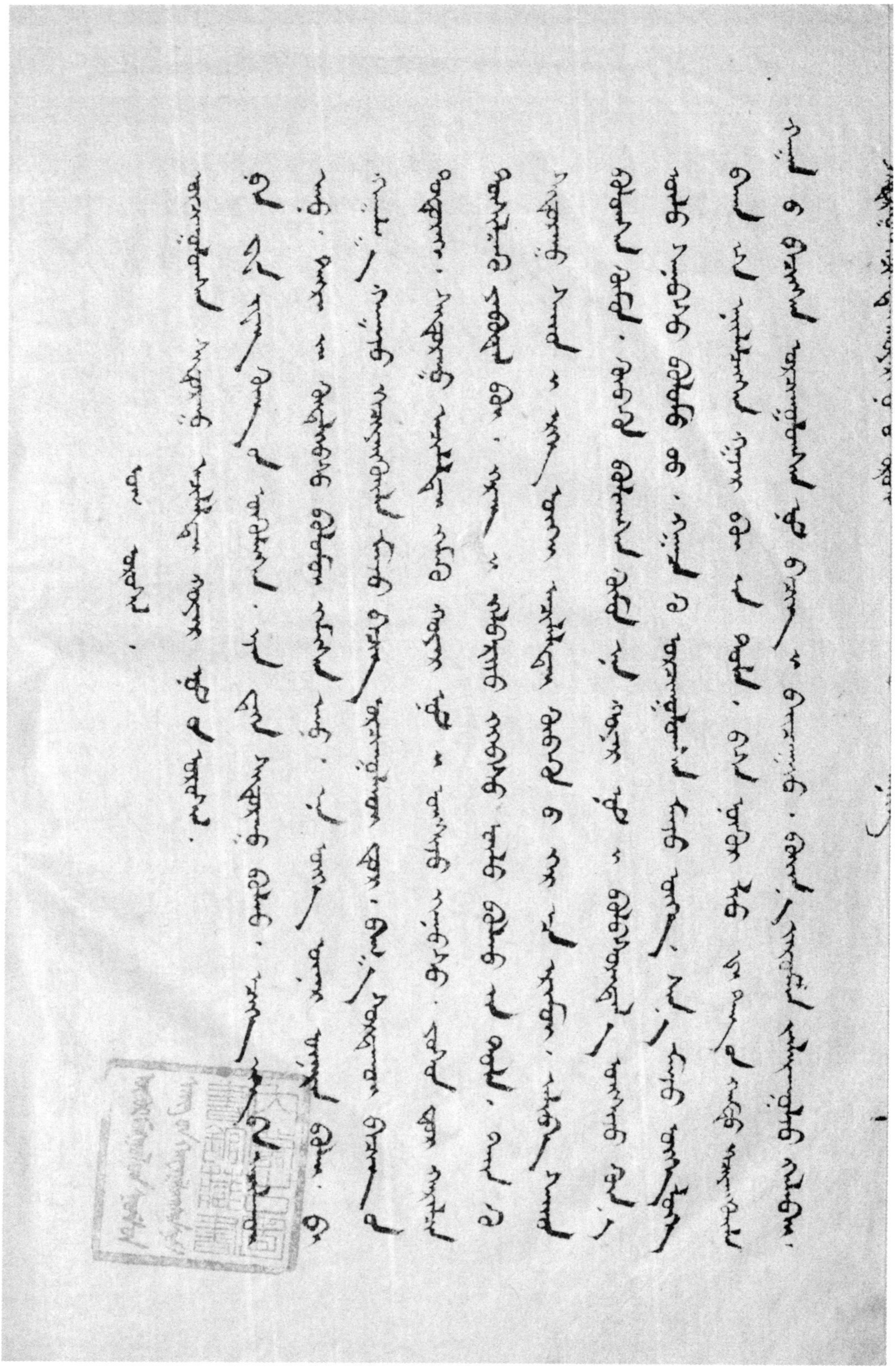

图 4-2-49　蒙古文《忠经·孝经》

三、爱国精神

各族人民在千百年的历史进程中，不仅创造了灿烂的中华文化，还形成了以爱国主义为核心的民族精神。昭君出塞、文成公主进藏、凉州会盟、瓦氏夫人抗倭、土尔扈特部万里东归、锡伯族万里戍边等历史佳话，生动诠释了中华民族精神是各族人民共同培育、继承、发展起来的。

《隋书·列女传·谯国夫人》（图4–2–50）记载南朝至隋初，岭南地区少数民族女首领冼夫人，为岭南的稳定和国家的统一做出了杰出的贡献：“谯国夫人者，高凉冼氏之女也。世为南越首领，跨据山洞，部落十余万家……后广州刺史欧阳纥谋反，召仆至高安，诱与为乱。仆遣使归告夫人，夫人曰：‘我为忠贞，经今两代，不能惜汝辄负国家。’遂发兵拒境，帅百越酋长迎章昭达，内外逼之，纥徒溃散。”

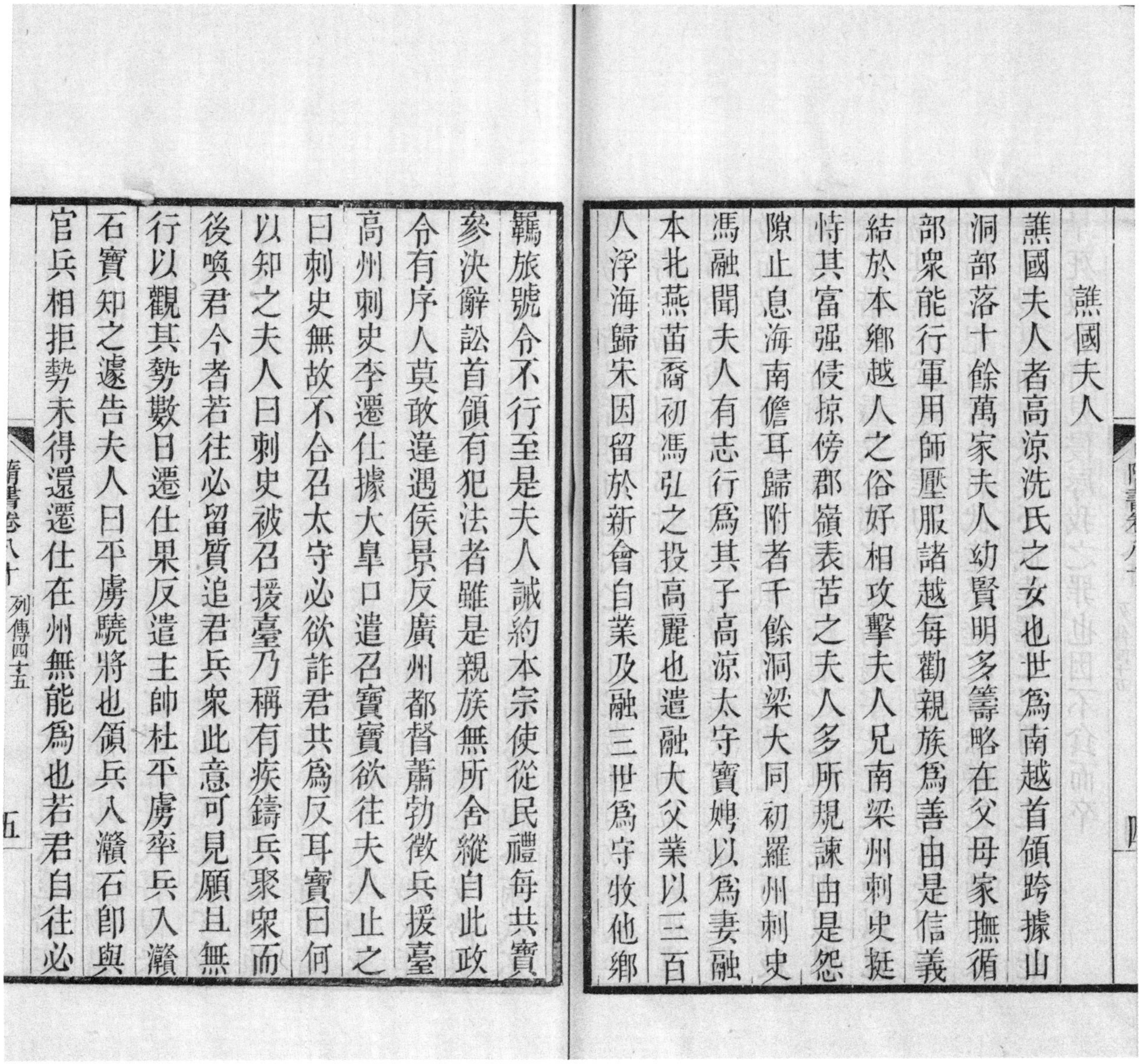
譙國夫人
譙國夫人者高涼洗氏之女也世爲南越首領跨據山洞部落十餘萬家夫人幼賢明多籌略在父母家撫循部衆能行軍用師壓服諸越每勸親族爲善由是信義結於本鄉越人之俗好相攻擊夫人兄南梁州刺史挺恃其富强侵掠傍郡嶺表苦之夫人多所規諫由是怨隙止息海南儋耳歸附者千餘洞梁大同初羅州刺史馮融聞夫人有志行爲其子高涼太守寶娉以爲妻融本北燕苗裔初馮弘之投高麗也遣融大父業以三百人浮海歸宋因留於新會自業及融三世爲守牧他鄉羈旅號令不行至是夫人誡約本宗使從民禮每共寶參決辭訟首領有犯法者雖是親族無所舍縱自此政令有序人莫敢違遇侯景反廣州都督蕭勃徵兵援臺高州刺史李遷仕據大皐口遣召寶寶欲往夫人止之曰刺史無故不合召太守必欲詐君共爲反耳寶曰何以知之夫人曰刺史被召援臺乃稱有疾鑄兵聚衆而後喚君今者若往必留質追君兵衆此意可見願且無行以觀其勢數日遷仕果反遣主帥杜平虜率兵入灨石寶知之遽告夫人曰平虜驍將也領兵入灨石即與官兵相拒勢未得還遷仕在州無能爲也若君自往必

隋書卷八十　列傳四十五　五

图4–2–50（1）《隋书·列女传·谯国夫人》

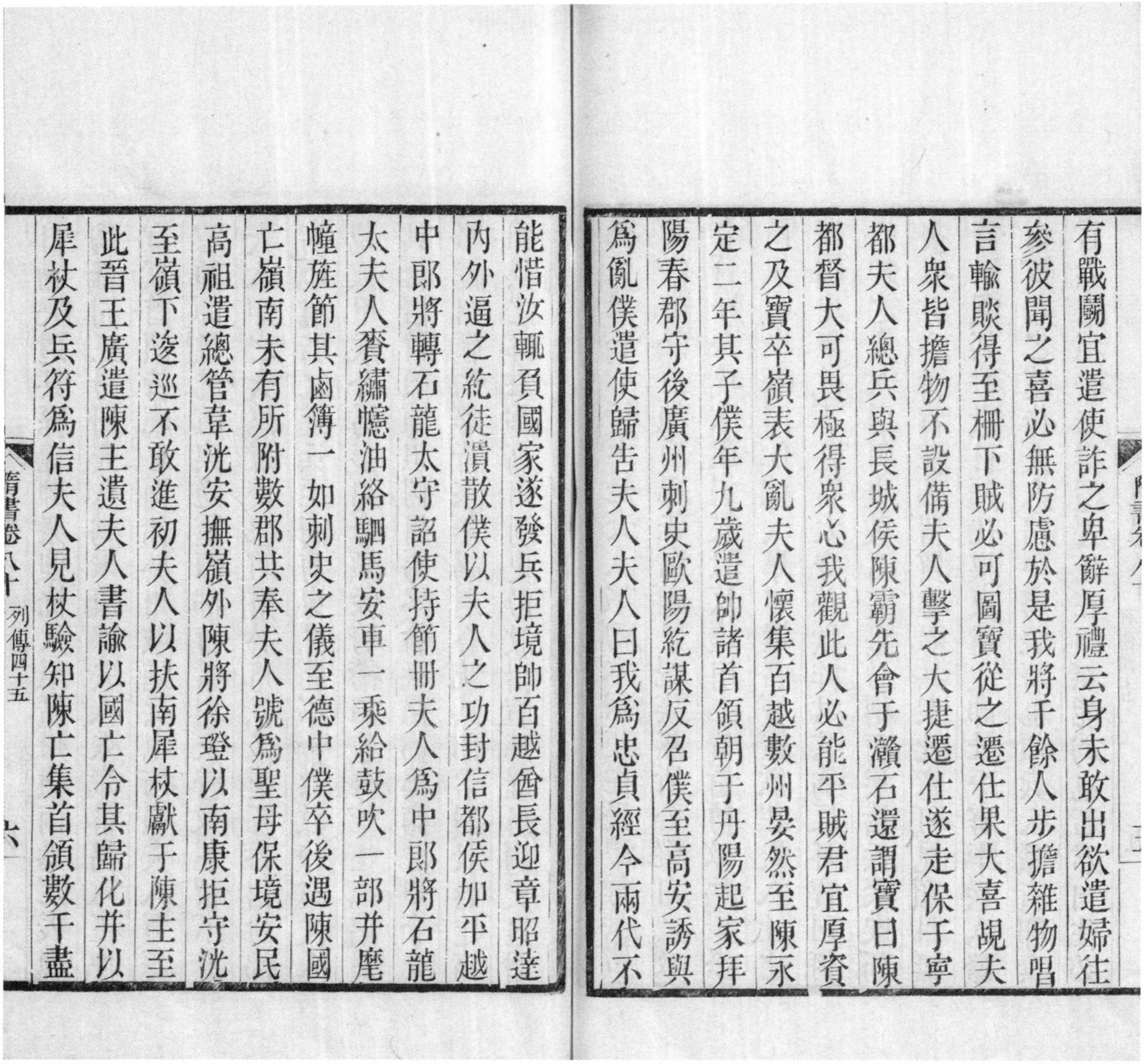
有戰鬭宜遣使詐之卑辭厚禮云身未敢出欲遣婦往參彼聞之喜必無防慮於是我將千餘人步擔雜物唱言輸賧得至柵下賊必可圖寶從之遷仕果大喜覘夫人衆皆擔物不設備夫人擊之大捷遷仕遂走保于寧都夫人總兵與長城侯陳霸先會于灨石還謂寶曰陳都督大可畏極得衆心我觀此人必能平賊君宜厚資之及寶卒嶺表大亂夫人懷集百越數州晏然至陳永定二年其子僕年九歲遣帥諸首領朝于丹陽起家拜陽春郡守後廣州刺史歐陽紇謀反召僕至高安誘與爲亂僕遣使歸告夫人夫人曰我爲忠貞經今兩代不能惜汝輒負國家遂發兵拒境帥百越酋長迎章昭達內外逼之紇徒潰散僕以夫人之功封信都侯加平越中郎將轉石龍太守詔使持節冊夫人爲中郎將石龍太夫人賚繡幰油絡駟馬安車一乘給鼓吹一部并麾幢旌節其鹵簿一如刺史之儀至德中僕卒後遇陳國亡嶺南未有所附數郡共奉夫人號爲聖母保境安民高祖遣總管韋洸安撫嶺外陳將徐璒以南康拒守洸至嶺下逡巡不敢進初夫人以扶南犀杖獻于陳主至此晉王廣遣陳主遺夫人書諭以國亡令其歸化并以犀杖及兵符爲信夫人見杖驗知陳亡集首領數千盡

隋書卷八十 列傳四十五 六

图 4-2-50（2）《隋书·列女传·谯国夫人》

《明史·贵州土司》（图 4-2-51）记载了为维护祖国统一、民族团结和社会安定做出杰出贡献的明朝彝族女政治家奢香夫人巩固边防的故事：“十七年，奢香率所属来朝，并诉晔激变状，且愿效力开四鄙，世世保境。帝悦，赐香锦绮、珠翠、如意冠、金环袭衣，而召晔还罪之。香遂开偏桥水东，以达乌蒙、乌撒及容山、草塘诸境，立龙场九驿。”

《明史·广西土司二》（图 4-2-52）记载了瓦氏夫人抗倭的事迹：“（嘉靖）三十四年，田州土官妇瓦氏以儿狼兵应调至苏州剿倭，隶于总兵俞大猷麾下。以杀贼多，诏赏瓦氏及其孙男岑大寿、大禄银帑，余令军门奖赏。”

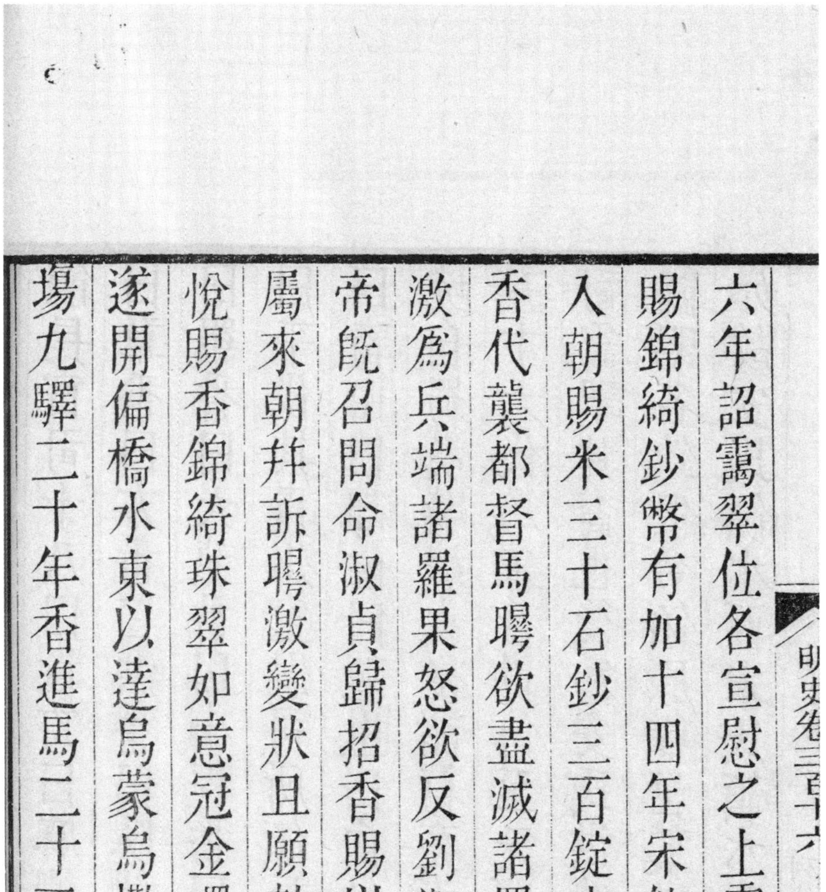
六年詔靄翠位各宣慰之上靄翠每年貢方物與馬帝賜錦綺鈔幣有加十四年宋欽死妻劉淑貞隨其子誠入朝賜米三十石鈔三百錠衣三襲時靄翠亦死妻奢香代襲都督馬曄欲盡滅諸羅代以流官故以事撻香激爲兵端諸羅果怒欲反劉淑貞聞止之爲走愬京師帝旣召問命淑貞歸招香賜以綺鈔十七年奢香率所屬來朝幷訴曄激變狀且願効力開西鄙世世保境帝悅賜香錦綺珠翠如意冠金環襲衣而召曄還罪之香遂開偏橋水東以達烏蒙烏撒及容山草塘諸境立龍場九驛二十年香進馬二十三匹每歲定輸賦三萬石

图 4-2-51 《明史·贵州土司》

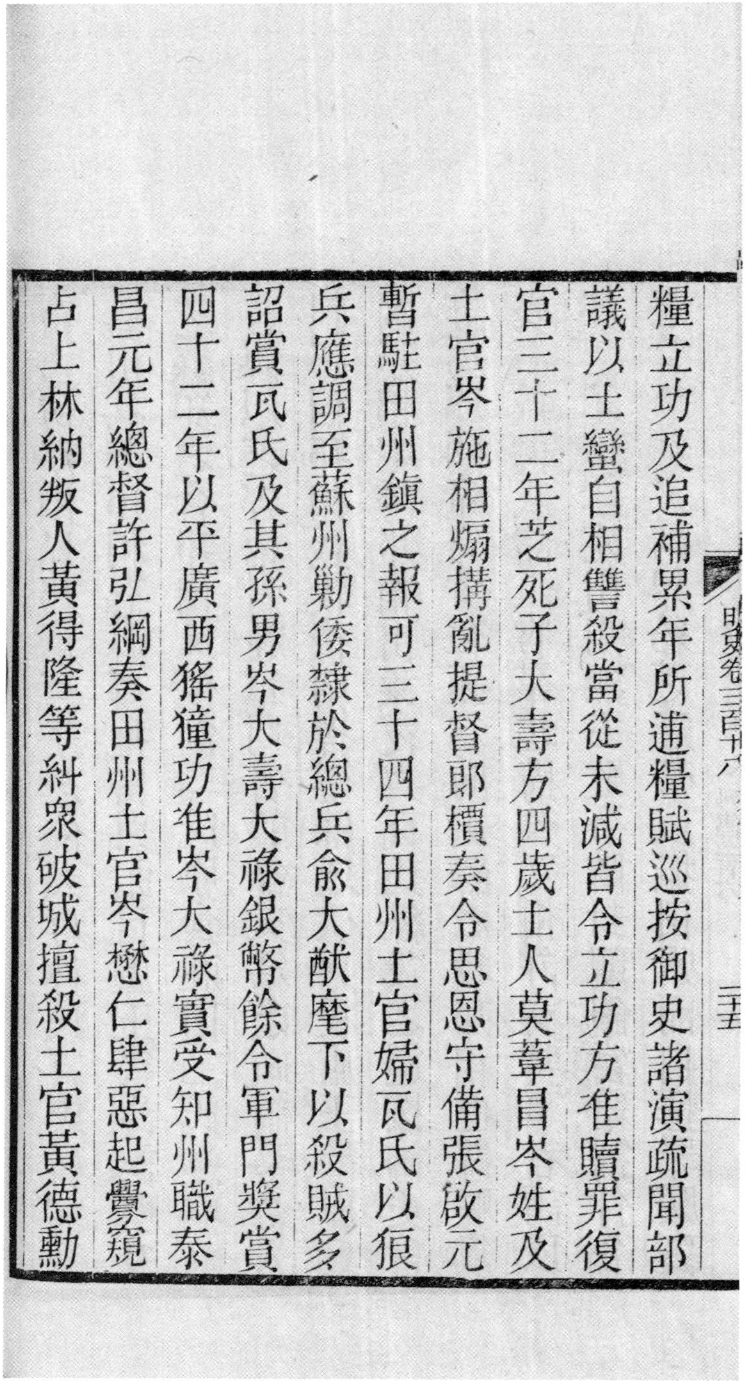
糧立功及追補累年所逋糧賦巡按御史諸演疏聞部議以土蠻自相讐殺當從末減皆令立功方准贖罪復官三十二年芝死子大壽方四歲土人莫葦冒岑姓及土官岑施相煽搆亂提督郎檟奏令思恩守備張啟元暫駐田州鎮之報可三十四年田州土官婦瓦氏以狼兵應調至蘇州勦倭隸於總兵俞大猷麾下以殺賊多詔賞瓦氏及其孫男岑大壽大祿銀幣餘令軍門獎賞四十二年以平廣西猺獞功准岑大祿實受知州職泰昌元年總督許弘綱奏田州土官岑懋仁肆惡起釁窺占上林納叛人黃得隆等糾衆破城擅殺土官黃德勳

图 4–2–52 《明史·广西土司二》

《钦定外藩蒙古回部王公表传》（图 4–2–53）记载了清朝土尔扈特部万里东归的爱国故事：“今之汗渥巴锡者，即阿玉奇之曾孙也。以俄罗斯征调师旅不息，近且征其子入质，俄罗斯又属别教，非黄教，故与合族台吉密谋，挈全部投中国兴黄教之地，以息肩焉。自去岁十一月启行，由额济勒历哈萨克，绕巴勒喀什诺尔戈壁，于今岁六月杪始至伊犁之沙拉伯勒界，凡八月历万有余里。”乾隆年间的土尔扈特部万里东归的故事，记述了一个整整十七万人的部族，怀揣着一定要回家的信念，突破千难万阻，跋涉于中俄两地，谱写出的爱国主义壮丽诗篇。

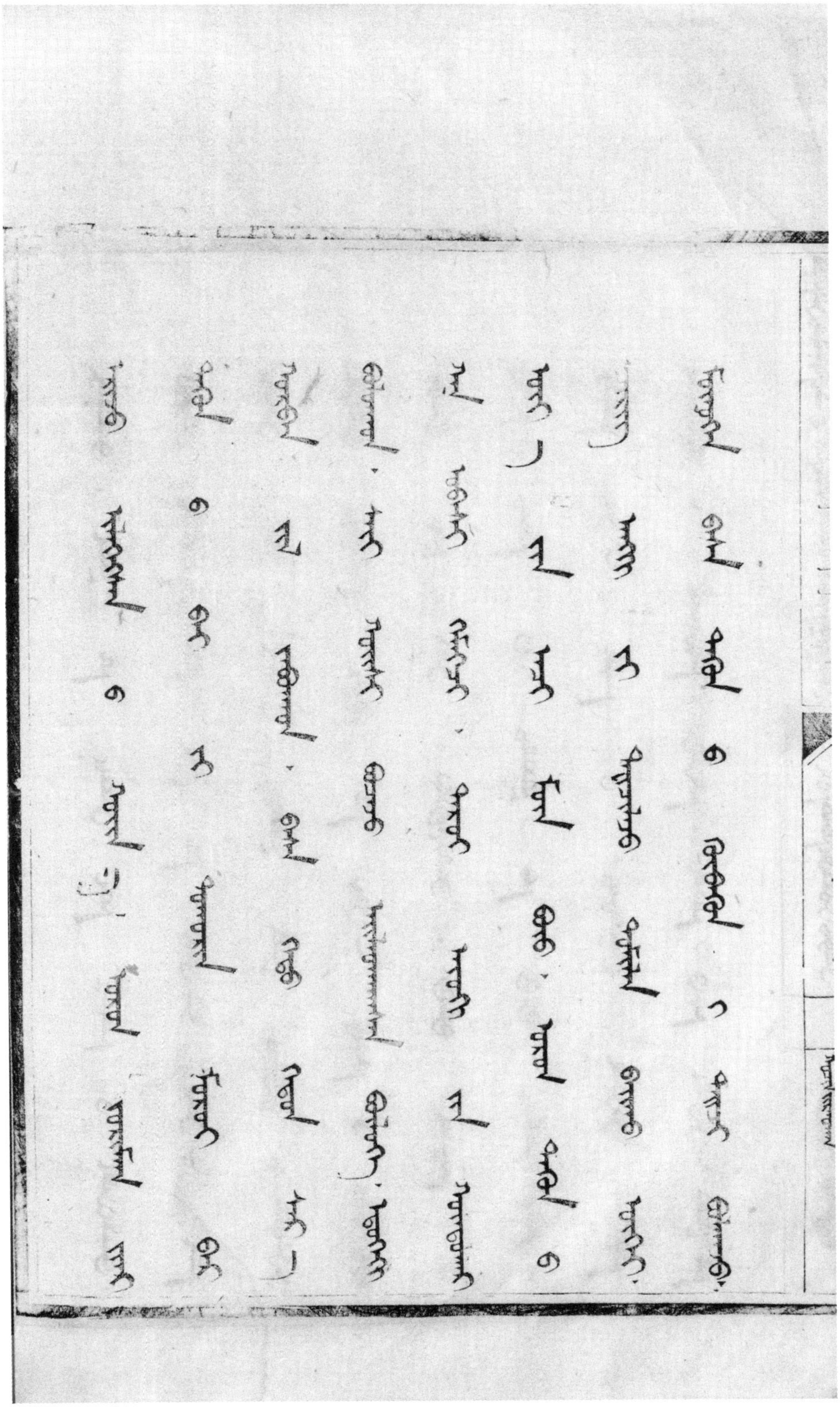

图4-2-53（1） 蒙古文《钦定外藩蒙古回部王公表传》卷一百一

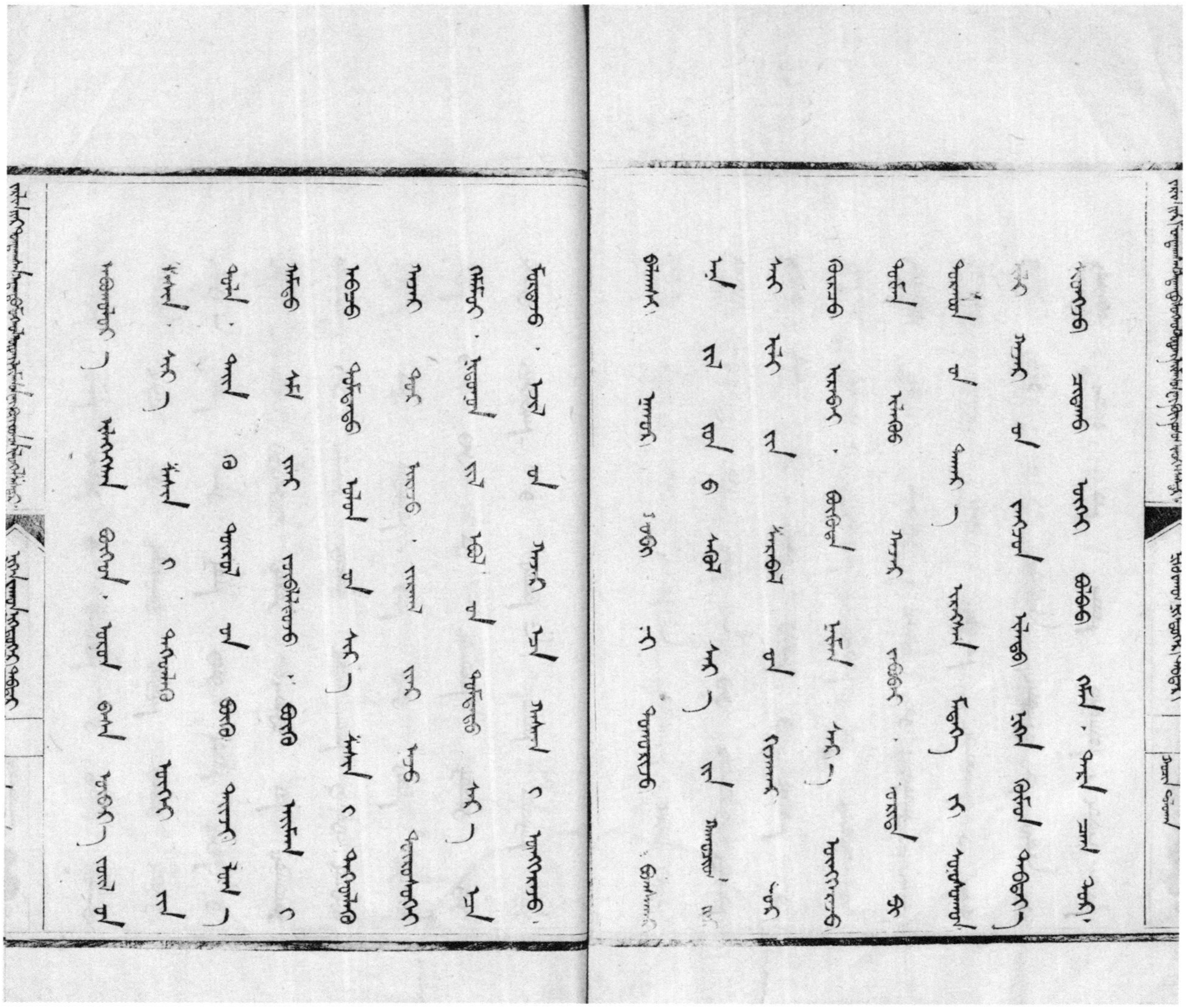

图 4-2-53（2） 蒙古文《钦定外藩蒙古回部王公表传》卷一百一

四、社会教化

三纲五常是对儒家政治道德、社会道德、家庭道德以及个人道德的总概括，也是古代德育的重要内容。三纲是指君臣、父子、夫妻三组人伦关系；五常是指仁、义、礼、智、信五种道德准则。《程氏经说·书解》(图4-2-54)："慎徽五典，五典克从。尧既命之以位，而舜敬美其五常之教。'五典'，谓父子有亲，君臣有义，夫妇有别，长幼有序，朋友有信也。'五'者，人伦也。言'长幼'，则兄弟尊卑备矣；言'朋友'，则乡党宾客备矣。孔氏谓'父义、母慈、兄友、弟恭、子孝'，乌能尽人伦哉？夫妇，人伦之本，夫妇正而后父子亲，而遗之可乎？孟子云：'尧使契为司徒，教以人伦。'五者，人伦大典，岂舜有以易之乎？五典克从，则左氏所谓无违教也。"

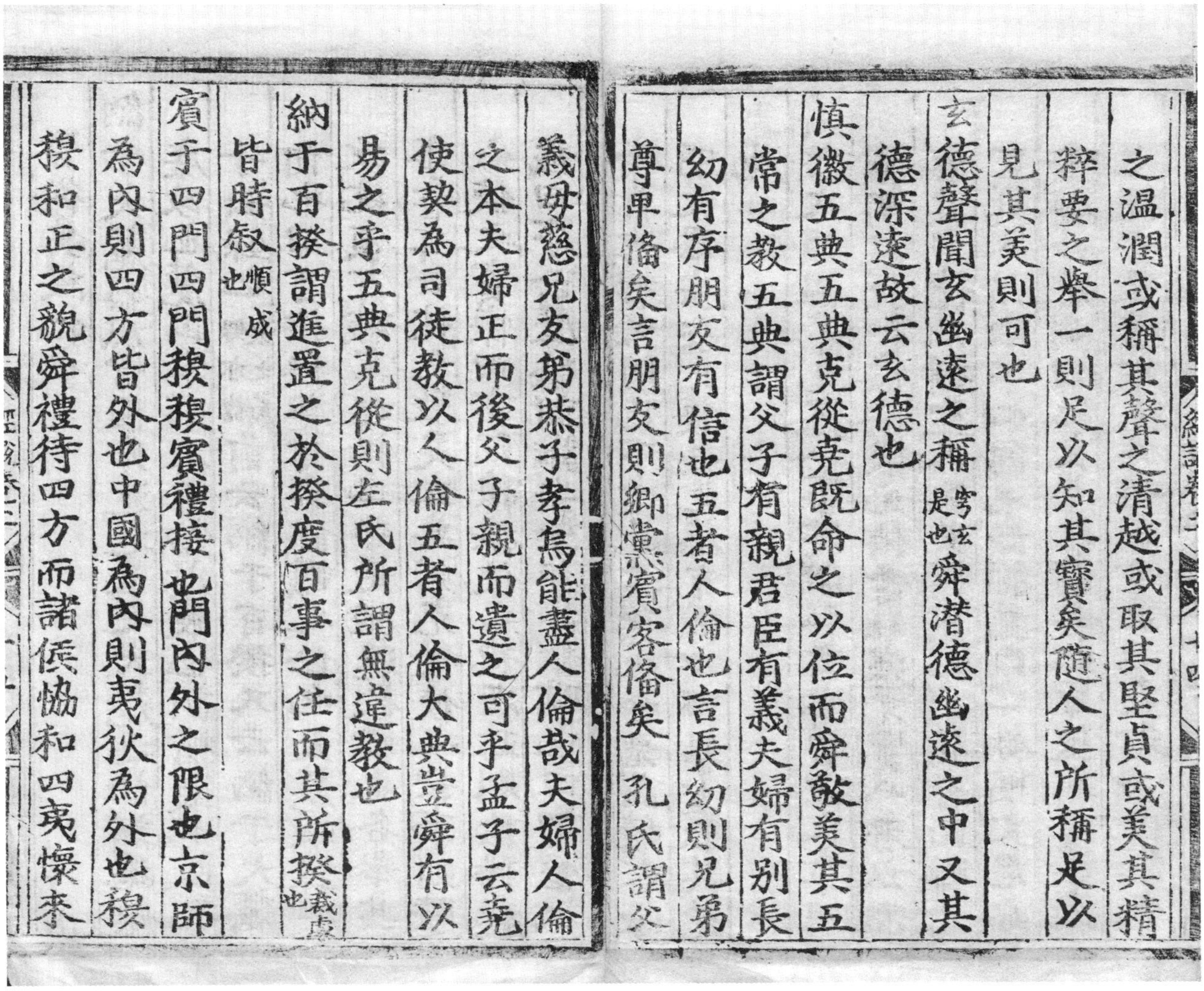
之溫潤或稱其聲之清越或取其堅貞或美其精
粹要之舉一則足以知其寶矣隨人之所稱足以
見其美則可也
玄德聲聞玄幽遠之稱（窮玄是也）舜潛德幽遠之中又其
德深遠故云玄德也
慎徽五典五典克從堯既命之以位而舜敬美其五
常之教五典謂父子有親君臣有義夫婦有別長
幼有序朋友有信也五者人倫也言長幼則兄弟
尊卑備矣言朋友則鄉黨賓客備矣　孔氏謂父
義母慈兄友弟恭子孝爲能盡人倫哉夫婦人倫
之本夫婦正而後父子親而遺之可乎孟子云堯
使契爲司徒教以人倫五者人倫大典豈舜有以
易之乎五典克從則左氏所謂無違教也
納于百揆謂進置之於揆度百事之任而其所揆（裁度也）
皆時敘（順成也）
賓于四門四門穆穆賓禮接也門內外之限也京師
爲內則四方皆外也中國爲內則夷狄爲外也穆
穆和正之貌舜禮待四方而諸侯協和四夷懷來

图 4-2-54　《程氏经说·书解》

关于三纲五常的汉文古籍有《五伦图说》、《白虎通德论》(图4-2-55)、《人镜阳秋》(图4-2-56)等。《人镜阳秋》成书于明万历二十七年(1599)前后，记载了历朝历代的道德楷模故事。每一个故事之前都配有一幅双面连式插图，共计三百五十八幅。收录了岳飞精忠报国、花木兰替父从军、陶渊明不为五斗米折腰、范蠡兴越灭吴功成身退等践行忠、孝、节、义美德的典型代表事例。

许多弘扬仁义礼智信的典籍被翻译或者节译为不同语言文字译本，并在少数民族地区流传，如蒙古文《五伦规范》《五伦图说》《三纲五常》、满文《五伦图说》(图4-2-57)等。

古人讲究治国、齐家、平天下，家庭伦理也是古代德教的主要内容。齐家的一个重要内容就是养育子女，因而古人非常重视家庭文化的建设，家规、家训文化发达，产生了大量训言类典籍，如《颜氏家训》《了凡四训》《朱子训言》《圣祖仁皇帝庭训格言》等。

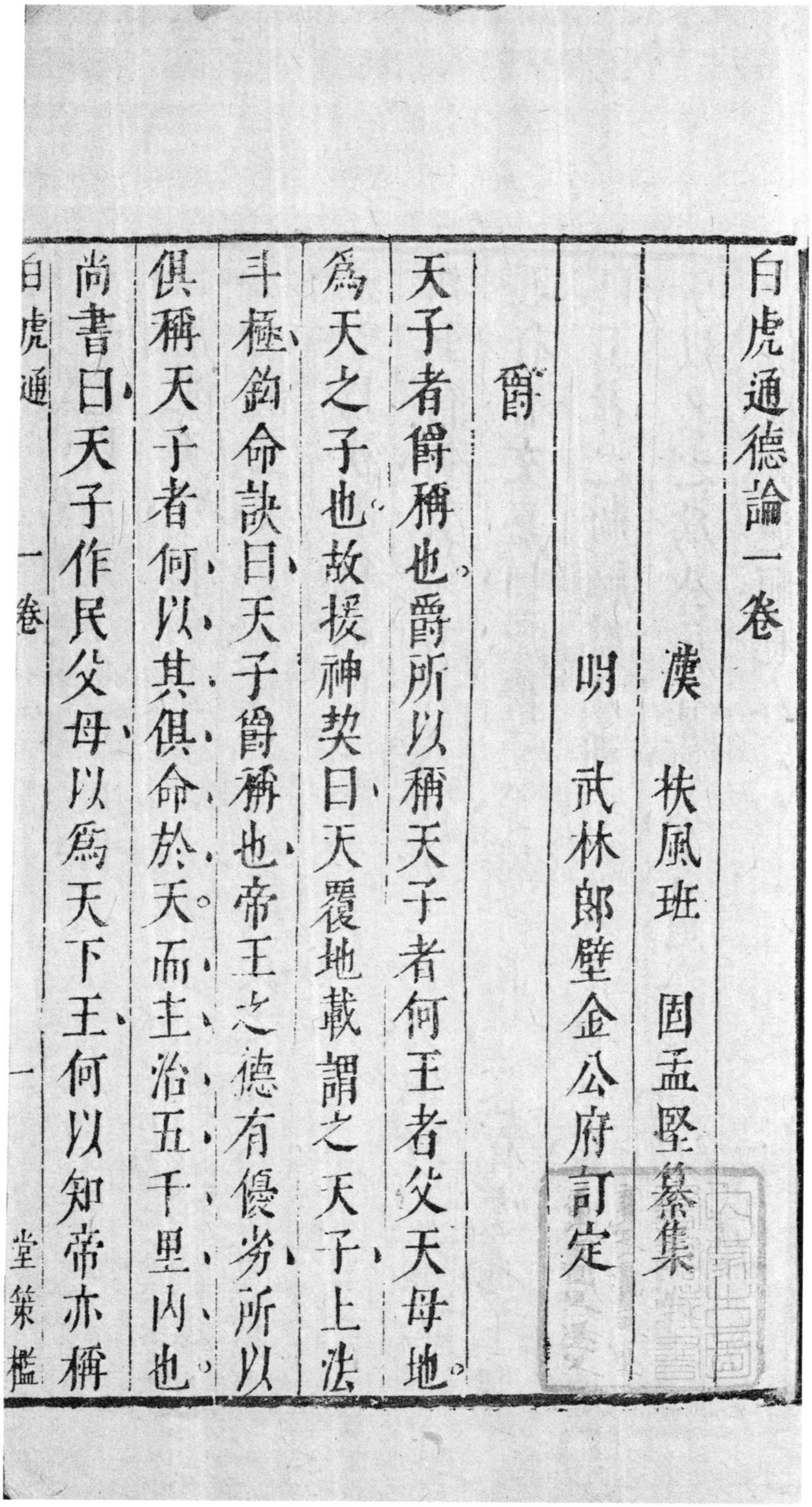
白虎通德論一卷

漢　扶風班　固孟堅纂集

明　武林郎壁金公府訂定

爵

天子者爵稱也爵所以稱天子者何王者父天母地爲天之子也故援神契曰天覆地載謂之天子上法斗極鉤命訣曰天子爵稱也帝王之德有優劣所以俱稱天子者何以其俱命於天而王治五千里內也尚書曰天子作民父母以爲天下王何以知帝亦稱

白虎通　一卷　一　堂策檻

图 4-2-55 《白虎通德论》

图 4-2-56（1）《人镜阳秋》

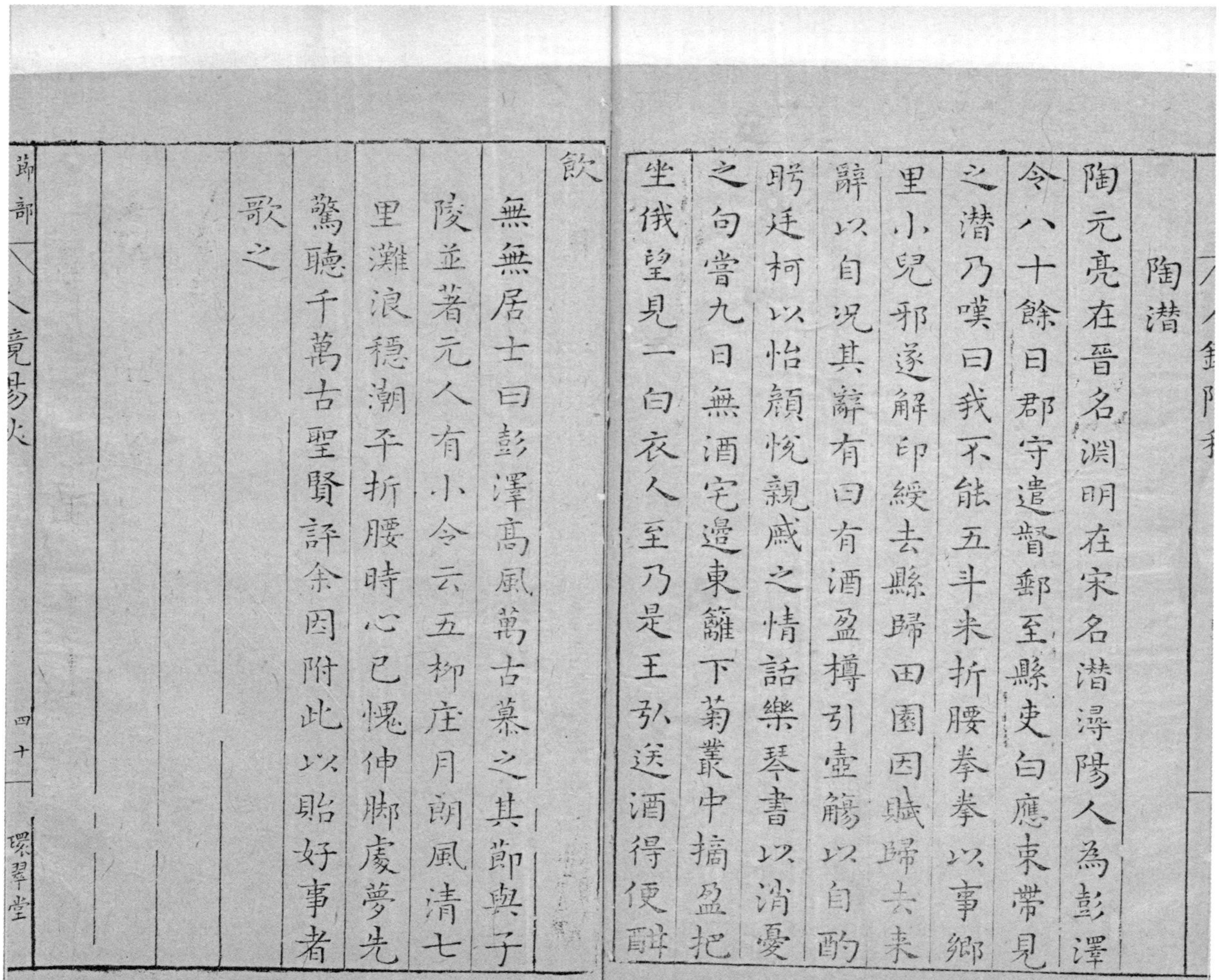
陶潛
陶元亮在晉名淵明在宋名潛潯陽人為彭澤
令八十餘日郡守遣督郵至縣吏白應束帶見
之潛乃嘆曰我不能五斗米折腰拳拳以事鄉
里小兒邪遂解印綬去縣歸田園因賦歸去來
辭以自況其辭有曰有酒盈樽引壺觴以自酌
眄庭柯以怡顏悅親戚之情話樂琴書以消憂
之句嘗九日無酒宅邊東籬下菊叢中摘盈把
坐俄望見一白衣人至乃是王弘送酒得便酣
飲
無無居士曰彭澤高風萬古慕之其節與子
陵並著元人有小令云五柳庄月朗風清七
里灘浪穩潮平折腰時心已愧伸脚處夢先
驚聽千萬古聖賢評余因附此以貽好事者
歌之
節部
人鏡陽秋
四十
環翠堂

图4-2-56（2）《人镜阳秋》

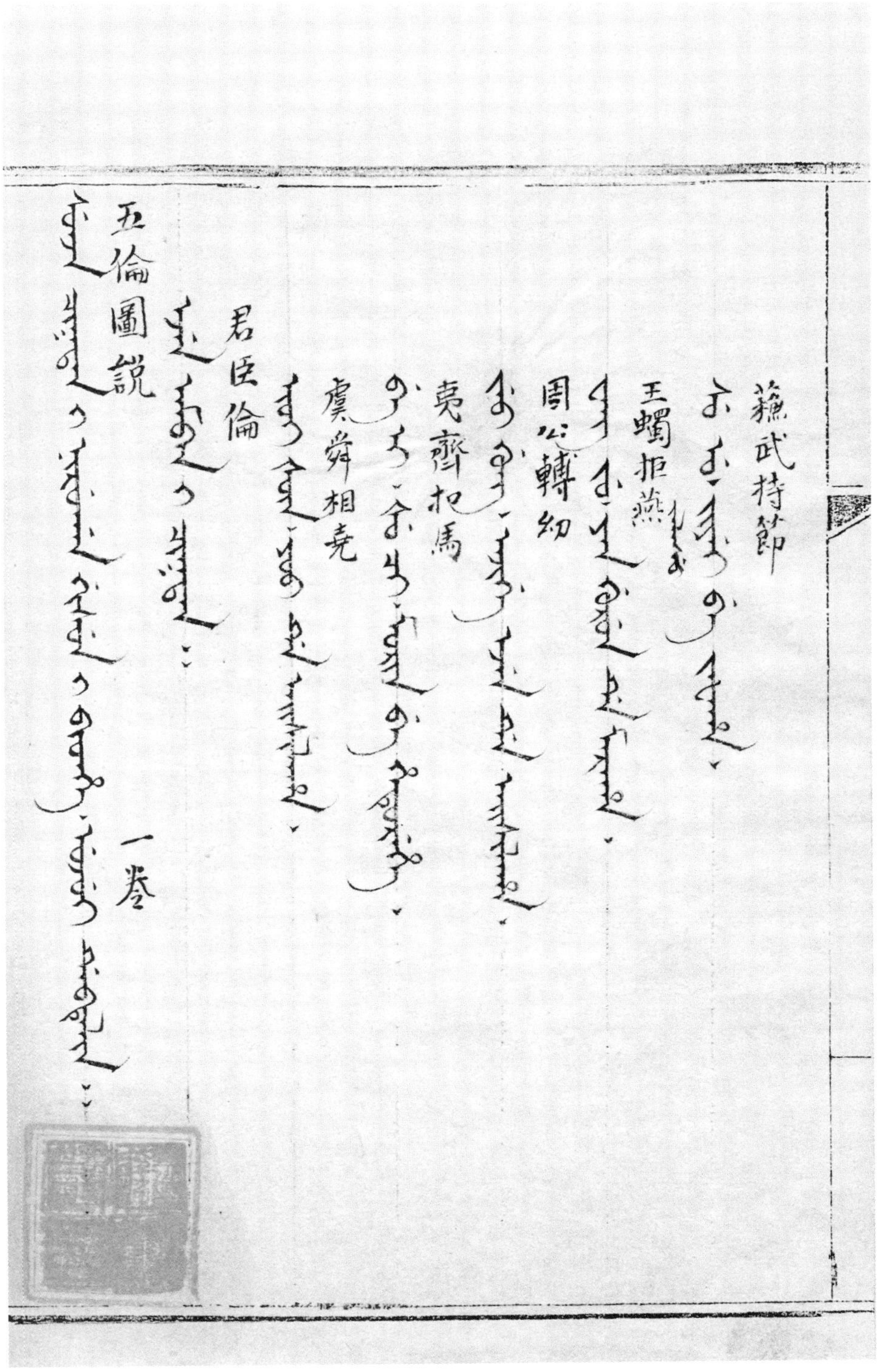

图4-2-57　满文《五伦图说》

《颜氏家训》(图4-2-58)共有二十篇，为北齐颜之推所著。内容是以传统儒家思想教育子弟，包括序致、教子、兄弟、后娶、治家、风操、慕贤、勉学、文章、名实等二十篇，讲如何修身、治家、处世、为学等。该书主张“学贵能行”，反对高谈阔论、不务实际，对当时的家庭教育理论做了概括总结。

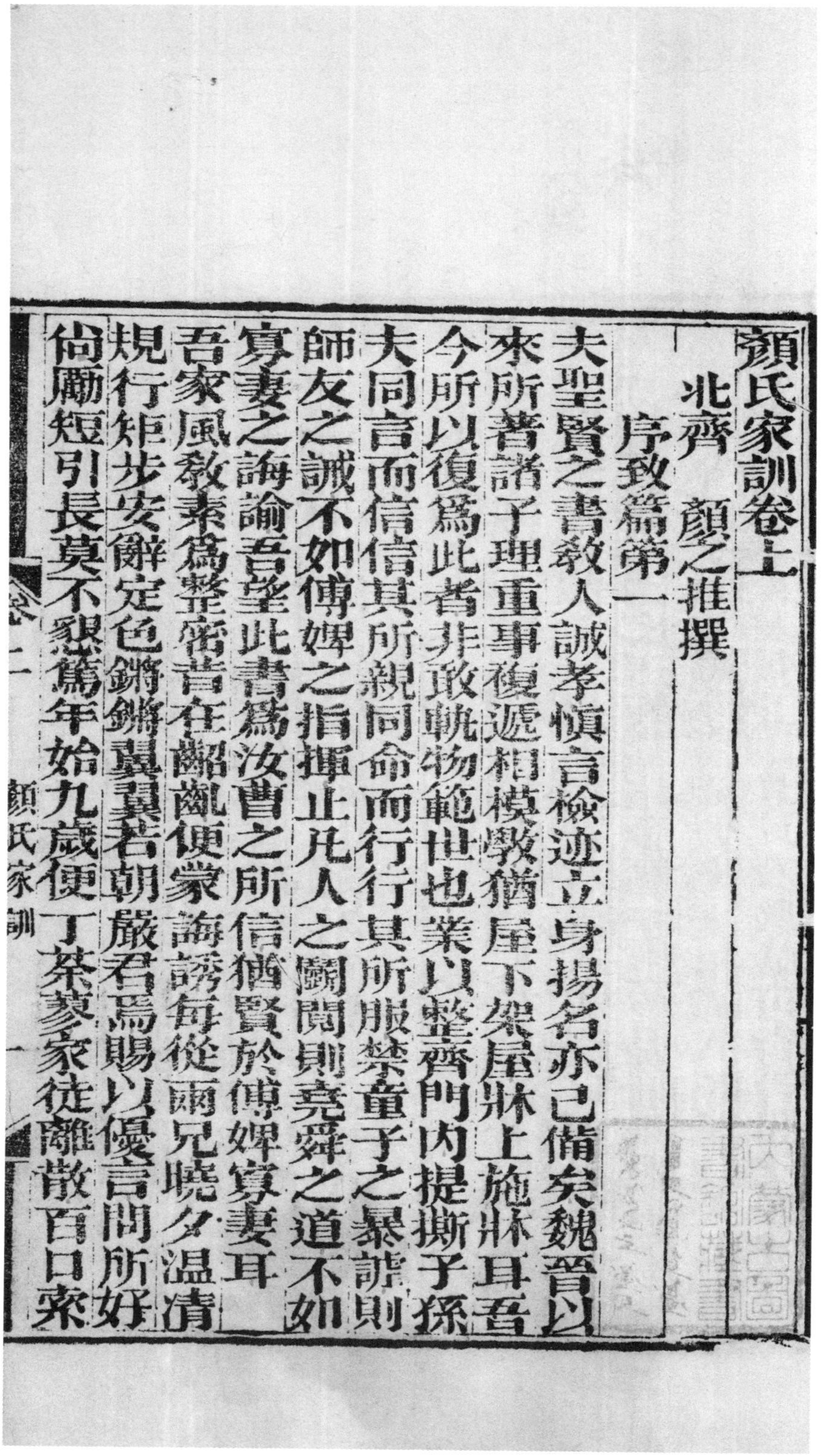
顏氏家訓卷上

北齊　顏之推撰

序致篇第一

夫聖賢之書教人誠孝慎言檢迹立身揚名亦已備矣魏晉以來所著諸子理重事複遞相模斆猶屋下架屋牀上施牀耳吾今所以復爲此者非敢軌物範世也業以整齊門內提撕子孫夫同言而信信其所親同命而行行其所服禁童子之暴謔則師友之誡不如傅婢之指揮止凡人之鬬鬩則堯舜之道不如寡妻之誨諭吾望此書爲汝曹之所信猶賢於傅婢寡妻耳

吾家風教素爲整密昔在齠齔便蒙誘誨每從兩兄曉夕溫凊規行矩步安辭定色鏘鏘翼翼若朝嚴君焉賜以優言問所好尚勵短引長莫不懇篤年始九歲便丁荼蓼家徒離散百口索

卷上　顏氏家訓　一

图 4-2-58 《颜氏家训》

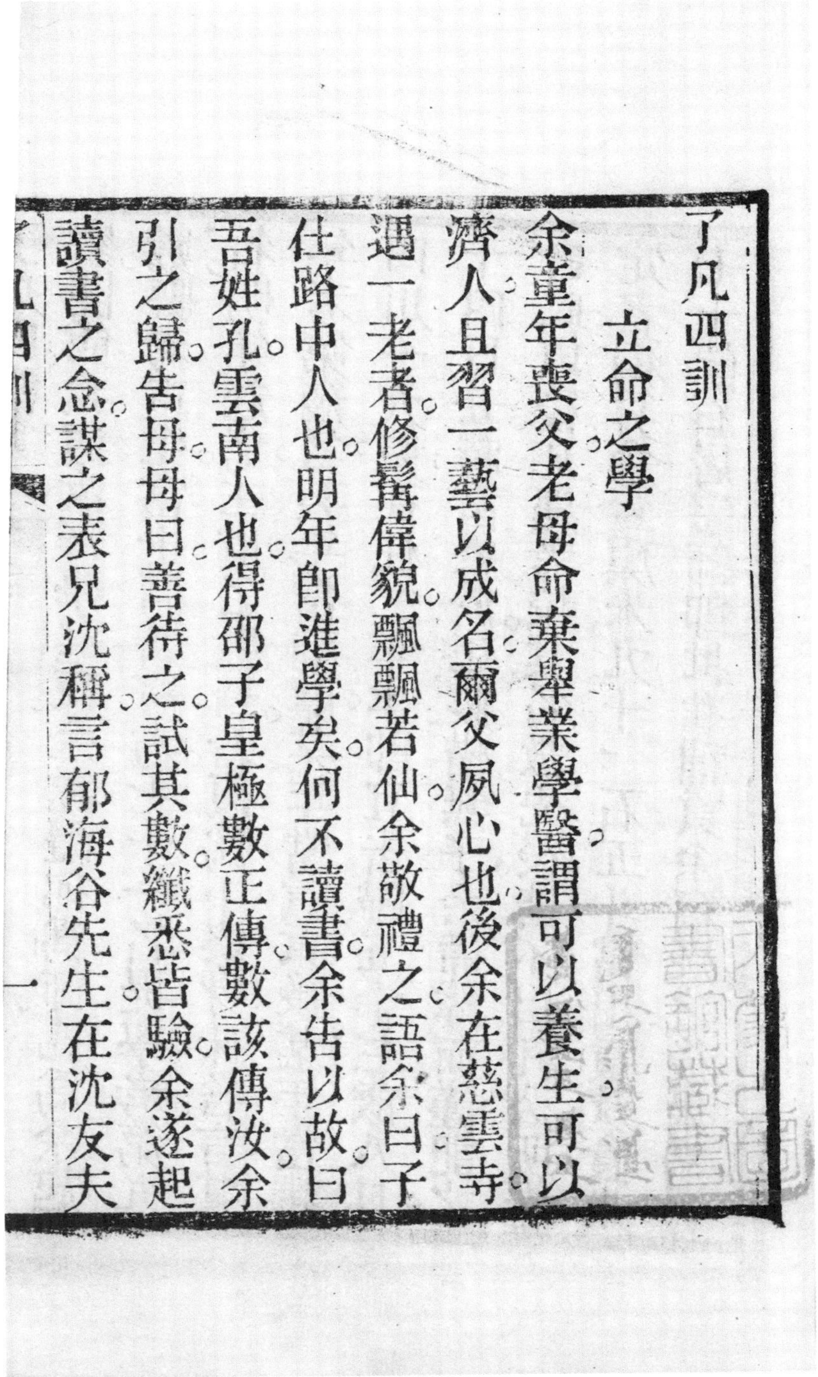
了凡四訓

立命之學

余童年喪父老母命棄舉業學醫謂可以養生可以濟人且習一藝以成名爾父夙心也後余在慈雲寺遇一老者修髯偉貌飄飄若仙余敬禮之語余曰子仕路中人也明年即進學矣何不讀書余告以故曰吾姓孔雲南人也得邵子皇極數正傳數該傳汝余引之歸告母母曰善待之試其數纖悉皆驗余遂起讀書之念謀之表兄沈稱言郁海谷先生在沈友夫

了凡四訓 一

图 4-2-59 《了凡四训》

《了凡四训》(图4-2-59)是一部劝善的通俗家训，分“立命之学”“改过之法”“积善之方”和“谦德之效”四个部分，“了凡”的意思是“不欲落凡夫窠臼也”。该书流传很广。

《圣祖仁皇帝庭训格言》主要包括处世、为君、治学、养生等方面的家训理念，体现了康熙帝对皇子的舐犊情深和谆谆教诲。康熙家训中的治学理念以传统意义上的读书明理为基础，在此之上要求子孙重视技艺教育，谨慎对待西学，同时强调生活常识的学习，在古代家训文化发展中具有十分重要的地位，有汉文本、满文本(图4-2-60、61)存世。

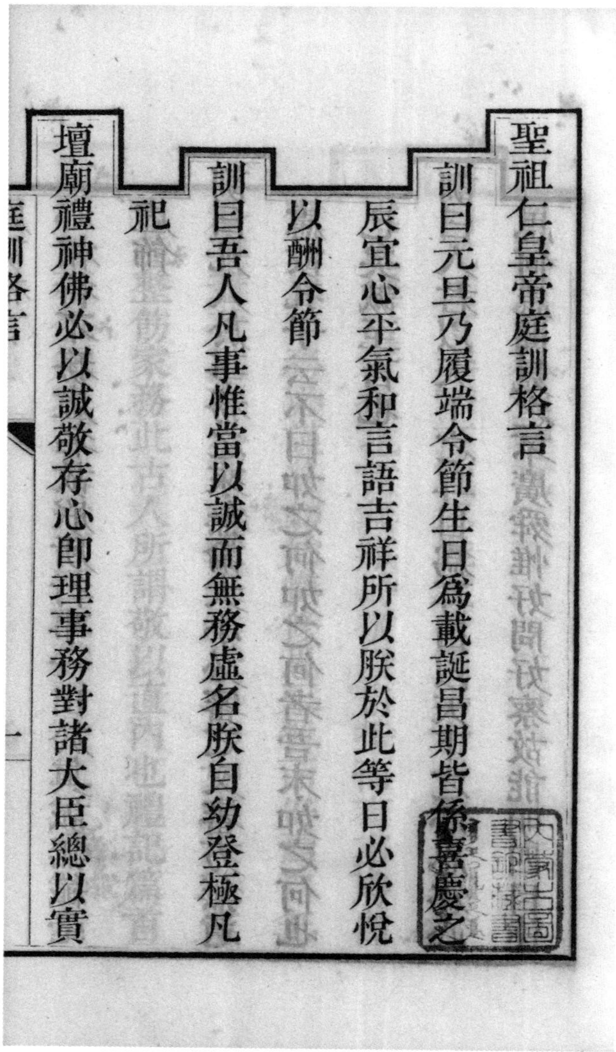

聖祖仁皇帝庭訓格言
訓曰元旦乃履端令節生日爲載誕昌期皆係喜慶之辰宜心平氣和言語吉祥所以朕於此等日必欣悅以酬令節
訓曰吾人凡事惟當以誠而無務虛名朕自幼登極凡祀壇廟禮神佛必以誠敬存心即理事務對諸大臣總以實

图 4-2-60 《圣祖仁皇帝庭训格言》

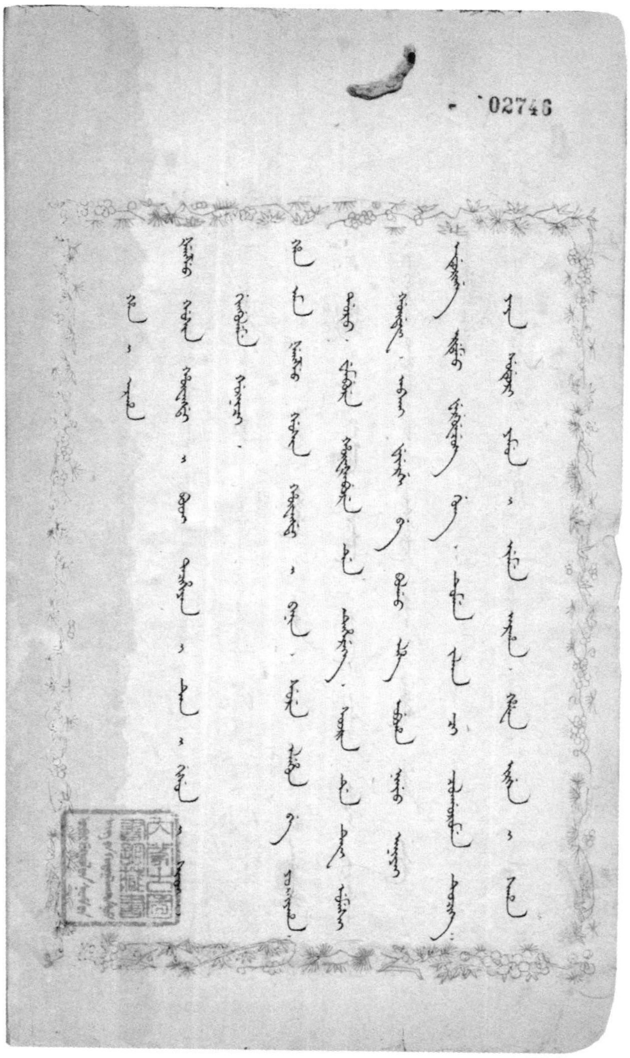

图 4-2-61 满文《圣祖仁皇帝庭训格言》

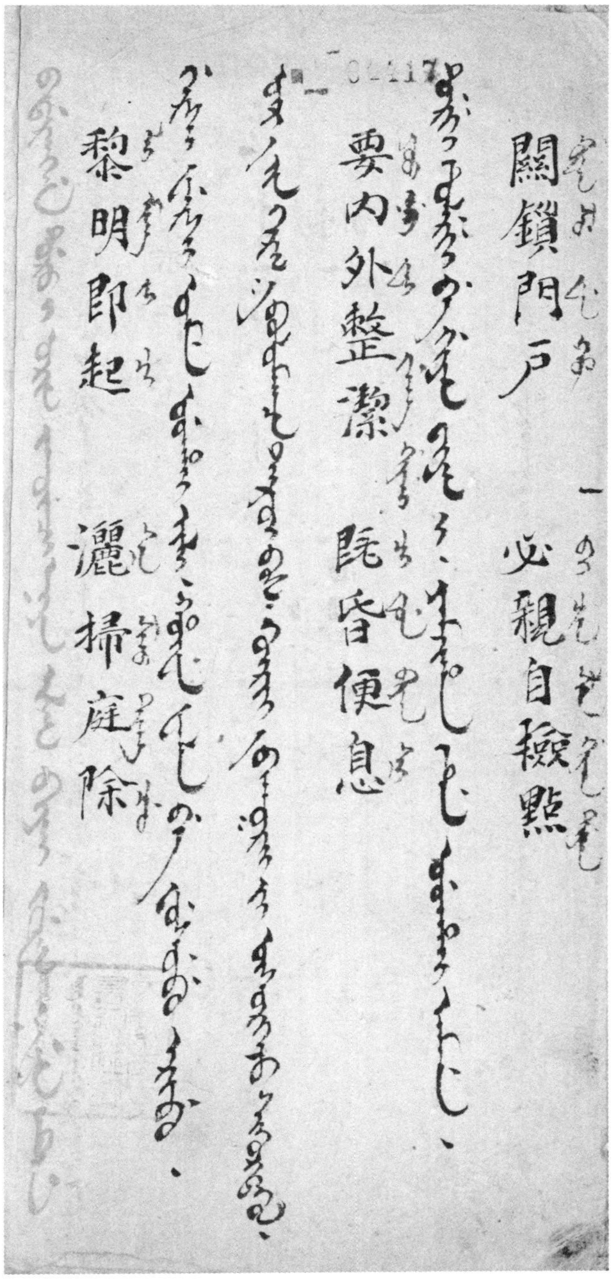

图 4-2-62　蒙古文《朱子训言》

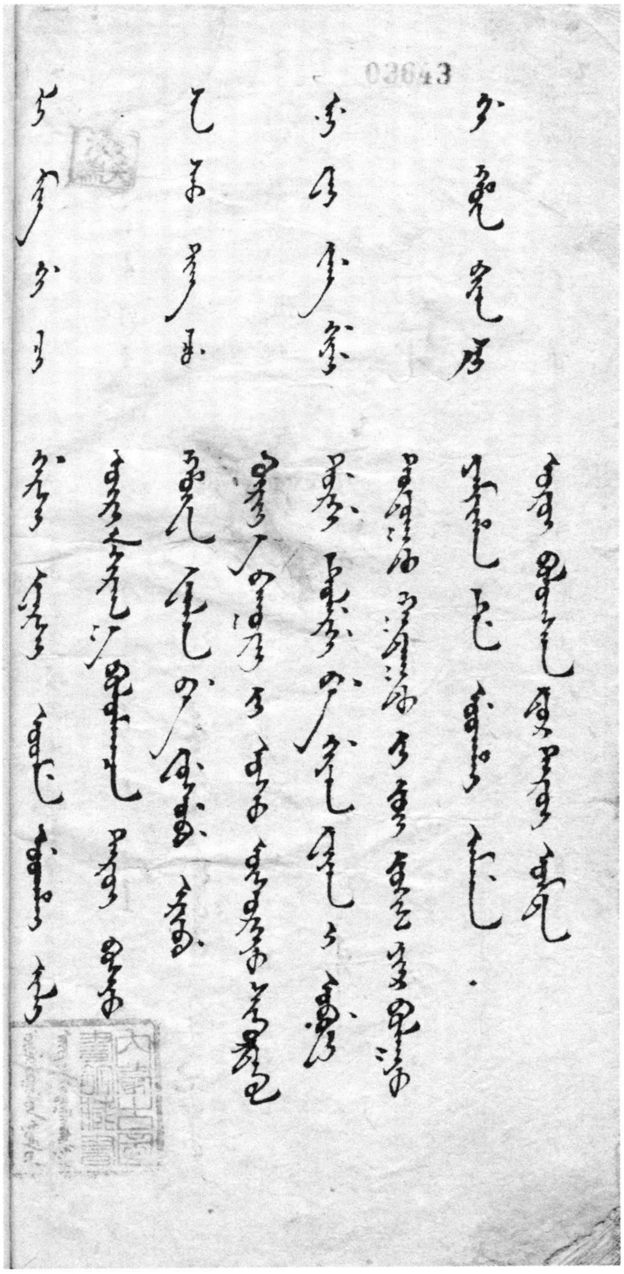

图 4-2-63　满文《朱子家训》

上述训言还被翻译为不同民族语言文字，如蒙古文《朱子训言》(图4-2-62)、满文《朱子家训》(图4-2-63)等。

我国古代十分重视民间教化，从周朝开始，周王室、地方诸侯与卿大夫都不同程度地加强了对下层民众的教化活动，此后的政权也采取了多种举措加强民间教化，产生了大量的语录、训言、格言、乡规民约文献。

统治阶级层面的教化文献有明朝、清朝的皇帝宝训、圣训，如清朝顺治《御制劝善要言》、康熙《圣谕十六条》、雍正《圣谕广训》等。

《御制劝善要言》(图4-2-64)是顺治皇帝为劝勉世人行善立身，采撷古代经典中劝人向善之嘉言警句纂辑而成。该书所采句子显明而简约，非常适于寻常百姓诵读。由于该书对教化世道大有裨益，顺治朝便同时刊行了满汉合璧本《御制劝善要言》(图4-2-65)。其后该书还被译为蒙古文本《御制劝善要言》(图4-2-66)，在民间广为流传。

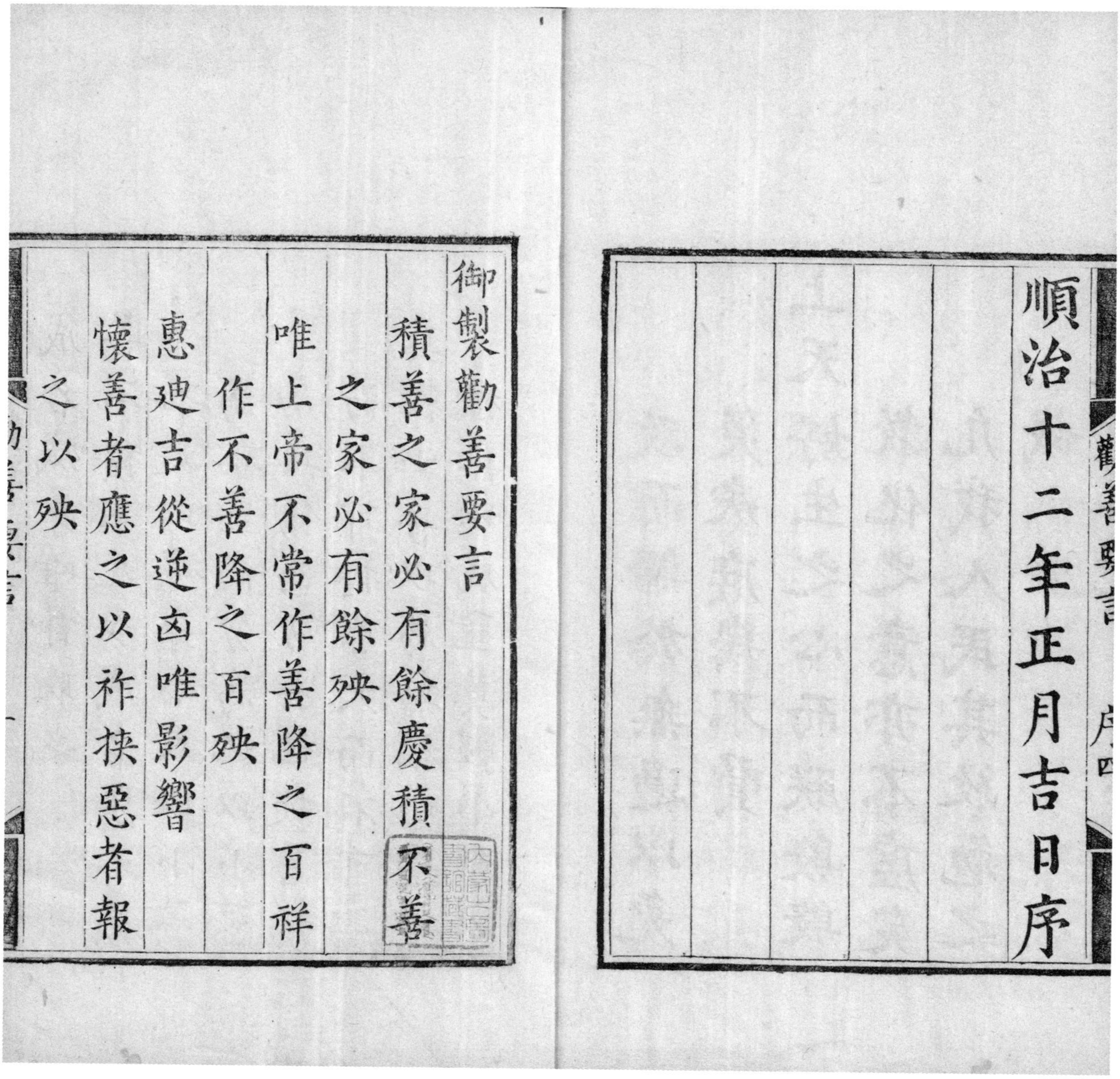
順治十二年正月吉日序

御製勸善要言

積善之家必有餘慶積不善之家必有餘殃

惟上帝不常作善降之百祥作不善降之百殃

惠迪吉從逆凶惟影響

懷善者應之以祚挾惡者報之以殃

图 4-2-64 《御制劝善要言》

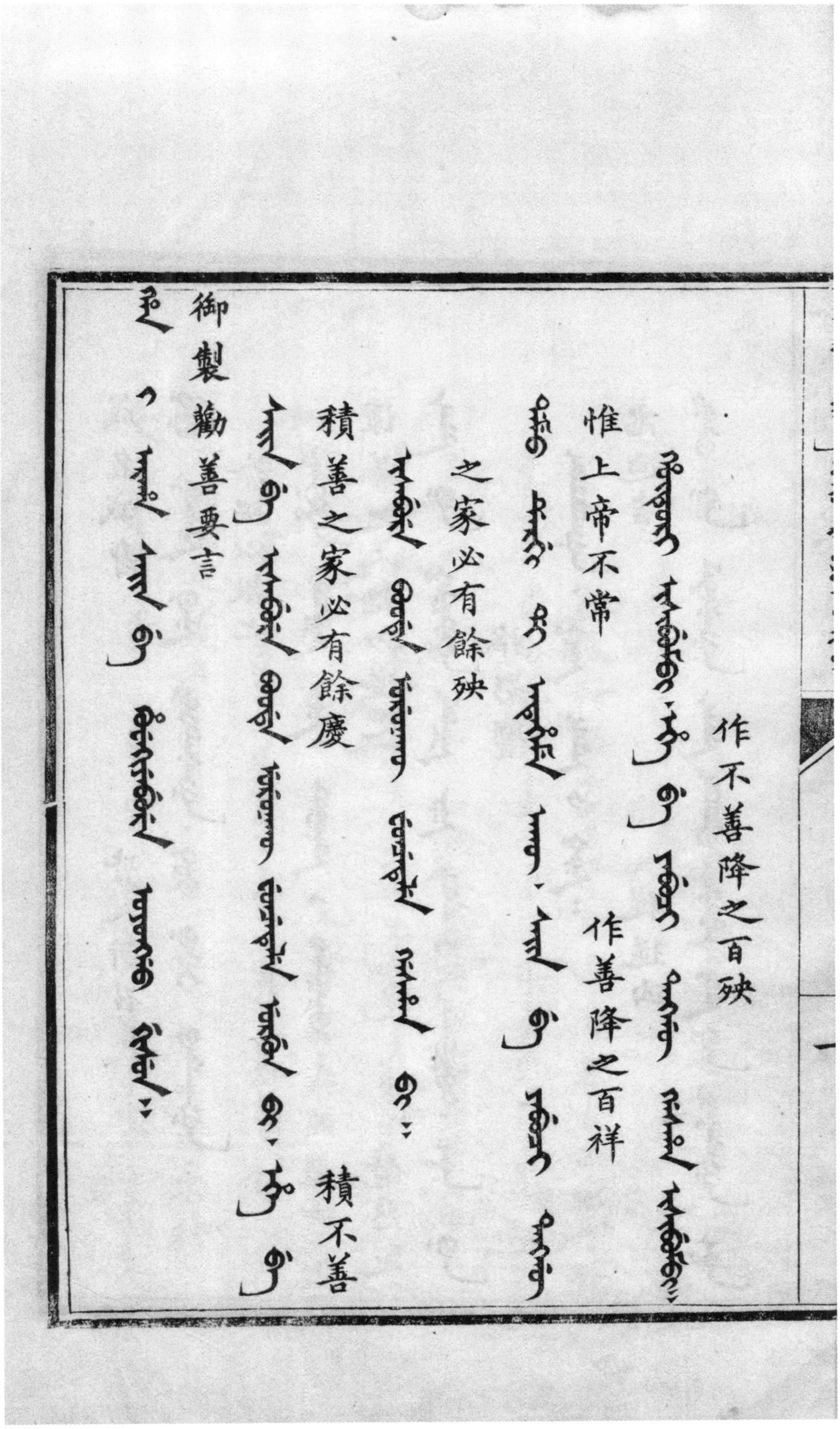
御製勸善要言
積善之家必有餘慶 積不善
之家必有餘殃
惟上帝不常 作善降之百祥
作不善降之百殃

图 4-2-65　满汉合璧《御制劝善要言》

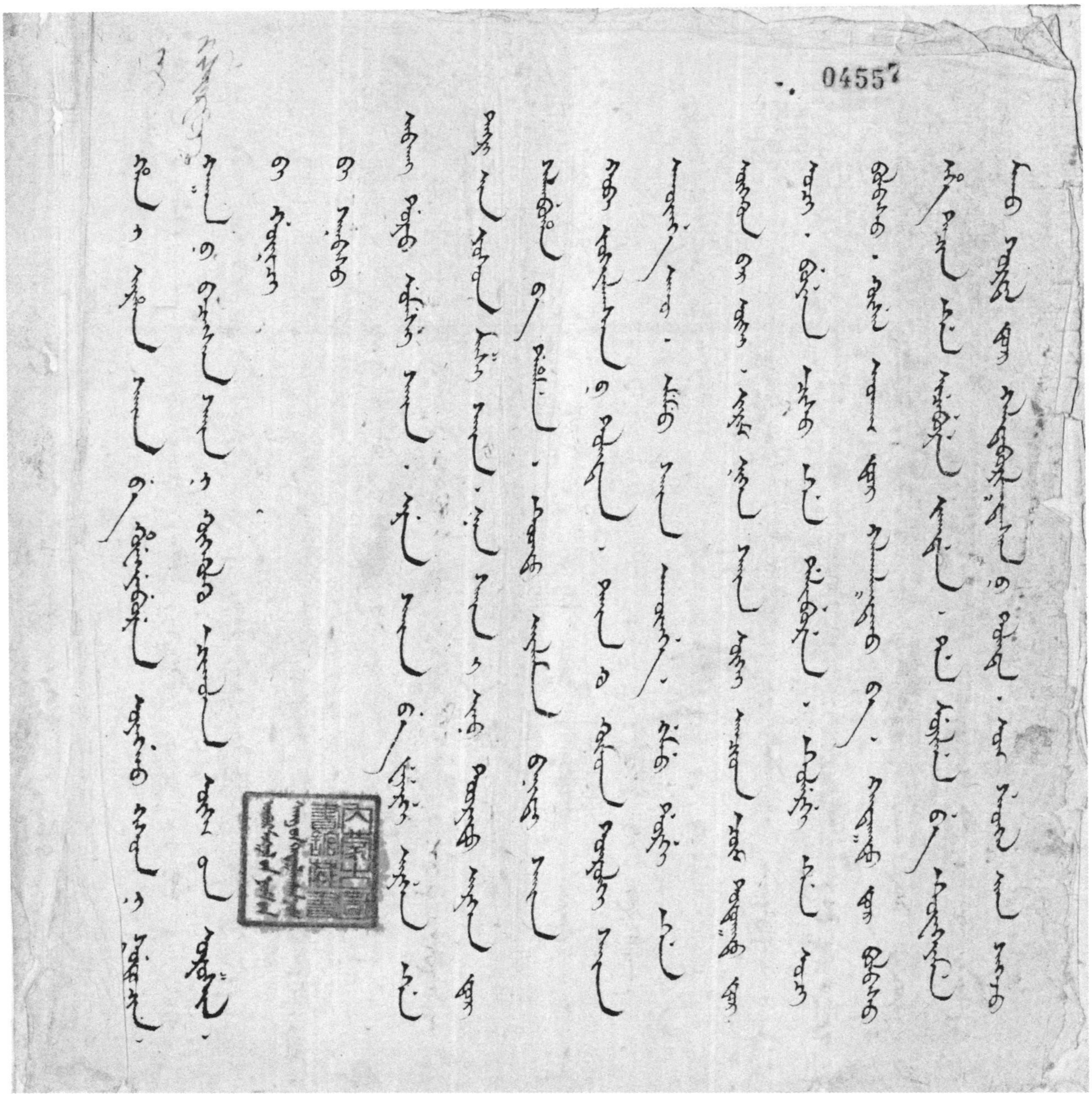

图 4-2-66　蒙古文《御制劝善要言》

康熙九年（1670），康熙皇帝颁布了《圣谕十六条》，每条七字，对仗工整："敦孝弟以重人伦，笃宗族以昭雍睦。和乡党以息争讼，重农桑以足衣食。尚节俭以惜财用，隆学校以端士习。黜异端以崇正学，讲法律以警愚顽。明礼让以厚风俗，务本业以定民志。训子弟以禁非为，息诬告以全善良。诫匿逃以免株连，完钱粮以省催科。联保甲以弭盗贼，解仇忿以重身命。"把伦理道德教育概括起来，公布到全国，对净化社会人心起了很大的作用。雍正即位后在此基础上逐条进行训释解说，形成《圣谕广训》（图4-2-67、68），训谕世人遵守法律和应有的德行、道理，以期"使群黎百姓，家喻户晓"，于雍正二年（1724）刊行，颁发各地并推行宣讲。

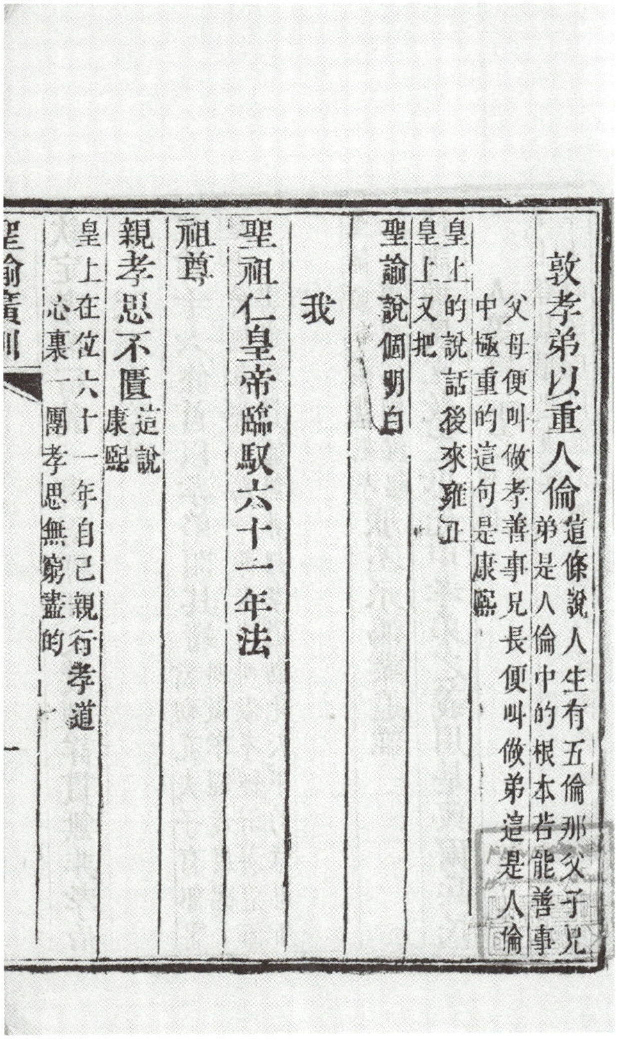

图 4-2-67 《圣谕广训》

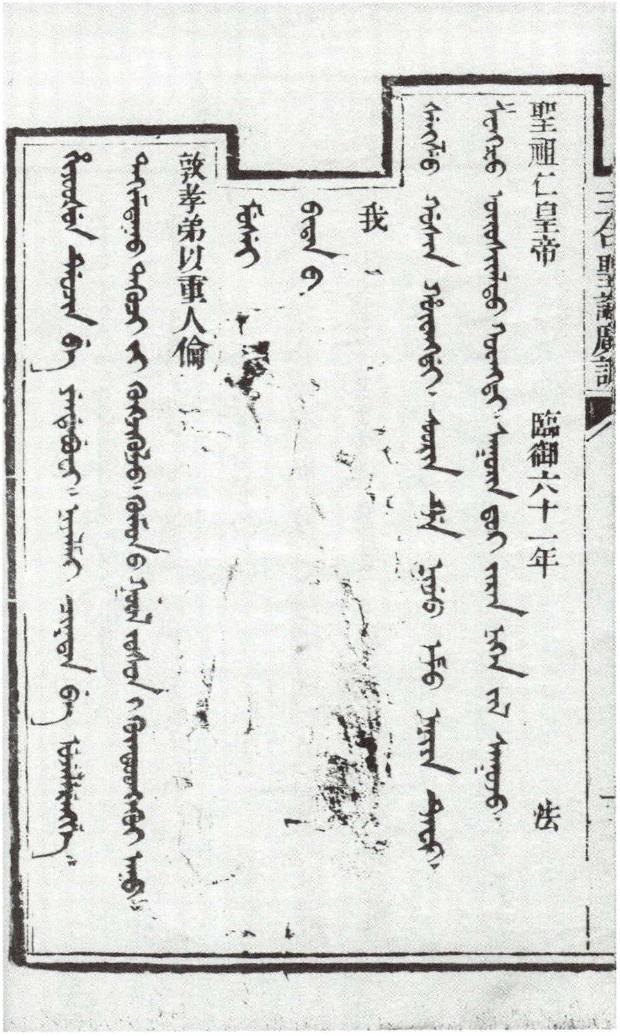

图 4-2-68 满蒙汉《三合圣谕广训》

基层组织有《乡约》(图4-2-69)、《里约》等民间教化文献。知识分子撰写的《菜根谭》《明名臣言行录》《皇明理学名臣言行录》《薛文清公要语》等教导民众为人处世的道理、人生哲理、修身养性的语录著作也在社会上流传很广，并被译为不同语言文字。

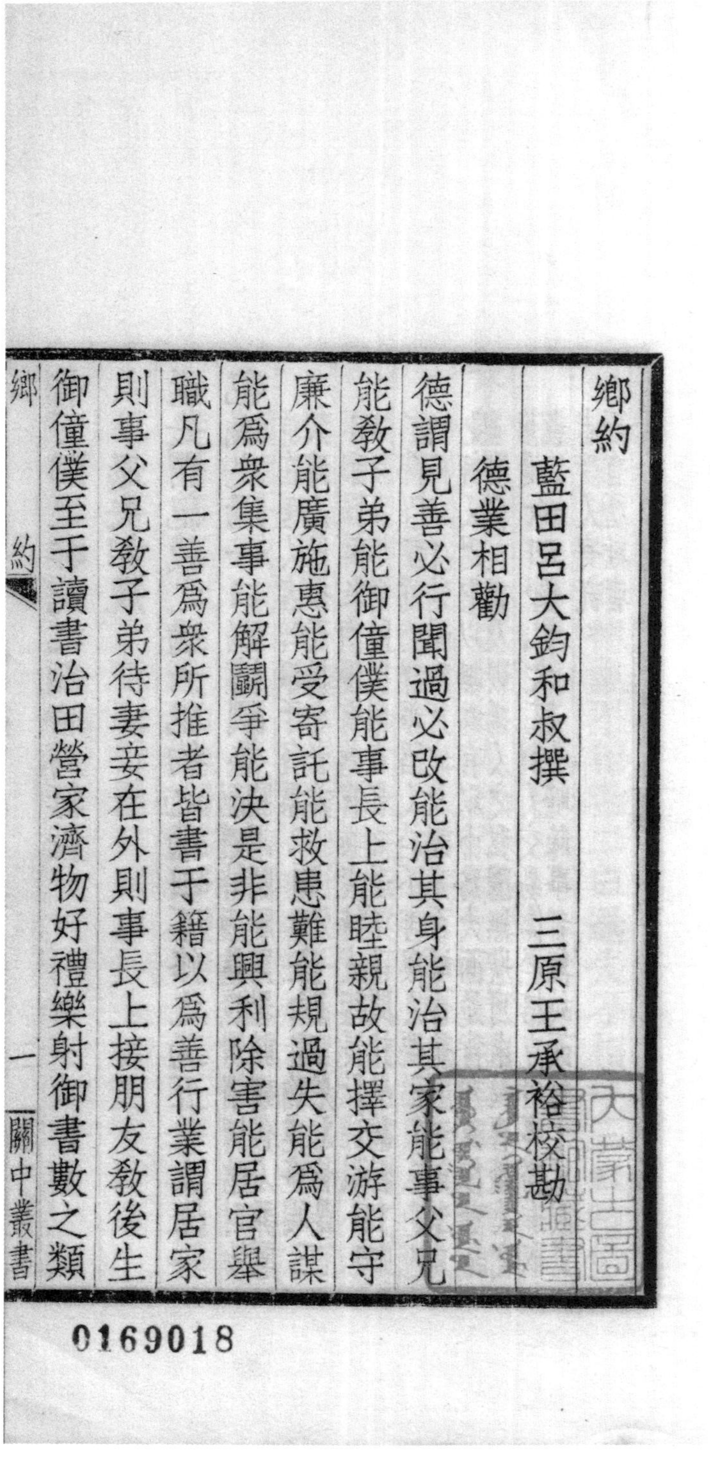
鄉約

藍田呂大鈞和叔撰　三原王承裕校勘

德業相勸

德謂見善必行聞過必改能治其身能治其家能事父兄能教子弟能御僮僕能事長上能睦親故能擇交游能守廉介能廣施惠能受寄託能救患難能規過失能爲人謀能爲衆集事能解鬬爭能決是非能興利除害能居官舉職凡有一善爲衆所推者皆書于籍以爲善行業謂居家則事父兄教子弟待妻妾在外則事長上接朋友教後生御僮僕至于讀書治田營家濟物好禮樂射御書數之類

鄉約　一　關中叢書

0169018

图4-2-69 《乡约》

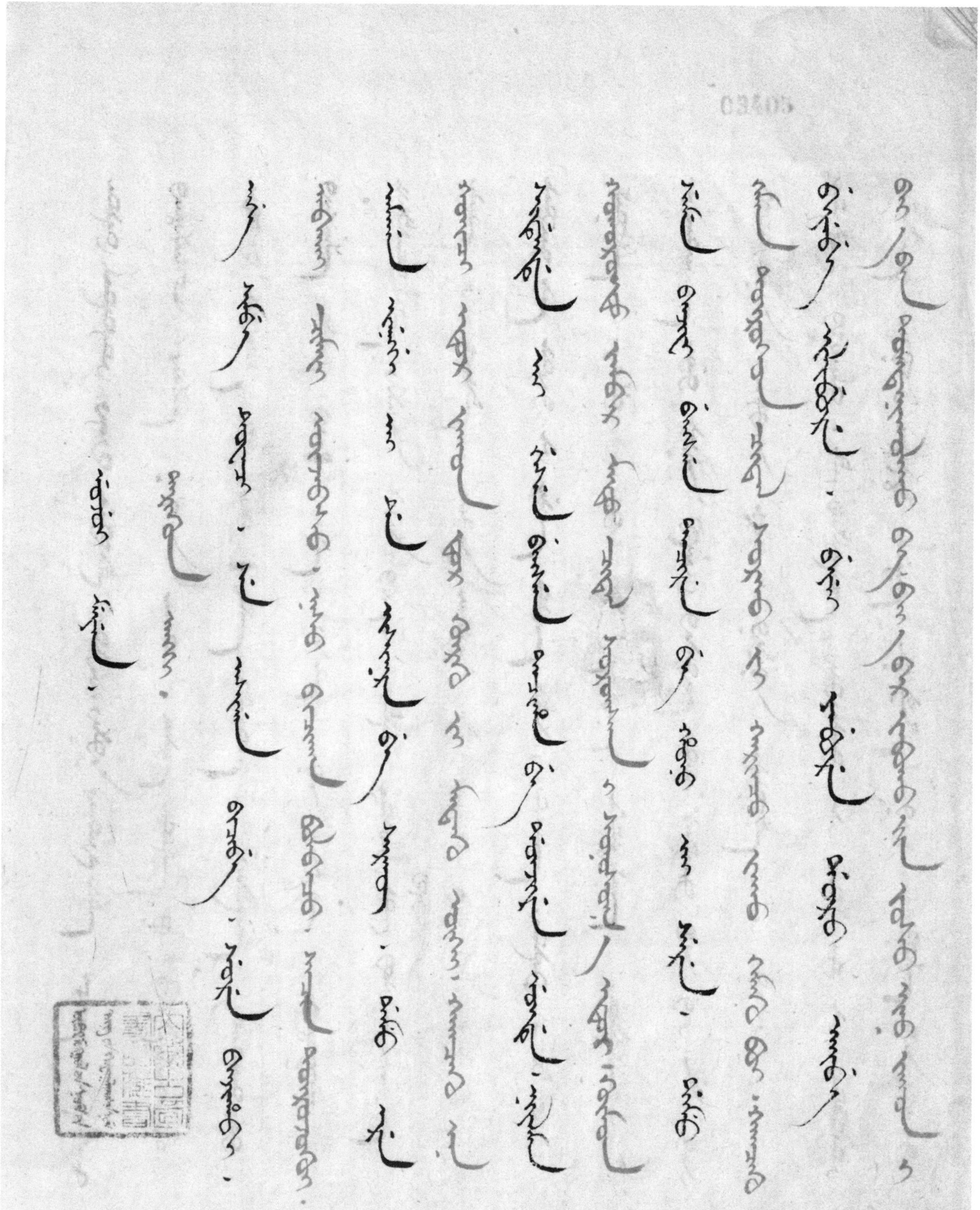

图 4-2-70　蒙古文《善行四十则》

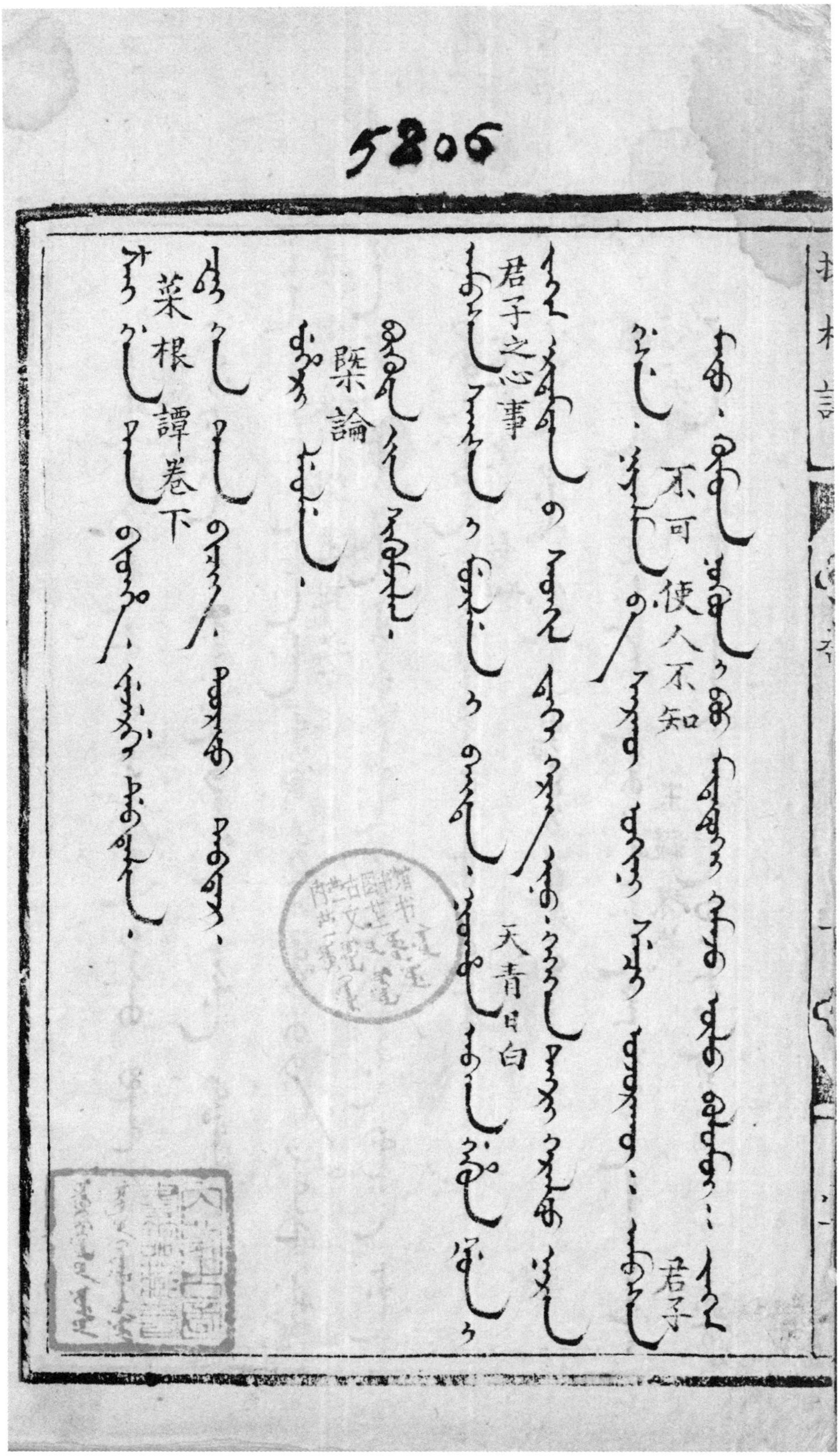

5806

不可使人不知 君子

君子之心事 天青日白

槩論

菜根譚卷下

图4-2-71　蒙古文《菜根谭》

后　记

当这部史料汇编的书稿最终成册，搁笔之际，心中满是感慨与欣慰。回首编纂历程，犹如踏上了一场穿越时空的溯源之旅，与各民族先辈们在历史的长河中频频相遇，倾听他们共同奋进的足音，体悟中华民族共同体意识那深沉而持久的力量。为力求每一条史料都真实可靠、具有代表性，无数个日夜，团队成员埋首书卷，与晦涩的文字、泛黄的纸张为伴，逐字逐句地梳理、比对、考证，生怕遗漏任何关键细节，只为还原各民族携手走过的每一步。在无数次的商讨与磨合中，四位副主编及编委魏超等均完成三万字的书稿写作与史料汇纂工作。

书中呈现的各民族共同开拓疆域的史料，让我们看到先辈们在荒蛮之地的无畏探索。他们或是骑着骏马驰骋草原，或是驾着舟楫征服江河，以顽强的意志和非凡的智慧，一点点拓展着华夏大地的版图。那些关于共同书写历史的记载，将不同朝代、不同地域各民族的兴衰荣辱交织在一起，彰显着各民族作为历史创造者的主体地位。共同创造文化的篇章，则带我们领略了一场绚丽多彩的人文盛宴，各民族的语言文字、文学、科技等相互交融、碰撞，彰显出中华文化独一无二的魅力。而共同培育民族精神的史料，更是令人心潮澎湃。每当危难来临，各民族总能凝聚一心，从古代抵御外敌入侵到近代抗击列强侵略，再到现代建设祖国的各个战场，那股团结奋进、勇往直前的精气神从未缺席。

我们深知，历史是一面镜子，映照过去，更照亮未来。这部史料汇编只是对中华民族共同体发展历程的阶段性记录，未来还有更长的路要走，更多的故事等待续写。但我们坚信，只要各民族始终像石榴籽一样紧紧抱在一起，以史为鉴，携手奋进，中华民族必将在实现伟大复兴的征程上创造更加辉煌的明天。

如今，这部汇编虽已付梓，但它承载的使命才刚刚启程。希望它能走进校园，成为莘莘学子汲取民族团结养分的知识宝库，让青少年从小就树立起中华民族共同体意识，明白各民族同根同源、休戚与共的道理；愿它步入社会各界，为研究者提供详实资料，助力深入探究中华民族融合发展之路；更期待它走向寻常百姓家，让每一位阅读者都能在字里行间感受民族大家庭的温暖，增强对中华民族的认同感、归属感与自豪感。